# 當代比較政治
## 一種世界觀（下）

鮑威爾（G. Bingham Powell, Jr.）、史壯姆（Kaare W. Strom）
馬尼恩（Melanie Manion）、戴爾頓（Russell J. Dalton）★著
郭俊偉（Jeffrey J. Guo）★譯

五南圖書出版公司 印行

# 國家比較導覽

以下分析指標讓你能找到每章討論特定主題的頁數。

| 主題 | 1-6章 | 英國 | 法國 | 德國 | 日本 | 俄羅斯 | 中國 |
|---|---|---|---|---|---|---|---|
| 歷史 | 44-49 | 226-231 | 291-293 | 373-382 | 449-451 | 508-515 | 576-583 |
| 社會條件 | 7-17 | 235-238 | 291-295 | 382-386 | 453-454,<br>465-468 | 524-528 | 583-585 |
| 行政 | 161-169 | 240-249 | 343-346 | 440 | 456-457 | 515-518 | 585-587 |
| 國會 | 157-161 | 249-253 | 346-350 | 388-391 | 455-458 | 518-520 | 588-591 |
| 司法 | 152-155 | 253-254 | 350-352 | 391-392 | 459-460 | 521-523 | 591-592 |
| 地方政府 | 151-152 | 231-238,<br>276-278 | 352-354 | 386-388 | 458-459 | 524-528 | 630-632 |
| 政治文化 | 63-74 | 255-257 | 301-307 | 393-399 | 460-466 | 529-532 | 603-606 |
| 政治社會化 | 74-84 | 257-262 | 307-312 | 399-403 | 466-468 | 533-535 | 601-603 |
| 參與／政治人才甄補 | 89-96 | 263-267 | 313-316 | 403-406 | 469-471 | 535-539 | 596-599,<br>606-612 |
| 利益團體 | 96-113 | 267-271 | 316-322 | 406-411 | 485-489 | 539-546 | 613-615 |
| 政黨與選舉 | 113-134 | 271-276 | 322-337 | 411-425 | 471-485 | 546-554 | 585-599 |
| 政策過程 | 141-174 | 276-282 | 343-352 | 425-431 | 489-490 | 515-523 | 615-623 |
| 產出與結果 | 179-213 | 282-284 | 354-360 | 431-436 | 490-496 | 554-564 | 623-630 |
| 國際關係 | 22-23,<br>208-213 | 285-286 | 360-362 | 440 | 490-492 | 564-566 | 632-634 |

| 主題 | 墨西哥 | 巴西 | 伊朗 | 印度 | 奈及利亞 | 美國 |
|---|---|---|---|---|---|---|
| 歷史 | 647-655 | 716-719 | 790-797 | 862-867 | 927-932 | 1002-1007 |
| 社會條件 | 689-694 | 722-724 | 790-841 | 867-873 | 932-943 | 1008-1010 |
| 行政 | 672-675 | 725-726 | 798-800 | 874-878 | 958-962 | 1048-1050 |
| 國會 | 666-672 | 726-727 | 801-841 | 878-880 | 958-962 | 1014-1016 |
| 司法 | 694-698 | 727-728 | 801-804 | 884-885 | 962-963 | 1016-1017 |
| 地方政府 | 666-667 | 725 | | 886-888 | 958-961 | 1012-1014 |
| 政治文化 | 655-658 | 730-735 | 813-818 | 901-903 | 942-950 | 1017-1020 |
| 政治社會化 | 658-661 | 735-737 | 818-825 | | 950-954 | 1020-1022 |
| 參與／政治人才甄補 | 661-662, 675-677 | 737-742 | 825-827 | 903-906 | 951-953, 967-968 | 1022-1028 |
| 利益團體 | 677-679 | 743-748 | 827-832 | 888-892 | 963-968 | 1028-1035 |
| 政黨與選舉 | 679-689 | 748-758 | 804-813 | 892-901 | 968-976 | 1035-1046 |
| 政策過程 | 670 | 758-762 | 832-837 | 880-884 | 959 | 1046-1050 |
| 產出與結果 | 689-698 | 762-771 | 837-843 | 906-911 | 976-984 | 1051-1056 |
| 國際關係 | 700-706 | 772-774 | 843-848 | 912-914 | 984-986 | 997-1002 |

# 圖表解讀導覽

我們總是想著仔細閱讀文字——例如，細心讀教科書資訊，有時甚至邊讀邊劃線，但是我們並未用同樣方式來「閱讀」圖表。但我們應該要的，因為只要我們仔細閱讀與思量，影像與資訊圖表能透露很多資訊。特別是在所謂的資訊年代，我們在電視與網路上接觸連續不斷的影響，能分析與理解其意義便很重要。這個導覽會介紹你在《當代比較政治：一個世界觀》中會碰到的不同種類圖表，並提出一些問題，讓你能分析從圖表到新聞照片的一切。

## 表

表是我們用的視覺圖像中最不「視覺」的一種。圖表包括用欄列呈現的文字訊息與／或數字資料。當需要呈現精確資訊，以及在很多狀況中，必須有條不紊排列好進行比較的時候，就常會用表。例如，表6.3健康狀況，呈現許多國家公民健康衡量指數，井井有條且易於比較。以下是幾個可以協助你分析資訊的問題：

- 這個表目標是什麼？呈現出什麼資訊？通常標題會讓你知道該表的目標。
- 表各欄標題（每列最上方）提供了什麼資訊？各列的標題又是什麼？在表最下方是否有附註說明？
- 表是否顯出時間，例如2016年7到12月？或者是到某特定日期截止，例如2017年1月1日？資料呈現方式，是在固定期間內出現好幾次，或是僅在特定時間點？
- 如果表是呈現數字資料，這些資料表達什麼意義？什麼單位？花在社會服務上的金額？支持英國勞工黨的投票者比例？
- 表資料的出處？官方資料？還是民間調查資料？報紙？企業？聯合國？個人？來源可信嗎？資料是最新的嗎？資料來源在表呈現的資料中，是否有既得利益？

## 圖

圖表跟曲線圖用視覺方式描述數字資料。最常見的不同圖表種類，將資料依橫軸跟縱軸兩維面向呈現資料。在本書中你將會看到的案例，會有曲線圖、圓餅圖、柱狀圖、與時間軸等。這種視覺圖像強調資料的關聯性：在某個特定時間點、一段期間內固定的時間別、或者有時候兩者都有。曲線圖通常凸顯的是順時

間向前進展的狀況（例如圖16.2傷亡年表：查謨與喀什米爾邦（印控喀什米爾）（1988至2016年））。圓餅圖（例如圖11.7的2016年俄羅斯國協預算明細）是用切割方式（不同類型的政府計畫）來凸顯整體狀況（整體政府花費）。柱狀圖比較不同類別的價值，顯示出個類別中的相對比例（如圖12.8呈現了中國依年齡段劃分的男女人口）。柱狀圖能用水平或垂直方式呈現。時間軸呈現的是一段期間內發生的事件與變化（如圖7.2的英國總理名單）。你也會在本書中看到呈現出流程與階層層級的圖（如圖17.4顯示了奈及利亞的政府結構）。

　　許多看表時的問題，在分析圖表時也同等重要（見前文）。以下再另外提供一些問題可以幫助你：

- 在曲線圖與柱狀圖中，兩軸的定義是什麼？是否有用圖樣或顏色來代表不同的群組或單位？
- 資料是否代表一段固定期間內的不同時期，或是某個特定時間？
- 如果有兩組以上的數字，他們之間的關係是什麼？
- 在資訊的視覺呈現中，是否有扭曲現象？每段時期是否一樣長？出現扭曲處是否是實際數量或是比例？扭曲地方可能會讓你一看就產生不精確的結論，因此要特別留意。

## 地圖

　　在政治分析中常用到國家、區域與世界地圖，來顯示人口、社會、經濟、政治問題與趨勢。例如，圖15.1伊朗少數民族分布圖。

　　雖說表與圖形有時能給更精確的資訊，但地圖能讓我們從地理位置來理解資料，有時透過文字或數字並不容易辦到。以下是在上述的問題之外，可以再提出的問題：

- 地圖的圖例表示什麼？地圖試圖分析什麼因素？是否用不同圖示或顏色來分隔區域？地圖能顯示政治疆界、自然資源、種族團體、與其他主題，因此要知道到底地圖呈現什麼非常重要。
- 顯示哪一個區域？地圖有多詳細？
- 地圖通常顯示某個特定時間的狀況。這張地圖是哪個時間點呢？

# 前言

　　我們很榮幸能夠介紹第十二版的《當代比較政治：一種世界觀》，在過去40幾年來，這本書一直是比較政治領域最有影響力的教科書之一。世界持續增加彼此依存。學生們接觸到更多的文化與社群，而全球發生的事件也影響到他們的生活與職業生涯。對比較政治的鑑賞能力也正變得愈加不可或缺。作為一個文本，《當代比較政治》非常適合用於結合廣泛且全面的專題概述之課程，因為其內容是由在各領域的專家學者來撰寫，提供了豐富且高品質的國家研究。

　　第十二版的《當代比較政治》持續教導學生透過由加布里爾·阿蒙（Gabriel Almond）所闡釋的概念化制度、過程與政策架構來理解政治。本書比較早期的版本，開展了在教學上可採用政治文化、結構、過程，以及世界上政治體系的政策表現之系統性比較。而晚期版本則是描述巨大的變遷——諸如民主化與倒退、蘇聯的瓦解、全球化、來自族群與宗教衝突的強化威脅，以及國際經濟的衰退等——如何尖銳化許多國家的政治問題。自始至終，這些不同版本都建立在阿蒙所建構的強大理論基礎上，並且運用其基本框架來回應政治學學生不斷變化的關注內容。

## 本版本創新之處

　　第十二版《當代比較政治》一書，有許多新的特色：

- 一套經過實質性的修改內容，包括第一至六章所介紹的理論，以及後面應用到國家研究中的關鍵概念與理論。資料表格與參考文獻都已經更新，內容更加系統性地涵蓋到我們提及的國家。延伸的線型圖表與直方圖表更加完善顯示關連性與強化文本。
- 第一、三與六章在全球化及其組成要件與結果，以及民主化的挑戰內容上，提供了更加全面的討論。第二章現在提出了一個更廣泛的介紹，來說明比較政治的科學探究。
- 原本第四章與第五章論利益表達與利益匯集的內容已經被併入到新的第四章論利益代表過程，以提供讀者在利益團體、政黨與選舉內容上，更加流暢且一體化的介紹。
- 第六章介紹了所謂的「政治福祉」這概念，主要是指涉聯合國千禧年的目標以及系統性地探索了政治福祉及其意義，包括所產生的福利、公平、自由，以及安全等內容。現在這章節增添了一些觸及到政治謀殺，以及政府

極端虐待該國人民的案例討論。

■所有的章節都有「學習目標」設置在主要章節標題之下，同時也有設計「章後思考題」來強化每一章節所要表達的關鍵主題內容。

■所有的國家研究都經過大幅度的修改與更新。主要改變的簡要總結包括如下：

　•英國─在一場2014年的公投，蘇格蘭選民拒絕了離開大不列顛暨北愛爾蘭聯合王國而獨立變成一個國家政體的提案。2015年英國的選舉將下議院的多數席次給了保守黨，也因此讓其組成了單一政黨的政府。這個政府承諾以公投來表決是否選擇留在或離開「歐洲聯盟」（歐盟）。在2016年，英國很驚險地投票決定要「英國脫歐」（Brexit）[1]，就是離開歐盟。當時首相大衛·卡麥隆（David Cameron）辭職下臺，而由掌權的保守黨德蕾莎·梅伊（Theresa May）取代接任[2]，她也受命組成團隊來開始英國脫歐的談判。隱約可見未來在英國的經濟與政治關係中會有巨大的改變。

　•法國─法蘭索瓦·歐蘭德（François Hollande）總統掙扎於創低紀錄的支持率，而決定不再尋求2017年的競選連任[3]。一連串發生在巴黎以及其他地方的恐怖攻擊重創了法國，造成了很嚴重的傷亡，而使得大喊民粹主義的右派國民陣線增加許多支持。

　•德國─在2013年的選舉，選民強烈擁抱了安格拉·梅克爾（Angela Merkel）廣大成功的經濟政策。但是她之前組織政府的夥伴自由民主黨，失去了本身立法的多數代表性。一場複雜的協商過程最後終於確定由介於梅克爾所領導的基督教民主聯盟或基督教社會聯盟還是社會民主黨來組成大聯合政府。組成聯盟的政黨在梅克爾的領導下很成功地結合在一起，但是接下來也要面臨很大壓力的挑戰，來自於歐洲的危機以及來自中東戰爭的逃亡難民，這可能成為2017年選舉時的重大議題[4]。

　•日本─2012年的選舉，以及受到2013年參議院選舉的強化，使得自由民主黨重新掌握政府[5]──而2014年的眾議院選舉也確定了支持由安倍晉三擔任內閣總理大臣。安倍展開了戲劇性的改革計畫意欲復甦步履蹣跚的國內經濟。與中國的緊張局勢加劇，使安倍更加大膽地對日本軍國主義的憲法約束進行了戰略上的解釋。

　•俄羅斯─在2012年，佛拉迪米爾·普丁（Vladimir Putin）當選展開他的第三次總統任期。他的權力也因為2016年下議院選舉的結果而進一步被

強化，這次選舉使得統一俄羅斯黨擁有足夠的席次而能夠通過憲法在這基礎上的修改，就如同一般的法律一樣。普丁現在於下議院中幾乎得到毫無質疑的支持，然而這樣的立法卻不太受到歡迎。俄羅斯國家政權持續鎮壓公民社會團體，以及大肆起訴敵對陣營的政治人物。

- 中國—自從2012年登上共產黨領導人職位之後，習近平就具有極大集中的權力[6]。他著名的反貪腐風潮掃落了比以往更多的（以及高階的）官員。其政權持續拒絕在政治上走上自由化。經濟成長放緩的挑戰以及人口結構失衡加劇，也都產生了幾10年前一胎化政策所造成的負面影響。

- 墨西哥—2012年的總統選舉讓恩里克・涅托（Enrique Peña Nieto）重新領導曾經一度獨大的革命制度黨重新掌握權力，這是自從墨西哥在2000年民主選舉後首次回到執政[7]，但是這一次革命制度黨只獲得沒有過半的票數。該黨缺少國會多數的多數，而總統也相當不受到歡迎。所有的事情都必須與反對黨進行協商。在此同時，有位激進的公民運用社群媒體來要求政客必須更加負責。

- 巴西—經過一連串重大的貪污腐敗醜聞，受到經濟衰退與其他壓力而增大了衝擊，導致2011年選舉獲勝的極左翼勞工黨總統迪爾瑪・羅賽芙（Dilma Rousseff）遭到了彈劾且被定罪。她被定罪後由民主運動黨副總統米歇爾・泰梅爾（Michel Temer）來繼任總統[8]，是2003年之後第一個喪失權力離開勞工黨，而其大規模的社會計畫也令人存疑。

- 伊朗—哈桑・羅哈尼（Hassan Rouhani）在2013年的選舉成為了總統，受到實用主義者以及改革主義者的支持，對前任總統馬哈茂德・阿赫瑪迪內賈德（Mahmoud Ahmadinejad）激進的外交與國內政策標誌了一個明顯的突破。羅哈尼也承諾與西方國家討論核武問題，來為全伊朗人振興經濟——但是獲益相當有限。而持續的經濟萎靡，則是削弱了民眾對核武協議的支持。

- 印度—印度持續面臨著經濟下行以及在全球定位中改善本身經濟這雙重的挑戰。2014年的大選重創了印度國民大會黨，並且很罕見地確實給予了印度人民黨國會的多數席次，以及具有爭議性的總理納倫德拉・莫迪（Narendra Modi）一個機會。選舉與政府的政策也證實了印度的經濟依然相當強健有力。

- 奈及利亞—奈及利亞持續很長一段時間的文官統治，而當前總統古德勒克・喬納森（Jonathan）於2015年總統選舉失利將位置讓給穆罕默杜・

布哈里（Muhammadu Buhari）時，其顯示國家通過一個重要里程碑。這在奈及利亞歷史上是首次權力和平地從一個政黨轉換到另外一個政黨，就像是一場民主國家的選舉。但是區域分裂的加劇、地區衝突，以及大量的貪污腐敗使得治理很困難且讓民主顯得脆弱。博科聖地（Boko Haram）恐怖分子的網絡已經造成很大的危險而威脅到人民的和平安全。

- 美國—2016年的總統選舉導致了一個令人驚訝的勝利，共和黨的候選人唐納・川普（Donald Trump）贏了代表民主黨的希拉蕊・柯林頓（Hillary Clinton）。共和黨也維持了掌握國會參眾兩院，增添了許多他們州政府的治理版圖。川普新行政團隊也開始需要面對示威抗議，以及在國會中要面臨民主黨與共和黨雙方強烈的政策兩極化攻防。

經過這些修訂、潤色改善以及更新之後，我們相信《當代比較政治：一種世界觀》第十二版將會提供學生與講師比以往更加容易地穿越理解世界。

## 創新！銳威（Revel™）課程學習

教育科技設計給當今學生能有不同的方法來閱讀、思考與學習。

當學生被更加深入引導時，他們會更有效率地學習，並且在課程中表現得更好。這簡單的證據激發了「銳威」的問世：一個互動式的學習環境，旨在滿足當今學生以不同的方法來閱讀、思考與學習。

銳威運用媒體互動與評估來讓課程變得更活潑——直接整合作者的敘述內容——並且提供機會讓學生在一個連續的經驗中進行閱讀、操作與學習。如此擬真的教育科技取代了教科書，旨在顯著提升學生們的理解力、記憶力與準備力。

可上網站https://www.pearsonhighered.com/revel/，了解更多有關銳威的資訊。

## 特色

此最新版本一開始以解釋為何政府會存在的原因，政府的服務功能是什麼，以及政府如何製造出問題但同時也能解決問題，來作為開端。第一章也介紹了大多數國家政體在當今全球中會面臨到三種最主要的挑戰：建立一個具有共識的認同與社群感、促進經濟與社會發展，以及維護民主、人權與公民自由。第二章簡述了所需的概念，來為差異非常大的不同社會進行政治比較與解釋：政治體系及其環境、結構與功能，以及政策績效與因果關係等。這兩個章節共同地闡釋了本

書所要運用的獨特框架模型。

　　從第三章到第五章闡述了重要的政治結構組織、功能以及過程。他們討論了政治文化的因果關係；利益團體、政黨以及其他聚集的結構組織在政治代表上的角色；也分析了憲政與政策制定的關鍵結構組織。民主在最近幾10年以前所未有的狀況散播，不僅是值得慶祝的一種發展，同時也是民主代表的議題具有充分性，就像是在第四、五章所討論到的內容，就很高度相關到能夠與這更廣大的世界所有人口來共同分享。世界上許多地方持續的成長繁榮，意味著成長所具有的挑戰以及公共政策（第一、六章）正在改變當中。第六章比較了政策及其結果是否與聯合國千禧年發展目標的架構一致。這些章節給了處於高度多元化之環境的我們都能有非常不同凡響的政治過程述說上的收穫。他們提供了理論上的焦點以及接下來各個國家章節在實務上的基準點。

　　雖然全球的偶發事件，以及人類戰爭所帶來的成本在近年來已經有所下降，但是衝突依然蹂躪或威脅著一些地區的社群，諸如阿富汗、在阿拉伯之春發生後的中東、南亞、蘇丹，以及非洲的一些地方。除此之外，世界也面臨著極大的挑戰，不論是新或舊的議題，在這些範圍中，像是氣候變遷、移民、全球化、傳染性疾病、國際恐怖主義，以及核擴散等。所有這些增長都會使議題變得比以往更加重要，而需要理解政治決策是如何被制定，及其可能帶來的後果，且在非常不同的政治體制中也形塑了我們很不一樣的政治世界觀。這一版本，就像是先前的版本一樣，把重點放在民主化與全球化所帶來的挑戰，及其持續對富裕以及貧窮國家所帶來的衝擊。本書的大部分，第七至十八章，呈現出在所選擇的12個國家中進行制度性的政治分析。在每一個案例中，貢獻在不同章節的傑出專家，一開始會導引討論該國公民面臨到哪些當今的政策挑戰，之後會提供一個從歷史角度出發的觀點來論述其發展過程。每個章節會運用體系、過程與政策架構來凸顯該國政治上的獨特樣貌。在每個國家中距離現在最近的選舉、領導地位，以及政策轉變，我們都會討論到。用一致性架構進行對不同國家之系統化的分析，以及「比較國家指南」（見下冊）可以協助學生與講師導引這些比較。「分析視覺內容的簡要指南」可以幫助學生理解與應用表格、圖解與座標圖、地圖以及圖片。本書中深入探討國家的研究，涵蓋了世界上所有主要的地區，包括有5個已開發民主國家（英國、法國、德國、日本，以及美國），6個處於民主與獨裁之間各個不同位置的發展中國家（巴西、中國、印度、墨西哥，以及奈及利亞），加上俄羅斯，這個國家讓人感到吸睛，在於其能夠混合著發展與貧窮、民主與極權。因此，本書基本上已經涵蓋了世界上主要且具有影響力的國家，並且說明了許多

不同政治的可能性、問題與限制。

## 補充內容

皮爾森（Pearson）出版社很高興能夠提供幾種資源給得到《當代比較政治》本書許可的採用者以及其學生們，讓他們能夠從本書的授課與學習中，甚至得到更多的效果與樂趣。本書中的幾個補充內容可以在「講師資源中心」（Instructor Resource Center, IRC）獲得，這是一個可供講師快速下載本書特定的具體補充內容之網站。請光臨「講師資源中心」的首頁www.pearsonhighered.com/irc註冊進入。

## 教師手冊／考試資料庫

這個資源包括了為每一章節所提供的學習目標、講課大綱、多選題、是非題，以及申論題。內容只可以從皮爾森「講師資源中心」進行下載。

## 我的考試

這個有力的考試題目生成計畫包括了在教師手冊／考試資料庫裡面的所有項目內容。問題與測試可以很容易地被創建、訂製、網上儲存，之後再列印，很彈性化讓人在任何時間與任何環境下來管理考試內容。如果要多些了解，請上網站https://www.pearsonhighered.com/mytest，或是聯繫您的皮爾森出版社業務代表。

## 簡報展示

圍繞著講課大綱來組織架構，這些多媒體的展示也包括有每一章節的照片與圖表。內容只可以從皮爾森「講師資源中心」進行下載。

## 誌謝

我們很高興能夠在這裡感謝所有貢獻給《當代比較政治》第十二版的許多人，尤其是當中一些協助我們準備的人。我們以及合著者都希望能夠獻上我們的感激之心來誌謝許多參與貢獻給這個版本的一些個人。卡雷·史壯姆感謝查爾斯·麥克林（Charles McClean）對許多章節內容的研究協助；法蘭西斯·羅森布魯斯（Frances Rosenbluth）感謝小室由依（瑪格麗特）（Yui Margaret Komuro）、松井宏太（Kota Matsui）以及埃文·沃克一威爾斯（Evan Walker-Wells）在日本章節中的研究協助；梅拉妮·馬尼恩感謝李澤仁（Zeren Li）對幾個章節的研究協助；蘇布拉塔·米特拉（Subrata Mitra）感謝瑞妮莎·杜德（Rinisha Dutt）與泰莎·葛蕾絲·安東尼（Taisha Grace Antony）在印度章節中

的研究協助；卡爾‧勒凡（A. Carl LeVan）感謝彼得‧格洛佛（Peter Glover）在奈及利亞章節中的研究協助；薩德‧庫瑟爾（Thad Kousser）感謝夢娜‧瓦基利法蒂（Mona Vakilifathi）在美國章節中的研究協助。

我們也希望能夠誌謝以下的一些個人，感謝他們對本書的仔細校稿與解釋說明：

班傑明‧阿克斯塔（Benjamin Acosta），路易斯安那大學

雅各‧加德曼（Jacob Kathman），紐約州立大學水牛城分校

托必爾斯‧蘭茲（Tobias Lanz），南加州大學

卡薩胡姆‧沃德馬里安姆（Kasahum Woldemariam），斯貝爾曼學院（Spelman College）

G‧賓漢姆‧鮑威爾（G. Bingham Powell, Jr.）

卡雷‧W‧史壯姆（Kaare W. Strøm）

梅拉妮‧馬尼恩（Melanie Manion）

羅素‧J‧戴爾頓（Russell J. Dalton）

## 譯者註

[1] 當時有51.9％的人投票決定退出歐盟，而後英國政府於2017年3月正式宣布退出歐盟，開始了為期兩年的程序來處理細節內容。

[2] 而後，梅伊遲遲未能化解整個脫歐僵局，於是在2019年5月24日宣布在6月7日辭去黨魁職務，由鮑里斯‧強森（Alexander Boris de Pfeffel Johnson）接任英國首相。

[3] 2017年勝選的是「共和前進黨」艾曼紐‧馬克宏（Emmanuel Jean-Michel Frédéric Macron）。

[4] 2017年德國聯邦議院選舉後，梅克爾在協商之後，仍續任總理。

[5] 日本2017年眾議院仍由自由民主黨獲得多數席次，並與公明黨、日本之心組成執政聯盟；2019年參議院也是自由民主黨獲得多數票，但未過半數。

[6] 2018年3月11日中國全國人民代表大會通過修憲取消國家主席任期限制，習近平的任期甚至可以無限期執政。

[7] 2018年由國家復興運動黨的安德烈斯‧歐布拉多（Andrés Manuel LópezObrador）當選總統。

[8] 2019年泰梅爾在卸任總統後，因涉嫌長時間的組織犯罪，而被捕入獄。

# 目　錄

## 第三部　國家研究篇

# 第三部

# 國家研究篇

# 第七章

# 英國政治

理查德・羅斯（Richard Rose）

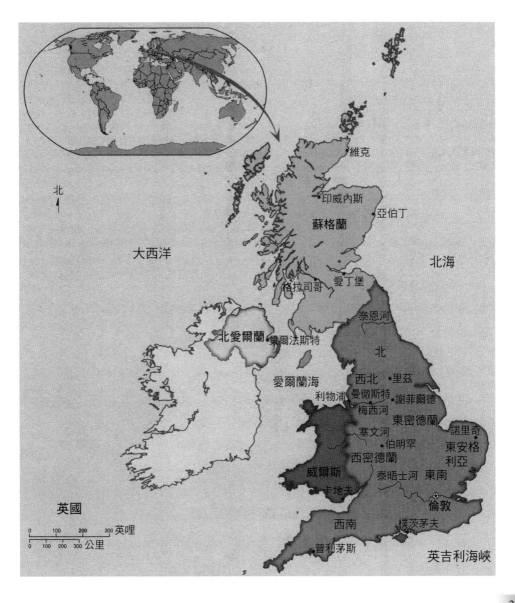

## 國家簡介

**人口**：6,510萬

**領土**：9,4525平方英哩

**獨立年分**：12世紀

**當前憲法制定年分**：非成文憲法；部分是法律；部分是普通法與慣例

**國家元首**：伊莉莎白二世女皇（Queen Elizabeth II）

**政府首腦**：鮑里斯・強森（Alexander Boris de Pfeffel Johnson）首相（保守黨）

**語言**：英文；加上大約有60萬人普遍使用威爾斯語，以及大約有6萬人使用（蘇格蘭）蓋爾語；在移民人口中，大約有100萬人使用印度來的語言作為本身的家鄉語言，以及55萬人使用波蘭語

**宗教**：全國人口普查：基督教有3,870萬人，其中大多在名義上是屬於英國國教；穆斯林有280萬人；印度教有90萬人；錫克教有50萬人；猶太教有30萬人；其他有30萬人；無宗教信仰有160萬人；未回答有560萬人

## 學習目標

**7.1** 辨認英國因全球化而面臨的主要國內與國際上之挑戰。

**7.2** 描述英國政治上的變化，從發展為福利國家到柴契爾主義的衝突，再到全民公投脫離歐盟。

**7.3** 辨認英國成為「多民族國家」的方式。

**7.4** 解釋英國政府的結構並列出首相、內閣大臣以及公務員的職責。

**7.5** 概述政府的集體主義與個體主義理論。

**7.6** 列出對英國政治社會化的主要影響。

**7.7** 對照英國公民參與政治活動和無黨派活動的情況。

**7.8** 討論英國通往民選職位與高階公務員職位的途徑。

**7.9** 比較商業利益與工會和執政黨的關係。

**7.10** 討論多黨制的出現，儘管藉由領先者當選（簡單多數決）施加了限制。

**7.11** 討論中央政府與其他公共機構在提供公共服務上的關係。

**7.12** 討論如何在英國提高稅收和花錢。

**7.13** 辨認全球相互依存對英國的經濟與政治的影響。

　　在這個新興民主國家眾多的世界，英國（Britain）與眾不同，因為它是老牌的民主國家。它的政治制度已經演變了超過800年。在中世紀，英格蘭

（England）國王甚至自稱統治過法國與愛爾蘭。不過，這樣自稱統治過法國的豪語在15世紀時就捨棄不用了，而且當時「**威爾斯**」（Wales）與「**蘇格蘭**」（Scotland）也都具有其主權。「**聯合王國**」（英國）（United Kingdom, UK）的政府是藉由合併了當時的英格蘭、蘇格蘭、威爾斯以及愛爾蘭（Ireland），於1801年在大倫敦**西敏市**（Westminster）的**國會**（Parliament）中所創立的[1]。

　　不像一般的新興民主國家，英國成為民主國家是藉由逐漸演進而來的，並非一夕革命變成的，其民主化是個很漫長的過程。英國的法治原則是在17世紀建立的，而行政部門對議會負責是到了18世紀才建立。19世紀中葉，政府機構進行了現代化調整以因應治理逐漸城市化、工業化以及識字率提升的社會挑戰，而在全國範圍的選舉中出現政黨競爭，開始要爭取掌控政府的權利。而每位成年男性與女性都具有投票的權利，是直到20世紀之後才被確認的。英國早在美國能選出一位女性總統之前，出現過兩任的女性首相，分別是保守黨的瑪格麗特・柴契爾（Margaret Thatcher）以及德蕾莎・梅伊（Theresa May）。

　　在歷史上英國人民沒有開會正式制定一部成文憲法。儘管如此，英國的議會民主制度所產生的影響力，可以在遙遠的印度、澳洲、加拿大以及美國都可發現。就像亞歷克西・托克維爾（Alexis de Tocqueville）在1831年到美國旅行以追尋民主的奧祕一樣，所以我們也可以檢視英國以了解更多有關長期代議制政府之奧祕。然而，英國模式的侷限性也顯現在那些從大英帝國獨立出去的國家，其無法成功複製該制度，以及這樣的模式也無法確保「**北愛爾蘭**」（Northern Ireland）的政治穩定。

　　相對於整個歐洲歷史一直擺盪在民主與非民主之間的政府形式，英國的民主發展是個鮮明的對比。目前存活最年老的德國人，至少生活在四種憲政制度下——兩種民主制度以及兩種非民主制度；而目前存活最年老的英國人，這一生都只生活在一種同樣的政治體制中。絕大多數歐洲國家的經驗教訓都是來自於本身經歷過的歷史驗證，並認為通過加入多民族國家的「**歐洲聯盟**」（簡稱「**歐盟**」）（European Union, EU）可以最好地促進和平與繁榮。然而，在經歷了40多年這樣的會員制運作之後，在2016年的6月，多數的英國選民卻投票贊成脫離歐盟[2]。

# 當前的政策挑戰

## 7.1 辨認英國因全球化而面臨的主要國內與國際上之挑戰。

政府的當代體制之創建已經改變了，但是並沒有擺脫歷屆政府面臨的治理問題。英國面臨了**「保守黨」**（Conservative Party）與**「工黨」**（Labour Party）連續交互執政狀況。從2010年至2015這連續5年中，政府還出現保守勢力與**「自由民主黨」**（Liberal Democratic Party）組成聯合政府。在2015年5月的英國國會大選，由首相大衛‧卡麥隆（David Cameron）領導的保守黨贏得了絕對多數的席次，自由民主黨的得票崩盤，而作為正式反對黨的工黨則遭受到30多年以來最嚴重的挫折。僅僅只有13個月後，就因為未能獲得多數贊成讓英國繼續留在歐盟的投票，卡麥隆辭去了**首相**（prime minister）職位。作為卡麥隆的繼任者，因此德蕾莎‧梅伊承接了國會的多數黨保證直到2020年5月下一次的大選[3]。除了繼受前任首相留下來的許多問題，她同時也承受了因為英國要退出其在1973年就加入的歐盟，而衍生出的新麻煩。

英國傳統的憲政主義是賦予國會主權；這意味著只要政府在位的一天，並能夠在「下議院」（House of Commons）得到多數國會議員（members of Parliament, MPs）的支持，都可以通過任何其想要的法律條文。隨著政策與機構之間的相互依存愈來愈高，這樣的教科書式學說現在面臨了壓力。媒體與政黨持續關注在西敏寺內所發生的事，國會議員、首相以及其**「內閣」**（Cabinet）在此開會與運作。然而，今日主要的政治與經濟問題也對英國政府迎面而來，諸如經濟的管理、外交關係以及國防，都不可能由英國政府單方面行動來解決。

英國貨幣「英鎊」（£）匯率的起伏每天都在說明相互依存行為的重要性，從購買食物或是汽車，到度假花錢以及簽訂價值數千萬或數十億的商業契約等，都會有影響。英鎊（pound）主要由英國官方的英格蘭銀行發行與管理，但是由於英鎊是國際通用的貨幣，首相的聲明並無法決定其在國際間的價值。英鎊兌換外幣的匯率受到政府決策，以及外匯市場做出決定極大的影響，在這些決定中貨幣投機者扮演重要角色。自1997年以來，英鎊對美元在匯率上的價格範圍已經從原本1英鎊可兌換2.5美元以上到1.25美元以下了。在英國公投決定要脫離歐盟之後，英鎊的價值就貶值了10%以上。在2017年1月剛開始時，交易的匯率是1英鎊兌換1.25美元。

當戈登‧布朗（Gordon Brown）於1997年在工黨政府中擔任了財政大臣，他當時承諾以穩定的增長模式取代繁榮與蕭條的經濟週期。如此的保證使他能夠對

大眾做出承諾，增加醫療照護、養老金以及教育的支出，而他們期望可以藉由經濟持續增長所產生的額外稅收來支付。雖然理論上在野政黨必須反對像大政府般的支出行為，但是保守黨反對派卻不希望只因為反對擴大支出而增加失去選票的風險。10年來，雖然增長速度不及美國的經濟，但比其他大多數的歐盟主權國家，英國的經濟確實成長了相當可觀的比率。然而，2008年的世界經濟危機對經濟增長產生了衝擊，而人口的趨勢發展卻維持了養老金和醫療照護成本的增長。在此同時，布朗當選了英國首相，但是他政治地位的提升並沒有辦法持續保住，因為他領導的工黨在2010年大選戰役中慘敗。

繼布朗之後的財政大臣是保守黨的喬治·奧斯本（George Osborne），其首要任務就是刪減政府在開支上的財政赤字，以期促進私營部門經濟狀況的增長。為此，必須先削減像是國防設備這樣的項目以減少公共開支，並擴展現有的資源來滿足國家醫療照護日益增長的需求，以及提高大學的學費。該策略確實導致失業率和通貨膨脹率顯著下降。餐飲業、醫院洗衣房和農業領域的低薪工作短缺，已被來自像是羅馬尼亞（Romania）與保加利亞（Bulgaria）等歐盟國家的勞動者所填補，對這些人而言，即使是英國的最低薪資，但都還是高於他們本國的標準。然而，當英國決定在2020年之前脫離歐盟，就已經產生了經濟的不確定性，而威脅到經濟的成長以及稅收。結果德蕾莎·梅伊的新任總理菲利普·韓蒙德（Philip Hammond）所立即採取的行動之一，就是放棄在2020年之前擺脫支出赤字的目標。

全球化之後緊隨而來的是政治相互依存之重要性日益提高，並在各個方面都使問題變得更加尖銳：英國在世界上歸屬於哪裡？傳統上，這問題的答案是英國是與英聯邦國家、美國以及歐洲大陸保持密切聯繫的主要世界大國。第二次世界大戰之後，大英帝國已經轉型為英聯邦國家，由橫跨五大洲的53個主權國家所組成的自由聯盟。與帝國相反，這些英聯邦（Commonwealth）名稱前不會放置「英屬」（British）一詞。具有主權的會員國從尚比亞（Zambia）到牙買加（Jamaica）、澳洲（Australia）與孟加拉（Bangladesh），每個國家在財富、文化，以及對民主的承諾上，都有很大的差異。英聯邦不具有軍事或經濟上的力量，而它在外交的影響力上也是很薄弱的。當它試圖向辛巴威（Zimbabwe）之前總統羅伯特·穆加比（Robert Mugabe）的獨裁政權施加壓力時，辛巴威就退出了英聯邦。

每一任英國首相都宣稱與美國之間具有特殊的友誼關係。自從冷戰結束之後，美國崛起成為世界上唯一的霸權，使得這樣的關係更加吸引英國，但對美國

（華盛頓特區權力中心）來講，卻不是那麼重要。英國保有核潛艇部隊是以削減在中東、非洲，以及其他地方的問題現場之實地行動所需的常規軍事力量作為代價。[1]透過向美國的主動行動來展示英國軍隊的力量，英國能夠宣稱自己依然在全球扮演一定的角色，而美國華盛頓特區權力中心也會宣稱，這樣的行動是符合國際利益的，並不僅是出於美國的國家利益。由下議院組成的全黨委員會，對是否繼續執行這項政策提出了挑戰。它建議與美國之間特殊的友誼關係應該被廢除。英國應該「減少這樣的恭敬以及增加更多的意志來對美國說不，尤其是針對那些在兩國利益與價值有所分歧的議題上」這受到大多數英國公眾的支持。

經濟、社會的融合以及技術變革，已經使得英國與歐洲大陸的國家更緊密結合。整體上，歐洲國家現在已經是英國最主要的貿易夥伴了。比起到英格蘭北部或是蘇格蘭的旅行，英吉利海峽隧道已經使得倫敦到法國巴黎的火車旅程更省時。像是福特汽車公司（Ford Motor Company）這樣的製造廠商，也已將其在英國開設的工廠連結橫跨到西歐的工廠，就像是福特連結了橫跨所有美國各州的工廠一樣。當英語已經成為歐洲人母語以外最多使用於彼此溝通的語言，商業、教育與旅遊業也都跟著蓬勃發展。英國人（Britons）現在已經發覺沒有必要為了去歐洲任何地方工作或是旅遊而學其他外語了。

英國（The United Kingdom）加入了「歐洲共同市場」（European Common Market）（現在則為歐盟），而當時首相瑪格麗特‧柴契爾在1980年代成功促進了歐洲採用單一市場來進行商品與服務的貿易，而該市場必須遵循共同的歐洲標準。然而，英國的治理者卻從沒有表現出歐盟創始國對日益緊密的政治和經濟聯盟的承諾。英國一直將英鎊當作其貨幣，而不是採用跨國歐元（euro），並且拒絕免持護照就能在幾乎所有歐洲大陸國家自由的通行。從第一次會員國開始討論這議題時，英國的保守黨以及工黨團體就對其效益質疑，以及擔心其國會的主權傳統會受到威脅而表示反對。當歐盟具有更多力量對英國在政策與立法上造成影響時，反對的聲浪也更增加了，而且還成立了一個新的反對歐盟抗議黨：「**英國獨立黨**」（United Kingdom Independence Party, UKIP）。為了要安撫這些「歐洲懷疑論者」（Eurosceptics），當時的首相大衛‧卡麥隆就承諾，如果該政黨贏得了2015年的選舉，就會舉辦一場關於是否支持仍為歐盟成員國的「**公投**」（referendum）。結果成真，所以在2016年的6月就舉辦了這場公投。歐洲懷疑論者宣稱，只有離開歐盟，才能夠讓英國重拾對移民與經濟權的控制。而支持繼續留在歐盟的擁護者則是宣稱，如果離開歐盟這單一市場的話，英國將會付出損失慘重的代價。在這場高投票率的公投中，最後有51.8%的票數傾向於支持

## 專欄 7.1　何以在選舉中獲勝或失敗

英國首相德蕾莎・梅伊於2017年6月，舉行了不定期的大選時，她預期自己的政黨能夠在下議院贏得更多的多數席次。她也希望強化自己在保守黨的控制力量，尤其黨內因為英國已經計畫在2019年3月脫離歐盟而產生很大分歧。她的預期實現了一半：保守黨增加了5.6%的選票達到42.2%的支持，這是從瑪格麗特・柴契爾領導保守黨在1983年獲勝以來的最高支持率並讓其仍為國會最大黨。但是梅伊卻失去人民對其政黨的信心。保守黨沒有增加其微弱的議會席位，反而因為失去了國會議員，而失去了絕對多數的席位。

反對工黨的票數上升了9.6%而達到40%，這是自從東尼・布萊爾（Tony Blair）領導工黨在2001年獲得大勝之後的新高紀錄。這兩個政黨的得票數都上升的原因就是投票行為結合了其他的不同選擇──自由民主黨、反對歐盟的英國獨立黨、國家黨以及綠黨──下跌至自1970年之後的得票新低。

德蕾莎・梅伊很精準地計算出如果與歐盟斷絕往來關係會是個艱難挑戰，但可能會贏得2016年公投支持脫離歐盟的那些多數選票。然而，她卻忽略了多年來或多或少停滯不前的收入，給剛能勉強過日子的人們帶來的壓力狀況。她也因為提議削減退休金領取者的福利，而失去了自己政黨原本支持者的信心。當面臨挑戰時，她改變了立場，從而損害了她聲稱可以提供強力、穩健的領導能力。

工黨會獲得選票是因為提議支出更多錢在各種的政策上，諸如免費的大學學費以及保證會逐年增加的退休金。當59%超過65歲選民投票給保守黨時，卻有67%的25歲以下選民支持了工黨。工黨的反緊縮呼籲，消滅了對人民對黨領袖傑瑞米・柯賓（Jeremy Corbyn）缺乏政府經驗的擔憂，以及他對委內瑞拉、北愛爾蘭以及巴勒斯坦之極端主義團體的長期支持。

自從英國國會議員選舉中採用了「領先者當選制」[4]（first-past-the-post, FPTP）之後，下議院的650個議員席次，就不是以各個政黨獲得的選票比例方式來進行分配了。保守黨的國會議員席次有318個（占了49%），其代表性是被膨脹的，而工黨只握有262個席次，實際上幾乎與其投票比例相同。自由民主黨在代表性上被壓縮，獲得了7.4%的投票數，但只贏得12個席次。

德蕾莎・梅伊需要獲得10席北愛爾蘭民主聯盟黨的國會議員支持，才能夠確保成為國會內信任投票時的多數席次。她還需要避免十幾個偏好更寬鬆的「英國脫歐」（Brexit）政策之保守黨議員的背叛，來處理與負責歐盟談判的讓步狀況，因為英國在歐盟會員資格中還保留了很大一部分的利益。為了要保留住她能繼續擔任首相這職位，德蕾莎・梅伊將來必須要重新獲得保守黨議員的信任，尤其是這些保守黨議員因她造成了一場不必要的選舉而遭受的重創中倖存下來。

英國脫歐。[2]

　　為了要確保她被接受為新任保守黨的黨魁，德蕾莎‧梅伊宣布了自己的政策立場：「英國脫歐意味著就是要英國確實脫歐」。這表示，她承諾實施全民公投的結果帶領英國脫離歐盟。然而，英國退出歐盟後，英國要如何治理與27個歐盟國以及4.4億人口之間的經濟關係變得開放。巨大的財政與商業利益促使人們遊說政府要確立所謂「軟脫歐」的保證，讓英國能夠繼續保留歐洲單一市場的會員資格。然而，歐盟制定參與單一市場的條件是必須接受歐洲勞工能夠自由遷移至英國，以及開放對於經濟上的管制。前首相梅伊拒絕接受這兩項原則，並任命了反歐盟的內閣成員以尋求增進與其他國家如美國更密切的政治以及經濟關係。英國已經正式通知歐盟有關其要脫離的意向，而且把時間限制在到2019年3月為止的24個月期間來談判，之後英國就會停止成為歐盟成員國。如果在英國政府與歐盟之間衝突的立場無法達成共識的話，英國國會將會自動重新獲得其對移民政策的排他控制權，但也會因此喪失在經濟上被單一歐洲市場所賦予的成員國之優勢。

## 歷史的遺產

### 7.2 描述英國政治上的變化，從發展為福利國家到柴契爾主義的衝突，再到全民公投脫離歐盟。

　　英國的過去限制了當前政府的選擇，而過去的歷史是可以追溯到很久以前。英國的政治制度其名義上的連續性是很傑出的。然而，連續性的象徵卻往往掩蓋了英國生活的重大變化。國會以前一度是貴族用來促進其利益而對君主統治進行反抗。但今日，國會是一個用來決定由哪一個政黨領導政府的民選機構；最後一任具有貴族背景的首相：安東尼‧艾登爵士閣下（Sir Anthony Eden），已於1957年卸任。

　　英國作為一個福利國家的政治基礎，為所有**階級（class）**的公民提供福利，這是為抗擊第二次世界大戰而成立的全黨聯合政府奠定的。1945年獲得勝選的工黨政府採用了全面的「國民保健署」（National Health Service, NHS），並且與本身的社會主義價值源起是一致的，取得了許多主要行業的所有權基礎。1951年至1964年期間，保守黨政府所成就的功勞就是讓全民充分就業、低度通貨膨脹以及促進消費者蓬勃發展。他們也面臨來自於公共支出的挑戰，像是大眾社會福利計畫的支出成長速度就比稅收快很多。工黨在哈羅德‧威爾遜（Harold Wilson）於1964年贏得大選時，承諾會將經濟發展推動到一個史無前例的階段。

然而，後來經濟發展卻沒有達到原本的預測。在1967年，政府被迫將英鎊貶值，並且向「國際貨幣基金組織」（International Monetary Fund, IMF）尋求貸款的協助。也使得工黨在1970年丟失了執政權。

愛德華‧希思（Edward Heath）領導的保守黨政府（1970-1974）主要的成就，就是使英國成為歐盟的成員。然而，其試圖藉由以控制工資方式來阻擋前所未有的通貨膨脹時，希思冒著權力的風險來面對左翼的英國「全國礦工聯合會」（National Union of Mineworkers）之抗爭，他們罷工是為了要提高政府所允准的較低工資。後來，當希思在1974年2月大選，高喊著「由誰主政？」的口號時，保守黨與工黨的得票數都下降了。哈羅德‧威爾遜（Harold Wilson）組成席次沒有過半的少數黨政府，並在10月再次舉行的第2次大選中，才取得了些微的多數席次。1976年時，工黨的詹姆士‧卡拉漢（James Callaghan）取代了他。通貨膨脹、失業率上升，以及經濟萎縮，破壞了工黨的整個平臺，而另一個隨後而至的就是國際貨幣基金組織的貸款。工黨政府採取了貨幣主義（monetarist）政策，但卻未成功遏制通貨膨脹。

保守黨領導人瑪格麗特‧柴契爾帶領其政黨在1979年獲得了選舉上的勝利，成為了歐洲主要國家中的第一位女性首相。她拒絕為前任首相之市場原則所象徵的混合經濟制度背書。柴契爾也拒絕了主張政府具有社會責任維持福利結果，並宣稱：沒有「社會」（There's no such thing as society）（參閱專欄7.2）。雖然她宣揚市場該有的美德並抨擊了大政府概念，但是她並沒有大幅削減大眾化的社會計畫的支出。

瑪格麗特‧柴契爾領導其政黨成功地在3次大選中獲得勝利，雖然她的獲勝是因為競爭政黨的分裂。在具有戰鬥性的左翼激進分子抓住了工黨控制權之後，1981年有4位前工黨內閣部長與自由黨（Liberal Party）結盟組成了中間派的「社會民主黨」（Social Democratic Party, SDP）。工黨在1983年選舉時提出的宣言，被描述成是歷史上最冗長的自殺筆記，但是工黨卻設法在社會民主黨組黨之前就已經完成整備。4年後社會民主黨與自由黨進行合併而組成「自由民主黨」（Liberal Democrat Party）。

## 專欄 7.2　柴契爾主義的意涵

瑪格麗特‧柴契爾成功地克服了階級與性別的困境。她是家族中第一個上了大學的成員，而且獲得了牛津大學的錄取。她主修化學，之後還通過資格獲得律師的身分——這兩個都是以男性成員為主的專業領域。當她獲選為1959年下議院的議員時，成為了25名女性國會議員之一；1975年她獲選為保守黨的黨魁時，成為了英國第一位政壇黨派的女性領導人，並在1979年成為了英國第一位女性首相。她同時也是當代英國歷史上的首位黨魁連續在3屆大選中贏得勝利。

在所有的英國首相當中，瑪格麗特‧柴契爾也已經成功地將自己的名字很獨特地成為了一種政治意識形態之名號——「柴契爾主義」（Thatcherism）。她的中心信念就是讓「市場」為混合型經濟的福利國家所導致的國家經濟困境來提供藥方。國營企業與市府所擁有的市政廳也都全部轉售給私營業主。這股被描繪為「商業化」（businesslike）的方法模式也被運用在管理各式各樣的機構，從醫院到博物館都是。比起她的保守以及工黨前任領袖所持有的混合型經濟的福利國家哲學理念，她反而與同樣是支持市場導向觀點的美國總統羅納多‧雷根（Ronald Reagan）有更多的相似之處。

只要是柴契爾所負責的地方，她都信奉強勢政府為王道。她準備對內閣同僚和公務員的同事進行「掌控」（亦即維護個人的權威）。地方政府的自治權受到了遏制。外交政策上，在歐盟國影響被她視為是英國的國家利益議題時，她是一位強勁的對手。阿根廷在1982年入侵了一個很小但受控於英國在南大西洋殖民地的福克蘭群島（Falkland Islands），而與英國發生一場小型戰爭，而最終英國獲得了勝利。

在柴契爾卸任後，保守黨出現了在柴契爾主義上的分裂；一派尋求推動市場導向與反對歐盟進一步干預，而另一派則認為選民會很快轉向投票支持較不具有意識形態的中間派計畫方案。在她之後的兩位保守黨首相繼任者——大衛‧卡麥隆與德蕾莎‧梅伊，也都一直受到來自黨內的挑戰，而須平衡這些衝突的矛盾觀點。

資料來源：參閱瑪格麗特‧柴契爾撰寫的《唐寧街歲月》（*The Downing Street Years*）（New York: Harper Collins, 1993）；以及理查德‧維恩（Richard Vinen）撰寫的《柴契爾執政的英國》（*Thatcher's Britain*）（London: Simon and Schuster, 2009）。

　　在柴契爾第3任任期中，她在民意調查中卻變得極不受歡迎。當心懷不滿的同黨保守黨國會議員在1990年10月強行推動對黨魁進行投票表決時，柴契爾選擇了辭去職位，以避免遭到罷免。保守黨國會議員之後投票選出了當時相對比較不為人知的約翰‧梅傑（John Major）擔任黨魁，從而他也順理成章成為了首相。梅傑在1992年帶領保守黨贏得了前所未有的連續第4次執政任期。然而，幾個月之後，他以強勢英鎊作為基礎的經濟政策，卻在外國投機者的炒作壓力之下，面臨了崩盤。雖然經濟是有增長，但由於遭遇到保守黨內柴契爾支持者狙擊，也大大削弱了梅傑的權威。

在連續4次選舉失敗之後，工黨在1994年選出了東尼・布萊爾（Tony Blair）來作為黨魁（參閱專欄7.3）。幸好保守黨的反對派不是很受歡迎，所以東尼・布萊爾領導的工黨連續3屆選舉都獲得勝利，即使他的政黨得票率從1997年的43%已經跌至2005年的35%。布萊爾政府執行了工黨長期堅持的憲政改革計畫，內容包括將權力**下放**（devolution of powers）給蘇格蘭和威爾斯的民選議會、在北愛爾蘭建立一個權力共享的政府，以及採納透過法律對個人的人權進行保障。布萊爾顯示了他已經準備就緒要接受「柴契爾主義」（Thatcherism）原則，透過引入更多市場機制來嘗試改善國家財政支持的健康和教育服務。許多醫師、教師，以及公部門員工被這些改變弄得士氣非常低落或是感到憤怒。在2006年，大學教師開啟了首次的全國性罷工。

外交事務提供了布萊爾一個更寬廣的舞臺來展現他的個性。在最初認同美國民主黨員比爾・柯林頓（Bill Clinton）之後，他努力與共和黨總統喬治・布希（George W. Bush）建立關係。當小布希已經考慮要對伊拉克發動戰爭時，在沒有諮詢其內閣或國會的狀況下，布萊爾就直接對小布希保證說：「不論如何，我們都會與你同在。」他告訴英國政府的首席法務官（chief law officer）尋求華盛頓的支持，以壓制英國工黨中那些認為戰爭是違法的國會議員之反對。戰爭的結果被揭露之後，布萊爾在英國的聲望居然比在美國還要低。在2007年，他辭職下臺並尋求在國際公共關係領域中收入更加可觀的職業。

戈登・布朗在2007年出任首相不久之後，2008年全球金融危機（world economic crisis）帶來的負面影響，戳破了他原本作為一名熟練的經濟管理人之聲譽。布朗缺乏個人魅力以及與抱持布萊爾主義的議員之內鬥，都算是選舉上的災難。在2010年5月時，工黨只獲得了29%的選票支持──這是工黨自1918年以來總得票率第二低的選舉結果。

在連續三場大選的失敗之後，保守黨選出了一位中間派的黨魁──大衛・卡麥隆，並在2010年贏得了最多，但非絕對多數的國會議員席次。自由民主黨超過半世紀以來，第一次取得了組成政府的機會，而這也是英國在二次世界大戰以來首次成立了聯合政府。卡麥隆是首相，而自由民主黨的黨魁尼可拉斯・克萊格（Nicholas Clegg）成為了副首相（deputy prime minister）。在某種程度上，兩位領導人可以在改善環境、同性戀與少數族群的權利，以及國民保健服務等熱門的計畫方案問題上達成共識。自由民主黨獲得一次可以改變選舉制度的全民公投機會，但結果卻是無濟於事，因為選民拒絕了這樣的改變。而左傾的自由民主黨成員也被那些支持保守黨政府的政黨加以疏遠。走中間路線的自由民主黨支持者也

## 專欄 7.3　工黨之目的：贏得選舉或為本身理由作證？

在經歷了連續4次選舉失敗之後，工黨在1994年選擇了東尼・布萊爾來作為黨魁，因為他的言行與外貌都不太像是一般工黨的成員。他過去在寄宿學校受教育，在牛津大學研讀過法律，而且他的雙親都是保守黨員。他取材於前美國總統比爾・柯林頓而提出要用一個比較模糊的「第三條路」[5]（Third Way）哲理概念取代工黨傳統上的社會主義綱領。他的目標就是藉由否定傳統上工黨的論點，改以支持會吸引橫跨整個政治光域選民的論點來贏得政府的執政權。他的首席選戰顧問，前英國共產主義者彼得・曼德爾森（Peter Mandelson），在1998年就提到他對人們以骯髒手段致富的態度非常輕鬆看待。雖然柴契爾主義者是透過意識形態來定義本身，但是擁護布萊爾的這些人卻是將自己視為是工黨領導人的追隨者，並且拋棄意識形態般的語言來懇請選民信任他可以進行有效的執政。

布萊爾的策略確實奏效；他從1997年開始就領導工黨獲得了3次大選的勝利，並且擔任首相長達11年之久。在他的領導之下，許多面向媒體但幾乎或沒有先前經歷的政治顧問都被延攬進入政府。在布萊爾的第1任任期中，透過部分精心安排的影音片段與圖像來培養整體執政形象，讓他享有史無前例的高民調評論時刻。但是擔任了5年首相之後，布萊爾意識到治理上的策略依賴媒體導向之限制：「相反的，宣揚應該是真實的內容。在首屆的執政時期，人們會傾向於認為就是這種情況。但卻不然。宣傳只不過是一種意圖罷了。」

布萊爾宣布打算為了讓選舉獲勝而犧牲掉工黨在傳統上的價值，並且遠離那些將本身觀點更多地歸功於馬克思，而不是歸於衛理公會（Methodist Church）的左翼工黨國會議員以及工會領袖，而這些觀點卻是啟蒙工黨創立者的信念。工黨在2015年的大選失敗之後，接著而來的就是左翼激進分子藉由推選傑瑞米・柯賓（Jeremy Corbyn）為工黨領袖來表示其拒絕布萊爾主義（Blairism）。即使傑瑞米・柯賓年輕時曾經發起反資本主義、反北大西洋公約組織（North Atlantic Treaty Organization, NATO）、參與過愛爾蘭共和軍（Irish Republican Army, IRA），以及因為身為托洛茨基分子（Trotskyite）而加以反對伊拉克戰爭，此外他也深刻同情巴勒斯坦人。

2016年召開的工黨大會，柯賓公開宣稱他相信資本主義這老舊模式已經殘破不堪，而此時正是將競選朝向21世紀的社會主義方向，以尋求選舉勝利的時機。2017年6月的大選結果，則顯示了英國選民對他所持信仰的看法。

資料來源：參閱東尼・布萊爾撰寫的《旅程》（*A Journey*）（London: Hutchinson, 2010）；賽門・詹金斯（Simon Jenkins）撰寫的《柴契爾與後繼者：一場涵蓋三個行動中的革命》（*Thatcher and Sons: A Revolution in Three Acts*）（London: Allen Lane, 2006）；湯姆・包爾（Tom Bower）撰寫的《破碎的誓言：東尼・布萊爾，權力的悲劇》（*Broken Vows: Tony Blair, The Tragedy of Power*）（London: Faber & Faber, 2016）[6]；約翰・齊爾考特爵士（Sir John Anthony Chilcot）所主持的私人議員委員會所張貼之文章〈對伊拉克戰爭的調查〉（http://www.gov.uk/government/publications, 2016）。

因為該政黨接受大學學費大幅調增，與大選前反對增加的承諾有所衝突，因而也漸行漸遠了。在2015年的大選，保守黨獲得了絕對多數的國會議員席次，這確實是有賴於自由民主黨失去了原本自己三分之二的票數，以及丟失超過六分之五的國會議員席次所導致。

　　相反的，工黨已經轉向到左派。在2010年，艾德・米勒班（Ed Miliband）因為受到工會的支持而成為工黨的黨魁。他競選是為了要彌補因為2008年全球經濟衰退所揭示的市場經濟之缺陷。但這無法吸引中間選民的支持；在2015年的選舉中，工黨再次只獲得不到三分之一的選票，而米勒班也很迅速地辭職下臺。傑瑞米・柯賓（Jeremy Corbyn）這位長期都堅持反對布萊爾與布朗執政時的政策，也因為藉由不斷宣傳在1980年代初期該黨就一直持續支持的社會主義計畫，而成為了新一任的黨魁。這使他贏得了大多數黨員的投票支持而獲得領導機會，這裡面有許多黨員都是因為左翼工會進行動員而新招募來的。然而，超過四分之三的工黨國會議員很擔心柯賓的立場可能會導致工黨在未來10年都會站在反對的局面，因此投下了不信任的票。他們針對他的挑戰卻在2016年新一輪的黨員投票中被否定了。

　　對保守黨執政的首相德蕾莎・梅伊而言，反對黨持續的混亂狀態提供了一種符合這項資格而能繼續執政的安全保證：繼續握有保守黨國會議員以及全國選民的支持。為了要持續整合歐洲懷疑論立場的政黨，她一直保證會首要控制住歐洲人向英國的移民，而不是從參與歐洲的單一市場之中獲得最大利益。這也吸引了原本從保守黨叛逃，強調反移民的英國獨立黨之選票。除此之外，她持續鼓吹保守主義和愛國主義的價值觀，並抨擊那些稱讚自由主義觀點的菁英人士，以及那些因為英國參與到全經濟中而受益的跨國公司。既然持反對立場的工黨在最近的一場選舉中還落後保守黨6%的選票，因此德蕾莎・梅伊希望藉由傳遞出支持英國脫歐來鞏固地位的策略，在2020年英國大選中將會為她帶來勝利。[7]

# 政治的環境：一個王室下的許多民族

## 7.3 辨認英國成為「多民族國家」的方式。

　　英國的伊莉莎白二世（Queen Elizabeth II）是全世界最為人知的女王，然而世界上卻沒有一個被稱為英格蘭的國家政權。在國際法中，這個國家政權就是大不列顛暨北愛爾蘭聯合王國。英國被區分為英格蘭、蘇格蘭，以及威爾斯。威爾斯顯著的特徵就是其四分之一的人口同樣能夠說古老的凱爾特語（Celtic）、威爾斯語，以及英語。蘇格蘭，曾經一度是個獨立的王國，在1707年就已經併入為

英國的一部分。然而，蘇格蘭人有獨樹一格的法律、宗教，以及教育制度。聯合王國第四個部分就是北愛爾蘭，由過去曾經一度是阿爾斯特省（Ulster）9個郡當中的6個郡所組成；其他3個郡為愛爾蘭共和國的一部分。在1916年對英國王室暴動起義之後，分離出去的愛爾蘭國家政權就在1921年所建立。

倫敦是政治、金融和文化之都，但並非代表英格蘭。2015年的大選，在倫敦當選的工黨議員以3：2的比例超過保守黨，然而在英格蘭的其他地區，保守黨議員以2：1的優勢勝過工黨。在2016年對歐盟會員資格的全民公投中，倫敦是英格蘭中唯一一個多數選民決定要繼續留在歐盟當中的地區。倫敦一直都被視為是英國中最為繁榮的地區，與之相比，英格蘭大多數地區的人均收入都低於英國的平均水準。倫敦有不到一半的人口是出生在倫敦本地，而這個城市吸引了三分之一的移民人口到英國來。

為了要回應來自於國家主義政黨的選舉壓力，工黨政府授權下放權力至蘇格蘭與威爾斯轄區的政府，希望他們在1999年這樣的措施能夠滿足國家主義者的需求。**蘇格蘭民族黨**（Scottish National Party, SNP）在2007年就已經掌控了蘇格蘭轄區的政府了。雖然工黨從不曾在威爾斯的議會中拿到過半席次，但工黨還是很接地氣的贏得威爾斯的多數席次。一項2014年的調查研究發現，大多數的蘇格蘭人與威爾斯民眾都認為最應該有政治影響力的是權力下放後自己的政府，而不是英國政府，但事實並非如此。[3]所有國會中擁有權力的政黨，都會運用其當選的地位而要求更多的權利。直到2010年，保守黨政府也從西敏寺下放得到更多權力，而英國政府現在也將「權力下放」描述成是一種過程，而不是一種固定需要由憲法來解決的問題。

英國是個統一的主權國家，因為只有單一個權威之來源：英國的國會。然而，在每個國家中的政黨競爭都不太一樣，在西敏寺中的執政黨也與其他地方的執政黨，或是在一個或多個下放權力至地方議會中的聯盟不太相同（參閱表7.1）。

讓蘇格蘭「獨立」是蘇格蘭民族黨的目標。蘇格蘭民族黨並沒有特別去強化像是蘇格蘭裙（kilt）以及風笛（bagpipes）這些具有民族性的傳統符號，反而強調擁抱所有居民的公民價值觀，不論住在土地上的居民原本是出生於蘇格蘭、英格蘭、波蘭或是巴基斯坦。其主張認為一個僅依靠蘇格蘭500萬人民而建立的政府，會比現今仰賴其12倍多的龐大人口所選出來英國政府，更具有責任感與能力（參閱表7.1）。蘇格蘭的人口足以建立一個與北歐斯堪地那維亞地區相似或是更強大的國家，如挪威與芬蘭，其在20世紀獲得獨立之前也都是其他較大王國的

一部分。聯盟主義者則是主張蘇格蘭人隸屬在英國這框架下已經擁有相對較多的經濟利益以及安全保障,而分離則可能產生大量的不確定性以及與英國之間形塑出一條嚴峻的邊界。

　　蘇格蘭民族黨在2014年舉行了獨立公投,而當時英國政府也允許蘇格蘭有行使脫離英國的權利。在這場投票率創紀錄的公投中,最後有55%的票數決定繼續留在英國中,而蘇格蘭民族黨也宣稱如果政治環境有重大的改變時,它可能會再號召另一場獨立公投。蘇格蘭民族黨在2016年的蘇格蘭地區選舉中贏得了第3次5年任期的「權力下放政府」(devolved government)執政權。蘇格蘭議會也在英國正式脫離歐盟之前,就已經批准了舉辦第2次獨立議題的公投,而且有62%的蘇格蘭人在公投中投下繼續留在歐盟的意願。不過,後來英國政府拒絕了這樣的請求。

　　在威爾斯,民族主義政黨已經讓那些通常被少數威爾斯人使用的威爾斯語,獲得了威爾斯政府公開承認為官方語言。當前威爾斯首席部長卡文‧瓊斯(Carwyn Jones)就能夠非常流利地使用威爾斯語以及英語兩種語言。威爾斯議會是由混合了「領先者當選」(first-past-the-post, FPTP)以及「比例代表制」(Proportional Representation, PR)的選舉方式,所以會出現工黨有時候需要與自由民主黨或者是與威爾斯民族主義政黨的威爾斯黨(Plaid Cymru)結為聯盟。這是因為不像是持續強調獨立為目標的蘇格蘭民族黨,威爾斯黨的計畫側重在與大眾相關的政策上,而長期的目標也是很含糊地被描述為「一個平等邦聯國內具有

**表7.1　2015年英國大選的國家各區分析**

**2015年全國性政黨得票比率**

| | 英格蘭 | 蘇格蘭 | 威爾斯 | 北愛爾蘭 | 全英國 |
|---|---|---|---|---|---|
| 保守黨 | 40.9% | 14.9% | 27.2% | – | 36.8% |
| 工黨 | 31.8% | 24.3% | 36.9% | – | 30.4% |
| 英國獨立黨 | 14.1% | 1.6% | 13.6% | – | 12.6% |
| 自由民主黨 | 8.2% | 7.5% | 6.5% | – | 7.9% |
| 英國國家黨* | – | 50.0% | 12.1% | 91.4% | 7.6% |
| 其他** | 4.3% | 3.3% | 3.7% | 8.6% | 4.7% |

* 蘇格蘭民族黨、威爾斯黨(威爾斯),與在北愛爾蘭的北愛爾蘭聯盟黨、民主聯盟黨、阿爾斯特統一黨(Ulster Unionist Party, UUP),以及傾向建立愛爾蘭共和國的新芬黨(Sinn Féin)與社會民主黨以及工黨。

** 在這數據當中,英國綠黨貢獻了3.8%。

資料來源:數據資料來自於2015年的英國大選,下議院圖書館簡報CB7186。

自治政府的國家」。威爾斯黨也準備利用其對威爾斯政府中少數派的影響力來促進其選民的利益，並更廣泛地使用威爾斯語。

　　北愛爾蘭是聯合王國中最不英國的。正式來說，北愛爾蘭比較屬於是世俗政體，但是在新教徒與天主教徒之間關於國族認同的差異性，卻主導了其政治。占有一半以上的人口的新教徒比較希望保留成為英國的一部分。過去半世紀以來，新教徒透過在家園的「斯托蒙特」（Stormont）建立議會大廈的方式來維持其多數治理。但是天主教徒當中有許多人並不支持這個政權，反而是希望能夠脫離英國而加入愛爾蘭共和國，並且主張北愛爾蘭就應該是屬於愛爾蘭的。在1972年，英國政府廢止了斯托蒙特議會的功能，而直接負責所有的業務行動內容，包括繼續維持其安全狀況。

　　天主教徒在1968年發起抗爭反對歧視問題；示威遊行隨後在1969年演變成暴力行動。**「北愛爾蘭共和軍」**（Irish Republican Army, IRA）復甦了，並在1971年開始以軍事戰役方式將北愛爾蘭從英國移出，攻擊目標是英國的軍人，並使用恐怖攻擊的炸彈引爆。新教徒組織了一支非法的武裝部隊加以對峙。英國軍隊也採取了射殺方式來應對。「北愛爾蘭問題」這場自1969年開始的政治上的暴動，犧牲了超過3,500人。在調整人口的差異描述之後，這場暴動相當於約有15萬人死於英國本土，或是有75萬人在美國被政治性殺害一樣。

　　經過數十年的暴力衝突後，英國與愛爾蘭共和國政府分別在倫敦與都柏林，提供誘因鼓勵北愛爾蘭共和軍的成員放棄暴力，並鼓勵阿爾斯特統一黨成員（Ulster Unionists）接受新芬黨（Sinn Féin）以獨特的權力共享形式參與政府。無論北愛爾蘭的選舉會呈現怎樣的結果，政府職位必須讓像是親愛爾蘭天主教共和黨議員這樣的少數政黨都能分享得到，同樣也必須讓代表親英國的新教聯盟的阿爾斯特統一黨員共享。這樣的狀況也一直被稱為是一種「權力下放結合非自願聯盟的獨特形式」。[4]這樣一個穩定的權力分享政府，最早是在2007年的時候由直言不諱的統一主義者與新教徒皮斯禮·班塞爾（Ian Paisley）博士來擔任北愛爾蘭首席部長，以及由新芬黨結合北愛爾蘭共和軍的政治人物馬丁·麥吉尼斯（Martin McGuinness）來擔任北愛爾蘭副首席部長。儘管這內部存在著摩擦與安全上的挑戰，但多黨聯盟仍繼續持續下去，並獲得了英國在稅收上的大量補貼。然而，這樣的聯盟卻在2017年因為一些個人以及經濟議題等因素，而四分五裂，並且因新芬黨在3月分舉行的選舉中僅落後民主聯盟黨領袖1票，造成了一場被默認是英國試著要控制北愛爾蘭的管轄權，而不打算下放權力至議會中的危機。

　　在公民的心中，英國是一個多民族的國家政體，而人們也會因為對自我描述

的不同而產生差異性。在英格蘭，人們通常會說自己是「英格蘭人」（English）或是「英國人」（British），但兩者在詞彙的認定之間沒有什麼意義上的差別。但在英國的其他地方可能就不會出現這樣的狀況了。在蘇格蘭，超過三分之二的人們認為自己是「蘇格蘭人」（Scots）。在威爾斯，主要的認同就是「威爾斯人」（Welsh）。在北愛爾蘭，人們分成三種群體，有些人認為自己是「英國人」，有些則是「愛爾蘭人」（Irish），其他的則是認同自己是「阿爾斯特人」（Ulster）。

然而，在英國內部當中卻沒有在相關國家認同上產生爭議，對於哪一地方是屬於國土最大的部分，則毋庸置疑。英格蘭掌控了英國，因為一般認為聯合王國是由84%的英國人所組成，8%的人生活在蘇格蘭；5%的人生活在威爾斯，以及3%生活在北愛爾蘭。英格蘭還獲得下議院五分之四的國會議員席次。在本書早期的版本中，這一章節被稱為「英格蘭政治」（Politics in England），因為如同東尼・布萊爾有一次曾經說過：「作為英格蘭的一名國會議員，主權在於我這個首相手上，而這就是它將繼續維持下去的方式。」[5]

在2015年的大選之後，執政的保守黨中有96%的國會議員是來自英格蘭選區的代表，而工黨中則是有89%的國會議員是來自英格蘭選區的代表（參閱表7.1）。每個政黨都只有一位國會議員來自蘇格蘭。權力下放之後使得一些英格蘭的保守黨對非英格蘭的議員感到憤慨，因為他們可以在西敏寺議會中進行投票，尤其是可以表決那些僅適用於英格蘭的法律。他們希望只有英格蘭的國會議員才有資格投票那些僅限於英格蘭使用的法律。研究也高度凸顯出要使英國能具有區隔性的英國國會這樣的一個聯邦制政府是很困難的。沒有任何一任的英國政府想要創造出一個類似於美國或德國這樣的聯邦體制，因為如果這樣做，就可能會創造出具有實質權力的機構來挑戰英國國會的至高地位。

## 多種族的英國

幾個世紀以來，英格蘭從歐洲其他地區接收了相對較少但卻值得關注的移民數量。伊莉莎白二世就是來自於德國漢諾威（Hanover）王室家族的後裔，在1714年繼承為英國王室。直到第一次世界大戰期間爆發了反德情緒，原本王室成員是按父系祖先之名而衍生的姓氏「薩克森—科堡—哥達」（Saxe-Coburg-Gotha）；藉由王室發布公告，國王喬治五世（King George V）在1917年將家族姓氏更改為「溫莎」（Windsor）。

過去大英帝國在全球的版圖就是一種多種族面貌，而目前的英聯邦國家也是

如此。自從1950年代末期之後，來自西印度群島、巴基斯坦、印度、非洲國家，以及其他英聯邦國家成員的求職者，紛紛都移民至英國。除此之外，成千上萬來自於澳洲、加拿大、美國，以及歐盟的人，以學生或是勞動者身分來回穿梭在英國與所屬國之間。在全球各地發生的政治動盪，也導致來自一些中東與非洲的動盪地區之移民以政治難民身分來尋求庇護。在2011年的人口普查中，有八分之一的英國居民是在外國出生的。在那時期之後，移民就開始不斷增加，而每年的移入人口淨額就高達30萬人。

英國移民的討論常常會因為既存的四種不同移民類別，而令人感到非常不易理解：有些人是來自於歐盟其他國家的公民；有些是新加入英聯邦的國家，諸如印度與巴基斯坦；有些是舊有的英聯邦國家，諸如澳洲與加拿大；而一些人被描述為來自中東與非洲問題國家的難民，其中有些人則是相對富足的經濟移民。波蘭人是英國最大的移民族群，而其他來自於較低工資的東歐國家之公民，其數量也是相當龐大。主要來自於印度共和國的印度教移民，則是移民中第二大群體。根據過去通過的法律，成千上萬的在愛爾蘭出生的英國居民，也能夠申請英國護照。

英國官方統計也企圖去計算出那些被稱為「非洲裔與其他少數民族」（black and minority ethnic, BME）的人數。這些被集結在這樣的標籤之下的人群，只有一個共同的特點：他們的膚色不是「白色」。而在最近的人口普查當中，非洲裔與其他少數民族的人口數從1951年的7萬4,000人，已經增長到大約800萬人。英國選舉委員會（Electoral Commission）現在發布關於如何投票的訊息時，就不只有使用英語而已，也會包括字母排序範圍從「阿拉伯語」（Arabic）到「烏爾都語」（Urdu）的12種語言。被「非洲裔與其他少數民族」這樣的標籤所註記為具有異質性群體的人們，主要是因為文化、種族、語言，以及族裔等因素而被區隔：西印度群島人以英語作為本身的母語而且具有基督宗教的傳統，但是非洲黑人通常並非如此。來自於印度、巴基斯坦，以及孟加拉的少數族裔，雖然大多數的人都以英語作為使用的第二語言，但卻被劃分成隸屬於印度教徒、穆斯林，以及錫克教徒（Sikh）。從香港來的華人本身具有獨特的文化，其移民的色彩比那些來自巴基斯坦以及孟加拉這樣的父權地區而言，卻更加鮮明。

隨著時間的流逝，人口組成正在改變。有四分之一的嬰兒人口之母親是在外國出生，從而增加了那些在英國本土出生以及在英國本地受教育的少數族群人口的比例。他們的差異之處在於本身是如何看待自身：原本來自於加勒比海

（Caribbean）的英國居民中，有64%的人認同自己是英國人，相同的狀況在巴基斯坦、印度，以及孟加拉的後裔中則更高達四分之三的人認同自己是英國人，華人當中則有五分之二會認同自己是英國人。然而，有些移民的後代卻有可能會出現拒絕融入英國當地文化。一則發生在2005年7月7日協同恐怖分子攻擊倫敦的事件，超過有50位民眾被殺害死亡，居然是在英國出生的巴基斯坦人移民後代所組織，其在英國的清真寺被轉變成充滿「聖戰主義」（jihadism），並且透過以英國為主的網站來散播訊息。這些在英國出生的「聖戰士」（jihadist）回到巴基斯坦以及鄰近國家的阿富汗去接受軍事訓練，並且也都曾經幫在中東地區的「伊斯蘭國」（ISIS）打過仗。英國政府也因此大力提升反恐的警備力量，並且賦予其正當理由來擊斃這些活動者，即使裡面有些人可能是被錯誤的懷疑是恐怖分子。

　　為了回應這樣的恐怖攻擊事件，英國政府也開始從原本促進多元文化主義的立場轉變為強調移民家族要融入英國的生活方式。然而，這樣也會讓人發現在定義什麼是英國的方式是有一定的難度。舉例來說，首要必須先理解的是英國的通用語言、稅賦制度，還是世俗和自由的價值觀？在英國出生的移民後代可以自動獲得公民身分。有多大的程度會使他們採用英國式的生活，主要還是受到原本家庭、文化以及宗教的影響。他們也會因為自己本身所處之當地社區的特色而被影響——這些實際上是少數族群的人會居住在其占有主導地位的地區。

　　許多移民以及他們的後代也正在融入到當地的選舉政治當中，尤其是那些實際上已經成為具有影響力的一部分選民之選區中。在2015年的英國大選中，有65%的非洲裔與其他少數民族選民偏好於工黨，有23%的非洲裔與其他少數民族選民則是擁護保守黨。現在也有幾百名少數族裔當選成為地方政府的議員。保守黨與工黨同時都正積極促進提名少數族群的男性與女性候選人。在下議院有41位少數族裔的國會議員是來自於各式各樣的背景——印度、巴基斯坦、西印度群島、加納，以及葉門的亞丁港——裡面甚至有18位是女性議員。在政黨方面，這些國會議員中有23位是隸屬於工黨；17位是保守黨，以及1位屬於蘇格蘭民族黨。[6]

　　輿論一面倒反對英國無限接收移民。不論是工黨或是保守黨所執政之政府都透過法律試著限制移民的數量，但是這些法律的效力卻是非常有限，而且不容易執行，甚至會招致來自企業的抗議，這些企業想要聘用移民，此外大學也希望能有來自海外就讀的學生。大衛・卡麥隆擔任首相時的保守黨政府保證會將移民數量減少至每年低於10萬人以下。由於淨移民人數的增長速度是其3倍以上，所以當時德蕾莎・梅伊領導的政府就已經放棄了制定一個具有目標性的數值。移民所

累積的效應結果就是英國公民中少數族群數量的成長，但其父母親可能都不是英國人。這樣的結果就確保英國將能繼續維持現今的狀況：一個由白人、黑人，以及少數族群所組成的社會。

# 政府的結構

## 7.4 解釋英國政府的結構並列出首相、內閣大臣以及公務員的職責。

　　「政府」（government）這個詞彙在英國被運用在許多不同的意義上。英國人可能用來指女王的政府，以強調歷史的延續性以及無特定政黨派別的特徵。英國人也可能會將此影射到保守黨或工黨領導的政府來強調黨派關係，或是連結到德蕾莎·梅伊領導的政府以強調首相個人的特色。政府各部門是由內閣大臣領導，而內部職工則是由公務員（civil service）所組成，統稱為「白廳」（Whitehall），在倫敦街道底端，許多政府的部門在歷史上一直聚集在白廳。「**唐寧街**」（Downing Street）是白廳附近的一條短街，而英國首相就是在這條街上10號門牌的一棟18世紀官邸工作。英國國會——即由民選的「下議院」（House of Commons）以及非經由選舉產生的「上議院」（House of Lords）所組成——就位在白廳的另一端。但「國會」（Parliament）一詞通常都是指「下議院」的另一種方式。這些機構通常都被統稱為「西敏寺」（Westminster），主要是因為英國主要的政府辦公室都座落在倫敦這一區之中。隨著權力的下放，民

**圖7-1　必須聚焦在西敏寺來觀察大眾影響力**

英國政府的結構

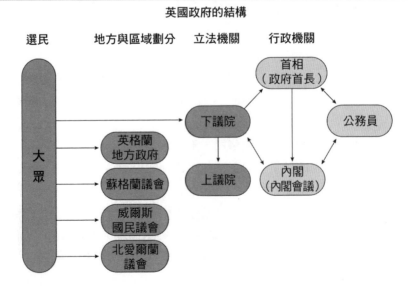

選議會也可以在蘇格蘭首府「愛丁堡」（Edinburgh）、威爾斯首府「卡地夫」（Cardiff），以及北愛爾蘭首府「貝爾法斯特」（Belfast）等地方可看到（參閱圖7.1）。

　　對於政府的描述通常始於其憲法。然而，英國從來沒有制定過任何一部「成文憲法」（written constitution）。其**「不成文憲法」**（unwritten constitution）就是混雜的法規散落在國會法案、司法判決、慣例與習俗當中，構成政治遊戲中的規則。憲法的模糊性使其更具有彈性，像是瑪格麗特・柴契爾與東尼・布萊爾這樣的政治領袖，就曾經利用憲法這一點特性來擴充他們本身的權力。如同格里菲斯（J. A. G. Griffith）這位憲法律師所描述：「憲法亦即所發生的事例。」[7]

　　比較成文的美國憲法以及不成文的英國憲法，就能發現不成文法非常強調其所受到的約束是非常的低（參閱表7.2）。而美國的修憲必須獲得超過一半的州和國會議員的認可，但是不成文的英國憲法可以通過國會中多數表決的投票被加以修改，而通常由當時的政府獲得多數票。政府也可以藉由以前所未有的方式來行事，並聲稱這樣做是為了要建立新的慣例，並以此進行憲法之修改。因此，美國憲法與政策的相關性會遠遠高過英國憲法與政策之間的關係。

　　美國憲法賦予最高法院具有最終權力決定政府有哪些事情可以做以及不能做。相比之下，在英國的最終權威機構則是國會。法院沒有權力決定並宣布國會哪些行為是違憲的（unconstitutional）；法官只能簡單詢問行政上的行為是否在其授權的範圍之內去執行。許多法規賦予內閣大臣相當廣泛的自由裁量權

**表7.2　英國與美國憲法**

**不成文與成文憲法的比較**

| | 英國（不成文憲法） | 美國（成文憲法） |
|---|---|---|
| 源起 | 中古世紀的慣例 | 1787年的制憲大會 |
| 形式 | 不成文，模糊定義 | 成文，明確定義 |
| 憲法的最高權威 | 國會中的多數 | 最高法院 |
| 個人權利法案 | 從歐洲借用過來 | 憲法明文規定 |
| 修憲 | 在國會內的一般投票即可；從沒有見過政府採取過行動 | 需要國會或州議會超過三分之二的支持票數 |
| 政策相關性 | 低 | 高 |

資料來源：根據《大不列顛百科全書》的附件與定義，2009。

（discretion）或是公共權威。即使法院裁定政府已不當地運用其權威範圍了，這樣的裁定也能夠被國會隨後以追溯授權行動的方式所推翻。

美國憲法中的《權利法案》（Bill of Rights）允許任何人都能夠為了保護個人本身的權利而向法院求助。不同於藉由書面保證所涵蓋的內容，英國人民的權利會由值得信賴的治理者來加以保護。那些認為個人的權利已經遭到侵害的人可以藉由援引《歐洲人權公約》（European Convention on Human Rights）以及在1998年通過賦予歐洲公約能在英國的法律產生效力之《英國人權法》（British Human Rights Act），經由法院訴訟加以平反。

「王室」（Crown）是一個抽象的概念，是英國用以代替歐洲大陸主權國家之說法。它結合了憲法的尊嚴和有效能的部分，並通過傳統與神話來神聖化其權威；並執行政府的工作。女王伊莉莎白二世是儀式上的國家元首；在1952年成為君王之後，她就成為英國傳統的象徵。王位的繼承人是她的大兒子：查爾斯王子（Prince Charles）。女王不會影響那些被稱作是「女王閣下政府」的施政。而當女王與首相進行溝通時，她也會被期待要去尊重國會的意志與想法。

## 首相的權責

領導政府是一種政治性，而非管理上的任務。首相的地位是模稜兩可不明確的。政府中位於頂尖位置的政治人物，與底層所發生的事情往往距離相當遙遠。首相的責任愈多，完全致力於任何一項任務的時間就愈少。就像是總統一樣，首相是「第一要務」（first things first）的法律囚徒。首相的當務之急如下：

- **贏得選舉**：首相可能必須要「自私的」來努力自己的利益，但是他／她再怎樣都無法自己聘用自己。為了要成為首相，政治人物必須首先被自己所隸屬的政黨推選為黨魁。自第二次世界大戰之後，有7位首相，最近期的是德蕾莎‧梅伊，首次能夠入主唐寧街是因為自己在擔任國會議員時被其政黨推選擔任黨魁，而非因為獲得大選勝利的民意支持。為了能夠持續待在唐寧街，首相必須要能夠擁有本身政黨對其表現的信任。幾乎有一半的首相都會在失去信任之後，選擇辭去職務——最近的一任首相就是大衛‧卡麥隆（編按：現任為強森），其競選時打出英國要留在歐盟的口號，然而大多數保守黨卻投票決定要脫歐。自1945年之後的19次選舉中，共有11次帶職參選的首相領導執政黨打贏了選戰，而另外8次則是選舉落敗。
- **透過媒體來競選**：首相不需要宣傳，對首相感到好奇的電視與新聞記者就會自動將其推到大眾眼前。具媒體曝光的知名度就像是一把雙面刃，因為壞消息會

把首相推到不討好的鎂光燈下。首相本身的人格特質之維持相對是穩定的，但是在任期一段時間之後，他／她的人氣聲望在民意調查機構所做的結果，其波動幅度就可能高達45個百分點以上。[8]

- **政黨管理**：為了繼續擔任首相，政治人物必須持續獲得政黨的信任，在大衛・卡麥隆擔任首相時領導的聯合政府這樣的案例中，就需要同時獲得自由民主黨與保守黨這兩黨的信任。首相有權力任命超過四分之一以上的國會議員來同時擔任政府的內閣成員，這是針對政黨管理上相當重要的工具。在酬庸分配上，首相可以運用以下4種標準來考量：（1）個人忠誠度（犒賞給自己信任之友人）；（2）共同承擔（藉由給予批評者某些職務，而讓他們能夠安靜來承諾共同支持政府）；（3）代表性（舉例來說，任命女性或少數族群的國會議員）；（4）有能力指引政府部門方向的人。

- **制定平衡的政策**：身為英國政府的領導人，首相必須處理與全球其他政府領導人的關係。當國際與國內的政治優先性之間出現了衝突時，首相就必須在來自「外部」的國際壓力以及本身所屬政黨內部與選民的壓力之間取得平衡。大衛・卡麥隆處理這些事情很失敗，一直無法調解英國繼續成為歐盟成員國的處境，也無法調和選民想要的條件。首相在制定政策上必須調和折衷這兩者之間的平衡關係，一邊是各部門想要多增加支出來提升本身的聲望，而另一邊則是財政大臣希望能藉由減稅方式以獲得本身聲望的提高。英國是個中央政府擁有所有政治權力的「單一制國家」（unitary state），因為在權威上只有單一的來源，亦即英國的國會。然而，在每個國家中的政黨競爭形式都不太一樣，因此在西敏寺的執政黨通常與在蘇格蘭、威爾斯，以及北愛爾蘭由某一政黨或聯合政府所控制的權力下放之政府會不太一樣。

職務上所賦予的正式權力往往是保持不變的，不同的首相，其個人在如何完成自己的職務工作以及本身如何影響政府，會有個別差異（參閱圖7.2）。工黨首相克萊曼・艾德禮（Clement Attlee）毫不客氣地鼓動非常資深的大臣們來優先制定這一代的工黨政策承諾，並儘量減少內閣衝突。後來已經年老的溫斯頓・邱吉爾（Winston Churchill）在1951年的大選上擊敗艾德禮，而他就比較關注在外交議題上，並且對於英國國內的政策不太感興趣。安東尼・艾登做了同樣的抉擇，卻帶來了災難性的後果，他派遣部隊去占領埃及已經國有化的「蘇伊士運河」（Suez Canal），但當他們無法獲得美國的支持時，不得不撤退。哈羅德・麥米倫（Harold Macmillan）很策略性地只介入極少的幾項國內與國際議題，而

充分授權給各部大臣在日常事務上有更大的發揮餘地。亞歷克·道格拉斯·休謨（Alec Douglas-Home）的表現就很不稱職，因為他對於經濟事務一竅不通，而與他共事的資深內閣官員們也很不滿，則是因為他透過玩弄黨內的陰謀詭計才獲得首相職位。

哈羅德·威爾遜（Harold Wilson）與愛德華·希思（Edward Heath）在一開始時都矢志要成為一位行動派，並以此來定義首相這個職位。然而，威爾遜在經濟政策上的重大施政舉措卻沒有成功，而後在1974年，選民同樣也否決了希思在經濟發展的方向。威爾遜因為承諾用「政治調解」（political conciliation）方式來取代管理單位與工會之間的對抗關係，而再次贏得了首相職位。但後來威爾遜卻出人意料地辭去首相職務以避免調解努力的破裂。詹姆士·卡拉漢（James Callaghan）繼任了這一職位，並且調和了工會的要求以及經濟限制之間的棘手問題。

瑪格麗特·柴契爾對許多重大的政策都具有堅定的信念，而且也準備好否定內閣同僚的偏好。她也因此被取了「蒂納」（Tina）這個綽號，主要來自於她本身「座右銘」字母的縮寫：

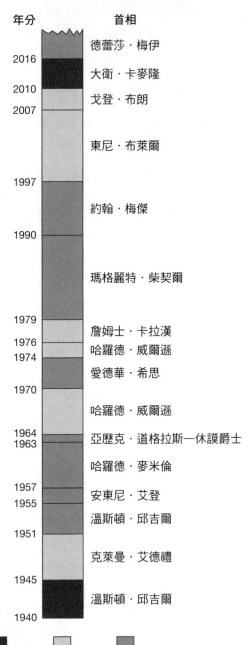

**圖7.2 唐寧街上長期與短期的就任者**

**1940年之後的英國首相與政府**

| 年分 | | 首相 |
|---|---|---|
| | | 德蕾莎·梅伊 |
| 2016 | | 大衛·卡麥隆 |
| 2010 | | 戈登·布朗 |
| 2007 | | |
| | | 東尼·布萊爾 |
| 1997 | | |
| | | 約翰·梅傑 |
| 1990 | | |
| | | 瑪格麗特·柴契爾 |
| 1979 | | |
| 1976 | | 詹姆士·卡拉漢 |
| 1974 | | 哈羅德·威爾遜 |
| | | 愛德華·希思 |
| 1970 | | |
| | | 哈羅德·威爾遜 |
| 1964 | | 亞歷克·道格拉斯－休謨爵士 |
| 1963 | | 哈羅德·麥米倫 |
| 1957 | | 安東尼·艾登 |
| 1955 | | 溫斯頓·邱吉爾 |
| 1951 | | |
| | | 克萊曼·艾德禮 |
| 1945 | | |
| | | 溫斯頓·邱吉爾 |
| 1940 | | |

聯合政府　　工黨　　保守黨

「別無選擇」（There is NO Alternative）。到了最後，她的「專橫霸氣」引發了內閣同僚的反叛，而讓她失去首相職務。約翰・梅傑（John Major）後來成了共識下的替換人選。然而，他懷柔性的態度往往被解釋為一種懦弱的象徵。梅傑被內閣大臣在背後打冷槍，因此他把自己的內閣同僚形容成「混球」（bastards）。

東尼・布萊爾利用選舉的呼籲以及對控制內閣大臣的經濟來源，而讓許多「布萊爾擁護者」進入到他的內閣團隊來捍衛他，避免受到戈登・布朗的威脅而被踢出這個職位。在布萊爾第3任任期的中期時，隨著伊拉克戰爭的惡化，其受歡迎程度也逐漸下降，最後布萊爾辭職下臺了。布朗在沒有經過競爭的情況下而變成了新任首相。然而，由於他的個人風格混雜了咄咄逼人、優柔寡斷，以及粗暴無禮之故，最終導致他失去了內閣同僚的支持。他們向媒體洩露負面新聞，即使他們正確地預測戈登・布朗所領導的工黨政府最終會在大選中失敗，但是他們卻也不願挑戰布朗的首相任職。

大衛・卡麥隆的出線就是回應了2010年這場意外的選舉結果——保守黨贏得了國會最多的席次，但並非絕對多數——只能藉由搭配尼可拉斯・克萊格而與自由民主黨組成了聯合政府。這樣的聯合協議之成效就是促使卡麥隆努力改變保守黨的形象，從原本一直以來的右翼印象轉變成走中間路線的政黨。這也使得中間偏向左派的自由民主黨不太支持政策。聯合政府很快就採取行動，否決了首相在5年任期中可舉行選舉的權利（除非首相在國會所舉行的不信任投票中被擊垮）。

在保守黨內部，卡麥隆成為了被排除在政府以外的保守黨國會議員批評的對象，因為有數十個內閣職位是由自由民主黨員所擔任。保守黨國會議員也批評卡麥隆準備推廣一些為自由民主黨量身訂做，但卻不適合傳統支持者的事項，諸如同性婚姻的合法化。當卡麥隆意外在2015年選舉贏得了國會絕對多數席次時，他就可以不再需要採取聯合政府的形式，來安撫右翼持歐洲懷疑論的國會議員之要求。

德蕾莎・梅伊所面臨的主要挑戰就是如何去平衡有關「**英國脫歐**」（Brexit）意義上所造成的衝突觀點。即使英國將來不再是歐盟的會員國，內閣同僚與商業的利益團體都希望保守黨政府在歐盟對於民眾移入與移出英國之移民問題上做出讓步，以換取能保留參與單一歐洲市場中的完整經濟利益。相形之下，大多數保守黨反對這樣的讓步，因為這會削弱公投的結果，而回到在經濟與移民問題上都全然受到歐盟主導的狀況。德蕾莎・梅伊任命了3位大臣負責談判

——大衛·戴維斯（David Davis）負責「英國脫歐」問題；連恩·福克斯（Liam Fox）負責「貿易」問題；鮑里斯·強森（Boris Johnson）負責「外交安全」問題——而形成一代表團。身為首相，梅伊必須決定如何去平衡雙方具有衝突的觀點而能匯集到共識上，並且不會危害到她能繼續領導保守黨獲得2020年的大選勝利。

　　首相這職位所具備的個人化象徵，經過媒體的助長之後，也導致英國現在開始宣稱本身好像是個總統制的政府了。然而，在與美國總統比較之後，英國首相擁有比較少的正式威權性，以及在職位的任期上也比較不具保障性（參閱表7.3）。總統是直接被選舉出具有固定的4年任期，而首相所領導是沒有確定的任期，而且如果政黨對本身的信任減弱，也可能會因此丟掉唐寧街上的職務。總統無疑是聯邦行政部門的領導人，而且解僱內閣成員，幾乎不必擔心後果。相形之下，首相的資深同僚卻都是政黨黨魁這職位的潛在性競爭對手，不過雖然被保留在內閣成員中，但有所需要時則可能必須站上第一線，來對政府的集體政策背負政治責任。首相可以動員國會裡的多數議員來為政府的立法提案背書，使其不用做太多的修正；然而總統卻無權指揮國會。除此之外，首相是處於沒有一個分裂的政府體制之最高點，所擁有的權力也不會受到法院以及成文憲法內容的規範所限制。

**表7.3　首相與總統**

比較首相與總統的權力大小與篩選過程

|  | 英國（首相） | 美國（總統） |
|---|---|---|
| 媒體曝光度 | 高 | 高 |
| 到達權力頂端的途徑 | 國會 | 州長、參議員 |
| 由誰提名 | 政黨投票 | 各州初選與黨團決策層 |
| 被誰選出 | 國會議員 | 全國性大選 |
| 一屆任期 | 較彈性，沒有保證 | 4年，固定保證 |
| 憲政劃分 | 單一制國家 | 聯邦制國家 |
| 國內影響力 | 高 | 可能會遭受挑戰 |
| 國際角色 | 取決於盟國的態度 | 超級強權國家 |
| 制衡機制 | 非正式 | 國會、最高法院 |

資料來源：內容根據理查德·羅斯（Richard Rose）撰寫的《天涯若比鄰世界中的首相》（*The Prime Minister in a Shrinking World*）（Boston: Polity Press, 2001），第242頁。

## 領導階級：內閣大臣與公務員

　　在憲政理論中，內閣大臣意指位居所屬的最高位置，因為他們在大選中贏得了最多的國會議員席次，並且每天都必須向議會負責，以及必須定期接受全國選民的檢視。他們在國會中代表著執政黨。相形之下，公務員就是位居所屬的行動位置，這意味著要他們要利用本身在政府中所積累的知識與經驗來制定必要的詳細政策與立法內容，以落實當選者在選舉時的承諾和不同大臣的個人偏好之政治重點。他們的職業路徑也有很大的不同：大臣們會因為首相任命自己而開心地前往任職，但也可能會因為在一個晚上就丟了這個職位。公務員花費數十年在白廳內的部門中，給予來自不同政黨的大臣們建議，說明他們所設想的觀點如何，以及可不可能被加以落實而施行。

　　內閣是對政府施政採集體負責的方式。由在國會中擁有最多席位的政黨成員組成，通常可以使國會批准政府提出的任何建議。國會除了具有對行政部門進行審核的權力之外，內閣也維持著如同沃爾特・巴格霍特（Walter Bagehot）所描述的現象「內閣像是一個緊密的聯盟，裡面幾乎完全融合了行政與立法權」。[9] 內閣在慣例上的責任就是需要所有的內閣大臣在公開場合對政府之施政給予支持，即使在私下是對一些政策持反對意見時，他們也會避免公開進行批評。然而，如果有些大臣不願分擔這樣的責任時，可能就會將他們的觀點洩露給媒體，而不是選擇辭職。

　　雖然有個別上的不同，不過每個內閣大臣都會同時具有許多政治的角色。根據每個大臣所負責的部門，其中首長會先發起一些政策，然後會從部門內各種可替代方案中篩選出可以提交出去的內容，並且試著避免做出不受歡迎的決策。大臣要對上千的公務員所採取的行動措施負責，因為這些人通常都是接受大臣指示辦事的，包括與白廳簽約負責提供公共服務的機構。除此之外，大臣也像是對外界保持關係的部門大使，包括與唐寧街、國會、大眾媒體，以及利益團體等。不僅如此，內閣大臣一般也是具有雄心壯志的個人。大臣們典型上不是某領域的專家，而是政治上的老手。

　　內閣大臣通常願意對自己的同僚之提議保持沉默，以換取他們對自己的措施的認可。然而，大臣們往往因為需要去爭奪稀缺的資源，而可能會在部門之間產生衝突。姑且不論政黨，當國防大臣要求增加支出時，卻有可能遭到財政大臣對此採取反對立場。內閣大臣們會在內閣會議中或是藉由非正式的交談來溝通大臣之間最為關切的議題，以尋求解決差異觀點。

　　作為部門的領導職位使得大臣變得很重要，因為大部分政府的決策每次都操

控在其中某一個不同的部門手中（參閱專欄7.4），而該大臣就是決策的發言人。在德蕾莎‧梅伊的內閣中，各個政治人物負責以下的部門與職位如下：

- **英國脫歐**：退出歐盟；國際貿易。
- **經濟事務**：財政部；商業與能源；運輸。
- **國際關係**：外交與英聯邦事務；國防；國際發展。
- **英國**：蘇格蘭；北愛爾蘭；威爾斯；環境、食品與農村事務；地方政府。
- **法律與憲政議題、犯罪與反恐**：司法；內政。
- **社會服務**：健康醫療；教育與平等權；就業與退休金；數位文化傳媒與體育。
- **管理政府事務**：蘭開斯特公國大臣；下議院議長；上議院議長；首席黨鞭。

　　政府部門的規模，以及可以影響到的利益差異很大。商業與能源部門比財政部擁有更多的員工數量，因為其本身在政策上具有多元範圍，可以影響到各式各樣的利益。然而，因為財政部是負責管理經濟以及控制公共支出的部門，所以擁有更多的政治影響力。財政部基本上專注於5項大任務：促進經濟成長、控制通貨膨脹、維持低失業率、課徵稅賦，以及政府各部門的支出。因為財政部控制了公共支出，所以在法案向國會中提出之前，財政部就必須批准所需的額外公共資金（public money）。即使是處於經濟蓬勃發展時期，財政部也會試著避免給予那些可能會威脅到增加稅收的支出承諾，而當經濟陷入困境時，更多的支出都會使其威脅到預算赤字增加。用一位資深的財政部官員的話來說：「財政部代表現實。」[10]財政大臣的工作在政治上更具有其重要性，因為國家的經濟狀況會影響到執政黨在選舉上可能獲得的支持度。

　　一個急切於希望透過在議會中提出一項受歡迎的法案來引起注意的大臣，會發現到自己無法這樣操作。與在政府內部之政治過程中，要尋求其他政治人物與機構之聯合支持相比，反對派的批評的關注則較少。大多數的新政策必須要考量到其對於現今政策的影響效果，因為這些已施行的政策可能都已經交由幾個其他不同的部門掌管與執行，並且影響到不屬於白廳管轄範圍的公共機構。在一項法案能夠被送進國會之前，發起這法案的內閣大臣就必須去與其他部門的大臣談判以達成協議，內容涉及到這項新措施的原則將如何影響到現有的計畫方案與政黨政策，以及該措施將如何實施。協商是非常耗費時間的。往往一個部門在某個大臣開始規劃一個新的倡議，但完成時就已經改由另外一個人在擔任大臣了，甚至是在權力已經移轉到另一個政黨執政的狀況下。舉例來說，在爭辯是否要擴建倫敦最大的希斯洛（Heathrow）機場使其變得更大，或者在距離人口稠密較遠的郊

## 專欄 7.4　退出歐洲聯盟

正式而言，要退出歐洲聯盟——通常稱為英國「脫歐」（Brexit）——很簡單的只需要英國政府的領導人英國首相，知會歐盟，英國根據過去所簽署的《歐洲聯盟條約》（Treaty on European Union）第50條之規定，決定退出歐盟。2016年的公投在原則上解決了這個問題，但是在實際上卻還沒有解決。就條款達成脫離的協議，需要英國首相梅伊在所領導的內閣中，盡可能與歐盟機構以及歐盟成員國家，並且與其他大陸上的重要外國政府，諸如美國與中國，建立一個聯盟關係。

在內閣中，退出歐盟問題的直接責任是由三個部門來分配——脫歐、國際貿易，以及外交與英聯邦辦公室。其他在協議中占很大關係比例的部門就是「財政部」以及「商業、能源及產業策略部」，這些部門都希望能夠繼續保有在單一市場中的好處；內政部，主要是負責移民問題；環境、食品與農村事務部，一直都在管理歐盟對英國農民的補貼；法務部長要負責檢視與改寫數以千計的法規條文，內容也需涵蓋所提及到的歐盟成員國。在蘇格蘭、北愛爾蘭，以及威爾斯的地方政府領導人也會行使他們正式的權利來進行磋商並爭取相關的讓步，因為蘇格蘭和北愛爾蘭的全民公投多數結果是希望繼續留在歐盟，所以希望保留脫歐後能在英國境內有不同優先的利益。

雖然英國政府可以單方面脫離歐盟，但是卻無法強加意願在歐盟機構上要其處理英國與其他歐盟國家原本保持的關係。英國的目標就是希望能繼續享有最大的利益，諸如在單一市場中的貿易，以及將限制控制在最小程度，尤其像是對移民的管制問題。歐盟在立場上的目標就是讓英國在脫離歐盟之後，所能得到的好處少於過去留在歐盟當中，以及確保英國能夠繼續遵守其他會員國目前勢必要達成的、現在及未來的所有條件，而且不能參與討論其條款與規則之制定過程。同樣，英國與華盛頓特區以及北京方面的談判，美國與中國也會像英國一樣，同樣希望能夠滿足本身的利益所需。

身為首相，德蕾莎·梅伊須負最終的責任決定哪些是英國在後歐盟時期與其他成員國關係上可以接受的內容項目。而且不論她做了任何怎樣的決定都需要妥協，以確保非英國機構的同意。雖然讓步有可能會確保一些利益相關者的滿意，但是也會導致被其他人所討厭，所以她必須要運用本身的政治影響力來得出結果，以讓自己能夠在領導的內閣團隊、隸屬政黨，以及選民當中，獲得最大的支持以及最小的反彈。

資料來源：內容基本上來自於http://ukandeu.ac.uk/，網站是由「英國經濟與社會研究理事會」（British Economic and Social Research Council）所資助，並在論及英國屬於歐盟成員國而後脫離方面，提供了學術觀點。

區機場增加跑道，這問題就已經吵了20多年。再過10年的時間就需要增添新的跑道，還是需要更長的時間才能建設新的機場。

## 公務員

在沒有任何新的立法時，政府依然可以持續工作數個月之久，但是如果成千上萬的公務員根據國會的法案授權停止執行法律與提供公共服務時，政府可能會一下子就癱瘓掉。沒有什麼自由裁量權的文職人員（clerical stuff）是公務員中最龐大的群體；他們在大型的官僚機構中從事著例行的工作。只有當這些職責得到令人滿意的執行時，大臣們才有時間與機會來發起新的政策。

在白廳的每一個部門中，資深公務員負責給予大臣建議以及監督部會工作，他們通常比這些短暫停留的大臣擁有更多關於部會既存問題的知悉與理解。英國高階的資深公務員否認自己是政治人物，因為「政治人物」這稱呼隱含著黨派的意涵。然而，他們的工作卻是與政治息息相關，因為他們都會涉入政策的制定與相關諮詢。一家招募並希望聘用最優秀的畢業生加入高階公務員的行列的出版刊物宣稱：「你一開始就會受到經驗豐富的行政官員之指導，鼓勵你匯集出本身具有建設性的想法並且提出具有責任性的決定，因而將可能會有機會參與重大政策的項目或進行資源配置。」簡而言之，頂尖的公務員並非是單一政治性的；很多都是偏向兩黨形態的，隨時都必須準備好要為選舉獲勝的政黨工作。為了要能夠預料得到自己的首長可能會想要什麼，以及反對黨與媒體將可能有何反應，所以他們也會被要求要有能力像政治人物一般思考事情。

在針對政府部門所提出的方向，部長與高階公務員之間的配合性是很重要的。一個繁忙的政治人物沒有太多時間斟酌詳看細節內容；他／她要的只是能夠被刊登在頭條的簡報或是能夠回擊外界的批評就夠了。大臣們會期望高階公務員能夠回應他們的政治觀點，並且給予讓自己對外形象以及其政黨給人的觀感能夠一致的建議。公務員比較喜歡為那些擁有清晰的政策觀點之大臣工作，但他們不喜歡那些不切實際只想要成為新聞頭版的焦點，而藉由表達將來可能會讓部門陷入麻煩觀點的大臣。就以一位資深公務員的話來描述：「就只是因為大臣隨意說了某些事情，但不表示我們因此可以任意忽略事實。」[11]

所有政黨掌權後在政府擔任大臣的人，都想要快速地改變以滿足個人的慾望讓外界看到以及能夠造成立即性的影響力。這會讓公務員感到崩潰，因為他們認為自己的職責就是避免以偷工減料的方式來證明政府政策的合理性，就像布萊爾在發動伊拉克戰爭中所做的那樣。因為受到全天候運作的媒體不斷給予壓力，所以政治人物就會非常希望能夠產生立即性的影響力，而這也造成與公務員在認知上的衝突，因為如果將大臣對媒體的承諾變成一項議會的法案來處理時，那就可能會造成很大的衝擊。當公務員有其他選項而能夠辭去白廳的工作時，通常需要

比目前更高的薪水，而進入到私部門或非營利組織中，政治人物就可能會從體制外帶入更多的人員進入政府的高階位置中尋求解決衝突的方法。

柴契爾所領導的政府為白廳帶來了一種新的氛圍：首相認為公務員是比「生意人」（businesspeople）更次等，因為他們不需要努力去「賺取」生活所需，意思就是說他們沒有創造出什麼盈餘。後來，「管理」（management）就成為白廳的熱門用語。生意人概念被帶入以提醒大臣們以及公務員在管理政策時，要如何獲得更多的價值。這樣的轉變確實都已經影響到隨後繼任的政府。政府部門中有些單位「被切割出去」（hived off）而形成獨立的公共機構，並且有本身的帳務以及績效目標。東尼・布萊爾要求公務員要向企業學習「每年都要重塑自我，幾乎每個月都要有進展」，並且抱怨說：「原本一些要優先處理的法規，後來拖延到幾乎快成為了障礙。」[12]

當今保守黨與工黨執政時的大臣，都已經在個人或政黨的基礎上聘任數個特別的政治顧問。這些人通常是從大學畢業之後就開始幫國會議員或在本身所隸屬政黨工作的年輕人。這些政治任命者都知道如何去幫助聘用自己的大臣增加正面的公共曝光度，以及避免去制定可能會使大臣在國會中或媒體上被修理的政策。然而，這些特別的顧問卻很缺乏在白廳的歷練經驗。儘管如此，他們卻也都準備好向自己的老闆借用權威來告訴公務員們該如何配合行事。當部門提出的政策遭到批評時，現在有些大臣與顧問都開始學會指責公務員，而非自己承擔政治責任（參閱專欄7.5）。

部長與資深公務員看起來已經準備好要誤導國會以及大眾的視聽。1986年在法庭上被指控英國政府利用前情報官員（ex-intelligence officer）致力於壓制一件令人難堪的調查報告而撒謊，當時的內政部長羅伯特・阿姆斯壯（Robert Armstrong）將政府的陳述內容描述為是一種具有誤導性的印象，但絕非是謊言。他聲稱政府只是很精簡地陳述事實而已。引用之後在唐寧街服務於東尼・布萊爾之繼任者安德魯・特恩布爾（Andrew Turnbull）的話來說就是：「你確實藉由一個未加以更正的錯誤解釋，而不是靠謊言來矇騙。」

## 國會的角色

在許多國家的國會中，國會議員坐著圍成一個半圓形，象徵從左派到右派在程度上的差異。相形之下，英國下議院是個長方形的會議廳，所以在裡面支持政府的國會議員就坐在一側，而隸屬於其他政黨的國會議員就坐在他們的對面位置上，而表決時預期也會沿著黨派路線投票。政府的心態也可用一位工黨內閣大臣

## 專欄 7.5　白廳中的緊張局勢

通常政府中新當選的內閣大臣會充滿抱負，而且可能會等不及要替自己與所掌握的政府加以命名標示，甚至也會很樂觀想要改變治理英國政府的模式。然而，重大的改變只有藉由公務員的協助才有可能達成，因為他們的職務就是要將競選承諾轉變為法規、組織新政策的管理，以及培訓舊有的員工如何執行新的措施。具有領導位置的公務員，其機智敏捷度與政治技巧在電視連續劇「部長大人」（Yes Minister）中被展現。

公務員聲稱，為政治人物提供了勞斯萊斯（Rolls-Royce）般的引擎，讓民選政府可以將其導向任何自己所選擇的方向。但是保守黨與工黨執政時期的內閣大臣都傾向於將公務員當他們充滿雄心壯志在面臨到要處理問題時的剎車——有些問題比較好處理，而有些則很棘手。公務員不喜歡遭到一些大臣在公開場合的攻擊與私下的霸凌，因為這些大臣對政府運作模式之經驗遠不如他們清楚。其中一個抱怨就是政治已經變得非常政治化了；也就是說，大臣們會比較樂於期待媒體專業人員給予政策上的建議，而讓自己能夠登上正面的頭條新聞，而非期待公務員詳細說明政府無法兌現承諾時，會出現的麻煩與風險。

隸屬所有政黨的大臣與公務員之間都會有緊張關係，這顯現出長期在結構上政府能處理的改變。公務員缺乏管理大規模營運的經驗，諸如在部門內安裝電腦系統，或是在軍事裝備上花費數十億，以及砸大錢的基礎建設計畫項目。大臣們的命運是與西敏寺綁在一起的，在那裡他們幾乎不了解之前執政者的選擇會如何限制他們現在可以選擇的範圍；資金、人員和時間的不足；他們在這世界上要做的事，以及已經做過的事情是相互依存的，並且是擴及到西敏寺以外的地方。

資料來源：參閱查德‧羅斯與菲利普‧戴維斯（Philip L. Davies）撰寫的《公共政策的繼承》（*Inheritance in public policy*）（New Haven: Yale University Press, 1994）；以及查德‧羅斯撰寫的〈在一個相互依存世界中之負責任的政黨政府〉，發表在《西歐政治》（*West European Politics*）期刊，2014年，第37期，第2卷，第253-269頁。

的一句話來概括：「如果你在會議之前還不知道投票結果的話，那就真的太民主了。」[13]反對派無法期待能夠改變政府重大的決定，因為其本身缺乏在下議院中表決時的多數。如果是跟著少數立場走的話，常常會有挫折感，因此就只能寄望在下次選舉中能夠贏得多數席次了。

　　白廳的部門草擬好要呈到國會的法案，以及會附上一些還沒經過政府批准的法律修正案至立法單位去。法律被稱作是國會的法案（acts），不過如果這些法律被蓋上「白廳製造」的標章，則更加精確貼切。除此之外，不是由國會，而是政府本身會去為自己的計畫方案設定相關的預算。

　　很多的法規都是由政府來說明，亦即會將法案變得更加受到關注與歡迎，而使得反對陣營在原則上也都不敢投反對票阻擋這些法案的通過。但如果政府提出

的每一項法案都處於艱苦奮鬥的爭論時，反對陣營原則上就會加以反對。英國國會的屢弱與美國國會形成了鮮明的對比，因為美國任一院都掌握有本身在程序上獨立於美國「白宮」（White House）之外的權力。進一步來說，即使美國總統可以請求國會立法，但是美國總統卻無法決定法案的論述方式以及相關投票表決的結果。

英國下議院第一個功能就是對政治聲望的權衡。國會議員會評估其領導人的能力，了解在下一次選舉時可能會勝出或是失敗。首相會每週在下議院現身半小時至一小時回答國會議員們的提問，這些都會涉及到有很多不同黨派觀眾連珠炮般的評論。演講者不會受到像是擬定好腳本般的保護，首相必須顯示自己正站在自己陣營與對手之間的最高處。大臣與即將成為大臣的人也同樣會受到國會議員的評估，因為議員可以要求大臣來解釋與定義為何自己能夠為這個職位擔起責任。如果有大臣的回答無法令人信服，這位大臣將可能會失去政治影響力，甚至被首相撤換掉。

其次，後座的國會議員也可以要求政府能夠為相關議題做些什麼貢獻。[8]「黨鞭」（party whip）也會被期待要仔細聆聽不滿意的後座國會議員之觀點，並且將這些人所在意的內容傳達給大臣們。在下議院的走廊、餐廳，以及委員會中，後座國會議員可以直接告訴大臣們在相關的政府政策中，有哪些是他們覺得錯誤的。如果政府不是很受到民眾歡迎，而國會議員也擔心自己在下一次選舉中會不會失去席次時，他們就有可能會比較積極要求政府採取一些作為。

將議題宣傳出去是國會的第三個功能。國會議員可以運用本身的職位吸引媒體對議題以及自己的關注。現在國會中都裝有電視攝影機，使得口齒伶俐的國會議員也可以提供媒體在新聞報導中反覆引用其講話的片段內容。

第四，國會議員能夠檢視白廳的部門如何管理與執行公共政策。國會議員可以寫信給大臣，討論關於該部門的責任內容會如何影響選區的民眾以及利益團體。國會議員也可要求成立國會調查委員會（最早起源於北歐斯堪地那維亞的「監察官」（ombudsman）制度），來針對被詬病的不當行政管理進行調查。委員會將藉由面談公務員與大臣以及對照從利益團體與專家那裡獲得的證據，來仔細檢視整個政策與執行過程。然而，當委員會從討論管理與執行的細節移到政府政策上的議題時，就會浮現出對政府的信任問題。這樣一來，委員會就可能會沿著政黨屬性這條軸線劃分，大部分會靠攏具有多數席次國會議員的執政黨。

新當選上任的國會議員會去思考在下議院中面對650名國會議員中自己的角色究竟是什麼，而會面臨到很多的選擇。[14]國會議員可能會決定就當一個政黨忠

誠擁護者，表決投票就按照領導集團的決定就好，而不需要去參與政策相關的審議。國會議員如果希望獲得更多的關注，就可以藉由參與辯論來表現自己的聰明才智，或是表現得像是某個利益團體公認的代表，也可以將自己形塑成像是走在一條無特定黨派的道路上，舉例來說，讓自己機智或搶眼的外表被彰顯。國會議員會被期待要為自己選區的利益發言，但是當地方利益與黨團政策有所衝突時，選民也能理解代表自己選區的國會議員為何沒有表決投票去反對黨團政策。而國會議員很少擔任的唯一角色就是立法者。

為了不讓國會議員公開的薪資一直不斷調升，他們會另外領取到豐厚的津貼，包括第二間房子的修繕維護，因為，許多議員都會把自己的時間分配在倫敦，以及那個不在倫敦的自己選區之間奔波。有關其工作費用的索討細節，有人在2009年洩露給媒體，結果顯示出有些國會議員幾乎要求索討所有費用，從清理鄉間別墅周圍的壕溝到改裝而能迅速以高利潤出售的倫敦公寓。上百名國會議員退回了這些費用而沒有去辯解捍衛這些需索，而只有一些少數議員因其索取涉及到詐欺問題而被定罪。

後座議員每年都需要改變，以讓自己的工作變得有趣一些，而且也能讓自己變得比較有影響力。然而，有權力造成重大改變的能力是操縱在政府手上，而非下議院中。不論國會中反對黨的議員是如何批評，一旦他們要是成為了執政黨，該政黨的黨魁還是比較有興趣維持這樣的分配方式，因為這可以有權力影響國會或是阻止大臣如何執行政策之權力產生最大的限制。

在現代的國會中，「上議院」（House of Lords）是很獨特的，因為這最初是由世襲的同儕所組成。今天，世襲的同儕要在他們成員當中選出92位坐鎮上議院；其他剩下的人就只能保留頭銜，但是在國會中就沒有席次了。超過六分之五的上議院成員是屬於終身貴族，因為其在一個或不同的公共領域中有所成就。可以給予認可的像是因為先前擔任政府大臣，而且首相還具有「快速通道」，可以將一些傑出的人物成為終身貴族，而將其帶入到大臣職位。這些貴族可能是從商業界、工會，或是非營利組織領域，甚至也有可能是政黨主要的金援者吸收過來。沒有任何一個政黨會在上議院擁有過半的席次；不到三分之一的貴族是屬於保守黨，而也只有三分之一的人是屬於工黨。超過四分之一的貴族是屬於「中立議員」（crossbencher），他們自認為不屬於任何政黨。

政府通常會採以相對上比較沒有爭議的立法送進上議院，以此將上議院作為修訂議院並利用其來修訂法案。上議院的成員可能會提出單一政黨的政治問題，或是跨黨派的問題，諸如身心障礙者或是色情的問題。上議院不能夠否決立法，

但是它的確能夠修訂或是延後某些政府法案的通過。上議院成員取決於功績而非世襲的轉變，而以這方式來選拔到議會中，使上議院議員的信任程度提升。他們如果發現下議院過度壓制反對的聲音時，也能夠在法案成為法律之前就先投票將法案退回下議院進行重新審議。

　　雖然所有的政黨都認為有需要第二個議院來審視立法，但是對有關其該如何組成或是其該有的權力為何，卻沒有達成共識。改革者往往主張，由人民選舉來決定下議院與上議院的成員。然而，當今政府最不想要做的最後一件事就是進行改革，因為讓上議院無法控制足夠的選舉合法性，這樣就不會去挑戰政府的立法能力。同樣的，下議院議員也不希望出現第二個議院來挑戰他們主張自己是單一由民眾所選舉出來的。

　　依據憲政理論，國會可以要求首相為政府濫用權力負責。但在實際上，國會並沒有實際檢視行政權的效力，因為行政部門是由國會多數黨領袖組成。當政府處於被攻擊的狀態時，與執政同黨的國會議員就會緊靠一起做出防衛。白廳的權力濫用也會受到官方機密立法的保護，不會受到議會審查。白廳的觀點是：「需要知道的權利，仍然受控在能否知道的權利上。」[15]雖然《資訊自由法》（Freedom of Information Act）已經被縮小範圍，但是並沒有終止行政權可以保密白廳網絡內的意見交換。關於在部門中對政策審議的訊息，通常被認為沒有必要揭露在「大眾的」好奇中，因為這可能會導致政府看起來很搖擺或是支離破碎的樣子。

## 法院與權力濫用

　　民選政府在任期內應該做到本身認為最佳結果，而法官則是檢視政府應該在符合法律的規則下來執行施政，在這原則之間存在著矛盾。如同國會裡也應依法來論述一樣。當法官做出部會首長不喜歡的判決時，大臣可能會在公開領域中抨擊法官的行為。而法官會有的回應就是說，他們不應該因為執行法律而受到攻擊。如果政府不喜歡這樣的結果，法官會認為就應該由國會透過提出新的法案來改變原本的法律。

　　英國在2009年設立最高法院，作為最高的司法機關，以取代數個世紀以來由上議院的委員會來運作最高法院的職權之老舊慣例。最高法院是由一位主席與11位被律師小組所遴選的法官所組成。這個終審法院之主要任務就是審判那些來自於英格蘭、威爾斯以及北愛爾蘭法院最初審判但有爭議的案件。也會聽取有些來自於維持獨立的法律制度之蘇格蘭的案件，可以依照當地但與英國其他地方不衝

突的法律來審判。

　　雖然英國的「最高法院」（Supreme Court）名稱與美國的最高法院名稱在文字上是一樣的，但是其權力卻受限很多。如果政府的行動被認定超過了國會在立法中所給予的權力範圍時，最高法院是可以撤銷政府行動的效力，但是它卻無法宣布國會的立法是違憲的。國會依然擁有最高的權威，來決定哪些是政府可以做以及不能做的事情。1998年在西敏寺國會通過的人權法案，允許英國公民可以要求英國法院來強制執行《歐洲人權公約》（European Convention on Human Rights）所賦予的權利保障。

　　恐怖分子的行動挑戰了關於個人權利的傳統道德，以及主權國家的集體利益。同時，英國政府部隊通過「彎曲解讀」法律的方式來應對愛爾蘭共和軍，以及非法武裝的新教徒團體之暴力行為，包括編造證據以產生所謂的慣例，而這在後來都被法院加以推翻。然而，政府卻很晚才承認本身所犯下的錯誤。舉例來說，英國政府花了38年的時間才承認在1972年時，英國軍隊在愛爾蘭西北部城市「倫敦德里」（Londonderry）所殺害的13名愛爾蘭示威者，是完全不合理的。為了回應2005年聖戰士恐怖炸彈在倫敦的攻擊，英國警方也都準備好要對嫌犯採取嚴厲的措施，包括追捕嫌疑人時開啟的「射殺」機制。在目前，非法的移民以及「欺詐性尋求庇護者」（fraudulent asylum seeker）都運用了在英國所信奉的法律程序來保護自己免於遭到「驅逐出境」（deportation）。

　　偶爾發生的行政權濫用行為也會讓公務員惹上麻煩，因為這些人認為本身的工作不只是服務於當前的民選政府，而且也要維護政府的廉政誠信。這樣就會讓公務員故意對外洩露官方文件，以防止政府去執行某個洩露者認為是不道德或不明智的政策。在一個眾所周知的案例中，有位國防部官員洩露訊息證據到下議院，內容質疑了政府關於「福克蘭戰爭」（Falklands War）進行情況聲明的準確性。他被審判的理由是因為被控違反了《官方機密法》（Official Secrets Act）。開庭的法官請求陪審團用以下的方式來思考這議題：「有沒有可能因為違背當時政府的政策，但是更符合國家利益的結果呢？」後來，陪審團總結這現象有可能會存在；這位官員最後就被無罪釋放。[16]

## 政府就像是個聯盟

　　國家這艘船上只有一具舵柄，但是不論何時只要出現了重大的政策決定時，就會有很多隻手會伸過來想要去掌舵。政策制定會涉及到首相、內閣大臣、高階公務員，以及政治顧問等整個網絡，這些人都會參與到這個被形容成像是一個

「鄉間生活」的白廳中。[17]然而，政府規模不斷發展之後就已經增加了專業化，所以政策制定者彼此之間的互相了解愈來愈少。對於給定的議題，一個相對比較小型的人數才會涉及到核心的行政團隊來制定決策。然而，參與決策制定這張網絡裡面的人們流動性卻很強；健康與教育領域的核心網絡人群都不相同，就像是農業或是國防也一樣差異很大。

　　傳統上，政府的政策會在內閣及其委員會中進行辯論及尋求解決方式。在半個世紀以前，通常每週會有兩次例行的內閣會議，而大臣們之間有重大的分歧時，就可能會召開更多的會議來取得在政治上的一致立場。東尼·布萊爾將會議召開的頻率減少到一週可能不足一次的狀況，而且縮短平均時間長度到一小時以內。由保守黨與自由民主黨所組成的聯合政府會透過兩黨的領導人以及副手來協商重大的政策。如果是單一過半政黨執政的話，則這樣的程序就不太需要。首相就可以以自己的名義發布比較受歡迎的公告；處理唐寧街上所討論的歐洲和國際議題，並花費很少的時間來處理政府各部門之間的日常活動，從而搶占了各部大臣曝光的機會。

　　首相是政府架構中最重要的人。因為沒有成文憲法的規範，一位意志堅定的首相是可以挑戰現況而把政府帶向新的局面，就像是柴契爾所展現的樣貌。但若要說首相制定了哪些最重要的決策時，則會招來質疑聲浪：什麼是重要的決策？有很多議題上的決策是首相沒有參與的，諸如社會安全，這些內容比起唐寧街所做的決策，其數量更龐大，需要更多開支，以及影響到更廣泛的生活層面。時間緊迫是造成首相影響力受到限制的主因。按照唐寧街內部工作的一名官員的話來說：「這就好像在一大片廣大的薄冰上滑行。你必須隨時保持能快速移動的能力。」[18]

## 政治文化與正當性

### 7.5 概述政府的集體主義與個體主義理論。

　　政治文化指的是有關一個國家應該如何被治理的價值與信念。舉例來說，英國人共識性認為英國應該有一個要對民選國會負責的政府。這樣的觀點不只是被主要政黨所遵循，也被像是蘇格蘭民族黨這樣尋求獨立的政黨所接受。

　　政治文化的價值觀會強化政府應該做以及不應該做的限制範圍。姑且不論不同政黨的偏好，今日絕大多數的英國民眾都覺得政府應該要提供教育、醫療照護，以及社會安全。主張言論自由的文化規範，會防止審查制度的侵犯；主張自由的法律也會在性關係與墮胎上，允許人們在性議題的範疇中有更多自由來選

擇。今日，在公共政策中最明顯的就是畫出實際上與政治上的限制範圍。舉例來說，像是花在英國國民保健署（National Health Service）這樣受歡迎政策上的公共支出，會因為經濟增長的程度以及政府不願意像歐洲其他國家一樣，透過增加稅收或向使用者徵收某些費用，而受到限制。

在這價值觀的框架中，其傳統上的差異在有關誰應該來治理的問題。「政府託管理論」（trusteeship theory of government）假設領導人應該主動帶頭決定哪些做法是符合公共利益的。這理論的總結是：「政府的工作就是去治理。」託管學說在執政黨中總是很受歡迎，因為這會正當化政府任何想要去施行的事情。反對黨通常會拒絕這樣的理論，原因是他們目前不具有執政權力。

「集體主義政府理論」（collectivist theory of government）將政府視為是平衡社會中不同部門在需求上的競爭關係。從這觀點出發，倡議團體或階級利益的政黨，會比一般個別選民來得更加具有權威性。[19]傳統上保守黨會強調社會中的不同階級要和諧相處，每個階級都有屬於本身的責任與報酬。對社會主義者言，團體政治是用來促進集體具有同質性的勞動階級之利益。隨著英國社會的改變，政黨領導人也逐漸將本身與封閉認同的集體利益保持遠離，就像保守黨也意識到選票是由每一個人所投下的，而不是來自於公司企業或是勞動階級團體，因為人們會將其集體認同與本身投票行為加以區隔。

「個人政府理論」（individual theory of government）假設，政黨應該是代表人們而非團體的利益。在1980年代，柴契爾宣布個人的福利應該是屬於每個人自己的責任，而非國家的責任。她甚至宣稱：「沒有所謂社會這樣的東西存在。」後來大衛・卡麥隆藉由強調其所宣稱的「大社會」（big society）之重要性來修正了這樣的觀點，亦即是，機構所負責的內容會比國家來得寬廣。自由民主黨則是強調，個人有自由去依照自己的生活模式過活，而不受到政府對社會行為之規範。

政府的合法性會表現在英國人民是否準備就緒要接受該負擔的基本義務上，諸如繳稅以及與官員的配合。政府推出令人不滿意的政策時可能會刺激民眾的抗議，但是政府的正當性也意味著示威抗議者通常會在法律允許的範圍內來行動。而北愛爾蘭的一些團體為了政治目的，已經準備好使用槍砲彈藥時，就已經將本身列為聯合王國中最「不像英國」的一部分了。

英國人會對其政府發出很多具體的批評。主要為了回應一些所謂菁英在行為標準的不斷變化，就像國會議員浮濫的費用報銷，以及政治家許諾在當選後會完成的事情，而一旦上任後則反其道而行，所以導致公民已經對許多聲稱代表他們

的公眾人物變得很不信任。
幾乎只有五分之一的英國人
會信任政治人物，而且也只
有四分之一的人會相信媒體
記者他們聲稱會替人民發聲
這種事（參閱圖7.3）。最受
到英國人民信任的就是那些
代表秩序的政府官員：法官
與警察。

**圖7.3　英國政治人物成為最被不信任的社會團體**

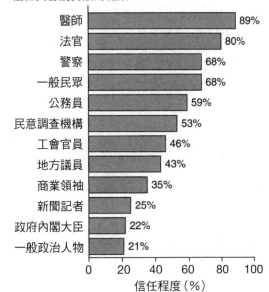

資料來源：益普索莫里（Ipsos MORI）民調公司，2015年的倫敦
　　　　　真實性指標。田野調查工作進行時間：2015年12月5
　　　　　日至2016年1月4日。

　　共同過去的象徵，例如
「君主制」（monarchy），
有時還是會被認為是合法性
的主要決定因素。然而，民
意調查指出，女王已經不太
具有政治的重要性了；她受
歡迎的人氣之主要驅動原因
還是來自於她不具有政治性
的因素。君王受到歡迎的人
氣是政治合法性之後的結果，而不是造成的原因。在北愛爾蘭，那裡有少數的人
會否定英國政府的合法性，女王象徵著英國聯邦主義者與那些拒絕接受王室的愛
爾蘭共和主義者之間的分歧。

　　習慣與傳統似乎是一種對英國政府持續合法性存在的主要解釋。有調查詢問
民眾為何支持政府的原因，發現到最常回答的理由是：「這已經是我們所知最好
的政府形式了。」溫斯頓·邱吉爾以前就曾經告訴過下議院，並指出這一點：
「沒有人會假裝民主是完美或睿智的。事實上，有人也曾經說過民主就是最糟的
政府形式，除去其他所有已經被不斷嘗試的政體外。」[20]

## 政治社會化與參與

### 7.6 列出英國政治社會化的主要影響。

　　社會化影響到政治的區隔，將人們分成參與政治的人群，以及沒有涉及的人
群。雖然政治社會化是一個終其一生都在學習的過程，但是對政黨有忠誠性的人
往往都是受到幾十年來不斷被影響的累積來形塑。然而，從任何給定時間點來看

選民，他們都是在非常不同的情況下，由社會化的幾代人所組成。今天的這些養老金領取者都已經社會化很久了，當時英國才比較算是有效實行兩黨制而已，然而現今按照年齡劃分的中間選民，卻總是能夠在3個或更多政黨之間來做選擇。在下屆的選舉中，當東尼‧布萊爾在2007年離開唐寧街時，最年輕的投票者可能在那時候都還沒有開始上學。25歲以下的選民比保守黨更偏愛工黨，其幅度大約

### 表7.4　社會差異對投票的影響

在多黨競爭制度中，沒有任何政黨可以囊括所有主要社會團體的支持

|  | 保守黨 | 工黨 | 英國獨立黨 | 自由民主黨 | 其他 |
|---|---|---|---|---|---|
| **性別** | | | | | |
| 女性 | 37% | 33% | 12% | 8% | 10% |
| 男性 | 38% | 30% | 14% | 8% | 10% |
| **年齡** | | | | | |
| 18至24歲 | 27% | 43% | 8% | 5% | 17% |
| 25至54歲 | 35% | 38% | 11% | 6% | 10% |
| 55至64歲 | 37% | 31% | 14% | 9% | 9% |
| 65歲及以上 | 47% | 23% | 17% | 8% | 5% |
| **社會階級** | | | | | |
| 中產、專業人士 | 45% | 26% | 8% | 12% | 9% |
| 中低收入 | 41% | 29% | 11% | 8% | 11% |
| 技術性勞工 | 32% | 32% | 19% | 6% | 11% |
| 無技術、低收入人士 | 27% | 41% | 17% | 5% | 10% |
| **族群團體** | | | | | |
| 白人 | 39% | 28% | 14% | 8% | 11% |
| 所有的BME群體[9] | 23% | 65% | 2% | 4% | 6% |
| **教育程度** | | | | | |
| 大學 | 35% | 34% | 6% | 11% | 14% |
| 聲譽良好的中學 | 37% | 31% | 11% | 8% | 13% |
| 一般中學 | 38% | 30% | 20% | 5% | 7% |

資料來源：性別、年齡、社會階級、族群團體等變項：「益普索莫里」民調公司，英國人在2015年是如何投票。教育變項：英國YouGov市場調查公司，英國人在2015年是如何投票之實況，第105頁，如同在2015年大選中的報導內容：下議院圖書館簡報CB7186，第53-54頁。經過授權使用。

是3：2；65歲及其以上的選民則是偏好保守黨勝過工黨，其以同樣的幅度支持保守黨而非工黨（參閱表7.4）。年長者所占的選民人數遠多過於年輕人。

## 家庭與性別

按時間順序來看，家庭的影響力排在第一位；從家庭中學習而來的政治態度，是與對「原生家庭」（primary family）的忠誠度交織在一起。然而，「社會變遷」（social change）意指家長傳遞給自己小孩的觀點，可能會隨著其下一代逐漸成長至中年時期之後，兩者會變得不太有關。舉例來說，在孩童時期所學習到的宗教認同，如同英國國教或是天主教，可能與社會不再那麼有關連，所以現在只有非常少數的人口會定期去教會。

小孩子可能不曉得什麼是工黨、保守黨，或是自由民主黨所要代表的立場，但是如果這是媽媽或爸爸所認同的政黨時，就可能會建構出一種政黨的年輕認同關係。然而，家庭在投票行為上的影響力是有限的，因為有超過三分之一的成年人不知道自己父母中的一方或兩者通常會投票支持誰，或者也有可能他們的父母各自投票給不同的政黨。在那些回答說知道父母親兩者所支持政黨為何的人當中，大約只有一半的人會追隨父母親的投票行為。如果把所有的選民當作是一個整體來看，只有低於三分之一的人知道自己的父母雙方如何投票，以及投票給同樣一個政黨。[21]

同樣是成年人，男性與女性一樣擁有相同的合法權利投票與參與政治，而且男性與女性也會傾向於擁有相似的政治態度；任何政黨偏好中的差異都只是幾個百分點的差異而已（參閱表7.4）。社會化進入到性別角色時會引導不同的政治參與行為。這些從一個世代到下個世代都逐漸減少中，雖然這樣的改變正在發生，但是其速度卻很緩慢。在2015年，紀錄顯示總共有191位女性當選為下議院的議員，而比上一屆的大選增加了三分之一席次；下議院依舊有71%的比例是男性。首次由德蕾莎‧梅伊在2016年所組成的內閣中有8名女性部長；相較之下首次由東尼‧布萊爾所組的工黨內閣只有5名女性部長，而在1979年瑪格麗特‧柴契爾所組的保守黨內閣則只有1名女性部長。

## 教育

過去大多數的人口一度只考慮接受最低程度的教育而已，但是這基本最低的程度正在穩步上升。在當今的選民中，最年長的選民是在14歲時離開了學校的教育，而中位數選民則是落在17歲這年紀。年輕人當中只有少數比例會進入到「公立」學校就讀；亦即是，所謂的免費義務教育階段，實際上都是選擇接受私立學

校。不過，英國在半世紀以前還只有少數幾間大學，到了今日，有超過五分之二的年輕人會進入專科以上的高等教育機構。然而，許多在過去20多年所創立之新的機構，相較於已設立許久的研究型大學，都很缺乏那些該有的師資與設備。

　　英國教育的階級分層狀況被運用來暗示一個人如果所受的教育程度愈高，這個人就愈有可能成為保守黨支持者。但這已經不再是想當然爾。因為現在擁有大學以上學歷者投票給保守黨或是工黨，已經沒有顯著的差異了。保守黨更多是會透過接受所有不同層級的教育程度者幫忙吸引與其相同的人來支持。「教育程度」對英國獨立黨來講，則是屬於影響支持的最大變項。那些擁有最低教育程度者更有可能會投票給英國獨立黨，支持人數差不多是那些擁有大學以上教育者的3倍（參閱表7.4）。

　　教育程度與積極參與政治者更有高度的相關：一個人如果所受的教育愈高，他／她獲得政治上的職務工作機會就愈大。10位國會議員中有超過3位有接受過付費的私立學校教育——大約是全英國平均水準的6倍。超過四分之三的國會議員結構由擁有大學以上學歷的人組成。大學的擴張廣設導致傳統上由牛津（Oxford）與劍橋（Cambridge）畢業大學所主導的情況有了改變；只有不到六分之一的國會議員曾經在上述兩所大學受過教育。集中在高階政治職位上的人都擁有大學以上的畢業文憑，這也是菁英階層的一種標誌，在這種情況下，受過教育的人已經取代了原本基於出生與家庭的「貴族制」（aristocracy）了。

## 階級

　　「階級」（class）在英國是相對重要的，因為其他變項，諸如種族、宗教，或是語言，這些在美國、加拿大，或是北愛爾蘭具有區別性的變項，在英國的政治顯著性卻很有限。從英國歷史上來看，政黨的競爭往往是用階級立場來加以詮釋，保守黨一直以來都自稱是一個中產階級的政黨，而工黨則是一個代表勞動階級的政黨。

　　「職業」（occupation）一直都是最常被拿來當作是衡量階級的指標。體力勞動者通常都被歸納為勞動階級，而非體力勞動者是屬於中產階級。因為經濟形態的改變，導致體力勞動的工作減少了，而增加了許多屬於中產階級的工作。今日，許多職業，諸如電腦工程師，就很難確定其所屬的社會階層。當英國人民被問及自己屬於哪一個階級時，高達五成以上的民眾拒絕將自己置於中產階級或是勞動階級當中，但是政治人物或民意調查員會繼續使用階級來描述選民在經濟上的區隔。「左派」或「右派」這樣的術語，同樣也被許多英國選民加以拒絕認同

及使用。

當今沒有任何政黨可以獲得來自於中產階級或是來自於技術性與非技術性勞動者超過半數的選票（參閱表7.4）。因為出現了政黨吸引跨階級的現象，現在不到五分之二的選民會符合刻板概念中保守黨的中產階級或是工黨的勞動階級印象。只有16名工黨國會議員曾經擁有從事過勞動階級的職業背景，以及只有22名保守黨國會議員去就讀過傳統上為貴族政治家所培育的園地——「伊頓公學」（Eton College）與「哈羅公校」（Harrow School）。工黨黨魁，傑瑞米・柯賓，一開始曾經就讀過付費的私立學校但沒有獲得大學畢業的文憑，然而德蕾莎・梅伊，這位保守黨首相，就曾經就讀過公立綜合型學校以及牛津大學。大多數的英國人都同時具有中產階級與勞動階級混合的屬性，而其文化價值觀、族群，與消費上的品味，都會隨著職業的差異而有很大的獨立性。

現在許多社會和經濟特徵都會影響到投票行為。在私部門工作的人們當中，保守黨比工黨更受歡迎的比例達17%；另外那些在公部門工作的人們當中，偏好工黨的人數領先了保守黨有3%之多。現在英國工會的成員也都混入了中產階級教師與其他公部門的員工，以及半技術性勞動者。

## 媒體

大眾媒體關注的是今日正在發生的事情，因此使得大眾媒體就像是將人們重新社會化的機構。電視節目是政治新聞主要的來源。所以英國法律禁止販售廣告給政治人物、政黨，或是會引發政治事由的單位。歷史傳統上，廣播與電視都是由英國廣播公司（British Broadcasting Corporation, BBC）所壟斷，以此企圖來教育其閱聽者，而受到政治人物的看重。現在已經有許多不同的電視頻道與廣播電臺了。現在的政府控制著電視公司的執照更新，並且設定年費方式使每一位觀看者必須支付非商業營收的英國廣播節目，目前大約每年200美元的收費。廣播公司會試著避免過度傾向於任何一個政黨，因為過一段時間之後，政府的掌控權力（擁有權力來制定影響到廣播收入與執照取得）就有可能會在不同政黨之間移轉。

英國新聞界非常敏銳地分為幾個具有品質的報紙（諸如：《泰晤士報》（The Times）、《衛報》（The Guardian）、《每日電訊報》（The Daily Telegraph）、《獨立報》（The Independent），以及《金融時報》（Financial Times）等），在一個知識性程度高過於美國報紙的層級中來提供新聞與評論，而強調大眾發行量的小報（tabloids）則關注於一些瑣碎的事情以及公眾人物的

八卦（諸如：《太陽報》（*The Sun*）以及《每日鏡報》（*Daily Mirror*）等）。《經濟學人》（*The Economist*）是最被廣為周知的新聞週報，內容會報導政治與經濟議題；其發行也是全球性的。除了《每日電訊報》（*The Telegraph*）之外，這些具有品質之報紙的讀者都是人口中的少數，堅定支持英國應該要繼續留在歐盟當中。相形之下，擁有更廣大的讀者群而強調大眾發行量的報紙，數十年以來都是攻擊歐盟的政策一直非常揮霍，或是與英國的做法不符合。它們會激勵其讀者，裡面有些人只需要一些激勵因素就去投票支持英國脫歐。

網際網路與新的社群媒體已經為大眾開啟了一個更廣大且各式各樣的不同訊息來源。政府機構、國會，以及首相辦公室，都透過本身的網站來提供自己舉辦的活動與政策上一些具有實質性的細節內容。政黨也會運用「推特」（Twitter）以及電子郵件（email）來與目標受眾進行溝通，而國會議員的電子郵件帳號則是用來與選區之選民以及利益團體進行非常大量的溝通。政治人物如果透過非正式的電子郵件來發表本身意見而洩露給媒體，以及在公開的YouTube網站上出現讓人尷尬的行為時，就會很容易受到攻擊。

在一個爭奪新聞與觀眾競爭激烈的年代，記者常常都準備好等著捕捉今日政府難堪之畫面所引起的注意，而電視節目訪談者也會利用當場讓國會議員以及首相感到困窘的狀況，來提升自己的知名度。為了要得到一些令人尷尬的事件，廣受歡迎的媒體可能會進行非法的電話竊聽、賄賂警察以獲取機密訊息，以及精心設計具有殺傷力的行動，來揭露那些透過提供金錢支付的方式來獲得政治機會，或掩蓋不正常之性關係的國會議員。但這些行為可能會導致記者與貪污腐敗的警察入獄。這樣的重大審判，後來由法官布萊恩‧李維森爵士（Lord Leveson）建議要建立一個獨立的公共機構以調查有關媒體侵犯隱私，或是以騷擾無辜民眾來獲取新聞頭條的行為之投訴。媒體反對這樣的管制，認為其就像是一種對新聞自由的威脅。

任何不受到媒體青睞的政黨，很容易會傾向於認為自己是媒體偏見所造成的受害者。在國會中占有多數席次議員的政黨會認為，媒體要對普遍性冷嘲熱諷政治人物與政黨的行為加以負責。然而，民意調查卻發現多數選民認為政治上的冷嘲熱諷應歸咎於政治人物本身的行為，就像是媒體的行為一樣，都須自我負責，所以一般人對國會議員的信任程度不及新聞記者（參閱圖7.3）。

# 政治參與

## 7.7 對照英國公民參與政治活動和無黨派活動的情況。

　　選舉是一個人民可以直接影響政府的機會。每位公民年滿18歲以上就有資格投票。結果發現大選的投票率從1950年選戰激烈而高達84%的投票率，一直降低到幾乎只有大約59%而已。在2015年，選舉的膠著程度增加了投票率，升到66%。投票率在公投上表現得更高。在2016年的英國脫歐公投上，投票率為72.2%，高於1992年以來所有的國會選舉，而且蘇格蘭獨立公投更達84.6%的投票率，高過自從開創「普選制度」（universal suffrage）以來的任何國會選舉。

　　雖然英國人民有很多方式可以進行政治的參與，但是大多數的英國公民基本上的參與就只是去投票，而且只有不到五分之一的人會說他們對政治很感興趣（參閱圖7.4）。不到一半的投票者，會說自己很強烈或是非常強烈認同某個政黨。政治參與的慣例形式，像是去參加政治性集會或是參與示威遊行，占選民比例只有5%或是更少。儘管如此，如果有一群媒體聚集在倫敦市中心的時候，這

**圖7.4　政治參與**

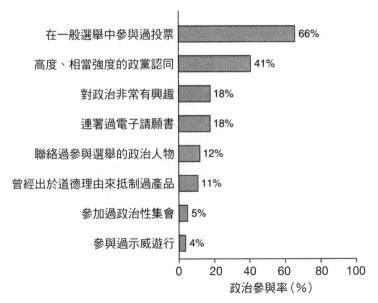

資料來源：《政治參與審計報告13》（Audit of political Engagement 13）（London: Hansard Society, 2016）。2015年12月由益普索莫里民調公司所做的英國全國性抽樣調查的結果。過去一年中在被允許的各種可參與政治形態之回答內容。

意味著那裡正在進行的政治示威活動將會得到全國性的宣傳。新的政治參與形式也不斷出現：十分之一的人曾經在社群媒體上討論過政治，以及超過六分之一的人曾經在過去的一年中參與過簽署「電子請願書」（e-petition）。此外，有11%的人曾經出於道德理由抵制過產品。

## 政治人才甄補

### 7.8 討論英國通往民選職位與高階公務員職位的途徑。

　　我們可以用演繹或歸納的觀點來看待政治性的人才甄補。演繹法包括定義所要完成工作性質為何，然後去甄補具有能夠執行這項任務能力的個人；這樣的執行方式比較受到管理顧問的青睞。另外，我們可以歸納研究導致人們參政的影響原因，並提出以下問題：「鑑於他們的技能與動機之後，這些人還可以做什麼呢？」考量到歷史與制度上的限制，一般多會認為歸納法比較具有可行性。

　　在英國，最重要的政治角色就是那些內閣中的大臣們、高階公務員、政黨的政治顧問，以及類似於美國華盛頓特區內部斷斷續續會出來大眾面前露臉的人物。每個團隊都有自己甄補人才的模式。要成為內閣大臣的一般途徑，一開始必須經由選舉進入下議院。在大學畢業後不久，有志成為政治人物的人通常會先去擔任其他政治人物的助理，然後去從事「說客」（lobbyist）或是新聞記者的工作，最後一步就是努力成為國會議員候選人的角色，接下來成為選區的選民投票支持的國會議員後，而其隸屬的政黨也在選舉中獲得多數的席次。要成為公務員的方式，年輕的畢業生必須在競爭高度激烈的入職考試中取得優異的成績；職位的晉升取決於本身的工作成就以及資深公務員的認可。其他個人可以獲得擔任大臣或是公務員的管道，是因為他們藉由在政黨政治之外，像是商業、社會或專業工作，或是非營利組織等領域中，取得了職業上的知識以及職位。

　　傳統上，政治領導人在獲得政治職務之前，都已經具有高度的社會地位與財富基礎。因為今日的政治已經是個全職性的工作，貴族、生意人，或是工會領袖也已經無法像以前一樣期待能夠將自己在其他領域高度的地位，直接轉移到這樣重要的政治地位。在所有的政治角色中，儘早開啟一個政治職涯往往就是通往成功所需事先具備的條件，因為建立技巧與所需的人脈而成為一名重要的政治角色，這是需要花費時間的。四分之一的工黨國會議員以及八分之一的保守黨國會議員，都曾經奉上自己的所有職業生涯來成為一個專業的政治人物。地理因素是第二個影響到人才甄補的原因。大臣、高階公務員，以及其他公眾人物幾乎花了

他們所有的工作時間待在倫敦。唐寧街的任何一個改變，都不會很容易將政策制定者從英國國內的其他地方直接帶進來，或許這狀況可能比較容易發生在美國的白宮，當從芝加哥來的總統接替了原本由德克薩斯州來的總統時，就可能會發生。或許倫敦與大多數英國境內人民居住的城鎮相比，並不是那樣具有典型，而且一般政策制定者每天的生活與他們所代表來行使立法權之大多數英國人的生活之間有很大的落差。

## 國會議員與內閣大臣

對一位具有雄心壯志想要成為內閣大臣的人來說，必須先得到被選區的地方政黨委員會提名為國會議員候選人，才能有機會成為國會議員。候選人不一定必須要是本身被提名之選區的當地居民。因此，這就有可能讓一位年輕人在大學畢業後就直接找到一份幫下議院的國會議員或是黨中央工作的職業，然後再四周環顧全國哪個地方有機會可以獲得提名，並贏得國會議員的席次。除非他／她擁有強大的政治支持者，不然通常需要花費很多年的時間才可能找到安全的位置。一旦在選區中當選了，並且本身所隸屬的政黨也贏得過半席次時，這位國會議員之後就可以期待在接下來的10年或更久的時間中能夠定期性再次當選。人口的遷徙最會造成劃分選區範圍的改變，這可能會比失去選票支持還更令國會議員擔心。

在下議院的經驗並無法讓個人準備好接任擔任內閣大臣這樣的工作。議會首長所要關注的是與人民的互動，以及溝通哪些是政府應該做的事情。大臣也必須有能力去處理他／她部門內的文書工作、相關政治立場與想法，以及面對特殊的技術性問題，而當面對所有可以選擇的後果都很不受歡迎的話，也要能夠做出困難的抉擇。

針對國會議員有一些大臣職位的限制，禁止在全國範圍內進行聘任。首相必須將大約100個職位分配給接近200位執政黨國會議員，根據一些原因會不考慮一些可能無法自我規範的人，像是議會經驗不足者、年紀太大的人、政治極端主義者、不可靠的個人，或是對入閣沒有興趣的人。一位已經服務於國會有3屆以上任期的議員，就會比以前更有機會被聘任為資淺的大臣。一些沒有待過國會但有特殊技術或受到首相信任的人，也可以被任命為大臣，並在上議院享有一席之地。

大臣會在職位上學習到經驗。往往，一位國會議員可能首次得到擔任議會副秘書這樣一個初階職位，然後在成為內閣正式成員之前就被提拔成為內閣大臣。然而，持相反觀點來看，有時候這些領導內閣的大臣們可能都沒有擔任過政府的

初階職位。東尼・布萊爾第一份在政府單位的工作就是擔任首相，同樣的狀況也發生在大衛・卡麥隆身上。在國會服務的期間，在遇到首相對內閣進行「改組」（reshuffle）之前，一般大臣平均都可以預期待在特定職位上2年至3年，之後就有可能會解僱一些大臣，或將其他大臣轉移到不同部門，以學習一系列新的問題與政治利益。

英國的部長級人員流動率在歐洲算是最高比率之一。一個大臣在首相改組之後得到新的職位，通常會到一個新的部門，在那裡遇到的都是自己先前沒有經驗過的問題。安東尼・克羅斯蘭（Anthony Crosland）是工黨一位很能幹的內閣大臣，做了這樣的估算：「需要6個月的時間你才能將自己的頭正確地探出水面（合宜地出現在大眾面前），需要1年的時間才能漂浮到大多的土地上（得到大部分領域的普遍認可），而真正掌握整個部門狀況則需要2年的時間。」[22]

## 高階公務員

國會議員出任大臣職務可能來來去去，但公務員可以終其一生的時間都待在白廳裡工作。高階公務員的人才甄補是不需要特定的專業條件或是訓練。他們意味著就是「最傑出且最聰明的」——傳統上所必須具備的條件需要獲得在歷史學、文學，或是語言學領域中聲望很高的學位。公務員制度委員會藉由為冗長的文件做摘述總結，是否能夠引用適合的政府法規來處理特殊狀況，從簡單的社會統計表中得出推論，並能在有關政府問題的小組討論中表現良好等方式，來測試這些候選人的能力。

因為新進入公務員體系的聰明者缺乏特殊的技能而需要幾十年時間才有機會走到最高級別的職位，所以接受資深公務員的社會化教育就顯得很重要。這個過程已經連續施行超過半世紀或更久的時間了，因為現在公務員的領導階級通常也是由一位服務於公務體系超過四分之一世紀時間的主管來帶領，從一位年輕的基層人員開始做起。

在其職場生涯中，公務員會逐漸在不同大臣管理的任務以及政府事務的磨練下，變得更具有專業性。如同英國電視影集部長大人的播出內容，當公務員心裡面的答案是「也許」的話，表面上會很熟練地對內閣大臣說：「遵命」；而當他們真的覺得「完全不妥」時，才會比較「直截了當」表達出來。大臣們愈來愈傾向於不鼓勵公務員在政治人物所希望達成目標的過程中就點出問題的障礙性；導致後來出現他們會在公務員體系之外，去尋找可以提供「這辦得成」的人。

「特別政治顧問」（special political advisors, SPADs）是一群人，其本身的

工作就是幫助聘用自己的內閣大臣來動員政治支持。他們被聘用的基礎都是熟人招募的。因為他們的背景都是與政黨政治以及媒體息息相關，這樣的顧問可以為白廳帶來公務員所缺乏，但大臣們所珍視的技能。不過也因為這些顧問沒有先前擔任公務員的經驗，所以他們通常無法意識到公務員制度的慣例以及法律上的責任。政治任命者使用的一些用意良好行徑也可能會導致事情反轉，使得大臣之所作所為都將適得其反，最後引發公眾抗議，然後讓特別政治顧問被解僱。

具有專門性學科的專家，諸如環境污染或教育領域，都可能會被聘僱為以其知識體系為基礎的政治顧問。即使他們對白廳沒有什麼經驗，他們還是可以貢獻特殊專家的知識給缺乏這領域專業知識的政府部門，而且他們也可能同時是執政黨的支持者。

大多數組織機關的領導人，像是大學、銀行、教堂以及工會，並不會認為自己是政治人物，也不代表公職。他們原則上只會關注本身的工作與專業領域。然而，當政府的行動衝擊到他們的工作時，他們就會改變並參與政治活動，像是提供大臣們建議以及對影響到他們的政策提出批評。

## 選擇性人才甄補

英國沒有任何事情會比一場大選更具有篩選性，其結果就是會有一個人成為國家的首相，而且只有不超過24個人會擔任大臣來管理政府部門。然而也沒有任何事情會比這更具代表性，因為這場大選就是一個機會，讓每一位成年人都能平等的參與影響政治。

政治活動的範圍界定得愈廣，就會有愈多的人在行動上介入到政治當中。政府的影響力會直接迫使公司領導人、電視主管，以及大學管理者參與對公共政策的討論。在白廳以外的組織領導層，給予此類個人獨立於參與政府行動的自由。然而，公共與私人機構的相互依存性很高，所以他們遲早都會成為間歇性參與公共議題的人士。

# 組織性團體的利益

## 7.9 比較商業利益與工會和執政黨的關係。

利益團體會定期性與政府官員討論特定的政策，並期望這樣能夠給予政府壓力以執行他們在公共利益上有所爭議的內容，這也會符合他們的團體利益。他們在意的範圍有非常大的差異，從小到關注於盲人的協會，大到涵蓋商業組織與工會團體所關注的經濟利益。有些團體著重在實體的對象，而其他的則是在電視上

倡導像是減少暴力行為的原因。

　　不論是哪個政黨執政，英國最大商業組織的領導者通常都有直接可以聯繫到白廳與大臣們的管道，因為他們的活動對英國的經濟具有重要性。舉例來說，「英國石油」（British Petroleum, BP）的股利就是英國投資客最主要的收入來源，但是這家公司大多數所鑽探出來的石油都位於英國境外。倫敦市聲稱應該享有最多的特權，因為這公司在金融服務業上對英國經濟產生了重大影響，主要是其產生的所有因素不一定全然是正面的，就像2008年所呈現出來的金融海嘯一樣。建築業同樣也有管道可通到政府單位，因為房屋營造業對國家經濟具有很重要的影響，而白廳對土地使用上的嚴格管控政策，會影響到房子的建造位置。英國產業聯盟擁有來自各種規模與各式各樣的商業形態之會員。董事協會也代表了領導大型與小型企業的不同個人。

　　英國主要的勞工組織都是隸屬於「工會聯盟」（Trades Union Congress, TUC），代表許多不同的勞工類型，有些是「白領階級」（white collar），有些則是「藍領階級」（blue collar）。工會聯盟裡的大多數會員工會偏向於附屬在工黨或是馬克思主義團體中，反對市場經濟的基本假設。幾乎沒有支持保守黨或是自由民主黨的。勞動形態的改變也侵蝕了工會的會員基礎，會員性質的改變，從原本在一些產業中，像是煤礦與鐵路工作的體力勞動者，轉型到像是教師與健康醫療雇員這樣的白領階級勞工。而不到七分之一的私部門員工會加入工會。但相形之下，卻有超過一半的公部門員工是屬於工會的成員。總體來說，只有不到四分之一的勞工會被要求要加入工會。

　　英國有很多自願者與慈善協會，範圍從小到支持一個足球隊，大到汽車協會。它也是許多活躍於國際的「非政府組織」（non-government organizations, NGOs）的集中處，諸如「國際特赦組織」（Amnesty International, AI），這是個致力於希望各國釋放政治犯的全球性機構。如此的非政府組織不僅會施加壓力給西敏寺，同樣也會對聯合國、國際媒體，以及對世界上壓迫人民的專制政府帶來壓力。

　　與政黨不同，商業利益團體不會藉由參與選舉的競爭來尋求影響力，而且他們也沒有選票可以提供。這已經在2016年的英國公投中得到了證明。多數主要的商業團體以及銀行都希望能夠繼續留在歐盟當中，並且釋放出嚴峻的警告來說明，如果英國離開歐盟可能會發生什麼樣的經濟問題。然而，大部分的英國選民卻贊成英國脫離歐盟。

　　企業雖然不會有很正式的管道連結到保守黨，但是政黨對私人公司的承諾卻

有利於產生商業連結，而讓生意人能夠提供實質的贊助給政黨。他們也會有管道通向工黨政府，像是依靠私部門企業來增加就業機會，而促進國家的生產率以及出口。

工會自從1900年成立以來，大多都已經制度性的加入到工黨之中，而且也幾乎是該黨基金的主要來源。有些基金很習慣性地提供某些個別工黨國會議員辦公室的相關資助，而有些則可能會支持國會以外倡導左翼觀點的壓力團體，因為這些可能都只有很少數的工黨選民會支持而已。工會可以用折扣的方式來代表自己的會員去集體繳交加入政黨的成員資格。左翼工會領導人會運用本身的基金以及工會成員的電子資料庫去動員支持像是工黨領袖傑瑞米・柯賓的競選。

政黨的政治人物會試著讓自己與利益團體保持距離。保守黨知道他們可以只藉由獲得來自於一般公民以及有錢商人的選票就能夠贏得選舉。而工黨首相東尼・布萊爾甚至將工會的聯盟視為是一種選舉的障礙，因為工會成員只占大眾中的少數人口，況且有些人也不會支持工黨。他力求工黨政府能夠看起來對企業顯得友善，並從那些非常富有的商人口袋中獲得大量的捐款。然而，這導致工會領袖無情地攻擊工黨的政府，而使得一些工會就這樣脫離了工黨。

為了能夠遊說成功，利益團體必須要能清楚確認出哪些人是在政策制定上最有影響力的官員。當被問及如何排序最有影響力的政府辦公室與機構時，利益團體在一串冗長的名單中首先標記的就是首相；第二順位則是內閣各部會的大臣們，媒體排第三，而資深公務員排在第四。只有不到1%的利益團體會認為，不在大臣行列中的國會議員占據最重要的位置。[23]然而，利益團體不會預期要花很大量的時間在唐寧街上。因為他們多半直接聯繫與議題相關的政府部門內的官員，雖然內容與大眾或政治人物沒有太大關連，但卻與團體有切身利益。

## 利益團體所要為何

大多數利益團體都有三個要追求的政治目標：對既定政策的同情式管理、獲得有關政府政策可能變化的資訊，以及影響政策的制定與實施。白廳裡面的部門隨時都準備好與一些能夠提供政府外部正在發生的訊息之團體來協商，共同合作政策的實施方式，以及支持政府的倡議。只要白廳與利益團體彼此的需求能夠相輔相成，他們就能夠像在專業上分享共同關注點般的討價還價，以及誤判相關的協議。

成員對利益團體的目標愈投入，領導人就愈有自信地代表團結一致的會員來發聲。經濟、階級結構，以及世代生活風格的改變，這些結果都象徵著煤礦開採

村落與紡織廠小鎮這樣「密集」的社會資本網絡之式微。今日的消費者難以組織起來，舉例來說，開著福特（Ford）車就像是某一種類別的人，而不像是一個社會團體。個人同時也會擁有各種不同且彼此或許會有衝突性的認同，舉例來說，身為一名希望能有更高工資的勞動者；同時也是一名想要更低價格就能買到東西的消費者。大眾消費的蔓延以及工會成員的人數下降，都會改變這些優先事項之間的平衡。正如一位工會領導人所意識到：「我們的成員同時也是消費者。」[24]

　　一個團體裡面的價值觀與社會的文化規範愈一致，就愈容易讓團體的利益與公共利益被等量齊觀。「**利益團體內部人士**」（insider interest groups）常會呈現出幼童與母親的形象，因為這通常與每個政黨的價值觀是能和諧共存的。內部人士會與白廳部門進行安靜的談判以順利推動案件的發展。考慮到當今政府的價值觀和承諾，所以他們的訴求往往會設定於短期內在政治上可能做到的範圍中。[25]綠色利益團體面臨到的「兩難」（dilemma）困境，是為目前政治上無法實現的根本環境變化而進行活動，或者他們可能成為內部人士而努力去增加政策的改變可能性。「**利益團體外部人士**」（outsider interest groups）是無法在白廳待得長久的，尤其是當他們的訴求與當今有權力的政黨不一致時。所以，他們通常會運用媒體取向的方式發起運動。對收看電視者來說，他們的示威遊行也會表明他們的重要性。實際上，公開場合的示威遊行往往顯示其缺乏政治內部人士的影響效果。

## 平衡利益團體

　　即使利益團體在內部是團結在一起的，但其訴求也可能因為被其他團體提出相反的訴求所抵消。在經濟政策中，大臣們可以讓生產者與消費者抗衡或運用企業與工會抗衡，以擴大其選擇範圍，然後再提出他們像是妥協後看起來如同「一項適合每個人」的政策。

　　白廳的公務員發現與已經整合的利益團體溝通時，在行政上是很方便的，而且很容易落實協議。作為二次世界大戰之後出生的世代，大臣們都很認可以「團體主義者」（corporatist）哲學的方式將商業、工會，以及政府這三方機構的代表整合在一起，去討論一些像是通貨膨脹與失業等這樣有爭論性的議題。團體主義者的談判會先假設在政治優先性上具有共識，所以每一個團體的領導人能夠提供他們所聲稱代表的那些人之合作。實際上，不論是工黨或保守黨政府，都發現這樣很容易達到共識，但是利益團體的領導人卻無法使他們名義上的追隨者來加以配合。所以到了1979年時，失業狀況與通貨膨脹雙雙失去了控制。

柴契爾管理的團隊顯示了一個政府如果堅定地奉行獨特的價值觀，就可能會忽略了一般團體的訴求，而讓自己的政治模式執行下去。它是透過與工會以及商業團體保持相等距離的方式來做到這一點的。不再諮詢他們的意見之後，政府團隊就與這些團體保持一定的距離，並試圖避免讓自己陷入工資談判、商品定價問題與商業投資決策的困境中。

「國家疏遠」（state-distancing）策略強調的是運用立法方式來達成目標，這樣利益團體就不會想要阻撓國會法案的通過。法律也降低了工會透過產業行動，要求成員以投票授權方式來行使罷工作為合法途徑，並用此來癱瘓政府的政策的能力。出售國家擁有的產業，使得政府不用再去承擔主要產業運作的直接責任。當時的勞動大臣戈登‧布朗將貨幣政策交付給英格蘭銀行負責。為了回應2008年的金融危機，政府控制了陷入困境銀行的經營權，但其目標還是在當這些銀行能夠恢復時，就將其私有化。

國家疏遠之後就會比較少依賴與利益團體的協商關係，而更多的是取決於政府的權威性。商業與勞工可以比較隨心所欲繼續以原本所喜歡的方式進行──但是只能夠在政府所通過的法律與政策模式中去活動。大多數的工會以及一些商業領袖人不喜歡當政府在制定政策時，被排除在「決策圈之外」。教育與醫療照護領域的利益團體甚至更不喜歡這樣的方式，因為他們依賴公共經費來支持本身的員工就業。

## 政黨體系與選舉抉擇

### 7.10 討論多黨制的出現，儘管藉由領先者當選（簡單多數決）施加了限制。

英國政府是由**多黨制度**（multiparty system）所組成。每個國會議員選區的候選人名單都是由不同政黨的成員來提名，而政黨成員同時也有投票權來選擇自己黨內的領導人。首相不是由大眾投票選出的，其獲得職位的原因是因為擔任了國會最大黨的黨魁。只要是隸屬於主要政黨的人就會發現比起代表小黨派的知名人士或獨立參選人，自己相對更容易獲得選票而進入國會。

### 選擇的多元性

選舉為選民提供了一個非常簡單的選擇方式，候選人可以競爭下議院所代表的650個選區之一。[26]在每一個選區當中，**領先者當選**（first past the post）機制就是在候選人當中率先獲得最多票的人獲勝，即使所獲得的票數不到總票數的一

半。在2015年的大選中，有高達三分之二席次的當選人拿不到一半的選票，而且就在英格蘭的某一個選區中，居然只有獲得29%的選票支持。以全國範圍來看，獲勝者就是得到最多國會議員席次的政黨。在1951年以及1974年2月，在全國贏得最多票數的政黨但卻沒有贏得最多席次；反而是由總得票第二多的政黨來組成政府。

在1945年至1970年期間，英國算是穩定的兩黨制（two-party system）國家，保守黨與工黨這兩黨加起來一共拿下91%的選票（參閱圖7.5）。當時的自由黨（Liberal Party）在各個主要的選區都很難推出候選人，更別說在那些選區勝選並獲得國會席次了。在1974年的大選，競爭朝向多黨制發展。自由黨贏得了接近五分之一的選票，民族黨派也在蘇格蘭、威爾斯，以及北愛爾蘭拿下不錯的成績。保守黨與工黨加起來拿下的票數大約是75%。今日英國算是一個多黨制（multiparty system）的國家；政黨的數量多寡會依照所使用的測量標準而有不同的計算方式，以及是看重英國的哪一部分來衡量。一般來講，每個選區會有6名候選人來競爭選票。

不同政黨在競爭中是否能夠成功爭取到選票，在英國境內不同的民族領地中，會有很大的差別（參閱表7.1）。在英格蘭，主要有3個政黨——工黨、保守黨，以及自由民主黨——已經競爭了數十年之久，但在2015年，反對歐盟的英國獨立黨居然甚至比自由民主黨拿到還要多的選票。在蘇格蘭與威爾斯，一般狀況

**圖7.5　起起伏伏的政黨選舉命運**

### 自從英國1945年之後的大選得票結果

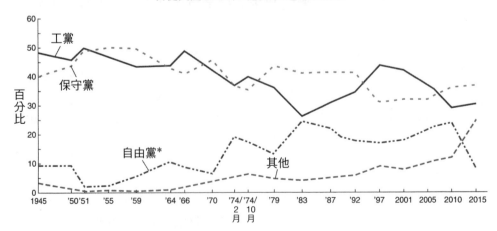

*1945年至1979年民主黨；1983年至1987年自由黨與社會民主黨進行聯盟；自此之後成為大家所知悉的自由民主黨。

下有4個主要的政黨，其中分別包括了：蘇格蘭民族黨以及威爾斯黨（威爾斯民族黨）。在北愛爾蘭，至少有5個政黨來參與席次的競選，兩個代表英國統一主義與新教徒的選民，兩個代表愛爾蘭共和與天主教的選民，以及還有一個最少代表性的跨宗教「北愛爾蘭聯盟黨」（Alliance Party of Northern Ireland, APNI）。

- 英國最大的兩個政黨無法壟斷所有選票。在2015年的選舉，這兩個政黨加起來僅拿下了67%的總票數（參閱表7.1）。自從1935年之後，就沒有任何一方可以贏得過半數的票數。

- 英國最大的兩個政黨在下議院中，往往在選區層級中並非是最大的政黨。在超過四分之一的選區，前二個領先的（front-running）政黨當中可能有一個或是兩個，往往都不是工黨或是保守黨。

- 在12個政黨中有超過半數會連續在下議院中獲得席次。在2015年，所謂的「第三勢力」政黨贏得了88個席次。在蘇格蘭、威爾斯與北愛爾蘭的民族黨派會贏得席次的原因是他們會把自己的候選人集中在英國境內的某個地區。

- 投票會出現重大的改變，通常不涉及到個別選民在工黨或保守黨之間的移動，而是比較屬於進入和離開「棄權投票者」（abstainer）的隊伍，或是變成是在自由民主黨與這兩個主要政黨之間的抉擇。

下議院的席次分配是與選票的得票分配不一樣，因為政黨的選舉實力是不均勻的分布在不同選區之間（參閱圖7.6）。在2015年，保守黨只獲得37%的總票數，卻當選了超過50%以上的議員席次，而工黨獲得30%的總票數，也拿到36%的國會議員席次。相形之下，英國獨立黨在全國範圍中拿到了幾乎13%的總票數，但卻只有獲得1席的國會議員；蘇格蘭民族黨則是能夠在英國總選票中拿到更多的國會議員席次，因為其本身的支持者都集中在蘇格蘭，蘇格蘭民族黨在那裡拿下了所有蘇格蘭地區超過一半的選票。蘇格蘭民族黨靠著反對派之間的分歧，意味著反對派雖然拿下蘇格蘭一半的選票，但卻只贏得3個國會席次而已。

英國的歐洲議會議員（British Member of the European Parliament, MEPs）是由比例代表制方式選舉產生。這也出現了與大選截然不同的結果，藉由幾乎不到英國議會選舉一半的投票人數結果，而增加了影響力。在2014年，英國獨立黨在英國的歐洲議會議員投票中拿下第一，高達27%的選票；工黨排名第二，拿到了24%的選票；而保守黨排第三，只得到23%的選票。

自由民主黨與英國獨立黨都以此會有較公平結果為理由，倡議採用「比例代表制」（proportional representation, PR）來作為下議院議員的選舉方式，因為這

圖7.6　各政黨的國會議員獲得席次與得票比例

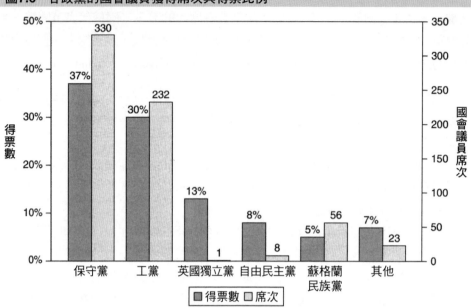

資料來源：資料數據來自於2015年的英國大選：下議院圖書館簡報CB7186。

會傾向讓政黨在國會中獲得的議員席次與本身所獲得的總選票數比較符合。比例代表制可能會大大地提升席次的數量，所以自由民主黨與英國獨立黨這兩黨可能都維持在拿下1%至20%的下議院選票之間。這樣也會擺脫一些爭議，讓一些往往用來勸阻人們投票給這些政黨來作為理由說他們是在浪費選票，因為這些政黨幾乎沒有什麼機會可以選上國會議員。作為2010年聯盟的代價就是，保守黨讓步給自由民主黨而辦了場全民公投，決定是否將選舉制度改為「選擇性投票制」（alternative vote, AV）[10]。這樣的制度要求選民要標示出本身在不同候選人之間偏好的優先順序。如果領先的候選人沒有達到絕對多數的選票時，則在選區中成績最低的候選人將被逐步淘汰掉，然後重新將選民第二偏好的票數加以分配計算，直到有一個候選人得到絕對多數選票為止。但在2011年，卻只有32%的選民支持這樣的變革。

　　「領先者當選」選舉機制的捍衛者會強調比例代表制並非本身所要達成之目的。目前的制度是有其道理的，因為這樣往往會產生出讓某一個獨立政黨擁有絕對多數的席次，因此就會很清楚地奠定責任政府的狀況。在那些使用比例代表制的國家中，會使得出現聯合政府或是少數政府變成一種常態。甚至，使用比例代表制可能意味著要取代現有每一個選區產生1名國會議員的制度，變成創造出一

個更大的多元化成員選區，而由來自所選出的3個或更多個政黨的國會議員來代
表。

不同的選舉方式都不會影響到西敏寺在國會競爭上採取多樣性的選舉制
度。[27]大倫敦地區的市長是由「選擇性投票制」產生的，而北愛爾蘭議會的選舉
則是採用「比例代表制」。蘇格蘭議會與威爾斯議會則是採用「混合型選舉制」
（mixed electoral systems）：有些代表是以「領先者當選」的方式選出，而有些
則是以「比例代表制」產生的。

首相並非由全民所選出，而是在大選中獲得最多國會席次政黨的黨魁所擔
任。超過99%的選民在選票上看到的名字是其選區候選人的名字；政黨黨魁的名
字僅會出現在她／他所代表的選區之選票上而已。幾十年以來政黨本身也改變過
很多次規則來選擇自己的黨魁，因為壓力而允許更廣泛的參與者加入，而不僅只
有議員們所組成的「選舉人團」（electoral college）而已。

政黨就像是大學一樣；他們是由各種不同的單位所組成，而隸屬在某一單位
的人們，可能對其他單位的了解狀況很有限，並且可能也不太感興趣。這些單位
也包括了投票支持的人們，當中有少數的選民會支付成員年費，這些少數的成員
大部分都是在自己選區或是在本身地方政府議會廳中比較活躍的，而被選出來的
國會議員就是要能夠在國會中為自己政黨來發言。如果政黨在國會中具有多數的
席次，那就會產生第4個團體：在政府裡面的政黨。不論政黨黨魁是首相或只是
反對黨的領導人，他／她都必須要維持住全黨各單位的信任，否則很容易成為一
個不斷冒險的領導人。[28]

保守黨有兩階段的系統來進行黨魁選舉，因此這一個過程需要耗費幾個月的
時間。最初是在由國會議員所提名的議員名單中進行投票。之後得票最高的2名
議員，就交由黨員來進行投票。在大衛・卡麥隆辭掉首相一職時，德蕾莎・梅伊
些許領先了另外的3位挑戰者。後來他們就選擇退出，且讓她無條件成為首相，
而不只是暫時任職唐寧街幾個月而已。

在2010年，艾德・米勒班在國會議員所組成的選舉人團、選區裡面的工黨黨
員，以及工會中，依照每個各有三分之一的選票來計算，最後獲選為工黨的黨
魁。之後他以一位成員一票的方式來取代，然而，工會會員、政黨認同者，以及
政黨支持者之間的會費繳納情況是有所不同的。之後在2015年有爭議的選舉中，
傑瑞米・柯賓獲選為工黨的黨魁。他的觀點比絕大多數的工黨議員都還要左派。
在絕大多數的工黨議員公開表示對傑瑞米・柯賓不信任之後，隔年又舉行了一次
黨魁的選舉。但是傑瑞米・柯賓卻又再次獲選，且甚至更進一步得到黨內成員的

過半票數。

　　候選人的提名權是掌握在每個選區的政黨，而且大多數的國會議員都是從安全席次上再次回鍋，亦即獲得提名就等同於當選了。提名會產生爭議是因為這結合了意識形態與個人的原因。先前就居住在當地也不必然就表示會獲得在穩贏的席次上之提名，雖然其與當地居民有更多的接觸，但是外來者則聲稱他們有更多的全國性能見度，以及有潛力在國會中發揮重要的影響力。在數十個工黨的安全席次選區中，仍然很看重族群屬性。工黨的總部也推出一些原則來宣傳所有女性的名單，並在一簡短名單中來決定能夠代表工黨在安全選區競選的候選人，這樣的努力是要減少國會中工黨的性別差異色彩。大衛‧卡麥隆在進入政黨總部後很積極地對這簡短名單施加壓力，希望能夠提名更多女性以及少數族群能夠成為必勝席次中的候選人。

　　在絕大多數的選區中，保守黨與工黨的候選人主要還是取決於本身政黨的吸引力，更勝過於他們個人的人格特質。在像是通貨膨脹、環境保護，以及英國國民保健署如何開支等這樣的議題中，保守黨、工黨，以及自由民主黨中主流的選民會傾向一致的看法。而當前在英國政治上會有比較大的差異處，才是將政黨這條線加以劃分的地方。最著名的就是有關歐盟的公投事件。大衛‧卡麥隆試著去創造一個結合工黨的聯盟，並爭取未表態選民的認同，以擴展他在保守黨內尚不足的支持度，所以當英國脫歐投票結果公布的那一天，確實有賴於保守黨主要的聯盟力量、英國獨立黨的選民，以及少數工黨選民的支持。政治議題也可能會分裂一個政黨。國會中的工黨呈現出兩極分化現象，傑瑞米‧柯賓的支持者現在試圖要通過紀律處分或拔擢那些目的放在擴大選民人數而非促進左翼勢力的議員之方式，以減少黨內的分裂。

## 中央集權與去中央化的分散執行政策

### 7.11 討論中央政府與其他公共機構在提供公共服務上的關係。

　　英國是個單一制的主權國家，其擁有政治權威則是集中在西敏寺之中。在那裡所做的決策都與各式各樣的公共機關有所關連，包括當地的政府。蘇格蘭、威爾斯，與北愛爾蘭民選機構的權力也是由位於西敏寺的國會以通過法案方式來加以授權。西敏寺保留擁有改變這些制度的權力、具有強制性將權力分享給北愛爾蘭、下放權力給蘇格蘭與威爾斯，以及持續強力控制在英格蘭管轄內的機構。白廳對於稅收與公共預算的集中控制在某種程度上是罕見的，但是與其他單一主權國家相較比例卻不尋常地高，而如果與聯邦制的美國相比，則更是非常極端集中

於中央。

　　**中央集權**（Centralization）會被合理化的原因是其為實現**領土正義**（territorial justice）的最佳途徑，諸如：退休養老金、失業救濟金，以及健康醫療照護等這些花費很大的公共服務，儘管當地的經濟資源有所差異，但在全國範圍內的標準仍保持一致。如果稅收是由中央政府統一從全國狀況良好的地方徵收而重新分配給比較貧窮的低方的話，這是有可能會達到的。除此之外，大臣們會強調他們會向全國數千萬具有選舉權的民眾來負責，然而地方的議員則只會向那些自己轄區中投票支持的人來負責。取代小即是美的概念，一個大型的、全國性的選舉則會被認為更恰當。因此會有說法認為「地方議員不需要一定要像非常政治性的動物；因為我們不需要這些人都還是可以自我管理」，這句話是從一位左翼的法學教授所說出。[29]

　　有許多理由都可說明為何大臣們不喜歡管理本身部門原本所能提供的服務內容。大臣可能希望避免去處理那些政治上的紛紛擾擾，就像是在稅務徵收上，允許市場的彈性化，尤其是在管理國有產業上、允許被認證的專業人士來管理技術性的環境事務，或者將白廳中存有爭議的行動去除掉，諸如以不確定的徒刑方式來釋放緩刑犯。首相會更偏好關注在那些看起來很引人注意的高端外交事務以及經濟管理上。然而，既然較低層級的服務對一般選民的生活來講，仍存在其重要性，所以大臣們就會在壓力之下來從事一些事情——或者必須說些什麼話——來回應媒體期待政府應該採取怎樣的行動。舉例來說，當暴雨之後出現洪水氾濫時。

　　對一般人而言，當服務被提供到當地的學校、醫生辦公室，或者到家門口蒐集垃圾，說明政府所採取的行動就是最主要的證據。然而，白廳的部門通常不會親自去傳達政策所提供的內容。大部分是藉由白廳以外的機構傳達，所以有六分之五服務於公務的員工是在非白廳的部門裡工作。[30]在傳遞公共政策當中，因而也涉入到內部政府政策當中（參閱專欄7.6）。

## 權力下放至民選官員

　　地方政府中的議會是民選的，而地方議會是以不同黨派方式來進行選舉。過去在兩黨輪流執政時期，許多城市幾乎一整個或很多世代都篤定是支持工黨，那些綠樹成蔭的郊區以及農業郡縣則幾乎是壓倒性都是保守黨的天下。現在自由民主黨在地方議會選舉上贏得許多席次，而當沒有政黨取得多數席次時，自由民主黨就會建議組織聯合政府進入市政廳。大多數的地方議員都是兼職形式的政治人

## 專欄 7.6　年輕人必須自行整合制度分歧的政策

在選舉期間，政黨都會向年輕人發出特別的呼籲。但是在政府當中，負責提供公共服務給年輕人的單位卻被劃分到許多的部門之中。學校通常是由地方政府來負責。大學是獨立在政府之外，然而，大學卻必須服從於中央政府的財政壓力與管制之下。考核委員會是分開來組織的。放學後的運動與文化活動是由不同的部門負責。在完成學校教育之後，通常就是年輕人開始找工作的時候了，但是由財政部負責的經濟狀況卻會影響到是否能找得到工作。要訓練年輕人擔任藍領或是白領工作的技能，則是會受到雇主可能有意願要提供的工作性質所影響。雇主會抱怨有太多的年輕人缺乏好的基礎與實用的教育，而政府則是抱怨雇主們不願意花費足夠的錢在培訓上。

在國際比較之下顯示了英國的職業教育傾向低於歐洲大陸的水準。政府失敗的政策導致有六分之一的英國年輕人被歸類到像是「尼特族」（Not in Education, Employment, or Training, NEETs）（意指未就學、未就業，或未進修的年輕人）。對一些年輕人而言，沒有立即想去尋找一份工作，可能是在安頓下來之前的一種常見現象。然而，這一個群體也是風險最高的人，最有可能去從事會導致被逮捕、在警局留下紀錄，或者甚至被判刑入獄之行為。

資料來源：參閱《歐洲尼特族的特徵、成本與政策回應》（*NEETS Characteristics, Costs and Policy Responses in Europe*）（Dublin: European Foundation, 2012）。

物，一年就只因為花費時間在議會開議期間，而獲得幾千到2萬英鎊的報酬。倫敦有民眾直選的市長。保守黨或工黨市長都會運用這個職務來當作是平臺以推廣倫敦以及其個人的觀點。然而，白廳拒絕給予倫敦像美國地方政府所享有的那樣徵稅與開支的權力。[31]

　　地方政府通常都會區分成郡與區議會這兩個層級，每一層級都要負責某些地方的服務。這種或多或少都會摻雜地方機構來提供像是教育、警力保護、垃圾蒐集、住房，以及墓地等公共服務。整體而言，地方機構要負責大約全部公共開支中的五分之一費用。從中央政府那裡發放的金額就是地方政府歲入最大筆的來源。沒有地方所得稅或營業稅的收入，是因為英國中央政府不想要讓地方當局能夠像美國地方政府一樣擁有的財政獨立。地方單位可徵收房屋稅但沒有土地財產稅；這是掌握在中央政府控制的手上。內閣大臣不會想要慷慨到為地方議員所提供的服務來提供贊助，而以大臣名義來要求這樣的信貸。

　　教育說明了中央政府不願意信任地方政府。經由國會授權的法案，原則上的經費來源由中央政府支出，而有兩位內閣大臣來分擔所有的教育責任。白廳部門中用來負責學校事務的人力只有在教育體系中從業人員的1%。地方政府長期都

是學校的首席管理者。因為一直不滿意地方政府的表現，而讓工黨與保守黨創造出獨立於地方政府管轄之外，但卻仍然依賴白廳資金贊助的城市學院與中學。學生的成功很大程度上是取決於老師在教室裡做什麼以及學生的反應為何。

## 非民選機構

　　行政機關負責許多重要的公共服務，但其首長大多是指派的而非民選的。影響最大的「英國國民保健署」並非一個組織，而是一個具有獨立預算的眾多獨立機構的綜合體，就像是醫院與醫師的辦公室狀態。每個英國公民可以透過國民保健署來免費取得服務，但是醫療保健並非是無成本的。公共經費被分配到醫院、醫生與牙醫那裡，而他們也都必須要依照中央所建立的規範與目標來行事。因為是中央政府買單，財政部就像是唯一的出錢購買者，所以會定期性尋求在日益昂貴的醫療保健中能夠壓縮之成本。

　　英國政府資助了超過1,000多個「準自治非政府組織」（quasi-autonomous nongovernmental organization, quangos）。所有這些組織都是因為國會的法案或行政部門的決策而成立；組織的領導人都是由內閣大臣來聘任，所以公共經費能夠適當地在財務上資助其活動。有些機構運用其力量來對政府進行批評指正。舉例來說，「預算責任辦公室」（Office for Budget Responsibility）會在政府宣布其年度預算之前，就提前產生國家經濟狀況的預測；對於大臣從政治角度很輕易說出「瑰麗情景」（rosy scenario）的未來時，通常都不會太樂觀。有些機構在執行所代表的工作時不夠有力的話，當問題產生時，大臣就會被放到一個很尷尬的位置上為他們造成的錯誤來辯解，或是就直接將這機構給廢止掉。

　　諮詢委員會以計畫方案的方式來為所要負責的白廳部門提供專業知識。負責農業政策的公務員會轉向尋求諮詢委員會提供有關耕作施行上比較詳細的資訊，因為公務員他們比較缺乏第一手的資料。由於諮詢委員會沒有行政權力，所以他們通常會花費比較少的經費去運作計畫。利益團體的代表會很樂意協助這樣的委員會，因為這會讓他們獲得特權進入白廳，並且有機會去影響到他們自己直接感興趣的政策。

　　行政法庭（administrative tribunal）是準司法（quasi-judicial）機關，能夠對一些領域進行專業的判斷，諸如：醫療過失，或是處理大量的小額索賠案件，諸如：有關租漲幅控制單位的租金設定是否公平之爭議。大臣們可能會開啟這樣的行政法庭來避免捲入到有爭議的政治議題中，像是做出關於驅逐移民這樣的決策。一般而言行政法庭的運作，比起一般法院來講，通常會快速很多也花費較

少。然而，這準司法法庭的角色會被要求必須對他們的程序進行獨立審核，以確保這過程對各方都是公平的。監督約70種不同類型法庭的任務之責任是掌握在一個準自治非政府組織手中，那就是「法庭理事會」（Council on Tribunals）。

## 從信任關係到契約簽署

傳統上，在白廳部門以及地方當局之間的政府內部關係，以及其他的公共機構，會在一個信任的基礎上達成共識。然而，柴契爾主導的政府傾向於更願意將公共服務外包給受法律和金融供應控制的新公共機構與私營部門公司。工黨政府設定上百個目標讓接受公款的機構去執行。因此，也可看到信任關係已經被契約關係取代了。

政府試圖藉由購買更多私人企業的服務將開支維持在可控範圍內，內容從政府機關的員工食堂到監獄運行的各種物品，應有盡有。然而，採購昂貴的資訊技術服務時，政府的經驗常常是「成本超支」（cost overrun）且未能達到既定目標，其所顯示可能一方面是市場無法供應政府所需，或是公務員不知道如何管理契約，當然也可能兩者兼而有之。

政府靠契約提供服務也會面臨到政治上的限制，因為當有問題發生時，該部門的大臣就必須到國會去答覆問題。「監獄署」（Prison Service）就常是教科書舉的例子。這是在1993年成立的一個獨立於白廳之外的行政機構，主要目的是因為犯罪率以及量刑政策（sentencing policies）的改變，所面臨到對監獄「需求」的增加，而為了要降低單位成本，故引進私營企業的管理方式。然而，當越獄以及其他問題頻繁發生時，原本負責此業務的內閣大臣卻指責居然讓商業營運來插手管理監獄署。而監獄署負責人則通過抨擊大臣來做出回應，提到大臣拒絕履行他們之間商定後簽署的契約條款。

如雨後春筍般叢生的機構，每一個都有本身獨特與鎖定的範圍來對有限的政策數量負責之處，因此也造成政府看起來變得四分五裂的樣子。舉例來說，家長可能要與6個不同的機構打交道，來確保自己的孩子能夠在所應享有的公共服務中都能得到滿足。東尼・布萊爾推廣一個概念為與政府「攜手合作」方案，以鏈接所提供的相關服務。對很多政府機關而言，這就像是一種要增加唐寧街權力的措施。事實上，這顯示出了在唐寧街眾多公共部門組織中的那些少數人，在決定數百萬一般員工之行為的能力是有限的。

## 轉為市場導向

在1945年的選舉獲勝之後，工黨政府拒絕了過去應用在1930年代大蕭條時期

的市場政策。因為這使許多基礎產業國有化。雖然一些國有產業持續有在賺錢，不過其他的卻持續虧損而需要政府大量資金挹注。對於那個世代的人而言，英國就像是個混合著經濟行為的政府，會試著去影響物價、工資，以及直接與間接投資的政策。

在1979年開始之後，柴契爾主導的政府開啟了許多國有產業以及行政機構的「私有化」（privatization）轉型。以遠低於其市場的價格向承租客房者出售議會的住屋，而受到租戶的大力歡迎。英國石油、英國航空、英國電信、勞斯萊斯（Rolls Royce），以及其他許多國有化的公司也被出售了。需要大量政府資金補貼才能維持公共服務的產業，像是鐵路，在私有化之後還是仍然持續獲得政府補貼。私有化在經濟效率（市場企業比公務機構在判斷投資、產品以及決定價格上，有更佳的表現）、政治意識形態（政府的權力在式微中）、服務（私人企業員工比公務員更具顧客導向），以及短期財務收益（出售公共資產可以提供幾百萬的英鎊來當作政府的稅收）具有充分理由。

由於許多私有化的產業都會影響到公共利益，所以政府新成立許多監管機構來管理電話、瓦斯、電力，以及自來水服務。當某個產業實際上出現壟斷的樣貌時，政府的監管機構就會尋求提高競爭機制，並且有權力設定比較低的價格上揚幅度以避免通貨膨脹，並鼓勵其增加效能。雖然政府不再擁有某個產業，但是當發生狀況時，大臣也無法忽視這樣的問題存在。當由私有化運輸公司所維修的幾個火車鐵道發生致命的意外時，就會被收回到原本的公有制度當中。

2008年的金融海嘯危機導致政府拿回了銀行的經營權，因為做了過多的預測而擔心會瀕臨崩潰。這也揭露出許多在金融部門發生的非法活動，導致一些銀行與投資公司被處以高達數十億英鎊的罰款，並且在某些案件中，從中詐取者也被捕入獄。有些弊端的揭露是來自於美國，而聯邦機構也對在美國大西洋兩岸都有活動進行的英國名下公司進行罰款。

## 難以定論的影響力

英國政府的論調就是中央集權，條條道路通唐寧街，那裡是首相與財政大臣居住與工作的地方。外交及國協事務部以及財政部位於只有相隔幾步路的距離而已。實際上，政策制定的過程是會在許多建築物當中進行，有些是在白廳裡面，而有些則是遠離倫敦之外。制度上可能會以水平式地區分為部門或行政機構；以垂直式地劃分成中央政府、地方當局，以及其他單位，在當地傳遞像是教育這樣相關的公共服務。

影響力的多寡隨手頭上所握的問題而有不同。關於戰爭與和平這樣的決策是在唐寧街，由那些最高位階的政治與軍事官員來決定。在伊拉克戰爭中，東尼·布萊爾的媒體顧問也大量涉入其中。相形之下，有些只是決定某一塊特定土地是否應作為房屋建地，一般就由遠離倫敦的地方當局來決定即可。

政策制定大多是受到政府內部紛爭所限制，而非主要受到執政黨與反對黨之間的差異影響。政府部門像是八爪章魚的許多觸角，彼此會相互對立，就像不同的公共機構往往會在其定義的公共利益上有所差別。舉例來說，財政部希望能讓稅收下降，但是衛生和社會照護部卻想要更多的錢，以應付因為英國人口持續老化而導致不斷提升的支出。

政府在經濟上的影響取決於私部門做出怎樣的回應，就像是這些要施行的政策必須經過國會同意一樣。但是他們的動機常常是指向相反的方向。為了要回應世界經濟逐漸趨緩的現象，政府鼓勵私部門的公司擴大投資以及消費者更多的花費，來提升經濟的成長。然而，經濟的不確定性會造成了商業與一般家戶在支出上更加謹慎，並努力減少而非增加本身的債務。

英國大眾對於歐盟在自己國家事務上的影響產生了反應，導致多數英國人在2016年以公投方式選擇脫離歐盟。然而，這裡還存有一些介於英國與其他歐盟國之間，實際上會相互依存的領域。協商會涉及到英國與相關的27個歐洲國家之間的處理結果，因為如果還要擁有歐盟成員國的身分，那麼英國就必須接受歐盟在本身事務上的影響，不然英國很難保留脫歐之後同樣的貿易水準。同樣的，與世界上其他貿易夥伴，像是與美國進行協商，是需獲得該外國政府的批准，同時也需經過英國國會本身的同意一樣。

## 政策績效表現

### 7.12 討論如何在英國提高稅收和花錢。

公共政策的改變逐漸地支持了英國社會的重大變化。自從1951年之後，嬰兒死亡率下降了五分之四以上。男性與女性的預期壽命增加了12年。二次大戰後學校的擴展，很顯著地提升了年輕人完成中學教育的比例，而且有五分之二的英國年輕人會繼續到大學或專科學院接受教育，這些現象其中大多數在半世紀以前是很難看見的。英國政府默許接受從新聯邦國家的經濟移民，使得英國成為一個擁有多元文化與多元種族的社會。

要讓公共政策能夠產生效益，政府主要依賴三種不同的資源：法律、金錢，以及人員。大多數的政策都會涉及這三種資源的整合，但不一定會是同等比例。

政策會規範到個人的行為，諸如：結婚與離婚，這是與法律高度相關的。估計會影響到數百萬人的福利，諸如：社會安全，這是與金錢高度相關的。像是教育與健康醫療這樣的公共服務，這是與勞力高度相關的，同時也是與金錢高度相關的。

　　法律是政府非常獨特的資源，因為私人企業無法制定具有約束力的法律，而契約也是必須在法院強制執行之下，才會產生實質效力。白廳的部門有權力去草擬法律與規則，這些法律與規則通常在國會中也都不太會受到大量的修正即可獲得批准。此外，許多法律會賦予大臣們在行政管理上很大的「自由裁量權」（discretion）。舉例來說，某名負責業務的員工可能會要求雇主提供「合理的」廁所衛生設施，但不一定會在書面中詳細規定所有的盥洗室功能。

　　公務單位的員工需要執行法律並提供主要的服務內容。在白廳工作的高階公務員，是很少被拿來與上百萬名公務單位的員工來做一比較。私人化之後已經減少了許多公務單位的員工數量。儘管如此，大約有五分之一的全英國勞動力會直接依賴公共支出來確保他們的工作。這個單一最大的公共受雇主單位就是英國國民保健署。

　　為了要讓公共政策達成收支平衡，英國政府徵收了占國民生產總額的五分之二稅收，然後其餘不足的就用借貸方式。所得稅以及資本稅就占了所有稅收的三分之一。所得稅的標準稅率是20%；而年收入超過6萬美元的課稅率就會躍升到40%。除此之外，社會安全中的健康保險費用則是從薪水或是雇主額外提撥中去扣除支付；他們貢獻了收入的17%。由於沒有國家或地方所得稅的差異，所以有錢的英國人可以按照本身收入相似的稅率來納稅，或者甚至可以按與美國相同或更低的稅率繳納所得稅，但要繳納聯邦、州和地方所得稅，並扣除健康保險。幾乎95%的英國人不付醫療保險費；相反的，政府透過其一般稅收來支付醫療費用。

　　消費稅也有其重要性。幾乎所有的商品或服務在銷售上都要加上20%的「加值型營業稅」。汽油、香菸，以及酒類商品都被課了非常高的稅。消費稅在所有的稅收中幾乎占了大約五分之二。企業稅則是在所有的稅收中只占了大約2%而已。

　　公共支出占國內生產總額的比例，很大程度上是取決於一種長期的開放式支出承諾，即政府很難在不影響其公民退休後之健康、教育與收入的情況下，來廢除這些承諾。這會隨著人口增加的壓力而波動，不過還是會取決於政府的政策選擇以及其國內生產總額的規模，從而決定增加多少對社會服務的支出。當最近一

屆的工黨政府在經濟不景氣的情況下離開了執政地位時，其公共支出就占了國內生產總額的49%。2015年時，在一連串撙節開支以及促進經濟成長率的行動之後，其比例降到了43%。

整體來說，社會政策幾乎會占到三分之二的公共支出。退休養老金占了最大宗，之後就是健康醫療以及範圍廣泛而可提供給許多不同類型人們協助的社會服務，諸如：單親家長、身體殘障者，以及失業人士（參閱圖

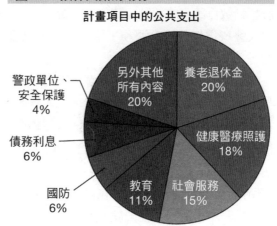

圖7.7　預算大餅的切分

計畫項目中的公共支出

養老退休金 20%

健康醫療照護 18%

社會服務 15%

教育 11%

國防 6%

債務利息 6%

警政單位、安全保護 4%

另外其他所有內容 20%

資料來源：英國政府公共支出統計摘要。資料數據來自於2016年。

7.7）。一年之內，絕大多數的英國家庭至少受益於其中一項服務，而大多數的家庭則受益於二或三項服務。鑑於提供了數以千萬計的服務內容，濫用行為也會發生；這些事件會成為頭條新聞，是因為這些不是屬於規則內的，而是一種例外。權威的集中化意味著當內閣大臣缺乏直接控制的機構中——例如醫院或當地政府的社會工作部門——暴露出問題時，大臣必須向國會及媒體負責，且會被期待要做出一些事情，或至少要說明如何解決這問題的辦法。

既然沒有任何公共預算的項目會被貼上標籤視為是「浪費」的話，任何政府想要大刀闊斧支持的公共支出，勢必會擠壓到已經存在的一些計畫項目——而且也只有擠壓到很受到歡迎的計畫項目時，才有可能節省下很多錢來。當柴契爾在1979年擔任首相這職位時，「英國社會態度調查」（British Social Attitudes Survey）發現大眾幾乎很等量地被切割成三大族群：一群是希望政府多支出與多徵稅的人、一群是偏好即使意味著會降低公共服務都希望減少稅收的人，以及第三群是採中間路線只想保留原來樣貌的人。到了2015年時，「英國社會態度調查」甚至發現在不同希望的人群中被更加清晰劃分為二，一群是希望保持稅收制度與原本開支的狀況，以及另一群人則是希望稅收與開支這兩者都能同時增加；只有不到十分之一的人會希望政府同時減少稅收與支出。

# 政策在相互依存的世界中之轉變

## 7.13 辨認全球相互依存對英國的經濟與政治的影響。

　　半世紀以前，美國國務卿（United States Secretary of State）對英國的治理者提出了嚴峻的挑戰：他表明英國已經失去了帝國般的現況，但是尚未找到自己在這世界上可扮演的新角色。英國治理者藉由尋找像是加入第二次世界大戰那樣可以維持領導統御的角色來作為一種回應。這樣的策略也被稱之為「越級挑戰」（punching above our weight）。雖然英國的資產有所增添，但是其他國家與大洲也都聚合起來，並比英國來得更有分量。相對於美國與中國持續在增長，英國的經濟卻是不斷下滑。然而，一般英國人不太會去與其他國家的人民比較自己的生活狀況。英國人最重要的標準就是與自己過去的歷史相比較。大多數英國人會與自己的父母親或是祖父母那一代來比較，由衡量不同時間的差異來顯示在物質生活狀態上獲得的巨大進展。

　　全球化造成了政策上的相互依存性，最明顯的狀況就是表現在經濟上。倫敦不只是英國的金融中心，更是世界上最重要的金融中心之一。以倫敦為總部的機構居於貨幣兌換的全球領導者位置，不論是英鎊（pound）、美元（dollar）、歐元（euro）、日圓（yan），或是中國人民幣（renminbi）。2008年發生的金融危機顯示了這樣的相互依存性具有其缺點，因為美國紐約「雷曼兄弟控股公司」（Lehman Brothers Holdings Inc.）破產後，對英國倫敦造成了巨大的衝擊。英國是個高度依賴貿易的國家，必須從本身出口所獲取的稅收，才有能力去支付本身仰賴進口所需的食物與商品。「倫敦證券交易所」（London Stock Exchange, LSE）是歐洲規模最大的交易所，而且有許多全球前百大的公司會在那裡掛名上市進行全世界的商業活動，從石油與藥品，一直到煙草與護手乳液都有。

　　離開歐盟之目的是打算結束歐盟對英國在經濟上的正式影響力。然而，在這些離開的條件之協商上，顯示了脫離並非意味著終止彼此相互依存的關係。英國政府希望能夠保有最多的經濟利益，來讓國家的經濟狀況能夠一直像是留在歐盟國家成員的狀況一樣。英國的國會議員引用挪威來當作是非歐盟成員國，但還屬於繁榮國家的例子。然而，為了要能夠維持與歐盟國家貿易，挪威還是要受制於許多本身所無法影響到的歐盟法律與規則。當英國免於遵守歐盟條約對其成員國施加的義務時，歐盟的領導者就不希望因為給予脫離的國家特殊利益，而威脅到本身機構的團結一致性與權威性。

　　在英國內部，西敏寺的國會依然是擁有最高憲法的權威性，它授權給民選的

國會，並在其政治的合法性主張中，引入了相互依存的關係。蘇格蘭民族主義者主張因為贏得了蘇格蘭議會的掌控權，所以本身比西敏寺的國會更有資格產生話語權來為蘇格蘭人發聲。這樣的要求也已經被在西敏寺握有超過十分之九的蘇格蘭席次之蘇格蘭民族黨來強化。英國要從歐盟脫離，也給了蘇格蘭民族黨一個機會來要求為蘇格蘭獨立而舉辦的另一場公投——深信這樣的結果是能夠成真的。在威爾斯，威爾斯（民族）黨缺乏多數人口的支持來形成這樣的要求。在北愛爾蘭，愛爾蘭共和主義者從來沒有獲得西敏寺授權能有合法權利在那裡進行自治，所以在過去這超過30年的時間中，北愛爾蘭共和軍製造了暴力行為來進一步表明其要求。妥協後的北愛爾蘭在行政上保留了在西敏寺國會可正式主張的權威性，而在非正式上，它也等同於認可了愛爾蘭共和主義者的運動以及親西敏寺聯盟主義者的合法性。

　　只要經濟持續增長，相互依存性就可能會被稱之為像是一個「正向的零和遊戲」（positive sum game），因為所有的人都能夠享有更多的物質利益，而且政府也能夠享有因為稅收增加所帶來的好處，而能夠增加支出來改善那些不是那麼富裕的人們之經濟狀況。直到2008年的世界經濟衰退以前，英國國民生產總額的繁榮時期是一直在增長的，之後在2010年恢復了穩定，但其經濟增長率變得比較低，而此後也一直持續如此。在2008年的金融危機之後，英國的失業率從5%上升到8%，稍後一段時間的經濟也持續在復甦中，所以在2015年時失業率就降到了5%。在「吉尼係數」（Gini Index）這樣一個測量收入不平等的指標中，英國從1991年開始就維持一個相對穩定成長的狀態，而在2009年時達到了高峰。

## 結論

　　相當諷刺的是，政治人物應該能夠做到的一件事——改善政府的制度——看起來似乎超出了所有政黨的能力範圍。在2015年的大選之後不久，當時政府國會議事錄（Hansard Society）審計希望英國人民來評價制度，以幫助英國治理時，只有2%的人民覺得英國政府運作得非常良好，而有31%的人認為英國政府往往運作得不錯，但在一些細節上可以改善得更好。相形之下，有63%的人認為英國政府可以改善的地方還有很多，或是還需要很大的進步。

　　英國人原則上不是非常滿意民主狀況，但是對政府如何實際運作民主的方式有很大的保留。私底下，有時是公開的，英國政治人物會分享他們的觀點。在職位上幾年之後，他們也準備好要說出他們所繼承而來的制度，以及相互依存的世界所帶來的約束條件，以解釋為什麼他們無法像當時所承諾的內容那樣成功。就

像是一位前保守黨大臣公開描述要接任其位置的工黨繼任者：「他們繼承了我們的問題以及補救的措施。」[32]

## 章後思考題

1. 您如何描述英國的不成文憲法呢？
2. 擔任一位總統與擔任一位首相之間，有哪些相似與相異之處呢？
3. 聯合王國（英國）是由哪些民族所組成，以及這國家是如何治理的呢？
4. 您會如何描述不同政黨在下議院的國會議員席次呢？
5. 英國「領先者當選」制度所帶來的爭議，以及反對使用的聲音有哪些呢？
6. 政策所宣稱花費在公共支出最大一部分是在哪，以及原因為何呢？
7. 保守黨2015年選舉所面臨的主要挑戰為何呢？
8. 2016年針對英國是否脫離歐盟的公投，其所帶來的影響有哪些呢？

## 重要名詞

| | |
|---|---|
| 英國脫歐 | 北愛爾蘭 |
| 內閣 | 利益團體外部人士 |
| 中央集權 | （英國、加拿大等）國會 |
| 階級 | 首相 |
| 保守黨 | 私有化 |
| 王室 | 公投 |
| 權力下放 | 蘇格蘭 |
| 唐寧街 | 蘇格蘭民族黨 |
| 歐洲聯盟（歐盟） | 領土正義 |
| 領先者當選 | 柴契爾主義 |
| 上議院 | 聯合王國（英國） |
| 利益團體內部人士 | 英國獨立黨 |
| 北愛爾蘭共和軍 | 不成文憲法 |
| 工黨 | 威爾斯 |
| 自由民主黨 | 西敏寺 |
| 多黨制度 | |

## 推薦閱讀

Bale, Tim. *The Conservative Party from Thatcher to Cameron.* Oxford: Polity Press, 2011.

Butler, David E., and Gareth Butler. *British Political Facts.* 10th ed. Basingstoke, England: Palgrave Macmillan, 2011.

Cairney, Paul, and Neil McGarvey. *Scottish Politics: An Introduction.* Basingstoke, England: Palgrave Macmillan, 2013.

Celis, Karen, and Sarah Childs, eds., *Gender, Conservatism, and Political Representation.* Colchester: ECPR Press, 2014.

Flinders, Matthew. *Delegated Governance and the British State: Walking without Order.* Oxford: Oxford University Press, 2008.

Geddes, Andrew, and Jonathan Tonge, eds. *Britain Votes 2015.* Oxford: Oxford University Press, 2015.

Goodwin, Matthew, and Caitlin Milazzo. *UKIP: Inside the Campaign to Redraw the Political Map of Britain.* Oxford: Oxford University Press, 2015.

Grube, Dennis C., and Cosmo Howard, eds. "Is the Westminster System Broken Beyond Repair?" *Governance* 29, 4 (2016): 467–571.

Hood, Christopher. *The Blame Game: Spin, Bureaucracy, and Self-Preservation in Government.* Princeton, NJ: Princeton University Press, 2011.

Jones, Bill. *Dictionary of British Politics.* 2nd rev. ed. Manchester, UK: Manchester University Press, 2010.

Jordan, Grant, and William A. Maloney. *Democracy and Interest Groups.* Basingstoke, UK: Palgrave Macmillan, 2007.

Jowell, Jeffrey, and Dawn Oliver, eds. *The Changing Constitution.* 7th ed. Oxford: Oxford University Press, 2011.

Johns, Rob, and Mitchell, James. *Takeover: Explaining the Extraordinary Rise of the SNP.* London: Biteback Publishing, 2016.

MacShane, Denis. *How Britain Left Europe.* London: I.B. Tauris, 2016.

Page, Edward C. *Politics without Politicians: Bureaucratic Influence in Comparative Perspective.* Oxford: Oxford University Press, 2012.

NatCen Social Research. *British Social Attitudes* 33 (2016). www.bsa.natcen.ac.uk.

Quinn, Thomas. *Electing and Ejecting Party Leaders in Britain.* Basingstoke, UK: Palgrave Macmillan, 2012.

Rallings, Colin, and Michael Thrasher. *British Electoral Facts, 1832–2012.* London: Biteback Publishing, 2012.

Rhodes, R.A.W. *Everyday Life in British Government.* Oxford: Oxford University Press, 2011.

Rose, Richard. *The Prime Minister in a Shrinking World.* Boston: Polity Press, 2001.

———. *Representing Europeans: A Pragmatic Choice.* Updated ed. Oxford: Oxford University Press, 2015.

*Social Trends.* London: Stationery Office, annual.

*Whitaker's Almanack.* London: J. Whitaker, annual.

Whiteley, Paul. *Political Participation in Britain.* Basingstoke, UK: Palgrave Macmillan, 2011.

Wilson, David, and Chris Game. *Local Government in the United Kingdom.* 5th ed. Basingstoke, England: Palgrave Macmillan, 2011.

## 網路資源

英國政府與公共政策：http://www.gov.uk

英國首相的網站：http://www.Number10.gov.uk

下議院與上議院：http://www.parliament.uk

獲取關於當前政策問題與機構變更之詳細公正的簡報，詳見：http://www.parliament.uk/commons-library

國家統計局：http://www.stastics.gov.uk

英國與全球新聞：http://www.bbc.co.uk/news

憲法與權力下放：http://www.ucl.ac.uk/constitution-unit

公共輿論（民意）調查：http://ukpollingreport.co.uk

政治研究協會：http://www.psa.ac.uk

# 註釋

1. See Jonathan Bailey, R. Iron, and H. Strachan, eds., *British Generals in Blair's Wars* (Ashgate, Farnham, England 2016).

2. For details and discussion, see "Brexit Special," *Political Insight* (September 2016): 3–29.

3. See the symposium on "The Dilemmas of Political Englishness," *Political Studies Review* 14, 3 (2016).

4. The opinion of Sir Nigel Hamilton, former head of the Northern Ireland Civil Service, quoted in *Public Service Magazine* (February–March 2009): 27.

5. John Kampfner and David Wighton, "Reeling in Scotland to Bring England in Step," *Financial Times*, April 5, 1997.

6. Philip Cowley and Dennis Kavanagh, *The British General Election of 2015* (Basingstoke, UK: Palgrave Macmillan, 2015), 348.

7. Quoted in Peter Hennessy, "Raw Politics Decide Procedure in Whitehall," *New Statesman*, October 24, 1986: 10.

8. See Richard Rose, *The Prime Minister in a Shrinking World* (Boston: Polity Press, 2001), fig. 6.1; and Political Monitor: Satisfaction Ratings 1997–Present (www.ipsos-mori.com/researchpublications).

9. Walter Bagehot, *The English Constitution* (London: World's Classics, 1955), 9.

10. Sir Leo Pliatzky, quoted in Peter Hennessy, "The Guilt of the Treasury 1000," *New Statesman*, January 23, 1987.

11. Quoted in David Leppard, "ID Cards Doomed, Say Officials," *Sunday Times* (London), July 9, 2006. See also an interview with Sir Robin Butler, "How Not to Run a Country," *The Spectator* (London), December 11, 2004.

12. George Parker, "Blair Calls on Companies to Boost Whitehall," *Financial Times*, June 29, 2010.

13. Eric Varley, quoted in A. Michie and S. Hoggart, *The Pact* (London: Quartet Books, 1978), 13.

14. Michael Rush and Philip Giddings, *Parliamentary Socialisation* (Basingstoke, UK: Palgrave Macmillan, 2011).

15. Cf. Colin Bennett, "From the Dark to the Light: The Open Government Debate in Britain," *Journal of Public Policy* 5, 2 (1985): 209; italics in the original.

16. Graham Wilson and Anthony Barker, "Whitehall's Disobedient Servants?" *British Journal of Political Science* 27, 2 (1997): 223–246.

17. Hugh Heclo and Aaron Wildavsky, *The Private Government of Public Money* (London: Macmillan, 1974).

18. Bernard Ingham, press secretary to Margaret Thatcher, quoted in R. Rose, "British Government: The Job at the Top," in *Presidents and Prime Ministers*, ed. R. Rose and E. Suleiman (Washington, DC: American Enterprise Institute, 1980), 43.

19. See Samuel H. Beer, *Modern British Politics*, 3rd ed. (London: Faber and Faber, 1982).

20. House of Commons, Hansard (London: Stationery Office), November 11, 1947, col. 206.

21. See Richard Rose and Ian McAllister, *The Loyalties of Voters* (Newbury Park, CA: Sage, 1990), Chapter 3.

22. Quoted in Maurice Kogan, *The Politics of Education* (Harmondsworth, UK: Penguin, 1971), 135.

23. Rob Baggott, "The Measurement of Change in Pressure Group Politics," *Talking Politics* 5, 1 (1992): 19.

24. Sir Ken Jackson, quoted by Krishna Guha, "Engineers and Electricians Turn Away from Moderate Traditions," *Financial Times*, July 19, 2002.

25. See W. A. Maloney, G. Jordan, and A. M. McLaughlin, "Interest Groups and Public Policy: The Insider/Outsider Model Revisited," *Journal of Public Policy* 14, 1 (1994): 17–38.

26. The number of MPs will be reduced to 600 in the 2020 general election.

27. See Ministry of Justice, *The Governance of Britain: Review of Voting Systems* (London: Stationery Office, 2008), Cm 7304.

28. Thomas Quinn, *Electing and Ejecting Party Leaders in Britain.* (Basingstoke, UK: Palgrave Macmillan, 2012).

29. J.A.G. Griffith, *Central Departments and Local Authorities* (London: George Allen and Unwin, 1966), 542; cf. Simon Jenkins, *Accountable to None: The Tory Nationalization of Britain* (Harmondsworth, UK: Penguin, 1996).

30. See *Better Government Services: Executive Agencies in the 21st Century* (London: Office of Public Service Reforms and the Treasury, 2002).

31. See Paul Peterson, "The American Mayor: Elections and Institutions," *Parliamentary Affairs* 53, 4 (2000): 667–679.

32. Reginald Maudling, quoted in David Butler and Michael Pinto Duschinsky, *The British General Election of 1970* (London: Macmillan, 1971), 62.

## 譯者註

[1] 1922年以前愛爾蘭是組成聯合王國的一部分，而目前只有北愛爾蘭是屬於聯合王國的一部分。

[2] 延宕許久之後，終於在2020年1月31日，英國鮑里斯‧強森任內解除了1973年後長達47年的歐盟會員國資格，正式脫離歐盟。

[3] 梅伊於2016年7月接替了卡麥隆的位置而出任首相，但最後沒有熬到2020年5月，就在2019年6月就因脫歐僵局而宣布辭職，之後由鮑里斯‧強森繼任而上。

[4] 這種選舉制度也稱為「贏者全拿制」或「簡單多數決制」。

[5] 這是一條中間路線，目的在於強調要超越傳統上被歸類成所謂的「老左派」和「新右派」之意識形態。

[6] 原文將書名列為Broken Promises，但根據譯者查詢應為Broken Vows；原著所列的出版社Faber也應為Faber & Faber。

[7] 後來出乎意料的是因為德蕾莎‧梅伊一直擺不平英國脫歐的僵局，加上黨內的壓力，於是尚未熬到2020年的大選，她在2019年5月24日就宣布會在6月7日時辭去黨魁。

[8] 傳統上後座通常是坐著新當選、委任或退休的國會議員，一般則是指涉較無經驗的議員。

[9] 泛指英國境內的非洲裔以及其他少數民族。

[10] 這種投票方式又稱為「排序複選制」（Instant-runoff voting, IRV）或是「偏好投票制」（preferential voting, PV）。

# 第八章

# 法國政治

馬丁‧玄恩（Martin A. Schain）

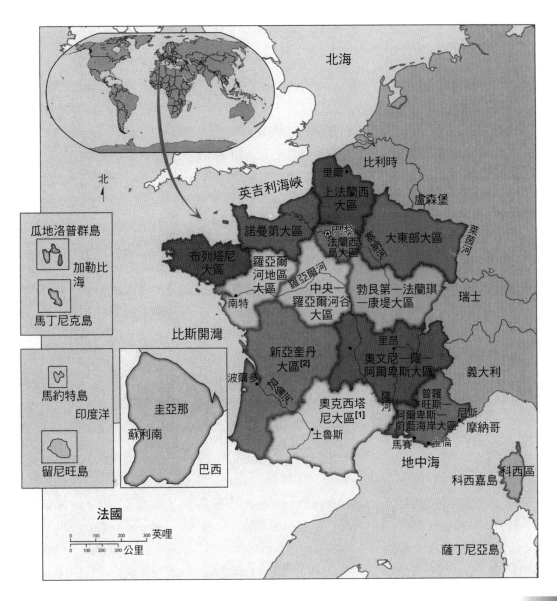

## 國家簡介

**人口**：6,470萬

**領土**：211,208平方英哩

**獨立年分**：486年

**當前憲法制定年分**：1958年

**國家元首**：艾曼紐・馬克宏（Emmanuel Jean-Michel Frédéric Macron）

**政府首腦**：愛德華・菲力普（Édouard Philippe）

**語言**：100%法文；方言快速流失的地區（普羅旺斯語、布列塔尼語、亞爾薩斯語、科西嘉語、加泰隆尼亞語、巴斯克語、佛萊明語）

**宗教**：羅馬天主教89.5%；穆斯林7.5%；基督新教2%；猶太教1%

### 學習目標

**8.1** 辨認法國政府目前面臨的五個政策挑戰。

**8.2** 簡明敘述法蘭西第三、第四，以及第五共和國的歷史。

**8.3** 描述法國的經濟狀況並與其他歐盟國家做比較。

**8.4** 討論法國政治制度的治理原則。

**8.5** 描述形塑法國政府風格的文化特徵。

**8.6** 辨認法國政治社會化的媒介，並描述它們在近年來發生的變化。

**8.7** 討論法國「政治階級」的結構和人才甄補。

**8.8** 列出在法國主要的三種利益團體，並描述它們影響政府的方式。

**8.9** 以近期法國的歷史為例，說明法國的政黨制度以及阻礙兩黨制產生之因素。

**8.10** 比較與對照法國的選舉制度與美國的選舉制度。

**8.11** 辨認法國有哪些機構有能力檢視政府的行為。

**8.12** 討論1980年代時，發生在法國政府權力下放的問題。

**8.13** 辨認法國作為福利國家的成就與不足之處，並描述全球化對法國，尤其是作為歐盟成員國的影響。

　　2009年後經濟疲軟衰退，以及總統有時反覆無常的行為，法國選民在2012年5月投票拒絕了中間偏右的尼古拉・薩科奇（Nicolas Sarkozy）第二任期的總統之路，並選出自稱是「正常」的社會黨員：法蘭索瓦・歐蘭德（François Hollande）擔任總統。1個月後，歐蘭德領導的「社會黨」（Socialist Party, PS）在國民議會選舉中贏得了多數席次。在執政的第一年，社會黨政府通過了一些重要的立法，包括勞動市場改革以及同性婚姻，但是卻未能扭轉在薩科奇任內提出

的「緊縮政策」（austerity policies），或失業率的持續上升。失業率逐漸攀升到20年來的新高，公共債務持續增加，經濟成長維持下降的趨勢，總統的聲望跌落到自1958年「**第五共和國**」（Fifth Republic）成立以來，任何一任總統中的最低狀況。不像是前任中間偏右的政府，在提出緊縮政策的部分內容時，還能夠獲得核心支持者一些政治支持，歐蘭德的左派聯盟在提出減少以及削減預算時，卻不斷受到其左派的攻擊。隨著同黨中不斷增長的反對聲浪，以及在公共輿論上持續減少的支持聲音後，歐蘭德決定不再競選2017年1月社會黨舉辦的初選。

法國在2017年4月至5月舉辦的總統大選中，因為主要政府政黨的候選人，都沒有進入到第二輪投票，也是最終回合的選舉[3]。取而代之的是，選民必須在極右派的瑪琳·勒朋（Marine Le Pen），以及另一位在社會黨執政時期的前經濟部長艾曼紐·馬克宏（Emmanuel Macron）之間進行選擇。後來，選民在第二輪的選舉中以大約67%的選票，選擇讓馬克宏擔任法國總統。

## 當前的政策挑戰

### 8.1 辨認法國政府目前面臨的五個政策挑戰。

在美國歷史上，當政黨制度在基本的社會經濟問題上出現高度分化時，相形之下，法國的政治往往顯得近乎平靜。自1986年以來，法國人大部分時間都與左右共治的分化政府（同居，cohabitation）生活在一起，而這並不阻礙政府的效能或是破壞機構的合法性。同時，法國選民還是很顯然會擔心與美國人相同的一些議題。

在2016年，法國公民最擔心的是失業率、移民（雖然這問題嚴重性遠少於其他歐洲國家）、歐洲的未來以及在1年半時間內經歷了3次慘重的恐怖攻擊後，所浮現的對安全與恐怖主義的擔憂。[1]與過去這幾年相比，「郊區」——相當於美國內陸城市——以及貧窮的問題，已經從公眾的關注中消失了。當經濟狀況依舊停滯不前時，法國的選民也逐漸變得愈來愈悲觀（如同一篇文章所描述「全歐洲悲觀主義之冠的國家」）。雖然法國已經走過經濟危機的時刻，且狀況比希臘、西班牙或是義大利還要來得好，但是法國民眾還是傾向對其經濟的未來趨勢以及對下一代的前景之看法，表現得比更為不幸的鄰國還悲觀。2016年的一項主要調查指出，法國對歐盟的態度遠不及其他**歐洲聯盟**（European Union, EU）國家，法國人談到歐盟時就像是「自由落體」一般。2年來，回答對歐盟有好感的受訪者比例從54%掉到38%，滑落了16個百分點，是歐盟所有國家中跌幅最大的國家。[2]

在2016年的夏天，法國人還很關注身分的議題，和被認定為穆斯林的大量人口面臨的挑戰。引發這問題的部分原因是受到反移民／反穆斯林的「國民聯盟」（Rassemblement National）[4]逐漸增強的選舉力量的推動，海岸城市（包括尼斯與坎城在內）的30位市長禁止在海邊遊玩的女性穿著一種會遮蓋手臂、腿，以及頭髮的保守泳衣——「布基尼」（burkini），這是一款十多年前在澳洲發明的泳衣。雖然後來這項禁令被法國行政高等法院和「國務委員會」（Council of State）駁回，不過這問題卻激起了左派人士的對立。當時社會黨總理曼努埃爾·瓦爾斯（Manuel Valls）以「**世俗主義**」（laïcité）以及女性權利的名義捍衛這項禁令，但當時社會黨的總統歐蘭德卻以「容忍」為名，反對此禁令。到了夏天尾聲，「布基尼」的問題，似乎已經開始走到一個更大的全國性探討議題上，成為選舉競爭的背景下有關多元與身分的議題了。

「多元主義論」（multiculturalism）是要融合大量且不斷成長的穆斯林人口（法國是歐洲人數最多的），因此對法國而言，這是一項重要的政策挑戰。為了促進公民融合，法國政府在2004年立法通過了禁止公立學校的學生穿戴明顯具有宗教符號的物品在身上，包括伊斯蘭女性穿戴的頭巾。2011年，通過了一項新的法令，禁止在公共場合穿著被稱為「波卡」（burqa）的罩袍（法國少數穆斯林女性穿著的全身的罩袍）。相形之下，政府承諾的改革，以解決移民的特殊需求，基本上沒有實現。

法國人很少關注當代美國政治核心的許多問題。法國公民不是非常關注國土面積的大小。近來政府已適度的降低了公共支出的程度——應該注意的是，即使如此，這樣的支持比起其他歐洲國家都還更多。幾乎沒有人會支持大幅刪減福利國家的計畫。這樣的福利計畫在法國所涵蓋的層面比美國更為廣泛。事實上，研究調查顯示，法國選民願意為了維持這些計畫以及國家補貼的社會保障和長假而付出很多的犧牲。2016年法國的失業率幾乎比美國還高約40%，而這樣的差距隨著美國失業率的下降而顯得更加擴大。然而，法國的貧窮比例卻是在所有先進工業化民主國家中最低的，不到美國的一半。

與美國不同，法國選民對「基因改造生物」對影響環境與健康的後果，更深表關切。相對於美國人，法國人更願意付出努力減少環境污染。法國天然氣的價格是美國的2倍多，而國家對一直成長的公共運輸網絡之補貼，不受公共輿論的挑戰。

最後，雖然法國人對美國在2001年9月11日發生了紐約世界貿易大樓與華盛頓特區五角大廈的攻擊事件，普遍表示同情，但這些事件後一股反美的情緒崛

起，對美國政策的不信任感也有所增強。這種不信任引發了一次重大的跨大西洋危機，2003年時法國率先反對美國領導針對伊拉克的薩達姆‧海珊（Saddam Hussein）政府的軍事行動。輿論與政黨形成廣泛的共識，支持法國反戰的立場。這樣的緊張關係隨著美國歐巴馬（Obama）總統在行政上將政策定調為促進更廣泛的「多邊合作」時，才有了適度的和緩。

# 歷史的觀點

## 8.2 簡明敘述法蘭西第三、第四，以及第五共和國的歷史。

　　法國是歐洲最古老的「民族國家」（nation-state）之一。不穩定的革命時期政權，起源於1789年的「巴士底獄」（Bastille）事件，而在十幾年後**拿破崙‧波拿巴（拿破崙一世）（Napoléon Bonaparte）**的奪取政權而終止。法國大革命期間，在1791年建立了君主立憲制（constitutional monarchy）的政權（法蘭西「第一共和國」（First Republic）），但是當時的君主制王朝（波旁王朝（the Bourbon dynasty））是隔年才被推翻。在「霧月」（brumaire）18日（1979年11月10日）政變，也就是拿破崙奪權以前，曾出現3部憲法，而他也在這事件發生後3年建立了法蘭西「第一帝國」（First Empire）。其他歐洲勢力在英國領導下形成聯軍，而在1815年最後的戰役迫使拿破崙投降，恢復了波旁君主制。在1830年發生的另一場革命，將最後一個波旁王朝趕下法國的王位，而由相對自由之奧爾良家族的路易‧菲利普（Louis Philippe）繼承王位。

　　不滿的情緒在崛起的「資產階級」（bourgeoisie）（商人階級）與城市居民之間的日益增加，導致在1848年爆發巴黎革命。這場革命催生了法蘭西「第二共和國」（Second Republic）的成立（1848-1852），並且實現了「男性普選制」。然而，在中產階級與下層階級支持者之間存在著衝突，而使第二共和國政府無法發揮效用。在混亂的政局之中另一個拿破崙崛起，他是拿破崙一世的姪子：路易‧拿破崙（Louis Napoléon）。1852年他登基成為「拿破崙三世」（Napoléon III），並且為法國帶來了十多年的政局穩定狀態。然而，在他執政的最後幾年，做出了錯誤的對外冒險政策。他在「普法戰爭」中（1870年）被擊敗並被俘虜，法國因此被占領且被迫簽下屈辱的「停戰協定」（armistice）。隨後，巴黎的激進派人士宣布成立「巴黎公社」（Paris Commune），在1971年撐了2個月，直到被保守派的政府軍擊垮為止。公社帶來的後果，讓共和國與君主國擁護人士之間產生鬥爭，而導致在1871年建立了法蘭西「第三共和國」（Third Republic）。法蘭西第三共和國是法國近代歷時最久的政權，在第一次世

界大戰之後倖存下來，直到1940年法國被德國納粹擊敗並占領才告終。

第二次世界大戰深深地分裂了法國，將其分割成被德軍占領的區域，以及在法國南部的「維琪」政權（Vichy）「自由區」，當時擔任維琪政府總理的貝當（Pétain）元帥所領導的政權親德。從1940年7月直到1944年8月，法國政府實行獨裁政權。反抗運動在**夏爾・戴高樂（Charles de Gaulle）**將軍的領導之下，逐漸形成。1942年底在盟軍進入北非以及德國占領的維琪區域後，其逐漸壯大並且獲得了力量和支持。德軍在1944年被驅逐出原本占領的巴黎，戴高樂進入這個城市，希望進行全面改革渴望帶給巴黎尋求已久的可行民主。在不到2年的時間之後，因為對於法國想走回傳統的政黨政治感到不耐煩，他辭去了臨時政府（provisional government）主席的職務。

事實上，法蘭西**「第四共和國」**（Fourth Republic）（1946-1958）令人失望。當時的政府跌落至令人不安的規律性更替中──在12年之內就換了24任的政府。同時，因為組成政府聯盟的都是小圈圈的人，同樣的政黨以及相同的領導人就愈有可能加入這些政府團隊當中。脆弱的領導人對於最初由「冷戰」（Cold War）所引發的緊張關係，然後法國在亞洲中南半島開啟的「印度支那戰爭」（Indochina, 1946-1954），以及最後在北非阿爾及利亞發起的反殖民抗爭（1954-1962），都難以應付其局勢。

1958年時，在阿爾及利亞出現了一觸即發的內戰危機，一群領袖希望戴高樂重返權力位置執政，並幫助法國建立更堅強且更穩定的制度。戴高樂與本身支持者為「第五共和國」擬制了一部新的憲法，然後在1958年公投通過。因此戴高樂既是法蘭西第四共和國的最後一任總理，亦是後來全新建立的法蘭西第五共和國的第一任總統。

## 經濟與社會

### 8.3 描述法國的經濟狀況並與其他歐盟國家做比較。

從地理上來看，法國有一邊面臨大西洋，連接歐洲大陸，以及地中海；因此，它在歐洲占有獨特的位置。在2016年，總共有6,470萬的人口，大約是美國人口總數的五分之一，居住在相當於美國領土面積的十五分之一大小的土地上。超過360萬的外國人（非法國籍人士）居住在法國，其中超過半數的人口來自歐洲以外的地區，大多數是來自於北非或其他非洲大陸。除此之外，有近200萬的法國公民並非出生在法國領土。因此，約有12%的法國人口是在外國出生的，略低於美國於境外出生的人口比例，不過與2013年的歐洲其他主要國家相比，人數

大致是相同的。

城市化的進展是很緩慢的，但是法國現在已經是高度城市化的國家了。在1936年法國只有16個城市擁有超過10萬的人口數；到了2013年，已經有39個城市達到這個水準了。超過四分之一的城市人口（幾乎占總人口的20%）生活在大巴黎都會地區。集中居住的人口造成了許多令人瞠目結舌的問題。在這個擁有數百年歷史的行政、經濟，以及文化集中化的傳統特質的國家中，造就了巴黎與巴黎之外的其他地方之間，在人文與物質資源上有著巨大的差異。巴黎這地區中每個人的平均所得幾乎高於法國其他地方50%，失業率也比全國平均低很多。巴黎地區也是最多外國人聚居之處（是全國平均的2倍），而在這個地區中較富裕與較貧窮鎮區之間存在著非常明顯的差距。

法國最近的經濟發展，與其他先進工業化國家相比之下，算是還不錯的。在「國內人均生產總額」（GDP）上，法國2013年躋身世界最富裕國家的行列之一，排名僅次於北歐斯堪地那維亞國家、美國，以及德國，而與英國大致相同，高於日本、義大利，以及歐盟國家的總平均（參閱上冊第一章）。從1996年至2006年，法國的經濟成長率大約相當於歐盟所有國家平均增長速度，但是通貨膨脹率僅略高於歐盟平均水準的一半。然而，在2008年之後直到2016年初，法國的經濟一直停滯不前，但是已經擺脫了嚴重的衰退狀況。隨著2010年發生的歐元危機，使得法國的經濟命運與歐洲其他國家牢牢地綁在一起。

如果與歐盟國家以及美國的平均水平相比，法國的失業率依舊相對較高。在2008年，法國的失業率為7.8%，已經開始經歷到與歐洲其他比較貧窮的國家相同的問題了：年輕族群長期的失業、無家可歸的遊民，以及社會服務的告罄等。尤其當失業狀況迅速上升到二次世界大戰後創紀錄的高位局勢時，所有的這些問題在那之後也變得愈來愈嚴重，還好後來在2016年時已能平穩保持在9%以上。

從第二次世界大戰結束以來，勞動力發生了天翻地覆的變化，使得法國走向與其他工業化國家相似之路。在1990年代，勞動力的數量增長到超過160萬人口，持續增加的趨勢比大多數歐洲國家的幅度還大。這些新的勞工大部分都是年輕人口，而有愈來愈多是女性。從2000年開始，法國的勞動力規模緩慢成長，不過預計在2016年時就會因為人口老化的原因而下降。

在1954年，女性撐起了35%的勞動力；今日，她們占了47%（大約三分之二的法國工作年齡婦女）。一個多世紀以來，法國受僱女性的比例——主要是在農業、工藝品店，以及工廠當中——比大多數歐洲其他國家來得都高。今日，大部分女性是在經濟服務部門之辦公室內就業。整體而言，從1938年法國女性在服務

部門中的就業狀況已經從33%，上升到今天的76%，高於歐盟的平均水平。

　　藉由與歐盟其他國家相比，法國的農業部門在經濟上更具有其重要性。儘管投入到農業的人口比例嚴重下滑（現在大約只有3%），但是在過去的25年期間，農產品產量大幅提升。法國是最大的農業生產國，耕種面積比歐盟其他任何國家都要多。法國還是歐盟執行「共同農業政策」（Common Agricultural Policy, CAP）的項目裡，獲得補貼的最大接受國。

　　自1945年以來，法國執行了一連串的農業現代化措施，諸如農民專業合作社、邊緣農場的整合，以及促進技術教育的改良。尤其是在1962年至1968年期間，歐洲經濟共同體開始實施「共同農業政策」的發展之後，農地的整合進程變得快速很多。到了2016年，除了英國、丹麥與盧森堡之外，法國每個農場的平均面積比歐盟其他國家的農場都要大很多。

　　法國的商業既是高度分散的，同時也是高度集中的。即使經歷過三十多年在商業上的結構重整之後，法國350萬家的工商企業中，仍幾乎有三分之二還是屬於個人擁有。就像是其他高度工業化的社會一樣，這比例正在緩慢增加當中。在法國一些最先進的產業中，其生產是高度集中化的。少數排名前幾大的公司占了就業和業務銷售最多的部分。即使在一些歷史比較悠久的行業（諸如：汽車製造、造船，以及橡膠）中，前四大公司就已經僱用了一半以上的勞動力與商業行銷。

　　法國的工商業組織自1990年代以來已經有很顯著的改變了。「私有化」（privatization）一開始是出現在1980年代，而在1990年代時則受到歐盟強制要求推動，使得公營企業的數量減少了75%，連帶在公營企業裡面工作的人數減少了67%。儘管私有化持續在進行，企業與國家之間的關係還是相當密切，因為有許多私人企業的執行長都曾擔任過高階公務員，並且有一些人來回穿梭在其私人的職位以及國家的公職上。除此之外，超過20%的民間勞動力是進入（或幫）公務單位工作，而在過去的15年期間，這樣的現象成長了10%，有125萬人在教育部工作，幾乎有高達80%的人都是擔任教師的職務。

## 憲政傳統

### 8.4 討論法國政治制度的治理原則。

　　法國1958年憲法（Constitution of 1958）是從1789年巴士底監獄事件之後以來的第16部憲法。過去的共和國憲法，大多不是因為有什麼成就，而是因為其不穩定性而廣為人知，問題是在議會制當中（參閱上冊第六章），議會可以基於

一些原則來迫使缺乏議會多數的政府辭職。當在議會裡的政黨相對較少，以及制度的安排沒有受到重要政黨與其黨魁的嚴峻挑戰時，才可以運作得最有效率。這些假設並不適用於前四個共和國，而且，至少在第五共和國的早期幾年，似乎也是注定要遭受類似的命運。

不過，總統的直接民選極大地增強了總統辦公室存在的合法性與政治權威。這也對政黨制度帶來了影響，因為如何競選總統的策略，已經占據了政黨的主導地位。當**法蘭索瓦‧密特朗**（François Mitterrand）在1981年贏得了總統選舉，成為了包括「法國共產黨」（French Communist Party）在內的左派聯盟領導人，並宣布接受了第五共和國制度的安排時，此時共和國的命運看起來似乎獲得了保障（參閱圖8.1）。從1981年之後，沒有出現過任何重要的政黨（包括激進右派的「國民聯盟」（前身為國民陣線））對共和國的合法性提出挑戰了。

除了憲法本身之外，還有一些已被廣泛接受的原則，可以將其視為憲政原則。這些原則中首先是法國是一個單一政權國家；一個「單一且不可分割的」法蘭西共和國。[3]第二個原則是法國是一個世俗化的共和國、致力於平等，且在法律面前沒有任何一個群體會受到特別承認的地位。這些原則對於法國民主而言，具有特殊的意義，因為自1789年之後，法國的各種非民主的制度經常違反這些原則。

自從18世紀成立了法蘭西第一共和國之後，「雅各賓派」（Jacobins）控制了革命性的國民議會，讓法國政權被形塑成在政治與行政權威上具有高度的中央集中性。雖然一直以來總有人呼籲將政治權力和行政權威下放，但是法國這單一政權國家（形式上）卻依舊還是維持其單一制。基本上，這意味著中央以下的各級行政單位（大區（région）、省（département），以及市鎮（commune））幾乎都沒有正式的決策自主權。所有地方都以巴黎所制定的政治與行政決策為主導。包括法國的國家行動與地方組織都依賴具有良好結構的行政組織來運作，使其即使長期處於政治不穩定與動盪中，依然能夠保持國家機器的功能都正常運作。在1982年至1986年期間所建立的民選大區政府分散了一些決策權。雖然如此，這些政府還是沒有實質上的徵稅權力，並且整體上還是需要仰賴中央財政撥款支持他們大多數的計畫。

第二，「世俗主義」（secularism / laïcité）的政教分離就是將教會與國家明顯區分，與美國的狀況有很大的不同。因為這是源於對法國大革命之前以及非民主政權中的天主教教會既定權力的激進反對所形成的。因此，其具有充滿戰鬥性與意識形態上的兩種面向，都是源自過去這兩世紀以來歷史上深沉的衝突所造

## 圖8-1 法國行政部門

### 1958年後的法國總統與總理

| 總理 | 年分 | 總統 |
|---|---|---|
| 米歇爾・德勃雷（Michel Debré） | 1958 | 夏爾・戴高樂（Charles de Gaulle） |
| 喬治・龐畢度（Georges Pompidou） | 1962 | |
| 莫里斯・顧夫・德姆維爾<br>（Maurice Couve de Murville） | 1968 | |
| 雅克・沙邦一戴爾馬<br>（Jacques Chaban-Delmas） | 1969 | 喬治・龐畢度（Georges Pompidou） |
| 皮耶爾・麥斯邁（Pierre Messmer） | 1972 | |
| 雅克・席哈克（Jacques Chirac） | 1974 | 瓦勒里・季斯卡・德斯坦<br>（Valéry Giscard d'Estaing） |
| 雷蒙・巴爾（Raymond Barre） | 1976 | |
| 皮耶爾・莫華（Pierre Mauroy） | 1981 | 法蘭索瓦・密特朗（François Mitterrand） |
| 洛朗・法比尤斯（Laurent Fabius） | 1984 | |
| 雅克・席哈克（Jacques Chirac） | 1986 | |
| 米歇爾・羅卡（Michel Rocard） | 1988 | |
| 艾迪特・柯瑞松（Edith Cresson） | 1991 | |
| 皮耶爾・貝赫戈瓦（Pierre Bérégovoy） | 1992 | |
| 愛德華・巴拉杜（Edouard Balladur） | 1993 | |
| 亞蘭・居貝（Alain Juppé） | 1995 | 雅克・席哈克（Jacques Chirac） |
| 里昂內爾・喬斯班（Lionel Jospin） | 1997 | |
| 尚一皮耶爾・哈發林（Jean-Pierre Raffarin） | 2002 | |
| 多明尼克・德維勒班（Dominique de Villepin） | 2005 | |
| 法蘭索瓦・費雍（François Fillon） | 2007 | 尼古拉・薩科奇（Nicolas Sarkozy） |
| 尚一馬克・艾侯（Jean-Marc Ayrault） | 2012 | 法蘭索瓦・歐蘭德（Francois Hollande） |
| 曼努埃爾・瓦爾斯（Manuel Valls） | 2014 | |
| 貝爾納・卡澤納夫（Bernard Cazeneuve）[5] | 2016 | |
| 愛德華・菲力普（Édouard Philippe） | 2017 | 艾曼紐・馬克宏（Emmanuel Macron） |

成；然而，這並沒有阻止國家政府發放補助金給教會學校，以換取國家對這些學校在課程設計上的許多面向的控管。

　　法國的法律與傳統也對承認宗教、種族，以及族群團體的特殊權利與福利存有偏見。理論上，這意味著法國不太承認「少數族群」或是多元文化該有的權利（就像是在英國與美國的狀況一樣）。然而，在實際上，法國一直都有支持特殊學校資助的計畫方案，而且以「優惠性差別待遇」（positive discrimination）方式實施多年，讓原本被排除在外的貧窮地區學生有機會進入大學就讀的機會，儘管事實上他們在種族和信仰方面都維持中立的態度。

# 政治文化

## 8.5 描述形塑法國政府風格的文化特徵。

　　政治文化包括了與政治機構和政治過程有關的態度與信念，支配菁英與大眾行為治理的假設與規範。在這一章節中，我們將探討政治文化的主題，這些主題往往超越了法國的眾多政治制度。

### 政治文化的主題

　　我們可以透過三種方式來了解法國的政治文化：歷史將現在與過去的價值觀連接起來、鑑別政治思考模式的抽象概念與象徵主義，以及對政府的不信任，代表了橫跨各階級與世代的主流價值觀。

　　**歷史的包袱（The Burden of History）**：歷史的觀點可以證明其具有一連結性──如同美國南北戰爭（內戰）所象徵的狀況──或是阻礙了共識。法國人是非常熱衷於本身的歷史，以致於過去的爭執不斷地疊加到現在的衝突上。如此的激情是連結到歷史記憶中──從法國大革命所帶來的意義，到第二次世界大戰中親德的維琪政權與流亡反抗軍之間的對立──讓政治決策變得更加複雜化。套句戴高樂的話，法國是一個「被歷史包袱壓垮的國家」。

　　**抽象概念與象徵主義（Abstraction and Symbolism）**：在啟蒙時期，君主制容許受過教育的階級在許多議題上可以自由表達他們的觀點，只是所提出來探討的內容一般都很籠統且抽象。這些人用廣泛的哲學術語討論各式各樣的問題，甚至是很瑣碎的問題，而這樣的渴望幾乎沒有減弱。而反映在對抽象主義的熱衷，就體現在以象徵符號與儀式的意義來顯現其重要性。法國大革命時一些是站在對立那一方的農村社群，在兩個世紀後的今天，仍然會向不同的英雄致敬。[4]左派與右派的人在街頭示威遊行時，會選擇在具有不同歷史意義的巴黎角落進

行——左派是在巴士底廣場，而右派則會選擇在金字塔廣場的「貞德騎像」。這樣的傳統有助於解釋為何一個幾乎普遍緬懷共同的歷史經驗而團結起來的國家，卻對其意義有著相互矛盾的解釋立場。

**對政府與政治的不信任**（Distrust of Government and Politics）：法國人長期以來一直擁有廣泛的現代矛盾情緒，這種矛盾情緒一直都把對政府的不信任與對政府的高度期望結合在一起。法國公民在不信任權威與渴望權威中，同時助長個人主義以及對平等的熱情追求。這樣的態度產生了一種自立更生的性格，他們認為人要為自己負責，或許會擴大到本身的家庭，人也要為其目前與未來的狀況負責。外面的世界——這些連結於家人生活圈、家族企業，以及本身村落以外的「他人」——創造出一些生活上的障礙。然而，在大多數的情況下，這個「他人」通常被定義為政府以及國家。

回溯至18世紀的記憶，可證明其潛在一種對國家的內心假設，這種狀態是很少公開的，也是不服從的。一個強勢的政府在本質上被認為是反動的，即使其「假裝」本身是進步的象徵。當公民參與公共生活時，他們通常希望能夠限制政府的權威，而非鼓勵改變現況，即使改變都可能已經嫌晚了。有時候，這樣的個人主義會充滿「無政府主義」（anarchism）的觀點。然而，法國人似乎也很容易讓自己適應官僚的統治。由於行政裁決應該以相同的標準衡量所有情況，因此它們滿足了那些對平等有強烈感受力的人，使其感覺到那些享有特權的在位者，能夠將一些權利賦予其他的人。

雖然1789年發生的法國大革命並沒有像普遍相信的那樣，讓法國與過去完全切割，但是這結果確實讓人們對於危機與妥協以及延續與改變上，出現了調節性的總體前景。突然之間的驟變，而不是漸進式的變動，以及用相互排斥的激進意識形態之語言所引發的戲劇性衝突，是在歷史時刻上激起法國人的共同經歷。法國人很習慣認為除非發生重大的動盪，否則就不會發生徹底的變化（雖然這並不總是正確的）。自從法國大革命之後，每一位法國成年人都曾偶爾經歷過政治激動感和失望的時刻。這個過程有時會導致道德的疲憊，而且會廣泛地對所有改變的可能性都抱持「懷疑論」（skepticism）。

無論這些衝突是起源於法國境內或是因為國際衝突而帶進法國，大多數的法國政治危機都會造成憲政的危機。每一次勝利的一方通常會以一份詳盡的文件，將本身的規範與哲學理念編纂成法律。這解釋了為何法國憲法往往無法發揮其基本原理與普世價值的憲章的作用。在第五共和國以前，這些規範僅是滿足政體中的一部分人士，而在其他人士的觀點中則頗受爭議。

　　1958年之後出現的一個最重大的改變就是，愈來愈多的公眾開始接受第五共和國的憲政制度。儘管對政府與政治人物的看法愈趨負面印象，但是對憲法的信心還是有所增加。此外，選民不太會因為政黨的認同，而左右自己對於制度的信任。法國人總是對距離自己最近的機構，給予最高的信任評價——亦即，對地方當局的評價會高於政黨或是全國性的代表。唯一的例外則是對總統的看法（參閱圖8.2）。近年，人們對政府官員的不信任感一直很高，但對政府還是抱持高度的期望。

## 宗教與反宗教的傳統

　　法國一度是個天主教的國家——在2012年時，有65%的法國民眾認同自己是天主教徒（低於1974年的87%）——但也被教會認為是個「去基督教化」（de-

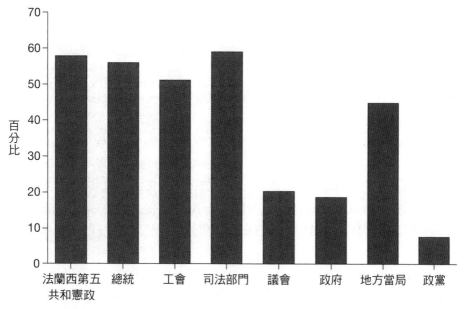

**圖8.2　對不同政治機構的信任感**

比起自己國家的政府、議會，或是政黨，人們對於本身的地方首長會有比較多的信任

資料來源：最前面兩個長柱（法蘭西第五共和憲政與總統）數據資料來自於Sofres民調公司在2001年所做的法國意見調查（l'Etat de l'opinion）（Paris: Edition du Seuil, 2001），第81頁；接下來的兩條長列中，數據資料來自於羅納德·哈托（Ronald Hatto）、安妮·穆克塞爾（Anne Muxel）與奧黛特·托梅斯庫（Odette Tomescu）在「巴黎政治學院研究中心」（Sciences Po CEVIPOF）[6]與「軍事學院戰略研究所」（Institut de Recherche Stratégique de l'Ecole Militaire, IRSEM）中做的調查，成果發表在2011年11月7日；剩下的最後四條長列，數據資料來自於「歐盟民意調查」（Eurobarometer），2015年秋季刊，第84期，第51-54頁。

Christianized）的國家。2012年的時候，只有5%的人口會定期參加教堂活動（比1974年的21%少了很多），而87%的人不是從來都沒有去過教堂，不然就是偶爾只會在特殊節慶上才上教堂，像是「洗禮」（baptism）或是婚禮等儀式。[5]

　　直到20世紀，宗教與世俗之間的相互敵對狀況是法國政治文化的主要特徵之一。自從1789年發生法國大革命以來，這樣的敵對狀況分裂了社會與政治生活的各面向。即使到現在，天主教徒與無信仰者之間的政治行為，也存在著許多重要的差異。

　　法國天主教的歷史觀認為發生在1789年的大革命就是撒旦附身人士所做的惡行。在這樣的脈絡下來看，教會的敵人因為反對天主教的形式與象徵而變得好戰。如此的分裂狀況持續到19世紀。天主教主義與「反教權主義」（anticlericalism）之間的政治次文化有很大的差異，尤其在法蘭西第三共和國創建之後更是進一步加深。因為當時激進的世俗主義者緊緊地控制住了共和國。國會廢止了與梵蒂岡教廷（Vatican）具有數百年歷史的契約，驅逐了大多數的天主教徒神職人員，並且嚴格管制所有教會與國家的連帶關係，因此（套句當時常用的一句話描述）：「國家一致性的道德標準才有重建的可能。」教皇（pope）透過將每一個在1905年投票贊成政教分離法案通過的國會代表人士驅逐出教會，來配合第三共和國政權的好戰。與其他歐洲的天主教國家一樣，政治上右派與左派之間的差異在很大程度上是被天主教會的態度所決定。

　　天主教徒與「不可知主義者」（agnostics）之間的距離，在第二次世界大戰期間有所縮小，尤其是這些團體在抵抗運動中並肩工作。自1950年代之後，宗教的影響力量在法國以及其他許多工業化國家中都已經逐漸式微。只有不到5%的人口會定期上教堂（大概1週1次或以上）；農民是最常前往教堂拜訪的群體，而藍領勞動階級則最少上教堂。除此之外，也因為世俗化的趨勢，在天主教內的次文化也開始發生了很大的轉變。今日，絕大部分自認為是天主教徒的信仰者，都拒絕接受教會裡面某些重要的教導內容，包括天主教在墮胎、婚前性行為，以及神父要保持單身的立場。只有16%自認為是天主教徒的信仰者覺得教會在政治生活中扮演了很重要的角色，而天主教義也不再作為一個融合良好的社群，具有共同的世界觀與共同的社會價值觀。從1900年至2010年的20年間，教區的神父人數減少了50%，甚至一般常見的慶典儀式（諸如：洗禮、確認書（confirmations），以及教堂婚禮等）也都在持續減少中；現在會在天主教堂舉行婚禮的人數已經只剩下1990年時期的一半而已。雖然如此，2002年之後，在這些持續參與天主教活動（老年化）的人群中，就出現了逐漸朝向政治化，甚至成為激進右派的趨勢。

傳統天主教徒主導反對法國在2013年已經立法通過的同性伴侶婚姻保障法。然而，在法國大多數的私立學校，名義上是屬於天主教教區的天主教學校，卻領取國家的補助。這些學校（在一個同時存在政教分離的國家中）的地位也從來沒有被完整定義過。在2012年，有10%的小學與31%的中學是私立的學校，與10年前相比，是呈現減少的趨勢。

　　法國猶太人（大約60萬人，相當於不到法國1%的總人口）通常已非常良好地融合進入法國的社會，所以不容易區分出猶太人的選票是支持哪一個政黨。一項研究指出，與其他法國選民一樣，猶太人傾向於支持左派或是右派政黨是取決於宗教活動參與的程度。雖然反猶太人的（anti-Semitic）態度與行為並不廣泛，但是在過去10年間，一些攻擊猶太人的行為卻大量增加了。因為反對而攻擊猶太人與猶太組織機構的——大多數是來自居住在大城市裡混雜環境中的北非裔年輕男性——很戲劇性地隨著中東地區發生的「第二次巴勒斯坦大起義」（Second Intifada）而快速增加（2000-2002），然後就消沉下去了，但是後來又再次隨著經濟變得惡化而興起一陣子。這些事件也與法國城市中逐漸出現的族群衝突新模式，以及近年發生的伊斯蘭恐怖主義的激增有關。

　　新教徒（占法國總人口的1.7%，且正持續成長中）生活得有些疏遠。大部分的教徒集中在亞爾薩斯（Alsace）、巴黎，以及法國中央（中央—羅亞爾河谷大區）與東南部（普羅旺斯—阿爾卑斯—蔚藍海岸大區）。大約有三分之二的新教徒是屬於上層的資產階級。新教徒占據了大部分比例的高階公務職位。直到最近，他們才比較會投票給更多左派，而非其他屬於自己社經地位或生活區域的候選人。雖然許多新教徒都是傑出的社會黨員，但是與他們在文化以及經濟上有所連結的活動一樣，能決定他們的投票行為，往往都是取決於一些在宗教生活以外的因素。

　　伊斯蘭教現在已經是法國第二大宗教了。有400萬至450萬的**伊斯蘭教徒**（Islamic）生活在法國，其中三分之二的人口是移民或者是來自於伊斯蘭國度的後代，象徵了法國是穆斯林在歐洲最大的社群國家。雖然如此，在法國興起的伊斯蘭機構卻比歐洲其他國家，成長得比較緩慢而且受到限制。在過去10年來，對宗教身分的認同有所增加，而且也很吻合（在某種程度上已經是其中一部分）社會與政治上從伊斯蘭國家移民的遷徙狀況。

　　在2002年，法國政府成立了「法國穆斯林委員會」（French Council of the Muslim Religion, CFCM）以這公共機構的名義代表對伊斯蘭教（猶太教與天主教也有類似的機構）的治理。2011年的研究調查指出，會定期的在清真寺服事的比

例約有25%的**穆斯林（Muslims）**——遠高於天主教徒——尤其是年輕族群的出席率更高。**6**

　　不斷高漲的穆斯林利益挑戰了傳統上法國對於政教分離的觀點。不同於擁有自己學校的天主教徒與猶太教徒，或是支持世俗化公立學校原則的新教徒，有些穆斯林團體會同時堅持享有上公立學校的權利，以及遵循與教育當局認為會與法國世俗主義傳統背道而馳的宗教行為。少部分的穆斯林也挑戰了服裝的規定、學校課程，以及學校的要求（例如體育教育），而且出現愈來愈多更強烈質疑世俗主義的聲音。

　　為了要回應這些挑戰，法國的國會在2004年通過立法禁止在小學與中學裡，穿戴具有「很明顯的」宗教符號象徵之物件。雖然這樣的法律語言是中立的面對所有宗教，但社會普遍認為這樣的法律是企圖禁止穿戴伊斯蘭頭巾的意思。新通過的法律受到法國民眾大力的支持，而讓人訝異的是，居然也受到穆斯林族群的強烈支持。2011年，在經過了一場有關身分認同之冗長且令人困惑的公共辯論後，國會通過了在公共場合禁止穿戴任何「設計上掩蓋臉部」的服飾，其實這就是指在法國有少數穆斯林女性穿戴的「波卡」罩袍。

　　在這樣的社會脈絡中，很重要的是可以看到調查研究顯示了比起其他歐洲的國家（像是英國與德國），法國穆斯林更能夠融入社會中。**7**相較於其他國家在認同上，他們最能夠認同自己是法國人，最能夠承諾要「遵守國家的習俗慣例」，而不是一直保持區隔性（有78%的人認同），並且也最能夠保持友善的態度對待同樣是法國公民的基督教徒與猶太人。

## 階級與地位

　　有關階級差異的感覺，形塑出一個社會的威權模式與威權運作的形式。與英國人一樣，法國人很清楚地意識到自己是生活在一個階級區隔明顯的社會中。但是，由於法國比英國更高度重視平等的價值觀，所以對尊敬上層社會的情況是很少見的，而怨恨的對立情緒也很普遍。**8**

　　法國公民中意識到自己屬於社會哪個階級的人數，相對比較高。在2010年接受調查的人當中，大約有三分之二宣稱清楚自己屬於哪個社會階級，比例高於1966年。然而，特定的階級身分已有所改變。在1966年大多數受訪者的回應是宣稱自己是勞動階級，而到了2010年時，大部分的受訪者則表示自己屬於中產階級。這樣的改變模式並非法國獨有。**9**在法國，階級認同現在已經不是預測政治行為的準確指標了。在2010年時的藍領勞工群體中，有45%（比例遠高於任何其

他的群體）的人既不認為自己是左派，也不是右派；尤其年輕的藍領勞動者更不可能認為自己屬於左派。

經濟與社會的變遷並沒有消弭工業與社會上的衝突。確實，週期性的「罷工」（strike）運動加劇了階級的感受與強化採取行動的承諾。然而，當愈來愈多的移民進入最低階技術含量的勞工群體時，不斷增強的種族與族群差異感，使得傳統的階級差異被切割。

## 政治社會化

### 8.6 辨認法國的政治社會化的媒介，並描述它們在近年來發生的變化。

法國人的政治態度是透過體會不同的政治制度經驗，以及透過某些關鍵機構與媒介而形塑。有些媒介，例如政治協會，採取相當直接的行動將政治價值觀社會化；而其他的機構，例如家庭與媒體，則是以更間接的態度進行社會化的行動。

### 家庭

尤其是在過去的40年期間，法國人的家庭生活、家中成員的角色，以及與外來世界者的關係，已經發生了根本性的變化，有時候還會出現相互矛盾的改變。極少有人會反對伴侶同居在一起而不結婚的觀念。在2013年，法國通過了批准同性伴侶婚姻的立法。在上一代人的眼中，法國人的結婚率已經下降到只比30%多一些而已（大約是美國的一半），而「民事互助契約」（PACS）[7]中所謂的「民事結合」（civil union）關係的人口比例，卻持續在增長，現在已經接近於已婚夫婦家庭了。因此，2006年在所有第一胎出生的子女中，有59%是在非婚姻的狀態出生的，也就不足為奇了（相較於1969年，只有6%），包括前法國總統法蘭索瓦·歐蘭德的小孩，以及前保守黨政府司法部長的子女。然而，這些孩童很少是單親家庭，因為幾乎所有情況下，在他們1歲生日之前，都得到了父母親雙方的合法承認，而且大多數的小孩也都是與父母生活在一起。在2012年時的離婚率是結婚率的55%（已經下降很多了），但還是1976年時的2倍，因為後來有愈來愈多新的以及更具彈性的離婚立法通過了。一份來自法國參議院（Senate）的報告指出，「民事結合」的分離率遠比一般離婚率還要來得低。

立法上的改變只是逐步修改了拿破崙時期法律規範中，對已婚婦女的法律限制而已。直到1970年，法律才宣告父母雙方在行使家長的權威上是絕對平等的。

已婚女性就業的增加（年齡在25歲至49歲之間的女性有80%在勞動力市場）已經影響了原本社會化裡面所扮演的家庭角色。職業女性在宗教活動、政治利益、選舉參與、政黨偏好，以及其他屬性上，都與失業女性表現得不一樣。這些職業女性其態度上的偏好，更接近於與自己在相同環境、階級或年齡族群的男性，而較不同於未就業的女性。[10]

雖然家庭的結構、價值觀，以及行為發生了變化，但是家庭依然是一個將政治價值觀代代相傳的重要結構。有多項研究都顯示了父母親對他們的子女在宗教社會化以及左派／右派的政治選擇上，有著重大的影響。此外，根據研究調查，年輕人也持續地表示在他們的生命中很看重自己的家庭價值。

家庭在社會化一般宗教與意識形態的偏好上具有一定的影響效果，但這並不意味著下一代的小孩不會形成自己本身的經驗，或是不會因為年齡的增長而有不同的政治觀。因此，政治社會化只是一個產物，但不只來自於家庭的經驗而已，也會有來自於童年與同儕相處的經驗，受教育的過程以及變換到更廣泛的世界環境時也會有所影響。舉例來說，出生在法國的阿爾及利亞裔年輕人比出生在阿爾及利亞的年輕人，相形之下在本身的信仰從事的活動，會有很大的差異。[11]

## 社會組織與社會化

如果平等主義的推力和個人之間的競爭並非朝著相反的方向發展，法國人對權威的偏見可能就會鼓勵更多的社會團體與組織協會出現。法國人對於參與群體生活的矛盾態度，所反映的不只是一種消極的冷漠感，也反映出對合作價值缺乏信念。一方面，這樣的文化矛盾性被立法嚴格限制社團生活所強化，就像是在強大的共和國傳統中，將團體敵視為一種介於人民與國家之間的中介服務。在另一方面，國家與地方政府傳統上會補貼為數眾多的協會（包括工會）。有些協會（未必是接受補助的團體）能有特權直達政府決策的高層。

在第二次世界大戰之後，法國協會的成員總數量與其他歐洲國家差別不大，但是遠比美國少很多。然而，在法國的團體成員大多都是集中在政治性的協會當中，因此強化了既存的社會分歧狀態。在關鍵的專業性組織的成員，特別像是工會，人數比歐洲其他國家少很多。

在過去20年來，協會的數量成長得非常快速，但是在成年人口之中會員總數的比例相對還保持穩定。在2008年的一項研究調查中，有33%的人宣稱自己屬於一個或以上的團體協會。這樣的比例在過去30年期間，也有些許緩慢的成長。[12]

然而，協會成員的資格模式，已發生了相當大的改變。傳統上的倡議與政

治性團體、政治聯盟，以及專業協會也都經歷過會員人數急劇（以及呈現比例式）下降的狀況。運動協會、（經濟）自助團體，以及其他新創立的族群協會，現在吸引了更廣大的群眾。會員資格會跟著收入、教育程度，以及年齡的增長而成正比關係。當有愈來愈多的中產階級人士加入協會團體時，卻有比較多的勞動階級人士選擇退出。現在，比較多比例的勞動者是加入運動協會，而不是進入工會。

從某種程度上，這樣的現象反映了法國人對於政治承諾與階級態度的轉變。雖然社團的生活依舊相當強大，但是過去老派的「行動主義」（militantisme）社團（像是具有深刻而持久的政治承諾的志願工作），已明顯減少許多。雖然如此，正在出現更多新的非政治承諾類型之社團協會。平均而言，大約有三分之二的自願性協會成員定期參與活動，而且有超過一半的成員自願提供服務。新的立法同樣也會促進改變。1981年的一項立法允許移民團體能夠自己形成自己的組織。這鼓勵了數以千計大多是文化與族群協會的出現。幾年後通過的分權立法，鼓勵了地方政府以公共基金支持不同團體，像是建立地方協會，而有些甚至是用來執行地方服務。

## 教育

要讓一個社群能夠保存維護並傳承其價值觀，其中一個很重要的方式就是藉由教育。直到20世紀下半葉，法國的教育系統仍然是號稱具有宏偉的歷史古蹟，並以第一帝國的純正風格而著稱。拿破崙大廈建立了不同層級的聯合教育，從小學到研究生的專業訓練，都進入到這個中央集權的法人團體：帝國大學。教育單位的工作就是透過各級一致性的教材內容，強化整個國家教義。

雖然拿破崙模式的嚴格軍隊式紀律，在後來繼任的政權中鬆綁了，但每個人都發現，拿破崙建立如此機械化的模式，是一個很便利且具一貫性的工具來傳遞價值觀——不論是在改變中或是歷久不變的——以論述法國的文明。直屬中央的帝國大學從來沒有撤除過。教育部長管轄了整個部門並且僱用了超過100萬名員工，管理整個課程與教學方法、篩選學生的升學與教師的晉升標準，以及控管考試的內容。

在每個階段是否能夠順利往前進展是取決於考試通過的狀況，而這現象不只是法國特有的（在日本或其他國家也是如此）。而法國比較獨特之處，在於法國人普遍相信，在考試之前人人都應該是平等的。教育是有效的武器之概念，主要在於一般大眾與政府同樣認知且相信教育可以解放社會並使其進步。「**高中會**

考」（Baccalauréat）——可以持有這學術上證明成績，並具有高中的文憑——幾乎是以會考成績來認證申請進入更高等教育的途徑。這樣的制度設計方式，特別適合且容易使那些自我動機強烈的中產階級孩童受益。

雖然在2014年時，有88%的學生參與並通過了高中會考（人數大約是1970年的3倍），但教育制度的改革，僅略微改變了不同社會背景的孩子在成功這方面的巨大差異。白領與藍領階級的工人占了勞動力的一半以上，但他們的下一代卻是只有不到三分之一成為會考文憑的候選人。在2016年9月，法國的學習委員會發現，法國的學校是「製造不平等的機器」，在報告中也確認了法國與歐洲其他國家以及美國相比，表現得確實不如人意。13

雖然如此，在法蘭西第五共和國期間，法國教育制度的結構也經歷了一些重大變化，即使可能有些基本的特質仍然存在。截至1945年，中等學校只有培育出70萬名學生，但是現在卻為550萬名學生提供指導。自1958年至2012年期間，進入高等教育的學生人數，從17萬人增加到超過230萬人。20歲至24歲這年齡層有接受過高等教育的比例（大約39%）可與歐洲任何其他國家相提並論。

法國在1963年引進了全面施行共同核心課程的綜合性中學，改變了早期的學術選拔制度中學。其他的改革則是取消了嚴格的能力追蹤，2015年時則推出一項改革，分配了大約20%的課程讓地方學校來決定。然而，這樣的改革實施方案，不論是當時的右派或是左派政府所通過的，都時常面臨中產階級的家長以及左派的教師工會強烈反對之困境。

因為採取開放錄取的原則，所以法國每一位完成高中會考的學生，都能進入大學。然而，如同在美國的一些州立大學，在第一年末時，會有相當殘酷的淘汰機制（尤其是針對醫學專業領域的學生）。來自較低社會階級背景的學生，通常表現得比其他人差。除此之外，文憑在專業市場上價值最低，失業率最高的領域中，來自於這樣背景的學生人數量比例過大。整體而言，法國大學的輟學率（高於40%）算是歐洲國家中最高的之一。

「優先教育區」中的學生——貧困地區的學校，通常在大城市中或附近最具有企圖心進行大學制度改革的嘗試，是由1968年的學生暴動所喚起，然後是在1970年與1980年代都有進行其他的改革。他們竭力鼓勵每所大學的自治權；大學裡面的教師、學生與職員都參與其中；並且在不同學科之間進行串連。在2007年之後，自治的問題再次被提上議事日程，目的是要使法國的大學在歐洲與全球範圍內更具競爭力。或許在薩科奇總統任內做出最重要的改革就是增加大學的經費（增長幅度超過20%），以及為私人資金贊助大學研究提供激勵措施。自從2003

年以來，在法國高等教育中最具有象徵意義的重大改變就是針對「優先教育區」中的學生——貧困地區的學校，通常在大城市中或附近——推出了平權行動計畫（積極歧視）。一些菁英高等教育的機構（舉例來說，位於巴黎的「巴黎政治學院」（Sciences Po in Paris））也都有開啟一些連結學校的管道，並且建立一些特殊的入學條件給學校中優秀的學生。儘管這樣的計畫只涉及少數的學生，所以有報告就引述這樣的內容認為，它們充其量是無效的。不過這些實驗做法還是很重要的，因為這法國第一次將來自移民社區未來的潛在領導人，納入到法國體系的一個肯定行動（這部分將稍後討論）。

　　法國高等教育制度中的另一項特色就是具有一個平行系統的「**高等專業學院**」（grandes écoles），這是獨立於大學網絡之外屬於高等教育的一部分，但卻允許在規則下具有高度的選擇性。這些學校包括了在法國高等教育中最享有聲望的學校，而大多數是國立機構，只有一些是屬於私立而需繳交學費。隨著大學的入學率以倍數增加，最富盛名的高等專業學院在嚴格的入學考試基礎上，才微幅增加一些入學人數。[14]超過一個世紀以來，這些學校已經成為了高度專業化的菁英人士之訓練場所。他們幫助學生培養出將來能夠在科學、工程學、商業管理，以及高階公務員領域中的能力。相較於一般大學的畢業生，這些高等專業學院所有的畢業生，實際上都能夠找到工作，而且往往都承擔重大責任職位。

## 社會化與溝通

　　大眾媒體的政治效能，往往取決於人們如何評價該媒體的誠信度，以及人們認為該媒體是在服務或是干擾政治制度的運作。在過去，商業公司、政黨，以及政府（不論法國或其他國家）經常會支持國內主要的報紙。今日，大多數的報紙與雜誌都屬於商業公司所擁有，這些企業集團有許多也延伸到其他領域中。雖然如此，在法國，國家還是會對每一家主要的報紙與新聞雜誌進行補助。在薩科奇執政期間，補助甚至還加碼成2倍。在2013年的一份報告指出，國家在2009年至2011年期間的補助就高達了50億歐元（約66億美元）。有趣的是，當時是右派執政，但在這段期間獲得最多補助的卻是法國共產黨控制的報紙：《人道報》（*L'Humanité*）以及其他幾個左派的出版物。

　　儘管法國人口有所增加，但是每日發刊的報紙種類及其發行量卻從第二次世界大戰之後就一直在衰退當中。讀者群的減少，是歐洲共同的現象，主要原因還是來自於其他媒體的競爭，像是電視、廣播，以及網路。

　　在法國與其他西方民主國家中，電視已經取代了所有的媒體成為主要的政治

訊息來源。[15]電視已經變成是政治力量與個別公民之間的中介者，可以影響政治的組織與內容。首先，在電視上表現出良好的個性，現在已成為政治不可或缺的基本要素。與其他國家一樣，形象和奇觀是政治的重要元素。其次，電視有助於在各式各樣大量需要處理的主題、問題以及議題的節目中進行篩選，並藉由政治與社會的力量將這些內容放大至公共領域中，從而確認政治問題的議程安排。最後，現在電視都可以提供舞臺給全國性的競選活動，在很大程度上已取代了群眾的集會以及會議。

不同的群體對政治訊息來源的信心也各不相同。舉例來說，年輕人與商家店主對於來自廣播與電視的訊息最有信心，而經理人則是認為比起電視節目，對以文字出版的新聞內容會更有信心。

直到1982年之前，所有在法國領土境內播出節目的廣播與電視臺都歸國家所有，而操作的人員也是由國家任命，並領取國家的酬勞。但從那時起，國家壟斷系統的限制就被取消了。1980年代初期的社會黨政府將廣播電臺的經營授權給私人，作為第一步也是非常重要的一步。此舉動也試圖規範和監管超過1,000個當時現有的非法地下廣播電臺。這廣大的1,600個電臺之網路，最終無可避免的被私人企業家併購，之後他們提供節目製作的服務，而且在某些情況下，他們也會控制大量的當地廣播電臺。

1982年的立法也重組了公共電視制度。它授予了新的權利來回應政府的言行，並在選舉活動期間為所有的政黨分配了免費的可使用時段。然而，在接下來的幾年，電視廣播的逐漸私有化與全球化的過程產生了更大的變化。相較於1980年時只有3個頻道節目，到了1990年時有30個頻道節目可供選擇；而今日，有來自於全世界各地超過900個電視頻道，能夠讓法國閱聽者使用（取決於他們選擇的電視頻道系統）。

網路，以迅雷不及掩耳的速度挑戰了所有其他的媒體。法國在1981年推出了以電話撥接讓電腦能夠上網的服務方式，首創出線上溝通的模式——「迷你傳訊」（Minitel）——後來，在1990年代晚期時，為20%的法國家戶提供了超過2萬5,000個的視訊服務。不過，在2000年之後，「網際網路」（Internet）迅速取代了「迷你傳訊」的功能。2000年時，大約有14%的法國人口使用「網際網路」，而相較之下，在4年之後的2004年有41%的人使用；到了2010年則升高至69%，僅次於挪威、丹麥、瑞典、英國以及德國，但比例遠高於歐洲其他國家的平均值。雖然法國許多家庭依然還將「迷你傳訊」收藏在家中的櫥櫃中，不過他們卻使用在電腦中加裝的「網際網路」來進行溝通、獲取訊息，以及娛樂。

# 政治人才甄補與菁英作風

## 8.7 討論法國「政治階級」的結構和人才甄補。

連同數個議會議員、地方市政、省與大區的民選官員；一些地方政黨的領導人；還有一些享譽全國的記者，這些人在法國都被認為是**政治階級**（political class）的人物。即使全部加起來，所有的人數也不會超過1萬5,000或是2萬人。大約從1879年（法蘭西第三共和國）之後，由專業人士（律師、醫師、新聞工作者）以及農民主導的「眾議院」（Chamber of Deputies）（現在稱為「國民議會」）。當時絕大多數代表都是「地方有聲望者」，他們有地方行政管理方面有豐富的歷練，並從同時擔任地方與議會的職務的能力中受惠。

政治人才甄補比較具有實質性的改變，是發生在法蘭西第四共和國時期（1946-1958），當時專業人士、自營職業者與農民所占的比例變成少數。然後，在法蘭西第五共和國時期，藍領與白領的勞動階級人數開始減少，部分原因是議會人員的專業化以及法國共產黨的衰退所導致。

現今，有大量的議會議員是來自公部門——在2007年與2012年的選舉中，大約有四分之一當選的代表原本是公務員或教師。雖然大多數的高階公務員通常是比較傾向於右派，但是在2012年當選的國民議會議員裡面，也有超過40%是屬於社會黨的，而其中絕大多數都是教師。比較引人注意的是，在最近兩屆的國民議會代表選舉中，私人企業的高階主管以及退休人員大幅的增長。之前在2012年的國民議會上傾向左派的人數，甚至比過去在國民議會上的右派人數還要多。參選的退休人員數量的增長，無疑是反映出法國官方退休的年齡相對比較早。

比人數更重要的是，高階公務員他們在政治上的分量，尤其是他們進入議會中的政治影響。有些公務員在參與國會的競選之前，都已經在不同的政治位階中擔任過職務了，可能是部長級人員，或者是資淺的部長。不出所料，他們也經常是內閣其他職位的候選人。

比起任何其他的西方民主國家，法國有更高比例的公務單位就像是為政治與企業高階位置所進行培訓和人才甄補的場所。在這些高階的公務員當中，大約有3,400人都是隸屬於最重要行政機構的成員，亦即所謂的五大**「菁英文官團」**（grands corps），裡面粗估篩選出有500名行政官員，其絕大多數的都參與過政治上的政策決定。[16] [33]人才甄補取決於公務員中最高階級來決定，其錄取之路依舊非常狹窄。要通過各式各樣考試的知識與能力，很顯然就會有利於那些高階公務員的子女。結果，充滿階級性的官僚機構形成了某種接近於世襲階級的東西。過去試圖在高階公務員職位上建立一個更為開放的人才甄補制度時，也只有

很小部分是勉強成功的。

「國家行政學院」（École Nationale d'Administration, ENA）以及「（巴黎）綜合理工學院」（École Polytechnique）與其他的高等專業學院，在行政、政治，以及商業菁英的人才甄補中，共同扮演了關鍵的角色。幾乎所有菁英文官團的成員（行政制度中的最高階級）都是直接從像是「國家行政學院」與「（巴黎）綜合理工學院」的應屆畢業生之中去進行人才甄補。菁英文官團的成員與其他排名的管理人員的區別在於其整體能力與流動性。不論在任何時候，這些菁英文官團的成員，大約有高達三分之二的人，可能在休假中或正被派到其他行政機構從事某個特殊的任務，也有可能正被指派到某個具有影響力的職位上。

他們也有可能以議會議員的身分（2012年中當選國民議會議員中的34人）、地方政府或是其他行政部門裡面成員的身分從事政治活動。自1959年以來，在23位擔任總理職務的人中，有14位是來自菁英文官團的成員以及接受過高等專業學院的教育。在歷任的政府當中，部長是來自於菁英文官團成員的比例，從10%到64%不等——64%是2009年的部長比例。因此，儘管菁英文官團的成員人數很少，但在國家的政治菁英圈中卻占有很高的比例。

菁英文官團這個體系對於聘用高層商業主管的影響力，其重要性也不斷在增加。菁英文官團的成員可以從公部門轉換到私部門，因為他們可以休假多年，同時還可以保留自己的資歷、退休金權利，以及返回到原本工作崗位的權利。（事實上，很少人會離開後再返回擔任公務員）。[17]在2007年，在法國前40大公司中的執行董事會成員有75%，都是畢業於高等專業學院。高等專業學院與菁英文官團之間的關係，就像是一隻手握住了政治，而另一隻手握住了經濟，提供這樣的組織結構給有影響力的菁英與公務員，能夠在以政治導向的政府環境中進行轉換。然而，這樣的體制在政治上並不是單獨存在的，但其本身非常狹窄的人才甄補方式與範圍，會導致其風格和操作的持續相似性，並且相當的穩定——有時很僵化——去運作這一套價值體系。

對於局外人來說，這樣緊密的網絡關係是很難滲透的。甚至在1980年代——那時期正處於國營企業走向產業重建與私有化的階段，在美國與英國都鼓勵出許多拋棄既有思維前進的新一代商人——但這樣相似的過程，卻對法國在新的菁英人才甄補方面的影響非常有限，只有造成非常有限的改變而已。

## 性別的重要性

女性在法國政治菁英中的代表性，幾乎是西歐比例最低的。有一半以上的選

民是女性，但是2012年在國民議會的代表人數卻只有占26%，以及在參議院中也只有占22%而已。女性在地方代表層級中的從政人數比例相對較高，在2008年時，女性市議員的比例有32%，而且有近14%的女性擔任市長，這比7年前增加了40%。2017年女性在國民議會的比例可能會有所增加，尤其是馬克宏總統已經通過了一項規則，即在他新政黨（「共和國前進！」（La République En Marche!）黨）的候選人中，將會有一半是女性。

在法國由政黨這類政治組織結構切入，而獲得政治代表權的比例比美國高出很多。雖然薩科奇總統過去很成功地延攬女性進入內閣，但是左派通常會釋放出更多的人才空缺來甄補女性，而這比例高於右派。歐蘭德總統則是為內閣任命建立一個平等的原則，而這個原則延續到馬克宏也在使用。

要推動法國在政治上的進步，一般都需要深刻地投入到政黨之中，因為社會通常會偏好專業的政治人物與行政管理人員。然而，最近也開始有女性願意投入這樣需要長期承諾的政治生涯中。其中一個有這樣信念的就是**塞格琳·賀雅爾**（Ségolène Royal）。身為國家行政學院畢業學生以及國務委員會（五大「菁英文官團」之一）的成員，塞格琳·賀雅爾也曾經擔任社會黨執政時的部長、國民議會的代表（議員），以及法國其中一個大區的委員會主席。在2007年她成為社會黨的候選人（後來在第二輪落選）去參與總統競選。

每隔一段時間，政府與政黨就會意識到女性在民選機構中的這種匱乏。所以在獲得**共和國的總統**（president of the Republic）以及總理的支持下，國民議會毫無異議的在1999年時通過一項憲法修正案，明定「在法律條文中必須確認組織裡面的平等條件，讓男性與女性都能夠有公平機會得到授權參與選舉以及可以獲得提名的功能」。具有強制性的立法要求更高的性別平等條件，至少在候選人的提名上要做到。這已經是法國政治制度中所跨出的重大一步了，雖然還是拒絕以平等為名來推動配額的做法，但對相關代議機構的衝擊也不是很大。

法國女性在政治行為上最重要的改變或許就是她們的投票方式。在第四共和國時期，大部分的女性一貫把選票投給右派的政黨。然而，隨著1960年代價值觀的改變，以及當時女性出席教堂活動的人數減少，她們的政治支持傾向也從右派轉為左派。在1986年至1997年之間的全國性選舉中，很明顯可以看到大多數女性都是投票給左派政黨。然而，到了2002年，女性的投票行為又再次改變了。在2002年至2007年之間，大多數女性在總統與國會選舉上同時支持了右派的政黨，即使2007年當時薩科奇的對手是一位女性。在2012年，大多數的女性支持左派，比例只有些微低於男性。在某種程度上，這與老年婦女對右派更強烈地支持有

關，同時也有可能是因為在比較年輕的女性（以及男性）之中，有更多比例的人選擇放棄投票。這也與在年輕世代這個族群中，左派的支持者減少了有關。不論如何，女性對激進右派的支持，遠少於男性。[18]

# 利益團體

## 8.8 列出在法國主要的三種利益團體，並描述它們影響政府的方式。

如同許多其他的歐洲國家一樣，法國政治生活的組織形態，有很大一部分是受到歷史上在階級與宗教傳統的分裂來定義的。利益團體也因此往往會與相關政黨共同分享在意識形態上的承諾，也因此他們有了組織上的連結關係。

### 利益表達

隨著時間的演變，大多數經濟協會組織中的實際成員人數，隨著行業之間的差異變化很大，但法國的協會通常會比其他工業化國家中的同類型組織要小得多。在2016年，加入工會中的勞工比例不超過8%（過去25年來，法國在西歐各國中的衰退幅度最大）。大約有50%的法國農民與75%的大型產業公司員工都加入各自所屬的組織中。[19]從歷史上來看，許多重要的經濟集團都經歷過在國家的社會或是政治上劇烈動盪的時期，會出現大量新成員的加入。但是當情況逐漸走向正常化時，會員的人數就會下降，而導致有些協會組織會因為會員人數過少而很難去證明他們具有代表性的合理主張。

許多團體大多缺乏資源去僱用有能力勝任的員工，或是只能以直接或間接依賴國家支持的形式而存在。現代化利益團體官員的出現，是一個比較近期的現象，而且只有在團體制度中的某些部門，如商業協會，可以看見。

利益團體也會因為意識形態的分歧而削弱了力量。有的獨立團體分別代表著勞工、農民、退伍軍人、校園孩童，以及消費者等按不同意識形態偏好所區分開的不同利益。每一個組織所代表的力量都被意識形態加以劃分並爭奪著相同的客群，以建立起本身的代表性。結果就是，即使在法國成立已久的利益團體都會在行動與目標上採取一種激進主義的方式，而這現象在其他西方民主國家是比較少見的。對於一些缺乏運用媒體宣傳訊息的手段的團體而言，這種策略也是一種能把自己的訴求在公眾面前公開的方式。

### 勞工運動

法國的勞工運動常常會因為具有不同的政黨親和性，而在國家層次上被區分成不同的聯盟關係，雖然歷史的經驗驅使勞工避免直接有組織性的與政黨綁在一

起。[20]自1975年之後，工會的成員大幅滑落，不過在大多數的工業化國家都是如此（可回顧參閱上冊圖4.1）。在1990年代時，最年輕的受薪勞工實際上幾乎都放棄參與勞工運動。雖然，近年來的工會成員人數減少狀況略有放緩，但是年輕勞工成員的招募還是很困難。除此之外，在1990年之後，在各式各樣工廠層級代表的選舉中，由非工會團體支持的候選人反而比任何存在很久的工會組織，還要容易吸引更多選票。[21]事實上，當法國的工會運動變得愈來愈像是一場在工作環境裡面的制式化運動，而且受到立法更多保障時，工會在一些特殊狀況中會更加失去會員及其（選舉的）支持。

　　儘管存在這些明顯的弱點，勞工還是依舊對工會保持相當的信心，認為其會在勞工衝突的期間，幫助勞工捍衛自己的利益。來自工會支持集體的行動與信心，使得工會所領導的罷工運動還是相當有力量。事實上，從週期性出現的大規模罷工，發現到公眾對於罷工的支持程度，一般會遠高於政府以及該罷工所針對的雇主所認知到的強度。[22]雖然如此，在過去這30年以來的罷工規模不斷在縮小中，而且大多數的罷工都僅出現在公共部門當中。甚至，他們所造成的衝擊也都被限制在合法的要求範圍中，必須提前給予通知，並且要提供最低限度的服務。

　　工會成員人數的減少並沒有進一步促成不同工會的整併。與美國的勞工不同，法國在同一間工廠或公司裡面的勞工，可能同時分屬不同的幾個工會聯盟。結果就是，在這些工會當中會持續出現不同的競爭，來爭取各種層級的會員及其支持。甚至當全國性的工會已經同意要在某個期間一起行動時，在工廠層級的敵對方有時還會阻止合作。

　　此外，在工廠層級的工會組織是很弱的——這裡被稱為最漫長的罷工——亦即工會本身就是難以進行協商的夥伴。在這個層級的工會，對於罷工這樣的控制召喚力度是非常薄弱的。工會的激進分子非常擅長挑起勞工的敏感神經，製造出引發罷工活動的先決條件，然後一旦啟動罷工時，他們也知道如何進行引導。然而，工會卻很難在召喚了罷工之後，能夠很順利有效的將其做一結束。因此，工會很大程度要依賴整個大環境，也就是他們所稱的「社會氣氛」，主要是作為支持他們在談判桌上的地位。也因為他們是否有能力在任何時候去動員勞工，是作為判斷他們是否具有代表性的一般標準，所以使得工會往往因此受到質疑。

　　最左派的政府在1982年與1983年時通過了（「奧魯法」（Auroux Laws）[8]）的立法，以強化工會在工廠層次中的地位。藉由創造一個可以強制管理的階層「有義務去尋求協商」以及保障勞工有權表達意見的機制，政府希望以此能夠激勵集體協商的效果。然而，因為工會持續疲弱的狀態，所以它們並沒有能力充

分利用立法的潛在效益而得到好處。這項法律重新檢視了法國在工廠層級的勞資關係，而這也是工會最為薄弱的地方。在2008年，薩科奇政府有意要弱化這最小（自主性）單位之工會的影響力，所以通過立法來否決了工會在法律上擁有的指定代表性。這也剝奪了工會能大量接受國家財政支持以及有資格簽署集體協議的地位。

　　法國歷史最悠久，規模最大的工會就是**法國「總工會」**（Confédération Générale du Travail, CGT / General Confederation of Labor）。自從第二次世界大戰之後，法國總工會就非常傾向法國共產黨並有緊密地聯繫，尤其兩者的領導層級有高度的重疊現象。但是一方面根據傳統；另一方面也由於身為一個勞工組織，法國總工會有其相對上的效力和功能性，因此許多非共產黨主義者也加入成為組織的會員。然而，在1990年代時，法國總工會的主導力量逐漸減弱，最主要的原因是比起其他工會而言，法國總工會失去更多的會員及其支持。

　　就會員人數而言，法國現在第二大的勞動組織就是**「法國工人民主聯盟」**（Confédération Française Démocratique du Travail, CFDT / French Democratic Confederation of Labor）。法國工人民主聯盟是天主教工會運動的分支機構，早期就呼籲將工人的「自主管理」（autogestion / self-management）訴求，納入到「奧魯法」當中。因為當時法國工人民主聯盟的領導人將聯邦的政策立場視為法國總工會所持反對立場的替代方案。現在法國工人民主聯盟將自己定位為是現代資本主義管理者的潛在合作夥伴。在2013年，法國工人民主聯盟在商店管理服務人員與工廠委員會選舉中的支持率（26%）已經與法國總工會的支持率水準一致。

　　朝中間路線的運動讓幾個法國工人民主聯盟內部中的數個公共服務工會出現了分裂，而導致在1989年催生了另一個全國性競爭對手**「聯合民主團結工會」**（SUD / Solidarity United and Democratic）的誕生。聯合民主團結工會在1998年時將自己整合進入由27個激進的公務員工會所組成的名為**「十大團體」**（G-10）的更大型團體之中。聯合民主團結工會在所歷經的社會選舉中，其最佳的支持率還不到4%。

　　法國第三大的主要勞工聯盟就是在1948年成立的**「工人力量」**（Force Ouvrière, FO / Workers' Force），當時成立的原因是為了挑戰被共產黨所把持的法國「總工會」。雖然工人力量成員人數僅是其他2個主要聯盟的一半，但是在1990年代時，工人力量的成員人數有大幅增加的狀況，而且在社會上的選舉中能夠拿到16%的支持，並持續在公務員產生影響力。最重要且最有影響力的「自

治」工會就是「**國民教育聯合會**」（Fédération de l'Education nationale, FEN / Federation of the National Education）——這是由教師組成的工會，現今已經併入到其他自治之公務員組成的工會「全國自治工會聯合會」（Union Nationale des Syndicats Autonomes, UNSA / National Union of Autonomous Unions）。

除了在組織內部已經存在的歧異而導致的分化外，還存在來自外部其他的挑戰。在1995年，「**國民陣線黨**」（National Front, FN）就組織了幾個新的工會。而當時政府與法院一開始是禁止這些行為的，所以使得激進右派政黨開始滲透到這些現有的工會當中。

因此，當對政府施政有強烈不滿的情況下，看起來像是給了工會擴充本身組織實力以及社會支持的好時機，不過工會運動還是像以往一樣的分散。如同往常一般，不定期的大規模罷工運動，更加重工會的分歧與對立性，而不是激發他們團結在一起。

## 商業利益

自第二次世界大戰結束以來，大多數的行業協會與雇主組織都隸屬於一個具有主導性且人員配備齊全的聯盟當中。這組織在1998年更名為「**法國企業運動聯盟**」（Mouvement des Entreprises de France, MEDEF / Movement of French Business）。然而，利益的分歧、不同的經濟觀點，以及具有衝突性的意識形態，往往阻礙了這個全國性的組織無法採取比較強而有力的行動。有時候，這樣的分歧削弱了組織聯盟在與政府或其他工會進行協商時的代表性。雖然如此，在1980年代時，法國企業運動聯盟走過了社會黨所推動的「**國有化**」（nationalization）的艱難歲月，並且重建了社會立法與勞資之間的關係，而這些都沒有減損法國企業運動聯盟作為一個具有影響力的利益團體之地位。

因為法國企業運動聯盟一開始是由大型企業所主導，所以讓一般店家業主以及許多小型公司的老闆感受到若是由更具有動員傾向的團體來主導的話，將更能夠捍衛本身的利益。[23]結果，一連串的小型企業與店家業主的運動，不但挑戰了原本就存在的組織，並且逐漸發展成為有組織的協會。

## 農業利益

為了捍衛法國農業的利益，經歷過很長時期的動盪。然而，在第五共和國統治下，「**全國農民工會聯合會**」（Fédération Nationale des Syndicats d'Exploitants Agricoles, FNSEA / National Federation of Agricultural Unions）

一直以來都在幾個農業組織中，占有主導團體的位置。全國農民工會聯合會同時也扮演了幫助法國農業現代化的有效工具的角色。

1960年代的農村改革立法以及**歐盟共同農業政策（CAP）**的建立，都有助於「專業農業組織的合作」，但是從一開始時，真正的合作關係也只提供給全國農民工會聯合會而已。從這個特權地位，聯盟不但獲得了贊助，並且控制了主要協助農業轉型的機構。全國農民工會聯合會運用這些工具組織了絕大多數比例的法國農民。在政府的支持下而建立起能夠主導農業部門的力量之後，協會就開始利用持續不斷下降之農夫人數中大部分人的支持，定期性的向政府表示一些對政策上的反對立場。[24]

近年來，帶給法國全國農民工會聯合會的主要挑戰大多是來自外部——歐洲和全球的市場——而不是內部的挑戰。農業部門得益於其自身成功的成果。在歐盟的壓力下，法國在1992年同意參與對歐盟共同農業政策的改革——自從1960年代之後，歐洲共同農業政策一直主宰著整個歐洲的農業市場。1992年的改革讓大量的土地不再從事生產，並且直接以支付現金給農民的方式，取代原本一些在價格上的補貼支持。歐盟朝東歐擴大的趨勢也增加了未來共同農業政策必須降低預算的壓力。在法國（以及其他歐洲地區）強烈反對基因改造的農產品輸入的問題，也加劇了「世界貿易組織」（World Trade Organization, WTO）內部的緊張關係。

### 進入管道之方法與行動的方式

法國的組織性利益是透過範圍多到令人印象深刻之不同類型的組織來表達，從軟弱與支離破碎的工會運動到具有良好組織性的全國農民工會聯合會。整體而言，法國的團體與其他工業國家的團體的區別之處，似乎就是其表達的風格以及行動的方式。

在以前的政權統治下，有組織的利益團體視國會為獲得政治權力最便捷的方法。在第三共和國與第四共和國期間，高度專業化與權力象徵的國會委員會通常似乎只不過是利益團體機構的門面，利益團體經常用自己所設計的法案來代替政府原本提交的法案。

1958年提出改革和使國會合理化的理由之一，是希望減少組織的利益團體在立法過程中的作用。總體而言，這已經算是完成了。但是利益團體在規則制定與政策形成上，並沒有全盤失去其影響力。為了達成效果，利益團體現在會運用長期以來最精良的團體發現最有價值的管道，那就是能夠讓它們直接接觸行政部門

的管道。在有組織的私人利益團體與國家之間不可或缺的合作關係，就是透過可以接觸到絕大部分行政機構的制度化諮詢委員會。這些委員會成員主要是由公務員以及利益團體的代表所組成。

　　所以，不令人訝異，有些利益團體可以比其他團體更輕易就有管道接觸政府的不同部門。利益團體的代表與公共管理者在觀點上具有相似性的話，可能是因為具有共同的願景、共同的社會背景或受教育的程度為基礎。高階公務員傾向於將「專業組織」與「利益團體」之間加以區隔，他們比較會認為應該更嚴謹地聆聽前者的意見，而對後者則該保持一定的距離。利益團體代表的觀點傾向於反映出本身的優勢，以及與國家中不同政府單位的合作經驗。工會代表清楚認知到他們依賴整個社會的氣氛（基本上會影響罷工活動的規模）與國家進行有效談判。企業的代表更依賴與公務員的接觸。農業的利益團體則是認為他們依賴與部長層級的人進行更多接觸。[25]

　　在法國，除了農業與大企業領域外，這種朝向特權管道發展的趨勢，有時候也被稱為「**新統合主義**」（neocorporatism）（或稱之為民主統合主義——參閱上冊第四章）。國家級的利益團體能夠合作的核心概念，就是因為國家扮演了形塑與定義利益團體之全球合法性的角色。國家還建立了進行合作的相關規則。透過官方的承認以及補助，法國政府就能在各個層面中強力影響利益團體之間的關係，甚至有能力決定其存亡。雖然具有代表性的組織可能存在或是沒有得到官方的承認，但是這樣的名稱能夠使這些團體進入諮詢機構，有權利去簽署集體的協議（對工會尤其重要），以及獲得某些補助的權利。因此，政府的承認是一種重要的手段，保守派與社會主義政府都曾經以此來影響團體的全球化趨勢。

　　法國對於利益團體所進行的國家補助，有直接與間接兩種方式。可以藉由這些方式讓某些利益團體比其他團體得到更多好處，使得法國看起來好像更符合新統合主義的標準。然而，就其他方面來看，新統合主義的模式在法國的適用性不如歐洲其他國家。新統合主義的政策制定會假設主權國家的行政與某個具有主導性的利益團體（或是團體的聯盟）之間，在一些重大的社會經濟領域中，存在緊密的合作關係。但是在法國的案例中，其凸顯出的卻是這種合作上的不平衡。[26]

　　如果新統合主義的模式是強調利益團體的領導人控制組織的行動與協調談判的話，那麼法國利益團體所引發的群眾行動——像是上街示威遊行、工人自發性地突然罷工，以及攻擊政府的建築物等——往往會受到團體的領導人的不良控制。事實上，比起其他工業化的國家，在法國的團體抗議或許可以說非常有效果（至少在負面的觀感上），因為這已經是國家與團體關係模式中的一部分了。雖

然抗議會被限制在一定的規模與強度中，但是政府也會意識到這些抗議確實就像是一種利益的實質表達方式（參閱專欄8.1）。

# 政黨

## 8.9　以近期法國的歷史為例，說明法國的政黨制度以及阻礙兩黨制產生之因素。

　　與歐洲其他國家相比，法國的政黨體系一直以來都被標記為不穩定且組織薄弱。第五共和國下，出現了一個比較強勢的體系，但是這個體系直到2016年至2017年的時候，都還是受到更不穩定的選民之挑戰。

### 專欄 8.1　法國的抗議文化

在戴高樂主義者長期執政期間，最有效率的反對形式就是大規模的街頭抗議，尤其是發生在1968年5月與6月動搖了法蘭西第五共和國的「事件」而更加引發關注。雖然法蘭西第五共和國延續了下來，但是1968年變成了一種在街頭表達權力的象徵，這種力量並一直到1980年代的社會黨執政時期。愈來愈多的人——農民、工匠、中小型企業員工、卡車司機、醫師，以及醫學生——都走上了街頭，抗議即將頒布的立法，這些人通常是出於對自己身分的恐懼。這樣的示威遊行很容易引起暴力或騷動的狀況。同樣的情況也在接下來保守政黨執政的政府下發生著。以大學生與高中生為主的示威遊行團體，迫使政府在1987年撤回已經計畫的大學改革方案。政府在1994年通過一個計畫性強制規定「年輕人」最低工資的方案，表面上是要鼓勵更多年輕人投入職場，但後來卻因為當時高中學生站上巴黎或其他大城市的街頭抗議而取消了。1995年則是經過1個月的公務員罷工與大眾示威遊行之後，席哈克領導的政府取消了一項原本要對國有鐵路系統進行重整的計畫，並且修改了一項重組公務員的計畫。1年之後，舉行罷工的卡車司機從依舊疲弱不振的政府爭取到了重大的讓步。在2000年的秋天，由卡車與計程車司機所領導的抗議活動，主要反對汽油與天然氣價格的上漲，後來迫使政府降低了徵收燃料的消費稅。最後，在2006年，政府通過了立法建立簽署勞動合約的制度（許多合約當中的一項），以鼓勵雇主聘用25歲以下的年輕員工，因為內容提到在僱用開始的前2年期間，雇主可以比較容易解除彼此的勞雇關係。這法律至少在一開始時是受到所有主要工會與左派政黨的支持，但是在歷經了許多原本被視為應該是屬於立法受益者那個年紀的年輕人，3個月的街頭示威遊行與占據學校之後，法案最後被撤回了。2013年，當**法蘭索瓦‧歐蘭德**這個新的社會黨政府上臺後提案，然後也通過立法合法化同性戀婚姻與領養，卻有右派政黨組織附屬者進行大規模的示威遊行反對這項法律。然而，政府在這一次卻很快就站穩了，並在6個禮拜之內就頒布施行。其中一個比較不同的地方就是，右派政黨（包括「國民陣線」）只是給予示威遊行比較溫和的支持而已。

## 傳統的政黨系統

　　一些分析選舉的人士認為，在法國有似乎難以改變的就是分為兩大政治陣營的現象，通常歸類為「右派」與「左派」。直到1962年，左派是很多部門中最大的勢力，當時傳統左派已經超過1個世紀握有堅實的基礎來主導了。1974年的總統大選以及1978年的國會選舉時，也同樣反映出相同的分歧狀況。然而，在那之後左派就很快入侵了形式上屬於保守派的據點，而左派的據點也被激進右派加以滲透，因此改變了傳統選票結構的地理分布。這樣重大的改變影響到1981年至2002年之間的每一場國會選舉，現在幾乎很少有任何部門會很堅定地歸為右派或是左派了。

　　第五共和國的選舉制度傾向簡化政治聯盟。在大多數的選區中，「兩輪決選制」（runoff election）選舉所導致的結果就是出現2位候選人的對決，通常任何一位都是代表左右派兩大陣營中的一方。這樣簡單且穩定的區分方式來運作，長期下來可能的結果就是出現兩黨制的模式或是輪流成為擁有執政權力的聯盟以及成為反對陣營。為何這樣的現象並未如預期產生呢？

　　除了直到1970年代晚期的共產黨，以及更近期的社會黨以及**人民運動聯盟**（Union for a Popular Movement, UMP）外，法國整體的政黨幾乎都沒有很強大的組織能力。法國的政黨主要是在工業化前以及都市化前的環境中發展，首先是要迎合中上階級選民，後來才是中產階級的選民。他們最主要且有時甚至是唯一的功能，就是提供一個架構篩選出候選人去競選地方、省，以及全國性的公職。即使是在比較完善的政黨當中，組織還是會同時朝向全國性零碎化與在地化這樣的趨勢，而這兩個層級之間也僅有非常鬆散的連結而已。

　　這種形式的政黨組織之所以能夠倖存，很大一部分是因為選民支持。選民不信任權威而且希望能受到保護來對抗獨斷的政府，所以就會對組織支持政治改革的政黨產生懷疑。共和主義者與反共和主義者的傳統儘管有種種對立，但有一個共通點：他們都厭惡建構良好且組織嚴密的政黨。即使到了1960年代，只有不到2%的登記選民是屬於政黨黨員。例如，在英國與德國，有些政黨都已經擁有超過了100萬的黨員，但這樣的規模卻從來沒有在法國任何政黨中實現過。組織的弱化結果有利於持續維持多黨制的狀況。

　　在兩黨或三黨制當中，主要政黨一般都會更容易朝向政治中間路線靠攏，以期望能夠保持穩定性與凝聚力。但是在極端的政黨多元化占有主導地位之處，朝向中間靠攏的慾望就會變弱且不會是多數政黨的選擇。第三共和國與第四共和國中，因為缺乏整合左派或是右派的機制，所以也削弱了政黨建立穩定政府的能力。

雖然如此，第五共和國創建了一個全新的政治架構，即使是漸進的且大多是無法預料的，但對所有政黨以及彼此之間的關係產生了重大的影響。新興政黨制度反過來又影響了政治機構實際的運作方式。在1970年代的國會政黨紀律之強化，對總統與總理強而有力的行政領導具有意義，並且穩定了政治過程。主要的政黨也變成辯論與發展替代政策的主要競技場。

主要的政黨一直都主導著整個國會工作的組織方式，以及各種候選人的甄選，但是這些政黨卻變得遠不如大眾會員組織重要。在2012年的立法選舉上，82%的選民支持了主要的兩大政黨，而國民陣線與綠黨又吸引了有8%的選民。因此，大約還有10%的選民支持了一系列以議題和候選人特色為主的政黨，不過這與先前的選舉相比，支持人數已經大幅地滑落了。有9個政黨在國民議會中代表6個國會陣營的席次——有4個政黨結盟為左派多數（其中社會黨成員可以形成主要多數），另外2個政黨聯盟則是對立面的右派。

這個表面上看起來很穩定的制度，在2017年的總統與國會選舉遭遇到非常嚴峻的挑戰。在總統選舉的第一輪中，投票結果只有支持了2位領導政府的政黨候選人——中間偏右派的共和黨員以及左派的社會黨員——相加起來只有拿下27%的選票。雙方居然都無法進入到最後一輪的競選[9]，這導致了這樣的政黨制度的歷史性危機。

## 主要政黨：右派與中間派

已經存在的右派政黨中，因為「國民陣線」在1983年的出現，而感覺遭受到極大的挑戰。結果是，在沒有國民陣線選民的支持下，這些政黨要贏得選舉的困難度會變得愈來愈高；但也不可能在國民陣線的支持下就能夠執政。

**共和黨**（Les Républicains, LR / The Republicans）——「共和黨」是「戴高樂主義政黨」（Gaullist Party）近年來最為直接嫡系後代。戴高樂主義政黨開始於1958年戴高樂重回執政時匆匆集會的結果。在幾個方面，早期的戴高樂主義政黨是不同於傳統的右派保守政黨。它直接吸引了廣泛的團體與階級聯盟，包括一部分的工人階級。這個政黨的領導層很成功地建立起黨員制度，使得曾經有一度達到數十萬人加入。然而，黨員的角色一般僅限於參加集體聚會以及在選舉期間協助造勢宣傳的效果而已。其中一個重要的創新之處就是，這個黨在國會裡面的議員在對政策表決上，都遵循著黨內很嚴格的黨紀規範。他們在每一場選舉上持續傳出成功的結果，直到一場全面性勝利的選舉——在**1968年5月持續至6月的**一場群眾罷工與學生**示威遊行**（demonstrations of May through June 1968）

之後舉行——使得戴高樂主義者在國民議會中取得多數席次。在法國任何一個共和國時期中，都不曾出現這樣的成就。

16年來（1958-1974），不論是總統職位或是總理的選舉，幾乎都是戴高樂主義者的囊中之物。1974年，在夏爾・戴高樂以及喬治・龐畢度（Georges Pompidou）雙雙過世之後，瓦勒里・季斯卡・德斯坦（Valéry Giscard d'Estaing）這位非戴高樂主義的傑出保守派人士，當選總統。1974年之後，戴高樂主義政黨的地位每況愈下，而其選舉的支持度也不斷下滑。

曾經有一度，雅克・席哈克（Jacques Chirac）藉由將其改組成更為走向群眾的政黨路線，而翻轉了這個政黨的衰落的趨勢，並將其重新命名為「**保衛共和聯盟**」（Rally for the Republic, RPR）。事實上，保衛共和聯盟與之前的戴高樂主義者相當不同。雖然席哈克時常會援引戴高樂主義作為他的靈感來源，但是他迴避了在運動初期幫助過政黨號召的民粹主義者（populist）般的語言。保衛共和聯盟訴諸一個嚴謹的且清楚界定其為吸引右派選民的政黨，類似於這政黨所要吸引的傳統保守客群。這政黨的支持者過度集中在年長、比較富有的選民，以及農民（這群體現在已涵蓋在表8.1中的人民運動聯盟支持選民的重要組成部分）。保衛共和聯盟的選民大多數最有可能將自己定義為右派、反左派、支持商業與教區學校，更有可能會支持個人特質而非理念，並且比較不支持季斯卡已通過的女性墮胎的權利。席哈克執政時期自稱為新自由主義，並在1986年至1988年期間推動將一系列先前國有企業私有化，然後也著手確保並安撫那些擔憂對福利國家構成挑戰的人們。

保衛共和聯盟在1980年代的選舉成果，大致保持穩定，但水平相對較低（參閱表8.2）。即使在1993年的選舉中，右派在大選上獲得了相當大的勝利，當時保守派的聯盟獲得了80%的國會席次，但是保衛共和聯盟在第一輪的國會選舉中，卻以不到20%的差距擊敗其他保守黨派的代表。在1997年，保衛共和聯盟的得票率下滑到只剩下16.8%，只比國民陣線高出不到2%。雖然如此，在1997年估計仍有10萬個黨員（相對上還是低於整體歐洲的水準），所以保衛共和聯盟當時還算是法國最大的政黨。

到了2002年，保衛共和聯盟與當年號稱由戴高樂主義「爵士們」鐵腕主導以及由戴高樂主義具有組織性地論述來定義方向的狀況，早就已經離得很遙遠了。席哈克在1995年的總統大選獲得了勝利，應該算是給了他一個重建保衛共和聯盟以作為執政黨的機會。然而，在1995年夏天之後發生了一連串看似永無止境的政治危機，以及在1997年6月國會選舉中發生的災難性失敗，加劇這個政黨的內部

### 表8.1　2012年立法議會選舉的投票模式

左派政黨不成比例地獲得了年輕人的支持，同樣也獲得了各行各業的專業店家、生意人，以及失業者的支持，而中間偏右的政黨則吸引了相對更多的選票是來自於老年以及那些高收入人口的支持

| | 社會黨／共產黨／綠黨＋其他左派政黨（%） | 以人民運動聯盟為中心（%） | 極右派（%） |
|---|---|---|---|
| **性別** | | | |
| 男 | 50 | 33 | 15 |
| 女 | 47 | 40 | 12 |
| **年齡** | | | |
| 18-24 | 50 | 31 | 17 |
| 25-34 | 48 | 34 | 17 |
| 35-44 | 53 | 30 | 15 |
| 45-59 | 49 | 32 | 17 |
| 60以上 | 44 | 47 | 8 |
| **職業** | | | |
| 店家、工匠、生意人 | 41 | 42 | 14 |
| 行政人員、專業人士、知識分子 | 57 | 34 | 7 |
| 中階經理人 | 53 | 31 | 15 |
| 白領階級 | 44 | 30 | 24 |
| 勞工階級 | 46 | 29 | 23 |
| 失業者 | 46 | 45 | 7 |
| **教育程度** | | | |
| 無學歷者 | 46 | 31 | 20 |
| 技職學歷 | 47 | 34 | 18 |
| 高中（學術型） | 41 | 40 | 18 |
| 高等教育 | 53 | 39 | 6 |
| **家庭收入（歐元／月）[10]** | | | |
| 1,200及以下 | 48 | 32 | 18 |
| 1,201-2,000 | 50 | 33 | 16 |
| 2,001-3,000 | 47 | 38 | 14 |
| 3,001-4,500 | 48 | 38 | 12 |
| 4,500以上 | 49 | 43 | 7 |

資料來源：益普索（Ipsos）市調公司／邏輯卡（Logica）跨國科技與商業管理諮詢公司，《世界報》（Le Monde）2012年6月12日，第12版。

### 表8.2 自1997年後在法蘭西第五共和國的國會選舉

以得票百分比的方式來顯示自1997年後之政黨得票率與國會議員席次的變化
（第一輪投票結果）

| | 1997年 | | 2002年 | | 2007年 | | 2012年 | |
|---|---|---|---|---|---|---|---|---|
| 登記選民<br>（百萬人） | 39.2 | | 41.0 | | 43.9 | | 46.1 | |
| 棄權率（%） | 32.0 | | 35.6 | | 39.6 | | 42.8 | |
| 政黨席次 | % | 席次 | % | 席次 | % | 席次 | % | 席次 |
| 法國共產黨<br>（PCF）—2012年<br>屬於左翼陣線[11] | 10.0 | 37 | 4.8 | 21 | 4.6 | 18 | 7.9 | 10 |
| 社會黨（PS） | 23.7 | 245 | 25.3 | 141 | 27.7 | 201 | 29.2 | 302 |
| 激進左派 | 1.5 | 13 | —c | 8 | — | 7 | 1.7 | 13 |
| 人民運動聯盟<br>（UMP） | — | — | 33.3d | 362d | 45.5 | 335f | 26.2 | 206 |
| 法國民主聯盟<br>（UDF）（獨立共<br>和黨（RI）與其他<br>中間派） | 14.8 | 109 | 4.9 | 22 | 7.7 | 4 | 2.4 | 25 |
| 戴高樂保守主義派<br>（保衛共和聯盟<br>（RPR）） | 16.8 | 140 | — | — | — | — | | |
| 國民陣線[12] | 15.1 | 1 | 11.3 | — | 4.7 | — | 13.8 | 3 |
| 其他 | 18.7a | 32b | 16.3e | 13 | 6.3 | 12e | 16.4e | 18e |

a 包括綠黨在內的6.3%得票率，以及其他支持來自較小的右派或左派運動的票數。

b 包括8個生態主義派（綠黨）、7個持不同政見的社會主義派，以及其他未附屬的獨立代表。

c 在2002與2007年投票給激進左派的都被包含在社會黨裡面。

d 人民運動聯盟（Union pour un Mouvement Populaire, UMP）——一個新的中間偏右派政黨組織來為了2002年的國會選舉。

e 包括生態主義派（綠黨）以及持不同政見的右派與左派政黨（裡面包括了2002年的極右派政黨：「共和國家行動」（Le Mouvement National Républicain, MNR））。

f 包括所附屬的其他獨立代表。

資料來源：來自法國內政部的官方統計結果，http://www.interieur.gouv.fr。

以及與其他夥伴之間的分歧。1999年，席哈克（當時仍為法國總統）失去了對該政黨的掌控權，因為他所欽定的總統候選人在黨內初選中被擊敗了。

在2000年秋天時，席哈克想在2002年的選舉中再次連任的事實，似乎被貪污的醜聞破壞了，尤其很戲劇化被挖出直接牽扯到總統（及前巴黎市長）的巴黎政黨機器大規模腐敗的新證據。然而，在2002年總統大選第二輪的選舉中，難以預

料的與國民陣線的黨魁尚・馬里・勒朋（Jean Marie Le Pen）對陣而意外出線（參閱之後有關國民陣線的章節），為席哈克以及其隸屬的政黨帶來了新的生機。

席哈克在2002年的總統選舉獲得了大規模的勝利，為保衛共和聯盟新的承繼組織「人民運動聯盟」（UMP）奠定了基礎（人民運動聯盟在2002年一開始被稱為「總統多數聯盟」）。這個新的政黨包含了一些來自保衛共和聯盟的國會代表，「**法國民主聯盟**」（Union for French Democracy, UDF）的代表，以及來自右派其他比較小的政黨代表。因為新的國民議會裡人民運動聯盟有超過60%的席次，使其可以在總統選舉大勝的背景下，統合了右派所有的政黨。到了2006年，席哈克在黨內最反感的對手：**尼古拉・薩科奇（Nicolas Sarkozy）**成為黨魁、內政部長，並且也是黨內2007年幾乎沒有遭到挑戰的總統職位候選人。

如同席哈克，薩科奇也運用政黨的基礎贏得了總統選戰，並且就像席哈克一樣，薩科奇對政黨的控制力量也開始在他成為總統之後，就快速地衰退。薩科奇在廣泛的黨派的基礎上建立其政府，並且在許多重要的部會中，都安插了具有非常左派人格特質的人物。雖然，曾經有一度也投射出一種活力與讓人耳目一新的形象，但這卻讓他的影響力在以國會為基礎的環境中被弱化了，尤其是在薩科奇的支持聲望開始下跌之後。在2012年的激烈角逐中，薩科奇失去了原本的總統職位給社會黨的法蘭索瓦・歐蘭德，而且人民運動聯盟在隨後舉行的立法議會選舉時，也很明顯地敗給了社會黨。然而，薩科奇卻在2014年重新奪回政黨的掌控權。在1年內，他成功地將政黨改名為「共和黨」。接著他在2016年8月辭去了黨魁職務，以準備2017年的總統候選人政黨提名，但最終他沒得到黨內提名。

在2016年11月時該黨的第一場公開初選中，薩科奇就敗給了擔任過其總理的法蘭索瓦・費雍（François Fillon）。然而，費雍的候選人資格也因為涉及一場有關司法貪污腐敗的調查而變得削弱許多，甚至也沒有辦法進入到2017年5月的第二輪總統選舉。這樣的紀錄創下了第五共和國歷史上首次中間偏右派的候選人無法成為最終的競爭者。更重要的是，這個政黨在之後的立法議會選舉時，也步上其總統選舉那樣混亂的後塵。

然而，馬克宏任命愛德華・菲力普（Édouard Philippe）擔任他的第一任總理，他是一位來自「勒哈佛爾」（Le Havre）的共和黨市長，但相對比較不為人所知，他在年輕的時候就已經加入共和黨了。菲力普的任命，是為了能夠從共和黨中帶來更多的中間派代表，加入國會當中總統派的多數。

**民主運動黨（Democratic Movement）**——這個小型但卻不容忽視的政黨

成立於1962年，當時瓦勒里・季斯卡・德斯坦以及一些其他的保守派國會代表反對戴高樂以公投方式決定人民可以直接選擇總統。

從那個時候開始，該組織就形成了一個圈內盟友關係，以補強國會中的保守派多數。季斯卡・德斯坦是一位家族長期在商業、銀行和公共服務領域享有盛譽的一員，在1974年當選總統之前，他曾經在戴高樂以及龐畢度主政下分別擔任過財政部長。他的政黨的政治力量來自其在議會中的代表，其中有許多人擔任內閣職務，而來自地方的領導人則在市政與部門議會擔任重要的職務。

為了增加政黨的分量（在1977年時，被稱為「共和黨」（Parti Républicain, PR）），季斯卡・德斯坦總統選擇了一條右派與中間派政黨覺得很適當的途徑：在不同的團體以及具差異性的個人之間來形成異質性聯盟，來支持總統打贏1978年的國會選舉。結果這聯盟變成了後來的「法國民主聯盟」。據估計2002年組成之法國民主聯盟裡面的所有不同政黨支持者成員總數不超過3萬8,000人，而且之後這聯盟的黨員也逐漸在減少。

1981年之後，「法國民主聯盟」與「保衛共和聯盟」形成了選舉上的合作夥伴。當激進右派的國民陣線在1983年獲得了選民的支持之後，法國民主聯盟與保衛共和聯盟進一步共同推出候選人參與第一輪的國會選舉，以避免被國民陣線擊敗。然而，即使已經聯合起來，他們也無法將得票率提高到45%以上。但他們依然在1986年、1993年，以及2002年贏得了國會大選的多數席次（參閱圖8.3）。在席哈克1995年的大選之後，有2次政府都是在**亞蘭・居貝**（Alain Juppé）擔任總理的狀況下形成「雙重聯盟」（double coalitions）：第一，這是保衛共和聯盟與法國民主聯盟各自內部派系的聯盟；第二，這是個保衛共和聯盟以及法國民主聯盟之間的派系聯盟。這個政府在2002年也同樣組成雙重聯盟。尚・皮耶爾・哈發林（Jean Pierre Raffarin）總理（他在位只到2005年）長期以來都是法國民主聯盟的黨員。後來因為法國民主聯盟大多數重要的議會代表都整合進入了人民運動聯盟，於是作為一個政黨的法國民主聯盟也因此失去了其大部分的獨立影響力。

雖然如此，在法蘭索瓦・貝魯（François Bayrou）的領導之下，法國民主聯盟（未加入人民運動聯盟的法國民主聯盟國會代表）似乎在已經存在的右派選民中，仍然保持一定影響力成為反對席哈克／反對薩科奇的力量。在2007年的總統大選的第一輪投票中，貝魯拿下了超過18%的得票率，他試著極大化法國民主聯盟在隨後6月緊接而來的國會選舉上可以談判的地位。改名之後的**「民主運動黨」**（MoDem）被許多以前的知名人物（包括季斯卡・德斯坦在內）加以抨擊，最後只有選上3位國會的代表。在2008年與2010年的地方與大區選舉中，這

樣的衰退模式依舊持續著，而這政黨最後在2012年的總統與國會選舉時，已經萎縮到無關緊要了。然而，貝魯也與馬克宏結盟，而且在2017年新的國會選舉上獲得了更多的支持而增加其代表性。

**國民陣線**（National Front, FN）——導致右派內部的分裂，某種程度上是對國民陣線在選舉上的崛起所產生的不同反應。**尚‧馬里‧勒朋**（Jean Marie Le Pen）在1972年成立了國民陣線，而直到1980年代時，還是相對上屬於比較默默無名之極右派的政黨。在1983年以前，國民陣線在任何一場全國性的選舉上，從未吸引超過1%的選票。然而，在1984年的歐洲議會選舉中，國民陣線居然囊括了幾乎超過10%的選票。

同樣的，在1986年的國會選舉上，國民陣線也贏得了將近10%的選票（大約有270萬張選票，比法國共產黨還多）。這也讓它成為具有實質政治力量的政黨。國民陣線三分之二的選票是來自於那些以前曾經支持過的右派政黨之選民，但是其餘的選票則是吸引過去是左派的選民（主要是社會黨），或是從新選民以及過去不投票者那裡來的。

獲益於1986年改變的比例代表制選舉，35名國民陣線代表進入了國會。在1993年的立法選舉中，國民陣線的候選人在第一輪選舉中吸引了將近13%的選票，但是因為選舉制度回復到之前的單一選區制，所以黨內沒有任何代表選上。事實上，由於選舉制度的關係，自從1988年之後，國民陣線進入國民議會的代表就沒有超過2席。

**圖8.3　國民議會的席次分配狀況**

**在2007與2012年選舉後的國民議會政治代表性**

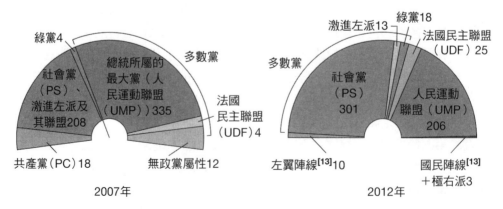

雖然如此，國民陣線在以地方為基礎用自己的方式發展本身的網絡方面，似乎進展順利。1998年，有5位辭去法國民主聯盟的領導人正式接受了國民陣線的支持，以維持本身在大區的主席職位。1995年，國民陣線第一次在市級選舉上贏得了3個城市的首長選舉，而且在法國近一半的大城市城鎮議會中，獲得了代表席次。勒朋居然有能力進入到第二輪的總統選舉——大約有17%的選民在2002年的第一輪總統選舉中支持他——在這樣的政治制度上引發巨大的衝擊。但國民陣線在2個月之後的國會選舉上卻表現得相當不理想（只獲得11%的選票），不過還是可以確認這個政黨——不只是勒朋而已——依然具有政治上的力量。

國民陣線常常被拿來比喻成像是商家業主的運動（「布熱德運動」（the Poujadist movement）），後者在1956年的國會選舉中拿下了250萬張的選票，然後卻逐漸在大家的眼前消失。[27]但是國民陣線所吸引到對本身在選舉與組織上支持的選民，大多是來自於大城市，而不是一般的小城鎮。其支持者大多是從其他右派政黨轉換過來的，而非那些所謂布熱德運動般的選民結構，而且國民陣線更成功地吸引了勞動階級的選民支持（社會基礎為左派）。除此之外，國民陣線在建立組織性的網絡方面比布熱德運動更成功，擁有上百個選舉產生的代表，分布在每個不同層級中，而能夠深刻影響到其他政黨的選民。國民陣線在議題上獲得了認可，在1980年代很戲劇性的在所有領域中都增加了支持者，而且在1999年中期之後又再度增加。尤有甚之，其政黨競爭的動力迫使其他政黨站在支持國民陣線議題這一邊，諸如將移民議題高度排在政治議程上。薩科奇就是很有效地去執行這樣的狀況，所以讓他在2007年的總統選舉中表現出顯著的成功。雖然如此，薩科奇的影響力卻在2010年衰退了，因此國民陣線在大區選舉上表現出令人印象深刻的強勢回歸，就像是勒朋將權力傳遞給他在政治上非常精明幹練的女兒瑪琳，她也領導了政黨角逐2012年的選舉。

**瑪琳・勒朋**（Marine Le Pen）獲得了非常讓人刮目相看的勝利。在第一輪的總統選舉上獲得了近18%的選票，超越了自己父親在2002年所創下的紀錄，而且在之後舉行的國會選舉上，第一輪就獲得了14%的選票，國民陣線很堅定站穩了法國第三黨的位置；沒有其他小黨能夠拿到接近這樣層次的支持率。此外，大約有四分之一的藍領與白領階級勞工投票給國民陣線。這與上一世代對共產黨的支持是類似的情形，國民陣線選舉上的支持很大程度是跟教育與收入成反比。因此，現在的國民陣線，會比以前更像是法國政黨制度的一個挑戰角色。

在2017年的總統與國會選舉前夕，瑪琳・勒朋強化了政黨的組織。2015年，她採取了引人注目的舉動，將自己的父親排除在政黨之外。她也再次關注到政黨

在意識形態上必須遠離「反猶太主義」（anti-Semitism），而朝向移民、難民以及法國身分等問題上，這樣才能夠將國民陣線帶往更靠近主導整個歐洲國家的問題上。在2017年第一輪的總統選舉中，瑪琳・勒朋為國民陣線創下了新的紀錄，她拿到了21%的選票支持。雖然她在第二輪選舉中只有獲得31%的選票支持而落敗，但她也再次創下支持國民陣線的新高人數。

## 左派

　　左派已經遭受到崛起的國民陣線之挑戰，同時也因為本身在後密特朗時期的領導能力薄弱。國民陣線已經抓住了絕大多數屬於左派的傳統勞動人員的支持。在此同時，由於法國共產黨的崩潰，而讓社會黨失去了在政府治理上，這個相當穩定的夥伴。

　　**社會黨**（Socialist Party, PS）——與歐洲其他國家堅定的社會民主政黨相比較，法國社會黨幾乎在1905年成立時就缺乏組織力量。緩慢且發展不均的工業化，以及相當不情願組織的態度，不僅阻礙了工會的發展，也剝奪了社會黨在勞動階級上的力量，而不像是歐洲其他勞工政黨可以藉由本身工會的結盟而獲得好處。

　　與英國工黨不同，法國社會黨在早期很難吸收到激進的中產階級，相當於英國的自由黨。社會黨的政策方案，是以馬克思主義教條式的內容形塑出來，因此有很長一段時間都阻止其與中間偏左派的中產階級選民所隸屬的政黨合作。在第五共和國以前，社會黨從來都沒有強大到足以靠自己來接管整個政府。因為本身的弱點，使其至多也就只能在第三與第四共和國中，與幾個同盟政黨組成不穩定的聯盟政府。

　　最後，在1920年出現的法國共產黨，很成功地搶走了社會黨之核心勞動階級者的支持。大多數社會黨的勞動階級支持選民都集中在一些傳統上很強勢的大區，諸如北方的工業區、環繞聖納澤爾市（Saint-Nazaire）的造船廠地區，以及法國中部的環繞著里摩市（Limoges）的地區。然而，社會黨在其他地方也有本身的票倉——在南部的釀酒農、反教權主義的共和思想擁護者，以及生產者的合作社。有一定比例的公務員，特別是教師，以及靠固定收入過活的人們，占社會黨支持者的比重遠高於其在總人口的比例。

　　社會黨在第五共和國變革時期情況下，遭遇到許多的困難。在經歷過幾次錯誤的起步後，舊的社會黨解散了，1969年在法蘭索瓦・密特朗的領導下，建立起一個新的社會黨。這個新的政黨成功地吸引了薪資不斷增長的中產階級、專業階

級、公務員，以及持續壯大中的教學專業人員作為其成員，並扭轉了政黨在選舉上的衰退局面。

當共產黨在1968年的影響力逐漸衰退之後，勞工開始團結到社會黨中成為比較大型的群體。然後，在1970年代，法國社會黨完成了其他歐洲國家無法做到的事：它吸引了1960年代晚期一些新社會運動的領導人，其中包括生態主義者和區域主義者，同時也吸引到非共產黨的左派小型政黨領袖。[28]

法蘭索瓦·密特朗在1981年的選舉得到了勝利的果實。密特朗擔任了共和國的總統，而國會裡也是社會黨占有多數席次（同時獲得共產黨的支持），社會黨發現自己處於一個前所未有的局面，但對此卻準備得並不充分。接下來的幾年中，不分權力的完全執政，影響了社會黨的形象與前景。在1981年至1986年的執政期間，對於社會黨各層級來說都是一次緊繃與痛苦的學習經驗。在密特朗和社會主義政府的領導下，歐洲統一和全球貿易的競爭規則對法國國有企業的國家控制提出了挑戰，古典社會主義的國有化思想被部分拆除。結果，社會黨的的方向一直是衝突和辯論的主題。

1988年當他連任第2個7年任期時，密特朗在法國大都會區的96個省中贏得了77個省。社會黨成功進軍了傳統上屬於保守陣營的法國西部與東部地區。然而，社會黨在全國性的勝選也意味著這政黨的立法議會能夠拿下多數席次，還是取決於選民，而選民的支持比過去更加有條件。社會黨也因為宗教儀式的衰退、城市化、受薪中產階級的成長（技術員、中層管理人等），以及商業服務部門的增加而有所獲益，就像是大量的女性進入勞動市場，也都是削弱右派勢力的現象。

然而，權力的腐敗也降低了原本支持社會黨的選民的選舉支持度，並使其變得更不穩定。自1980年代後期開始，因為貪污腐敗而遭到指控、調查，以及定罪的現象，橫掃了所有的政黨。但是，對於社會黨來說，這個貪污腐敗重創了政黨的形象，並且導致選民的支持愈來愈少。而且，失業率上升，使得即使是社會黨本身的選民，也都逐漸意識到這個政黨領導人已經過時了，以及1992年至1994年期間被大量動員來支持馬斯垂克公投的傳統社會黨選民，也開始反對政府，這確實大大削弱社會黨的支持度。相較於1988年的狀況，在1993年的國會選舉時，社會黨失去了三分之一的選民支持。如果第五共和國在1980年代期間逐漸走向正常化——從某種意義上是指，左派與右派輪流在每一次國會選舉中獲勝而交替職政——社會黨就變得像是其他的執政黨一樣，必須依賴是否擁有執政上的權力。

儘管存在這些情況，社會黨領導人**里昂內爾·喬斯班**（Lionel Jospin）在密特朗過世之後仍然具有很大的影響力。雖然他在1995年的總統選舉輸給了雅克·

席哈克，但是喬斯班在1997年快速立法選舉後，以31席的多數（被稱為左派多數plural left）獲勝，成為了總理，並且組成了第一個左派聯盟的政府。這個政府通過了一連串重要但具有爭議的改革，包括每週35小時的工作時數、國內伴侶關係的立法，以及修改憲法讓選舉事務單位可以要求政黨必須保障女性候選人有一定的名額。最後，進行了一個重大的結構改革，總統的任期（經過當時總統的同意）縮減為5年。

　　由於政府的聲望持續下降，導致喬斯班在2002年的總統第一輪選舉中就遭到淘汰（支持的選票不到1%），這個結果完全是始料未及的。絕大部分是因為原本社會黨選民的態度改變，決定邊緣化最左派的候選人，但是留下國民陣線的候選人進入第二輪與現任總統席哈克對決。喬斯班很快辭去了黨主席職務，但左派還是在隨後的國會選舉失利，而社會黨的代表席次也跟著減半。

　　遵循著平穩的節奏，社會黨與其他同屬左派的聯盟在2年後強勢反彈了，並且橫掃了2004年的大區選舉。在沒有明確國家領導的況下，他們幾乎贏得了法國22個大區政府所有的掌控權。然而，因為缺乏強而有力的領導者，導致社會黨為了選擇2007年大選的總統候選人，似乎陷入一種自我毀滅的鬥爭當中。在這樣的環境下，塞格琳‧賀雅爾在選舉1年半以前，就開始啟動了精心安排與資金充裕的競選策略來爭取政黨的提名。賀雅爾是第一位由法國主要政黨推出的女性候選人，也是一位準備相當妥善的社會黨政治領導人。畢業於法國的國家行政學院，她通過黨內機制而提升等級，首先是成為國會的代表，之後也經歷過各種不同領域的部長職位，後來也曾經擔任過普瓦圖─夏朗德大區的行政首長。她的競選也替社會黨在實質上增加了近20萬成員的好處。因此，當賀雅爾在2007年5月的總統選舉輸給了薩科奇時，對於她的支持者而言，更加令人感到失望。

　　在2011年，社會黨似乎又再一次陷入很深的困境。社會黨明確在初選中表達偏好的總統候選人多明尼克‧史特勞斯‧卡恩（Dominique Strauss-Kahn），在初選時領先但卻遭到淘汰，主要是因為當時他在美國紐約爆發性侵事件後遭到逮捕（後來被撤銷）。結果，社會黨開放了這空缺，而初選最後是由法蘭索瓦‧歐蘭德贏得出線機會，他是社會黨的第一書記，而他之前的伴侶就是塞格琳‧賀雅爾（參閱專欄8.2）。他自稱是「普通人」，後來他以很小的差距（大約3%）擊敗了當時尋求連任的薩科奇總統。社會黨在隨後的國民議會選舉中，也贏得了關鍵性的多數席次。因此，出乎意料的，社會黨控制了所有的3個全國性機構，並在2011年的參議院選舉中贏得了些微的絕對多數席次。

　　然而，在執政1年之後，社會黨政府在政治上遭遇到來自歐洲持續不斷且嚴

峻的經濟危機。政府無法阻止不斷下滑的經濟狀況，也無法遏止一直上升的失業率，對總統的滿意度也掉到創下歷史的新低紀錄。除此之外，剛好就在當選的第一週年之際，社會黨政府就被一個重大的醜聞所衝擊，財政預算部長被揭露在蘇黎士與新加坡居然都擁有祕密的離岸帳戶。雖然如此，這個政府多數還是受益於第五共和國在機構上的穩定，這讓他們直到2016年，才把事情改正處理好。社會黨也得利於人民運動聯盟的混亂，因為這個政黨組織一直遭遇到自己的深刻分化狀況以及醜聞所影響，包括幾個來自對前總統薩科奇的相關調查。然而，2015年與2016年發生在巴黎的恐怖攻擊事件，導致在法國選民當中形成一種不安全的氛圍，並且對政府控制力的有效性也缺乏信任感。到了2016年的秋天，歐蘭德總統

## 專欄 8.2　法蘭索瓦・歐蘭德總統：一位「普通人」

他的前任總統尼古拉・薩科奇，因其充滿演藝風格以及個人混亂的生活，經常被描述成是一位「閃亮亮的總統」，而法蘭索瓦・歐蘭德卻喜歡將自己塑造成一個極為普通的人。不過他強調，他會把尊嚴帶回總統辦公室。他就像是一般法國公民可以與之交往的人。在某種程度上，他反映出法國社會自從1968年以後所演變而來的生活方式，但是這種狀況在美國看起來卻是非常不尋常的。雖然他育有4個已經成年的子女，這些子女的母親是之前社會黨推出的總統候選人，然而歐蘭德就像自己同年代的許多人一樣，他從來沒有結過婚。在其他方面，他卻是一個很傳統的法國政治人物，很深刻地扎根在地方層面上。雖然他擔任社會黨第一書記長達11年之久（直到2008年），而他最重要的職位就是在省的選舉上——成為「蒂勒市」（Tulle）的市長，以及位於法國中心地方之「科雷茲省」（Corrèze）的一般議會主席。

在其他方面，他是個典型的政治階級成員。他畢業於高等教育中最富有聲譽的機構，而後進入法國「審計法院」（Cour des Comptes），這是進入法國公共和私人菁英階層的墊腳石。他開啟了本身的政治生涯，就像是許多社會黨的同年代者一樣，他成為圍繞著法蘭索瓦・密特朗團體中的一分子。他一直都保持與權力核心靠近的狀態，但從來都不是一名主要人物。

然而，他像是一位普通人的形象在他就任總統的第一年後，大家就開始感到乏味了，部分原因是這絕不是一個普通的政治時刻。失業率上升到歷史的新紀錄，法國處於經濟衰退的邊緣，增長的希望渺茫。他的財政預算部長在瑞士與新加坡居然都擁有祕密的離岸帳戶，相關消息曝光後，讓所有人對他的政府感到震驚。儘管歐蘭德依然保持鎮定自若的舉止，但是他似乎被他無法控制的政治風暴所包圍。除此之外，他的私人生活也變得混亂，就像媒體報導的一樣，當一段親密關係破裂之後，緊接而來的就是開啟另一段親密關係。在歐蘭德任職的第一年還沒結束前，他已經成為第五共和國以來，享有的榮譽和支持程度最低的總統，而他的支持水平卻還在持續下降。

的支持程度已經下降到了第五共和國有史以來的新低紀錄，也預告著社會黨將會在2017年注定在總統與國會的選舉上的失敗。事實也證明了，社會黨2017年所推出的總統候選人貝諾瓦·阿蒙（Benoît Hamon），雖然得到左派政黨的強力支持，但結果顯然非常糟糕，而且最後僅得到6%的得票率，也失去了進入第二輪選舉的機會。這樣的狀況也創下了紀錄，因為自2002年以來，社會黨推出的候選人都有進入到第二輪的選舉。

**法國共產黨**（French Communist Party, PCF）——直到1970年代末期，法國共產黨一直都是法國政治上主要的一股力量。它是左派陣營中最龐大的政黨勢力，而且比法國所有的政黨都擁有更多的黨員，儘管事實是如此，但除了第二次世界大戰（1944-1947）後短暫的插曲之外，直到1981年，法國共產黨一直都被拒絕作為國家政府的聯盟夥伴。

在過去數十年來，該黨的存在一直持續衝撞著國家，並同時也衝擊著地方政治遊戲的規則，從而也挑戰了這些制度。在第五共和國期間，直到1978年，這政黨依舊如此，一直在左派陣營中具有選舉上的掌控優勢，雖然還落後於右派的戴高樂主義政黨。除了在全國性的選舉中取得成果之外，直到1980年代之初，共產黨都還在地方層級發揮著顯著的力量。

法國共產黨看似令人印象深刻的一棟建築物，以及它所隸屬的許多同情者組織卻被嚴重地撼動了，一開始是在1970年代時，在密特朗領導下，復興了社會黨，然後是1990年代時，國際共產主義以及前蘇聯的解體。共產黨在1981年的挫敗只是選舉衰敗後產生混亂的開始而已。[29] 到了2007年，共產黨所推出的總統候選人只吸引到僅有2%的選票，剛好是獲得勞動階級2%的選票。到了2012年，這個政黨實在是太弱了，而無法推選出自己的候選人去參加總統選舉，反而是加入一群持不同政見的社會主義者團體，這些團體的人是在2008年時離開了社會黨而創立「左翼黨」（Parti de Gauche, PG / the Left Party），算是「左翼陣線」（Front de Gauche, FG / the Left Front）的附屬。左翼陣線之後支持左翼黨的領導人尚·盧克·梅倫雄（Jean-Luc Mélenchon）作為總統候選人。梅倫雄在第一輪選舉時表現得不錯；他以11%的得票率排名第4位，落後於瑪琳·勒朋。

因此，為了在選舉中獲勝，共產黨愈來愈依賴與其他左派的小團體進行聯盟，持續的（但往往很困難）與社會黨合作，以及透過該黨一些長期任職於市長職位的個人聲望。在2010年，由於共產黨的發展很令人失望，黨內「復興」組織的200多名成員卻集體退出，這使共產黨失去了一些最有分量的領導人，包括數量眾多的市長以及國會代表。在2012年，大約有一半左翼陣線在國會擔任代表的

成員是屬於共產黨員，但看來是持不同政見的社會黨顯然擁有較多的平衡能力。

　　法國共產黨的邊緣化對整個法國政黨制度也造成了重要的影響。從1920年以來社會黨分裂之後，它已經癒合了削弱的左派之分裂，但是這樣所付出的代價還是要面對的——大大弱化了法國勞動階級在政治上的代表性。雖然法國共產黨的衰退命運，恰巧與社會黨在選舉能力上成反比，但是自1970年代之後，所有勞工投票給這些政黨的比例卻減少了將近30%，而現在有更多的勞工會投票支持右派勝過支持左派政黨。也許最重要的是，看來有很多年輕的勞工，先前可能很容易受到共產黨好戰分子的動員，而現在卻只會被動員去投票給國民陣線。

　　**歐洲生態—綠黨**（Europe Ecology–the Greens, EELV ）——目前這個政黨是在2008年，非常不容易地將綠黨、生態運動以及積極主義者加以合併所形成。歐洲生態—綠黨於2009年的歐洲選舉、2011年的地方選舉，以及2012年與社會黨形成聯盟關係，都表現得相當出色。到了2014年，當時的社會黨政府更進一步在中央任命了**曼努埃爾·瓦爾斯**（Manuel Valls）擔任總理，當時使得綠黨離開了這個聯盟。然而，在過了2年之後，綠黨本身卻針對當時這個聯盟的問題而產生分裂。綠黨的候選人退出2017年的總統競選，轉而支持社會黨的候選人。

　　**「共和國前進！」**（La République En Marche!, LREM / the Republic on the Move!）——這個政黨是因為一場「運動」而誕生，由艾曼紐·馬克宏在2016年4月所創立，目的是要支持他獨立參選法國總統。事實上，這個運動的名稱一開始是來自於他姓名的前兩個字母。這政黨在不到1年的時間就宣稱擁有超過30萬的成員，而到了2017年2月，就有選舉研究很清楚地指出，馬克宏會成為2位主要的總統候選人之一。馬克宏曾經在歐蘭德執政時擔任過經濟財政部長，但是後來在2016年8月辭職了。在2009年以前，他一直是個社會黨的成員，然後在當年他就宣稱自己已經獨立於這個政黨之外。為了能夠讓總統競選順利，馬克宏將自己放在一個中間偏左派的位置，而他的政策計畫主要的訴求在於福利國家，而且希望能夠更積極參與歐盟。在第一輪的選舉前夕，馬克宏成功分裂了社會黨領導階層，當時他得到社會黨前的總統參選人塞格琳·賀雅爾以及社會黨前總理曼努埃爾·瓦爾斯這兩個人的支持。

# 投票模式

## 8.10 比較與對照法國的選舉制度與美國的選舉制度。

　　雖然法國是單一制國家，但是選舉在領土內的不同行政層級中舉辦次數相當頻繁。議員的選舉遍布在每一個單位，包括超過3萬6,000個**市鎮**（communes）

中，101個省（郡）中，以及（目前）18個大區中[15]。國民議會至少在每5年要進行一次代表的選舉，而共和國的總統職位則是每5年（自從2002年開始；之前則是每7年）要進行一次選舉（或是改選）。除此之外，法國還會在每5年選舉一次歐洲議會的代表。

　　法國是歐洲第一個允許進行全民普選的國家，而且法國也是歐洲第一個標榜經過全民普選後，並不排除獨裁政府的國家。1848年的選舉法賦予所有超過21歲的男性公民具有選舉投票權。然而，在不到5年的時間內，同樣的一批選民卻批准路易‧拿破崙所發動的「政變」（coup d'état）並支持他建立第二帝國。後來拿破崙並未限制選民，而是利用精準的現代技術將地區劃分而進一步操弄，技巧性地運用公共職位當作是酬庸公職候選人的方式，並透過行政官僚制方式來進行施壓。

　　從第二帝國的建立到第二次世界大戰結束這段期間，選民的規模大致上或多或少都維持穩定。在1944年，因為年滿21歲的女性以及其他年長者被賦予選舉投票權，使得人數突然一下子暴增了2倍以上之多。1974年時更是將投票年齡降低至18歲，使得有250萬的選民加入選舉活動。到了2017年，在法國有超過4,700萬名年齡在18歲以上的民眾，登記參與選舉投票。

## 棄權

　　參加第五共和國的投票方式發生了重大的改變，其波動幅度遠大於以前的共和國。在全民公投和歐洲選舉中，棄權率往往最高，在總統競選中最低，其他選舉介於兩者之間（再次參閱表8.2）。在2007年的總統選舉中，當第一輪的投票中有84%的登記選民去投票時，棄權的趨勢就被打破了，但是2012年的參議院投票率再次下降至80%，而在2017年則更降低至75%。[30] 歐洲議會的選舉永遠都是相對上只能吸引到少數的選民去參與；在2009年，有超過59%的登記選民選擇待在家中不參與（略高於2004年）。在全民公投上，在2000年創下了一個紀錄：幾乎有70%的登記選民選擇不去參與（後來成功通過的）將總統任期從7年縮減到5年的全民公投。

　　棄權的上升，似乎與政黨制度更廣泛的變化現象有關。自1970年代末期以來，選民對於所有政黨的信任程度都降低了，而且那些在右派與左派的政黨中完全沒有表達偏好的選民，通常棄權率最高。雖然如此，但如果拿美國來對照，登記投票的選民當中，大約有90%的人是有週期性的，永久棄權者很少。[31]在這樣的概念之下，就可以將選舉中的棄權看成是一種政治性的選擇（在2017年有64%

的棄權者表示稱其放棄投票的原因是因為他們不喜歡任何一位候選人）。[32]雖然如此，與其他國家一樣，受教育程度最低，收入最低的群體以及年紀最輕的以及年紀最大的族群，相對就比較少去投票。

## 國會選舉的投票狀況

法國經歷過非常多種不同的選舉制度與方法，但是沒有在政府連貫性方面獲得更加令人滿意的結果。第五共和國的穩定性也無法歸因於國民議會代表的選舉方法，因為這一套制度基本上與第三共和國最為動盪年代的時期，所使用的是相同的制度。

與美國一樣，法國577個選舉區中的每個選區都必須選舉產生出單一席次的成員（代表）。這名代表是透過兩輪選舉所選出。在第一個選舉日，獲得所有選票多數票的候選人當選為國會議員。這現象相對是罕見的（在2012年大約只有6%），因為候選人眾多。拿不到12.5%登記選民選票支持的候選人，在1週後的第二輪選舉中退出。其他候選人自願退出，轉而支持在政治光譜上與本身政黨較接近但取得較好成績的候選人，使其有更多機會當選。舉例來說，在共產黨與社會黨（以及近期的綠黨）之間的選前協議通常會導致第一輪選舉後，得票率比較低的候選人自行退出。類似的安排也出現在共和黨以及其他中間偏右的政黨之間。這樣的結果就是，通常只會有3名（或是最多有4名）候選人在第二輪時再度面對競爭，這時只要能夠拿到最多選票（多數決）的候選人就可以贏得選舉。

這意味著法國第一輪的選舉與美國的初選制度類似，不同的是在法國的案例中，這樣的初選機制是發生在與其政黨具有聯盟關係的左派或中間偏右派的候選人中。政黨發展選舉的聯盟關係是具有相當大的壓力，因為沒有選舉權的政黨在代表權方面處於嚴重劣勢。

國民陣線一直以來或多或少都與其他中間偏右派的政黨，在全國性選舉上（國家層級以下的地方選舉則沒有那麼的孤立）的聯盟安排保持一定的距離。結果就是，在2012年，國民陣線在國會第二輪的選舉拿下了14%的選票，但卻只有2位候選人當選。相形之下，左翼陣線就因為與社會黨之間有選舉的協議而受益：其在選舉上只拿下超過1%的選票，但推出的10位候選人卻全部都當選了。毫不令人訝異的是，主導的政黨（或是政黨的聯盟）通常最後得到的席次數量，大大超過其在普選中獲得選票所占分額的合理席位。

## 公投的投票狀況

在1958年至1969年之間，法國的選民進行了5次**公投**（referendums）的投票

（參閱表8.3）。在1958年，投票表決通過了新的《第五共和國憲法》，反對票可能使法國捲入幾個月前勉強避免了的內戰。接下來的另外2次公投通過了以和平方式解決北非阿爾及利亞的戰爭。1962年，距離戴高樂藉由公投來制定屬於「自己的」憲法不到4年的時間，戴高樂將軍呼籲選民通過會產生重大影響結果的憲法修正案：將法蘭西第五共和國總統的選舉方式改為「直接民選」（direct popular suffrage）。然而，民眾對這個公投表達出正面的結果，並沒有避免選民投票反對另一項也是由戴高樂在1969年所提出的公投法案，最後這也導致了戴高樂辭職下臺。

龐畢度總統在1972年開啟了一個全民公投，決定是否批准讓英國加入歐洲共同市場（現在的歐盟）。第一次舉辦的法國全民公投則是在1988年密特朗執政時期，決定是否批准交戰各方就新喀里多尼亞（New Caledonia）（太平洋島嶼的群落，以前是法國的海外殖民地）的未來達成一項協議；公投是達成協議的條件。63%的選民選擇留在家裡，但是這協議還是批准生效。1992年當提交的問題來到是否批准歐盟的《馬斯垂克條約》（Maastricht Treaty）時，使選民動員了起來。公投結果對法國政治的發展引發了極為深遠的影響。2000年的公投——將總統任期由7年縮減為5年——獲得了壓倒性的通過（投票者當中有73%的人同意），不過這個公投最讓人印象深刻的是其選舉棄權率創下史上新高——幾乎達到70%。

相形之下，在比較近期的公投中，2005年針對歐洲憲法條約的公投，就吸引了大量選民的參與興趣。如同1992年的馬斯垂克條約公投一樣，公投會加深右派與左派的分裂關係（雖然各自最大黨都選擇「支持」通過），也使得選舉棄權率相對偏低。然而，與1992年的公投相比，政府一意孤行而輸掉了賭注，因為大多數人是投票反對批准該條約。在幾天之後的尼德蘭（荷蘭）人[17]也同樣投票拒絕了這條約，使得此條約形同被判了死刑。

民意調查指出，選民對公民投票作為一種公眾參與的形式持積極態度。公投在法蘭西第五共和國所有被高度認可的創新機制中，被認真看重的排序僅次於總統選舉以及憲法委員會而已。1995年席哈克總統領導下的新政府採取的第一步舉措是，通過了一項憲法修正案，擴大了在社會和經濟政策領域中使用公投的範圍。

## 總統選舉的投票狀況

法國選民將總統競選列為最重要的選舉活動。在1965年的總統選舉之後，法

**表8.3　法國總統選舉（第二輪投票）與全民公投**

| 日期 | 棄權（%） | 得票數：當選者（%） | 當選的候選人 | 落選的候選人 |
|---|---|---|---|---|
| **總統選舉** | | | | |
| 1965年12月19日 | 15.4 | 54.5 | 夏爾・戴高樂（右派） | 法蘭索瓦・密特朗（左派） |
| 1969年6月15日 | 30.9 | 57.5 | 喬治・龐畢度（右派） | 亞蘭・波埃（Alain Poher）（中間派） |
| 1974年5月19日 | 12.1 | 50.7 | 瓦勒里・季斯卡・德斯坦（中間派） | 法蘭索瓦・密特朗（左派） |
| 1981年5月10日 | 13.6 | 52.2 | 法蘭索瓦・密特朗（左派） | 瓦勒里・季斯卡・德斯坦（中間派） |
| 1988年5月8日 | 15.9 | 54.0 | 法蘭索瓦・密特朗（左派） | 雅克・席哈克（右派） |
| 1995年5月7日 | 20.1 | 52.6 | 雅克・席哈克（右派） | 里昂內爾・喬斯班（左派） |
| 2002年6月5日 | 20.3 | 82.2 | 雅克・席哈克（右派） | 尚一馬里・勒朋（激進右派） |
| 2007年5月10日 | 16.0 | 53.1 | 尼古拉・薩科奇（右派） | 塞格琳・賀雅爾（左派） |
| 2012年5月6日 | 19.6 | 51.6 | 法蘭索瓦・歐蘭德（左派） | 尼古拉・薩科奇（右派） |
| 2017年5月7日 | 25.5 | 66.1 | 艾曼紐・馬克宏（中間偏左派） | 瑪琳・勒朋（激進右派） |

| 日期 | 棄權（%） | 贊成的票數（%） | 結果 | |
|---|---|---|---|---|
| **公投** | | | | |
| 1958年9月28日 | 15.1 | 79.2 | 通過第五共和國憲法 | |
| 1961年1月8日 | 23.5 | 75.3 | 賦予阿爾及利亞協議（自決權） | |
| 1962年4月8日 | 24.4 | 90.7 | 賦予阿爾及利亞協議（獨立） | |
| 1962年10月28日 | 22.7 | 61.7 | 總統直接民選 | |
| 1969年4月18日 | 19.6 | 46.7 | 改革方案未通過 | |
| 1972年4月23日 | 39.5 | 67.7 | 同意英國申請加入歐洲共同市場 | |
| 1988年11月6日 | 63.0 | 80.0 | 新喀里多尼亞（Nouvelle-Calédonie / New Caledonia）協議 | |
| 1992年9月20日 | 28.9 | 50.8 | 馬斯垂克條約 | |
| 2000年9月24日 | 69.7 | 73.2 | 縮短法國總統任期 | |
| 2005年5月29日 | 30.7 | 45.3 | 歐洲憲法未通過 | |

資料來源：內政部每次在選舉與全民公投後公布的官方結果，https://www.demarches.interieur.gouv.fr/particuliers/interdiction-jeux。[16]

國選民很清楚知道了與以往國會選舉不同，國家和地域結盟岌岌可危，而且選民可以運用本身的選票關注國家的議題。當人們知道選舉的目的是要選出擁有強大權力的行政人員時，那種唯一有用的選票是反對政府的傳統態度不再有意義。因此，總統選舉的投票率通常是所有選舉中最高的。

　　總統候選人的提名程序，會讓各政黨的候選人很容易就進入到第一輪的選舉中——這遠比美國總統的初選過程還容易許多。所有認真角逐的候選人背後都有一個政黨或是一個不同政黨的聯盟的支持，在2012年的時候，第一輪選舉中有超過10名以上的候選人競逐。到目前為止，甚至是在1965年尋求總統連任的戴高樂，都沒有在第一輪拿到已經絕對過半數的選票而確保可以直接當選。在選舉的流程上，在第一輪選舉結束後的兩個禮拜，只剩2名票數最多的候選人可進入到第二輪相互競逐。

　　因為正式的競選時間短暫且集中，所以可藉由廣播、電視，以及新聞報紙，給候選人與評論者大量的時間與空間曝光。在最近5場的總統選舉中，進行了電視實況轉播——仿效美國總統候選人之間的辯論，但時間更長而且一般都是更政策導向的議題——而至少吸引了一半的人口收看。

　　然而，非正式的競選往往是長期且吃重的。有固定任期的法國總統意味著，除非是因為總統過世或是辭職，否則不能針對行政首長進行選舉。這樣的結果導致，在資訊上的競爭在選舉前的幾年就非常密集激烈。從很多方面來看，2012年總統大選在2007年的選舉之後不久就展開了，而2017年的選舉則是在2015年開始的。雖然2017年的總統選舉對許多主要的政黨產生了深遠的分裂，但在1968年之後，圍繞著總統選舉建立聯盟的過程，可能是政黨與政黨聯盟發展的關鍵因素。因為總統位置可帶來的好處是相當顯著的，所以很容易就讓右派與左派政黨全神貫注於這個選舉中。這個選舉影響了政黨的組織、策略，以及本身與其他政黨的關係。

　　就像是在美國一樣，參與總統選舉的聯盟，與確保政府獲得立法多數的聯盟不同。這意味著任何黨領導人在獲得本身政黨提名為參與總統選舉的候選人時，必須能夠吸引更廣泛的閱聽群眾，而非只有黨內的同志。一旦當選，候選人就要尋求與自己原本所屬的政黨之間建立政治距離。法蘭索瓦‧密特朗是第五共和國史上第一位在全國選舉中當選了2次的總統。雅克‧席哈克同樣也達到了這樣的成就，但是因為總統任期縮短的緣故，所以任職時間比密特朗少了2年。

# 政策過程

## 8.11 辨認法國有哪些機構有能力檢視政府的行為。

　　與其他西歐的國家一樣，其政策制定過程是由行政機關以及大眾選出來的國會兩者之間的關係決定。然而，法國的政策過程是比大多數國家來得更複雜，因為所採用的是「雙首長制」（dual executive）。

## 行政部門

　　與其他國家的議會制一樣，法國也是由總理來主持整個政府的運作；與其他國家的議會制不同的地方在於，法國總統不只是象徵性的首腦。法國是西歐由全民直選來決定總統的6個國家之一，這是1962年憲法修正案所確保的權利。由全民直選則賦予了法國總統一個較為主導性的政治角色。在2000年9月，總統的任期由原本的7年縮短為5年——同樣經由憲法修正案變更——與原本任期為5年的國會議員一致。

　　法國憲法給予了總統有限但是很重要的權力。他可以用兩種方式直接訴諸全民的力量。透過政府或是國會的同意，總統就可以提交某些重要的立法內容當作是公投，由全民選舉決定。除此之外，在與總理以及國會議長進行協商之後，他可以解散國會，並要求舉行新的選舉。在「共和國的機構」嚴重受到威脅的狀況時，總統還可以選擇行使緊急權力。所有的這些權力都很少使用。舉例來說，國家的緊急權力僅使用過一次，而國會的解散主要也是由新選舉出的總統宣布（參閱圖8.4）。除此之外，根據2015年11月法國遭遇恐怖襲擊後通過的立法，總統可以直接宣布全國進入緊急狀態，而在這段有限的時間內，也為警方提供了相當大的權力。充分行使總統權力是個有可能的狀況，之所以成為可能，是因為憲法條文的內容而不是政治事實所賦予的。在1958年至1981年期間，總統與總理都是藉由在選舉中得到相同的一群戴高樂主義多數者的支持獲得其合法性。總統在全民選舉中直接拉攏這些選民；總理則是間接獲得這些國民議會中的多數席次支持。在1981年，選民的忠誠出現了轉變，已經由右派轉為左派，然而在隨後的5年中，總統與議會仍處於政治分歧的同一方。

　　總統與國會兩個辦公室的擁有者之間，長期的政治親和力鞏固與擴大了總統的權力，並形塑了憲法的運作模式，能夠具有長期性的影響力。從第五共和國開始，總統不僅可以正式任命國會所建議的總理（如同先前的共和國總統的狀況，以及目前英國女王所做的情況），也可以自己選擇總理以及其他的內閣（Cabinet）部長。在某些案例中，總統甚至會罷黜一位顯然是深獲國會多數信任的總理。

**圖8.4　法國政府的架構**

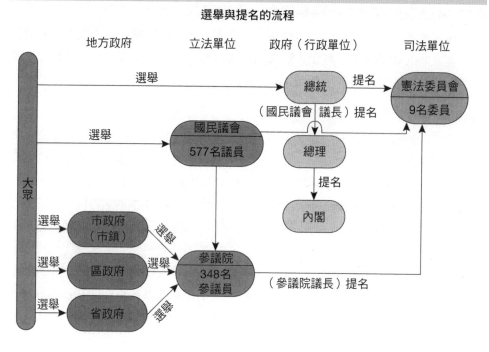

選舉與提名的流程

因此，法蘭西第五共和國的內閣職位與人事有時經常會改組，不過與第三、四共和國所發生類似事件的原因不太一樣。在第三與第四共和國那些體制中，會發生改變是為了要回應國會內部所支持的變動，通常是為了要防止，或至少在短時間內讓政府不致於整個垮臺。在第五共和國時期，總統或是總理——視情況而定——可以依照自己的原因任命或是解聘內閣成員。

由於所有權力都是總統掌握，因此直到1986年之前，以總理為首的政府團隊基本上就只是個行政執行單位，即使這與憲法的規定有相左之處。總理的主要職責就是總統不論構想出怎樣實施的政策，都要試著提出方向與找尋資源完成。政府首要的任務就是制定立法提案並提出政府的行政預算。從許多方面來看，法國政府的立場類似於美國總統制的內閣，而比較不像是英國以及早期的法國其他共和國之議會制政府的立場（參閱圖8.4）。

不論政治環境如何，法國總統每週都會主持一次在官方正式稱呼為「**部長委員會**」（Councils of Ministers）的內閣會議。一般而言，這通常不是進行審議或話題對抗的論壇。雖然正式的內閣決策與行政命令是來自於部長委員會，但真正的決策是在其他地方就已經決定了。

　　**總理**（prime minister）是內閣中的第一人（再次參閱圖8.1）。在總理所有的職能之中，最重要的就是要能夠駕馭與運用國會多數席次支持總統提出的政策，因為根據憲法之規定，如果當國會多數採取了譴責動議或拒絕政府的政策方案時，政府就必須辭職。這樣的條款規定讓法國不同於其他真正的總統制國家，諸如美國或是墨西哥。

　　然而，法國總統與總理之間的關係，在所謂的「共治」時期，其運作模式也有很大的不同。從1986年至1988年以及1993年至1995年之間，由保守派控制了國會的多數，而總統是屬於社會黨的。從1997年至2002年，左派掌握了國會的多數，而總統則是來自於保守派。雖然無法宣稱任何領域是屬於他所能夠掌控的，但是當時的總統（前面兩個時期的總統是密特朗，而席哈克則是1997年至2002年的總統）還是可以在憲法的規定進行本身對於任務的解釋，而能夠持續主導外交與國防事務。這時的總理就會扮演行政部門實質的主導人，在企圖達成政府的目標時，也會避免干擾屬於總統的特權。[33]

　　有部分原因是受到共治經驗的影響，所以現在的總統角色已經不像1986年以前那樣強勢。即使是在社會黨執政的1988年至1993年期間，社會黨的總理還是要對絕大多數是由總統所設定的限制以及定調的主要政府所選擇之行動負責。然而，薩科奇總統在與**法蘭索瓦‧費雍**（François Fillon）總理的關係上，就重申屬於他的總統特權，而這樣的模式持續到歐蘭德總統與他的兩位總理尚‧馬克‧艾侯（Jean-Marc Ayrault）以及曼努埃爾‧瓦爾斯的關係之中。然而，隨著歐蘭德的政治聲望持續低迷，瓦爾斯也變得更加強勢了。而2017年主要的政府黨派實際上算是崩壞了，這也可能預示著馬克宏總統領導下的總理角色會更加複雜。

　　因此，在1990年代之後，總統與總理的關係已經比第五共和國早期時，要來得更複雜。權力的平衡點會隨著兩個人都就任之後的政治環境，而有所變動。總理也會有一個與總統平行的網絡關係發展與執行政治決策。這裡面最重要的方法被稱為「部際會議」（interministerial meetings），會定期將來自於各部門的高階公務員聚集起來。這些會議是由總理個人親信所主持，其舉行的頻率相當高，這也反映了總理辦公室內部行政和決策權的日益集中化，以及總理政策網絡在行政部門日常決策中的重要性日益提高。

　　自戴高樂執政初期以來，國家元首的辦公室就被組織成能極大化總統主動發起、精心策劃，並且經常執行政策的能力。以功能來講，「艾麗榭宮」（Élysée Palace，法國的「白宮」）的幕僚，是由秘書長以及總統的親信所組成，在某種程度來講，類似於美國的總統行政辦公室的幕僚。然而規模比美國小了很多，

其大約只有40人至50人組成，再加上外圍的幾百名幕僚支持。

　　他們不僅要經常與總理的共事者保持聯繫，而且還必須直接與各個部門委員保持聯繫。透過這些聯繫，總統才能夠進行推動、阻止、干預，並確保本身能夠使總統的政策被遵循。

## 立法國會

　　法國國會是由兩院所組成：「國民議會」（下議院，National Assembly）以及「參議院」（上議院，Senate）（再次參閱圖8.4）。**國民議會（National Assembly）**的577席代表是由所有18歲以上公民直接投票所選舉出來的，任期最長是5年。政府可以隨時解散立法機關，但1年內不得超過2次。根據1958年的憲法規定，不是由立法單位本身控制，而是政府可以控制兩院的議程，並且能夠要求國會優先處理其想要推動的法案。國會依然是制定法律的機構，但是其立法的範圍都被嚴格加以界定。在其他民主國家中，許多的領域已經轉向由行政部門來制定規則，但在法國這些規則的制定，仍然必須經過國會進行法律的辯論以及批准。

　　在1958年，常設委員會的數量減少到剩下6個，然後在2008年的時候增加到8個。委員會的規模很大（大多超過70位成員），以防止高度專業化的代表之間的互動，以避免成員控制這些委員會，而成為部長之後的強大競爭對手。每一名代表很嚴格限制只能加入一個委員會，而政黨在委員會的名額是以其在國民議會內部的人數規模按比例分配。有幾個「特別的」委員會是在最近幾年才設置的，而國民議會也通過設立調查委員會來維護其獨立性。一個新的發展是讓反對派擔任幾個委員會的主席。

　　根據憲法規定，為了要提出並通過讓政府解散的方式，必須要有超過二分之一的國民議會代表制定並通過一項明確的譴責動議。即使這項明確的譴責動議已經通過了，政府還是可以抗拒辭職的壓力；總統可以因此解散國民議會，並要求召開新的選舉。自從1962年以來，沒有任何一任政府被譴責動議過，而且自從那時以後，每一任政府都在國民議會中擁有可以運作（雖然他們不完全都是對政府抱持友善的）的多數席次代表。

　　儘管國會的行動會受到限制，但是法蘭西第五共和國的議會的立法成果相當可觀，平均每年大約有100項法案通過產生。比起英國幾乎是同時期平均2倍的量。雖然不論是政府或是國會都可以提出法案，但是幾乎所有的法案都是由政府草擬提出。政府有效地控制了兩院的議程，而且可以要求國會先處理那些政府希

望通過的優先法案（參閱圖8.5）。《憲法》第44條賦予政府有權力透過所謂的**「限定投票」**（blocked vote）迫使國會全盤接受政府所提出的法案，而修正部分也需經過政府的同意。近年來，政府使用限定投票來維持國會多數內部的紀律，而不是將行政部門的意願強行加諸在一個意見混亂的國會身上。這樣的運用模式已經成為了治理政黨或聯盟內部產生衝突的一種指標。[34]

根據《憲法》第38條，如果政府為了要能夠「落實政策方案」而希望能夠扮演立法者的角色時，可允許國會在「一個有限的時間內」放棄本身的立法功能。一旦國會投票通過一個廣泛的授權法時，政府便能夠透過所謂的行政**「條例」**（ordinance）方式，來進行立法。在1958年至1986年期間，政府運用這樣可行

**圖8.5　法國法案如何變成法律的流程**

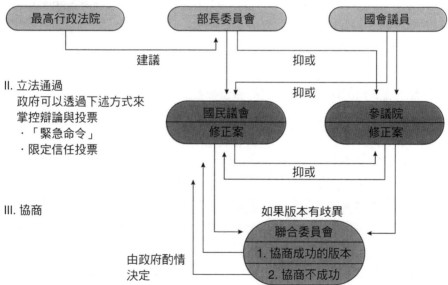

的行政立法模式，已經成功立法22次——往往是針對很重要立法，有時候也可能只是單純想要加快立法的過程而已。憲法委員會的決議現在已經限制了授權法的使用範圍，要求授權法必須要更精確清楚指出行政立法的限制範圍。

憲法的另一項規定為政府提供了獨特的工具，以確保國會推動本身所支持的法案。根據《憲法》第49條第3項，不論是任何的財政法案或是與社會安全相關的法案（或法案中只有一部分是相關的）提交到國民議會準備進行立法時，總理都能夠宣示說這是「政府的責任」。在這樣的案例中，法案會自動被「視為已經通過」，而不需要進一步的投票表決，除非根據先前討論過的嚴格條件（這現象在1962年以後就沒有發生過了），國會代表成功提起針對政府的**「譴責動議」**（motion of censure）。這樣的動議一旦成功通過，結果也可能會導致重新進行一場新的國會選舉。在2008年被加以修正與限制之前，這一條文確實對於是否能在國會中持續穩定多數，或是加速立法程序的路徑，是具有相當重要的影響力。

其他強化國會角色的工具，從這幾年來看，在某種程度上確實也變得更有效果。在1970年代，國民議會建立了與英國（以及德國）模式相似的每週質詢機制，在2008年的修法，則是將此機制加以擴大。在2012年至2013年期間，將近有2萬個書面問題被呈遞到政府的各部會首長中，而大約有1萬2,000項內容，已將其結果公布於眾。電視攝影機出現在議會中（自從1974年開始）除了引發了公眾進一步的興趣，也記錄了政府代表與國會議員之間的對話。

藉由運用其權力修正法案，國會極大地擴展了本身在立法過程中所扮演的角色。在1980年代，每一年中平均大約會公布5,000條修正案。自從1990年之後，每一年的修正法案數量也增加至超過2萬條（2012年至2013年甚至達到2萬6,000條），這恰巧與每年立法辯論的時間加倍而相吻合。國會裡面的委員會會針對政府的提案加以檢視處理，大約占所有修正案數量中10%，裡面的三分之二最後都會通過。因此，可以看到委員會幫忙形塑立法的產生，而政府雖然看似得到想要的一切，但卻放棄了憲法保障其可以宣布修正案程序上錯誤的特權。從1995年開始，國會的會期時間延長了，強化了委員會主席這角色在立法過程上的重要性。在2008年通過的憲法修正案，將國會裡面的委員會報告，立法作為議會決定的基礎，從而使國會的委員會功能可直接進入影響立法的程序。

最後，因為得到來自法國選民對於投票選出的代表給予了支持，國會角色被強化。從1970年代開始，政黨的組織更完善，政黨不但增強了議員身為組織內成員的角色，並且某種程度還可以減少他／她成為單獨行動者角色的機會，避免讓議員有機會為個人狹隘的利益而影響通過一些立法。雖然如此，個別的議員還是

能夠在本身的選區當中吸引到大量的追隨者。這樣的模式被強化，因為在2013年時，國民議會中有超過80%的代表同時身兼地方公職，他們之中大多數也同時擔任市議員或是市長。更多的國會代表同時也擔任了省或是大區的議員，而有些國會代表則是同時身兼市與省或是大區的議員。

國民議會與**參議院**（Senate）共同承擔了立法的功能。參議院（上議院）的348名參議員，是由101個不同省級的選區間接選舉出來的，固定任期為6年（根據2003年所採用的新制度，每3年會進行半數議員的選舉）。他們是由大約15萬名人士所組成的選舉人團，裡面的成員包括市議員（占95%）、省議員，以及大區議員。導致鄉村選區有過高的代表性。參議員有權利提出立法草案，而且也必須考量所有國民議會通過的法案。如果國民議會與參議院對待定法案有不同的看法時，政府就要去任命一個聯合委員會來解決這樣的歧異。如果還是無法化解這兩院的歧異，政府可能就要重新再提法案（不論是以原來的版本，或是經由參議院修正後的版本）到國民議會中，再次進行表決投票（根據《憲法》第45條）。因此，法國不像美國一樣，因為法國這國會兩院的權力與影響力是不完全相同的（再次參閱圖8.4）。

在2011年，參議院是由左派多數所掌控，也是法蘭西第五共和國第1次出現的情況，但是右派在2014年之後又重新掌權了。社會黨是參議院的第2大團體（人數只少於共和黨），主要原因是社會黨在地方層面上有很深入的扎根。共產黨也因為相似的理由，而持續在參議院席次上表現得不差。雖然參議院在社會態度上比較傾向於保守端，不過因為有共和黨對傳統自由有比較直率的辯護以及藉由反對煽動者的立場所吸引而來的潛在性反議會情緒，已經讓參議院有所平衡了。

在正常的立法過程中，參議院是個力量比較薄弱的機構，能做的大概就是將政府已經批准或是國民議會已經通過的法案，拖延其立法的過程而已。然而，有幾種情況卻是非常需要參議院的同意才能完成。其中最重要的是任何憲法的修正案都需要簡單多數或是五分之三的參議員批准才能完成（《憲法》第89條）。

有些事關重大的立法案——像是一些涉及到核子武器攻擊、軍事法庭審判的組織叛國罪案件，以及更改省議員代表制度等——儘管遭到參議院的否決，但也還是會通過。雖然如此，直到1981年以前，參議院與國民議會之間的關係都還算是相對和諧的。而真正在參議院中出現對立法案意見相左的衝突爆發出來，是在社會黨1981年至1986年上臺執政的這幾年期間，當時有許多關鍵的法案，即使在參議院反對的狀態下，還是強行通過了。更近期的時間中，在2015年有2項關於

處理恐怖主義與恐怖主義者的修正案,因為參議院持反對的態度,而使得由歐蘭德領導的政府只能放棄。上議院也能扮演積極的角色,像是當時參議院修改了由社會黨多數派在國民議會上通過的綜合權力下放法案。大多數的改變是在聯合委員會中通過的。戴高樂主義政黨與社會黨一致都批評參議院是個不具代表性的單位,而提出對參議院進行改革的法案。即使是經由已通過的一些組成內容以及選舉模式的小修改方式,但是所有這些改革法案一到參議院卻都宣告失敗。

## 權力制衡的司法

法國並沒有司法審查的傳統。如同與其他屬於大陸法系的國家一樣,法國國會在主權上的表示,顯示立法單位具有最終的決定權。在法蘭西第五共和國之前,法國並沒有司法審查權來審視政治權威所採取的施政行動是否合憲。「**憲法委員會**」(Constitutional Council)原先的設計,主要是作為守門員來監督與反對以立法方式,侵犯了原本憲法賦予國會特權規定的限制。

國民議會與參議院的主席,每位可以選擇3名議會成員,而共和國的總統可以選擇另外3名成員(不可重新連任)擔任憲法委員會成員,任期為9年。1974年以前,僅有憲法委員會的提名人以及總理,有權利要求憲法委員會進行憲法審查。在1974年,一項憲法修正案放寬允許只要有60位的國民議會代表或是參議院議員,就能夠向憲法委員會提出釋憲案。從那時候開始,反對黨也會訴諸憲法委員會,而有時候則是國會多數會提出,使得這樣的行徑已經成為法國立法過程中的常態現象了。

憲法委員會在1971年做出了一個具有指標性的釋憲決定,委員會宣布一項法案是違憲的,該法案是由國會多數所通過,其授權給地方首長可以對任何他們覺得可能涉及到違法活動的集會組織,直接宣布其違法結社。根據這樣的釋憲結果,認為要求任何事先需經過授權的行徑是侵犯了集會結社的自由,而集會結社的自由是「法蘭西共和國法律所認可的,並在《法蘭西憲法》序言中很莊嚴地重申其為基本原則之一」。引用憲法序言來解釋,大大擴展了憲法的適用性範圍,因為序言內容中廣泛地書寫了「國家主權原則」、「人權宣言的附加內容」,以及法蘭西第四共和國憲法而來的相關延伸權利法案。因為這項釋憲案將司法審查賦予更廣泛的見解到憲法條文中,因此這樣的決定迎來了法國人一個相當於美國最高法院在「馬伯利訴麥迪遜」(*Marbury v. Madison*)[18]判決中所做的決定,而讓司法有相似的地位(參閱專欄8.3)。

不論是反對黨、保守派或是左派任何一邊的陣營,通常都會很習慣地將所有

重大的立法（有時候是一些小法案）提交至憲法委員會。在某一年當中，甚至高達28%國會通過的法案，都先送到憲法委員會中去審查。但是所提交的內容被宣告為不符合憲法原則之比例卻令人訝異的高（在2012年是70%）。少數的決定是將整個法案所有的內容都宣告為違憲，大部分都是被宣告為法案中只有某些（有時候是瑣碎細節）部分之內容是違憲的，較為有效的做法就是交由國會用可接受的方式重新檢視其條文。憲法委員會所做出來的決定具有衝擊性，且有時候會迫使政府修正短期的目標，有時甚至必須調整長期的目標。[35]

　　大量公眾輿論對憲法委員會的行動的認可，如同圖8.2所顯示，因此也鼓勵了司法委員會的擴權行為。這些努力已經部分展現在2008年成果上，因為有一項憲法修正案將憲法委員會在司法系統中發揮特定的作用。如果有被告宣稱其已經違反憲法保障的「權利與自由」的案件中，一旦案件經過上訴法院或**國務委員會**（Council of State）的審查後，現在都可以上訴至憲法委員會中。這些規定在2010年3月生效實施，而且在3個月內就有2個案件動用到新的施行條文。在2012年至2013年期間，總共有29個案件適用新生效的條文了。

　　因此，司法上訴與司法對政策制定審查的機制，強化了成立歷史久遠的國務委員會的角色，國務委員會目前的形式可以回溯到1799年。法國政府現在向國會提交任何法案之前，都會先與國務委員會進行更多的諮詢，而且總是這樣的執行，在政府執行所有的法令與規定之前，會先行發布。國務委員會也會對憲法條文的詮釋上提出建議。雖然其建議不具有拘束力，但是因為它的地位相當崇高，

## 專欄 8.3　法國與美國的司法審查制度

司法審查已經變成是法國立法過程的一部分，但很重要的是，這與美國的司法審查仍然有相當大的差別。雖然公民現在可基於憲法上的問題而有權利直接向憲法委員會提起上訴，但直接的管道還是很有限的。法國憲法委員會，不像是美國最高法院，在立法頒布之前就必須先進行審查。自從1981年之後，實際上所有對憲法的挑戰問題，都必須先交以立法請願書的方式來發起，而這樣的程序是不存在於美國的。因為時間的因素，所以排除了可以進行廣泛的仔細思辨之可能性：必須在1個月內就做出裁定，或者在緊急情況之下，在8天內就要完成裁定。這確實是很急速的司法判決，但是判決書的內容就不能像其他國家的憲法法院那樣具有解釋性。有異議的聲音也完全不會對外公開。自從2008年之後，根據法國最高行政法院或最高法院（Cour de Cassation）的決議，對於涉及「優先的憲法問題」之法院案件，已經有了上訴的程序，可以上訴到最高法院。在2010年之後，這個上訴程序的使用頻率就愈來愈高了。

所以其建議很少被忽視。

　　不同於憲法委員會,國務委員會會提供資源給一般公民以及組織團體,可以主張對行政系統的抗告。國務委員會裡面的司法部門,其功能同時具有一般上訴法院以及初審法院的功能,都是位於行政法庭系統中的最高階級。只要當國務委員會認定政府官員的措施缺乏合法的基礎時,不論這些人是內閣部長或是村長,國務委員會都可以宣告廢除這些律令並賠償受害的原告。

## 主權國家與地方領土的關係

### 8.12 討論1980年代時,發生在法國政府權力下放的問題。

　　法國分為101個「**省**」(department,包括4個位於本土海外的省),每個省的大小面積大約是美國的「**郡**」(county)。各個省皆由「**省督**」(prefect)負責行政上的治理,另外也有經由人民直選的省議會。自從1955年以來,省被整併到隸屬於都會「**大區**」(region)以及其他海外的大區中。在2016年,都會大區的數量因合併而減少到剩下13個,而海外的大區也剩下5個。自從1986年之後,每個大區也都擁有經由選舉產生的大區議會代表以及大區議會議長,以及1名被任命的大區督長(參閱圖8.6)。法國有超過50萬名民選的市議員、4,000名省議員,以及2,000名大區代表。2010年通過的立法,從2014年開始會逐步減少省與大區代表的人數到總數為3,000名,藉由合併不同的大區以及省議員,然後重新將其命名為「區域議員」(territorial councilors)。

　　中央集權一直以來都是在其形式上以及法律方面讓人印象深刻,而非本身的實踐能力上。實踐上與政治上的真實性一直以來也都是非常的複雜。雖然法國一直以來都是以行政上的中央集權國家而著名,而很容易讓人忽略的是其政治上的「地方主義」(localism)常常稀釋了中央所做決策的效果(參閱專欄8.4)。

　　左派政府在1982年至1986年期間的執政發起的權力下放,毋庸置疑是這段時期通過最重要且最有效果的改革。這樣的改革是建立在中央與地方權威長期互綁在一起的系統中,以及以往的變革模式的基礎上。這改革轉換了所有地方的正式政治角色,而最為重大的改變則是制度化了這些角色之前非正式的權力。

　　這些權力是立基於地方政治角色與當地長官之間彼此相互依存的系統,同樣的也涉及全國性的部會在地方的服務狀況。傳統上,全國性部會的行政人員擁有形式上的權力在地方上執行法律、規章與規則。然而,為了要促進地方對國家中央權威的接受性以及取得地方上的訊息,使得地方行政能夠很有效的從中運作,因此他們需要與地方人民選舉出來的當局進行合作,因為這些人擁有地方選民的

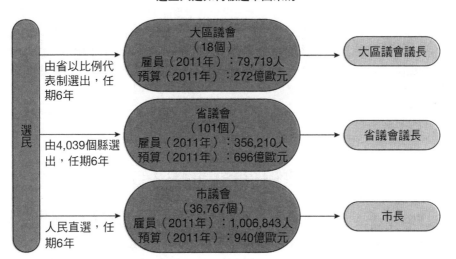

**圖8.6　法國的國家以下各級政府**

這些人是如何被選舉出來的

選民

由省以比例代表制選出，任期6年 → 大區議會（18個）雇員（2011年）：79,719人 預算（2011年）：272億歐元 → 大區議會議長

由4,039個縣選出，任期6年 → 省議會（101個）雇員（2011年）：356,210人 預算（2011年）：696億歐元 → 省議會議長

人民直選，任期6年 → 市議會（36,767個）雇員（2011年）：1,006,843人 預算（2011年）：940億歐元 → 市長

資料來源：數據資料來自於法國「內政部」（Ministère de l'Intérieur）的「地方政府總局」（La Direction），網址http://www.dgcl.interieur.gouv.fr/。

信任關係。換句話說，因為地方當局也需要中央政府來取得資源與協助，以幫助他們在選區中能夠實現本身的政治承諾。就像是在任何立基於長期互動與相互控制的關係中，是很難完全釐清究竟是誰控制了誰。市政當局的自治權與關係上的權力均取決於市長在政治與行政網絡內的連結程度，市長通過「**雙重職務**」（cumul des mandats）的建立，而與國家決策的連結得到了強化效果——這種能力是指他／她同時能夠擔任多個選舉產生的公職。自2000年之後，議會代表已經被禁止同時接下地方性的行政職位，包括擔任較大型城市的市長。這樣的禁令在2014年時已經延伸到所有的市長職位了（在2017年生效實施）。

　　分權立法改變最多的是將省督與大區督長在形式上的權力，轉移至民選的省議會與大區議會的議長身上。在1986年3月，大區議會首次舉行人民選舉（採比例代表制方式）。而另一方面，所遺留下來大區督長在形式上具有地方政府於決策上的權威也被廢除，變成傾向於由地方官員來決策。省議會的議長，是由省議會所推選出來的，現在成為該省的首席行政長官，而且也是由他們而非省督，控制整個議會的官僚體制。

　　然後，中央官僚體制原本所扮演能夠控制地方的角色還剩下什麼？改革之後失去最多權威的應該算是省督。他們現在的角色看起來似乎已經限縮到只剩下安

## 專欄 8.4　地方政府的政治持久性

法國地方政府的政治重要性，表現在其地方單位的承受能力。即使經過最近的整併之後，依然還維持36,551個市鎮（地方行政的基本區域），每一個都有自己的市長以及議會，甚至這些數字大約就等於是最早形成的6個歐洲共同市場國家以及英國的所有加總。幾乎33,000個法國市鎮，其居民人數不到2,000人，而且在這些當中，有超過22,000個市鎮裡面的居民更是少於500人。然而，更加令人訝異是，自從1851年以後，法國市鎮的數量僅減少了400個而已。因此，不像是其他每一個工業化的國家一樣，出現所有人口都集中到都會區的現象，而使得法國幾乎沒有出現城鎮與鄉村的整併現象。

全（法律與秩序）事務、提倡政府的工業政策，以及在省的層次上與全國性官僚體制合作等這樣的議題了。

在財政事務上，國家影響地方政府決策的主要機制（財務依存度和標準制定）已被削弱了，但是還沒有完全被廢除。特別是在市鎮這一層級，地方稅收只占年度預算的40%（由國家徵收）。以上提供的經濟援助的價格必須嚴格遵守國家規定的標準。在國家保留決策權的領域——警察、教育、大範圍的社會福利，以及社會安全，同樣的也包含了絕大部分的建設——這些領域在行政裁量權與中央政府控制仍然很重要。

1980年代的權力下放與強制性公積金制度結合，使地方官員以一種有限的方式擴展他們原本在更為受限制的權限下，就已經在進行的事情：以影響力換取私人資金、直接將回扣轉換成政黨資金的連結，以及運用本身的公共職務牟取私人的利益。這樣很容易導致貪污腐敗的壓力，也引起政治競選活動需耗費更高昂的金錢，導致在公領域與私領域之間的邊界通常很模糊，而使得人們很容易經常遊走在這兩者之間。

## 政府績效

### 8.13 辨認法國作為福利國家的成就與不足之處，並描述全球化對法國，尤其是作為歐盟成員國的影響。

民主國家整體上的表現與績效可以藉由其承諾與是否有能力來妥善分配經濟發展成果的利益來衡量。這往往關連到國家中央的稅收以及治理私部門的能力。

### 福利國家

法國在第二次世界大戰後的發達和繁榮的利益，在分配給所有公民這方面的

紀錄一直都表現得很平庸。以收入與財富方面來看，法國富人與窮人之間的差異似乎比歐洲其他國家來得小一些。收入的差距在1976年至1981年期間有很顯著的減少，而且之後在社會黨上臺執政的5年也有更加縮小的進展。然而，隨後政府的財政緊縮措施，特別是政府成功地壓抑了工資的增長，差距又再次地被拉大了。

長期失業現象的出現，導致增加了許多「新貧族」（the new poor）的數量，這主要是集中在那群在快速演變的就業市場中缺乏訓練的人。與過去不同的是，這群低收入族群的主體不再是老年人、退休者，以及打零工過活的一家之主。特別是在1990年之後，失業族群是年輕人，裡面有許多人都屬於長期性失業，尤其是身為比較年輕的單親家長。年輕失業人口的比率依然是全國失業人口的2倍。

由於有大筆的收入才能夠產生財富的累積，因此財富的集中度比收入金字塔的陡峭度還更明顯。在1970年代，法國前10%的富裕人口控制著全國35%至50%的財富；最貧窮的10%人口只擁有不超過全國5%的財富。在1990年代，在經歷了社會黨10年的執政之後，估計法國10%富裕人口的家庭，擁有了全國50%的財富，而20%最富裕的家庭，則是擁有了全國67%的財富。在發生經濟危機的2007年至2011年期間，收入的不等現象略有增加，但是如果與當時的英國以及美國相比，法國仍維持在相對低成長的狀態。[36]

在2013年，法國中央政府的年度稅收總數（占國內生產總額的百分比）是排在歐洲國家中的高收入群，但是稅收占個人收入的比例卻遠低於其他歐洲主要的大國。法國最特別的地方在於其稅收上的分配。間接稅占的比例——諸如加值型營業稅以及消費稅（excise tax）——在法國依然比起其他工業化國家還要高。間接稅會使得商品或服務的價格變高，也會讓窮人的負擔變得更重。法國在1986年的時候——經過社會黨上臺執政5年之後——其間接稅在稅收所占的比例與1980年時一樣，甚至到當今還是差不多的（幾乎占了81%）。除此之外，法國可以說是課徵「企業所得稅」（corporate income tax）的「歐洲之冠」，幾乎比歐洲國家的平均高了35%，不過到了2016年降低為33%，比美國的40%低一些。

法國這個福利國家比起大多數的歐洲民主國家，支出更多經費在社會計畫的方案上，而且也比美國支出更多。一項建立在第二次世界大戰後而後來被加以擴展的綜合性健康與社會安全制度，這計畫具有多元性地協助老年人、大型家庭、身心障礙人士，以及其他類似的群體，支付實質性的利益給他們（參閱表8.4）。有關失業的福利，會有就業訓練的支出，以及住房津貼的增加，所有在

這方面的政府開支幾乎與剩下來的公共預算一樣高，而其中有四分之三是由雇主與受僱者共同承擔。

　　法國福利國家最顯著的效果在於貧窮人口的比例相對較低——比德國還要低，而且甚至遠低於英國與美國。法國同時還具有相當高品質的醫療服務與公共服務。法國對福利計畫方案的大筆支出，也使得發生在2008年至2009年的經濟危機時期，降低了許多很糟糕的衝擊。在美國許多的臨時刺激性支出，也已經建立起一套在法國施行的福利國家功能模式。

　　相形於歐洲其他的國家（舉例來說，像是英國），法國這幾年已經降低很多福利國家計畫方案——即使是在2003年時退休金福利被縮減的狀況中。事實上，健康保險所涵蓋的民眾人數也增加許多，但是從1995年以後，對這些計畫方案的財政支出，也一直都是法國政府所擔心的（參閱表8.4）。雖然1984年以來，社會計畫方案中的開支在國民生產總額中所占的比例相對上是穩定的，但是繼任的政府卻想要減少財政赤字，以取得平衡並達到一般歐元區的標準。雖然自2010年之後，法國的赤字已經減少了一半，只占國內生產總額的3.4%，但是這還是超過歐盟成員國所簽署《穩定與增長協定》（Stability and Growth Pact）當中要求的

### 表8.4　福利國家的支出

在政府支出所占國民生產總額的比重與社會福利計畫方案中，法國一直都名列前茅

| | 2013年政府一般性開支占國民生產總額的比重[a] | 2013年政府雇員占所有就業人口的比重[a] | 2014年國家社會福利計畫方案中的支出占國民生產總額的比重 | 國家健康支出占國民生產總額的比重 | |
| --- | --- | --- | --- | --- | --- |
| | | | | 1990年 | 2015年 |
| 英國 | 45.5 | 23.5 | 21.7 | 4.9 | 7.7 |
| 法國 | 57.1 | 19.8 | 31.9 | 6.4 | 8.7 |
| 德國 | 44.3 | 15.4* | 25.8 | 6.3 | 9.4 |
| 義大利 | 50.9 | 17.3 | 28.6 | 6.1 | 6.8 |
| 西班牙 | 44.3 | 17.1 | 26.8 | 5.1 | 6.3 |
| 瑞典 | 53.3 | 28.1 | 28.1 | 7.4 | 9.3 |
| 美國 | 37.7 | 14.6* | 19.2 | 4.8 | 8.4 |

[a] 政府所有層級。
* 2009年的資料數據。
資料來源：數據資料來自「經濟合作暨發展組織」（Organization for Economic Cooperation and Development, OECD）：http://www.oecd.org/perm/publicemploymentkeyfigures，https://stats.oecd.org/index.aspx，以及http://www.oecd.org/social/expenditure.htm。

3%。而這也高於歐元區平均只有2.1%的標準許多。當法國與歐洲其他國家要進入減少赤字的下一階段時，很清楚就能看到法國將來可能會有一些在福利國家好處上的適度削減，諸如在家庭資源分配上（參閱圖8.7）。

　　除此之外，在福利上還存在有一些重大的差距，尤其是針對移民的影響上。許多研究指出，法國存在許多不公平的現象，像是獲得服務的管道以及健康條件的照顧。即使當財務狀況導致的醫療照護受到阻礙的情形已經有所減少，但這些差距在1980年之後還是有所增長。[37]隨著法國移民人口成為少數的族群時，高比例的失業、社會問題，以及無家可歸的問題都造成了必須增加社會計畫方案的開支，但這些問題也同時降低了他們可以賺取金錢為收入的基礎。結果就是，當社會黨上臺執政時，就在1999年通過法案建立全民醫療保險，當作是競選時要減少「社會排除」（social exclusion）的一部分政見，這個需要透過經濟狀況調查、稅收資助，以及有針對性的健康保險計畫方案，與法國以就業為基礎的社會保險傳統有很大的不同。

　　為了回應2005年起源於大都會郊區而後引發法國各大城市的騷動事件，後來政府宣誓會提升社會支出在這些「移民」地區，並且為年輕人增加就業與教育的機會——被稱為是郊區的「馬歇爾計畫」。然而，這些承諾被擱置了，直到後來2007年的總統與國會選舉才又被提起，但之後又繼續被擱置了，主要的原因應該是經濟危機。這些「郊區」（suburb）主要是靠近像是巴黎、里昂（Lyon），以及馬賽（Marseille）這樣的大城市附近，發展在城市中心外圍且屬於擁有超過1世紀時間的古老工業與製造業的重鎮。現在，這樣的煙囪產業也幾乎都消失了，而且像這樣屬於本土

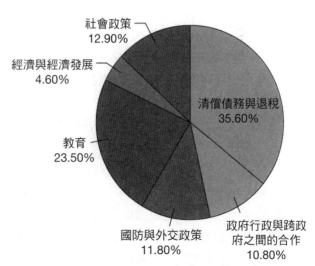

**圖8.7　法國2012年的政府預算**

政府支出是如何被花費的

- 社會政策 12.90%
- 經濟與經濟發展 4.60%
- 清償債務與退稅 35.60%
- 教育 23.50%
- 國防與外交政策 11.80%
- 政府行政與跨政府之間的合作 10.80%

資料來源：數據資料來自法國財政部，2013年財務會計，藉由圖示的比較，會知道2013年在結構上也是按照任務與計畫來分列，而在2012年擬議2013年的撥款。

法國勞動階級的人在數量上也大幅減少，導致這些區域充斥著各式各樣與近來移民相關的團體以及他們的下一代。因此，在範圍上法國人口中所謂的郊區就幾乎等同於美國人口中所謂的「內城」（inner city）。

## 公部門與國家管制

　　政府經營某些產業的公司企業在法國已經存在許久了，即使在其他西歐國家早已經是歸到私有經營之中。在1930年代以及第二次世界大戰之後經歷過幾波的國有化聲浪，法國政府擁有並經營以下所有的產業：鐵路、能源生產（採礦、電力、核能）、電訊傳播（無線電、廣播、電視）、航空與海上運輸、航太工業、85%的銀行存款、40%的保險費用、三分之一的汽車產業，以及三分之一的住房產業。此外，還有一些過去都是由國家壟斷的郵政服務、電話、電報、煙草、火柴製造業，以及各式各樣次要的產業。

　　到了1970年代，國營企業大約占了國民生產總額的11%。受僱國營的人員占了15%的總勞動人口，或是占了所有的領薪資或工資生活者（不包括農業勞動人口）的27%，這些都是直接由國家支付擔任公務員，不論是全職受薪或是約聘僱的員工。他們收入的總數來到接近三分之一的正職或兼職勞動力的總額。

　　1981年至1982年期間第一任的左派政府延續了在第二次世界大戰之後開始的國有化過程。他們完成了銀行業的國有化，並且擴展了法國許多大型企業的國家經營模式。然而，在1982年之後，社會黨政府卻開始朝向部分民營化方向，一部分是為了要努力阻止大規模資金的外逃並且能夠籌集到資金，而另一部分則是因為來自於歐盟規定要符合具有確保競爭性的指令之壓力。後來1986年至1988年由保守黨執政也延續這樣的趨勢並且實際上也減少了許多的國有部門。然而其具有雄心壯志的**「私有化」**（privatization）計畫在1年後也被停頓了（因為只有40%是完成的），部分原因乃是1987年的股市崩盤。[38]因此，一些而不是全部已經國營的公司也都轉型為私人股東方式營運。然而，不論是已經民營化的或是那些依然是握在國家手中的企業，都與好幾年前的樣貌有很大的不同了。歷經了重新增資、組織重整與現代化的過程後，這些企業在1988年，大部分都成為法國產業機械化的先鋒。[39]因為歐盟政策對於競爭的規定，也同樣因為全球化的趨勢，使得民營私有化已經是個未來要走的方向了。國家現在只剩下在「法國航空」（Air France）與「法國電信」（France Télécom）握有一些少量的股票，並且在商討持續相關出售少數仍為國家壟斷的產業（尤其是鐵路、天然氣以及電力）。

　　在私有化浪潮之後，於1997年時，有部分正職與兼職的受薪者不論是直接或

間接的形式，都從法國政府那裡領到一筆因為國營企業縮減22%規模的支票，而這規模也一直從那時延續至今。雖然與美國相比，這樣的比例還算相當高，但與其他歐洲國家相比的話，這都還在差不多的範圍內。舉例來說，在2005年的時候有五分之一的法國公民必須依賴國營企業支付他／她的薪水，但是這樣的人口比例與同時期的瑞典、英國，以及義大利公民的比例差不多（再次參閱表8.4）。

對於法國存在的公司企業來說，朝向對經濟的去管制化是開始於社會黨執政時期，而接著保守黨政府則可能更加推波助瀾比私有化更重要的去管制化。股市、銀行體系，以及電訊行業的去管制化，而價格從根本上的改變，讓國營與民營企業經營的方式都有所調整。預算變得嚴謹、來自歐盟的壓力，以及國家退出等因素加總起來，意味著對產業的補助真正減少了，而且也會迫使有經營困難的部門要加速本身的營運合理化的規劃以及進行裁員。結果就是，與1981年社會黨上臺之前相比，現在國家在產業上的干預主義和監管權已變得不那麼重要了。過去舊的國有化與擁有權這樣的老議題，已被拋諸腦後，取而代之的是在全球化的競爭脈絡下，更加細緻的控制與調節的議題。

在其他領域中，政府的管制程度在這些幾年來也有很大的改變。在1970年代時，法國藉由建立起離婚與墮胎的權利，而擴張了個人的權利。在1980年代由社會黨執政的時期，廢除了極刑（死刑），那些被控有罪者的權利也被強化，以及未經審判的羈押也必須在新程序的規定下才能執行。在經過多方爭論之後，法國國會在1994年廢止了自拿破崙時期流傳至今，且早已過時的刑法。一部新的刑法產生，通常被認為是在整個政治領域表達關於犯罪與懲罰的問題上有了共識。在法國的個人權利現在也必須符合歐洲法院的判決。最後，為了要符合馬斯垂克條約的規範，居住在法國的歐盟公民權利也在1990年代有了大幅的提升。在2006年，刑事案件上「無罪推定原則」（presumption of innocence）的權利也在法國法律中被加以制定而揭櫫。自從2010年之後，憲法委員會也可以強制政府對個人權利加以保障。

然而在其他領域中，國家管制的力量卻有所增加。其中最明顯的一項就是對環境的管制。自1990年代開始，法國政府將管制造成環境影響的個人行為，這可說是很重要的第一步。舉例來說，在1980年代末期通過生效的禁止抽煙令也在隨後有了擴展。在2007年，在大多數的公共場合是禁止抽煙的——這樣的禁令在之後也擴大適用於餐廳與酒吧。最後，在2013年，國會通過了一項立法，這使得民選官員有義務透露其財富和收入的詳細訊息，而這些訊息在當時之前一直被視為是具有隱私性的。

在有關處理到移民的政治問題時，特別是1993年之後，國家增加了對許多原本來自於外國之居民的管制，但其做法確有損於個人的權利。在2004年，法國開始朝向規範學校穿的衣服（舉例來說，禁止伊斯蘭的頭巾穿著）；在2011年，通過了立法規定在所有公共場合中都將要規範一些穿著打扮。**40**

## 結論：法國、歐洲與全球化

　　幾十年來，主導法國政治的主要關切議題，已經發生了巨大的轉變。在1980年代，社會黨與共產黨的聯盟當時正允諾與資本主義「正式決裂」（rupture），而使得左派與右派之間的意識形態距離更顯得遙遠。今日，沒有一個主要的政黨——包括國民陣線——提倡在社會或是政治體制重大的變化。就像美國一樣，各政黨（除了國民陣線以外）都認為將本身的承諾弄得愈模糊且愈有彈性愈好。在歷經了社會主義的試驗，隨後出現了相對比較溫和的保守黨，政黨似乎已經失去新鮮的想法來處理有關當時一直持續惡化的經濟危機。來自煙囪工業經濟上的轉型，一直都是非常困難且痛苦的，而在2008年開始的全球經濟危機也只能待其慢慢消散。與美國一樣，放鬆管制的趨勢也出現了一些反轉的方向。

　　基於新的衝突，而逐漸出現政治上不同的鴻溝（cleavage）。事實上，在21世紀初期的議題，可能會比過去更深刻與難以解決。政治利益已經從原本質疑政權本質上，轉移至更高度聚焦於政治社群本質上。從1986年至今，我們可以從很多不同的方面看到這明顯的發展。

　　移民已逐漸走向族群意識發展，尤其是從北非移民者的下一代可以看到。不同於以往多數的移民社區，當今的移民更不情願假設將所有的法國文化價值都套用在自己身上。這樣，反而是引導人去思考一些原則性的問題，像是公民身分的歸化、移民至法國社會，以及（最後的階段）什麼是所謂的法國人。這些身分的問題會被放大，尤其是2005年法國本土出生的恐怖分子這樣一連串的事件所助長。在1980年代，國民陣線在政治上開啟了聲音而增長了族群之間的緊張關係，以此動員選民並根據種族的訴求來鞏固支持。一方面也因為國民陣線角色的崛起，族群意識與多樣性在法國也得到發展，而且也改變了法國政治的面貌。

　　在1980年代，冷戰以及歐洲的分裂形塑了法國在外交、國防，以及在某種程度上也包括國內政策的基礎。蘇聯共產黨實驗（以及生活在蘇聯）的那一代，破壞了古典社會主義的合法性，因此也將法國政治中原本長期分離成左右派的許多問題，直接從法國政治中刪除了。右派政黨雖然失去了反對共產黨員才促進他們本身凝聚力的連結點，但是左派政黨卻失去更多他們存在之意義。

巧合的是，共產黨聯盟解體正好同時是歐盟國家重新煥發活力在歐洲進行積極擴張與整合的時期，而法國處於一個領導的位置。成為歐盟成員國的身分，而幾乎形塑了每一個層面的政策，在這樣時代提供的環境下，使得法蘭西第五共和國的經濟得以擴張與重組。[41]

1980年代初期，在法蘭索瓦‧密特朗他總統任期中，曾經表達出對於歐洲共同市場已經存在的架構感到相當滿意。然而，體驗過這市場架構的不足，他逐漸認為某些聯邦制度的形式——最後能走向聯邦主義——需要用來幫助西歐國家能夠更有效率的運用其大量的資源。因此，在密特朗擔任總統時期，法國支持一個更廣大且更緊密整合在一起的歐洲，包括努力增加歐洲機構的力量，並且建立歐洲貨幣與政治的聯盟。由於法國支持歐洲共同貨幣的產生，因此進行公共開支的減少計畫，而這些計畫也導致了許多法國公民強烈的抗爭。

法國邊界的開放，不只是對其他國家的商品而已，也開放讓愈來愈多的人與價值觀進入到法國（自2001年之後，所有歐盟的公民有權利在大多數法國地方選舉上投票與參選公職），而加劇了人們對法國的身分認同上感到普遍不安。事實上，努力去界定與控制國際移民已經慢慢成為歐盟這層次上的問題了。「歐洲化」（Europeanization）與全球化這兩者都強化了法國並複雜化了政策的過程。法國經濟與社會機構如何與本身鄰國以及全球的整合，已經逐漸讓法國政府在做關鍵性決定時，無法只單獨考慮本身的行動。歐盟負擔了很大一部分的經費在支持歐洲農業的現代化上。結果就是，導致有愈來愈多的壓力希望降低共同農業政策的支出。隨著歐盟在2004年的擴張，並且加入了許多東歐的國家進入這廣大的農業部門，使得這些壓力也不斷增加。自1992年以後，農業補助方式逐漸從價格上的支持（主要鼓勵更大量的生產）朝向直接給予農民收入上的支持。

這個貿易變得愈來愈朝向全球化的世界中，法國的公司在這方面準備得很不錯。美國《富比士》（Forbes）雜誌報導2015年全球前500大企業集團中，有31家公司來自法國。法國在榜單上的公司數量，全球排名第4，僅次於美國、日本，以及中國，但是領先所有的歐洲國家。

2005年對《歐盟憲法條約》拒絕的原因是當時有2個關於歐洲發展的問題被高度質疑。第一，歐盟的擴大，特別是針對土耳其的候選資格，再次掀起了法國與歐盟的身分問題，尤其是那些屬於中間偏右派的選民。第二，歐盟快速擴增的管制力量及其可以很自由運用這些權力，已經深深地讓法國選民感到困擾了。法國的輿論一直都很大力支持歐盟。然而，在2013年有關對歐盟機構與政策的公共信任程度卻出現歷史的新低，甚至低於歐盟其他主要國家，例如那些不得不接受

歐盟施加的緊縮措施的國家，如同義大利。就像法國在2016年著手舉辦的總統競選活動，對歐盟的支持度就明顯下降了，英國脫歐的投票結果也加速了這樣的效果，使其成為當時法國很重要的議題，導致更加偏好於支持國民陣線。

　　雖然如此，這個章節還是呈現出法國這個擁有強大、穩定，以及相對開放的政治體制的國家之描述。然而，政治上能夠穩定的關鍵還是取決於政黨制度，但在過去10年中，這個制度變得愈來愈不穩定。迫使政黨度降低其穩定性的主要挑戰，現在也成為所有歐盟成員國家要面對的狀況：在一個逐漸擴張的歐盟與獨立的世界中所要面臨的身分問題、選民對政府以及政治人物不斷上升的懷疑想法，以及最後在日益全球化的世界中，政府似乎缺乏工具來掌控事件發生的結果。

## 章後思考題

1. 第五共和國政府制度中，最重要的機構是什麼？
2. 比較法國與德國的立法過程。
3. 您如何描述在法國體制中總統與總理之間的關係？
4. 比較法國憲法委員會與歐洲其他國家憲法法院的作用。
5. 身分問題在法國政治生活為何很重要？
6. 比較法國與美國的福利國家制度。

## 重要名詞

| | |
|---|---|
| 高中會考 | 1968年5月風暴（學生運動） |
| 否決票 | 省（在法國比「大區」低一級別的行政 |
| 拿破崙·波拿巴（拿破崙一世） | 　區域） |
| 內閣 | 國家行政學院 |
| 共同農業政策 | （巴黎）綜合理工學院 |
| 公社／市鎮 | 歐洲聯盟（歐盟） |
| 法國民主工會聯盟 | 國民教育聯合會 |
| 全國勞動總工會 | 全國農民工會聯合會 |
| 1958年第五共和國憲法 | 法蘭西第五共和國 |
| 憲法委員會 | 法蘭索瓦·費雍 |
| 部長委員會 | 工人力量（法國主要工會聯盟之一） |
| 國務委員會 | 法蘭西第四共和國 |
| 雙重職務 | 法國共產黨 |
| 夏爾·戴高樂 | 十國集團 |

高等專業學院

菁英文官團

法蘭索瓦・歐蘭德

伊斯蘭（的）

里昂內爾・喬斯班

亞蘭・居貝

世俗主義

尚・馬里・勒朋

瑪琳・勒朋

共和黨

馬斯垂克條約

法蘭索瓦・密特朗

民主運動黨

譴責議案

法國企業行動聯盟

穆斯林

國民議會（下議院）

國民聯盟

國有化

新統合主義

法令

政治階級

省督、大區督長

共和國總統

總理

私有化

保衛共和聯盟

公投

大區（法國最大的行政劃分區域）

塞格琳・賀雅爾

尼古拉・薩科奇

參議院（上議院）

社會黨

法國民主聯盟

人民運動聯盟

曼努埃爾・瓦爾斯

## 推薦閱讀

Bleich, Erik. *Race Politics in Britain and France: Ideas and Policymaking since the 1960s.* Cambridge: Cambridge University Press, 2003.

Bowen, John. *Why the French Don't Like Headscarves: Islam, the State and Public Space.* Princeton, NJ: Princeton University Press, 2007.

Chapman, Herrick, Mark Kesselman, and Martin Schain. *A Century of Organized Labor in France.* New York: St. Martin's Press, 1998.

Culpepper, Pepper D., Peter Hall, and Bruno Palier. *Changing France: The Politics That Markets Make.* Basingstoke, UK: Palgrave, 2006.

Gordon, Philip, and Sophie Meunier. *The French Challenge.* Washington, DC: Brookings Institution Press, 2001.

Keeler, John T. S., and Martin A. Schain, eds. *Chirac's Challenge: Liberation, Europeanization, and Malaise in France.* New York: St. Martin's Press, 1996.

Lewis-Beck, Michael, Richard Nadeau, and Êric Bélanger, *French Presidential Elections.* New York: Palgrave, 2012.

Mandel, Maud S. *Muslims and Jews in France: History of a Conflict.* Princeton, NJ: Princeton University Press, 2014.

Muxell, Anne. *Politics in Private: Love and Convictions in the French Political Consciousness.* New York: Palgrave, 2014.

Perrineau, Pascal, and Luc Rouban. *Politics in France and Europe.* New York: Palgrave Macmillan, 2009.

Schain, Martin. *The Politics of Immigration in France, Britain and the United States: A Comparative Analysis.* 2nd ed. New York: Palgrave Macmillan, 2012.

Schmidt, Vivien A. *From State to Market: The Transformation of Business and Government.* New York: Cambridge University Press, 1996.

Stone, Alec. *The Birth of Judicial Politics in France: The Constitutional Council in Comparative Perspective.* New York: Oxford University Press, 1992.

## 網路資源

法國總統辦公室[19]：https://www.elysee.fr/
國民議會[20]：http://www.assemblee-nationale.fr/
參議院（上議院）：http://www.senat.fr/
法國各機構的整合網站：http://www.assemblee-nationale.fr/liens.asp
法國駐美國大使館：https://www.info-france-usa.org/

## 註釋

1. See *Eurobarometer* 84 (Autumn 2015): T31.

2. Pew Research Center, *Euroskepticism Beyond Brexit* (Washington, DC: Pew Research Center, 2016).

3. This description refers to the first article of the Constitution of 1793, which proclaims: "The French Republic is one and indivisible." The Constitution of the Fifth Republic repeats it.

4. Laurence Wylie, "Social Change at the Grass Roots," in *In Search of France*, ed. Stanley Hoffmann, Charles Kindleberger, Laurence Wylie, Jesse R. Pitts, Jean-Baptiste Duroselle, and François Goguel (Cambridge, MA: Harvard University Press, 1963), 230.

5. These figures are from Antoine Hérouard, *Guide 2013 de l'Église catholique en France* (Paris: Bayard, 2013).

6. See IFOP, *Analyse: 1989–2011, Enquête sur l'emplantation et l'évolution de l'Islam de France* (July 2011).

7. See the Pew Global Attitudes Project, July 6, 2006, http://pewglobal.org/reports.

8. One important study found greater spontaneous class consciousness among French workers in the 1970s than among comparable groups of British workers. Duncan Gallie, *Social Inequality and Class Radicalism in France and Britain* (London: Cambridge University Press, 1983), 34. All of the figures in this section are taken from Guy Michelet and Michel Simon, "«Le peuple, la crise et la politique," *La Pensee*, numéro hos série, supplément au no. 368, Fondation Gabriel Péri, 2010.

9. See Mike Savage et al., "A New Model of Social Class? Findings from the BBC's Great British Class Survey Experiment," *Sociology* 47, 2 (April 2014).

10. See Janine Mossuz-Lavau, "Nicolas Sarkozy and Women," *Contemporary French and Francophone Studies* 16, 3 (2012): 347–356.

11. Ronald Inglehart, *Culture Shift* (Princeton, NJ: Princeton University Press, 1990), Chapters 1–3 and Table 2.4; Michele Tribalat, *Faire France* (Paris: La Découverte, 1995), 93–98; and Sylvain Brouard and Vincent Tiberj, *Français comme les autres?* (Paris: Presses de Sciences Po), 30–32.

12. Frédéric Luczak and Fela Nabli, "Vie Associative: 16 millions d'adhérents en 2008," Rep. 1327 (Paris: Institut National de la Statistique et des Études Économiques, 2010).

13. Ministry of Education, Conseil National d'Evaluation du Système Scholaire, *Inégalités Sociales et Migratoires*, September 2016.

14. Which institutions qualify as grandes écoles is controversial. But among the 140 or so designated as such in some estimates, only fifteen or twenty, with an enrollment of 2,000 to 2,500, are considered important, prestigious schools.

15. These results are taken from Russell J. Dalton, *Citizen Politics in Western Democracies*, 6th ed. (Washington, DC: CQ Press, 2014), 23.

16. There is no legal definition for a grande école, although it is widely alluded to by citizens, journalists, and scholars. On these issues, see J.-T. Bodiguel and J.-L. Quermonne, *La Haute fonction publique sous la Ve République* (Paris: PUF, 1983), 12–25, 83–94. The figures given here for grands corps (the elite administrative agencies) are approximations, based on a series of articles in *Les Echos*, June 20–22, 2006.

17. See *Le Figaro*, March 25, 2008.

18. Janine Mossuz-Levau, "Les Femmes," in *Presidentielle 2007: Atlas électoral*, ed. Pascal Perrineau (Paris: Presses de Sciences Po, 2007), 75–78.

19. These percentages are only approximations, since interest groups in France either refuse to publish membership figures or publish figures that are universally viewed as highly questionable. For this reason, relative trade union strength is usually estimated from percentages of support for their candidates in social elections for works committees and shop stewards published by the High Council for Social Dialogue.

20. Herrick Chapman, Mark Kesselman, and Martin Schain, *A Century of Organized Labor in France* (New York: St. Martin's Press, 1998).

21. Mark Kesselman, "Does the French Labor Movement Have a Future?" in *Chirac's Challenge*, ed. John

Keeler and Martin Schain (New York: St. Martin's Press, 1996). The reports of the congresses of the two largest union confederations in 2006 confirm that less than 5 percent of their members are under age thirty. See *Le Monde,* June 12, 2006. For recent results, see Michel Noblecourt, "Les syndicats réformistes obtiennent la majorité," in *Le Monde,* March 30, 2013.

22. See Martin A. Schain, "French Unions: Myths and Realities," *Dissent* (Summer 2008): 11–15.

23. The most interesting recent study is Sylvie Guillaume, *Le Petit et moyen patronat dans la nation française, de Pinay a Rafferin, 1944–2004* (Pessac, France: Presses Universitaires de Bordeaux, 2004). An earlier study by Henry W. Ehrmann, *Organized Business in France* (Princeton, NJ: Princeton University Press, 1957), presents case studies about the contacts between the administration and the employers' organizations, but it is now dated.

24. John Keeler, *The Politics of Neocorporatism in France* (New York: Oxford University Press, 1987).

25. Frank Wilson, *Interest-Group Politics in France* (New York: Cambridge University Press, 1987), 151, 153, 162, and 164.

26. John T. S. Keeler, "Situating France on the Pluralism-Corporatism Continuum," *Comparative Politics* 17 (January 1985): 229–249. On subsidies, see "Patronat et organizations syndicales: un système a bout de soufflé," dossier spécial, *Le Monde,* October 30, 2007.

27. Stanley Hoffmann, *Le Mouvement Poujade* (Paris: A. Colin, 1956).

28. D. S. Bell and Byron Criddle, *The French Socialist Party: The Emergence of a Party of Government,* 2nd ed. (Oxford: Clarendon, 1988).

29. For an analysis of the decline of the Communist vote, see Martin Schain, "The French Communist Party: The Seeds of Its Own Decline," in *Comparative Theory and Political Experience,* ed. Peter Katzenstein, Theodore Lowi, and Sidney Tarrow (Ithaca, NY: Cornell University Press, 1990).

30. Note—and this is true for all figures on electoral participation throughout this chapter—that French statistics calculate electoral participation based on registered voters, while American statistics take as a basis the total number of people of voting age. About 9 percent of French citizens entitled to vote are not registered. This percentage must therefore be added to the published figures if one wishes to estimate the true rate of abstention and to compare it with the American record.

31. See Françoise Subileau and Marie-France Toinet, *Les chemins de l'abstention* (Paris: La Découverte, 1993); and Marie-France Toinet, "The Limits of Malaise in France," in *Chirac's Challenge,* 289–291.

32. BVA Survey, « Presidentielle 2017: Décrypter le vote des français, » 7 mai 2017.

33. John T. S. Keeler and Martin A. Schain, "Presidents, Premiers and Models of Democracy in France," in *Chirac's Challenge,* 23–52.

34. One of the very few analyses of the use of the blocked vote, as well as the use by the government of Article 49.3, is found in John Huber, "Restrictive Legislative Procedures in France and the United States," *American Political Science Review* 86, 3 (September 1992): 675–687. Huber also compares such tools with similar procedures in the U.S. Congress.

35. The best book in English on the Constitutional Council, though now dated, is Alec Stone, *The Birth of Judicial Politics in France* (New York: Oxford University Press, 1992).

36. See OECD income distribution and poverty database: www.oecd.org/els/social/inequality.

37. Victor Rodwin, et al., *Universal Health Insurance in France: How Sustainable?* (Washington, DC: Embassy of France, 2006), 187.

38. As a result, the number of workers paid indirectly by the state declined. Nevertheless, the proportion of the workforce paid directly by the state (government employment) remained stable at about 23 percent, about a third higher than in the United States, Germany, and Italy, but lower than in the Scandinavian countries. See Ministère de la decentralisation et de la function publique, *Rapport annuel de la function publique.* Paris: 2014.

39. They were also controlled by the same people as when they were nationalized. None of the newly privatized firms changed managing directors. See Michel Bauer, "The Politics of State-Directed Privatization: The Case of France 1986–1988," *West European Politics* 11, 4 (October 1988): 59.

40. Martin A. Schain, *The Politics of Immigration in France, Britain and the United States: A Comparative Study,* 2nd ed. (New York: Palgrave Macmillan, 2012).

41. See Pascal Perrineau and Luc Rouban, *Politics in France and Europe* (New York: Palgrave Macmillan, 2009).

## 譯者註

[1] 2014年合併的「朗格多克—魯西永」（Languedoc-Roussillon）與「南部—庇里牛斯」（Midi-Pyrénées）兩個大區，原英文著作採用2016年的臨時名稱「朗格多克—魯西永—南部—庇里牛斯」（Languedoc-Roussillon-Midi-Pyrénées）大區，目前已確定名稱為「奧克西塔尼」（Occitanie）大區。

[2] 2014年合併的亞奎丹（Aquitaine）、利穆贊（Limousin），以及普瓦圖—夏朗德（Poitou-Charentes）3個大區，原英文著作採用合併的「亞奎丹‧利穆贊‧普瓦圖—夏朗德」（Aquitaine Limousin Poitou-Charentes）大區名稱，目前已確定名稱為「新亞奎丹」（Nouvelle-Aquitaine）大區。

[3] 法國總統一任5年，選舉實行「兩輪選舉制」（two-round system），亦即第一輪投票中，如果沒有任何候選人的得票率超越50%之「過半多數」時，則必須取得票率位居前2名的候選人進入第二輪投票。

[4] 英文原著使用的「國民陣線」（Front National, FN）已於2018年改名為譯者所呈現之名稱。

[5] 英文原著將其誤植在總統欄中，譯者將其歸至總理欄中。

[6] 英文原著將其誤植為CEVPOF，一般簡稱為CEVIPOF（Centre d'études de la vie politique française）舊稱為「法國政治生活研究中心」，現為「巴黎政治研究中心」（Le Centre de recherches politiques de Sciences Po）。

[7] 法國「民事互助契約」賦予雙方與傳統家庭相似的權利，是2013年通過同性伴侶婚姻合法化前的一種民事結合保障，但適用於異性與同性，雙方均可使用此契約來進行結合。

[8] 主要探討勞工的權利。

[9] 傳統兩大政黨在11名的候選人得票數中，只分別排名在第3與第5名，而無法進入到第二輪。

[10] 英文原著的數值描述在統計上會有重疊狀況，譯者將其轉換為一般學術常用的記量方式呈現。

[11] 目前此聯盟已不存在於法國。

[12] 現已改名為「國民聯盟」（Rassemblement National, RN）。

[13] 「左翼陣線」（Front de Gauche）是個目前已經不存在的政黨（2018年解散）。

[14] 原文內容之綠黨應該做一修改，為由綠黨與歐洲生態兩黨於2010年合併而成的「歐洲生態—綠黨」（Europe Écologie-Les Verts, EELV）。

[15] 法國於2016年已將本土原有的大區合併為13個。

[16] http://www.interieur.gouv.fr/misill/sections/a_votre_service/elections/ results/accueil-results/view是原文提供之網站，但內容已下架，故譯者提供上述網站供連結參考。

[17] 由於原本的「荷蘭」政府宣布從2020年1月開始，將正式停止使用「荷蘭」（Holland）這個名稱，所有該國內公私立機構都必須使用「尼德蘭」（Netherlands），因此譯者順應國際潮流，在譯名上做一調整。

[18]美國最高法院在此案例中以司法審查權方式樹立了對憲法的解釋權，更完善其三權分立的基礎。

[19]原英文作者提供http://www.elysee.fr/ang/index.shtm為無效之網站，請參閱正文裡面譯者修正之網站連結。

[20]原英文作者提供http://www.assemblee-nat.fr/為無頁面連結，請參閱正文裡面譯者修正之網站連結。

# 第九章

# 德國政治

羅素・道爾頓 (Russell J. Dalton)
羅伯特・羅爾施奈德 (Robert Rohrschneider)

波羅的海

北

北海

基爾
什勒斯維希一
霍爾斯坦邦

羅斯托克

梅克倫堡一前
波美拉尼亞邦

不來梅
城邦

漢堡

易北河

柏林城邦
柏林
波茨坦

不來梅

漢堡城邦

下薩克森邦

漢諾威

馬德堡

布蘭登堡邦

威悉河

薩克森一
安哈特邦

北萊茵一西
伐利亞邦

埃森

杜塞道夫

科隆
波昂

萊比錫

萊茵河

埃爾福特

薩克森邦

德勒斯登

圖林根邦

黑森邦

萊茵蘭一
普法茲邦

威斯巴登

美因茲

紐倫堡

薩爾蘭邦

巴伐利亞邦

斯圖加特

多瑙河

巴登一符騰堡邦

明興/慕尼黑

德國

波登湖/
康士坦茲湖

| 0 | 100 | 200 | 300 | 英哩 |
| 0 | 100 | 200 | 300 | 公里 |

## 國家簡介

人口：8,080萬

領土：137,803平方英哩

獨立年分：1971年

當前憲法制定年分：1949年

國家元首：法蘭克一華特・史坦麥爾
（Frank-Walter Steinmeier）

政府首腦：安格拉・梅克爾（Angela Dorothea Merkel）

語言：德文

宗教：基督新教34％；羅馬天主教34％；穆斯林4％；不特定或其他28％

## 學習目標

**9.1** 辨認德國政府目前面臨的經濟與政治挑戰。

**9.2** 討論德國的歷史經驗是否有助於第三帝國（納粹）的崛起。

**9.3** 比較與對照東德與西德，兩者在統一前與統一後的狀況。

**9.4** 描述德國統一後社會制度的五個主要樣貌。

**9.5** 描述德國聯邦政府的結構。

**9.6** 討論早期西德與東德政治文化的差異及其統一之後的狀況。

**9.7** 辨認德國政治社會化的主要來源。

**9.8** 比較過去鼓勵東德與西德人民參與政治活動的方式。

**9.9** 描述成為德國政治菁英一員的漫長道路，如何影響他們的行為。

**9.10** 討論德國利益團體的組成及其對政治的影響。

**9.11** 解釋在德國體制中能夠強化政黨角色的因素。

**9.12** 列出在聯邦議院中擁有許多政黨代表的好處與限制。

**9.13** 描述在聯邦政策制定過程中的主要參與者。

**9.14** 辨認政府的主要政策產出以及政府財政的主要來源。

**9.15** 討論德國將持續應對的三個重大的政策挑戰。

德國政治可以提供許多民主本質上的洞察之處。這個國家的歷史因為在當代史冊上經歷過某些很糟糕的事件而出現了斷裂點：兩次世界大戰、希特勒（Hitler）、納粹（Nazi）國家以及大屠殺。德國經歷了3次民主的過渡時期：「威瑪共和國」（Weimar Republic）、「德意志聯邦共和國（西德）」（Federal Republic）的成立，以及在1990年東德與西德的統一。此外，現任的政府還必須應對來自歐洲整合的重大挑戰，以及面對來自於恐怖主義、外交關係，與社會凝

聚力在經濟與安全方面之競爭力考驗——這也是當前許多其他民主國家所必須面對的相同議題。與其他國家一樣，德國現在是一個現代化、富裕而成功的民主國家。因此，德國的經驗說明了關於民主國家在當代全球環境中如何運作得最好與最糟的例證。

# 當前的政策挑戰

## 9.1 辨認德國政府目前面臨的經濟與政治挑戰。

當德國民眾打開日報或觀看自己喜愛的電視新聞廣播時，通常會看到哪些政治問題？柏林（Berlin）的決策者普遍關注哪些政治問題？當德國公民被問及如何確定什麼是2016年最重要的問題時，有五個最常被提及的議題是：難民融合、歐元（Euro）危機、退休養老金、恐怖主義，和經濟議題。

經濟議題一直都是政策辯論中反覆出現的來源。當2008年的經濟衰退導致歐洲內部的國際貿易與消費減少時，這造成了新的經濟壓力。歐盟組織缺乏力量的結果，使得個別的歐洲區域國家在不考慮通用的歐元的情況下，通過了自己的預算。儘管2010年經濟有所反彈，但增長率卻緩慢下降。經濟衰退終止了對歐盟財政架構全面性改革的計畫，並且為經濟上帶來了新的重大問題。德國面臨了更大的經濟不確定性，甚至可能比以往近幾十年的任何時期都還來得高。歐盟共同努力強化銀行與信貸體系，並且避免南歐國家政府的違約，但也造成了新的經濟成本並使德國民眾的看法日益懷疑。共同流通的歐元貨幣有助於德國出口的經濟，但是民眾卻爭論於德國究竟應該付出多少代價來維護歐元。自從經濟衰退加深以來，德國經濟的增長超越鄰近國家，但是其未來的經濟前景卻有很多不確定性。

然而，自2015年以來，經濟議題因大量湧入的難民而蒙上陰影。在2015年夏天，難民從敘利亞、伊拉克、阿富汗，以及其他中東國家，開始湧入南歐尋求人身與經濟安全的保護。隨著難民向北遷移，德國總理安格拉·梅克爾（Angela Merkel）幾乎單方面開放了邊境，以德語向難民提供了「迎賓文化」（Willkommenskultur）。2015年大約有100萬的難民湧入德國，這樣的狀況一直持續到2016年與2017年。難民只看見德國能夠承諾給予比較好的生活，但是他們缺乏德語的溝通能力、西方的價值觀、相關的公民身分，而且在很多案例中，有許多難民的財物資源都已經花在長途跋涉到歐洲的路途上了。對難民而言，德國是外國，許多難民發現到要步上政府引導程序與尋找工作都非常困難——更不用說在難民營中的生活了。此外，在2015年年底時，隨著移民的社會和經濟成本變得明顯，迎賓文化很明顯的消退。頻繁出現的犯罪行為與恐怖攻擊事件也加深了

負面的觀感。每一次只要在德國或是其他鄰近國家出現恐怖攻擊事件時，大眾對難民問題的擔憂就會向上飆升。德國已經吸收了絕大部分的難民人數，而這在未來也將會持續成為這個國家與其公民在政策上的挑戰。

難民經驗提高了德國成為多元文化國家的掙扎。德國人之中有大量的人口是在海外出生的，因為在1960以及1970年代期間德國施行外籍勞工計畫方案，當時有一大批所謂的「客工」（guest-workers）——許多是來自土耳其——被邀請來提高勞動力以振興經濟發展。在1990年代期間，來自於巴爾幹半島（Balkans）衝突的大批難民、尋求庇護者，以及從東歐來的德意志民族湧入德國，而更擴大了這些人口數。現在，來自飽受戰爭摧殘且更廣大的新難民潮，往往與德國有著截然不同的文化、宗教，以及經濟背景。一些經濟學家質疑，這些移民對德國的經濟與未來發展是否有其必要性。德國已經改革了公民身分的法律以及其他公共政策以調整面對這些新的現實問題。然而，過去幫助外國出生的勞工子女以及早期移民潮融合在一起的努力，只取得了部分的成功。最近只有白人和基督教徒在努力適應這個社會，但因為德國的歷史，而顯得特別困難。

社會服務是政策辯論的另一個領域。退休養老金、健康照護，以及其他社會福利的成本扶搖直上，但是卻很少有共識如何管理這些費用。隨著德國人口的老化，需求就會開始落在這些社會福利的體系上，而且可預見會有所增加。新的難民加劇了原本就已經在成長的問題。少數的經濟學家相信目前的社會福利體系是可持續到未來的，尤其是當德國在世界經濟體系中具有競爭力，並且也能夠致力於改善德國東部地區的條件時。

德國仍然面臨著在1990年時「德意志聯邦共和國（西德）」（Federal Republic of Germany, FRG）與共產主義「德意志民主共和國（東德）」（German Democratic Republic, GDR）統一後出現的經濟與社會問題。因為東德的經濟基礎設施遠遠落後於西德，東德的經濟在全球化經濟體系中難以競爭，而且兩邊的德國公民有非常不同的生活價值觀。從正式統一之後，東德人民的生活條件有很顯著的改善，在生活品質上已經改善到接近於西德的狀況，尤其是隨著東德人民逐漸融入西德的社會、經濟，以及政治的制度中。即使還沒有達到完全平等的狀態，但兩個地區之間的經濟差異已逐漸縮小了。但是，有些在舊東德成長的人，依然在心靈上對過去有所依戀。分析家描述這現象就像是「一道心裡面的牆」以反射出「柏林圍牆」（Berlin Wall）區隔下的東德與西德之意象。對於許多社會與政治的價值觀，在東德與西德之間的明顯差距依然影響著公共政策的制定。

　　最後，外交政策是公眾辯論的另一個來源。「**歐洲聯盟（歐盟）**」（European Union, EU）是一個由28個歐洲國家所組成的聯盟[1]，負責協調其成員國之間的政策規範。歐盟的決策大部分都會影響德國在經濟、公共政策，以及每天生活層面之運作將其愈來愈緊地聯繫在一起。歐盟的議題，如保障歐元以及協助處理一些歐盟國家的預算問題，造成國家與歐盟的關係有內部分歧，以及與其他歐盟國的緊張關係。其他國家會期待德國能為歐盟的需求提供不成比例的貢獻，但是有許多德國人拒絕支付更多的稅金作為其他國家的花費。已計畫要離開歐盟的英國也同樣會重新塑造其未來與歐盟其他成員國以及歐盟政策的政治關係。這些爭論都是導致極右派「德國另類選擇黨」（Alternative for Germany, AfD）崛起的因素之一，這政黨也挑戰了總理梅克爾在歐盟整合的議題內容。

　　西德是世界上最成功且充滿活力的民主國家之一。它大大提升其公民的生活品質、鞏固民主、發展成一個安全的國家，並且是國際社會裡的重要成員。但是，過去10年來的政策負擔以及缺乏對未來政策的共識，意味著最近的政府雖然有管理好當前政策帶來的挑戰，但是卻沒有果斷的以行動來解決這些問題。

# 歷史的遺產

## 9.2 討論德國的歷史經驗是否有助於第三帝國（納粹）的崛起。

　　德國的歷史經驗與絕大部分其他歐洲民主國家不大相同。使歐洲其他國家現代化的社會與政治力量在德國出現得晚得多，但其影響程度不太明顯。到19世紀，當大多數國家正忙於定義邊界時，德國領土範圍仍然被劃分為數十個政治實體。雖然大多數的歐洲國家當時已經發展出一個具有主導性的國家文化，但是德國卻仍因為對立的宗教、地域，以及經濟上的區隔，而形成一種分裂的狀態。在歐洲，工業化通常會刺激社會的現代化，但是德國的工業化不但來得比較晚，而且並沒有顛覆舊有的封建與貴族秩序。即使到了現在，德國的歷史也還是代表著建立國家的那種艱難且漫長的過程。

## 德意志第二帝國

　　普魯士（Prussia）王國的首相奧托·馮·俾斯麥（Otto von Bismarck）透過一連串軍事與外交上的勝利，擴大了普魯士的領土，並且利用「普法戰爭」（Franco-Prussian War）在1871年建立了統一的「德意志第二帝國」（Second German Empire）。[1]這個帝國其實是個威權的政體，只有在國家表面上披著民主的象徵。政治權力是掌握在君王手上——所謂的「**皇帝**」（the Kaiser）——當

時的政府有時候會鎮壓潛在性的反對團體,特別是羅馬天主教會(Roman Catholic Church)以及社會民主黨(Social Democratic Party)。政府對人民的期待不多;人民只需要繳交稅賦、服兵役,以及閉嘴保持安靜就可以。

　　在此期間,中央政府鼓勵國家發展。工業化終於發生了,使德國在國際事務的影響力增強了。然而,工業化的力量還不足以促進整個社會與政治制度的現代化與自由化。經濟與政治權力依然集中在傳統的貴族菁英以及官僚機構的手中。這個威權的主權國家強大到足以抵制來自中產階級微弱的民主化需求。國家至上,國家必須放在首位,優先於個人與社會的需求之上。

　　政府領導上的失敗,加上盲目服從的大眾,導致德國發動了第一次世界大戰(1914-1918)。大戰摧毀了這個國家,將近300萬的德國士兵與人民在這場戰爭中喪生,經濟緊繃超越了臨界點,而政府在自身無能治理的壓力下垮臺了。大戰結束後,德國成為一個百業蕭條的戰敗國。

## 威瑪共和國

　　在1919年,一個經由民選的「制憲議會」(Constitutional Assembly)建立了**「威瑪共和國」**的新民主政權體制。這部憲法賦予包括女性在內的所有公民具有投票權,並保障了基本的人權。直接民選的國會與總統都擁有政治上的權力,而政黨也變成了合法的政治行動者。雖然姍姍來遲,但德國人第一次有了民主的真實經驗。

　　然而,從一開始,就出現嚴重的問題困擾著威瑪政府。在第一次世界大戰結束後簽署的《凡爾賽和約》(Versailles peace treaty),使德國喪失了所有海外的殖民地以及在歐洲大部分的領土。這個條約讓德國為戰爭背負了非常沉重的道德罪惡感,以及必須支付戰後的賠償給勝利的協約國家而造成財政上的負擔。各式各樣激進的暴動嚴重威脅到新的政治體制。戰爭的破壞與戰後的賠償,導致經濟問題持續惡化,終於在1923年引發了經濟大崩盤。在不到1年的時間內,通貨膨脹率飆漲到了無法想像的260億%。諷刺的是,製造這些問題的德意志第二帝國政府,卻完全沒有為這樣的發展結果而受到責難。許多人反而是批評帝國之後的民主繼任者——威瑪共和國。

　　發生在1929年的「經濟大蕭條」(Great Depression)帶來真正致命的一擊。大蕭條對於德國的打擊,比起大多數的其他歐洲國家或是美國都還要嚴重。幾乎三分之一的勞工陷入失業,人們對於政府無力處理危機感到非常沮喪。政治緊張升高了,國會的民主機制開始崩壞。**阿道夫‧希特勒**(Adolf Hitler)與他所屬的

「**國家社會主義德國工人黨**」（National Socialist German Workers' Party）
（**納粹**）（the Nazis）則是主要的受益者。他們的投票支持率從1928年的2%上
升到1930年的18%，而在1932年11月則更達到了33%。其他非民主性質的政黨，
像是共產黨，也都在選舉上有所斬獲；結果就是民主的捍衛者在國會中成為了少
數者。

民主制度這個機制變得愈來愈失調，或乾脆被省略而不用。總統保羅・馮・
興登堡（Paul von Hindenburg）最後為了試圖重整政治秩序，在1933年1月任命希
特勒擔任威瑪共和國的總理。這是敲響了民主的喪鐘。

威瑪共和國之所以會失敗，是多種因素共同造成的。[2]民主所依賴的這群行
政與軍事菁英，他們總是渴望回到過去威權的政治體制。菁英對威瑪共和國的批
評鼓勵了公眾類似的情緒。這個剛具雛形的國家，隨後就面臨一連串嚴苛的經濟
與政治危機。這些危機進一步侵蝕了大眾對威瑪共和國的支持，而導致左派與右
派兩個極端政黨的崛起，而最終就是為希特勒所高喊的威權與民族主義敞開了迎
接的大門。政治制度的體制弱點，導致了威瑪共和國在政治上的脆弱性。最後，
大多數德國人嚴重低估了希特勒的野心、意圖和政治能力。而這樣低估的結果，
或許就是威瑪共和國最大的致命傷。

## 德意志第三帝國（納粹）

納粹政權的崛起過程，反映了一種將殘暴行為與看重合法程序的怪異混合。
希特勒在1933年3月召開了一場新的選舉，並在大選中鎮壓其他反對政黨。雖然
納粹並未在選舉中獲得絕對多數票，但是他們還是運用在國會的主導地位，通過
立法賦予希特勒獨裁式的權力。民主已經被「**德意志第三帝國**（納粹）」
（Third Reich）新威權式的「國家領袖」所取代。

一旦掌權，希特勒就遵循極端主義的政策。可能挑戰政府的社會與政治團
體，若不是被消滅了或是被納粹所接管，不然就是被迫選擇加入納粹的陣營。警
察國家的權力高漲，甚至能夠阻止任何反對勢力。對猶太人以及其他少數民族的
攻擊不斷增加，也變得愈來愈暴力。大規模的公共工程計畫減少了失業，同時也
為戰時的經濟建造了基礎設施。政府違反了《凡爾賽和約》，擴大並重整軍隊。
帝國的擴張主義外交政策挑戰了國際和平。

希特勒放縱的政治野心，最後將整個歐洲都捲入了1939年的第二次世界大
戰。經過最初的勝利後，從1942年開始了一連串的軍事失利，導致第三帝國在
1945年5月徹底的潰敗。在這場戰役中，全世界總共有6,000萬人喪失了生命，其

中包括600萬名在納粹系統性的種族大屠殺中喪生的歐洲猶太人（參閱專欄9.1）。[3]德國很多地方都成了廢墟；它的工業與運輸系統都遭到摧毀，城市都是斷垣殘壁的景象，幾百萬人無家可歸，糧食匱乏。希特勒原本為德國這個新帝國設計出的宏偉計畫，結果卻是一個殘破不堪的國家，就像是德國劇作家華格納（Wagner）作品《諸神的黃昏》（Götterdämmerung / Twilight of the Gods）所描述的神國下場。

### 被占領統治時期

　　二次世界大戰後德國的政治分裂始於外國軍隊進入德國的領土。在戰爭結束時，西方盟國——美國、英國與法國——控制了德國的西部區域，而蘇聯則是占領了東部區域。原本這只是一個暫時性的分隔，但是隨著西方國家與蘇聯的摩擦逐漸升高而使得盟國之間愈形緊張。

　　在西部區域，盟軍政府開始進行一項去納粹行動的計畫，將納粹官員與同情者從具有權力的職位上撤職。占領軍推動新政黨合法化的成立，也讓民主政治的機構開始發展。經濟制度也在資本主義的脈絡下進行重組。在1948年貨幣與市場經濟進行了改革，因而重振了西部區域，但也因此加深了東部與西部地區之間的分裂狀況。

　　在東部區域，政治變革走上了一條非常不同的路徑。新成立的「**德國統一社**

---

**專欄 9.1　第三帝國的恐怖統治**

希特勒的基本信念之一就是德國人的「種族優越感」（racial superiority），以及他對猶太人與其他非雅利安（non-Aryans）民族的敵意。有一些德國人接受了他的觀點，但是隨著1930年代演變成對猶太人加劇壓迫的事實，這樣的政權遠遠超過了大眾原本的預期。當德國的戰役有可能會在1940年代開始消退時，第三帝國開始了一項極為機密的計畫，打算消滅在德國占領區內的所有猶太人。在歐洲各地建立了數十個「集中營」（concentration camp），以及由執政的德國所強制性設置勞動營。猶太人被圍捕後用貨車運送載到這些營地。在波蘭的奧斯威辛（Auschwitz）、特雷布林卡（Treblinka）與德國的貝爾根—貝爾森（Bergen-Belsen），以及其他地區，第三帝國很殘酷的滅絕了600萬的歐洲猶太人。但是猶太人並非唯一被如此對待者。同性戀者、共產黨員、吉普賽人、耶和華見證人，以及其他被帝國認定為「敵對」的人，也都同樣遭受到類似的拘捕。今日，依然有學者會質疑為何在一個擁有豐富的文學、科學，以及藝術傳統，甚至是這世界上擁有受過最好教育的公民國家之一，居然會發生這樣的事情。而這樣的狀況，也有可能會發生在其他現代化的國家嗎？

會黨」（Socialist Unity Party, SED）是蘇聯用來控制政治過程的工具。因為蘇聯認為資本主義必須為第三帝國（納粹）負責，所以他們致力於消滅資本主義制度，並以新的社會主義秩序代替之。到了1948年，德國東部區域已經幾乎就是蘇聯政治與經濟制度的翻版了。

隨著占領區域之間的政治差距日益擴大，西方盟國傾向於在西部區域創建一個獨立的德國。於是在「波昂」（Bonn），這個位於萊茵河（Rhine）環繞的小型大學城市鎮，德國人建立了一個新的民主制度。在1948年，國會委員會起草了一部臨時憲法，作為德國國家統一前之用。在1949年5月，西部地區的州政府通過了**「德意志聯邦共和國基本法」**（Basic Law, Grundgesetz）並創立了**「德意志聯邦共和國」**（Federal Republic of Germany, FRG），即「西德」（West Germany）。

這樣的發展使得蘇聯感到非常憂心。例如，蘇聯在1948年封鎖了「柏林」（Berlin），部分原因就是試圖制止出現一個獨立的西德之形成——不過這樣的行為事實上也只會強化西方聯盟的決心。一旦發現西德顯然會按照自己的路線前進時，蘇聯便開始籌劃成立一個分裂的東德國家。因此在「德意志聯邦共和國」成立一週之後，德國東部區域的人民大會也批准了一部憲法草案。在1949年7月，正式成立了**「德意志民主共和國」**（German Democratic Republic, GDR），即「東德」（East Germany）。如同德國較早時期的歷史發展一樣，這個分裂的國家是朝向兩條不同的路徑發展。經歷了超過40年的時間，這兩條路才有融合的機會。

## 兩條不同方向的路徑

### 9.3 比較與對照東德與西德，兩者在統一前與統一後的狀況。

雖然它們選擇了不同的道路（或者說這是為它們選擇的道路），但是它們一開始都同樣面臨了許多相似的問題（參閱圖9.1）。邊境兩頭的國家經濟前景黯淡。西德的失業狀況依然很嚴峻，平均工資也很低。在1950年，有近三分之二的西德民眾認為他們在戰前的狀況過得比較好，嚴峻的經濟困境仍然普遍考驗著人民。而這狀況在東德甚至顯得更糟糕。

西德在應對此一經濟挑戰方面表現得非常成功。憑藉著德國「基督教民主聯盟」（Christian Democratic Union, CDU）倡導的「自由經營企業制度」（Free enterprise system），國家經歷了穩定且前所未有的經濟成長。到了1950年代初期，收入已經恢復到二次世界大戰前的水準，而成長才正要開始。在接下來的20

### 圖9.1　二次世界大戰後德國的兩條路徑

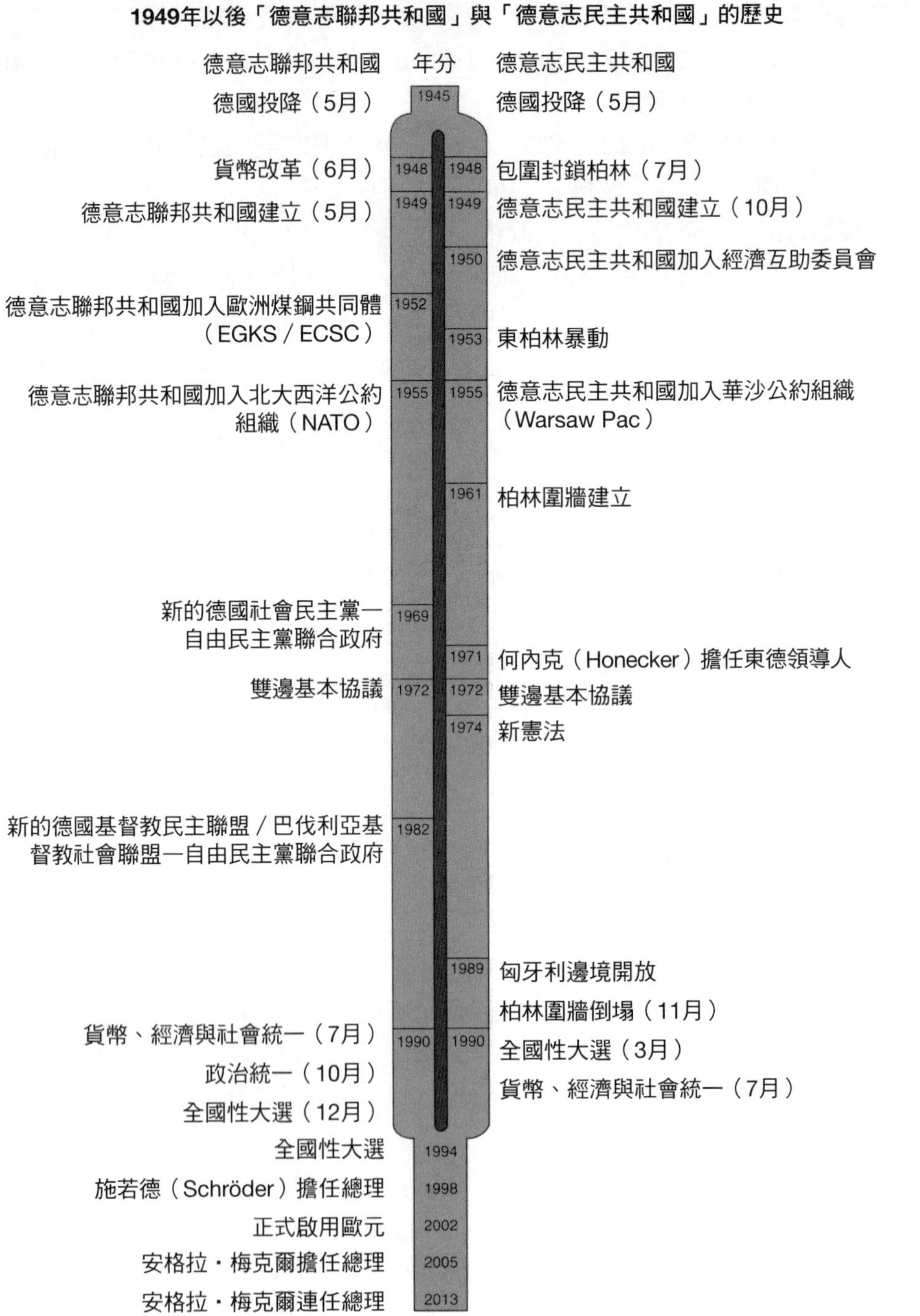

**1949年以後「德意志聯邦共和國」與「德意志民主共和國」的歷史**

| 德意志聯邦共和國 | 年分 | 德意志民主共和國 |
|---:|:---:|:---|
| 德國投降（5月） | 1945 | 德國投降（5月） |
| 貨幣改革（6月） | 1948 / 1948 | 包圍封鎖柏林（7月） |
| 德意志聯邦共和國建立（5月） | 1949 / 1949 | 德意志民主共和國建立（10月） |
| | 1950 | 德意志民主共和國加入經濟互助委員會 |
| 德意志聯邦共和國加入歐洲煤鋼共同體（EGKS／ECSC） | 1952 | |
| | 1953 | 東柏林暴動 |
| 德意志聯邦共和國加入北大西洋公約組織（NATO） | 1955 / 1955 | 德意志民主共和國加入華沙公約組織（Warsaw Pac） |
| | 1961 | 柏林圍牆建立 |
| 新的德國社會民主黨—自由民主黨聯合政府 | 1969 | |
| | 1971 | 何內克（Honecker）擔任東德領導人 |
| 雙邊基本協議 | 1972 / 1972 | 雙邊基本協議 |
| | 1974 | 新憲法 |
| 新的德國基督教民主聯盟／巴伐利亞基督教社會聯盟—自由民主黨聯合政府 | 1982 | |
| | 1989 | 匈牙利邊境開放<br>柏林圍牆倒塌（11月） |
| 貨幣、經濟與社會統一（7月） | 1990 / 1990 | 全國性大選（3月）<br>貨幣、經濟與社會統一（7月） |
| 政治統一（10月） | | |
| 全國性大選（12月） | | |
| 全國性大選 | 1994 | |
| 施若德（Schröder）擔任總理 | 1998 | |
| 正式啟用歐元 | 2002 | |
| 安格拉‧梅克爾擔任總理 | 2005 | |
| 安格拉‧梅克爾連任總理 | 2013 | |

年當中，人均財富幾乎成長了3倍，平均每小時工業工資也成長近5倍，而平均收入成長了將近7倍。從大多數的經濟指標來看，西德人民的富裕程度比起其國家歷史中的任何一個時期都好上幾倍。這種驚人的經濟成長，被稱為（西德）**「經濟奇蹟」**（Economic Miracle / Wirtschaftswunder）。

東德戰後的經濟奇蹟幾乎同樣令人驚艷。東德的經濟制度是立基於集體化的農業生產、國營企業，以及中央計畫。[4]從1950年至1970年期間，工業生產量與國內人均所得成長了近5倍。雖然東德還是持續落後於相對更富裕的西德，但是東德在奉行社會主義的國家中，卻是繁榮的典範。

建國問題出現了另一種挑戰。德意志聯邦共和國一開始被視為是在兩個德國統一之前的臨時國家。德意志民主共和國則是在德意志聯邦共和國的陰影下，掙扎地發展自身的認同，同時表達出對最終統一的承諾。除此之外，即使是在1949年之後，占領國在權威上仍保有權利去干預東德與西德的事務。因此，東德與西德都在努力確認自己的身分——到底是各自分開的國家還是一個較大德國的一部分——以及希望重新獲得國家的主權。

西德第一任總理**康拉德‧艾德諾**（Konrad Adenauer），將前德意志聯邦共和國整合進入西方盟國，隨後藉此掌握國家的主權。如果西德是在國際允許的架構中運作的話，西方盟國更有可能授予比較多的自治權給西德。舉例來說，透過加入「歐洲煤鋼共同體」（European Coal and Steel Community）以及「歐洲經濟共同體」（European Economic Community），以重新開發經濟的渠道。西德的軍事也在「北大西洋公約組織」（North Atlantic Treaty Organization, NATO）架構中進行重整。

共產黨德意志民主共和國反對德意志聯邦共和國加入西方盟國的呼籲。但是，德意志民主共和國卻同時將自己確立為一個獨立的國家。在1952年，德意志民主共和國改變了東西德邊界的樣貌，並在邊界設防，以嚴格管控西德人民進入東德，並限制東德人民進入西德的能力。德意志民主共和國後來加入了蘇聯經濟集團的「經濟互助委員會」（the Council for Mutual Economic Assistance, COMECON），同時也是「華沙公約組織」（Warsaw Pact）軍事聯盟的發起會員國。蘇聯在1954年承認了德意志民主共和國的主權。1961年8月，德意志民主共和國建立起的「柏林圍牆」，使得兩德更加鞏固了在實質上與象徵上的分裂。這不僅是一種介於東西德之間物理形式上的障礙，這更象徵在形式上存在著兩個獨立的德國主權國家。

1969年的選舉，「德國社會民主黨」（Social Democratic Party, SPD）贏得了

控制西德政府的權力之後，兩德內部的關係出現了截然不同的變化。新的德國社會民主黨總理威利・布蘭特（Willy Brandt）遵循**「東方政策」（Ostpolitik）**，尋求與包括東德在內的東歐國家和解。西德與蘇聯、波蘭簽署協約，以解決可追溯至第二次世界大戰的爭議，並且建立新的經濟與政治關係。1971年，布蘭特也因為這樣的行動而獲得了諾貝爾和平獎。第二年，東德與西德簽訂了《基本協議》，正式將彼此的關係建構在一個國家下的兩個主權實體。

對東德政權來說，「東方政策」（Ostpolitik）是一個喜憂參半的祝福。透過德意志聯邦共和國的承認並使得東德與西德的關係正常化，也合法化了德意志民主共和國存在的事實。然而，經濟與社會的交流也意味著會增加東德接觸西方的價值與生活方式的機會，許多東德的政治人物擔心這可能會破壞其封閉的體系。而在1989年所發生的革命，證明了他們所擔心的問題。

在東德與西德達成和解之後，雙方於接下來的20年中大部分時間都在解決其內部的需求。隨著全球經濟問題在1970年代中期不斷升溫時，德國社會民主黨的赫爾穆特・施密特（Helmut Schmidt）成為了總理，其減緩改革的步調以及降低政府的開支。沒有實現的改革所帶來的問題以及不斷翻新的經濟困難一直持續到1980年代。在1982年，基督教民主聯盟勸說自由民主黨（Free Democratic Party, FDP）共同在基督教民主聯盟領導人海爾穆・柯爾（Helmut Kohl）的帶領下，一起組成新政府。在柯爾主政下，其經濟狀況也出現了顯著的改善，而後柯爾所帶領的聯盟在1983年與1987年分別贏得了大選。

從1970年代末期開始，全球性經濟衰退，打擊了德意志民主共和國的經濟。東德產品在國際市場上的競爭力不斷下滑，與西方的貿易赤字一直持續穩定在增長。此外，對國家基礎設施長期拖延的投資，開始表現在不斷惡化的高速公路系統、現存房屋的老化，以及老舊落伍的通信系統上。儘管東德人民經常聽到政府宣傳國內的經濟是如何成功，但是他們真實的生活的水準與官方的聲明之間差距愈來愈大。那些過去有機會能夠到西德去旅行的老一輩東德公民，更強化見證了這樣的印象。

在1980年代末期，東德政府的官員對東德崛起的變革風潮感到擔憂。蘇聯總統米哈伊爾・戈巴契夫（Mikhail Gorbachev）的「改革」（perestroika）與「開放」（glasnost）之改革主義政策，似乎破壞了支撐東德制度的支柱（參閱第十一章）。有一次，德意志民主共和國官方的報紙甚至還審查了蘇聯的新聞，以淡化戈巴契夫的改革消息。事實上，刺激東德進行政治改革的動力並非來自於東德內部，而是橫掃整個東歐其他國家之相關事件。

　　1989年初期，在共產主義這塊巨石上的第一道裂縫出現了。波蘭共產黨政府接受了一連串的民主改革，而匈牙利共產黨則批准了民主與市場的改革。隨後匈牙利開放了與中立的奧地利交接之邊界，結果有一波藉由度假名義的東德人開始離開所在地紛紛湧向了西方社會。東德人正在以行動證明「用腳投票」（voting with their feet）。近2%的東德人口在接下來的6個月中，遷徙到了西德。這股像是「出埃及記」（exodus）般刺激了群眾的逃亡，也象徵了對於東德內部政體的不滿。

　　戈巴契夫在這些事件的引導上扮演了關鍵的角色。他鼓勵東德的領導政府進行內部的改革，並提出謹慎的建議：「生命會懲罰那些太晚行動的人。」（life itself punishes those who delay）缺少蘇聯的軍事力量與意識形態的支持，德意志民主共和國這個舊體制走向盡頭是不可避免的。愈來愈多公開抗議的民眾人數增加了東德政府很大的壓力，而持續逃亡至西德的民眾也導致東德的經濟幾乎停滯不前。東德政府也不再進行治理，形同一個空殼，在危機中掙扎。在11月初，東德政府與德國統一社會黨的政治局（Politburo）宣布辭職。1989年11月9日晚上，東德政府宣布開放東西柏林之間的邊境。在柏林圍牆前的諾曼之地，湧進了大量來自東西方的柏林人，很歡欣的共同慶祝。

　　一旦人們因柏林圍牆的開放而感到歡欣鼓舞後，東德就必須面臨「下一步要怎麼走？」的問題。東德政府試著採用損害控制的策略，任命新的領導人並企圖以此搏得大眾的支持。然而，國家的權力以及經濟的活力已經遭受了致命的創傷。在10月反對共產黨政府時高呼「我們是人民」的抗議者開始呼籲統一：「我們是一個人。」唯一能夠維持穩定的明顯方式就是與德意志聯邦共和國統一，推動兩德統一的熱潮迅速展開了。

　　1990年3月，德意志民主共和國舉辦了自1932年以來首次真正的一場自由選舉。東德反對黨組成的「德國聯盟」（Alliance for Germany），包含了德國基督教民主聯盟的東德黨支部贏得了執政權。海爾穆‧柯爾與東德新上任的領導人洛塔‧德‧梅基耶（Lothar de Maizière）開始推動統一的進程。在7月1日，根據一份德國內部的協議，讓東西德這兩個國家使用同一種貨幣以及實質上形成的單一經濟體。1990年10月3日，在歷經了超過40年以上的分裂後，東德與西德的路徑再次匯集在一起（參閱圖9.1）。

　　統一在很大程度上是建構在西德的制度上。東德人很諷刺性地宣稱，舊政權的唯一痕跡是德意志民主共和國保留的一條法律：汽車可以在紅燈時右轉。除此之外，其他的一切，西德的政治結構、西德的利益團體、西德的政黨，以及西德

的經濟與社會體制等，全部都被出口到東德。

　　統一被認為應該是美夢成真的，但是在統一之後的幾年中，偶爾會讓人覺得這真是一場惡夢。東部的經濟在東德執政的末期已經崩潰了。在那時候，東德的失業率已經超過了經濟大蕭條最嚴重的年分。統一的負擔導致西德通貨膨脹以及賦稅更繁重，並削弱了西德的經濟。統一帶來的社會壓力影響到每一位東德人的生活經驗。在1994年底時，柯爾帶領的聯盟在全國性的大選中，以微弱的多數獲勝。

　　雖然在1998年取得了重大的進步，但是經濟依然仍具挑戰性且必要的政策改革還是沒有解決。德國人後來投票支持了由**格哈特·施洛德**（Gerhard Schröder）和德國社會民主黨與綠黨（die Grünen / Greens）合作領導的新政府。新上任的政府在應對國家重大政策的挑戰方面取得了一些進展——像是針對重要稅制的改革以及持續對東德進行投資等——並在2002年以些微幅度的領先而贏得了選舉。

　　不斷堆積的政治壓力促使施洛德要求在2005年進行大選，社會民主黨以及基督教民主聯盟／巴伐利亞基督教社會聯盟獲得了相同的選票席次。梅克爾總理說服了讓施洛德放棄大位的德國社會民主黨加入基督教民主聯盟／巴伐利亞基督教社會聯盟，共同組成執政大聯盟（Grand Coalition）。2個政黨在執政夥伴關係方面奮鬥了4年，導致沒有做出什麼重要的新政策改革。然後，2008年經歷了經濟衰退。這些事件，加上梅克爾的聲望，促使選民在2009年的選舉轉向了右派，並選舉了新組合的基督教民主聯盟／巴伐利亞基督教社會聯盟以及自由民主黨執政聯盟。

　　德國在2008年的經濟衰退後面臨了政策問題上的不確定性，進而導致了2013年選舉結果充滿模糊性。梅克爾總理與社會民主黨談判達成一項新的聯合協議。她繼續擔任總理，而社會民主黨得到了內閣部長以及副總理這些職位。儘管如此，這顯然還是由梅克爾來領導行政系統，她對歐盟政策以及移民政策的特別決定影響了她的執政團隊。大多數情況下，公眾也很正面地回應了她的行動，但是由於擔心難民的湧入以及經濟緩慢成長狀況等這些衝擊，她個人（以及基督教民主聯盟／巴伐利亞基督教社會聯盟）在2017年選舉的前景，變得無法預測。

# 社會力量

## 9.4 描述德國統一後社會制度的五個主要樣貌。

　　統一後的德國在歐盟中算是最大的國家。德國大約有8,100萬人口，有6,800

萬人住在西德地區，以及1,300萬人住在東德地區，而且德國的地理位置剛好處於歐洲的心臟地帶。德國也是歐洲最大的經濟體。德國統一後的土地面積也比歐洲國家的平均值還大，雖然與美國相比很小——比美國的蒙大拿州（Montana）小一點。本節會描述存在於「德意志聯邦共和國」裡的一些社會分裂現象。

## 經濟

　　二次世界大戰後西德與東德在經濟成長上的速度是有差異的，走的路也不同。到1980年代中期，德意志聯邦共和國的生活水準躋身世界最高水平國家之一。相較之下，東德人的平均生活水準僅為西德人的一半。在東德一些基本生活必需品價格便宜，但是大多數的消費商品的價格更高，所謂的奢侈品（彩色電視機、洗衣機以及汽車）則是超出一般家庭能夠負擔的能力。1985年，東德大約有三分之一的住宅沒有自己的浴室。雖然以東歐國家的標準來看，德意志民主共和國居民算是生活在一個舒適的環境了，但是與西德相比則是遠遠的落後。

　　德國的統一意味著要將這兩個不同的經濟體加以整合：富裕的西德人以及來自東德的貧窮親戚；德意志聯邦共和國精緻與高科技化的產業以及德意志民主共和國老化且鏽蝕的工廠。

　　在統一的過程中，政治人物宣稱東德將會在幾年之間就能夠享受到新的經濟奇蹟。但事實證明，這樣的說法過於樂觀。政府承擔了一個長期性的角色來重建東德經濟上的基礎建設並鼓勵到東德進行投資。只有依賴原本德意志聯邦共和國每年大約有1,000億美元的鉅額社會支出，來維持東德的生活水準。儘管東德的經濟狀況有所改善，但專家預測真正要達到平等的狀況可能還需要在經歷數十年的進一步發展過程。即使在25年之後，東德的失業率仍然明顯高於西德。一直存在於東西之間的經濟差距，也導致了這個新整合的德國在社會與政治基礎上的分裂。

　　由於2008年的經濟衰退，德國的經濟最初陷入了困境。但是德國很快就復甦，因其為出口導向型經濟，所以對於歐盟其他國家所經歷的經濟困境，它能夠很有彈性地跳脫。德國的失業率非常低，在2015年的聯邦預算實際上還出現了盈餘——這是從1969年以來的第一次。但是，近年來德國經濟已開始趨緩，主要還是受到全球經濟疲軟的影響。還有，在2016年英國公投決定脫歐——如果發生的話——可能會限制德國公司進入重要市場的機會。除此之外，歐盟內部的政治緊張局勢進一步為經濟帶來壓力。所有這些都為歐洲未來的經濟競爭架構帶來了不確定性，因而引起了決策者與公共輿論對德國經濟的擔憂。

## 宗教

天主教與基督新教在歷史上很深刻地分裂了德國的政治。二次世界大戰後德意志聯邦共和國經歷了這些分裂的緩和,部分是因為天主教與基督新教的信仰人數大致相等,另一部分原因是菁英們有意識地努力去避免發生像是過去的宗教衝突。世俗化也逐漸減少了大眾在宗教上的參與程度。而在東德,共產黨政府很嚴厲禁止教堂在政治與社會化扮演的角色。

德國的統一改變了原本宗教在新成立的德意志聯邦共和國的平衡關係。天主教徒占了西德人五分之二的比例,但在東德人中則占不到十分之一。即使變得更加民主了,大多數的東部人還是會自認為沒有宗教信仰。因此,在統一後的德國,基督新教徒的信仰人數現在略多於天主教徒。還有一些穆斯林的小型社群,大約占德國總人口的4%。一個偏向基督新教且世俗化的德國,在選舉投票中很有可能會改變一些原本以宗教作為基礎而偏好的公共政策,諸如墮胎,而可能會重新塑造選民對選舉聯盟的立場。

## 性別

性別角色是造成社會差異的另一個來源。在過去,所謂的「3K」——小孩(Kinder / children)、教堂(Kirche / church),以及廚房(Küche / kitchen)——界定了女性的角色,而政治與工作則是屬於男性的領域。為了縮小這樣差異的嘗試,也取得了不同的成功。德意志聯邦共和國《基本法》保障了性別的平等,但是支持這項保障的法律仍然還不夠完善。文化的規範變化緩慢;跨國研究指出,西德的男性比一般歐洲人更屬於「沙文主義者」(chauvinist)而且在西德的女性比其他歐洲的女性,解放程度也較少。[5]

德意志民主共和國的《憲法》也保障了性別的平等,而在東德與西德統一之後,東德的女性喪失了其中一些權利和利益。舉例來說,在1993年,德意志聯邦共和國的憲法法院(FRG's Constitutional Court)解決了相互矛盾的墮胎法律版本,從基本上的判決就是採用比較嚴格的西德版本。東德為勞動婦女提供托育小孩的福利,但是在統一後的德意志聯邦共和國卻沒有加以延續。由於東德女性有比較高的期望,使得性別議題在兩德統一之後,將更高度的被提出到德意志聯邦共和國的政治議程上。在1990年代,政府通過新的立法避免職場歧視以及女性的權利保障。綜上所述,大多數東德的女性覺得她們在統一後的今日比起過去舊的東德政權更感到自在,因為相對於生活在東德時期,她們統一後的生活則更有所收穫。梅克爾擔任總理的角色促進了性別規範以及政策的進一步改變。

## 少數族群

　　日益增多的外國人製造了德國社會裂痕。[6]當德國聯邦政府在1960年代面臨嚴重勞動力短缺的問題時，從土耳其、南斯拉夫、義大利、西班牙、希臘，以及其他開發較少的國家招聘了數百萬的勞動人口。德國政治人物以及一般大眾都認為這只是個暫時性的過程，這些外國人被稱為「客工」（guest worker, Gastarbeiter）。大多數的客工工作時間夠長了，才能學習到技能並且有一些個人的存款，然後返回自己原本的家鄉。

　　然而，發生了一件奇怪的事情，德國需求的是勞工，但是卻湧入一堆人。在德國許多城市都出現了外籍勞工文化中心。有些外籍勞工後來選擇待在德意志聯邦共和國，並且最後把他們的家人接過來團聚。外國人帶來了新的生活方式，也為工廠的組裝線帶來了新的生力軍。然而，這些新來的居民卻還沒完全融入當地的生活。

　　德國一直努力成為一個多元文化社會，但是解決方案仍不是很明確。德意志聯邦共和國在1993年修改了《基本法》的「庇護條款」（asylum clause）（使其更接近美國的政策），採取更為果斷的手法去打擊仇視外國人的暴力行為，並且動員社會中比較具有包容性的主流人群。為了讓外國出生的居民更容易融入德國的社會之中，政府在2000年修改了《國籍法》（citizenship law）。嘗試更開放公民身分的取得並連結到教導新公民相關德國語言、文化，以及政治規範的計畫中。然而，在土生土長的德國人以及穆斯林移民之間的鴻溝似乎正在擴大。

　　從2015年開始湧入的大量的難民，也增添了德國新的面貌。這些新進的移民入境的時候沒有工作及既有的社會支持網絡。這些移民一開始使社會計畫方案不堪負荷，並且在移民與居民社群之間造成了緊張關係。將這些新移民整合到之前的客工階層是一件很困難的事。因此，解決這些長期存在的相關少數種族／族群議題（大約占了6%的總人口數），會是個漫長的持續性挑戰。

## 地方主義

　　地方主義（regionalism）是一種潛在的社會與政治分裂。德國區分成16個「邦」（Länder），有10個邦位於過去的西德領地以及6個邦是在過去東德領地中，其中包括柏林這個城邦。許多的邦都具有自己獨特的歷史傳統和社會結構。藉由使用的語言與語法來區分居民是從東部還是西部而來。統一之後因為西德與東德之間本來就有差異，因此大大提高了不同邦之間的文化、經濟，以及政治的多樣性。當東德人在做政治決策時，依然會趨向其具有區隔性的傳統與經驗，而

這就像是西德人也有自己的傳統一樣。因此,這種區域地方性的考量,就會成為分析社會與政治很重要的因素。

社會與經濟的分散性質,強化了這些區域的差異。經濟與文化中心分散在全國各地,而不是集中在某地成為單一的國家中心。德國有超過十幾個區域有經濟中心,包括法蘭克福(Frankfurt)、科隆(Cologne)、德勒斯登(Dresden)、杜塞道夫(Düsseldorf)、慕尼黑(Munich)、萊比錫(Leipzig),以及漢堡(Hamburg)。大眾媒體也會環繞著區域市場而形成,甚至還有幾個具有競爭性的「全國水準」的劇院。

這些各式各樣的社會特徵——經濟、宗教、性別、族群,以及地方主義——在政治上關連到許多的意涵。它們界定了不同的社會利益,諸如勞動階級的經濟需求可能會對立於那些中產階級,而這些也往往會激起許多社會的爭議。社會團體也是政治與社會認同的來源,把個人連結到利益團體與政黨之中。舉例來說,投票模式通常顯示黨派支持的團體差異。因此,在德國社會中辨認出不同重要團體的差異,可以提供個人了解其政治過程的基礎。

## 政府機構與結構

### 9.5 描述德國聯邦政府的結構。

當國會委員會於1948年首次在「波昂」(Bonn)召開時,其成員面臨了一項艱鉅的任務。他們被期待為全新的民主德國設計一種政治結構,以避免出現導致如威瑪共和國崩潰的問題。如果他們失敗的話,結果可能會像之前德國的民主崩盤那樣的可怕。

《基本法》是政治工程的一個傑出案例——即政治制度的建立是要實現某種特定的目標:

- 發展一個穩定且民主的政治制度。
- 維持政治機構的歷史性延續性(這意味著維持德國政府的議會制傳統)。
- 重新建立聯邦政府架構。
- 避免導致威瑪民主崩潰的體制弱點。
- 建立制度上的限制來防止極端主義者與反民主體制的力量。

制定者建立了一個涵蓋大眾的議會制民主國家,鼓勵菁英政治責任,分散政治權力,以及限制極端主義者的影響力。

《基本法》原本被假設只是暫時性使用到兩德統一就會停止。事實上,德意

志民主共和國在1990年垮臺，導致其被併入德意志聯邦共和國的制度中。當時東德與西德在1990年10月3日統一時，這也意味著《基本法》將其權力延伸涵蓋到東德地區。因此，統一後德國政府依據《基本法》行使職能。本節將會介紹在這樣的制度下的主要機構與過程。

## 聯邦制度

　　分配政治權力和在政治體制中建立制衡機制的一種方式是透過聯邦政府的架構。德國《基本法》創建了歐洲為數不多的聯邦制度之一（參閱圖9.2）。政治權力在「聯邦政府」（Bund／federal government）與16個邦政府之間。聯邦政府在許多的政策領域中，需要負擔主要政策的責任。然而，各邦在教育、文化、執法，以及區域地方計畫中具有管轄權。雖然聯邦法律具有優先適用性，但在其他的幾個政策領域中，聯邦政府與所有的邦都必須要一起承擔責任。另外，各邦可以在一些《基本法》沒有明確將權限劃分到聯邦政府的一些領域中進行立法。

　　每一個邦政府都有一院制的立法機構，一般都稱為「邦議會」（Landtag），這是由人民選舉產生的。控制邦議會的政黨或聯盟可以推選出領導邦政府各部會首長之邦總理。聯邦主義其中一個重要特徵就是執政聯盟可以很廣泛進行跨邦合作，包括可跨越正常國家政黨路線的組合。這為可能對國家產生影響的政黨合作實驗打開了大門。

**圖9.2　德國聯邦政府的結構**

德國結合了聯邦主義與議會制以及聯邦憲法法院

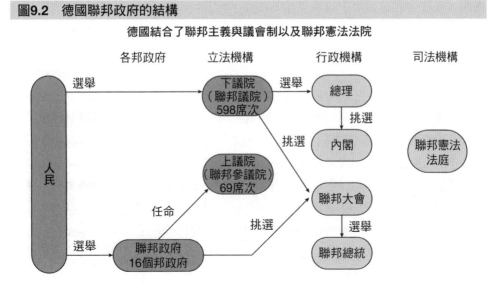

聯邦政府是針對政策立法之最主要的單位。各邦負責政策管理，執行的大多都是由聯邦政府制定的國內立法以及它們自己的法律。邦政府也要監督地方政府的運作。除聯邦總理外，邦總理是在聯邦共和國中最具有權力的政治官員之一。

聯邦立法機構是採兩院制的國會，其中之一的「聯邦參議院」（Bundesrat）是由各邦政府所指派的代表所組成。邦政府的官員也會參與到聯邦總統以及主要聯邦法院之法官的推選。因此，這套聯邦制度的設計是藉由平衡各邦政府權力的方式來分散政治權力，以制衡聯邦政府的權力。

## 議會制政府

聯邦政府是兩院制的議會：民選的「聯邦議院」（Bundestag）是主要的立法機構；「聯邦參議院」則是在聯邦層次上代表各邦的政府。

**聯邦議院**──「聯邦議院」（The Bundestag / Federal Diet）由至少598名代表所組成，是唯一由德國人民直接普選產生的國家政府官員。[7]投票選舉代表通常是每4年舉辦一次。

聯邦議院最主要的功能就是制定法律；所有的聯邦法律都必須獲得聯邦議院的批准。然而，大多數的立法一開始都是由行政部門提出的。與其他現代議會一樣，聯邦議院主要的職責是評估與修正政府的立法計畫。聯邦議院另一個重要的功能就是投票選出領導整個行政部會的聯邦總理。

聯邦議院是一個以多種不同的方式公開辯論的論壇。全體會在進行密室協商以前，先在全體會議廳中討論立法的內容。辯論時間的長短則是根據黨團的規模大小來分配；不論是政黨領袖或是後座議員（新科或資淺）通常都會參與。聯邦議院透過電視轉播其開會議程，包括網路現場直播，可增加並方便民眾觀看其政策的辯論過程。[8]

聯邦議院也負責仔細檢視政府施政的職能。最常見到的監督方式就是由英國眾議院那裡發展而來的「質詢時間」（question hour）。每位個別的議員都可以向政府部會提出書面的問題；問題的內容廣泛到從政策議題到某個機構中的特殊需求都有。政府派出的代表會在質詢時間內回應，而議員也可以繼續提問相關內容。在2009年至2013年任期中，聯邦議院的議員總共提出了2萬5,000多個口頭與書面的質詢問題。反對黨通常會更加好好把握這些監督的機會。執政黨中有排上檔期的議員也會運用這些問題的質詢機會來表達自己的觀點。

聯邦議院擁有非常有力的委員會，以加強其立法和監督作用。這些委員會提供專業知識平衡聯邦機構對於政策的認知；委員會還在其負責的專業領域舉辦聽

證會。因為反對黨在這些委員會中占有一定比例位置，他們監督的功能可以得到進一步加強，這是民主立法機構中一種不常見的模式。訴願委員會還擔任人民向政府訴願的「監察員」（ombudsman），每年都會收到數千份請求。

整體而言，聯邦議院具有相當大的監督權，尤其是對於議會制立法機構。立法委員會可以蒐集需要了解以及質詢政府的相關政策制定者的資訊。聯邦議院的議員可以運用質詢時間以及其他方法將注意力關注到政治議題上並挑戰政府的施政。聯邦議院往往透過其立法程序，促使政府修改其提案以獲得通過的可能性。

**聯邦參議院** — 反映了德國聯邦制度的國會第二議院即：**「聯邦參議院」**（The Bundesrat / Federal Council）。各邦政府任命其69位成員代表各邦的利益。各邦通常會從邦政府內閣成員中指派參與聯邦參議院的職務；因此議院實際上功能就像是各邦官員聚集的常設會議。各邦都會依照邦內人口數的比例分配到其議員席次，從最少的3席到最多的6席。每一邦的代表團都會根據邦政府的指示，以集體方式進行投票。

聯邦參議院的作用是代表各邦自己的利益。它透過評估立法、辯論政府政策，以及在聯邦政府與邦政府之間共享訊息來做到這一點。它必須批准會直接影響到本邦利益的立法條款。因此，聯邦參議院是德國聯邦制中很重要的組成部分。

德國國會比大多數的歐洲議會制國家具有更大的政治影響力。聯邦議院比起典型的議會行使更多的自治權。特別是如果包括聯邦參議院在內的德國國會確實擁有很大的獨立性以及機會，可以修改政府的提案並更能監督政府的施政。藉由強化國會的權力，《基本法》試圖對行政權力進行制衡。經驗也顯示了德國的政治制度已經實現了這樣的目標。

## 聯邦總理與內閣

德意志聯邦共和國是採用「雙首長制」，但《基本法》在實質上是賦予**「聯邦總理」**（federal chancellor / Bundeskanzler）更大的正式行政權力。與總統不同，總理可以藉由其個人權力來主導政治過程並象徵聯邦政府。總理在政治制度中扮演了核心的角色，所以有些觀察家將德國的制度形容為「總理式民主」（Chancellor Democracy）。

聯邦議院委員投票選舉總理，總理領導聯邦政府。因此，總理代表了聯邦議院的多數席次，通常可以依靠他們支持政府的立法提案。總理通常是領導自己的政黨，指導政黨的策略以及在大選中領導政黨。每一位總理都會為這個職位帶來

個人獨特的風格。施洛德在執政時幹勁十足且主導性很強；梅克爾偏好於更具協商與合作的決策風格，同時仍然塑造著她的執政路線。

　　總理的另一個權威來源就是能夠全盤控制內閣。聯邦政府是由14個部會所組成，每個部會都有部長領導。內閣部長是由總理推薦，經聯邦總統正式任命或罷免（不需聯邦議院的批准）。《基本法》賦予總理決定內閣部長的成員人數及其職務的權力。

　　聯邦政府的功能是依照《基本法》所描述的三個原則來設計。第一，「總理原則」（chancellor principle），由總理定義政府的政策。總理的正式政策指令對內閣與部會都具有法定拘束力。因此，與英國內閣採取的責任共享制相比，德國內閣在決策上正式臣屬於總理。

　　第二項原則就是「部長自治」（ministerial autonomy），只要政策符合政府的方針，就賦予每一位部長權力去領導自己部會內部的運作，不會受到內閣的干涉。部長要負責監督其部會的活動，指引其政策規劃，並監督自己轄區內的政策管理。第三項是「內閣原則」（cabinet principle），當部會之間出現管轄權或是預算的內容爭議時，就需要由內閣出面解決紛爭。

　　政府實際運作比《基本法》中的正式規則的要來得彈性許多。在每次大選之後，所建立的多黨聯盟中，要如何安排各個部會是個重要的議題。儘管《基本法》有所限制規範，但內閣成員大多都會展現出實質政策的自主性。部長被聘任的原因是由於他們在政策領域的專業性，實際上，部長往往更加將其角色定義為部會的領導人，而不是將自己設定為總理的部會代理人。他們政治成就的高低，是取決於其是否能夠呈現和代表出部會的利益。

　　因此，內閣的角色就像是服務於聯邦政府這商業機構中的清算中心。個別的部長會提出由其部會草擬的政策建議，以尋求獲得政府認可的機會。因此最後總理所定義的政府施政方案，就是反映出各部會的共識，而在內閣各部會之間要維持這樣的共識，是依靠彼此之間的協商與合作。

## 聯邦總統

　　《基本法》將「聯邦總統」（federal president / Bundespräsident）職位主要定義為象徵性的國家元首。總統的職責就是問候來訪的各國元首、出席政府行政職責、訪問外國以及其他與上述相似的任務。[9]為了避免受選舉政治的影響，總統是由聯邦議院代表以及各邦立法機構所推選出的相同名額代表所組成之「聯邦大會」（Federal Convention）投票選出。一旦當選後，總統被期望維持超越黨

派的立場。

　　雖然總統的政治角色功能有限，但並不意味任職者無法參與政治過程。總統可以任命政府與軍方官員、簽署條約與法案，並具有「赦免權」（power of pardon）。然而，在這些權限中，都必須經由總理共同會簽。總統也可以向聯邦議院提名總理人選，以及如果當政府的法案在不信任投票中落敗時，總統也可以解散國會。但在這兩種狀況中，《基本法》都限制了總統獨立行使的權力。

　　更明顯的潛在問題是憲法的模糊性，其並沒有明確說明總統必須要負擔哪些特定的政府要求。法律上的先例並未清楚說明總統是否具有憲法上的權利，否決立法、拒絕總理的內閣人選推薦，或甚至拒絕總理要求解散聯邦議院。分析者認為這些模糊性就像是《基本法》於制度中所建立的一個安全閥，行使制衡的作用。

　　聯邦總統的職位具有超越《基本法》條文的政治重要性。一位積極主動性強的總統可以藉由演講與公開活動來影響政治的氛圍。總統這個職位上的角色可以宣稱自己凌駕於政治黨派之上，並且能夠跳脫其日常性的關注點，而延伸國家的視野。法蘭克‧華特‧史坦麥爾（Frank-Walter Steinmeier）在2017年當選德國總統。史坦麥爾是德國社會民主黨的前黨魁，曾經在基督教民主聯盟／巴伐利亞基督教社會聯盟，以及與德國社會民主黨聯合執政期間，擔任過副總理以及外交部長；在2009年時，是德國社會民主黨的總理候選人，然後也曾經擔任過「歐洲安全與合作組織」（Organization for Security and Co-operation in Europe）的主席。他過去的經歷使得他對德國的國際關係領域特別了解與感興趣。

## 司法制度

　　普通法院審理的是刑事案件以及大多數的法律糾紛，已經整併至單一司法體系中。各邦行政所掌管的法院分為地方與邦的層級。普通最高法院——「聯邦最高法院」（the Federal Court of Justice），則是屬於全國性的聯邦層級。所有的法院皆遵循相同的國家法律來運作。

　　第二種類型是行政法院，負責審理專門領域的案件。有的法院是處理對政府機關控訴的案件，有的是處理財稅問題，也有的是解決涉及到社會福利相關的案件，以及也有負責處理勞資雙方爭議的法院。與司法體系的其他單位一樣，這些專門法院同時都存在於各邦與聯邦的層級中。

　　《基本法》設立了第三種司法單位：獨立的**「聯邦憲法法院」**（Constitutional Court）。這法院主要是審查立法的合憲性、調解各層級政府之間的爭議，以及

保障憲法與民主的秩序。[10]這是德國司法制度的一種創新機制，因為它將《基本法》的法律位階置於其他法律之上。這也意味著對國會決策權力的限制，以及對其他較低階法院的判決具有詮釋權。因為聯邦憲法法院具有一定的重要性，所以內部的16名成員是由聯邦議院與聯邦參議院平均遴選出同樣名額的議員，任期12年。聯邦憲法法院會提供另一種方式制衡政府潛在性過度的濫權，並為公民的權利提供額外的保障。

## 權力分立

　　《基本法》之目的就是在避免將權力過度集中在任何一位行為者或是機構手中。制憲者希望能夠分散政治權力，來使得極端主義者或是反民主人士無法推翻這個民主制度；所以讓權力來自於建立共識的過程。政府中的每一個機構在其領域中具有強大的權力，但是將本身的意志強加在其他機構當中的能力卻受到受到相當的限制。

　　舉例來說，德國的總理缺乏簡單解散國會以及要求重新進行選舉的權力，而這些通常是存在於議會制制度當中的。同樣重要的是，《基本法》也限制了立法機關對總理的控制。在議會制中，立法機關通常可以藉由簡單的多數決投票，就能夠將行政長官免職。然而，在威瑪共和國時期，有極端主義政黨想要利用反對現任總理的方式來破壞民主制度的穩定。解決國會可能想要迫使總理下臺的情況，《基本法》採用了「**建設性不信任投票**」（constructive no-confidence vote）[11]為了使聯邦議會讓總理下臺，議會主要多數必須同時就繼任者達成協議。這樣可以確保政府施政的連續性，而一開始上臺的新總理也能確保得到多數議員的支持。這也會令迫使現任者下臺變得更困難。反對黨人士不能只是簡單的反對政府，多數議員也必須同意替代方案。建設性不信任投票僅有進行過2次——也只有成功過1次。在1982年，大多數議員支持以新總理海爾穆·柯爾取代原本的總理赫爾穆特·施密特。

　　憲法法院是另一個可以制衡政府的機制，同時作為公民權利的保障者和憲法的捍衛者，它發揮了重要作用。在聯邦與各邦政府之間的權力與政治責任分配是政治過程中的另一種調和的力量。即使是強勢的兩院制立法機構，也都需要在制定公共政策之前，保證各方利益都必須被採納考量進來。

　　聯邦制度是另一種將權力分散的方式，因此沒有任何一個政治機構可以控制整個政治過程。

　　相較於單一制，諸如英國、尼德蘭（荷蘭），或是瑞典，這個複雜的結構確

實能夠將政治權力分散。然而，民主往往是個複雜的過程。領導人必須要有效地運用其制度的權力分享方式以及制衡權力模式，進一步發展德國的民主機制。

# 重塑政治文化

## 9.6 討論早期西德與東德政治文化的差異及其統一之後的狀況。

思索一下，在第二次世界大戰即將結束時，德國人對政治的一般看法。德國的歷史幾乎不利於引導出良好的政治公民文化。過去在帝國統治下，政府希望人民都能夠表現得順從，而不是政治過程中的積極參與者；這樣的風格養成了德國人對政治缺乏包容的性格。威瑪共和國的短暫出現，也沒有辦法為這樣的文化做出太多的改變。威瑪共和國時期的兩極化、破碎化，以及公然的暴力行為，教導著人們避免政治，而不是積極的參與。甚至，民主制度最後是失敗了，而國家社會主義應運而生取代了民主。然後，第三帝國在缺乏包容且充滿威權的體制下培養了另一代人。

因為有此歷史遺產之緣故，人們普遍瀰漫著擔憂西德缺乏民主的政治文化，從而使其容易陷入讓威瑪共和國瓦解的相同問題中。第二次世界大戰後，西德的民意調查顯示公共輿論傾向於負面的印象，而這調查結果也可能適用於東德。[12] 西德人民遠離政治、接受威權，而且在許多方面對納粹的意識形態表示同情；反猶太的（anti-Semitic）情緒也屢見不鮮。

或許比經濟奇蹟更讓人驚艷的是西德的政治文化在短短的一代人中就得到了轉變。政府在大規模的政治教育計畫中動員了學校、媒體，以及政治組織。公民身分也出現了變化——成長於威權體制下老一輩的人，逐漸被這些在第二次世界大戰後的民主年代中社會化所成長的更年輕新一代取代。經濟成長的優勢以及一個相對功能上運作平穩的政治制度，也都是改變大眾對於政治觀點的原因。這些努力也創建出一個更加符合民主制度全新的政治文化，並表現在德意志聯邦共和國的民主體制和程序。

在1990年兩德統一之後，德國面臨了另一個嚴重的文化問題。共產黨人曾經試圖在東德建構一種可以支持其國家以及社會主義的經濟制度的競爭文化。事實上，東德致力於密集且廣泛的政治教育；他們專注於創造出完整的「社會主義人格」。[13]年輕人與同儕都被教導具有集體的認同感，熱愛德意志民主共和國及其社會主義的同志、接受德國統一社會黨，以及以「馬克思—列寧主義」（Marxist-Leninist）觀點來理解歷史與社會。

德國統一意味著要將這兩種不同的政治文化融合，但在一開始，混合在一起

的後果充滿了不確定性。此外，導致兩德統一的革命政治事件甚至可能重塑了長期持有的政治信念。當共產主義已經走進墳墓裡時，不知一個共產黨員會怎樣思考呢？

　　因此，統一提出了一個新的問題：西德是否能夠同化1,600萬在潛意識具有完全不同信念的新公民，以理解政治與社會是如何產生其功能。以下各節會討論德國政治文化中的關鍵因素，以及這些因素如何隨著時間流轉而改變。

## 政治社群的傾向態度

　　早在德國政治統一之前，就具有共同的歷史、文化、疆域以及語言，這也形成了一個單一德國人社群的感受。即使德國人對於政治界限持有不同的認知，但是德國依然是席勒（Schiller）、歌德（Goethe）、貝多芬（Beethoven），以及華格納（Wagner）的共同故鄉。

　　然而，過去的這些政權都無法發展出一個具有共識的政治認同來凝聚成德國人的社會認同。後繼的政治制度也都維持不長且無法發展出讓大眾一致認同的德國政治之本質與目標。二次世界大戰後的西德也面臨到類似的挑戰：要在一個分裂且敵對的國家中，如何建立一個有共識的政治共同體。

　　在1950年代早期，很大部分的西德人仍然認同先前政權所留下來的符號與人物。[14]大多數人民覺得德意志第二帝國或是在戰爭發生前，由希特勒所領導的德意志第三帝國（納粹），代表了德國歷史上的黃金時期。少數群體偏好重新打造出君主制或是創建一個單一政黨壟斷的國家。當時幾乎有超過半數的德國民眾甚至相信如果沒有經歷過第二次世界大戰，希特勒可能會是德國有史以來最偉大的政治家之一。

　　接下來的二十多年期間，與早期政權的聯繫已經逐漸地式微，而連結新的德意志聯邦共和國之機構與領導人也穩定的在逐漸增加中。相信聯邦議院議員可以代表公共利益的公民人數也在1951年至1964年期間增加了1倍；公眾的景仰也從對先前政權的個人性崇拜轉移至對德意志聯邦共和國總理的尊重。到了1970年代，絕大多數的公眾認為現在的德國才是在德國歷史中最美好的年代——而戰後的經濟奇蹟也一直在持續發生中。西德在政治上變得愈來愈具有包容力，而且反猶太主義的情緒也明顯下降許多。公眾對於新的政治體制，也表達出愈來愈高的敬意。[15]

　　即便西方人愈來愈能夠接受德意志聯邦共和國的制度與象徵意義，仍缺少了某些東西，這觸動了公民的政治精神。德意志聯邦共和國是一個臨時政治實體，

而「德國」才是意味著統一的國家。西德的公民會認為自己是德國人、西德人，還是兩者的混合呢？此外，德意志第三帝國帶來的傷痛還像是一道深埋在西德人精神領域中的疤痕，使得西德公民對於是否要表達出自己對於國家的驕傲感或身為德國公民的認同感，猶豫不決。因為有這樣的政治「污名標籤」（stigma）存在著，德意志聯邦共和國避免觸及許多在其他國家看似平常的一些情感性之國家符號。西德沒有太多具有政治性象徵的國定假日或紀念館，人們也很少聽到國歌的放送，而且甚至是德意志聯邦共和國成立的紀念日，也很少受到大眾的關注。這種歷史遺產意味著即使在今日，德國人仍不願公開表達出對自己國家的自豪感（參閱專欄9.2）。

　　對國家身分的認同也發生在東德。德意志民主共和國宣稱代表了德國歷史上「非法西斯主義者」（non-fascist）的元素；東德將德意志聯邦共和國描述成是德意志第三帝國（納粹）的後繼者。大多數的分析家認為，因為德意志民主共和國的政治認同以及社會的修養，已經創建出至少一種拒絕忠誠過去政權的感覺。然而，一旦社會主義崩盤了，這個分裂後的東德之政治認同的基礎也就跟著消散了。

　　統一展開了一個過程讓德國人找尋本身的國家政治認同感，這最終可能會得到答案。為了慶祝統一後的德國，於是將10月3日訂為德國的國慶日，最後也給了德國人一個正面的政治經驗來加以慶祝。一開始來自東德與西德的公民兩邊都

**專欄 9.2　個人可以自我感到驕傲，而德國人呢？**

誰能想像得到法國總統或是英國首相——或者事實上任何一位世界上的領導人——會謝絕對於自己所屬的國籍是感到驕傲的？但這在德國是一種具有爭議性的聲明，因為民族主義的表達在某種程度上仍然會讓人聯想到德意志第三帝國（納粹）這樣過度的民族主義。因此，在2001年，德國基督教民主聯盟的秘書長就曾公開宣稱：「我以身為德國人而感到驕傲（proud）。」後來他因此掀起了很激烈的全國性爭論。社會民主黨—綠黨結盟的一位綠黨內閣成員回應這樣的聲明就像是要彰顯一種右派「光頭黨」（Skinheads）的心理。當時的德國聯邦總統勞（Rau）試著澄清說明任何一個人都可以因為身為德國人而感到「開心」（glad）或「感謝」（grateful），但不需要感到「驕傲」（proud），他用如此的方法來迴避這樣的議題。然後總理施洛德也加入了這場戰局說：「我對於德國人民達到這樣的成就以及我們民主的文化感到驕傲……在這個意義上，我是一個對於自己國家感到驕傲的德國愛國者。」很難想像如果把這樣的交流搬到美國的華盛頓特區或是法國的巴黎。

資料來源：《經濟學人》（*The Economist*）2001年3月24日，第62頁。

很猶豫是否要將個人的情緒連結到國家當中，但是在過去這幾年的發展後，人數有所增加，而且兩邊區域的差距也變小（參閱圖9.3）。一個多世紀以來的時間，幾乎所有的德國人都同意這樣國家疆域的始末大小。德國現在已經是一個單一的國家了——民主、自由，並且展望未來。

## 民主過程的傾向態度

政治文化中第二個重要的元素涉及到對於政治過程與政府體制的態度。西德在

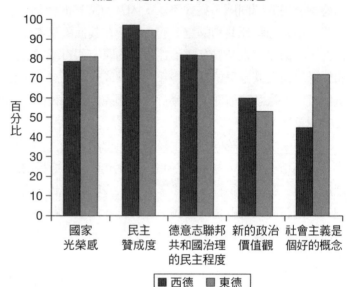

**圖9.3　西德與東德的政治文化**

自從統一之後，兩德在價值觀上所呈現的區域差異已經很明顯地下滑了，除了東德人會一直很反覆地相信社會主義是一個很好的概念，只是沒有被好好地實現而已

（百分比）

橫軸：國家光榮感、民主贊成度、德意志聯邦共和國治理的民主程度、新的政治價值觀、社會主義是個好的概念

■ 西德　■ 東德

資料來源：2013年世界價值觀調查（德國）；2010年「德國綜合社會調查」（die AllgemeineBevölkerungsumfrage der Sozialwissenschaften, ALLBUS / German General Social Survey, GGSS）針對社會主義的問題。

早期的時候，當時的民主政治規則——多數統治、少數權利、個人自由與多元辯論等價值——不符合公民的經驗。為了打破這樣的慣習，政治領導人建構了一套制度化的民主程序。鼓勵且期待公民的參與，政策制定過程變得更為開放，而且公眾也透過持續接觸新的政治制度而逐漸了解民主的規範。政治領袖則是在這樣的民主競爭環境中提供了一般性的正面典範。因此，全民共識也逐漸慢慢地發展成支持這個民主政治的制度。到了1960年代中期，已經幾乎一致同意認為民主是政府最佳的形式。更重要的是，西德民眾顯示了對民主過程的承諾愈來愈堅定——多黨制度、衝突管理、少數群體權利，以及代議制政府。[16]

在西德偶爾發生的政治事件是可以拿來考驗大眾對於民主價值觀的承諾程度有多高。舉例來說，在1970年代期間，有一小群極端分子企圖要利用恐怖運動來顛覆民主制度。[17]在1980年代初期，柯爾政府遭遇無政府主義與激進環保團體所

發動的一連串暴力運動事件。近年來，國際恐怖主義者以及聖戰主義極端分子也對德國造成很大的威脅。然而，在這些案例中，所得到的簡單結論就是政治制度因為其具有良好的基本程序，因而能夠抵禦得了政治極端分子的攻擊並且能夠存活下來——而且也沒有讓大眾失去對民主過程的信念。

東德政府的宣傳也強調了民主的信條。然而，在現實上，這個政權卻只是試圖要創造一種能夠與共產黨威權統治兼容的政治文化。這個文化奠基於普魯士傳統的服從、責任，以及忠誠的價值觀；東德政府一再告訴人民，服從是身為良好公民所應具備的責任，而這種對於國家（或是政黨）的支持，就是目的。定期性的政治事件——1953年的東柏林暴動事件、建立柏林圍牆，以及壓迫在政治上持不同政見者——都使得東德在政權宣傳與真實環境之間的民主言論有很大的落差。

即使東德政府可能會很猶豫是否在「史塔西（祕密）警察」（Stasi police）的社會環境中，公開表達如此的觀點，但這或許就是民眾暴動之後其中一個為何在1989年會快速增加公民不再支持東德政權信念的原因。舉例來說，研究調查顯示東德的年輕人在1980年代中期時，還會從馬克思—列寧主義那裡尋找自我的認同，而且還堅信社會主義終將獲得勝利的人，已經很戲劇化的大幅降低很多了。[18]至少，當柏林圍牆倒塌後，這場革命式的變化吹向了東德，滋長了對於政治改革道路上應該朝向民主發展的信念。在1990年所做的一份公眾意見研究調查指出，發現不論是在西德或東德，幾乎全體都支持朝向民主這樣的基本宗旨。[19]

當然，民主要經歷真正的考驗是發生在真實的世界中。有些研究顯示了東德人一開始對於民主的理解是很有限的，或者至少是與西德人的認知是不一樣的。[20]然而，東德人在1989年對於民主的追求程度，還很明顯高過於西德人在1945年對於民主的態度。比起重塑東德人的文化，更加需要的是如何改變東德人對民主的支持，使其更深刻且富有意義的去理解民主整個過程的運作，以及民主在務實面上的優點與缺點。而現今，德國已經統一超過20年以上，民主的原則似乎已經根深蒂固於德國的政治文化中了——不論是在西德或是東德地區。

## 社會價值觀與新政治

文化變遷的另一個領域涉及國家的社會或經濟成就所展現出來的公共價值觀的改變。一旦西德解決了長期存在的社會與經濟的需求問題，大眾就開始更加廣泛的去關注到包含一連串新的社會目標。新的議題——如環境、女性權利，以及如何增進公民參與等面向——都吸引了大眾的注意力。

羅納德・英格爾哈特（Ronald Inglehart）以「西德人價值觀取向的變遷」這樣的詞彙，來解釋這些發展過程。[21]他主張一個人價值觀的優先順序反映出其在生命早期普遍存在的家庭與社會的狀況。在第二次世界大戰後轉型之前，就已經社會化的老一輩人經歷了充滿經濟與政治不確定性的環境，這導致他們會很強調經濟安穩、法律與秩序、宗教價值觀，以及強大的軍事力量──儘管過去這半世紀以來在經濟與政治上都有長足進步。相形之下，年輕世代族群因為成長在民主與富足的國家狀態下，所以他們會把注意力轉向至所謂的「**新政治**」（New Politics）價值觀念中。這些新的價值觀強調自我表達、個人自由、社會公平性、自我實現，以及生活品質。

這些新的價值觀象徵著一種鑲嵌在德意志聯邦共和國社會主流文化中的一種「第二文化」。這些價值觀一開始在東德人的群體中發展不太起來，但是自從兩德統一之後，差距已經縮小（參閱圖9.3）。對新政治議題感興趣的公眾也逐漸地從原本的年輕化族群支持者擴散開來，而發展出更廣泛的支持基礎。

## 兩種族群共處在一個國家中？

西德與東德的公民共享了德國的傳統文化遺產，但是經過40年的分離也創造出彼此不同的文化差異，而如今又要再次將這兩種文化融合成一種單一的國家文化。

因為存在這些不同的經歷，今日許多西德人與東德人在政治信念方面居然有很廣泛的相似性，確實令人感到意外。在這兩個地方的公民都很一致擁護支持民主制度與其規範（參閱圖9.3）。一開始東德人對民主過程實質的運作更為批判，因為他們覺得這個制度並不代表他們的利益。但如圖所示，這樣的認知差距，其實是在逐漸縮小中。因此，德意志聯邦共和國第二波民主的轉型，象徵著在第二次世界大戰之後來自於不同環境的兩德，在基本的政治與經濟價值觀上是有取得共識的。

然而，文化規範的其他面向確實不同。[22]舉例來說，即使住在西德與東德地區的居民都認可民主的宗旨，但是如何將這些概念轉換為實際的政治狀況，卻不容易達成共識。西方政治的開放，有時是對抗形式的作風，是許多生活在封閉的德意志民主共和國制度下的公民的一次重大調整。除此之外，與西德人相比，東德人更認同政府在提供社會服務與領導社會發展方面的作用。

一開始，東德與西德之間在地區認同上存在著很大的落差。隨著時間的流逝以及統一後嚴峻的調整，讓某些生活在以前東德地區的居民，產生一種對過去德

意志民主共和國出現懷舊的情懷。雖然東德人不願意回到過去的共產主義或是社會主義中，但是許多人卻懷念那個他們以前緩慢且更能夠加以預測的生活風格。對曾經歲月的一些象徵，出現了懷舊的嚮往，範圍從「衛星」（Trabant）牌汽車到一般消費者購買的商品，所有標示著東德符號的東西。2003年大受歡迎的電影：《再見列寧！》（*Good bye, Lenin!*）就是典型的指標——對於德國歷史感到興趣的學生來說，這是一部好電影。這也許可以解釋為何在東德人之中會堅持相信社會主義是個好的概念，只是執行不力的信念，而這只是顯示出德意志民主共和國（東德）的貧瘠罷了（參閱圖9.3）。但在1990年代初期之後，東西德之間的差距，幾乎沒有改變。

德國人共享了同樣的語言、文化，以及歷史——還有一套共同的最終政治目標。與1990年代初期的調查結果相比，在最近的公共輿論調查中，或許最顯著的就是東西德之間的差異縮小了。這個國家成功的將兩種文化融合在一起，未來則會明顯的影響到新德國的整個發展趨勢。

## 政治學習與政治溝通

### 9.7 辨認德國政治社會化的主要來源。

如果像許多政治專家所主張的，具有全然一致的政治文化有助於持久的維持一個政治制度的話，那麼一個國家就需要去樹立且延續這些態度。這些歷程就是「政治社會化」（political socialization）（參閱上冊第三章）。研究者通常會將政治社會化視為讓政治制度延續下去的來源，一代又一代的人將主流的政治規範不斷傳遞下去。然而，在德國過去半世紀以來，政治社會化所面臨的挑戰一直都是如何改變德意志第三帝國（納粹）所傳承下來的文化傳統，以及之後還要面對如何改變由東德所傳承下來的文化傳統。

### 家庭影響

在兒童成長的早期，學習政治社會化資源很少，不如父母親的影響來得大——大致來說這通常是個人形塑價值觀的主要影響力。家人之間的談論內容可能會是在眾多政治資訊接收管道當中很豐富的一個來源，也是孩童內化父母態度的多種方式之一。在孩童時期所獲得的基本價值觀往往會延續到成人時期。

在二次戰後早期的那幾年，不論原本是在德國邊界的任何一個地區，家庭社會化都不容易順利產生其功能。因為許多家長都不太與自己的小孩討論政治議題，因為擔心小孩可能會反問：「爸爸，在希特勒執政時期下，你到底在做什

麼？」後來，在西德的政治制度開始逐漸扎根之後，父母親社會化的潛在性功能才逐漸出現穩定的影響力。政治討論的頻繁程度在西德變得愈來愈正常，而家庭成為討論政治的場所也變得習以為常。甚至，很多年輕一代的家長是成長於德意志聯邦共和國的制度下，就能夠在自己持續一生的生命當中，將民主的價值規範傳遞給下一代。

家庭在德意志民主共和國的社會化過程中也扮演了很重要的角色。[23]在東德的家庭關係特別緊密，而且大多數的東德年輕人宣稱都會與父母親分享對政治的見解。家庭是少數幾個能讓人們可以公開討論自己信念的場所之一，這是個可以讓個人能夠自由的免除他人監視眼光的私領域環境。在這裡，個人可以對國家表達讚美或質疑。但是，在兩德統一之後，世代間的政治經歷以及他們的期望大相逕庭。

儘管家庭所承擔的社會化角色愈來愈重，但是在西德與東德之間的政治價值觀中，往往也有著世代差異。德國千禧年之後的一代通常都比自己的父母親來得更自由、更沒有那麼傾向以經濟為導向的目標、更正面看待自己在政治過程中能夠扮演的角色，以及更有意願挑戰現行社會的價值規範。[24]東德的年輕人也是時代下的產物，現在是生長在德意志聯邦共和國之新的民主與資本主義制度下。過去在德意志民主共和國，服從是必要的，想像一下，當東德父母親看著自己處於青少年時期的子女，擁抱「嘻哈」（hip-hop）、「龐克」（punk）音樂，或是「哥德」（goth）式生活風格時，會做何感想？許多德國年輕人的價值觀與目標正在發生變化，經常使他們與自己家中的長輩發生衝突。

## 教育

隨著20世紀後期大眾對德意志聯邦共和國政治制度的支持增加，公民機構的功能也從原本強化民主的價值觀，轉換為理解民主過程的動態發展——關注利益代表、衝突解決、少數群體權利，以及公民發揮影響力的方式。目前的模式試圖協助學生為他們作為政治參與者的成人角色做好準備。

即使教育內容與西德有很大的出入，但是德意志民主共和國的學校制度也在政治教育中扮演了不可或缺的角色。學校會嘗試去創造出具有社會主義人格的學生，包括對共產主義原則的熱愛、熱愛德意志民主共和國，以及參與國家的贊助活動。德意志民主共和國的另一個社會化成果的基石就是由政府主導的青年團體系統。幾乎所有的小學生都參加了這樣「先鋒隊」（Pioneer），這個青年組織結合了一般的社交活動——類似美國的「童子軍」（Boy Scout）或是「女童軍」

（Girl Scout）——並帶有非常強烈的政治性教育意涵。大多數的年輕學生在14歲時會加入「自由德國青年」（Free German Youth, FDJ）團體，這是作為未來菁英人才位置的培訓與甄選平臺。簡而言之，從學校挑選教材給小學一年級的學生到運動會頒獎晚宴上的演講，這個政權的價值觀是滲透到日常生活的每一天當中。然而，這個充滿華麗虛飾的政權往往會面臨與現實相互矛盾之處，因此德意志民主共和國的教育工作仍未完成。當然，隨著兩德統一，這種情況發生了變化，現在德國的學校傳授全國一致通用的共同價值觀內容。

**社會階層化**——德國教育體系另一個重要面向就是其對「社會階層化」（social stratification）的影響。中等教育學校體系有三種不一樣的途徑。第一種途徑提供了一般的教育，通常會引導學生進入技職訓練與勞動階級的職業中。第二種途徑結合了技職與學術訓練。朝向此計畫方案的大多數畢業生都會被僱用到一些中低技術等級的職業工作中。第三種途徑專注在學術訓練（學術型升學高中）的「文理高中」（Gymnasium）預備接軌未來的大學教育。

學生選擇進入不同的教育途徑，強化了德國社會內部的社會階級差異。學校會引導學生在僅上了4年至6年的小學教育後，就依照學生的學習成績、家長的偏好，以及教師的評估等各方面，而進入到不同的途徑。在這樣幼小的年紀，家庭的影響是導致孩童未來發展的主要因素。因此，大多數進入到學術領域的孩童，都是來自於中產階級的家庭；而大多數進入技職領域的學生，都是來自於勞動階級的家庭。想像一下，如果你未來能夠進入大學的機會已經在你還是個10歲的小孩時，就已經被決定了，你會有何感想？

這三種途徑的區隔是非常鮮明的。學生會因此去不一樣的學校上學，而使得跨領域的社會接觸是非常少的。這三種途徑所提供的課程差異很大，一旦學生被分配到某一途徑上時，他／她就會發現轉換跑道是非常困難的。文理高中有更充沛的經費而能夠招聘到最好的師資。每一位從文理高中畢業的學生幾乎都能保證進入大學就讀，而大學是免學費的。

改革者進行過許多嘗試以減少教育制度中產生的階級偏見。有些邦提供單一、綜合性的中等學校讓所有學生都能就讀，但是僅有約10%的中等學校學生有機會進入這些學校就讀。德意志民主共和國採用了不一樣的教育制度讓所有學生都能在綜合性學校就讀，因而減少了社會階層的距離。然而，兩德統一後逐漸將西德路線式的教育制度擴展至東德，而非對西德的制度進行改革以減少社會階級的偏差，讓所有人都能夠獲得比較多的平等機會。

制度改革者在擴大進入大學教育的管道上，有比較明顯的成功。1950年代初

期，只有6%的大學年齡的年輕人接受高等教育；今日，這樣的數值已經提升至30%。雖然已經不像過去那樣明顯，但德意志聯邦共和國的教育制度卻仍保有菁英主義的偏好。

## 大眾媒體

在德國，大眾媒體的發展已經具有長遠的歷史了；世界上第一家報紙與電視臺節目都出現在德國。德意志聯邦共和國的大眾媒體發展的目標之一就是要避免納粹式的宣傳經驗，並促進新的民主政治文化。[25]德意志聯邦共和國開始全新的新聞傳統，承諾推動民主的規範、客觀性，以及政治中立。

新聞界具有高度區域化特徵。不像是英國或是法國具有一些全國性的報紙，德國每個地方或是大城市都有一種或數種報紙，主要發行在當地的地區。在每日數以百計發行的報紙中，只有少數報紙——像是《法蘭克福匯報》（*Frankfurter Allgemeine Zeitung*）、《世界報》（*Welt*）、《南德意志報》（*Süddeutsche Zeitung*）、《法蘭克福評論報》（*Frankfurter Rundschau*），以及《每日鏡報》（*Tagesspiegel*）——具有全國性的影響力。雖然德國最大發行量的報紙：《圖片報》（*Bild Zeitung*），是藉由關注聳人聽聞的故事來販售報紙，但是高品質的報紙還是會投入大量的精力，在國內與國際的報導上。

德意志聯邦共和國的電子媒體也一樣朝向去中心化的地方性來發展。公營事業在邦或郡級層次的管理包括了公共電視與廣播電臺的頻道。這些公共的頻道依然是德國的主要電視節目頻道。公共電視頻道強烈放送有關政治性的節目內容；大約有三分之一的節目是在討論社會或是政治的議題。為了要確保公共電視能夠不受到來自商業壓力的影響，公共媒體大多數的財務來源主要是來自對擁有收音機和電視機的人所徵收的稅款。有線電視與衛星電視這些新的技術極大的從其他國家擴展到了本國的私營電視臺與廣播臺。比較近期的歷史，有線電視用戶可以觀看以前難以想像有關社會、文化、政治，以及體育等各種範圍的節目。許多分析家認為，這些新的產品內容擴大了資訊的多樣性與公民的選擇範圍，但是也有一些分析家擔心這將導致德國收看電視習慣的品質產生惡化的結果。

網路也成為政治訊息逐漸增長的來源之一。很多人用來分享公共訊息，尤其是年輕人與受過良好教育的公眾，他們會運用網路閱讀新聞、在大選期間瀏覽政黨的網頁，以及在「臉書」（Facebook）或類似的德國社交媒體「資產中心集團」（VZ-Gruppe）上，與朋友分享訊息。為了能夠趕上這一波媒體浪潮，梅克爾化身為每週的「播客」（podcast）來討論一些政府面對的議題，而聯邦議院也

將立法議會轉成「影像檔傳播」（video stream）方式來散播訊息。在每一次的選舉中，網路就會變成是資訊的高度重要來源。

輿論調查顯示，德國人有非常高度的慾望想藉由媒體報導來了解政治的訊息。2013年德國「長期縱貫歷時性的選舉研究」（Longitudinal Election Study）發現，有95%的公眾宣稱自己是從主要的網路新聞節目之一獲得選舉的新聞訊息，84個閱讀過報紙的人，有48%的人會從網路上的其他新的管道獲取新聞來源（高達63%的比例是屬於千禧年的新一代）。[26]如此高比例的媒體使用狀況，顯示了德國人是很依賴媒體的使用者，並且很容易對政治事件的脈絡十分了解。

## 公民參與

### 9.8 比較過去鼓勵東德與西德人民參與政治活動的方式。

德意志聯邦共和國成立之初，歷史當然還不利於公眾廣泛的參與政治。重新塑造其政治文化的最終一步就是讓公民參與政治過程中——讓公民進入這領域中並且參與。

從一開始，德意志聯邦共和國就鼓勵人們積極參與政治的活動，因為民主的程序促使了許多人民至少在選舉時投票。在某些全國性選舉中投票率高達了90%。西德人對政治制度的運作瞭若指掌，而且發展出對政治事務的興趣。經過不斷的民主經驗，人們也開始內化自己的參與者角色。大多數的西德人認為自己的參與可以影響政治的過程——人們相信民主的力量。

公眾藉由提高涉入的程度，而正在穩定地改變政治的規範。在1950年代，有近三分之二的西德人從來不曾討論過政治；今日，大約有四分之三的人則聲稱自己會經常討論到政治相關議題。也許最戲劇性提升參與程度的例證就是「公民倡議團體」（Bürgerinitiativen）的增加。人們可以從一些自己感興趣的特定議題團體中表達本身的需求，以及影響決策制定者。家長針對學校的改革而組織、納稅人抱怨政府提供的服務，以及居民抗議當地環境的情況問題。一些有爭議的行動方式——抗議與政治消費主義——也大量增加。而愈來愈多的德國年輕人將網路當成是一種政治性的工具來運用。

德意志民主共和國的體制也很鼓勵民眾參與政治，但只允許以強化對國家效忠的方式來進行。舉例來說，選舉提供了共產黨的領導階層以政治手段教育民眾的機會。人民被期待加入「政府核准」的工會、社會團體（如「自由德國青年」或是「德國婦女聯合會」（German Women's Union）），以及準公共機構（quasi-public bodies），像是「家長—教師組織」（parent-teacher organisation）。然而，參與不是一種讓人民有機會去影響政府的方式，而只是政府能夠影響公民的方法。

雖然兩德人民成長在非常不同的經驗中，但是不論是來自東部或是西部的德國人都被社會化成一種進行高度政治參與的模式（參閱圖9.4）。全國性大選的投票率是歐洲所有民主國家中最高的。2013年舉辦的聯邦議院選舉，大約有72%的西德人與近68%的東德人參與了投票。這樣的投票率如以美國的標準來看是非常高的，但是相較於1980年代接近90%投票率的選舉而言，這已經是下降的了。高投票率一部分反映了人們的信念，即投票是公民應盡的一部分義務。此外，選舉制度也提升了投票率：選舉通常在星期日人們不工作的時候舉辦，政府會持續更新選民登記名冊，而選舉方式也一直都很簡易——最多只需投二種票。

2014年進行的一項研究調查顯示了東德人與西德人的參與模式（再次參閱圖9.4）。[27]東西德這兩個地區大約有三分之二的公眾表示有簽署請願書，同時也都因為某些因素而捐助政治獻金。大約有半數民眾因為政治、族群或環境的原因，而進行某些商品的購買與抵制——在德國的環保意識敏感度是非常高的。東西德大約各有三分之一的地區人口曾經參與過政治集會或上街示威遊行。另有五分之一的人曾經直接聯繫過政治人物。在網路上進行政治性活動的比例較小，但是人數逐漸在增長。這些比較當中，有兩點值得注意。第一，現在德國人的參與已經遠遠擴展到超越選舉政治的範圍以外，而涵蓋到直接行動的方法以及有爭議的行動模式中。除此之外，過去在東德與西德之間曾經引人注目的參與落差，也逐漸縮小到幾乎相等的狀態了。整體分析，過去一直是觀眾角色的人，已變得更積極在政治過

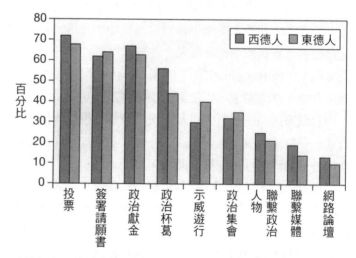

**圖9.4　西德與東德政治參與程度**

**雖然之間的落差已經隨著時間有縮小的趨勢，但西德人比東德人對於政治上的行動性更加高一些**

資料來源：2014年「德國綜合社會調查」研究；選民研究的結果所使用的數據資料是來自於政府2013年選舉的統計資料。

程中投入參與了。

# 菁英層級的政治[28]

## 9.9 描述成為德國政治菁英一員的漫長道路，如何影響他們的行為。

德意志聯邦共和國採行代議民主制度。這意味著在一般公民上面有一個由上千位的政治菁英組成的團體，負責管理現實政治制度的運作。這些菁英就像是政黨領導人以及國會代表，都是透過選舉方式直接向公眾負責。公務員與法官是任命制，但是他們至少必須間接對公民負責。利益團體與政治協會的領袖會以代表其特定負責團體的身分參與政治。雖然這一群具有影響力的政治菁英很容易辨識，但是他們並非是一群同質性很高的權力菁英。相反的，德意志聯邦共和國中的菁英代表的是德國社會中的多種利益。往往，在這些政治菁英中存在更多的是政策偏好上的異質性，其差異性就像是一般社會大眾一樣。

與美國政治菁英的人才甄補有所差異之其中一個特點，就是一個人要爬到頂端並進入這政治菁英階層之前，可能需經歷過很長一段時間的學徒階段。全國性或即使是各邦政治職務的競爭候選人，一般都有長期待在地方層級中的政黨事務與職位的背景。同樣的，資深的公務員幾乎獻上所有一生的歲月都待在政府機關中工作。梅克爾總理的個人履歷是個特殊的例子，因為她沒有遵循長期擔任政黨或是政治職位工作的典型模式（參閱專欄9.3）。

長期的學徒訓練，意味著政治菁英在站上某個權力很大的職位之前，就已經擁有許多廣博的經驗了。全國性的政治人物在邦或地方層級共同工作的過程中就已經認識彼此了；公務員的途徑通常也會在冗長的職業生涯中有所交集。這些經歷會幫助自己在菁英圈中產生信任與責任感。舉例來說，總理的內閣成員通常是在從那些曾經待過各邦與聯邦層級的政府單位中，具有廣博經歷的政黨菁英中挑選出來。在梅克爾當選之前，從1960年代之後的總理，基本上先前都曾經擔任過邦部會主席。很少有人是因為頂尖的商業領袖或是具有受歡迎的人格特質，而運用其在政治外面世界的成功經驗，而迅速獲得政治權力。這也強化了菁英政治的凝聚力。

因為他們代表了不同的政治選區，菁英在他們的許多政策優先事項上排序都有差異。舉例來說，德國社會民主黨菁英和工會官員，更有可能強調需要更大的社會和經濟平等、社會安全，以及外國人移民的融合。[29]而基督教民主聯盟／巴伐利亞基督教社會聯盟以及商業代表，通常都占據相當特殊的經濟地位，因此這些教會官員會更強調道德與宗教的原則。綠黨的行動者則是有自己的替代議程。

**專欄 9.3** 非典型總理

在所有的德國總理履歷中，安格拉・梅克爾是最與眾不同的一位。她於1954年出生在西德，而當她1歲時，她父親是左派傾向的路德教會的牧師，於是選擇舉家搬至東德。就像是許多年輕的東德人一樣，她成為了德國青年共產主義聯盟（Young Communist League of Germany）的成員，這是個隸屬於「自由德國青年」的團體。她最後於1989年在「東柏林科學院」（East Berlin Academy of Sciences）拿到了物理學的博士。梅克爾一開始的職業生涯是擔任一位科學研究家，而後直到東德在1989年開始倒臺為止。她首先參與了「民主覺醒運動」（Democratic Awakening），而之後加入「德國基督教民主聯盟」且競選成為聯邦議院議員，並在1990年成為德國基督教民主聯盟的領導人。她很快就在德國基督教民主聯盟的階層中爬升至領導人的位置，在1991年至1994年擔任女性與青年部長，而在1994年至1998年則擔任環境部長。在2000年，梅克爾變成了德國基督教民主聯盟的全國主席。在2005年的選舉後，他變成了第一女性，也是第1位前東德的公民領導統一的德國聯邦政府。在2016年，《富比士》（Forbes）雜誌在全球百位最有權力的女性排行名單中，將德國總理梅克爾排名在第1位。而在2017年的秋天的大選後，她也持續獲得擔任第4任的德國總理。

這種代表方式，給予了公民可以在菁英在進行決策時發出聲音，而團體與政府之間愈能直接聯繫，想必就愈能將團體利益的聲音直接表達出來。

## 利益團體

### 9.10 討論德國利益團體的組成及其對政治的影響。

利益團體是德國政治過程中不可或缺的一部分，甚至比美國更重要。雖然特定的利益團體的風格與功能可能有所不同，但是利益團體作為政治過程中的必要參與者一般而言都很受歡迎。

利益團體參與各式各樣的政府委員會以及機構，例如公共廣播電臺與電視的管理。有些團體會收到來自於政府在財務上或行政上的支持，以協助團體展開並執行與政策相關的活動，如醫院的行政品質或是自然環境狀態的監控。當執行新的政策可能會影響到利益團體時，聯邦行政的運作規則要求部門官員在制定可能受影響的利益團體的新政策時需聯繫相關利益團體。這些協商討論可確保政府能從團體的專業知識中受益。

在某些情況中，利益團體活動的模式已經很接近治理的行為。舉例來說，當政府尋求鋼鐵產業的結構改革時，政府會召集從各領域中受影響的利益團體代表共同討論與協商可行的計畫方案。團體的官員試圖就必要的改變取得共識，然後

並執行這樣的協議，有時候也會受到政府官方的支持。類似的行動也發生在其他政策領域中。然而，在美國這樣的合作方式卻是在法律上被禁止的。

政府與利益團體之間的這種合作被稱為「**新統合主義**」（neocorporatism），一般的模式具有以下特徵（另請參閱上冊第四章）：[30]

- ■ 社會利益在實質上會被組織成具有強制性的團體。
- ■ 每個獨立的社團代表每個社會部門。
- ■ 社團內部組織是具有分層結構的。
- ■ 政府接受社團為正式代表。
- ■ 社團可以直接參與政策制定過程。

這樣新統合主義模式鞏固了利益團體在政策制定過程中所扮演的角色。各國政府在與這些利益團體進行磋商時，也會感到自己正在回應公眾的要求，而這些利益團體中的成員也會依靠其組織表達自己的意見。通常在相關團體與政府之間的討論與談判中達成政策的決定；然後，再由政府的行動落實這些協議。因此，主要的利益團體代表在政策制定過程中扮演了很重要的角色。新統合主義的關係也減緩了政治衝突。舉例來說，在新統合主義制度中罷工程度與政治衝突往往較低。

新統合主義的另一項優點在於其可促使政府更有效率；相關利益團體能夠不需要受到公開辯論與黨派衝突的壓力下就政策，進行協商。然而，有效率的政府不一定是最好的政府，尤其是在民主環境中。政府在決策的代表機構外的會議小組或諮詢委員會中做出「相關」利益團體的決策。

但是，新統合主義也有另一種觀點。其假設所有相關的利益都是有組織的，並且也只有有組織的利益才會被認為是相關的。影響整個公眾的決策，往往都是經由私下的談判而產生的，經由民主選舉所代表的機構——各邦政府以及聯邦議院——都被迴避在一旁了。利益團體直接與政府機構直接協商。結果導致利益團體在選舉政治上的作用不是很活躍，因為它們把精力氣都集中在與政府機構取得直接接觸的管道上。而有些學者認為，全球化所帶來的經濟力量以及歐盟的政策影響力正在弱化新統合主義的模式。[31]

利益團體有許多種形式與規模。本節描述了代表主要的經濟社會力量的大型協會。這些協會一般都是全國性的組織，被稱為「**高峰協會**」（peak association），專門替其成員發聲。

## 商業

德國有兩個主要的組織代表商業與產業的利益。**「德國聯邦工業聯盟」**（The Federation of German Industry, BDI）是具有35個不同的產業團體協會所形成的高峰協會。德國聯邦工業聯盟的成員幾乎代表了每個主要的產業公司，形成了一個聯合陣線，就影響其利益的事務與具有權力的政府進行對話論。

**「德國聯邦雇主聯盟」**（The Confederation of German Employers' Associations, BDA）包括更多的商業組織。實際上，德國每一家大型或中型的公司雇主都與這個聯盟涵蓋到的68個雇主與專業協會有所關連。

這兩個組織的會員重疊，但是各有不同的政治角色要扮演。「德國聯邦工業聯盟」代表了企業處理全國性的政治事務。它的代表會參與政府的諮詢委員會與規劃團隊，向政府官員以及國會議員介紹商業的立場。相形之下，「德國聯邦雇主聯盟」代表了企業在立法過程中處理與社會安全、勞動立法，以及社會福利的相關議題。這個聯盟還會提名商業人士去擔任各種政府委員會的代表，範圍從媒體監督委員會到社會安全委員會都有。在德國聯邦雇主聯盟中的個別雇主可以參與組織就勞動合約與工會進行協商。

商業利益長期以來都是與基督教民主黨以及保守派政黨有密切的連結關係。公司及其高層行政人員都會提供財務上的支持給基督教民主黨，許多聯邦議院的代表都與商業組織有強烈的連結關係。然而，不論是社會民主黨或是基督教民主黨都很樂於接受商業利益在政治制定過程中的合法作用。

## 勞工

**「德國聯邦工會聯合會」**（German Federation of Trade Unions, DGB）是一個「高峰協會」，它將8個不同的大工會組織——範圍從金屬加工與營建工會延伸至化工產業以及郵政系統——合併為一個協會。[32]德國聯邦工會聯合會只代表了差不多超過600萬的勞工（2014年約占勞動力的14%）。然而，工會成員人數在下降中，現在只有不到三分之一的勞動力人口屬於這工會的成員。會員涵蓋了許多產業的勞工，以及甚至有更大的比例是來自於政府所雇用的員工。

雖然「德國聯邦工會聯合會」與「德國社會民主黨」之間沒有正式的制度連結，但兩者有著很密切的聯繫。大多數社會民主黨在聯邦議院的代表，幾乎都曾是工會以前或現在的成員，大約有十分之一的代表擔任過先前工會的幹部。德國聯邦工會聯合會在政府與團體的會議以及聯邦議院的委員會中，都代表了勞工的利益。大量的德國聯邦工會聯合會大眾成員也會為工會的競選活動提供支持，而

工會的選票也是社會民主黨選舉基本盤中很重要的一部分。

　　儘管商業與工會之間存在著不同的利益，不過它們表現出了不尋常的合作能力。因為勞工與管理層認為，當務之急是發展經濟，讓彼此都實現繁榮興盛，因此也造就了「德國的經濟奇蹟」。一直以來在德意志聯邦共和國，因罷工而減少的勞動時間以及停工損失，比起大多數西歐國家，都來得低很多。雖然工會成員數在下降，不過工會依然是在政治過程中扮演很重要的角色。

　　這樣的合作模式也受到商業與工會代表能夠聯合參與政府的委員會以及規劃小組，而有所激勵。合作模式也透過**「共同決策（法規）」**（Mitbestimmung / codetermination）方式，而延伸至產業的決策層面，這項聯邦政策要求在大公司的決策層當中，必須由勞工選出委員會中半數的代表席次。這樣的制度首次於1951年應用在煤炭、烙鐵以及製鋼產業中，並於1976年以後以修改形式延伸到其他大型的企業。這個制度整體而言是成功的，促進了勞資關係的改善，從而強化了經濟發展。德國社會民主黨也看好「共同決策（法規）」制度，因為其將民主的原則引進了經濟制度中。

## 宗教利益

　　宗教團體是德國社會中第三大有組織性的利益團體。不像美國的教會與政治保持距離，在德國的教會與政治權力之間卻相當密切。教會受到國家的規範，但是反過來說，教會也得到政府所允許的正式代表性以及支持。

　　教會的經費主要是透過政府課徵的教會稅。政府會將此附加在勞動所得稅（大約10%）上，然後政府將這些稅收轉換到該勞動者所歸屬的教會。正式來說，納稅人可以拒絕繳納這筆稅賦，但是社會的規範卻不鼓勵這樣做。

　　教會還可以獲得政府的資助建設其私人的學校、醫院、社會福利方案，以及援助其他有需要的人。教會經常直接參與政策制定過程。教會的任命者會定期參與政府的規劃委員會來討論教育、社會服務與家庭事務。根據法律規定，教會可以參與公共廣播電臺與電視網絡的監督委員會中。教會人員有時候也會擔任公職進行服務，就像是聯邦議院的代表或是邦政府的官員。

　　天主教會與基督新教教會，都能夠獲得政府相同的正式代表權，但是這兩種教會的政治風格不同。天主教會與基督教民主黨有密切的連帶關係，並且暗中鼓勵其成員支持這個政黨及其保守派的政策。天主教會的階級制度嚴格，對於政府在處理社會或是道德議題上的相關立法行為，會毫不猶豫去進行遊說，而且往往在政策制定過程中發揮重要的作用。

基督新教社群是由散落在德國各地的大部分「路德教派」（Lutheranism）組成的鬆散的協會。教會對政治的涉入也會隨著當地的牧師、主教，以及各自的信眾，而有不同的偏好程度。在西德，基督新教教會看起來似乎比較親近德國社會民主黨，但是他們並不會特別涉入政黨政治中。新教團體也會透過其在政府委員會中的正式代表或是以個別組成遊說團體的方式來發揮作用。

基督新教教會在德意志民主共和國起了很重要的政治作用，因為它們是少數幾個經過東德政府授權可以具有自主性的組織之一。教會是一個可以讓人們比較自由談論當地社會與道德面向議題的地方。當東德在1989年革命力量集結時，許多教會充當反對人士對抗政權聚會的場所。宗教不只是馬克思（Marx）所擔心害怕的人民「鴉片」（opiate）而已，也是一股可以將共產黨從政治權力頂端掃落的力量。

隨著時間的流逝，不論是在西德或是東德，教堂的出席人數持續在下降當中。現在，約有十分之一的西德人聲稱自己沒有宗教信仰，而大約有近半數的東德居民沒有宗教信仰。德國社會的逐漸世俗化，象徵著教會受歡迎的基礎——以及由此產生的政治影響力——正在逐漸萎縮。

德國日益壯大的穆斯林社群，代表著宗教利益的一種新面向。這些社群在德國各地建造清真寺，經常遭到當地居民的抵抗。然後，清真寺也可以像天主教與基督新教的教堂一樣，獲得政府的稅金補助。有些激進主義者會要求學校教導《古蘭經》（Koran），並且還要在德語以外的課程中提供其他的語言教學。隨著愈來愈多的外國人變成了德國公民時，這樣的社群就愈有可能在政治過程中成為一個愈有力量的發聲參與者。

## 社會運動領域

在20世紀後期，出現了代表特定公民利益訴求的新興公民團體。挑戰了原本的商業、勞工、宗教、農業，以及其他已經建立的社會經濟利益，這些新的組織往往將精力集中在生活風格與生活品質的議題上。[33]環保團體是社會運動中最為醒目的一群。隨著1970年代環境利益的興起，反核團體如雨後春筍般湧現，環繞在核能設備周圍的議題上；地方環保行動組織激增，並成立新的全國性組織。

女性運動的出現則是另一個充滿活力的公民社會象徵。她們利用雙重策略促進女性的社會地位：改變女性的自我意識以及推動法律的修改。地方層級興起了各種協會與自助團體協助女性的個人發展，而其他的團體是側重於全國性的政策制定。

這些團體各自具有獨特的議題利益以及自己的組織，但是它們也是所謂的「社會運動的社會」（social movement society）共同發展上的一分子。除了「新政治」團體以外，這些組織也包括了「灰豹組織」（Gray Panthers）分別代表年長者、人權團體，以及各種不同領域的公共利益團體。他們通常會從相似的社會基礎上來吸引成員加入其行列：年輕、受過良好教育的中產階級公民。舉例來說，雖然現今環保團體的會員數已經超越了政黨中的正式成員，但是他們沒有發揮既定利益團體的影響。這些團體也更可能會使用非常規的政治途徑來表達，像是抗議或示威遊行。他們是在政黨和官僚機構的傳統政治變化外動員與傳達公民的利益的新媒介。

## 以黨領政

### 9.11 解釋在德國體制中能夠強化政黨角色的因素。

德國的政黨值得特別強調，主要因為它們在政治過程中扮演了相當重要的角色。有些觀察家將德國的政治制度描述成為：政府是「黨享」、「黨治」，以及「黨有」的。

《基本法》之所以與眾不同，是因為其專指政黨（美國的憲法並沒有這樣的內容）。由於德意志帝國以及第三帝國（納粹）壓制了政黨，所以只要政黨接受民主政府的原則，《基本法》就必須保障它們的合法性及存在的權利。政黨被指定為代議制民主的主要機構。政黨就像是公眾與政府之間的中間橋梁，並為公民的政策投入提供了方法。《基本法》進一步賦予政黨教育功能，引導政黨成為「參與形塑人民具有政治意願」。換言之，德國的政黨應該要負起帶頭的作用，而非只是反映民意。

政黨在政治過程中所具有的核心地位在幾個方面是顯而易見的。沒有直接的初選允許公眾在聯邦議院選舉中選擇政黨代表。取而代之的是，有一小群由政黨成員或由會員任命的委員會提名各地區的候選人。各邦政黨大會篩選政黨所列舉的候選人名單。因此，政黨領導人可以選擇候選人名單並且將候選人加以排序。這種權力可以被用來獎勵忠貞的政黨支持者以及教訓黨內特立獨行的人；政黨名單上位置排名在前的人，事實上幾乎篤定會當選，而排名在後的則幾乎沒有什麼機會擠上聯邦議院的席次。

政黨也會主導整個選舉的過程。大多數的選民只看候選人是哪個政黨所推派出來的，而不會很在意獨立參選的政治人物。即使是地區候選人，也是因為有政黨的連結關係，而被選民作為首要的選擇。聯邦議院、邦議會，以及歐洲的競選

活動，都可以獲得政府的財政贊助；政黨每獲得一票，便會依照得票數收到公共資金的補助。政府會提供數量有限的免費電視節目時段讓競選人廣告，而這些都由各政黨安排，而不是針對個別候選人。政府在選舉期間繼續提供各黨派資金的補助，以幫助他們履行《基本法》所規定的資訊通知與教育的功能。

選舉一旦完成，政黨隨後便轉換角色開始組成政府。由於沒有任何一個政黨擁有多數席次，因此擁有多數選票的那一組政黨必須同意組成聯合政府。這樣的協議往往會在選舉之前就先溝通妥當，但是有時候他們還是會等所有選票都計算完畢為止。

在聯邦議院中，各政黨也是核心參與者。聯邦議院是由各政黨團體組織而成的「議會黨團」（Fraktion），而非由個別的代表所組成。重要的立法職位以及委員會任務僅限於黨內成員。議會黨團內的各政黨規模決定了其在立法委員會中的代表權與在委員會主席中所占的比例，以及其在立法執行機關執行機構中的參與度。政府對立法與行政資金補助的支持是分配給議會，而非分配給議員個人。

由於這些因素，在聯邦議院內各政黨的凝聚力極高。政黨在重大立法之前決定政黨的立場，大多數代表的立法投票也會遵循嚴格的政黨路線。這有一部分是由於議會制的結果，而一部分是顯示各政黨在整個過程無所不在的影響力。綜合這些許多因素，可以看到政黨在形塑德國的政治過程中，扮演了很重要的角色。代議制民主在很大程度上是透過政黨或由政黨運作，作為將選民的意見與政府的決策聯繫起來的手段。

## 政黨體系

### 9.12 列出在聯邦議院中擁有許多政黨代表的好處與限制。

第二次世界大戰之後，西方聯軍盟國在西德創建了新的民主、政黨競爭體制的國家。盟國核准各式各樣與納粹無關連且承諾遵循民主程序的政黨成立。《基本法》中要求政黨支持德意志聯邦共和國的憲政秩序以及民主制度。因為有這些規定，德意志聯邦共和國發展出一個以民主秩序作為支柱，且具有強大競爭力的政黨政治之體制。西德早期的選舉重心是保守派的基督教民主黨以及左派的社會民主黨之間的競爭關係，較小型的政黨通常保持權力的平衡。從1970年代「兩大一小」（two-and-a-half）的政黨體制開始，到後來隨著新的政治議題大量的出現，政黨的數目增加，以及政黨的合併也重新塑造了選舉的樣貌。現在德國擁有一個強大的多黨體制，共同來競爭選民的支持。

## 政黨

第二次世界大戰後，西德成立**「基督教民主聯盟」**（Christian Democratic Union, CDU）象徵了對德國政黨政治傳統上的重大突破。基督教民主聯盟是由天主教與基督新教團體、商人與工會主義者、保守派與自由主義者混合所組成。不像是只代表某一種比較狹隘的特定利益，這個政黨想要吸引社會中廣泛領域的人士共同加入，目的是為了贏得政府的權力。基督教民主聯盟力求延續基督教與人道主義這條路徑重新建構西德。第一任的政黨領導人：康拉德・艾德諾，將基督教民主聯盟發展成一個保守派取向的大通吃政黨（Volkspartei）──與威瑪共和國分散的意識形態政黨相較，形成了鮮明的對比。這個策略很奏效；在短短10年中，基督教民主聯盟成為最大的政黨，囊括了40%至50%的大眾選票，並且持續成為德國最重要的保守黨（參閱圖9.5）。

除了在巴伐利亞自由邦（Freistaat Bayern / Bavaria），基督教民主聯盟必須與**「巴伐利亞基督教社會聯盟」**（Christian Social Union in Bavaria, CSU）進行結盟以外，因為後者的政治哲學價值觀某種程度上更為保守，基督教民主聯盟在其他所有各邦幾乎都是獨立運作的。這兩個政黨在全國性的政治立場上，通常

### 圖9.5　政黨得票比例

多黨體制讓德國基督教民主聯盟／巴伐利亞基督教社會聯盟以及德國社會民主黨成為德國最大的兩個政黨，在不同的時期也會變換有其他較小政黨一起聯盟

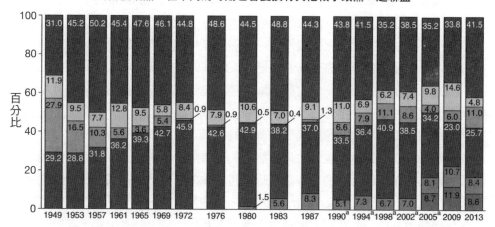

左翼黨 ■　德國基督教民主聯盟／巴伐利亞基督教社會聯盟 ■　自由民主黨 ▨

其他政黨 ■　德國社會民主黨 ■　綠黨 ▨

a1990至2013年的百分比結合了西德與東德的結果。

可以被當作是一個政黨（基督教民主聯盟／巴伐利亞基督教社會聯盟），在聯邦議院中形成一個議會團隊，並且在全國性大選上共同競選。

第二次世界大戰後，西德的**「德國社會民主黨」**（Social Democratic Party of Germany, SPD）是延續過去威瑪共和國的德國社會民主黨路線所建立——這是一個主要代表工會以及勞動階級利益的社會主義政黨。社會民主黨派一開始是擁護馬克思主義的信條，並一貫反對艾德諾傾向西方的外交政策。隨著時間的流逝，這個政黨在兩個政策領域的立場都有所緩和。這一新的方向導致該黨從中間溫和選民以及中產階級得到的支持與日俱增——並且最終參與了中央政府的治理。

在政黨體制形成的許多小型政黨中，**「自由民主黨」**（Free Democratic Party, FDP）表現得最為突出。自由民主黨一開始就很強勢的受到私營企業的擁護，並且吸引了基督新教的中產階級與農民的支持。這政黨往往也都能得到足夠的聯邦議院席次，可以在形成聯合政府中扮演著關鍵的角色。這給予自由民主黨擁有比其規模本身所暗示更大的政治作用。雖然自由民主黨的自由外交與社會福利計畫方案的立場偏向於「德國社會民主黨」，但因為經濟政策的立場，使其能夠很自然的與「基督教民主聯盟／巴伐利亞基督教社會聯盟」進行結盟。

**「綠黨」**（die Grünen / Greens）按字面來看會讓人誤以為是屬於偏好某個顏色的政黨。[34]這個政黨成立於1980年，匯集了地方環保團體與其他異議團體的鬆散組織協會。綠黨提出了一連串新的政治訴求，而這些訴求都是當時已經建立的政黨沒有處理的議題：反對核能、重新塑造軍事政策、落實環境保護、支持女性權利，以及建構多元文化主義價值。綠黨一開始就與其他既存政黨形成很鮮明的差異，一名綠黨領導人描述其就像是「反政黨的政黨」。

因為德國在1990年統一，政黨制度進一步發生了變化。德意志民主共和國倒臺後，執政的共產黨（「德國統一社會黨」（Socialist Unity Party, SED））隨著東德政權的瓦解而潰散。德國統一社會黨的成員人數暴跌，使得該黨的地方單位也自行裁撤。原本無所不能的政黨突然之間變得無能為力。為了使該黨避免全面解散，並參加即將舉行的民主選舉，政黨將原本的名稱改為**「民主社會主義黨」**（Party of Democratic Socialism, PDS）。這個政黨成為東德地區公民的代表，尤其是那些因為統一而在經濟與社會上遭受苦難的人們。在2005年，該黨在西德地區加入了左翼派的力量中，而在2007年更名為**「左翼黨」**（Die Linke / the Left）。

最後，在2013年，有一新成立的政黨出現在選舉的場合中。**「德國另類選擇**

黨」（Alternative for Germany, AfD），主要是批判德國與歐盟之間的關係以及歐盟要求實施的許多政策。該黨反歐盟的言論在許多德國選民當中引起共鳴，所以它幾乎贏得了本來可以在議會中獲得席次的5%的選票。即使沒有贏得任何席次，但它所拿到的選票還是有可能造成中間偏右派的基督教民主聯盟／巴伐利亞基督教社會聯盟與自由民主黨重新選擇執政的聯盟。如果德國另類選擇黨能夠持久——根據民意測驗結果它有可能在2017年大選後進入聯邦議院——德國另類選擇黨可以為那些對政府的移民與歐洲政策的批判者提供號召力。

## 選舉歷史

　　如表9.1所示，基督教民主聯盟／巴伐利亞基督教社會聯盟在1950年代的得票率非常高，也使得該政黨得以取得執政權，首先是由艾德諾擔任總理，然後是路德維希・艾哈德（Ludwig Erhard）以及庫爾特・基辛格（Kurt Georg Kiesinger）陸續擔任總理。因此，德意志聯邦共和國也就在基督教民主黨領導的政策下逐漸成形，並且形塑了其國內政策與國際關係的走向。在每一次的選舉中，都有為數不少的小型政黨沒落，但是基督教民主聯盟／巴伐利亞基督教社會聯盟看起來似乎增強了不少。

　　德國社會民主黨在提前選舉中表現不佳，而導致政黨為了擴大選舉吸引力而產生不小的內部壓力。在1959年的巴德戈德斯貝格（Bad Godesberg）黨團會議上，該黨放棄了原本的馬克思主義經濟政策路線，並將本身的中心轉移至國內與外交政策上。德國社會民主黨持續代表勞動階級的利益，但是藉由褪去原本意識形態的旗幟，政黨希望能從中產階級那裡吸引到新的支持群眾。德國社會民主黨變成一個進步型的綜合黨，而能夠有機會與基督教民主黨一較高下。

　　1966年，隨著大聯盟政府的形成，德國社會民主黨終於取得了突破。主要是因為當時執政的基督教民主聯盟／巴伐利亞基督教社會聯盟失去了原本聯盟夥伴自由民主黨的支持。藉由與基督教民主聯盟／巴伐利亞基督教社會聯盟共享執政權，社會民主黨減輕了大眾對該政黨的廉正度以及治理能力的不安感。而當德國社會民主黨在解決國家問題方面發揮了積極的作用時，政黨的政治支持度也跟著增長了。在1969年大選後，形成一個新的德國社會民主黨—自由民主黨政府，並由威利・布蘭特（德國社會民主黨）擔任總理。在布蘭特執政時期制定了一系列雄心勃勃的新政策，但是因為該時期的經濟衰退狀況，導致布蘭特在1974年的大選，其職位被赫爾穆特・施密特取代。德國社會民主黨在1976年與1980年的選舉中維繫了本身的執政權，但對於該政黨而言，這段期間是艱難的時期。

### 表9.1　聯合政府的組成

德意志聯邦共和國的執政黨與總理列表

| 形成的日期 | 改變的原因 | 結盟夥伴[a] | 總理 |
|---|---|---|---|
| 1949年9月 | 選舉 | CDU/CSU、FDP、DP | 康拉德‧艾德諾（CDU） |
| 1953年10月 | 選舉 | CDU/CSU、FDP、DP、G | 康拉德‧艾德諾（CDU） |
| 1957年10月 | 選舉 | CDU/CSU、DP | 康拉德‧艾德諾（CDU） |
| 1961年11月 | 選舉 | CDU/CSU、FDP | 康拉德‧艾德諾（CDU） |
| 1963年10月 | 總理退休 | CDU/CSU、FDP | 路德維希‧艾哈德（CDU） |
| 1965年10月 | 選舉 | CDU/CSU、FDP | 路德維希‧艾哈德（CDU） |
| 1966年12月 | 聯合政府變動 | CDU/CSU、SPD | 庫爾特‧基辛格（CDU） |
| 1969年10月 | 選舉 | SPD、FDP | 威利‧布蘭特（SPD） |
| 1972年12月 | 選舉 | SPD、FDP | 威利‧布蘭特（SPD） |
| 1974年5月 | 總理退休 | SPD、FDP | 赫爾穆特‧施密特（SPD） |
| 1976年12月 | 選舉 | SPD、FDP | 赫爾穆特‧施密特（SPD） |
| 1980年11月 | 選舉 | SPD、FDP | 赫爾穆特‧施密特（SPD） |
| 1982年10月 | 建設性不信任投票 | CDU/CSU、FDP | 海爾穆‧柯爾（CDU） |
| 1983年3月 | 選舉 | CDU/CSU、FDP | 海爾穆‧柯爾（CDU） |
| 1987年1月 | 選舉 | CDU/CSU、FDP | 海爾穆‧柯爾（CDU） |
| 1990年12月 | 選舉 | CDU/CSU、FDP | 海爾穆‧柯爾（CDU） |
| 1994年10月 | 選舉 | CDU/CSU、FDP | 海爾穆‧柯爾（CDU） |
| 1998年9月 | 選舉 | FDP、綠黨 | 格哈特‧施洛德（SPD） |
| 2002年9月 | 選舉 | FDP、綠黨 | 格哈特‧施洛德（SPD） |
| 2005年9月 | 選舉 | CDU/CSU、SPD | 安格拉‧梅克爾（CDU/CSU） |
| 2009年9月 | 選舉 | CDU/CSU、FDP | 安格拉‧梅克爾（CDU/CSU） |
| 2013年9月 | 選舉 | CDU/CSU、SPD | 安格拉‧梅克爾（CDU/CSU） |

[a]CDU：基督教民主聯盟；CSU：巴伐利亞基督教社會聯盟；DP（Deutsche Partei / German Party）：德意志黨；FDP：自由民主黨；G：所有德國驅逐者和流離失所者聯盟；SPD：德國社會民主黨。

因為經濟上的疲軟，1980年代初期是德國社會民主黨領導政府的艱困時期。在1982年，由基督教民主黨以及自由民主黨通過第一次成功的建設性不信任投票後組成了一個新的保守形態政府，選舉海爾穆・柯爾擔任總理。由於大眾支持柯爾的政策，因此在接下來的1983年與1987年的選舉，使執政聯盟重新掌權。

再次成為反對黨，德國社會民主黨面臨了認同上的危機。它嘗試在某次選舉中吸引中間選民，而在下一次的選舉中吸引左派選民——但是不論是哪一項策略都沒有成功。這個政黨意識到有必要變革並趕上時代的腳步，但是卻缺乏能力判斷哪個改變方向會更好。此外，還衍生出新的政黨挑戰者加入了戰場中。

綠黨在1983年贏得了第一個聯邦議院的席次，成為自1950年代以來第一個進入國會的新政黨。綠黨提出了不同的政治視野來競選，他們為長期不變的政治制度程序增加了鮮明的色彩和自發性。綠黨的國會代表典型穿著就是牛仔褲加毛衣，而不是老牌政治人物的傳統商務服裝的形象。綠黨內部自由且公開的結構，很明顯的與其他政黨偏向階級式與官僚式的結構形成鮮明的對比。儘管一開始大家憂慮綠黨對政治制度帶來的衝擊，但是大多數的分析家現在也都同意，綠黨為人們過去太過於忽視的政治觀點帶來了必要的關注。

德意志民主共和國在1989年倒臺之後，為國家提供了一個歷史性的契機，重新引導人們將目光從漏洞不斷增加的柯爾執政團隊轉移到其他地方。當其他人帶著驚奇或不確定的眼光看待這些事件時，柯爾居然擁抱了兩德之間建立更緊密連結的想法。因此，當1990年3月德意志民主共和國原本的選舉變成支持德國統一的公民投票時，確保了基督教民主黨勝利在望的結果，因為他們很早以前就對統一許下了承諾。而柯爾在1990年的聯邦議院選舉中也再度取得了勝利。

在1989年至1990年德意志民主共和國所發生的整個事件的過程，大概沒有任何人（除了共產主義者以外）會比德國社會民主黨更感到訝異。當柯爾開口說出德國唯一的祖國（Vaterland）將鼓掌歡迎東德人時，德國社會民主黨及其總理候選人：奧斯卡・拉方丹（Oskar Lafontaine）都安靜的站在一旁。德國社會民主黨在1990年的選舉中表現不佳，反映出其沒有能力擔任領導也無法跟上統一的步調。同樣的，為了強調反對西德在東德的統治，西德的綠黨拒絕了在1990年的選舉與東德的綠黨策略聯盟。當時東德的綠黨在一個各自分裂的名稱與平臺上，居然贏得了足夠多的票數而進入新的聯邦議院，但是西德的綠黨卻失敗到沒有贏得聯邦議院的任何一席，並退出了聯邦議院。

德國統一社會黨已經轉換為民主社會主義黨該黨在統一後的選舉中，以反對德國一體化的經濟與社會路線參與競選。在1990年的聯邦議院選舉中，民主社會

主義黨在東德地區贏得了11%的選票，但只贏得了全國選票的2%。民主社會主義黨在1994年與1998年的選舉獲得了聯邦議院的席次，但由於德國複雜的選舉法規最後還是得到了2席國會議員的代表。但在2002年的選舉中卻失敗而沒有超過選舉的最低門檻。

在此同時，柯爾所領導的政府也掙扎於因為統一後所產生的政策問題。德國在改善東德的情況以及建立一個穩定的社會方面，取得了實實在在的成就。然而，現實情況與柯爾在選舉上所發出的樂觀聲明相去甚遠。稅收增加、社會福利預算耗盡，以及東德改善情況進展很緩慢。在位的基督教民主聯盟／巴伐利亞基督教社會聯盟—德國社會民主黨聯合執政，在1994年的選舉失去了許多席次，但是柯爾與自由民主黨聯盟後，還是依舊以些微領先的多數繼續擔任總理。

到了1998年的選舉，執政16年所累積的問題以及統一之後的挑戰，讓基督教民主聯盟／巴伐利亞基督教社會聯盟以及柯爾都為此付出代價。德國社會民主黨選擇了溫和的格哈特·施洛德來作為其政黨的總理候選人以挑戰現任的柯爾。社會民主黨的得票結果增加許多，後來該黨也與綠黨組成聯合政府。柯爾以及基督教民主聯盟／巴伐利亞基督教社會聯盟在這場選舉表現不佳，特別是在以前的東德國家領土上。基督教民主聯盟／巴伐利亞基督教社會聯盟把失敗的矛頭對準了柯爾，因此他也選擇辭去了黨魁之位。

施洛德奉行的是中間路線，平衡了存在於聯合政府裡面的中間派與左派之觀點。舉例來說，政府允許德國的軍隊在參與科索沃（Kosovo）與阿富汗（Afghanistan）戰爭中扮演積極的角色，同時卻強制性的逐步將核能發電加以淘汰。在2002年大選期間，施洛德反對美國對伊拉克（Iraq）的政策，而從左派選民那裡贏得了許多的支持。許多專家將經濟的振興歸功於他在福利政策上的改革。後來由巴伐利亞基督教社會聯盟的埃德蒙德·斯托伊貝（Edmund Stoiber）所領導的基督教民主聯盟／巴伐利亞基督教社會聯盟，與德國社會民主黨獲得了同樣的票數，並在聯邦議院得到幾乎相同的席次（參閱圖9.6）。然而，由德國社會民主黨所領導的聯合政府還是持續握有執政權。

在政府中，綠黨努力在其非傳統的政策立場和新的執政責任之間取得平衡——並且要堅定放棄其原本非傳統的風格。舉例來說，儘管綠黨採取了和平主義的傳統，但仍支持對科索沃的軍事干預，並支持降低稅率的稅務改革，以換取課徵新的環境保護稅。

在2000年代中期，在德國社會民主黨—綠黨聯合掌握行政權下經濟陷入困境，部分因為是系統性問題，部分則是德國統一之後所積累的成本代價。有些人

**圖9.6　2009與2013年的聯邦議院席次之分配**

**2013年的選舉結果出現了左派與右派的僵局，因而產生了一個新的大聯盟政府**

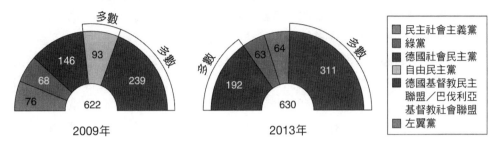

認為政府在經濟改革上做了過多的努力；而另一些人卻批評做得還不夠。由於經濟停滯不前以及大眾累積了許多的不滿，施洛德走了一步險棋，他呼籲2005年提前舉行選舉。基督教民主聯盟／巴伐利亞基督教社會聯盟推出**安格拉・梅克爾**（Angela Merkel）作為總理候選人（參閱專欄9.3）。這場選舉就在基督教民主聯盟／巴伐利亞基督教社會聯盟和德國社會民主黨之間的激烈對決而結束。

　　經歷了數週的談判，基督教民主聯盟／巴伐利亞基督教社會聯盟同意與主要競爭對手：德國社會民主黨（格哈特・施洛德退席）組成大聯盟政府。這類似於美國的民主黨與共和黨共同分享執政權——這是一組非常奇怪的政治組合。政府的職缺與內閣的職位在兩黨之間分配。這兩個政黨之間不一樣的政治哲學觀，也導致了政策的能動性變化有限。

　　2005年的選舉也改變了政黨結盟。德國社會民主黨的前總理候選人：拉方丹，精心策劃在西德與左派利益聯盟，而在東德則是與民主社會主義黨聯盟。這個新政黨得到之前被施洛德瓦解的西德左派的支持，以及來自東德民主社會主義黨選民的支持。他們幾乎獲得了民主社會主義黨在上次選舉時2倍選票的支持，而且贏得超過50席的聯邦議院席次。在2007年，這兩個政黨合併，並將政黨名稱訂為「左翼黨」（Die Linke）。[35]

　　2008年的經濟衰退嚴重影響到選民對政黨的觀感。許多支持左派的人士批評聯合執政的基督教民主聯盟／巴伐利亞基督教社會聯盟在施洛德帶領下所主導的經濟改革。相形之下，同樣身為一個政治領導人，在面對全球化經濟衰退衝擊到德國時，梅克爾作為政治領袖的能力就很顯著。她謹慎地制定刺激方案來穩定經濟以及保障工作。她還成功地將大部分經濟責任轉移至國際的力量以及其聯盟夥伴「德國社會民主黨」。德國社會民主黨缺乏清晰的訊息脈絡，來說明為何選民在2009年的選舉必須支持該政黨，而果然德國社會民主黨經歷到德意志聯邦共和

國有史以來最低的得票數。這些自由派的票數都流向了左翼黨或綠黨。2009年的保守情緒使自由民主黨展現出在德意志聯邦共和國歷史上最漂亮的表現，並且得以與基督教民主聯盟／巴伐利亞基督教社會聯盟共同組成聯合政府，而梅克爾也順利繼續在新的聯合政府中擔任總理。

　　歐洲持續面臨的經濟挑戰，以及不是很穩定的國際環境，對2013年的選舉前後都產生了影響。社會民主黨推出的總理候選人：佩爾‧史坦布律克（Peer Steinbrück）參與了一場低效能的選戰，無法說服選民相信社會民主黨可以提供一個比梅克爾更可行的替代方案。最終選民以2：1比例說明了希望繼續讓梅克爾擔任總理，但是他們也分裂成去支持可以達到這樣目標結果的政黨。

　　梅克爾與基督教民主聯盟／巴伐利亞基督教社會聯盟都是從選舉當中脫穎而出，成為最大的政黨，幾乎贏得了國會過半數的席次。然而，當自由民主黨衰退到無法贏得任何聯邦議院的席次時，這也導致現任的聯合執政必須終止了。從2009年至2013年選票大幅衰退的原因有一部分是反映出自由民主黨在2009年的勝利是非常不尋常的——另一部分原因是來自於無能的領導力。隨後的情況就是，如果這樣的局勢無法得到解決，在即將到來的新選舉威脅下，聯合執政的談判將進行很長時間。最後，基督教民主聯盟／巴伐利亞基督教社會聯盟與德國社會民主黨同意重新談判續簽較早的大聯盟政府，德國社會民主黨的領導層經其成員同意批准了協議。在某種意義上，選舉並沒有決定德國未來的政策走向，因為兩個主要的對立政黨都是政府的一部分。

　　在2013年的選舉之後，德國社會民主黨立即在大聯盟政府中制定了許多的政策。它建立了最低工資，也降低了對某些工作設定的退休年齡，從67歲降低至63歲。聯盟成員很小聲地私下抱怨這些有關社會民主黨主導的倡議行動，因為這樣看起來像是由德國社會民主黨，而不是基督教民主聯盟／巴伐利亞基督教社會聯盟，贏得2013年的選舉似的。他們也擔心德國社會民主黨將其的政策方向移動至整個聯合政府，包括聯盟在內，而離原本設定好的中心價值愈來愈遠。

　　然而，到了2015年，大眾的注意力已經從原本國內的政策，轉移至國際的場域中了。因為左派的「激進左翼聯盟」（SYRIZA）在2015年初接管了希臘政府，與希臘政府就金融紓困問題展開了激烈的談判。以國際外交波瀾不驚的標準來看，談判往往都會變成很緊張。舉例來說，有些希臘人就會印一些媒體文宣將總理梅克爾的肖像比喻成希特勒。最後，德國政府終於支持了第三版的「紓困方案」（bailout package），並且在2015年的夏天通過法案。

　　歐元的危機似乎已暫時中止，但是根本的問題仍然沒有解決。德國身為歐盟

國家中最大的經濟體，被視為富裕國家的領導者。遇到經濟困難的歐盟國家就會向德國尋求解決方案，但是往往因德國建議嚴格的「撙節（緊縮）政策」（austerity policy）而提出指責。總理梅克爾在這些談判中採取被動的角色，並由強勢的財經部長沃夫岡・蕭伯樂（Wolfgang Schäuble）擔任主導的角色。在大部分的立場上，德國的民眾是支持德國政府的——人民不希望將資源從德國轉移到希臘或是其他的國家。

　　然而，梅克爾總理在聯合政府中做了一項最重大的決定是她暫時中止了德國的歐洲庇護規則。這意味著已經在途中的數十萬難民能夠進入到德國。艾蘭・庫爾迪（Alan Kurdi）的屍體在9月初在地中海沿岸被沖毀，公眾對她的命運做出的反應，便是支持梅克爾的決定。許多德國人一開始自願花費不計其數的時間在德國各地的「接待中心」（Welcome Center）協助安頓移民。但是暫時性的邊境開放政策，也幾乎馬上引來本國其他聯盟的攻擊——巴伐利亞基督教社會聯盟。有幾個歐洲政府也批評了德國這個政策。在此同時，隨著融合的困難變得更加明顯，德國的公民對於不斷湧入的移民變得愈來愈挑剔。一個新政黨——德國另類選擇黨——訴求這些情緒的內容，後來在2016年幾個邦的選舉中都獲得不錯的成績。

　　梅克爾在大聯盟政府中擔任總理的挑戰，就是要在國內與國際環境中，提供一致性的政策。隨著德國愈來愈受到其他國家發生的事件影響，國際的議題就很容易變成是國內的問題。這個挑戰是如何使那些經常在國際議題上持有政治觀點，不容易與歷史悠久老政黨的政策保持一致的選民滿意。

　　2017年9月舉行的聯邦議院選舉，重點在作為基督教民主聯盟的總理候選人安格拉・梅克爾如何對決代表德國社會民主黨推出的候選人馬丁・舒爾茲（Martin Schulz）。選前的民調預測任何一個大黨都不容易拿到過半的多數席次。因此，聯合政府的形式會再出現，而德國未來政策的決定走向將會取決於這些聯盟的談判。

## 選舉的角色

　　當德國政黨在選舉中競爭時，他們會在一個不常見的選舉制度中去進行角逐。德意志聯邦共和國在設計選舉制度時，考慮了兩個目標。第一是要建立「比例代表制」（proportional representation, PR），依照政黨在全民投票中的得票率來分配立法機構的席次。如果某個政黨獲得了10%的得票數，它就會取得聯邦議院10%的席次。另一個目標就是如同在英國與美國施行的「單一選區制」

（Single-member District）。選區式選舉被認為可以避免威瑪共和國時期政黨制度所產生的分裂現象，並且確保在選區與代表之間的問責制。

　　為了要實現這兩個目標，德意志聯邦共和國創建了一種混合制的選舉制度。在選票的第一部分，公民可以投票給代表本身地區的候選人。每個選區中拿到最多選票的候選人，則為當選進入國會之代表。

　　在選票的第二部分，則是由選民來選擇政黨。第二部分的選票會被以全國性範圍加總以確定每一個政黨在全民當中的得票數，最後會決定政黨在聯邦議院中的代表席次。每個政黨首先在聯邦議院中得到的席次是當選的區域候選人。如果政黨還有額外獲得需要填補的席次時，剩下的席次就是按照全國性政黨已經提供的名單來分配給候選人。有一半的聯邦議院席次是由競爭區域選舉代表產生的，而另一半席次則是由政黨不分區代表產生的。[36]

　　在比例代表制中出現的一個例外就是要有5%得票率的條款。任何一個政黨必須贏得至少5%的全國性選舉得票率（或者3席的區域代表）才有資格在不分區席次中分配政黨名單上的代表席位。[37]這項法規之目的是要阻止困擾威瑪共和國的小型極端主義政黨中所產生的代表。但是，實際上5%的門檻也限制了所有次要政黨並且減少了聯邦議院中的政黨數目——而有時候也可能出現防止像是自由民主黨這種長期參與執政的政黨進入國會的狀況。

　　這樣的混合制選舉制度也造成了許多的後果。政黨名單制度會賦予政黨領導人有實質的影響力藉由把人選放在名單上的排序，以決定誰有機會可以進入國會。不過比例代表制也確保了一些小型政黨能夠公平獲得代表席次。舉例來說，綠黨在2013年只有贏得1席區域的代表，然而該黨卻因為在全國性的政黨票基礎上，額外獲得了62席的聯邦議院代表。相形之下，英國僅有的單一地區制度，則是形同一種歧視小型政黨的做法；在2010年，英國自由民主黨在全國性的選舉中贏得了23%的得票率，但是最後卻只有獲得不到9席的國會席次。德國的「兩票制」（two-vote system）也影響了政黨的選舉策略。雖然大多數的選民會將自己的2張選票都投給同一政黨，但是一些小型的政黨會鼓勵大型政黨的支持者「讓渡」第2張選票給小型的政黨。因為制度具有混合的特性，因此德國的制度有時候會被描述為像是個建立選舉制度中的理想折衷方式。[38]

## 選舉的關連性

　　民主選舉是有關將政策制定的選擇權交由未來的政府來執行，而德國擁有豐富的政黨與政策方案可供選擇。想像一下，如果美國有共產黨與環保主義政黨也

能與兩大政黨中的成員一樣可以藉由選舉進入眾議院時，這時美國會變得有多麼的不一樣呢？民主國家中採行政黨政治其中的一個基本功能就是利益代表，而這樣的呈現在德國的選舉案例中，尤其明顯。

社會團體的投票模式反映出了不同的政黨在意識形態與政策上的差異。雖然社會屬性的不同在投票偏好上的差異會逐漸縮小，但是2013年的投票模式還是反映出在德國社會與政治中是具有傳統上的社會區隔（參閱表9.2）。**39**

「基督教民主聯盟／巴伐利亞基督教社會聯盟」（CDU/CSU）主要是將選民從社會上的保守派環境中吸引出來，並受到老年人、退休人士，以及中產階級，尤其是自營商的大力支持。其他的研究顯示，天主教教徒與那些比較參加教會的人對該政黨給予不成比例的支援。

相對於基督教民主聯盟／巴伐利亞基督教社會聯盟，「德國社會民主黨」（SPD）的選民基礎是中產階級的公民，但有很高比例的支持票數卻是來自於藍領階級的勞工。在某些方面，德國社會民主黨也很掙扎，因為其傳統的支持基礎──藍領階級的勞工──在規模上一直在減少中，但是政黨卻還沒建立起可以吸引到某一特定選民會支持的新政治認同感。

「綠黨」的選民是大量來自那些會支持新政治運動的群體：中產階級、受過良好教育者，以及城市的選民。儘管綠黨在2010年時歡慶了成立30年，但是它依然能吸引到年輕人的支持，尤其是受過大學教育的年輕人。

「左翼黨」也具有很獨特的選民基礎。這是第一個強調親東德取向的政黨，2013年該黨所有的主要選票來源幾乎都是來自於東德地區。該黨的左派根源也體現在對藍領階級的勞工與失業者的吸引力上。自兩德統一後，此政黨主要是關注於那些在德國經濟與政治路途上受到挫敗的人。

「自由民主黨」（FDP）的選舉支持者，有很高比例是來自於中產階級，包括白領階級的勞動者以及自營商。當綠黨企圖吸引自由主義者、受過良好教育的年輕人時，自由民主黨則吸引了很大一部分來自於年輕且受過良好教育的保守派人士的選票。但是因為受到來自其他右派與左派政黨的擠壓，自由民主黨因為缺乏明確的認同感，而導致其在2013年的選舉上遭受到極大的挫敗。

2013年新加入的競爭者就是「德國另類選擇黨」（AfD）。這個政黨主要是批判歐盟的政策以及德國貢獻給歐盟的資源，而這也成為其吸引選民的主要基礎。它還吸引了那些反對移民大量湧入的人們。這樣的定位在固定收入的退休人員、東德人，以及一些年輕人當中取得了共鳴。由德國另類選擇黨的選民基礎結構來看，顯示了它同時吸引到左派與右派的支持。

| 表9.2　2013年的選舉聯盟 |
| --- |

投票模式顯示了以保守派為社會基礎的基督教民主聯盟／巴伐利亞基督教社會聯盟，
以及以自由為基礎的德國社會民主黨、綠黨，以及左翼黨

|  | 德國基督教民主聯盟／巴伐利亞基督教社會聯盟 | 德國社會民主黨 | 綠黨 | 左翼黨 | 自由民主黨 | 德國另類選擇（黨） | 其他 |
| --- | --- | --- | --- | --- | --- | --- | --- |
| 選舉結果 | 41.5 | 25.7 | 8.4 | 8.6 | 4.8 | 4.7 | 6.1 |
| 地區 | | | | | | | |
| 西德 | 42 | 27 | 9 | 6 | 5 | 4 | 6 |
| 東德 | 39 | 17 | 5 | 23 | 3 | 6 | 7 |
| 就業狀況 | | | | | | | |
| 任職中 | 40 | 26 | 10 | 8 | 5 | 5 | 7 |
| 失業中 | 22 | 25 | 10 | 21 | 2 | 7 | 13 |
| 退休 | 48 | 29 | 5 | 9 | 4 | 4 | 1 |
| 職業 | | | | | | | |
| 自營戶 | 48 | 15 | 10 | 7 | 10 | 6 | 4 |
| 薪水員工 | 41 | 26 | 10 | 8 | 5 | 5 | 5 |
| 公務員 | 44 | 25 | 13 | 5 | 6 | 5 | 2 |
| 藍領勞工 | 38 | 30 | 5 | 11 | 3 | 5 | 8 |
| 教育程度 | | | | | | | |
| 基礎教育 | 46 | 30 | 4 | 7 | 3 | 3 | 7 |
| 中等教育 | 43 | 25 | 6 | 10 | 4 | 6 | 6 |
| 通過高中會考文憑 | 39 | 24 | 12 | 8 | 5 | 5 | 7 |
| 大學文憑 | 37 | 23 | 15 | 9 | 7 | 5 | 4 |
| 年齡 | | | | | | | |
| 30歲以下 | 34 | 24 | 11 | 8 | 5 | 6 | 12 |
| 30至44歲 | 41 | 22 | 10 | 8 | 5 | 5 | 9 |
| 45至59歲 | 39 | 27 | 10 | 9 | 5 | 5 | 5 |
| 60歲以上 | 49 | 28 | 5 | 8 | 5 | 4 | 1 |
| 性別 | | | | | | | |
| 男性 | 39 | 27 | 8 | 8 | 4 | 6 | 7 |
| 女性 | 44 | 24 | 10 | 8 | 5 | 4 | 6 |

資料來源：地區資料來自於選舉的統計數據；社會群體的資訊來自於2013年德國聯邦議院出口民調、大
　　　　選研究小組。

附註：因四捨五入，故有些百分比加總之後未必是100。

隨著時間的流逝，在較大型政黨之間的不同傾向的社會團體的差異通常會縮小，因為根據階級、宗教，或其他暗示做出決定的選民愈來愈少。取而代之的是，有更多的選民在做決定時會依照政黨的議題觀點或是候選人的評估來決定。然而，政黨的意識形態與主要客群網絡依然會反映出這些傳統的團體基礎，所以他們對政黨具有持久的影響力。

## 政策制定過程

### 9.13 描述在聯邦政策制定過程中的主要參與者。

政策制定的過程可從社會上任何部分開始——利益團體、政治領導人、一般民眾或是政府官員。這些參與者在擬定公共政策時會互相影響，因此很難找出究竟哪裡是政策概念發起的真正源頭。此外，一旦某個新政策被提出了，其他的相關利益團體與政策參與者也會變得很積極去修正、支持或反對這項政策。

在政策參與者之間的互動模式也會隨著各式各樣的政策議題而有所不同。某一類型的團體可能會在勞工議題上最為活躍，而這些團體也會運用最有影響效果的方法讓他們的目標能夠最順利成功達成。其他不同的團體可能會企圖去影響國防政策，並且運用不同的影響方法。雖然用來制定所有政策議題領域的制度架構基本上是一致的，但是因為具有這樣的多樣性，所以導致很難以某種單一的過程來描述政策的制定。

當歐盟變得愈來愈重要，這也導致改變了其成員國的政策制定之過程。[40]現在於比利時布魯塞爾（Brussels）所制定的新政策，往往效力都會比德國的法律更加優先適用。德國政府所通過的法律，也都必須受到歐盟在許多方面的標準來確認。歐洲法院（The European Court of Justice, ECJ）具有權力來否決德國政府所通過的法律。因此，政策制定就不再只是某個國家內部單獨的過程了。本節會描述政策過程的各個不同階段，並且說明在德國政府機構之間的權力制衡狀況。

### 政策倡議

大多數的議題都是透過行政部門的管道進入政策議程。其中一個理由就是因為內閣與部長需要管理政府內的事務。他們負責草擬預算、制定稅收計畫、執行既有的政策，以及負責政府其他例行性的活動。議會制民主國家的本質會進一步強化總理與內閣在政策制定的影響力。總理是政府以及聯邦議院多數代表在重大政策上的主要發言人。總理會透過演講、訪談，以及正式的政策宣布，來提出政府的施政議程。總理與內閣要負責提出新法案來落實政府的政策承諾。利益團體

意識到行政部門的重要性，所以當他們要尋求新的立法時，一般都是與聯邦部會共同合作——而不是與聯邦議院代表合作。

行政部門在主導上的優勢，意味著有差不多三分之二交由聯邦議院審議的立法案件都是由內閣所提出的。聯邦議院的30位代表可以共同提出一項法案，但是也只有20%的立法提案是以這樣的方式所形成。大多數聯邦議院會提出的法案，都是涉及到個別成員的案件或少數的議題。各邦政府也可以提出法案送交聯邦議院，但是他們卻很少這樣做。

內閣一般會遵循已有共識的決定制定政府的政策計畫。部長提出了他們期望受到內閣支持的立法。總理在確保是否達成共識上，扮演了一個關鍵的角色。總理辦公室負責統合來自於各部會之所有立法案件的草案。如果總理認為某項法案與政府既定目標有衝突時，他／她可能就會要求將此法案撤回或是退回至部會進行重新研究後再次草擬提出。如果某個政策在兩個部會之間出現了意見上的衝突，總理可以調解爭端。另外，跨部會的協商或許也可以解決分歧。通常只有很極端的案件是總理無法解決的問題；當出現這樣的僵局時，就會交由全體內閣來處理這樣的政策衝突。

總理在內閣審議會中也扮演了重要的角色。總理就像是個槓桿的支點，平衡利益衝突以達到政府全體主要成員都願意支持的妥協。這樣的領導位置給予了總理實質上的權力與內閣成員進行協商。絕大多數的內閣成員很少反對總理。當總理與內閣在某項立法草案上達成了共識時，他們在立法過程中就會占據主導的位置。因為內閣通常也代表聯邦議院的主要多數，所以大多數的倡議，最後也都會通過成為法律。在第15屆的聯邦議院（2002-2005）中，有近90%的政府提案通過成為法律；相形之下，大約只有40%由聯邦議院成員所提出的法案最後會通過成為法律。因為《基本法》對聯邦議院具有財政權上的限制，因此也讓政府的立法地位進一步被強化。國會能夠修改或是修正大多數的立法草案。然而，他們卻不能夠變動由內閣提出之立法草案的支出或徵稅的程度。在沒有獲得財政部長與內閣同意的情況之下，國會甚至無法重新調整預算的開支分配。

## 政策立法

當內閣核准某項立法草案時，這草案就會被送到聯邦參議院進行審查（參閱圖9.7）。內閣在收到聯邦參議院的建議之後，就能夠修正法案，然後將政府的提議正式送到聯邦議院。該法案會先經過一讀，將其排入聯邦議院的議程中，然後再交付適合的委員會審查。

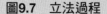

**圖9.7　立法過程**

此圖描繪了新的法律如何從一開始的提案到正式生效的過程

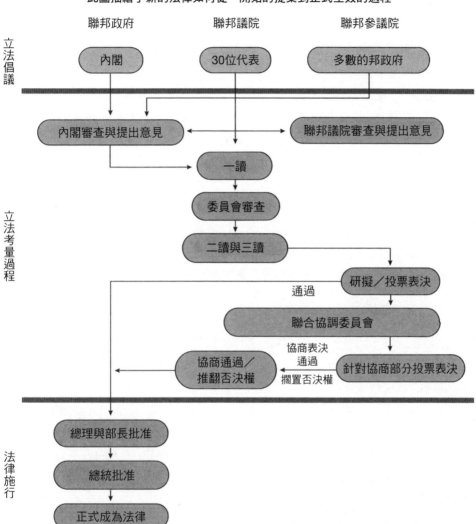

　　聯邦議院大多數的工作都集中在這些專門委員會中進行。所列舉的委員會名單一般都是與聯邦部會的組織類似，如交通、國防、勞工，或是農業委員會等。委員會實際上有一個潛在功能來協助法案內容進行審查與修正。另一個徵兆可能是與政策制定的歐洲化（Europeanization）現象有關，亦即委員會必許考量到所提交的法案是否與歐盟的準則一致（如果相關）。委員會評估草案時，會斟酌利益團體的意見，然後會提交一份經過修改的草案到聯邦議院的議會中。因為研究

人員人數不多，所以委員會也會運用調查式聽證會方式來協助。政府與利益團體的代表都會為這未決的立法加以陳述說明，而委員會成員通常也會在他們所指定的政策領域中邀請專家協助。大多數的委員會都是閉門會議。因此，在將法案送交到聯邦議院的議會上之前，委員會制度能夠提供一個比較坦誠溝通草案，以及在政黨之中協商的機會。

當委員會將法案交付至全院審查時，所有的聯邦議院成員都要對法案加以審查，並且討論任何提交的版本。然而，在這個過程中，大家的政治立場已經確立。執政黨的領導人通常都會參與立法案的制定過程。政黨也都會要求成員表態本身的立場。在二讀與三讀期間很少進行重大的修正；政府一般會收到的通過法案，大多是在委員會中所提交的版本。

因此，針對政府草案的優點而進行的聯邦議院辯論，大多是一種象徵性的。正方支持的政黨會說明新法的優點，並且向支持者宣傳他們在這法案中所下的功夫。反對黨則是將本身抗議的內容交由大眾來評論。雖然這些辯論很少會影響到投票表決的結果，但是這個過程依然是聯邦議院提供資訊功能上，很重要的一個環節。

一個法案在聯邦議院通過的話，之後就會送交到代表各邦政府在政策制定過程的聯邦參議院。大多聯邦參議院的工作也都是在專門委員會裡完成的，法案在委員會被仔細審查其政策內容，以及在各邦的行政影響狀況。在一些領域中，聯邦參議院的立法權威性相當於聯邦議院，各邦同時也與聯邦政府共同享有權力或執行聯邦的政策。在這些領域中，需要經過聯邦參議院的批准才能夠讓法案通過成為法律來執行。在一些政策領域沒有直接涉及到各邦時，如國防與外交，這樣的立法就不需要聯邦參議院的批准。從歷史上的紀錄來看，大約有三分之二的立法提案都需要聯邦參議院的批准，但是近年的改革，意味著現在可能只有30%至40%的立法需要聯邦參議院的批准。[41]

在聯邦參議院的投票程序來看，給了較小的邦一些很不成比例的重要權力；僅占三分之一人口數的一些小邦，居然在聯邦參議院中占有一半的票數。因此，跟依比例代表制以及直接選舉的聯邦議院相比，聯邦參議院根本無法宣稱自己擁有同樣的民意合法性。聯邦參議院的投票制度也可能會鼓勵各邦走向狹隘的地方主義。各邦會形成一種集團式的投票；因此，他們會從各邦本身的觀點來檢視政策，而非從國家的利益或是政黨立場來看。聯邦議院與聯邦參議院不同的選舉基礎，會讓立法過程不可避免地出現一些緊張的場面。

往往，不同的政黨聯盟控制聯邦議院以及聯邦參議院。在某種意義上，這樣

的區分狀況會強化立法機構的權力，因為聯邦政府必須與聯邦議院裡的反對勢力進行協商。然而，一個分裂的政府也會阻擋了在各個領域進行必要的新立法。

如果聯邦參議院通過了一項法案，就會將法案送給總理簽署。如果聯邦參議院將法案退回到聯邦議院，雙方單位的代表就會召開一個聯合協調委員會來化解彼此之間的歧見。協調委員會會提出本身的建議到雙方的立法單位，以待批准。如果這個草案涉及到邦政府時，聯邦參議院可能會進行絕對否決權的使用，以避免該法案生效成為正式的法律。在其餘的政策領域中，聯邦參議院只能夠行使暫停否決權。如果聯邦議院仍然同意該法案，這就會推翻原本在聯邦參議院的暫停否決權，而將法案進一步送交到總理。最後的政策步驟就是由聯邦總統進行法律的頒布。

在這過程中有幾個比較關鍵的特色。一方面，行政部門在整個立法過程中是無所不在的。在提交草案到聯邦議院之後，聯邦部長就會持續工作以讓聯邦議院支持法案的通過。在聯邦議院與聯邦參議院委員會表明本身立場之前，部會代表會加以作證澄清內容。內閣部長也會去遊說委員會的成員以及在國會中具有影響力的委員。部長也有可能會提出修正案或協商折衷的政策來化解在議會審查期間所產生的任何疑問。政府代表也可能要出席聯邦議院與聯邦參議院之間所聯合舉辦的協調委員會；沒有其他非國會議員可以被允許參加。德國行政部門的重要性與大多數的其他議會制國家差不多。

另外一方面，儘管表面上主要的角色是由行政部門來扮演，但是德國國會卻比其他大多數國家的國會立法機構擁有更多的自主性。從某方面來說，德國國會在當代許多民主國家中是最有權力的議會之一。委員會的結構讓各政黨議員有方法去影響政策。政府通常會在立法機構中做出讓步與接受修正過的提案。國會的兩院往往也反映出不同政黨的聯合關係以及不同的政治利益，所以政府必須將這些因素都納入考量。

在聯邦議院與聯邦參議院之間所共享的立法權力，也會呈現出不同的結果。各邦領導人可以透過本身在政策制定上的影響力，來讓立法滿足地方與區域的需求。這樣的權力劃分也提供了另一種在制度上的權力制衡模式。在強大邦政府的領導下，任何一個領導人或團體都不太可能透過左右中央政府的方式來控制整個政治過程。

因此，這過程反映出行政與立法這兩個單位的自主性以及權力相互的制衡，這也是當時規劃者在設計德意志聯邦共和國的機構時，所欲尋求的結果。如果與歐洲其他議會制國家相比較，德國的制度會給予有競爭關係的利益團體更多發言

機會，這樣才會更有可能達成折衷以讓新制定的立法能通過。

## 政策執行

為了避免行政權嘗試另一種的政治權力擴張，所以《基本法》將大多數的國內政策的行政責任分配給各邦政府。如同邦政府的行政角色所顯示的證據來看，邦政府僱用了更多的公務員，甚至比聯邦政府與地方政府僱用的加總人數還多。

因為行政職責的下放，聯邦的立法一般也會相當仔細，用以確保法律的適用性能夠與政府的目標相符合。聯邦機構可能也可以監督各邦機構，如有爭議的話，它們可以運用制裁權的方式或是尋求司法審查。

儘管聯邦政府有監督權，但是各邦政府在執行聯邦法律時，他們仍有一些裁量權。這一部分原因是聯邦政府缺乏資源來密切關注各邦政府的行動。如果聯邦政府要管控邦政府時，也需要得到聯邦參議院的支持，在各邦召開訴諸情感式的聽證會以訴求擁有對邦政府的施行權利。這種具有政治自主性的權力下放，為德國的政治制度提供了更多的彈性。

## 司法審查

與美國一樣，德國的立法也需要接受司法審查。聯邦憲法法院可以評估法律是否合憲並且避免法律違反了《基本法》的規定。

在進入聯邦憲法法院前，憲政議題能用三種方式中的任何一種來加以提交。第一，公民個人如果認為政府的行為已經侵犯到憲法所保障自己的權利時，可以直接上訴到聯邦憲法法庭。超過90%提交到聯邦憲法法院的案件都是來自於公民的投訴。此外，人們可以在不支付訴訟費用和沒有律師的情況下，提起訴訟。因此，法院就像是監察官的角色，確保一般公民的基本權利能夠受到《基本法》與法院的保障。

除此之外，聯邦憲法法庭也會根據司法審查中違憲審查制度的「具體」（concrete）與「抽象」（abstract）原則來審理。「具體審查」涉及到一個實際的法院案例已經提升到憲法層次的問題，並且由下級法院提交到聯邦憲法法院。在「抽象審查」中，聯邦憲法法院會以具有爭議的立法提出法律原則的判決，而不需要涉及到實際訴訟的案件。聯邦政府、各邦政府或是三分之一的聯邦議院代表連署都可以要求憲法法庭對某項法律進行司法審查。在立法過程中如果某個團體未能成功阻擋某項法案變成法律時，有時候也可以訴諸這個司法管道。在過去20年來，聯邦憲法法院平均每年會收到2個至3個這樣轉介而來的案件。[42]簡單來說，司法審查擴大了《基本法》的憲法保障解釋。這直接使聯邦憲法法院參與了

政策過程，且可能將聯邦法院成為政策制定的另一個代理機構。

　　近年來，由歐洲法院（ECJ）可能進行的司法審查，為德國與其他歐盟國家的政策制定過程加入了新的考慮面向。[43]訴願者可以挑戰他們認為違反歐盟政策的德國立法。每年都有數以百計的德國法律被加以審查，因此也預期歐洲法院的審查會影響德國國會的立法過程。

# 政策績效

## 9.14 辨認政府的主要政策產出以及政府財政的主要來源。

　　就像其他歐洲的民主國家一樣，德國也面臨了許多相同的政策問題：處理目前的經濟衰退及其政治影響、在全球化經濟體系中競爭、幫助新的難民與移民融入、解決多元文化主義的議題，以及在瞬息萬變的世界中制定外交政策路線。本節要介紹德國當前的政策計畫，然後也會討論國家目前面臨的政策挑戰。

### 德意志聯邦共和國的政策紀錄

　　當美國人聽到政治人物在美國高喊令人反感的「大政府」（big government）時，德國政府的規模更像是這個詞彙所描述的樣子。在過去半世紀以來，德國政府的規模已經在公共總支出與新政策所負的責任上增加了許多。今日，政府的支出項目幾乎已經占總體經濟的一半，而政府的法規也涉及許多經濟與社會的領域。與美國人相比，德國人更有可能考慮負責任承擔起社會之所需，以及支持政府的政策落實性。所有的公共支出——聯邦、各邦、地方，以及社會福利保障制度——從1950年不到150億歐元擴增到1975年的2,690億歐元，並在德國統一後的2014年已經超過了10,239億歐元，這已經相當於德國的國內生產總額之45%。相形之下，美國的公共支出在所有的總支出方面，只有占38%。

　　德國的公共支出主要花在許多不同的資源提供上。社會安全計畫是公共支出最大的部分；然而，這些都是以保險方案的方式來管理，而與政府的一般預算是分開的。

　　除此之外，《基本法》也將施行政策的責任分散到三種不同層級的政府之間。地方政府負責提供民生公共事業（電力、瓦斯與水）、管理營運醫院與公共休閒設施，以及管理執行青年與社會救助計畫。各邦負責管理教育、文化政策、公共安全以及司法行政。聯邦政府的責任包括外交政策與國防、交通運輸以及通訊。因此，公共開支在政府的三個層級上平均分配。2014年，聯邦預算為27%；各邦加總的預算占27%；地方政府的預算為17.5%，剩下的大部分幾乎都來自社

會保險的支出。

圖9.8顯示了地方、邦，與聯邦政府的公共開支，以及社會保險支出。2011年國家在社會福利保險計畫方案的比例就占了56%的公共支出——超過其他所有政府計畫方案的總和。強制性的社會保險制度包含全國性的健康保險、意外保險、失業補助，以及退休福利等。其他計畫方案則提供財政上的協助來支援所需與無法自我照顧的個人。另外，因為經濟奇蹟所附加的計畫方案，是將福利不以需求為必要條件的發放給人民。舉例來說，政府會提供財政協助給每個有小孩的家庭，並且對只拿平均工資的收入者，有特殊減免賦稅的儲蓄計畫。失業補助津貼計畫則是人人都能享有的典型福利計畫方案（參閱專欄9.4）。在德意志聯邦共和國早期的歷史上，政治人物會競相擴張這些社會福

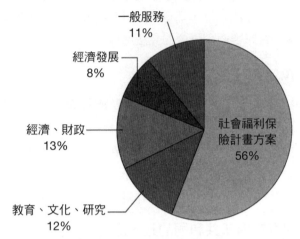

**圖9.8　2011年所有的公共支出**

公共支出最大的一部分是各種社會福利計畫方案，之後是教育領域

一般服務 11%

經濟發展 8%

經濟、財政 13%

教育、文化、研究 12%

社會福利保險計畫方案 56%

資料來源：資料數據來自2015年的「德意志聯邦共和國統計年鑑」（StatistischesJahrbuchfür die Bundesrepublik Deutschland）（Berlin: StatistichesBundesamt, 2015），第258頁。本圖呈現的是2011年所有公共支出的百分比。

---

**專欄 9.4　德國的失業救濟福利**

一個失業的勞工會獲得保險的救濟金，可以提供最高可達67%的正常收入狀況（單身的勞工以及那些沒有小孩的人則是領60%），最多可領2年，且時間長短依照每個人的年齡來給予。之後，失業的救助會按照每個人所擁有的資源狀況並依遞減率來持續發放一段時期。政府會支付社會保險費用給失業的個人，且政府勞工局也會協助失業的勞工尋找新的就業機會或為將來謀求新的職業而進行職業培訓。如果勞工後來在其他的城市找到工作，這福利計畫會補助旅費的報銷以及搬遷的費用。這些福利比起傳統上美國的失業救濟方案，都還要來得大方許多，而這也可能會使得德國在追求保護失業者時，增加許多的勞動成本。

利計畫所能涵蓋的範圍。但自從1980年代之後，政府已經開始試著縮減社會計畫方案的規模，但是福利國家這基本的架構還是被保留下來。

兩德統一為這制度帶來了額外的挑戰。提供基本的失業津貼、社會福利，以及健康保險滿足了東德的基本社會需求，但這些需求已經超過了稅收的總額了。2008年的經濟衰退進一步增加了失業津貼與其他社會福利之所需。與美國相比，這些社會計畫的存在已經讓德國的公民減少忍受2008年經濟衰退在生活條件上所帶來的衝擊了。德國人大致上同意這些計畫方案需要改革，以使其更加具有經濟效益，但是人們卻又制定確切改革措施持不同的意見。

聯邦政府還參與其他一系列政策活動。舉例來說，教育、文化，以及研究活動，都是這三個層級的政府相當關注的面向，因為這些涵蓋了大約十分之一的公共支出（再次參閱圖9.8）。聯邦政府更深入參與通訊與交通；它必須要管理公共電視與廣播電臺，同時也要經營鐵路系統。

近年來，政策的議程已經擴增到包括許多新的議題；環境保護則是最為顯著的例子。幾個有關空氣與水的品質測量指標也顯示了在最近幾十年來真實性的改善效果，因為德國制定了一個非常有抱負的回收循環計畫。相較於美國只有回收20%的比例，「綠點」（Green Dot）系統則是回收了將近80%的商業消費的包裝瓶罐。隨著日本在2011年發生的福島（Fukushima）核電反應爐的事故，總理梅克爾一反自己原本的立場，並讓德國恢復讓核能發電廠逐步淘汰（phase-out）的計畫，這原本是紅－綠（德國社會民主黨－綠黨）（Red-Green）聯合政府先前已經採行10年的計畫。政府的激勵方案也讓德國在光電和風能發展領域中，成為全球的領導者。

國防與外交關係是政府另一項重要的活動。德意志聯邦共和國的經濟與安全制度在歷史上都是以國際相互依存的概念為基礎。德意志聯邦共和國的經濟大量依賴商品與服務的出口。現在出口的比重已經接近德國國內生產總額的一半，比絕大多數其他的工業化經濟體有更高的依賴比例。因此，身為歐盟成員國這樣的身分，也一直都是德國經濟政策上的基石。德意志聯邦共和國是成立歐盟最早的倡議國之一，並且大幅受惠於這樣的會員國身分。可以自由進入歐盟這樣龐大的市場是造成德國經濟奇蹟的成功基礎，而且這也有利於德意志聯邦共和國以出口為導向的經濟。德國同意加入單一歐洲貨幣，以回饋法國與英國支持德國走向統一之路，但是現在卻苦苦掙扎於做出這樣決定的後果，也就是目前在歐洲所產生的歐元危機問題。歐盟參與國的政策決定使得德意志聯邦共和國有機會在一個跨國規模的方式上，去影響歐洲政治的發展，但是這也會讓德國受到其他歐盟國經

濟狀況的影響。

　　德意志聯邦共和國還透過「北大西洋公約組織」（North Atlantic Treaty Organization, NATO）會員國的身分加入了西方軍事同盟中。在歐洲國家中，德意志聯邦共和國為北約部隊提供最多人力與財物捐助，而且德國公眾也很支持北約聯盟。在後冷戰時期的初步削減支出後，德國的國防開支每年約為250億歐元，不到公共支出的3%。

　　公共支出顯示了政府的政策努力，但是支出後所產生的效益卻很難加以評估。大多數政策績效的指標都表明德意志聯邦共和國相對上是成功達到了其政策目標。生活水平顯著提高，而健康的統計數據也顯示了類似的改善。即使在像是能源與環境等新的政策領域中，德國政府也有實質的進展。大眾的觀感與意見也反映出這些政策的進步（參閱圖9.9）。2011年，大多數的西德人對生活中可能關連到政府績效的各面向表示了相對較高的滿意程度：居住、生活水準、工作以及收入。東德人對自己的生活水準的評價則明顯落後西德人，但是自從兩德統一幾年來，就迅速感受到落差的程度已經大幅度的縮小。

## 圖9.9　生活各方面的滿意度

**相對於東德人，西德人稍微對本身的生活條件感到比較滿意**

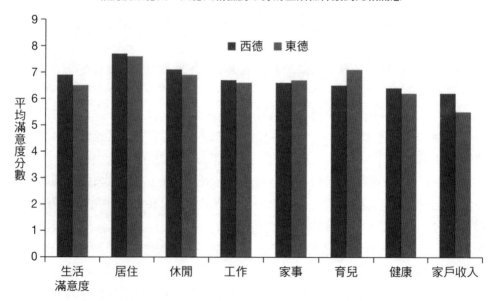

資料來源：2011年「德國聯邦統計局」（Statistisches Bundesamt）所編輯之數據資料報告（Berlin: Bundes zentralefürpolitischeBildung, 2011），第377頁。

## 支付費用

當然，大方的政府計畫並不是全來自於政府慷慨解囊的結果。來自於個人與企業的稅收支持了這些計畫。因此，政府大筆支出的結果就是意味著無可避免的要被政府課徵同等大量的稅收。這些稅收才是實質上支持政府計畫的真正來源。

有三種不同類型的稅收為公共政策計畫提供了大部分的財政支持。[44]健康、失業、失能、退休，以及其他社會安全的經費，主要是由雇主與雇員自負盈虧的共同「提撥」（contributions）。提撥金額至這些計畫中是當中最大的單一主要來源，大約占了所有公共財政的三分之一以上（參閱圖9.10）。提撥至退休計畫，總計大約占了一個勞工每個月稅前工資的20%，健康保險大約占了17%，而失業保險則是占了3%。各式各樣的保險費用是由勞工與雇主雙方分開都要提撥的。

來自於政府所評定與徵收的「直接稅」（direct taxes），是公共稅收中第二重要的來源。被課徵到聯邦、邦與地方政府戶頭的個人所得稅，是最主要的來源。個人所得稅率會依照收入的層級遞增，從最低的14%到最高的45%（加上「統一團結稅」（solidarity surcharge）以支持東德的發展）。即使在經歷最近的稅務改革之後，德國人要繳的稅率依然還是明顯高於美國的稅率。雖然近年來自企業繳納的公共稅收比例已經有明顯的增加，但是企業獲利被課徵的稅率相對比一般人的所得稅還低，其目的還是要鼓勵企業將本身的獲利再投資，以促進未來的成長。

「間接稅」（indirect taxes）是政府稅收第三大的主要來源。間接稅是基於收入的使用，例如「消費稅」（sales taxes）、「貨物稅」（excise

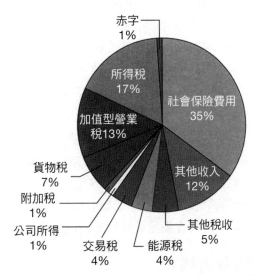

### 圖9.10　2011年公共稅收的來源

公共支出的財政收入有賴於直接稅、間接稅、各種規費，以及預算赤字的所有總和

赤字 1%
所得稅 17%
社會保險費用 35%
加值型營業稅 13%
其他收入 12%
貨物稅 7%
附加稅 1%
公司所得 1%
交易稅 4%
能源稅 4%
其他稅收 5%

資料來源：資料數據來自2015年的「德意志聯邦共和國統計年鑑」（Statistisches Jahrbuch für die Bundesrepublik Deutschland）（Berlin: Statistisches Bundesamt, 2015），第259、267頁。本圖呈現的是2015年政府稅收的各式各樣來源之百分比。

taxes），而不是工資與利潤。而貢獻最多的間接稅就是「加值型營業稅」（value-added taxes, VAT）——在商品製造過程的每個階段增加的費用，也是增加商品價值的原因。大多數商品的標準加值型營業稅是19%，而像是食物這類的基本商品，則為7%。其他的間接稅包括了「關稅」（customs duties）、「酒稅」（liquor taxes）、「煙草稅」（tobacco taxes），以及能源使用的「綠色（環保）稅」（green tax）。

　　間接稅總共約占所有公共收入的五分之二。間接稅——是政府稅收急遽成長的祕密之一——通常「隱藏」在商品的價格當中，而不是很明確被列為稅收。這樣，就不會一直提醒人們每次在購買商品時，其實他們同時也在繳稅；這樣也更容易讓政策制定者提高間接稅額度而不會引起公眾的反對。然而，間接稅也有其負面影響，這會加重更多負擔在低收入的家庭，因為比起有錢人，他們收入中有更多的部分是花在消費性產品上。

　　一般的德國人顯然有能力能夠支撐得起這麼多各式各樣的公共政策計畫；相形之下，美國的稅收水準看起來就溫和許多。相較於美國家庭繳納25%的稅務比例，一個德國中產階級的家庭大約會支付其收入的45%用於繳稅與社會安全的提撥。

　　即使有了這些各種的稅收來源，但歷史經驗常常顯示公共支出總是超過公共收入。為了要能夠彌補赤字，政府開發了另一種「稅收」的管道——舉借公債——來維持政府服務的品質。兩德統一後的成本讓預算赤字不斷增加，然後經濟大蕭條重新引發了預算問題。德國2008年的公共赤字是40億歐元，而在2009年這數字激增到1,010億歐元。梅克爾政府已承諾德意志聯邦共和國降低這些赤字，而在2015年，聯邦政府事實上已經出現少量的預算盈餘了。

　　德國的納稅人似乎貢獻了過多的金錢給國庫了，所以德國人不會想要再支付其他稅收給國家。不過，問題並非公民支付了多少稅金，而是有多少福利會回饋到他們身上。除了政府例行性的活動之外，德國人不管是生病、失業，以及失能，都能夠獲得保障，政府的退休金計畫可提供宜居的退休收入。此外，大多數公眾期望政府在滿足社會與其公民的需求方面發揮積極作用。

## 應對政策挑戰

### 9.15 討論德國將持續應對的三個重大的政策挑戰。

　　在過去10年中，是德意志聯邦共和國所經歷過政策改變最為動盪與改革的時刻，如同德國調整了新的政策以應對國內與外交的處境。德國政府面對了許多領

域的政策需求，我們討論了四個很突出的議題。第一是包容許多隨著兩德統一而來的既存性問題；第二是要解決來自中東與其他發展中國家大量湧入的難民問題；第三是改革德國目前的經濟與社會制度；第四是為德國定義新的國際角色。

## 兩德統一後的問題

當代德國所要面對的一些主要政策挑戰來自東德與西德統一後的問題。1989年11月革命後所引發的其中一個結果就是德意志民主共和國的經濟與社會制度的崩潰。兩德統一顯示了有必要重建東德的經濟，因其經濟基礎建設日漸衰落，而且其製造設施陳舊。政府與私人投資客花費了大量的資金，從重新改建東德的高速公路以及鐵路系統，到全面升級其經濟基礎建設，以及將首都從原本的「波昂」（Bonn）遷至「柏林」（Berlin）。

東德一開始的失業問題非常嚴重，也使得德意志聯邦共和國的社會福利非常吃緊。失業的東德勞工享有失業救濟金、職業訓練的福利，以及搬遷住處的津貼──但是他們之前對這些福利制度沒有任何貢獻。德意志聯邦共和國還接收了東德人的退休與健康保險福利。即便是在今天，大約都還有4%的國內生產總額是直接轉移到了東德。

經濟的發展一直在持續。現在東德的經濟成長率也經常超越西德。然而，東西德之間的差距仍然很大。在東德的失業率還是比西德來得高，即使經過多年的投資，東德的生產力還是明顯落後於西德。雖然自從1990年代初期之後，東德的生活品質已經快速提升，但還是遠遠落後於西德的水準。此外，即使東德的經濟以西德的2倍速度成長，還是需要好幾十年才能夠達到完全平等。

兩德的統一也引發了非經濟層面的挑戰。舉例來說，東德許多地區看起來都像是環保主義者的惡夢，有毒的工業廢水未經處理就直接排入河流中、發電廠排放出有毒的廢氣到空氣中，以及許多城市缺乏污水處理廠。要修復德意志民主共和國環境所遺留下來問題的成本，需要政府投入大量的資金。兩德統一讓政治辯論變得很白熱化，尤其是介於經濟發展與環境保護之間的利弊權衡。

因此，儘管1990年之後，德國已有長足的進步，但是在西德與東德之間仍然存在著政策上的差距。德國人仍然需要為自己的所得稅繳納額外的「統一團結稅」，以支助東德重建的部分資金。讓各地區都能夠享有平等的生活條件，依然是國家的目標，但是這樣的目標卻持續需要資源的投入與花費好幾十年的時間，才有機會實現。

## 大量湧入的難民

在德國向逃離敘利亞和其他發展中國家衝突的難民開放邊境後，2015年有超過100萬的難民進入德國。這相當於美國在1年內接納了400萬名難民。大量湧入的結果壓垮了社會體系，因此安置只能靠著像是社區在足球場地搭蓋起臨時的帳棚、閒置的建築物，以及其他地點。對於像這樣龐大的移民人口，即使只是提供能維持生命之所需，也會面臨到後勤補給以及經濟上的挑戰。除此之外，預期在未來幾年之間，每年大約還是有超過50萬的難民湧入——估計總難民人數會超過300萬人。這為德意志聯邦共和國帶來了新的長期挑戰。

難民往往必須面對惡劣的生存環境。他們只看到德國所能夠過上更好生活的希望，但是他們缺乏德語的能力以及公民的身分，而且在很多案例中，他們的財力資源已經在長途跋涉到歐洲時就花光了。生活在暫時性的營地是很艱苦的。即使有社會服務的幫忙，但融入德國社會的過程還是很漫長且困難，特別是考量到德意志聯邦共和國已經開始掙扎於是否要提供平等的生存機會給早期從土耳其與東歐移民過來的人。

首先，整個德國的社區都很歡迎搭乘公共汽車或火車過來的難民。總理梅克爾甚至主張這是任何一個國家都應該做的人道關懷行為，而且她也試著要去說服其他歐洲國家來分擔這樣的壓力。然而，當經濟上的成本變得愈來愈明顯時，大眾支持的力量就開始變得愈來愈薄弱。有一項研究估計第一年社會福利對每名難民的支出就超過2萬美金。如此的計畫方案可能會持續10年或更長，直到難民能夠達到某種技能的程度並在經濟上自給自足。高度可見的犯罪行為以及恐怖主義事件，也深化了某些德國人對難民的負面印象。每一次只要在德國或是鄰近國家出現恐怖主義事件時，大眾的關注程度就會向上飆升，因為大多數的移民都是來自於穆斯林為主的國家。德國人對性別平等的規範，也往往會與非西方國家來的移民之價值觀有所衝突。因此，在一份2016年的民意調查中，顯示移民議題在所有國家列舉的問題中，是排名在前的，也顯示了德國人對移民的接受程度已經在下滑了。

雙方對目前的狀況都不滿意。即使在滿足德國其他政策需求的同時，要成功融合這些移民的挑戰，至少在未來10年都將是一個持續的政治問題。

## 福利國家的改革

當代德國要面臨一連串的新問題，就像是德國的經濟與社會計畫方案出現問題而需要調整，以面對這個新的全球經濟體制。舉例來說，近年來德國政府就想

要試著去限制勞動力的成本以確保德國商品在全球市場上的競爭力。但是從自由派的社會計畫而衍生的慷慨福利，是需要實質性的員工與雇主增加費用的方式來產生貢獻。其他的管制也阻礙了新工作或臨時工作的創造機會。一份近來的報告指出，一些德國的企業像是陷入到政府官僚體系的蜘蛛網中，他們必須提供62份不同的數據庫資料給政府官員、提出78份有關社會保險的報告，以及完成大於或等於111種要遵守的勞動法表格。

另一個相關的議題就是在經濟上具有可行性的德國社會福利計畫。快速老齡化的人口意味著健康照護的需求與退休金的福利會隨著時間而穩定增加，但是會有愈來愈少的勞動人口可以貢獻到社會保險的計畫中。舉例來說，在1950年代，每一位領退休金的人士，大約是由4位勞動力人口來支撐；到了2010年，每一位退休人士，只剩下大約2位勞動力人口來支撐。相似的人口統計議題也衝擊到德國的其他社會計畫。當人口逐漸老化，健康醫療照護的成本也會跟著增加。

在2000年期中時，施洛德政府實施了一項名為「2010年議程」（Agenda 2010）的改革計畫方案來處理這些問題。其中有一些做法是藉由放寬僱用規定、降低無薪勞工的成本，以及改良失業體制，來用以改革勞動力市場。其他的改革則是減少退休金以及醫療照護制度的給付。其他新增的改革還包括了重新建構賦稅的制度。

這些在2005年開啟的改革，無疑會促進經濟上的發展。但是2008年的全球性經濟衰退卻逆轉了這樣的趨勢。失業率再度上揚，經濟開始停滯。新上任的基督教民主聯盟／巴伐利亞基督教社會聯盟—自由民主黨聯合政府必須要與這些問題一起纏鬥，首先透過一些小的刺激計畫方案，然後再朝著政府撙節（緊縮）方向去轉變。除此之外，歐元區的債務危機產生了新的經濟挑戰，所以需要德國人貢獻成立一個穩定的基金，但這進一步減緩了歐洲在經濟上的復甦。當務之急的經濟問題是優先於長期經濟改革來處理，部分是因為公民與菁英不會同意那些最應該處理的政策。為了要保護經濟以及鼓勵未來經濟的成長，主要的福利國家到最後都是必要進行改革的。然而，在政府2013年選舉之後，作為因為讓步結果而參與到聯合政府中，德國社會民主黨需要回溯到之前的一些削減措施。而當大量湧入的難民需要社會福利時，也只能增加政府的需求而已，當然，或許在短期之內，他們也可能有助於振興德國老齡化的勞動力。當前的政府比較不會想要制定特殊的新改革方案來解決這些問題。

## 結論：一個新的世界角色

　　德意志聯邦共和國在全球政治上的角色是連結到其參與的北大西洋公約組織聯盟以及歐盟當中。但是與這兩者的關係已經在1989年之後就有所改變了。

　　德國的軍事與策略性的角色是由這些協議以及不斷改變的國際脈絡所形塑。不只是單一性關注於北大西洋公約組織會員身分，以及與西方盟軍共同對抗前蘇聯的威脅，德國也因此變得在國際上愈來愈表現出主動性。德國想要成為歐洲內部的和平倡議者，發展其角色就像是東德與西德之間的橋梁。雖然德國的軍事力量還不是很強大，但這個國家也願意承擔起更多的責任來解決北大西洋公約組織負責地區以外的紛爭。在1993年，德意志聯邦共和國將德國的士兵送至前「南斯拉夫」（Yugoslavia）參與軍事行動，這已經改變了原本德國的外交政策路線。在2010年，德國軍隊被派遣到12個國家中，擔任聯合國維和部隊的一員，然而有許多德國公民仍對這些行動抱持懷疑的態度。漸漸的，德意志聯邦共和國開始行使更多獨立的外交政策來鞏固與同盟國家的友誼關係。

　　德意志聯邦共和國與歐盟的關係也一直在改變當中。[45]德國在人口數量以及國民生產總額上，兩者都勝過其他歐盟國家。德國已經是歐盟國家中有力的倡議者了，但是這有時候會使得其他西方國家成員感到不安。舉例來說，德國努力推動歐盟向東擴張，而其他國家偏好以比較緩慢的腳步前進。2007年的《里斯本條約》（Treaty of Lisbon）[2]強化了歐盟對德國以及其他會員國的影響力，並且增加了布魯塞爾所做的決策之重要性。附加一提的是，由於國際上動盪不安的環境，象徵著德國的未來更加清楚其與哪些鄰近國家綁在一起，而有些事情也不是德國自己能夠單獨控制的。所有的一切都意味著，德國的福利發展會依賴於其他鄰近國家以及全球的脈絡。

　　另一方面，德國有可能在全球事務中發揮出更多的獨立性，就像是在2010年的債務危機所看到德國很獨斷的反應，或是英國決定要脫離歐盟的後果處理。當歐洲進入到要超越本身能力來解決一般問題的這一段不確定之年代時，可以很清楚看到德國將會以一個充滿自信的國家姿態，站到世界舞臺上。這個新發現的信心階段，勝過以往的任何其他描述，來呈現這個新國家的認同——表現得像是一個主權國家般，留意本身的過去，但是很有信心地迎向不斷改變的全球挑戰。

## 章後思考題

　　1.1945年與1989年的民主轉型有哪些相似之處，又有哪些不同之處？

　　2.西德的《基本法》制定的目標為何？創建了哪些機構與程序來實現這些目

標的呢？

3. 西德與東德在統一後，有哪些社會或政治是完全達成一致？

4. 德國的比例代表制選舉制度——導致許多不同政黨都有代表選上——是強化還是弱化了民主的過程？

5. 德國廣泛的社會服務計畫帶來了哪些好處與問題？

## 重要名詞

康拉德‧艾德諾

德國另類選擇黨

德意志聯邦共和國基本法

聯邦參議院

聯邦議院

基督教民主聯盟

巴伐利亞基督教

社會聯盟（共同決策（法規））

德國聯邦雇主聯盟

聯邦憲法法院

建設性不信任投票

左翼黨

（西德）經濟奇蹟

歐洲聯盟（歐盟）

歐元

聯邦總理

聯邦總統

德意志聯邦共和國（西德）

德國聯邦工業聯盟

自由民主黨

德意志民主共和國（東德）

德國聯邦工會聯合會

綠黨

客工

阿道夫‧希特勒

皇帝

海爾穆‧柯爾

安格拉‧梅克爾

國家社會主義德國工人黨（納粹）

新統合主義

新政治

東方政策

民主社會主義黨

高峰協會

比例代表制

格哈特‧施洛德

德國社會民主黨

德國統一社會黨

德意志第三帝國（納粹）

加值型營業稅

威瑪共和國

## 推薦閱讀

Anderson, Jeffrey, and Eric Langenbacher, eds. *From the Bonn to the Berlin Republic*. New York: Berghahn Press, 2010.

Crawford, Beverly. *Power and German Foreign Policy*. New York: Palgrave, 2007.

————. *History of Germany, 1918–2000*. Oxford: Blackwell, 2002.

Gabriel, Oscar, Silke Keil, and Eric Kerrouche, eds. *Political Participation in France and Germany*. Colchester, UK: ECPR Press, 2012.

Green, Simon, and Willy Paterson, eds. *Governance in Contemporary Germany*. Cambridge: Cambridge University Press, 2005.

Hough, Dan, and Emil Kirchner. "Germany at 60: Stability and Success, Problems and Challenges." *German Politics* 19, 1 (March 2010).

Kershaw, Ian. *Hitler: A Biography*. New York: Norton, 2008.

Kolinsky, Eva, and Hildegard Maria Nickel. *Reinventing Gender: Women in Eastern Germany since Unification*. London: Routledge, 2002.

Kommers, Donald, and Russell Miller. *Constitutional Jurisprudence of the Federal Republic*. 3rd ed. Durham, NC: Duke University Press, 2012.

Krisch, Henry. *The German Democratic Republic*. Boulder, CO: Westview Press, 1985.

Langenbacher, Eric, ed. *The Merkel Republic*. New York: Berghahn Press, 2015.

Dalton, Russell. *Politics in Germany: The Online Edition*. http://www.socsci.uci.edu/~rdalton/Pgermany.htm, 2014.

Fulbrook, Mary. *Anatomy of a Dictatorship: Inside the GDR, 1949–1989*. New York: Oxford University Press, 1995.

Less, Charles. *Party Politics in Germany*. London: Palgrave Macmillan, 2005.

Orlow, Dietrich. *A History of Modern Germany*. 7th ed. London: Routledge, 2011.

Padgett, Stephen. *Organizing Democracy in Eastern Germany*. Cambridge: Cambridge University Press, 2000.

Padgett, Stephen, William Patterson, and Gordon Smith, eds. *Developments in German Politics*. 4th ed. London: Palgrave Macmillan, 2014.

Rohrschneider, Robert. *Learning Democracy*. New York: Oxford University Press, 1999.

Sinn, Gerlinde, and Hans-Werner Sinn. *Jumpstart*. Cambridge: Massachusetts Institute of Technology Press, 1992.

Sinn, Hans-Werner. *Can Germany Be Saved?* Cambridge: Massachusetts Institute of Technology Press, 2007.

Spielvogel, Jackson. *Hitler and Nazi Germany*. 7th ed. London: Routledge, 2013.

Streeck, Wolfgang. *Re-Forming Capitalism*. Oxford: Oxford University Press, 2009.

Turner, Henry. *Germany from Partition to Unification*. New Haven, CT: Yale University Press, 1992.

## 網路資源

德國聯邦議院：https://www.bundestag.de

聯邦政府：https://www.bundesregierung.de/breg-de

德國資訊中心：http://www.germany.info/

加州大學爾灣分校，德國政治與社會中心：http://www.socsci.uci.edu/~rdalton/germany.html

# 註釋

1. The First German Empire was formed in the ninth century through the partitioning of Charlemagne's empire.

2. Karl Dietrich Bracher, *The German Dictatorship* (New York: Praeger, 1970); Martin Broszat, *Hitler and the Collapse of Weimar Germany* (New York: St. Martin's Press, 1987).

3. Raul Hilberg, *The Destruction of the European Jews,* 3rd ed. (New York: Holmes and Meier, 2003); and Deborah Dwork and Robert Jan van Pelt, *Holocaust: A History* (New York: Norton, 2002).

4. Gregory Sandford, *From Hitler to Ulbricht, 1945–1946* (Princeton, NJ: Princeton University Press, 1983).

5. Eva Kolinsky, *Women in Contemporary Germany* (New York: Berg, 1993); Pippa Norris and Ronald Inglehart, *Rising Tide: Gender Equality and Cultural Change around the World* (New York: Cambridge University Press, 2003).

6. Ruud Koopmans, et al., *Contested Citizenship* (Minneapolis: University of Minnesota Press, 2005); Richard Alba, Peter Schmidt, and Martina Wasmer, eds., *Germans or Foreigners?* (New York: Palgrave Macmillan, 2003).

7. In 2002, the membership of the Bundestag was reduced from its previous size of 656. This resulted from redistricting to equalize the number of voters in each district.

8. Bundestag: http://www.bundestag.de.

9. Ludger Helms, "Keeping Weimar at Bay: The German Federal Presidency since 1949," *German Politics and Society* 16 (Summer 1998): 50–68.

10. Donald Kommers and Russell Miller, *The Constitutional Jurisprudence of the Federal Republic of Germany,* 3rd ed. (Durham, NC: Duke University Press, 2012).

11. A second type of no-confidence vote allows the chancellor to attach a no-confidence provision to a government legislative proposal. If the Bundestag defeats the proposal, the chancellor may ask the federal president to call for new Bundestag elections. This tool was used by Kohl in 1983 and Schröder in 2005 to call for early elections.

12. Anna Merritt and Richard Merritt, *Public Opinion in Occupied Germany* (Urbana: University of Illinois Press, 1970); and Ralf Dahrendorf, *Society and Democracy in Germany* (New York: Doubleday, 1967).

13. Christiane Lemke, "Political Socialization and the 'Micromilieu,'" in *The Quality of Life in the German Democratic Republic,* ed. Marilyn Rueschemeyer and Christiane Lemke (New York: M. E. Scharpe, 1989).

14. Gabriel Almond and Sidney Verba, *The Civic Culture* (Princeton, NJ: Princeton University Press, 1962); and David Conradt, "Changing German Political Culture," in *The Civic Culture Revisited,* ed. Gabriel Almond and Sidney Verba (Boston: Little Brown, 1980).

15. Conradt, "Changing German Political Culture," 229–231; and Kendall Baker, Russell Dalton, and Kai Hildebrandt, *Germany Transformed: Political Culture and the New Politics* (Cambridge, MA: Harvard University Press, 1981).

16. Conradt, "Changing German Political Culture."

17. Gerard Braunthal, *Political Loyalty and Public Service in West Germany* (Amherst: University of Massachusetts Press, 1990).

18. Walter Friedrich and Hartmut Griese, *Jugend und Jugend forschung in der DDR* (Opladen, Germany: Westdeutscher Verlag, 1990).

19. Russell Dalton, "Communists and Democrats: Democratic Attitudes in the Two Germanies," *British Journal of Political Science* 24 (1994): 469–493.

20. Richard Hofferbert and Hans-Dieter Klingemann, "Democracy and Its Discontents in Post-wall Germany," *International Political Science Review* 22 (2001): 363–378; and Robert Rohrschneider, *Learning Democracy* (New York: Oxford University Press, 1999).

21. Ronald Inglehart, *Culture Shift in Advanced Industrial Societies* (Princeton, NJ: Princeton University Press, 1990); Kendall Baker, Russell Dalton, and Kai Hildebrandt, *Germany Transformed* (Cambridge: Harvard University Press, 1981).

22. Russell Dalton and Steven Weldon, "Germans Divided? Political Culture in a United Germany," *German Politics* 19 (2010): 9–23; David Conradt, "The Civic Culture and Unified Germany," *German Politics* 24 (2015): 249–270.

23. Lemke, "Political Socialization and the 'Micromilieu.'"

24. Meredith Watts et al., *Contemporary German Youth and Their Elders* (New York: Greenwood, 1989).

25. Peter Humphreys, *Media and Media Policy in Germany,* rev. ed. (New York: Berg, 1994).

26. German Longitudinal Election Study, http://gles.eu/wordpress/english/.

27. Oscar Gabriel et al., *Political Participation in France and Germany,* ECPR Studies in European Political Science (Colchester, UK: University of Essex, 2012).

28. Wilhelm Bürklin et al., *Eliten in Deutschland* (Opladen, Germany: Leske and Budrich, 1997).

29. Rohrschneider, *Learning Democracy.*

30. Volker Berghahn and Detlev Karsten, *Industrial Relations in West Germany* (New York: Berg, 1989); and Claus Offe, "The Attribution of Political Status to Interest Groups," in *Organizing Interests in Western Europe,* ed. Suzanne Berger (New York: Cambridge University Press, 1981), 123–158.

31. Herbert Kitschelt and Wolfgang Streeck, eds. *Germany: Beyond the Stable State* (London: Routledge, 2003).

32. Kathleen Thelen, *Union in Parts: Labor Politics in Postwar Germany* (Ithaca, NY: Cornell University Press, 1991).

33. Ruud Koopmans, *Democracy from Below* (Boulder, CO: Westview Press, 1995).

34. Margit Mayer and John Ely, eds., *The German Greens* (Philadelphia: Temple University Press, 1998).

35. David Patton, *Out of the East* (Albany: State University of New York Press, 2011).

36. If a party wins more district seats in a state than it should have based on its proportion of the second vote, the party keeps the additional seats, and the size of the Bundestag is increased. After a constitutional challenge, this process was modified in 2011. In 2013, the actual Bundestag membership was 630.

37. A party that wins at least three district seats also shares in the PR distribution of seats. In 1994 and 1998, the PDS won four district seats in East Berlin, but in 2002, the PDS won only two district seats.

38. Matthew Shugart and Martin Wattenberg, eds., *Mixed-Member Electoral Systems* (Oxford: Oxford University Press, 2001). Also see Chapter 5.

39. For voting patterns in prior elections, see Russell Dalton and Willy Jou, "Is There a Single German Party System?" *German Politics and Society* 28 (2010): 34–52.

40. Vivien Schmitt, *The Futures of European Capitalism* (Oxford: Oxford University Press, 2002); and Alec Stone Sweet, Wayne Sandholtz, and Neil Fligstein, eds., *The Institutionalization of Europe* (Oxford: Oxford University Press, 2001).

41. A constitutional reform in 2006 changed the Bundesrat's legislative role. In exchange for greater state autonomy in several policy areas, the Bundesrat's approval is no longer required for the passage of various administrative proposals.

42. Kommers and Miller, *The Constitutional Jurisprudence.*

43. Karen Alter, *Establishing the Supremacy of European Law* (Oxford: Oxford University Press, 2001).

44. Martin Seeleib-Kaiser, "Welfare State Reform and Social Policy," in Stephen Padgett et al., eds, *Developments in German Politics,* 4th ed. (London: Palgrave Macmillan, 2014).

45. Maria Cowles, Thomas Risse, and James Caporaso, eds., *Transforming Europe* (Ithaca, NY: Cornell University Press, 2001).

## 譯者註

[1] 目前為27個歐盟國家,因為「英國」公投多數贊成脫歐,且已於2020年1月31日正式脫離歐盟。

[2] 里斯本條約之簽署,主要是為了改革歐盟,並用來取代《建立歐洲憲法條約》(Treaty establishing a Constitution for Europe)(簡稱《歐洲憲法條約》(Constitutional Treaty))的條約。

# 第十章

# 日本政治

法蘭西斯·羅森布魯斯（Frances McCall Rosenbluth）
麥可·蒂斯（Michael F. Thies）

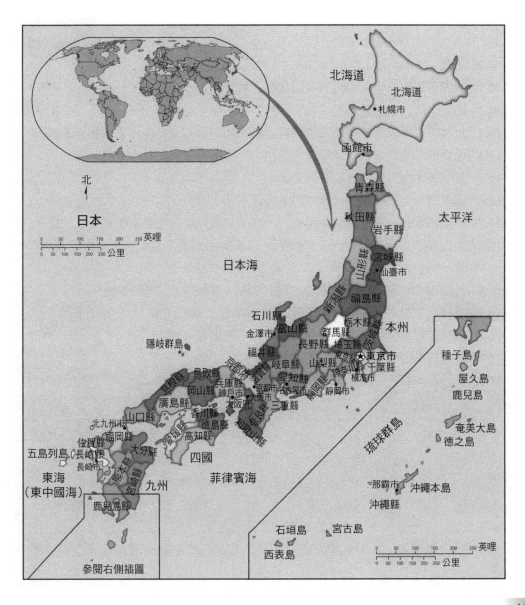

## 國家簡介

人口：1億2,630萬

領土：145,882平方英哩

獨立年分：西元660年

當前憲法制定年分：1947年

國家元首：明仁（Akihito）天皇[1]

政府首腦：內閣總理大臣安倍晉三
（Abe Shinzō）

語言：日文

宗教：同時接受神道教與佛教84%；其他16%（包括基督教2%）

### 學習目標

**10.1** 辨認日本政府目前面臨的三個挑戰。

**10.2** 簡要討論日本的政治歷史及其與外界不斷變化的關係。

**10.3** 說明「和平條款」與第二次世界大戰後的發展如何為現代日本奠定基礎。

**10.4** 描述日本的社會狀況，聚焦在人口、性別平等、財富與安全上。

**10.5** 說明日本中央與地方政府的結構。

**10.6** 探討日本文化強調的一致性與階級性。

**10.7** 辨認日本政治社會化的主要來源，以及其政治文化的最新變化。

**10.8** 從投票率、政黨結盟以及年齡的人口統計的角度，描述日本選民的參與程度。

**10.9** 說明日本的下議院（眾議院）與上議院（參議院）的選舉制度。

**10.10** 討論日本主要的政黨及其參與選舉的歷史。

**10.11** 辨認日本主要的三大利益團體並描述它們與政黨的關係。

**10.12** 概述日本國會的政策制定過程。

**10.13** 討論日本最近的國內與外交政策。

　　日本是東亞歷史最悠久的民主國家，也是世界上最富裕的國家之一。在經歷了第二次世界大戰的摧毀後，日本驚人的復甦在該地區及其他各地引起了欽佩、模仿與羨慕。然而，近幾十年來，日本的經濟發展步履維艱，而中國的經濟卻步步高升，取代了日本成為僅次於美國的世界第2大經濟體。自從1990年之後，日本經濟就一直長期處於通貨緊縮的邊緣，加上人口不斷的減少，以及中國擁有大規模武裝，還有北韓在日本西側不斷增加的危機感，使得日本面臨了自從戰後有史以來最大的挑戰。本章節提供了對日本政治的研究調查，同時描述政治遊戲的規則以及這其中所有參與者的態度與資源，並且評估日本目前的政策挑戰以及未

來的前景。

## 當前的政策挑戰

### 10.1 辨認日本政府目前面臨的三個挑戰。

在第二次世界大戰後，日本的經濟在接下來的兩個世代期間平步青雲地發展，成為世界上第2大經濟體，按人均所得計算，它是世界上最富裕的國家。值得注意的是，這種持續快速的增長並未導致不公平的現象大幅增加。日本所謂的「經濟奇蹟」在1990年結束，而且自那時起，日本就從一次的衰退再重新循環到下一次的衰退，從經濟不景氣走向更糟的局面。在1980年代末期從股票暴跌到房地產泡沫化的現象，引發了銀行危機，因此產生了堆積如山無法回收的貸款呆帳。通貨緊縮、失業以及破產，這些幾十年以來聞所未聞的現象，讓日本經濟陷入泥沼，並且震驚了全國。接二連三輪番上任的日本政府，在扭轉經濟下滑方面顯得無能為力。在2000年初期，經濟表現出了緩慢上升的跡象，儘管持續的復甦，但後來又被2008年至2009年的全球金融危機給再次擊退。日本現任的**首相安倍晉三**（Minister Shinzō Abe's）（編按：2020年9月16日由菅義偉繼任）所提倡的刺激計畫，被暱稱為**「安倍經濟學」**（Abenomics），已經為日本大眾帶來了一種可持續復甦的新希望。但是要釋放長期以來的經濟生產力，就必須鬆綁一些長期受到保護的經濟部門的管制，而政府對於這些狀況是否有意願且有能力去推動這種改變，仍尚無定論。

人口定時炸彈加劇了日本的經濟困境──人口快速老齡化與萎縮（參閱圖10.1）。人口平均年齡的中間值是47歲，而65歲以上的人口所占比例已經達到27.45%，這兩個數值都是全世界最高的。日本政府預估，後者的數字在2050年的時候，可能將會增加至39%。[1]人口的變化，反映出低出生率，而且造成相關勞動力規模的減少、壓縮了政府的稅收，並且顯著增加了退休金與醫療照護的支出。[2]

過去10年來，日本政府一直搖擺於一方面是否為了鬆綁經濟的管制，以及另一方面擔心如果市場走向自由化，這些依賴政府保護的團體將蒙受其害。國內外的批評者認為，日本政府在許多經濟領域中的強力介入，以及一些單位與政府贊助的勾結關係，是出現貿易摩擦與經濟放緩的原因。但是，取消這些安排、削減政府一直在運轉的鬆散且效率低下的公司，並允許擴大競爭是比實施更容易倡導的政策選擇。即使放鬆管制，從長遠來看可能有助於日本的經濟發展，但在短期內也會造成經濟上大規模的動盪。那些可能因此受到傷害的人，就會有強烈的動

## 圖10.1　日本老齡人口

### 日本的人口在老化與減少，這對經濟、政治和政策產生了巨大的影響

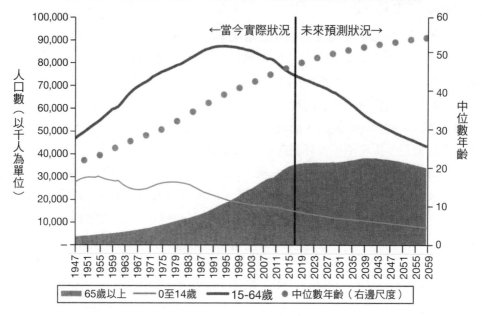

(1) 歷史資料數據來自於日本「總務省統計局」（Ministry of Internal Affairs and Communications, MIC），
「人口估計的結果」，http://www.stat.go.jp/english/data/jinsui/2.htm，資料取得日期：2016年9月9日。

(2) 國立人口與社會保障研究所，人口動力學研究系，「日本人口的未來預測狀況」，2012年1月，
http://www.ipss.go.jp/site-ad/index_english/esuikei/gh2401e.asp。

(3) 2010年以前的中位數年齡資料數據，http://knoema.com/atlas/Japan/topics/Demographics/Age/Median-age-
of-population。

機動用自己的政治力量去阻止改革。所以，政府已經延宕與妥協，只看到問題更加惡化且擴散。最近，日本決定與其他11個環太平洋國家一起參加「跨太平洋夥伴關係協定」（Trans-Pacific Partnership, TPP）[2]——努力促成一項全面性的區域自由貿易協議。但在川普（Trump）執政下的美國現已退出了，目前還不清楚這樣的努力究竟是否會成功。

　　日本增加其勞動人口一種的方法，就是增加移民的數量，尤其是來自世界上比較貧困地區的非技術性勞工。對任何國家而言，大量增加移民人口不僅在經濟層面，也會在文化層面有破壞性結果。近來，移民已經變成西歐國家與美國在選舉中的焦點議題，而且可以說是之前引起英國脫離歐盟公投最重要的關注點。但是對於像日本這樣的國家——幾乎鎖國超過250年（1600-1853），以及存在高度的貿易保護主義壁壘——缺乏接受移民的經驗，可能會創造出更棘手的政策地雷

讓政府頻於協商。可以理解的是，日本人不願為了「可讀取的」社會而放棄原本相對同質性很高的社會優勢——舉例來說，夜晚走在街上也很安全，就是一種好處——等待勞動力的復甦。

最後，中國在經濟與軍事方面的驚人崛起，為日本帶來了新的挑戰（有認為是生存的威脅）。不同於冷戰時期那幾十年，美國軍隊被迫對抗在亞洲發生的共產主義威脅，而現在日本則必須更加努力地確保美國在這一系列潛在衝突情況下對日本的支持。在後冷戰時期，日本必須承諾參與這種多邊維持和平與反恐怖主義的行動，並支持反擴散，以及最近以來，日本想要改變其憲法中的條文解釋，希望能夠擁有「集體防衛」：即以此來協助美軍。這些改變一直以來都具有政治難度不易實現（參閱專欄10.4），因為只有一小部分的日本公民與領導人強烈希望外交政策發生重大變化。但是，日本的鄰國大多沒有那麼急切希望日本壯大軍隊的角色，對他們而言，過去在第二次世界大戰以前與期間日本好戰之外交政策，仍然會引起痛苦的記憶。

本節藉由一些事物如何在日本走過的歷史道路、日本文化的普遍印象，以及描述政治機關如何引導與限制政治行為等不同的背景下來做出完整的解釋，以分析日本的政治。我們開始從其歷史的舞臺設定在日本戰後的政治與經濟發展說起。

## 現代日本的國家歷史起源

### 10.2 簡要討論日本的政治歷史及其與外界不斷變化的關係。

日本最早的居民很可能是來自亞洲大陸的「狩獵採集者」（hunter-gatherers）。西元前11,000年出現了新的文化，稱為「繩紋」（Jomon）文化。由其手工製品顯示了大約在西元前300年，繩紋文化突然發生了相當大的轉變，這可能是由於從亞洲大陸經由朝鮮半島的入侵或移民潮所造成的結果。新的文化，一般稱之為「彌生」（Yayoi）文化，其特色為使用包括武器在內的青銅器與鐵器，以及發展水田栽種稻米的農業。在西元3世紀時，彌生文化從南方的九州島通過四國島以及大部分的主島（本州）傳播開來。「古墳」（Kofun）時代期間（300-710），出現了一支最為強大的氏族：「大和族」（Yamato），最後聲稱其在政治上控制了這個國家大部分的範圍。日本的皇室贊助佛教文化，開始使用漢字體來撰寫歷史、書寫憲法，以及頒布法律規章。在西元794年，日本首都從奈良（Nara）遷到京都（Kyoto），主要是作為接下來一千多年皇室居住的地方。然而，因為皇室缺乏有效的中央集權軍事系統，使得侍從軍貴族幕府（後來

也被稱為「武士」（samurai））逐漸掌握更多的權力。在後來的幾個世紀中，在京都皇室手上掌控的政治隨著權力競爭下——而且是常常到處交戰的武士家族——逐漸下放而減弱。

　　日本的中世紀時期（大約西元1185年至1600年）是個持續動盪且頻繁戰爭的年代。在1600年，**「德川氏」**（Tokugawa clan）取得了霸業和相當程度的民族團結。從1600年至1868年，德川氏家族立基於「江戶」（Edo），現稱為「東京」（Tokyo）來統治整個日本。在德川氏家族的統治之下，日本社會原本的封建制度，演變成更僵化且具有系統性的形式。在這時期所建構的儒家主義，其知識宣導也強化了嚴格的階級體制。德川氏政權還關閉了日本與外面的世界的聯繫。

　　經過250多年的孤立，在1853年，一位美國海軍准將**馬修・培理**（Matthew C. Perry），將艦隊駛入了今天被稱為「東京灣」（Tokyo Bay）的地方。培理遞交了一封由美國總統米勒德・菲爾莫爾（Millard Fillmore）的信，內容要求德川幕府政權開放日本的港口與美國進行貿易。培理的艦隊很輕鬆地就威脅到了這個政權，也暴露了德川幕府政權的弱點，即長期鎖國，隔絕外面世界影響所造成的代價。這舉動引發各區域的藩領大膽要求德川家族退位，並且將權力「還政」於天皇。1868年發起了**「明治維新」**（Meiji Restoration），這個稱呼就是取名來自於當時年輕的「明治天皇」（Meiji Tenno），他在名義上取得了至高的政治與宗教領袖地位。但事實上，這個新的政權並沒有給天皇實際的權力。推翻德川幕府政權的侍從軍貴族（武士），運用帝國體制作為一種象徵，只為了要統一國家，以進一步發展自己的政治目的。這意味著會將政治權力導向為集中化的結果，而這超越了日本以往任何時期的經驗。他們建立了一個以土地所有權為基礎的全國性稅收制度，並取消了侍從軍貴族（武士）的津貼制度。在明治時期的日本政府，其主要目標就是藉由推動工業化的發展並且擺脫在日本被孤立後被迫接受的「不平等條約」，來趕上西方帝國主義的力量。[3]

　　雖然新的寡頭政治執政者沒有任何意願在大眾層面上行使民主化的政治，但是他們確實同意建立由民選立法機關組成的憲法。日本政府根據歐洲議會制民主國家為典範建立了兩院制立法機構**「國會」**（Diet）。但是國會無法控制內閣。相反的，寡頭政治執政者藉由挑選內閣總理大臣以及政府官僚組織中各種部長等管理的方式，來控制內閣的決策。不過，1889年憲法還是賦予了國會有權力去否決某些政府的行動（尤其是預算），因此內閣就必須要與一些新興的政黨在許多議題上討價還價。政黨也因此變得非常喧囂吵鬧，因為他們可以隨著時間的流逝

而擴大本身的影響力。

第二次世界大戰前的日本，於1918年至1932年期間是最為民主的階段，為史上所稱的「**大正民主**」（Taisho Democracy，大正天皇於1912年繼承父親明治天皇的王位）。在這幾十年中，內閣由控制國會的政黨掌握。接下來繼位的天皇認為有必要從黨的領導人之中選出內閣總理大臣，以贏得國會的合作。在整個1920年代，由政黨控制內閣的情況成為一種常態。

到了1932年，地方的政治貪污腐敗以及野心勃勃的軍方，腐蝕了大眾對政黨的支持。在日本內閣總理大臣犬養毅（Tsuyoshi Inukai）遭到過度激烈的國家主義者暗殺之後，軍方在幾乎沒有民眾敢公開反對的狀況下，直接就接管了政府。文人政府的結束帶來了在軍備上快速的支出擴張，尤其是在1937年軍隊開始對中國發動全面性的侵略戰爭。當美國政府封鎖了運輸至日本的石油，以作為日本侵略中國的回應，而日本則以海軍攻擊南亞的產油國以及在1941年時突襲美國位於「珍珠港」（Pearl Harbor）的軍艦與飛機，以作為回應。

美國不願加入第二次世界大戰的原因在珍珠港事件爆發之後消失了。美國投入了大量的物力與人力資源來對抗已經掌控了中國、南北韓與大多的東南亞國家，以及散落在印度洋到太平洋之間零星島嶼的日本軍力。1942年6月的「中途島之戰」（Battle of Midway）是太平洋戰爭的轉折點，這處位於太平洋中部的環礁，其實際資源是微不足道的，但其戰略位置卻極為重要。海軍司令山本（Yamamoto）優越的海上艦隊被美國的轟炸機所摧毀，這是日本海軍從未有過的全然失敗。雖然日本的軍隊還是在持續衝鋒陷陣，但其獲勝的機會卻愈來愈小。擔心日本軍隊會戰到最後的一兵一卒，美國總統哈瑞·杜魯門（Harry Truman）下了一個很具爭議性的決定，在1945年8月使用核武器（原子彈）轟炸「廣島」（Hiroshima）與「長崎」（Nagasaki）這兩個工業城市；結果，在兩個城市分別造成了15萬名與7萬5,000名平民的喪生。第二次世界大戰在太平洋的戰爭，造成了108,504名美軍士兵死亡，以及超過這數值2倍的登記失蹤人數。而日本方面，除了在美國轟炸襲擊中喪生的300萬平民外，還損失了200萬名士兵總計約占1939年全日本人口的3.5%。此外，估計在戰爭中失去性命的中國人，介於1,000萬人至2,000萬人之間，大約占3%至6%的全中國人口數。直到1945年8月日本投降之後，軍事力量在政治中的作用才終止，平民民主才得以蓬勃發展。**4**

# 軍事占領

## 10.3 說明「和平條款」與第二次世界大戰後的發展如何為現代日本奠定基礎。

「同盟國軍事占領日本」（Allied Occupation of Japan）是在美國「道格拉斯・麥克阿瑟將軍」（General Douglas MacArthur）的總指揮下，由「駐日盟軍總司令」（Supreme Commander of the Allied Powers, SCAP）所下達指令管理。其初期目標是使日本去軍事化，並進行民主化——讓日本無法且不願再次發動戰爭。這確實很成功地削減了陸軍與海軍的動員力量，並且在戰爭結束後，遣返了仍留在國外的330萬名日軍。實施了範圍廣大的調查，以剷除舊制度的菁英及其權力的基礎。在「遠東國際軍事法庭」（Tokyo War Crimes Trials）中，有25名被審判為「一級」戰犯；其中7位判處死刑，其餘的人則是判決長期監禁。其他來自於政治界、商業界以及媒體界，被認定是戰爭中所謂的共謀之20萬人，也都被判刑處理。在戰爭期間擁有與配合的「財閥」（zaibatsu）企業集團所持有的公司，也都被取締，迫使大部分產業經濟的所有權控制權進行解散與權力下放。[5]

在政治改革上一項更基礎性的嘗試就是施行新的憲法。但是因為日本政府所提出的憲法草案內容，希望保有日本天皇的主權以及允許國會可以限制個人自由，[6]「駐日盟軍總司令」拒絕了，並制定了自己的草案版本，為個人自由、社會公平，以及性別平等增加了更廣泛的保障。

《日本憲法》中最著名的條款，或許就是「憲法第9條」，即「和平條款」（Peace Clause）內容提及日本放棄發動戰爭，甚至是放棄維持軍事能力的權利（參閱專欄10.1）。保守黨政府與法院也很有彈性地詮釋了這項條款（至少可以這麼說），允許日本擁有自我防禦的能力。在1960年代期間，民意一面倒的反對憲法做任何的修改，因為這有可能會導致憲法第9條的廢除。然而，隨著對戰爭懷念的人口逐漸減少，而且日本擺脫了戰後的地緣政治影響，這種情況已經開始改變。日本也開始參與國際維和任務，於2004年初期時甚至還派兵至伊拉克。

土地改革象徵了日本在軍事占領期間的另一項主要目標，可說是一項重大成功的結果。在日本投降的時候，有70%的農民是個標準的佃農，不然就是至少不得不租用一些田地來補充自己土地不足的部分。[7]許多駐日盟軍總司令的官員認為，「貧窮」是滋養1930年代的右翼極端主義與軍國主義（militarism）的重大因素。建立廣泛的土地所有權，其目的就是在減少這些趨勢。

**專欄 10.1**　《日本憲法》第9條

第9條「放棄戰爭」

1. 日本國民衷心謀求建立在正義與秩序基礎上的國際和平，永遠放棄以國權（民族力量）來發動戰爭、並放棄以暴力威脅或武力行使，作為解決國際爭端的手段。
2. 為實現前款目的，將永不維持陸海空軍及其他戰爭力量。國家的交戰權也不被承認。

　　駐日盟軍總司令還建立了獨立的工會運動，保護他們免於受到政府與企業的騷擾。新《憲法》裡面的第28條以及1945年的《工會法》（Trade Union Law）保障了罷工的權利以及集體協商權，並規定了國家和縣級勞動關係委員會。

　　蘇聯在東歐和北韓影響力的鞏固，以及共產黨接管了中國，這些事件說服了美國國務院並使其認為應該讓日本成為「反共堡壘」（bulwark against communism），以及變成美國新的「圍堵」（containment）政策中的重要環節。[8]為了達到這個目標，駐日盟軍總司令與日本政府合作鎮壓勞工的動亂。任何一般事前醞釀的罷工也不允許，商業組織與工會談判時處於上風，並且放寬了反壟斷（antitrust）法規措施。現在美國把日本視為太平洋的盟友，因而美國也將其對日目標轉換為經濟的穩定化與發展。

　　在1951年9月，日本在美國舊金山與蘇聯以外的所有盟軍簽署了和平條約，[9]正式結束盟軍的軍事占領，並在戰後歸還了日本的主權。在此同時，也簽署了「美日安保條約」（U.S.–Japan Mutual Security Treaty）。這條約允許美國在日本駐軍，並且持續占領沖繩作為軍事基地，這在冷戰時期，是美國反制共產黨「圍堵策略」中的重要環節。當軍事占領結束時——在受到「韓戰」（Korean War）爆發的幫助下——日本的經濟已經復甦到第二次世界大戰前的水準高度，政治體制運作得很平順，日本也再次成為一個主權國家，準備好再度踏上歷史上輝煌的時期。

## 社會條件

### 10.4 描述日本的社會狀況，聚焦在人口、性別平等、財富與安全上。

　　日本是世界上人口數排名第11位的國家，擁有1億2,630萬的人口，但其人口數正在逐漸減少中（最近，日本已經被墨西哥擠下第10名的位置，而未來10年中很可能會被菲律賓、越南以及埃及所超越）。日本的粗死亡率（crude death rate，每1,000人）是9.51，而其出生率則為7.93。移民人數過低不足以彌補這樣的落差，所以人口數每年就以0.16%的速度逐漸在減少當中。日本上億的人口住在大約相當於美國加州90%土地面積的日本群島上，而適合耕作的土地面積僅占日本所有地區的12%。導致了三分之二的日本人口湧入城市地區，主要集中在連接東京到關西地區，包括大阪、京都以及神戶的這條長廊帶附近。都會區的人口占了全日本的93.5%，東京都會區約有3,800萬的居民是全世界最大的城市，不過中國的上海（3,400萬）以及印尼的雅加達（3,000萬），也正在快速追趕著。[10]

　　日本的自然資源非常有限，所以戰後的經濟發展取決於原物料的進口與製成品的出口。日本依然是世界上最富裕的國家之一，而且其公民享受高質量的生活水準。識字率是很普及的，貧窮也很少見。日本人因二次世界大戰後時期的收入分配採平均主義感到自豪，有超過90%的人認為自己是中產階級。然而，在過去這25年來，日本的「人均收入」（per capita income）排名已經掉到了世界第27名（在經濟合作暨發展組織（OECD）的35個成員國[3]中排名18，僅位於南韓之前）[11]。不平等狀況也同樣在增長；在領導經濟的「七大工業國組織」（Group of Seven, G-7）中，[4]日本只比英國以及美國好一些，但比起其他國家的狀況卻更不平等，日本的表現只與義大利差不多，在很大程度上是由於日本是個受限的福利國家。[12]

　　日本缺少世界上許多其他國家中存在的諸多社會分化現象。日本人口中有99%都是種族上的日本人，幾乎沒有重要的宗教、語言以及區域分裂。只有200萬的「外國」家庭生活在日本（包括許多家庭住在日本已經好幾代了，但都還不是日本公民），對於一個擁有如此龐大而富裕的經濟體來說，這樣的數字確實非常少。

　　日本具有超乎尋常的高水準社會秩序——表現在鄰里之間的守望相助與合作上——如果與城市化與發展水準相當的其他國家比較時，日本的貢獻就是擁有更低的犯罪率。許多日本人反對社會增加移民，因為他們相信——這可能是一種錯誤的認知——外國人必須為許多犯罪問題的發生負責，而且他們也擔心社會秩序會受到更多元性的差異所威脅。這就不難理解為何更多大量湧入的移民可能會影響到日本的社會——就像這現象同樣會影響到任何一個社會——但是沒有任何證據顯示這一定會朝向更糟糕的方向前進。事實上，提供一條更自由的法律途徑給移民，可能助於降低潛在的弊端，因為當非法的移民受到無法避免的經濟誘因激勵而前往，但卻因為政治上的禁令而被迫轉為地下化時所發生的虐待。[13]

# 政治機構

## 10.5 說明日本中央與地方政府的結構。

　　戰後日本政治中最重要的事件在第一時間就展開了，即1947年戰後《憲法》的頒布。這是在日本《憲法》裡面首次賦予人民主權、要求內閣首相以及內閣都必須向經由民主選出的立法單位負責、婦女享有選舉權，以及建立一個全面性的機制來保障個人的自由與權利。

### 兩院制的國會

　　日本的政府體制是議會制、兩院制，以及單一制（參閱圖10.2）。《憲法》第41條規定，國會「應該是國家權力的最高機關，並且是國家唯一的立法機關」。因此，沒有獨立選出的國會議員，必須與國會分享政策制定的權力。國會是由兩個立法會議廳組成：「眾議院（下議院）」（House of Representatives (Shuugiin–the Lower House)）和「參議院（上議院）」（House of Councillors (Sangiin–the Upper House)）。同樣內容的法案必須要經過這兩院的簽署，才能夠成為法律；不過有兩種特殊的例外：僅由眾議院通過預算案並批准條約。在這些領域中，參議院能夠提出意見或是相反建議，但是這無法迫使眾議院給予任何關注（如同《憲法》第59條與第60條的規定）。然而，針對其他所有的法案，眾議院必須接受參議院的偏好選擇，除非下議院能夠發動三分之二的多數決來推翻上議院的否決權。因此，日本上議院可以說是全世界最有權力的議院了。

　　在1956年至1989年期間，有一個政黨，即「自由民主黨」（Liberal Democratic Party, LDP），總是能夠在國會的兩院中占據多數席次，如此強勢到只需要「紙上作業」就可以無視於兩院制的影響。然而，自從1994年新的選舉規則生效後，誘使許多小型政黨的增生，導致較大的政黨必須與之合作以形成立法的多數。現在政府再也不能夠一直依賴著控制兩院，總是潛藏在憲法中的兩院制的重要性，就變得顯而易見了。[14]

　　就像是所有的議會制一樣，在選舉之後所產生的新國會，其首要任務就是在這些成員中，選出一名擔任內閣首相，通常這位會是下議院中最大黨的黨魁。上議院也能夠提出本身的人選，但是根據《憲法》第67條規定，如有爭議時，以下議院的選擇為優先考慮。新的首相接著就要聘任內閣成員，其中至少有一半的成員必須是國會議員（憲法第68條，而現實上幾乎所有成員都是）。這些被任命者的頭銜都是內閣級別的部長，而其機構組成了中央政府這個官僚體制。從1955年到1993年，從1996年至2009年再次當選首相。在1990年代中，只有3位是非自由

**圖10.2　日本政府的結構**

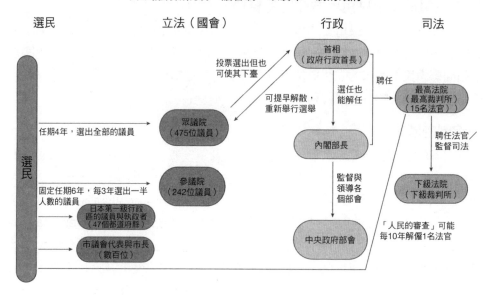

民主黨擔任首相，以及在2009年至2012年，有3任首相是來自於「民主黨」（Democratic Party of Japan, DPJ）。但自從2012年12月以來，自由民主黨的黨魁安倍晉三又再度登上了這個最高位置（參閱圖10.3）。

　　傳統上，日本的首相在內閣中扮演著「平等第一」的角色，管理不同的政黨與派系之間的競爭，但是卻很少扮演政策制定者的角色。在自由民主黨長期治理的期間，首相與內閣部會基本上可能都會等待政策的倡議從「基層」沸騰再來處理。黨內的專家委員會將會與相關的官僚體制機構共同合作起草法案，並且將草案送交政黨和官僚體制階級中，然後透過這兩條途徑送達位於頂端（許多部長同時也會擔任政黨的資深領導人，以及各種官僚機構的上位者）的內閣手中。在1990年代末期，一項新的內閣法增加了首相辦公室更多的權力與資源，使其能夠以自上而下的方式制定政策提案。**小泉純一郎**（2001-2006）是第一位擁有這些擴張後的權力，而他也很大量的去運用這樣的權力。當然，由下而上的途徑，雖然緩慢且需經深思熟慮的過程，但通常也意味著任何從這一管道到內閣手中的提案，大多都已經獲得了重要的利益相關者的支持，一旦正式提交為內閣法案時，很容易就通過成為正式的法律。而由既得利益方所提出來的反對法案，從未進入正式的提案階段。如今，內閣首相擁有更多的權力啟動法案的開展，並將政策倡議提交至國會當中。然而，缺乏事先達成共識的想法也意味著有更多的提案可能

會遭到強烈的反對，即使是在執政黨內部也是如此，最後可能會被修改或拒絕。儘管如此，新的首相的特權賦予了不同的領導風格，以及更加公開的公共政策審議程序。<sup>15</sup>

　　形式上，日本首相（類似於其他所有議會制中的首相）能夠獲得此職務，是

---

**圖10.3　從1991年後的日本政府**

**長達25年不斷更換聯合執政後，自由民主黨會重返長期執政嗎**

| 首相<br>（所屬政黨） | 年分 | 執政的政黨 |
|---|---|---|
| 宮澤喜一（LDP） | 1991 | LDP |
| 細川護熙（JNP） | 1993 | JNP+SDP+JRP+NPS+DSP+SDF+Komeito |
| 羽田孜（JRP） | 1994 | JRP+JNP+DSP+Komeito+SDF+NPS |
| 村山富市（SDP） | 1994 | LDP+SDP+NPS |
| 橋本龍太郎（LDP） | 1996 | SDP+LDP+NPS |
| | | LDP |
| 小淵惠三（LDP） | 1998 | LDP+NK+CP |
| 森喜朗（LDP） | 2000 | LDP+NK+CP |
| 小泉純一郎（LDP） | 2001 | LDP+NK+CP |
| 安倍晉三（LDP） | 2006 | LDP+NK |
| 福田康夫（LDP） | 2007 | LDP+NK |
| 麻生太郎（LDP） | 2008 | LDP+NK |
| 鳩山由紀夫（DJP） | 2009 | DPJ+PNP+SDP |
| 菅直人（DJP） | 2010 | DPJ+PNP |
| 野田佳彥（DJP） | 2011 | DPJ+PNP |
| 安倍晉三（LDP） | 2013 | LDP+NK |

政黨縮寫：
Komeito或NK：公明黨（Clean Government Party）；
CP：保守黨（Conservative Party）；
DPJ：民主黨（Democratic Party of Japan）；
DSP：民主社會黨（Democratic Socialist Party）；
JNP：日本新黨（Japan New Party）；
JRP：新生黨（Japan Renewal Party）；
LDP：自由民主（Liberal Democratic Party）；
NPH：先驅新黨（New Party Sakigake / Harbinger）；
PNP：國民新黨（People's New Party）；
SDF：社會民主聯合（Socialist Democratic Federation）；
SDP：社會民主黨（Social Democratic Party）。

根據國會中下議院多數投票表決產生的，但出於所有現實之目的，他們只樂於為自己所隸屬的政黨服務。自由民主黨執政38年，共有15位首相出任。自從自由民主黨在1993年首次失去權力以來的20年期間，經歷了14位（全部都是男性）首相，而在2006年至2013年期間，更是驚人的出現過7名更替者。其中，只有一位是被國會正式撤職的（1993年的宮澤喜一，起因於自由民主黨的分裂）。小泉純一郎在人氣鼎盛時期引退。其他的所有人都是因為當時的政黨在選舉中失利（2009年為鳩山由紀夫，2012年是野田佳彥），或者更常見到的是，他們自己所屬的政黨因為對其不受歡迎的狀態感到絕望而決定嘗試以其他人選擔任黨魁，因而被取代。

## 地方政府

日本將其行政區域劃分47個「**都道府縣**」（prefectures），每個一級行政區都要選舉出自己的首長與立法議會。日本國內也有數以百計的市鎮，同樣也需要選舉出市長以及市議會代表。雖然如此，日本卻不是聯邦制的國家。所有地方政府的權威都是由中央政府下放的，因此也可能撤回與否決。權力下放給都道府縣以及市政府的授權範圍很廣，而這些次級政府的經費支出，約占政府總支出的三分之二。但有趣的是這些地方政府徵收的稅收僅占所有稅收的三分之一。因此，平均而言，地方政府有一半的預算，是從眾議院每年彙編的國家預算中酌情分配的。[16]

近年來，日本政府透過與鄰近城市的行政合併方式，創建出範圍較為廣大的地方行政單位。為了努力吸引逐漸城市化地區的選民，自由民主黨的黨魁似乎已決定要取消鎮長，以減少其對小城鎮的遊說力量。[17]1999年，日本共有3,232個都市、城鎮和鄉村，平均人口數為36,387人；到了2010年，自治市的數量已下降至1,730個，而其平均人口數卻上升至69,067人。在此期間，少於1萬人的城鎮數量減少了，從1,537個減少到只剩下457個。政府計畫繼續進行整併，直到市鎮的數量達到1,000個為止。在此同時，中央政府也已經採取了一些措施，將更多的財政和監管自主權下放給地方政府。截至2016年，權力下放仍然非常有限。

然而，地方政治還是很重要的。因為地方對國家政策的決定感到失望時，往往會導致民粹主義或出現激進的都道府縣首長或縣市長的選舉。這些官員有可能成為中央政府的荊棘，大聲表達其選民的不滿。在一些情況下，這樣的不滿訊號是針對政黨或是聯盟所控制的中央政府，而在政治上就必須審慎的對政策有所改變。畢竟，那些投票給「反對派候選人」，並將其送入自治市與都道府縣職位上

的選民，可能會在下一輪的全國性選舉時，再次做出類似的選擇。所以，中央政府要很精準的緊跟著地方政治的趨勢。這種機制在1970年，曾經出現過一個很重要的著名案例，當時以自由民主黨為主的國會，大刀闊斧地在環境政策上進行了改變，包括通過了由較為進步的地方政府所提倡的一系列反污染措施，並利用這些議題打擊地方上的自由民主黨籍現任官員。多年來，地方政府對國家政策表示不滿，從機場的建設到公共工程項目再到處理廢棄物問題；乃至（最臭名昭彰的）美軍駐紮在沖繩的軍事設施的負擔問題。[18] 這些抗爭並沒有迫使中央政府改變政策的方向，而中央政府還很不明智地駁回了當地的投訴。

## 司法體系

日本的法律制度在表面上，具有與美國法院享有同等程度的司法獨立性。憲法保障了這種獨立性（第76條至81條）。雖然如此，在日本其獨立性並未真正於現實中出現過。政治上的掌控以及對法院的操縱，是由於政府可以利用任命權以及官僚機制來避免法院可能做出損害政府利益的決定。內閣直接任命15位「最高法院」（Supreme Court）的法官，以及間接透過最高法院在行政上的手段，來決定所有「下級法院」（lower court）的任命。在法官登上最高法院之後的第一次大選中，選民有機會去罷免這些被任命者。此後，法官每10年將接受1次民眾投票來決定去留，但這在本質上是無關緊要的，因為沒有法官會任職那麼久，大部分法官都是在70歲法定退休年齡的幾年內任命的。現實上，從來沒有最高法院的法官曾經被選民罷免。

任何一個司法系統中最重要的作用之一就是檢視國家對個人的自由與權利的限制狀況。第二個就是裁決政府部門不同之間的爭議。權力制衡——藉由與選舉產生的立法機關以及行政部門彼此獨立，共同分享政治的權力，或是解決聯邦政府與各州政府之間的衝突（聯邦制國家）——導致憲政上的衝突，法院就必須以裁判的角色來介入。然而，這個第二種角色在單一制國會制度的國家中，例如日本，其重要性就小很多；遠不如施行聯邦制、總統制的國家，例如美國的重要性。較少的權力制衡，就意味著有較少的衝突需要法院協調。當一個機構——國會——擁有一切制定法律的權力時，這時就不太需要一個有力的憲法法院。在這方面的話，日本更像是英國，而不是美國。

有2個例證表明了自由民主黨長期執政之後，如何使法院變成像是政治的附屬品。第一，最高法院一貫都很堅持自由民主黨對《憲法》第9條的立場，允許出於自我防衛，而擁有武裝力量，同時由政府來定義什麼是自我防衛。競爭對

手──以及地方法院的法官多次做出裁決──說明日本「**自衛隊**」（Self-Defense Forces, SDF）違憲，如同1973年在札幌地方法院的判決一樣。札幌高等法院後來在同一年推翻了判決結果。最高法院在1982年拒絕這件案子繼續提起上訴，有效地支持自由民主黨的立場。並非偶然的是，在地方法院做出違反政府立場判決的法官，看見他未來的職業前景變得更糟糕。[19]

其次，地方法院通常可以決定「**選區劃分不均**」（malapportionment）（即眾議院選舉中出現比例失調，也就是每個國會議員所代表的選民人數之間存在跨區差距），這問題已愈滾愈大，已經變成是嚴重的違憲問題了。因為自由民主黨持續從代表人數占比的農村地區中獲得較多數的支持，如果強制重新分配下議院席次，將對該黨不利。最高法院經常脅迫說如果選區劃分不均的問題不減少的話，便會進行干預，但它並沒有建立一套針對選區劃分不均的嚴謹規範。更重要的是，最高法院從來沒有宣告過選舉結果是無效的。在2012年12月的大選之前，最高法院再次警告如果不進行更徹底的重新劃分，下一次選舉將「處於違憲狀態」。選舉還是照樣進行而沒有任何改變。幾個地方法院也已經重申特定的選舉結果是無效的，但是卻沒有要求舉行新的選舉。

## 政治文化與議題鴻溝

### 10.6 探討日本文化強調的一致性與階級性。

日本的許多政治行為都可歸因於受到日本文化所影響。在1980年代，大眾媒體為研究日本文化的獨特性發明了一個新詞彙來描述：「日本人論」（Nihonjinron）或是「日本民族性理論」（theory of Japaneseness）。日本人喜歡將自己視為重視群體超越個體的需求與欲望的人。他們珍視「努力工作」，特別是針對共同事業的努力，並且對於尋求展現非凡才能或天賦的人，會抱持謹慎的態度（「棒打出頭鳥」the nail that sticks up gets hammered down）。日本人認為自己是有層次的組織和階級地位的意識。他們相信自己與西方人是不一樣的，只要有機會，他們都會盡力尋求避免發生衝突的可能性，而且他們也傾向於透過中間人而不是透過法院，直接對立地來解決爭端。

然而，從社會科學的觀點來看，日本人呈現的一致性，並不神祕。社會階層治理著大多數日本人的人際關係，而且從小時候開始，日本人就必須「適應」追求成功的生活。小學生與中學生在學校的表現都公開排名，因此每個人都知道其他人在任何所要求的科目中的表現是好（或不好），而在下個階段能夠升上怎樣的學校，取決於在考試中的表現。大學的入學考試是眾人皆知的困難，這是導致

在晚間「補習班」產業蓬勃發展的原因。進入哪一所大學，決定這個人在將來畢業後能夠獲得哪些工作。或許這可以解釋令人費解的現象，許多「東京大學」（The University of Tokyo）的學生，大概是這個國家最聰明的學生，在社團與體育俱樂部度過愉快的4年時光。因為他們已經跨過了尋求出色工作的最重要障礙：只要能夠通過考試進入東京大學，就標誌著他們具有競爭的能力。數十年以來，大多數日本的中央政府官員都畢業於東京大學，其次是「京都大學」（Kyoto University）和其他一些菁英大學的畢業生。

一旦個人受雇於某個企業，就很難辭職並且在其他地方找到另一個工作。日本傳統上的「終身雇用」制度（lifetime employment）與以資歷為計算基礎的薪酬標準，意味著每個員工都應該與同僚好好相處並滿足上級的要求。下班後與老闆一起去喝酒是一種表現忠誠度與承諾的方式。毫不意外的，日本勞工對工作的滿意度通常會比美國以及英國都來得更低。這些勞動者中有一部分是被困在不合適的工作上，還堅持不懈地生活，因為很難從其他地方找到可以重新開始的工作。日文中形容這些人為「窗邊族」（madogiwazoku / window gazers）指的並非是附有大片落地窗的高級主管辦公室。在日本，位於角落邊緣意味著被劃歸到圈外。[20]

「融入」（fitting in）並不是從遠古時期日本人就有的特徵。快速回顧一下日本多采多姿的歷史，包括有文獻記載發生在幾百年前的一連串「內戰」（civil wars, 1335-1600）以及持續的政治動盪，這段期間勇敢的日本武士也很輕易的就轉移忠誠度——即使在戰鬥中[21]——在封建等級制度下，下層階級百姓更是經常遭受暴力的傷害，[22]應該足以消除日本傳統與價值觀中最浪漫的版本。在過去數個世紀中，日本文化已經發生了巨變，有時改變速度是很快的，如果還認為日本文化在未來都不會改變，抱持這觀點就顯得有點天真。日本長期以來的經濟衰退已造成整個世代，特別是與戰後的中產階級相比，對總體生活以及在展望未來時，無法表現出樂觀的態度。這不得不以重要的方式改變文化。

更進一步來看，融入的重要性並沒有抑制對當代日本政府的異議或不滿。正如在任何國家都可能會有的預期，民意調查顯示了社會上廣泛的不滿情緒，而這不僅是因為1990年代末期惡劣的經濟環境所引起的。圖10.4顯示公民對各種機構的信任程度之差異，但對於政治人物，甚至於對公務員的信任程度一直都很低。

## 女性：家庭與職場

今日在日本的社會階層與秩序中，強調的其中一種表現就是停止了二次大戰

### 圖10.4　對各式各樣社會機構的信任感

日本公民會對宗教組織或是政治人物沒有什麼信任感，但是對警察、軍事武裝部隊，以及學校有非常大的信任感。日本人相信報紙的程度勝過於電視

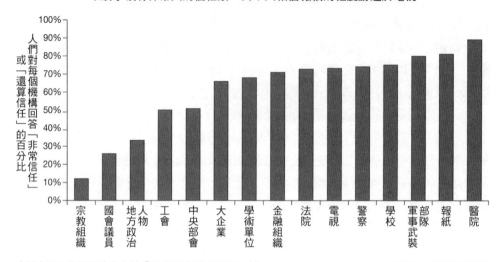

資料來源：資料數據來自於「日本社會基本調查」（Japan General Social Survey, JGSS），《第十次關於價值觀與行為模式的國際比較調查》（Tenth International Comparative Survey on Values and Behavioral Patterns, 2015），日本社會基本調查研究中心，大阪商業大學，http://jgss.daishodai. ac.jp/surveys/sur_variables_index.html#T，資料取得日期：2016年8月15日。

後期間的性別角色的變化。雖然女性的機會逐漸在改善，但是展望女性在日本政治以及職場的角色，依然受到很大的限制。不斷發展的社會價值觀或法律規定，[23]幾乎沒有改變「好妻子與賢妻良母」的傳統角色。

日本的《憲法》是世界上對性別議題最為友善的憲法之一，第14條揭櫫了：「全體國民在法律面前一律平等。在政治、經濟以及社會的關係中，都不得以人種、信仰、性別、社會身分以及家庭的不同而有所差別。」儘管這是美國婦女尋求，但未能得到的一個明確的性別平等聲明[24]，許多日本女性認為性別平等議題在現實狀況中確實落後很多。相較於「經濟合作暨發展組織」（OECD）國家平均的性別收入差距是15.5%（美國的差距是17.9%），但典型的一位日本全職女性員工收入大約比男性少了26.6%。[25]根據《讀賣新聞》（Yomiuri）在2002年的民意調查，有超過半數的日本人（男性多於女性，年長者多於年輕人）認為婚後妻子應該待在家中。這樣的感悟也反映出對職場有企圖心的女性，在結婚後與養育小孩時，會承擔多麼巨大的社會壓力。不令人意外的，有愈來愈多的女性選擇以延遲結婚的方式來回應這樣的壓力。當今日本女性的平均結婚年齡是29.3歲，

比1970年的24.2歲，提高了不少。到了50歲都還沒有結婚的女性比例也成長許多，從1975年的3%增加到2010年的10%以上。

雖然憲法在包括語言文字上都記載了保障女性權利的平等，但是司法並沒有主動落實這些權利。2006年6月，國會修改了**《平等就業機會法》**（Equal Employment Opportunity Law）禁止工作職場上的歧視行為。剛開始通過這項法律時，確實造成了女性大量湧入有償的工作職場中。但在2006年修訂之前，沒有任何法律可以防止雇用過程中基於外觀這樣的因素為歧視的行為，以及「透明天花板」（glass ceiling）[5]很低且堅不可摧。

結果，女性的就業機會在範圍與時間期限上都不足。女性通常都會被期待完成學業後，只需找到一個簡單的工作當作是結婚與養育小孩的過渡（參閱圖10.5）。因為很少獲得具有保障的就業機會，所以大多數女性都會遵循既定道路一點也不奇怪。絕大多數的女性會在準備成為母親時辭去工作；[26]不到四分之一的婦女在分娩一年半後找到了新工作。[27]

政府在協助女性融入職場或是參與政治領域方面所做的相對較少。日本這樣的福利國家跟歐洲同性質的國家相比，還不夠慷慨，而且很難找

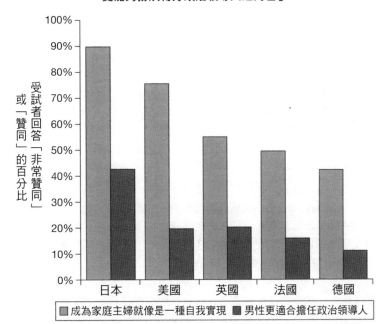

**圖10.5 日本傳統性別角色的延續**

大多數的日本人會比西方人覺得「擔任家庭主婦會比出外工作賺錢更有自我實現感」以及「男性會比女性更能夠扮演得好政治領導人之角色」

（縱軸）受試者回答「非常贊同」或「贊同」的百分比

■ 成為家庭主婦就像是一種自我實現　■ 男性更適合擔任政治領導人

（橫軸）日本　美國　英國　法國　德國

資料來源：2010年至2014年官方總計之世界價值調查6（v.20150418）。世界價值觀調查協會（www.worldvaluessurvey.org）。匯總文件處理者：西班牙馬德里的ASEP諮詢公司、JD Systems開發資料處理軟體公司。http://www.worldvaluessurvey.org/WVSOnline.jsp，資料取得日期：2016年7月24日。刊登使用的資料是經過允許的。

到可以幫助女性平衡家庭與職業的托嬰或老人服務。[28]但是，與其待在家裡面養小孩，女性更希望能夠努力爭取或保持自己的工作。這結果導致了極低的生育率，進一步加劇了日本快速老齡化的人口結構。人口緊縮無疑是日本政府未來幾十年將面臨的最緊迫的國內問題。

在工業化民主國家中，日本女性在政府中的任職人數仍然是最低的——目前，在473席次的眾（下）議院中僅有44席次是女性議員（占9.3%）。這個數值在2009年達到11.3%的高峰。女性在上議院的表現比較好一些，在242席次中獲得了50個席次（占20.7%）。東京都也在2016年時選出了第一位女性行政首長（參閱專欄10.2）。

有兩種趨勢可以促進女性在日本社會中的地位。第一種趨勢就是人口統計。儘管日本公民具有長壽的特質，但是因為出生率下降許多，導致日本的人口縮減。日本的勞動力下降速度甚至更快。想要阻止這潮流以及阻斷經濟產出的下滑，最簡單的方式是充分提升女性在有償的勞動力上一個更平等的地位。要做這樣的改變，可能需要（並且產生）改變文化的態度與期待，但這可能不會很容易進行或毫無阻力。[29]另一種可能的替代方式就是允許更多的移民，但在日本提出這樣的方案，可能得到更少人的支持。

第二，日本經濟的終身雇用制減少，意味著已經沒有太多的理由讓日本老闆

---

**專欄 10.2　首位女性東京行政首長**

2016年7月31日，小池百合子當選東京都知事。她在一場高投票率的選舉（首長競選）中贏得了44%的票數，在三方選舉中以100萬票的優勢領先第2高票的競爭對手。

不是每一位小池百合子所屬的**自由民主黨**成員都對她的競選抱有熱情。事實上，自由民主黨官方立場擁護的是一位徹底被她擊倒的男性增田寬也。小池百合子得利於選民對先前自由民主黨執政行政首長舛添要一的怒火，因為他被發現濫用納稅人的錢在奢侈的商務旅行以及購物狂歡。小池百合子同時也得票超過了反對派的候選人：人權律師鳥越俊太郎，他因為受到性騷擾的指控而灰頭土臉。

但是，不要指望小池百合子的當選就能夠成為日本女性在政治或社會上獲得更多機會的改變先驅。如果女性選擇競選公職，她們跟男性當選的可能性一樣大，但是願意將自己投身至政策制定以及全天候參與政治活動狀態的女性，確實很少見。與一般的日本女性不同，小池百合子已經承諾將自己所有一生都致力於職業的追求，在踏入政壇之前，她是先擔任電視的主播。她已離婚而且沒有小孩，所以能夠得到那些期待她全心投入工作的選民所支持。直到有關家庭工作的準則能夠在男女之間的分配出現更多的平等責任之前，才可能會有更大量的日本女性投入公職競選中。

偏向於雇用與晉升男性勝於女性。只要公司期望在整個職業生涯中留住員工，可能會中斷有可能進行育兒工作的女性人力資本的投資，而這樣的預期成本就可能會阻止雇主為婦女提供平等的就業機會。隨著企業縮短對所有雇員的隱性合同承諾，他們將把男性與女性視為更平等的投資機會與風險。

## 同質性民族遇上移民的情況

日本的政治行為與經濟成就，至少在某一部分上可以歸功於民族與文化的同質性。這種同質性可以讓日本統一關注在國家目標——其中最重要的就是經濟成長。但是，日本也不是完全的同質化，有一些少數族群也會面臨顯著的歧視性問題。在第二次世界大戰後大多數的時間裡，「在日韓國人」組成了日本最大的永久少數民族。這些人是在第二次世界大戰期間被帶到日本充當勞動力的，這些永居的韓國人至今在日本還是受到很糟糕的對待。少數人歸化成為日本公民（在日本，公民身分不是隨出生而來的），而設法或多或少的充分讓自己同化。沒有這樣做的人，就無法參與選舉投票或擔任政府公職，而且在私人公司中也會很廣泛地感受到被歧視的現象。直到1992年，那些原本拒絕成為日本公民身分要求的人，包括直到最近要求採用日本姓名，終於不再需要按壓指紋與隨身攜帶外國人居留證了。但是在日的外國人口（Zainichi）也隨著時間的流逝而減少，從1945年的200萬人下降到了今天只剩下53萬人，而現在在日外國人已有超過65萬是中國人，他們大多是在近期才抵達日本生活的。

「阿伊努人」（Ainu）是日本的少數原住民族，這個民族是被趕到日本北邊諸島延伸的邊境地區，而現在這一民族被認定是日本的原住民。現今，估計約有不到1萬7,000名的阿伊努人仍存活著，其中大多數居住在日本最北端的島嶼「北海道」。最後，還有所謂的「部落民」（Burakumin），雖然他們在族群上是屬於擁有日本血統的人，但其算是日本封建社會中流放階級的後代，從事著被佛教菁英人士視為不潔的工作。雖然是非法的，但是仍然存在對這個群體成員在就業與居住方面的歧視。「部落解放同盟」（Buraku Liberation League）很堅決的爭取政府與社會給予這些人更好的對待方式。雖然政府官方統計估算值比較低，大概不到100萬人，但真實估計這些部落民可能高達300萬人之多，大部分居住在日本西部。[30]

也許會有一天，日本將大量的移民整併納入其社會時，會產生新的需求，包括對政府的社會福利以及他們所帶來的文化價值觀，共同發展成一個更加多元的文化、多民族的社會。地方政府以及中央政府已經在醫療保健福利、獲得住房和

教育，以及甚至以日語以外的其他語言製作行政文件這些簡單的問題上遇到了障礙，更不用說本質上與公民權利有關的問題，如選舉投票。但這正是因為人們對原本事物的態度感到高度順暢，許多日本人拒絕向新來者敞開大門。

# 政治社會化

## 10.7 辨認日本政治社會化的主要來源，以及其政治文化的最新變化。

　　日本政治是在廣泛共有的社會規範的背景下所發生的，其意味著如何扮演好一位日本公民的角色。在本節中，我們會探討與政治相關的價值觀的起源與影響。

### 家庭

　　政治社會化開始於家庭，價值觀從一代傳遞給下一代。傳統上，日本人是生活在大家庭、多個世代居住在一起的家戶中，隨著年紀的增長，他們會由其最年長兒子的妻子來照顧（如果他們沒有兒子，則是由最年長的女兒照顧）。當日本逐漸朝城市化發展，較年輕的世代都已移居到大城市了，他們在城市中就比較傾向組成核心家庭的模式，而年長者卻大多仍居住在較小的城鎮中，而且鄉村中老年人口所占的比例也很高。在2000年，日本通過了新的長期照護保險制度，其中政府在支持老年人住在有公共補貼的療養院方面發揮了更大的作用。[31] 不出所料，年輕女性是這項立法的堅定支持者。雖然如此，日本社會的衰老速度已經超過公共基礎設施所能容納的數量，因此嚴重短缺的養老院安置也成為問題。

　　日本的價值觀一代一代的正在變化著，但即使是在大城市中，女性通常也要工作到準備生孩子，然後才會辭掉工作，直到最小的孩上了幼稚園，才會以兼職工作的方式重新進入到勞動就業市場。這使日本女性的勞動力市場參與程度呈現「M型」狀況：大部分的女性會在20多歲進入就業市場（第1個M型高峰），結婚後下降，然後等到小孩上學後，再次回升。然而，在這第2個M型的高峰，女性通常都是從事兼職工作，這樣能夠讓母親在小孩放學之前回到家中。考慮到女性可能會為了養育小孩而避開或放棄工作的狀況，因此，原生家庭仍會與女兒有所來往就不會令人感到意外，更多是為了幫助其婚姻和在勞動力市場上的職業生涯做好準備。

### 教育

　　日本小學生和高中生在數學與科學方面的成績，一直穩居國際排行榜之前茅，遠遠超過了美國。日本有60%的中學生，在放學後會去「補習班」強化課程

的學習，以便在競爭中站穩腳跟，而能夠進入更好的學校。³²導致考試焦慮程度提升的原因，主要是日本頂尖的公司在招聘員工時，不成比例的集中挑選頂尖大學的畢業生，而且因為日本許多的工作都是終身聘任制，因此一個人上了哪所大學，就會變得極為重要。

日本的教育制度在教導基本技能方面獲得了很高的評價，但是大學的系統卻差強人意。大學入學考試極端的困難，而學生全神貫注瘋狂地唸書學習，目的只為了取得最有聲望的學校的錄取資格。一旦入學，學生會在大學期間學到很多東西，反而是例外而不是常態。在日本經濟快速成長期間，大型企業甚至是擅長自吹自擂的中央政府部會，似乎都偏好這樣的方式。大學入學考試可能篩選出最聰明與最勤奮讀書的學生，然後這些人就不太受到高等教育的自由主義思想所干擾。經過大學4年的喘息，他們就可以準備銜接到新的（對於菁英而言，這幾乎就是永久性的）雇主那裡去工作，他們針對必要的工作需提供特定的職業培訓來展開工作職涯，這些都是在大學期間沒有接受過的內容。

自1990年以來的經濟停滯，意味著工作職缺比畢業人數少，這是幾個世代以來首次發生的現象。政府、企業，以及大學都開始重新思考此種教育模式是否明智。愈來愈多大學之間的競爭都比較集中在給學生的教育價值上，而較少關注在僅以高分入學的大學聲望究竟會造成什麼樣的結果。特別是在政府已經開始認真思考，並投入大量的精力去研究日本的教育制度是否能夠培養學生足夠的創造力，使其在世界新型的高科技經濟中取得成功。另一個問題就是，年輕族群的高失業率，也阻礙了許多學生不願考慮繼續留在學校深造。³³

從日本的鄰近國家之立場來看，更令他們關注的議題是在教育的早期階段中，特別是在日本政府核准的歷史教科書中，如何呈現日本在「太平洋戰爭」（1937-1945）中所扮演角色的內容。中國與南韓政府不斷表達抗議，認為日本政府與人民依然對日本軍隊在亞洲的掠奪行為懺悔不足，而日本的教科書仍然是這場爭辯的重點。就其影響日本對於外交政策的態度而言，這顯然是教育的結果以重要的方式影響政治社會化的過程和領域。

## 大眾媒體

與美國相比，日本的媒體在大眾的公共生活中扮演了舉足輕重的角色。大部分的日本人是從傳統的管道獲得新聞。電視、廣播節目，以及最有特色的印刷報紙持續超越網路，成為日本消費者獲取新聞的來源。在起步較晚之後，日本的網路普及率位居世界前茅，在2014年為86%。但是在日本使用社群媒體的比例，卻

比起其他先進經濟體的使用率相對較低，除了匿名之外，很顯然透過網路分享自己的想法，會使日本人感到不自在。「臉書」（Facebook）在日本的流行程度，遠不及美國。有趣的是，在日本的「推特」（Twitter）使用者，有高達75%使用化名（假名）來發表——幾乎是美國的2倍以上。[34]

　　在日本很少有家庭是只有一臺電視的，而且許多家庭都裝了有線或衛星電視，這與美國一樣都擁有大量的頻道可收看。政治評論節目在日本是很受歡迎的，特別是在週末，包括各式各樣的政黨代表在當今熱門的議題上表態或是面對面的對峙，以及受訪者正尋找新的角度提出說明。儘管日本人傾向從電視上獲取新聞資訊，但是其報紙的讀者數量依然是全世界最高的，而且相較於美國的報紙多屬於地方區域性的，日本報紙的發行大多都是有全國性影響力的。日本3大報紙：《讀賣新聞》、《朝日新聞》（Asahi），以及《每日新聞》（Mainichi），總發行量超過2,000萬的家戶訂閱，而且實際上也是全世界前3大發行量的報紙（美國前3大報紙：《華爾街日報》（The Wall Street Journal）、《今日美國》（USA Today），以及《紐約時報》（The New York Times），每日合計不到600萬份）。同樣的，即使在日本一般報紙的發行量也持續下降，從2000年的4,740萬份，在2005年降低到4,420萬份（降低了0.8%的家戶數訂閱）。[35] 毫無疑問的，日本快速增加的老齡化人口減緩了從印刷轉換為數位的速度，因為隨著年齡的增加，報紙的讀者人數增加，而網路的使用者卻減少。[36]

　　日本這三大報都具有政治上某些範圍的觀點，《朝日新聞》採取的是中間偏左的立場，不同於《每日新聞》走的中間主義，以及《讀賣新聞》是更偏向保守的立場。但是，有一些觀察家很質疑日本這些新聞媒體的獨立性，因為「新聞俱樂部」這個體制看起來需要服從於內部訊息的交換規則。政府機構與政黨的每一個組織都在自己的單位內設有一個新聞俱樂部，來自於各新聞媒體界的記者都有自己的辦公座位，參加新聞發布會，並撰寫報導。媒體記者清楚感知到如果報導關於政府或政黨官員正一直在掩飾的不受歡迎訊息時，其結果可能導致自己被驅逐出這個新聞俱樂部。然而，媒體組織通常幾乎都有專門從事調查性報導的獨立記者與新聞媒體，讓常規的新聞俱樂部記者能夠和平地蒐集例行工作上的訊息。這些調查機構一旦將醜聞公諸於世，新聞俱樂部的記者就可以隨意放棄他們原本的禮貌寬容態度。自從1980年代日本的「瑞可利事件」（Recruit）以來，這些每週一次的小報，便成為媒體對政治醜聞轟動與無情報導的引線，美國退伍軍人水門（Watergate）事件後的調查新聞，或是英國贊助人支持本國侵略性的「第四權」（Fourth Estate），都是相同例子。

## 政治參與以及選舉投票行為

### 10.8 從投票率、政黨結盟以及年齡的人口統計的角度，描述日本選民的參與程度。

　　依照國際的標準，一般日本人對於政治的參與程度是很低的。圖10.6顯示，幾乎所有具有投票資格的選民，在自己一生中至少有去參與過選舉投票1次，以及有五分之三的日本人宣稱曾經參與過鄰近社區或自願團體發起的活動，或是去連署過請願書，而其他形式的政治參與就不是那麼普遍了。特別是與政黨相關的活動，尤其是加入政黨組織，並不常見。大多數比較常見的參與行為（除了選舉投票外）似乎都是屬於地方層級的。

　　在日本，投票不是強制性的。隨著第二次世界大戰後成年人全面普選的到來，選民投票率開始達到高水準，在1958年的顛峰時期高達77%。但是自從那時以後，儘管有時會出現正向的高峰狀況，一般而言投票率是在穩定下降狀態。在

#### 圖10.6　日本政治參與的形態

**日本人更加喜歡參與所謂「公民政治」的活動，而不是政黨的活動**

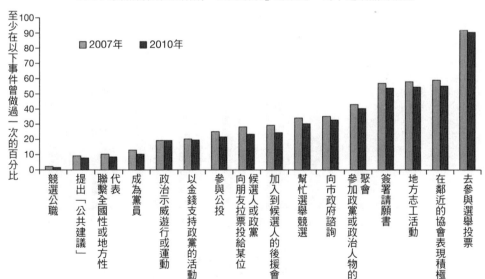

資料來源：資料數據來自於早稻田大學與《讀賣新聞》聯合研究，〈關於日本社會期望與選舉的民意調查〉（Public Opinion Survey on Japanese Social Expectations and Elections），https://www.waseda.jp/fpse/gcoe/wcasi/wC&P09-2ndWave_codebook_English_Ver1.pdf（第21頁的表15）以及https://www.waseda.jp/fpse/gcoe/wcasi/wC10POST_codebook_Ver1.pdf（第15頁問題9之表），資料取得日期：2013年5月5日。

2014年最近的一次選舉中，投票率跌落到歷史時期的新低52.7%。[37] 近來的選舉也顯示了不論是投票率以及政黨的運勢都呈現急劇波動的狀態。2005年的下議院選舉投票率達到了67.5%，對自由民主黨而言，這算是很大的震幅，緊隨在後的是2009年69.3%的投票率，甚至大到把自由民主黨都給震走了，而輪到民主黨執政。然後，在2012年，民主黨變得非常不受歡迎。但與其回到自由民主黨那邊，數百萬的2009年的選民，選擇放棄2012年的選舉投票，使得投票率暴跌至59.3%。儘管如此，2009年由於那些民主黨的選民都放棄投票權的結果，而導致自由民主黨獲得了另一次的重大勝利，我們會在下一節再來討論。[38]2012年的模式又在2014年重演一遍——這次甚至有更多選民選擇放棄投票給令人失望的自由民主黨，但他們選擇待在家中不出門投票，而非去投票支持其他的政黨。

年紀最輕的日本公民是對政治最不感興趣的一群人，而最感興趣的族群是中年人。圖10.7顯示，20多歲的人對最簡單的政治參與形式持最直爽的態度，只有

### 圖10.7 投票是一種義務還是權利？

比較年輕的日本公民最不會感到有責任的壓力去投票，但是所有年齡層的世代族群
在2015年時都覺得自己比2011年時，更沒有義務去投票

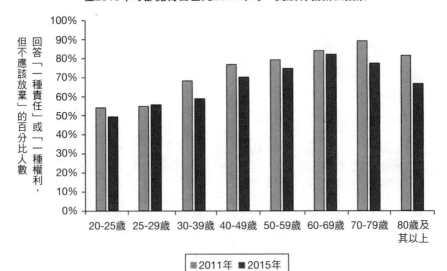

資料來源：公益財團法人「光明選舉促進協會基金會」，《第47屆眾議院議員總選舉》，第47屆眾議院大選的全國公眾民意調查，2015年，http://www.akaruisenkyo.or.jp/wp/wp-content/uploads/2011/10/47syuishikicyosa-1.pdf，第28頁，資料取得日期：2016年8月15日；公益財團法人「光明選舉促進協會基金會」《第42屆參議院議員總選舉》，第42屆參議院選舉，2011年，http://www.akaruisenkyo.or.jp/wp/wp-content/uploads/2012/07/22sangaiyo.pdf，第40頁，資料取得日期：2016年8月15日。

不到五分之一的人回答投票是公民的責任。60歲至70歲在第二次世界大戰時或之前出生的公民，覺得投票具有高度義務。這些歷史縮影呈現的結果無法告訴我們，今日這群60多歲的老年人在40多年前的時候，是否與今日這群20多歲的人表現出同樣的做法。但是有一個充分的理由讓人相信，或許當今青年的自滿情緒更多是反映了日本現在這個時代，而不是青年時代。過去20年的經濟委靡不振，以及年輕人對於是否錯過了經濟奇蹟充滿不確定性，讓他們對長輩的承諾感到焦慮甚至不滿。如果這些感覺沒有蔓延到對政治的態度上，那就非常令人驚訝了。

## 選舉制度與選舉競爭

### 10.9 說明日本的下議院（眾議院）與上議院（參議院）的選舉制度。

　　選舉的規則構成了政治人物之間在公職競爭上的本質。選舉區域的規模與位置、爭奪的席次數量以及參與競爭者的人數以及黨派關係等細節，決定了政治人物必須要如何表現才能贏得勝選。當然，同樣重要的是選民利益和規則，以及哪一種競選活動是被允許以及不被允許的。因為選民很在意政治人物當選後的行為，而選舉規則也會對政策造成深遠的影響。

　　國會兩院使用了不同的選舉規則（參閱表10.1）。日本女性在1946年獲得了選舉投票的權利保障，所以現在所有滿18歲或18歲以上的日本公民都可以在全國性與地方性的選舉中投票（參閱專欄10.3）。[39]比較有權力的眾議院選舉規則，在1994年進行了更改，而在新的規則下，舉辦過6次的一般選舉。參議院的選舉制度在過去幾年中也進行了2次更改，不過其變動幅度都不是很大。

### 眾議院

　　眾議院的議員任期為4年，但是在大多數的議會制中，通常任期有可能會提前結束，因為首相任何時候都有可能會解散國會並重新召開選舉。1994年1月，在經過與長期執政的自由民主黨不斷進行權力爭奪幾個月之後，由7個政黨組成的執政聯盟重新建構眾議院的選舉規則。[40]目前，眾議院有475名議員，其中有295名是經由（假設）相同規模的**「單一選區制度」**（single-member districts, SMDs）之「多數制」（plurality）所選舉產生的，以及180名是來自於11個地方選區，經由**「比例代表制」**（proportional representation, PR）所選舉產生的。每一位選民會拿到2張選票，其中一張是在「單一選區制度」下投票給候選人，而另一張是在「比例代表制」區域下投票給政黨。候選人可以參與區域的選舉，並且同時出現在較大區域中的相應政黨名單中，因此競選失利的候選人，可以透

**表10.1　日本全國性的國會兩院之選舉規則**

| | 眾議院（下議院）<br>475名議員，4年任期 | | 參議院（上議院）<br>242名議員，6年任期 | |
| --- | --- | --- | --- | --- |
| | 區域層級 | 全國名單層級 | 區域層級 | 全國名單層級 |
| 選舉規則 | 多數制 | 比例代表制<br>（PR）<br>封閉式名單 | 單記非讓渡投票制（SNTV） | 比例代表制<br>（PR）<br>開放式名單 |
| 席次數目 | 295* | 180 | 73/73[†] | 48/48[†] |
| 選區數目 | 295* | 11 | 45[‡] | 1 |
| 選區規模範圍 | — | 6-29 | 1-6 | — |
| 平均選區規模 | 1 | 16.4 | 1.55 | 48 |

*2014年以前的一般選舉有300席次，降低到作為對比例失調的邊緣糾正數目。

[†]上議院（參議院）的一半名額，每3年選1次。

[‡]直到2016年以前，席次數目都是47，都是為了要匹配「都道府縣」（日本第一級行政區）。在2016年，將一些人口不足的「都道府縣」選區加以合併成2個（鳥取縣與島根縣被合併為一，以及德島縣與高知縣被合併為一）。

---

**專欄 10.3　日本最年輕的選民**

日本在2016年的國會選舉，多出了240萬名有權投票的18歲與19歲年輕族群，剛好趕上參與7月國會的上議院議員的選舉。就像是他們的前輩一樣，2016年大多數的新選民都支持執政的自由民主黨，大部分是因為首相安倍晉三承諾要強化經濟與就業市場所帶來的正向結果。

政黨會在社群媒體中客製化所要傳遞的訊息與事件以尋求年輕人的選票，效果不明顯——只有45.5%的年輕人在選舉日當天去投票，相對於整體投票率達到54.7%。

很有趣的是，在18歲這一群體中有51.2%去投票，反之只有39.7%的19歲的年輕人去參與投票。其中一個解釋可能是大多數18歲的年輕人都還在高等學校就讀，並且接受了所謂的選民教育並受到老師努力呼籲「就去投票」（get out the vote, GOTV）的影響，19歲大多已經是高中畢業後1年的年輕人，所以更有可能跳脫以學校為基礎的政治社會化活動。當然很樂於見到，也許2016年的這一群18歲年輕人能持續比他們稍微年長的兄弟姊妹在未來的選舉中，都能夠有更高比例的參與，但也有可能還是隨著時間的流逝，早期這些學校的影響也會逐漸減弱。

資料來源：根據「株式會社時事通信社」（Jiji Press Ltd.）2016年7月13日的報導，http://newsonjapan.com/html/newsdesk/article/116908.php，資料取得日期：2016年8月20日。

過政黨名單來「保留」。日本新聞媒體很快就把這樣的政治人物稱為「殭屍」（zombies），因為儘管他們在區域選舉中滅頂，他們似乎會被復活，所以日本選民並不十分喜歡這樣的新規則。

這種兩級選舉制度似乎產生兩種不同的政黨競爭模式。在295個「單一選區制度」的大多數中，最後會傾向於2個有可能出線的候選人之爭，而且通常這2位候選人，來自於全國相同的2個政黨。在2009年的選舉中，民主黨與自由民主黨就贏得了「單一選區制度」300個席次中的285個（占了95%）。這個數字在2012年的時候達到91%，主要的原因是在「關西地區」（Kansai region）有很強勁實力的第三黨贏得或是在實行「單一選區制度」的多個選區中取得了排名第2的位置。在2014年，由於民主黨在295個選區中只拿下187個席次，於是結果又再次下降到88%。相形之下，「比例代表制」的選舉組成，確保了一些小型政黨持續存活的機會，即使它們在「單一選區制度」的席次中都已全軍覆沒了。這其中最重要的就是自由民主黨的聯盟夥伴：新公明黨（New Komeito Party, NKP）、日本共產黨（Japanese Communist Party, JCP），及以關西為基礎的政黨，現在都將這些稱為是一種「革新」。另一個重要的差異性就是，雖然「比例代表制」可以確保搖擺選票都會成比例地轉換為搖擺後的席次，但是我們卻看見在「單一選區制度」有更多的選票最後都被浪費掉了。請記住，多數制的規則意味著在某一選區的候選人能夠拿到最多的票數時，即為當選。因此他／她是否領先第2名只有1張選票，或是超過10萬張選票，這不重要。如果一個政黨設法將許多僅以少數差距而失敗的損失，轉化為許多僅以少數差距而勝選的得利（反之亦然），那麼全國各地的小型政黨之搖擺投票可能會放大為巨大的席次搖擺。這種「增強效應」（booster effect）在英國與加拿大是廣為人知的，在日本也是如此。相形之下，在美國，不論是採用「單一選區制度」或是「多數制」的規則，如此誇張的席次搖擺狀況是很少見的，因為儘管全體選民的比例分配相當平均，但國會的選區卻很少是很靠近的──政黨之間的「傑利蠑螈」（gerrymander）現象還是存在著，[6]而這往往有很大程度可以保障大多數的「現任者」（incumbent）對抗其他政黨迎面而來的負面襲擊。

## 參議院

日本的參議院有242個議員席次，其中146個席次是由都道府縣（日本第一級行政區）這些區域選舉產生的，以及96個席次是透過全國性的比例代表制分配產生的。議員的任期固定是6年，每3年改選其中一半的席次（分別為73個席次與48

個席次）。每位選民會拿到2張選票：第1張選票是投給都道府縣（日本第一級行政區）的區域個別候選人，以及第2張選票是以全國性的比例代表制的方式投給代表不同區域的政黨。不同於眾議院的制度，參議院的候選人也許就不會同時在這兩種層級中競選。

直到2016年，參議院的選區決定為以整個國家的47個都道府縣（日本第一級行政區）來劃分。每一個都道府縣在每3年一次的半數選舉中至少要選出1位參議員（在人口最稠密的地區，最多可以選出6位參議員）。隨著日本人口逐漸朝向城市化集中，可能會發生需要重新分配某些地區的席次——鄉村地區會減少參議員數量，都市地區會增加。但是這樣的重新分配還是會限制要達到該席次的問題，當某些比較屬於鄉村的都道府縣人口變得非常不足的狀態時，即使在每3年勉強選出1位參議員，也意味著相對於那些人口非常擁擠的都市化都道府縣，這數目還是會有過度代表性的問題。與其整體性的增加都市地區的議員代表席次而擴大了參議院的人數規模，政府最後決定，在2016年的大選前重劃一些區域的界線，這意味著可同時解決都道府縣界線以及選舉地區的問題。有4個都道府縣是人口最為不足的地區，被整併到只剩下2個選舉區域，而多出來的2個席次就重新安排到都市化的區域中。所以現在行政區數量總共為45個。這也減少了離譜的選區劃分不均的案例，但是要徹底消除這些問題，可能需要在未來對分區制度施行更全面性的改革。

目前45個行政區中的32個都只有選出1位參議員，而有4個行政區是選出2個席次、5個行政區選出3個席次、3個行政區選出4個席次，以及1個行政區選出選出6位參議員（東京都）。在那些只有1位參議員代表的32個行政區以及有2位參與原代表的4個行政區中，沒有任何政黨會推出超過1個以上的候選人。所以在這些地區中的選民可以依照自己與政黨的關係來選擇。相形之下，在擁有3個或是更多的席次的另外9個行政區需要競爭時，大型政黨可能會選擇2位或更多的候選人去參選，這迫使選民必須找出方法以區分彼此內部直接競爭的共同政黨候選人。施行比例代表制選舉的層次會有一份公開的名單，這意味著選民可以很簡單的只投票給政黨，或者他們可以改採選擇去支持某個政黨名單中的某位特定的候選人。每個政黨得到的比例代表制的席次比例會等同於其所獲得的比例代表制之票數比例（由「政黨得票數」加上「偏好得票數」（preference votes）來決定政黨候選人的得票總數），有關政黨內所列表該由哪些候選人可真正當選的問題，其答案則是取決於每個候選人所能獲得的偏好投票數有多少。然而，儘管可以選擇在政黨內部先進行偏好投票，但選民還是傾向於遵循政黨的指示。在2016年，

選民避開了偏好投票的選擇，而只簡單地投票支持某個政黨。

## 競選及其活動

　　日本在選舉的競選活動之治理規則，以國際的標準來看，相對上是比較嚴格的。眾議院的競選期間非常短暫——只有10天。候選人會被嚴格要求他們能夠募集與花費的經費，以及可以花費的內容。電視與廣播電臺的廣告是被嚴格限制的。候選人只能夠張貼與發送數量有限的海報與宣傳單，而登門拜訪拉票的行為是禁止的。每位候選人可以乘坐1輛宣傳車，而且必須獨立支付大多數協助人員的薪水。所有的這些限制對於挑戰者而言特別麻煩；現任者在姓名的辨識度以及訊息的傳播方面具有先天的優勢。在競選活動展開之前，現任者可以利用他們所具有的公職地位與選區的選民進行溝通。挑戰者必須追趕上，而這也是很困難的，因為大多數的競選形式都受到非常嚴格的限制。

　　競選制度在1994年時改變時，大部分的競選法規依舊存在。然而，有一項重要的變革就是引入了公共籌資。現在每位候選人都有競選預算。這在民主世界是很常見的事，而這設計的目的是為了減少要提高競選經費，而可能涉及到貪污腐敗的誘惑中。在2013年4月，國會推出了令人期待已久的另一步驟，鬆綁了候選人運用網站競選的嚴格限制。在過去，雖然政治人物被允許擁有自己的網站，但是不准他們在競選活動期間更動網頁內容。在過去10年中，日本選舉似乎愈來愈具有黨派性（而不是個人主義）特徵，呈現出許多的限制都是不合時宜的，因此這些限制最後都隨著歷史洪流被廢除也不足為奇了。[41]

# 日本的政黨制度

## 10.10　討論日本主要的政黨及其參與選舉的歷史。

　　戰後的日本政黨制度的歷史可以分成三個階段。第一階段包括了整個軍事占領時期再加上幾年；這是相對比較動盪的時期，沒有任何政黨或是聯合執政能夠長時間處於領導地位。這時期的特色就是新的政黨出現、現有的政黨消失不存在了、政黨分裂以及政黨合併。第二階段開始於1955年，自由民主黨及其後半時期的主要競爭對手「日本社會黨」（Japan Socialist Party, JSP）成立（透過合併）。規模很小的「日本共產黨」（Japanese Communist Party, JCP）也加入了「1955年制度」內的這個行列。從1955年至1993年，自由民主黨持續贏得立法權上的主要多數席次，其實力幾乎是日本社會黨的2倍。在這第二階段，兩個重要的中間派政黨形成：在1960年從日本社會黨分裂出來的**「民主社會黨」**

（Democratic Socialist Party, DSP），以及日本唯一的宗教型政黨：「**公明黨**」（Komeito / Clean Government Party, CGP），這政黨也在1967年首次贏得眾議院的議員席次。日本共產黨以及這些新的政黨在過去幾十年中，也拿下一些議員席次，但是從來沒有奪去自由民主黨在國會裡面的多數席次。

　　第三階段始於自由民主黨在1993年的分裂，其次是由於選舉制度的改變，使黨派制度的其餘部分產生了變化。在這階段看起來不斷增長成兩黨體制的現象像是停止了。雖然某些小型政黨因為比例代表制的關係還能存活著，但是單一席次的區域性選舉卻幾乎是由兩大政黨所把持。1994年12月，公明黨與民主社會黨以及一些從自由民主黨出走者共同合併組成「新進黨」（New Frontier Party, NFP）。新進黨在1995年的上議院選舉以及1996年的下議院選舉都表現得相當出色，甚至在這些選舉中推出比例代表制的席次超過了自由民主黨。但是該黨在1997年末因為政策的分歧以及領導權的爭鬥而崩潰了。「**民主黨**」（Democratic Party of Japan, DPJ）是在1996年的大選前成立，而且在1年後新進黨消亡之前，吸收了其大部分的成員。民主黨將自己建構成像是新政黨體制中的支柱。圖10.8顯示，有關自由民主黨長期以來的支持狀況，及其在每次選舉中最大競爭對手的支持情況。

　　在第三階段大部分的時間裡，自由民主黨依舊是最大的政黨，但是是以聯合政府的形式執政。第1次是短暫的與日本社會黨合作，自從1998年以來就是與公明黨一起執政。在2009年，民主黨贏得了下議院大多數主要的席次，而徹底掌握了政府之執政權。這是日本有史以來第1次有其他的政黨比自由民主黨贏得更多的席次。但是民主黨作為執政黨的任期只有維持了3年。在2012年12月，自由民主黨翻轉了整個檯面，恢復原本領先的位置。自由民主黨藉由一場於2014年連續擊敗民主黨的事件，終於捲土重來。雖然當時有一些原本是非常忠於民主黨的選民，重新力挺自由民主黨，但仍有數百萬的選民選擇待在家中不出來投票。在過去2次選舉中，棄權的增加幾乎全部是由在2009年選擇時支持民主黨的選民。[42]

## 自由民主黨

　　自由民主黨一直以來都是走中間偏右、親資本主義、親西方的政黨路線，並以此作為其核心價值。但從1950年代末期至1960年代初期，為了要成為立法的多數，擴展其支持基礎，不只是涵蓋了大企業的利益，也擴及到了效率低下的非貿易性經濟領域中有組織性的利益團體，包括農作、建築，以及零售領域。自由民主黨從大公司和商業聯合會獲取大量的競選資金，然後再以友善的投資政策與外

圖10.8　自由民主黨及其主要競爭對手政黨在全國性選舉的得票率，1958年至2014年

從1960年代中期，自由民主黨就不再贏得多數選民的支持，但是依然還是掌有大權，
因為到2000年以後，反對黨仍然都沒有整合成功。自由民主黨在2012年又重返執政，
因為反對黨又再次整合失敗

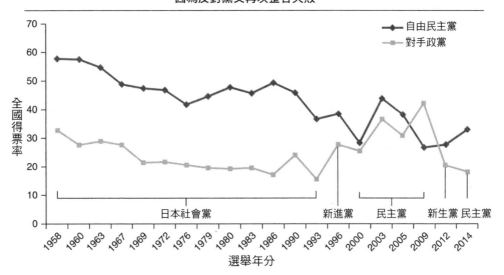

附註：1958年至1993年，所有的選票都會流向政黨的候選人。1996年至2014年，政黨選票是與比例代表制
綁在一起。

交政策作為回報，這些政策為推動經濟增長的出口而鋪平了道路。在此同時，自
由民主黨也將好處以利潤管制法規和貿易限制保護農民或是小企業主，以免受到
自由市場全面侵入的力量所傷害。這讓該黨成為既是資本主義的擁護者，也是保
護主義法規的源頭。隨著龐大的經濟成長而來的就是在人口統計方面很戲劇化的
變化。日本在戰後經歷了快速的城市化與工業化，減少了自由民主黨的基礎支持
者這個關鍵部分的團體規模，特別是農業的勞動者以及小型零售商。[43]城市中新
的階級崛起以及出現了許多城市工業化後的弊端（例如污染和過度擁擠）都增加
了對自由民主黨不滿的程度，所以導致該政黨立法權的多數席次持續在下降中。
雖然如此，自由民主黨都還是可以靠著選區劃分不均的選舉屬性、更有效的提名
策略，以及其持續控制政府的開支等方法，而維持了多數的席次。自由民主黨在
經歷了2009年選舉的嚴重失利後，遭受到成員脫黨的結果。隨後這個政黨開始花
費時間，幾乎以機械式般的方式阻撓民主黨的政策，特別是在2010年7月奪走民
主黨上議院的多數席次。當民主黨停滯且受困於本身政黨內部的分裂時，民主黨
政府不得不向自由民主黨尋求協助以通過相關的立法。自由民主黨用這樣的方

式，再次尋回許多選民的肯定，而認定其在本質上就像是執政的政黨特色。因此，自由民主黨在2012年與2014年的下議院選舉中獲勝而重回執政，而且在2013年與2016年都贏得了一半上議院的議員改選，這是自從1989年以來，自由民主黨第一次重新站上單一政黨在兩院制的多數席次位置。

## 民主黨

民主黨是以阻撓者的角色起家。它是在1996年下議院選舉前幾個星期才剛剛成立的——這是第1個在新的選舉制度下所成立的政黨——由前自由民主黨、日本社會黨，以及一些小眾支持的政黨之脫黨者所共同組成。民主黨在2005年遭受到挫折，但是在2007年的上議院選舉擊敗自由民主黨之後，在2009年的下議院選舉贏得了驚人的308個席次（共480個席次），使自由民主黨縮水到只有剩下119個席次。然後，僅僅只有3年的時間，民主黨這個第2大黨的角色，就幾乎銷聲匿跡在2012年的選舉中。自由民主黨在2014年12月獲得了關鍵性的勝利，因此使得民主黨有更多的黨員參與其他小型的政黨（或是退黨），也不願意與這樣的失敗政黨有所關連。雖然其「民主中間派」的理念依舊在大眾之間很受歡迎，但是自由民主黨提出了貨幣和財政寬鬆政策，以提振步履蹣跚的經濟。一旦自由民主黨奪取了民主黨最佳可行的政策立場時，基本上民主黨就無處可去了。

民主黨依然還是當今日本最大的反對黨，但是即使在2016年初與兩個小型政黨的合併之後，他們在下議院的席次也只占自由民主黨的三分之一；而在上議院的席位則只有自由民主黨的一半而已。民主黨在執政時期遭遇到三重的災難事件：地震、海嘯，以及核電廠熔爐外洩，這些都重創了政府在應對上的能力，並且讓大眾降低了對其執政的信任程度。該黨尚未從缺乏經驗這樣的名聲中恢復過來，也因為如此導致許多先前的黨員想要力求與其保持距離，而選擇加入或再創新的小型政黨。

## 公明黨（新公明黨）

公明黨是由一個被稱為**「創價學會」**（Soka Gakkai）之佛教組織所建立的政治團體，該黨自1950年代開始，就支持候選人參與地方選舉。公明黨是在1964年的上議院選舉時第1次嶄露頭角，然後於1965年也在下議院有所收穫。創價學會與公明黨共同攜手，在戰後日本迅速發展的城市地區成長。地方創價學會團體是以鄰里為基礎的政治組織。他們可以提供金錢、自願者的勞動力量，以及忠誠且具有主動性的選民。公明黨的高度組織性和支持者在城市地區的集中度使其能夠極大化可獲得席次的選票。公明黨建構的平臺基礎是「人道社會主義」

（humanitarian socialism）。它反對修改《憲法》第9條，但是卻在近幾年支持「美日安保條約」。然而，因為公明黨與創價學會具有連結關係，因此該黨無法延伸其支持基礎將其擴大到創價學會的擁護者之外。由於無法發展的結果，使得公明黨在許多選舉區域上，會著重於尋求與其他中間派的政黨進行協調。

公明黨在1993年與其他7個政黨組成聯合政府，而第1次經歷執政的滋味，然後，在與新進黨合併失敗之後，就重新以「新公明黨」（New Komeito）的名稱出現。這新的政黨與自由民主黨形成一種合作夥伴的關係，並從1998年至2009年共同聯盟執政。這兩個政黨在選舉上進行合作，公明黨會要求本身的（主要是城市地區）選民支持自由民主黨區域的候選人，以交換自由民主黨在比例代表制的層次上給予公明黨支持。選舉上的合作使得該黨於2009年選舉失敗後還能夠倖存，而這樣的團隊後來也在2012年重新獲得了權力。在結盟過程中，新公明黨與自由民主黨已就日本外交政策與國內的經濟政策的大多數方面達成共識。但是，在兩黨的選舉平臺上，明顯因為憲法改革的問題存在分歧。自由民主黨的首相安倍晉三長期以來希望對《憲法》第9條進行修訂，以明確支持日本在組織自衛隊上的權利，然而新公明黨卻反對《憲法》第9條的修改。[44]

## 第三勢力政黨

自從1994年以來的選舉改革之後，日本的政黨制度已經沿著雙軌方向發展：一個是在兩黨體制下，由「單一選區」層次來進行，以及另一個是多黨體制下，由「比例代表制」層次來進行。一群小黨派在此來來去去，撿拾一些從自由民主黨與民主黨流放出來，因為某些原因而導致對本身原本隸屬政黨感到不滿的黨員。

雖然這些政黨還是不成氣候，但是存在一個容易退出政壇的選項，所以對執政黨產生相當嚴峻的挑戰。安倍晉三提出的「安倍經濟學」偏向於「胡蘿蔔」（「貨幣寬鬆」（monetary easing）政策）而不是「棍子」（財稅改革、開放市場），正是因為如果他試著鞭策通過一項不受歡迎的立法投票，其黨員很容易就威脅要離開政黨。只要這些選舉規則得以維持，這種短期取向的脆弱性很可能一直都會是日本民主治理中的缺陷。

在2012年與2014年當時選舉結果的頭條新聞，各報紙讀起來都很相似——即由自由民主黨—公明黨的超級多數聯盟以及一個在墜落的民主黨——在這兩次大選之間的主要區別在於「第三勢力」（Third Forces）政黨的影響力大小。這些政黨在2012年時確實是一股力量——他們贏得了35%的比例代表制選票，以及

17%的議會席次，但是他們的出現也使反自民黨的投票表決很分散，以致於沒有影響到太多反自由民主黨的選票，最後自由民主黨還是贏得了超過100個席次，所以這也讓他們失去與反對政黨一起合作的最好情況。相形之下，在2014年，第三勢力政黨退步到只有20.5%的選票，而且只有拿下9.4%的席次。在2014年的選舉之後，在第三勢力4個當中的3個主要政黨倒下了，僅剩以大阪為根據地的「維新黨」（Japan Innovation Party）（這是個「日本維新會」（Japan Restoration Party, JRP）的延伸政黨）成為唯一的左翼支持者。[45] 在2016年3月，維新黨與民主黨合併，組成「民進黨」（The Democratic Party, DP）。然而，在許多最重大的議題上、即經濟自由化與憲法改革，以前的民主黨員卻是比較偏向於自由民主黨的立場。

## 傳統左翼

從1955年到1993年期間，自由民主黨主要的競爭對手是「**日本社會黨**」（Japan Socialist Party, JSP）（後改名為「社會民主黨」（Social Democratic Party）。該政黨的政治人物幾乎都沒有受到大戰期間軍國主義的影響，所以其政黨通過捍衛《憲法》第9條，呼籲日本戰後應有強烈的和平主義情緒。日本社會黨員在戰後蓬勃發展的勞工運動中，獲得了大多數的支持，但隨著日本的經濟成長以及製造業的勞動力開始減少時，日本社會黨的支持度也隨著下降。日本社會黨在1989年的上議院選舉中崛起，在該民意調查中，擊敗了自由民主黨獲得最大比例的席位。但是，那場勝利卻成為了最後的爭奪戰。1993年的選舉，日本社會黨（社會民主黨）失去了在下議院一半的席次（從原本的136席次減少為只剩下70席），當時的支持者轉向將選票投給了從自由民主黨分裂出來的政黨。截至2017年，社會主義者兼社會民主黨員幾乎已經潰散，在兩院僅擁有2個席次。

在政治意識形態最左端的是「**日本共產黨**」（Japanese Communist Party, JCP）。該黨在1922年成立，在第二次世界大戰前都是從事地下性的活動，當時他們有許多的領導人都因為激進主義而被捕入獄。駐日盟軍總司令在1945年的時候將該政黨合法化，但是一開始的時候該政黨只有拿到非常少數的選票。日本共產黨的平臺就是反天皇主義、反資本主義，以及反軍國主義。自從1994年的選舉改革引入了單一選區制度以來，日本共產黨曾經只贏得1席的選區代表（2014年），但是它在比例代表制的層級中，每次選舉都有贏得一些少數席次（在2014年時有20個席次）。在新的選舉制度下，它在2014年的表現基本上是最好的結果了，但這並非是因為選民中的馬克思主義情緒激增所導致。日本共產黨一直以來

都是以一種「安全的抗議者」形象來展現，而成為那些對自由民主黨感到不悅卻苦於沒有其他可供宣洩的的選民，可以有的另外選擇。2014年，日本共產黨受惠於一個不常發生的現象，許多選區中竟然出現了沒有其他政黨提名候選人挑戰自由民主黨的狀況。雖然日本共產黨最後沒有贏得任何的席次，但是其多次成為鎂光燈的焦點，成為唯一的反對聲音。當然，這有助於該黨在比例代表制的層級中，使得作為非日本共產黨的自由民主黨的反對者，更有可能會選擇棄權投票。低投票率的選舉總是有利於擁有強大能力去動員投票的政黨（主要是日本共產黨以及新公明黨，但有時候也包含自由民主黨，尤其是這些日子以來經由新公明黨的協助），而2014年就是有史以來投票率最低的一次大選。

## 政黨支持的模式

　　除總投票數以外，我們更感興趣的是每一個政黨有哪些支持者。表10.2顯示了的2013年所舉辦完的上議院選舉後所進行的研究調查，所測得的五個最大政黨的政黨支持者細目分類。整體上政黨支持者的分配排列在最上層的第1列，而且我們可以拿來作為基準與每一個受訪者的次分類結果加以比較。當然，首先要注意的是自由民主黨是到目前為止，在日本的第一政黨選擇——幾乎所有受訪者中有半數選擇了自由民主黨。自由民主黨的支持者在選民群體中的分類細目中相當具有一致性，雖然農民、自營商，以及那些擁有高等學校（高中）學歷的選民對它的支持更多一些，而支持度稍微低一些的部分是在中年、白領階級勞動者，以及那些擁有研究所畢業文憑的選民。也許令人訝異的是，在男性與女性的影響力上幾乎是沒有差異的。在性別差異上唯一值得注意的是，女性比男性更有可能支持自由民主黨的聯合執政的夥伴：新公明黨或是日本共產黨，而不太可能選擇民主黨或是日本維新會。

　　但是調查結果的其他方面卻說明了，對自由民主黨的支持，可能不是真正的感情連結所致，而是缺乏其他更有吸引力的選擇。請注意年輕的受訪者、白領階級，以及受過高等教育的人群比普通選民更有可能去支持日本共產黨，但是這也包括了日本新生黨，這是偏向於城市的、新自由主義的，以及國家主義政黨。不像是2009年，當時民主黨剛取得執政權，因為那個時候是得到對自由民主黨批評者壓倒性的選票支持而執政，而在2013年進行這項調查時（直到今天），反自由民主黨的支持者還是高度分散，許多選民會選擇支持自由民主黨的原因只是一種默契。

　　近來日本選舉有一個很重大的改變，那就是自由民主黨開始轉移目標至城市

**表10.2　「您覺得本身最傾向哪一政黨？」以百分比方式回答**

| | LDP | DPJ | JCP | JRP | NK | 其他 | 不曉得 |
|---|---|---|---|---|---|---|---|
| 所有選民 | 49.7% | 13.0% | 7.4% | 8.6% | 7.4% | 11.0% | 2.8% |
| **年齡** | | | | | | | |
| 20-39歲 | 48.1 | 8.1 | 10.4 | 12.6 | 5.2 | 11.9 | 3.7 |
| 40-59歲 | 45.9 | 11.5 | 6.4 | 8.9 | 9.6 | 13.7 | 4.1 |
| 60歲以上 | 51.8 | 14.7 | 7.2 | 7.7 | 6.9 | 9.6 | 2.1 |
| **教育程度** | | | | | | | |
| 高中及以下 | 52.6 | 14.1 | 6.4 | 7.3 | 8.6 | 8.3 | 2.7 |
| 大學與專修學校 | 45.8 | 10.0 | 9.5 | 9.0 | 8.5 | 12.4 | 5.0 |
| 大學畢業文憑 | 47.3 | 12.8 | 8.2 | 11.1 | 3.3 | 16.0 | 1.2 |
| 研究所畢業文憑 | 33.3 | 14.3 | 9.5 | 9.5 | 4.8 | 23.8 | 4.8 |
| **職業類別** | | | | | | | |
| 白領階級 | 43.0 | 13.2 | 8.9 | 9.8 | 7.7 | 13.2 | 4.3 |
| 勞工 | 48.0 | 9.9 | 8.1 | 11.7 | 8.8 | 11.4 | 2.2 |
| 農民 | 59.1 | 11.4 | 9.1 | 6.8 | 2.3 | 11.4 | 0.0 |
| 自營商 | 56.1 | 14.0 | 0.0 | 3.5 | 5.3 | 19.3 | 1.8 |
| **性別** | | | | | | | |
| 男性 | 49.3 | 15.1 | 6.8 | 10.0 | 5.5 | 11.8 | 1.5 |
| 女性 | 50.3 | 10.6 | 8.0 | 7.0 | 9.7 | 10.1 | 4.4 |

資料來源：綜合選舉系統研究調查，日本，2013年7月至8月，由「日本研究中心」（Nippon Research Centre, NRC）（蓋洛普（Gallup）國際協會成員）進行的研究（研究個數：1,937，但是表上真實呈現的是百分比，裡面的研究個數：1,128）。政黨縮寫：LDP：自由民主黨（Liberal Democratic Party）；DPJ：民主黨（Democratic Party of Japan）；JCP：日本共產黨（Japanese Communist Party）；JRP：新生黨（Japan Renewal Party）；NK：新公明黨（New Komeito Party）；所有每一列的加總是100%。

的選民身上，畢竟他們是日本最大量的選民來源。前首相小泉純一郎（2001-2006）決心重新配置自由民主黨的支援基礎，理由是只要自由民主黨被認為是落後的、缺乏競爭力的經濟部門及如農民等的利益團體，該政黨就注定會在全球化的世界中慢慢沒落。因此，他主張提倡的政策，特別是放鬆經濟的管制，使該政黨在城市中更有競爭力，但是也打破了該政黨在農村地區的束縛。[46]自2012年12

月回到權力的顛峰，尤其是在2014年12月的大選後，安倍晉三推動農業領域自由化以作為關鍵政策的首要措施。[47]毫無疑問的，過去10年來，農村與城市地區的選舉變得更加動盪，因此不論是自由民主黨或是民主黨都猶豫在這樣充滿異質性的大眾當中，如何尋找最佳的政策平臺。

## 近年來的選舉

2009年9月11日原本應是大事的開始。在自由民主黨這政黨執政了近40年，經歷了20年的政治僵局以及經濟的停滯，民主黨驚人的贏得了壓倒性勝選（在480個席次中占了309個席次），幾乎增加了200個席次之多，而自由民主黨及其合作夥伴新公明黨，也為此付出了很大的代價。這是自從1955年以來，第一次由除了自由民主黨以外的其他政黨，贏得了立法權上的多數席次，因此期待很高地希望民主黨能夠對政治與經濟進行改革，尤其是特別關注如何降低近期經濟不平等的加劇現象，而這是許多人指責自由民主黨所領導的經濟自由化所帶來的結果。

然而，民主黨執政位置上的表現卻並不成功。其第一任首相**鳩山由紀夫**（Yukio Hatoyama）很貿然地承諾美國減少在沖繩的駐軍，而且當他因美國拒絕重新談判而被迫放棄時，他臉上無光只能辭職。他的繼位者**菅直人**（Naoto Kan），無法處理因鳩山由紀夫及其盟友**小澤一郎**（Ichiro Ozawa）所激起的內部不和諧問題。發生在3月11日的地震——海嘯——核電廠熔爐外洩的災難給了菅直人在面對緊急危機時，展現出強大領導力的機會，但是相反的，他卻步履蹣跚，弄得一塌糊塗，這在很大程度上歸因於小澤一郎的運作機制中沒有任何的空間，他不願與自由民主黨合作以及給予救災資金，直到菅直人承諾辭職才得以進行。最終，由**野田佳彦**（Yoshihiko Noda）在設法平衡財政帳目的同時，來應對災難恢復與核能危機的艱鉅任務。當時他拿自己的政治前途押注於提高國民消費稅時，但小澤一郎卻率領了一場要分裂民主黨的叛亂，而自由民主黨再次提供了上議院所需的選票，來交換開啟一場新的選舉。於是野田佳彦選擇正式辭職，並宣布重新召開新的選舉。

在2012年的選舉中，民主黨被擊倒了。在2009年贏得了308個席次，但在2012年的大選時，卻只推出230個候選人（主要是因為小澤一郎所導致的叛逃），而最後只選上了57個席次（以及只有單一選區中的27個席次）。最後民主黨在比例代表制層級的選舉中，也只有排名第3位，輸給了日本維新會以及自由民主黨。自由民主黨並沒有因為本身受到歡迎而在2012年的選舉中大獲全勝，因

為這好像是一場由民主黨與許多新興政黨瓜分了反對自由民主黨票數的投票行為。**48**

自由民主黨的勝利將安倍晉三重新推到首相的位置。回顧2006年至2007年時，安倍晉三未能成功的成為廣受歡迎的小泉純一郎的直接繼任者，部分原因是他當時優先考慮了不受歡迎的民族主義議題，包括憲法的修訂、愛國主義教育，以及獨斷的外交政策。直到自由民主黨在2007年的上議院選舉中輸給了民主黨之後，安倍晉三只能負起責任而辭職。5年之後，很令人訝異的是安倍晉三居然就在2012年的大選前，贏得了自由民主黨的黨魁競爭，而在競選活動中，他（審慎地）迴避了民族主義的議題，轉而將重點放在經濟復甦的議題當中。他的計畫很快就被稱為「安倍經濟學」，包括所謂的「貨幣寬鬆」、「財政刺激」（fiscal stimulus），以及「經濟結構的改革」（economic structural reform，例如經濟自由化）這「三支箭」所組成。前兩支箭主要是針對近20年的通貨緊縮做一個結束，以刺激商業投資以及增加消費者支出方式來進行。第三支箭則是直接瞄準高度被保護的產業進行自由化改革——包括農業——這些行業中的特權人物以及有組織的利益團體，長期以來一直是自由民主黨支持的骨幹。安倍晉三只有幾個月的時間（2013年7月）有可能收復上議院，他選擇淡化了第三支箭，以避免激怒既得利益者，但一旦贏得選舉勝利（投票人數創歷史新低），他馬上就要求授權進行改革，並且加入「跨太平洋夥伴關係」（Trans-Pacific Partnership, TPP）的貿易談判，這將需要在整個經濟範圍內降低關稅與進行市場自由化。

在經濟停滯了1年之後，安倍開始面對自由民主黨內部面對安倍經濟學的反對者。在2014年中，經濟再次出現了衰退現象，導致需要推遲原定的國家消費稅上調——以解決日本世界領先的政府債務負擔——安倍無奈地做出了這決定。此外，安倍內閣中的2名女性成員因違反選舉法而被迫辭職——在某種程度上也削弱了其被任命的象徵意義。安倍如何回應？讓所有人都感到訝異的是，他解散了國會（2014年11月18日）並且呼籲迅速重新進行大選。他這樣做的理由是希望藉此給選民機會來批准（或是拒絕）延遲消費稅的上調，也算是一次公投來決定是否讓安倍經濟學應該持續進行。在戰術上，這是一個很聰明的舉動。反對黨面對這樣的選舉時完全沒有做準備——因此在2012年時慘敗。他們需要設計一套選舉宣言提供自由民主黨的替代性政策構想，尋找新的候選人，以及找出一種比2012年更好相互協調的方法。但是，沒有料到安倍晉三在需要大選前還剩2年的時間，就冒險使出絕對多數可控制下議院的手法，而使得他們措手不及。相形之下，自由民主黨員要做的事就是再次為現任者背書。在這事件中，自由民主黨一

**圖10.9　2009年、2012年，以及2014年在眾議院（下議院）的席次分配**

民主黨在2009年出現令人訝異的壓倒性勝利之後，
自由民主黨在2012年與2014年也席捲這樣的勝利結果

| ■ 自由民主黨 | ■ 新光明黨 | ■ 日本維新會 | ■ 眾人之黨 | ■ 其他／獨立參選 |
| ■ 日本共產黨 | ■ 社會民主黨 | ■ 日本未來黨 | ■ 國民新黨 | ■ 民主黨 |

公明黨的聯盟捍衛了絕對多數的優勢，甚至還多了1個席次。原本自由民主黨內部對安倍晉三的反對聲音也因此都安靜了（畢竟，對安倍經濟學的授權，就是對安倍晉三的授權），而反對黨的陣營，儘管它確實進行了超出預期的協調與整合，但卻未能激發人們對自由民主黨還有可行的替代方案之信心。進一步的證據顯示，因為缺乏被激勵的選民出來投票，因此投票率創新低僅52.7％（「超越了」先前在2012年所出現的低投票率紀錄）。

## 利益團體

### 10.11　辨認日本主要的三大利益團體並描述它們與政黨的關係。

在所有的民主國家中，組織良好的團體比那些組織鬆散的利益團體，更能針對相關的議題整合本身的行動，以有效地倡導其利益。在日本，這些利益團體中最重要的就屬大型企業、農民，有時包括小型的零售商與小型製造商。然而，與其他的工業化國家相比，日本的工會組織相對上比較薄弱且沒有效率。[49] 在所有利益當中，最不成功的就是分散的利益，特別是消費者群體，他們必須承受政府對於先前的團體支持的重擔。在自由民主黨的執政下，大型企業、小型製造商與零售商，以及農夫都蓬勃發展，而且大多數的時間，他們的利益也不會直接受到衝擊。這現象在1980年代中期隨著日本的經濟全球化開始有了改變。自由民主黨與有組織的利益團體聯盟產生的紛爭，是導致該黨最終失去政權的重要原因之一。

### 大型企業

日本的企業——有一部分原因是有賴於保守黨長期的執政，親生產者、偏好成長的政黨，以及企業與政府之間緊密的關係——在戰後期間得以繁盛成長。一

些像是「索尼」（Sony）、「豐田」（Toyota）、「三菱」（Mitsubishi），以及「松下」（Matsushita）等這樣的企業，都在全球經濟市場上具有主導的地位以及該品牌名稱在全世界都家喻戶曉。日本政府藉由保護措施以應對來自外國的競爭、研究卡特爾（cartel）的組成與維護，以及大量的補貼與稅收優惠政策，為許多企業提供幫助。大型企業通常在工業集團中彼此之間都會有所連結，這現象被稱作「經連會」。美國聲稱，經連會的成員公司之間具有交叉持股與縱向整合現象構成了非正式貿易的障礙，而日本的反壟斷法應該禁止這種交易。

在過去，大型企業幾乎很少有選擇，而只能夠接受自由民主黨對落後、低效率的部門的照顧（諸如一些農業以及小型零售），因為自由民主黨是唯一明確致力於企業利益的政黨。然而，自從自由民主黨在1993年分裂之後，這領域已經包含了其他的新政黨進入，同樣也給予相似對企業友善的平臺，因而允許企業從1950年代之後，在第一時間能夠多方下注以維護本身的利益。大型企業偏好中間偏右派的政黨（自由民主黨），而非那些與工會綁在一起中間偏左派的政黨（民主黨）。然而，日本新的選舉政治所帶來的主要多數政黨，已創造出一種強力的往中間靠攏之拉力，使得大多數的政黨都不會威脅到企業。因此大型企業也很樂於支持任何可以維持穩定的投資與貿易環境的政黨。

## 中小型企業

從外部來看，大型企業似乎主導了日本經濟的發展，但是這並不完全正確。因為中小型企業僱用了三分之二的日本勞動力。[50] 在製造與零售這兩個領域中，這些組織良好的企業在追求其政治目標時，都有相當不錯的成效。在戰後期間，他們獲得自由民主黨在政策上大力的支持。回報的方式，由於這些領域都是競選經費籌措上很好的資金來源，然而或許更重要的，它們為自由民主黨候選人提供了穩定的選票以及競選上的支持。

小型製造商享有各種的稅收減免以及直接的補助。除此之外，即使以大型企業作為代價，財政政策也能提供小型企業較為方便的融資管道。在零售這個領域，小型企業在與大型企業競爭時，一直都是受到保護的，免受與可能威脅其生存的大公司競爭。幾十年以來，臭名昭彰的《大型零售商店法》（Large Scale Retail Store Law）就是透過限制更大、效率更高的零售商的進入，來保護家庭式小商店（mom-and-pop shop）。競爭的減少使得小型零售商即使競爭力下降，也能保持盈利。類似的政策扶持了效率低下的小型銀行。[51]

最近，政府取消了許多的這類保護措施。《大型零售商店法》被大大削弱，

而日本「財務省」（Ministry of Finance, MOF）也開始允許一些無力償債的銀行申請破產。這是發生在數十年來，日本政府發放補貼與工程利潤補助的監管保護，以確保這種情況永遠不會發生後。雖然裡面的一些自由化在選舉制度改革前就已經推動了，但自從1994年之後更為加速這進程，尤其是在金融業這個領域。[52]過去這15年來，在金融體系「大震撼」的改革之後，已經都降低了該領域之進入（與退出）的障礙、迫使競爭更加激烈、價格更低，以及對消費者提供更好的服務。

## 農業

在政治上，農業是具備很有組織規模的利益團體，而且它們長期以來已經組織成很重要且在地理上很集中的票倉。大多數的農民都屬於地方農業合作社，其全國最高組織（「**農業協同組合**」）會代表他們去跟政府協商。[53]農業協同組合執行很多準官方的業務，所執行的計畫方案，在很多國家都是直接由政府機構所控管的。地方性的農業協同組合辦公室的功能就像是壟斷了農產投入的提供者角色（諸如肥料、殺蟲劑，以及機器設備），並像是壟斷農產品的消費者的角色（將農產品賣給他們後再轉賣出去），而且也如同農業社區的保險公司與銀行一樣。所有的這些角色都需要政府去加以認可。這樣高度的自治狀況，說明了農業在政治遊說的效果上，確實具有一定的分量。

幾十年以來，農民一直都是自由民主黨很重要的選票來源。雖然回應了戰後日本城市化的現象，導致鄉村地區的選民數量驟減得很厲害，但是過去選舉制度在選區劃分不均的區域中確實有利於農民。為了要換取農民在選舉上的支持，所以讓農民在價格上得到補助、最少的稅收，以及在與進口商品的競爭上獲得關稅與配額的保護。

在過去的20年中，鄉村遊說的影響力急劇減弱。1994年的選舉改革更是明顯減少了許多（雖然沒有完全消失）選區劃分不均所帶來的農村優勢。在1990年代中期的改革，強化了內閣與首相以犧牲農村政黨內部的部落政策作為代價，但是這些政黨一直都能夠有辦法在改革開始之前就停止自由化的進展。在前首相小泉純一郎喊出「沒有庇護的結構改革」（reform, with no sacred cows），他的目標就是將自由民主黨重塑為一個以城市為核心的政黨。他的郵政儲蓄制度私有化趨勢，對農業的村莊造成了很大的打擊，[54]而他減少了對地方政府的補助，用以交換稅收自主權下放，也同樣降低了農業村莊的漂泊搖擺性。很快的，自由民主黨就意識到其將來可能無法（尚未）將農村的選票視為理所當然的囊中物了。許多

農民放棄了自由民主黨一直朝向市場傾向的政策，而轉向支持民主黨對社會保障與經濟補償的承諾。因此，儘管自由民主黨在2005年取得了壓倒性的勝利，但事實上在農村地區的席次是減少的。2007年的上議院選舉，民主黨在農村地區擊敗了自由民主黨，而之後更進一步於2009年的下議院選舉時，贏得了農村地區的支持。[55]

但是，在2012年民主黨的全面潰散，自由民主黨又再次於2012年與2013年席捲了農村地區，儘管事實上安倍在繼續進行會給農村帶來痛苦的改革。他在2013年的上議院選舉之後，就立即加入了跨太平洋夥伴關係貿易自由協議，在2014年下議院慘敗後的幾天，他的內閣宣布了改革農業合作社制度的計畫，以私有化與削弱農業協同組合對農業投入和資金的控制權作為對其產出的支配。農業協同組合，因為城市化以及農村地區人口上的老齡化現象，使得會員人數大幅減少，而受到許多全職農民的背棄，他們比較偏好於政府的計畫方案，強化農場並專注於出口的市場，讓它成為過去的自我的陰暗面，況且許多人希望儘早讓這成為日本政治中的次要角色，而不是拖拖拉拉。很有趣的現象是，除了民主黨有計畫在短暫的執政時期內，以直接收入的方式支持補償改革的農村受害者之外，沒有任何政黨認為農業地區的票數是值得去努力的，甚至當時自由民主黨也已透過其政策改變而敞開了大門。在2014年的選舉，令農村選民不滿的最好的抗議方式，就是鼓吹其支持日本共產黨——這絕對不是優先考慮農業保護主義的政黨。顯然的，安倍已經推算過農村地區沒有其他的選擇了——事實上，自由民主黨可以將這些選民視為囊中之物，或至少可以確信他們將不會投票給任何其他的政黨。

## 有組織的勞工

由於日本的工會組織基礎是以工作場所而不是按照其職業、工藝，或是經濟領域來劃分，所以它們被稱為**「企業工會」**（enterprise unions）。公司裡面的非管理層級之雇員都可以是該公司工會的成員。日本在同樣行業中競爭對手企業的勞工之間的聯繫（舉例來說，在「豐田」勞工以及「日產」勞工之間的聯繫），比任何其他工業化民主國家都弱很多。毫不訝異的是，這樣的安排減輕了同一企業內勞資雙方之間的緊張關係（有人會認為，這是以犧牲勞工的福利為代價的）。[56] 合作式的勞資關係，並沒有讓這樣的和諧關係出現在工會與政府之間。主要工會聯盟在傳統上是與繼任的自由民主黨政府採取對抗的立場，但其成效是有限的。進一步來說，日本的工會化程度在過去幾十年中是在降低的，這現象也與整個西歐以及北美的情況相似。如今，只有不到18%的日本勞工是工會成

員。

　　在政黨制度改革之前，公共部門的工會是與日本社會黨有比較緊密的連結，而私營部門的工會則是比較力挺民主社會黨。在1989年，有17個公共部門的工會以及21個私營部門的工會聯合在一起形成「**日本勞動組合總聯合會**」（Rengo）。截至2015年，日本勞動組合總聯合會宣稱擁有680萬成員，占了所有工會勞工的69%。[57]雖然新的選舉規則會帶來中間派的壓力，而使得民主黨會像過去日本社會黨曾經發生的遠離擁護勞工利益之路線，但是現在這些都還是民主黨主要的支持基礎。

# 政策制定過程

## 10.12　概述日本國會的政策制定過程。

　　日本是議會制的民主國家，國民議會中的兩院都是由人民直接選舉產生的，而首相以及內閣的挑選則是由下議院選舉並對其負責（再次參閱圖10.2）。實務上，日本國會就像是世界上所有的國會一樣，傾向於將立法的草案交由內閣提出，自己保留是否批准通過、拒絕，或是修改哪些條文內容直到其看起來符合適當的權利。相反的，內閣起草大多數立法的任務——從管制到預算內容的所有項目——並交由官僚體制中的政策專家著手。最廣泛的意義上會由內閣部長來監督這個過程，但是大多數的專業知識——以及大部分發生的行為——都是在各種的政府部門與機構中的局辦公室與科處中進行。

### 基本過程：法案如何變成法律

　　國會兩院的議員都可以提交法案，且經常如此。但是這些提案很少會直接通過成為法律。幾乎所有「議員法案」往往都只是用來在贊助選區譁眾取寵，提案本身就是重點。因此，典型上新的立法途徑就是由以下的過程來顯示。政府部門起草了有關其管轄範圍內某些政策變更的立法，並將法案提交內閣。無論何時，只要內閣滿意，它就會向國會提交法案，然後國會可以對法案進行任何其想做的事情。大多數法案被分配給一個特定的委員會，但是委員會的權力不是很大——將法案從特殊委員會中通過或是排除，只需要幾個人的簽名確定即可。一般的立法必須在國會兩院中以一致的形式來通過，除非下議院能夠召集三分之二的多數議員來推翻上議院的反對意見。如果法案是屬於年度的預算，或者是待批准的條約，則只需要下議院通過即可；上議院頂多只能讓這法案放著延宕30天，但是卻不能夠阻止該法案通過。針對其他所有的立法草案，如果兩院的意見不合時，他

們可能會各自針對差異點到一個聯合「協商」委員會，但是這並非絕對必要而且也很少發生。更常發生的是，法案就會不斷地穿梭在兩院之間，直到達成一致觀點為止，或者是就這樣被擱置了。

任何法案在國會通過之後，就會變成國家的法律。沒有任何單獨當選的總統可以否決國會的行動，而由國會所通過的法律可以取代任何可能會有衝突的地方法律。最高法院能夠宣布法律違憲，但是如同我們先前已解釋過了，這是極為罕見的。

最後一個步驟就是政策執行的過程。國會可以通過立法，但是實施與強制執行新規範的工作則是交由官僚體系。實際上，法律往往訂定得很模糊，所以官僚行政人員必須更加謹慎，而不是機械式地執行國會所交付的任務。事實上，在大多數的國家的真實狀況也都是如此。立法者並不是每個政策領域的專家，而且他們也無法預見將來要執行的新法律在每一個可能的面向會產生的狀況。所以，官僚行政人員會被賦予資源以及自由裁量權，並以此來做出每日都要面對的決策，並且執行國會通過的法律所必須的裁決。

這一循環會在下次的選舉就加以完成。選民可能對國會、內閣，以及政府機構的情況有所了解，但是他們對政策檢視的最佳觀測點就是在實施面的這個階段。他們是否同意所看見的正在執行中的政策呢？他們是否認為自己的生活會因此變得更好或更差呢？選民會對這些內容加以評判，然後在下次的選舉中，透過投票行動，不論是將這些人保留或更換，來獎勵或是懲罰這些現任的立法者與政黨。

## 政策偏好

### 10.13 討論日本最近的國內與外交政策。

自由民主黨長期執政的地位建立在產生社會、經濟，與地緣政治穩定的政策成功的基礎上。經濟的成長讓實質所得快速增長，日本社會整體的富裕程度也跟著增加。除了個人在經濟上的財政收益外，民主還注入了各式各樣的公民權力——包括言論自由與新聞自由——這些都能夠限制政府干預個人自由行動上之能力。日本政府已經展現出高度的法律與秩序，在所有工業化國家當中，自詡擁有最低的犯罪率。雖然有時候遭到批評其重視服從性勝過創造性，但日本的教育政策確實生產出世界上訓練最佳的勞動力之一。

因此，不出所料的，自從1990年代早期以來，經濟不景氣的現象一直困擾著日本，而且也產生了許多的社會問題，更動盪的政治局勢隨之發生。政府想要重

啟經濟成長的一連串措施都失敗了，而不平等現象也更加惡化，有某一些人必須忍受因為不景氣所帶來的更大成本之付出。日本是一個極簡主義的福利國家——從來沒有真正去關注過當經濟正在擴張、就業率很穩定，以及家庭能夠同時提供托兒與養老時——在經濟停滯狀況中，根本不足以解決老齡化與勞動力萎縮的問題。

## 安全與外交政策

　　自從第二次世界大戰結束之後，日本的安全與外交政策，一直以與美國的緊密關係為中心。在協商中都處於劣勢立場，因此日本幾乎是美國大多數外交政策最末端決定的接受者。隨著時間流逝，日本承擔了美國對東亞的國防承諾中愈來愈多的的支出比例。日本現在支付了4萬名美軍在日本國土上大約50%的開銷。[58]這在日本最南端的都道府縣「沖繩」造成了一些特殊的爭議，約有三分之二的軍隊被託管，並有將近20%的土地出租給美國作為軍事設施使用。其中有些土地非常靠近人口聚集熱鬧的市中心。沖繩也必須要忍受首當其衝的噪音、污染，甚至是危險的軍事意外，以及由美國軍人製造出來的暴力犯罪問題。為了回應這些抗議，1996年美國與日本同意將一些軍事設施轉移到「關島」去，而且要關閉「普天間海軍陸戰隊航空基地」，並且將相關的活動轉移至其他的都道府縣。在2009年至2010年，這個遷移計畫卻一直都還沒確定，新上任當選的民主黨之首相鳩山由紀夫承諾要再次協商合約內容，以降低美國軍事上的影響範圍，並且給沖繩公民對於如何使用他們的土地，有更大的發聲空間。當美國拒絕修改這樣的合約時，受到屈辱的鳩山由紀夫只能負起責任而辭職下臺。但這無法停止抗議者的聲音，這使得搬遷計畫幾乎陷入了停頓狀態，當時沖繩人要求要大幅裁減美國軍事的存在，而不只是在日本國內找到另一個落腳處搬遷而已。

　　在過去10年中，日本自己在東北亞的鄰近地區變得更動盪不安。從2006年開始，北韓朝向或通過日本發射了一系列（非武裝的）的導彈。到了2009年，北韓已經發展出本身第一枚核子武器。自從北韓的領導人在2012年換人，但是其軍備上也進一步升級了，包括威脅要攻擊美國在日本的基地。在2016年8月，日本的「防衛大臣」（defense minister）也下令自衛隊保持戒備的狀態，隨時準備擊落北韓發射過來的導彈。

　　日本與中國以及韓國的關係也都同時處於惡化中，關於2個不同的小島群的控制權存在著長期的爭執爆發了。然而，在日本海爭奪「竹島」（南韓稱為「獨島」並實際控制著）僅為口頭及象徵性的，然而中國對在南海由日本管理的「尖

## 專欄 10.4　集體安全與憲法修訂

美國一直堅持以1946年所明訂的《日本憲法》第9條內容來防止日本軍國主義復甦以維護世界和平。但是，因為冷戰在日本戰敗之後很快就結束了，所以就在這憲法剛製作完成沒多久時，美國自身也開始反思日本軍隊角色的這個問題。因為一直有這部憲法的存在，使得內閣首相吉田茂（1946-1947；1948-1954）能保持很低的國防開支，並將資源挹注到經濟的復甦與發展上。此後歷屆的日本政府都採取了吉田茂的基本立場：在美日聯盟上貢獻得愈少愈好，但是要盡可能地讓關係保持得愈順利愈好。當日本的經濟崛起之後，《日本憲法》第9條事實證明，這是日本想要更多強化本身國防時，必須抵制美國對日本持續施加壓力的一道很單薄的障礙。即使限制日本國防預算差不多只能占本身國內生產總額的1%左右，日本政府還是建立起了世界上排名第8的強勁軍事力量。在後冷戰時期的世界，美國開始希望日本來扮演一個更強大的重要角色：目的是為了要發展與維持日本與美國之間的戰力互通性，包括願意在當此區域正遭受到攻擊的狀況下，能夠協助增添美國軍事上的力量。一般周知的「集體自衛權」（collective self-defense），這個日本軍隊新扮演的角色，就需要修訂「美日安保條約」，而在2014年12月的時候，首相安倍晉三推動這項立法案進入到國會，卻造成大眾質疑是否應該支持、引起喧鬧的街頭抗議，以及受到反對黨強烈的抵抗。

一些日本人（更不用說他們的鄰居南韓與中國了）擔心安倍晉三的「鷹派觀點」（hawkish views）（以及他近期幾乎超越多數掌握國會的力量）將有可能在短期的時間內領導修訂《日本憲法》第9條內容，日本再度走向軍事化道路，而造成亞洲增加發生戰爭的危險機會。但是研究調查卻持續顯示，事實上大部分的日本人在現實中傾向於運用務實的方法與美國聯軍共同合作，而重新詮釋憲法是否有可能將此實現，而不是將日本憲法直接修改。

資料來源：取自於日本「外交問題評議會」（Council on Foreign Relations, CFR），http://blogs.cfr.org/asia/2016/08/01/japanese-public-opinion-on-constitutional-revision-in-2016/，資料取得日期：2016年8月20日。

閣諸島」（中國稱為「釣魚島及其附屬島嶼」）的侵略性舉動更令人擔憂。儘管至今還沒有開火過，但每次中國與日本的海軍船隻在這些島嶼周圍的海域中互動時，其發生擦槍走火的可能性也會隨之上升。日本海岸警衛隊曾經逮捕過1名中國拖網漁船的船長，因為他在2010年時與日本其中1艘船發生了衝撞現象，後來在中國政府抗議後才將其遣返。之後，中國透過暫停運輸稀土出口進行報復——各種日本工業產品所需用到的重要金屬，因為中國是這些產品全球主要的供應國。中國允許公民示威抗議的反日遊行，讓日本人似乎感覺到是中國政府一次又一次縱容人民失控般的產生暴動行為，包括2012年對日本駐北京大使館的襲擊。

日益大膽採取行動主張擁有並軍事化南海領土（菲律賓、越南與印尼等國都感到震驚），這些舉動更加劇了整個區域的緊張局勢，並加劇了安倍首相重新詮釋，甚至修改戰後憲法的努力，以使日本有權利去做出反擊。

## 社會福利政策：健康照護與退休養老金

日本的健保制度是透過政府管理的一種全面覆蓋，且單一付款機制的計畫方案。這個計畫方案需要所有個人基於收入的基礎來支付健康保險的保費。平均的服務水準雖然不如美國的私人醫療系統，但是其涵蓋的範圍確保了廣大的人民都能享受到基本的健康服務。儘管有許多的瑕疵，但是日本健康照護體系的效益是顯而易見的。出生嬰兒死亡率僅占每千名活產存活嬰兒的2.0，是工業化國家中排名第4低的國家（僅次於盧森堡、冰島，與芬蘭），而預期壽命的長度，女性的平均壽命是全球最高的87歲，而男性平均壽命則在全球排名第4，是80.5歲，僅次於瑞士以及列支敦士登（Liechtenstein）。日本人做到這樣的成果很不容易，因為相對於美國（15.7%）、法國（11%）、德國（10.4%），或是英國（8.4%），日本的醫療保健總支出在本身的國民生產總額（GNP）中所占的比例確實較低（8%）。[59]

在退休養老金政策上，日本政府就沒有太多的作為了。公共與私人的退休養老金都相當微薄。在1970年代早期，當時社會福利成為相當突出的議題，因此自由民主黨著手建構一個計畫方案讓日本成為一個先進的福利國家。然而，1973年的石油危機，將創造新的福利計畫方案踩了煞車，去除了這樣的政治策略。雖然如此，整體的福利支出還是持續在增長，尤其是日本已經邁入老齡化社會了。圖10.10顯示的是2016的財政年度，用於各種類別的一般帳戶支出。緩慢的經濟成長讓政府的預算赤字擴大（透過減少稅收）而超出了其對持續之

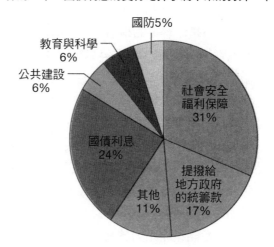

**圖10.10　日本一般帳戶支出，2016年的財政年度**

中央政府提撥給個人以及地方政府的加總，占了全國預算的一半，國債利息的支付吃掉了剩下來的另外一半

- 國防5%
- 教育與科學 6%
- 公共建設 6%
- 國債利息 24%
- 其他 11%
- 社會安全福利保障 31%
- 提撥給地方政府的統籌款 17%

福利計畫方案的實際影響結果。

　　日本的老齡化社會加劇了社會福利需求的支出，以及擴大了開支在這些計畫方案中的政治理想性。在1950年，日本只有4.9%的人口年齡在65歲以上。在2010年，這數值為27.5%，而人口預測顯示這數值將會在2060年時達到40%（再次參閱圖10.1）。日本政府最近增加了在醫療福利上的「自付額」（copayment）比例，主要是為了增加財政收入，以及降低這些服務被過度使用。減少這些既有的福利，可能會變成政府為了要努力跟上人口變化的發展，愈來愈常態的現象，因為有愈來愈多的人口需要這樣的福利協助。

## 能源政策

　　確保能可靠的獲得負擔得起的能源是日本國家最高的安全優先事項之一。日本在2010年消耗的能源總量當中，有80%以上都是進口的化石燃料，但是自從2012年之後，這數值突然飆升至91%。日本現在已經是全世界第3大石油進口國家（幾乎全部來自中東）、第2大煤炭進口國家（主要來自澳大利亞），以及最大的天然氣進口國家（大部分來自東南亞）。[60] 2011年3月11日的地震與海嘯引發了「福島」的核電廠熔爐外洩後，日本政府停止了所有剩餘的核電生產，從而導致對外國資源的採購需求不斷地加劇。

　　在2011年3月的「三重災難」（triple disaster）發生之前，日本一直是僅次於美國以及法國的世界第3大核能發電消費國。日本的工商業界也一直推動增加更多核能電廠的發展，以此作為獲得能源的方式，並能夠減少對能源進口的依賴以及控制溫室氣體的排放量。自由民主黨在2009年的政黨宣言反映了這樣的熱情，建議日本在未來到2030年，能夠在所有日本能源消耗中增加依賴核能發電比例到40%。這並不是件容易的事情。在日本選址並建造核能發電廠已經變成是一種持續性的挑戰，部分是因為對於廣島與長崎事件的恐懼，催生了一個龐大而持久的反核聯盟。日本政府與地區性電力公司合作，將核能發電廠建在經濟不景氣的地區，他們願意接受在地震多發國家中可能會有的核能風險，以換取更多就業機會以及大量的財務轉移。

　　福島核電廠熔爐破裂而外洩的災難，也改變了日本人接受了核能發電的脆弱問題。當時日本民主黨政府關閉了日本所有的其他核能反應爐並進行檢查，並且承諾到2030年代時會全面廢除核能發電的使用。自由民主黨後來卻站在對立面，提出更加模稜兩可的說法，不過也承諾要「建立不需要依賴核能發電的社會與經濟結構」，承諾集中精力於其他形式的可再生能源，如風力、太陽能，以及地熱

能。[61]但是，自由民主黨重新上臺以來，政府團隊幾乎沒有什麼進展去實現這樣的雄心壯志。在2012年還短暫重啟了兩座核能反應爐，但隨後又將其關閉，儘管政府宣布了意圖，日本境內所有的48座核能反應爐，目前都處於停產的狀態。日本到目前都還沒有辦法解決能源問題上的兩難困境，關於如何平衡核能發電可能會導致地緣政治的脆弱性之風險，以及因為依賴化石燃料而導致環境惡化的結果。[62]

## 經濟的自由化

　　自從1990年的「**資產價值泡沫化**」（Asset Price Bubbles）幻滅之後，日本的經濟就一直處於低迷的狀態。原本其舉世聞名的銀行業，也被堆積如山高的不良貸款所拖累。資金枯竭，隨之而來的，需要靠投資來作為推動未來增長的動力。政府透過公共工程的支出刺激經濟這種可能會導致更加絕望的努力，且只會加劇國債負擔而已，感覺像是用混凝土籠罩整個格局，以及建出一條「不知通向何處的橋梁」。經濟學家曾經呼籲去管制化——終止補貼與自由化整個市場，以便使效率低落的公司破產，才有可能促使企業家去進行創新。「大爆炸」的金融改革就這樣展開——他們消除了零售與投資銀行、保險以及證券等原本存在於市場領域當中的人為障礙。這是經過幾十年以來的第1次，如果銀行經營不善的話，則被允許可以倒閉。最令人耳熟能詳主張自由化的首相是小泉純一郎（2001-2006），多數經濟學家都認為，他的言論固然崇高；為改革而做的政治鬥爭固然壯觀，但在他離任後仍有許多工作要完成。不論小泉純一郎的繼任者是來自於自由民主黨或是民主黨，其都會受到國會很大量的限制——即使他們傾向於嘗試，也都無法通過非常大膽的改革方案。小泉純一郎時代以來最大的政策成就之一，就是首相野田佳彥在2012年推動的提高消費稅政策，但這最後也迫使他失去了首相職位。當前的首相安倍晉三，也由於經濟持續疲軟，所以他2次推遲了原本打算要進一步提高消費稅的計畫。

　　很容易理解為何日本長期以來一直都無法將經濟去管制化，有鑑於自由民主黨的選舉支持是依賴於受保護的經濟部門。日本不論哪一政黨執政於何時開放了任何的市場時，該政府就必須面對到利益相關者（例如農民、小型零售商，或是郵政局處）所展現出來的憤怒行為。好的政策不必然會導致好的政治。民主黨藉由強調去管制化之「受害者」，以及藉由呼籲建立一個更加慷慨的福利國家，因此於2007年與2009年的選舉上擊敗了自由民主黨。然而，一旦站上權力之位，他們也遇到了要為自己提出的計畫方案來清償的這樣問題。

在2012年的競選活動中，注定要失敗的民主黨政府宣布，如果連任便有意參與「跨太平洋夥伴關係」（TPP），就區域自由貿易協定進行談判。自由民主黨的選戰訴求是反對加入跨太平洋夥伴關係中，基本上是承諾農民說他們可以繼續活在被保護的環境中。但就只有短短的2個月而已，新上任的自由民主黨首相安倍晉三，就宣布他有意要加入跨太平洋夥伴關係中。他說他會要求將5樣「神聖的」物品（米、糖、小麥、牛肉與豬肉，以及乳製品）從表單中移除，但是跨太平洋夥伴關係的要旨是全面性的協商。跨太平洋夥伴關係的協商需要耗時2年以上的時間來完成，但是美國面臨到非常強勢的貿易保護主義者的杯葛，而一直都沒有批准是否加入。安倍晉三決定要加入跨太平洋夥伴關係也是很耐人尋味，獻上了自由民主黨傳統上所依賴的農村政治的支持，或許他很清楚地計算過這些農場的選票，除了自由民主黨以外，也沒有地方可以投得下去了。似乎他確實一直是正確的──在2013年與2016年的上議院選舉，以及2014年的下議院選舉，農村地區還是壓倒性的投票支持自由民主黨。

## 結論：關於日本政治的想法

在經歷了將近40年的一黨統治到1980年代末期之後，日本政治在二十多年的時間裡變得愈來愈難預測。一直在改變的聯合政府，以及自由民主黨的降級，首先是在1993年至1994年，然後是2009年至2012年的選舉更加令人不快，而這也使得日本政治變得更有意思。自從自由民主黨在2012年12月至2016年7月之間，經歷了一連串的選舉，都獲得了勝利，自由民主黨從第1次同時掌控了國會的兩院至今，已經超過了四分之一的世紀。其持續與新公明黨的聯盟，以及得到來自少數分裂政黨的同理心狀況，實際上這些都可以為安倍晉三提供所需的絕對多數席次，以實現他自1947年頒布戰後《日本憲法》之後，長期以來第1次正式想要修改憲法的雄心壯志。但是這些原始數字可能有所欺騙。實際上，要說服這個聯盟去制定任何有意義的政策來改變社會都非常不容易了，更不用說要修改憲法了，這真的是說起來容易，做起來很難。選舉制度中的比例代表制層次，會使得兩院當中的政黨變得更有紀律，更不用說跨黨派的聯合紀律了，其更具有挑戰性，因為來自於不同選區的成員，可能有人會因為經濟改革而蒙受損失，因此他們面臨著可能要離開原本的政黨並組建新政黨的選擇考驗。這種結構上的細微差別，使政府得面對長期停滯不前的經濟，可以從其稅收表現來看政府面臨的政策挑戰之能力，而距離將近30年以前的今天，卻沒有任何顯著的增長。政府也未能採取充足的措施，來應對快速老齡化的社會不可避免的成本支出。日本迫切需要的不是

透過更好的性別平等和更多移民來增加其勞動力，就是透過教育改革來大幅提升勞動生產力，而這種改革可能需要在所有方面都取得進展。但是這些都是做起來很困難的政治決策，所以這麼多年以來，沒有任何的日本政府能夠很認真地一統、掌控或是鼓勵來解決這些存在的問題。安倍晉三看似主導的聯盟現在是否可以做到，仍有待觀察。

　　有一個給日本政治學課程學生的好消息就是，日本不再是一個具有很多隱藏規則與神祕模式的神祕國家了。在日本國內的範圍中，任何一種了解政治的工具都可以發揮作用：選舉規則如何激勵政治人物？選民如何在候選人與政黨之間去做出選擇？民主國家選舉中所開出的短期刺激方案，為何有可能會減損政府解決長時間所需的經濟成長以及未來世代的社會福利之能力呢？目前，自由民主黨已經重新回到能夠完全控制國會的狀態，但這並不代表該政黨是無懈可擊的。如果反自由派堅持者屈服於分裂，或組成選舉體系中比例代表制部分的固有新政黨的誘惑，又或者選民在等待安倍經濟學成功之前就已經失去耐心的話，反對陣營就可能會有另一次快速執政的機會。但是他們未來需要找出其他具有吸引力的訊息（不只是給出一些像是能夠成功實施簡化版的安倍經濟學這樣不可信的承諾），一種足以將反自由民主黨力量統一起來，抵銷比例代表制層次中的分裂壓力。

## 章後思考題

1. 在經歷了將近40年的一黨統治之後，為什麼日本的選舉政治最近變得如此動盪，在一個政黨倒臺之後，緊接著又是另一個，然後會怎麼樣呢？

2. 為什麼2006年至2012年期間，沒有任何一位日本首相任職超過1年的時間呢？

3. 日本在第二次世界大戰後所採行的經濟保護主義的政治基礎是什麼？而這又如何改變的？

4. 日本不斷變化的經濟狀態如何影響政治文化？

5. 日本如何「解決」老齡化的社會問題？必須採取什麼措施來解決徵狀呢，如何去解決導致這現象的原因？最後，政治所能允許處理的範圍有多少？您期待日本政府能做什麼？

## 重要名詞

安倍晉三
安倍經濟學
阿伊努人
同盟國軍事占領日本
憲法第9條
資產價值泡沫化
部落民
公明黨
民主黨[7]
民主社會黨[8]
國會
企業工會
平等就業機會法
鳩山由紀夫
參議院（上議院）
眾議院（下議院）
日本共產黨
日本社會黨[9]
菅直人
經連會

小泉純一郎
自由民主黨
道格拉斯・麥克阿瑟將軍
選區劃分不均
明治維新
野田佳彥
農業協同組合
小澤一郎
馬修・培理准將
都道府縣
比例代表制
日本勞動組合總聯合會
自衛隊
單一選區
創價學會
駐日盟軍總司令
大正民主
德川氏
美日安保條約

## 推薦閱讀

Erhardt, George, Axel Klein, Levi McLaughlin, and Steven R. Reed, eds. *Komeito: Politics and Religion in Japan*. Berkeley, CA: Institute of East Asian Studies, 2014.

Estevez-Abe, Margarita. *Welfare Capitalism in Postwar Japan*. New York: Cambridge University Press, 2008.

Lipscy, Phillip, and Kenji Kushida, eds. *Japan under the DPJ: The Politics of Transition and Governance*. Washington, DC: Brookings Institution Press, 2013.

Pekkanen, Robert J., Steven R. Reed, and Ethan Scheiner, eds., *Japan Decides 2014: The Japanese General Election*. London: Palgrave, 2016.

Rosenbluth, Frances McCall, and Michael F. Thies. *Japan Transformed: Political Change and Economic Restructuring*. Princeton, NJ: Princeton University Press, 2010.

Samuels, Richard. *3/11: Disaster and Change in Japan*. Ithaca, NY: Cornell University Press, 2013.

Scheiner, Ethan. *Democracy without Competition in Japan: Opposition Failure in a One-Party Dominant State*. New York: Cambridge University Press, 2006.

Schoppa, Leonard. *Race for the Exits: The Unraveling of Japan's System of Social Protection*. Ithaca, NY: Cornell University Press, 2008.

Smith, Sheila. *Intimate Rivals: Japanese Domestic Politics and a Rising China*. New York: Columbia University Press, 2014.

Souyri, Pierre. *The World Turned Upside Down: Medieval Japanese Society*. New York: Columbia University Press, 2003.

## 網路資源

哈佛大學賴肖爾（Reischauer）日本研究所維持連結至日本政府、機構、媒體，以及其他無數的網站：https://rijs.fas.harvard.edu/

賴肖爾（Reischauer）日本研究所也率先「不斷發展與合作」日本2011年發生的311大地震與海嘯災難之數位化檔案：http://jdarchive.org/

史丹佛大學提供連結至可涵蓋利益團體、最高法院，以及地方政府的網站：https://jguide.stanford.edu/site/government_politics_16.html

加州大學洛杉磯分校提供連結至可涵蓋社會科學、人文，以及政府資料數據等資源的網站：https://www.library.ucla.edu/location/east-asian-library-richard-c-rudolph/japanese-studies

CiNii搜尋引擎包括了日本學術的社會期刊、大學的研究公告，以及那些在國立國會圖書館中的日本期刊索引之資料庫：http://ci.nii.ac.jp/en

了解有關日本網頁的統計材料，由國立國會圖書館所編譯，可使用以印發的出版品以及網路線上資源來獲取日本主要的統計材料。這包含了書目的註釋與連結到相關的英文網站：http://rnavi.ndl.go.jp/research_guide/entry/statistical-materials-for-lear.php

北美日本圖書館資源協調委員會擁有此在線指南，可訪問日本主要博物館、圖書館，以及檔案館的研究信息，並提供其主要網站的連結：https://guides.nccjapan.org/researchaccess

報紙刊物：《朝日新聞》，http://www.asahi.com/english/english.html；《日本時報》（ジャパンタイムズ/ *The Japan Times*），http://www.japantimes.co.jp；以及《讀賣新聞》，https://www.yomiuri.co.jp/

我們非常感謝約翰·布朗斯特（John G. Branstetter）、松田夏（Natsu Matsuda），以及山岸光（HikaruYamagishi）他們熱情在研究上的協助。

聯邦政府：https://www.bundesregierung.de/breg-de

德國資訊中心：http://www.germany.info/

加州大學爾灣分校，德國政治與社會中心：http://www.socsci.uci.edu/~rdalton/germany.html

## 註釋

1. Japan, Ministry of Internal Affairs and Communications, Statistics Bureau. *Japan Statistical Yearbook 2016*. http://www.stat.go.jp/english/data/nenkan/1431-02.htm. The other side of the coin is an ever-shrinking number of children—13 percent of the population under age fifteen now, expected to drop to 10 percent (of a much smaller population) by 2050.

2. Europe's population is aging rapidly as well (median age forty-two), although it is still growing slowly. Among advanced industrial countries, the United States is an outlier for its continued (or more accurately, "renewed") youthfulness (median age is thirty-eight) because of much greater immigration and higher fertility rates; see "Half a Billion Americans?" The *Economist*, August 24, 2002, 20–22.

3. Akira Iriye, *Pacific Estrangement* (Cambridge, MA: Harvard University Press, 1972).

4. For more thorough treatments of modern Japanese history, see Peter Duus, *The Rise of Modern Japan* (Boston: Houghton Mifflin, 1976); and Mikiso Hane, *Modern Japan: A Historical Survey* (Boulder, CO: Westview, 1986).

5. Kazuo Kawai, *Japan's American Interlude* (Chicago: University of Chicago Press, 1960), 22–24; Hans H. Baerwald, *The Purge of Japanese Leaders Under the Occupation* (Berkeley: University of California Press, 1959), 97; and T. A. Bisson, *Zaibatsu Dissolution in Japan* (Berkeley: University of California Press, 1954), 97–104.

6. Supreme Commander for the Allied Powers, Government Section, *Political Reorientation of Japan*, vol. 1 (Washington, DC: U.S. Government Printing Office, 1949), 98–109.

7. Hane, *Modern Japan*, 347–348.

8. John Lewis Gaddis, *Strategies of Containment: A Critical Appraisal of Postwar American National Security Policy* (Oxford: Oxford University Press, 1982), 75.

9. A dispute over the four small "Kuril" islands north of Hokkaido—which the Soviet Union annexed at the end of the war, and which post-Soviet Russia still controls—still holds up the formal normalization of relations between the two countries.

10. Data are 2015 estimates. *CIA World Factbook*, available at https://www.cia.gov/library/publications/the-world-factbook/geos/ja.html, accessed August 20, 2016.

11. World Economic Outlook Database, April 2016, International Monetary Fund. https://www.imf.org/external/pubs/ft/weo/2016/02/weodata/index.aspx Database updated on April 12, 2016. Accessed April 14, 2016. Figures adjusted by purchasing power parity.

12. Countries ranked by Gini index, post-taxes and transfers. *OECD*, "Income Distribution and Poverty: By Country—Inequality," http://stats.oecd.org/#, accessed August 20, 2016.

13. Lieba Faier, *Intimate Encounters: Filipina Women and the Remaking of Rural Japan* (Berkeley: University of California Press, 2009).

14. Michael F. Thies and Yuki Yanai, "Governance with a Twist: How Bicameralism Affects Japanese Lawmaking," in *Japan Decides 2012: The Japanese General Election*, ed. Robert Pekkanen, Steven R. Reed, and Ethan Scheiner (London: Palgrave, 2013), 225–244.

15. Margarita Estévez-Abe, Takako Hikotani, and Toshio Nagahisa, "Japan's New Executive Leadership: How Electoral Rules Make Japanese Security Policy," in *Japan and the World: Japan's Contemporary Geopolitical Challenges*, ed. Masaru Kohno and Frances Rosenbluth, CEAS Occasional Publications, vol. 2 (New Haven, CT: Yale University Council on East Asian Studies, 2009), 251–288.

16. Home Affairs Ministry, *Chiho zaisei no shikumi to sono unei jitai* (Tokyo: Home Affairs Ministry, 1987); see also Hiromitsu Ishi, *The Japanese Tax System* (Oxford: Oxford University Press, 1989), 11.

17. Yusaku Horiuchi, Jun Saito, and Kyohei Yamada, "Removing Boundaries, Losing Connections: Electoral Consequences of Local Government Reform in Japan," *Journal of East Asian Studies* 15, 1 (2015): 99–125. DOI: 10.5555/1598-2408-15.1.99.

18. "The Day of the Governors," The *Economist*, June 16, 2001, 41–42.

19. John Owen Haley, *Authority without Power: Law and the Japanese Paradox* (New York: Oxford University Press, 1991), 189; and J. Mark Ramseyer and Frances Rosenbluth, *Japan's Political Marketplace* (Cambridge, MA: Harvard University Press, 1993), 162.

20. Michael Hechter and Satoshi Kanazawa, "Group Solidarity and Social Order in Japan," *Journal of Theoretical Politics* 5, 4 (1993): 455–493; and Toshio Yamagishi, "Trust as a Form of Social Intelligence," in *Trust in Society*, ed. Karen Cook (New York: Russell Sage, 2001), 121–147.

21. Thomas Conlan, *State of War: The Violent Order of Fourteenth-Century Japan* (Ann Arbor, MI: Center for Japanese Studies, University of Michigan, 2004).

22. Pierre Souyri, *The World Turned Upside Down: Medieval Japanese Society* (New York: Columbia University Press, 2003).

23. Sharon Sievers, "Feminist Criticism in Japan Politics in the 1880s: The Experience of Kishida Toshiko," *Signs* 6, 4 (1981): 602–616.

24. In 1972, the U.S. Congress passed a similarly worded Equal Rights Amendment to the U.S. Constitution, banning discrimination based on sex. The amendment failed because only thirty-five states ratified the ERA—three short of the thirty-eight needed for a constitutional amendment.

25. https://www.oecd.org/gender/data/genderwagegap.htm, accessed August 20, 2016. OECD tracks these data yearly for member states. Among OECD countries, only South Korea's gender wage gap is larger, at 36.6 percent. The World Economic Forum's Gender Equality Project ranks Japan 111th out of 144 states for which gender-specific data on economic, political, and social equality are available. See http://www3.weforum.org/docs/GGGR16/WEF_Global_Gender_Gap_Report_2016.pdf (page 211).

26. Anna Cock, "Where Men Are Men and Still Born to Rule," *Sunday Telegraph*, March 26, 2006.

27. Mari Yamaguchi, "Japanese Government Report Urges Job Training and Business Money for Working Mothers," Associated Press Newswires, June 9, 2006.

28. Leonard Schoppa, *Race for the Exits: The Unraveling of Japan's System of Social Protection* (Ithaca: Cornell University Press, 2008). Prime Minister Abe's "womenomics" has amounted to little more than token expansion of childcare facilities and a few symbolic Cabinet appointments.

29. American attitudes toward working mothers were also quite negative until the 1960s, and became more accepting only gradually beginning with the families and coworkers of working mothers themselves. See Ronald Rindfuss, Karin Brewster, and Andrea Kavee, "Women, Work, and Children: Behavioral and Attitudinal Change in the United States," *Population and Development Review* 9 (1996): 457–482.

30. Leslie D. Alldritt, "The Burakumin: The Complicity of Japanese Buddhism in Oppression and an Opportunity for Liberation," *Journal of Buddhist Ethics* 7 (July 2000); and Ian Neary, *The Buraku Issue and Modern Japan: The Career of Matsumoto Jiichiro* (New York: Routledge, 2010).

31. Yumi Hashizume, "Releasing from the Oppression: Caregiving for the Elderly Parents of Japanese Working Women," *Qualitative Health Research* 20 (2010): 830–844.

32. Steve Bossy, "Academic Pressure and Impact on Japanese Students," *McGill Journal of Higher Education* 35, 1 (2000): 79–81; and Keiko Hirao, "Privatized Education Market and Maternal Employment in Japan," in *Political Economy of Low Fertility: Japan in Comparative Perspective*, ed. Frances Rosenbluth (Stanford, CA: Stanford University Press, 2007), 170–197.

33. Mary Brinton, "Trouble in Paradise: Institutions in the Japanese Economy and the Youth Labor Market," in *The Economic Sociology of Capitalism*, ed. Victor Nee and Richard Swedberg (Princeton, NJ: Princeton University Press, 2005), 419–444.

34. Ministry of Internal Affairs and Communications, http://www.soumu.go.jp/johotsusintokei/whitepaper/ja/h26/html/nc143120.html, 2014, accessed August 20, 2016.

35. Nihon Shinbun Kyokai, http://www.pressnet.or.jp/data/circulation/circulation01.php, accessed August 20, 2016.

36. http://www.nippon.com/en/features/h00084/, accessed August 20, 2016.

37. All figures are for Lower House elections. Turnout in Upper House elections is lower still.

38. Steven R. Reed, Ethan Scheiner, Daniel M. Smith, and Michael F. Thies, "The 2012 Election Results: The LDP Wins Big by Default," in *Japan Decides 2012: The Japanese General Election*, ed. Robert Pekkanen, Steven R. Reed, and Ethan Scheiner (London: Palgrave, 2013), 34–47.

39. The voting age was lowered to twenty in 1946, and then to eighteen in 2016.

40. For more on why the electoral system was changed and how, see Steven R. Reed and Michael F. Thies, "The Causes of Electoral Reform in Japan," in *Mixed-Member Electoral Systems: The Best of Both Worlds?*, ed. Matthew Soberg Shugart and Martin P. Wattenberg (New York: Oxford University Press, 2001), 152–172.

41. Steven R. Reed, Ethan Scheiner, and Michael F. Thies, "The End of LDP Dominance and the Rise of Party-Oriented Politics in Japan," *Journal of Japanese Studies* 38, 2 (2012): 357–380.

42. Ethan Scheiner, Daniel M. Smith, and Michael F. Thies, "The 2014 Japanese Election Results: The Opposition Cooperates from Fails to Inspire," in *Japan Decides 2014: The Japanese General Election*, ed. Robert Pekkanen, Steven R. Reed, and Ethan Scheiner (London: Palgrave, 2016), 22–38.

43. Michael F. Thies, "When Will Pork Leave the Farm? Institutional Bias in Japan and the United States," *Legislative Studies Quarterly* 23, 4 (November 1998): 467–492.

44. George Erhardt, Axel Klein, Levi McLaughlin, and Steven R. Reed, eds., *Komeito: Politics and Religion in Japan* (Berkeley, CA: Institute of East Asian Studies, 2014).

45. Robert J. Pekkanen and Steven R. Reed. "From Third Force to Third Party: Duverger's Revenge?" in *Japan Decides 2014: The Japanese General Election*, ed. Robert Pekkanen, Steven R. Reed, and Ethan Scheiner (London: Palgrave, 2016), 62–71.

46. Reed, et al., "The End of LDP Dominance."

47. Patricia L. Maclachlan and Kay Shimizu, "The Kantei vs. the LDP: Agricultural Reform, the Organized Vote, and the 2014 Election," in *Japan Decides 2014: The Japanese General Election*, ed. Robert Pekkanen, Steven R. Reed, and Ethan Scheiner (London: Palgrave, 2016), 170–182.

48. Reed, et al., "The 2012 Election Results."

49. T. J. Pempel and Keiichi Tsunekawa, "Corporatism without Labor? The Japanese Anomaly," in *Trends toward Corporatist Intermediation*, ed. Philippe C. Schmitter and Gerhard Lehmbruch (London: Sage, 1979), 231–270.

50. Japan Small Business Research Institute, "2009 White Paper on Small and Medium Enterprises in Japan," (Tokyo, 2012), available in English at http://www.chusho.meti.go.jp/pamflet/hakusyo/h21/h21_1/2009hakusho_eng.pdf.

51. Frances McCall Rosenbluth, *Financial Politics in Contemporary Japan* (Ithaca, NY: Cornell University Press, 1989).

52. Leonard J. Schoppa, *Bargaining with Japan: What American Pressure Can and Cannot Do* (New York: Columbia University Press, 1997); and Ross D. Schaap, *The Electoral Determinants of Regulatory Change: Explaining Japan's "Big Bang" Financial Liberalization* (unpublished Ph.D. diss., University of California, Los Angeles, 2002).

53. Kent E. Calder, *Crisis and Compensation* (Princeton, NJ: Princeton University Press, 1988), Chapter 5.

54. Patricia L. Maclachlan, *The People's Post Office: The History and Politics of the Japanese Postal System, 1871–2010* (Cambridge, MA: Harvard East Asian Monographs, 2011).

55. Reed, et al., "The End of LDP Dominance," 357–380.

56. Dore, *British Factory–Japanese Factory*.

57. Ministry of Health, Labour, and Welfare, *Basic Survey on Labour Unions*, http://www.mhlw.go.jp/english/database/db-l/labour_unions.html, 2014; and Japanese Trade Union Confederation, "Trade Union Data," http://www.jtuc-rengo.org/about/trade_union_data.html, accessed August 11, 2016.

58. Joseph P. Keddell, Jr., *The Politics of Defense in Japan* (Armonk, NY: Sharpe, 1993), 173–205.

59. Source: World Health Organization National Health Account database (www.who.int/nha/en) supplemented by country data. Note: The latest updates on these data are accessible on WHO's National Health Accounts (NHA) website, www.who.int/nha/en/.

60. U.S. Energy Information Administration, Department of Energy. "Japan: International Energy Data and Analysis," https://www.eia.gov/beta/international/analysis.cfm?iso=JPN#note, 2015, accessed August 11, 2016.

61. 2012 LDP manifesto, http://special.jimin.jp/political_promise/.

62. Daniel P. Aldrich, "Post-Crisis Japanese Nuclear Policy: From Top-Down Directives to Bottom-Up Activism," *Asia Pacific Issues*, Vol. 103 (Honolulu, HI: East-West Center, 2012).

## 譯者註

[1] 目前日本為「德仁」（Naruhito）天皇，2019年繼位，啟用年號為「令和」。

[2] 後來名稱改為「跨太平洋夥伴全面進步協定」（Comprehensive and Progressive Agreement for Trans-Pacific Partnership, CPTPP）。

[3] 立陶宛（Lietuvos / Lithuania）於2018年加入，成為目前的第36個國家。

[4] 原本的「八大工業國組織」（Group of Eight, G-8），因為俄羅斯於2014年會籍被凍結，因此恢復原稱為「七大工業國組織」。

[5] 意指公私機構中對某些群體（如：外表、性別、族裔、性取向或政治意識形態上）的打壓，晉升到某些高管職位或決策層時，會出現潛在的限制與障礙。

[6] 這是個源自1812年美國麻薩諸塞州（Massachusetts）州長「埃爾布里奇·傑利」（Elbridge Thomas Gerry）而來的政治術語，意指為了要使投票結果有利於某一方，因此將選區邊界劃分成不公平的方法來操縱選舉結果。

[7] 民主黨於2016年與部分「維新黨」（Japan Innovation Party）合併成「民進黨」（Democratic Party, DP）。

[8] 民主社會黨於1994年解散，與其他政黨合併為「新進黨」（New Frontier Party, NFP），而後新進黨也於1997年解散。

[9] 日本社會黨於1996年已經改組為「社會民主黨」（Social Democratic Party）。

# 第十一章

# 俄羅斯政治

湯瑪斯・萊明頓（Thomas F. Remington）

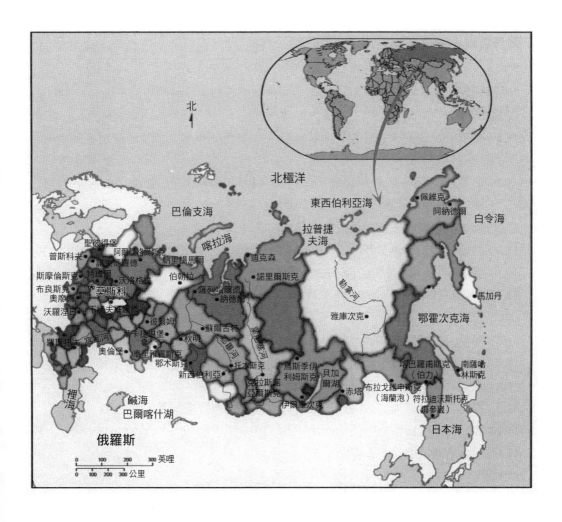

北

北極洋

巴倫支海

東西伯利亞海

佩維克

阿納德爾

白令海

拉普捷夫海

喀拉海

聖彼得堡

普斯科夫

阿爾漢格爾斯克

納里揚馬爾

迪克森

斯摩倫斯克 特維爾 沃洛格達

諾夫哥羅德

伯朝拉

馬加丹

布良斯克

莫斯科

諾里爾斯克

奧廖爾

薩列哈爾德

納德姆

雅庫次克

鄂霍次克海

沃羅涅日

下諾夫哥羅德

彼爾姆

羅斯托夫

窩瓦河

蘇爾古特

哈巴羅甫斯克（伯力）

南薩哈林斯克

奧倫堡

卡捷琳堡

秋明

車里雅賓斯克

鄂木斯克

托木斯克

烏斯季利姆斯克

貝加爾湖

赤塔

布拉戈維申斯克（海蘭泡）

符拉迪沃斯托克（海參崴）

裡海

鹹海

巴爾喀什湖

新西伯利亞

克拉斯諾亞爾斯克

伊爾庫次克

日本海

俄羅斯

0 100 200 300 英哩

0 100 200 300 公里

## 國家簡介

人口：1億4,680萬

領土：6,611,000平方英哩

獨立年分：1991年

當前憲法制定年分：1993年

國家元首：總統佛拉迪米爾・普丁
（Vladímir Vladímirovic Pútin）

政府首腦：總理迪米契・阿納托利耶維

奇・梅德維傑夫（Dmitry Anatolyvich Medvedev）[1]

語言：俄文，其他國內少數民族的語言

宗教：俄羅斯東正教74%；其他基督教派2%；穆斯林7%；佛教0.6%；猶太教1%；其他或無宗教信仰15%

## 學習目標

**11.1** 討論俄羅斯的「資源詛咒」與該國人口變化的挑戰，以及解決這些挑戰的三個主要障礙。

**11.2** 簡要描述俄羅斯的政治歷史，從過去以沙皇為基礎到後來在20世紀的轉變。

**11.3** 描述俄羅斯總統相對於政府其他部門的權力。

**11.4** 討論俄羅斯目前政治文化中的矛盾，聚焦於民主與傳統蘇聯價值觀之間的衝突。

**11.5** 解釋宣傳單位、教育制度、教堂，以及媒體在俄羅斯的政治社會化中的作用。

**11.6** 描述直接與間接參與俄羅斯政治的途徑。

**11.7** 討論後蘇聯時代俄羅斯的利益團體的形成與活動，並舉出具體的例子。

**11.8** 檢視「強勢政黨」在近年選舉中的崛起。

**11.9** 描述當代俄羅斯在政治與經濟結構調整之間的相互作用。

**11.10** 簡要描述俄羅斯施行法治的途徑及障礙。

**11.11** 討論俄羅斯衝突的國際關係。

　　2012年5月7日，**佛拉迪米爾・普丁**在總統府宣誓就任俄羅斯聯邦的總統。從2000年至2008年，普丁已經擔任過2屆總統了（參閱專欄11.1）。之後他卸任——形式上遵守憲法禁止不能連任超過2屆的總統任期——在**迪米契・阿納托利耶維奇・梅德維傑夫**擔任總統期間，擔任4年任期的總理。在重新擔任總統一職後，普丁立即任命梅德維傑夫為總理，這一事實強化了該程序上的諷刺性本

**專欄 11.1** **佛拉迪米爾・普丁**

佛拉迪米爾・普丁出生於1952年8月7日的「列寧格勒」（Leningrad，在1991年之後稱為「聖彼得堡」（St. Petersburg））。在1970年，他進入到「列寧格勒大學」（Leningrad State University）學習民法專業。1975年畢業後，普丁進入「蘇聯國家安全委員會」（KGB）服務，先後擔任「反情報」（counterintelligence）部門，以及外國情報部門的工作。他精通德語，所以在1985年被派往東德。

在1990年柏林圍牆倒塌之後，普丁回到了列寧格勒，在大學工作，但受雇於蘇聯國家安全委員會。1991年，他的前任教授阿納托利・索布恰克（Anatolii Sobchak）成為了列寧格勒的市長時，他就去幫索布恰克工作。

在1996年，普丁在鮑利斯・葉爾欽總統辦公廳裡的行政單位任職。他迅速升職。在1998年，葉爾欽任命普丁為「俄羅斯聯邦安全局」（FSB／Federal Security Service，前身為「蘇聯國家安全委員會」）的局長，並在1999年3月接任了俄羅斯聯邦「安全會議」（Security Council）的秘書職位。1999年8月，葉爾欽指定普丁出任總理。由於他對車臣軍事行動果斷的處理，使得普丁的人氣飆升。1999年12月31日，葉爾欽辭職，由普丁代理總統。普丁在2000年3月26日投入總統選舉角逐總統大位，他以絕對多數票當選。在2004年再次投入選舉並且也勝選，從總統位置退下來之後，在梅德維傑夫擔任總統的2008年至2012年期間，擔任了總理一職，然後在2012年又再次當選總統。

普丁樹立了一個堅強、果斷，腳踏實地的領導者形象。通常他並不情緒化，舉止溫和，偶爾也會讓自己沉浸於使用諷刺或褻瀆的語言來表達自己的觀點。在其他時間，他也會投射出和藹可親與輕鬆的舉止。他經常出現在活躍的戶外場合中。普丁表現得很鎮靜，並且善於在與他人打交道時保持警覺心。儘管他對公共政治的接受與表達感到不太舒服，但他很擅長處理讓普通民眾可以提出自己的問題與投訴到其開設的直播節目中。他很善於用清楚與簡易的語言來解釋很複雜的議題，與他碰面接觸過的外國商界與政治領袖，都對他精通政策細節內容，印象深刻。

質。憤世嫉俗的俄羅斯人意識到原來普丁與梅德維傑夫兩人只是互換了辦公室而已（俄羅斯人稱就像是西洋棋中「城堡的移動」）。在此同時，每個人也了解到權力的真實位置從未改變——普丁一直以來都是最高領導人。雖然，這個國家每次都經過正式的選舉活動，但是選舉卻被更嚴密控制著，裡面使用著大量的欺騙手段，以確保結果能夠如其所願。

　　普丁政權為何會想要如此麻煩的假裝舉行競爭性的選舉，來明顯地操縱選舉的結果？這樣的邏輯使局外人感到困惑。然而，這是一種很典型的具有「競爭性的威權政體」（competitive authoritarian regime）。[1]在這些政權下，統治者舉行選舉，並且允許反對勢力推出候選人來競選，但是無法擊敗現任者。從普丁團隊

的立場來看，一個受到控制的選舉能夠表示出以下幾種目的：讓當局能夠監視反對的聲浪，給大眾一些機會選擇投票給其他的政黨，保留了統治菁英的權力。一個不受到控制的選舉會在政治菁英中產生內部分裂的風險，就像是發生在後蘇聯時期的一些國家當中。[2]普丁的目的是要俄羅斯權力轉移時，能夠在表面上展現出自由選舉的面貌，至少能夠維持其政治的穩定性。即使普丁在第1輪投票中大概也能贏得絕對多數的支持，但其他的部分則還是運用大量的詐欺手法來填補。「中央選舉委員會」（The Central Election Commission）公布結果普丁贏得了63.6%的選票；真實的總數可能是在50%至55%之間。[3]

　　在由梅德維傑夫擔任總統，普丁擔任總理的4年過渡時期，普丁依舊是主要掌權的人。某些人預期兩人之間會互相較勁，但並沒有發生。梅德維傑夫忠實地扮演了分配給他的任務，儘管他試圖發起自己的政策倡議，但還是無法做到。事實上，普丁仍是優於梅德維傑夫，雖然形式上是他的部下，這生動的顯示出俄羅斯正式與非正式權力間的差距。正式而言，總統擁有龐大的權力。但是，梅德維傑夫無法行使權力，因為普丁在該國非正式的政治權力中心——安全與執法機構、大型國有商業公司、地方政府及媒體——擁有牢固的控制力。梅德維傑夫可以試圖利用總統的正式權力，來建立獨立的權力基礎，但他選擇不嘗試。普丁有充分的理由可以信任梅德維傑夫會保持忠誠。因此，從普丁到梅德維傑夫，再從梅德維傑夫回到普丁時，政權依然保持穩定。可是，對領導繼任的嚴格控制，剝奪了對領導層的問責制度，及民主制度重建所帶來的好處。因此，這種對穩定性有深切關注的行為，強化了政治制度中的僵化與停滯的趨勢。

# 當前的政策挑戰

## 11.1 討論俄羅斯的「資源詛咒」與該國人口變化的挑戰，以及解決這些挑戰的三個主要障礙。

　　俄羅斯面臨最大的政策挑戰就是必須減少對於自然資源出口的依賴。甚至連總統普丁本人也一再指出這一點。俄羅斯的命運隨著國際油價的漲跌而受到影響。在普丁前兩屆的總統任期，俄羅斯享有很高的聲譽。穩定的經濟成長率，部分原因是對普丁領導的信心。但是，更重要的理由是國際油價開始大幅上漲，而且在2008年以前一直都保持在高位。作為石油、天然氣，以及其他自然資源的主要出口國，俄羅斯受益於這些趨勢：使得實質收入在2000年至2008年時，增加了3倍。在經歷了從社會主義經濟體制走向市場資本主義經濟體制的痛苦轉型，以及1990年代經歷了嚴峻的10年經濟緊縮與社會動盪後，俄羅斯在2000年經歷了10

年才逐漸復甦。俄羅斯透過對世界開放而使經濟受益，因為許多資金湧入，投資了這個國家，而靠著原材料的出口也替俄羅斯帶來了龐大的收入。

　　然而，當2008年全球爆發了金融海嘯時，俄羅斯對自然資源出口收入的依賴，就有嚴重不利的影響。資金紛紛逃離了該國（股票市場在不到1年的時間，就損失了三分之二的價值），俄羅斯的公司負債累累，掙扎於履行義務。當全世界的石油與天然氣的價格跌落到高峰時期的三分之一時，俄羅斯的預算收入驟降，聯邦預算陷入嚴重的赤字。消費者的需求大幅降低，大大傷害了俄羅斯的製造業。俄羅斯的經濟萎縮幅度超過任何其他的主要大國──其國內生產總額（GDP）僅在2009年1年就下降了8%，到2010年之後才開始緩慢地回升。政府撥出了2000年繁榮時期留下的一些財政儲備，使俄羅斯免於受到經濟衰退時最糟糕的情況。政府向倒閉的銀行、產業公司、失業福利救濟金，以及養老金注入了數千億的盧布（rubles）。使得許多俄羅斯人受到保護而免於淪落到貧窮狀況中，俄羅斯倖免於大規模的金融動盪。然而，接下來的2010年至2012年短暫復甦後，經濟成長在2013年時又下滑了，並且在2015年時還轉成負債。石油與天然氣的價格跌落是部分原因，但西方國家對俄羅斯吞併克里米亞（Crimea）半島做出的經濟制裁，嚴重的打擊了俄羅斯經濟。

　　俄羅斯的領導人與專家們都很清楚知道「資源詛咒」（resource curse）對俄羅斯所帶來的危險性。國家如果過度依賴自然資源的意外收入，可能會導致領導人避免投資培養人民的技術與知識。如此一來，社會最終就會走向經濟與政治的發展較低，甚至比資源缺乏的國家還糟。中東地區那些石油盛產豐富的國家就常常被拿來當作例證。然而，儘管普丁以及其所帶領的政府，經常呼籲在經濟上要朝向更多樣化與創新，很顯然的他們缺乏有效的政策工具來實現這樣的目標。這說明了俄羅斯的歷史上反覆出現的兩難困境：重大的改革是需要藉由這個國家的政治領導人巨大且持續的行使權力，以克服來自行政上與社會團體面對政治變遷的阻力與抵抗。為了要達成這樣的目標，現代化的規則通常是訴諸將權力集中在統治者手中，但這可能會破壞了來自國家以外驅動創業倡議之活力，失去可能推動持續增長的機會。

　　在2009年9月發表的一篇引起廣泛討論的文章中，當時的總統梅德維傑夫抨擊了俄羅斯當前的經濟結構停留在很原始的（primitive）狀態，因為很依賴自然資源的生產，這種「慢性的貪污腐敗，依賴著國家、依賴著外國、依賴著某種『萬能學說』，以及依賴著任何事情，除了自己之外」解決問題的習慣是很過時的。他指出「在我們自己大多數企業中的能源效率以及勞動生產力低得令人感到

羞愧」，並補充說真正的悲哀是，大多數的老闆、管理者，以及國家公務員似乎並不會特別擔心這種情況。[4]雖然，梅德維傑夫的話語已經非常強硬了，但他卻發覺自己除了痛惜之外，他權力小到什麼也做不了。

　　另一項嚴峻的政策挑戰來自於俄羅斯所面臨之人口危機。自從蘇聯政權解體之後的大多數時間中，死亡人數已經超過了出生人數。移民（特別是中亞地區）可以部分彌補人口的自然減少，但是也帶來了其他的麻煩。出生時的預期壽命非常低，尤其是男性，雖然在過去這10年來有所上升（男性的預期壽命為65歲，與印度或巴基斯坦大致相同）。遠北以及遠東地區人口大量的外流到氣候比較溫暖的地區，但可能會危害到一些建於蘇聯時期偏遠城市的持續發展。地理上的移動必須要挑戰高度的障礙，如遙遠的距離、高昂的交通運輸成本，以及非流動性的房屋市場，都強化了不同地區在生活水準上所存在的巨大差異。有些地區蓬勃發展，而有些地區則是陷入高度貧窮與停滯不前的困境中。

　　但是，當俄羅斯的領導人意識到所面臨的經濟問題的嚴重性時，他們仍未能突破障礙以解決這些問題。特別是有3個被證明就像是絆腳石一般的障礙：國家公務員，抵抗任何可能會削弱其權力的改革；國家遼闊的土地規模，妨礙控制和協調官僚階層行動的有效性；以及蘇聯發展模式遺留下來的資源集中在大型國有企業中——通常位於偏遠、環境惡劣的地區——幾乎不太可能將其改造成現今在全球市場環境中，具有競爭力的資本主義型企業。

## 歷史上的遺產

### 11.2 簡要描述俄羅斯的政治歷史，從過去以沙皇為基礎到後來在20世紀的轉變。

　　儘管20世紀初俄羅斯政權形式發生了根本性的變化，當「俄國革命」（Russian Revolution）使共產黨掌握了權力，並在20世紀末，再次當共產主義政權垮臺讓位給現今的政權時，統治的模式和方法就有了一些更深層次的延續性。

### 沙皇政權

　　俄羅斯的國家起源可追溯到9世紀「基輔」（Kiev，今日是獨立的國家烏克蘭的首都）附近的大公國。[2]近1,000年來，俄羅斯都是專制獨裁的國家。也就是說它是由「世襲君主」（hereditary monarch）所統治，權力是無限大不受到憲法所約束。直到20世紀的第1個10年，俄國沙皇（tsarist）才同意授予憲法上的名義召開立法機構的選舉——但是即使如此，沙皇還是很快就解散了立法機構，收回

了他自己原本已制定好大部分憲法讓步內容。

　　除了君主專制之外，俄羅斯國家的歷史遺產包括了持久的「專制主義」（absolutism）、「世襲制」（patrimonialism），以及「東正教」（Orthodox Christianity）。專制主義意味著沙皇渴望對所統治領域的主體行使絕對的權力。世襲制的概念顯示統治者可以將其統治的領土視為個人所擁有的財產，而不是將其視為是依據在法理上擁有合法權益的自治社區。[5]這樣的權力概念到今日持續影響國家統治者。最後，沙皇將本身視為是俄國人的東正教。在俄羅斯，就像是其他傳統上也受到宗教掌控的國家一樣，東正教與國家緊密連繫，並視自己是國家的教會。傳統上，東正教勸說其信徒在世俗事務上表現出對國家的忠誠，而國家回報給東正教的，就是允許其壟斷精神世界的權力。這仍然體現在當今的統治者們呼籲教會保佑自己的統治，並加強了社會結構，同樣也會讓許多俄羅斯人衝動的以更高的精神使命來認同自己的國家。

　　專制主義、世襲制以及東正教一直是俄羅斯政治文化中反覆出現的要素，主要目的傾向於深刻強化保守派與集體主義的行為模式存在國家與社會中。但其他替代模式也具有影響力，特別是在俄羅斯歷史上的關鍵時刻，國家的統治者想要尋求使其經濟與社會現代化的實現方式。俄羅斯輸入了西方在科技、法律、國家組織，以及教育方面的做法，其目的就是要讓國家在與世界其他列強相比，也能具有競爭力。推動現代化的統治者——如「彼得大帝」（Peter the Great, 1682-1725）以及「凱薩琳大帝」（Catherine the Great, 1762-1796）——對俄羅斯的社會產生重大的影響，並將俄羅斯帶入更接近西歐的模式中。建立俄羅斯的軍事以及經濟潛力確實是勢在必行，其顯得更加刻不容緩的原因在於俄羅斯一直透過不斷征服和吞併鄰近國家的領土擴大規模，所以時刻存在著需要保衛邊界的需求。俄羅斯在控制與動員社會方面的作用，也隨著需要治理廣大的領土而不斷強化。到了17世紀末期，俄羅斯已經是世界上領土面積最大的國家了。但是在其大部分的歷史中，俄羅斯的帝國影響力超出了其實際所能掌握的範圍。

　　與歐洲其他的主要列強國家相比，在進入20世紀之後，俄羅斯的經濟體制依然還是很落後的。然而，它的發展軌跡，特別是在19世紀時，確實是朝向一個現代化工業社會的方向發展。直到1917年俄國沙皇下臺時，俄羅斯已擁有龐大的工業部門，即使這些工業部門大多集中在幾個主要的城市。廣大貧窮的農民與激進的工業勞動階級遠遠超過了中產階級。結果，社會能夠進行和平民主轉變的基礎太薄弱，而無法阻止共產主義者在1917年奪取權力。

　　擁有千年歷史的沙皇時代留下了矛盾的遺產。沙皇試圖藉由訴諸傳統、君

權，以及神權方式，來使自己絕對的權力合法化。他們把法律看成是統治的工具，而不是權威的來源。統治者應該對被統治者負責的原則，以及主權必須歸屬於人民的意願的概念，與俄羅斯的國家傳統有相當大的距離。整部俄羅斯的歷史，國家與社會彼此之間的距離，比起西方社會更遙遠。統治者與民眾之間是互不信任的。這樣的差距只有當國家面臨重大的考驗時，例如反抗法國拿破崙的戰爭以及後來的第二次世界大戰，才能克服。俄羅斯慶祝了這些戰爭的勝利，這是對國家與人民團結一致勝利展現的重大象徵。但是俄羅斯的政治傳統，也包含了對平等、團結，以及社會的嚮往，同樣也存在著對道德純正性以及對被壓迫者同情之追求。而縱觀俄羅斯的歷史遺產，隱含了民眾對這個國家的偉大及其人民的耐受力深感到自豪。

## 共產主義革命與蘇聯的統治

　　事實證明，沙皇政權無法應對第一次世界大戰期間全國動員的壓倒性要求。沙皇「尼古拉二世」（Nicholas II）在1917年2月（西方曆法為3月）退位。他被短暫的臨時政府所取代，臨時政府又在俄羅斯共產黨——自稱為「布爾什維克」（Bolsheviks）——1917年10月（西方曆法為11月）上臺時垮臺。他們的目標是要在俄羅斯建立一個社會主義世界，以及最終將革命性的社會主義散播到全世界。俄羅斯共產黨認為的社會主義，是指一個沒有私人擁有生產工具之社會，在這個社會中由國家擁有與控制所有重要的經濟資產，而政治權力是以勞動人民的名義行使的。佛拉迪米爾‧伊里奇‧列寧（Vladimir Ilyich Lenin）是俄國共產黨的領導人以及蘇維埃（Soviet Russian）政府的首位領導者（圖11.1列出了1917年以來的蘇聯與後蘇聯之領導人）。

　　在列寧的統治下，共產黨控制了各級政府。在國家領土的每一個層級中，都有全時段監控政府的專職共產黨官員。在最上層，決定政策走向的最終權力落在蘇聯共產黨（Communist Party of the Soviet Union, CPSU）的政治局（Politburo）手上。**約瑟夫‧史達林（Joseph Stalin）**在1924年列寧過世後掌握權力，在他的領導下，權力進一步集中化。史達林建立了一個極權主義政權，目的是打造蘇聯工業與軍事上的力量。他的政權運用大規模的恐怖統治者威脅恫嚇並且控制整個國家。該國家在第二次世界大戰的嚴峻考驗中倖存下來，最終將入侵的德國軍隊一路推回了柏林。「蘇聯」（USSR）對其軍隊占領的所有東歐國家政權實行共產主義統治。在史達林領導下，戰爭帶來的所有代價與恐怖統治之總和是非常驚人的。當史達林在1953年過世後所遺留下來的統治制度，最終也讓蘇聯這個國家

陷於癱瘓。這些統治手段包括了個人主義式統治、統治者與被統治者皆有相似的不安全感、極度依賴祕密警察，以及軍事化的經濟模式。史達林的繼任者面臨到必須在不破壞共產主義統治本身的情況下，改革這個制度。史達林的繼任者尼基塔・赫魯雪夫（Nikita Khrushchev）放寬了一些嚴厲的控制措施，以及減緩政治上的壓迫程度，但是卻無法完成根本性的改革。赫魯雪夫的繼任者列昂尼德・布里茲涅夫（Leonid Brezhnev）放棄了改革的衝動，轉而將精力專注於權力的鞏固。結果，導致政治制度與經濟停滯不前，讓已架構好的制度基礎日益弱化。

蘇聯後期體制所出現的問題在於，儘管國家擁有的權力如此之大，但卻因官僚主義的墨守成規（immobilism）而形成了阻礙。過度集權化會削弱領導人在推動重大政策變革——甚至是意識到何時需要重大政策變更的實際能力。中央協調官僚機構以執行其計畫的能力，卻經常被下級官員

**圖11.1 自從1917年以來的俄羅斯統治者之時間軸**

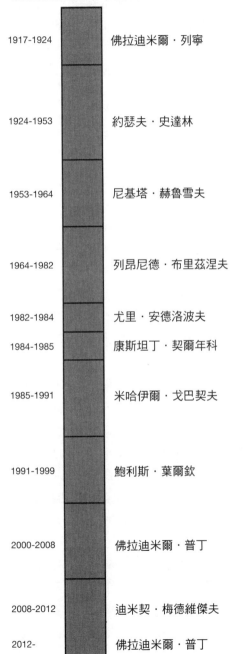

戈巴契夫是前蘇聯的最後一任領導人；
葉爾欽是後蘇聯之俄羅斯的第一任領導人

|  |  |
| --- | --- |
| 1917-1924 | 佛拉迪米爾・列寧 |
| 1924-1953 | 約瑟夫・史達林 |
| 1953-1964 | 尼基塔・赫魯雪夫 |
| 1964-1982 | 列昂尼德・布里茲涅夫 |
| 1982-1984 | 尤里・安德洛波夫 |
| 1984-1985 | 康斯坦丁・契爾年科 |
| 1985-1991 | 米哈伊爾・戈巴契夫 |
| 1991-1999 | 鮑利斯・葉爾欽 |
| 2000-2008 | 佛拉迪米爾・普丁 |
| 2008-2012 | 迪米契・梅德維傑夫 |
| 2012- | 佛拉迪米爾・普丁 |

默示抵抗，上下層之間訊息流動時會有曲解以及慣性力。官僚體系中的官員一般會更下功夫在如何保護與促進其個人與職場上的利益，而非如何服務公眾利益。蘇維埃政府的政治制度頭重腳輕，反應遲鈍且腐敗。該政權有足夠力量去擊垮任何政治上的反對勢力。然而，這樣的力量卻無法使經濟現代化或是改善一般大眾的生活水準。到了1980年代初期，俄羅斯的經濟已經停止成長，而國家在軍事以及經濟上也無法再與西方國家一較長短。

3位年長的領導人——布里茲涅夫、尤里‧安德洛波夫（Yuri Andropov），以及康斯坦丁‧契爾年科（Konstantin Chernenko）——相繼在1982年、1984年以及1985年過世後，執政黨政治局開始朝向一位充滿活力且較為年輕的（當時54歲）改革者米哈伊爾‧戈巴契夫（Mikhail Gorbachev）來領導國家。戈巴契夫迅速掌握了這體制中所有層級賦予他身為蘇聯共產黨總書記的權力。他開始同時強化自己的政治基礎以及著手改革的計畫方案。[6]戈巴契夫注重社會對於開放的需求——「開放政策」（glasnost）——他強調對政黨在成效上要進行最終的檢驗，是否放在針對國家及其人民的經濟福祉上之改善狀況。戈巴契夫不只是在政治上呼籲民主化的改革，同時也要求私人企業合法化為個體與合作企業，並且鼓勵他們來填補許多因為國有部門效率低下所造成的經濟缺口。他歡迎大量產生新創立的非正式的社會與政治協會組織。他在軍備控制領域中，對美國做出了重要的讓步，結果也創下歷史上第1次簽署了推動摧毀所有類別之核武飛彈武器之協約。

戈巴契夫透過立法機關提出了他的民主化建議。在1989年至1990年期間，戈巴契夫計畫展開全面選舉，也讓在運作的國會認知到當時的選舉會正常舉行，而且會選出新的中央以及每個區域的地方主席。1989年的夏天，有近50萬的煤礦工人進行罷工抗議，戈巴契夫對其訴求也表達了個人的同情之意。

戈巴契夫偏向激進主義的作風，透過1989年東歐的驚人發展，得到了最為戲劇性的認證。所有東歐國家支持共產主義集團的政權都崩潰了，在幾乎沒有流血的人民革命中，被多黨競爭的國會政權模式所取代。前蘇聯從旁觀看，並且支持其進行革命。東歐的共產主義在一夜之間就變天了，意味著於第二次世界大戰後，在東歐那些與共產政黨縝密連結在一起結構組織、警察協同、經濟貿易，以及軍事同盟的發展結構，都跟著瓦解了。分裂的德國也被允許可以統一了。

而前蘇聯本身，共產黨面臨了嚴重的權力喪失。原本組成蘇維埃社會主義共和國聯盟各共和國，也因為新選舉出了政府，而一個接著一個宣布自己為主權國家。三個波羅的海（Baltic）共和國宣布打算與前蘇聯分道揚鑣。在1989年至

1990年之間，從蘇維埃社會主義共和國聯盟到東歐國家，共產主義政權的統治瓦解了。

## 轉型期的政治制度：前蘇聯的瓦解

戈巴契夫的改革產生了出乎他意料之外的結果。1990年，在所有15個自治共和國中，最高蘇維埃與地方蘇維埃的代表選舉激起了大多數共和國的民族主義與民主運動。在俄羅斯核心的自治共和國中，戈巴契夫的競爭對手鮑利斯·葉爾欽（Boris Yeltsin）在1990年6月當選了俄羅斯最高蘇維埃主席。作為俄羅斯聯邦（自治共和國）的國家元首，葉爾欽有能力挑戰戈巴契夫的卓越地位。

葉爾欽的崛起，迫使戈巴契夫改變了策略。1991年3月開始，戈巴契夫尋求推動一些內容來建立新的「聯邦」（federal）或「邦聯」（confederal）共同體的條件，葉爾欽以及俄羅斯領導階層，以及其他的自治共和國之領導人也都可以接受。在1991年4月，戈巴契夫與包括俄羅斯在內的15個自治共和國中的9個共和國，就新條約綱要達成了協議。權力受限的中央政府將負責基本的協調功能。而自治共和國可獲得權力來控制本身領地內的經濟。

戈巴契夫低估了反對他的力量。在1991年8月19日，一場資深官員策動的陰謀論軟禁了戈巴契夫並脅迫其交出權力。面對這事件的社會回應，上千名公民聚集在莫斯科與聖彼得堡（St. Petersburg）示威抗議軍事政變的意圖。雖然這場軍事政變在第3天就宣告失敗，但是戈巴契夫的權勢卻遭到致命的打擊。不論是聯邦或是俄羅斯自治共和國都沒有聽從他的命令。到1991年秋，俄羅斯政府接管了聯邦政府。在1991年11月，總統葉爾欽頒布法令正式宣布蘇聯共產黨為非法組織。12月，葉爾欽與「烏克蘭」（Ukraine）以及「白俄羅斯」（Belarus）領導人正式宣布「蘇維埃社會主義共和國聯盟（蘇聯）」解散。在1991年12月25日，戈巴契夫辭去總統的職務，並且將權力移交給葉爾欽。1992年元旦，蘇維埃國旗從莫斯科的「克里姆林宮」（Kremlin）降下，然後升起白、藍與紅色的獨立「俄羅斯聯邦」國旗。

## 轉型期的政治制度：1990年至1993年的俄羅斯

鮑利斯·葉爾欽在1991年6月當選俄羅斯聯邦總統。與戈巴契夫不同，葉爾欽是經由直接、具有競爭性的選舉中當選的，這賦予了他相當大的優勢動員公眾支持讓戈巴契夫以及蘇維埃中央政府下臺（參閱專欄11.2）。

像之前的戈巴契夫一樣，葉爾欽也需要從國會那裡得到非凡的權力來應對國家的經濟問題。在經歷了1991年8月的軍事政變後，國會賦予他緊急命令權以處

理經濟上的危機。葉爾欽找來了一批較年輕、西方取向的改革者組成政府，堅決推動具有決定性的經濟轉型。新政府的經濟計畫在1992年1月2日開始生效。隨著物價飛漲，他們第一個執行的效應立即顯現出來。很快的，許多政治人物開始與這項經濟計畫保持距離，甚至連葉爾欽的副總統也譴責這計畫就像是「經濟種族滅絕」。在1992年，對改革抱持反對態度者變得愈來愈強烈，並且更堅決。逐漸的，這場政治改革演變成兩派：與葉爾欽站在同一陣線的改革者，以及反對激進的經濟改革者則是站在另一邊，之後變成以兩個政府部門為中心對立著。總統葉爾欽要求廣泛的權力來執行改革，但是國會拒絕繼續進行。1993年3月，在國會中進行的一場反對運動，幾乎差點就通過彈劾來罷免總統。

　　1993年9月21日，葉爾欽通過法令解散了國會，並且要求舉行選舉產生新的國會成員。反對葉爾欽的人將自己封鎖在國會大廈裡，在經過10天的對峙後，持

## 專欄 11.2　鮑利斯‧葉爾欽：俄羅斯的第一任總統

鮑利斯‧葉爾欽生於1931年，1955年畢業於烏拉爾理工學院（Ural Polytechnic Institute, UPI）獲得土木工程文憑，而且長期在營建業工作。從1976年至1985年，他擔任了「斯維爾德洛夫斯克州」（Sverdlovsk oblast）共產黨黨委組織的第一書記。在1986年初，葉爾欽成為了莫斯科市黨委組織的第一書記，但是因為公開反對戈巴契夫，所以在1987年時被免職。葉爾欽將自己定位成是黨建的犧牲者，因此當他重返政壇時，也格外引人注意。在1989年的「人民代表大會」（Congress of People's Deputies）選舉上，他大幅領先並贏得了莫斯科的席次，幾乎有90%的選票支持他。在隔年，他拿下將近80%的選票，當選了俄羅斯聯邦議員。然後，他在1990年6月，當選為國會議長。在1991年，他獲得了57%的選票，當選為俄羅斯總統。他連續3年，贏得了3場重要的選舉。1996年他與共產黨領導人進行了一場激烈的，充滿戲劇性以後來居上的方式擊敗對手，再次當選為俄羅斯總統。
葉爾欽任期的最後幾年，最令人記憶猶深的是他長期的健康問題以及不斷輪流著更換總理的任命。他的家庭成員以及顧問也都隨行在側圍繞著他，似乎對他有相當大的影響力。然而，儘管身體狀況不佳，但他判斷俄羅斯以及自己的利益還是交至普丁的手中會比較安全。葉爾欽的辭職演說中，對於他未能為俄國人帶來更好的生活表示歉意。退休之後，葉爾欽選擇了遠離鎂光燈下的生活。他在2007年4月23日因心臟衰竭逝世，並且以國葬方式長眠於莫斯科。葉爾欽所遺留下來的令人五味雜陳。當捲入政治鬥爭中，不論是與戈巴契夫爭取領導位置或是與共產黨纏鬥，他總是表現得最為霸氣。他天生就擁有非常敏銳的政治直覺。他將經濟改革視為是其與共產黨反對者在政治戰爭中的工具，並且運用私有化方式來斷絕未來所有統治者再也無法重回國家社會主義這條路上。他專橫恣意且任性，也認為通過1993年的《憲法》，是其主要的成就，並且接受了《憲法》所加諸在自己總統權力上的限制。

不同政見者和國會大廈外的一些組織鬆散的準軍事部隊一起攻擊了鄰近俄羅斯「白宮」的莫斯科市長辦公室。他們甚至呼籲支持者「占領克里姆林宮」。最後，軍隊同意投靠葉爾欽，並用武力鎮壓暴動，在過程中還轟炸了國會大廈。

　　1993年10月的暴力事件讓後續發展蒙上了陰影。葉爾欽的命令意味著要舉行一次全國性大選，以建立一個從《憲法》上來說不存在的立法機構，因為建立這些新機構的新憲法將與國會大選同步舉行的全民投票中進行表決。然而，儘管過程動盪不斷，但在1993年12月還是以公投形式通過了《憲法》，並且直到目前為止，仍沿用這部新《憲法》。[7]

# 當代憲政秩序

## 11.3 描述俄羅斯總統相對於政府其他部門的權力。

　　雖然在俄羅斯行使政治權力至少受到不成文的規範和理解，以及憲法明確規定的指導，但了解政府的正式結構也很重要。憲法體現了一些正式的民主原則，以及它們在實踐中如何運作的許多歧義。

### 總統

　　葉爾欽所制定的憲法結合了總統制與議會制的要素（參閱圖11.2俄羅斯憲法結構的示意圖）。雖然憲法已將行政、立法，以及司法部門各自獨立，並規定了中央政府與地方政府之間的聯邦權力分工制度，但是這部憲法還是在聯邦中賦予了總統職位為最大權力之單位。總統是直接選舉產生的，任期6年，而且不能連續超過2屆（連任1次）。總統可以任命總理擔任首長領導政府。政府必須得到國會的信任才能執政。雖然《憲法》並未明文規定總統為行政部門的首長，但事實上，他確實憑藉任命總理以及政府其他部會首長的權力，以及也有權頒布具有法律效力的「總統命令」（presidential decrees）（命令的效力某種程度上會受到限制，因為總統命令不能違反既有的法律，而且可經由立法來取代）。

　　自從1993年的《憲法》批准頒布之後，一些非正式的慣例已經開始規範中央權力的行使，成為治理的方式。舉例來說，總統與政府有各自承擔的行政責任。由總理領導的政府主要負責經濟與社會政策方面。總統直接監督與軍事力量、執法部門，以及國家安全相關之各部會與機關——所謂的「權力部會」。這些包含了外交部、國防部、內政部（控制常規警察與安全部隊）、聯邦安全局（Federal Security Bureau, FSB，以前為國家安全委員會，KGB），以及其他幾個安全與情報單位。總統及其幕僚制定整體的外交與國內領域的政策，而政府則是發展一些

### 圖11.2 俄羅斯政府的結構

政府的3大部門以及國家的3個層級，構成了俄羅斯的政府

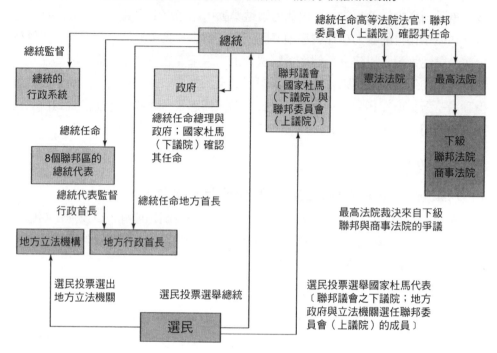

特別的議案與規範來執行這些政策。實際上，政府是對總統負責，而不是向國會負責。通常的模式就是政府的支援基礎是總統，而不是國會中的特定的政黨聯盟。

　　儘管整個體制的權力偏向於總統，但國會還是有一些潛在的獨立行動空間。然而，國會行使其權利的能力，取決於在國會之中所呈現的政治力量之組成方式以及多數黨團的凝聚力。任何法案若要成為法律，都必須經過國會的批准。國家杜馬（State Duma，國會的下議院）必須對總統提名的總理進行同意權的行使。如果，經過連續3次的投票表決，國家杜馬拒絕確認其提名時，總統必須解散國家杜馬，並且舉行新的選舉。同樣的，國家杜馬也能對政府投下不信任票。如果不信任提案投票出現了2次，總統就必須解散國會，或是選擇重組政府。在葉爾欽的總統任期內，國家杜馬就成功阻止葉爾欽的幾次立法提案。然而，自從2003年之後，國家杜馬大致上已經變成橡皮圖章。因為《憲法》允許總統、政府，以及國會之間，可以建立各類型的關係，取決於總統能夠掌握政治體制的程度有多少。

　　除了這些權力之外，總統在《憲法》賦予的職權上，還有很多正式與非正式的權力，包括「國家元首」、「憲法捍衛者」，以及三軍統帥總司令。他負責監督一個大型的總統府，其負責監督聯邦政府並密切關注地區政府。政府還非正式的管理與國會、法院、大型企業、媒體、政黨，以及主要的利益團體的關係。

　　總統也會監督許多官方與準官方的監督與諮詢委員會，這些委員會是他運用本身的命令權力加以建立與指揮的。其中一個就是「安全會議」（Security Council），由總統主持。除主席外，安全會議的組成還有常任秘書、各政府部門的首長與其他與安全相關的機構的負責人、總理，以及國會兩議院的議長等。這會議的權力是很廣泛的，但卻界限不明。普丁經常會選擇性的運用其來制定不只是有關外交與國防方面的政策計畫，還有制定行政部門必須與一些組織共同完成的相關議題內容，甚至針對公共道德問題來表達立場。[8]

　　另一個著名的諮詢機構就是「聯邦人民大會」（State Council），這單位是由區域政府首長所組成，而且與聯邦委員會是屬於平行的單位。另外一個其他的單位是「公眾議會廳」（Public Chamber），這是由來自於某些公民、專業、藝術和其他非政府組織（NGOs）中所挑選的168位成員所組成。其組成之目的是為了審議相關的公共政策問題，給予國會與政府就懸而未決的政策議題提供建言，並協助串起公民社會與國家之間的橋梁。就像聯邦人民大會一樣，這是個由總統隨意諮詢協商的準國會審議單位。這3種單位都重複了某些國會中的審議與代議之功能——因此可能削弱國會的作用。這些單位顯示了一種趨勢，不論是葉爾欽或普丁執政時，總統都會試著去創造或解散直接對應到總統的新組織結構。這些簡易的組織結構對於總統作為《憲法》授權機構的權衡力量（例如國會），同樣也能夠提供政策建議與回饋。他們有助於確保總統始終是政治體制中的主導，但破壞了其他《憲法》結構的權威，如國會。

## 政府

　　政府是行政部門中政策領導的團隊，由總理、副總理、許多各部會的首長，以及國家機構負責人組成。任務就是負責制定國家政策的主要方向（特別是在經濟與社會領域）並監督其執行狀況（總統負責監督與執行外交與國家的安全政策）。在這方面，俄羅斯政府基本上是相對於西方議會制的內閣。不過與大多數的議會制相比，俄羅斯政府的組成並非直接由國會中的政黨所占的比例決定。事實上，在國家杜馬中政黨的權力分配以及政府的政治平衡之間幾乎沒有任何關係。幾乎所有的政府官員都是專業的管理者與行政人員，而不是來自於政黨的政

治人物。整體而言，政府並非屬於任一政黨所組成，而是反映了總統如何去經過審慎思考後的衡量計算結果，如個人忠誠度、專業能力，以及在主要官僚制度的派系中的相對勢力等，並以此來選擇內閣部長。儘管反覆出現討論在國家杜馬占多數的政黨，應該有權決定政府首長，但是沒有任何一位總統有意願同意實行這樣的安排──毫無疑問的，總統會擔心這可能會減損他在治理行動的自由度。在普丁執政時，政府首長就很明顯從屬於總統之下。

## 國會

俄羅斯國會──也稱為聯邦議會（Federal Assembly）──是兩院制。下議院稱為國家杜馬，而上議院則是「聯邦委員會」（Federation Council）。如圖11.3所示，當法案在國家杜馬通過後，就會被送到聯邦委員會審議。聯邦委員會只能夠通過法案、拒絕法案，或是提議組成協商委員會（由來自兩院的成員組成）以消弭歧見。如果國家杜馬拒絕上議院提出的變更內容，只要有三分之二的多數票壓倒聯邦委員會，就可以直接將法案送至總統等待簽署通過。

當法案通過國會的程序後，就會送交給總統。如果總統拒絕簽署該法案，就會將法案送回國家杜馬。國家杜馬只需要以簡單多數決就能將總統的不同見解納入並通過法案的修正。或是，國家杜馬也可能試圖推翻總統的否決權，但必須要獲得全體三分之二的投票通過。然後，如果總統的修正案被接受，則聯邦議會必須以簡單多數票通過該法案；如果選擇推翻總統，則必須以三分之二的票數通過。幾乎很少會有這種情況發生──自從2000年以來從未發生過──國家杜馬推翻總統的否決權；其更常推翻聯邦委員會的決議。在其他案例中，都是國家杜馬通過被總統否決的法案，接受總統所建議的修正。自從2003年之後，因為總統對於國家杜馬的控制力道是非常堅定的，所以很少有機會出現總統與國會之間出現分歧的狀況。

在2007年以前和2016年以來，國家杜馬的450位成員是很平均的分別由在單一選區中的多數決選出225位代表，以及另外的225位代表是在單一全國性的選區中由比例代表制（PR）方式所產生出來的。政黨必須至少在政黨投票中拿到所有選票中的5%，才能夠依照其得票的比例，在國家杜馬中獲得相當比例的政黨席次。未能達到設定標準（5%）的政黨所獲得之選票，將重新分配給有通過比例的政黨。2007年與2011年的國家杜馬選舉是在完全的比例代表制下所進行──所有的450位代表都是在單一全國性選區中依照得票比例從政黨名單中所選出，其能夠獲得席次分配的門檻標準是7%。[9] 2013年，在普丁的敦促之下，國家杜馬

**圖11.3 立法程序：法案如何成為法律**

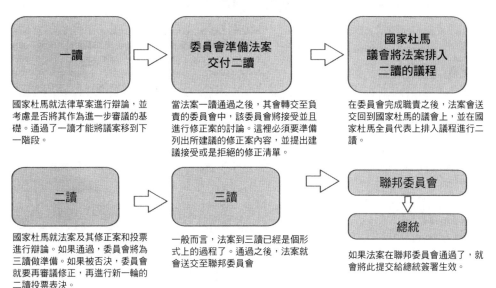

立法程序：三讀

一讀

國家杜馬就法律草案進行辯論，並考慮是否將其作為進一步審議的基礎。通過了一讀才能將議案移到下一階段。

委員會準備法案交付二讀

當法案一讀通過之後，其會轉交至負責的委員會中，該委員會將接受並且進行修正案的討論。這裡必須要準備列出所建議的修正案內容，並提出建議接受或是拒絕的修正清單。

國家杜馬議會將法案排入二讀的議程

在委員會完成職責之後，法案會送交回到國家杜馬的議會上，並在國家杜馬全員代表上排入議程進行二讀。

二讀

國家杜馬就法案及其修正案和投票進行辯論。如果通過，委員會將為三讀做準備。如果被否決，委員會就要再審議修正，再進行新一輪的二讀投票表決。

三讀

一般而言，法案到三讀已經是個形式上的過程了。通過之後，法案就會送交至聯邦委員會

聯邦委員會

總統

如果法案在聯邦委員會通過了，就會將此提交給總統簽署生效。

的選舉制度又回到舊制的個別一半的制度中，從2016年大選起，政黨可分配的代表席次門檻回到了5%。頻繁的修改選舉制度，反映出了權威者習慣於操弄制度來獲得短期性的政治利益。

清除選舉門檻的政黨在國家杜馬中形成不同的「黨派」（factions / fraktsii）。根據國家杜馬的規則，議員不能夠變換派系成員（被逐出黨派的代表，就會喪失其席位）。黨派的領導人組成國家杜馬中治理單位「國家杜馬委員會」之代表。黨派是國家杜馬中政策商議的主要媒介，並且給予成員可以影響立法案件的管道。

2016年9月國家杜馬的選舉結果讓**「統一俄羅斯黨」**（United Russia）獲得四分之三的多數席次（參閱圖11.6），足以通過憲法以及普通立法。自從統一俄羅斯黨的議員都依照嚴格的紀律行使投票以來，國家杜馬毫無疑問的全力支持普丁，即使是不受歡迎的立法草案。其他黨派幾乎沒有機會影響議程，更不用說是影響到立法審議辯論的結果。統一俄羅斯黨對議程以及大會投票的控制，已經把國家杜馬變成了行政部門的橡皮圖章。但是，如果政府內部對某項立法存在分歧時，這些分歧通常也會延續到國家杜馬當中，因為政府的不同部門會討論出不同

的最終版本之法案。因此，國家杜馬就是政府內部官僚政治角力的延伸。[10]

　　每一位議員都會被分配到某一個常設的立法委員會中。提交給國家杜馬的法案會依照其議題屬性，而被分派到不同的委員會中。這些委員會會蒐集並審查提交的修正內容並附上委員會的建議，然後在全體議會上按照委員會的建議將法案付諸表決。法案必須通過3階段的投票，在第3階段批准前，必須先取得二讀通過修正案的正式批准結果。

　　聯邦委員會被設計為聯邦制的工具（如美國的參議院），因為每個聯邦的組成單位都由2位代表來擔任。因此，與人口稠密的地區相比，少數民族領土所代表的人數就會出現過度代表性的現象。聯邦委員會具有重要的正式權力。除了根據下議院通過的法案採取行動外，它還有權同意決定是否批准總統對高等法院、最高法院，以及憲法法院提名的人選。總統命令宣告戒嚴或是國家進入緊急狀態，以及涉及到任何變更國土邊界的行為，都必須上議院的批准同意。他們也要審查任何與稅收、預算、財經政策、條約、關稅以及與外國宣戰的任何法案。然而，憲法也有明文規定，在每個區域中二分之一的聯邦委員會成員，必須代表立法部門，另外一名則是必須代表行政部門。事實證明，要找到方法使這一要求與直接選舉代表的原則保持一致，是非常困難的。

　　聯邦委員會成員的選擇程序已經過多次的變更。總統普丁在2000年春季時推動了一項改革，根據該制度，聯邦委員會成員必須由每個組成聯邦各行政區之最高執政首長與該區域立法機構正式推選。在2012年，程序又再次進行了更改，區域中的每個立法機構可以推選其中的1名成員擔任聯邦委員會的成員，而行政單位的代表則是讓行政區域首長從候選人中去選擇，而在當選前，由區域首長先行確認。除此之外，總統也有權可以直接提名少數成員。實際上，不論這些正式程序如何，自從普丁掌權以來，總統對於誰能夠占有議院的席次，擁有超越所有決策的最終決定權。

## 行政與立法的關係

　　在1990年代時，總統與國會之間的關係經常是風風雨雨的。在1993年與1995年選舉產生之前2屆的國家杜馬，都是由俄羅斯聯邦共產黨以及左翼黨派所把持，對總統葉爾欽以及所領導的政府制定的政策一直都懷有敵意。這些現象在經濟政策和私有化領域議題方面特別明顯。在其他領域的議題中，像是涉及聯邦關係的相關問題上，國家杜馬與總統往往會達成共識——有時候還會共同反對聯邦委員會，因為其成員會尋求保護區域特權爭。

1999年選舉產生的國家杜馬擁有親政府的多數代表。總統普丁及其領導的政府與4個中間派的黨派組成的聯盟建立了一套信任基礎，並以此來支持國家杜馬之運作。2003年的選舉讓總統在國家杜馬中擁有更廣大成員的支持，而且為統一俄羅斯黨贏得壓倒性的絕對多數——這意味著總統不再需要花費很大量的精力與國家杜馬討價還價，就能夠贏得對其政策的支持。同樣的，在2007年12月選出的第5屆的國家杜馬，以及2011年12月選出的第6屆的國家杜馬，同樣也都是由統一俄羅斯黨所掌握，而給予普丁—梅德維傑夫團隊非常忠誠的支持力量。而2016年的選舉又回歸到同樣的國家杜馬，統一俄羅斯黨的黨團掌控了超過四分之三的席次。

雖然主要多數政黨內部的投票紀律水準，與英國西敏寺風格的國會水平很相似，如同在行為上會很信任的支持政府的施政方案一樣，但是國家杜馬與俄羅斯政府之間的關係卻大不相同。在英國西敏寺風格的模式中，國會與政府的權力是相互牽制的。如果英國政府失去本身在國會中的多數支持時，它就必須在新的大選中直接面對選民的選擇結果。英國國會中的多數成員可能會選擇盡可能保住自己的席次，也因此將投票支持政府的提案，以避免國會被解散而重新改選。出於同樣的原因，英國政府往往也不願意在國會議堂上遭遇到反叛而可能會失去本身的多數席次。因此，英國政府以及多數黨成員彼此之間是唇亡齒寒的關係。在俄羅斯，不屬於統一俄羅斯黨的議員，在外面幾乎是沒有任何政治資源，而這些幾乎都被總統與政府所控制。黨派中的國會代表是無法抗衡行政機關的，違抗黨團紀律的代表可能會被除名（而且喪失席次），因此沒有其他的選擇。但如果在未來，社會上這種齊一式之政治力量一旦發生了重大的變化，就可能會導致行政與立法權力之間的關係發生改變。

## 司法與執法

司法體制中主要的制度參與者就是「**檢察院**」（procuracy）、法院（司法機關），以及律師協會。每一個參與者在後共產主義時期都經歷過很實質性的改變。

**檢察院（The Procuracy）**——傳統上俄羅斯的法律制度賦予檢察院極大的權力，使其被認為是司法體制聲望最高的單位。檢察院可與美國聯邦與州檢察官律師制度相提並論，但是擁有的職責範圍更廣，並由檢察總長（procurator-general）領導，是一個中央集權之官僚階級的組織。檢察院主要負責打擊官僚機構中的犯罪、貪污腐敗，以及濫權行為。它力求確保所有的國家官員以及公家機

關都能夠遵守法律。檢察院也會調查犯罪，並在法庭上指控和起訴案件。傳統上，檢察院是防堵國家公務員濫用權力的主要制衡機構，但其權限卻無法有效的監督所被賦予的重大責任，要能夠有效地監督這廣大的國家官僚階級系統是很困難的。雖然檢察院在名義上是獨立於行政機關之外，但是總統有任命檢察總長（必須經由聯邦委員會確認）的權力，而且可以非正式地監督任何具有政治意義的特定案件。

　　**法院（司法機關）（The Judiciary）**——相較於俄羅斯在傳統上使用檢察權所造成的影響，法院的角色相對比較薄弱。審判法官通常是在法律專業領域中最沒有經驗，薪水最低的成員所擔任——也是最容易受到外部政治與行政壓力侵擾的。儘管國家公務員口頭上支援司法獨立性原則，但是他們卻常常在實踐中經常違反這樣的原則，指示法官在政治上敏感的案件中該如何判決而違反司法獨立性，這就是所謂的「**電話司法**」（telephone justice）。同時，自共產主義結束以來，許多的改革目的就是要使司法產生作用更加有效，其中一些改革增加刑事案件中被告的權利。舉例來說，在1990年代，在幾個地區中實行了重大刑事案件的陪審團機制的實驗，此後，在重大刑事案件時陪審制度就開始遍及到俄羅斯全國。發展陪審團制度之目的，是為了要使司法制度更具有對抗性，從而使起訴的一方與辯方在法庭上站在一個平等的地位上，而法官則成為兩者之間的中立仲裁者。[11] 在幾個受人矚目的案件中，陪審團最後認為被告應該無罪釋放，因為他們發現來自檢察體制的說法不足以採信。

　　俄羅斯的司法機構是單一制的官僚體制下的體制。所有一般司法管轄權的法院均為聯邦法院。除了一般管轄權的聯邦法院之外，還有一些其他專門類型的法院——其中包括：「**商事法院**」（commercial courts / arbitrazhnye sudy）、民族共和國中的憲法法院、地方市級法院（相當於「治安法院」），以及軍事法院。大多數的刑事審判都是由管轄一般事務的地方或市法院進行的，在大多數的刑事訴訟程序中，這些法院擁有原始管轄權。高等法院，包括區域與共和國等級的法院，審理來自下級法院上訴的案件，以及在某些特定案件中，具有原始的管轄權。在一般司法管轄之官僚體系法院之最上層，就是俄羅斯最高法院審理來自下級法院上訴的案件，以及向下級法院發布有關司法事項的指示。最高法院無權對法律的合憲性以及其他立法或行政部門執行主體的公務行為提出質疑。憲法將此權力分配給憲法法院。根據憲法，最高法院的法官人選是由總統提名，並由聯邦委員會確認。

　　商事法院形成不同企業之間或是企業與政府之間民事糾紛的單獨行政官僚體

系結構。最高法院同時監督商事法院以及一般聯邦法院的體系。

司法部監督整個法院系統，並提供其物質與行政上之所需。然而，它對法律制度產生的影響是有限的，因為其缺乏對任何檢察院的直接權威。

**律師協會（The Bar）**——在刑事與民事案件中，代表一般公民與組織的律師被稱為「辯護人」。他們相當於英國的「大律師」以及美國的「訴訟律師」。隨著市場經濟的擴增，他們的作用也拓展到更多的領域。透過其所屬的自治協會，他們享有某種程度的自治權，並透過協會的選舉來產生管理人員與新執業律師的管理錄取標準。近年來，辯護人的地位與能見度有很顯著的提升。私人律師事務所如雨後春筍般出現，其行業吸引人之處在於所提供的專業能有機會賺取高額的收入。許多律師也都因為接了受到矚目的案件而成為名人。

**憲法法院（The Constitutional Court）**——在後共產主義俄羅斯的司法制度上，其中一個最重要的改革就是成立憲法法院，針對政府的官方行為進行憲法審查。憲法法院有權在各個不同領域中解釋憲法。它已裁定了幾個與國會程序上有關模稜兩可的問題；也曾經推翻了在俄羅斯聯邦境內的共和國所制定的一些法律，並且也曾經廢除了好幾條俄羅斯刑法中限制個人權利的法規。在2013年，憲法法院發布了一項重要的裁決，允許個人選民可以抗議其轄區違反選舉法的行為（以前法院裁定，對涉嫌選舉詐欺的案件，只有候選人與政黨才有權提出上訴）。通常，在個人與國家之間出現爭議時，法院會做出有利於個人的裁決，從而重申了個人合法權利的範圍。憲法法院也一貫維護聯邦憲法上的主權優先性，高於區域政府。

然而，在涉及總統的廣泛權力的案件中，法院通常會服從總統的指示。它在1990年代中所做的第一個也是最重要的決定之一就是關於由一群共產黨國會議員對總統葉爾欽下達對「車臣共和國」宣戰命令提出的挑戰。憲法法院最後裁定總統有權運用在憲法上的權力，以法律的力量頒布法令，發動戰爭。在其他比較不敏感的案例中，憲法法院也已經建立了針對總統權力在司法上的相關限制。舉例來說，憲法法院判決在國會都已經推翻總統葉爾欽的否決權時，其不能拒絕簽署法案。然而，自從普丁在2000年上任之後，憲法法院已採取謹慎措施避免踩踏到總統的界線。雖然如此，即使憲法法院或許有發揮獨立於政治影響力控制之外的可能性，普丁於2008年時，將憲法法院所在地遷移至聖彼得堡。這有可能是意圖想要藉由將憲法法院移出莫斯科的權力菁英網絡外，使其在政治上被邊緣化。

## 中央政府與地方區域

　　隨著蘇聯的解體後，許多俄羅斯人很擔心俄羅斯也可能會瓦解成一系列獨立的領地拼湊而成的聯邦。確實，俄羅斯的領土完整性受到了嚴重的壓力所影響。在總統葉爾欽執政下，中央政府授予很廣泛的自治權力給地方政府，以換取政治上的支持。葉爾欽甚至與各個地區簽署一系列的雙邊協議，內容編纂了聯邦政府與特定區域政府各自的權利和責任。然而，到了普丁的治理時期，聯邦政策的鐘擺似乎很猛烈的盪回了中央集權這一端。

　　俄羅斯未分裂的其中一個原因，應該是人口結構的因素所造成。俄羅斯人口族群的80%都屬於俄羅斯人。沒有任何一支少數族裔的人口總數占全部人口的4%以上（韃靼人（Tatars）是最大的少數民族，其人口組成占全俄羅斯1億4,600萬總人口的530萬人）。俄羅斯建國已有數千年歷史，這有助於在後蘇聯時期重建民族社群。然而，直到1991年，俄羅斯一直都未曾建立為單一民族的國家，在沙皇統治之下，它一直都是個多民族的帝國，而在蘇聯的統治下，名義上就是個社會主義共和國所組成的聯邦。國家朝向國族政策的內容在這幾世紀以來，也一直隨著時間在改變。在某些時期中，俄羅斯意識到本身治理的民族國家之社群是具有多樣性的，因此也對不同群體之文化差異表現出包容性。而在其他時期中，國家卻也向非俄羅斯族群團體施加壓力，要求其融入到俄羅斯的文化之中。

　　在蘇維埃政權之下，俄羅斯正式建立為聯邦共和國。相較於蘇維埃共和國，其有一大部分的組成都是俄羅斯直接控制的領土，而在俄羅斯聯邦中只有些許部分的組成是其他民族共和國的領土，形式上受到承認並代表特定共和國的民族地區。[12]其餘的部分就是純粹行政區的劃分，大多是由俄羅斯人所組成。根據規模和地位，非俄羅斯的其他民族地區劃分為「自治共和國」（autonomous republics）、「自治州」（autonomous provinces），以及「自治區」（autonomous districts）。[3]在許多的地方，原始居住的族裔團體構成了人口結構中的少數族群。到了2016年，俄羅斯是由85個組成領土的行政單位，官方正式用詞稱為「聯邦主體」（subjects of the federation）。它們代表了6種不同類型的行政單位。「共和國」、「自治區」（所有，但除了一個是位於其他的行政單位之下），以及1個「自治州」[4]是給予少數民族在形式上的政治代表性；「州」（oblasts / provinces）、「邊疆區」（krais / territories），以及3個「聯邦直轄市」（cities of federal status）莫斯科、聖彼得堡，以及2014年之後的「塞瓦斯托波爾」（Sevastopol）[13][5]，都被當作是一般的行政區劃分的單位，在憲法上未具有任何特殊的地位。

普丁總統採取的集中化措施之一是將較小的民族領土合併到比較大的周圍單位內。在大多數的案例中，較小民族地區是屬於比較貧困狀態，並希望能夠藉由合併到比較穩定的領土中來獲得比較好的生活水準。[14]合併還減少了民族地區作為聯邦組成單位所帶來的任免權與政治聲音。[15]然而，自2000年中期第一次合併浪潮以來，再也沒有跟進的聲音了。

少數民族的共和國會很積極地捍衛自己的特殊地位。從1990年至1992年，所有的共和國都通過了有關主權上的宣言，其中有2個共和國試圖宣稱要完全或部分獨立於俄羅斯之外。然而，只有**「車臣共和國」**（Chechnya (the Chechen Republic)）訴諸武力支持其主張。車臣共和國位於北高加索山區，為黑海與裡海之間一帶的共和國之一，主要是穆斯林民族。車臣共和國的總統在1991年時宣布脫離俄羅斯獨立，但是俄羅斯的反應卻是拒絕承認其獨立，而且在一開始時並未嘗試用武力鎮壓。然而，當談判失敗後，俄羅斯在1994年12月就直接以武力攻擊車臣共和國，使其首要城市格洛茲尼（Grozny）遭受到毀滅性的轟炸。這場戰役迫使數以萬計的車臣人和俄羅斯居民逃亡，演變成一場曠日持久的破壞性戰爭。後來在1996年的夏天戰爭才停歇，但是卻又在1999年時重啟戰端。聯邦軍隊在2000年初，就已經控制了大多數車臣共和國的據點，但是車臣游擊隊持續進行零星的突襲和以自殺式攻擊的方式來反抗聯邦部隊。

在1990年代中期，激進的伊斯蘭基本教義派形式取代了民族獨立，成為車臣反抗運動的領導意識形態。游擊隊對北高加索地區和莫斯科的平民目標，採取了包括自殺式恐怖主義在內的恐怖襲擊。這些事件當中最令人震驚的攻擊，就是於2004年9月占領一間位於車臣附近的「貝斯蘭」（Beslan）市鎮上的學校（參閱專欄11.3）。聯邦部隊使用殘暴的方法鎮壓這起暴動，已經持續燃起許多車臣人對聯邦政府的仇恨，也因此反而促進恐怖主義人士更容易招募到支持者。隨著時間流逝，車臣的秩序也在威權型總統：拉姆贊·卡迪羅夫（Ramzan Kadyrov）的領導治理下，大致上恢復了。格洛茲尼城市的大部分地區也已重建了。然而，攻擊與報復性行為還是偶爾會發生，特別是在車臣少數族群共和國鄰近地區。而且整個北高加索地區，因為失業情況與社會流離失所狀態都很嚴重，因此受到宗教而激發出來的暴力創造了有利的環境，暴力行為有時候擴散到北高加索和俄羅斯的邊界之外。[16]

不幸中的大幸，還好車臣只是個特例。對於其他的民族共和國，莫斯科都已經與其達成某種共識之協議，給予共和國一定程度的自治權，以換取其接受俄羅斯的主權統治。只要22個民族共和國的決定不違反聯邦法律，它們就具有憲法上

## 專欄 11.3 貝斯蘭事件

每年的9月1日是全俄羅斯學校開學的第1天。孩子們在家長的陪同下，經常帶著鮮花到學校獻給自己的老師。車臣共和國獨立運動領導人沙米爾‧巴薩耶夫（Shamil Basayev）組織了一個團體，選擇在2004年9月1日，展開一場恐怖攻擊。一群強力武裝的軍隊猛烈攻擊了位於北車臣共和國的貝斯蘭鎮上的一所學校。他們綁架了1,000多名學校的學童、家長以及教師作為人質。這些恐怖主義者將俘虜押進了學校的體育館內，他們在學校的體育館裡裝滿炸藥，以防止任何可能的救援行動。恐怖主義者拒絕外界送任何飲用水以及食物進入校園中。但是釋放人質的談判最後失敗了。圍困的第3天，不知為何觸發並引爆了學校內部的1枚炸彈。緊接而來的就是一陣混亂，許多學童與成人開始狂奔急著逃跑。恐怖分子卻開槍射殺他們。聯邦部隊衝進學校，試著要營救逃逸的人質並殲滅恐怖分子。原本被恐怖分子裝設的許多炸彈突然引爆。最終，大約有350名人質以及絕大多數的恐怖分子一起喪生。

媒體廣泛報導了這個事件。這場貝斯蘭悲劇事件衝擊了俄羅斯的民族意識，甚至被拿來和美國在2001年9月11日所發生的事件相比。而在這個事件發生之前，就已經發生過許多與車臣共和國恐怖分子相關的攻擊事件，但沒有像這次事件一樣死傷了如此多的無辜生命。普丁宣稱這次的恐怖分子是國際運動的一部分，其最終目的是要瓦解俄羅斯本身，但是他也避免將這個意外事件連結到俄羅斯對車臣共和國的政策上。為了回應這樣的危機事件，普丁呼籲強化國家安全的措施。他同時也要求提高行政權力的集中化，包括終止行政首長的直接選舉。大多數的觀察者認為普丁早就想要做出改變了，只是貝斯蘭這個悲劇事件剛好給了他一個政治上開啟執行的機會。貝斯蘭悲劇事件顯示著一開始從車臣共和國發生的暴動行為，已經蔓延到整個北高加索地區了。

的權利可以決定其共和國境內的國家權力形式。在許多案例中，共和國的領導人會以吸引族群團結的方式以及原住民民族認同的文化自主性，來建構個人權力的基礎。往往，他們也會運用這樣的權力來建立個人的獨裁政權。長期以來，莫斯科都容許這樣的政治機制，所以領導者都會表現一種國家忠誠的形象，使其政權能夠一直保持穩定下去。

　　普丁總統很明確表示有意重申聯邦政府對該地區的權力，發生在2000年的聯邦委員會改革，就是朝這方向發展的其中一步。另外，像是普丁在2000年5月13日下達命令，創立7個（之後擴增成8個）新的「聯邦管區」（federal districts）。每個管區中都有一位他任命的特殊總統代表，去監督該管區所屬的地方政府之行為。這樣的改革看起來比較像是強化了中央對聯邦中不同地方主體的控制活動。往往，這在過去是中央機構的地方分支單位，會比較受制於強勢的地方首長之影響。

　　而另外一個重要的集中化措施就是廢除包括民族共和國總統在內的地方首長的直接民選機制。在2005年以前，地方的行政首長都是由人民直接選舉產生的。從2005年至2012年則由總統任命地方首長。普丁顯然就是希望經由任命產生的地方首長，會更可靠且有效率，但是這樣的改革卻變得充滿弊端。因為比起選舉產生的地方首長，普丁所任命的人往往在地方上比較沒有政治威望。結果，普丁在2012年重新讓國家恢復了地方首長的直接選舉制，但是其中卻包含了一些特別條款是為了要確保總統可以控制選舉的結果，以及能夠罷免所選出來的地方首長。通常情況下，領導人會調整憲法的安排，以解決短期的政治問題。

　　理論上，區域政府層級以下的單位應享有自治權——直轄市算是其他的地方政府單位。地方自治權已經賦予到許多的單位了——如城市與農村地區以及小型的鄉鎮——地方自治政府單位的總數量已經增加至2萬2,000個。原則上，地方自治政府應該被允許具有實質上的政策制定權力，像是住房、水電等公共事業，以及社會服務（並且能夠減輕聯邦政府在這些服務上的負擔）等領域。然而，法律卻沒有提供固定、獨立的稅收資源給這些地方實體。因此，它們只能大量依賴在區域政府主要預算的稅收上。就其本身而言，區域政府拒絕允許地方政府行使自己的任何重要權力。在許多案例中，區域首府的市長都是區域首長在政治上的對手。莫斯科與聖彼得堡是特殊的例外，因為它們跟共和國與區域一樣，都具有聯邦領土主體的地位。在其他地方，市政府必須與上級的區域政府協商權力的分享。除此之外，2000年代的中央集權化趨勢已擴展到地方政府，原本經由民選產生的市長，也改為中央任命的市長或變成像是城市的管理者一樣。

　　俄羅斯的後共產主義憲政制度，為任意獨斷行使權力保留了很大的空間。葉爾欽與普丁都廣泛解釋了他們的總統授權，儘管普丁總統一再呼籲要遵守法治，但他仍然繼續嚴重依賴非正式的權力來運作政治。在基層的行政單位，特別是區域單位，對自己的權力也有類似的看法。但是，儘管俄羅斯離法治的理想，還是有很長的路要走，後共產主義政權允許比共產政權時期有更開放的競爭，以及接受有組織社會團體更多的諮詢建議，所允許的辯論與批評的範圍也比蘇維埃時代廣泛得多，而利益的表達與匯集也更開放。在此同時，任何有組織之政權上的政治反對派都可能會遭遇到壓迫。此外，從普丁在2012年又再度返回總統職位後，對反對團體的打壓也有所增加。

　　在共產主義政權結束後最初幾年所建立的憲政安排的實際運作，是取決於國家與社會力量之間的平衡。總統普丁在內心深處是很想要去除有組織的政治反對派，但只要不干擾他的權力，他可以容忍一些有限的自主性公民活動。與「競爭

型威權主義」（competitive authoritarianism）模式一致的是，普丁的政權在一個廣大的威權框架之下，還包含了一些民主的要素。在這樣的體制當中，選舉是定期舉行的，溫和的反對力量只能扮演很小型、邊緣的角色；而「體制外的」（即不受控制的）反對力量則會遭到壓制。執政者雖然允許印刷與網路媒體比較廣泛的自由，但對電視以及廣播媒體行使了實質控制。企業在追逐經濟利益方面擁有廣泛的影響力，但可能不會為在政治上挑戰威權統治者提供資金的協助。公民社會的組織可以針對政策上的計畫進行辯論。但是選舉不是一種決定誰來執政或是政府應該去執行哪種政策的手段，統治的權威很少允許選舉產生出乎意料之外的結果。此外，貪污腐敗是很猖獗的，國家官僚體制長期以來效率低下並且管理不彰。在2000年代，權力集權更有效的把政治上的反對派推向邊緣角色，而不是給予權威者有效的控制整個官僚主義的方式。

葉爾欽與普丁在沒有修改憲法正式規則的情況下[6]，以不同的方式行使總統的權力。葉爾欽統治的模式比較衝動且較無章法可循，但是他尊重憲法對總統權力上的若干限制：他沒有壓制媒體對他的批評，而且他也容忍政治上反對派的攻擊。[17]面對反對派領導的國會，葉爾欽願意與對手妥協以通過立法。然而，葉爾欽卻愈來愈依賴一小群與其交好的「寡頭人物」（oligarchs，通常是與政府有強烈連結關係的商業富豪）的支持，並允許他們能夠累積大量財富以及進入政府團體內部的影響力。同樣的，葉爾欽也允許不同區域的大老闆們無視聯邦政府的權力，因為他發現遷就這些人會比與他們交戰代價更小。在葉爾欽執政下的國家能力喪失說明了權力過度集中化的政治制度是有危險的，當總統無法有效發揮行政職權時，其權力就會移轉到其他權力核心。

普丁的總統任期則說明了另一種相反的危機。當普丁接任總統後，他承諾扭轉國家政治控制與責任的崩潰。雖然他公開呼籲建立一個以尊重法治為基礎的制度，但他卻重啟專制的方式。尤其是自2012年再度擔任總統職務以來，他嚴厲鎮壓了政治上的反對派。舉例來說，在2013年的春天，檢察院與稅務部門對非政府組織（NGOs）進行了全面的檢查。有些組織接受外國的資金贊助——包括人權團體以及其他受人敬重的民意研究組織——被指控參與了未經授權的政治活動，並被要求要根據新的，更具有壓制性的非政府組織法，重新登記註冊為「外國代理人」。政府以模糊的法律禁止極端主義活動和違反行政要求為理由，定期的騷擾、起訴或關閉它認為會威脅到政府的民間組織。

# 在後蘇聯時期的俄羅斯政治文化

## 11.4 討論俄羅斯目前政治文化中的矛盾，聚焦於民主與傳統蘇聯價值觀之間的衝突。

　　俄羅斯的政治文化是各種因素交織而成的產物，包括數個世紀以來之獨裁統治、20世紀的戰爭與恐怖攻擊事件、快速但不平衡的教育與生活水準的提升、接觸西方政治文化的標準，以及政權對教育與通訊等的過度控制。其結果所反映在當代的政治文化就是糾結矛盾價值觀：抽象的堅持民主原則的核心價值伴隨一種堅定的信念，即認為擁有強大的國家是重要的，以及對大多數實際上的國家機構都深切的充滿不信任。大約有四分之三的人口認為，俄羅斯應該是一個民主國家。[18]多數人也說政黨競爭與選舉，在理論上是有益於國家的。在此同時，大多數人也接受俄羅斯需要一個有能力的強勢總統領導恢復國家的秩序，而這也象徵賦予普丁信任。大概有許多人認為西方模式的民主可能是對俄羅斯最好的選擇，但是同樣也有一些人認為回到蘇聯時期的制度應該是最好的（28%對27%）。[19]短期與長期的影響力同時形塑著俄羅斯人對於政治的觀點。

　　一般而言，俄羅斯人判斷政權的好壞，會依照其是否有能力提供穩定、繁榮，以及安全，來加以評斷。許多俄羅斯人無法原諒戈巴契夫與葉爾欽所採取的政策，導致蘇維埃政權的解體、貧困普遍蔓延、少數人利用不道德的手段積累了大量的財富，以及失去了成為世界上超級強國的地位。甚至有些人認為，民主與市場經濟的理想代表了誤導或是惡意的努力，按照西方路線重塑俄羅斯。因此，恢復俄羅斯國家的權力與威望，是判斷其政治政權價值的標準。

　　民主也可以透過其在實質上使個人受益的能力來評估。根據近來的一項調查內容，問到哪些自由對個人而言最重要，有超過半數的受訪者回答「在疾病、失業，與貧窮的情況下，有受到國家保障的自由」以及「購買本身所欲之物的自由」是最重要的；而像是「有權利在具有實質性競爭的政黨中投票」或「能夠參與政治性的示威遊行」的自由，分別只得到13%與10%的認同。[20] 有46%的人認為個人能夠「自由選擇工作」是很重要的，但是只有30%的人覺得「宗教的自由」對個人而言是重要的，而38%的人認為自由就是「擁有財產」，如不動產和汽車是很重要的。

　　這種務實的民主觀點有助於解釋為何許多俄羅斯人會讚賞普丁推動的強勢民主。許多俄羅斯人不認為「自由」與「秩序」必然是敵對狀態，反而意識到只有在有秩序的社會中，才可能存在著自由。但是，如果被迫要在自由與秩序兩者之

間做出選擇，俄羅斯人則是相當平均的分布在兩邊。根據廣泛的民意論調查，政治科學家亨利·海爾（Henry Hale）認為，俄羅斯人支持「代議制民主」（delegative democracy）。也就是說，他們希望擁有一位強大的領導人，有能力來解決整個國家的問題，但是這個人也能夠經由罷免而下臺，並且尊重反對黨的權利。[21]但是如同海爾所指出的，俄羅斯從未有這樣的領導人，因為普丁一直透過系統性手段消除任何對其權力產生的限制。

當我們考慮長期力量形塑俄羅斯政治文化時，我們可以理解這些相互競爭的結果在俄羅斯文化中所造成的影響，以及在近代歷史中所面臨到的衝擊。

在1980年代末期到1990年代初期的改革，提高了俄羅斯人的期望，一旦擺脫了共產主義，俄羅斯的生活水準將明顯的提升。隨著舊政權的崩潰，接踵而來的卻是生活品質的急劇下降，這消除了任何認為藉由政治與經濟制度的改變，可以在一夕之間就能翻轉整個國家局面的觀念。俄羅斯人還普遍認為必須正視本身的歷史觀點，發展並採取具有獨特性的政府形式。

俄羅斯人也傾向於相信政治秩序是脆弱的，外面的世界充滿了敵意，有觀點認為這是大量威權長期運作的結果所導致的。長期以來，俄羅斯人一直被教育國家內部的凝聚力減弱，會引起外界勢力的掠奪，而俄羅斯歷史上的許多事件，也都證明了這樣的信念。普丁的領導階層將民眾反對專政的起義視為動亂、暴力甚至是內戰的誘因。許多俄羅斯人居然也如此認為。在2015年問及人們最擔心國家發生什麼問題時，大多數俄羅斯人最常將戰爭、內戰，以及民族之間的衝突，視為通貨膨脹之後的3大威脅。[22]

調查還顯示，公民對當今大多數的政治機構缺乏信任，如圖11.4所示，即使他們對總統以及教會有很大的信心。但是對國會等選舉機構的信任度就不高，而對政黨的信任度最低。絕大多數的俄羅斯人認為，他們不受國家任意對待的保護；只有四分之一的民眾認為，自己在面對來自於警察、法院、稅務單位，以及其他國家結構組織的濫權上，有感覺是受到保護的。[23]

人們對國家實力的關注也反映在多數人對普丁身為總統成就的普遍看法上。當問及普丁擔任總統有哪些貢獻時，受訪者對於他在恢復國家的國際地位以及國內秩序所作的努力給予了最高度評價（參閱圖11.5）。

因此，俄羅斯政治文化結合了矛盾的因素。俄羅斯人確實很珍視民主的權利，但是經驗卻告訴他們，在民主的旗幟下，政治人物可能濫用權力損害國家的完整性以及社會的福祉。俄羅斯人也感到自己沒有能力影響國家政策的走向。毫無疑問，儘管俄羅斯人對後蘇聯的政治機構普遍不信任，但像是普丁這樣的領導

**圖11.4　政治信任度**

**總統普丁以及俄羅斯東正教會是最高度受到信任的人與機構**

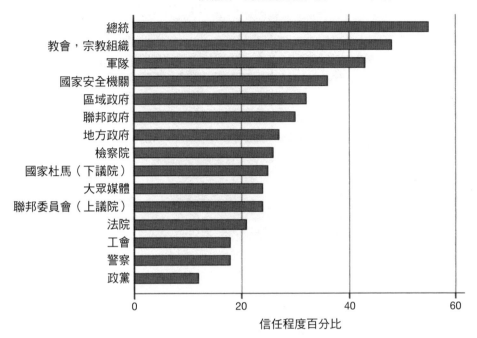

俄羅斯：對機構的信任度，2013年9月

信任程度百分比

資料來源：數據資料來自於「列瓦達中心」（Levada Center），http://archive.is/tsYcV#selection-353.0-2538.0，
　　　　　資料取得日期：2016年8月23日。

人能否得到如此廣泛的支持，在長期的社會與政治都出現問題後，俄羅斯人認為
他具有恢復秩序的能力。如同理查德・羅斯（Richard Rose）及其同事的論點，
俄羅斯人普遍認可普丁政權的原因，不是因為他們認為普丁政權是理想的，而是
因為他確實讓經濟上的福祉有所改善，無論如何，他們對於改變普丁政權的前景
沒有什麼指望。[24]

　　調查還顯示了，在支持國家應該確保社會繁榮以及公民物質保障的觀點上，
與過去存在相當大的連續性。大約有一半的人口可能會偏好於以國家為基礎的
計畫性與分配經濟的制度，而只有36%的人比較喜歡私有財產為基礎的經濟制
度。[25]相較於西歐或是美國的公民，俄羅斯人認為國家必須負責提供人們公正的
道德以及社會的秩序，其所能理解的正義大致上是社會平等，而不是法律面前的
平等。這種模式反映出了國家與社會的傳統觀念對俄羅斯政治文化的持久影響。

图11.5 普丁的成就

一般大眾將普丁的總統職位與強化軍隊、改善俄羅斯在世界上的大國地位，
以及發展經濟等聯繫了起來

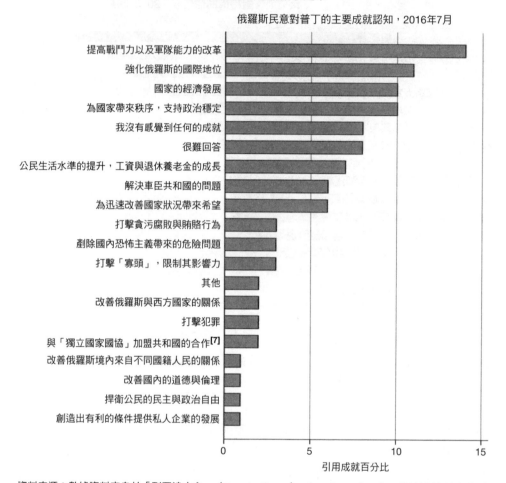

俄羅斯民意對普丁的主要成就認知，2016年7月

資料來源：數據資料來自於「列瓦達中心」（Levada Center），http://www.levada.ru/2016/08/08/vladimir-
putin-vospriyatie-i-doverie/，資料取得日期：2016年8月24日。

但是，可能有極少數人支持重建過去的蘇聯制度或是恢復到軍事獨裁的狀況。

政治文化還受到緩慢進行但更持久的影響，包括世代的相傳、教育程度的提
升、數位通訊技術的發展，以及接觸外面世界的影響。這些變化是相輔相成的，
因為新一代的年輕人所面臨的影響與形塑父母這一代人的影響截然不同。

# 政治社會化

## 11.5 解釋宣傳單位、教育制度、教堂，以及媒體在俄羅斯的政治社會化中的作用。

　　過去蘇維埃政權在政治灌輸與宣傳上付出了巨大的心力。該政權控制了學校課程、大眾媒體、流行文化、政治教育，以及幾乎可以形塑價值觀與態度的每一種管道的內容。蘇維埃政權教義的核心就是馬克思主義的信仰，由經濟生產的方式可以決定社會的組織樣貌——封建主義、資本主義、社會主義等——決定了社會中普遍存在的價值觀與信念的結構。這個思想就是每個社會的統治階級決定著社會的基本意識形態。因此，前蘇維埃的宣傳和灌輸強調蘇維埃的公民是全世界勞動階級運動的一員，目的是推翻資本主義，並以社會主義替代資本主義，在社會主義中沒有私有財產。蘇聯政權需要將高度多元化的多個國家串連在一起，因此刻意淡化了民族情感，取而代之的是對蘇維埃聯邦共和國和工人階級在世界階級鬥爭中利益的愛國忠誠感。

　　今日，俄羅斯教育的意識形態內容已經發生了明顯的改變，對態度與價值觀形式的公開性政治控制也愈來愈少。教科書開始強調熱愛俄羅斯的國家文化遺產以及愛國忠誠，取代了原本階級鬥爭的思想以及無產階級國際團結的觀念。在共產主義時代被譽為領導平民反抗封建或資本主義鬥爭的歷史英雄，如今已重新被塑造為俄羅斯民族文化的偉大代表人物。[26]愛國主義與民族自豪感是政權為創造民族主義而努力的關鍵要素，也是俄羅斯在後蘇聯的國家邊界基礎中，想要能夠創建出新的國家群體感受。

　　執政當局正嘗試在學校對俄羅斯的過去進行更一致性與統一性的理解。普丁督促要發展出統一的、有共識的歷史教科書給學校使用，以呈現出對沙皇時期、蘇維埃，以及後蘇聯時期的連貫概念，其內容強調國家在抵抗俄國內外敵人時保衛國家的重要性，不是否定蘇聯的過去，而是以每個時代的俄羅斯人民的成就為榮。自由主義者反對這樣的教科書將培養出威權主義的價值觀。

　　但該政權一直小心翼翼地承認在俄羅斯長期建立追隨者的其他宗教的權利。當權者還向東正教尋求政治社會化的協助。他們認為宗教是建立愛國主義、民族自豪感和道德價值觀上相當有價值的盟友。反過來，教會也會試圖保障其過去作為俄羅斯國教的傳統地位，使他們能夠阻擋其他基督教教派在俄羅斯傳教。教會希望扮演一個更廣大的角色，但是政權一直很謹慎地承認其他長期追隨俄羅斯且已擁有悠久歷史的其他宗教（穆斯林、佛教和猶太教）的權利，而不是將東正教

列為國教。近來，有一門新的課程引進中學4、5年級的課表中，稱為「基礎宗教文化與道德」。依照所使用的教科書，家長可以在課程的6種不同版本中作選擇：東正教基督徒、穆斯林、佛教徒或猶太教徒，或者一本關於世界宗教的教義，一本關於世俗倫理的教科書。根據教育部的數據，到目前為止最多人要求的是關於世俗倫理的書籍，而只有20%的家庭會選擇東正教基督徒的版本。[27]

教會的影響力不斷上升，激起了很多知識分子的強烈反彈，他們批評宗教對自由主義的價值觀充滿敵視（教會領袖強烈反對自由民主以及人權的學說）。但是，隨著俄羅斯向全球資本主義制度開放，許多人不論他們是否有信奉宗教，也對社會中傳統道德的衰落以及消費主義和唯物主義的崛起表示遺憾。他們認為教會與國家之間有著悠久的合作歷史，可以作為重整社會中傳統道德價值觀的一種方法。舉例來說，政權領導人與教會領導人經常譴責西方社會容忍的同性關係。2013年頒布了一項禁止「非傳統之性關係的宣傳」的法律，而另一項禁止「在公共場合中展示任何非傳統的性關係的表達」的法律也在2015年時於國家杜馬提出來。這樣的法律被大眾廣泛支持，並允許普丁將自己的政權與傳統的社會價值觀連結起來，並攻擊自由主義以及西方國家。

在1990年代，俄羅斯政權普遍尊重媒體自由。但在普丁執政下，當權者採取行動限制媒體（特別是電視），但並沒有像過去的蘇維埃政權一樣，採用很精心策劃的政治社會化制度。雖然如此，當權者還是利用媒體為其外交與國內政策建立了一套支持系統。在普丁執政下的總體政治路線是把俄羅斯形塑成既拒絕極權的共產主義，又反對肆無忌憚的寡頭式資本主義，並正在努力恢復俄羅斯政治歷史上最好的傳統。他們對民主大致是加以贊同的，但是卻堅持俄羅斯必須以自己的方式實施民主。

對媒體系統已分層控制。電視幾乎可以觸及到所有的人，而且到目前為止是民眾獲得新聞的最重要來源。[28]於是，電視受到當權者最為嚴格的政治控制，他們會向主要播放節目的編輯定期提供有關可以報導以及不可報導內容的指導。平面印刷媒體就享有比較多的自由，這是因為它們的受眾範圍是非常小眾的，所以並非是當權者立即關注的對象。對全國性發行的商業報紙，如《生意人報》（Kommersant）以及《公報》（Vedomosti），刊登了公共議題的深入文章，經常發表批評政府的社論。在大多數的情況下，區域性報紙反而會受到區域政府嚴格的控制。

相對的，網路仍然不受直接控制，但是當權者日益開始對服務供應商強加了限制。[29]網路的使用者十分迅速地增加。超過半數的成年人口幾乎每天都會上

網。社群網站，包括結合部落客與社群網絡的平臺，都極端受到歡迎，尤其是在年輕的都市居民人口當中。社群媒體在維權人士能夠大規模動員示威遊行活動，以對抗在2011年末和2012年初的選舉舞弊，發揮了關鍵作用。

　　社群媒體造成的影響力，可以從特定的部落客突然變得很有名看出來。有一個例子是一位名為亞歷塞依・納瓦尼（Alexei Navalny）的律師，他因為在部落格文章中撰寫政府貪污腐敗的內容，而擁有大量的粉絲。當他將當時占有領導地位的「統一俄羅斯黨」稱為「竊賊與騙子的政黨」（party of thieves and swindlers）時，這個詞很快就流行起來。在網上蒐尋「竊賊與騙子的政黨」的詞彙時，馬上就會出現「統一俄羅斯黨」的名稱。到了2013年4月時，在一項全國性的研究調查中，有超過半數的受訪者同意描述統一俄羅斯黨是「竊賊與騙子的政黨」的說法。[30]納瓦尼在2013年時角逐莫斯科的市長選舉，並且贏得了一定比例的選票。執政者對此做出回應，就是對他發動了一系列的起訴。[31]執政者也展開了行動，強迫一些在線出版物必須關閉或自我審查。執政者通常會安排友好關係的商人去購買主要的媒體產權，以使其編輯政策與政權保持一致。

　　雖然當權者想要對媒體的自由設限，但是他們並沒有像過去蘇聯政權那樣，竭盡全力地實行全面的審查制度與政治灌輸。因為其意識到舊有蘇聯體制在意識形態控制上的巨大影響，當權者的策略是採防禦性的，所以他們會更希望限制反對派的力量接觸到媒體的機會。在此同時，當權者也贊助一支名為「巨魔」（trolls）的網軍，以回應任何批評普丁或是其領導的政權的文章或是發布內容說明。他們還指導主流媒體如何報導政治新聞，並組織了一支規模龐大的國際宣傳機器，以宣傳提升俄羅斯在海外良好的形象。主流媒體對國內和國際新聞的報導嚴重傾斜，變得高度偏向支持當權者的政策立場。

　　因此，儘管與前蘇聯時期相比，俄羅斯的政治社會化受國家直接控制的現象要少得多，但是當權者持續利用學校與傳播媒體來建立對國家及其領導人的忠誠、對未來的信心，以及支持當權者所制定的國內與國際政策。在此同時，他們也努力防止媒體扮演獨立守門人的角色。

## 政治參與

### 11.6 描述直接與間接參與俄羅斯政治的途徑。

　　在民主國家中，公民可以透過直接的政治參與形式（如投票、幫候選人拉票、請願書的連署簽名、示威遊行，以及與官員溝通）參與公共生活，也可以透過間接的參與形式（如成為公民團體以及志願服務協會的成員）參與公共生活。

這兩種參與的模式都會影響政府的施政品質。透過集體的行動，公民可以向決策者傳達他們希望政府做什麼的想法。經由這些參與的管道，行動人士也擔當起了領導的角色。但是，儘管民主國家中公民具有法律上的平等權利，但由於資源，機會和動機的不同群體之間的差異，民眾的參與程度也有所不同。在大多數地方，富裕階層和受過良好教育的人會有比較高比例參與政治生活，但是這樣高比例參與，比起其他的社會，其只有在某些社會中會出現而已。而且那些在財富與收入分配嚴重不平等的地方，加劇了貧富之間能夠在政治上發聲的差異，也使得民主本身正處於一種危機之中。

## 社會資本的重要性

長期以來，擁有健康的志願服務協會組織的結構，一直被認為是民主社會的重要組成部分。參與公民生活可以建立社會資本——即相互之間具有信任與義務的連帶關係，可以促進公民之間的集體行動。在社會資本豐富的地方，人們彼此會比較平等對待，而非以社會階級制度的成員方式相處。他們更有意願以不同方式合作，藉由分擔責任讓政府的組成更可信任與有效率，有益於整體社會與提高政府的服務品質。[32]舉例來說，當人們與政府之間的距離，以及對政府的不信任感減少時，政府與公民可以合作改善治理的品質。人們更有意願納稅，政府就會有更多的稅收承擔「公共財」（public goods）的支出——將會減少把錢轉移至政客口袋的可能性與減少誘因。資本主義與民主政府的成功之處取決於公民為共同利益進行合作的能力。

然而，與西歐國家的社會相比，俄羅斯的社會資本歷來稀少，而且公民行動的參與也一直受到極大的限制。此外，國家與社會通常由於彼此之間互不信任與猜疑而表現出分離的狀態。國家的當權者通常站在遠離且高於社會的位置，只會從社會中提領他們需要的資源，但從不與社會建立起義務性的連結關係。共產主義政權透過篩選對國家有用的協會，並壓制可能會威脅國家利益的協會，更進一步耗盡了社會資本的存量。因此，社會資本的問題不只是發生在俄羅斯而已，在所有共產主義聯盟的國家中的社會資本，比起世界其他地區也呈現出特別低的狀態。[33]

將政治菁英與普通公民聯繫起來的中間組織的弱化現象，會擴大國家與社會之間的感知上距離。因此，即使俄羅斯參加選舉的人數相對較高，但參與有組織形式的政治活動的人數卻很少。民意調查顯示，大多數的人民認為自己參與政治行動最終都是徒勞的，他們幾乎沒有信心透過本身的參與就可以影響政府的政策

運作。雖然在1980年代末期到1990年代初期，當政治表達與結社的控制權被取消時，政治參與的行為曾有大量的激增，但在1990年代卻大幅度的減少。

　　當代俄羅斯的志願服務協會的會員人數非常少。僅有一小部分人——不到總人口的8%——志願參與有組織的公共活動。[34]很多都只是協會的名義成員。舉例來說，絕大多數的俄羅斯東正教徒都不是教會成員；他們只是偶爾會上教堂。同樣的狀況也發生在工會成員中。大多數的勞工被吸收進入工會，但卻是不活躍的成員。

　　普丁時代的影響之一，就是使大部分的人口脫離了公共生活。雖然有相當一部分的人口——主要是受過教育的城市族群——是對政治積極感興趣的，但大多數的俄羅斯人表示他們對政治「完全不感興趣」（20%）或「相較於有興趣者，更不感興趣的」（39%）。[35]國家杜馬選舉的投票率穩定下降中（在2007年從63.7%到2011年的60.1%，再到2016年的47.8%）。

　　此外，俄羅斯人不太珍惜他們參與政治的權利。今日政治參與程度不高的現象，是一種對政治機構信任程度不高的反映，一般民眾普遍的看法就是在政府中幾乎沒有發言權。在2003年的國家杜馬選舉中，有4.7%的選票反映出選民不滿意這些選擇的組合，所以在政黨選票中勾選了標記「反對所有政黨」（against all）的選項。但是當權者擔心這樣會太容易引發成表達不滿的一種手段，所以在以後的選舉中將這個選項取消了。

## 菁英的人才甄補

　　菁英的人才甄補是指社會中的制度流程，讓人們可以藉此過程取得具有影響力以及必須負責任的職位。菁英的人才甄補與政治參與是密不可分的，因為透過在社群活動中的參與，讓人們可以發揮領導的作用、學習公民的技能（如組織以及說服力）、發展朋友與支持者的人際網絡，並對從事政治事業發展感到興趣。

　　在蘇維埃政權下，高度重視政治參與菁英的人才甄補之間的關係。共產黨將人民招募至各式各樣官方贊助的組織中——例如共產黨、青年團、工會以及婦聯團體。透過這樣的組織，當權者可以確認出哪些是具有潛力的領導人，並給予他們進行組織團體活動的經驗。政黨保留批准任命較高行政責任或可能影響公眾態度形成的任何職位的權利。甄補、訓練，以及任命個人在領導職位上並且能夠向政權負責的這套制度，被稱為「幹部職務名單制」。那些被核准到幹部職務名單制上職位列表的個人，在私底下被稱作「黨務幹部」（Nomenklatura）。許多公民就把這些人視為蘇維埃社會中的「統治階級」（ruling class）。

　　1980年代末期到1990年代初期的民主化改革，將菁英的人才甄補過程進行了兩項重要的改變。第一，舊有的幹部職務名單制隨著共產黨對社會控制力的式微而一同消失。第二，雖然大多數舊有的統治菁英成員都調整了本身狀況來適應新的環境，並且還擔任著各種不同的官職，但是新的非正式組織與大眾選舉的浪潮，已經將許多新人帶入到菁英職位上。今日，當代的俄羅斯政治是由各種職業類型之混合菁英所組成：那些努力在國家官僚體制中工作以求升遷的人，以及另外一些透過其他管道，如政治上的選舉或選修商業經營，而進入政治界的人。偶爾，也會有一些地方行動者在非政府組織中工作後，而有機會參政。但如此的實務案例並不多見。[36]

　　蘇聯恢復了一些舊的人才甄補機制。在共產主義政權下，政黨維持從學校就開始訓練未來的政治領導人，在那裡，未來官員會接受管理教育以及政治灌輸的結合。今日，這些學校大多數與培訓公務員的學院職能類似，並受到總統府的行政部門監督。當權者正在努力使人才甄補和培訓系統化，以確保不僅能招募到國家官僚職位，而且能夠招聘有能力、政治上可靠的幹部。此外，也能夠到主要企業擔任管理職位。

　　菁英的人才甄補在共產主義政權時期與當今之間，還是有兩個比較明顯的區別。首先，前蘇聯政權的「幹部職務名單制」，滲透到了各行各業當中，那些獲得權力與責任位置的人，都是由共產黨所批准的。因此，他們形成了一個政治菁英的不同部門，然後在他們的職位上開展本身的忠誠與效能。然而，今日出現多領域的菁英（政治、商業、專業、文化等），反映出在後蘇聯社會中的多元化程度更高。

　　其次，今日有比較多的途徑進行政治菁英的人才甄補。許多成員都來自聯邦和區域執行機構的職位。普丁高度依賴警察（常規警察與保安警察）以及軍隊作為任命資深官員的名單來源。[37]他還求助於1990年代在聖彼得堡有密切合作關係的同事；其中一個例子就是前總理梅德維傑夫。從1990年開始，梅德維傑夫就很密切跟普丁共事，當時他成為普丁的顧問，而普丁則是擔任市長副手一職。當普丁被葉爾欽任命為總統行政上的副總理之後，梅德維傑夫於1999年也隨著普丁移居莫斯科。普丁賦予他更廣泛的職責，首先是總統的行政首長，然後也擔任了第1任政府的副主席。這樣的模式很接近「恩庇侍從的關係」（patron-client relations），不斷爬升的政治人物，都會提攜過去跟著他的「團隊」成員，這在俄羅斯的菁英人才甄補中是很常見的現象。其中一個功能就是會在敵對的恩庇侍從的群體中產生競爭關係，有時候這些人也被稱為「宗族」（clans）。在俄羅斯

的案例中，在這兩個宗族之間的競爭過程中，幕後都有總統的身影，兩邊人馬的組成都與普丁有所關連。

在過渡的初期，許多捍衛舊有官僚體系的人員，發現了可以利用他們自己的政治接觸過程和往來賺錢並迅速致富。來自共產黨的資金進入了許多新商業機構的建立，其中包括幾家最早的商業銀行。內部人員可以從他們的聯繫方式輕鬆獲得商業證照、辦公空間以及獨家經營的合約，而從中取得好處。一些人購買了（以一種非常優惠的價格基準）正在私有化的國有企業的控股權——幾年後，這些投資者成為了百萬富豪。

今日的商業菁英依然與國家機器保持著緊密的關係，一方面是因為國家官員的權力緊扣著企業，另一方面也因為企業為官員提供所需的物資與政治利益。在某些案例當中，官僚體制會從幾個特定的企業與產業形成不同的派系，像是石油與天然氣產業。企業需要執照、許可證、合約、豁免權，以及其他來自於政府的利益。反過來，政治官員需要財源上的獻金挹注於參與競選、政治支持、有利的媒體報導，以及其他企業上所能提供的利益。在許多企業與政府官員之間的緊密和合謀關係中，滋生了非常廣泛的腐敗現象。在1990年代，有一小群超級富裕的企業家——寡頭人物（oligarchs）——利用他們可以直接與葉爾欽政府的聯繫來獲得對俄羅斯某些最有價值的公司進行控制的權利。他們貪婪的暴行加劇了公眾的強烈反對，這使得普丁認為鎮壓他們當中的一些人並摧毀他們的商業帝國，在政治上是可行的。於此同時，在普丁執政下，另一群大亨——有時候被稱為「普丁之友」——也受益於他們與普丁的連結關係，能獲得重要的國家或商業資產的控制權。他們通常利用內部人員來累積財富並設置競爭障礙，而非以提升公司的生產競爭力的方式來獲利。[38]

## 利益表達：國家主義、統合主義，以及多元主義

### 11.7 討論後蘇聯時代俄羅斯的利益團體的形成與活動，並舉出具體的例子。

俄羅斯過去二十多年來的政治與經濟變遷，已經對社會利益的組織方式造成很強烈的衝擊。多元化的利益組織已經發展成各種利益團體。然而，利益表達的模式反映了國家對社會有很強大的控制力，同樣也顯現出在這段轉型期間所形成財富與權力的懸殊差距。少數組織在政策制定方面具有非常大的影響力，而其他的組織則缺少影響力。俄羅斯的利益團體制度反映出所有這三種主要利益團體制度的類型——受控型、新統合主義型，以及多元主義型。然而，在普丁執政下，

國家控制型已成為政權與社會團體間建立關係之主流類型。

　　共產主義政權無法容忍公開追求任何的利益，除非那是國家授權的利益。利益組織——包括工會、青年團體，以及專業社團——受到共產黨很嚴密的監控。「開放政策」（glasnost）[8]藉由引發自由表達的激增，擾亂了這種國家控制型的利益表達模式。反過來，這又驅使了新團體的形成以及創造出政治上的需求。今天很難想像當時這個「開放政策」，對蘇聯社會造成了多麼深刻的衝擊。幾乎在一夕之間，這政策為愈來愈多的令人震驚的事實、想法、揭露、重新評估、醜聞，以及轟動性的事件打開了閘門。在政黨放鬆控制下，溝通行為變得很充分，鼓勵人們以自由和開放的語言及文字發表想法，雖然該政權還放寬了控制權，但是如果論述內容走得太遠時，仍會控制其在政治上的表達。

　　當人們表達了深刻的需求感受及不滿時，其他的人也會意識到他們擁有著相同的信念與價值觀，而如果他們有共同追求的目標時，有時候也會一起組成新的非官方組織。因此，開放政策所帶來的其中一項結果就是形成一波「非正式的」參與——也就是未經許可且不受控制的——公共協會組織。如果當權者想要試著去限制或禁止這樣的團體時，他們可能將會引發更大的挫敗感以及抗爭。各種已經形成的協會組織，包括致力於紀念史達林恐怖統治的受害者團體、想要恢復沙皇主義的超民族主義者，以及許多蘇聯境內共和國的民族主義運動。在1986年發生的「車諾比」（Chernobyl）核能反應爐爆炸事件，對刺激環境保護抗議活動產生了巨大的影響，並很緊密地連結到白俄羅斯與烏克蘭的民族主義情緒。[39]1980年代末期到1990年代初期是利益團體走向多元主義的全盛時期，因為當時共產黨對利益表達的控制已經全面潰敗。

　　國家壟斷生產工具的時代結束後，形成了許多新的利益，在這些利益當中，包括與市場經濟息息相關的更受到矚目。現在可以組成團體去表達不同的利益，爭奪可獲取影響力以及資源的管道，並定義自己的議程目標。目前，登記註冊的非政府組織就超過30萬個，雖然其中只有不到40%的非政府組織是還在持續活躍運作的。[40]然而，參與非政府組織活動的公民數量很少；通常他們是會在各種組織中活躍的少數人。

　　一些非政府組織被認為是舊政權的協會組織之延續，例如官方的工會。通常，這些團體堅持其繼承了該組織的資產，並持續尋求「內部人士」來獲得通往政權的途徑。其他的團體在「開放政策」期間或之後大量湧現，但是必須與地方執政者合作，才能獲得出現在各種會場以及受到媒體關注的機會。但這些狀況，在普丁執政下，都面臨愈來愈嚴格控制的政治氣氛。

　　普丁對待非政府組織的方法，一直都是將鎮壓與合作兩者結合起來。也就是，願意接受對其自治的政治限制的團體已經被允許可以開展運作。那些尋求在政權之外保有本身獨立性的團體發現這樣很難生存下去，尤其是如果他們的行動涉及到維護人權、選舉自由，以及其他引發當權者認為具有政治性疑慮的活動。新的立法要求接受外國資助的團體，必須登記註冊為「外國代理人」（foreign agents），而這個名詞在俄語中與英語一樣，具有貶義性。一些涉及到維護人權、觀察選舉，以及收取外國資助的團體，因為拒絕承認自己是「外國代理人」而受到檢察單位起訴的威脅。甚至連信譽良好且獨立的民意研究調查「列瓦達中心」（Levada Center）——本章中引用的大多數調查數據之來源——也被告知要重新登記註冊為「外國代理人」，因為這個研究中心已經跟外國公司簽約進行研究調查。

　　當權者還會試圖獎勵那些願意遵守其規則的非政府組織。「公眾議會廳」就是一個例子。這是一個國營諮詢機構，其成員是對政權友善的非政府組織的代表。公眾議會廳一直都很小心謹慎，不會硬碰硬去挑戰政權，而在一定程度上確實是擔任公眾與當權者之間的溝通管道。類似的議會廳也在許多其他地區成立。另外一個很明顯的合作例證就是只要透過申請流程，就可以運用「總統的資助」（在2016年，總計約7,000萬美元）當作是非政府組織的獎勵。然而，篩選過程並不公開透明，而且有大筆的資金都流向了克里姆林宮附近的莫斯科組織。[41]

　　與政府建立的利益集團關係體系不完全是統合主義的，也不是完全受控的。多元主義的要素依然存在。但是在普丁的主政下，利益表達已經變得更受到控制，而自治性活動也被政權加以限縮範圍。讓我們來研究以下3個協會組織團體的例證：「**俄羅斯工業家和企業家聯盟**」（Russian Union of Industrialists and Entrepreneurs, RUIE）、「**士兵母親委員會聯盟**」（League of Committee of Soldiers' Mothers），以及「**俄羅斯獨立工會聯合會**」（Federation of Independent Trade Unions of Russia, FITUR）。這些都說明了組織和影響力的不同策略，並且與國家保持不同的關係。

## 俄羅斯工業家和企業家聯盟

　　大多數以前的國營工業集團，現在全部或部分轉為私人經營。大多數工業集團都加入競爭性的市場，以及日益全球化的經濟環境中。過去在社會主義政權下，經營者被告知無論成本或品質都要完成計畫。利潤不是主要的考量。[42]現今，大多數管理者會尋求利潤的最大化，並且提高其公司的價值。雖然許多公司

仍需要國家的補貼與保護，但有愈來愈多公司希望政府可以執行法律與合約，合理的規章制度，稅賦公平（且低），而且對外國貿易的障礙減少至最小的環境。這些變化在政治利益的組織很容易看見，例如代表了俄羅斯大型企業利益的「俄羅斯工業家和企業家聯盟」。俄羅斯工業家和企業家聯盟是俄羅斯單一最有權力的有組織性的利益團體。其成員的組成，包括來自舊制度國家的工業集團（現今大多私有化或準私有化）以及新的私人企業與公司集團。

在1990年代早期，俄羅斯工業家和企業家聯盟遊說的重點放在贏得國家持續支持工業集團，但隨著時間流逝，它已變成是市場體制中大型企業的領導聲音。俄羅斯工業家和企業家聯盟幫助企業與勞工之間進行調解協議，而且也擔任提供政府與國會政策建議的來源之一。所有主要的工業集團都加入俄羅斯工業家和企業家聯盟，並且透過聯盟組織進行更大量的遊說。當然，在涉及單一企業的問題上，該企業仍然尋求自行影響政策。

隨著時間流逝，俄羅斯工業家和企業家聯盟的角色也根據國家當權者所設定的機會與限制，而有所轉變。它擴大了與政府一起合作起草法案的內部能力。在許多的政策議題上，例如稅法、養老退休金政策、破產相關立法、證券市場法規安全的管制，以及俄羅斯加入世界貿易組織的條件等，俄羅斯工業家和企業家聯盟一直都扮演很積極且具有影響力的角色。大多數狀況下，它會在後臺進行工作以遊說其利益，但是偶爾，如果它覺得其聲音一直被忽略，可能就會採取比較公開的施壓方式。

不過，作為大企業的集體聲音，顯而易見的俄羅斯工業家和企業家聯盟的權力還是有所限制。當普丁政權於2003年7月開始競選，而消滅尤科斯（Yukos）石油公司時（參閱專欄11.4），它也只限於溫和地表達關注。其公司的成員，顯然擔心得罪了普丁，所以選擇不為尤科斯老闆米哈伊爾·霍多爾科夫斯基（Mikhail Khodorkovsky）辯護，或抗議其使用警察手段摧毀俄羅斯最大的石油公司之一。反而，他們承諾會履行其納稅的義務，並且會多做一些幫助國家消除貧窮。或許，如果大企業都能採取強勢的聯合立場，它們就能影響國家的政策。但是，每一家企業所想要做的就是與政府保持友好的關係，而且擔心政府會進行報復，這削弱了大企業採取集體行動的能力。

## 士兵母親委員會聯盟

蘇聯政權贊助了幾個官方的女性組織，但是這些組織主要是用於宣傳目的。在「開放政策」時期，許多非官方的女性組織大量湧現。其中一個組織就是士兵

## 專欄 11.4　米哈伊爾·霍多爾科夫斯基與尤科斯事件

迄今為止，普丁時代最廣為人知的事件之一就是由國家接管尤科斯這家強大的私人石油公司，並且將其老闆米哈伊爾·霍多爾科夫斯基以犯罪方式起訴入獄。霍多爾科夫斯基在2003年10月被逮捕時，他是俄羅斯新任後共產主義時代最富有的石油大亨。他的事業在1980年代後期展開，當時是經營銀行，後來他獲得了——以一個非常便宜的價格——尤科斯石油公司80%的股權，當時政府正在將該公司進行私有化。一開始，霍多爾科夫斯基認為藉由脫手這些資產，可以從這家公司獲得極大化的利益。不過很快的，他的商業策略改變了，他開始投資這家公司的產能。他讓尤科斯成為俄羅斯最活躍的石油公司。由於他改善了公司的效率與透明度，股價開始上升，也因為如此，讓霍多爾科夫斯基的淨資產大增。在2002年的最高峰時期，公司的資產預估約200億美元，而其中霍多爾科夫斯基本身所擁有的資產就近80億美元。

為了提高公眾形象，霍多爾科夫斯基創立了基金會，並且推動好幾個慈善倡議活動。他延攬國際上傑出的人物進入基金會董事代表當中。他在俄羅斯的政治參與變得愈來愈積極，幫忙資助政黨與贊助幾個國家杜馬代表的競選活動。批評者開始指控他企圖控制國會，甚至希望修改憲法轉變成議會制。也有傳聞他有意問鼎總統的職位。

在2003年的春天，普丁政府認為霍多爾科夫斯基以及尤科斯變得過於獨立。在一連串的行動之後，霍多爾科夫斯基以及幾個他的高階主管被逮捕，並被指控詐欺、挪用公款，以及逃稅。

在2003年12月，政府指控尤科斯欠繳數10億的稅款而起訴該公司，並且凍結這家公司的銀行帳戶。當尤科斯無法繳交所有的稅款時，政府查封其主要的資產並且將其拍賣給另一家公司，3天之後，該公司又將其轉賣給國營的石油公司俄羅斯石油公司（Rosneft）。在2004年5月，霍多爾科夫斯基被判處9年徒刑，而且被送至西伯利亞的一家監獄營中服刑。在2006年，公司僅存下來的一些資產也被迫宣告破產。在2010年，霍多爾科夫斯基因為新指控的罪名被確定了，因此其刑期又被延到2017年。

在2013年12月20日，就在俄羅斯舉行的索契冬季奧林匹克運動會（Sochi Olympics）開幕之際，普丁將霍多爾科夫斯基從監獄中釋放出來，名義是為了紀念1993年《憲法》施行20週年而進行的大赦。該案件也凸顯了當局出於政治目的而去操縱法律。

母親委員會聯盟。其成立於1989年春天，當時約有300位女性集結在莫斯科抗議學生因軍事徵召受到延期而遭受退學。她們的抗議在戈巴契夫將前蘇聯軍隊撤出長達10年之久的阿富汗戰爭後還持續著，確實非常不容易，在這場戰爭中有超過1萬3,000名前蘇聯軍隊的士兵，在痛苦與令人沮喪的戰鬥中喪生。為了要回應這些士兵母親們的行動，戈巴契夫同意恢復學生的延期。從那時起，士兵母親們的運動不斷發展，在數百個城市中設立當地的分會。她們關注的目標已經擴展到其

他領域，但是其重心依舊是在軍隊服役的問題上。聯盟施壓軍隊必須終止殘酷虐待新兵，因為這造成了每年有數以百計的士兵死亡（許多案件都是自殺）。這個聯盟也會教導年輕男性如何避免被徵召入伍。**43**

當俄羅斯與車臣在1994年至1996年以及1999年至2000年，發生了大規模敵對行動激起了該聯盟新一波的熱潮。她們協助家庭尋找在行動中失蹤或是被車臣反抗勢力所俘虜的士兵。她們釋放訊息給車臣共和國協商釋放戰俘，以及為死者提供妥善的安葬。她們蒐集戰爭相關實際規模資訊以及傷亡的數據。她們還繼續遊說必須給予新進士兵合理的對待管教方式。在1990年代，這聯盟已經成為了俄羅斯最具規模且受人尊敬的公民團體之一。她們能夠在社群網路中號召數千位積極的志願服務者參與其工作。這些志願服務者會去醫院探訪受傷的士兵，並幫忙軍事當權者確認傷亡人數。這運動最大資產之一就是其成員的道德威望，如同母親捍衛自己孩子權益的力量一樣。這樣的立場，使她們的對手很難將其抹黑成不愛國的人。

士兵母親委員會聯盟，同時發揮了公共的政治作用（舉例來說，聯盟會去遊說為道德或宗教拒服兵役者鬆綁法律成替代役，並為制止殘忍對待軍人而戰**44**）以及提供服務者的角色。她們大部分的努力是用於幫助士兵及其家屬解決其所遇到的問題。她們也願意與國防部合作，共同幫助改善在部隊服役人員的生活。所以其一直都很仔細不與軍隊服務站在對立面或主張和平主義。

雖然這個團體在俄羅斯享有很穩定的公眾支持基礎，並獲得國際上廣泛的認可，但是卻面臨當權者愈來愈大的敵意與壓力。隨著時間流逝，愈來愈少的地方分會還依舊能夠保持原有的積極性。

## 俄羅斯獨立工會聯合會

俄羅斯獨立工會聯合會是前蘇聯政權下的官方聯邦工會的後繼單位。然而，不同於俄羅斯工業家和企業家聯盟，即使它從舊有蘇維埃工會組織那裡繼承了實質上的組織資源，但對於後共產主義環境的適應能力卻很差。在前蘇聯時代，幾乎每個受僱員工都是工會的成員。所有區域工會組織的分會都是隸屬聯邦某一部分的單一勞動單位，其稱之為「全蘇工會中央理事會」（All-Union Central Council of Trade Unions）。隨著舊政權的瓦解，有些內部組成的工會變成了獨立工會，而其他工會也大量冒出象徵獨立的組織以代表特定勞工團體的利益。雖然如此，舊有官方工會組織的核心，仍以俄羅斯獨立工會聯合會的形式繼續提供服務。到目前為止，它依然是俄羅斯最大型的聯邦工會組織。所有有組織的勞工中

大約有95%屬於這個工會，至少在形式上是屬於俄羅斯獨立工會聯合會的成員。其他獨立的工會規模要小得多。然而，相較於大企業，勞工運動是更支離破碎，以集體行動方式來動員勞工都不太有效果。畢竟在所有企業中，幾乎有多達一半以上的勞工根本不屬於任何工會。[45]

俄羅斯獨立工會聯合會從其在蘇維埃年代的前身組織承繼了很有價值的不動產資源，包括上千棟的辦公室建築物、旅館、療養院、醫院，以及兒童營地。它還繼承了可以徵收勞工提撥至國家社會福利保險基金的權利。多年來，對這個基金的控制使官方工會在每年都可以獲得大量的財源。這些資產與收入賦予了這個官方工會的領導人相當可觀的利益，並可用於競爭成員的支持。但是俄羅斯獨立工會聯合會不再對其區域與分會的成員進行集中控制。因此，身為協會組織的俄羅斯獨立工會聯合會相對薄弱的其中一個主要原因，就是內部不團結。它大部分的時間都努力在與獨立工會競爭，以贏得代表勞工與雇主們進行集體協商的壟斷權，而非與其他工會一起共同去捍衛一般勞工的整體利益。俄羅斯獨立工會聯合會官方正式支持「社會夥伴關係」（social partnership）的概念，而且參與與雇主協會組織以及政府進行三方協商有關工資與社會福利的位置。然而，三方委員會很大程度只是形式上的，實際的社會政策都是由政府所制定，並由企業提供一些投入。[46]

1990年代，勞動和社會條件嚴重惡化，但是工會的反應卻跟不上腳步，這也說明了俄羅斯獨立工會聯合會的效率不彰。失業率上升至13%（這數據已經表示非常嚴重了，一般而言共產政權下是不會知道真實的數據），即使在職的勞工中，積欠工資的現象也是很普遍的。研究調查發現，在1990年代中的任何一年，有四分之三的勞工都曾經至少有1次以上延遲收到工資的經驗。[47]還有罷工現象——特別是教師族群——但在經濟局勢的嚴峻狀況下，比預期的少很多。但即使勞工抗議，在許多案例中，這些實際上都不是由工會組織的，而是地方首長試圖為了想要更多資金援助，而尋求向中央政府施壓的手段。[48]

為何工會表現得如此積弱不振呢？原因之一是，許多在企業中工作的勞工，會依賴其所提供的社會福利與保證就業。[49]另一個原因則是，在俄羅斯獨立工會聯合會的領導人和政府當權者之間有著很深厚的關係。結果，工會很難發起抗爭活動。勞工一般都會覺得其所屬的工會無法代表他們。然而這樣的狀況看起來似乎有利於企業與國家，但事實上，資深的國家領導人對俄羅斯獨立工會聯合會在組織上的積弱不振表示憂心；這意味著不論是企業或是國家，在處理與勞工相關的議題上都沒有可靠的協商夥伴。最後，就是政府擔心未來充滿了危機，因為勞

工的不滿可能會蔓延並變成破壞國家穩定的引爆點。

## 新領域的利益團體

自從俄羅斯轉型以來，出現許多新的協會組織代表新類型行動者的利益。銀行家、政治顧問、房地產經紀人、小城鎮的首長、大城市的市長、法官、律師、稽核員、電視廣播員，以及許多其他專業與職業團體都成立了協會組織，以尋求更有利的政策或是設定專業標準。環保團體、女權組織、人權行動者，以及許多具有明顯偏好的團體都已經組織起來。這些組織大多屬於地方性在特定地區開展服務，只有少數是屬於全國性的範圍。最為人熟知的公開運動之一就是汽車業主了，他們在幾個城市中成立組織，抗議一些達官顯要人士濫用特權（如在車頂使用閃爍的藍燈，以方便穿越堵塞的交通）。[50]

社群媒體的崛起以及社會利益趨向多樣性，都有利於形成許多不同的組織。有些可能會以抗議模式進行，而其他更多的是透過在政治過程中進行遊說以捍衛本身的利益。就像在其他國家一樣，利益團體都會傾向於青睞受過良好教育與有人脈的對象。普丁執政後宣布其支持一個更強大的公民社會。然而，事實上，這只是讓協會組織自由串連與合作變得愈來愈困難。

## 優勢政黨之政權

### 11.8 檢視「強勢政黨」在近年選舉中的崛起。

在大多數的國家中，政黨是執行利益匯集此一至關重要任務的最重要組織——在這過程中，社會產生的無數需求經過匯集並篩選之後，只有一小部分的內容會進入到政策選擇當中。在一個民主國家中，政黨是否能夠有效地匯集利益、確認所選並要求政治人物負責等，這些都是很重要的能力。在俄羅斯，政黨制度已經很大程度上停止了發揮利益匯集的作用。取而代之的，它服務於現任的統治者，去動員一部分的大眾與政治菁英尋求支持。結果，政黨制度不但無法給予選民有意義的政策選擇，也無法要求政治官員負責。

雖然俄羅斯在1990年代的政黨體制是動盪且支離破碎的，但在2000年期間卻出現了一個很清晰的結構，那就是由統一俄羅斯黨來執政，而其他政黨則處於邊緣化地位。能夠建立這樣統治地位的政黨原因有二個：第一，在1990年代，政黨尚未確定要代表哪一類型的社會利益與協會組織，所以選民對於政黨的依附認同度不強；第二，普丁的政權打壓了政治上的競爭，並且建立了一個單一的優勢政黨，表現出其在選舉以及立法上的利益觀點。

俄羅斯人稱呼一個能夠反映出統治菁英的利益並在權力上幾乎壟斷的政黨為「**當權政黨**」（party of power）。對政治人物而言，政黨是能夠加速其職業發展升級的工具；而對選民而言，政黨是一個國家在選舉時會出現的樣貌。在1990年代，曾經出現過幾個短暫組建但為時不長的政黨，但是到了2000年時期，「統一俄羅斯黨」毫無疑問的就是所謂的當權政黨。在此同時，克里姆林宮也開始對其他政黨施展不同程度的影響，從而決定每個政黨可能扮演的政治角色。那些拒絕按照克里姆林宮所安排的角色的政黨，最後就會發現幾乎根本無法運作。克里姆林宮利用統一俄羅斯黨以及其他政黨確保其能夠控制整個國家杜馬與地區的立法單位，引導政治競爭進入安全途徑，以及管理那些充滿雄心壯志的政治人物的職業發展——但是卻從不會把自己放在自由競爭選舉中。

## 選舉與政黨發展

表11.1列出了從2003年以來的政黨得票分布之官方統計結果。統一俄羅斯黨主導著整個政黨制度，而其他還存留在制度中的「反對派」政黨則依舊邊緣化。在過去的4次國家杜馬選後的會議中，相同的4個政黨都保持了存在的事實，但是卻沒有任何其他外部政黨能夠跨越選舉門檻而進入。在2016年的國家杜馬選舉，統一俄羅斯黨贏得了四分之三的席次，主要是來自於本身強力在單一選區制選舉中的出色的表現。

圖11.6顯示了選舉結果如何轉換為各政黨派別在2011年與2016年選舉後，在國家杜馬的席次分配狀況。儘管還有少數隸屬於小黨的代表贏得了國家杜馬的席次，但是他們隸屬的政黨還是無法形成國會中的黨團。在過去25年以來，政黨制度已經從許多支援薄弱的政黨發展成為一個威權優勢的地位的政黨制度。[51]

## 從多黨制走向一黨獨大政權

在戈巴契夫執政下的選舉中，對前蘇聯以及俄羅斯聯邦共和國的國會進行改革，建立了多黨制的樣貌。在1989年與1990年的選舉，民主取向的政治人物聯合起來擊敗了共產黨官員，而且他們一旦當選了，就在國會中形成立法的核心。在那裡，他們與共產主義者、民族主義者，以及其他農業團隊進行競爭。1993年12月的國會選舉，這些國會的黨派也變成了政黨在國會中的核心要角。

**去極端化與政黨制度**——1980年代末期至1990年代初期的選舉競爭，都圍繞著兩個極端來開展進行，其中一個是關連到與葉爾欽以及推動民主與市場經濟的力量有關，另一個則是堅守要捍衛舊時代體制為基礎的國營與經濟控制的力量。其他的政黨就依照本身狀況而將自己定位關連到這兩個極端的位置上。舉例來

## 表11.1 1993年以來國家杜馬選舉的政黨名單投票狀況

特別注意（notate bene, NB）：在2003年之後，「反對所有政黨」的選項已被移除

| 政黨 | 2003年 | 2007年 | 2011年 | 2016年 |
|---|---|---|---|---|
| 統一俄羅斯黨 | 38.2 | 64.3 | 49.3 | 54.19 |
| 公正俄羅斯黨 | — | 7.7 | 13.25 | 6.23 |
| 俄羅斯自由民主黨 | 11.6 | 8.1 | 11.68 | 13.14 |
| 全俄祖國黨 | 9.2 | — | — | 1.51 |
| 俄羅斯愛國黨 | — | — | 0.97 | 0.59 |
| 俄羅斯聯邦共產黨 | 12.8 | 11.5 | 19.2 | 13.34 |
| 農民黨 | 3.6 | 2.3 | — | — |
| 其他未達到5%門檻的政黨 | 11.1 | 2.1 | 5.6 | 11 |
| 反對所有政黨票數 | 4.7 | — | — | — |

資料來源：作者自行編輯自中央選舉委員會發布的報導。參閱http://cikrf.ru。

## 圖11.6 國家杜馬政黨席次的分配

在2016年舉行的第17屆國家杜馬選舉，俄羅斯聯邦擴增了超過四分之三的
總席次。本身有超過一半的席次都是來自於贏得施行單一選區制的選舉中

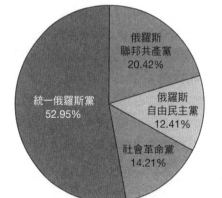

2011年俄羅斯國家杜馬：主要政黨席次的分配

2016年俄羅斯國家杜馬：主要政黨席次的分配

資料來源：作者自行編輯自國家杜馬發布的報導。

說，佛拉迪米爾·吉里諾夫斯基（Vladimir Zhirinovsky）的民族主義「**俄羅斯自
由民主黨**」（Liberal Democratic Party of Russia, LDPR）就宣稱可以提供在民
主主義與共產主義兩個極端點的其他選擇，以排外主義（xenophobia）、威權主
義，以及用過去帝國之懷舊情懷為號召。該政黨在1993年的大選中展現出人意料

的強勁表現，顯示出人們普遍對葉爾欽的經濟改革表現感到不滿。從那以後，吉里諾夫斯基也一直是政治界持久存在的人物。

左翼（國家主義者與社會主義者）在光譜的極點是共產主義者（**俄羅斯聯邦共產黨**，Communist Party of the Russian Federation, CPRF）是前蘇聯共產黨的繼承人，擁護著混合了共產主義與民族主義的原則。

在支持市場與支持民主的光譜這一端，曾經有數個政黨存在，不過它們的命運興衰自1990年代之後就急劇下降。其中之一便是「俄羅斯統一民主黨」（Yabloko）。俄羅斯統一民主黨一直持續捍衛著民主主義的原則與在經濟上採行社會民主政策，並且反對一些由葉爾欽與普丁所奉行的政策，並試圖取消大多數舊有國家制度對經濟的補貼與控制。但不久之後該政黨就很難在國家杜馬取得代表的席次，而且很艱難去贏得一些區域性的立法席次。

在1990年代初期至中期的選舉中，反映出民主黨派與共產黨派之間兩極化的趨勢，而這也造成了許多小黨林立的局面。在1993年與1995年的國家杜馬選舉中，不論是親民主派的政黨或是共產黨，都沒有贏得明顯的絕對多數席次，然而民主派僅獲得少數席次，但是共產主義、國家主義以及相關的聯盟，則擁有多數的席次。除了少數政黨（俄羅斯聯邦共產黨、俄羅斯自由民主黨，以及俄羅斯統一民主黨）之外，大多數的政黨根基薄弱，而且往往是在選舉前不久才崛起。許多政黨試圖避免採取明確的政治性立場，而是自稱為「中間派」與實用主義者，它們將在民主主義者與共產主義者的對立兩極端之間進行運作。

總統選舉不像國會選舉那樣更激發不同政黨的發展，因為這選舉更多是圍繞在候選人本身的人格特質上。當葉爾欽在1996年競選連任時，他一開始所得到的支持度僅有個位數字而已（他甚至一度考慮取消參選），但是最終他凝聚了自身的力量，並且成功地說服了選民，使其認為該場選舉是關於在他與回到共產主義之間的選擇。葉爾欽在競選期間表現出許多活力，他很慷慨地給予選民承諾，而且他掌握了媒體所有可以促進他人氣增長的管道，最後成功擊敗了他的共產黨競選對手根納季·久加諾夫（Gennady Zyuganov）。[52]然而，競選活動也給葉爾欽造成了損失。在大選後不久，他進行了重大的心臟手術，而且在他第2任期間，他的健康狀況一直都不佳。

**建立當權政黨**——主導1999年選舉的議題就是誰將繼任葉爾欽，成為下一任的總統。許多聯邦與區域官員都希望選舉能團結成一個新的當權政黨，以保全他們的職位。在1999年的夏末，克里姆林宮幕後有一群策略家推動成立一個名為「統一黨」（Unity）的運動。他們想要創造一個選舉團，讓全俄羅斯的政府公

務員都能夠團結起來去參與國家杜馬的選舉。他們也想藉由這樣活動來替普丁抬轎，當時普丁才剛被葉爾欽任命為總理，也宣布其為接班人。對普丁而言，就是這麼巧合，就在統一黨運動成立以及普丁受到任命的幾天內，車臣共和國反抗軍就發動突襲進入到鄰近地區的達吉斯坦（Dagestan）。公寓大樓的爆炸事件——俄羅斯官方譴責車臣共和國的恐怖分子——也發生在莫斯科與其他城市中。普丁果斷的對車臣游擊隊採取軍事行動，使他與統一黨組織的運動在民眾之間大受歡迎。統一黨在當年8月底以前，甚至都還是個不存在的組織，在12月的大選居然贏得了23%的政黨名單選票。

因為總統葉爾欽提早辭職的緣故，所以2000年的總統選舉比原本預期的行程提早舉行了。根據《憲法》，如果總統提早卸任，總理將自動接任總統的職位，但是新的選舉必須在3個月內舉行。根據這樣的規定，總統選舉就安排在2000年3月26日。提前舉行的選舉給了領先的現任者普丁帶來優勢，因為他可以利用受歡迎的人氣以及這個聯邦國家要有連續性發展的想法。普丁依靠各個階層的公職人員的支持，將其媒體競選呈現出了「總統」的形象，而且選民也擔心改變可能只會為生活帶來更糟的結果。此外，他的競選對手也沒有很強勁。幾個很傑出的政治人物都謹慎選擇不去參與跟他競爭。普丁的策略非常有成效：他在第一輪選舉中就贏得了絕對多數的票數（有關2000年至2012年的總統選舉結果，請參閱表11.2）。

**2003年及2004年的選舉**——在普丁執政下，標誌著過渡時代的共產主義與民主主義之間的意識形態的鴻溝，幾乎消失了。政治舞臺由總統及其支持者所主導著。忠誠的親普丁政黨：統一黨，在其吸收了一個競爭的政黨「祖國—全俄羅斯聯盟」之後改名為「統一俄羅斯黨」。統一俄羅斯黨在政黨光譜中，很快就拿下了幾乎壟斷的地位，將其他政黨擠壓至邊緣地帶。在選舉法上一連串的改變之後，使得除了少數一些政黨之外，幾乎所有的政黨都很難在選舉中參與競爭，克里姆林宮貢獻了主要的力量，向區域首長以及大型企業施壓，要求他們支持統一俄羅斯黨。

統一俄羅斯黨變成為一個巨型的政治機器，可以分配政治利益與物質利益給支持者、壟斷政策制定，以及在立法議會中提供可靠的多數席次。幾乎所有的區域立法機構都是由統一俄羅斯黨占有絕對多數的席次，而絕大多數的主要首長也都隸屬於該政黨。反對派政黨只能在一些區域與地方的立法機構中控制著少數席次，以及偶爾可能會在首長競選中獲得勝選。但是，由於統一俄羅斯黨本身與總統的行政團隊保持密切的關係，以及似乎有不受限制的媒體與組織的資源，所以

**表11.2　2000年之後的俄羅斯總統選舉**

普丁或梅德維傑夫在每場競選中，都大幅度地領先贏得了第一輪的選舉

**CPRF：俄羅斯聯邦共產黨；LDPR：俄羅斯自由民主黨；DPR：俄羅斯民主黨**

| | 2000年 | 2004年 | 2008年 | 2012年 |
|---|---|---|---|---|
| 佛拉迪米爾‧普丁 | 52.9 | 71.3 | — | 63.6 |
| 根納季‧久加諾夫（CPRF） | 29.2 | — | 17.7 | 17.8 |
| 佛拉迪米爾‧吉里諾夫斯基（LDPR） | 2.7 | — | 9.3 | 6.2 |
| 格里戈里‧亞夫林斯基（Yabloko） | 5.8 | — | — | — |
| 尼基塔‧哈里托諾夫（CPRF） | — | 13.7 | — | — |
| 迪米契‧梅德維傑夫 | — | — | 70.2 | — |
| 安德烈‧博格丹諾夫（DPR） | — | — | 1.3 | — |
| 米哈伊爾‧霍多爾科夫斯基（獨立參選人） | — | — | — | 7.89 |
| 謝爾蓋‧米羅諾夫（公正俄羅斯） | — | — | — | 3.85 |
| 其他 | 6.5 | 10.7 | — | — |
| 反對所有候選人 | 1.8 | 3.4 | — | — |

註釋：「反對所有候選人」的選項在2008年或2012年的競選中已被移除。

使得它在政治體系中占有一個類似於墨西哥革命制度黨（PRI）這樣長期保有權力的地位，或者像是在競爭性威權政體中的其他優勢政黨所擁有的權力一樣。

在2003年的國會選舉中，克里姆林宮生動地展示了成功將統一俄羅斯黨建立為一個優勢的當權政黨。統一俄羅斯黨贏得了38%的政黨名單選票，並且最終在國家杜馬獲得了三分之二的席次。共產黨幾乎失去了原本一半的選票，而民主黨派的情況則更糟。這是第1次民主黨派政黨在政黨名單的選票中沒有拿下任何1個席次。這樣的結果說明了普丁要消滅任何有意義的政治反對者。如此令人印象深刻的結果顯示統一俄羅斯黨可確保普丁再次輕鬆被選為總統。2004年3月的選舉就是一個壓倒性的結果。普丁贏得很輕鬆，獲得了71.3%的選票，而他的共產黨對手只有拿下不到14%的選票。歐洲觀察團評論這場選舉只是「順利進行」，但是很難將此認定是「一種真正民主的競選」，基於總統可以在選舉時全面性地控制媒體的覆蓋範圍，以及其缺乏有實質意義上的競選。**53**

在2007年的國家杜馬選舉中，統一俄羅斯黨的壟斷性更加受到印證。在選舉前不久，普丁就宣稱他將會是該政黨名單排序的第1人（雖然他說他不會加入該

政黨，而且他也無意在杜馬任職）。[54]這暗示著普丁有意要運用該政黨來作為其離開總統職位後的權力基礎。即使克里姆林宮創造出了第2個當權政黨（公正俄羅斯黨，A Just Russia）作為吸引一些走在光譜上屬於左派陣營的選票機制，而且能夠提供另一個可選擇性的出路給沒有被統一俄羅斯黨所容納的政治人物，統一俄羅斯黨會獲得壓倒性的成功一直都不讓人意外，而且最終其贏得了64.3%的選票。當權者使用各式各樣的手段操弄選舉，其範圍從大量不公平的政黨報導，到在許多地區徹底地偽造選舉結果（在一些區域的開票中，統一俄羅斯黨所獲得的選票居然比100%登記投票的選民票數還多）。[55]

同樣的，當權者知道在2008年的總統大選沒有機會了。於是，他們違反許多大量的選舉法規，就是為了要確保其結果能如所欲——舉例來說，取消潛在強烈反對派候選人的競選資格、從國家預算大量挹注資金到梅德維傑夫的競選中、讓梅德維傑夫不成比例的大量出現在媒體的報導中，以及無視法律上關於違反選舉法的挑戰等。梅德維傑夫幾乎都能夠贏得任何一場選舉，但是還會有這種大規模的選舉操弄，顯示當權者想要完全控制繼任者是誰。當權者是如此成功地管制著結果，最後官方顯示梅德維傑夫獲得了超過70%的選票支持——只有大約少於普丁在2004年的得票率了1%而已。

**2011年到2012年的選舉週期和2016年的國家杜馬選舉**——2011年12月的國會選舉可以看到相同的4個政黨進入國會中。統一俄羅斯黨在官方統計的得票上稍微減少一些，不過其他政黨卻增加一些。然而，整體而言，統一俄羅斯黨的優勢地位——仍由總統的團隊加以控制——依舊還是很安全。而當時在2007年至2008年，廣泛傳出選舉作弊的事件，主要是被用來產生預期的結果。

隨著在2012年3月總統選舉的到來，普丁開始把重心放在選舉上，多年參與的久加諾夫（俄羅斯聯邦共產黨）以及吉里諾夫斯基（俄羅斯自由民主黨）也一樣。這一次，公正俄羅斯黨的領導人謝爾蓋‧米羅諾夫（Sergey Mironov）也參與選舉。還出現了一位新的億萬富豪參與者米哈伊爾‧霍多爾科夫斯基（Mikhail Prokhorov，他最知名的身分為「紐澤西籃網」的擁有者）。他提供了一個很廣泛的友善商業平臺，但因為他從未直接批評過普丁，因此有愈來愈多人懷疑應該是當權者允許他去參選，以吸引一些其他候選人的支持票數。最後，根據官方統計結果，他大致贏得了8%的選票。同時普丁也宣布贏得了63.6%的選票。

在2011年至2012年的選舉週期中，當權者再次訴諸大規模的詐欺手段來保證所想要的選舉結果。但這次公民維權者已做好準備。他們記錄——有時甚至使用

智慧型手機的拍照功能記錄──大量的選舉作弊案件。舉例來說，當權者會採用一種被稱為「旋轉木馬（輪播）」的技術，將一大批人從一個投票站帶到另一個投票站，幫缺席者進行投票（通常事先把獨立的選舉觀察團給支開了）。另外一種手段就是設定特別的「暫時性」投票站，而沒有任何獨立的選舉觀察團在事先被告知。在一些案例中，某些人可能會祕密的將大量事先已勾選好某位候選人的選票塞到投票箱裡面。有時候作弊行為可能更為直接，在計算選票數目後，負責選舉的官員可能會系統性地減少競爭對手的得票總數，並將這些選票加進統一俄羅斯黨或普丁的得票總數當中。然後，這當然如以往一樣，在競選期間，媒體報導的選民抽樣訪問，具有高度的偏差。獨立的預估機構計算了普丁真實的得票數大概會比官方統計的總數要少10%或更多（但是他還是應該會直接以多數得票在第一輪選舉就獲勝了），而統一俄羅斯黨在12月的全國性選舉中，得到的實際總票數應該會更接近於34%，而非官方所公布的49%。**56**

　　在2011年12月舉辦的國家杜馬選舉與2012年3月的總統大選之後，在程序上廣泛的濫權行為，已經在俄羅斯全國各地引發了前所未有的大規模抗議活動。主要是針對選舉作弊的事件，有3起大規模的抗議發生在2011年末以及2012年初，顯示出反對派是多麼廣泛，其中最大的示威抗議活動是發生在2012年2月的莫斯科，在攝氏零度以下的氣溫中，聚集了大約10萬名參與者。抗議者的要求集中在2項主要的問題上：公平的選舉以及普丁離職。令人訝異的是，當權者沒有騷擾示威抗議者。一些觀察家懇切地說出希望能夠朝向一個更自由、更公開的政治制度來轉變。

　　然而，自2012年的上半年之後，抗議運動的聲浪就被平息了。當權者進一步對反對勢力加以施壓，編造刑事上的指控來打擊事件領導者。直到普丁恢復到完全掌權狀態，他很清楚地聲明自己沒有興趣與反對勢力對話。當權者也為保政權而集結了保守派的支持，藉由指控反對派連結國外意圖（一個廣受關注的電視紀錄片指控反對派領導人收受外國國安單位的資助）以及藉由城市知識分子的怨念來動員大眾反抗。**57**

　　當權者很謹慎的要確保2011年至2012年這樣令人不堪的抗議運動不會在2016年的國家杜馬選舉後再次發生。他們採取了一種雙管齊下的策略來確保統一俄羅斯黨可以贏得選舉，但不會挑起任何的抗議事件。他們指示地方的當權者在選舉日避免投票公開舞弊行為，但要控制以統一俄羅斯黨為主導獲勝的競選活動。他們同時也很努力地動員統一俄羅斯黨的支持者，舉例來說，藉由向工廠的勞工、政府單位的員工、學生，以及其他可被加以控制的團體進行施壓，要求將選票投

給統一俄羅斯黨，並將他們大批集結以公車運送到投票站。[58] 這個策略是成功的。儘管投票率低於50%，但是統一俄羅斯黨贏得的選票只比2011年減少了400萬張，統一俄羅斯黨的得票比例上升了，而且也在全面性的國家杜馬所獲得的席次比例有所增加。

當權者似乎已與主導統治地位的政權模式混為一談了，並繼續利用統一俄羅斯黨來確保其在國家杜馬與地區立法機構的支持。只要統一俄羅斯黨依舊是執政黨時，當權者的目標就會將其擺在如何廣泛吸引所有的社會階層，而非只是特定的某個社會階層。結果，作為影響到投票現象的社會結構因素，變得愈來愈不重要，而選民對一般當權者以及針對普丁的態度，已成為投票偏好的最重要預測指標。

統一俄羅斯黨從社會各方面廣泛地獲得支持，並呈現出一種不切實際的形象。它的主要吸引之處就在於與普丁之間有深入的連結關係。這個政黨相對上在社會中根基比較淺。所以普丁與其他克里姆林宮的官員也會與這個政黨保持距離，期待它能夠支持當權者，但沒有給予太多能夠影響到政策制定的機會。這說明了為何普丁從來未加入過該政黨。

## 俄羅斯與本身的資源詛咒

### 11.9 描述當代俄羅斯在政治與經濟結構調整之間的相互作用。

俄羅斯的經濟狀況依然受到國家的嚴格控制，但是還是具有很大的特定市場競爭元素。它已經比以前的蘇維埃時代更能融入到全球經濟當中了，但是聯邦國家所留下來的社會主義與中央計畫經濟模式，仍然持續發揮著強大的影響力。俄羅斯還是依舊嚴重依賴原材料的出口，特別是石油與天然氣。

### 從計畫經濟走過來的轉變

俄羅斯的後共產主義轉型是相當困難的，因為這個聯邦必須在共產主義政權結束後，同時重新建立政治與經濟的體制。走向市場經濟會創造出一些機會，但是也會面臨到許多的難處。民主化會使其政治制度開放給可能組織的團體加以影響，並為自己爭取專有的經濟利益。許多民眾在蘇維埃政權統治下過著平淡但穩定的生活方式，但這樣的模式現在卻因為計畫經濟的瓦解，而被通貨膨脹與失業率給摧毀了。有一小部分的人獲得創業的機會所帶來的好處，或是利用他們與政府的聯繫關係，而累積了大量的財富。普丁一開始會這麼受到歡迎的其中一個原因就是，人們相信他會恢復經濟的繁榮，並且嚴厲打擊一些透過可疑的手段來大

量累積財富的大亨。

**穩定發展**——俄羅斯在1990年代初期推動了2項重大的經濟改革方案：「總體經濟的穩定發展」與「私有化」。穩定發展，後來被稱之為**「休克療法」**（shock therapy），主要目的是要阻止國家在財政上的崩潰。這需要採取痛苦的財政與貨幣政策，藉由削減政府的開支以及減少貨幣的供應。這種結構性的改革，往往會在短時間內造成大多數人生活水準下降。

這些改革並沒有完全進行。其中一個原因就是，那些在早期的開放經濟與國家資產私有化的階段中受益的人利用特權進入當權者獨占的管道中鎖定自己的利益，並反對隨後採取任何擴大競爭的措施。舉例來說，有些公務員需要經營權來壟斷企業，然後再致力於打擊其市場中出現的潛在競爭對手。所以就會有一些國家公務員會從發行執照上去收取「規費」，像是對進出口商，或是核發商業或企業許可證給那些在其產業中具有壟斷市場能力的公司。[59]一個完全競爭的市場體系中，為所有參與者提供了公平角逐的平臺，而且如果某些人取得特權的位置，則可能會傷害到本身獲利的能力。

**從共產主義到資本主義**——共產主義制度與其他的威權政體不同之處在於，其在經濟上的轉型會更困難。對於前蘇聯及其繼承的聯邦來看尤其如此。原因之一，隨著史達林及其後繼者而來的經濟發展模式，更注重在大型企業的生產上。這意味著許多的地方政府完全依賴單一企業主的經濟是否健全。前蘇聯將資源高度集中在軍事生產上，因而進一步複雜化了俄羅斯在改革上的任務，就像當聯邦的疆域面積改變時，許多產業原本是建立在不同的區域中，而必須改由主要的人口以及運輸中心來調控。在像俄羅斯這樣龐大的國家中，要重建日益腐爛破敗的國家的公共基礎建設，其成本確實非常昂貴。經濟的穩定發展計畫始於1992年1月2日，當時政府取消了對價格的許多控制措施、提高賦稅，並大幅削減了政府的支出。幾乎同時間立即就看到這項新計畫形成反對的聲浪了。經濟學家與政治人物都各自選邊站。休克療法計畫方案很容易就成為被攻擊的標靶，即使當時在批評聲浪中都還沒有形成相關可替代方案的共識。這方案就變成常被描述為是「只有出現休克，但沒有任何療法」。

藉由減少政府的支出、讓物價上升，以及提高賦稅，穩定發展計畫似乎能夠對生產者創造出誘因來提高其產能並找到新的市場利基點。但是，俄羅斯的生產者一開始並沒有反映在提高產量上，結果一般民眾的購買力急劇下降。人們開始挨餓、銀行存款用完了，而經濟跌落到長期低迷的狀況中。與政界關係良好的公司得以生存下去，因為能夠以很低的成本取得融資與取得政府發包的生產訂單，

從而阻礙了任何可能會改善生產力的誘因。為了要急於增加營業的稅收,政府大量從國際貨幣基金會(IMF)舉債,並以極高的利率瘋狂發行國債。國際貨幣基金會的貸款通常都有很多附帶條件——政府保證進一步削減開支,並增加稅收以作為接受國際貨幣基金會援助的條件,這進一步加劇了經濟的蕭條。共產主義者與民族主義者透過將政府描繪成是一個受到邪惡西方帝國主義操控的玩偶,這在民眾中引起了軒然大波。

**私有化(privatization)**——穩定發展之後緊接而來的就是國營企業大規模私有化。相較於休克療法的計畫方案,私有化至少在一開始擁有大眾的大力支持。私有化將國營企業的法定所有權轉讓給私人所經營。在適當的條件下,生產工具為私人所擁有,對社會而言會更有效率,因為在競爭性的環境中,業主會因為想要極大化本身資產的誘因而有動力,以提高生產能力發揮收益的能力。在私有化的計畫方案中,每1位俄羅斯公民都會拿到1張面值為1萬盧布(約30美元)的憑證。人們可以自由購買與販售這張憑證,但是只能夠用於購買私有化企業的股票,或投資在私有化企業中的共同基金。這計畫方案試圖確保每個人都能夠快速變成資產擁有者。在政治上,這計畫方案針對透過讓公民分享到市場轉型的成果,來建立對經濟改革的支持。在經濟上,政府希望藉由創建出有意義的財產權,讓私有化最終能刺激帶動生產力的提升。自1992年10月開始,這計畫方案發行了1億4,800萬張的憑證給公民,直到1994年6月30日計畫方案執行結束時,理論上應該會有4,000萬名公民成為股票的持有者。但是這些股票往往沒有什麼價值,因為企業幾乎都沒有發股利,而股東也無法在公司內部行使投票權。

下一個階段的私有化拍賣了國營企業中剩餘最多的股權來換取現金。這個階段的特點,是一系列的醜聞「甜心交易」(sweetheart deals),由少數俄羅斯最富有的大亨所擁有的銀行,最終能以極低的交易價格獲得了一些俄羅斯利潤最高的石油、天然氣與冶金公司的所有權。這些安排中最惡名昭彰而被廣為知悉的就是**「股權貸款」**(loans for shares)的計畫。這是在1995年由一小部分與政府關係良好的商業富豪團體所推動,他們說服葉爾欽拍賣了一些管理權,而能夠讓他們控制幾家大型國有企業的大部分股權,而他們也會以向政府貸款的方式作為回報。如果政府無法在1年的時間內償還貸款的債務,這些股權就會歸為當時貸款給政府的銀行所有。如同預期,政府果然無法償還貸款,因此讓一小部分的寡頭人物取得了某些俄羅斯最有價值的公司的所有權。[60]

**私有化的結果**——就書面資料來看,私有化取得了極大的成功。到1996年,私人企業生產了90%的工業產品,以及約有三分之二大型與中型企業都已經私有

化了。[61]然而，實際上，所有權的實際轉移數目，結果並沒有所公布的那麼可觀。一方面，占主導地位模式是經理人收購他們經營的公司的大量股權，結果，許多公司的經營模式並沒有改變。其次，許多名義上的私人公司開始強化與政府間的連結關係以取得支持，像是低廉的國家補助型的貸款與信貸。[62]

　　這個計畫方案允許許多無良的禿鷹商人透過各種金融手段掠奪公眾利益。許多人也因為把自己所有的積蓄都投入到投資基金中，而導致破產或陷入一種像是簡單的「老鼠會」（pyramid scheme，金字塔式騙局）。問題在於市場經濟的制度框架都還沒就位前，卻已經急著推出私有化。因為當時市場的股市、債券，以及大宗商品市場都還屬於小型的規模，而且監管制度也尚未周延，市場經濟的法律基礎已經逐漸完善成形了，但是在那之前，大部分的經濟卻已經私有化了。在1990年代大部分時間裡，經濟缺乏流動性意味著企業無法準時支付工資與納稅，而出現彼此間以貨物來交易的現象。

　　政府陷入了債務的陷阱。由於無法履行其義務，國家變得愈來愈依賴舉債。債權人看出政府可能無法履行其義務，所以他們要求更高的利率，讓政府陷入愈來愈深的債務陷阱中。最後，債務泡沫破滅了。在1998年8月，政府宣布延期償還債務，並且放手讓盧布對美元的價格持續貶值。一夕之間，盧布幾乎貶值了三分之二，而使得其信用被大降等。[63]投資人持有的政府公債，變得幾乎一文不值。盧布崩潰的影響波及到了整個經濟層面。盧布嚴重貶值當然會使得出口更有競爭力，並給國內生產商帶來了動力，但是同時也明顯的降低了人民的生活水平。

　　如同表11.3所顯示，俄羅斯的經濟產出下降了10年，幾乎衰退到1999年經濟開始復甦之前。2000年的時候，全球石油與天然氣價格上漲，帶給了俄羅斯從1999年到2008年10年的穩定增長期。隨著經濟復甦，企業就能夠償還一直拖延支付的工資與稅賦。反過來，這些稅收也能夠讓政府償還其債務，從而使得消費者對工業產品的需求增加等。直到2009年之後，人民各方面的生活水準也有所提升了，而最多的是表現在經濟領域中。但是之後發生的全球金融危機以特別大的力道重重打擊了俄羅斯，使其經濟萎縮近8%。經濟在2014年至2015年開始再次受創，當時全世界的石油、天然氣，以及其他商品價格都嚴重下跌。

　　俄羅斯在全世界競爭環境中表現出高度的脆弱性，因此使得俄羅斯不得不去面對當時沒有對銀行系統、工業結構或是針對企業的制度性環境，進行實質性的改革。其經濟面對2008年全世界的金融海嘯與經濟危機時，表現得毫無招架之力，因為其大量依賴自然資源的出口，而在普丁執政下，卻變得更加深化這問

題。截至2015年，石油與天然氣的產值占了中央政府年度稅收的一半以上，以及俄羅斯出口總價值的三分之二。[64]世界能源價格下跌後，也因此重創了俄羅斯的經濟。俄羅斯允許盧布不斷貶值，雖然有助於國內的工業，但是大多數的出口商預計，在可預見的未來中，經濟依然成長得很緩慢。除此之外，俄羅斯吞併了克里米亞後，美國與歐盟開始對俄羅斯實施制裁，這也使得俄羅斯的銀行與公司要向國外借錢變得極為困難。

**社會條件**——在1990年代時生活水準快速地下降。一小部分人變得很富有，而某些家庭也適度地改善了條件。然而，大多數的人卻由於失業、收入不多，以及拿不到該有的工資與退休養老金，使得生活水準出現淨下降的現象。工資與收入在2000年代開始復甦，但是在2013年的時候又再次遭遇到新一輪的經濟衰退。俄羅斯人在2016年的實質收入差不多等同於其在2006年的水準而已。

不論是在1990年代的經濟下滑期間，或是在2000年代的經濟復甦期間，收入的不平等現象都急劇增加。不平等現象的升高是來自於許多因素所造成的。在1990年代，因為薪水增加的速度趕不上通貨膨脹的物價水準、失業率嚴重地上升、退休養老金與其他社會救助系統的惡化，以及大量的財富集中在少數群體的手上。自從2000年以來，一般平均的財產顯著地下降，隨著失業率的上升，以及退休養老金水準有所上升所導致。然而不公平的現象持續在惡化，原因是收入的差異變大了（2位在同樣職位以及相同地區的勞工，可能會因為公司的不同，而導致薪資收入有很大的差異），若干產業中，像是能源與金融，其經理人擁有極高的收入，而原本不同的地區有不同的稅率，但是在普丁主政下，卻將所得稅率調為一致性（13%），並廢除了遺產稅。

然而，政府同時採行這樣的政策與當前的經濟趨勢，導致了經濟上的繁榮成果大多嘉惠到收入分配的上層人士中，更勝於那些處在收入分配下層的人士。此外，財富擁有不平等的現象更大過於收入上的差異。根據「瑞士信貸全球財富報告」（Credit Suisse Global Wealth Report），到目前為止，俄羅斯的財富集中程度是全世界最高的，最富有的1%人口擁有該國70%以上的財富。[65]

不平等的距離持續擴大以及缺乏中產階級的成長，構成了一些令俄羅斯領導人關注的問題。普丁2008年2月8日在俄羅斯聯邦人民大會上發表的演講，他宣稱當前收入不平等現象的程度是「絕對無法接受的」，而且其應該降低到更加緩和的程度；他主張推動能夠擴大中產階級的措施。他宣稱中產階級的人口覆蓋率，到2020年時應該要達到60%或甚至70%。[66]然而，該政權一直都沒有推行可以擴大私有部門的規模，而當權者對於建立中產階級的興致，也在2011年至2012年這

**表11.3　國內生產總額的年增長率與物價上漲**

| 年分 | 國內生產總額的成長（年增長率%） | 通貨膨脹率（消費者物價指數的年增長率%） |
|---|---|---|
| 1991 | -5.05 | |
| 1992 | -14.53 | |
| 1993 | -8.67 | 874.62 |
| 1994 | -12.57 | 307.63 |
| 1995 | -4.14 | 197.47 |
| 1996 | -3.60 | 47.74 |
| 1997 | 1.40 | 14.77 |
| 1998 | -5.30 | 27.67 |
| 1999 | 6.40 | 85.74 |
| 2000 | 10.00 | 20.78 |
| 2001 | 5.09 | 21.46 |
| 2002 | 4.74 | 15.79 |
| 2003 | 7.30 | 13.68 |
| 2004 | 7.18 | 10.86 |
| 2005 | 6.38 | 12.68 |
| 2006 | 8.15 | 9.69 |
| 2007 | 8.54 | 8.99 |
| 2008 | 5.25 | 14.11 |
| 2009 | -7.82 | 11.67 |
| 2010 | 4.50 | 6.84 |
| 2011 | 4.26 | 8.43 |
| 2012 | 3.52 | 5.08 |
| 2013 | 1.28 | 6.78 |
| 2014 | 0.71 | 7.81 |
| 2015 | -3.73 | 15.53 |

資料來源：世界銀行，世界發展指標，http://databank.worldbank.org/data/reports.aspx?source=world-development-indicators。

一波的政治抗爭浪潮之後，而大為下降了。

　　特別是社會轉型效果產生了一個令人不安的面向，就是公共健康照護的倒退。雖然公共健康照護在共產黨執政年代末期就已經開始惡化了，但是其衰退程度卻是在政權更替之後顯得更嚴重。死亡率在政治轉型之後快速升高，尤其是針對男性。俄羅斯男性的預期壽命，相形之下差不多就像是貧窮與開發中國家的水

準（在俄羅斯男性出生時的預期壽命是65歲，這樣的水準差不多就等同於巴基斯坦、玻利維亞，以及菲律賓）。雖然近年來的預期壽命有所增加，但是在男性與女性之間的差距——以世界的標準來衡量是非常巨大的——反映出在男性人口當中，有很高比例是屬於菸酒濫用者。其他人口統計的指標則是更加嚴峻。愛滋病的發生機率以及其他傳染性疾病、謀殺、自殺、藥物上癮，以及酗酒的人口比例都很高。

俄羅斯的領導人認為，人口危機對俄羅斯的國家安全構成了很嚴重的威脅，因為包括了在某些區域中的勞工短缺現象不斷上升（專家們認為在俄羅斯有800萬至1,000萬的非法移民）以及因為軍隊無法募集到足夠的健康男性年輕人。自從1991年以來，俄羅斯已經減少了200萬的人口數，因為死亡人數已經超越出生人數了，而移民人口也難以完全彌補。不過從曾經受到前蘇聯統治的國家所移民而來的人口，還是有緩解一些下降的趨勢。人口統計估算俄羅斯可能到了2050年時，還會再減少超過三分之一的人口數。總統普丁已經啟動了一連串的措施來提高出生率、降低死亡率，以及刺激移民來俄羅斯的意願。這確實有助於溫和地增長一些出生率。

要讓俄羅斯走向自我永續在經濟成長之道路上，必須要讓勞工與投資者都能為本身的法律權力感到有信心，也可能需要徹底地大幅修改國家與經濟之間的關係。蘇維埃政府推動中央的計畫經濟指導企業生產哪些東西以及如何運用資源。許多經濟都連動在重工業與國防生產中，而政府的各部會也直接控管經濟的每一個部門。後共產主義時代，國家與經濟之間，必須要完全擁有一套不一樣的關係，這樣才能夠刺激經濟的成長。其必須要為經濟的活動、市場的管制、法律的執行、公共商品與服務的提供，以及競爭的促進等，來設定清楚的規則。要對國家官僚體制結構以及國家公務員態度進行改變，都是一項艱鉅的任務。

政府意識到主要來自於石油與天然氣出口的稅收結構，暴露出了一個很嚴重的危險性，會在經濟中造成通貨膨脹的壓力。因此，就像是其他盛產石油的國家一樣，俄羅斯也成立「平準基金」（stabilization fund），當石油價格超過設定的門檻時，可用來儲存某些由於處於世界高能源價格時所產生的稅收。這樣產生金融危機時，可以讓政府去彌補其赤字，就像是隨著2008年的金融危機來襲一樣，稅收總額會下降，但是社會福利支出的義務性是增加的。政府也大量動用這筆資金來補貼大企業與銀行，自從2013年以來，就一直在這樣做了。但是如果石油的價格依然處於低點，政府也沒有辦法填補新的資金到平準基金中。

圖11.7顯示了聯邦政府2016年在各種不同項目預算中的支出明細。社會政策

的支出幾乎占了國家所有預算的四分之一以上，而在未來的支出則很有可能持續增加，主要是因為人口的老化。軍事與法律執行的支出也占了大約三分之一的預算，而對工業與農業的補助（全國經濟政策中）也占了15%。[67] 把教育與醫療照護加總在一起

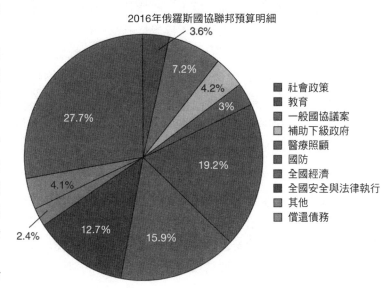

圖11.7 2016年俄羅斯國協預算明細

2016年俄羅斯國協聯邦預算明細

- 社會政策
- 教育
- 一般國協議案
- 補助下級政府
- 醫療照顧
- 國防
- 全國經濟
- 全國安全與法律執行
- 其他
- 償還債務

3.6%
7.2%
4.2%
3%
27.7%
19.2%
4.1%
2.4%
12.7%
15.9%

資料來源：數據資料來自於《公報》（Vedomosti），2015年10月8日。

後，其支出占了總預算的4%。償還債務與補助給較為基層政府的預算則是占了8%。政府在本身想要建立軍隊與法律執行能力，以及其需要在停滯不前的經濟環境中維持社會穩定這兩者之間，面臨著很不容易的權衡。

# 邁向法治？

## 11.10 簡要描述俄羅斯施行法治的途徑及障礙。

雖然俄羅斯的法律以及機構都反映出對法治的正式承諾，但是俄羅斯的統治者與公民卻很習慣於破壞法治的行為模式。貪污腐敗依舊到處存在，同樣的當權者為了本身的政治目的，而出現濫權的現象。

### 法律管轄的聯邦國家

戈巴契夫改革的其中一項最重要的目標，就是讓前蘇聯成為一個「法律管轄的聯邦國家」（law-governed state / pravovoe gosudarstvo），而不是一個當權者可以為其政治目的而進行操弄法律的聯邦國家。自1991年之後，俄羅斯的歷屆領導人都不斷反覆強調國家必須尊重法律優先於政治的準則——即使他們採取的行動嚴重違反憲法，並且侵犯了司法部門所謂的獨立性。要將法律置於政治之上的

困難度，證明了統治者習慣於將法律制度當成是治理的工具來運用。

早在戈巴契夫執政之前，蘇維埃政權就開始掙扎於要如何推行法治了。在史達林過世之後，繼任者終止了大規模恐怖統治的行為，並採取了重要步驟來減少法律對政治鎮壓的使用。不過，即使經過了整個蘇維埃的晚期，共產黨以及國家安全委員會（KGB）往往都還是運用法律程序行使政治壓迫之行為，披上具有法律正當性的外衣。國家當權者還是持續將法律制度運用在政治目的上。1990年代的改革，在某種程度上就是要直接將司法獨立於當權者之外，但是在2000年的時候，政治對法律制度的控制卻又增加了。

## 法治之路的障礙

除了不斷以濫用法律的方式來為政治目的服務之外，法院當中與執法系統的貪污腐敗，以及授予治安警察廣泛的自由裁量權也都妨礙了法治的進行。

在後蘇聯時期，治安警察持續具有運作上的自主性。在蘇聯時期，維持國內安全的主要責任是擔負在被稱為國家安全委員會的單位上。國家安全委員會具有很廣泛的權力，包括負責國內外的情報工作。自1991年以後，這單位的功能已經被拆解分配到幾個單位當中。主要負責國內安全的機構，稱之為「聯邦安全局」（FSB）。雖然安全機構在結構與任務上已經有所改變，但是他們卻從未經歷過將內部人員徹底更換的狀況。沒有任何一位在前蘇聯時期參與安全任務的成員與合作者，因為違反公民權利而遭受到起訴。與東歐國家剛好相反，俄羅斯沒有審查過去官員與祕密警察的合作紀錄。這是幾個理由中之一，說明為何後蘇維埃時期的俄羅斯，一直沒有與其共產主義的過去完全切割。

治安警察被認為是更加專業能幹且沒那麼貪污腐敗的國家機構之一。然而，姑且不論其肩負新的任務，如打擊國際毒品的非法交易以及恐怖主義，他們依然還是展現出更全神關注於如何監控國家的政治生活上。舉例來說，他們具有很廣泛的權力去針對發布「極端主義」內容，而關閉網路的供應商以及切斷媒體的轉載。

普丁總統也利用刑事與民事法律手段來向反對派媒體施壓。其中一個案例就是在2000年初期，動用一連串的法律來打擊獨立媒體的擁有者。這些措施包括了警察騷擾以及刑事起訴，同樣也利用民事手段使其走上破產的道路。舉例來說，分別有2家電視臺的擁有者被迫要切割自己的媒體資產，並將所有權轉讓給其他效忠於政府的公司。結果，俄羅斯這兩家相對自主的全國性電視公司失去了本身的政治獨立性，另外一家受人尊敬的自由派報社也被迫關門，而使得所有的媒體

機構得到一個訊息，那就是聰明的話，就別去招惹當前的政府。

　　法律外的脅迫也被用來作為壓迫反對派的手段。當權者往往透過在公開市面上無法取得而去進行使用罕見的毒藥以及放射性物質，使得許多反對派的政治人物、律師，以及新聞記者都慘遭謀殺。[68]

　　法律制度有時候也會強制將私有公司以低價出售，然後就能夠由親政權的國營企業所接收。舉例來說，國家運用逃稅的罪名以及盜竊罪來指控尤科斯石油公司，並逼迫其走到破產的地步，如此該公司最賺錢的項目就能夠以低價方式賣給國營的石油公司俄羅斯石油公司。這些強迫性的敵意收購，也被稱為「資產掠奪」（reiderstvo / raiding）。

　　**貪污腐敗**——法治的另一個障礙就是地方性的貪污腐敗。在蘇維埃時期之後，貪污腐敗的確有實質性的增加。這種現象不只發生在日常生活當中，也出現在與國家公務員打交道的過程中。一份發表於2000年5月的研究調查發現，有55%的受訪者同意這樣的陳述：「任何想要與政府官員打交道的人都必須行賄。」即使有79%的受訪者在過去12個月內並沒有行使賄賂的行為。[69] 2015年「國際透明組織」（Transparency International）所公布的「清廉印象指數」（Corruption Perceptions Index, CPI），在所有調查的167個國家中，俄羅斯的排名是119位，俄羅斯幾乎可以說是貪污腐敗無處不在，與獅子山共和國（Sierra Leone）、蓋亞那（Guyana），以及亞塞拜然（Azerbaijan）屬於同一等級的國家。[70]專家估計其貪污腐敗的總量，換算成經濟中的交易，則超過了國家的年度預算總額。[71]法律執行人員（尤其是交警）、健康醫療照護、教育，以及政府相關事務單位都被認為是最為糟糕的犯罪之處。

　　為了要減少政府官員的貪污腐敗，當權者已經通過立法要求公務員必須公開申報其收入以及財產。然而，到目前為止，大多數的觀察者認為，這樣的行徑對於降低貪污腐敗的效果影響極其有限。舉例來說，很常見的是國家杜馬的代表會在申報日期快要截止的時候，以申請離婚的方式，來規避需要申報其配偶財產的登記。[72]

　　雖然貪污腐敗並非只有特別發生在俄羅斯或是前共產國家而已。然而，在俄羅斯以及其他前蘇維埃聯邦政權中尤其普遍。貪污腐敗到這種程度，已經嚴重拖累到經濟的發展，因為不止其將公共需要的資源挪為他用之外，也會因為其破壞了人民有意願去投資到其他具有生產性的行為中。[73]此外，許多的貪污腐敗都會與組織犯罪掛勾，以賄賂政府官員的方式來獲得保護並驅逐合法的商家。警政與法院的貪污腐敗，能夠包庇許多犯罪不受到懲罰，並且迫使合法的商家與非法的

商家共同競爭。

　　在俄羅斯的貪污腐敗現象已經盤根錯節了，而且許多俄羅斯人認為這根本是無法根除的。然而，貪污腐敗的比較研究顯示了只要藉由改變大眾與政府的期望，其貪污腐敗的文化是可以被改變的。[74]關鍵在於政治領導人必須認真打擊貪污腐敗，並且要成為制度改革承諾的支持後盾，並且持續關注這些問題的發展。

　　自從1990年代開始，已經有許多的改革在進行，如引進陪審團制以及建立憲法法院，都有助於強化司法在面臨到政治壓力以及貪污腐敗問題時，所能展現出的獨立性。然而，當權者很習慣性地運用檢察院以及法院來行使其政治目的，以及貪污腐敗的強大侵蝕力量仍然繼續破壞著法律制度的完整性。長期來看，要能夠朝法治方向前進，需要讓權力很充分分散到國家與社會的團體與組織當中，才能夠使得不論是私人或是國家的利益都不會強大到去操縱法律以遂行其目的，也才能夠使政治菁英本身尊重法律。

## 俄羅斯與國際社群

### 11.11 討論俄羅斯衝突的國際關係。

　　幾千年以來俄羅斯在擴張、戰爭，以及國家掌控社會的歷史中，留下了專制統治的遺產，並且將精力都關注在捍衛本身的國家疆界。前蘇聯政權的垮臺需要俄羅斯重建其政治機構、經濟制度、國族認同，以及與外面世界的關係。在前蘇聯時期，國家的宣傳是透過在資本主義與社會主義之間的國際奮鬥形象，來正當化其壓迫控制整個社會的行為以及建立龐大的軍事武裝。現在的國家領導人意識到唯一能夠實現俄羅斯所希望的繁榮方法，就是透過強力地連結到世界經濟中才有可能。然而，他們還是希望能夠掌握強大的政治制度控制力，為的就是要讓本身的權力能夠保持穩定並且避免威脅。

　　戈巴契夫、葉爾欽，以及普丁都曾經宣稱將國家整合進入到已開發民主國家的一員中，這對俄羅斯而言，具有戰略上的重要性。戈巴契夫願意讓整個東歐的共產黨政權瓦解，就是為了要能夠改善與西方國家的關係。葉爾欽接受東歐國家加入「北大西洋公約組織」（NATO），因為這是讓俄羅斯與美國以及歐洲關係更密切的必要條件。普丁則是不斷強調應該要讓俄羅斯加入世界貿易組織，因為這對俄羅斯經濟在長期發展上是否會成功具有決定性的關鍵。

　　在此同時，俄羅斯並未接受國際法的約束。它還持續擴張軍事力量到前蘇聯政權的幾個共和國之中，強迫它們必須變成俄羅斯的附屬國。在2008年8月，喬治亞（Georgia）準備嘗試以武力收回俄羅斯所支持的脫離地區的控制權「南奧

塞提亞」（South Ossetia），俄羅斯就發動了一支整裝完善的軍隊侵入到獨立且親西方國家的喬治亞。俄羅斯這種壓倒性地回應，其意圖很清楚地要征服喬治亞，在這個前蘇聯領土內下屬國家中保留緩衝區，以符合俄羅斯的利益。

俄羅斯藐視國際法最嚴屬的行為，就是2014年併吞克里米亞。克里米亞半島長期以來的歷史都是屬於俄羅斯國土的一部分，而且其主要人口也都是俄羅斯人，但是在1954年，赫魯雪夫正式宣稱其劃歸成為烏克蘭的一個自治區。在2014年2月，親莫斯科的烏克蘭總統被一群暴動的民眾驅逐下臺，並且由一位親歐洲國家的繼任總統上臺之後，普丁很迅速地將俄羅斯特種部隊滲透進入克里米亞，並且控制住克里米亞的政府。俄羅斯這個舉動很顯然違背了1994年已經簽署承諾會尊重烏克蘭的現有邊界之協議。在取得控制權不久後，俄羅斯馬上在克里米亞舉行公投，根據官方的報導，有96.7%的選民支持克里米亞加入俄羅斯聯邦中。之後，俄羅斯就正式將克里米亞納入俄羅斯聯邦中（包括克里米亞以及塞瓦斯托波爾這個鄰近黑海的城市都被納入）。全世界只有一半的國家承認克里米亞被併吞進俄羅斯的版圖。美國與歐盟以對俄羅斯施加經濟制裁來作為回應。這些制裁包括嚴格禁止俄羅斯銀行可以長期向國際市場取得貸款的機會，以及制裁俄羅斯的能源公司無法取得海外的技術。有一群屬於高階政府內的個人，其資產也被西方國家所凍結。

俄羅斯還給予在烏克蘭東部地區的反叛軍一些物質上的支持。分離主義者一直在尋求能夠脫離烏克蘭而獨立，而且實際上已經控制住了2個地區——「頓內次克」（Donetsk）與「盧甘斯克」（Luhansk）——它們宣稱是獨立的共和國。而反叛軍在2014年7月使用俄羅斯的飛彈擊落了飛過烏克蘭東部的民航機後，才使得俄羅斯在軍事上對反叛軍的支持有所減少。然而，在反叛軍與烏克蘭政府之間的小規模戰爭仍然持續著，看來以政治方法解決的前景仍然遙遙無期。

俄羅斯在前蘇聯的部分地區中施行的準帝國主義行為，以及其拒絕受到民主原則的約束，都會使它變得難以完全融入國際社會中。俄羅斯的領導人意識到他們不能夠退縮到孤立和自給自足的狀態。他們還意識到俄羅斯面臨的嚴重脆弱性——不斷下降的人口數、基礎設施老化、對移民勞動力的依賴，以及過度依賴自然資源提供政府稅收。因此，雖然他們想要尋求掌控前蘇聯所擁有的領土範圍，但是他們也不想把俄羅斯的角色形塑成像是美國的敵人而站在兩個極端點的世界；他們比較傾向於讓俄羅斯在多元極化世界中，扮演幾個主要勢力的其中之一。但是該政權卻一直對西方國家採取防禦與敵對的角色，聲稱西方國家正在密謀阻止俄羅斯取得作為世界大國所應有的地位。普丁一直致力於促進與中國保持

良好的關係，而且也把俄羅斯列為亞太地區的主要力量之一。然而，俄羅斯工業的積弱不振，意味著它只能靠著提供自然資源來獲取潛在投資者的青睞。俄羅斯從西伯利亞與遠東地區的人民不斷向外移出，也使得俄羅斯更加依賴移民勞工，特別是來自中國的移民。

## 結論

　　俄羅斯幅員遼闊，行政能力積弱不振，以及國家控制社會的傳統，使其領導者在可預見的未來之主要目標中，選擇在國家內部與國際層面上不斷地強化國家。共產黨政權的結束以及前蘇聯的垮臺，損害了國家在法律執行、保護本身公民，以及提供基本的社會救助服務之能力。2000年時，在經濟上具備有利的條件，使得俄羅斯能夠重建本身在家園與海外的力量，但是近年來發生的經濟危機事件，凸顯出俄羅斯要走向國際金融與能源市場上的脆弱性。長期來看，要自我維持經濟的發展，將會需要法治以及有效率的機構，才能夠表達與匯集社會利益。俄羅斯這個的後共產主義國家是否能夠延續下來，最終將取決於其機構對世界的回應與適應的能力，並且在全球化與相互依存的世界中，是否能滿足俄羅斯公民的需求。由普丁所建立的政治當權者，其首要目標是維持該國的政治穩定並維護其統治者的權力。然而，就像是俄羅斯聯邦之前的蘇維埃政權一樣，普丁的政權可能會發現將關注強烈放置於穩定的維護上，會使得該政權對於改革本身的政治與經濟制度顯得綁手綁腳，而難以應對不斷變化的世界挑戰。

## 章後思考題

1. 葉爾欽為了振興經濟所使用的「休克療法」計畫，何以造成了1993年的憲政危機？
2. 1992年至1993年憲法對立的結果，對1993年之後的憲法未來有什麼影響呢？
3. 普丁總統如何強化中央政府相對於地方政府的權力？他改變權力平衡的原因是什麼？
4. 普丁政權公民社會打交道的方法為何？
5. 俄羅斯人對民主持有矛盾的觀點。可以用什麼現象來解釋這些態度？
6. 什麼是政黨的權力？俄羅斯聯邦的政黨擁有權力嗎？
7. 法治在俄羅斯施行的主要障礙為何？哪些問題在政治制度的改變上，是需要加以克服的？

## 重要名詞

車臣共和國
商事法院
俄羅斯聯邦共產黨
憲法法院
聯邦委員會（上議院）
俄羅斯獨立工會聯合會
開放政策
米哈伊爾・戈巴契夫
法律管轄的聯邦國家
士兵母親委員會聯盟
佛拉迪米爾・列寧
俄羅斯自由民主黨
股權貸款
迪米契・梅德維傑夫
幹部職務名單制

寡頭人物
當權政黨
總統命令
私有化
檢察院
公眾議會廳
佛拉德米爾・普丁
俄羅斯工業家和企業家聯盟
安全會議
休克療法（經濟學）
約瑟夫・史達林
聯邦人民大會
國家杜馬（下議院）
電話司法
統一俄羅斯黨

## 推薦閱讀

Aslund, Anders. *Russia's Capitalist Revolution: Why Market Reform Succeeded and Democracy Failed.* Washington, DC: Peterson Institute for International Economics, 2007.

Colton, Timothy J. *Yeltsin: A Life.* New York: Basic Books, 2008.

Fish, M. Stephen. *Democracy Derailed in Russia: The Failure of Open Politics.* Cambridge: Cambridge University Press, 2005.

Greene, Samuel A. *Moscow in Movement: Power and Opposition in Putin's Russia.* Stanford, CA: Stanford University Press, 2014.

Hale, Henry. *Patronal Politics: Eurasian Regime Dynamics in Comparative Perspective.* New York: Cambridge University Press, 2015.

Hill, Fiona, and Clifford G. Gaddy. *Mr. Putin: Operative in the Kremlin.* Washington, DC: Brookings Institution Press, 2015.

McFaul, Michael. *Russia's Unfinished Revolution: Political Change from Gorbachev to Putin.* Ithaca, NY: Cornell University Press, 2001.

Treisman, Daniel. *The Return: Russia's Journey from Gorbachev to Medvedev.* New York: Free Press, 2011.

Zygar, Mikhail. *All the Kremlin's Men: Inside the Court of Vladimir Putin.* New York: Public Affairs, 2016.

## 網路資源

政府官方網頁的英文版面，可以連結到俄羅斯總統府、國會，與政府以及其他單位：
http://gov.ru/index_en.html
美國匹茲堡大學可連結至俄羅斯的相關資源網站：http://www.ucis.pitt.edu/reesweb
《莫斯科時報》（*Moscow Times*），一份主要針對外籍人士的英文每日報紙：http://www.
themoscowtimes.com
列瓦達中心（Levada Center）的英文網站，這是一家俄羅斯大眾民意調查機構，其為一
家具有獨立性與高品質的組織：https://www.levada.ru/en/

## 註釋

1. Steven Levitsky and Lucan A. Way, *Competitive Authoritarianism: Hybrid Regimes After the Cold War* (Cambridge: Cambridge University Press, 2010).

2. Henry E. Hale, *Patronal Politics: Eurasian Regime Dynamics in Comparative Perspective* (New York: Cambridge University Press, 2015).

3. Max de Haldevang, "Observer Group Questions Presidential Vote Result," *Moscow Times*, March 8, 2012.

4. President Dmitry Medvedev, "Rossiia, vpered! [Go, Russia!]," as published on the presidential website http://kremlin.ru on September 10, 2009.

5. Richard Pipes, *Russia Under the Old Regime*, 2nd ed. (New York: Penguin Books, 1995).

6. Archie Brown, *The Gorbachev Factor* (New York: Oxford University Press, 1996).

7. In 2008, the constitution was amended at President Medvedev's request to extend the president's term of office from four years to six, and that of the Duma from four years to five. Both amendments took effect after the 2011–2012 election cycle. These are the only amendments to have been made so far to the constitution. Based on the new schedule, the next presidential election will be in 2018.

8. In April 2013, the director of the Security Council instructed his subordinates to develop proposals "to strengthen national security in the spiritual–ethical sphere." Representatives of the Security Council were unsure what he had in mind but thought it might have to do with fighting same-sex marriage. Taissiia Bekbulatova, Ivan Safronov, and Maksim Ivanov, "Na strazhe dukhovnoi bezopasnosti," *Kommersant*, April 25, 2013.

9. Many observers agreed that the point of the reform was to weaken the influence of local interests on Duma deputies, further centralizing power with the executive.

10. Ben Noble and Ekaterina Schulmann, "Parliament and the Legislative Decision-Making Process," in Daniel Treisman, ed., *Arrested Development: Rethinking Politics in Putin's Russia* (forthcoming).

11. A vivid portrait of a jury trial in Moscow is presented by Peter Baker and Susan Glasser, *Kremlin Rising: Vladimir Putin's Russia and the End of Revolution* (New York: Scribner, 2005), 231–250.

12. On nationality policy in the Soviet Union, see Terry Martin, *The Affirmative Action Empire: Nations and Nationalism in the Soviet Union, 1923–1939* (Ithaca, NY: Cornell University Press, 2001).

13. Following Russia's forcible annexation of Crimea in 2014, Russia incorporated Crimea and the city of Sevastopol within it as two new subjects of the federation. Neither Ukraine, of which Crimea was part, nor most of the international community, has recognized the annexation of Crimea.

14. Julia Kusznir, "Russian Territorial Reform: A Centralist Project That Could End Up Fostering Decentralization?" *Russian Analytical Digest* 43 (June 17, 2008): 8–10, https://www.files.ethz.ch/isn/56388/Russian_Analytical_Digest_43.pdf.

15. J. Paul Goode, "The Push for Regional Enlargement in Putin's Russia," *Post-Soviet Affairs* 20, 3 (July–September 2004): 219–257.

16. On the Chechen wars, see Daniel Treisman, *The Return: Russia's Journey from Gorbachev to Medvedev* (New York: Free Press, 2011).

17. Timothy J. Colton, *Yeltsin: A Life* (New York: Basic Books, 2008).

18. Henry E. Hale, "The Myth of Mass Russian Support for Autocracy: The Public Opinion Foundations of a Hybrid Regime," *Europe-Asia Studies* 63, 8 (October 2011): 1364.

19. Viktor Khamraev, "Rossiiane vidiat vokrug demokratiiu," *Kommersant*, March 20, 2012.

20. Levada Center, May 26, 2010, http://www.levada.ru/press/2010052618.html, accessed May 30, 2010.

21. Hale, "The Myth of Mass Russian Support," 1357–1375.

22. Fond obshchestvennogo mneniia, http://fom.ru/Nastroeniya/12101, accessed August 24, 2016.

23. Polit.ru, June 25, 2010. Interestingly, those most likely to report that they feel protected from arbitrary treatment are women, individuals with lower educational levels, and those with low incomes.

24. Richard Rose, William Mishler, and Neil Munro, *Popular Support for an Undemocratic Regime: The Changing Views of Russians* (Cambridge: Cambridge University Press, 2011).

25. Khamraev, "Rossiiane vidiat vokrug demokratiiu."

26. Elena Lisovskaya and Vyacheslav Karpov, "New Ideologies in Postcommunist Russian Textbooks," *Comparative Education Review* 43, 4 (1999): 522–532.

27. "Shkol'niki Rossii predpochli izuchat' svetskuiu etiku," *Vedomosti*, February 24, 2010; Polit.ru, March 26, 2010.

28. 86% of the public rely on television as a major source of news; only 33% cite Internet publications and 23% the social media. Levada Center survey, July 2016, http://www.levada.ru/2016/08/12/14111/.

29. A law passed in 2012 requires Internet service providers to remove any sites that violate laws on illegal content. Although the law's sponsors argued that the law was needed to fight child pornography and other social harms, opponents warned that the language of the law was sufficiently broad that it could be used to block any politically objectionable sites. Human Rights Watch, "Laws of Attrition: Crackdown on Russia's Civil Society after Putin's Return to the Presidency" (New York: Human Rights Watch, 2013), available at https://www.hrw.org/report/2013/04/24/laws-attrition/crackdown-russias-civil-society-after-putins-return-presidency, accessed May 7, 2013.

30. Levada Center, April 29, 2013, http://www.levada.ru /print/29-04-2013/svyshe-poloviny-strany-schitaet-er- partiei-zhulikov-i-vorov.

31. Masha Gessen, "Alexe Navalny's Very Strange Form of Freedom," *New Yorker*, January 15, 2016, http://www.newyorker.com/news/news-desk/alexey-navalnys-very-strange-form-of-freedom.

32. Robert D. Putnam, *Making Democracy Work: Civic Traditions in Modern Italy* (Princeton, NJ: Princeton University Press, 1993).

33. Marc Morje Howard, *The Weakness of Civil Society in Post-Communist Europe* (Cambridge: Cambridge University Press, 2003).

34. I. Mersiianova, "Sotsial'naia baza rossiiskogo grazhdanskogo obshchestva," in E. S. Petrenko, ed., *Grazhdanskoe obshchestvo sovremennoi Rossii. Sotsiologicheskie zarisovki s natury* (Moscow, Institute Fonda Obshchestvennoe mnenie, 2008), 131.

35. Maksim Ivanov, "Televidenie ostalos' v glavnoi roli," *Kommersant*, April 5, 2011.

36. For one such example, see Sarah Lindemann-Komarova, "How a Siberian Mom Took on Politics as Usual in Russia and Won," *the Nation*, https://www.thenation.com/article/how-a-siberian-mom-took-on-politics-as-usual-in-russia-and-won/.

37. Olga Kryshtanovskaya and Stephen White, "Putin's Militocracy," *Post-Soviet Affairs* 19, 4 (2003): 289–306.

38. On the predatory behavior of many of the officials and business tycoons close to Putin, see Karen Dawisha, *Putin's Kleptocracy: Who Owns Russia?* (New York: Simon & Schuster, 2014).

39. Jane I. Dawson, *Eco-Nationalism: Anti-Nuclear Activism and National Identity in Russia, Lithuania, and Ukraine* (Durham, NC: Duke University Press, 1996).

40. Sergei Sergei Konovalov, "Grazhdan razlozhili na atomu," *Nezavisimaia gazeta*, December 21, 2011.

41. Nikolaus von Twickel, "Kremlin Earmarks $350M to Friendly NGOs," *Moscow Times*, March 9, 2011.

42. In a system where all prices were set by the state, there was no meaningful measure of profit in any case. Indeed, relative prices were profoundly distorted by the cumulative effect of decades of central planning. The absence of accurate measures of economic costs is one of the major reasons that Russia's economy continues to be so slow to restructure.

43. Article 59 of the constitution provides that young men of conscription age who are conscientious objectors to war may do alternative service rather than being called up to army service. Legislation specifying how this right may be exercised finally passed in 2002.

44. The chairwoman of Soldiers' Mothers estimated that some 3,500 servicemen lose their lives each year as a result of "various accidents and suicides," *RFE/RL Newsline*, February 14, 2008.

45. Polit.ru, June 18, 2009.

46. On the labor unions and the tripartite commissions, see Sarah Ashwin and Simon Clarke, *Russian Trade Unions and Industrial Relations in Transition* (New York and Houndsmills, Basingstoke, Hampshire, UK: Palgrave Ma cmillan, 2003).

47. Richard Rose, "New Russia Barometer VI: After the Presidential Election," Studies in Public Policy no. 272 (Glasgow: Center for the Study of Public Policy, University of Strathclyde, 1996), 6; and Richard Rose, "Getting Things Done in an Anti-Modern Society: Social Capital Networks in Russia," Social Capital Initiative Working Paper no. 6 (Washington, DC: World Bank, 1998), 15.

48. Graeme B. Robertson, "Strikes and Labor Organizations in Hybrid Regimes," *American Political Science Review* 101, 4 (2007): 781–798.

49. In hard times, Russian enterprises tend not to lay off workers but instead put them on short hours and eliminate bonuses. Workers may still get a wage while looking for a job in the informal sector. Among other things, this preserves workers' pensions and medical benefits.

50. On social movements, see Samuel A. Greene, *Moscow in Movement: Power and Opposition in Putin's Russia* (Stanford, CA: Stanford University Press, 2014).

51. Ora John Reuter and Thomas F. Remington, "Dominant Party Regimes and the Commitment Problem: The Case of United Russia," *Comparative Political Studies* 42, 4 (2009): 501–526.

52. Stephen White, Richard Rose, and Ian McAllister, *How Russia Votes* (Chatham, NJ: Chatham House, 1997), 241–270.

53. Quoted from a press release of the election observer mission of the Organization for Security and Cooperation in Europe, posted to its website immediately following the election, as reported by *RFE/RL Newsline*, March 15, 2004.

54. In all, 108 candidates on the United Party list declined to take their seats in parliament. Such candidates were used as "locomotives"—they were used to attract votes, but had no intention of serving in the Duma once the party won.

55. On the scale of fraud in recent Russian elections, see Mikhail Myagkov, Peter C. Ordeshook, and Dmitri Shakin, *The Forensics of Election Fraud: Russia and Ukraine* (Cambridge: Cambridge University Press, 2009).

56. Arkady Lyubarev, "An Evaluation of the Results of the Duma Elections," *Russian Analytical Digest* 108 (February 6, 2012): 2–5.

57. In a famous episode in February 2012, members of a female punk rock group called Pussy Riot entered the Cathedral of Christ the Savior in Moscow and tried to hold a "punk worship service" mocking Putin before being forcibly removed by police. They were charged with hooliganism and sentenced to two years' imprisonment. Although many thought the sentences excessive, most Russians were appalled by their actions. Putin gave them amnesty shortly before the 2014 Sochi Olympics.

58. On workplace mobilization, see Timothy Frye, Ora John Reuter, and David Szakonyi, "Political Machines at Work: Voter Mobilization and Electoral Subversion in the Workplace," *World Politics* 66, 2 (April 2014): 195–228.

59. Joel S. Hellman, "Winners Take All: The Politics of Partial Reform in Postcommunist Transitions," *World Politics* 50, 1 (1998): 203–234.

60. An excellent account of the "loans for shares" program, based on interviews with many of the participants, is Chrystia Freeland, *Sale of the Century: Russia's Wild Ride from Communism to Capitalism* (New York: Crown, 2000), 169–189.

61. Joseph R. Blasi, Maya Kroumova, and Douglas Kruse, *Kremlin Capitalism: Privatizing the Russian Economy* (Ithaca, NY: Cornell University Press, 1997), 50.

62. Blasi, Kroumova, and Kruse, *Kremlin Capitalism*; Michael McFaul, "State Power, Institutional Change, and the Politics of Privatization in Russia," *World Politics* 47 (1995): 210–243.

## 譯者註

[1] 2020年1月新上任的總理為米哈伊爾‧米舒斯丁（Mikhail Vladimirovich Mishustin）。

[2] 傳聞當時是由來自於瑞典的諾曼人所建立的「留里克」（Rurik）王朝。

[3] 英文原文將自治區撰寫成national districts，而下方又以autonomous districts來描述，因此譯者統一將其以「自治區」來呈現。

[4] 位於遠東的「猶太自治州」（Jewish Autonomous Oblast）。

[5] 克里米亞（Crimean）重要港口城市，克里米亞於2014年在俄羅斯支持下舉行公投，從烏克蘭獨立而加入俄羅斯聯邦，但其仍存有主權之爭議。

[6] 普丁於2020年再次修憲（之前2008年修憲延長總統任職年限），為本身在2024年之後的終身領導鋪路。

[7] 蘇聯解體後，由原本的部分加盟共和國組成「獨立國家國協」（Commonwealth of Independent States, CIS）的一個國家聯盟，其行政結構與政治運行模式相似於大英國協。

[8] 這是1985年戈巴契夫掌權時所提出來的改革開放政策。

# 第十二章

# 中國政治

墨寧（Melanie Manion）

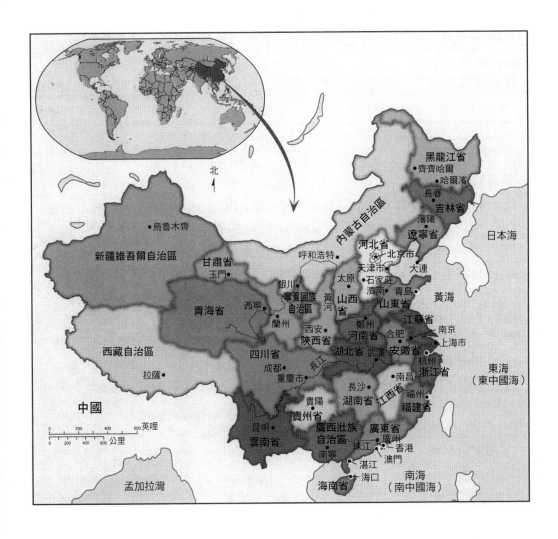

## 國家簡介

**人口**：13億5,700萬

**領土**：3,705,386平方英哩

**成立年分**：1949年

**當前憲法制定年分**：1982年（1988、1993、1999、2004修憲[1]）

**國家元首**：共產黨總書記與中華人民共和國主席（總統）習近平（Xi, Jinping）

**政府首腦**：副主席（總理）李克強（Li, Keqiang）

**語言**：標準中文或官方話（普通話，以北京方言為基礎）、粵語（廣東話）、滬語（上海話）、閩北語（福州話）、閩南語（泉漳話）、湘語（湖南話）、贛語（南昌話）、客家方言、少數民族語言

**宗教**：道教、佛教、穆斯林2-3%；基督教1%（估計值）；全國官方定調的是無神論

## 學習目標

**12.1** 探討目前中國所面臨許多源於其經濟發展成功的相關挑戰。

**12.2** 簡要區分從1949年迄今，中國政治歷史的三個主要時期。

**12.3** 從中國的規模和多樣性結構，描述其社會環境的狀況。

**12.4** 描述中國黨國一體的結構，並詳細說明其政黨的組成以及菁英人才的甄補。

**12.5** 對比中國的「法制」以及民主國家的「法治」之差異。

**12.6** 描述作為政治社會化的來源，中國政府與大眾媒體以及教育體制的關係。

**12.7** 根據中國的歷史淵源來考察中國的政治文化。

**12.8** 探討中國在全國性與地方性層級「官方認可」與「不認可」的政治參與形式。

**12.9** 描述中國近年來利益匯集之演變。

**12.10** 列出中國在政策制定上的三個層次和五個階段，並討論政策實施的途徑與障礙。

**12.11** 說明中國政府在經濟改革、環境保護，以及人口計畫的政策上所扮演的角色。

**12.12** 描述中國與香港的關係。

**12.13** 簡要探討中國的經濟與政治在國際上所扮演的角色。

　　1949年10月1日，**毛澤東（Mao Zedong）**，這位農民革命家所領導的中國共產黨走過抗日戰爭與國共內戰、宣告基本上由共產黨獲勝、宣布成立新的政權，並承諾中國新時代的來臨。在具有數百年歷史的北京天安門廣場上，毛澤東正式就職為「中華人民共和國」（People's Republic of China, PRC）的領導人。直到1976年過世為止，在近30年的時間中，毛澤東一直都是所有全面性改革計畫的首席建構者與鼓動者，該項目旨在領導大批在很大程度上仍落後的農業人民朝向現代化、繁榮，以及（最終）共產主義的烏托邦世界中。在毛澤東過世後的幾年，他的接班人正式且公開地推翻這具有革命性計畫項目中的大多數承諾、策略和成果，從根本上宣稱這場革命性的實驗是個失敗的。他們推動一連串新時代的改革措施，特別是持續至今仍在進行的經濟改革。中國在後毛澤東時期的經濟改革，幾乎就像是1989年至1990年世界上大多數共產主義政權倒臺那樣所發生激烈且充滿戲劇性的改革。轉型的結果也相當令人訝異。

　　雖然沒有公開地放棄共產主義這最終的目標，毛澤東的繼任者們定義目前所主要追求的方向以務實的經濟成長，而不是烏托邦式的意識形態。早在1978年，他們就將經濟成長確定為國家的首要大事，也是共產黨的主要任務。為了要實現這個目標，由共產黨一黨壟斷的這個國家，對30年來直接控制經濟的手段有很大程度的縮手。中國改革者公開承認資本主義經驗具有其優越性，開始促進**「社會主義市場經濟」**（socialist market economy），創造出一個環境來歡迎外國投資者、私有企業，以及股票市場進入中國。大概除了民族主義以外，中國的領導人是將自己的合法性建立在這種新經濟形態的表現上。

　　而擁抱經濟市場的同時，中國的領導人卻一再拒絕政治多元化。於1989年6月4日發生在北京的事件，就很清楚地傳遞中國共產黨一黨壟斷的國家立場，當時人民解放軍動用了坦克車與機關槍對著上千名的示威抗議者鎮壓掃射，將街道與天安門廣場清空。中國共產黨政權不容許有任何組織來挑戰本身政黨在政治權力上的一黨壟斷地位。

　　對13億中的多數中國人而言，政治改革主要反映在新的官方對於私有領域的容許，以及新的官方對於政治冷漠的容忍。相較於毛澤東年代，如果當時聆聽貝多芬的音樂是象徵著「墮落的資產階級」（bourgeois decadence）時，而今日在日常生活中則相對上比較不會連這種行為都被扯進政治議題。此外，在新的政權領導下，一般的公民不太需要以實際行動積極表態支持官方的政策以及政治制度——只要他們不參與反對行動就可以了。中國領導人尚未規劃走向自由民主的道路。相反的，其政治制度只在其有限的範圍內變得更威權專制，而不是普遍性

地實行極權主義統治。

然而，後毛澤東時代的改革，不只是國家對經濟的控制有所撤退，而且強加在公民身上的政治性要求也有減少。中國正在進行一項制度化的計畫方案，以促進穩定和反應能力。在很大程度上，這是為了要鼓勵投資與創新產業以支持經濟成長的目標。在此同時，毛澤東的繼任者也都致力於政治的制度化，以避免過去毛澤東思想的專制獨裁與具有破壞性之政治再現。這些努力包括了更完善制定法律符合新的合法性、更具自主性代表的議會，以及由人民來選出基層的領導人。

中國在過去40年中大部分的轉型都只是一小部分改革政策的直接成果。至少可以說是這些政策所附加而來的結果。改革推動了經濟、政治與社會變革的進程。看看一些案例：經濟權力下放、經濟的市場化與營利化、對外開放以及拒絕毛澤東年代的平均主義，都給官員們提供了新的機會濫用權力為自己累積巨額資金，破壞了政權的合法性。放鬆對「流動人口」（floating population）的嚴格管制，造成約有2億770萬來自農村的移民，能夠在自己家鄉以外的地方尋找工作。他們其中有許多人都未經登記為城市居民，所有這些都反映了在國家權威、社會福利，以及市場機會之間的一種新的三角關係。個人財富的增長以及電信溝通的改革，已在中國產生了大約7億的網路使用人口，而令人驚訝的是其中大約90%的人是透過智慧型手機上網，與其他中國人溝通連結以及走出中國以外的世界，這些連繫都不太可能以完全圍堵的方式來進行控制。

## 當前的政策挑戰

### 12.1 探討目前中國所面臨許多源於其經濟發展成功的相關挑戰。

中國當前的許多政策挑戰都是源自於後毛澤東思想時期在經濟上的成功所帶來的。從1978年開始，中國的領導人同意主要根據其是否有能力促進經濟的成長，以及是否能為中國公民提供更好的物質生活，來當作是衡量的標準。中國的經濟發展，事實上令人印象深刻。直到近年，其每年的經濟成長幾乎都有10%，在歷史上比其他任何經濟體都來得更快速且歷時更長久。依照「購買力平價」（purchasing power parity, PPP）計算，中國現在已經超越美國，成為世界上最大的經濟體了。中國也是全世界最多外匯儲備的持有者。然而，在近年來，該國的經濟成長已趨緩。中國的領導人視放緩的經濟成長率為一種「新常態」（new normal）。事實上，中國最新計畫要達到的年成長目標為6.5%，並將服務、消費以及創新視為推動經濟成長的主要動力，而不是依賴投資與出口。中國能夠如何成功度過這個經濟上的轉變，仍有待時間的觀察，但是關鍵還是需要提供就業機

會與成長來維持其政權與社會的穩定。

　　近40年的經濟成功，並非全然沒有付出代價。這國家透過公職人員合法以及非法的濫權行為，提供了更多機會謀取私人的利益。儘管經過幾10年一直在進行的反貪污腐敗的努力，但年復一年，一般民眾回答民意調查表示，貪污腐敗依然是中國最嚴重的問題之一。今日的中國也正在進行一場有史以來，最為徹底的（也歷時最長久的）反貪腐運動。這個行動已經不只是拍下了基層的蒼蠅，也撼動了政治權位上最為高階的老虎。此外，也剷除了一些共產黨領導人習近平的競爭對手，並使得他個人更受歡迎。這些行動能夠成功，主要還是依賴一個強而有力的、高度權力集中的政黨機構，能夠在法律制度之外執行其嚴厲的權力象徵。雖然這個行動得到廣泛支持，但如此肆無忌憚的啟示，促使了中國網民轉向網路社交媒體質疑究竟迄今有多少罪犯是利用這樣的管道，取得成功向政治階梯爬升的手段？就連一般的普通黨員也很想問這個的問題。

　　日益擴大的貧富差距，點燃了人們對於官員濫權的負面觀感。在1980年代與1990年代中，中國的政策制定者提出了所謂「讓一部分人、一部分地區先富起來」（some get rich first）的政策。結果就是，讓不平等現象迅速加劇。城市家庭的收入高出農村家庭的收入3倍；在城市內，缺乏正式官方居民身分的農民移工，無法獲得基本的社會福利保障。貧困的中國人對社會主義市場經濟新近顯著的經濟不平等現象深感不滿。因為在單一世代之間的財富差距就已經激增許多，因此它具有引發社會動盪的巨大潛力。僅在2010年，就爆發了18萬多起「公共動亂」事件。土地徵收、經濟困境、環境惡化、少數族裔的不滿，以及政治上的貪污腐敗等，都激起了許多的動盪。

　　中國領導人已經完成了交接至「第五代」的領導人重大過渡。習近平與李克強在黨內為領導接班而培養了數年之久，各自在2012年與2013年分別擔任中國共產黨中央委員會總書記與中華人民共和國國務院總理的職位。現在，中國是由有史以來受過最多教育與最不技術官僚的領導人世代所統治。多數具有大學學歷，甚至擁有研究所學歷也並不罕見；許多人主修法律或是社會科學，而不是工程科學。如果堅持以年齡基礎作為退休準，2017年秋天就會看到在政黨權力最高梯隊在排序上出現很大的**翻轉**：25名中的11名「中國共產黨中央政治局」（Politburo）委員，包括7名「中國共產黨中央政治局常務委員會」（Politburo Standing Committee）當中的5名成員（除了習近平與李克強之外）都要下臺。基於近年來的經驗，這一轉變將促進比較年輕的領導人成長──包括新的年輕的領導2人組，他們比較有機會在黨內被培養為2022年的習近平與李克強的接班人。

然而，自從習近平升上了共產黨領導人這個位置以來，他很明顯掌握了集中的權力，他個人所插手負責的政策小組比前任領導人更多，甚至讓自己負責一些新成立的小組。黨國控制的媒體很積極地營造出一種「習爸爸」（Daddy Xi）的形象，習近平已成為繼毛澤東之後最有權勢的中國領導人。如何管理習近平之後的繼任將會嚴重考驗中國的制度發展。

中國徹底拋棄了共產主義意識形態的束縛，經歷了令人印象深刻的經濟改革，並正在取得成為世界上重要大國的地位。然而，不像其他大多數的共產主義政權面對民眾起義而被推翻，中國尚未經歷到大規模的第2次政治革命。[2]今日，中國依然還是個共產黨專政的國家。儘管中國的政策制定者已經開放政治過程讓更多元的觀點加入，但是他們依舊堅定壓迫著可能會挑戰到共產黨政權的組織。最高層的少數領導人依然壟斷著權力，有權從可以接受的群體中選擇輸入類型，而且決策規則也非常不透明。

很令人訝異的，毛澤東所謂的偉大革命計畫幾乎沒有留下什麼痕跡。從1970年代的觀點來看，中國過去30年改變的規模與步伐實際上是難以想像的。今日的中國政治正處於「後毛澤東主義」政治中，從某種意義上而言，這已經是一個新的政權模式了，而不只是簡單的更換領導人而已——其具有本身動態的發展，似乎已沒有回頭路可走。當然，如果沒有掌握住中國淵遠流長之政治歷史，不但無法理解發生（或沒有發生）什麼變化，也很難理解後毛澤東時代改革的關鍵背景：到底是什麼被拒絕了。

## 歷史背景

### 12.2 簡要區分從1949年迄今，中國政治歷史的三個主要時期。

中華文明源起於六千多年前。作為一個政體，中國的帝王治理模式曾是世界歷史上最悠久的主要政治制度。在過去的2,000年裡一直是中央集權國家統治，政治哲學或官僚組織幾乎沒有變化，直到1911年大清滅亡，成為最後一個結束的王朝。[1]

傳統上，中國是由一位帝王以及由一群獨特的儒生官員在首都與地方所組成的官僚體制來統治，這些人是透過對儒家經典知識的考試而獲得菁英式的職位。任何人都有資格參加考試，但是想取得成功的表現，必須接受經典的教育，通常是透過私塾來學習，但這對大多數的一般中國人而言是不太可能有機會得到的教育。「**儒家思想**」（Confucianism）基本上是一套保守主義的哲學思想。其強調必須從和諧關係中，以具有秩序性的階級制度來構想社會與政治。在這個官僚

體制的最高階層就是皇帝，他透過將自己的行為形塑成道德榜樣，並藉此維持整個社會的秩序。儒家思想模糊化了國家與社會之間的區別，與馬克思主義不同，儒家文化將「和諧」（而不是「衝突」）當作是社會秩序的本質，這是由具有德行的皇帝展現出的舉止典範所產生的。對皇帝表現忠誠是階級制度關係中的最高準則，必須由整個社會共同遵從承擔。

## 從帝國秩序到中華人民共和國的成立

這種超乎尋常的帝國秩序在19世紀中葉開始崩潰，當時清朝統治者面臨了大規模的國內叛亂以及外國經濟與軍事侵略的情況下，已經證明其無法維護自己的政治權威與領土的完整性。建立於1912年的共和國並沒有恢復中國以往的秩序或主權，實際上反而在幾年內就崩潰了，當時有數十個中國的地方軍閥，以個人的軍事力量進行統治，並彼此爭奪對領土的控制權。[2]當時中國人試圖在清朝滅亡後，找出治理問題的方法，但隨後便發生了近40年的政治動盪以及持續不斷的戰爭。

當時主要的問題是「國家主權的爭奪」以及「農民在生計上的掙扎」。前者問題涉及到兩方面的主張：從19世紀開始，西方列強要求中國履行割讓領土的條約，以及1930年代來自日本公然的軍事入侵和占領。至於中國的農民生計，農村地區因社會經濟的因素，像是過高的稅收、昂貴的地租，以及高利貸，還有頻繁出現的洪水和乾旱，都更加劇了這個問題的嚴重性。

這兩個鬥爭是在國家統一的競爭過程中進行的。到了1920年代，「**中國國民黨**」（Nationalist Party）及其軍隊成為該國比較傑出的政治與軍事力量。中國國民黨最強大的社會基礎是建立在都會區；在鄉村地區，他們主要依賴地主階級的支持。這很大程度說明了為何中國國民黨不願意進行土地與社會的改革，以解決中國農民的問題。因為地主都不住在當地，而委由管理人來強制執行只有經濟性的連結關係，取代了相互具有義務的連繫，使農民的貧困問題變得更加惡化。土地重分配一直都不是中國國民黨議程上所關注的部分，他們也不在意賦稅控管或是有效的實施低價的信用貸款給農民。

在1924年至1927年期間，中國國民黨的軍隊採取容共政策，而在不同的戰役中消滅了不同區域的軍閥割據統一了中國。到1920年代末期，中國國民黨實際上已經實現了這個目標。於是在1927年，他們終止了與共產黨的合作聯盟關係，以暴力方式大肆屠殺共產黨員，使其人數從5萬8,000人只剩下1萬人。這次的決裂也引爆了延續10年新的中國內戰。

　　與中國國民黨形成鮮明對比的，是由知識革命分子在1921年成立，不太可能爭奪權力的「**中國共產黨**」（Chinese Communist Party）。共產黨的崛起到最後的勝利，很大程度歸功於1930年代至1940年代的歷史性機遇。這些機會同樣也可能被其他勢力利用，但是共產黨對這些機會的掌握是最為極致的。[3]毛澤東在1930年代中期竄起成為共產黨的領導人，並在1940年代初期就鞏固了他的領導地位。[4]

　　在中國國民黨1927年的剿共之後，許多共產黨員避居農村。毛澤東已經被告知因為提出激烈的土地改革會得到許多農民的支持，因此計畫了不同於共產主義理論或俄羅斯經驗的革命策略。毛澤東拒絕接受中國共產黨透過在中國的小型城鎮發起勞動階級革命，來奪取權力的想法。取而代之，他主張只有透過領導方興未艾的農村革命，並且建立可從農村包圍城市的「紅軍」（Red Army）游擊隊，才能使共產黨取得勝利。從中國東南方的基地開始，毛澤東與其他的共產黨員推行了政治教育與社會變革的計畫，包括土地重分配。在1934年，中國國民黨一波大規模的圍剿，迫使他們策略性地撤退，即歷史上所謂的「長征」（Long March），最後跑到了中國西北方陝西省延安的山洞裡。毛澤東與剩餘的共產黨員力量，表面上看起來像是幾乎被殲滅了，但事實上卻建立起共產黨的總部。從延安開始，他們建立起農村革命的策略，在鄉村地區發展出未來進一步的支持力量。

　　共產黨勝利的第二個不可或缺因素就是1937年日本對中國華中地區的入侵。這是日本繼1931年占領中國東北地區之後另一次對中國領土的侵略。[5]毛澤東抓住戰略主動權並要求停止中國內戰，以便中國人同心協力抵抗日本的侵略。中國國民黨領導人一開始就充滿警戒心。中國國民黨不願意停止剿共的態度，以及在城市與農村地區反日情緒的高漲，這兩項因素結合起來也使得共產黨獲得民眾廣大的支持，認為共產黨才是抵抗外國勢力入侵的愛國力量。從1937年至1945年，共產黨員人數從原本的4萬名黨員激增到超過100萬名黨員。日本在第二次世界大戰之後的戰敗結果，也終止了中國國民黨與中國共產黨之間的同盟關係，掀起了一場新的中國內戰。[6]4年後，共產黨取得了勝利——作為農民革命者與中國民族主義者的姿態，而中國國民黨被迫在1949年時，撤退逃亡到臺灣。共產黨掌權之後，就開始將他們的精力轉移到打造一個社會主義的國家。

## 中華人民共和國的歷史

　　中華人民共和國的歷史可以被分為三個主要時期。首先，在1949年至1957年

之間，中國仿效了第一個也是最強大的共產主義國家蘇聯的經驗。第二階段開始於1958年，當時中國正在啟動自己獨特的革命發展模式。除了在1960年代初期幾年之外，這種充滿毛澤東思想的模式一直盛行到1976年毛澤東過世為止。隨後出現了短暫的過渡時期，在此期間中的政策方向以及領導權的繼任都是最直接的問題，通過逮捕與審判一些激進的關鍵領導的人而得到解決。到了1978年12月，第三階段是個全新的改革年代，仍延續到今日，中央委員會宣布揭開序幕，主張從實踐的經驗中學習，並且拒絕接受毛澤東思想或任何思想理論的意識形態所約束。[7]中國新繼任的最高領袖鄧小平（Deng, Xiaoping），親自主持制定改革計畫，直到他於1997年過世。就某種意義上來說，中國政治在1976年結束的前20年，幾乎可說是毛澤東思想貫穿一切的年代；在20世紀的最後20年則大多屬於鄧小平的時代——儘管這兩位領導人在權力風格以及如何運用的方式上存在重大的差異。

**向前蘇聯看齊學習**——中國共產黨能夠贏得權力，大部分原因是忽視前蘇聯的建議。然而，在其一旦執政後，他們還是朝向前蘇聯模式計畫建立成為社會主義國家，他們在1950年時締結了友好同盟條約。前蘇聯在1950年代並未提供中國大量的財政援助，其協助主要是在大規模的技術轉移——超過1萬2,000名的前蘇聯工程師與技術人員被派往中國工作；超過6,000名的中國人前往前蘇聯的大學就讀，以及成千上萬的中國人在前蘇聯的工廠學習相關的短期訓練課程。在前蘇聯的協助下，中國發展出重工業，建立起一個中央極權計畫的官僚體制單位，並由工業部會根據所推行的「五年計畫」（five-year plans）[3]來管理經濟。他們將私有企業進行國有化。在1950年代初期，他們派共產黨員下鄉到基層發起並組織推動土地改革，結果造成了暴力的「階級鬥爭」（class struggle）。在這過程當中，約有100萬名至200萬名的地主被殺害。[8]每個農戶都依照其持有的土地所有權進行分類，從地主手中強取豪奪的土地重新分配給貧窮的農民，這些赤貧農民占了大多數的農業人口。[9]隨後，是進行農地「集體化」的管理方式。這個過程，本質上也是具有壓迫強制性的，特別在施行的後期階段，只是沒有以土地改革時那種暴力手段作為執行特徵。

這個階段已經很明顯具有某些毛澤東思想的策略，尤其是在政治參與和社會化方面。中國都是透過其實質上是強制性參與的密集運動中，動員群眾進行激烈的行動來實施許多的政策。對中國共產黨而言，潛在的政權反對者——例如知識分子與資本家——可以透過一些「思想改造」之類的手段，對其進行政治改造。共產黨的領導人一直對相關的政治教育及其政權成就都具有充足的信心，於是在

1957年廣邀無黨籍的知識分子在一場「百花齊放、百家爭鳴運動」（Hundred Flowers Campaign）中，發聲表達其批判觀點。當批判觀點相當犀利，表現出對共產主義制度的薄弱支持，領導人很快就對這些人進行了翻轉的批駁。他們發起了「反右派運動」，發現了比「盛開花朵」，更具有殺傷力的「毒性雜草」。大約有50萬的民眾，其中很多都是知識分子，在一場有效地使政治反對派沉默了20年的運動中都被當成「右派」受到迫害。[10]群眾運動、政治教育，以及政治標籤都是以強制手段進行，結果也造成了數百萬人遭到清算迫害。在某種程度上，這樣的清算批鬥方式非常具有毛澤東思想（以及儒家）的特徵，基本上，這種思想拒絕了「史達林主義」（Stalinism）以凌虐肉體的方式當作是政治清洗的手段，因為其觀點認為個人是可被改變且最終能達到接受教化的效果。然而這種所謂的「人民公敵」（enemies of the people）並沒有倖免，單單在1950年代初期，就有100萬名至300萬名地主以及所謂的「反革命分子」（counterrevolutionaries）被批鬥到死。

中國在整個1950年代與前蘇聯關係的摩擦程度不斷升高，導致前蘇聯撤回了援助與顧問團，而在1960年時發生的「中蘇決裂」（Sino-Soviet split）震驚了全世界。主要的刺激因素包括前蘇聯不願支持中國「解放」（liberate）臺灣的努力；前蘇聯不願意協助中國發展核武，以減低前蘇聯對美國的敵意情緒。大約在同一時間，毛澤東也正重新思考他對前蘇聯模式發展的觀點，並且發展了自己建立一套共產主義的激進模式。

**大躍進（Great Leap Forward）**——中國第一個五年計畫，主要是投資在重工業，而非農業。跟隨前蘇聯的腳步，中國中央的規劃者並沒有從工業中轉移資源去促進農業的發展與增長。在1958年，毛澤東提出了一個可以同時將工業與農業的發展都達到成效的策略，以兩種方式來實現：（1）將勞動密集的農民運用群眾動員的方式，藉由修建灌溉設施來增加農業的產量；（2）在不占用工業資源的情況下，初級生產過程的器物加以組織生產，以提供給農業所需（像是小型的化學肥料工廠與原始鋼爐來製造工具）。而毛澤東的解決方式中最關鍵的因素，就是加大「集體農場」的規模。為了建設灌溉設施，地方的共產黨官員需要控制大量農民的勞動力，比當前由數百家戶所群聚在一起的集體組織都還要來得更大型。藉由將數個集體的生產單位整合成一個「巨型的農場」，毛澤東希望能夠以此實現規模經濟的效益。在1958年，在上級的推動下，催生了「人民公社」的誕生，將上千家戶聚集起來，形成一個由共產黨官員所管理的經濟與政治組織的單位。

　　毛澤東思想的模式不只是單純的一種經濟發展策略。從根本上來說，這已經算是一場政治運動了，這一點在**大躍進**時期主要的口號中──「政治掛帥」（politics is command）──就體現出了如此的觀點。[11]大躍進以道德作為誘因，而放棄了大多數物質上的激勵。到了1958年，從毛澤東的觀點來看，中國的農民都已經展現出巨大的熱情，並準備好在地方領導人適度動員的情況下加入共產主義。在充滿政治色彩的氣氛中，經濟專家受到詆毀，謹慎被批判為對群眾缺乏信心。在北京的領導人設定了很高的產出目標，要求地方領導人必須相信中國人民實現奇蹟的能力。這暗示著，無法達成高標準的原因，可能是由於領導不力。一個充滿危險性的惡性循環開始了：地方領導人競相展現自己的政治正確；當自己管理的人民公社無法達到北京所設定的標準時，地方領導人就會以富有想像力的方式去計算產出成果，然後呈報其已經達成或甚至超越原本的目標；產能被很誇張的捏造，隨著所呈報的內容一而再的不斷創造出新高；對這種錯誤躍升生產結果的呈報，來自北京的回應居然是，再進一步提升其目標。

　　在1958年，建立的人民公社以及動員農民協助相關的錯位組織，透過在很原始的熔爐中高速生產，滿足達成高目標的鋼鐵產量，以致使得秋天的農作稼穫無人收成。同一年，相信農業生產已超乎預期，產能過剩的錯誤信念導致了穀物播種面積減少。不僅耕地面積減少，農民在1958年時投入農業的勞動力也下降很多，主要是因為體力的耗損、微薄的物質報酬，以及廢除私有的土地（在某些案例中，甚至私有的財產也全部收歸至人民公社）等因素。在1959年，當中國最高層領導人開會討論這些問題時，國防部長就批評這是極端主義對政策的操作結果。毛澤東對此則回應，指責該部長是在搞派系主義，而將這場會議轉向為如同一場對他領導權的公投會議，並且盤問其他人是否有膽量去攻擊大躍進這激進的原則。

　　這場會議是一個恐怖的轉捩點。隨著政治正確性重新得到確認，極端主義也捲土重來了。此外，就像1957年的反右派運動勢力讓許多在黨外的反對者噤聲，毛澤東在1959年的指控與威脅，也有效的讓黨內權力梯隊中位於高層的領導人都收起了反對的聲音。[12]在同一年，中國大部分地區都遭受到嚴重的旱災，而一些地方則是遭逢水災，這是中國在這數十年來所經歷過最嚴重的自然災害之一。毛澤東盲目地擁護激進運動的策略，刻意忽視了領導人、專家與普通中國人民都知道的問題，使得中國沒有儲備足夠的糧食來養活國家的人口。

　　**從大躍進階段結束**──在接下來的這3年期間發生了大飢荒，約造成2,700萬人的生命損失，這是政策缺陷所付出的超乎想像的代價，也是自從共產黨獲得政

權以來對中國人的生命最慘重的代價。[13]中國從毛澤東思想激進主義中退縮了。毛澤東雖然從日復一日的公共事務管理上退居下來，但他還是繼續擔任共產黨總書記（party general secretary）。在1960年代初期，人民公社不再與農業生產有所關連。相反的，農民家戶會與國家簽約租地耕作，然後將多餘的產出運到新興成立的自由市場上銷售。在工業上，人們重新建立起相互的信任關係，創造出以物質的誘因、技術的專業，以及盈利能力，作為評估績效的標準。教育制度注重在管理者與領導人在知識上的創新以及建立高技術品質的團隊。政策制定過程要將專家的建議納入考量，而非依賴群眾可能創造的奇蹟。

　　**文化大革命**（Cultural Revolution）——在1960年代中期，毛澤東更是進一步從前蘇聯模式中發展出激進的批判力，並將其延伸擴展到中國經驗上。在中國，毛澤東看到經濟管理者與政治官員組成的「新階級」，藉由一些菁英政策提高社會對立主義而獲得特權。1966年，毛澤東表明許多的共產黨領導人已經沉淪到變成反對社會主義，並成為與腐敗的「資本主義同路人」的地步，必須將他們的權力加以罷黜。他發動了另一波「無產階級文化大革命」（Great Proletarian Cultural Revolution），這又是一場過度激烈的運動。**文化大革命**同時既是一場權力的鬥爭、意識形態的戰爭，也是改變文化思想的群眾運動。與先前的「大躍進」相比，這對中國的經濟衝擊顯得較小，但是對中國社會的影響卻是充滿毀滅性的。

　　對毛澤東而言，社會主義的敵人在共產黨內部。因為無法依靠黨改正其錯誤，因此毛澤東組織了中學生與大學生去鬥爭「資產階級文化」（bourgeois culture）與「炮打司令部」（bombard the headquarters）。共產黨事實上變成一個沒有什麼權力效果的組織。這是自從1949年以來，中國人第一次可以自由地進行政治上的組織。不受共產黨的束縛下，中國人民可以根據自己對於「毛澤東思想」（Mao Tse-tung Thought）（中國人不使用「毛澤東主義」的詞彙）的詮釋，而合法地從事政治活動。學生們組織起激進的「紅衛兵」（Red Guards）小組集體去批鬥與迫害受害者，而這些受害者通常是任意選擇的，或更多是出於紅衛兵個人的目的而非政治因素。在學校、工廠，以及政府機構裡，當權者受到批鬥與迫害。迫害往往都是肉體上的凌虐。在文化大革命中常常會看見受害者被關押在臨時的監獄中，被強迫去從事很辛苦的體力勞動，而且被以暴力形式公開在「批鬥大會」（struggle session）上被迫為自己的罪行懺悔，數百萬人因此被「鬥爭」致死，許多人受不了這樣的迫害而選擇以自殺結束生命。派系鬥爭在所難免，就像是具有競爭關係的紅衛兵會為了爭相取得權力，使得每個派系都宣稱

自己才是毛澤東思想的真正代表。**14**

到了1967年，中國已經幾乎陷入無政府狀態。學校都關閉了；大多數的共產黨與政府機構也都不再運作；運輸與通訊設施也都遭受嚴重破壞，派系鬥爭愈來愈激烈暴力，其中有些還形成武裝的衝突對抗。發動了社會的衝突之後，毛澤東能夠去進行全力的操弄權力，但是卻無法控制這整個局面。毛澤東只能訴諸軍隊重整秩序，這個過程開始於1969年。

1970年代是衝突比較溫和的時代，大多數的鬥爭都發生在權力高層之間，而不是在一般的社會當中。在文化大革命期間取得了權力上臺的激進派領導人（包括毛澤東的妻子），支持繼續實施激進政策。其他由毛澤東另外扶持以平衡激進派的領導人，則是支持經濟走向現代化的政策。到1976年毛澤東過世的時候，這樣的衝突仍持續高漲。2年之內，經濟現代化路線取得了勝利。中國走上了新的改革道路，一條不同於任何共產主義制度經驗的路線。

## 社會條件

### 12.3 從中國的規模和多樣性結構，描述其社會環境的狀況。

從共產黨上臺以來，中國社會發生了各種不同的變化。這些改變包括了由當權者所推動的社會結構之轉型，特別是在早期這幾十年。本節重點介紹構成中國政治社會環境的基本特徵，這些特徵尚未經歷根本性的轉變，如果有的話，只是在某些程度上有所改變。

首先是中國龐大的人口。在1949年共產黨上臺時，中國的人口有5億4,000萬人。現今，中國依然是世界上人口最多的國家，擁有14億人口。當1970年代末期開始改革之初，只有不到20%的中國人住在城市，但是實際上放寬了從農村到城市的移民限制，解決了就業不足的農業人口到城市中去尋找工作的機會。鄉村工業化與城鎮的興起也改變了這種狀況。今日，已經有超過一半的中國人口居住在城市中。

第2個基本特徵涉及到「地理環境」。雖然中國是世界上面積第2大的國家，**[4]**但其人口卻集中在占國土面積三分之一的東半部地區中。主要的原因是中國大概只有四分之一的土地適於耕種。人口的成長與可耕地面積的減少，進一步加速了土地使用上的短缺。儘管努力的保護可耕地用於耕種農作，但是中國的領導人仍無法扭轉可耕作土地面積流失的趨勢。在某程度上，這是農業去集體化回歸至家戶耕作方式的結果：土地被拿來當作是財產的邊界、墓地，以及拿來蓋更大的房子。在最近幾年，地方政府徵收土地用於可圖利的住宅與工業發展，也進

一步減少了耕地的面積，並引發了許多農村的動亂。

　　第3個特徵是，中國為一個多元種族的國家。大約有92%的中國人是漢人，但是卻有55個官方認定的「**少數民族**」（ethnic minorities）——總人數超過1億600萬人——不同種族的人數從幾千人到1,600萬人不等。最大的少數民族為「壯族」（Zhuang，居住在中國的西南地區。中國有些廣為外界所知悉的少數民族其人數規模則更少：舉例來說，像是「藏族」（Tibetan）只有500多萬人口數，「蒙古族」（Mongolians）大約有600萬人口數，[5]以及「維吾爾族」（Uyghurs）只有800萬人口數。少數民族在中國人口中的組成所占比例極小。然而，如圖12.1所示，少數民族所居住的土地組成了超過60%的中國疆域，而且大

---

**圖12.1　全中國少數族群分布情況**

中國的55個少數族群加起來總共只占全中國人口的8%而已，但是居住在區域
橫跨了超過60%以上的中國領土面積，包括戰略上很重要邊境地帶

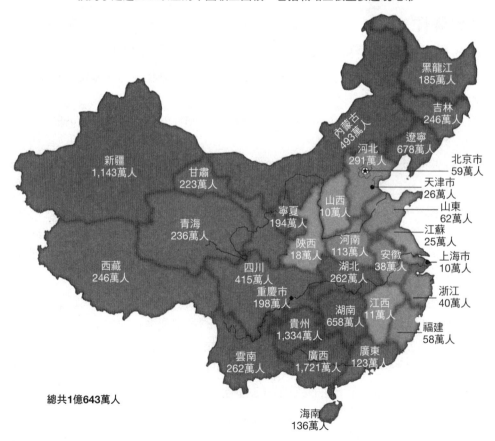

總共1億643萬人

資料來源：中國國家統計局，數據資料來自於2000年人口普查，http://www.stats.gov.cn/。

多位於具有戰略上重要意義的邊境區域，其中也擁許多重要的天然資源。[15]這裡所指包括了「西藏」（Tibet，與印度國界接壤）以及「新疆」（Xinjiang，毗鄰了3個後蘇聯時代的新獨立國家），[6]在過去的幾十年中，這些少數民族也經歷了相當長的連續動盪。中國在這些邊界地區部署了大量的軍事武力防止或掃蕩分離主義所做的努力。

最後，漢人共享相同的中文書寫文字，這是兩千多年來中國的統一力量，實際上定義了什麼是「中文」（Chinese）。此種相同的撰述文字，結合了數以千計的象形文字系統，而非字母系統；然而，卻是由許多不同的地區方言發音，所以往往會使溝通變得較為困難。「普通話」（Mandarin）是以北京地區的方言為基礎，而後被共產黨政權透過教育系統與大眾媒體逐漸發展成為官方提倡的語言。當共產黨在1949年上臺後，他們將複雜的文字加以簡化（減少了字符的「筆劃」數），認為如此就能夠提高當時的大眾識字率。這也意味著，中文在中國大陸的書寫方式，和臺灣與香港所使用的有些不同。

## 黨國體制的結構

### 12.4 描述中國黨國一體的結構，並詳細說明其政黨的組成以及菁英人才的甄補

自從毛澤東時代以來，中國的政治已經從上到下有了很明顯的變化。然而中國政治制度的基本形式，在組織設計上仍保留了許多幾十年前從前蘇聯體制移植而來的內容，以及幾乎只有在上個世紀才由佛拉迪米爾・列寧發展出的俄羅斯體制——就是共產主義的「**黨國體制**」（party-state）的設計。

### 設計特色

對於在19世紀歐洲的馬克思來說，勞工是革命階級的代表，馬克思主義期待他們對擁有資產者以及資本主義國家發動革命性的戰爭奪取政權，從中解放自己（以及所有階級）。然而，到了20世紀初期，這樣的革命並沒有發生。而且，勞工根本沒有把重點放在革命上，而是集中在如更多的工資以及更有利的工作條件等問題上；這場鬥爭反而是由政黨領導的，並很巧妙地整合融入了既定的治理制度中。縱觀20世紀初期的情況，俄國革命列寧決定不等待勞工發展出革命的階級意識，讓馬克思原本預測最終可能會推翻資本主義的現象成空。

相反的，列寧提出了一個在政治上的合法性觀點，該觀點證明共產黨的菁英壟斷權力是正當的，不需由全民選舉，也不需要發動勞工階級來完成。他辯稱，

一般的公民（包括勞工）並不了解自己所擁有的真實利益為何，而且當政治很簡單的只反映出公民（包括勞工）所想要的利益時，會使得社會該具備的長期利益遭受到損害。列寧認為，一般公民通常缺乏革命意識以及理論知識，因此無法做出正確的選擇，從資本主義到社會主義再到共產主義——由高度經濟繁榮所引導具有「烏托邦」特質的社會，其中沒有社會衝突，而且政府只需要扮演非常簡易的治理角色。列寧對解決這個問題所提出的方案就是建立「監護權」與「階級制」原則的「政黨」與「政治制度」。[16]列寧的思想是俄國革命的關鍵，俄羅斯革命後創建了蘇聯。在列寧的監護權與階級制概念，中國領導人增加了毛澤東時代在1940年代提出的「群眾路線」的概念。在中國，監護權與階級制定義了共產黨國家。而群眾路線也附帶了另外一種「面向」，就是讓「監護權」概念變得比較溫和一點。

監護權概念主要是描述共產黨與社會之間的關係。共產黨宣稱其合法性統治的基礎，並非是呈現在一種多數人的偏好上，而是代表全體人民的「歷史上最大利益」（historical best interests）。根據這個理論，由於絕大多數的一般公民都不了解自己的最大利益，所以社會最好是由對歷史發展法則具有深刻理解的菁英先鋒政黨來領導。共產黨就是具備這方面特質的唯一組織——在中國，黨員人數大約只占所有人口的6%——不同於大眾型政黨，共產黨黨員身分的申請並非對所有人開放。只有共產黨才具有領導地位這樣的概念，很明確規定在憲法條文中，這就像是呈現出某種「獨裁政權」（dictatorship）的概念之版本。中國憲法將其政治制度描述為就像是一個由「人民民主專政」領導下的社會主義國家。因為共產黨是唯一具有政治上正確知識來領導社會的組織，所以它是人民利益權威性的仲裁者。而美其名為人民民主專政，事實上就是「共產黨專政」。與過去相比，今日的政黨領導人比以往更了解民意，但是在中國的政治制度（或列寧主義的理論）中，完全沒有任何讓人民組織反對共產黨領導地位的空間。

從理論上來說，中國共產黨的「監護權」是透過群眾路線的實踐來進行的。由政黨領導，但是它的領導地位並不是要孤立於群體公眾的意見與表達之外。實際上，公眾的表達有多少程度能夠在公共政策上呈現出來，取決於政黨領導人來決定他們的意見是否能符合更廣大的目標內容。在所有層級中的領導人（特別是在最基礎的層級）應該要與一般公民維持密切的關係，以便政黨組織可以將群眾「零散而無系統的想法」轉換為「正確的理念」，並回過頭來傳播給大眾知悉，直到群眾把這些宣傳理念當作是自己的信念為止。運用這樣的手段，其制定的政策就是「源於群眾，歸於群眾」（from the masses to the masses）。[17]

　　**政黨組織**——共產黨是圍繞在黨的代表大會與委員會的層次結構而組織的。由制度上層領導一直延伸至下方的基層組織。較為基層的政黨組織隸屬於高層的黨組織，而個別的黨員也都要服從於黨組織。共產黨內部的決策制定規則都是立基於列寧主義的「**民主集中制**」（democratic centralism）原則。

　　在民主集中制中，民主主要是指協商。其要求政黨領導人提供機會在黨內的組織（通常包括下層的黨組織）中進行討論、批評，以及提議以作為決定重要議題或制定政策的正常過程的一部分。

　　集中制需要透過政黨統一紀律，政黨高層的官方決策對黨組織與黨員是具有約束力的。共產黨認為集中制絕對不會犧牲民主。黨員被允許持有與政黨決策相異的觀點，而且可以經由適當的政黨管道發表自己的意見，但是他們並不能很自由的以其他行動方式來宣傳那些觀點。根據共產黨制定的憲法，在黨內形成「派系」或任何形式的「小團體活動」，都會因此違反組織紀律而遭受懲罰。共產黨的階層組織與要求黨員遵守黨紀的目的都是為了黨的組織保證，黨在行使對社會的領導權時能作為統一的力量，並對黨最高層組織領導的要求做出回應。

　　與過去相比，今日的意識形態在中國政治中既不那麼凸顯，也沒有那麼連貫。然而，監護權、階級制，以及群眾路線的原則，也不是完全無關緊要的抽象概念。在整個中國政治制度中到處都有證據可以顯示這些概念是有具體的實踐意義。當然，體制的改變也是很明顯的，包括在過去20年來，作為政策改革的產物與副產物，制度的變化也是顯而易見的。然而，儘管近幾十年來在政治上的改革，雖然不能說是微不足道，但也並未促成本質上的系統性變革。就目前而言，共產黨的黨國體制設計結構，仍然是中國政權組織的參照模式。

　　**兩套階級制都是由黨來領導**——共產主義國家的黨國體制設計模式，或許其最為明顯的權力組織象徵，就是兩套階級制的政治結構，如圖12.2所示。中國的政府結構或多或少在每個政治制度的層級上，都像是複製了共產黨的黨內結構一樣。原則上，雖然在黨與政府的結構之間存在分工。但是實際上，這兩套階級制通常執行著相似的功能，政黨機構與擁有黨員身分的官員所能行使的領導權都超越了與之平行對照的政府機構與政府官員。

　　自1949年以來，政黨與政府的結構這兩者都已發生了變化。以下章節將重點介紹在改革年代出現的制度。

## 政府結構

　　位於北京的政治中心，關鍵的政府機構就是「**全國人民代表大會**」

## 圖12.2　中國政治結構

共產黨與政府結構是共存的平行官僚制度，但所有各階層都還是由共產黨所領導

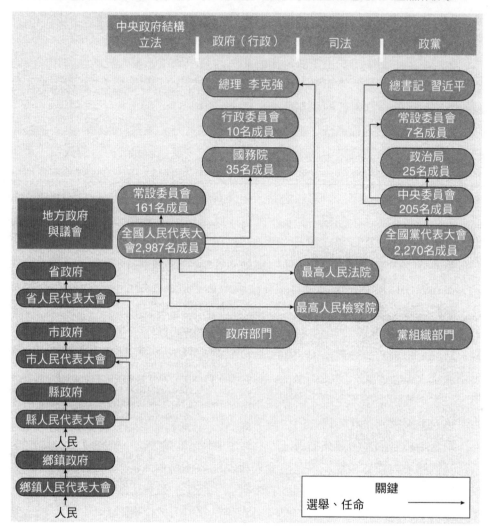

中央政府結構
立法　　政府（行政）　　司法　　政黨

總理 李克強
行政委員會 10名成員
國務院 35名成員
常設委員會 161名成員
全國人民代表大會2,987名成員
地方政府與議會
省政府
省人民代表大會
市政府
市人民代表大會
縣政府
縣人民代表大會
人民
鄉鎮政府
鄉鎮人民代表大會
人民

總書記 習近平
常設委員會 7名成員
政治局 25名成員
中央委員會 205名成員
全國黨代表大會 2,270名成員

最高人民法院
最高人民檢察院
政府部門
黨組織部門

關鍵
選舉、任命 ⟶

（National People's Congress, NPC），這是中國的立法單位；以及「**國務院**」（State Council），這是執行行政功能的單位。隸屬在國務院之下的是政府的各部會以及委員會，自1949年以來，其數量已經從原本的25個擴增至100個。在政治中心之下，政府結構依照4個層級的行政體系向下擴展，其組成包括有31個「省」（province）、334個大型城市、2,851個縣與小型城市，以及39,829個鄉

鎮。「省」包括了4個直轄市（北京、上海、天津及重慶）。在所有的層級中都有地方人民代表大會、地方政府，以及地方政府部門。如圖12.2所示，中國的選民只投票選出鄉鎮與縣市的人民大會代表；城市、省，以及全國人民代表大會的成員則是由一級的人民大會代表選舉產生。鄉村與城市近郊地區，可以直接選出「自治的草根基層組織」，這些組織並不是正式的政府層級體制。

　　**全國人民代表大會**——根據《憲法》，中國國家權力的最高組織機構是全國人民代表大會。[18]全國人民代表大會及其常設機構「全國人民代表大會常設委員會」，負責行使立法的功能。全國人民代表大會的成員是由省級人民代表大會以及軍方的代表所推選，任期為5年。一般而言，全國人民代表大會每年召開1次全體代表大會，會期大約是2週。大會的代表人數與組成方式則是由法律來規定，不過全國人民代表大會一直以來的陣容都是很龐大的。在1986年，法律設下了3,000名代表為上限，這大約就是自1983年以來每1屆代表大會被推選出來的代表當選人數。中國的城市居民的代表比例人數過高（原本比例是8個代表產生1名，後來改為4個產生1名），直到2010年法律才賦予農村居民在各級人民代表大會上平等代表權。

　　正式來說，全國人民代表大會具有相當廣泛的權力。它可以修改憲法、通過與修改法律、核准經濟計畫與政府的工作報告，以及監管國家與政府最高位階的領導人的任命。在全年中的大多數時間，全國人民代表大會休會期間時，大約有150位常駐北京的人大常委會成員，他們定期性地開會，從事著像是立法議會的工作。1982年修訂的憲法很實質性地強化了全國人民代表大會中人大常委會的權力範圍。人大常委會現在行使全國人民代表大會正式上以外的所有權力，並準備全國人民代表大會年度的全體會議之議程，以便在全國人民代表大會召開時順利批准其臨時性的立法行動。

　　全國人民代表大會（以及人大常委會）是否像是橡皮圖章的集會？在毛澤東思想盛行的年代時，其答案當然是肯定的。然而，在最近幾十年來，全國人民代表大會變得愈來愈自信比較有自己的主張，其常設委員會發揮了更大法律制定的作用。這主要是針對文化大革命所帶來的極端制度性的「虛無主義／懷疑論」（nihilism）而進行的政治改革的一部分。全國人民代表大會的自信體現在代表動議案（在數量上）的增加，更重要的是，出現反對票。無異議通過的行徑，曾經自動如此，但也早已不再如此——有時候，結果令人尷尬。

　　無法期待整個全國人民代表大會像是一個可信賴的立法單位一樣具有常規性的功能，因為其規模過於龐大，而且會議召開的次數太少且時間過於短暫。更重

要的是法律制定的角色已大部分交由人大常委會來簡化其繁瑣過程了。在1980年代初期，許多黨與政府中的年長人士從重要的中央與省級行政體系職位退休後，轉任全國人大常委會委員。這些人沒有退出政治生活，而是運用常設委員會作為影響政治的一種管道。透過建立「立法事務委員會」（Legislative Affairs Commission，擁有大量的工作人員）以及9個常設的專門法制委員會來審議立法草案。隨著這些改變，全國人民代表大會（以及人大常委會）就不再被視為只是橡皮圖章。然而，立法機構還是存在制度性的弱化現象，主要是基於兩個原因（本章稍後會再討論）：行政部門主導的政府在實際上干預（不同於其他議會制的國家，而在中國的制度上並沒有明顯被加以原則性區隔），以及共產黨領導人的實際做法（這是最根本的原因）。

　　**國務院（State Council）**——在立法過程中，國務院是中國政府行動的中心，雖然這項功能是近年來才加以強化。[19]國務院的組成有：總理，即政府的首腦，以及他所帶領的副總理與內閣成員、國務委員、國家各部會負責人、審計署審計長，以及國務院秘書長（正式上，以上職位都是由總理提名，然後由全國人民代表大會批准通過）。2013年，李克強成為了總理。國務院設置了一個執行委員會，委員會裡面的每個成員都有專門的職務。與議會制度一樣，大部分的立法案件都是由專門的部會與委員會，在內閣的引導下制定草案。然而，由於大多數的中國法律都是以一種概括性和不精確的文字措辭起草，所以後續的法律都還需要詳細的「實施條例」（implementing regulations），才能產生實際效果。這些規定通常也是由國務院的各部會起草（在重新設立的國務院法制辦公室引導下），然後由各部會或「國務院」來頒布並施行，不需要再送交至全國人民代表大會或是人大常委會去審議。

　　**共產黨領導**——共產黨以各種方式對政府和立法職能實行直接領導權。在全國人民代表大會召開之前，共產黨領導人會先與全部的共產黨員代表召開一次會議。共產黨員大約占了全國人民代表大會成員的70%；其他成員是來自於無黨派人士或是中國8大民主黨派中之一的黨員，這些政黨活躍於1949年以前，在1949年以後雖保留了下來，但卻不再具有政治上的權力。在這些會議上，共產黨領導人會討論全國人民代表大會的議程，並且傳達出共產黨領導人對即將到來的大會之期望，內容包括了對會議定調的建議（舉例來說，像是全國人民代表大會的辯論內容，應該如何開放與限制的程度）。而且，在圖12.2沒有顯示出來的是全國人民代表大會的任命權，實際上是透過共產黨有效控制了所有候選人的提名，而且成員在投票上幾乎沒有任何的選擇權。舉例來說，雖然正規的形式上全國人民

代表大會可以任命國家主席、副主席、總理，以及內閣成員，但是現實上這些職位的被提名人選從來不會超過1位以上，候選人的提名是在召開全國人民代表大會之前的共產黨會議上，就已經做出了決定。

至於立法，共產黨領導人對於所有的立法結果都具有否決權。原本共產黨的黨務系統會對立法進行審核的行為，不過1990年代初期已經不再由共產黨對國務院以及人大常委會中的工作，進行微觀管理。儘管如此，所有提交到全國人民代表大會或人大常委會的重要法案、憲法修正條文，以及政治性法案，還是必須事先經過黨中央批准。簡而言之，中國的體制就是由行政部門來領導政府，但是有一個重大的差異，就是由共產黨領導。

中華人民共和國的國家主席就是該國的元首。這是個純粹只具有儀式性的職位，目前是由**習近平**擔任（參閱專欄12.1）。習近平同時也是中國共產黨組織以及「中央軍事委員會」（Central Military Commission, CMC）主席，而軍隊的領導權是由法律正式授予的。中央軍事委員會到了1982年才作為政府組織成立，但在此之前，其在共產黨中的對應功能早就持續存在且運行多年了，而至今仍然在黨與政府機構中，同時並行著具有相同的成員身分。

**司法**——司法權是由中國中央的「最高人民法院」（Supreme People's Court）和下級的「地方人民法院」行使。從形式上來說，最高人民法院對全國人民代表大會負責。下級的地方法院則是要對與其對應的人民代表大會負責，同時也須遵循上級法院的指導。

作為中國中央檢察機關的「最高人民檢察院」（Supreme People's Procuratorate）在經歷了數十年被忽視的狀況後，於1978年開始恢復運作，負責調查與起訴。它是檢察院這個官僚體系中的最上層，往下延伸至縣級單位，每一個縣級的檢察院在形式上要向地方人民代表大會負責，而且也需要聽令於上級的

## 專欄 12.1　習近平的中國夢（Chinese Dream）

登上共產黨領導人位置不久之後，習近平提出了中國夢的概念，然後官方黨媒對此進行了廣泛地宣傳。中國夢的基本核心就是復興中國之國力，但是習近平強調，國家的復興與個人的繁榮是密不可分的。他敦促年輕的中國人努力工作，並將自己的夢想與國家發展與繁榮聯結起來。中國夢是為了要回應中國不斷成長的消費主義，以及社會意識形態的消退。它主要在於提振中國人對未來的信心。官方黨媒也自認為中國夢與美國夢之間具有相似之處。

檢察院。而最高人民檢察院則是向全國人民代表大會負責。

　　檢察院就像是公安機關與法院之間的橋梁。他們監督刑事偵辦、批准逮捕，以及起訴刑事案件。自1980年代中期以來，檢察院最重要的作用就是針對貪污腐敗的調查和起訴。在每一屆新的代表大會會議上，全國人民代表大會任命最高人民法院院長以及最高人民檢察院檢察長。

## 共產黨結構

　　位於北京的政治中心，主要的政黨機構組織就是「黨全國代表大會」（National Party Congress）及其「黨中央委員會」（Central Committee）、「黨中央政治局」（Politburo），以及「黨中央政治局常務委員會」（Politburo Standing Committee）。除此之外，在中國共產黨中央書記處下，也都有各部會的黨組織在運作。在中央之外，下達縣級層次，都設有地方黨代表大會以及地方黨委員會。

　　**黨全國代表大會**——與政府的官僚體制一樣，雖然共產黨機構在形式上的力量與其規模直接成正比，但實際上其對政策的影響力與本身的規模不成比例。共產黨黨章將最高的權力授予全國人民代表大會，但是這個機構組織規模過於龐大，而且並非經常性的舉行會議，而難以在制定政策決定上發揮重要的作用。由黨中央委員會來決定全國人民代表大會的代表人數，以及他們進行投票選舉時的程序。自從1949年以來，黨全國代表大會的代表人數規模，就從1,000人到2,000人不等，近年大會的代表人數大約有2,000名左右。自從1969年以來，共產黨黨章就已經規定了在正常狀況下，代表大會應該每5年召開1次。在1969年之後，這已經成為一種常態性的模式，尤其在後毛澤東時代更是嚴格遵守，如表12.1上所示。第19屆中國共產黨全國黨代表大會，在2017年秋天召開。

　　中國共產黨全國代表大會的會期很短，大約只有1週，最多2週。主要的功能，是批准由更重要的較小政黨結構組織已經決定的廣泛政策取向的重要變化。儘管黨全國代表大會召開完畢後的結果從未出乎意料過，但因為這些改變都已經得到黨代會的最高層正式批准了。因此，會議在面對主要歷史事件時，就會公開其形式。黨全國代表大會的第2項運作功能就是選舉出**「黨中央委員會」**的代表，在委員會召開的會議期間行使權力。官方指定的黨中央委員會候選人是由黨中央政治局先行在黨中央委員會議召開之前，就已經做出決定了。根據1982年制定的共產黨黨章，是由無記名投票方式推選出中國共產黨中央委員會代表，但在推選候選人之前，會對這些人進行廣泛的審議與討論。當然，由於中央集權至上

的原則；在候選人的推選上幾乎沒有提供其他的（或是更多的）選擇。

　　**黨中央委員會**——黨中央委員會是廣義上的中國的政治菁英。這是一個由國家中最有權力的數百位政治領導人所組成的集合體。所有「黨中央委員會」的成員都擔任重要的實質性領導職務，舉例來說，像是國家中央官僚階級制度的部會首長，或是省級的共產黨領導人。黨中央委員會的成員身分是反映出本身在政治上的權力地位；而非授予其權力地位。從某種意義上來說，黨中央委員會在外部比在內部的政治組織結構上，更具有重要性，其中的成員代表了不同種類與區域

**表12.1　1921年至2016年中國共產黨代表大會及其黨員人數的成長**

在2017年第19屆黨代表大會上，中國人口中約有6%都是屬於中國共產黨所謂的菁英黨員

| 大會 | 年分 | 黨員人數 |
|---|---|---|
| 第1屆 | 1921年 | 超過50人 |
| 第2屆 | 1922年 | 123人 |
| 第3屆 | 1923年 | 432人 |
| 第4屆 | 1925年 | 950人 |
| 第5屆 | 1927年 | 5萬7,900人[a] |
| 第6屆 | 1928年 | 4萬人 |
| 第7屆 | 1945年 | 120萬人 |
| 1949年中華人民共和國建國 | | |
| 第8屆 | 1956年 | 1,100萬人 |
| 第9屆 | 1969年 | 2,200萬人 |
| 第10屆 | 1973年 | 2,800萬人 |
| 第11屆 | 1977年 | 2,500萬人 |
| 第12屆 | 1982年 | 4,000萬人 |
| 第13屆 | 1987年 | 4,600萬人 |
| 第14屆 | 1992年 | 5,100萬人 |
| 第15屆 | 1997年 | 6,000萬人 |
| 第16屆 | 2002年 | 6,600萬人 |
| 第17屆 | 2007年 | 7,400萬人 |
| 第18屆 | 2012年<br>2016年 | 8,300萬人<br>8,800萬人 |

[a] 在1927年4月之後，共產黨員人數從5萬7,900人跌落到1萬人，因為當時中國國民黨打翻了與共產黨的「統一戰線」立場，在大屠殺中摧毀了共產黨的力量，而引發了中國內戰。

資料來源：《北京週報》（*Beijing Review*），1998年，第41期，第8卷，第22頁；〈今日中國〉（China Today），www.chinatoday.com/org/cpc/。

上的利益。2012年11月所召開的黨全國代表大會，推選出新的「第五代」黨中央委員會的政治領導人。黨中央委員會的成員有64%是受過高等教育的新領導人。不同於先前的技術性官僚群體大多是學習工程領域的領導人，新的黨中央委員會成員在大學時，都是主修法律、經濟或政治學領域。許多人也都擁有研究所學歷。很難認定這樣的教育經驗如何給予新一代的代表為權力作好準備，不過倒是可以很合理地推敲這些領導人將來應該會與先前的群體有所不同。

雖然黨中央委員會不會進行政策的發起，但是其必須核准政策改變或政治中心高層領導人的變動。這是現在至少每年召開1次的全體會議中，相當常規性的工作。在最高層的共產黨領導人必須依賴官僚體制內與地方區域的菁英，以確保能夠將黨中央委員會的「政黨路線」（party line）真正在實際狀況中得以落實。黨中央委員會的成員地位，能夠帶給這些菁英成為政治過程的參與者，而且是實際的保證者；在對共產黨政策背書時，成員也要負擔起讓政策能夠被實現的責任。

**黨中央政治局**——黨中央政治局與黨中央政治局常務委員會的成員，以及共產黨總書記，都是由黨中央委員會所推選產生的——這些人同時也都是黨中央委員會的成員。這些領導人處於中國政治體制的頂尖地位。這些組織結構的組成樣貌是由共產黨領導人在全國人民代表大會召開之前就已經決定了，而選舉只是一種儀式性質，因為根本沒有其他候選人可供選擇。黨中央政治局裡是政治菁英中的頂層菁英，通常不會超過 24 位領導人，其中大多數的成員都必須負責監督某些議題領域的政策制定。在黨中央政治局的核心集團是黨中央政治局常務委員會，往往成員不會超過 6 位領導人，他們通常每週開會 1 次，會議的召集與主持都是由黨總書記領導。黨中央政治局與黨中央政治局常務委員會的成員，都是中國政治決策制定者的核心，透過主持的過程，將強大的權力集中至頂層。2012年 11 月的領導層更換，也見證了主要核心決策制定者有比較重大的變動：25 位黨中央政治局成員中有 15 位，包括了 7 位黨中央政治局常務委員會成員中的 5 位，都是新上任的。

**最高領導人與接班人的問題**（Top Leader and the Succession Problem）——自1982年取消了黨主席的職位以來，共產黨的最高領導人就是總書記，在2012年之後，這個職位是由習近平擔任。在稱呼上的改變，反映出了一種促進集體領導的作用，這是反對過去毛澤東擔任主席時的規範的回應，因為當時的黨主席幾乎涵蓋了所有的權力，這現象直到他於1976年過世後才有所改變。

在共產主義制度下，最高領導人過世之後，通常會造成繼任的危機；沒有正

式的副手（second-in-command）接替，也沒有正規的機制遴選新的最高領導人。毛澤東的死亡引發了高層之間權力的鬥爭，後來鄧小平以及其領導的改革派獲勝了。鄧小平在毛澤東過世時，已經70多歲了，為了解決繼任問題，他選擇迴避黨與政府的最高正式領導地位。

1970年代末期，以前掌握重要政權的共產黨元老，在文化大革命期間被迫退休多年之後，恢復了原先所擔任職位的影響力。然而，在短短幾年內，他們當中有許多退居（或是呈現半退休狀態）到第二線，扮演諮詢者的角色提供建議，僅參與重大的政策議題或廣泛的戰略。

在權力最高層，有6位元老，全都是80、90年代資深的共產主義革命老黨員，但仍然在決策制定中發揮關鍵的作用，並且擔任正式領導職務，即使未必是最高層的黨或政府的職位。最好的例子，當然就是最高領導人（paramount leader）鄧小平自己。儘管鄧小平到了1987年都還是中國共產黨中央政治局常務委員會的成員，以及一直到1989年也都還擔任中央軍事委員會主席，但是鄧小平從未擔任過任何黨或是政府之中最高層的正式職位。就在頂層這個極小的領導小組之下，原本的元老退休後就接任1982年成立的「黨中央顧問委員會」（Central Advisory Commission）的諮詢職位。而其他的元老則是退休去接任全國人民代表大會的正式職位。比較年輕一點的領導人就會被拔擢到上層的第一線職位，使他們能夠在提攜自己的元老支持下，發展出屬於自己的權威基礎。

然而，這樣的安排並沒有提供解決繼任人選問題的方法。原則上，退居二線的元老會利用自己的聲望與非正式的權力去支持較年輕的高層管理人員。事實上，站在第一線的年輕領導人為了努力建立自己的權威，有時候也會與這些原本提攜自己的元老，在觀點上採取不一致的立場。與黨內元老發生派系衝突，導致在1980年代發生了2次最高層的黨內行政權者遭到大清洗，胡耀邦（Hu, Yaobang）在1987年被拔掉共產黨總書記的頭銜，還有其繼任者趙紫陽（Zhao, Ziyang）也在1989年時被罷黜（參閱圖12.3）。今日的情況則與過去有所不同了；到了1990年代中期，大多數最高層的長者，包括鄧小平都「去見馬克思了」（gone to see Marx）——委婉表示他們已經過世了——而黨中央顧問委員會也已解散，目的是使領導人退休。

觀察一些重要的正式和非正式的規則，會發現最近的接班狀況很不尋常或是被延後。舉例來說，在2012年，與前兩次繼任一樣，已經建立起最高層的黨領導人退休後，就會由其所扶持的年輕領導人準備繼任職位，在接任之前5年會先被任命為黨的副領導職位，並擔任黨中央政治局常務委員會的代表。黨中央政治局

成員到了68歲就應該完全退休，有時候中國的黨媒報紙還會肯定這項「嚴格的規定」（rigorous rule）。黨中央政治局在制度上的區域分配，代表了整個共產黨機構的平衡狀況，中央政府與地方權力持有者之間的平衡；除此之外，軍方的代表也受到極大限制。就像過去一樣，黨中央政治局常務委員會依然還是一個「男性俱樂部」（boy's club）。「第四代」唯一的女性黨中央政治局成員，在2012年仍然沒有被提拔晉升到常務委員會之中。

**共產黨官僚體制（Party Bureaucracy）**——共產黨有自己的一套官僚體制結構，由書記處（the Secretariat）管理。書記處會提供幕僚人員協助支持黨中央政治局，將黨中央政治局的決策轉變為其下屬部門黨機構的執行內容。相較於政府內對等的單位，黨內的單位在數量上比較少，也具有更廣泛的職權範圍。

## 共產黨支配

共產黨與政府的機構中，從上至下僱用了超過4,000萬名的官員領著國家支付的薪水。如同本章先前所述，政黨領導的重要機制之一，在於結構安排：政治結構的重複，以及政黨組織和領導人凌駕於政府組織和領導人。除此之外，中國共產黨也會用其他的方式發揮政治體制中的領導權。在這些狀況當中最常見的就是重複領導權、黨的核心小組（party core groups）、黨員的滲透，以及幹部職務名單制（Nomenklatura system）。

**幹部職務名單制**——幹部職務名單制是共產黨對官員施加控制的最重要機制。就某些意義上來說，這是政治體制的關鍵。簡而言之，這就是黨的人事管理

**圖12.3　1949年迄今最高黨政官員**

終身任期制不再是中國領導人的常態[7]

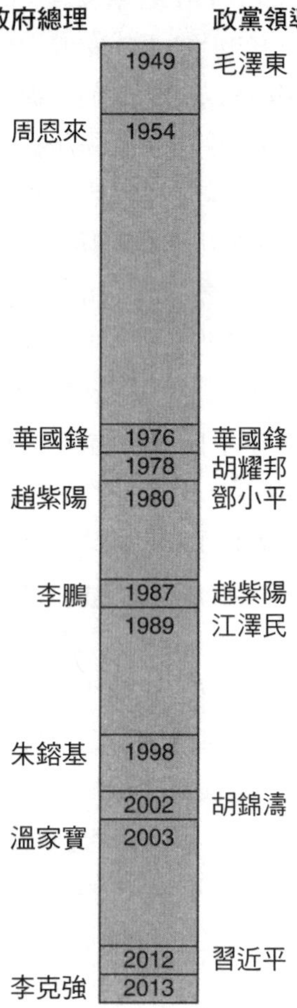

| 政府總理 | 年份 | 政黨領導人 |
|---|---|---|
| | 1949 | 毛澤東 |
| 周恩來 | 1954 | |
| 華國鋒 | 1976 | 華國鋒 |
| | 1978 | 胡耀邦 |
| 趙紫陽 | 1980 | 鄧小平 |
| 李鵬 | 1987 | 趙紫陽 |
| | 1989 | 江澤民 |
| 朱鎔基 | 1998 | |
| | 2002 | 胡錦濤 |
| 溫家寶 | 2003 | |
| | 2012 | 習近平 |
| 李克強 | 2013 | |

附註：年分指的是領導人就職的年分。

制度。它允許黨領導人制定重大的人事決策（如工作單位的任命、升遷、調任，以及免職），範圍涵蓋了所有黨與政府的職位，甚至是一些很普通位階的工作。從上到下，每個黨委員會都有權力在官僚體制中對自己的下一層級列出幹部職務名單。如此的幹部職務名單是相當全面的，他們包括任何具有中等重要性的政黨或政府職位，以及國營事業和公共機構（例如大學）的管理人員都納入名單內。[20]在體制內的頂層，黨中央政治局會行使直接管理的權力，範圍包括所有省級地域性官僚階級，以及部長級別的所有行政官員——總共大約有7,000名的行政官員（舉例來說，包括所有的全國人民代表大會中的常設委員會代表在內）。

　　黨對官僚體制的人事管理權具有很重要的意義。黨領導人有辦法確保每一位重要官員的真正「老闆」（boss）都是上級黨委——最終是黨中央委員會以及黨中央政治局。黨委員會透過本身的組織部門去運作人事的管理，定期審核現任與準官員，並向黨委員會提供相關的考核績效資訊。因此，在展望職業發展時，即使是被正式選出來的官員也必須仰望黨委員會的選拔（selectorates），而不是（如果有的話）只俯視那些選舉他們的黨全國代表大會與一般公民。否則，他們將不會被提升。

　　**黨員身分**（Party Membership）——共產黨利用領導權來控制政府官員的另一種手段，就是將黨員滲透到所有的政治機構當中。共產黨現在擁有超過8,800萬的黨員。大部分的黨員都不是政府官員，但是幾乎所有的政府官員（不論是經由聘任或遴選產生）都是共產黨的黨員。在他們的工作環境中，政府官員也都是黨委員會、黨部分支，或是位於基層黨組織官僚階級中的地方分支的成員。黨員有義務遵守黨內部「民主集中制」的紀律。黨支部在政府官員裡面的日常活動，就是由特別指派的單位進行監督，以確保黨在政府機構中能夠發揮積極的影響力。因為共產黨壟斷一切可以接近與領導中國政治的機會，所以具有組織性的官僚階級與共產黨的紀律都是被設計來保證社會中只有這單一政黨的領導權，以及促進共產黨在政治機構中的領導權能發揮效用。

　　**黨的核心小組**——獨立於黨的基層組織之外，並且能夠將所有工作領域中的黨員全部納入共產黨官僚體制機構中。黨的核心小組由少數擔任最高職位的黨員組成，僅在政府機構中形成。[21]黨的核心小組領導人，在一般情況下，通常也都是該機構的負責人（舉例來說，政府中的部會首長，往往都在其分別所屬的部會中擔任黨的核心小組領導人）。黨的核心小組由上一級的黨委任命，並向這些黨委員會負責。雖然共產黨的基層組織，是在整體政治結構內在黨的領導下，促進統一與紀律的機制，但黨的核心團體則是促進黨領導人領導政府主要機構的機

制。在1987年至1988年期間，黨的核心小組制度在形式上已經終止（實際上也已經廢除），以當作是對黨和政府職能進行短暫改革的一部分，主要作用在於使黨與政府的功能能加以區隔。然而，在清算鬥爭最為親近改革派的領導人趙紫陽之後，黨的核心小組在1989年時，很快就又復甦了。

**重疊的領導權**（Overlapping Directorships）——最後，圖12.2所示的結構區別，掩蓋了某些在政黨與政府的組織中，首長級官員的重疊。目前，習近平同時是國家領導人、黨領導人，以及政府與黨的中央軍事委員會主席。「一人身兼兩職」（wear two hats）（政黨與政府）的做法，這種狀態愈來愈普遍了。總理李克強，也是黨中央政治局常務委員會的成員，同時也處於黨的權力頂峰位置。張德江（Zhang Dejiang）擔任全國人民代表大會常設委員會的委員長，同時也是黨中央政治局常務委員會的成員。比起現在，重疊的領導權現象在過去則是更廣泛延伸至許多職位中。地方的黨委員會的成員關係，與其平行對應的政府單位經常難以區分。在1980年代，重疊的領導權雖然在政治中心保有這個現象，但是實際上在比較低階層次中已被消弭了。不過，有證據顯示這種情況正重新回復，部分原因是為了減少地方政府的財政支出。

**菁英人才甄補**（Elite Recruitment）——菁英人才甄補的一些關鍵特色，本章先前已有討論。第一，要追求政治上的菁英地位，必須先具備共產黨的黨員身分。隨著時間的流逝，共產黨已經在社會中針對其所關注的人才甄補有所改變，而這也反映出在政策取向方面相當大的轉變。舉例來說，在1950年代，共產黨最密集甄補的人才是工業勞動者，目的用來取代原本大量以農民為主的現象，轉變為更具傳統性的共產黨。在1960年代至1970年代中的文化大革命時期，激進的左派占據了主導的地位——使得人才甄補直接開放偏向於那些沒有受過什麼教育以及與政治連帶關係較少的人。自從1980年代之後，共產黨已經將其人才的甄補努力集中在知識分子、專業人士，甚至私營企業家身上——這些被認定能夠為中國發展帶來國家繁榮效果的重要性社會團體（參閱專欄12.2）。

其次，共產黨不僅控制具備菁英身分的基本條件的途徑，而且擁有強而有力的組織性機制來進行菁英人才的甄補與晉升，幹部職務名單制即顯示出共產黨對整個人事管理的控制。處於重要職位的任何人，不論是經由任命或是遴選，均需由黨委逐級審查，這意味著領導者最終要對上級黨委負責。儘管在近幾十年來，已經有顯著的經濟去中央化現象，但北京並沒有放棄這個關鍵權力。

在當今的中國政治制度中，是什麼決定了誰能夠繼續往前行並晉升的原因？那就是，位於最高層級的領導人所看重的標準為何，並以此當作晉升的最重要因

**專欄 12.2　紅色資本家（Red Capitalists）**

在1980年代中期，許多的共產黨政府官員都卸下了公職人員的角色，投入到私營部門的經濟領域，但是他們並沒有放棄共產黨員的身分。雖然沒有大張旗鼓，共產黨也開始招募私人公司的企業家成為新黨員——這種做法反映出共產黨希望維持經濟成長的承諾，不過，這就像是要放棄共產黨的基本信條一樣，也遭遇到許多人強烈的反對。百萬富豪這樣的剝削者如何能夠代表中國的勞工以及農民？1989年，當私人公司的企業家提供抗議者支持時，共產黨領導人開始實行禁令，不准招募這些人成為黨員。在十多年後的2000年，黨的領導人江澤民推動了一個令人費解的新模式，以合法化歡迎他們回到共產黨中：也就是在2004年中國憲法增加了「三個代表」（three represents）。根據這項方案，共產黨不再只是代表勞工以及農民，其還必須代表先進社會生產力的發展需求、先進文化的前進方向，以及最廣大人民的根本利益。在2001年，共產黨建黨80週年慶時，江澤民提議取消招募私人公司企業家成為黨員的禁令。他的提議很快就被付諸實行了。今日，有三分之一的私人公司企業家具有共產黨員的身分。即使是紅色資本家在黨員中仍只占據極為少數的比例，但是他們的加入也反映出了政策上高度鮮明的指標。

素？經濟上的績效表現是很重要的，在經濟成長上表現比較好的地方領導人或是在他們任期內對中央稅收有比較高的貢獻者，不太可能會被要求降職或從工作職位上退休。這一點都不令人訝異，因為就像是位於北京的領導人，將他們的合法性主張都押注在實現發展經濟繁榮上。「關係」也很重要，尤其是在準備晉升到更高的職位時。這並非意味具有良好關係的無能者可以晉升至最高職位上。大約在省級這樣的領導地位，績效表現還是關鍵的考慮因素，而在聘任至比較高的層級中，也不必太為了忠誠度而犧牲了能力。[22]

## 法制

### 12.5 對比中國的「法制」以及民主國家的「法治」之差異。

　　傳統上，「法治」（rule of law）原則與自由民主理想有所關連。它意味著在個人與國家之間的特殊關係，其基本原則就是要藉由限制國家任意行使權力，以保障個人的權利。這種限制在法律以及法律機關中都有規定。但是，這樣的觀念在傳統的共產主義意識形態中是不具有任何意義的。法律是國家行使其曾專制政權的武器。然而，在1978年，中國的領導人重新開啟與發展重要的合法思想與制度，其曾在1950年代有短暫的發展。新的中國合法性，在形式上被認知其只是一種「法制」（rule by law）。[23]簡要來說，這意味著：（1）這個國家有法律；

（2）所有的人都要平等受法律的約束。由於第二項原則經常受到破壞，雖然這可能看起來像是一種微不足道的進步，但是在中國建立法制的努力，已經改變了中國人行動與思考的模式。

　　**社會主義的合法性（Socialist Legality）**——最初中國實驗社會主義的合法性，是開始於1954年第一部憲法頒布之後，而終止於1957年的「反右派運動」（Anti-Rightist Movement）中。法律主義觀點被駁斥為就像是「資產階級右派主義」（bourgeois rightist）思想的證據。使得現實上讓法律培訓與法律學術討論也都不復存在了。辯護律師從法律的程序中消失了。黨委員會直接取得法律訴訟程序上的控制。法律的缺席狀態，在文化大革命時期達到了顛峰，當時以暴力方式來進行「階級鬥爭」（class struggle）與「全民公審」（mass justice），取代了任何具有規範性的程序，並以此來解決社會上的衝突問題。

　　**法律改革（Legal Reform）**——法律改革開啟於1978年。法律制度在當時幾乎可以說是沒有什麼作用，出於多種原因而需要採取緊急行動。第一，迫切需要透過糾正過去的錯誤來建立合法性；調查與推翻文化大革命期間所發布在合法性上令人可疑的裁決，是其當務之急。第二，鄧小平與其他的領導人不僅希望在經歷了多年充滿動盪與不確定性之後重建公共秩序與穩定，並且也想要能夠表達出他們對制度重建以取代獨斷式的政治統治的承諾。最後，也是最重要的一點，中國的領導人希望可以藉由新的合法性來提升可預測性，而鼓勵經濟上的投資與成長——經由透明的法規以及公正的規則裁決來實現。

　　法制需要法律。在1979年，全國人民代表大會通過了中國的第一部《刑法》。在之後的幾年中，隨著政府機構發布臨時法規以修訂及澄清草擬的法律，全國人民代表大會法制委員會也致力於法律的修訂，並在新領域開始起草新的法律，例如2014年的《環境保護法》（Environmental Protection Law）。

　　法制也意味著法律之前人人平等。這個想法與共產黨意識形態中法律政治化觀點，以及毛澤東時代所慣常運作的模式形成強烈的對比。在1978年，全國人民代表大會重新恢復了在1960年代被廢除的檢察院制度。檢察院在1980和1990年代的新重要作用，是調查與起訴官方犯罪。中國的領導人一直都會定期性且強調會實現「法律之前，人人平等」的承諾，聲稱濫用公權力與違反法律的官員，必須受到懲罰。在此同時，如本章稍後所述，中國近年來的貪污腐敗現象呈現爆炸性增長的趨勢。實際上，共產黨透過其「政法委員會」（Political-legal Committee）以及「紀律檢查委員會」（Discipline Inspection Committees）制度，就可以保護官員在涉及濫用權力的情況下，能夠免於受到法律平等的咎責。

到了1970年代末期，大多數的中國人對法律一無所知，並且對合法的管道完全沒有信任感，因為政治常規通常會取代法律上的合理位置。在1980年代，當權者發起了一系列的運動，教育一般公民理解相關重要法律的內容，如「法律之前，人人平等」。幾十年來眾人積極譴責（不僅是忽視）推動法律規範是很困難的。然而，一般的中國人也會開始運用法律來追求自己的利益。法律教育工作是否具有成效的一個指標，就是根據《行政訴訟法》對政府機構與官員提起訴訟的案件確實有增長。

**對法律慣例的批評**（Criticism of Legal Practices）——法律改革激起了人們對中國法律以及中國對外法律施行模式的批判。[24]有3個例子說明了這一點。首先，中國的《刑法》規定在走私、強暴、行賄、販賣婦女與兒童，以及貪污腐敗這類犯行嚴重的情況下，可以判處死刑。在定期密集努力「嚴打」（strike hard）犯罪行為，當權者廣泛採用死刑來處罰，對於這類罪犯而言，死刑的懲罰相對嚴厲。其次，根據設計，中國的刑事訴訟程序是單方審問性的（而非兩造對質性的），側重於量刑的程度（而非是否有罪）。由於只有在蒐集到充足的證據證明犯罪後，才對案件起訴，所以大多數的起訴都會導致有罪判決。法律承認被告有尋求辯護人的權利，但僅要求在審判前10天，由指派的公設辯護人協助。到了這時，案子通常都已經取得被告者的認罪（法律都會針對這樣的狀況，給予從寬量刑）了。最後，儘管已經廢除特定反革命的政治犯罪，不過中國的當權者還是承認關押了數千名的政治犯。人權團體估計被關押的人數遠比所公布的數字還要高很多；所有批評家都認為這種情況基本上並不符合新法律。

# 政治社會化

## 12.6 描述作為政治社會化的來源，中國政府與大眾媒體以及教育體制的關係。

中國對外開放的經濟政策所帶來的結果之一，就是讓今日的中國領導人無法像過去在毛澤東時代那樣，全盤控制所有的資訊。[25]

## 大眾媒體

現在，一般中國人可以經由香港（這裡相對上比較自由且具有批判性的大眾媒體）以及外界在報紙、書籍、廣播節目與電視頻道，與網路，接觸並知悉與自己國家相關的公共事務的新聞與民意。而且，中國人彼此之間可以透過前所未有的方式，如部落格、留言板、電子郵件、電話和簡訊相互連繫。1987年，中國進

口了第1部行動電話設備；今日，在中國7億的上網人口中，有90%的使用者會藉由自己的智慧型手機連結網路。中國當權者意識到網路對經濟的現代化有其重要性，但是也察覺到網路會威脅到其統治。「共產黨中央委員會宣傳部」（Communist Party Propaganda Department）以及「國務院新聞辦公室」（State Council Information Office）指導著全世界範圍最廣的系統進行控制、審查和監視被共產黨認為具有政治顛覆性的內容（參閱專欄12.3）。中國網路的新聞主要依然是官媒發布的內容；新聞媒體被要求必須使用來自官方「新華通訊社」（Xinhua）發布的新聞，作為新聞的來源。儘管對媒體的控管已經有大幅的鬆綁，但是某些議題依然還是禁忌（像是多黨競爭制度、城市的示威抗爭，以及勞工罷工等）。在這樣的狀況下，網路就成為了共產黨政權更有效散播官方訊息的途徑。中國的網路**防火牆**（Great Firewall），透過網路閘道（Internet gateways）的標準防火牆及代理伺服器，阻擋路由器的網際網路協定（Internet Protocol, IP）位址，以審查封鎖內容。由於中國政府控制了國內的網路，無法經由伺服器任意連結到國外的網路上，共產黨可以針對其認為具有政治顛覆性的內容，而封閉連結到網站的通路以及刪除該網頁。數以萬計的網路警察（cyber

## 專欄 12.3　中國的網路審查機制與谷歌

中國政府核准了數十件關於規範網際網路內容的議案，但是在官方主要列表中，尚未公開任何內容為禁忌的話題。相反的，這是要企業自行解讀法規並評估其政治環境來進行審查與自我審查的機制。為了要在這種多重管制的脈絡下營運，「谷歌中國」（Google.cn）：這個在中國成立的谷歌搜尋引擎於2010年以前，都會定期對本身提供的搜尋內容進行過濾。在每1頁中國谷歌的搜尋結果下方都會出現一項說明，告知搜尋訊息的使用者無法觀看到所搜尋的內容，是因為中國當權者的嚴格規定，某些訊息被隱藏。2010年1月，谷歌宣布不再願意進行搜尋內容審查的過濾行為；相反的，谷歌決定嘗試與中國官方協商，推出未經過濾內容的合法搜尋引擎的服務。否則，它將關閉其在中國的業務。當谷歌做出這樣的宣告時，中國民眾對其結果表達遺憾與失落，並在谷歌的北京辦公室門前獻花表示難過的心情；雖然谷歌中國搜尋引擎的市占率高達了33%，不過還是遠遠落後在中國的競爭對手「百度」（Baidu），但谷歌的審查數量卻少於百度；特別對中國研究者來說，能夠有機會閱讀到以英文撰寫的期刊文章，是很有價值的。2010年3月，由於中國官方完全沒有鬆綁對於遵守現行法律的要求，後來谷歌關閉了在中國的辦公室，而到香港去建立一個沒有審查過濾的搜尋引擎。今日，中國的防火牆還是持續封鎖以谷歌中國搜尋來自中國內部具有政治敏感性議題的內容。[8]

cops）會選擇性的封閉國外新聞網站的連結，並關閉在國內公開發布具有政治敏感性資訊的網站。共產黨政權最在意及要控制的不是政治性批判的內容，而是可能會挑起集體行動的資訊。當然，全面的控制也可能會適得其反。網路使用者（網民）也可透過設置於中國境外的伺服器來規避官方的封鎖，以及藉由一些略微修改的華文字，來影射某些政治事件與活動。

## 教育制度

　　政治社會化的新內容與新風格，在中國的教育制度中顯而易見。毛澤東的接班人繼承了這套設計用來建立共產主義價值觀的教育制度——從根本上來看，這與經濟增長的優先次序相互矛盾。在文化大革命期間，高中生畢業後會被派往工廠或農場，以取得工作經驗並向群眾學習的機會。基層草根領導人的推薦取代了大學的入學測驗，重點在於是否擁有具革命性的「政治憑證」（political credentials）。隨著對大學內的學者的清算鬥爭以及對專業知識的貶損，大學教育的內容被重新設計，在每一個專業領域中都包含更多的政治內容。學生畢業了就會變得更「根正苗紅」，而不是更專業。整整10年幾乎都在迷失中度過。在這10年期間，錯過了教育機會的那一代人，成為今日所認知並被稱為「失落的一代」（lost generation）。

　　如今，隨著大學入學考試的重新恢復，以及有數量龐大的中國學生在國外就讀，對專業知識的尊重程度也徹底恢復。事實上，在2006年秋季，來自共產黨與政府部門的高層指示，全中國所有的大專院校要減少政治意識形態與黨史的必修課程，從7門降低至4門，這是中國改革開放25年以來所出現的第1次重大的課程變動。

# 政治文化

## 12.7 根據中國的歷史淵源來考察中國的政治文化。

　　中國的老年與中年人不僅經歷了毛澤東時代的極端主義，還經歷超過20年的對外改革與開放。而年輕一代的中國人僅有在相對開放的後毛澤東時代的個人體驗，包括1990年代，在這10年中見證了「第三波」（third wave）民主化，幾乎每個共產主義國家中都取得了民主的勝利。當然，近年來中國內部與外部的變化，也都烙印在中國人如何看待自己的政府以及他們與政治當權者之間的關係模式。

　　由於毛澤東時代的領導人對社會科學有強烈的質疑，所以我們很難找到大眾

民意調查的數據資料來作為良好的區分基準線，並以此評估隨著時間的流轉，一般中國人的信念產生了什麼變化。然而，我們還是可以基於對中國的調查研究，包括由美國政治學家組織與進行的研究調查作為分析的基礎，論述一些有關當今中國的政治文化。一般中國人對政治的傾向為何？特別是，中國人在信仰上，有多大的程度上是朝著民主化方向來推動政治改革？

## 政治知識

民主的重要基石之一，就是公民對政治的了解與對公共事務的興趣，並且能夠監督民意代表與政治領導人的表現。大多數的中國人至少每週會關注1次公共事務的內容，主要是透過廣播內容或電視節目，而少部分是透過報紙。不過在中國，政治並非是時常討論的話題。多數人都說自己「從未」與他人談論政治議題——這是缺乏積極興趣的鮮明反應。

當然，政治知識與利益在中國分配不均。在受過較高教育的男性和收入較高的中國人中，會對探索知識更主動與感興趣，這現象與我們在其他國家所觀察的結果，沒有太大的差異。不令人訝異的，生活在北京的中國人比中國其他各地的人，對政治更感興趣。事實上，他們經常討論政治議題。然而，即使考慮到中國整體的情況，其中包括相對上對於政治知識與興趣較不足的農村人口，今日的中國政治知識還是比1960年代初期的義大利來得高，而政治性的論述也比1960年代初期的義大利或是墨西哥還要來得多。[26]

## 政治價值觀

關於當代中國政治文化的一種有趣觀點，就是將中國置於在亞洲脈絡下進行比較的觀點。2010年至2012年的「亞洲民主動態調查」（Asian Barometer Survey, ABS）詢問在東亞地區的政體（包括香港與臺灣）中，民眾認為哪些是具有民主代表性的樣本。[27]首先，考慮的是一個關於對民主滿意度的簡單問題的回答。如圖12.4所示，有高達66%的中國人民表達對自己國家所施行的民主方式感到滿意。然而，在圖中所呈現的國家中，雖然日本與南韓都屬於民主政體，但明顯的有較少比例的人口滿意國家的民主運作方式。在臺灣這個新興的民主國家中，其百分比只有些微的（在統計上無顯著差異）高於中國，68%的受訪者表示滿意國內的民主狀況。

當我們考慮民主思想的彈性時，對於這種民主運作方式的滿意度排序，就不那麼令人感到困惑了。一方面，數十年來中國人一直被灌輸所謂「社會主義式民主」（socialist democracy）的觀念，這種思想拒絕了大多數自由民主的制度（如

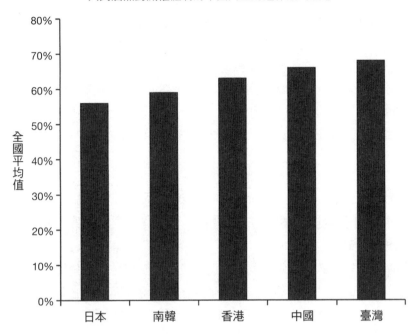

**圖12.4 比較視野下對民主運作的滿意度**

面臨之難題：與許多東亞政治制度相比，
人民居然對威權體制的中國民主的運作感到滿意

附註：圖表數據來自2010年至2012年的「亞洲民主動態調查」（Asian Barometer Survey, ABS）。百分比結合了在「民主運作方式」的題目上，勾選了「非常滿意」與「滿意」的答案。

實質性多黨制的選舉），並將其當作是資產階級統治的工具。另一方面，盛行於東亞的儒家思想傳統文化，將善政（good governance）概念與由統治者所提供的家長式（paternalistic）社會福利連結在一起，特別強調統治者「因其卓越的知識與美德而特別有資格執政」。[28]在這樣的傳統下，所衍生的合法性並非源於程序性的主張，而是來自於實質性的政策成果，尤其是涉及共同福利的結果。所以當中國人將民主視為其政治運作的方式時，也許他們是從另一個不同於自由民主的角度來檢視民主——要不就是透過社會主義灌輸所產生的架構觀點，不然就是反映了將合法統治等同於社會福利的文化價值視野。

幸運的是，亞洲民主動態調查詢問受訪者：「民主對您意味著什麼？」具體的答覆可分為4類。有2類反映了程序上的民主概念：「規範與程序」，如選舉與權力制衡；以及「自由與自在」，如新聞與出版的自由。另外2類則是反映出對民主的實質性成果的理解，特別是與儒家思想中有關的「仁慈獨裁政權」

（benevolent dictatorship）的成果：「善政」及「社會平等」。後者更是特別與
社會主義觀念連結在一起。

　　當這5個政體中的亞洲人談論到民主運作良好的同時，大部分的人都不是從
程序上的角度想到民主。在他們主要所理解的民主樣貌，既不是規範與程序，也
非自由與自在。取而代之的，他們所理解的民主是一種與儒家思想文化能夠產生
共鳴之務實上的意義。在亞洲民主動態調查的分析中，最受到日本人與南韓人理
解的民主偏好是善政，有38%的南韓人以及42%的日本人選擇這樣的回應。對大
多數的中國人以及香港的華人和臺灣人而言，民主是關於社會平等的，有35%的
中國人如此回應，而幾乎也有一樣高比例的香港華人和臺灣人選擇了相同的答
案。

## 政治參與

### 12.8 探討中國在全國性與地方性層級「官方認可」與「不認可」的政治參與形式。

　　在共產黨國家，政治參與、利益表達以及利益匯集，都與一般自由民主制度
中的過程有很大的不同。當然，差異的根源在於領導人與公民之間關係，存在著
不同的概念。「監護權」的概念與自由民主的代表權概念從根本上是互相矛盾
的。共產黨組織聲稱其能夠代表社會上所有人的利益。它拒絕了自己以外的所有
政黨，並將那些政黨視為是不必要和不可接受的。雖然在近幾十年來中國已經在
政治過程中有所改變了，但是在中國政治體制中，官方可接受的政治參與、利益
表達以及利益匯集之形式，反映出在共產黨與中國社會之間的監護權關係依然持
續存在著。本節的內容討論政治參與；下一節則將探討利益表達與匯集。

### 規則的改變

　　在1976年毛澤東過世之後，政治改革持續進行的一個重要面向就是重新定義
在中國的體制下，什麼是構成官方認可的政治參與內容。新的政治參與指導方針
在三類規章制度的變更顯而易見，其將參與常規化，並且減輕了一般中國人的負
擔。這些變化也反映出官方對於毛澤東思想盛行年代（特別是文化大革命時期）
群眾參與路線所造成的破壞的反應，其官方假設經濟的成長必須建立在秩序與穩
定的基礎上，而且官方也意識到在經濟關係上的改變，同時也需要調整在政治上
的關係。

　　第一類規則的變更涉及政治參與。自從1980年代初期之後，這一直是一般中

國人基本上的選項。共產黨在中國掌權後的前30年，對於沒有去參與廣泛的政治活動的民眾，就相當於是反對共產黨政權的行為。如今，政治對於一般中國人生活的侵入性，已大大減少了。政治的規模和要求都已經有所限縮。反映出這個變化的最重要單一措施就是在1979年時，官方清除了所有的階級與政治標籤。30年後，中國人不再因為階級背景或過往的「政治錯誤」（political mistakes），而在形式上被標籤化。政治不僅不再完全宰制每天的生活，而且政治活動的範圍也縮小許多，一般中國人對政治表現出冷漠，也不再是一種危險的行為了。

　　第二類規則的變更是當權者很努力地迴避透過在公開場合煽動群眾來實現政策上的目標。相形之下，在毛澤東時代，典型的政治參與形式就是「**群眾運動**」（mass mobilization campaign）──由基層草根組織的領導人發起密集性、大規模，而且具有破壞性的團體行動。1958年發起的「大躍進」和1966年展開的「文化大革命」，本質上都是群眾運動──以一種巨大的規模方式呈現。通常在群眾運動中，基層的政黨領導人會回應來自於政治中心的訊息，然後煽動中國人去達成當權者的各種目標，其目標往往就是確認出敵人的類型──例如在1950年至1951年期間的「反革命分子」；1950年至1952年期間的「地主階級」；1957年的「右派分子」；以及1962年至1963年期間的「思想不純的幹部」。群眾運動也被運用在非政治目標上，例如在1956年，努力根除計畫不周以及對生態環境不利的「除四害」（麻雀、老鼠、蒼蠅以及蚊子）運動。運動的參與，實際上是強迫性的。在毛澤東過世僅僅3年後，中國的領導人就正式宣布拒絕將群眾運動當作是政治參與的一種方式。在1970年代末期，許多隱身於權力階層頂端的領導人，也是文化大革命時期遭到批判鬥爭的受害者。因此造成社會失序的運動都被拒斥了，因為這些被認為與當前追求經濟成長的主要目標是背道而馳的。

　　第三類規則的改變是拒絕將群眾運動作為政治參與的主要方式。相反的，中國的領導人鼓勵一般人民透過各種常規的官方管道、一些新的以及其他剛恢復的各種方式，來表達意見以及對政治的參與。舉例來說，受理陳情的辦公室、舉報濫用職權的中心與電話專線，以及寫給報紙編輯的信等。[29]最重要的是，當權者已經引入重要的選舉改革。結果，中國的政治參與是多種多樣的，範圍很廣。如圖12.5所示，1980年代至1990年代在北京進行的一項調查的結果。北京無疑是中國全國政治化程度最高的城市；然而儘管如此，公民參與各種活動的程度仍然是驚人的，這完全不是毛澤東思想盛行的年代動員的畫面。

　　選舉以及選舉所連結起公民與領導人之間的關係，是自由民主所代表的概念不可或缺的部分。基於這樣的理由，自由民主國家的政府與非政府組織一直密切

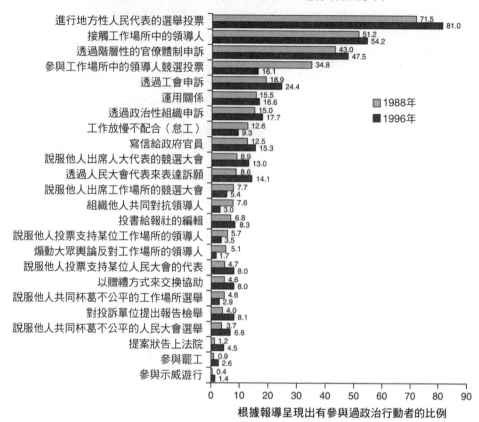

圖12.5　北京的政治參與

有大量的中國人在官方可接受的方式中，進行政治之參與

| | 1988年 | 1996年 |
|---|---|---|
| 進行地方性人民代表的選舉投票 | 71.5 | 81.0 |
| 接觸工作場所中的領導人 | 51.2 | 54.2 |
| 透過階層性的官僚體制申訴 | 43.0 | 47.5 |
| 參與工作場所中的領導人競選投票 | 34.8 | |
| 透過工會申訴 | 16.1 | 24.4 |
| 運用關係 | 18.9 / 15.5 | 16.6 |
| 透過政治性組織申訴 | 15.0 | 17.7 |
| 工作放慢不配合（怠工） | 12.6 | 9.3 |
| 寫信給政府官員 | 12.5 | 15.3 |
| 說服他人出席人大代表的競選大會 | 8.9 | 13.0 |
| 透過人民大會代表來表達訴願 | 8.6 | 14.1 |
| 說服他人出席工作場所的競選大會 | 7.7 | 5.4 |
| 組織他人共同對抗領導人 | 7.6 | 3.0 |
| 投書給報社的編輯 | 6.8 | 8.3 |
| 說服他人投票支持某位工作場所的領導人 | 5.7 | 3.5 |
| 煽動大眾輿論反對工作場所的領導人 | 5.1 | 1.7 |
| 說服他人投票支持某位人民大會的代表 | 4.7 | 8.0 |
| 以贈禮方式來交換協助 | 4.6 | 8.0 |
| 說服他人共同杯葛不公平的工作場所選舉 | 4.6 | 2.9 |
| 對投訴單位提出報告檢舉 | 4.0 | 8.1 |
| 說服他人共同杯葛不公平的人民大會選舉 | 3.7 | 6.8 |
| 提案狀告上法院 | 1.2 | 4.5 |
| 參與罷工 | 0.9 | 2.6 |
| 參與示威遊行 | 0.4 | 1.4 |

根據報導呈現出有參與過政治行動者的比例

資料來源：史天健（Tianjian Shi）撰寫的〈北京的民眾政治參與〉（Mass Political Behavior in Beijing），收錄在古梅（Merle Goldman）、馬若德（Roderick MacFarquhar）、主編的《中國後毛澤東時期改革的悖論》（*The Paradox of China's Post-Mao Reforms*）（Cambridge, MA: Harvard University. Press, 1999），第155頁。

關注「中國的選舉改革」。

## 地方人民代表大會的選舉

　　毛澤東時代的地方人民代表大會的選舉，只是一種政治性的儀式。其特色就是人民無法決定哪些候選人，也不是祕密投票的形式。選民只能直接選出鄉級人民代表大會的成員；在比較高的層級中，其人民代表大會的成員，是由直接所屬的下一層級成員所選出來的。這樣的選舉所有服務的對象，大概就像是作為政權合法化、大眾教育，以及政治社會化的工具，但實際上並不允許一般公民選擇所

想要的代表。

在1979年，一項新的選舉法讓人民可以直接選出縣級人民代表大會的成員及引入了強制性無記名投票，而非在公開場合展示所支持的對象，並且要求候選的人數必須是所要選出代表人數的1.5倍。

地方共產黨組織持續在選舉委員會中發揮關鍵性的領導作用，他們審核被提名人，以及決定誰能夠出現在選票上成為候選人。即使如此，並非所有的候選人都能夠按照現行的規則贏得選舉。有些共產黨提名的人還會輸給選民自己提名的人；在某些（仍然為數不多）案例中，由被填寫進選票的候選人獲勝了。[9]相較於屬於菁英式的政黨提名的代表，更多選民所提名者都是來自於社區，並對社區的問題也非常了解。這使得他們成為地方政府希望防止地方問題在請願或抗議中，爆發成不可收拾的境地的良好訊息來源。

新的人民代表大會選舉規則並沒有產生根本性的改變。如果沒有進一步的改變規則，就別期望得到不同的結果；因為共產黨根本不允許有任何反對自己的平臺出現。然而，雖然地方人民代表大會的成員是由民選產出的，但是他們卻不參與真正的政策制定，他們只是本身選區與政府之間的橋梁，以及政府提供當地公共財與服務的管道。當選成員的代表性比較不像是在政策制定上具有代表性，而比較像是能夠提供「甜頭」（pork）的供應者。**30**

## 村民委員會

中國現在也有近二十多年農村地區基層民主化的經驗了，這是由全國人民代表大會於1987年會議上臨時所批准的，並於1998年修訂為法律。該法律定義了**「村民委員會」**（village committees）為一個「基層群眾性的自治組織」，其特色是由村民在候選人當中選舉產生，任期3年，並向由所有成年村民所組成的村議會負責。

1987年成立了由人民直選的村民委員會，主要目的是強化國家在農業去集體化後的治理能力。在1980年代初期，人民公社解散了，取而代之的是鄉鎮政府。土地與其他生產的工具也都分配到農民的家戶中，由農民自行管理經營，自由市場開放了，原本大多數強制性銷售給國家的義務廢除了，並促進了私人企業家精神。**31** 以大多數的經濟標準衡量，這些改革的結果是成功的，但是對農村的領導權威而言，造成了慘重的後果。隨著村民擁有更大量的經濟主動權與自主權，中國要人民嚴格遵守的黨國體制的權力就會被大量削弱。到了1980年代中期，農村領導人的地位很嚴重地萎縮。領導人以犧牲社區利益的方式讓自己從中牟利，而

村民也很努力抵抗拒絕通過不受歡迎的政策。在村民與村領導之間的暴力衝突變得十分普遍。1987年振興村民委員會的目的是透過增加問責制讓愈來愈有自主性的農村地區更易於被治理。可想而知，村民應該會比較傾向於由底層選出來的領導人，而不是像以前一樣，由上層強硬派駐領導人。

　　在1998年，當時全國人民代表大會正式肯定了村選舉的經驗，大多數的農村也都至少經歷過3屆的選舉了，不過在實施過程中，確實存在巨大的地方性差異。在許多農村中，是由「（共產黨）村黨支部」（village communist party）控制候選人的提名，對於村委員會主任這個關鍵職位，村民是沒有辦法選擇候選人的，而在選舉當中出現違規現象很普遍。即使在真正執行一連串選舉過程的農村——具有真正的競爭性選舉結果、廣泛由民眾參與候選人的提名，以及很嚴謹地關注投票的全部過程——真正具有管理性質的權力，往往不是掌握在由人民選出的村民委員會手中，而是在村黨支部的手中。甚至在今日，村民委員會的整個選舉過程所產生的資料，也都很少公開讓人知悉，包括這些選舉的決定因素或是其結果。[32]當然，在一定程度上，基層民主的實踐是需要許多日常工作與期望的力量不斷地積累，雖然很緩慢，尤其針對幾乎有6億2,500萬的中國人，在超過60萬個農村地區，但是在鄉村地區的政治參與，已經算是很深刻的一種改變了。

## 「不被接受的」政治參與

　　比重新定義官方認可的政治參與的改革，更具戲劇性的是，中國人從1970年代末期開始，可以在城市的街道與廣場上採取一些政治行動。透過罷工、示威遊行、張貼海報、請願，以及占領公共空間等方式，公民的行為，就好像政治改革理解或容忍政治行動與公共秩序的混亂。然而，根據官方的紀錄，情況似乎剛好相反。

　　在1980年，於文化大革命時期實行的張貼「大字報」（big-character posters，通常是針對領導人的批判，由個人或團體書寫，並張貼在牆上）的權利，從中國《憲法》中刪除了。在1982年，《憲法》保障的罷工權利也被廢除。針對大規模的抗議活動，官方的立場在1979年藉由公布「四個基本原則」（four fundamental principles）明確表示政治參與必須的堅持：（1）必須堅持「社會主義道路」；（2）必須堅持「馬克思主義—列寧主義—毛澤東思想」；（3）必須堅持「人民民主專政」；（4）必須堅持「共產黨的領導」。在這些原則當中，只有最後一項的內容才是很明確的有效限制政治參與的必要條件，而前面三項的內容比較像是共產黨領導人想怎麼界定都可以。參與者（尤其是組織者）會面臨

身體傷害以及犯罪懲處的真實風險。然後，為何在1970年至1980年代時，一般參與群眾抗議活動的公民，其抗爭的頻率會愈來愈高？而為何在1980年至1990年代時，城市中的勞工與農民動盪機率升高了？

「官方不能接受的」政治參與有各式各樣不同的類型與理由，但是所有的解釋理由都迴避不了必須提及到後毛澤東時代的改革。一方面，經濟改革對中國人產生了一些歷史上無法接受的結果，像是更嚴重的（更明顯的）通貨膨脹、失業、犯罪，以及貪污腐敗等。農村的動盪通常是由地方的貪污腐敗以及徵收過高的（往往是非法性的）稅金與費用所觸發。城市的動盪——罷工、怠工，以及示威遊行——出現次數也有所增加，隨著國營企業在社會主義市場的經濟中辛苦的殘喘存活。一些企業已經倒閉；許多公司也都加入了大量裁員的行列；其他的雇主也無法再支付獎金與退休金。這是自從1949年以來的第1次，原本許多依靠著固定薪資過活的中國城市居民，卻變成沒有收入或是靠著無法預測的收入，來面對愈來愈高的生活成本狀態。

## 抗議者與改革者

1989年，另一種城市動盪吸引了全球新聞媒體的目光，進而引起了全世界的關注。上百萬人示威遊行走向了北京的「天安門廣場」（Tiananmen Square），這是在毛澤東過世以來的第3次主要大規模政治抗爭運動。第1次是發生在1978年至1979年（參閱專欄12.4），第2次則是發生在1986年至1987年。這3場抗議活動都是官方不能接受的行為，因為所有的抗議活動都連結到官方改革與改革者的某些重要方式上，而所有的群眾抗議活動最後也都宣告失敗（結果也都導致官方改革的挫敗）。[33]

抗議活動是官方不能接受的，主要是因為其表達訴求的形式。自1978年12月以來官方所形成的共識是：中國當前最重要的優先事項為追求經濟的成長，而社會秩序與穩定是成長所需要的前提條件。群眾的抗議活動顯然會讓社會失序。此外，作為政治參與的一種形式，群眾的抗議活動從兩種意義上也表示了政權失敗的徵兆：抗議者藉由走上街頭表達自己的訴求，以示威遊行來凸顯官方對於表達批評性觀點的管道是失靈的，而使他們不信任共產黨聲稱可以修正自己所犯的錯誤。況且，抗議者的訴求顯然並沒有脫離政治。儘管他們拒絕了官方的參與管道，但他們對政治並不冷漠。事實上，雖然在體制外的組織連結可能會產生嚴重的風險與困難度，但他們還是很明確表達了政治訴求。簡言之，政治抗議者所要釋放的訊息是，群眾的政治參與不應該被侷限在官方的管道內，也不能因為現在

## 專欄 12.4　魏京生與「第五個現代化」

1978年末，在一個即將發生重大改變的氛圍中，甚至包括了官方對文化大革命的「重新定調」，許多中國人開始定期聚集在北京天安門廣場附近的一道大牆，張貼、閱讀，以及討論政治性的大字報內容。在這號稱「民主牆」（Democracy Wall）上所張貼最大膽的其中之一張大字報是由魏京生（Wei Jingsheng）所撰寫的內容。其主張現代化農業、工業、國防，以及科學與技術，這樣雄心勃勃的計畫方案，如果沒有進行「第五個現代化」（the fifth modernization）——「民主」，以上都不會成功。魏京生寫到：「令人厭惡的舊有政治制度一直都沒有改變。人民從專制者手中奪權不是具有正當的理由嗎？」魏京生甚至發表了更多具有批判性的文章在非官方《探索》（Explorations）雜誌中，這是當時所發行的50多種期刊之一。在1979年3月，魏京生張貼了一張新的大字報來挑戰鄧小平，內容問及：「我們要民主還是要新專政？」（Do we want democracy or new dictatorship？）後來魏京生被以「反革命分子」（counterrevolutionary crimes）以及「洩漏國家機密」（leaking state secrets）給外國人等罪名被判刑。大約15年後，魏京生被釋放出獄，後來僅因為參與了與共產黨持不同政見者的活動，而又再次被捕入獄。1997年，在中國以外的人權團體與政府多年來不斷施壓下，這位中國最著名的政治異議人士被釋放並流亡至美國，魏京生到了美國之後還是持續批判中國的當權者。

比過去享有更好的物質生活了，就放棄政治訴求。

　　大致而言，儘管有些比較激進的分子，但是抗議者並沒有很公然的將訴求以違反制度的方式來表達。這似乎不只是一種策略。相反的，抗議活動是與官方的社會主義改革運動意見對立的群眾，施加更大的壓力要求進行更多的改革，而且（雖然這是官方不能接受的）這往往都與菁英改革者的訴求連結在一起。

　　從共產黨的當權者的角度來看，造成1989年真正具有危險性的並非群眾訴求的內容，更多的是來自於對組織的挑戰：學生與勞工獨立於共產黨的控制之外，而組織了自己的工會來表達自己的利益。當趙紫陽表達對抗議者的支持並宣布反對戒嚴令時，公開打破菁英階層的政治壟斷也加劇了這個挑戰。黨與政府的其他領導人，以及退休的元老，包括鄧小平——其中許多人都曾是文化大革命時期被青年紅衛兵鬥爭的受害者——把此問題視為是制度存亡以及對自身地位的基礎鬥爭。這場運動最後被坦克車與機關槍，猛烈暴力且果斷的在1989年6月4日「六四天安門事件」（Tiananmen massacre）中鎮壓了。**34**

# 利益表達與匯集

## 12.9 描述中國近年來利益匯集之演變。

　　大多數的公民會在沒有利益匯集的情況下進行利益表達。這採取個人接觸的形式，以闡明個人擔憂政策對自己生活所造成的影響。許多這樣的利益表達都發生在工作場合中。在大部分的情況下，利益匯集的功能由共產黨在受控制的利益團體制度下壟斷。在此同時，共產黨在利益匯集的作用變得愈來愈淡化，而且其採用的方法也有所衍變。

## 黨的領導下的組織

　　在共產黨正式領導下，有8個「附屬政黨」（satellite parties）。這是共產黨在1949年以前與非共產主義的民主政黨臨時合作戰略的遺產。[35] 這些政黨在政策制定過程中沒有真正的作用，但是他們在「中國人民政治協商會議」（Chinese People's Political Consultative Conference）上是有代表的名額。在1989年，黨中央委員會提議與這些非共產黨的政黨加強合作，內容包括在主要的政策上，藉由與這些政黨的領導人開啟定期性的諮詢——或者至少能夠具有比較強大的功能作為通報共產黨的政策意見。當然，這提議只限於所涉及的8個官方能夠容忍存在的政黨。1998年，中國共產黨逮捕與審判了1978年至1979年民主運動中的一些老將，並把他們拘捕入獄，因為這些人企圖註冊登記成為新興的「中國民主黨」（China Democracy Party）。

　　其他比較早期就出現的組織，在中國的政治體制中，就像是因為利益而聚集在一起的正式組織，都算是「群眾組織」（mass organizations）；是共產黨延伸進入社會的組織，屬於全國性範圍的規模，且組織是相當官僚階級性的。「中華全國總工會」（All-China Federation of Trade Unions）以及「中華全國婦女聯合會」（All-China Women's Federation）依然是中國很活躍且重要的群眾組織。群眾組織是由共產黨官員所領導，這些人被特別任命擔任這些職位，且聽命於共產黨委員會的指示。這些組織的主要功能並非匯集與表達團體利益提供制定政策過程時考慮，而只是為了促進政黨政策向相關團體宣傳罷了。本質上，群眾組織代表的是共產黨所組織並可以掌控的利益團體的利益，並非反過來的影響政策方向。

## 非政府組織與官辦非政府組織

　　在官方的鼓勵下，1980年代後期出現了一組非常不同的組織協會。這些社會

組織的形式和關注的內容範圍很廣泛，總數超過45萬（還有未註冊登記的可能就超過100萬了）。從構成上，它們包括了真正的非政府組織以及「官辦非政府組織」（Government Organized Nongovernmental Organizations, GONGOs）。一些官辦非政府組織實質上是政府機構的前線組織，其設定是為了獲得外國政府以及國際非政府組織的利益，來支持中國公民社會的興起。其他的官辦非政府組織則是強烈並相互具有利益性的與非政府組織有所連結，其行為就像是幫助非政府組織與政府進行連結的橋梁。在其關注面上，官辦非政府組織以及特別是非政府組織，都會涉及到相當廣泛的利益與活動。

官辦非政府組織當中讓人覺得最有趣是那些原本為組織公司而成立的商業組織協會：「自營職業者協會」（Self-Employed Laborers' Association）、「民營企業聯合總會」（Private Enterprises Association），以及「中國全國工商業聯合會」（All-China Federation of Industry and Commerce）。中國全國工商業聯合會的組織裡面有中國最大型的公司群，擁有獨立的資源而可以創建一個獨立的組織網絡（商會）、全國性的報紙刊物，以及金融機構提供成員信用貸款。

在非政府組織當中，大約有2,000個關注環境保護議題的組織處於非政府組織行動的先鋒。[36]最大型、資金最充裕，以及組織最完善的的環境保護非政府組織，主要關注在物種與自然保育，以及環境保護的教育上。因為擁有媒體強力的支持，這些非政府組織往往都會與中央的當權者合作，共同揭露和應對地方政府未能執行環境保護法規與政策的情況。有一個環境保護非政府組織還可以培訓律師如何去從事法律的執行；教育法官相關的議題知識，以及進行環境保護案件的訴訟。

個別的環境保護者也組織起來影響政治的決策。一個很好的例證就是有一本獨立的出版書籍：《長江！長江！》（*Yangtze! Yangtze!*），匯集了科學家與環境保護專家的論文集，許多文章批判討論到了全世界規模最大、最具爭議性的水力發電項目「三峽大壩」（Three Gorges Dam）。這份研究報告在1989年初期就已經發表了，目的在於影響廣大的全國人民代表大會批准大壩工程建設的投票結果。雖然對於阻止批准的投票結果失敗了，但是也讓將近三分之一的全國人民代表大會的成員對此計畫方案投下反對票或棄權——促使中國政府延後到1990年中期才進行水壩工程的建造。

考慮到列寧主義對組織多元化的厭惡，中國政府鼓勵非政府組織的出現與活動，確實令人一頭霧水。[37]在1980年代至1990年代有出現這樣的解釋，當時許多國營企業關閉了，而政府正在進行所有層級全面性的規模縮減，這就產生了一個

空間需要社會團體來填補，以完成一些政府以前該提供的功能，特別是社會福利方面的規定。本質上，這樣的改變只是將原本屬於政府的負擔轉移到社會而已。1998年縮小中央政府官僚體制規模的計畫，很明確地標記出許多由政府提供的功能，必須「交還」給社會，並由新的社會協會管理。這樣的計畫為非政府組織開啟了政治空間。當權者也意識到非政府組織能夠幫助中央監督地方政府的政策執行情況；這是環境保護非政府組織所發揮最顯著的作用。

　　在大多數情況下，中國非政府組織的活動，實際上在官方可接受的政治參與範圍內。大多數的團體都不會向國家要求自主性，反而是找尋其能夠在國家內部的「嵌入性」（embeddedness）。因為尋求自主性就意味著要成為在體制外的機構而且相對上會變得更沒有權力，更無法施展其影響力。總而言之，在很大程度上，新興的中國公民社會組織，要做的是匯集與表達其利益，而非挑戰國家。

　　可以肯定的是，當權者已採取一些措施確保非政府組織與自己合作（而不是對立）。有一套詳盡的法規要求社會組織與負責其活動的贊助者有隸屬關係，並在政府申請註冊登記以及擁有充足的資金與會員資格。規定還禁止在全國性層級或是任何特定的地方，同時存在多個具有實質重點相同的組織。舉例來說，這能夠確保官方對一些表達女性與勞工利益的群眾組織的壟斷性。

　　然而，在現實中，只是單純地控制非政府組織的活動是不太可能的，某些非政府組織會註冊登記為企業；另一些非政府組織則蓬勃發展為網路為基礎的虛擬組織，而且政府贊助者無法完全監控隸屬於自己名下所註冊登記的組織協會。舉例來說，中華全國婦女聯合會要負責超過3,000個以上的社會團體處理有關女性議題的事務。在這樣的情況下，中國的非政府組織能期待還會持續地成長。

　　重要的是要注意，一個很重要的社會組織缺乏匯集其利益的合法組織管道（即使只是一個普通的群眾組織）：農民。在一定的程度上，中國的農民會為了要表明自己的利益而採取集體的行動，主要是透過請願與抗議的方式來表達。

## 政策制定與執行

### 12.10 列出中國在政策制定上的三個層次和五個階段，並討論政策實施的途徑與障礙。

　　今日，像「大躍進」這樣的計畫可以在1950年代那樣啟動並實施，確實會讓人覺得很不可思議。具有爭議性的政策不再因為一個領導人的異想天開，就被通過且執行。專家們在政策形成以及制定時扮演了重要的角色。在全面性推廣執行之前先在所指定的地方先行試驗，而地方的當權者也不應該只是為了達成來自中

央所指定的不切實際的競選目標，而大肆犧牲地方的發展目標。

　　然而，1950年代與1990年代及之後的政策過程唯一最重要之差異是，近來會更加大量依賴於建立在一個更廣大範圍中的官僚體制、地方，以及經濟參與者之協商與共識的基礎上。這樣的改變，有一部分原因是來自於經濟的改革，提供了比較多的機會與誘因給參與者提供更多的資源進行國家規劃之外的計畫，而不是只有專注在國家授權的計畫當中。探討到政策過程時，中國人往往會脫口說出「上有政策，下有對策」（the top has its policy measures; the bottom has its countermeasures）。由於不存在選舉的問題並可以除去不需要的東西，所以高層決策者反而容易在中央及地方與各種參與者達成協議，以便他們採用的政策得以實施，而不會讓政策在此過程中被忽視或徹底改變。在制度的最高層協商會變得更重要，因為沒有任何一位領導人擁有毛澤東的經驗或個人威望。有一個可將當前區別於之前任何一個後毛澤東時期的政權特色，就是習近平領導的權力集中現象。他是自從毛澤東過世以來最有影響力的領導人。但是，習近平並沒有放棄控制在最近這幾十年來所發展而成的政策制定模式與執行的機構。

　　本章開頭描述的政治結構，是這裡討論政策制定與政策實施的重要參照點。然而，只有這些正式結構，並不是完整的解釋政策流程的關鍵特色。如下所述，政黨與政府結構之間的正式區別沒有看起來那麼重要。至少一個關鍵結構沒有出現在正式的組織結構圖上，而權威比政治結構更支離破碎、邊界更少。

## 政策制定

　　今日，中國的政策制定比以往任何時候都更中央集權和制度化。如圖12.6所示，其涉及到制度上的主要三類參與者：政黨、政府以及人民代表大會。在政策制定過程中區隔成三個層級也很有幫助。不一樣層級上的不同政黨、政府，以及立法機構，會在不同的過程階段中去互動。甚至，會有許多身分重疊的個別參與者，會在這制度中超過一個以上的層級中出現。本節將追溯主要政策的產生過程，來看主要的政策是如何出現的，而最後又是怎樣轉變為法律。然而，值得注意的是，因為中國所推出的許多重要政策，根本完全都不走立法程序。舉例來說，國務院有權頒布行政命令、決定、指示、要求，以及措施給地方政府來執行；中央政府的部會也可以針對個別的地方部會發布自己部門的規章，澄清和對相應地方政府部門的回應；而且中國共產黨中央政治局和共產黨的各部門都有個自獨立的法規、決定、指示、命令和措施制度，發布給地方和下層官僚機構的對口。

## 圖12.6 中國的政策過程

相較於過去,政策制定已經變得比較不是那麼集中在少數人手中,
而是更落實在制度化上,涉及更多的參與者

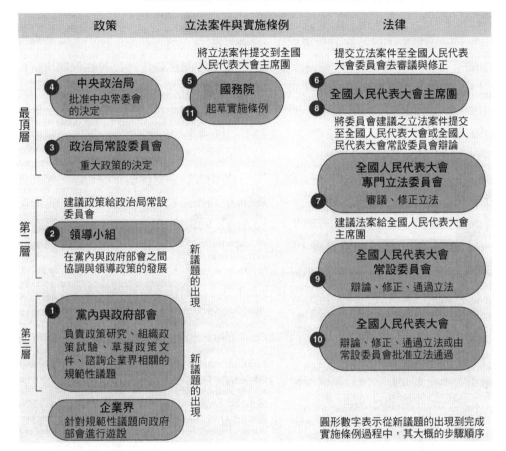

**政策制定的三個層級**(Three Tiers in Policymaking)——最高層的領導人就是黨的最高領導人——即黨中央政治局及其常務委員會的領導人。在這個層級中的共產黨高階人士,通常每1個人都至少會負責一個廣泛的政策領域。他們作為一個整體來制定所有主要的政策決定。正式而言,黨中央政治局擁有決定重大政策的最終權力,但其可能只在每月大約召開1次的早晨全體會議,就批准了由黨中央政治局常務委員會已通過的政策。值得回顧的是:那就是在共產黨官僚體制最高層的領導人,不僅包括黨的領導人,而且還包括了國家總理以及全國人民代表大會的主席。重疊的領導權身分有助於橫跨這三個機構的組織來協調重大的決策內容。

　　對政策選擇和政策決定思慮最為周密發生在第二個層級——即由綜合廣泛的政策領域所定義的「領導小組」（leading small groups, LSGs）中。[38]領導小組是由上一層級的政黨高層來領導，即使領導的執行代表可能看起來不像是隸屬於黨高層的層級中。領導小組具有廣泛的任務，主持政策研究、制定政策建議、贊助地方進行政策實驗，以及起草政策文件。領導小組負責將那些不同面向的政策領域中的所有資深官員聚集在一起。[39]領導小組會行使領導職權將政策納入初步議程中，一旦政策準備移轉進入立法的議程後，他們接著就會先提出具體的建議給黨中央政治局常務委員會。領導小組具有政策制定過程中很關鍵的協調機制，連結了高層的決策制定者與官僚體制，成為不同機構之間的橋梁，並架構起制度體系。

　　協調機制在中國體制中的政策制定上，特別具有關鍵性的重要功能，因為權力都已經由正式的結構組織決定，所以就需要許多鑲嵌在不同權力鏈中的官僚體制單位的配合。正式權威的分散化，及其在體制頂端的正式與非正式的協調機制來解決其議案，使一些學者將中國制度的特性，定調為是一種**「分裂式威權主義」**（fragmented authoritarianism）。[40]

　　正式權力是以哪些形式來呈現其分散化特性？最佳的解釋例證就是「雙重從屬制度」。一方面，權力是組織在具有階級性的官僚體制中，從中央的各部會向下延伸到地方的下級部門。在國務院隸屬下的每一個部會，都是位於所有隸屬的各省、縣以及鄉鎮下級部門的上層。另一方面，中央部會以及下屬部門都算是政府部門，正因如此，所以都需要從屬於各自所要向上負責的政府單位。中國人將這種二元性的結構組織的安排稱為「線」與「點」。威權式的溝通是由上至下（垂直式，以線性方式）進行的，也從政府到其部門中（水平式，以點對點方式）。這兩種權力只有在中央才會出現匯集在一起的狀況，亦即在國務院的層級中。簡而言之，所有地方政府部門在正式的權威關係中都有兩個老闆來管理他們——這還不包括他們與相同議題領域中的共產黨部門，以及位於地方政府部門之上的幹部職務名單制中之共產黨委員會所形成的所有關係。以中國人的慣用語來說，就是「婆婆太多」（too many mother-in-law）。這種具有正式權力的結構，經常會在政治過程中造成障礙。許多政策的問題無法在較低層級中獲得解決，而必須提升到足夠高層的位置，像是到了領導小組，它跨越許多權力機構，才能夠克服官僚體制下層的僵局。

　　在領導小組之下，位於第三層下面是相關的共產黨部門以及政府部門。因為在領導小組中只有很少數的成員，所以位於第三層級的研究中心與部門幕僚成

員，就要承擔起蒐集資料與草擬政策文件的實際工作任務。有愈來愈高比例的經濟事務相關政策，是由政府部會扮演關鍵的角色來處理——但是在這一個層級中，還是必須要看具體的政策領域，才能決定哪些官僚體制內的單位是最為涉入的參與者。

**從議程設定到草擬執行的管制規範**（From Setting Agendas to Drafting Implementing Regulations）——在政策制定與法規制定上，分為5個主要階段：議程設定、制定和實施、跨部門審查、黨中央政治局批准、全國人民代表大會審查、辯論與通過，[41]對機構實質影響力最大的2個階段是「跨部門審查」以及「草擬實施條例」。這2個階段皆是由國務院主導。

領導小組在共產黨部門與政府部會之間，提供了領導權與協調作用，並由此草擬出相關的提案。共產黨部門與政府部會的領導人持續關注相關的政策議題，並且等待（或創造）機會將提案推進議程當中。當草擬的提案被安排進入到跨部門審查的階段時，就表示其已經正式列於議程上了。

跨部門審查往往是一個非常冗長耗時的過程，其依然處於第3階段中，一開始只涉及最相關的部會，但是會逐漸擴及到更廣泛的部會、地方與其他參與者團體中。到了某個時間點時，「國務院法制局」或是「法制工作委員會」就會批准成立一個法律起草小組。跨部門審查中的最後一個階段就是「意見徵詢」。但是到此時，大多數的法律內容其實都已經確定了。

對於涉及立法通過的政策，在經過跨部門審查之後，這份草擬的提案就會被納入到國務院法制局或是法制工作委員會的年度立法計畫中。雖然並非任何法律文件在形式上都要求須有這樣的實際流程，但是任何在全國人民代表大會流程上要通過的主要政治、經濟或是行政立法內容之法案，都還是必須先經過黨中央政治局的批准。

正式而言，國務院、各個部會或是全國人民代表大會的代表團，都能夠提出法案。不令人訝異的，絕大多數的重要法案都是由國務院及其所屬第三層級的部會提出來的的。雖然有些法律只透過全國人民代表大會的審議而沒有任何修正就通過，但是大多數的法案在原則上都還是要先經過黨中央政治局的批准，一般而言，之後送交至全國人民代表大會也不太會被反對。

全國人民代表大會的審議階段，是從草擬的立法案轉移至專門立法的全國人民代表大會常務委員會中進行審查與修正，就已經開始了。這個階段是全國人民代表大會常務委員會中的黨團，來進行連結共產黨與立法機構之間的結構組織。在草擬的立法得到全國人民代表大會法制工作委員會的推薦之後，黨團（官方上

是正式透過全國人民代表大會主席的黨團來行動）就會決定是否要將法案送到全
國人民代表大會常務委員會，或是交由全體全國人民代表大會的成員進行辯論。
比較常見的是送交至全國人民代表大會常務委員會進行辯論，並且在表決通過之
前，會先將立法草案進行許多次的修改。如果立法草案在全國人民代表大會中遭
遇到比較明顯的反對聲浪時，通常就會延後其投票表決，以避免進一步出現公開
反對的現象。

當法案通過成為法律之後，執行的細則規範就會被擬定，這通常是由「國務
院法制局」完成。執行的細則規範會將法律轉換為能夠被全國各地的地方政府和
下級部門理解並施行的語言。透過執行的細則規範，「國務院」也能夠在政策開
始被公布執行之前，重新掌握政策上的控制權。

## 政策執行

雖然在最近這幾十年來，國家機器已部分減少對經濟、政治與社會等許多面
向的直接控制，但是由政治中心所制定可直接影響上述3個領域中所有決策的比
例，在中國依舊高於其他的自由民主國家。這個大政府的角色，要處理分裂式的
威權以及中國的規模與區域的多樣性，嚴重限制了政策制定者有效履行政策之努
力。近來的趨勢是朝向更多的協商與共識，以建立能夠帶給相關的部會與地方當
局，引導其進入政策過程的較早期階段中而產生某些助益，但是如何有效地履
行，則依舊仍是一個大問題。

儘管在政策履行上存在許多的問題，但是中國的當權者還是在2個至關重要
的政策領域中，令人印象深刻的成功地推動了國家的發展：「提升經濟成長」以
及「控制人口成長」。不過，中國在其他的政策領域中就沒有表現得這麼出色
了，像是「環境保護」。這些有關政策績效表現的例證，在本章稍後的內容會詳
細論述。這裡先把重點放在政策履行的一般性問題。

**監控（Monitoring）**——政策履行的主要議題就是監督的問題，由於前面所
提到的種種過程的限制，監控的問題在中國特別的嚴重。[42]中國的政治制定者如
何確保中央層級的決定能夠清楚轉換為較低階層所能了解的行動？中央掌權者監
督受其政策所影響的經濟、政治，以及社會許多面向的能力十分有限。為了因應
這些問題，他們採取了一套非常簡易的評估指標。但是，這不僅無法讓這些問題
作為合於規範性的精確標準來衡量外，而且還可能會產生讓人意想不到的結果。
此外，政策制定者主要依賴的部會與地方當局，他們都有自己所要追求的特定利
益，對於很多這方面的訊息只是績效評估的部分基礎而已。中央政治中心的領導

人最近幾年來也一直企圖發展出獨立於各部會以及地方政府的資訊管道。「國家統計局」（National Bureau of Statistics）就被賦予了更多的資源和責任來蒐集與彙編相關訊息，提供給政策制定以及政策績效表現評估所使用。研究機構以及民意調查在篩選各式各樣資訊的種類並提供給中央政治中心的領導人，同樣也發揮了很重要的作用。新成立的「國家審計署」（State Auditing Administration）及「監察部」（Ministry of Supervision）等單位，主要目的是促進中央有更多能力去衡量與監督其執行的成效。儘管如此，中央當權者還是無法獨立驗證大多數的報告。結果就是，訊息經常失真、被扭曲，使政策的執行者看起來完全符合規定。而當要評估執行的情況時，政策制定者似乎也會將這樣的偏差結果，納入到考量之中。

　　**優先政策**（Policy Priorities）——由於政策制定者通常會透過幾種管道，向下傳達溝通多元的（和互相衝突的）政策執行目標，地方當局就必須對政策優先次序做出合理的排序。在決定執行的優先事項時，因為地方的目標也同樣與中央政治所考量的內容一樣，都具有其明顯的優先性。地方政府與其處於相對平行位置的共產黨委員會，都是同樣肩負多元任務的機構。優先執行的政策會以溝通好的文件方式從北京傳遞下來，以一種具有功能性之特定方式沿著政府官僚階級模式而下，而地方政府也可以不把這樣的優先性政策當作執行上的考量順序。當有訊號指標從中央那裡顯示高層領導人已經在其群體中達成共識並開始關注時，優先性政策才會比較具有一致性的在地方上被執行。這種類型的訊號一般都是由共產黨（不只是中央部委）在行政上的組織（不只是政府）透過發布文件來傳達。共產黨的執行人員可能也會召開會議以評估特定領域的進展，或是透過建立臨時領導小組管理特定的政策問題，來表示對政策問題的關注。

　　**因地制宜**（Adapting Policy to Local Conditions）——中國的政治在最高領導人的選擇上，所呈現的是不以選舉來作為激勵措施的手段，因此所設計的公共政策也不會太過於在意特殊利益團體或一般選民所要表達的偏好。可以確定的是，政策制定者所諮詢的參與者，都是他們認為會與政策產出結果相關的人。而且，也由於缺乏原本應該帶有嚴格進行調查或批判的大眾媒體，以及禁止組織反對派的團體，所以政策制定者在形塑政策的過程中，相對上就幾乎不需要面對任何的外界壓力。儘管增加了在最高層級之下的參與者來諮詢，但是政策制定的過程，比起自由的民主國家而言，相對上還是封閉的。由結構的脈絡上來看，限制了廣泛投入，也沒有與上層掌權者將政策制定連結到選舉的關係上；在整個政策執行的過程中，重塑政策往往是官員影響政策的產出結果最有效的方法。

## 貪污腐敗

經濟改革帶來了前所未有的成長與繁榮現象，但是也產生了新的**貪污腐敗**（corruption）形式。自從1980年代初期以來，經濟就不再完全由中央計畫，但也不是走向全面的市場化路線，因此產生了能讓政府官員利用的濫權行為，他們從所具有的資源、合約，以及許可證的控制權上，擴大牟取私人利益的機會。一方面，貪污腐敗的新機會，或許可以減少因為經濟改革而蒙受最大損失的官員的抵制。另一方面，濫用公職來追求私人利益的現象，不論是在範圍、規模、數量，以及嚴重性上，都日益增加，而成為這個政權所必須面對的最嚴重挑戰之一，甚至都已經威脅到中國軍事上的力量了。[43]多年來，中國的公民一直將貪污腐敗視為是社會中嚴重的問題——通常也是最為嚴重的問題。1989年發生的大規模群眾抗議事件，既涉及反貪污腐敗又涉及追求民主，反映且表達出此種觀點。

中國的領導人對於貪污腐敗起了戒心，意識到這會威脅到政權的合法性以及政治上的穩定。自從1982年以來，他們就開始進行了幾乎是持續性控制貪污腐敗的運動，前前後後大約進行了6次比較全面性的反貪污腐敗運動。當時一些貪污腐敗官員都被起訴且判刑了，但打擊貪污腐敗的戰役也遭遇到中國共產黨的領導與法制之間的基本矛盾。原則上，如前所述，「法律之前，人人平等」概念，已經變成是新的合法性之核心組成部分，但是居然還允許共產黨員可以站在比一般民眾還要高處的位階上。在實務上，對於官員（但不包括公民）而言，免於起訴以及以較輕的紀律制裁來替代刑事上的處罰，卻是很常見的現象。這是因為已經腐化的領導人及其在北京以下的貪污腐敗網絡關係，都能夠形成自我保護的機制來免於被調查：在共產黨這個官僚階級的每一個層級中，在共產黨內都有一個從屬在黨委員會之下的反貪污腐敗機構。規則要求必須將刑事案件移交至檢察院，但是共產黨的調查通常一般都會優先於刑事偵辦。大眾後來對貪污腐敗控管的態度會變得以「犬儒主義」（cynicism）觀點來看這結果，就很能夠理解了。先前的行動主要鎖定在打較低層級的「蒼蠅」，而放過坐在高層辦公職位上的腐化「老虎」。

在習近平於2012年底掌握大權之後，情況發生了根本的改變。習近平簽署了（大受歡迎）反貪腐運動之後，至今仍還在持續中，已經打落了上千隻，包括曾經權傾一時的「老虎們」。習近平藉由將地方的共產黨領導人形成自我保護以避免調查的權力移除後，已經達成了這樣的目標。新的授權機構「中央紀律檢查委員會」（Central Discipline Inspection Commission, CDIC），已從北京派遣出一批又一批的巡迴團隊前往各地，去調查當地官員、企業，以及機構的領導人。中央

紀律檢查委員會能夠行使很具有威嚴性的權力，迅速地以正義的名義來處理貪污腐敗人士的問題，透過共產黨的拘捕與審訊，並在黨得到其認罪事實之後，就可將犯罪嫌疑人轉移至檢察院以及法院審理，而不可避免的刑事判決也將在之後就會發生。

　　貪污腐敗的問題以及貪污腐敗的控制，反映出了一個介於共產黨領導地位原則與法制之間一個很基本的矛盾點。如果法律具有優越性，共產黨就該從屬在法律之下，而且是先在檢察院以及法院的監督之下進行，而非將順序顛倒過來。只要共產黨領導人無法致力於透過公正的法律制度來進行監督的話，法律的基礎制度的建設將很難構成法制的結果。但是，中國人沒有對這樣的監督狀況感覺到有問題，使得共產黨的領導地位與共產黨這種黨國體制基礎，在中國沒有遭受到公開的質疑。

## 政策績效表現

### 12.11 解釋中國政府在經濟改革、環境保護，以及人口計畫的政策上所扮演的角色。

　　在1978年末，中國領導人將經濟成長定義為是未來幾十年所要處理的最重要的優先政策。儘管對於經濟改革的適當步調與規模存在分歧，但是對於撤除由國家直接干預模式，這樣的廣泛策略已形成共識。中國政府藉由減少國家直接控制之後，其實所達到的效果是更好的。在改革年代中，這樣的策略不只是被應用在經濟目標上，也應用在大多數的其他政策目標上。甚至也涵蓋了不是那麼吻合於這些策略的環境保護領域。有一個很明顯的例外就是人口的控制，這是中國領導人將其定義，以作為是1970年代末期主要的優先政策重點。在1978年推出的「一胎化家庭政策」（one-child family policy），象徵政府比從前都還要更以國家的力量更為直接的以干預主義者（interventionist）的角色介入人口的控制；在2015年，中國政府放棄了這項政策，而推出允許擁有2個小孩的新家庭政策。

　　本節會檢視經濟改革、環境保護，以及強制性家庭計畫的績效，重點是國家在實現政策目標中的作用。

### 經濟成長

　　中國在政治上的改革一直都處於很緩慢邁進的狀態，即使其已經施行比較大膽的經濟改革了。自1978年之後，中國的領導人已經賭上本身的政治合法性來發展經濟，這已經是他們到目前為止的豪賭了。整體而言，這場賭注算是成功的。

中國的經濟成長，如圖12.7所示，自1980年代以來每年平均近10%。實際國內生產總額已經成長到100億美元以上了。在名義上，中國現在已經是全世界第2大的經濟體，以及全球購買力平價最高的國家了。然而，在擁有世界上最多的國家人口條件下，中國目前仍然還是個發展中國家。以購買力平價指數來看，中國的實際人均國內生產總額為1萬4,000美元。當然，這確實是個很大的進步。在1980年，這數值還不到200美元。[44]中國的經濟奇蹟，要歸功於透過3個主要的策略：對外開放經濟、經濟走向市場化，以及將權力下放以創造對地方政府、企業、家戶，以及個人的激勵，來追求本身的經濟進步。在此同時，如圖12.7所示，比起過去幾年，中國正在成長的經濟已進入一個比較趨緩的階段了，中國的領導人也必須面對這個新的挑戰。對於大多數的國家而言，要從中等收入走到較高收入等級的狀態，相對於從較低收入走到中等收入這階段，是會來得更困難。

**圖12.7　改革年代的經濟表現成果（以美元計算）**

**中國的實質經濟成長，在改革年代中每年將近有10%的進步，在歷史上比任何經濟體有更快速且更長期的成長，但是在近年來因為中國領導人面對到新的挑戰而有所趨緩**

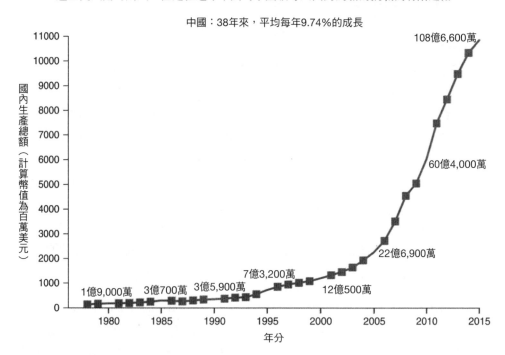

* 以購買力平價（purchasing power parity, PPP）來估算。

資料來源：資料數據來自於「世界銀行」，http://data.worldbank.org/。

　　在1970年代後期，中國領導人拒絕了毛澤東思想中「自力更生」概念所走的「經濟上自給自足」路線，反而是對外國貿易與投資打開了國家的大門。中國已經變成了重要的貿易經濟體了。中國在貿易平衡後的順差，已經讓其積聚成為世界上外匯儲備／存底最多的國家。這也造成了與其有貿易關係的美國以及其他夥伴國家的一些摩擦。外國投資的企業是負責中國出口業務的主要推手——透過優惠政策、廉價勞動力，以及潛在性巨大的市場——使中國成為吸引「外國直接投資」（foreign direct investment, FDI）的目標。

　　後毛澤東時期的領導人繼承了中央計畫經濟的架構，依照從1950年代自前蘇聯所借用的史達林主義模式來組織。他們一開始並沒有預設好國家的目標或是計畫方案來創建一個社會主義的市場經濟。事實上，直到1993年以前，要建設一個市場制度的目標，在官方上都非屬合法的。相反的，經濟上的改革是以逐步實行，而這個過程往往也被描述為「摸著石頭過河」（crossing the river by groping for stones）。最初，一些高層的領導人設想將市場經濟扮演次要的角色，就像是計畫經濟中的「籠中鳥」（bird in a cage）一樣。然而，到了1990年代中期，中國的經濟基本上卻已「成長到」脫離原本的計畫。[45]

　　經濟改革關鍵的策略之一就是分權。北京的領導人已經將權力下放給地方政府、企業、家戶以及個人。1980年代初期的農業去集體化是第一次這樣的改革，用家庭農業替代了集體農業。「個體經濟戶」（individual entrepreneur）差不多也在同一時間出現，從事小規模生產或提供長期被中央計畫下所忽略的服務（像是協助以交通運送商品至市場）。允許現有的農村企業擴展到幾乎任何產品系列，而不僅是像以前一樣被限制在只能服務農業。這些產業大多數被組織成集體企業的形式，座落於城鎮或村莊的社區中，並擁有正式的所有權，地方政府直接參與管理。這些小型規模的「鄉鎮企業」（township and village enterprises, TVEs）證明了自己可以適應新的市場環境需求。他們是協助中國在1980年代至1990年代初期，開啟快速成長的主要動力。財政的分配在1980年代中期進行協商，並且廣受地方政府的喜愛，但這卻以犧牲中央作為代價；在1990年代中期的協商，中央政府拿回了一些財政稅收，但是並未取消地方經濟計畫的激勵。

　　「國營企業」（state-owned enterprise, SOE）制度的改革是在1980年代中期開始實施。一開始的改革是藉由用徵稅制度取代政府對所有國有企業利潤的撥款來刺激生產，從而鼓勵了國有企業保留部分利潤。當然，在價格反映出稀缺性之前，激勵措施仍然薄弱。更重要的是，國有企業（仍然）僱用很大一部分城市工人。這會導致將國營企業放置於一個「軟預算限制」（soft budget constraint）的

狀況中：就會使得地方政府擔心勞工發生動亂，即使國營企業沒有獲利能力也不用擔心倒閉；他們依然能夠依賴國家銀行進行紓困。在1993年，中國的當權者宣稱有三分之一的國營企業的運作是一直處於虧損的狀態，以及另外有三分之一則是處於損益無法打平的狀態。在1994年，《公司法》（Company Law）通過了，可以提供企業一個具有法律架構之規範。此時有一個「抓大放小」（targeting the large, releasing the small）的策略開始浮現了：北京持續去培育大約有1,000家大型的國營企業，鼓勵其發展成為「巨型集團公司」（giant conglomerates），協助它們去融資貸款，不過也開始要求比以前更多的財政規範；小型的國營企業就將其放任去抵抗來自市場的力量，並且透過整併、接管、轉型為持股慣例的公司等方式來重新組織它們，或是將其徹底關閉。經歷了超過10年的企業股份化與整併化之後，有愈來愈多國營企業透過常規上的持股慣例而轉為私有化企業，以及在政治上也容許更多國營企業的倒閉與被拍賣，包括可賣給外國的股東，今日國營企業大約只占所有企業的3%（但其擁有的資產卻高達所有企業的40%）。

　　2008年至2009年爆發的全球性金融危機暴露了中國經濟模式的脆弱性：過度「依賴投資」（不如消費穩定）以及「出口導向」（依賴外國的消費）。在此同時，中國的政策制定者對危機的回應方式，也凸顯出集權式政治權力的優勢，2008年11月，在統計數據揭露經濟放緩的嚴重程度僅僅幾週後，中國的領導人就宣布了一項5,850億美元的刺激計畫，重點用於基礎建設上的投資。更重要的是，國營銀行在2009年初，藉由逐步進入實體經濟的方式，以自行運作的模式提供信用融資貸款，然後也最早在2009年3月就實現了經濟復甦。中國有效的回應，穩定了本身的經濟——並穩定了全球的經濟。

　　中國對於全球金融危機的反應是很務實的；考慮到這波經濟衰退的速度與嚴重程度，大概只有增加投資才能很快速的把資金挹注到經濟體系中，以抵擋這波危機。然而，從長遠來看，這樣的刺激措施帶來的代價也過於高昂。[46]儘管反貪腐運動已經冷卻了這種情況，但這很迅速扭轉了政府從原本經濟干預中撤退的步伐，不過地方官員現在對企業與政府的關係也還是抱持相對謹慎的態度。最大麻煩的是，刺激投資的提振方式對解決家庭低度消費的根本性經濟問題，幾乎沒有產生太多的作用。沒有社會主義經濟的安全網，中國的家庭持續要走向未來之路時，會需要並且必須進行「大量的儲蓄」。

## 環境惡化

　　中國快速的經濟增長就是對環境造成了嚴重的破壞。環境污染與惡化的速度

一直持續增加，已經超越中國國家對環境保護的能力。[47]煤炭的使用，雖然是空氣污染的主要來源，但卻是能源供應的最重要來源（參閱專欄12.5），自從經濟改革以來，其需求已經成長了2倍。水資源的不足則是另外一個重大的挑戰；價格無法反映出短缺的狀況，因為大部分的水資源都是直接運用在農業的灌溉，所以地方政府擔心水資源價格的大幅上漲可能會引發農村動亂。融入全球經濟體系，已使中國成為了資源密集型商品的全球市場，像是紙張與家具——隨著不斷增加的中國與跨國商業公司的登記註冊，導致森林覆蓋面積的大量消失。中國同時也成為某些全球最具環境破壞力的產業選擇外移的首選之地。

　　根據世界銀行以及其他組織的環境經濟學家的估計，環境惡化以及資源短缺帶給中國的經濟損失，每年高達其國內生產總額的8%至12%。這包括了有關空氣污染以及水資源短缺而產生的健康與生產力的損失問題，以及工廠產值的減損成本。理想的永續發展，現今常出現在官方言論中，直到1992年之後才被納入到經濟計畫的過程中加以考量。

　　經歷過去這幾十年的時間，中國終於建立了一些基礎法律與行政上的官僚機構，對環境保護採取一些行動。儘管如此，在政策制定的過程，負責環境保護的官僚機構依然沒有什麼力量來與許多以發展為優先的部會進行協商。在地方的執行效果上，這樣的問題則是更加嚴重。所公布的法律幾乎沒有真正的用處，而且一般也只能算是提供施行方針的實用指南。甚至，將權力下放至地方政府，以及與經濟發展脫鉤的策略之後，更是構成了執法上的根本障礙。雖然有地方的「環境保護局」（Environmental Protection Bureaus, EPBs），但是其往往要同時向位於北京的「國家環保總局」（State Environmental Protection Agency, SEPA）[10]以

## 專欄 12.5　關閉5,000座煤礦場

中國依賴煤礦生產來滿足其仍在持續增長的能源所需的65%以上，但在2005年時，中央政府下令關閉超過5,000座的煤礦場。中國的礦場是全世界最危險的；僅在1年之中，就將近有6,000名煤礦工人在礦坑意外中喪生——幾乎占了全世界礦場死亡人數的80%。被下令關閉的礦場，一般來說都是不安全並違法的。大多是有利可圖的小規模礦場，由鄉鎮企業來經營管理。其他則是私人所擁有，但往往都由地方官員持有這些私有公司（這是嚴格違法的）的股權。礦場管理者長期以來都無視安全標準的要求，並將地方政府的默許視為理所當然。礦工們願意將自己置於高風險之中，是因為採礦業的報酬高於農業的替代性就業。在這樣的條件下，儘管有法律、命令，以及關於工業安全的言論，具有危險性的採礦業仍將會持續運作。無庸置疑的，這些包含了許多在2005年被下令關閉的礦場。

及自己的地方政府負責，而環境保護局還要依賴地方政府支持其成長與生存所需——預算、仕途發展、員工規模，以及資源的分配，像是公務交通車輛與辦公室大樓。地方政府在實際上為了所需發展的首要目標，總是會努力主導執行環境的標準，特別是當地為集體性企業或具有大量員工的公司之所在地，更是會如此操作。在常規上，通常都沒有固定徵收污染排放費用（或不完全徵收），而以法律來要求要提高對污染產出的控制，也一直都很搖擺不定。

中國在2016年通過的5年發展計畫將「綠色發展」（green development）確定為其主要願景之一，並確認提倡綠色能源以及減少碳排放的議程。實現這些目標將很困難，尤其是因為中國仍然還處在進行城市化的過程中，人民的汽車擁有量還一直在增加中。

## 人口計畫

雖然他們減少了國家干預促進經濟發展的力量，但是政策制定者還是增加了讓國家能夠介入所涉及首要的新政策：人口控制。大多是針對毛澤東時期，人口計畫沒有真正有效的落實。在1978年，中國已經接近10億人口，而且人們愈來愈關注於以目前人口成長率的狀況下，在取得經濟發展目標的同時，也能確保基本的生活條件、就業機會，以及社會安全的支持，而中國的領導人也宣布一些控制人口的主要優先政策的施行。由國家贊助的家庭計畫被規範到《憲法》中，所以一個理想的家庭規模就是只擁有1個小孩的狀態，並以此作為國家政策。大多數的夫婦也在1個或2個小孩出生之後，必須停止不斷地生育更多的小孩。在城市地區的已婚夫妻，幾乎沒有例外的都被嚴格規定只能生育1個小孩。在農村地區，管制現象則各有差異。在一些省分中，一般允許擁有2個小孩；某些省分會被允許擁有第2個孩子的原因，通常是第1胎是女孩。而家庭計畫政策也不適用於少數民族。

### 一胎化家庭政策

如同圖12.8所示，「一胎化家庭政策」很戲劇化地遏制了人口的成長。一般而言，人口結構的樣貌會類似一個金字塔型；在出生率和死亡率相對不變的情況下，由上至下的人口比例會逐漸增加。在圖12.8的人口金字塔中，有幾個地方偏離了原本的模式。第一，位於金字塔的中間位置，除反映出較低的出生率外，也有因為大躍進時期所帶來的災難，其差別在於年輕人口中有更多人死亡，是在2010年為基準時，介於50歲至54歲之世代年齡層中。第二，在2010年的證據也呈現在30歲至34歲這一世代年齡層中，其顯示了開始受到1970年代推行的家庭計畫

## 圖12.8 2010年中期依照年齡與性別的人口結構

自1970年代的政策施行以來,這個在全世界擁有最多人口數的國家,
其人口成長也有趨緩

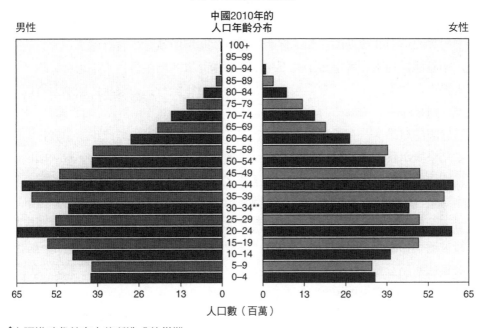

中國2010年的
人口年齡分布

男性　　　　　　　　　　　　　　　　　　　　　　　　　　　女性

人口數(百萬)

*大躍進時代結束之後所造成的災難。
**一胎化家庭政策施行之後。

資料來源:資料數據來自於美國人口普查局的國際資料庫,www.census.gov/ipc/www/idb/country.php。

政策所影響的結果。因為政治中心的領導人強調要在政策上形成的變化,所以在
1970年代中期就開始反映在人口出生數量上的變異。一胎化家庭政策是從1979年
開始實施。在1983年,為了回應政治中心的關切,實施的手段變得更為強制性。
但從1984年到1980年代的末期,政策施行轉為比較寬鬆,因為在農村地區要應對
去集體化的農業生產模式有所困難,因此實施狀況推廣得很有限,在放寬之後,
出生率馬上就回升了。

　　中國獨步全球的現象,是在走入已開發國家的富裕模式之前,人口老齡化現
象就已經出現了。人口統計學家很緊急地督促政策制定者要終止一胎化家庭政
策,因為正在付出勞動的年齡人口層,會隨著年齡的增長,其負擔會不斷增加。
在2015年,中國的領導人終止了這項政策。

　　**政策執行**——一胎化家庭政策的執行出現了許多不同的形式:晚婚的法律規
定、第1胎出生後必須在女性體內置入避孕器,以及父母之中有1人要在第2胎出

生後進行絕育手術的規定。夫妻在生了第1胎後會被鼓勵簽署一胎化家庭政策證明文件；未來如果違反政策，則會有懲罰性的罰款等機制。在基層實施計畫生育政策的工作者會從高層指示得到出生額度的分配，然後他們再以這些額度作為基礎，按照各種家庭狀況進行分配。從政治中心領導人的觀點來看，墮胎是計畫執行上的失敗，而非成功的訊號。然而，在草根基層中執行生育計畫工作人員的眼裡，顯而易見的事實就是墮胎並不會產生超過計畫的出生數目。不可否認的，執行計畫生育政策的工作者會更被激勵去鼓勵執行墮胎行為，沒有什麼誘因可以使他們不這麼做。

**錯誤的結果**——在近幾年，政策制定者對強制性計畫生育政策所引發相關的不當結果表示關切。相對於男孩來看，年輕女孩的人口數大量減少。數字顯示了在性別比例上的不平衡狀況。自1980年代之後，出生為男性的比率一直持續高於出生為女性的狀態。女性人口的減少反映出傳統的中國人會在強制性的家庭計畫背景下，偏好於男孩。出現了一些殺死女嬰的手段，同樣也出現了女性在嬰兒時期後被遺棄和嚴重忽視的問題，導致女性嬰兒死亡率過高。尤其重要的是，由於1980年代初超音波技術的廣泛使用，女性出生人口的減少，愈來愈多都是來自於性別篩選的墮胎結果所導致。

觀察中國日益城市化的夫妻如何應對終止一胎化家庭政策的反應，將會是個有意思的現象。近幾年，一些大城市進行政策鬆綁後，反應不佳。因為在城市裡面養育一個相對比較多的家庭人口是很昂貴的；許多城市裡面的夫妻看起來似乎已經接受了官方原本的價值觀「生養愈少，生活品質愈高」——出現了更多將鋼琴擠到狹小公寓裡，並付錢請家教，以改善家庭中獨生子女的受教育機會。

# 香港

## 12.12 描述中國與香港的關係。

在1842年至1860年期間，香港島以及部分連接中國大陸的其他領土，以簽署條約形式被永久割讓給英國。在1898年，更多連接中國大陸的領土，以承租99年的形式，形同割讓給英國。這些土地的割讓大部分都是來自於英國對中國實行貿易戰爭勝利後所取得的成果。近1個世紀以來，香港（包括其他鄰近的土地）一直都是英國的殖民地，由英國倫敦指派的「總督」（governor）所統治。香港在經濟上蓬勃發展，歸因於隨著紀律良好的中國移民勞動力、自由市場經濟，以及政府承諾會推行法治與公民自由——但政府並非由民選所產生。

在1984年，中國共產黨政權非常縝密規劃的**「一國兩制」**（one country, two systems）原則，準備用於1997年之後的香港。中國與英國簽署了一份聯合聲明：香港主權將會在1997年移交至中國，但是仍然可以享有「高度的自治」（a high degree of autonomy）。中國承諾香港可以繼續在未來50年內還是享有原本的經濟、金融，以及貨幣的自主權；維持其原有的資本主義制度、法律制度，以及生活方式。1997年6月30日午夜，香港正式成為中國共產黨統治下的一個「特別行政區」（special administrative region）。

在1980年代，英國對香港政治民主化的努力很少。香港總督只會在政策事務諮詢商界菁英，以及聽取其他關鍵地區民眾的意見，但是一直都沒有實施民選的立法議會或政府。在這樣的環境中，政黨也沒有真正得到充分的發展。而在1989年時，一切都改變了。

六四天安門事件激起了香港的華人與英國的僑民開始努力加速趕在1997年以前，發展其政治民主化的步調。在1991年，「香港立法局」（Legislative Council of Hong Kong）開啟了第1屆的地區直接選舉，不過只有三分之一的香港立法局議員是經由直接選舉產生的。在1995年，香港總督彭定康（Christopher Patten）推動一項充滿爭議的選舉改革法案指導選舉，這是一般香港人第1次直選出所有的立法局議員。香港最自由的民主黨派幾乎壓倒性地贏得所有的選區。公開支持北京的力量表現得相當不理想。

共產黨當權者拒絕承認這次的選舉結果與立法內容，認為這樣的狀況是違背了全國人民代表大會在1990年通過作為香港「小憲法」（mini-constitution）的《中華人民共和國香港特別行政區基本法》（Basic Law of the Hong Kong Special Administrative Region of the People's Republic of China）精神。在1996年，共產黨就去監督特別行政區首長以及臨時立法會主席的挑選。在當下歷史交接的時刻，特別行政區首長與臨時立法會正式取代了總督與1995年原本選出來的立法局議員。

大致而言，自從主權移交以來，香港在很大程度上享有與英國統治下相同的公民自由。負責監督和支持中國進步的人權組織與支持民主的組織都在香港設有基地。香港的報紙提供有關中國政治的訊息，但這些比較具有批判性的內容，難以在中國發行。不過，中國共產黨當權者一直都希望能夠藉由在香港履行「一國兩制」吸引臺灣接受中國。但在過去幾年中，由於兩國憲法在基本層面上的議題仍有摩擦，也無疑地打消了中國的希望。2014年，香港的年輕人占據了城市的主要十字路口幾週，抗議北京在香港下一任特別行政區首長直選承諾上的毀約。也

因為他們使用雨傘來抵擋警察噴灑的辣椒噴霧劑，所以這個運動又稱為「雨傘革命」（Umbrella Revolution）。在2016年，有一大批香港的居民走上街頭示威遊行了好幾個晚上。他們的抗議活動是由於數名香港書商的困境所引發的，這些書商因為在香港出售中國政治上一些聳人聽聞的書籍而被祕密押解到中國；好幾個書商後來出現在電視中，很明顯的是被強迫進行認罪告白。香港政府很顯然與北京聯手侵犯了香港主權。

## 中國與世界

### 12.13 簡要探討中國的經濟與政治在國際上所扮演的角色。

從1949年到1979年，中國作為共產主義國家的政治地位奠定了其在全球化中的角色基礎，作為蘇聯的盟友，直到1960年代初期的「中蘇交惡」（Sino-Soviet split）之後，中國又難以預測的在毛澤東領導下成為一個擁有核武能力大國。中國與美國的關係，有很大一部分是取決於美國聲明維護「臺灣（中華民國）」（Taiwan (Republic of China)）安全是否符合本身的利益來決定，臺灣距離中國大陸的東海岸僅100英哩，且自1945年以來一直由「中國國民黨」（Nationalist Party）所統治。在1971年，臺灣失去了在聯合國中的會員席次。1979年，美國承認了中國的外交地位。隨著1980年代的改革與開放，中國在國際經濟上的角色比其政治地位更為重要。中國在2001年加入了世界貿易組織，開啟了扮演全球貿易角色的身分。在2016年，「國際貨幣基金組織」（International Monetary Fund, IMF）將中國通行的貨幣「人民幣」（Renminbi, RMB）列入「儲備貨幣籃子」（basket of reserve currencies）。

中國已經樹立了在全世界中的地位，有時候是具有挑釁意味的。在2013年，中國升高了與日本之間的緊張關係，其藉由聲稱「防空識別區」涵蓋了「釣魚臺列嶼」（Diaoyu Islands；日本稱之為「尖閣諸島」（Senkaku）），而導致兩國都出面聲明。在2014年，中國的一家國營石油公司在具有爭議性的海域中進行探勘，而激起了與越南（Vietnam）之間的軍事對峙。中國在南海也持續在具有爭議性的島嶼上建造軍事基地。中國的行為已經引發周邊區域以及全球的關注。在2016年，荷蘭海牙（Hague）的國際法庭對中國做出譴責，裁定中國無權對南海宣稱主權的擴張，包括建造人工島，都不具有法律上的基礎。

在此同時，中國也一直避免讓其軍隊直接介入衝突之中。為了因應國際社會對中國充滿自信的新民族主義之界線擴張的擔憂，中國的領導人指出，自從共產黨取得權力執政以來，他們只有在其國境之外，發動過2次強大的武力——即在

1962年與印度，以及1979年與越南發生過短暫的戰爭。他們堅持認為中國在全球中扮演的新角色，僅只是在捍衛本身的核心利益與國家尊嚴。[48]中國面臨的挑戰是必須處理其對於領土主張（這經常導致衝突）的追求，以及其希望能夠贏得全世界的尊重，與作為影響主要政治與機構的參與者之間取得平衡。

今日的中國，投射出比以往任何一個時代，都更具有自信心的民族主義。這樣的自信反映出該國在全球經濟衰退時的高成長率上；中國人感覺到美國身為全球超強國家的衰退現象，以及被全球多方體系所取代，而讓中國更能發揮其影響力。中國近年來已經展示出其在全球金融體系中大膽的制度倡議野心：在2015年，中國發起了「亞洲基礎設施投資銀行」（Asian Infrastructure Investment Bank, AIIB），其吸引了法國、德國，以及英國在內，共有57個成員國。

## 結論：中國政治的未來

對中國的政策研究貫穿了兩個重要的主題。第一，儘管進行了十分重要的經濟自由化和新的政治制度化，但中國政治在本質上仍是在共產黨國家的黨國體制下運作。第二，戲劇化的變革橫掃了中國的經濟、政策，以及社會，其中似乎有許多已經超出了政治領導人所能完全控制的範圍，反而更像改革所帶來的副產品，又像是政策改革後的直接產物。第一個主題引發了自由民主國家的警戒，其無法以樂觀主義態度看待中國，尤其是思考到中國的政治前景時。第二個主題則是提醒了我們，政治前景的腳本將不會只是由中國共產黨領導人獨自撰述。

在這個新世紀當中，中國必須面對可能會明顯決定其未來發展的一系列關鍵問題。支持與促進經濟成長的結構與程序，是否可能會導致其變成中國防範更重大的政治自由化和最終民主化的威脅——使其依然成為中國當權者無法接受的理由？

環顧全世界，在最近幾十年來的政治改變已經創造出一個民主化的年代了——結果就是，在許多國家，出現了推翻比中國共產黨更具長久歷史的共產主義政權之革命。世界的「第三波」民主化浪潮是否將會在21世紀初期就出現在中國了？

中國的歷史無法提供民主制度的案例，而且中國的文化傳統對於制衡國家權力來保障個人，也很難表現出其在乎的樣子。因此，在過去的經驗與文化傳統中，還是很難提供一些小小的希望鼓勵想要在中國尋找民主化種子的人。因為自由民主的想法與實踐，一直都與中國文化很「異化」。[11]

此外，在許多同樣缺乏民主歷史與文化基礎的東亞國家中，威權主義並沒有

隨著經濟現代化而倖免。可以肯定是，即使經濟持續增長，中國也將在未來很多年都還是會與這些國家有所不同。中國的發展將會出現一種分歧的現象，中產階級的繁榮景象會一直出現在大城市與沿海的地區，但是中國的農村也將會持續某些時間，處於一種相對貧窮的狀態。

隨著改革，對大多數的一般中國人而言，最近幾十年來，共產黨對人民的要求比以前減少了，而能提供比較多的東西。不像其他共產主義國家獲取（並占有）權力的方式是靠著前蘇聯的軍隊與坦克車，中國共產黨是有本土性與民族主義的根基存在。除非發生了重大的經濟危機，中國比較不可能會像東歐國家那樣面臨到群眾集體不滿的狀況，而最後導致推翻整個共產黨的政權。更有可能的是，至少從其中程發展來看，中國共產黨將會持續在這幾年中改造中國，並讓自己走向自我改變的道路，以確保本身能夠繼續統治中國。

## 章後思考題

1. 中國共產黨如何透過治理結構行使其領導權？
2. 與毛澤東思想盛行的年代相比，今日一般中國人民的政治生活有何不同？
3. 在過去的30年中，哪些政策決定影響了中國的經濟增長？
4. 中國政府如何應對其人口規劃的挑戰，各方面做得如何？
5. 中國比以往任何時候都更有能力承擔起作為全球參與者的責任，但其表現卻參差不齊。請舉例說明。

## 重要名詞

| | |
|---|---|
| 中國共產黨中央委員會 | 大躍進 |
| 中國共產黨 | 香港 |
| 儒家思想 | 領導小組 |
| 貪污腐敗 | 毛澤東 |
| 文化大革命 | 群眾動員運動 |
| 民主集中制 | 黨全國代表大會 |
| 鄧小平 | 全國人民代表大會 |
| 釣魚臺列嶼 | 中國國民黨 |
| 少數族裔 | 幹部職務名單制 |
| 分裂式威權主義 | 一胎化家庭政策 |
| 官辦非政府組織 | 一國兩制 |
| 防火牆（長城） | 黨國體制 |

中央政治局
法制法治
社會主義市場經濟
國務院
臺灣（中華民國）

天安門大屠殺事件
雨傘革命（占領中環）
村民委員會
習近平

## 推薦閱讀

Bianco, Lucien. *Origins of the Chinese Revolution, 1915–1949*. Stanford, CA: Stanford University Press, 1971.

Chang, Jung. *Wild Swans: Three Daughters of China*. New York: Anchor, 1991.

Economy, Elizabeth C. *The River Runs Black: The Environmental Challenge to China's Future*. Ithaca, NY: Cornell University Press, 2004.

Gries, Peter Hays, and Stanley Rosen, eds. *Chinese Politics: State, Society and the Market*. London: Routledge, 2010.

Lieberthal, Kenneth. *Governing China: From Revolution through Reform*. 2nd ed. New York: Norton, 2004.

Nathan, Andrew J. *Chinese Democracy*. Berkeley: University of California Press, 1986.

Spence, Jonathan D. *The Search for Modern China*. New York: Norton, 1990.

Weston, Timothy B., and Lionel Jensen, eds. *China Beyond the Headlines*. Lanham, MD: Rowman & Littlefield, 2000.

Wong, Jan. *Red China Blues*. Sydney: Doubleday, 1996.

## 網路資源

「中國網」（China Internet Information Center），國務院新聞辦公室。中國政府授權網站，請連結至全國人民代表大會。可以通往中國政府的白皮書、新聞，以及統計數據：http://www.china.org.cn/english

「中國國家統計局」（National Bureau of Statistics of China）。官方統計週報與年報，包括可下載的試算表（Excel）檔案：http://www.stats.gov.cn/english/

《中國日報》（*China Daily*）。中國共產黨中央宣傳部主辦的新聞，直接面向外部讀者：http://www.chinadaily.com.cn

《人民日報》（*People's Daily*）。中國共產黨中央委員會的機關報：http://english.peopledaily.com.cn/

《南華早報》（*South China Morning Post*）。報導香港與中國（大陸）相關的新聞，位於香港的英文報紙：http://www.scmp.com

中國當代參考書目，林恩・懷特（Lynn Townsend White Jr.）教授，普林斯頓大學（Princeton University）：http://www.princeton.edu/~lynn/chinabib.pdf

「美中貿易全國委員會」（United States-China Business Council）。分析和倡導美國公司在從事與中國的業務關係上，所感興趣的政策問題：https://www.uschina.org/

# 註釋

1. For a good, very readable discussion of Chinese history beginning with the late Ming (seventeenth century) and extending into the 1980s, see Jonathan D. Spence, *The Search for Modern China* (New York: Norton, 1990). Other good historical overviews include Charles O. Hucker, *China's Imperial Past: An Introduction to Chinese History and Culture* (Stanford, CA: Stanford University Press, 1975); and Immanuel C. Y. Hsu, *The Rise of Modern China*, 5th ed. (New York: Oxford University Press, 1995).

2. See Hsi-sheng Chi, *Warlord Politics in China, 1916–1928* (Stanford, CA: Stanford University Press, 1976); and Edward A. McCord, *The Power of the Gun: The Emergence of Modern Chinese Warlordism* (Berkeley: University of California Press, 1993).

3. See especially Lucien Bianco, *Origins of the Chinese Revolution, 1915–1949* (Stanford, CA: Stanford University Press, 1971). See also Benjamin Schwartz, *Chinese Communism and the Rise of Mao* (Cambridge, MA: Harvard University Press, 1951).

4. The classic political biography of Mao is Edgar Snow, *Red Star over China* (New York: Grove Press, 1968). Of the many excellent studies by Stuart R. Schram, see especially *The Political Thought of Mao Tse-tung*, rev. ed. (New York: Praeger, 1969), *The Thought of Mao Tse-tung* (Cambridge: Cambridge University Press, 1989), and his biography of Mao, *Mao Tse-tung*, rev. ed. (Harmondsworth, UK: Penguin, 1967). After Mao's death, scholars appraised Mao and his legacy from a variety of perspectives in Dick Wilson, ed., *Mao Tse-tung in the Scales of History: A Preliminary Assessment* (Cambridge: Cambridge University Press, 1977).

5. See Chalmers A. Johnson, *Peasant Nationalism and Communist Power: The Emergence of Revolutionary China* (Stanford, CA: Stanford University Press, 1962).

6. See Suzanne Pepper, *Civil War in China: The Political Struggle, 1945–1949* (Berkeley: University of California Press, 1978).

7. For a good selection of essays offering a comprehensive overview of PRC history, see Roderick MacFarquhar, ed., *The Politics of China: The Eras of Mao and Deng*, 2nd ed. (Cambridge: Cambridge University Press, 1997). Other good discussions of post-Mao history are found in Richard Baum, *Burying Mao: Chinese Politics in the Age of Deng Xiaoping* (Princeton, NJ: Princeton University Press, 1994); and Harry Harding, *China's Second Revolution: Reform after Mao* (Washington, DC: Brookings Institution, 1987). Good discussions of particular topics of reform are found in Merle Goldman and Roderick MacFarquhar, eds., *The Paradox of China's Post-Mao Reforms* (Cambridge, MA: Harvard University Press, 1999).

8. Benedict Stavis, *The Politics of Agricultural Mechanization in China* (Ithaca, NY: Cornell University Press, 1978), 25–30.

9. The classic account is by William Hinton, who observed land reform before 1949 in *Fanshen: A Documentary of Revolution in a Chinese Village* (New York: Viking, 1966).

10. Roderick MacFarquhar, ed., *The Hundred Flowers Campaign and the Chinese Intellectuals* (New York: Praeger, 1960); and Fu-sheng Mu, *The Wilting of the Hundred Flowers Movement: Free Thought in China Today* (London: Heinemann, 1962).

11. See Dali L. Yang, *Calamity and Reform in China: State, Rural Society, and Institutional Change since the Great Leap Famine* (Stanford, CA: Stanford University Press, 1996).

12. See Frederick C. Teiwes, *Politics and Purges in China: Rectification and the Decline of Party Norms, 1950–1965* (Armonk, NY: M. E. Sharpe, 1979); and Frederick C. Teiwes, *Leadership, Legitimacy, and Conflict in China: From a Charismatic Mao to the Politics of Succession* (Armonk, NY: M. E. Sharpe, 1984).

13. See Jasper Becker, *Hungry Ghosts: Mao's Secret Famine* (New York: Free Press, 1996).

14. Some of the best accounts of the Cultural Revolution are biographical or autobiographical. See, for example, Gordon A. Bennett and Ronald N. Montaperto, *Red Guard: The Political Biography of Dai Hsiao-ai* (Garden City, NY: Doubleday, 1971); Jung Chang, *Wild Swans: Three Daughters of China* (New York: Anchor, 1991); Yuan Gao, *Born Red: Chronicle of the Cultural Revolution* (Stanford, CA: Stanford University Press, 1987); Liang Heng and Judith Shapiro, *Son of the Revolution* (New York: Knopf, 1983); Anne F. Thurston, *Enemies of the People: The Ordeal of the Intellectuals in China's Great Cultural Revolution* (Cambridge, MA: Harvard University Press, 1988); Daiyun Yue and Carolyn Wakeman, *To the Storm: The Odyssey of a Revolutionary Chinese Woman* (Berkeley: University of California Press, 1985); and Nien Cheng, *Life and Death in Shanghai* (New York: Grove Press, 1986).

15. See Dru C. Gladney, *Muslim Chinese: Ethnic Nationalism in the People's Republic* (Cambridge, MA: Council on East Asian Studies, Harvard University, 1991); and Stevan Harrell, ed., *Cultural Encounters on China's Ethnic Frontiers* (Seattle: University of Washington Press, 1995).

16. An excellent discussion of guardianship is found in Robert A. Dahl, *Democracy and Its Critics* (New Haven, CT: Yale University Press, 1989), Chapter 4. On Leninism in general, see especially Alfred G. Meyer, *Leninism* (Cambridge, MA: Harvard University Press, 1957).

17. Mao Zedong, "Some Questions concerning Methods of Leadership," in *Selected Works of Mao Tse-tung*, vol. 3 (Peking: Foreign Languages Press, 1965), 117–122.

18. On the changing role of the NPC, see Murray Scot Tanner, *The Politics of Lawmaking in Post-Mao China:*

*Institutions, Processes, and Democratic Prospects* (New York: Oxford University Press, 1999); and Murray Scot Tanner and Chen Ke, "Breaking the Vicious Cycles: The Emergence of China's National People's Congress," *Problems of Post-Communism* 45, 3 (1998): 29–47. For a historical perspective, see Kevin J. O'Brien, *Reform without Liberalization: China's National People's Congress and the Politics of Institutional Change* (Cambridge: Cambridge University Press, 1990).

19. See Murray Scot Tanner, "How a Bill Becomes a Law in China: Stages and Processes of Lawmaking," *China Quarterly* 141 (1995): 39–64.

20. See Melanie Manion, "The Cadre Management System, Post-Mao: The Appointment, Promotion, Transfer, and Removal of Party and State Leaders," *China Quarterly* 102 (1985): 203–233; John P. Burns, *The Chinese Communist Party's Nomenklatura System* (Armonk, NY: M. E. Sharpe, 1989); and Burns, "Strengthening Central CCP Control of Leadership Selection: The 1990 *Nomenklatura*," *China Quarterly* 138 (1994): 458–491.

21. See Hsiao Pen, "Separating the Party from the Government," in *Decision-Making in Deng's China: Perspectives from Insiders*, ed. Carol Lee Hamrin and Suisheng Zhao (Armonk, NY: M. E. Sharpe, 1995), 153–168.

22. We are only beginning to work out how political selection works in China. For two examples of exciting new work on this question, see Ruixue Jia, Masayayuki Kudamatsu, and David Seim, "Political Selection in China: The Complementary Roles of Connections and Performance," *Journal of the European Economic Association*, 13, 4 (2015): 631–668; Pierre F. Landry, Xiaobo Lu, and Haiyan Duan, "Does Performance Matter? Evaluating Political Selection along the Chinese Administrative Ladder," Working paper, New York University, Shanghai, February 26, 2015.

23. For an overview of the change, see Richard Baum, "Modernization and Legal Reform in Post-Mao China: The Rebirth of Socialist Legality," *Studies in Comparative Communism* 19, 2 (1986): 69–103. For notions underlying the change, see Carlos W. H. Lo, "Deng Xiaoping's Ideas on Law: China on the Threshold of a Legal Order," *Asian Survey* 32, 7 (1992): 649–665. For a description of the law in practice in post-Mao China, see James V. Feinerman, "Economic and Legal Reform in China, 1978–91," *Problems of Communism* 40, 5 (1991): 62–75; Pitman B. Potter, ed., *Domestic Law Reforms in Post-Mao China* (Armonk, NY: M. E. Sharpe, 1994); Potter, "The Chinese Legal System: Continuing Commitment to the Primacy of State Power," *China Quarterly* 159 (1999): 673–683; and Stanley B. Lubman, *Bird in a Cage: Legal Reform in China after Mao* (Stanford, CA: Stanford University Press, 1999).

24. See, for example, Donald C. Clarke and James V. Feinerman, "Antagonistic Contradictions: Criminal Law and Human Rights in China," *China Quarterly* 141 (1995): 135–154.

25. See the account of "thought work" in Daniel Lynch, *After the Propaganda State: Media, Politics, and "Thought Work" in Reformed China* (Stanford, CA: Stanford University Press, 1999).

26. See Tianjian Shi, "Cultural Values and Democracy in the People's Republic of China," *China Quarterly* 162 (2000): 540–559; and Yang Zhong, Jie Chen, and John Scheb, "Mass Political Culture in Beijing: Findings from Two Public Opinion Surveys," *Asian Survey* 38, 8 (1998): 763–783. For a comparative perspective, see Gabriel A. Almond and Sidney Verba, *Civic Culture: Political Attitudes and Democracy in Five Nations* (Princeton, NJ: Princeton University Press, 1963).

27. See Tianjian Shi, "China: Democratic Values Supporting an Authoritarian State," in *How East Asians View Democracy*, Yun-han Chu, Larry Diamond, Andrew J. Nathan, and Doh Chull Shin, eds. (New York: Columbia University Press, 2008), 209–237; and Tianjian Shi and Jie Lu, "The Shadow of Confucianism," *Journal of Democracy* 21, 4 (2010): 123–130.

28. Dahl, *Democracy and Its Critics*, 52.

29. See the excellent discussion of forms of political participation in Tianjian Shi, *Political Participation in Beijing* (Cambridge, MA: Harvard University Press, 1997), Chapter 2.

30. See Melanie Manion, *Information for Autocrats: Representation in Chinese Local Congresses* (New York: Cambridge University Press, 2015).

31. On rural decollectivization, see especially Daniel Kelliher, *Peasant Power in China: The Era of Rural Reform, 1979–1989* (New Haven, CT: Yale University Press, 1992); and Kate Xiao Zhou, *How the Farmers Changed China: Power of the People* (Boulder, CO: Westview Press, 1996).

32. See Melanie Manion, "The Electoral Connection in the Chinese Countryside," *American Political Science Review* 90, 4 (1996): 736–748; Tianjian Shi, "Economic Development and Village Elections in Rural China," *Journal of Contemporary China* 8, 22 (1999): 433–435; Anne F. Thurston, *Muddling toward Democracy: Political Change in Grassroots China* (Washington, DC: United States Institute of Peace, 1999); and Lianjiang Li, "Elections and Popular Resistance in Rural China," *China Information* 16, 1 (2002): 89–107.

33. On protest movements in the 1970s and 1980s, see especially Nathan, *Chinese Democracy*; Jeffrey N. Wasserstrom and Elizabeth J. Perry, eds., *Popular Protest and Political Culture in Modern China: Learning from 1989* (Boulder, CO: Westview, 1992); and Gregor Benton and Alan Hunter, *Wild Lily, Prairie Fire: China's Road to Democracy, 1942–1989* (Princeton, NJ: Princeton University Press, 1995).

34. On the 1989 protests, see Michel Oksenberg, Lawrence R. Sullivan, and Marc Lambert, eds., *Beijing Spring, 1989: Confrontation and Conflict, The Basic*

*Documents* (Armonk, NY: M. E. Sharpe, 1990); Han Minzhu and Hua Sheng, eds., *Cries for Democracy: Writings and Speeches from the 1989 Chinese Democracy Movement* (Princeton, NJ: Princeton University Press, 1990); Tony Saich, ed., *The Chinese People's Movement: Perspectives on Spring 1989* (Armonk, NY: M. E. Sharpe, 1990); Jonathan Unger, ed., *The Pro-Democracy Protest in China: Reports from the Provinces* (Sydney: Allen & Unwin, 1991); and Craig Calhoun, *Neither Gods nor Emperors: Students and the Struggle for Democracy in China* (Berkeley: University of California Press, 1995).

35. See James D. Seymour, *China's Satellite Parties* (Armonk, NY: M. E. Sharpe, 1987).

36. See Fengshi Wu, *New Partners or Old Brothers? GONGOs in Transnational Environmental Advocacy in China*, China Environmental Series, no. 5 (Washington, DC: Woodrow Wilson Center Press, 2002); and Elizabeth C. Economy, *The River Runs Black: The Environmental Challenge to China's Future* (Ithaca, NY: Cornell University Press, 2004), 129–176.

37. For good discussions of NGOs and their relationship to the state, see especially Tony Saich, "Negotiating the State: The Development of Social Organizations in China," *China Quarterly* 161 (2000): 124–141; and Bruce Dickson, *Red Capitalists in China: The Party, Private Entrepreneurs, and Prospects for Political Change* (Cambridge: Cambridge University Press, 2003), 1–28.

38. The most thorough description and thoughtful analysis of leading small groups is by Carol Lee Hamrin, "The Party Leadership System," in *Bureaucracy, Politics, and Decision Making in Post-Mao China*, ed. Kenneth G. Lieberthal and David M. Lampton (Berkeley: University of California Press, 1992), 95–124. See also David M. Lampton, ed., *The Making of Chinese Foreign and Security Policy in the Era of Reform* (Stanford, CA: Stanford University Press, 2001), especially the contribution by Lu Ning, "The Central Leadership, Supraministry Coordinating Bodies, State Council Ministries, and Party Departments," 39–60.

39. These areas are defined in very comprehensive terms, such as party affairs, national security and military issues, foreign affairs, legal issues, personnel, finance, and the economy.

40. See Kenneth Lieberthal and Michel Oksenberg, *Policy Making in China: Leaders, Structures, and Processes* (Princeton, NJ: Princeton University Press, 1988).

41. See Tanner, "How a Bill Becomes a Law," 39–64; and Tanner, *The Politics of Lawmaking in Post-Mao China*.

42. See David M. Lampton, ed., *Policy Implementation in Post-Mao China* (Berkeley: University of California Press, 1987); and Yasheng Huang, "Administrative Monitoring in China," *China Quarterly* 143 (1995): 828–843.

43. See especially Ting Gong, "Forms and Characteristics of China's Corruption in the 1990s: Change with Continuity," *Communist and Post-Communist Studies* 30, 3 (1997): 277–288; Xiaobo Lu, "Booty Socialism, Bureau-preneurs, and the State in Transition," *Comparative Politics* 32, 3 (2000): 273–294; Yan Sun, "Reform, State, and Corruption: Is Corruption Less Destructive in China Than in Russia?" *Comparative Politics* 32, 1 (1999): 1–20; and James Mulvenon, *Soldiers of Fortune: The Rise and Fall of the Chinese Military-Business Complex, 1978–1998* (Armonk, NY: M. E. Sharpe, 2001).

44. The bundle of goods a currency can purchase varies drastically from country to country, depending on availability of the goods, demand for the goods, and other factors. Purchasing power parity is an economic technique that solves this problem and permits more meaningful comparisons across countries. For example, the GDP per capita in the United States was about $50,000 in PPP in 2012, more than five times the comparable figure for China.

45. See Barry Naughton, *Growing Out of the Plan: Chinese Economic Reform, 1978–1993* (Cambridge, UK Cambridge University Press, 1996).

46. See especially Barry Naughton, "Understanding the Chinese Stimulus Package," *China Leadership Monitor* 28 (2009): 1–12; and Naughton, "China's Emergence from Economic Crisis," *China Leadership Monitor* 29 (2009): 1–10.

47. Two excellent recent sources on the environment are Elizabeth C. Economy, *The River Runs Black: The Environmental Challenge to China's Future* (Ithaca, NY: Cornell University Press, 2004); and Kristen A. Day, ed., *China's Environment and the Challenge of Sustainable Development* (Armonk, NY: M. E. Sharpe, 2005).

48. See Michael D. Swaine, "Perceptions of an Assertive China," *China Leadership Monitor* 32 (2010): 1–18.

# 譯者註

[1] 中華人民共和國最近一次修憲為2018年。

[2] 2019年香港人對於「香港特別行政區政府」（The Government of the Hong Kong Special Administrative Region）所制定的《2019年逃犯及刑事事宜相互法律協助法例（修訂）條例草案》（Fugitive Offenders and Mutual Legal Assistance in Criminal Matters Legislation (Amendment) Bill 2019）強化了2016年「光復香港，時代革命」（Free Hong Kong, Revolution Now）的口號，而後雖暫停行使，但2020年中華人民共和國「全國人民代表大會」（National People's Congress）卻進一步推出《全國人民代表大會關於建立健全香港特別行政區維護國家安全的法律制度和執行機制的決定》，更造成香港民間與政府的對立，甚至被解讀為這是威權政體對於民主制度的強烈干預。

[3] 首創於前蘇聯，主要是社會主義國家與一些資本主義國家的政府進行整體性經濟之實施所制定的國家中程經濟計畫。

[4] 似為原文錯誤，世界上排名第2大國土面積為加拿大，中國是排名第3。

[5] 這裡多指涉居住在中國內蒙古的蒙古族，不包括「蒙古國」（Mongolia）。

[6] 這3個國家為哈薩克（Kazakhstan）、吉爾吉斯（Kyrgyzstan），以及塔吉克（Tajikistan）。

[7] 習近平於2018年領導修憲，使領導人任期改為無期限制，將威權模式法理化。

[8] 現在香港的「谷歌中國」http://www.google.cn/，也已經下架，而改為www.google.com.hk。

[9] 中國式的選票上，除了會印製出原本被提名的候選人姓名之外，也會有幾個空白欄位，可供選民自行填入所支持的候選人姓名，記票時也算進其中。

[10] 這單位已經於2018年3月改名為「生態環境部」（Ministry of Ecology and Environment）。

[11] 譯者取用卡爾‧馬克思的觀點，即所謂「疏離」的意思；最多在其正向的傳統觀點上，只能說中國比較偏向「民本」的思維，而非「民主」。

# 第十三章

# 墨西哥政治

韋恩・科爾內利烏斯（Wayne A. Cornelius）
傑佛瑞・威爾頓（Jeffrey A. Weldon）

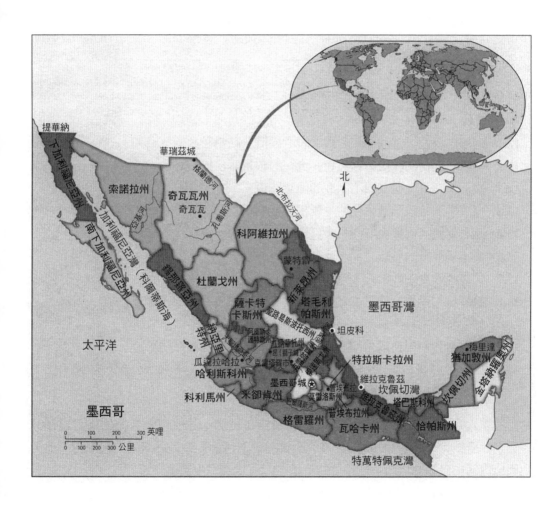

## 國家簡介

人口：1億1,950萬（2010年）[1]

領土：761,602平方英哩

獨立年分：1810年

當前憲法制定年分：1917年

國家元首：總統安立奎‧佩尼亞‧涅托（Enrique Peña Nieto）[2]

政府首腦：總統安立奎‧佩尼亞‧涅托（Enrique Peña Nieto）

語言：西班牙語、馬雅語系、納瓦特爾語、薩波特克語，以及許多的其他區域、原住民語言

宗教：羅馬天主教85%；非羅馬天主教之宗教10%；無宗教信仰5%

## 學習目標

**13.1** 列舉出墨西哥當前面臨的最嚴峻的經濟、社會和政治挑戰。

**13.2** 探討墨西哥的歷史，聚焦在20世紀的政教關係以及社會動盪。

**13.3** 描述墨西哥人與其政治制度的衝突關係。

**13.4** 探討墨西哥政治社會化的主要根源及其變化。

**13.5** 探討促使人們參與墨西哥最近選舉的因素。

**13.6** 描述墨西哥的各政府部門及其所經歷的變化。

**13.7** 探討墨西哥的政治人才甄補，側重於技術官僚的崛起與衰退。

**13.8** 解釋利益團體在墨西哥的作用，特別是有組織的勞工與商業團體，所涉及到的統合主義與恩庇—侍從的結構。

**13.9** 探討自1990年代以來墨西哥選舉制度的改革對各政黨的影響。

**13.10** 描述墨西哥政策的影響，側重於經濟成長、貧困、收入分配、人權、法治、環境以及國際關係。

　　在2014年9月26日的晚上，一群在墨西哥貧困、飽受侵害暴力的格雷羅州「阿約齊納帕」（Ayotzinapa）這個小鎮上的一所師範學院就讀的43名學生，他們出發前往參加在墨西哥城舉行的抗議遊行。這群學生需要交通工具，並且按照他們以往習慣的方式，在附近的伊瓜拉自治市搶占了一輛商用巴士。汽車公司已經習慣了他們的這種策略，所以司機也配合載送他們。但是這一次，所有的學生並沒有到達他們要去的目的地。根據墨西哥政府的說法，伊瓜拉自治市當地的警察根據市長的命令，攔下了他們的巴士。警察將學生轉交給一個與市長和他妻子關係相當密切的惡名昭彰的販毒集團。根據政府的陳述，這些學生被綁架、嚴刑

拷打，然後殺害。據稱，他們的屍體被帶到垃圾場被焚化後，並且將他們的骨灰倒入附近的河流中。

「美洲人權委員會」（Inter-American Commission on Human Rights）召集的專家小組對於官方陳述整起事件發生經過的說明，提出了質疑。在墨西哥政府的邀請下，專家們進行了自己的調查，得出的結論認為，這43名學生事實上沒有被送到垃圾場中焚化，仍然應該還是被認定為「失蹤」。專家小組成員發現有證據顯示，被政府圍捕的近100名嫌疑人中，有許多人已經在嚴刑拷打下進行認罪招供。與該案件有關的法醫證據也都被不當處理過。最後，專家小組發現了證據指出聯邦安全部隊極有可能在2014年9月26日至27日這起事件中發揮了更大的作用，完全不同於聯邦當局堅持認為當晚的犯罪行為只是一起地方性的事件而已。綁架這群學生的動機一直都沒有得到確認，但是專家小組推測，有可能是這群學生無意中搶占了一輛載有毒販海洛因的巴士。其他外部的專家則是無法求證這個論點，因為墨西哥政府拒絕讓人接觸關鍵的目擊者。墨西哥的歷史學家安立奎·克勞茲（Enrique Krauze）提出了一個更簡單的解釋：這些學生可能被殺害的原因，只是因為他們的抗議行動對毒品的交易造成了麻煩與不利的影響。[1]

雖然與毒品相關的幫派大規模殺戮在墨西哥並不罕見，但阿約齊納帕鎮上所發生這樣以來自貧窮家庭的學生為目標的犯罪事件，揭露了官員與警察貪污腐敗錯綜複雜的關係，其掩蓋一切的跡象更是激起了墨西哥好幾個世代以來前所未見的大規模公眾憤慨。在由主要的社群媒體推動的情況下，有近50萬名示威抗議者擠滿了墨西哥城的市中心，並且封鎖了主要的公路。當時總統**安立奎·佩尼亞·涅托**的信譽受到嚴重的損害，而他的行政團隊原本寄予厚望在雄心壯志的經濟與教育改革方案上，也因為被新挖掘出來的系統性貪污腐敗、濫權，以及無能等證據而使其黯然失色。墨西哥人已經對所有的主要政黨表現出譏諷的態度，許多人挖苦性地談論著，並認為國家惡化成掉入深淵的「毒品國家」。

僅在短短的2年以前，選民們讓佩尼亞·涅托所隸屬的**「革命制度黨」**（Partido Revolucionario Institucional, PRI），在由「國家行動黨」（National Action Party, PAN）掌握了總統的職權12年後，取得了政權。革命制度黨非常具有策略性的藉由推出1位年輕、有吸引力且其形象代表「新革命制度黨」掌舵者的總統候選人，成功的讓該黨重回權力之位——這個曾經持續不斷掌權70年的政黨，打出現代化的願景訴求。但是這個號稱新革命制度黨是不是真的能夠完全脫離過去的威權與貪污腐敗形象，還是只是一個守舊政黨的回歸呢？革命制度黨的再度興起象徵的是民主政治的12年試驗的結束，或者只是民主政府的一種「正常

的」輪替呢？在2000年之後已經很戲劇化的經歷過選舉制度以及治理透明度轉型的這個政治體制中，革命制度黨是否能夠有效治理並維持大眾的支持？在這國家中，社群媒體平臺（如臉書與推特）的影響力日益增強，而公眾對政治人物和官僚人員在行為上的公開審查機制仍會持續進行嗎？

　　阿約齊納帕鎮43名學生的悲劇，象徵著墨西哥自1990年代以來，在朝向正常運作的民主國家過渡中，取得了多少成就。這事件發生在一個由左翼反對黨「民主革命黨」（Partido de la Revolución Democrática, PRD）所統治的城市與州，但由於聯邦政府步履蹣跚的反應，而大大破壞了新革命制度黨的藉口。對學生失蹤案進行為期2年的調查卻沒有得到任何導致他們最終命運的關鍵性線索，即使有逐漸升高的重大質疑指向了聯邦官員與安全人員的共謀，若不是發生了這起特殊的犯罪案件，在這個貪污腐敗與有罪不罰的體制中，也不會有任何一個政黨會受到理所當然的抨擊。然而，公眾對這起事件強烈的憤慨之情與持久性，表明了對政治領導人的不道德行為以傳統的冷嘲熱諷方式也正在轉型，形成一個新時代。在新時代中，人們期待並確實要求「問責制」。

## 當前的政策挑戰

### 13.1 列舉出墨西哥當前面臨的最嚴峻的經濟、社會和政治挑戰。

　　今日，墨西哥面臨了嚴峻的社會與經濟問題。經濟成長蓬勃發展，每年在勞動市場上創造出的就業機會太少，無法容納年輕人進入職場（雖然由於現在的出生率較低了，使得勞動力的增長率呈現持續下降的趨勢）；迫切需要現代化的教育制度；不斷增加的貧窮人口，幾乎有近半數的墨西哥人仍然生活在官方所公布的貧窮線以下；收入的分配是高度不平等的；以北方為中心的各州在富裕、城市化以及現代化的程度上，與貧窮、鄉下以及較多原住民居住的南方之間，存在著巨大的發展落差；而全球暖化更加劇了原本就很嚴重的環境問題；以及刑事司法制度幾乎沒有發揮作用，經常侵犯公民的人權，並且因為販毒而導致嚴重的貪污腐敗問題。革命制度黨在2000年失去了原本對墨西哥政治體制中最大部分的主導權，因為它未能有效地解決這些問題。從2000年至2012年執政的民主「反對黨」，也只是勉強成功地管理這個國家。

　　並非所有的問題都是來自於墨西哥國內。作為一個發展中國家，墨西哥必須更直接的與全球經濟體系打交道。它必須迎頭趕上其國際貿易夥伴與競爭對手。中國的崛起成為墨西哥在全球市場中的主要競爭對手，而這也對墨西哥產生了特別強烈地衝擊。中國已取代了墨西哥成為全球第2大出口到美國市場的製成品生

產國。

唐納‧川普（Donald J. Trump）當選成為了美國的第45任總統，為墨西哥帶來了新的經濟挑戰。川普在競選期間就要求與墨西哥在**「北美自由貿易協議」**（North American Free Trade Agreement, NAFTA）進行徹底的重新談判——或是完全廢除該協定。川普擔任總統期間，他下令沿著美國與墨西哥的西南邊界修建起一道新的高牆，並威脅強迫墨西哥支付這筆建造經費，方法是對從墨西哥進口至美國的商品中徵收高額的關稅或是對移民的匯款徵稅（在美國工作的墨西哥人，會將工作收入匯回給住在墨西哥的親屬）。川普向福特與通用汽車施壓，要求其取消在墨西哥的重大投資生產計畫。所有的這些發展都壓縮了墨西哥貨幣「披索」（peso）的價值，使其創下來有史以來的新低，導致墨西哥人要支付更高昂的成本才能取得進口的商品。川普的崛起，降低了墨西哥原本就已低迷的經濟成長率，並對其金融市場帶來了極大的不確定性。

從佩尼亞‧涅托當選後，啟動了憲法的變革行動，如果要加強經濟發展的成長，公立教育制度的改革就會是刻不容緩的優先議題。2013年頒布的憲法修正案，主要是在打破「全國教師工會」的權力結構，該會長期擔任主席的艾爾巴‧埃絲特‧戈爾迪路（Elba Esther Gordillo）在2013年被捕入獄，罪名是挪用工會的資金。這個改革包括了學校品質排名的制度，以及新教師的聘任與招考程序等。但是這些改革並未完全實施，主要原因還是來自於教師工會的持續抵制。

藉由2013年的立法改革，政府加強了對電信行業的監管。該法案受到墨西哥3個主要政黨的支持，政府對於電信部門的規範變得更加嚴格，這項立法要求墨西哥主要的電話公司「美洲電信」（América Móvil）公司與其他手機業者必須共享其基礎建設，以及大幅降低向他們收取網路通話的費用。這些改變已經大大降低了由世界最富有的男性之一卡洛斯‧史林（Carlos Slim）領導的美洲電信的盈利能力。多年來，該公司因為提供了昂貴卻不可靠的服務品質，而受到墨西哥大眾的輕蔑，但是即使如此，它還是控制了70%的手機服務以及65%的有線市話的市場。需要採取進一步的反壟斷的措施，以增加競爭，並遏制電信服務和電視壟斷的權力，由2家主要的網路業者主導。

墨西哥必須透過增加政府支出或允許更多外國直接投資來改造其能源部門——石油、電力以及天然氣。在1938年時是國有化的石油產業完全的私有化——在政治上仍然令人望而卻步。但還是必須採取措施以阻止石油產能的持續下降，由於油田的枯竭，導致石油產能在2004年的最高點之後就暴跌至今。「墨西哥石油」（PEMEX）作為一家政府壟斷的石油企業，其既缺乏了資金，亦缺乏獲取

需要探勘至難以開採的深海油田與在岸沉積所需的技術專長。墨西哥能源產業的衰退，對公共財政產生了巨大的影響，因為聯邦政府的稅收大量依賴於石油出口的收入。面對了這樣的挑戰，在2012年重新掌握權力的革命制度黨提議允許讓外國公司與「墨西哥石油」合作進行石油與天然氣開發探勘，並且分享利潤——這是歷史上的重大轉變。

販毒及其他犯罪活動，仍然是墨西哥政權最為嚴峻的挑戰。國家行動黨的費利佩‧卡德隆（Felipe Calderón）擔任總統時的政府團隊，對販毒者發動全面性戰爭，在其擔任總統的最後1年——2012年投入了250億美元的經費用於打擊毒品販運。這項努力引發了一場暴力洪流，奪走了6萬多人的生命，其中包括捲入販運毒品者以陷入交火的無辜公民。與毒品相關的兇殺案件在2011年達到了高峰，由毒品（毒販）引起主導的敲詐勒索、綁架、縱火竊盜，以及其他違法勾當都增加了，他們發現比起將毒品販運到美國去，可以從這些活動中賺到更多的錢。墨西哥聯邦政府目前面臨的挑戰，就是要其以實際行動去實施國家的反毒戰略，以進一步減少暴力，並且有效地打擊相關的組織犯罪形式，而保護無辜公民的人權。

在政治方面，需要對選舉規則進行進一步的修改，使各政黨都變得更難以「買票」（vote buying）及在競選上的支出超過法律限制。2014年時墨西哥頒布《憲法》的一項重大變革，就是使國會議員、州議員以及市長，能夠連選連任。這會讓他們對其選區的選民有更強力的反應和責任感，而非只是針對自己所屬的政黨服務。但是就鞏固一個完整的民主制度而言，這些改變可能都不及在墨西哥迅速傳播主要政黨之間以及所有層級的政府產生權力交替的信念來得重要，這些都是人們渴望且能夠達成的。

在經歷了將近20年的民主實踐與社會思潮後，可以追溯到1997年革命制度黨失去國會下議院的多數席次控制權時，讓時光倒流是不可能的，然而大多數革命制度黨的傳統主義者可能會希望如此。公眾對濫用職權、鎮壓示威者，以及官方腐敗的容忍度明顯下降。如佩尼亞‧涅托領導的政府對43名阿約齊納帕學生失蹤案的調查處理不當，以及一個主要政府承包商為佩尼亞‧涅托的妻子建造了數百萬美元的房舍等事件，就說明了這一點。近來「透明化」的改革，使得記錄政府官員與機構的瀆職行為和不良表現變得更加容易。在選舉時「把流氓壞蛋扔出去」，在墨西哥已經很明顯成為一種信念。

# 歷史觀點

## 13.2 探討墨西哥的歷史，聚焦在20世紀的政教關係以及社會動盪。

　　早在1519年埃爾南·科爾特斯（Hernán Cortés）登陸西班牙並開始征服墨西哥之前，這片土地上曾居住著許多原住民文明。其中，位於猶加敦半島的瑪雅人以及中部高原的托爾特克人已發展了最複雜的政治與經濟組織。然而，在西班牙人抵達之前，這兩個文明都已經瓦解了。一些比較小型的原住民社會被侵略者所帶來的疾病所摧毀，或是被武力所征服。隨後，西班牙皇室向殖民者提供土地與本地勞工，更進一步隔離了農村的原住民，並加深了對他們的剝削。

　　原住民區域隨著自然的減損流失、通婚，以及文化滲透等綜合影響，大大降低了墨西哥人在文化上被認定為原住民的人口比例。根據2015年的全國性調查數據，有21.5%的墨西哥人認同自己為原住民，但是只有6.5%的人口會講原住民的語言。原住民少數族群尤其令人感到不安，提醒著在20世紀的墨西哥，因為發展不平衡而被拋棄的數百萬人。墨西哥的原住民主要都集中在農村社區中，差不多有60%以上的人在那裡生活著。他們的社區——按照政府的分類，是屬於國家中經濟發展最蕭條以及服務最匱乏的地方——主要是分布在南方的各州：瓦哈卡州、猶加敦州、恰帕斯州、金塔納羅奧州和格雷羅州，以及位於中部的伊達爾戈州以和普埃布拉州。

　　西班牙的征服建立了羅馬天主教教會，作為在墨西哥的一個重要權力機構。傳教士加入了西班牙的征服者行列從事宣教的使命，進行將當地居民轉變為天主教的任務，而且一些個別的傳教士也在1810年至1811年期間發生的墨西哥獨立戰爭中，發揮了關鍵的作用。在墨西哥獨立之後的期間，天主教教會與中央政府之間的制度性對立情形，有時候會在某些議題上形成公開性的對抗，像是教會財產、教育政策、公立學校的教科書內容，以及教會號召的政治性活動等。1857年與1917年通過的《憲法》，在形式上建立起政教分離的制度，並且定義了各自所掌管的領域。《憲法》規定藉由將天主教教會的財產國有化，包括教堂建築物以及廣大的農業土地所有權，大大地削弱了天主教會的權力以及財富。

　　在近年來，即使天主教教會政府在其他許多問題上進行了合作——但中央天主教教會的階層制度，拉丁美洲最保守的制度之一——卻因為關於離婚、墮胎，以及同性戀婚姻等社會自由主義政策所關注的議題變得沸沸揚揚。教會依然受到廣大社會民眾的支持。在2014年的全國性調查中發現，有56%的墨西哥人認為天主教教會的領導人，在墨西哥中具有「良善的」影響力引導事情的行事發展。[2]

但是，墨西哥人自我認為是天主教徒的比例，從1950年代的98%，已經降低到今日的85%，而且其中有很大一部分的人是沒有去實踐相關的信仰規則。教會也不再於任何重要的議題上限制政府的行動。舉例來說，來自天主教教會的反對，也無法阻止墨西哥城的立法議會在2007年將墮胎行為合法化，以及在2009年批准同性戀婚姻。

## 革命及其後果

　　墨西哥在1910年時爆發了全國性的內戰，通常被稱為是20世紀初動搖世界的第一場重大「社會革命」。然而，墨西哥的動盪起源於該國家的統治階級。改革始於普通百姓對根深柢固的獨裁者波費里奧‧迪亞茲（Porfirio Díaz）的自發性起義，而不是針對剝削他們的地方權貴與地主。即使有成千上萬的工人與農民最終都加入了這場內部動亂，但是大多數的革命領導者都還是來自於比較年輕世代的墨西哥中產階級或上層階級，他們不滿這些迷惑群眾的衰老獨裁者及其集團在過去3年半愈來愈高壓的統治。由弗朗西斯科‧馬德羅（Francisco I. Madero）帶領下，這些自由派的中產階級改革者致力於開放這國家的政治制度，並且在資本主義經濟中為自己和人民創造出新的機會，但是他們並沒有去挑戰其國家的基本特色。

　　當然，有些嚴重的不滿也在工人與農民之間累積很久了。一旦反對迪亞茲的暴動開啟之後，革命領導者就會呼籲處境不利的群眾向中央政府施壓。埃米利亞諾‧薩帕塔（Emiliano Zapata）在莫雷洛斯州領導了一場農民運動；他們一心一意想試圖收復在「波費里奧托」（Porfiriato）獨裁期間，[3]被農村貴族用各種詭計所占領的土地。在北方，龐丘‧比伊亞（Pancho Villa）[4]率領一群由失業工人、小地主，以及放牧者所組成的軍隊，他們主要的訴求就是穩定的就業。隨後為了爭奪中央政府的控制權，原本由迪亞斯所建立與執行的政治秩序也因此瓦解成軍閥主義——由比較有勢力的區域幫派是由具有革命性的「軍政強人領袖」（caudillos）所領導，但其更嚮往的是增加個人的財富與社會地位，而非真正的領導一場社會革命。

　　革命之後的第一個10年，創造出了一部新的並具有指標性進步的《憲法》，取代了原本在1857年制定的憲法。1917年的憲法確立了由國家控制所有天然資源的原則、教會是從屬於國家政府之下、政府有權利去進行土地的重分配，以及勞工的權利，這甚至比美國當時勞工運動所要求尚未有的保障都還來得先進。即使如此，這些憲法條文卻是在經歷了接近20年之後才開始施行。

在1920年代期間，中央政府藉由選擇與地方政權經紀人，及所謂的「酋長」（caciques）合作，開始著手消除或破壞最強大與具有獨立思想的區域強權。這些地方政治上的首領，實際上變成了中央政府的附屬，支持其政策並保持對社區人口的控制權。到這段時期結束之後，擁有真正追隨者的領導者（像是薩帕塔以及比伊亞）都遭到了暗殺，新崛起的革命菁英奪取了領導權，控制了人民，他們致力於動員群眾，建立中央政府的霸權。「波費里奧托」獨裁期間的農村貴族制被削弱了但並未消滅；其繼承人都還是在國家的許多不同地方，掌控了大量的財富以及其他形式的資產。

在1930年代，仍是由菁英掌握權力，但墨西哥還是處於發生大規模社會與政治動盪的時代。在**拉薩洛・卡德納斯**（Lázaro Cárdenas）擔任總統期間（1934-1940），農民與城市的工人第1次依照自己的訴求成功地獲得了土地與更高的工資；事實上，卡德納斯積極鼓勵他們這樣做。結果就是出現了前所未有的罷工、示威遊行運動，以及請願要求分割大型農村土地的浪潮。卡德納斯政府重新分配的土地，是墨西哥自1915年的土地改革計畫正式進行以來，所有前任政權徵用土地的2倍多。到了1940年，國家的土地保有權制度已經發生了根本性的改變，打破了大型農莊的傳統統治方式，創造了一個由許多小農組成的龐大部門（農民的合作農場）——其中超過了150萬的農民——他們在土地改革計畫下獲得了土地。1938年，當卡德納斯政府將一直在墨西哥經營由英國和美國擁有的石油公司進行國有化時，甚至墨西哥的外交關係也被打亂了。

卡德納斯時代徹底重新塑造了墨西哥的政治制度。總統職位變成了政治體制中最重要的位置，在憲法規定的6年任期內可以行使廣泛的權力，但是不得連任；軍方從原本公開的競爭中除名，轉變成為支持政權的幾個主要體制支柱之一；以及由政府所贊助的農民與勞工組織的精緻網絡關係，為執政黨提供了群眾基礎，而能夠展現出各種在政治活動與經濟控制的功能，來進行多層次的恩庇—侍從主義的關係操作。

到了1940年，墨西哥有非常大量的一群人口在名義上被納入全國性的政治制度中，主要是因為他們加入了卡德納斯所創建的農民與勞工組織中。儘管政治參與大幅度的擴張，但並沒有導致該制度真正的民主化。雖然比起過去在農莊與工廠主人那裡，勞工階級團體在隸屬於政府贊助的組織代表性上，已經擁有更大的控制權了，不過他們對公共政策與政府優先考量事項的影響能力，從卡德納斯執政以來，可說是微乎其微。

## 霸權政黨統治的年代

拉薩洛・卡德納斯所形塑的政治制度非常持久。從1940年一直到1980年代末期，墨西哥執政黨所領導的國家機器，是拉丁美洲最為穩定的政權（參閱專欄13.1）。其在彈性上、對新情況的適應性、執政菁英內部就政治競爭的基本規則達成了高度的協議，並且在執政黨內部與外部，似乎具有無限的能力與異議人士進行合作，而使其享有良好的聲譽。

隨著前蘇聯共產黨在1991年垮臺，革命制度黨成為了世界上持續執政最長的政黨。自1929年官方政黨成立以來，政治暗殺以及武裝叛亂已被所有的權力競爭者拒絕當成是通往總統職位的途徑。少數未得到執政黨總統提名而感到失望的人，在黨外（在1929年、1940年、1946年、1952年以及1988年的選舉中）參選，但即使是這些在分裂運動中得到最廣泛支持的脫黨參選人，後來也都因為政府的機制所設計的選舉投票舞弊與恐嚇手段而成功將其遏制在權力之外。

1970年代初期，在總統古斯塔沃・迪亞斯・奧爾達斯（Gustavo Díaz Ordaz）於1968年奧運會前夕對在墨西哥城舉行抗議運動的學生進行血腥鎮壓行為後，人們對其制度的穩定性提高了顧慮。這場學生大屠殺標誌著「骯髒戰爭」的開始，據信軍隊與警察部隊，在未經審判的情況下就已對700多名被指控為國

---

**專欄 13.1　自1940年以來的墨西哥總統及其所屬政黨**

| | |
|---|---|
| 1940-1946 | 曼努埃爾・卡馬喬（PRI） |
| 1946-1952 | 米格爾・巴爾德斯（PRI） |
| 1952-1958 | 阿道弗・科爾蒂內斯（PRI） |
| 1958-1964 | 阿道弗・馬特奧斯（PRI） |
| 1964-1970 | 古斯塔沃・奧爾達斯（PRI） |
| 1970-1976 | 路易斯・埃切韋里亞（PRI） |
| 1976-1982 | 荷西・洛佩斯・波蒂略（PRI） |
| 1982-1988 | 米格爾・德拉馬德里（PRI） |
| 1988-1994 | 卡洛斯・薩利納斯（PRI） |
| 1994-2000 | 埃內斯托・柴迪洛（PRI） |
| 2000-2006 | 比森特・福克斯（PAN） |
| 2006-2012 | 費利佩・卡德隆（PAN） |
| 2012-2018 | 安立奎・佩尼亞・涅托（PRI） |

附註：PRI：革命制度黨；PAN：國家行動黨。

家敵人的罪名者進行了處決。當時許多分析者都認為，墨西哥正在進入一個制度性危機的階段，需要同時在政治安排以及經濟發展的策略上，進行根本性的改革。

在1970年代末期發現了大量的石油與天然氣等自然資源，使現任政權有了新的生機，即使在政治上沒有進行重大的結構性改革，但民眾與菁英人士還是持續給予支持，這顯然是政府無限量供應的石油與披索所形成的結果。由於不利的國際經濟形勢（石油價格大跌、利率上升以及美國經濟衰退）和財政上不負責任的國內政策共同作用下，1982年8月石油的繁榮景象崩潰，突然抹去了政府的操縱空間。絕大部分墨西哥人的實質薪資與生活水準嚴重下降，政府致力於經濟轉型導致社會的痛苦，包括政府自己擁有與管理的部門都急遽縮減。

1980年代的經濟危機，為墨西哥的政治制度帶來了巨大的壓力。在1988年7月舉行的全國性大選中，不論是總統或是國會選舉，革命制度黨的得票率都經歷了空前的逆轉。官方統計出革命制度黨所推出之總統候選人**卡洛斯‧薩利納斯**（Carlos Salinas de Gortari）的得票數比1982年選舉時，革命制度黨的總統候選人米格爾‧德拉馬德里（Miguel de la Madrid）的得票數還少了20%以上。革命制度黨之前黨員瓜德莫克‧卡德納斯（Cuauhtémoc Cárdenas），是備受愛戴的前總統拉薩洛‧卡德納斯的兒子，領導了一個倉促形成的左派以及民族主義的政黨小聯盟，正式獲得31.1%的總統選舉得票率，比過去任何時期的反對派候選人拿下的票數還高，但是可能比他實際上獲得的票數少得多，如果這個計票結果是誠實毫無舞弊的話。雖然革命制度黨代表的席次有所減少，但其仍然控制著國會，只是總統所隸屬的政黨已經失去了批准憲法修正案所需要的三分之二多數席次。

卡洛斯‧薩利納斯是受過哈佛大學教育的技術官僚，為吱吱作響的革命制度黨這部機器注入了新的生命。他強勢的總統領導風格和成就——特別是很強硬地推翻了貪污腐敗的工會、快速讓通貨膨脹率下降，以及以新風格建立反貧窮與公共工程計畫增加政府對低下階層需求的反應能力——達到重新建構革命制度黨在選舉上所能獲得的支持，並且努力修補了執政內部的政治菁英分歧。薩利納斯將墨西哥的經濟大門打開讓外國貿易與投資，並且私有化上百家效率不彰的國營企業。雖然在薩利納斯執政下的政治民主化的前進速度仍然緩慢且不均衡，遠遠落後於他努力進行全面自由市場經濟改革的步伐。但墨西哥似乎已無情地轉移權力在1994年移交給革命制度黨的另一個政府。

1994年元旦，在墨西哥發展最為遲緩且政治上也很落後的恰帕斯州，發生了「後現代」農民起義，打破了近代經濟現代性與政治必然性的幻想，估計有

2,000名原始武裝但紀律嚴明的原住民叛軍奪取了對4個偏僻城市的控制權，並且向中央政府宣戰——這是自1938年以來不曾發生過的現象。在恰帕斯州抵抗國家武力的貧困原住民，象徵著國家在推動經濟現代化與國際主義的過程中，有數百萬的墨西哥人是被拋在後面的。

在恰帕斯州的叛亂爆發後不到3個月，總統薩利納斯精心挑選的繼任者路易斯‧唐納多‧科洛西奧（Luis Donaldo Colosio）在下加州提華納競選時慘遭暗殺。薩利納斯最後一次行使總統意願時，曾極力推選了經濟學家技術官僚的埃內斯托‧柴迪洛（Ernesto Zedillo）成為革命制度黨的另一位繼任者，來取代遭到暗殺的路易斯‧唐納多‧科洛西奧。在1994年8月，在這場高投票率的選舉中，同時也被許多獨立的觀察者評論為墨西哥獨立革命後歷史上最為乾淨的選舉，而反對黨也被徹底擊敗。革命制度黨不只是依然控制了總統職位（儘管僅占總投票數的48.8%），而且在聯邦國會中也獲得了充分多數的席次。

## 革命制度黨統治的終結

執政黨在1994年8月大選中的出色表現，所創造看似恢復穩定的表象是短暫的。在1994年12月，在恰帕斯州興起了一支微不足道的薩帕塔民族解放軍，緊接著是炒短線的國內外投資客對高估的披索持續進行投機性的攻擊，而這也開啟了如潘朵拉盒子般的經濟與政治困境問題。從一開始的貨幣與金融流通性的危機，很快就惡化成大規模的資本外逃，以及嚴重的經濟衰退問題。

到了1990年代末期，革命制度黨似乎又再次處於加速分解的狀態中。黨內的分裂問題，比1930年代中期以來的任何時刻都更深入。1997年的國會選舉的結果，革命制度黨遭受了驚人的挫敗，在單一選區相對多數決的300個席次中，失去了112個席次。這是自1929年以來的第1次，革命制度黨必須將眾議院（國會的下議院）的控制權，移交給由4個反對黨所組成的聯盟。革命制度黨同時也失去了參議院中三分之二多數席次的優勢，而這也是批准憲法修正案所必須達到的門檻。

在2000年的選舉，選民對於兩度被自己政府欺騙而感到極其憤怒，首先是在1977年至1981年的石油榮景時代的泡沫化問題，然後是在薩利納斯擔任總統的執政期間（1988-1994），當時政府製造的繁華幻影，讓人民覺得未來的經濟發展是無可限量的。這是71年來的第1次，選民很明確地否決了革命制度黨推出的總統候選人，轉而支持了一位特立獨行的可口可樂前執行長**比森特‧福克斯**（Vicente Fox），代表「**國家行動黨**」（Partido Acción Nacional, PAN）的旗

幟參選。

　　2006年的總統大選有3位強勁的候選人，以及高度分歧的選民。革命制度黨的領導人（2002年至2005年）羅伯托・馬德拉佐（Roberto Madrazo）贏得了黨內2006年的總統候選人提名。然而，黨內對他獲得候選人的資格提出強烈的反對。1990年代中期，擔任國家行動黨領導人的費利佩・卡德隆（Felipe Calderón），在經歷了一系列的3場地區性初選後，贏得了國家行動黨在2006年選舉的提名。「民主革命黨」（Partido de la Revolución Democrática, PRD）選擇了2000年至2005年擔任墨西哥城市長的安德烈斯・羅培茲・歐布拉多（Andrés Manuel López Obrador）作為2006年的總統候選人。

　　歷經非常負面的競選之後，在2006年7月2日選舉的結果揭曉，安德烈斯・羅培茲・歐布拉多與費利佩・卡德隆兩人的差距幅度非常小，因此都聲稱自己獲得了勝利。在正式的計票之後，「聯邦選舉機構」（Federal Electoral Institute, IFE）宣布費利佩・卡德隆以0.58%的差距，在近所有4,200萬張選票中，比對手多了約24萬4,000張的選票而贏得勝選。安德烈斯・羅培茲・歐布拉多立即宣稱這場選舉有許多投票舞弊的狀況，都是由國家行動黨、革命制度黨、聯邦選舉機構，以及工商界共同精心策劃。為了向選舉法庭施加壓力，且要求其下令全部重新計票，於是民主革命黨發起了一場公民抗命運動，封鎖了墨西哥城的交通。部分地區重新計票以及隨後某些具有爭議的選區宣告無效，最後讓羅培茲・歐布拉多再拿到約1萬4,000張的選票。雖然如此，羅培茲・歐布拉多還是拒絕接受卡德隆勝選的結果。

　　選舉的結果將墨西哥一分為二。一個是國家行動黨幾乎贏得所有選票的北方各州；以及另一個則是民主革命黨幾乎都獲勝（除了2個州以外）的南方各州。革命制度黨的馬德拉佐完全沒有在任何單一州獲得勝選。更重要的是，就長期後果而言，2006年的大選為2007年時頒布實施多一輪競選的選舉法改革奠定了基礎，這個制度旨在避免出現另一場有爭議的總統選舉。

## 革命制度黨重新掌握權力

　　在2006年的總統選舉，革命制度黨以第3名慘敗，隨著在國會的代表人數也減少到大約下議院的五分之一席次，革命制度黨似乎已撤退到其區域據點了。然而，在隨後的州長選舉中，革命制度黨居然收復了過去輸給反對黨的一些州。到了2010年，因為經濟增長緩慢，以及公眾對於總統卡德隆針對毒販發動具有侵略性、製造暴力戰爭的不滿情緒推動下，革命制度黨完全有能力在2012年重新奪回

總統職位。

　　在2012年的大選中，民主革命黨再次提名了羅培茲‧歐布拉多作為總統候選人。這一次羅培茲‧歐布拉多將自己表現得像是更溫和且值得信賴的選擇，迴異於他在2006年非常激進的火爆形象。國家行動黨選擇了荷西菲娜‧巴斯克斯‧莫塔（Josefina Vázquez Mota），她先前在國家行動黨執政中，擔任過教育部長和社會發展部長兩個行政職務，是第1位被主要政黨提名參選總統的女性候選人。革命制度黨選擇了墨西哥州前州長安立奎‧佩尼亞‧涅托，這是個環繞墨西哥城的州，而且比其他任何州都擁有更多的人口。他同時也獲得綠色生態黨（Partido Verde Ecologista de México, PVEM）以及綠黨的推薦，這兩個政黨在2006年也是革命制度黨的聯盟夥伴。

　　早在2005年，佩尼亞‧涅托就已經被墨西哥最大的電視網路「特萊維薩」（Televisa）培養為總統候選人。特萊維薩的相機鏡頭以及附屬的八卦雜誌密切關注最近喪偶的州長的羅曼史，最終他也與該電視網絡的肥皂劇明星結婚了。佩尼亞‧涅托參與競選活動是基於他在擔任州長時的成就。他也呼籲選民再次信任民主革命黨：一個「有經驗」的政黨，也是一個「知道如何執政的政黨」。

　　總統候選人的兩場電視辯論，對競選產生了重大的影響。佩尼亞‧涅托從一開始的競選民調中處於領先地位，但是在經過第1輪的辯論之後，代表民主革命黨的羅培茲‧歐布拉多超出大眾的預期，最有聲望的全國性民意調查顯示了佩尼亞‧涅托只領先羅培茲‧歐布拉多4%而已。最後，佩尼亞‧涅托以令人訝異的近6.8%勝過羅培茲‧歐布拉多；而代表國家行動黨的巴斯克斯‧莫塔贏得略高於四分之一的選票（參閱表13.1）。革命制度黨贏得了20個州政府的執政權——這是在2006年幾乎失去每個州之後，一次顯著的成果。這樣的結果延續了1990年代後期所確立的趨勢，其他政黨在州的層級中出現權力交替的現象。某些州現在已經具有兩黨制（「革命制度黨—國家行動黨」或「革命制度黨—民主革命黨」）的制度；其他的州也反映出在全國性層級上是呈現三強政黨鼎力的局面。

　　從而，開啟了墨西哥第2次接受革命制度黨在國家層級執政的經驗。儘管贏得了總統職位，不過「革命制度黨—綠色生態黨」聯盟卻在眾議院以及參議院中，都未贏得多數席次。佩尼亞‧涅托缺乏國會的多數控制權，使得他被迫在所有的立法上都必須與反對黨的領導人進行協商。自1995年開始系統的投票行為以來，他以新當選的墨西哥總統獲得最低的公眾支持率就職。到了2017年1月時，只剩下15%的墨西哥人認同他的工作成效表現——這是1995年以來所有總統當中最低的。佩尼亞‧涅托的總統職位受到以下一些事件的影響，而造成很大的撼

**表13.1　2012年總統選舉的結果**

革命制度黨從6年前處於遙遠落後的第3名中恢復過來，並贏得2012年的總統選舉，
原本執政的國家行動黨則是掉落至第3名

| 候選人 | 得票數 | 有效之得票率 |
|---|---|---|
| 安立奎·佩尼亞·涅托（革命制度黨—綠色生態黨） | 19,158,592 | 39.2 |
| 安德烈斯·羅培茲·歐布拉多（民主革命黨—勞動黨—公民運動黨） | 15,848,827 | 32.4 |
| 荷西菲娜·巴斯克斯·莫塔（國家行動黨） | 12,732,630 | 26.0 |
| 加布里爾·夸德里（新聯盟黨） | 1,146,085 | 2.3 |
| 未參與登記選舉的候選人 | 20,625 | 0.0 |
| 無效票數 | 1,236,857 | |
| 總票數 | 50,143,616 | 100.0 |

資料來源：資料數據來自於「國家選舉委員會」（www.ine.mx）。

動：阿約齊納帕學生的失蹤、總統妻子捲入的財政醜聞、有關他的法學院論文剽
竊了許多學術內容，以及導致他政治性災難的決定——讓墨西哥城作為擔任川普
於2016年美國總統競選期間的接待城市。墨西哥人對這個「新革命制度黨」的幻
想破滅了，而使得該政黨在2018年的總統選舉上，再一次遭受到選民以選票收回
其權力。

# 政治文化

## 13.3 描述墨西哥人與其政治制度的衝突關係。

　　從歷史上看，民眾對墨西哥政治制度的支持有三個來源：政權的革命性起
源、政府在促進經濟增長中的作用的角色，以及從卡德納斯時代以來，政府在分
配具有實質性與物質性的利益給占相當大比例的墨西哥人口之表現。官方對於
1910年所發生的革命的解釋，所強調的象徵性符號（或是神話性質），像是社會
正義、民主、國家團結的需求，以及當前政權的通俗淵源等。政府對這些象徵性
符號定義為會持續受到大眾媒體、學校教育，以及附屬在執政黨下的大眾組織所
強化。政黨的選舉的訴求很明確的意指將其候選人與土地改革跟其他崇高的革命
理想做出連結；與埃米利亞諾·薩帕塔以及拉薩洛·卡德納斯等民族英雄結合在
一起，還有與國旗連繫起來。這對革命制度黨而言是很方便，因為該黨旗標誌著
與國旗相同的顏色以及同樣的排列位置。

　　然而，相對而言墨西哥人很少支持該體制，主要基於其革命性的起源或是象

徵性的輸出。對於大多數人口階層而言，象徵性符號只是某些特定的物質獎勵：像是幫助人民拿回被非法占用的土地或土地所有權、學校、低成本的醫療照護、農產品價格的維持、政府補貼食物與其他消費商品，以及公共部門的工作等。在過去四十多年以來，個人會從執政黨——政府機關得到一些實質性的「好處」，或是希望將來能得到這樣的好處，確保群眾對這個體制進行大規模的支持。

即使到現在，墨西哥人的民主概念都還是強調在經濟與社會方面的產出，而不是程序自由；所有政黨所使用的選舉策略都反映了此一政治文化元素。舉例來說，在2006年的總統選舉，許多的選民都被民主革命黨推出的候選人羅培茲·歐布拉多所吸引，藉由自己擔任墨西哥城市長的表現、向公眾傳遞出高曝光率的公共建設，以及每個月發給年長市民的老年津貼等行為。國家行動黨候選人費利佩·卡德隆則是承諾會透過擴大一項名為「機會」（Oportunidades）的政府社會援助計畫來減少社會的不平等，這項聯邦社會福利救助計畫已經使500萬戶的低收入家庭受惠。在2012年的總統選舉中，國家行動黨的候選人巴斯克斯·莫塔曾擔任卡德隆總統的社會發展部長，致力於消除貧困。革命制度黨的佩尼亞·涅托強調自己在擔任墨西哥州州長時的公共建設計畫的成就，舉例來說，吹捧在自己行政團隊下所修建的籃球場數量。

雖然不能與革命制度黨傳統的**買票**行為相提並論——交易個人層面的物質報酬，如提供選民袋裝水泥、學校用品、玉米粉，以及其他家庭生活用品以獲得選票——這種競選策略顯然引起了低收入群眾的共鳴，這些人對民主的觀念，絕大部分還停留在分配性的概念上。在2016年的中期選舉前夕，佩尼亞·涅托政府分發了970萬臺免費的24英吋數位電視給墨西哥的低收入戶，並宣稱這些禮物是政府努力將國家轉向成為數位廣播發展的一部分。在最近的選舉中，民意調查數據顯示，有很一大部分的選民表示曾經遇過買票的經驗，即使這種行為在選舉法規範下是非法的。

比起公共財（例如公共工程）而言，私有商品更能成為重要的買票標的物。因為與政府有關連的所有3個主要政黨，都致力於在聯邦與地方層級中去建立了反貧困福利計畫，並可透過操縱這些計畫以謀取政治上的利益。這些計畫也能夠提供好處，如提供在校學生基於需求的獎學金、獲得預防性的醫療服務，以及提供年長的公民早餐熱食等福利。在2007年進行的選舉改革，嚴格限制了候選人利用大眾媒體的管道，同時也控管了競選廣告的內容，這使得候選人更難透過說服效果來影響選民（參閱專欄13.2）。在新的選舉規範下所產生的刺激效果，就是直接地進行更多買票行為，舉例來說，藉由承諾通過權利計畫的方式來給予（或

## 專欄 13.2　社群媒體力量的崛起：「＃我是132」墨西哥占領運動

在2012年5月11日，一場位於墨西哥城的一所私立耶穌會創立之「伊比利亞美洲大學」（Universidad Iberoamericana）例行性競選演講活動結束後，革命制度黨的總統候選人佩尼亞·涅托發現大學的出口處被許多學生圍堵了起來。他們正在抗議其先前擔任州長時的威權風格，並且感覺到學生們受到墨西哥最大的電視網路「特萊維薩」（Televisa）以及其他全國性媒體的影響，而偏好其他的候選人。這個被阻擋封鎖的新聞，透過了社交媒體，特別是「推特」即時轉播。

因此誕生了「＃我是132」（＃YoSoy132）運動。這個名稱來自於伊比利亞美洲大學131位學生所製作並發布在YouTube上的影片，後來經由推特與臉書的傳播，並透過姓名、學生證號和主修科系來標識自己，並宣稱所支持的抗議活動（「YoSoy132」意味著「我是第132位」）。使這個運動顯得與眾不同的原因是：大多數的組織者都是來自於社會中上階層的家庭。此外，重點不在政黨，而是在競選的過程上，尤其是全國性的電子媒體所扮演的角色。

一些觀察家認為，這次的抗議活動可能是墨西哥版「阿拉伯之春」的先驅，但是學生們並不想推翻政府，甚至對於顛覆這看起來似乎是不可避免的結果（佩尼亞·涅托的選舉），也沒有特別感興趣。雖然有些學生是反對革命制度黨推選佩尼亞·涅托作為政黨候選人，但是大多數的學生是抗議他們所相信在這場總統選舉過程中，許多媒體都被控制了。舉例來說，各大網路拒絕電視轉播第1次的總統辯論。《選舉法》沒有要求他們必須這樣做，而選務當局也不能強迫其報導。在承受了巨大的壓力之後，網路確實轉播了第2場的電視辯論。這些學生於2012年6月20日進行現場直播第3場的辯論活動。除了佩尼亞·涅托以外的所有候選人，都參與了這場辯論活動。

在發生「＃我是132」抗議運動的一個星期後，來自於「墨西哥自治技術學院」（Instituto Tecnológico Autónomo de México, ITAM）與「蒙特雷科技大學」（Instituto Tecnológico y de Estudios Superiores de Monterrey, ITESM）的學生，在墨西哥自治技術學院的整個校園內拉起了人形鏈，並穿越過高速公路橋，直接連接到「特萊維薩」的攝影棚。這個抗議活動全部都是透過臉書與推特組織的。只用了幾個星期的時間，來自於墨西哥最大型的公立大學「墨西哥國立自治大學」（National Autonomous University of Mexico）以及其他公立大學的學生，都加入了這場運動。這場運動吸引了遠遠超過預期的大量人數加入，但是公立大學的多數學生運用其人數優勢來要求列出與民主革命黨相關標準之左派要求清單，而使得革命制度黨很容易就將他們當成只是一般的政黨擁護者而打發掉。在大選過後，直到「聯邦選舉法庭」（Federal Electoral Tribunal）宣布確認由佩尼亞·涅托當選，並且撤銷其對媒體操作的控訴之後，「＃我是132」運動的學生圍堵在「特萊維薩」的攝影棚，並且遊行至「聯邦選舉法庭」的主要法庭去抗議。

是威脅要拒絕）大量的利益。

　　從歷史上看，大多數的墨西哥人容忍政府的貪污腐敗，並將此當作是從制度中獲取利益或是以此來應對警察騷擾行為的代價。但是在羅培茲・波蒂洛（López Portillo）與薩利納斯所領導的行政部門出現了肆無忌憚的貪污腐敗，以及在1990年代與毒品相關的貪污腐敗事件不斷激增，大大降低了人們對這種行為的容忍程度——已經達到政府官僚體制中的最高層級以及國家安全機構——並激怒了許多墨西哥人。他們擔心自己的政府已經被「毒品政治」（narco-políticos）接管——政府官員與貪污腐敗的警察，以及毒販藥頭結盟。雖然福克斯以及卡德隆領導的政府擺脫了革命制度黨治理下產生的貪污腐敗結構的影響，但其根除政府與警察的貪污腐敗現象的步履蹣跚，這在國家行動黨治理12年後，引起了公眾極大的憤怒。

　　儘管自1980年代以來選舉制度的競爭更加激烈，但是墨西哥人平均對政治的認知程度還是相對較低。舉例來說，2006年激烈的總統大選之初，在全國性的調查中，有三分之二的受訪者表示對政治僅有一點或根本不感興趣，有55%的人說他們很少或根本不與其他人討論政治議題。[3]然而，在最近3次的全國性大選中，墨西哥人顯示出對於短期競選活動的刺激會很敏感，如總統候選人的辯論、電視廣告以及新聞報導。事實上，比起美國以及其他民主國家的選民，墨西哥人似乎呈現出更容易受到具有說服力的競選呼籲所影響。

　　大多數對競選活動刺激的接觸是透過大眾媒體，而媒體的曝光度一直是最近選舉中投票參與的強而有力的預測指標。在2012年，儘管有一項新的選舉法規禁止負面廣告，並且競選活動也比以前的總統選舉（整整90天）要短得多，但競選活動會產生的效果還是很明顯的。革命制度黨的佩尼亞・涅托從競選開始到結束，減少了三分之二的幅度。此外，如果與美國的選民相比，更多墨西哥人競選過程中改變了自己的政黨認同。雖然這種改變，可能只是象徵著缺少一套穩定的核心政治信念，這也揭露了至少是在艱苦奮戰的全國性競選活動中，墨西哥人正轉為更關注於政治競爭對手提供的選擇內容。

## 大眾的政治社會化

### 13.4 探討墨西哥政治社會化的主要根源及其變化。

　　墨西哥人如何形塑其看待政治制度的態度？除了家庭之外，學校與天主教教會都是在成年以前政治學習的重要來源。所有的學校，包括具有教會色彩以及世俗的私立學校，都必須遵循政府所認可的課程大綱，並且使用由聯邦教育部所編

撰的同一套免費教科書。儘管私立學校對官方課程的遵守通常只是名義上的，但是所提供的教科書內容可以成為政府控制兒童社會化的一種手段，使其具有一致的政治價值觀。

在革命制度黨執政下，以學校為基礎的政治學習強調了革命後政府取得的社會與經濟進步發展。總統被描述成像是無所不能的威權形象，其主要的職責是維持國家的秩序。因此，儘管自1970年代中期以來，墨西哥人目睹了總統執政時犯下許多重大的錯誤，但是許多人還是繼續表示希望建立強大的總統制政府。然而，大眾的教育增加了針對黨派政治以及政府成效不彰的批評聲浪。較高的教育水準也提供了對提出異議以及其他的民主自由權利更強力的支持。

在墨西哥，另一種影響政治行為價值觀的關鍵來源是天主教教會。在最近幾十年來，教會所經營的私立學校蓬勃發展。與世俗的私立學校一樣，他們為大部分來自中產或上層階級家庭的孩童提供教育。宗教型的學校與神職人員會去批評他們認為違反宗教的法律與政策，提倡個人的主動性（如同反對政府行動的勢力），並宣傳反對墮胎與同性婚姻。他們還強調在公共生活中必須有道德的基督徒行為。

成年之後，墨西哥人會從他們個人與政府的工作人員以及警察接觸的經驗中，學習到相關的政治概念。他們還從參加以地方社區為主的組織與民眾運動中，學習如何去尋求集體的利益或是向政府進行申訴。自1968年以來，墨西哥的群眾運動激增，當時發生的學生抗議運動遭到暴力鎮壓。新一波民眾運動的催化劑，包括政府所屬工會中的黑社會主義；在1980年代期間，革命制度黨在州與地方選舉中愈來愈明目張膽的投票舞弊行為；自然環境的災難，以及新自由主義經濟政策的施行，導致對社會中下層階級不利的影響。

儘管大部分的民眾運動在規模以及關注層面上都是屬於地方性的，但是也有少數運動已發展成長到獲得成千上萬位於不同州的墨西哥人的關注。「公民聯盟」（Civic Alliance）——由數百個非政府組織、獨立工會，以及民眾運動所組成的聯盟——已動員數以萬計的墨西哥公民以及數百位外國觀察員，對1994年以來的每一場全國大選進行審查，並發表選舉中出現的違規行為報告。雖然如此，非政府組織還是依舊比較關注於墨西哥城這樣的都會區，因為有將近30%的國家級非政府組織都此註冊。相形之下，登記在恰帕斯州的非政府組織只有0.3%。

70年來，革命制度黨所領導的政府機器系統性地利用大眾媒體作為政治社會化的媒介。雖然政府沒有經常對媒體進行直接審查，但如果媒體進行批評或發布的調查報告會嚴重使總統感到尷尬時，就可能遭受重大的經濟懲罰。在兩任由國

家行動黨政府任職期間，大眾媒體變得更公開對政府施政表現進行批評。許多的報紙與新聞雜誌仍然保留對於革命制度黨政治人物的錯誤認知，而大肆批評總統以及其他國家行動黨籍的政府官員。獨立媒體對行政部門進行了嚴格的審查，並對他們認為的國會無能與低效率的現象，也持高度批評的態度。

　　平面媒體大概只能影響到一小部分的墨西哥人口。不到一半的成年人口閱讀報紙，甚至最大的墨西哥城報紙每日的發行量都在10萬份以下。大部分的墨西哥人從電視以及與家人和朋友的交談之中獲得政治訊息。直到最近，電視節目實際上還是由一家大型的私人企業「特萊維薩」所壟斷，這家公司與革命制度黨執政下的政府機器有著眾所周知的密切合作關係，並總是捍衛現任總統的表現。薩利納斯執政時的行政團隊所推動的私有化計畫的結果之一，就是要打破特萊維薩的壟斷地位。一家以前在墨西哥城由政府擁有的電視頻道「阿茲特克電視臺」（TV Azteca）已快速崛起，並成為網絡的競爭對手，使得特萊維薩因此調整，給予反對黨更多發聲的版面，來面對這個挑戰。佩尼亞・涅托政府推動的首批改革之一，就是透過進一步弱化電視行業雙邊壟斷的狀況，並且打擊「特爾梅克斯」（Telmex，由墨西哥首富卡洛斯・史林所擁有）在電話通訊領域的主導地位。它創建了一個新的「聯邦通信委員會」（Federal Communications Commission），比以前的監管機構更強勢且擁有更大的自主權。直到某一特定的年限過了之前，黨派內的政治人物與行業內部人士都被禁止擔任委員。法律增加了媒體巨頭違反競爭行為上的制裁。其禁止新聞廣播以新聞內容為幌子來播放政府的宣傳內容。它還保證可透過聯邦公用事業公司的光纖網路為所有的墨西哥人提供寬頻網路的使用，該光纖網路不論是公共或私有的利益（但這不包括電信通訊產業）都必須在政府的監督下營運。除此之外，「聯邦競爭委員會」也變得更強勢且具有更多的自主性以消除違反競爭的行為以及市場的集中化。

　　社群媒體日益成為政治社會化的重要推動者。到了2015年，78.6%的墨西哥家庭都擁有手機，儘管只有三分之一的人能夠連接上網。在2011年一份全國性的研究調查中，14%的墨西哥人都可以使用像是「臉書」以及「推特」等社群媒體平臺。在墨西哥，社群媒體的使用與個人的社會經濟地位具有強烈的相關性，在城市中的中產階級以及年輕人使用率最高。墨西哥的政黨也開始使用社群媒體吸引其支持者，但是研究調查指出，社群媒體對於動員傳統的選民沒有什麼效果，而效果可能比較好的是在動員公民參與抗議的示威遊行，像是反貪污腐敗、反暴力、違反人權、有罪不罰（impunidad，政府官員缺乏問責制），以及針對特定政治候選人的問題上。[4]

　　使用社群媒體的墨西哥人思想更獨立，並在主要政黨的立場也較少。他們更有政治上的效能感——相信可以透過投票行為來實現變革。如專欄13.2所述，社群媒體在2012年的總統競選上有舉足輕重的作用，幫助動員學生到墨西哥城去抗議以反對革命制度黨的候選人以及其公認大眾媒體之盟友。社群媒體在組織針對2014年格雷羅州發生的學生大屠殺的全國性抗議運動上，扮演了很關鍵的角色。總而言之，社群媒體似乎正在形塑新一代的墨西哥人，這些墨西哥人與傳統的選舉政治連繫較少、在投票圈選上更具有獨立判斷的想法，以及對於政府的要求更高。

　　現在，濫用權力的行為會透過社群媒體定期曝光。舉例來說，在2012年，墨西哥的消費者保護機構（PROFECO）主任的女兒，要求她父親的助理關閉一家曾經拒絕她想要的桌位的餐廳時，事件馬上就透過推特揭露而傳開，迫使消費者保護機構的主任辭職下臺。在維拉克魯斯州，當時聯邦政府的官員在討論如何操弄一項名為「機會」的聯邦反貧困計畫的資金，以幫助該州的革命制度黨候選人受益時被錄音下來，這段錄音內容被發布到YouTube上，使得這名不道德的官員迅速被停職。社群媒體在墨西哥直接影響到選舉的結果或是增強選民的參與，尚有待證明，但是其很明顯影響到年輕人對於政治制度的看法。

## 政治參與

### 13.5 探討促使人們參與墨西哥最近選舉的因素。

　　傳統上，在墨西哥大部分的政治參與，大致可分為兩種形態：（1）正式的活動，如投票或參加競選造勢大會；（2）請願或是接觸政府公職人員以影響某些公共財或是服務的分配。根據法律規定，在墨西哥投票是一種義務，雖然不去投票並不會受到任何民事處罰。政府有時會非法要求民眾必須提供最近一次有參與選舉的投票證據，才能獲得公共服務。人們會參與競選造勢大會，主要是因為參加這樣的活動可能獲得一些特定的物質回報（例如：免費餐點、摸彩券以及T恤等）；或者如果不去參加，可能會導致個人的經濟損失。某些人，特別是農村地區，通常會有出售選票的行為，以換取地方官員救濟款等回報。

　　自1994年以來，墨西哥的政治參與經歷了爆炸式的增長，證據顯示不僅以幾乎不間斷的抗議等出現各種形式的公民運動，而且在聯邦選舉的投票率也大幅提升。參與選舉登記的選民從1988年總統選舉時49%的投票率，明顯上升到1991年中期選舉61%的投票率，再到1994年總統選舉時78%的投票率。在2012年的總統大選中，超過5,000萬名墨西哥人參與了選舉投票，其投票率為63%（參閱圖

13.1）。很可惜的是，無法對1988年以前的資料來有效比較選舉的參與投票率，因為1988年的總統選舉是首次公開了精確的參與投票人數。在此之前的所有全國性選舉中，政府誇大了投票率的統計數據，目的是為了說服墨西哥人和外界，表示其已經以令人印象深刻的方式成功的重新實現了自己合法的地位。

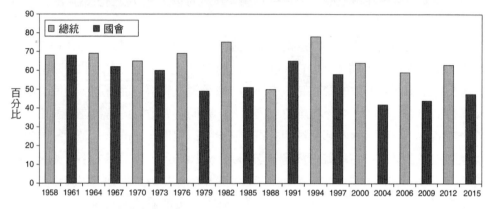

**圖13.1　1958年至2015年＊全國性大選中登記投票選民之投票率**

從1991年開始，投票率反映了選民真實的參與程度，而不是政府灌水的結果

＊1970年開始，法定投票年齡已經從21歲降低至18歲。

資料來源：1958年至1988年的資料數據來自於「聯邦選舉委員會」（Comisión Federal Electoral）；1991年至2015年的資料數據來自於「聯邦選舉研究中心」（Instituto Federal Electoral）。

　　只要選舉政治保持自1988年以來的競爭力，並且潛在性的選民持續相信選舉制度的安全性，我們就能期待墨西哥未來會逐步走向真正具有參與性的政治文化。在2010年的全國大選中，所有5個州的投票率都明顯上升，在那些州都是國家行動黨與民主革命黨聯盟推出共同的候選人參選，以阻止革命制度黨獲勝。雖然在2012年的總統選舉，缺少了國家行動黨—民主革命黨的聯盟，但可以合理的預期如果競爭性不斷升高，就會出現這樣的左派—右派聯盟，這也將會在未來選舉中提供更強烈的投票動機。

　　人民受教育的程度提高也將會是促進參與的關鍵因素（在墨西哥實際參與的選民，通常比不投票者受教育程度更高），以及更大幅參與非政治性的社區組織。參與這種組織有助於建立社會資本——即社會網絡、規範以及信任，都可以使人們更有效率的一起行動，以追求共同的目標。研究也顯示了比較活躍於社區，從而與自己的鄰居有更多接觸的墨西哥人，更有可能參與政治活動。

# 政治結構與機構

## 13.6 描述墨西哥的各政府部門及其所經歷過的變化。

　　長期以來，墨西哥的政治制度一直不願輕易被分類。在1950年代至1960年代，一些美國的政治科學家將墨西哥政權描述成為一黨獨大的民主國家，正在朝向「真正的」民主制度國家發展（如美國與西歐國家的做法）。他們意識到某些不完美之處，但是在這些分析家的眼中，墨西哥的政治發展根本不完整。在1968年與1971年發生政府屠殺抗議學生的事件後，大多數的分析家才將其制度描述成威權體制，但是即使是這種特徵仍需經過鑑定。

　　到了1990年代，墨西哥似乎已成為一個正快速發展，無法以古典分類的混合，部分自由、部分威權的制度。如此，像是「選擇性民主」、「強勢民主」、「民主獨裁」（democradura，將「民主」與「獨裁」融合在一起的西班牙文），以及「現代化的威權政體」的標籤，都被拿來描述這樣的制度。這些特徵意義表示有部分的競爭性（雖然不一定必然是公平和有誠信的）選舉，使政府更致力去維護政治上的穩定以及勞動紀律，而不是擴大民主自由、保障人權或是調和階級上的衝突。

　　在1994年，墨西哥的選舉法進行了修改，賦予了組織與執行聯邦選舉事務的「聯邦選舉機構」更強化的機制且具有更多的自主性。聯邦選舉機構的決策委員會被否決了革命制度黨及其領導的政府代表的多數席位。現在，其成員是由通過眾議院三分之二的票數方式以選舉產生，任期9年。由於沒有任何一個政黨能夠控制下議院超過60%的席次，因此聯邦選舉機構的委員基本上是由所有政黨的共識決所選舉投票產生的。

　　創建出獨立的選舉法庭的新機構以裁定選舉上的爭議，以及設立一個特別的檢察院辦公室以調查涉嫌違反選舉法的行為。經修訂後的聯邦選舉法將以前沒有受到起訴的廣泛選舉犯罪定義為是一種選舉犯罪。正式承認了獨立的公民觀察員在監督選舉的投票與計票中的作用，並使外國的選舉觀察員的存在合法化。由聯邦選舉機構所負責的選民的出口民調以及在樣本轄區中實際投票的「快速記票」，同樣的也批准由國際金融公司和私人組織機構來進行。新型、高科技的照片識別選民證件，是在所有的選舉區中被允許使用。總而言之，這些創新代表了在提高選舉的安全、專業性以及公正性方面有著重大的進步。

　　在2007年，改革者尋求更公平的選舉競爭，透過推動了更強而有力的措施來控制競選廣告的內容，並限制出於競選目的而進入大眾媒體宣傳的管道。政黨、其候選人，以及所組織的利益團體都不能夠再以購買廣播與電視廣告的行為來宣

傳。取而代之的是，所有政黨的廣告宣傳時間現在都由聯邦選舉機構集中分配，並依據比較嚴謹的規則將這些「免費媒體」廣告分配給所有的政黨。禁止進行負面的競選廣告（即使是真實的），也同樣適用於政府相關的公共計畫之節目宣傳，這些在過去都曾用來幫助執政的政黨候選人拉高選票。聯邦選舉機構現在也可以決定哪些內容是否有對任何人進行誹謗。改革還縮短了競選活動期間，總統選舉是90天，而國會的中期選舉則是60天。

在2014年時，「聯邦選舉機構」（IFE）改名為**「國家選舉委員會」**（National Electoral Institute, INE），反映了選舉的管理機構已經國家化的象徵，而內部委員會的委員人數也從原本的8位增加至11位。國家選舉委員會不是屬於州級的單位，所以現在可以挑選州級選舉委員會的成員。國家選舉委員會還承擔了原本是由各州已經執行的許多的功能，如重新分配和審核競選的支出內容。這項改革目的是要阻斷州長對於其州內的選務機構的控制。選舉產生的爭議現在是由32州的選舉法院處理，其成員是由聯邦參議院超過三分之二多數票所選出的。

另一項改革有助於強化出現獨立參選人的可能性，只要個人能夠蒐集到足夠的簽名連署支持就能夠參與公職競選，不需要政黨背書（這類獨立參選人在2015年時贏得了很重要的新萊昂州的州長職位）。還包括了更嚴格的審計的規範以限制競選支出超過法律所允許的額度。如果有證據顯示超支，則選舉法院現在可以宣告選舉結果無效，而不只是像過去一樣只能夠對那些違反支出限制的政黨施以罰金。

從1997年至2016年的全國性選舉中，幾乎沒有系統性的選舉舞弊行為的證據。國家選舉委員會以無黨派的形式監控了大部分的選舉過程。舉例來說，所有的民意調查工作人員都是以隨機方式從選民登記的名單中選出，這非常像是美國選擇陪審員的模式。可操弄選舉的主要來源還是「買票」以及「競選超支」。這兩種行為都是違法的，但是不容易去管理。在墨西哥的政治議題的設計問題，不再只是政權的轉移，而是該如何改善已經存在的民主制度，特別是消除今日依然在國家某些領域的地方層級中，持續支持濫權的貪污腐敗的結構。

從表面上來看，墨西哥政府的組成結構與美國政府非常相似：總統制、具有制衡機制的政府三權分立機構（立法、行政以及司法），以及在聯邦主義下具有相當大自治權的州與市層級政府（參閱圖13.2）。然而，直到1990年代末期，墨西哥的政府體制實際上與美國的模式相距甚遠。墨西哥決策的制定高度集中化。總統在行使職權方面幾乎沒有什麼限制，完全控制立法與司法部門。最高法院的

## 圖13.2　墨西哥聯邦政府的結構

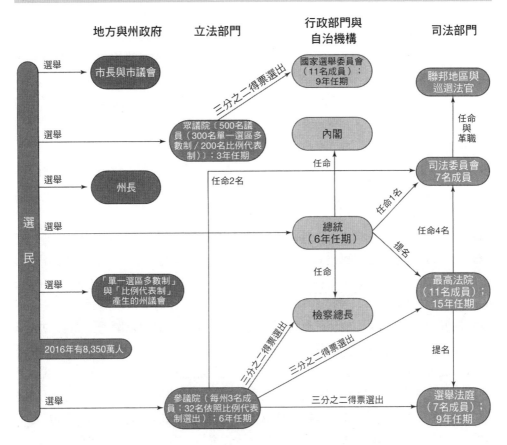

大法官是由總統任命，並由革命制度黨所控制的參議院簡單多數席次通過。每位新任的總統都替換掉大多數的大法官，而這些大法官就轉為一些行政部門的代理人。

　　直到1997年以前，執政的革命制度黨一直控制著聯邦立法機關的國會兩院。反對黨的成員能夠大聲批判政府及其政策，但是他們對由總統提出並在國會得到其隸屬政黨支持的提案的異議，很少會影響到最終的立法形式。一般而言，在州層級的法院以及立法機關反映了州長的偏好，其中有很多官員是由現任總統精心挑選出來的成員。但是自1997年以來，政府失去了國會中的任一院或是兩院的多數席次。墨西哥最近的3任總統都被迫必須去國會進行遊說與協商，以便在程序上順利通過立法。

## 聯邦主義：一把雙面刃

儘管1917年的《憲法》與其他法律明確規定了聯邦主義的政府結構，並著重強調「自由市政」（municipio libre，自治市的概念，能夠控制自己的事務），但在現實上，墨西哥的政治制度通常是最能體現「**政治集權主義**」（political centralism）制度的一種方式。

從1920年代至薩利納斯擔任總統時期，大多數政策領域的決策權一直都是集中在聯邦層級。關於選舉的準備、進行以及檢驗的控制──完全設置於市與州兩個層級管轄──1918年頒布的革命後選舉法也將此移交給了聯邦政府機關，或由聯邦當局控制的州政府一級實體機構管理。高度的政治集權主義被認為是墨西哥維持長期政治穩定的主要因素之一，雖然研究指出在州與地方層級一直都顯示出中央對其進行的政治控制遠不如通常所認為的完善。

墨西哥分成31個州以及墨西哥城。每個州都有「**市**」（municipios）──這個政治行政單位在規模與政府功能上大約等同於美國的「郡」。墨西哥2,438個市當中的每一個市政廳（ayuntamiento），都是在主要市長（presidente municipal）的領導下來治理。市政官員每3年選舉1次。相較於上層政府，墨西哥每一個連接的政府層級都很明顯弱化、缺乏自主權，並且更加匱乏。到了1980年代，聯邦政府已提高至可收取超過90%以上的公共總收入──在拉丁美洲中算是財政最高度集中化的國家之一。州政府現在的支出已經占了總收入的一半以上，不過主要是因為聯邦政府的稅收分配幾乎提供了州政府大部分的預算。在柴迪洛總統執政下的聯邦《憲法》進行了修改，以增強地方政府提高自身收入的能力，並且還做出了將公共教育與醫療保健的決策權從聯邦政府下放至州政府的努力。

在分立的政府統治下，各州從聯邦立法機構要求與獲得更大的收益共享。但是州長本身可能成為加深「新聯邦主義」的潛在障礙。他們保留從聯邦政府轉移來的所有資源的控制權。州層級的選舉民主化步調與聯邦選舉不同。自從1990年代以來，所有政黨的州長都試圖為了嚴格掌握地方候選人的提名權力以及控制州的選舉機構，經常利用州政府的資源來確保執政黨的勝選。

在2015年，有一部分的「財政規範」在佩尼亞‧涅托執政時所領導的政府下進行了改革，讓國會取得了控制州與市政府承擔債務能力的權力。這項措施的目的在於減少州長在其任期後段期間加深舉債的狀況，以花錢的方式擺脫他們的困境。但對州長從州計畫中獲取更多資金能力的檢查，相對較少。舉例來說，2016年一位現任州長（革命制度黨員）以及一位前任州長（國家行動黨員）消失了，而不是面臨敲詐勒索以及洗錢的指控。

　　藉由與州政府分享收入，如今墨西哥的市政府可以使用比以往更多的資源。在地方層級的選舉競爭，近幾十年來也逐漸變得更激烈，但是分立政府的現象對許多地方市議會的成果表現產生了負面的衝擊。有證據顯示，如果當該州與市的執政權是隸屬於不同的政黨時，會降低政府的能力，這會放鬆對有組織性犯罪的控制，導致在具有競爭性的販毒集團之間的暴力事件加劇，以及在墨西哥境內販售古柯鹼的數量增加。[5]

　　因此，今日的墨西哥，減少中央的控制可能就像是一把雙面刃。一方面，它不一定轉化為更多的選舉民主、更好的治理，以及更佳的公共安全；另一方面，有時可以透過國家以下各級的行動，實現某些可能被全國性政黨或國會阻擋的政策變化。近來一個案例就是法律認可的同性婚姻，首先是通過墨西哥城議會的核准，後來透過最高法院的裁定而擴展到了全國（參閱「政府的績效表現：保障人權」）。

## 立法部門

　　墨西哥的政治制度通常被描述為是總統制或是以總統為中心。這些特徵都是基於一黨獨大的政權下，所觀察到實際運作的結果。在此狀況下，政黨的制度性規範凌駕了正式的《憲法》規範。仔細檢視墨西哥《憲法》可以發現，在拉丁美洲受《憲法》約束更重的總統及國會，其統治權力有時凌駕於其他政府部門。在非正式與正式機構之間會產生這樣的差異，其實可以回頭檢視革命制度黨執政的歷史。

　　聯邦國會有兩院，一個是由128位成員所組成的上議院：參議院，以及另一個是由500位成員所組成的下議院：眾議院。兩院的選舉方式皆採混合制度，其中的成員有些是由單一選區相對多數決所選出，而有些則是由封閉式政黨名單中的比例代表制所選舉產生。當前的參議院選舉規則，可以回溯至1996年，要求在32個州內的每一個州舉行多次選舉，由各黨派提名2位參議院候選人，在相對多數決的選舉中獲勝政黨的2名候選人皆可進入參議院；而得票排名第2的政黨，則可以將名單中排序第1位的候選人送進參議院。除此之外，其餘的32名參議員是由政黨的全國封閉式名單中依照比例代表制來分配，所以每個政黨只要至少贏得3%的全國有效性選票，就能夠根據其在選舉中的得票比例來分配這32名表列的參議員席次。該規則也禁止任何政黨贏得超過三分之二的參議院席次，除非是在非常特殊的情況之下（政黨必須在所有的州都得票名列第1，並且在全國性的選舉上贏得超過三分之二的選票）。

　　對於眾議院，300位的代表是由單一選區相對多數決的方式所選舉出來，而另外的200位代表則是由比例代表制的5個區域的封閉式政黨名單投票選出。每一個在全國性選舉中贏得超過3%有效票數的政黨，就有權利依照其得票比例分配名單上的候選人，但有一些限制。第一，任何一個政黨的總席次不可以超過300席以上，這樣的限制讓最大黨也拿不到超過三分之二之憲法改革所需要的多數席次；第二，任何政黨的得票數所分配到的總席次，不可以超過其在全國性選舉票數比例的8%。這意味著為了要贏得下議院的多數席次，一個政黨必須贏得超過42%以上的選票，而且領先第2名的政黨的幅度要足夠大（通常大約要贏4%以上），才能夠贏得足夠的單一選區相對多數決之席次。性別配額上要求兩院的地區候選人與名單候選人要提名均等，區域候選人不能超過一半以上都是同樣性別者，而且封閉式政黨比例代表制名單也必須在女性和男性之間以交替方式進行安排。

　　混合制直接影響到政黨制度。通常，相對多數決制度容易導致「兩黨制」現象，因為選民發現最好是將他們的選票集中投給領先的1個至2個政黨，而不是將選票「浪費」在排名第3的政黨候選人上。比例代表制則是傾向於創造出「多黨制」，因為把票投給比較大的少數政黨也不會浪費選票。在墨西哥，混合制也造就了「三黨制」的出現，其中大多數的區域現在都具有兩黨制（反映出單一選區多數決的趨勢），但是在全國範圍內，選票通常都會分散到3個主要政黨的區塊中。在眾議院的第63屆立法議會選舉（2015-2018）代表人數最多的三大政黨是：革命制度黨（占42%的席次）、國家行動黨（占22%的席次），以及民主革命黨（占12%的席次）。較低的門檻使小型政黨也能同樣在眾議院取得代表席次；有5個小型的政黨也同樣在第63屆的立法議會選舉上贏得了席次（參閱表13.2）。

　　混合制讓任何一政黨在兩院中占有多數席次變得複雜化。由於在下議院建立了最多代表人數8%的規則後，因此任何政黨都無法拿到多數席次。參議院的規則也在2000年的選舉中第1次完全生效。如果這種競選在第1名與第2名的政黨之間差距不大，那麼參議院中也不太可能出現某一政黨占有多數席次的情況。這意味著總統所隸屬的政黨將來不容易成為國會中的多數席次，因此會造成分立政府的現象。

　　像是美國《憲法》一樣，1917年的墨西哥《憲法》首先列出了立法部門。幾乎所有的公共政策，主要是由國會負責制定，只有少數例外。總統只有在土地改革（徵收法令）以及國際貿易中的關稅和配額（如果情況需要做調整，總統可以

表13.2　政黨在國會中的組成狀況

| | 以「多數制」投票方式贏得的席次 | 以「比例代表制」投票方式贏得的席次 | 總席次 | 比例 |
|---|---|---|---|---|
| **眾議院** | | | | |
| 革命制度黨[a] | 160 | 48 | 208 | 41.6 |
| 國家行動黨 | 56 | 53 | 109 | 21.8 |
| 民主革命黨 | 33 | 27 | 60 | 12 |
| 綠色生態黨[a] | 24 | 18 | 42 | 8.4 |
| 國家復興運動黨 | 15 | 21 | 36 | 7.2 |
| 聚合黨 | 10 | 14 | 24 | 4.8 |
| 新聯盟黨 | 1 | 10 | 11 | 2.2 |
| 社會匯合黨 | 0 | 9 | 9 | 1.8 |
| 獨立參選人[b] | 1 | 0 | 1 | 0.2 |
| 全部 | 300 | 200 | 500 | 100.0 |
| **參議院[c]** | | | | |
| 革命制度黨 | 43 | 11 | 54 | 42.2 |
| 國家行動黨 | 29 | 9 | 38 | 29.7 |
| 民主革命黨 | 16 | 6 | 22 | 17.2 |
| 綠色生態黨 | 5 | 2 | 7 | 5.5 |
| 勞動黨 | 3 | 2 | 5 | 3.9 |
| 聚合黨 | 0 | 1 | 1 | 0.8 |
| 新聯盟黨 | 0 | 1 | 1 | 0.8 |
| 全部 | 96 | 32 | 128 | 100.0 |

[a] 2016年8月25日具有黨員身分者。
[b] 以獨立參選人方式參與選舉。
[c] 2013年4月30日具有黨員身分者。

單方面調整關稅與配額）的問題上，具有憲政上的法令權力。所有常規性的立法都必須以相同的形式由兩院簽署核准，然後送至總統來公布。總統必須在30日內發布法案，或是把法案退回到原本的議院中（參閱專欄13.3）。

　　總統的否決權可以由兩種形式表達：一種是常規否決權，總統表示他拒絕一項法案；另一種則是糾正性否決權，總統要求國會修改該法案，通常是因為內容條文出現技術上的錯誤。不論是哪種案例，國會都可以用三分之二的票數來堅持法案中原本的內容條文，然後總統就必須公布法案。就糾正性否決權案例而言，國會通常都會依照要求修改法案，然後再次送交至總統公布。福克斯及卡德隆總

## 專欄 13.3　在墨西哥，法案如何變成法律

- 法案可由聯邦眾議院、參議院、總統或是州議會提出。所有相關財政稅收的法案，不論發起人為何，都必須提交至眾議院審查。因此，包括總統的年度經濟計畫也都必須送交至眾議院審查。然而，參議員也能直接在眾議院提出年度的稅收法案。所有的其他立法均可以由眾議院或參議院其中一方提出。聯邦的官僚機構行政人員會協助總統準備行政部門所要提出的法案。

- 所有的法案都要送交至委員會。眾議院中有56個委員會，而參議院中則有33個委員會。在將法案提交至大會審議前，由委員會負責修正大多數的法案（在眾議院中占73%，而在參議院中則占66%）。聯邦的官僚機構行政人員經常會發送有關未決之立法的評論給相關的委員會。不過，國會議員沒有義務一定要注意這些意見。

- 所有由委員會發布的立法，都會送交到大會投票表決。眾議院可以修正委員會提交的立法：31%的立法是在眾議院中進行的，31%會在參議院中進行。如果法案已經在第一議院通過了，則會被送交至第二議院進行審查與核准。

- 到了第二議院，法案會先被送至相關的委員會。例行性的立法往往不會再進行修正就直接交付大會表決。重要的法案通常會在委員會中進行修正。如果法案未經修正就逕付第二議院的大會表決通過，之後就會直接交付法案給總統；如果法案有進行修正，之後法案則會送回第一議院進行審理與核准。法案在最終版本定案之前，可以在每一個議院中進行2次的審議。

- 總統必須在30天內簽署法案或是否決法案。如果總統既沒有否決法案，也沒有公布法案，則提出法案的議院議長，可以下令將法案公布。因此聯邦的官僚機構行政人員通常都會就是否簽署或否決法案給予總統建議。如果總統否決了法案，法案就會被送回到第一議院重新審議。如果第一議院以三分之二的票數否決了總統對法案的否決權，法案就會被送到另一個議院。如果第二議院也同樣以三分之二的票數否決了總統對法案採取的否決權，則總統就必須將其公布為法律。

- 憲法修正案也遵循相似的路徑執行，但是必須獲得在每一議院中出席議員人數的三分之二的票數通過才能批准。總統不能夠對修正案行使否決權。在通過修正案的最終版本後，法案就會送交至州議會，而法案必須獲得半數以上的州議會批准才算通過（包括墨西哥城，即必須要在32個州議會中獲得17個的批准，才核准修正案的通過）。各州未曾出現憲法修正案在州議會中被否決的案例。

- 年度的撥款法案只需要在眾議院中審議。總統在每年的9月8日以前要將撥款法案送交眾議院。無論法案有無修正，眾議院就必須在11月15日以前，決定是否核准法案。如果總統否決了該法案，眾議院可以藉由多數決的投票表決接受總統的建議，或是以三分之二的表決票數拒絕接受總統的否決權。參議院從來都不需要對撥款法案進行審議。

附註：統計數據來自於第62屆的立法議會（2012-2015）。

統在位12年的總統生涯中，否決了27件法案。佩尼亞‧涅托在2016年否決了一項已經在國會中由革命制度黨員聯盟所簽署核准的法案——這是自從1969年以來，第1個被革命制度黨總統所否決的法案。

　　兩個議院中任一院都有自己專屬的權力以及專業的領域。眾議院擅長研究財政立法。所有的稅收法案都必須由下議院提出。眾議院是第1個核准稅收與徵稅的相關立法，然後再送交至參議院（上議院）批准。然而，只有眾議院能夠核准相關的撥款法案。這使眾議院對聯邦公共行政部門具有非凡的影響力。同樣的，下議院也具備專屬的權力可以監督預算，並核准公共帳戶。

　　參議院具備監督外交事務的獨有權力。上議院有權監督外交事務，並核准總統依照多數表決通過的條約。上議院也可由多數票方式來決定是否核准總統所任命的外交大使與領事。參議院還權罷免州長以及州議員。當參議院意識到該州再也無法提供內部人民相關的民主安全時，憲法允許參議員可以在此情況下推翻州政府。這需要上議院投票通過決議；之後，由總統提出一份有3位候選人的名單，再由參議院以三分之二的票數從中選出臨時的州長。由於受到革命制度黨總統的驅使，參議院在20世紀期間罷免了許多的州長，但是往往都是考量到一些政治因素，而非出於安全的動機。

　　近年來，聯邦眾議員與參議員已展現出非凡的黨政紀律的水準。舉例來說，在第57屆立法議會（1997-2000）的最後2年之中，平均有高達99.6%的革命制度黨員會投票支持該黨推動的法案。在2003年之後，具有國家行動黨員身分的眾議員有98%會投票給黨所推動的立法，幾乎與革命制度黨擔任總統職位時的紀律水準相當。當革命制度黨在2012年重新回到總統職位執政時，革命制度黨員的紀律規範回到了2000年之前的水準（在第62屆有99.6%）。然而，這些發生在政黨紀律中的波動，看起來似乎不大，但他們還是對公共政策產生了重要的影響。將不同政黨群聚在國會當中進行重大政策的投票時，與總統屬於同一政黨的議員，會表現得最有凝聚力。

　　在墨西哥，黨紀能夠發揮高度效果的原因有2個：第一，眾參議員不得連任。這讓他們幾乎完全不需要對選區的選民負責。選民無法依其傑出或不良表現，給予獎賞。由於聯邦國會議員不需要透過選民去尋求地方民眾的聲音，因此他們從其他地方尋找指引方向，而這時政黨領導人則會很樂意提供相關的指導。

　　其次，每一個政黨的提名程序都是相對封閉的，通常是由政黨領導人直接選擇候選人。這會進一步將立法者的目光聚焦在政黨領導人上，因為若是缺乏支持的政黨菁英，他們政治前途將可能變得很慘澹。尋求連任的候選人必須與原本提

名他們的政黨合作，除非他們在任期的中途轉換政黨。在國會中的每一個政黨，一般都會形成自己的投票集團，這激勵了每個政黨的領導人彼此之間相互協商法案，而不是由一般的議員在委員會中協商運作。這些制度共同建構出一個高度集權化的立法部門。

對於2018年當選的聯邦立法者，已重新引入了立即連任的可能性。在下議院的眾議員最多可以連任4屆，而參議員可以連任2屆。這是89年來的第1次，所有想在2021年任職的立法者將被自己的選區民眾直接評價。他們是否將會在其行為上發生重大的變化，或是政黨的紀律的影響力有可能會下降，還有待觀察。

## 行政部門

儘管《憲法》限制了行政部門的權力，但卻沒有人會質疑在20世紀大多數的時間，總統才是操縱墨西哥政治的主要角色。除了賦予總統具有適度的憲法權力之外，墨西哥的總統擁有在非成文領域中更廣泛但公認的「超越憲法的」（metaconstitutional）權力，這些權力在傳統上能確保他對整個國家的政治制度之掌控。墨西哥人使用「大總統主義」（presidencialismo）一詞來說明這職位具有非一般性集中的權力，不論正式或非正式掌握在總統手中，並暗示在職者經常濫用這些權力來追求個人與政治上的目的。

在任何具有國家政治意義的問題上，聯邦司法機構都從現任總統那裡獲得啟示。直到最近，最高法院也從未認定總統的任何決策或是奉總統之命執行的立法內容是違憲的，而且國會也從未對總統任命的聯邦大法官提出質疑。總統擁有非正式的權力可以安插或是罷黜州長、市長，以及國會議員。從1929年至1994年，總統還擔任執政黨「至高無上的領導人」，有權決定領導階層、指示要革命制度黨所代表的國會提出的立法建議、形塑政黨內部的治理、將個人意志加諸於革命制度黨的州長和國會候選人上，最重要的是控制政黨內下一任總統候選人提名的選擇。

沒有了僵化、全面詳盡闡述的政治意識形態，使墨西哥總統更有可能採取務實、彈性的計畫與施政風格。所謂的墨西哥革命意識形態，充其量也只是一套鬆散且沒有連結的目標或是象徵符號。唯一長期被認真看待並遵守具有「革命性意義」之意識形態，就是憲法所規定總統職位不連任的原則：嚴格限制總統任期為單一屆的6年任期。

革命制度黨在國家層級中執政的前70年期間，要建立強有力的總統制，有三個必要的因素。第一，總統所屬的政黨必須同時掌握國會兩院的多數席次。因為

在「分立政府」（divided government）狀態下，在國會中占有多數席次的反對派不太可能遵從總統的指示；第二，國會中的多數席次政黨必須有高度的紀律；第三，總統必須同時也是政黨的領導人。在1930年代，上述的前兩個因素都已到位了，但是政黨的領袖：普魯塔爾科・埃利亞斯・卡列斯（Plutarco Elías Calles）卻占盡了有紀律政黨的所有好處，而不是總統。後來在卡德納斯通過直接導致自己的權威認可之執政黨後，終於實現了強而有力的大總統主義。

## 行政－立法之關係

墨西哥的行政－立法關係的動態曾經取決於總統是否展現出超越《憲法》的權力來決定。前面概述的3項關鍵因素的運作——統一的政府、執政黨的高度紀律，以及總統是否意識到作為政黨實際上的領導人——解釋了一個符合規範的國會。今日，第1個與第3個因素早已不存在。行政－立法的關係都是遵循《憲法》的規定，而不是政黨的紀律運作，墨西哥也可能因為共和國這種三權分立所產生的日常衝突，而因此享有或遭受痛苦。

比較特定時期的國會生產力層級，讓我們可以藉由在上述所列超越憲法條件的各種應用下，評估行政部門對立法部門的影響力，同時也可以檢視總統的政黨在下議院中的相對實力（參閱表13.3）。在第54屆立法議會期間（1988-1991），革命制度黨在下議院中獲得52%席次。儘管只是相對多一點的席次，行政部門提出的公共法案有98.6%都被核准通過。在第54屆立法議會批准的110件法案中，近三分之二是來自行政部門的提案。

在第57屆立法議會（1997-2000）中，這是分立政府自1928年以來第1次獲勝。革命制度黨在下議院拿到略低於48%的席次，而由國家行動黨以及民主革命黨，各獲得大約四分之一的席次。因此，具有超越《憲法》權力的情況的第1個因素——統一的政府——已不存在了。在分立政府的領導下，總統的提案90%獲得核准——比起上屆的立法議會核准的比例減少了9%。自1928年以來，大多數眾議院核准的提案都是源自於行政部門。在第57屆立法議會中，這個趨勢突然扭轉了；由行政部門提出的法案只有31%被核准，而近60%的法案是由議員所發起的。

到了2000年召開第58屆立法議會上任時，超越《憲法》的總統制現象已不存在了。第1個因素——統一的政府——未能實現。總統福克斯所隸屬的國家行動黨在下議院只獲得41%的席次。福克斯也不是擔任政黨的領袖。在2000年至2003年期間，有近90%由福克斯提出的法案獲得批准。然而，幾乎每一項福克斯提出

### 表13.3　總統隸屬的政黨實力與行政法案

現在總統提出的法案數量遠少於國會議員，而且他所提出之法案被批准率也比較低

| 立法議會 | 總統隸屬的政黨 | 總統所隸屬政黨優美的百分比 | 在所有被提出的新法案中，總統提案所占的百分比 | 在所有通過的法案中，總統提案所占的百分比 | 總統提出法案通過的百分比 |
|---|---|---|---|---|---|
| 第54屆（1988-1991） | 革命制度黨 | 52 | 22.8 | 65.1 | 98.6 |
| 第55屆（1991-1994） | 革命制度黨 | 63 | 42.4 | 62.6 | 98.5 |
| 第56屆（1994-1997） | 革命制度黨 | 60 | 33.8 | 74.2 | 98.9 |
| 第57屆（1997-2000） | 革命制度黨 | 48 | 10.1 | 31.0 | 90.0 |
| 第58屆（2000-2003） | 國家行動黨 | 41 | 6.8 | 23.7 | 89.9 |
| 第59屆（2003-2006） | 國家行動黨 | 30 | 2.8 | 8.6 | 73.2 |
| 第60屆（2006-2009） | 國家行動黨 | 41 | 2.2 | 10.4 | 70.4 |
| 第61屆（2009-2012） | 國家行動黨 | 29 | 1.5 | 6.6 | 77.0 |
| 第62屆（2012-2015） | 革命制度黨 | 43[b] | 2.0 | 11.2 | 96.2 |
| 第63屆（2015-）[a] | 革命制度黨 | 42[c] | 1.7 | 10.2 | 60.7 |

[a] 第63屆的立法議會資料數據，於2016年6月22日取得。

[b] 與選舉盟友綠色生態黨加總占了48.2%；與綠色生態黨以及新聯盟黨，所形成的立法聯盟占了50.2%。

[c] 與選舉盟友綠色生態黨加總占了49.7%；與綠色生態黨、新聯盟黨，以及社會匯合黨，所形成的立法聯盟占了53.3%。

資料來源：所使用的資料數據來自於國會的《每日辯論日誌》以及《議會公報》。

送交至國會的法案，都至少在一院或是兩院要求下進行了大幅度的修正。以往不論是在議會的委員會內部或是大會表決中，從未有如此高比例的行政法案必須進行修正。

　　福克斯是墨西哥的第1位「反對黨」總統，因為當時國會兩院皆由反對派政黨形成主要多數所掌控（當反對派政黨是一致時），因而使其與國會的關係顯得十分艱難。在2004年秋季時，眾議院的反對派聯盟修正了福克斯的聯邦撥款法案，減少或刪除許多聯邦計畫，並增加了許多給革命制度黨以及民主革命黨執政州的「政治分贓」（pork barrel）支出。福克斯否決了撥款法案；這是自1933年以來總統首次否決預算。眾議院向最高法院提起訴訟，希望解決否決權的爭議，聲稱《憲法》並沒有賦予總統預算的否決權。最高法院擱置了總統反對的開支，

不過後來又裁定預算否決權確實符合《憲法》規定。

費利佩・卡德隆是第2位「反對黨」總統，在第60屆立法議會中（2006-2009）享有立法上的多數優勢，因為國家行動黨共占有41%的席次。然而，這還不足以確保立法上的成功，因為在卡德隆總統任期內所提出的法案，只有70.4%獲得核准通過。儘管政府分立，卡德隆還是藉由與革命制度黨的「利益交換」（logrolling）來實現在立法上的結果。舉例來說，卡德隆與國家行動黨透過創造出兩種新的稅制，而在稅務改革上贏得了重大的勝利；同樣的在能源改革上也有收穫，其為私人投資石化產業以及其他石油與天然氣開採業務敞開了大門。

佩尼亞・涅托總統是在下議院擁有同黨43%的席次下開始了他的任期，但是透過與綠色生態黨以及新聯盟黨（Nueva Alianza）的聯盟，他能夠控制251張的票數——這剛好是至少能有效運作的過半多數席次。佩尼亞・涅托藉由與3大政黨的領導人共同簽署一項全面性的協議，以應對分立政府的挑戰。這份**《墨西哥條約》**（Pacto por México）包含了95項具體的改革建議，範圍涵蓋了從全民健康照護到司法制度的改革、能源與銀行業的改革、稅制改革，以及對選舉規則進行根本性的改變（允許立法議員可以連選連任）。這些提議都是總統當選人以及兩個主要反對政黨的領導人密室協商的結果，在佩尼亞・涅托的就職典禮日揭露。革命制度黨在之前兩任的國家行動黨籍總統任內，阻擋了其中的大多數改革；現在該黨的領導人別無選擇，只能繼續前進。因此，墨西哥已經進入了行政—立法的關係之間更活躍的年代，在此時期決心要推動自己的議程的總統，可能會在必要時，繞過自己政黨在國會上的代表權。

## 政治菁英的人才甄補

### 13.7 探討墨西哥的政治人才甄補，側重於技術官僚的崛起與衰退。

至少是從波費里奧的時代開始，墨西哥的政治菁英主要是從中產階級甄補來的。1910年的革命，並沒有向廣大民眾中具有農民或城市勞動者背景的政治菁英打開大門進入人才甄補的行列。這種開放僅僅發生在1930年代，在卡德納斯的總統**6年任期**（sexenio／six-year term），然後主要是甄補地方與州的層級，而非全國性層級的菁英。即使自2000年的競爭式民主制度問世以來，也很少有勞工階級出身的政治人物被任命到全國性的行政及司法部門的重要職位上。

在革命制度黨於2000年失去總統職位前的最後3屆所領導的行政部門中，大量的全國性政治菁英是從「首都幫」（capitalinos）甄補進來——一些在墨西哥

城出生或成長的人。擁有研究所的學歷，特別是在外國菁英名校中專業領域在經濟學與公共行政方面的人變得愈來愈重要，這就像是拿到一張進入全國性政治菁英隊伍的門票。由總統德拉馬德里、薩利納斯以及柴迪洛所聘任的內閣成員中，有一半以上都是曾經學習過經濟學或是公共行政的**「技術官僚」**（técnicos / technocrats），而且其中有超過半數的人曾經在美國接受這方面專業領域研究所層級的訓練。

　　在1990年代，由技術官僚總統與內閣部長所主持的經濟政策崩潰了，而使得這類型的墨西哥官員在大眾與黨的領導人眼中都失去了信任。值得注意的是，在1996年的一次全國性革命制度黨大會中，該黨要求未來的總統候選人須先具備擔任過經由選舉獲得的職務，而使得大多數的技術官僚從總統人選的名單上除名。相對上有極少數在冊的積極技術官僚找到管道而進入比森特・福克斯的內閣，他偏好具有非政府經驗的人。福克斯執政的52位最高層單位任命者，有將近一半在此之前沒有公共部門的經驗。福克斯所甄補的是以往只擁有私人企業經驗的人才數量，遠高於1929年以來任何一任的革命制度黨的政府團隊。福克斯也打破了革命制度黨前任總統的紀錄，他的高階官員人才甄補，更多是來自於墨西哥城以外的地方。最令人訝異的是，福克斯所任命的52位高層者有三分之二的人沒有任何政黨的隸屬關係。

　　就專業背景而言，費利佩・卡德隆就像是一位倒退回過去革命制度黨壟斷總統職位時期的技術官僚年代的人物。卡德隆很明顯具備了技術官僚的才能；他甚至擁有哈佛大學的碩士學位。然而，不同於革命制度黨前5任的總統，卡德隆在政黨政治以及選舉職務方面也有豐富的經驗。他的經濟內閣都是由一群擁有美國大學博士學位的技術官僚所主導。

　　2012年的革命制度黨籍總統當選人佩尼亞・涅托，曾經擔任過墨西哥州的州長，並且擁有法學學位。他的內閣結合了技術官僚崛起前後時期的內閣特質。他的內閣秘書平均年齡是52.9歲——比卡德隆首任的內閣成員年齡平均大了10歲。取得外國研究所學歷的律師人數是以往的2倍，而內閣成員人數則有少數。然而，佩尼亞・涅托的經濟內閣成員都在美國的麻省理工大學、耶魯大學，以及賓州大學取得博士學位。自從1970年代開始，親屬關係已經變得愈來愈重要，成為取得政治權力高位的共通點。愈來愈多的人出生於政治上顯赫的家庭中，這些家庭已經產生過州長、內閣大臣、聯邦國會議員，甚至是總統。家族的關係可以使有抱負的政治領導人在眾多競爭對手中有強大的優勢。這些政治家族彼此之間也變得愈來愈緊密：自1930年代開始，有超過三分之一的政府高層官員與政治人物

和其他官員有關係。[6]綜觀墨西哥的民主時代，政治家族的重要性一直都沒有減少——事實上，他們的重要性不斷在增加。最近一任的革命制度黨總統佩尼亞·涅托，就是出生在墨西哥州的阿特拉科穆爾科市一個有強大政治權勢的家族。

　　親屬關係以及其他在個人背景下愈來愈同質化的指標的重要性日益提高，這引起了某些觀察家擔心墨西哥的政治菁英已經逐漸變得愈來愈相似且自成封閉系統。儘管墨西哥的社會基礎確實在縮小，但當代的墨西哥政治菁英仍顯現出很大的流動性；每6年大批公職人員的異動就是證明。這個因素有助於解釋為何在墨西哥——不像其他經歷過革命後的國家，如中國以及前蘇聯（直到最近的俄羅斯）——不會變成一種「老人政治」（gerontocracy）的政權。事實上，墨西哥的內閣成員以及有志於成為總統者之平均年齡是正在下降；在最近的6任總統中，大多數都是30歲後段或是40歲出頭的年齡階段。這樣的趨勢，在費利佩·卡德隆以及佩尼亞·涅托當選總統職位時，分別為44歲與46歲，就是一個例證。

# 利益代表與政治控制

## 13.8 解釋利益團體在墨西哥的作用，特別是有組織的勞工與商業團體，所涉及到的統合主義與恩庇—侍從的結構。

　　在墨西哥的總統制中，重要的公共政策在呈現給大眾公開討論前，通常會先由總統的顧問圈內人士發起與形塑。因此，大多數具有影響力的利益代表都發生在聯邦官僚機構的高層內部。在西方民主國家中這類具有利益匯集與表達功能的結構（執政黨、工會以及其他組織）事實上在墨西哥的體制中，都具有其他的目的：限制了公民對政府要求的範圍、動員選舉支持某政權、幫助其粉飾為其他國家眼中的合法化象徵，以及分配工作職位與其他物質獎賞來進行個人與團體的篩選。舉例來說，革命制度黨通常在公共政策的制定上沒有獨立的影響力——反對黨當然也沒有，除非在他們能夠控制的州或是地方政府。

　　從1930年代末期到革命制度黨挫敗的2000年之前，墨西哥一直有個利益代表上的「統合主義」（corporatist）制度，每位公民與不同的社會階層都被期待要透過國家「所授權的」單一結構模式來進行組織或代表社會上的不同領域（農民、城市工會組織的勞動者、商業人士、教師，以及其他的人）而與國家產生關聯性。執政黨本身分為3個部門：勞工部門（代表工會組織的城市勞動者）、農民部門（主要是集體農場的農民——那些已經透過土地改革計畫而取得土地的農民），以及大眾部門（政府公務員、以城市為單位的服務性勞動者，以及小型企業主）。

　　許多有權力的組織性利益團體，諸如商業菁英以及天主教教會，都不曾在形式上成為革命制度黨中的代表。這些團體通常會直接與總統或內閣層級的政府的菁英打交道。他們不需要革命制度黨將其偏好公諸於世。他們在行政部門中也有占據有利位置的代表，能夠期待這些人幫助他們進行利益表達。除此之外，商業社群也會組織成幾個具有政府特許的聯盟。自卡德納斯執政以來，除了少部分工業家外，這國家的所有實業家都需要藉由法律來加入雇主組織中的其中之一，以此管道將商業利益疏通到一些管制比較良好的出口上。雖然這些聯盟還是依然存在著，但是1999年時最高法院已經裁定，強制加入商會成員的行為是違憲的。限制商業部門可以對政府政策產生影響力之處，在佩尼亞・涅托執政時期變得更加明顯，從當時推動通過原本受到商業組織反對的主要稅制改革就可看出。

　　由於執政黨和國家立法機關未能有效地聚集墨西哥體制中的利益，因此向政府尋求幫助的個人與團體，經常會繞過革命制度黨部門的組織以及名義上為國會的代表，並透過內部的政府官僚結構的個人接觸，以尋求對他們在需求上的滿足。這些**「恩庇─侍從關係」**（patron-client relationships）將社會劃分成離散的、沒有互動的、垂直的單位，而成為政權鞏固的支柱。舉例來說，在比較低階層的工會組織城市勞工就會與非屬工會的城市勞動者有所區隔，就像是集體農場的農民也會與小型的私有土地擁有者以及沒有土地的農業勞動者（佃農）有所區隔。透過恩庇─侍從的網絡關係來進行利益表達，有助於將有區隔性的大眾需求分解成小規模、高度個體化或是在地化的方式來要求，而可能變成以個案形式接受或拒絕，以維持革命制度黨的政權。這樣的體制會將責任加諸給潛在的受益者以認同與培育政府官僚制度中「正確的」恩庇者。利益代表的統合主義制度已經被近年來的總統6年任期所產生的經濟與政治危機大大削弱了。如今，革命制度黨中大多數的利益代表都是基於地區的。革命制度黨部門的組織權力比起過去的年代較少了，一部分原因是它們與墨西哥的現實社會脫節了。舉例來說，由於城市工業化的發展，使得農業部門萎縮了。到了2015年，只有11%的墨西哥人仍然從事著農業的相關工作，而25%的人屬於製造業與建築業，以及62%的人從事與服務和零售業相關的工作。在佩尼亞・涅托簽署了進行改革的《墨西哥條約》後，也進一步稀釋了部門組織對於政策制定的影響力了。舉例來說，現在是由新成立的自治聯邦機構「國家教育評估學院」進行教師的聘任與考核，而非教師工會來進行。但教師工會依然強而有力，它不僅是簡單支持革命制度黨政府，現在還會以在某些政策讓步的形式，向政府「收取」支持費用。

　　在某些由國家行動黨以及民主革命黨所執政的州，採取了更溫和、更「現代

的」侍從型策略。但是並未能解決受到高度關注的公共問題，有時候會破壞建立新型國家與社會關係的嘗試。舉例來說，在2004年，北部邊境的主要城市：提華納市的選民，在經過支持國家行動黨3個任期後終於幻想破滅，於是轉向投票並支持了傳統上以貪污腐敗與威權主義著稱的革命制度黨的政治人物來擔任市長。他迅速著手恢復前任國家行動黨市長曾努力拆除的統合主義網絡。

## 政黨

**13.9 探討自1990年代以來墨西哥選舉制度的改革對各政黨的影響。**

　　在20世紀的初期的幾十年，墨西哥的政治領導人創立了全世界持續執政最久的政黨。如今競爭激烈的4大政黨體制是源於後來試圖為該黨創造更可靠的反對派而演變的結果。

### 革命制度黨

　　革命制度黨是由普魯塔爾科・埃利亞斯在1929年所成立，主要是作為減少爭奪公職競爭者之間的暴力衝突，並鞏固中央政府權力的機制，但其所付出的代價就是發生於1910年至1920年革命之後的10年，在地方與州的層級出現了大量服務於個人主義的政治機器。在1920年至1929年期間，這些次級的國家政治機器策劃了對國家行政部門進行4次重大的叛亂。

　　在半個多世紀的時間裡，執政黨為解決衝突，將新興的利益團體加入體系之中，並且透過選舉過程使政權合法化的機制，發揮了令人印象深刻的效率。政府對於選舉規則的操縱會使執政黨中的潛在叛逃者因此感到威懾，實際上這也使任何持不同政見的派別根本沒有辦法在退黨的狀況下贏得選舉。偶爾會出現持不同政見者的反對運動，但是在1988年組成新的卡德納斯聯盟挑戰選舉之前，沒有任何脫離執政黨參選總統的候選人，能夠獲得超過16%的選票（根據官方統計）。

　　從一開始，執政黨就像是政府的附屬物，尤其是總統職位的附屬物。它從來都不是真正獨立的政治競爭舞臺。少數幾個在國家權力強大的政黨領導人，如菲德爾・維拉斯奎茲（Fidel Velázquez）是革命制度黨附屬勞工運動的先驅，直到於1997年過世前，偶爾還可以牽制一下政府的行動，但重點是執政黨卻從未確定政府的經濟與社會政策的基本方向。事實上，自1980年代後期以來黨團結與紀律受到侵蝕，以及革命制度黨在1995年開始在州層級的選舉中遭遇到崩裂般的失敗，導致其在2000年失去總統職位的其中一個根本原因之一，就是該政黨無力與聯邦政府中的技術官僚制定出不受歡迎的緊縮政策撇清關係所導致。

　　傳統上，革命制度黨享有實際未受限制的政府資金來資助其競選活動。沒有人知道事實上從政府的金庫中，革命制度黨吸走了多少錢，因為墨西哥沒有法律要求必須公布競選收入與支出報告。在1993年至1994年之間所改革的聯邦選舉法，規定了對競選收入與支出的最低公開報告要求，以及墨西哥有史以來首次限制個人與企業對競選活動的政治獻金數額。

　　國會於1996年通過了另一輪的選舉法案改革，加強了改革的影響，其改革將對任何一方私人捐款總額限制在向各方提供的定期公開融資的10%，同時任何個人捐款都不能超過向公開融資總額的0.05%。2007年的改革進一步降低了個人只能資助公開資金的10%給任一獨立的政黨。這樣的改革也大幅提升了公共資金給所有政黨的經費。該法律還附帶了一項新的禁止內容，就是不准利用公共資源與計畫圖利任何政黨或是競選活動。然而，競選的經費濫用現象並沒有因此消失。在2000年的總統選舉之後，聯邦內部的審計人員發現政府國營的石油公司：墨西哥石油，居然貸款給石油勞工的工會1億4,000萬美元，而這是革命制度黨所屬的兩個最重要的工會組織之一。這些資金隨後也被捐助給革命制度黨的候選人弗朗西斯科·拉巴斯蒂達（Francisco Labastida）。

　　從歷史上看，革命制度黨在競爭中最有力的優勢是能夠在相對不受懲罰的情況下進行選舉舞弊，其很廣泛的使用了各種技術：將假選票塞滿投票箱、取消反對黨選票監督者的資格、在最後一刻將投票地點轉移到只有革命制度黨支持者才知道的地方、操弄選民投票登記名單，並由不存在或是非當地居民的革命制度黨員充任代表，並且／或是刪除那些預期可能會將票投給反對黨的人、向革命制度黨的支持者提供多個投票憑證、購買、「租用」或是撤銷反對派選民的資格，通常會以實質利益回饋、組織革命制度黨支持者的巡迴運輸，藉由卡車或是小巴士接送他們到不同的投票地點重複投票，以及其他類似的行為。

　　此外，直到1996年，革命制度黨在控制選票計算與認證的所有州與聯邦政府實體中，仍擁有多數席位，革命制度黨可以依靠這些單位操弄所偏好的候選人的得票數，或是如果發生反對派的得票超過了可控制的數量時，就直接將違反己意的投票結果宣告為無效選舉。將票數灌進革命制度黨的得票欄中，而非少報反對政黨的得票數，這是最常見的選舉舞弊行為。在某些以農村為主的地區，這樣的手法，導致選舉結果出現了革命制度黨候選人的得票數目，居然超過登記投票選民的總數，或者甚至在成年人的總數計算上還超過最近一次人口普查估計的數目。1994年的全國性選舉，墨西哥努力在國內與國際上建立聲譽，薩利納斯領導的政府採取了大量的防止措施打擊舞弊行為，並且在隨後的行政上進行立法的改

革，進一步減少革命制度黨在選舉中操弄的可能性。

　　革命制度黨宣稱，其得票比例已經下降了30年，但是直到1990年代中期，侵蝕現象還是緩慢進行中，但並沒有威脅到該黨對總統職位與州長職位的掌握（參閱圖13.3）。然而，在1980年代至1990年代墨西哥的選舉競爭已變得更加白熱化。隨著時間的流逝，一些區域可以固定貢獻98%至100%的選票給革命制度黨候選人的「前蘇聯式」行徑，已經消失了。在2006年之前的4次聯邦選舉中，革命制度黨在年長選民、受教育程度較低，以及低收入者中表現得最好。革命制度黨也在多數的工會團體中獲得忠誠的支持。然而，這種一般統合式的選票已經不再是革命制度黨可靠的支持來源。在全國性選舉中，革命制度黨愈來愈面臨大約35%選民支持的上限，而要如何擴大其基本盤，是深具挑戰性的。

**圖13.3　1946年至2012年革命制度黨所推出之總統候選人的支持度**

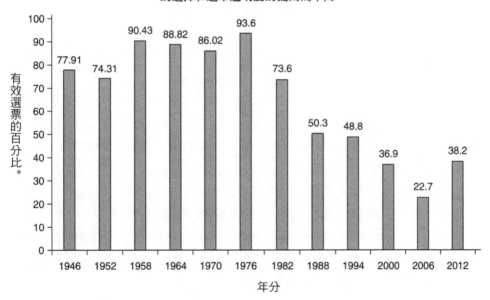

在2012年反彈以前，革命制度黨的得票率隨著更激烈
的選擇和選舉透明度的提高而下降

*百分比包括了廢票以及那些支持獨立參選的候選人之得票數。

附註：1976年革命制度黨的候選人荷西‧洛佩斯‧波蒂略，參選幾乎沒有遭到任何的反對，因為當時國家行動黨並未提名任何候選人。唯一其他重要的候選人是代表共產黨的瓦倫丁‧坎帕（Valentín Campa），但他不是合法登記參與1976年選舉的候選人，超過5%的選民投了廢票。

資料來源：1946年至1988年的資料數據來自於聯邦選舉委員會；1994年至2012年的資料數據是來自於國家選舉委員會。

　　另一個導致革命制度黨作為長期吸票機，其得票比例卻不斷下降的關鍵因素，主要是墨西哥發生了從農村移居到城市的大規模人口遷移現象。在1950年，有57%的人口居住在居民不到2,500人的偏遠農村社區；到了2015年，只有23%的墨西哥人是住在這樣的環境中。革命制度黨在超過10萬人或更多居民的城市中，明顯表現得不夠有力，而目前有超過一半以上的墨西哥人口居住於此。墨西哥城可以說是革命制度黨近年來在選舉上災情特別嚴重的地區。革命制度黨於1997年至2012年期間，在墨西哥城已經被大幅邊緣化，輸掉了4屆市長的職位。在2012年墨西哥城市長選舉上，只有獲得20.1%的選票（民主革命黨聯盟贏得了65%的選票），而且革命制度黨在首都的立法議會中，只取得不到40個席次。

　　即使是在農村地區，革命制度黨以往的安全選票也持續受到侵蝕。革命制度黨最為忠誠的農村選民──在1930年代透過聯邦政府的土地改革計畫，而取得自己土地的集體農場的農民──很多都已過世了，而數百萬傳統上投票支持其候選人的民眾，大多都已永久移居美國了。雖然革命制度黨在農村地區還是比其他政黨獲得更高的投票支持度，但是從1982年至2012年期間，革命制度黨候選人在農村地區中平均得票率，明顯下降許多。

　　在2000年的總統選舉失利之後，革命制度黨必須調整長期身為執政黨的狀況──基於現任優勢的政治機器──成為失去權力的政黨。革命制度黨的立法議員首先必須了解在缺少總統領導的情況下如何投票。整個政黨也必須定義其作為一個政黨所該有的意識形態，而不是作為權力的工具。革命制度黨在2006年的總統選舉全面崩盤後，由國家行動黨的費利佩‧卡德隆贏得總統職位，而革命制度黨推出的候選人選票排名只得到第3名，革命制度黨只能穩步重建其權力了。到了2012年，該黨已經從反對陣營手中奪回了8個州。在2015年的中期選舉，革命制度黨在國會站穩了陣腳，但是在2016年的州層級的選舉，它經歷了一次嚴重的逆轉，失去了將近80年都由其持續執政的4個州長職位。因此，革命制度黨努力要重建成為墨西哥執政黨的現象，遭遇到愈來愈多墨西哥選民有其他選擇權偏好的挑戰，以及懲罰績效表現很差的各種層級之現任者。

## 國家行動黨

　　國家行動黨是在1939年成立的，當時主要是在卡德納斯總統執政下，對公共政策向左派移動所產生的反應，特別是以社會主義公共教育的形式。它的創始人包括了著名的天主教知識分子，這些人擁護早期的基督教民主意識形態。其政黨傳統上反對政府對教會活動的限制以及教會所抵制的公共政策，如墮胎與同性婚

姻的合法化。支持國家行動黨的選民大多數都是城市的中產階級，但也會吸引到一些社會上保守的農民和城市裡的勞動階級。

在1964年期間，原始的比例代表增加了眾議院的反對派代表人數，而在1990年代中期，當時的國家行動黨已經治理許多市級與州級的政府了，國家行動黨所關注的是在聯邦國會中的下議院代表席次（直到1991年才有第1位國家行動黨員當選參議院議員）。在這些年中，國家行動黨的代表通常都會打擊以前的選舉舞弊行為開始對抗選舉詐欺。然後他們會安頓下來並開始提出相關的立法案件。在薩利納斯的執政年代之前，這些法案在引入時幾乎在議院中總是遭到忽略；但幾年後，大部分國家行動黨的立法提案都受到聯邦行政部門的採納提出，並重新引入國會得到核准。

後來，革命制度黨政府接受了國家行動黨的想法，其中包括在國會兩院中增加比例代表制席次、自治選舉法院與選舉機構、永久投票憑證、提高市級的自治權、增加最高法院的自治權與權威、提高墨西哥城的自治權、聯邦的收入與各州分享、社會安全體制的自由化、成立全國性消費者保護機構，以及企業與員工紅利分享機制。

國家行動黨的優勢區域包括北部以及中、西部各州。1989年國家行動黨贏得了重要的下加州的州長職位，而且在1995年又維繫了控制權，從而實現了某些反對黨先前從來都沒有辦法達成的目標：從一個當選的反對黨州長，再將權力轉交給另一個反對黨。最終國家行動黨幾乎治理了墨西哥境內最大的20個城市，但墨西哥城除外。

雖然經典的「左一右」意識形態的區分，明顯與許多其他國家不同，在墨西哥並不管用。不過，可以將國家行動黨歸類為中間偏右的政黨，具有強烈的基督教社會主義元素（這幾乎涵蓋了政治中很廣泛的範圍，從中間偏左的勞工議題到中間偏右的墮胎內容），結合貿易自由主義態度、市政權力下放。國家行動黨在意識形態光譜上的相對位置，很大部分是取決於革命制度黨所占的立場，革命制度黨的擺盪已移至國家行動黨的左側位置（如1970年代）或是已移至國家行動黨右側的位置（1988-2000）。在第57屆的立法議會（1997-2000）的唱名投票，將國家行動黨置於革命制度黨左側政治光譜的中心。儘管這些政黨都具有民族主義與民粹主義的背景，但是革命制度黨的代表發現自己投票贊成國家行動黨的權利，因為他們必須支持革命制度黨總統的新自由主義的經濟政策和緊縮措施。但從2001年至2012年，在兩任的國家行動黨總統的領導下，國會中的國家行動黨籍議員普遍投票贊成革命制度黨的議題立場。國家行動黨代表必須支持自己總統的

緊縮計畫，而革命制度黨則是比較能夠自由的根據自己的良知與選區，而不是經由總統的提示來投票。在革命制度黨重新掌握權力之後，從2012年至2018年，唱名投票顯示了革命制度黨又站在右派位置了，隨著其在立法議會的盟黨：綠色生態黨與新聯盟黨（教師工會組成的政黨），以及基督福音派的「社會匯合黨」（Social Encounter Party, PES）。這時國家行動黨又返回在意識形態光譜上的中間位置了。

　　國家行動黨一直都很致力於發展強大的基層組織。但自1970年代中期以來，它被分成「溫和進步」以及「激進的新保守」兩派，彼此相互競爭控制黨機器的方向，當任何一方占上風時，就會對其他派系成員進行清洗。比森特‧福克斯的意識形態比較接近「溫和進步」的概念，而不是一種新國家行動主義者。這有助於吸引意識形態多元的選民群體，主要是因為他們希望撤換掌權的革命制度黨而團結在一起，從而幫助國家行動黨在2000年獲得總統職位的控制權。如今，國家行動黨與左翼的民主革命黨，兩者都展現出吸引人的特徵，這是因為選民想擺脫革命制度黨，以及其競爭對手渴望藉由吸引這群「脫鉤的」選民來擴大選區的願望所驅動。國家行動黨正從2012年總統選舉失敗的經驗中重建。其在2016年的州長選舉中表現得相當的強勢，也因此激勵了國家行動黨的黨員，他們現在期待在2018年競選中所推出的總統候選人能夠很有競爭力。

## 左翼反對派政黨

　　1988年之前，墨西哥左翼催生了像「社會主義人民黨」（Partido Popular Socialista, PPS）這樣的政黨，幾十年來這裡一直像是社會主義者和其他中間偏左的政治人物的家，他們願意與政府合作，甚至認可革命制度黨的總統候選人，以換取在國會中擁有席次。較為獨立的左翼政黨，亦即那些並未與執政黨公開合作的政黨，通常以「墨西哥共產黨」（Partido Comunista Mexicano, PCM）為代表。在卡德納斯任職總統期間，共產黨員被允許在選舉中合法參與競爭，但是該政黨隨後因違法被取締，直到1979年才再次獲得合法的參選資格，而其國會候選人贏得了5%的選票後才獲得代表席位。在1980年代的大部分期間裡，即使面臨墨西哥自1910年革命以來最嚴重的經濟危機，以及一系列旨在減少左翼選民分散的政黨合併，但左翼政黨在選舉中最後還是失利了。他們因內部不斷爭吵而受阻礙（主要是因個人主義的競爭和在意識形態方面輕微程度的分裂）以及無法進行有效的基層組織。

　　左翼在1988年的復興關鍵就是在革命制度黨領導權出現分裂狀況的結果——

這是自1950年代初期以來最嚴重的分裂。1986年8月,革命制度黨所有中間偏左翼成員中,有一些具有全國性知名度的人物,在黨內進行了一場持不同政見的運動,稱為「民主潮流」(Corriente Democrática, CD)。民主潮流運動批判總統米格爾·德拉馬德里採取「新自由主義」的經濟重組計畫,並要求革命制度黨對經濟民族主義與社會正義的傳統原則做出新的承諾。更急迫的是,民主潮流運動的擁護者呼籲徹底實現革命制度黨的民主化,首先就是要取消「欽點」(dedazo,由即將卸任的總統單方面選擇)作為確定該黨總統候選人的機制。民主潮流運動所要求進行的改革,遭到革命制度黨的官僚階層強烈反對,其運動領導人在1987年10月正式脫離該政黨。

面對在革命制度黨內部的挫敗,卡德納斯接受了「墨西哥真實革命黨」(Partido Auténtico de la Revolución Mexicana, PARM)的總統候選人提名,這是一個保守的民族主義的政黨,在1954年由另外一群持不同政見的革命制度黨人所成立。之後,另外4個左翼的政黨加入墨西哥真實革命黨形成聯盟──「國家民主前線」(Frente Democratico Nacional, FDN)──由卡德納斯擔任候選人挑戰1988年的總統大選。然而,在1988年的選舉後不久,左翼長期堅持的意識形態與個人主義的分裂就再次決定了他們的命運。到了1991年,舉行中期選舉時,大多數卡德納斯在1988年的聯盟夥伴卻都已各走各路了,只留下一個新組成的民主革命黨作為左翼原則的代表。即使是在民主革命黨當中,在此類議題中仍然隱藏著很嚴重的分歧,像是政黨內部治理的民主程度以及處理與政府關係的策略等(在某些議題上的對話與合作與持久的對抗)。

左翼在1990年代初期的問題,並非都是自我造成的。在薩利納斯執政下,政府表現出完全不願和卡德納斯左派認真進行談判。薩利納斯表現出了比民主革命黨更大的意願,去承認國家行動黨的選舉勝利。而當民主革命黨在市層級的勝選獲得了承認時,由其控制的市政府卻受到隸屬於革命制度黨州長的懲罰而苦苦得不到資源。民主革命黨的激進分子與當地的革命制度黨領袖(酋長)之間的衝突令人痛苦,在該黨成立的前5年,上百名民主革命黨的激進分子被謀殺。柴迪洛總統為民主革命黨與政府之間的關係開啟了新的篇章,承認卡德納斯1997年在墨西哥城的市長競選中,獲得壓倒性的勝利。1998年至2006年期間,民主革命黨在7個州的州長選舉中獲得勝選,並且再次贏得了墨西哥城的市長職位。在大部分這一類的勝選中,民主革命黨的候選人都是來自革命制度黨的叛逃者,而這些人都曾因被該黨放棄提名參選而退黨。

民主革命黨在某些議題上持續在革命制度黨的左翼採取政策立場,但是這與

當前政府政策的不同之處在於程度、步調，以及為減輕這些政策所造成的社會成本而做的工作，並非僅是基本方向的差異。然而，在第58屆的立法議會（2000-2003）中，民主革命黨在政策議題上採取了更為激進的立場。它提出了一項法案，這些法案結合在一起，相當於對墨西哥政治制度進行全面改組，旨在削弱總統的職權。一旦羅培茲·歐布拉多成為可行的總統候選人，民主革命黨就會放棄想要弱化聯邦行政部門的提案。

民主革命黨成立初期，在動員以前未承諾的選民方面做得很差。民主革命黨保留了許多傳統上支持獨立左翼政黨的城市勞工階級選民，但在與革命制度黨所屬的統合主義組織之外發展起來的民眾運動建立聯繫方面不是很成功。可是，它與農村地區的聯繫發展得也不好，而且民主革命黨一直由墨西哥城的政治人物和知識分子主導，但這些省分幾乎不存在。這種趨勢在2006年與2012年的選舉中得到了扭轉，當時在羅培茲·歐布拉多執政下的民主革命黨在動員農村選民方面更有效。

在2012年的大選中，羅培茲·歐布拉多不再強調左派的議程，而更關注於批判國家行動黨所領導的聯邦政府以及佩尼亞·涅托在墨西哥州的行政團隊的貪污腐敗行為。但是，墨西哥政治上的左翼依然在運作民主革命黨官僚體制的溫和派與羅培茲·歐布拉多派系中的激進主義者之間的分化狀態。溫和派通常支持《墨西哥條約》，並且推動其他政黨與民主革命黨建立選舉聯盟。支持羅培茲·歐布拉多的派系變得更加執著，反對與革命制度黨在立法或是與民主革命黨建立選舉聯盟方面，進行大部分的合作。

羅培茲·歐布拉多在2012年選舉後就退出了民主革命黨，並且成立了一個新的政黨「**國家復興運動黨**」（Movimiento Regeneración Nacional / National Regeneration Movement, MORENA）。國家復興運動黨參加了2015年的中期選舉，贏得了8.3%的全國選票，而民主革命黨贏得了10.8%的選票。左翼的分裂投票在短期內使革命制度黨受益。舉例來說，在塔巴斯科州舉行的2015年選舉中，由於民主革命黨與國家復興運動黨在左翼選票上的分裂，因此革命制度黨贏得了親左翼的選區。在第63屆立法議會（2015-2018）中，國家復興運動黨是最左翼的政黨，而民主革命黨往中間方向靠攏，緊鄰在國家行動黨旁邊。在進入2018年的總統大選之前，由羅培茲·歐布拉多及其新政黨領導的左翼選擇比2012年要強大許多。而民主革命黨則可能必須適應與其他政黨成為初級聯盟夥伴的條件。

## 持續變動之墨西哥政黨的社會基礎

在最近3屆的總統選舉中，對政黨的政治支持的社會基礎發生了重大變化。在2006年以前，革命制度黨最可靠的基礎是農村選民，該黨也在女性和年長選民的情況表現相對較好。在2006年，民主革命黨的羅培茲·歐布拉多在農村地區獲得了最多的選民支持，而革命制度黨的馬德拉佐在這些選民中排名第3位，甚至還落後卡德隆（國家行動黨）。與2000年一樣，國家行動黨在2006年的城市選民中表現得最好，但民主革命黨在城市投票中領先於革命制度黨。2012年，革命制度黨的候選人同時在城市與農村地區都贏得勝利，而分裂後的國家行動黨與民主革命黨幾乎平分了其餘的農村地區選票。不過，在城市選民中，民主革命黨的表現再次超越了國家行動黨（參閱表13.4）。

在2000年選舉中存在巨大的性別差異。其中，國家行動黨在男性選民中的表現尤其出色；而革命制度黨則相對在女性選民中獲得比較高的支持度。在2006年，民主革命黨只拿到很小比例的男性選民票數，但是卡德隆則受到大量女性選民的青睞。在這兩個案例中，女性傾向於支持似乎比較不會對經濟穩定構成威脅的候選人。2012年，性別的投票差異依然很明顯。革命制度黨與民主革命黨的候選人在男性選民中的選票分布幾乎不相上下，但是革命制度黨的佩尼亞·涅托在女性選民中卻占了近2比1的優勢，這或許是由於他的肥皂劇明星妻子的人氣所帶來的影響。

在最近3屆的總統選舉中[5]，國家行動黨在30歲以下的選民中表現最好，而革命制度黨則是更受年長選民的青睞。這可能是因為年長的墨西哥人還記得比較好的社會福利與經濟成長，是在革命制度黨執政下所達成的。2000年，革命制度黨在教育程度較低的選民中取得較高的支持度，所拿到的選票都是來自於中等學歷以下的選民。國家行動黨則是在受過良好教育的選民中表現最好。在2006年，教育程度對於投票的重要性下降。卡德隆吸引了來自於不同教育程度背景的選票都是最多的，而羅培茲·歐布拉多則是排名第二。羅培茲·歐布拉多在受過高等教育的選民中表現相對較好，因為他獲得了公立大學學生強烈的支持。2012年，革命制度黨的候選人再次獲得只有小學教育的選民關鍵性的支持，而羅培茲·歐布拉多則是受到高中與大學教育背景選民的青睞。

在2006年與2012年，民主革命黨在貧窮與中低階級選民中得到最多的支持。國家行動黨則是受到更多來自高收入選民的支持，這些人是受到該黨親商業平臺所吸引，以及對羅培茲·歐布拉多的民粹主義有所恐懼。然而，在墨西哥最近的選舉中，一般而言，社會階級並不是可以作為預測選民選擇的有力指標，儘管在

### 表13.4 政黨偏好的人口統計分布

在2012年的總統選舉中，政黨的支持者因為居住地、性別、年齡、教育程度，以及意識形態，而有不同的結果。復甦的革命制度黨幾乎在所有的人口群體中都表現出色

|  | 國家行動黨（%） | 革命制度黨（%） | 民主革命黨（%） | 其他政黨（%） |
|---|---|---|---|---|
| **居住地類型** | | | | |
| 城市 | 26 | 37 | 34 | 3 |
| 鄉下 | 26 | 44 | 29 | 1 |
| **性別** | | | | |
| 男性 | 25 | 37 | 36 | 2 |
| 女性 | 27 | 41 | 30 | 2 |
| **年齡** | | | | |
| 18-29歲 | 23 | 36 | 37 | 4 |
| 30-49歲 | 27 | 41 | 30 | 2 |
| 50歲以上 | 28 | 40 | 30 | 2 |
| **教育程度** | | | | |
| 未受教育與小學 | 24 | 48 | 26 | 2 |
| 中學 | 28 | 33 | 37 | 2 |
| 大學 | 29 | 29 | 39 | 3 |
| **意識形態** | | | | |
| 左派 | 11 | 20 | 67 | 2 |
| 中間派 | 23 | 40 | 32 | 5 |
| 右派 | 36 | 50 | 13 | 1 |

資料來源：資料數據來自於《改革報》（*Reforma*）所調查的全國性出口民調（墨西哥城），2012年7月1日。

2006年，國家行動黨與民主革命黨兩者所推出的候選人，都有很明確能夠吸引不同階級利益的訴求。

在墨西哥，左右意識形態上的區別映射到黨派選擇上。當墨西哥的選民被問及自我認同為「保守派」或是「自由派」時，那些被認為是保守派的人似乎在表達對威權統治的偏愛，而這些選民中也有很大的比例是特別偏愛革命制度黨。舉例來說，在2000年與2006年，出口民調發現「右翼」選區大多數都是支持革命制度黨，這些選區裡面只有一些少數自認為是「左翼」的選民會支持革命制度黨。隨著選民在政治光譜上從右派移動至左派，民主革命黨與國家行動黨的黨派關係也逐漸升溫，而且大多數的獨立選民會把自己置於中間立場看待。在像是墮胎以

及同性婚姻合法等社會議題上，國家行動黨與革命制度黨的支持者都顯得更加保守，而民主革命黨的支持者以及獨立選民則是傾向更為自由。

## 政府的績效表現

### 13.10 描述墨西哥政策的影響，側重於經濟成長、貧困、收入分配、人權、法治、環境以及國際關係。

自1940年以來，在國家對於經濟發展的貢獻上的重要性，墨西哥曾出現一些小的爭論。國家對基礎設施的大規模公共投資（馬路、水壩、電信、電氣化），以及國家金融公司與其他的政府開發銀行提供給私有部門慷慨廉價的信貸，讓更高的資本累積率成為可能，刺激了國內企業家與外國公司更高的投資水平，並使得墨西哥能夠在拉丁美洲中發展僅次於巴西的多元化生產能力。

從1940年到1970年代，關於國家在經濟中的作用，人們達成了強烈的菁英共識。國家藉由限制大眾對消費以及財富再分配的需求，促進了私有資本的累積並保護了資本主義制度。國家制定了發展規則；並且作為全國最大的單一企業家、雇主和投資資金來源的身分參與了開發過程。國家是這種綜合經濟的「主事者」（指導力量），確立廣泛的優先事項，並將（公共及私人）投資引入戰略部門中。

從1950年代中期到1970年代中期，其結果是成為備受吹捧的「墨西哥奇蹟」，即每年6%至7%的持續經濟成長，以及伴隨的低通貨膨脹（1955-1972，每年5%）。作為國家石油壟斷企業墨西哥石油公司的獨資經營者，政府負責發展經濟中至關重要的石油與天然氣行業。在石油繁榮景象結束時（1978-1981），光靠石油的年收入，就推動了每年超過8%的經濟成長，這是世界上最高的成長率之一。人均國民生產總額從1980年的2,130美元提升至2015年的9,517美元，使墨西哥在世界銀行的「半工業化」或是「中等發展」國家名單中名列前茅。

回顧過去，這種出色的績效表現在經濟發展中的分配後果，以及它在1970年代至1980年代的革命制度黨政府資助的方式，都遭受了嚴厲的批評。從米格爾·阿萊曼總統（Miguel Alemán, 1946-1952）至今，除一兩位墨西哥總統外，其他人都反映了私有部門的論點，即墨西哥必須首先創造財富，然後再擔心財富的重新分配問題，這種信念是認為國家可能很快就會不堪重負，而無法普遍滿足所有要求。然而，到1970年代初，令人信服的證據顯示，在成為一個現代化與工業化國家的過程中，墨西哥龐大的人口裡有一部分是被拋在後頭的。

墨西哥革命後政府的政策與投資偏好，為國家中帶來了更多高度不平等的發

展現象。至少，從1940年時開始實行的公共政策，無法抵消私有市場力量的財富集中效應。有充分證據顯示，某些政府的投資與政策，事實上是強化了這些影響。舉例來說，在1940年代大部分時間裡，政府的稅制與信貸政策主要的功能是使國內最有錢的農業綜合企業以及工業企業家受益。到了2014年，在墨西哥最貧窮的40%家庭，其家庭收入只占了全國的14%；而同時期最富有的20%家庭，其收入卻占了全國的52%。在最近的一個時期（2008-2014）中，收入不平等確實有降低，但也僅略微減少而已（測量收入不等的吉尼係數數值從0.483降至0.470）。

　　在墨西哥最近4任總統的執政下，政府實施了「**新自由主義經濟發展模式**」（neoliberal economic development model），強調有必要在約束私人市場力量時，給予更多的自由。這場「技術官僚的自由市場改革」的主要目的，就是吸引更多的私人投資（特別是外國的資金），從而提高墨西哥的經濟增長率。新自由主義政策可透過全面的私有化計畫，並藉由向幾乎所有的經濟領域開放私人投資（包括以前保留給國家的投資），大大減少公共經濟部門。這種發展模式，僅強化了先前經濟政策的財富集中效應。

　　貧窮比例一直居高不下。到2014年，有5,530萬的墨西哥人（約占總人口的46.2%）生活在官方認定的貧窮線以下，而且有9.5%的墨西哥人生活在「極端」貧困的狀態中。如果不是大規模的國際遷移，墨西哥的貧窮比例將會更高，出生在墨西哥而如今還存活的，有十分之一的人是跑到美國生活。

　　這並不意味著發展過程的某些好處沒有由上而下下滲至貧窮的人口中。從1950年至1980年，絕對貧窮的人口數下降了。中產階級擴大到估計人口的29%。從1960年至2015年，成年人的不識字率已從35%下降到5.5%的成年總人口數，完整接受過初級教育（國小）已變成是一種常態（到了2015年，墨西哥成年人口平均接受過學校教育為9.6年），嬰兒的死亡率從每1,000例活產人數的78下降至12，而平均的預期壽命也從55歲提高至75歲。很明顯的對許多墨西哥人而言，生命機會與生活品質（即使是偏遠的農村地區）都有所改善。但是，仍然存在顯著的性別差異。舉例來說，在2015年，3歲至5歲的女孩僅53%有機會上學受教育；相較之下男孩則有63%的機會。

　　此外，從經濟機會與社會福祉的每一項指標來看，在墨西哥各地區之間以及城鄉之間存在著懸殊的差距。貧窮、失業和就業不足絕大多數集中在農村地區，這些地區至少有70%屬於極端貧困人口。2015年，十分之九的墨西哥城市居民是居住在與污水下水道系統相連的房屋中，但只有不到一半的農村人口是居住在這

樣的環境。地區之間的社會福利差距也同樣極端。舉例來說，在2015年，墨西哥城的文盲率為1.5%，而在貧困人口的南部各州（恰帕斯州、格雷羅州、瓦哈卡州）的文盲率則是介於13%至15%之間。極端的區域不平等現象，這幾十年來，基本上都沒有什麼改變。

墨西哥在國內與對外舉債空前增加之後，1982年爆發了經濟危機使政府無法維持原本承諾的社會福利。到了1986年，償債已經消耗了聯邦政府總預算的一半以上，因而必須大幅削減用於醫療、教育、消費者補貼，以及創造就業機會的公共投資的支出。人均社會福利的支出衰退到1974年的水準，而實質薪資下降了三分之二。1995年至1996年披索貶值危機，以及2008年至2009年國際金融危機席捲了墨西哥，使得當時的經濟成長率下跌了近5%，重創了家庭收入。

墨西哥比美國更快從經濟大蕭條中復甦，但是自那時之後，儘管佩尼亞·涅托總統拿出充滿雄心壯志的經濟改革計畫，經濟成長率一直很令人失望。自從他擔任總統以來，人均國民生產總值年均增長率不到3%。經濟績效表現不佳的部分原因是在同一時期，全球經濟力量抑制了歐洲、亞洲和美國的增長，但在墨西哥更是反映出企業對政府缺乏信心。2013年，大型企業宣布進行「資本投資罷工」，以報復佩尼亞·涅托政府進行的一項重大稅制改革，因為這減少了企業的利潤。

最近5屆政府在「簽名掛保證」的社會福利支出計畫上的巨額支出，反映了政府對持續貧窮和收入不平等引發的社會緊張局勢的擔憂。國家團結計畫之後是「進步」（PROGRESA）、「機會」（現在大多認知為「進步」）、「農村直接支持計畫」（PROCAMPO），以及「年長人」（資深公民）。這一切的倡議都是要努力建構一個最基本的安全網給數百萬的墨西哥低收入者。這些人是新自由主義經濟政策中以及在「北美自由貿易協定」架構下的貿易自由化中的「輸家」（losers）。他們專注於提供福利給一般低收入的墨西哥人，特別是針對農村的貧困人口以及年長者。到了2015年，在墨西哥的所有家庭中，有27%的人從聯邦或是州政府獲得現金資助。但是這些針對性的**「應享權益計畫方案」**（entitlement programs），尚不足以抵消由於新自由主義經濟政策所造成的結構性貧困，這些貧困是由實際工資下降或停滯；減少數百萬個工作機會，以及削減大多數消費者補貼引起的。

墨西哥的社會安全制度，為受薪人員提供了健康醫療保險，但失業、個體經營者和許多農村工人被排除在這項制度外。福克斯政府創建了名為**「全民健康保險」**（Seguro Popular / Popular Health Insurance）的新醫療保健計畫，旨在為

那些不受社會安全制度醫療計畫保障覆蓋的人們提供醫療服務。全民健康保險要求受益者參加該計畫並支付相對可承受的保費。最貧窮的墨西哥人（收入最低的20%）無需支付保費。這計畫的目標是希望在2013年達到全民都能夠涵蓋在醫療保險制度中。然而，這目標卻尚未實現，但已取得令人矚目的進展。從公共部門組織獲得健康醫療照護的墨西哥人的比例已比原來多出了1倍，從2000年的40%增加到2015年的82%以上。而且其擴大的覆蓋範圍不僅限於城市人口。到2015年，有85%墨西哥原住民（絕大部分集中在農村地區），得到了公共醫療照護服務。

　　為了更積極努力減少貧窮與收入的不平等，必須擴大墨西哥的稅基。在2013年，墨西哥的財政稅收總額占國內生產總額的百分比，在34個經濟合作暨發展組織國家中排名墊底。收入與營利的稅收僅從1985年占國內生產總額的3.4%增加至2014年的5.8%。逃漏稅不只是搶奪了大量的國家資源，也會造成嚴重的收入不平等，因為對藍領以及白領階級這些依靠工資收入者來說，逃稅率最低（估計約15%）。這些人的稅款是直接扣除工資來支付，而墨西哥人的大部分收入（77%至80%）都是來自於所擁有的財產與商業行為，以及專業的活動。[7]佩尼亞‧涅托總統競選時就承諾要進行全面性的稅務改革，這將會為國家增加可觀的新收入。稅務改革方案在2013年時由國會立法，提高了中產階級的所得稅稅率，以彌補一些主要的企業所得稅漏洞，並對高熱量的非酒精飲料與零食課徵消費稅。

　　隨著全球石油價格暴跌，從2014年的6月至12月下跌近50%，導致稅務改革變成是更迫切需要處理的問題。急劇下跌的油價是由於全球對石油的需求量減少所致，但另外還有來自於美國提高了大約70%的石油產品供應。這大幅減少了聯邦政府的稅收並且導致披索的下跌，造成墨西哥在購買進口商品必須付出更高的成本。佩尼亞‧涅托政府在2013年至2014年進行的能源改革，透過與國營的「墨西哥石油」簽署「風險合作夥伴契約」，向外國公司開放石油以及天然氣產業，允許私人參與石油的勘探與鑽井。這是一個很重大的改變，並且推翻了革命制度黨內部與左派多年來的反對。但也因為石油價格的跌落，這些契約並未產生如預期的稅收效益，而迫使政府只能減少支出及增加更多借貸來支援其運作。到了2016年，石油的收入所能挹注聯邦預算的比例已經低於20%，而石油價格達到高峰時為40%。

## 保障人權

　　幾個世代以來，墨西哥對人權的侵害一直是嚴重的問題。其中，包括了法外處決、強迫失踪、嚴刑拷打，以及對記者的暴力行為。1968年，警察是受了最高層級政府的指示對在墨西哥城的上百名學生抗議者進行大屠殺，這引起了國際社會對墨西哥的人權問題的關注。然而長期以來，侵害人權的行為在農村地區相當普遍。自2006年卡德隆政府發起全面的「禁毒戰爭」以來，全國各地有數千位平民在士兵或聯邦警察手中死亡或失踪，以打擊有組織犯罪的努力為藉口展開行動。隨著聯邦政府愈來愈依賴軍事力量展開反毒運動時，軍事人員濫權而侵犯人權的情況變得愈來愈常見。從2006年至2015年，大約有9,000起對軍隊提出這類虐待的投訴。

　　侵害人權行為經常是墨西哥的刑事司法系統例行運作的結果。「聯合國酷刑特別調查報告員」（United Nations Special Rapporteur on Torture）將嚴刑拷打描述為「在墨西哥普遍化」的現象，警察會運用一種制度內的方法施加懲罰讓被拘留的嫌疑人招供認罪，而警察如此的行為通常也會被判有罪不罰。[8]自1990年以來，墨西哥成立了「國家人權委員會」（National Human Rights Commission），該委員會與國際特赦組織、人權觀察組織，以及聯合國人權事務高級專員等國際組織合作，調查嚴重涉嫌侵害人權的事件，並公布調查結果。但是，在起訴應對侵害人權行為負責者方面，報告的發布並沒有轉化為可衡量的進展。舉例來說，官方紀錄顯示在2007年至2015年之間，有2萬5,500多人失踪，但是沒有任何一個人因在此期間所發生的強迫失踪案而被定罪。[9]

　　2014年，格雷羅州阿約齊納帕的43名大學生被迫失踪，並可能被謀殺，值得注意的是，它挑起國際媒體的報導和國際人權組織的審查。美洲人權委員會對這一事件的調查格外重要，尤其是調查結果與墨西哥政府關於所發生的事情以及可能由誰負責的結論有很大的矛盾之處。儘管政府指控涉嫌參與此事件的有100多人，但截至2016年仍未定罪，在43名學生中，只有2名是在官方發現的遺骸中被確認的。

　　墨西哥被「國際保護記者委員會」（International Committee to Protect Journalists）評定為世界第8大最危險的新聞記者採訪國家，在2000年至2016年期間，有109位記者在墨西哥被謀殺。絕大多數的受害者都是在小城鎮報社工作的記者，他們當時正在調查貪污腐敗或其他政治性議題的內容。某些人是販毒組織鎖定的目標。直到2006年至2012年卡德隆執政以前，聯邦政府一直未持續追蹤這類案件，因此被起訴的案件寥寥無幾。受到記者調查報導涉嫌貪污腐敗的政府官

員，卻利用墨西哥寬鬆的誹謗法起訴了新聞工作者，並要求賠償巨額的金錢。

長期以來，對「泛非主流性傾向族群」（LGBTQ）人士懷著廣大的敵意與歧視在墨西哥很普遍，但承認同志權利運動的成功是墨西哥最近在人權紀錄中的亮點之一。墨西哥城的立法議會在2009年將同性婚姻合法化，並在2010年開始實施，使得墨西哥城成為同性婚姻合法的拉丁美洲前2個主要城市（另一個是阿根廷的首都布宜諾斯艾利斯）。墨西哥的聯邦制度允許LGBTQ在國家層級以下的各級單位提倡進行政策的改革。在墨西哥，31個州再加上墨西哥城，都有施行《家庭法》。[6]

即使當時民主革命黨的領導人羅培茲・歐布拉多，以及國家行動黨卡德隆總統領導的政府都反對同性婚姻，婚姻平等權運動也利用了此創造出政治機會給當時象徵左翼民主革命黨中的進步派系，在2006年的墨西哥城市長選舉中獲得勝選。墨西哥城的改革在最高法院受到了挑戰，不過法院最終裁決同性婚姻與同性伴侶收養小孩都是合憲的。此外，其命令所有的州承認在首都所簽署同意同性婚姻的法規，因此間接也使得所有的LGBTQ墨西哥人都能夠獲得結婚的權利。

民意調查顯示，墨西哥人對這議題的看法的分歧幾乎是相等的。佩尼亞・涅托總統提議修改《憲法》，以統一最高法院的裁決，但是因為革命制度黨內部的反對而未能通過。在2016年，一個小型保守派傳福音人士所組成的社會匯合黨，提議修改《憲法》廢除同性婚姻與同性收養的權利，而使得有關LGBTQ在立法上的權利抗爭仍將持續進行下去。

## 建立法治

特別是從1990年代中期以來，墨西哥政府表現成效最為失敗的領域之一，就是法治與安全。在近期的全國性研究調查中，五分之四的墨西哥人將「犯罪」確定為是國家最嚴重的問題。從最貧窮的城市勞動階級到中產階級的專業人員，甚至是最富有的商業大亨，他們感到震驚且憤怒，因為政府似乎毫無任何能力有效應對街頭犯罪問題，包括武裝搶劫、強盜、綁架、強暴和謀殺，以及與販毒產生的相關暴力行為。這種大規模的績效失敗與幾乎無法運作的刑事司法制度密切相關。導致墨西哥面臨廣泛的法治挑戰，包括積弱不振的司法制度、廣泛的貪污腐敗、缺乏透明度與問責制，以及侵犯人權的行為。以上所有都傷害了公眾的信任。

街頭犯罪（搶劫、攻擊、強盜）在1990年代上升至2倍，並一直居高不下。官方的犯罪統計數字因為普遍存在吃案的現象，而常常低估了問題的嚴重性。到

了2016年，在墨西哥發生的犯罪中只有7%的情況是上報給執政當局的，原因是
公民對犯罪者被繩之以法和受到懲罰的期望不高，並且擔心可能會遭受到來自於
罪犯或是警察的報復威脅。墨西哥的低度期待是深植於現實的基礎上，只有不到
5%的犯罪嫌疑人會被判刑入獄。研究調查指出，墨西哥是全世界第2高比例的有
罪不罰（犯罪不受到懲罰）的國家，僅次於菲律賓。

　　柴迪洛總統開始透過司法獨立的議題來解決司法制度的問題。1994年12月，
即他上任的第1個月，除2名現任最高法院的法官之外，其他的法官全部被替換，
法院的規模也從原本的24位法官減少到11位。法官的任期從原本的6年任期（與
總統6年任期一致）改變為固定的15年任期，並且增加了必須由參議院三分之二
多數確認的要求。最後，柴迪洛的改革藉由明確賦予最高法院具有可宣布國會行
為以及其他聯邦政府行為違憲的能力，擴大了最高法院的司法審查權。

　　2008年，在卡德隆總統執政下，對刑事司法制度進行了重大改革，並於2016
年開始在全國範圍內實施。憲法修正案要求墨西哥所有的州從原本傳統的「審問
式」，以檔案資料為基礎之司法制度，過渡到類似於美國運作的「對抗式」口頭
制度。在舊有制度中，法官會在其庭內私下審查書面陳述書中提供的證據。這會
造成長期延遲——通常多年——被告則在此期間中被關押進監獄中。在許多案例
中顯示，檢察官會操弄證據，利用嚴刑逼供並索賄。這樣的制度對於窮人嚴重不
利，因為他們無法負擔聘請足夠的法律代理幫自己辯護。在新的口頭審判制度
下，證據將在公開的法庭程序中提出，並以錄音和錄影方式保存和記錄。每個案
件將由3人一組的法官，而非只由1位法官來審判，從而增加了在其中發生貪污腐
敗的成本與可發現性，同時也減少了被告與犯罪受害者的拖延並強化了正當程序
的權利。這是第1次被告在直到被證明有罪之前，都將被假設為無罪，這確實顛
覆了傳統上的假設。認罪協商與緩刑，未來也都可供檢察官與法官採用。這些改
變是希望能夠加速法院的審理過程，提高大眾對刑事司法制度的信任，並減少利
用組織犯罪影響結果的機會。[10]

　　2008年的改革將新制度在全國實施的最後期限訂在2016年6月18日。與他可
能會推遲2008年改革的預期相反，佩尼亞‧涅托總統很積極推行這項新制度，而
且聯邦政府撥款用於州級實施的資金上增加了1倍以上。獨立專家預測，新的刑
事司法制度將持續一代人的時間，這需要逐步改善對法官、檢察官、公設辯護
人，以及警察的培訓。但是在短短的8年中取得令人矚目的進展，成千上萬的墨
西哥人獲得了以往所缺乏的合法權利和保障。這個建立公民對刑事司法制度信任
的漫長過程已經開始了。

對一般的公民而言，最重要的就是讓自己從不斷關注人身安全問題中解放出來，即如何避免讓自己成為暴力犯罪的受害者。有組織性的犯罪不斷增加，特別是毒品販運的擴散，是引起大眾日益關注安全議題的一個主要因素。在1990年代，墨西哥已成為從哥倫比亞進入美國市場的非法毒品日益重要的管道。如今，墨西哥集團生產與運銷毒品，特別是偏遠地區種植的罌粟所提煉的「甲基苯丙胺」和「海洛因」。僅在2014年，鴉片製成品在墨西哥的數量估計就增加了50%，滿足了美國激增的需求。美國對鎮痛藥濫用的打擊使處方藥習慣變得更加昂貴，導致濫用者以便宜的墨西哥海洛因來當作替代品。此外，集團也已經多元化，包括了綁架、搶劫，以及向當地商人與市政府勒索。在他們控制的區域中，常見到毒販脅迫市長向他們支付預算中的一定比例，這些錢大多是來自於聯邦政府透過州長所分配的。反對毒品幫派的市長、前市長和市長候選人已成為鎖定目標；從2006年至2015年，就有81人被謀殺。[11]

在毒販聚集的州，就會有比較高比例與販毒集團有關連的凶殺案以及其他的暴力犯罪，而使得聯邦政府必須向毒品販運者宣戰。如圖13.4所示，在卡德隆總統針對販毒者發動了一場全面性的戰爭後，凶殺率急遽升高。從2006年至2015年超過8萬人在這場毒品戰役中喪生。凶殺案件在2011年時達到最高峰，共有27,213起。毒品販運也助長了包括警察、檢察官、法官，以及軍事人員極大的貪污腐敗。在像是米卻肯州以及格雷羅州等地，「毒品暴力」（narco-violence）是無所不在的，公民自行組織了自衛團體——民兵守衛隊——以保護自己。聯邦政府也採取行動，將一些公民民兵納入當地安全部隊，以幫助抑制毒品販運。居住在受影響最嚴重地區以外的墨西哥人也面臨了危險，自2007年以來，有組織性犯罪關連的凶殺案件在墨西哥境內的分布更加分散。根據一項統計，每小時有1名墨西哥人因為有組織犯罪方

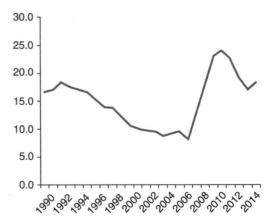

圖13.4　1995年至2015年，墨西哥每10萬人口的凶殺率

2006年之後，當時的墨西哥總統卡德隆宣布了全面打擊毒品販運的戰爭，扭轉了30年以來暴力行為下降的趨勢

資料來源：來自於聖地牙哥大學之墨西哥司法項目的資料數據，2016年。

式的暴力行為而死亡。

自卡德隆於2006年向販毒者發動了一場反毒戰爭後，政府的主要戰略就是「斬首」，即逮捕主要經營集團的角頭老大。但是如果只是抓走領導，會使得控制販毒的挑戰變得更嚴峻，若將大型的集團打散成小型的，這些人可能會為了爭奪地盤，而鎖定敵對領導的家人作為暴力攻擊的對象。在2006年有5個主要的集團；到了2015年，政府變成需要打擊9個主要的組織以及43個小型的集團（參閱圖13.5）。在2014年時，墨西哥最惡名昭彰的毒梟華金·古茲曼·洛埃拉（Joaquín Guzmán Loera，綽號「矮子古茲曼」）被逮捕，這應該對墨西哥最大的販毒集團「錫納羅亞」一個重擊。但是矮子古茲曼很快就被下屬取代，古茲曼並於2015年使用了精心打造的逃生通道，逃離了該國最安全的聯邦監獄（他第3次被逮捕，等待被引渡到美國）。

墨西哥最近的兩個政府都大量運用了軍事力量進行反毒的行動。這種施行軍事化戰略的結果就是，增加了未經過國內警務訓練的軍事人員侵犯人權的頻率。販運者與軍事人員之間的槍戰已司空見慣。無辜的公民經常被捲入雙方交戰中，而嫌犯以法外方式被殺害。一項統計研究顯示，毒品戰爭中的軍事干預實際上增加了暴力，或甚至沒有達到遏制的結果。[12]

只要美國對非法毒品的需求仍然如此強勁，在墨西哥發生的毒品暴力禍害就永遠不會得到緩解。如同美國總統川普的命令，即使要沿著美國與墨西哥的邊界建立一座新的城牆，也都不太可能有效阻礙這一潮流。據估計，美國每年消費海洛因的總量（其中大部分來自墨西哥）約可容納1,800個到2,000個行李箱，所以光靠那道牆可能也阻止不了。[13]因此，藥物濫用的治療與預防計畫，讓某些藥物可以合法化使用，以及運用其他措施減少毒販的市場目的地鎖定為邊境美國這一方，最終可能都會比任何其他方法更有效。自2015年以來，墨西哥政府一直在推動毒品合法化的國際討論。最高法院裁定了墨西哥人在《憲法》上針對醫療的目的，有權利栽種與使用大麻，而佩尼亞·涅托總統也在國會提出法案，將持有少量毒品，設定為合法化。

更普遍的說，在墨西哥建立法治將需要採取積極的措施，以確保民選官員和警察之間的問責制。佩尼亞·涅托的政府建立了一個「國家反貪腐制度」，由聯邦的政府官僚與公民顧問來運作，他們是由三分之二的參議員投票通過產生，任期5年。比起先前反貪污腐敗的機制而言，其更具有自治性，並可以建議進行調查與起訴。為了要增加有關官方不當行為的資訊流通，各式各樣「透明的改革」都已進行，建立資訊自由的立法，也由總統福克斯於2001年簽署。這些改革包括

**圖13.5　墨西哥的販毒集團：不同區域的主導影響力**

集團將墨西哥的領土劃分為控制毒品貿易的地區和許多地方政府的地區。
集團之間的持續競爭以及政府透過消滅領袖來破壞集團的勢力，
使他們的勢力範圍的界限不斷變化

圖例：

- 錫納羅亞集團
- 華瑞茲城集團
- 洛斯哲塔斯集團
- 哈利斯科州新時代集團
- 墨西哥灣集團
- 貝爾特蘭—萊瓦集團
- 聖殿騎士集團
- 米卻肯家族集團
- 未顯示占有主導地位的集團

資料來源：布雷特‧西爾維斯（Bret Silvis）參照2015年來自於美國「緝毒局」（Drug Enforcement Administration）資料數據所設計之地圖。已獲得允許使用。

了成立一個具有自治性的機構，類似於美國的「審計總署」（General Accounting Office），[7]其功能在於審核政府的計畫方案，以確保這些內容都有真正實現其目標，例如減少貧窮。主要投資在訓練將來可能需要去鞏固於2016年生效的新口頭審判制度的律師、法官，以及其他刑事司法人員。最後，滋生犯罪與暴力的社會經濟根源，必須透過更有效的創造就業計畫與改革來解決，並提高教育整體的涵養。

### 環境的挑戰

　　從2007年至2012年，環境永續第1次變成墨西哥「國家發展計畫」的5大方向之一。自從那時候開始，墨西哥已將自己定位為對抗全球氣候變遷的領導國家。

墨西哥國會在2012年通過了《氣候變遷法》，內容要求到2020年時必須減少30%的二氧化碳排放量，而到了2050年必須減少50%。該法還規定到了2024年時，國家的電力必須有35%是來自於再生能源（目前只有3%），而且法律也要求該國最大的污染源必須強制性提出排放報告。

卡德隆政府還制定了新的計畫來提高家戶在能源使用上的效率，像是「永續照明計畫」、「家用電氣設備更換全國性計畫」，以及「綠色房地產抵押貸款計畫」。政府在2014年推出了「碳稅」以及交易「碳權」的制度。這些重大的步驟，遠遠超出了美國以及大多數其他已開發國家所作的承諾，這可以為國際上對抗氣候變遷做出重大的貢獻。墨西哥是全世界第13大溫室氣體的排放國家。

但是批評者仍然對政府執行其雄心勃勃的環境立法的能力抱持著懷疑的態度，他們指出迄今為止，環境計畫的資金不足。實施的問題也排擠到其他的計畫，例如政府減少森林砍伐所造成的碳排放計畫。這個計畫經歷了2000年至2006年福克斯總統的6年任期，尋求給予農民一些財政上的激勵來保留而非去砍伐原始森林，並透過報酬來保存樹木或採伐樹木的永續性。然而，畜牧業與農業仍然是造成森林砍伐的主要原因，而政府支持這些經濟活動的補貼鼓勵，也將會使得自然生態系統轉化成為耕地以及牧場。

同樣的，政府對農業、漁業，以及居民活動中的電力和燃料使用的補貼，也強烈抑制了永續發展的進行。這些補貼扭曲了價格所代表的訊號，加劇了對資源的過度使用，並阻礙了更高效技術的採用。能源補貼還獎勵富人而不是窮人。舉例來說，農業抽水的電力補貼絕大多數是讓10%最富有的墨西哥人受益，而89%的住宅電力補貼，也同樣讓有錢人受益。[14]

政府努力讓墨西哥面對全球氣候變遷具有更強的抵禦能力，似乎已被暖化趨勢的後果所取代。超級颶風、大規模與長期乾旱，以及其他氣候異常所造成的破壞力愈來愈嚴重，控制空氣污染也變得愈來愈困難。舉例來說，幾十年來，墨西哥城的空氣污染一直是世界上霧霾最嚴重的大都市之一，其空氣污染在2000年代已大大減少。這是透過採取一系列旨在減少企業、公共交通與個人自駕者排放的措施而實現的，包括一項要求駕駛者僅在一週的某幾天才能操作車輛的計畫。但是，也因為近年來的全球暖化因素，更多墨西哥城在減少空氣污染的進展，無法如期達到標準。創紀錄的高溫狀態使得某些污染物更快進入墨西哥城2,000萬居民所呼吸的空氣，導致一些對化學過敏的現象不斷上升。這帶來了更頻繁的健康諮詢，並且回到對車輛使用的限制狀況。車輛變得更環保，不過愈來愈多的車輛在產生中，估計在墨西哥城大都會區中，就有550萬輛的汽車。

　　因為北美自由貿易協議的規範，墨西哥的環境問題並未明顯惡化，這與貿易協定簽署時引起廣泛關注的事實相反，原本該貿易協定認為這將使墨西哥成為高污染的美國公司將其工廠遷移的避難所。因為北美自由貿易協議包括了一項環境保護的附帶協議，而且在北美自由貿易協議運作的前10年中，來自於工業產品所造成的污染，事實上在墨西哥減少得比在美國還要來得多。這一出乎意料的結果似乎反映出一個事實：即在墨西哥方面，北美自由貿易協議鼓勵投資在勞動密集的製造業生產線工廠，相較於更多資本密集的製造生產，諸如：水泥，紙張和基礎金屬的生產，在加入北美自由貿易協議期間，這些產量下降了，因此產生較少的污染。在任何情況下，美國公司的選址決策並未受到污染控制成本的顯著影響，亦即污染控制成本太小，不足以作為決定的因素。

## 國際上的挑戰

　　自獨立以來，墨西哥的政治與公共政策受到與美國相鄰而深受其影響。事實上，因為這樣的相鄰性也使得美國在墨西哥存在著強大的影響力。造成這種關係的因素很多，尤其是兩國之間1,989英哩長的陸地邊界與墨西哥豐富的礦產、勞動力以及其他推動美國經濟成長的資源。墨西哥是美國第3大重要的石油進口來源國家，占美國石油進口總量的8%。墨西哥的地理位置使其成為對美國私人投資最有吸引力的場所，尤其在北美自由貿易協議簽署後更強化其吸引力。到目前為止，美國是墨西哥出口的主要市場，占墨西哥出口的80%以上。但鄰近美國也像是一把雙面刃。作為世界上最大的非法藥物市場，使得美國大大複雜化了墨西哥在遏制毒品販運以及防止其公職人員與警察貪污腐敗上的努力。

　　在19世紀中葉，當美國推動領土和經濟擴張的努力在墨西哥北部遇到阻力時，墨西哥作為一個國家的主權受到直接威脅。墨西哥從西班牙的獨立戰爭崛起，並長期受到政治動盪所困擾，而且墨西哥極易遭受到來自北方的侵略。藉由在1845年併吞了德克薩斯州之後，再挑起美墨戰爭（1846-1848），美國幾乎搶奪了墨西哥一半的領土：在德克薩斯州有爭議的領土；現在是加州、內華達州，以及猶他州的所有土地、新墨西哥州以及亞利桑那州的大部分，以及科羅拉多州與懷俄明州的一部分。

　　大規模的占領領土，與隨後的幾次軍事干預行為，以及插手干預貫穿整個1920年代具有「革命性」的墨西哥政治，使其關係留下了尚未癒合的傷疤。即使在今日，一般墨西哥人仍會懷疑美國還在覬覦墨西哥剩餘的領土、石油以及人力資源，這也說明了為何墨西哥開放國營石油產業給外國私人來投資仍然引起相當

多爭議的原因。失去了包括被美國奪取的領土，這些地區恰好就是本世紀中主要接收墨西哥移民工人的地方。同樣的，這種勞工移民主要是由美國煽動的。從1880年代開始，在美國政府的鼓勵下，美國農場、鐵路以及礦業公司，藉由從墨西哥北部與中部派遣勞工招聘人員，獲得了擴展美國西南和中西部經濟和運輸系統所需的人力。

到了1920年代末期，墨西哥與美國的經濟已經充分交織在一起了，所以美國的經濟大蕭條的影響迅速轉移到了墨西哥，造成了失業率上升與出口收入以及國內生產總額暴跌。隨著蕭條的和緩，墨西哥試圖減少其在白銀以及其他出口上對於美國的依賴。但是這項努力失敗了，因為在1940年之後，墨西哥更加依賴大量的美國私人資金來協助他們在驅動工業化發展上所需的財政協助。

由於第二次世界大戰，從1942年至1945年，美國經歷了嚴重的勞動力短缺。為了滿足這個需求，透過一個名為「合法臨時勞工計畫」，從墨西哥引進了許多簽署短期合同的勞工。從1942年一直實施到1964年，這個計畫引進了超過400萬名墨西哥人到美國從事季節性農業工作。在停止合法臨時勞工計畫案之後，墨西哥移民到美國的狀況並沒有跟著停止，只是大多都是採用新的非法入境方式（參閱專欄13.4）。

未經授權的移民已成為美墨關係之間最有爭議的問題。在2016年，估計居住在美國的1,100萬名無證移民中，有59%是來自於墨西哥。有大量的證據顯示，他們對美國的淨經濟影響是正面的。此外，其人口預測也顯示，需要更多而非更少的移民勞動力來保持美國經濟的增長；他們需要為社會保障與醫療保險做出貢獻，才能夠支撐起當地的老齡化人口。雖然如此，在2015年至2016年間，共和黨的總統候選人川普將來自墨西哥「失控的」移民議題作為其競選的主題。選上總統之後，他命令美國的國土安全部針對在美國工作的數百萬無證移民發起大規模的驅逐出境行動，並且為了阻止日後的移民潮，他還下令在美國和墨西哥之間的1,989英哩邊界的沿岸大部分地區修建「難以穿透」的50英呎高的隔離牆。他承諾會強迫墨西哥人為這筆經費買單，或許是透過對留在美國的墨西哥工人向其在墨西哥家鄉親屬的匯款進行徵稅。匯款收入急劇下降的潛在影響使得墨西哥政府與依賴這些匯款過生活的數百萬低收入墨西哥家庭深感震驚。在2016年的移民匯款總額是290億美元，是墨西哥的第2大外匯來源，僅次於石油出口，隨著近年石油價格崩盤，這些匯款變得愈來愈重要了。

很諷刺的是，在墨西哥的移民現象成為美國熱絡討論的議題的同時，非法入境美國的墨西哥人數已降至1970年代初期後的最低水準，而中國與印度已經取代

## 專欄 13.4　渴望進入：墨西哥人祕密移居美國

每年，數千名的墨西哥人踏上前往美國的危險旅程。他們受到墨西哥沒有提供或是薪資不足以支持整個家庭的工作機會，以及希望能與已經住在美國的家庭成員團聚所吸引。大多數的偷渡移民會支付3,000美元至5,000美元給「邊境之狼」（coyote）——專業的人口走私者——這些人會協助他們如何躲避美國的邊境巡邏。這些錢大部分都是先向已住在美國的親戚借貸——到了美國之後再以工作4個月以上的時間來清償這些債務。

自1994年以來，美國政府已使缺少合法文件進入美國的墨西哥人，付出更高昂且風險更高的代價。美國花費在邊境安全與移民執法的活動，在2016年的財政年度中，其國內支出就已經高達近200億美元了。邊境巡邏的組織規模也擴增到4倍以上。幾乎沿著美墨邊界蓋了700英哩的新圍欄。使得邊境之狼提高價格協助他們穿過美國邊境的設防，因為邊境之狼必須引導這些偷渡客穿越愈來愈遠且有生命威脅的美國西南方的沙漠以及山區。自從1995年以來，已經有超過8,500名的偷渡客在企圖穿越邊境的過程中死亡，使得美墨邊界成為全世界最致命的陸地邊界。

自從經濟大蕭條衝擊到美國對於其勞動力的需求時，愈來愈少的墨西哥人還會想要進行這趟危險的旅程，有一部分是因為人們堅信美國的工作仍然很難找到，也有一部分是因為擔心他們在前往邊界的過程中，可能會被有組織的犯罪幫派綁架或是殺害。但是在2016年的財政年度中，還是有高達19萬3,000名未經授權的偷渡客這樣做，而這些也只是恰巧被美國邊境巡邏所捕獲的人數而已。相關的田野調查也發現，即使已經高度強化邊界的管控，大多數企圖進入美國的偷渡客也都能夠順利進入而未被查獲，而且即使他們第1次嘗試偷渡被抓到了，十分之九的人最後都還是會很順利的偷渡成功。他們被已經居住在美國的親戚，以及高於墨西哥數倍薪水的工作前景吸引，如果他們能夠真正跑到美國去的話。

資料來源：墨西哥移民之田野研究與訓練計畫之訪談，加州大學聖地牙哥分校，2008年2月。內容使用已獲得授權。

了墨西哥，成為新近移民到美國最主要的原國籍人民。根據一些估計，在大蕭條時期之後，墨西哥與美國之間的淨遷移量已降至零，到2016年，也就是已從衰退中恢復的6年之後，北向流動並未出現反彈現象。移民的低迷可能會持續下去，部分原因是墨西哥人口結構的變化。總生育率——每位婦女平均的生育數量——從1960年的7.3個下降至2014年的2.3個，大多數是因為政府施行了人口控制成效以及提升教育水準的結果。現在出生率的急劇下降反映在進入勞動力市場的年輕人數量減少。在未來的15年至20年內，墨西哥可能會停止像1880年代以來那樣大規模向美國出口剩餘勞動力的現象了。

　　墨西哥的政治制度在國際環境中也因1993年簽署了北美自由貿易協議後，從

根本上有了轉變。這協議就像是可以用來擴大美墨貿易，同時也是私人投資的關鍵機制。在北美自由貿易協議簽署後的前20年中，美墨雙向貿易增長了5倍。近年，墨西哥已是美國主要3大貿易夥伴之一（僅次於加拿大與中國）。每天有近15億美元的雙向貿易額穿越美墨邊境。在墨西哥與美國這兩國中就有數以百萬人的就業都依賴這樣的貿易。墨西哥經濟的增長速度並沒有北美自由貿易協議支持者所預期的那樣快，但是北美自由貿易協議已經使某些製造業，像是汽車、汽車零組件、電機產品，以及航空產業穩健成長。而在墨西哥的小型農家遭遇到美國更強勁的進口競爭，讓墨西哥變成是美國最重要的農產品市場。在北美自由貿易協議下，墨西哥變成了以美國為基礎之跨國公司最有意願投資的地點之一。最近幾年，墨西哥的外國直接投資有55%來自於美國，而美國公司在墨西哥的子公司生產了該國出口將近一半的製成品。這些公司僱用了超過130萬墨西哥的勞工。

　　北美自由貿易協議從一開始就在美國引起政治爭議。反對者認為，這可能會導致美國勞工失去大量的工作機會，而且也會壓低那些沒有遷移的工作者的工資。其他人則是認為，與北美自由貿易協議相關的墨西哥農業與其他產業部門，可能會助長新一波無證的移民到美國。在美國2015年至2016年的選舉週期中，作為對自由貿易協定的全面攻擊的一部分，在這22年以來的主張中，有許多內容是同時被左右派總統候選人拿來重新炒作的。川普警告如果墨西哥拒絕徹底重新談判該條約的話，他有可能會讓美國在「關鍵瞬間」時退出北美自由貿易協議（事實上，川普總統無法只靠自己就終止，或甚至重新談判北美自由貿易協議；貿易協議是由國會制定的法規來創建）。

　　來自於學術研究的結果顯示，北美自由貿易協議在邊界的兩方，同時都產生了獲利者與受害者。原本宣稱對美國勞工而言，會損失大量的就業機會，確實是被誇大了。研究顯示在美國就業市場中，一年中只有大約5%「工作流失」——被裁員的勞工而必須去尋找新的工作——可以解釋為因為與墨西哥擴大貿易而導致的結果。美國勞工人口中，有超過600萬個工作機會實際上是依賴於對墨西哥的出口，而這些工作也會因為廢除北美自由貿易協議而陷入困境。舉例來說，北美自由貿易協議已經拯救了數十萬個美國汽車產業的工作機會，因為可以讓公司藉此能夠建立區域一體化的生產流程。輸入端也是同時向兩方進行，40%的內容是由美國從墨西哥進口的，而這些原本都是在美國生產的。對美國勞動者的工資衝擊則是高度不平均的。屬於北美自由貿易協議中較為弱勢的製造業以及某些行業的藍領工人的工資增長放緩（舉例來說，像是鞋類與紡織品），甚至在某些特殊地方的實質工資也出現了大幅的滑落現象。但是，美國工人的工資並沒有因此

而全面降低，即使對於受影響最嚴重的少數美國工人來說，技術變革與工會的衰落等因素，似乎也比北美自由貿易協議對造成他們困境貢獻更大。

　　北美自由貿易協議在宏觀經濟的淨影響，對墨西哥而言是正面的，同樣的對美國與加拿大都是如此。然而，其效應展現在墨西哥的經濟成長以及貧窮減少上，就顯得比較不明顯。北美自由貿易協議並沒有減少美國—墨西哥在收入上的差距。墨西哥的國內生產總額是有成長，但是在美國的國內生產總額似乎成長得更為明顯。今日，美國1年的人均國內生產總額是墨西哥的6倍。墨西哥的時薪約比美國低了85%。此外，北美自由貿易協議所帶來的好處幾乎主要集中在跨國公司設廠的城市中，而大多數剩餘的勞動力仍集中在農村地區。這是北美自由貿易協議並沒有減少墨西哥移民到美國的主要理由，剛好與在邊境的雙方支持者的預測相反。

## 墨西哥的政治未來

　　2000年才剛開始時，墨西哥就舉行了2場關鍵的全國性選舉。第1場終結了極度根深蒂固的「執政黨」70年來的統治，並迎來反對派政黨12年的治理。第2場選舉就是結束反對黨統治的經驗，而又將革命制度黨帶回到執政的權力上。多黨制度開始在1980年代末期浮現，但是已經很大程度上進行了合併，現在有4個主要的政黨會在全國性選舉中進行競爭。墨西哥人現在似乎很滿意不同層級中的權力都可被替換這樣的概念。到了2016年，只有5個州從來沒有經歷過任何一次從一個政黨換到另一個政黨的執政。

　　與任何拉丁美洲的國家相比，墨西哥的聯邦選舉現在都很民主且透明。《選舉法》經過幾波改革的浪潮後，結束了過去除買票之外的大多數典型舞弊的形式。所有政黨的競選活動都能籌集到非常慷慨的公共資金，奠定了公平的競爭環境。選民現在也都能在政黨之中進行清晰的選擇，在各式各樣的政策選項中，選擇一個可以反映自己想法的。在2016年的州層級選舉上，許多各地的現任政黨被趕下了臺，通常是針對貪污腐敗的指控。隨著2014年開始重選市長，以及2018年的國會成員改選，立法代表與地方行政部門應該會變得比較對選民表示負責。舉行選舉的全國性機構，在捍衛民主這方面取得了相當不錯的成果。

　　雖然如此，自從2000年的每一次總統選舉之後，墨西哥的知識分子與政治菁英的成員就會開始辯論這個國家是否已經成功轉型為可自行運作的民主制度，或是在他們國家可以被認為是個「鞏固的」民主國家之前，他們還需要更深入進行政治結構上的改革以及政治文化上的改變。

　　但是毫無疑問的，就選舉透明度，甚至是人身自由而言，墨西哥現在可以被歸類為民主國家，尤其最近在承認LGBTQ的墨西哥人的權利方面的進展，就是很好的例證。在墨西哥的很多環境中，人權確實仍處於具有風險的階段，但是一些比較嚴重的侵害事跡，現在都有可能會引發國際的關注，而且會受到常駐的人權組織很深入的調查。儘管在分立政府的領導下，行政部門與立法部門之間存在種種不同的意見和憤怒，但毫無疑問的，墨西哥現在擁有拉丁美洲運作最好的民主政治制度之一，舉例來說，更接近於智利與哥斯大黎加，而不同於巴西或委內瑞拉。雖然與毒品相關的暴力犯罪仍然很高，不過墨西哥倒是沒有成為美國保守派批評者所警告的「失敗的毒品國家」的嚴重危險性。失控到幾乎沒有法律的狀態或是政府日常中的職能全面崩盤，基本上這樣的狀況是不太容易出現的。墨西哥的軍隊長期以來都在相當堅定的平民控制下，而使得軍事政變發生機率極不可能。

　　墨西哥面臨了嚴峻的經濟與社會的挑戰，特別是需要提振經濟成長率，減少貧窮與收入不平等，以及使公共教育現代化。該國的人口平均年齡較為年輕，中位數年齡大約是26歲，而這些最年輕的墨西哥世代需要一個更好的機會結構。近來從石油出口上的收入大減後，顯現出政府已經減少了一些應對這些挑戰上的能力，但是他們看起來可以透過明智的政策進行管理，並且排除一些重大的新外部經濟衝擊問題。近來在擴大收入轉移／應享權利計畫，以及延伸基本醫療照護給更大量的墨西哥人的進展上，都是政府已經做到了的例證。

　　革命制度黨政府已經運作71年了，仍然像是一臺已上好油的政治機器，控制著絕對的行政部門之權力，以及在大多數的時期中，也同樣控制著國會。分立政府的到來，象徵著已經結束了墨西哥政治的強權專制時代。在2012年，多數的墨西哥人投票給革命制度黨的總統候選人，但是並沒有讓革命制度黨成為國會中的多數席次。二黨、三黨，或甚至是四黨制度，在大多數的國家中都正在發生，使得分立政府的狀態似乎會一直持續下去，至少在全國性的層級，是一種可預見的將來。

　　但是墨西哥是否有可能會倒退成為一種機器政治模式，在這種狀態中，某些傳統的政治運作，像是買票行為都是被允許的、貪污腐敗可以促進繁榮，以及濫權可以一而再的如例行公事般有罪不罰？有一些樂觀的根據認為這些不會成為墨西哥政治的未來。大眾透過政府機構所獲得的資訊，現在已大多來自一個運作良好之美國風格的「資訊自由」制度，而這可以用來打擊一些小型的貪污腐敗事件。政府的保密性已大幅降低，甚至在某些保密議題上也是如此。在政黨與國會

領導人之間的抗衡，現在都已公開在大眾面前，墨西哥人可以在電視上觀賞到這樣的畫面！社群媒體平臺正提供一個可以宣傳不當行為與強迫政府懲罰負責官員方面，提供了非常有用的幫助。近期一個例子就是川普在2016年訪問了墨西哥城而引起的軒然大波，導致佩尼亞‧涅托的財政部長辭職，因為就是他大力邀請川普。公眾的憤怒主要是透過社群媒體傳播而來。

所有的一切都改變了墨西哥人如何去看待其政府的方式，給予他們有一個「公民權力」的概念。近來的選舉也顯示了選民都準備好要剔除表現成果很差以及貪污腐敗的政治人物，而不論他們是屬於哪一個政黨。就像是其他地方的選民一樣，墨西哥人也會很憤世嫉俗地看待所有的政黨，而且可能會對現任執政黨感到厭煩，即使他們或許也沒有特別嚴重不同意政府的政策。在經過了國家行動黨12年的執政之後所出現的「現任疲勞」，有助於提升革命制度黨於2012年重新掌權，但有可能會在2018年就再次被推翻。

## 結論

今天在墨西哥任何贏得權力的政黨，所要面臨的挑戰就是在這種高度透明化以及競選程度激烈的環境下有所作為，且不能採用過去的老舊手段，包括官員的中飽私囊。在一些藏有販毒集團以及其附屬幫派集中的地區，都會在選舉以及官員之間有所牽連（這些人控制了州與地方的警備武力），而且販毒分子很容易形成，並加速引爆新的貪污腐敗問題。侵害人權已變成更常見的問題，成為集團為了擴大以及多樣化其經營，去角逐地方層級的政治權力，並把矛頭指向那些反對他們的市長。不過自2008年之後有一項令人矚目的進展已經推動了，那就是改革刑事司法制度。如果能將改革合併，則那些改變應該會降低貪污腐敗發生的機會，也能夠提高公民對體制的信任。如何抵消壓力的源頭是墨西哥臨近美國非法毒品市場所盤旋的內容，而這加劇了販毒分子之間的激烈競爭，並誘使小型農家去種植罌粟。

因此，墨西哥的民主化過程應該是得到一個「尚未完成」的評價。其無法完全駁斥過去的威權主義復辟的可能性。但是這樣的危險性已經被強大、透明的選舉機構給模糊化了，而墨西哥非常深化的融入全球經濟體系、不斷提高教育水準，以及社群媒體這樣新的力量，會快速提升公民對政治效能的感受，並且提高他們對於政府成果表現的期待性。有組織的犯罪依然是這國家一般公民在許多生活面向中的重大威脅，但是其還不至於破壞整個全國性警察制度的穩定狀況。政黨可能會被認為應該要對減少毒品暴力之失敗結果負起責任（以及處理其他的公

共問題上），必須讓所有層級的權力轉移變成一種例行的常態結果。這可能會變成一個由43名被消失的阿約齊納帕學生所遺留下來的長期遺產，也是他們在墨西哥公民社會中所引發的反響。

## 章後思考題

1. 2000年至2016年墨西哥人政黨偏好的轉變原因有哪些？哪些政黨在公眾偏好的改變中受益，有哪些政黨是失去利益？

2. 自1996年以來，選舉改革的施行是否已成功地阻止了選舉的舞弊行為，並且有助於提高選舉的競爭力？哪些進一步的改革，可以改善選舉的透明度、實質競爭性，以及選民的參與度？

3. 禁止聯邦立法者與市長立即參與連任的選舉，會如何影響政府的績效？一旦在2018年後恢復連任的機會，這種情況將如何改變？

4. 在墨西哥政治制度中，加強聯邦制的好處與代價是什麼？如何減少權力下放的意外後果？

5. 持續的貧困與社會經濟不平等，在多大程度上和以何種方式影響今天墨西哥的民主運作？哪些政策可以最有效地減少這種不平等的現象？

6. 政府應對販毒等公共安全威脅的表現，如何影響墨西哥的政治態度與行為？

7. 全球化、在美國的毒品使用，以及人民遷移到美國等問題，對墨西哥的政治制度和美墨關係，帶來了哪些挑戰？

## 重要名詞

| | |
|---|---|
| 地方酋長 | 毒品暴力 |
| 費利佩‧卡德隆 | 國家選舉機構 |
| 拉薩洛‧卡德納斯 | 新自由主義經濟發展模式 |
| 統合主義 | 北美自由貿易協議 |
| 分立政府 | 《墨西哥條約》 |
| 應享權益計畫 | 國家行動黨 |
| 比森特‧福克斯 | 民主革命黨 |
| 革命制度黨 | 恩庇—侍從關係 |
| 安德烈斯‧羅培茲‧歐布拉多 | 安立奎‧佩尼亞‧涅托 |
| 國家復興運動黨 | 政治集權主義 |
| 直轄市 | 大總統主義 |

卡洛斯‧薩利納斯　　　　　　　技術官僚
全民健康保險　　　　　　　　　買票
總統6年任期

## 推薦閱讀

Bailey, John. *The Politics of Crime in Mexico: Democratic Governance in a Security Trap*. Boulder, CO: FirstForumPress/Lynne Rienner, 2014.

Camp, Roderic A., ed. *The Oxford Handbook of Mexican Politics*. New York: Oxford University Press, 2012.

Centeno, Miguel Angel. *Democracy within Reason: Technocratic Revolution in Mexico*. 2nd ed. University Park: Pennsylvania State University Press, 1997.

Cleary, Matthew R. *The Sources of Democratic Responsiveness in Mexico*. Notre Dame, IN: University of Notre Dame Press, 2010.

Cornelius, Wayne A., and David A. Shirk, eds. *Reforming the Administration of Justice in Mexico*. Notre Dame, IN: University of Notre Dame Press, 2007.

Diez, Jordi. *The Politics of Gay Marriage in Latin America: Argentina, Chile, and Mexico*. New York: Cambridge University Press, 2015.

Domínguez, Jorge I., Chappell Lawson, and Alejandro Moreno, eds. *Consolidating Mexico's Democracy: The 2006 Presidential Campaign in Comparative Perspective*. Baltimore, MD: Johns Hopkins University Press, 2009.

Edmonds-Poli, Emily, and David A. Shirk. *Contemporary Mexican Politics*. 2nd ed. Lanham, MD: Rowman & Littlefield, 2012.

Eisenstadt, Todd A. *Courting Democracy in Mexico: Party Strategies and Electoral Institutions*. Cambridge: Cambridge University Press, 2004.

Greene, Kenneth F. *Why Dominant Parties Lose: Mexico's Democratization in Comparative Perspective*. New York: Cambridge University Press, 2007.

Lawson, Chappell. *Building the Fourth Estate: Democratization and the Rise of a Free Press in Mexico*. Berkeley: University of California Press, 2002.

Magaloni, Beatriz. *Voting for Autocracy: Hegemonic Party Survival and Its Demise in Mexico*. Cambridge: Cambridge University Press, 2006.

Mossige, Dag. *Mexico's Left: The Paradox of the PRD*. Boulder, CO: Lynne Rienner, 2013.

Shirk, David A. *Mexico's New Politics: The PAN and Democratic Change*. Boulder, CO: Lynne Rienner, 2005.

## 網路資源

總統辦公室：http://www.presidencia.gob.mx
眾議院：http://www.diputados.gob.mx
參議院：http://www.senado.gob.mx
國家統計與地理資訊局：http://www.inegi.org.mx
國家人口委員會：http://www.conapo.gob.mx
國家選舉機構：http://www.ine.mx

## 註釋

1. Enrique Krauze, "Mexico's Barbarous Tragedy," *New York Times*, November 10, 2014.

2. Pew Research Global Attitudes Project, "Mexican President Peña Nieto's Ratings Slip with Economic Reform," Pew Research Center, Washington DC, August 26, 2014, 6.

3. Alejandro Moreno, "Who Is the Mexican Voter?," in Roderic A. Camp, ed., *The Oxford Handbook of Mexican Politics* (New York: Oxford University Press, 2012), 579.

4. Alejandro Moreno and Karla Yuritizi Mendizábal, "El uso de las redes sociales y el comportamiento político en México," in Helcimara and Alejandro Moreno, eds., *El votante latinoamericano* (Mexico City: Centro de Estudios Sociales y de Opinión Pública, 2015), 293–320.

5. Viridiana Rios, "How Government Coordination Controlled Organized Crime: The Case of Mexico's Cocaine Markets," *Journal of Conflict Resolution* (2015): 1–22, doi: 10.1177/0022002715587052.

6. Roderic A. Camp, *The Metamorphosis of Leadership in a Democratic Mexico* (New York: Oxford University Press, 2010).

7. John Bailey, *The Politics of Crime in Mexico: Democratic Governance in a Security Trap* (Boulder, CO: FirstForumPress/Lynne Rienner Publishers, 2014), 41.

8. United Nations, General Assembly, Human Rights Council, "Report of the Special Rapporteur on Torture, Juan E. Méndez, Addendum: Mission to Mexico," A_HRC_26_36_Add.1_ENG, December 29, 2014, 18.

9. Human Rights Watch, "World Report 2016: Mexico—Events of 2015," https://www.hrw.org/world-report/2016/country-chapters/mexico. See also Human Rights Watch, "Mexico's National Human Rights Commission: A Critical Assessment," February 12, 2008, https://www.hrw.org/report/2008/12/mexicos-national-human-rights-commission/critical-assessment.

10. See Nancy Cortés, Kimberly Heinle, Octavio Rodríguez Ferreira, and David A. Shirk, "The State of Judicial Sector Reform in Mexico," Justice in Mexico Project, University of San Diego, Policy Brief, July 25, 2016.

11. Kimberly Heinle, Ostavio Rodríguez Ferreira, and David A. Shirk, *Drug Violence in Mexico: Data and Analysis through 2015* (San Diego, CA: Justice in Mexico Project, University of San Diego, April 2016), 23, Figure 15.

12. Valeria Espinosa and Donald B. Rubin, "Did the Military Interventions in the Mexican Drug War Increase Violence?" *The American Statistician*, 59 (2015), 17–27.

13. Kirk Semple, "Mexico Grapples with a Surge in Violence, *New York Times*, December 13, 2016.

14. OECD Environmental Performance Reviews: Mexico 2013 (Paris: OECD Publishing, March 12, 2013).

## 譯者註

[1] 2019年估計為1億3,416萬人,排名世界第10名。

[2] 2018年已由安德烈斯‧羅培茲‧歐布拉多當選總統。

[3] 由墨西哥歷史學家丹尼爾‧科西奧(Daniel Cosío)用來描述19世紀末至20世紀初獨裁者波費里奧‧迪亞茲擔任總統之統治墨西哥時期。

[4] 這是北方農民軍隊領導人「荷西‧阿朗戈」(José Arango)的化名。

[5] 本文中應是意指2000年、2006年,以及2012年的3場總統選舉。

[6] 墨西哥的最高法院於2015年裁決,只限於異性之間的婚姻法皆違憲,因此各州必須去處理將同性婚姻法制化的相關修法工作。

[7] 現在已改名為美國「政府問責署」(Government Accountability Office, GAO)。

# 第十四章

# 巴西政治

弗朗西絲·哈格皮安（Frances Hagopian）、
提摩西·鮑爾（Timothy J. Power）

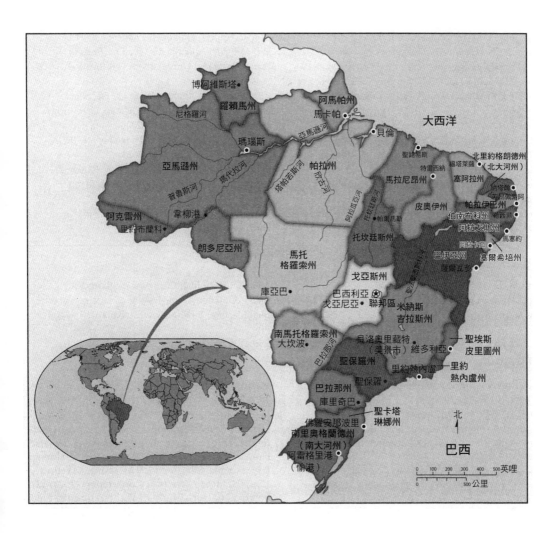

## 國家簡介

人口：2億600萬
領土：3,287,612平方英哩
獨立年分：1822年
當前憲法制定年分：1988年
國家元首：總統米歇爾・泰梅爾

（Michel TemerLulia）[1]
**政府首腦**：總統米歇爾・泰梅爾
（Michel TemerLulia）[2]
**語言**：葡萄牙語
**宗教**：羅馬天主教57%；基督新教28%

## 學習目標

**14.1** 辨認巴西政府目前面臨的五個挑戰。

**14.2** 討論巴西的民主之路。

**14.3** 描述國家在巴西經濟中所扮演的角色。

**14.4** 描述巴西政府的部門以及彼此間的制衡關係。

**14.5** 探討宗教運動、性別運動以及種族運動，在巴西的政治文化中相關的作用。

**14.6** 辨認巴西政治社會化的主要來源。

**14.7** 描述個人參與巴西政治過程的方式。

**14.8** 討論利益團體組織的變化方式以及對巴西政治的影響。

**14.9** 探討政黨動態與巴西的選舉制度。

**14.10** 描述巴西立法機構制定和考量法律產生的方式。

**14.11** 列舉巴西近來五項公共政策的變化並且說明其效果。

**14.12** 辨認讓巴西變成國際知名的四種方式。

在2016年8月，日復一日，在巴西利亞中部的國會大廈前，兩組抗議的人馬頂著炙熱的陽光對峙著。一邊是穿著象徵從2003年以來就控制著總統職位的「**勞工黨**」（Workers' Party, PT）的紅色激進人群。另一邊則是穿著民族色彩綠色與黃色，喊著反對勞工黨標語的口號，並要求將總統迪爾瑪・羅賽芙（Dilma Rousseff）驅逐下臺的人群。受到騎警分隔的兩組人馬，如陪審團一般，試圖影響在國會裡參與著歷史性彈劾總統審判的81位參議員。在該月最後一天的中午，參議院以壓倒性多數投票通過判處羅賽芙有罪，並將其撤職。

鑑於巴西的法律規定，自2016年4月彈劾程序開始以來，羅賽芙已被暫停總統職務，而投票只是一種反高潮的收尾。她的副總統米歇爾・泰梅爾（Michel

Temer）（他曾公開表示支持彈劾勢力的那一邊）早在幾個月前就已經組好了新的政府團隊，這是自從2003年以來首次沒有任何勞工黨或是左派政黨的團隊。對於勞工黨而言，罷免羅賽芙是一件難以接受的事實，因為她在將近2年前才剛連任總統，這是拉丁美洲最大、最具影響力的進步黨連續4屆在大選獲勝。許多勞工黨的領袖痛斥這樣的彈劾案就像是一場「政變」（以國會方式來主導的政變），宣稱巴西這些有權力的菁英在操弄憲法，只是為了要驅逐一個他們無法以投票選舉方式打敗的政黨。

雖然民意調查顯示有65%的巴西人民支持羅賽芙的彈劾案，但是相對上有少數的選民認為，要罷免這職位只能是因為對總統提出了具體的法律指控（這些涉及在技術上違反了複雜的聯邦預算法）。由於政府、政黨和國營的「巴西石油」（Petrobras）都陷入了一系列大規模的腐敗醜聞，許多人因此想要罷免羅賽芙的職位。還有一些人想要讓她下臺的原因是巴西的經濟已走到1930年代以來最糟糕的衰退狀況了，在羅賽芙再次連任後的前2年期間就減少了7%以上。好像這兩個危機——很容易成為在巴西現代民主制度中最具有挑戰性的兩個事件——還不夠，後來在「茲卡病毒」（Zika virus）引發健康危機的背景下，還要承受舉辦2016年奧運會的壓力，使得他們更加惱火。

2016年9月，在這些錯綜交雜的各種危機中，隸屬中間派「巴西民主運動黨」（Party of the Brazilian Democratic Movement, PMDB）76歲的米歇爾‧泰梅爾，因此成為總統。在上任的第一天，泰梅爾任命了一個全都是男性，且全部都是白人的內閣團隊。當時國會對他熱情高漲，不過一般巴西民眾則沒有太多反應：民意調查顯示他並沒有比被趕下臺的前任總統更受民意支持。

## 當前的政策挑戰

### 14.1 辨認巴西政府目前面臨的五個挑戰。

巴西人共享了身分的認同、對政府表現忠誠，也忠於政治社群。沒有嚴重的宗教衝突或是大量使用少數語言的族群，而最近一次發生於地方與中央政府之間的武裝衝突是在1932年。然而從政治上來說，今日的巴西比最近幾十年來的任何時間，都要更加兩極化，並且它面臨著重振經濟成長的緊迫挑戰、消除地方貪污腐敗的政治制度，以及強化民主治理。嚴重的經濟衰退以及破碎的政治體制使政府難以維持進步的社會政策，保持可持續發展的動能，並解決提供教育、公共安全、住房、交通運輸，以及各種服務而不斷累積的赤字。

對於在經濟衰退前10年曾經歷過繁榮昌盛的許多巴西人而言，2013年開始的

經濟低迷現象令人震撼。在路易斯‧伊納西奧‧魯拉‧達席爾瓦（Luiz Inácio Lula da Silva）執政下（2003-2010），經濟成長相當健全，平均每年都超過4%以上。通貨膨脹得到適當控制、公共債務減少，而使得巴西得以提前清償外債。巴西很快就從2009年的全球經濟衰退中復甦，在2010年經濟出現令人印象深刻的強勁反彈，成長幅度達到7.5%——這是該國自從1986年以來的最佳表現。巴西擁有豐富的能源、礦產，以及農業資源，帶動了全球商品的繁榮，並在2012年超越了英國，而成為全球第6大經濟體。雖然不像過去那樣突飛猛進的成長，不過在1999年至2009年期間，最貧窮的10%巴西人的收入成長速度，幾乎是那些最有錢巴西人的4倍，大大減少了貧窮與不平等的狀況。這國家似乎正在崛起，並且還受到國際新聞媒體的表揚。

然而，中國經濟減速（中國是巴西最大的貿易夥伴），導致國際大宗商品價格下跌，也改變了巴西的前景。在2014年，即羅賽芙競選連任那年，其經濟成長率無力到只剩下0.1%；緊接著是在2015年非常嚴重地急遽下降到負3.8%，以及在2016年再次下降到負3.0%。失業率衝高到每年平均的10%。最令人擔憂的就是，自1994年以來受到控制的通貨膨脹，現在又再次成為威脅。在2015年，當年的通貨膨脹率高達10.7%，是20年以來最高的一年。這促使中央銀行提高利率，而巴西已經是全球26個主要經濟體中利率最高的國家。高利率與稅率抑制了私人與公共部門的投資，而無法改善該國具有緊急需求性的老齡化以及快要崩潰的基礎設施。復甦之路還意味著要大幅削減該國財政義務性的支出，特別是退休養老金的給付。未完善的基礎設施以及技術不佳的勞動力，使得高產能以及持續創造就業都成為結構性上的障礙。

事實上，不斷提高的通貨膨脹以及不斷減緩的經濟成長，對於必須即刻處理艱鉅的社會政策議程的政府來說，是一個糟糕的時機。在過去20年來，歷任的政府都很成功地擴大了健康照護與教育的管道。但是現在巴西人正在追求更好的管道與較佳品質的服務。貧窮者所依賴的公共健康照護制度，長期以來補助不足且效率低下，而巴西學生在「國際學生能力評估計畫」（PISA）的數學、科學，以及閱讀能力的得分，使該國在參與國際測驗計畫項目的65個國家中，幾乎都位居墊底的位置。2013年的一波公眾抗議的活動，還引起了人們對國家城市中公共交通運輸系統設施不足的關注，這些系統成本太高而交付量太少，連帶使它們所服務的鄰近地區也都供應不穩定。

困擾著許多社區的是犯罪、暴力，以及販毒的高發生率。巴西是非法毒品的第2大消費國（僅次於美國）。雖然里約熱內盧市政府在2016年夏天的奧運會開

始之前，採取了重大措施，派出安全部隊進入城市中一些最危險的貧民窟去驅逐毒販並進行安撫，但嚴重缺乏公共安全，仍持續困擾著里約和其他的城市。凶殺率（每年超過4萬起的凶殺案）高得令人難以接受，暴力侵害女性及孩童的行為很普遍，司法系統不堪重負。警察為了取得供詞，常會刑求貧困的犯罪嫌疑人，還有他們將法外處決偽裝成是與危險罪犯的槍戰。「自由之家」指出巴西的警察是全世界最暴力和最腐敗的，並指出其「警官很少因濫用職權而受到起訴，甚至幾乎從未被定罪過」。[1]

　　雖然收入不平等的現象在過去20年已有所減少，但是社會依然按地區、種族和性別劃分階層。近年來，失地勞動者運動戲劇化地說明了農業耕作用地的短缺。巴西人也開始了解自己的國家正面臨「非洲後裔」（Afro-descendants）促進經濟以及社會融入的挑戰。「非洲後裔」代表了幾近一半的人口，但是在歷史上卻一直飽受種族歧視以及缺乏教育與工作的機會。最近推出的可進入聯邦大學就讀的「平權行動」政策，就是朝這個方向邁出的一步。

　　在滿足能源需求的同時，也必須要注意保護環境的問題。汽車使用量的增長與多年來寬鬆的控制態度，已經損害了空氣和水的品質。近年來，巴西在制止砍伐亞馬遜河流域的森林上取得了進展，但是土地使用的短缺也因此更加劇其畜牧以及大豆種植上的壓力。旱災變得更加嚴重。巴西看起來在能源上已能夠自給自足，歸功於大量的水力資源與世界上最大的水力發電廠、生物燃料產業，以及龐大的國營企業「巴西石油」於2006年至2008年期間在大西洋發現的大量油田。但是由於愈來愈多的巴西人購買汽車，國內缺乏煉油的能力，以及開採深海油田的步伐比預期緩慢，對燃料的需求激增，最近也迫使巴西必須進口國外的汽油甚至乙醇。

　　從2013年的抗議活動開始，一直持續到2016年的彈劾危機，一般公民也一直在呼籲要對不合時宜的政治進行改革。人們普遍認為政府受到貪污腐敗與政治體制失靈的影響，而呈現出跛腳的樣子。接二連三的貪污腐敗醜聞使人們普遍認為，貪污腐敗的政客可以逍遙法外。對國會、政黨，以及政治人物的信任空前低下。巴西人傳統上很喜歡抱怨本身的政黨，但是近年來的抗議浪潮則表明了，人們對「一如既往的政治」的排斥程度甚至更大。現在議程上最重要的是必須對選舉活動的募款方式進行改革，而一連串嚴肅的公開辯論已經開始，包括討論到民意代表以及選民之間的關係無法承接之問題。勞工黨傾向於封閉式名單比例代表制，因為這有助於提高政治人物對其政黨領導人的問責制，而其他的行為者則是偏好單一選區制，因為這可以強化個別的立法人員與其選民之間的關係。

　　經歷了10年的政治與社會融入後，數百萬新生效的巴西公民，現在也開始質疑公共政策的品質了。人們公開詢問這樣的政治制度是否可以維持經濟成長、消除貧窮、促進公共服務的品質、保證人身安全、改善過去的司法不正義、使國家走上可持續發展的道路，並清理政府的貪污腐敗。要了解巴西這些新的批判性公民訴求，我們必須先了解造成這國家目前政策受到挑戰之經濟、社會及政治情況。

## 歷史觀點

### 14.2 討論巴西的民主之路。

　　巴西有政治秩序遺留下來的傳統，以及數十年下來具有實質競爭性的政府，但是真正可以稱之為民主國家則是相對近期才達到的成就。巴西於1822年脫離葡萄牙的統治獲得獨立，並非藉由如西班牙、美國那樣起義的方式，而是透過當時葡萄牙國王兒子的命令。70年來，巴西被當成像是一個具有強大中央權威的「帝國」來治理。這種統治方式避免了領土的四分五裂，並且為拉丁美洲這個新世界提供獨樹一格的政治穩定程度。

　　在奴隸制度正式廢除的後一年，巴西在1889年成為了共和國。但當心懷不滿的軍人與農業菁英們分別撤回他們的支持時，帝國迅速地崩潰。軍方想用一個致力於「秩序與進步」的強大中央政府來取代帝國——這個箴言至今仍然繡在巴西的國旗上。然而，到了1891年，贊成權力下放的平民菁英奪取了控制權。他們從美國案例中汲取靈感而制定了憲法，甚至賦予了各州比美國聯邦制更寬鬆的權限。這個後來被稱之為「舊共和國」的時代，是由這些地區的寡頭政治領袖所控制。而當時的環境是絕大多數的巴西人沒有有效的合法權利或公民權的社會經濟條件。在1930年，接踵而來的勞工暴動與年輕軍官的抗議、全球經濟大蕭條、巴西咖啡經濟的危機，以及區域競爭，推翻了舊共和國，並催生了一場「革命」，讓南方的政治人物熱圖利奧·瓦爾加斯（Getúlio Vargas）取得了總統職位。瓦爾加斯很迅速的以國家作為代價強化了中央政府，並提高了官僚制度的自主性。在1937年，由於受到義大利法西斯主義政治秩序的深刻影響，他竟然違背了要舉行選舉的諾言，而是在他稱為「新國家」（Estado Nôvo / New State）的政權中行使了獨裁統治。

### 戰後的民主

　　隨著1945年軸心國勢力的失敗，瓦爾加斯勉強地施行了民主。他開放了政治

制度以擴大政治參與和競爭。許多新的選民，特別是來自於南部與東南部城市地區的人，透過鬆散的組織加入民粹主義的政治人物、政黨，以及勞工機構，然後也都被整合到政治制度中。民粹主義政治人物宣稱代表城市中產與勞動階級的利益。然而，實際上城市中較低階層都被牢牢控制，而城市中非正式部門的勞工則是缺乏管道獲得醫療健康照護、退休養老金，以及許多在公民權上合法的權利。農村裡的貧困人口（大約占了總人口的70%）完全被排除在政治生活之外。他們的利益無法透過任何政黨來表達，也不允許他們組織工會，而且他們之中大多數都是文盲，難以行使投票行為。

接下來的20年，有幾個政黨競逐著國家層級的權力，即使政治老大哥依然發揮了很大的地方控制權。國家開始朝向繁榮發展，特別是在1950年代末期，當時實體的基礎建設剛落成。外國汽車廠紛至聖保羅設廠，還有一個全新的首都「巴西利亞」（Brasília），在國土內陸之中新建完成。

在1960年代初期，巴西的政治體制開始出現緊繃的訊號。隨著眾議院內的13個政黨以及小黨派激增，國會變得沒有效率，導致沒有任何一位總統能夠取得穩定的支持基礎。菁英們受到農民聯盟動員、民粹主義「**巴西勞動黨**」（Brazilian Labour Party, PTB）的成長，以及左派言論「若昂・古拉特」

### 圖14.1　巴西1945年以來的行政樣貌

巴西的政府已經由文人總統來領導三十多年了，所有文人總統裡面只有3位是由人民直選產生的。自從1998年以來，總統已經可以連選連任

| 年分 | 年分取得權力方式 | 總統 |
|---|---|---|
| 1945 | 選舉 | 尤里科・杜特拉（PSD／PTB） |
| 1951 | 選舉 | 熱圖利奧・瓦爾加斯（PTB／PSD） |
| 1954 | 繼任，原總統自殺 | 若昂・卡費・菲略（PSP） |
| 1956 | 選舉 | 儒塞利諾・庫比契克（PSD／PTB） |
| 1961 | 選舉 | 雅尼奧・奎德羅斯（UDN／PDC／PL／PTN） |
| 1961 | 繼任，原總統辭職 | 若昂・古拉特（PTB） |
| 1964 | 政變 | 翁貝托・卡斯特洛・布蘭科 |
| 1967 | 軍事繼任 | 阿圖爾・達科斯塔・埃席爾瓦 |
| 1969 | 軍事繼任 | 埃米利奧・梅迪奇 |
| 1974 | 軍事繼任 | 埃內斯托・蓋澤爾 |
| 1978 | 軍事繼任 | 若昂・菲格雷多 |
| 1985 | 間接選舉，繼任，原總統過世 | 喬斯・薩尼（PFL／PMDB） |
| 1990 | 選舉 | 費爾南多・狄梅洛（PRN） |
| 1992 | 繼任，原總統被彈劾 | 伊塔馬爾・佛朗哥（無黨籍） |
| 1995 | 選舉 | 費爾南多・卡多索（PSDB） |
| 1999 | 連選連任 | 費爾南多・卡多索（PSDB） |
| 2003 | 選舉 | 路易斯・盧拉・達席爾瓦（PT） |
| 2007 | 連選連任 | 路易斯・盧拉・達席爾瓦（PT） |
| 2011 | 選舉 | 迪爾瑪・羅賽芙（PT） |
| 2015 | 連選連任 | 迪爾瑪・羅賽芙（PT） |
| 2016 | 繼任，原總統被彈劾 | 米歇爾・泰梅爾（PMDB） |

附註：PSD：社會民主黨；PTB：巴西勞動黨；PSP：進步社會黨；UDN：全國民主聯盟；PDC：基督教民主黨；PL：自由黨；PTN：國家工黨；PFL：自由陣線黨；PMDB：巴西民主運動黨；PSDB：巴西社會民主黨；PT：勞工黨。

（João Goulart）的威脅。古拉特在雅尼奧・奎德羅斯（Jânio Quadros）總統令人難以置信的辭職下臺後，於1961年擔任總統（參閱圖14.1）。在1963至1964年初，面對高通貨膨脹與停滯不前的經濟，古拉特主張在鄉村地區進行全面性的改革。有一些軍官將左派運動視為是一種對國家安全和經濟穩定的威脅，並且是顛覆性意識形態，奪權和擴大政府與政治角色的溫床。

## 軍人干政

在1964年4月，巴西軍方罷黜了古拉特總統，並控制了權力。為了應付通貨膨脹、吸引外國投資並刺激經濟成長，軍方將經濟政策制定權集中在行政部門，由軍官與行政技術官僚——經濟學家、工程師，以及專業的行政人員組成。在執政1年後，其廢除了現存的政黨，並且取消了未來的州長、州首府市長，以及「國安」地區首長的選舉。

當軍方的「鷹派」在1967年取得權力時，政權開始實行嚴厲的壓迫，特別是針對勞工與學生運動。其暫停了「人身保護令」（habeas corpus）並宣布國家進入戒嚴狀態。就像是拉丁美洲其他國家這時期的軍政府一樣，其征服了本身的敵人——無論是真實存在或想像的——加以任意拘留、嚴刑拷打、驅逐流亡，甚至處死。雖然如此，如果按人均計算，比起同樣在軍政府獨裁控制下的阿根廷、智利，以及烏拉圭，在巴西死亡與失蹤的人數還是相對較低的，而且在1974年之後虐待的現象也很少見。此外，不像其他的獨裁政權，巴西軍政府並沒有完全取消選舉以及代議機構。軍政府創建出一個親政府的政黨——「國家革新聯盟」（National Renewal Alliance, ARENA）——以及一個官方版的反對黨「巴西民主運動黨」（Brazilian Democratic Movement, MDB）。它允許這些政黨參與國家級與州級的立法議院以及大多數的市政府之競選。國會在整個軍事統治期間依然舉行了會議，但僅有兩個短暫的時期。當然，國家革新聯盟的勝選幾乎是藉由操縱選舉法來確保，並且藉由1967年的《憲法》剝奪了立法者具有實質意義的權力。雖然如此，合法的面紗、兩黨制，以及選舉，最終仍為巴西在1980年代走上民主化的特殊道路奠定了條件。

政治自由化是從軍方內部開始發展的。在1974年初，新上任的「鴿派」軍政府總統埃內斯托・蓋澤爾（Ernesto Geisel），藉由放寬對新聞的審查、允許想法更自由的表達，以及承諾稍微開放的選舉，來釋放出他可能會鬆綁軍事統治的訊號。蓋澤爾希望有更多的政治自由才能制衡軍方鷹派的權力，而且更多具有實質性競爭的選舉才可能增加投票率，並強化政權的合法性。儘管在1968年至1974年

期間的「巴西奇蹟」中，經濟上出現創紀錄的兩位數成長率，但是反對派的巴西民主運動黨在1974年的選舉中還是在22個參議院開放的席次中，贏得了16席。這種讓執政當局感到震驚的沮喪，大部分是由於有效的媒體運動抗議日益嚴重的社會不平等，以及不斷增長的城市中產階級對更多的自由、使用大眾媒體和高等教育的需求。雖然軍事政權後來限制了政黨利用電視的管道，並決定三分之一的聯邦參議員都要由政府指派，以確保本身在國會中的優勢，不過定期舉行的選舉卻能夠讓該政權的反對者可以動員與施壓政府來維持其「政治開放」（abertura politica / political opening）的路線。

軍事政權的政治開放也促成了具有充沛活力的公民社會在1970年代得以興起。天主教教會與幾個菁英利益團體（包括媒體、律師協會和商業社團）對於軍事威權主義表示嚴重保留。隨著政治環境的開放，以往不是被噤聲（如勞工運動）或是先前沒有結社組織的非菁英團體（如女性運動），也開始施壓要求更多的政治自由。

## 重返民主

軍事政權終於在1985年3月時走到了盡頭。通貨膨脹與失業率同時攀高以及對軍方普遍失望後，原本許多平民支持者都放棄了它。政權支持者與反對者共同協商達成了一系列加快其轉型速度的政治協議。平民反對派領袖——坦克雷多·內菲斯（Tancredo Neves）——被由一群菁英公職人員組成的「選舉人團」選為總統。在他不幸英年早逝後，當時選出的副總統若澤·薩爾內（José Sarney），這位親軍事政黨的前任黨魁，宣示繼任為總統。1985年，政治參與權擴展到無法識字讀寫的公民，隨後在1986年舉行了國會選舉。

1988年通過的新憲法，廢止了過去許多威權時期的法律，並保障人民的基本政治與社會權利。到了1989年，當巴西人在1960年之後第一次參與總統的選舉投票，大多數的觀察家認為巴西已經建立了民主政權。

## 經濟與社會

### 14.3 描述國家在巴西經濟中所扮演的角色。

在過去80年中，巴西經歷了像任何國家一樣，深刻的社會經濟轉型。巴西從一個明顯烙印著曾經是農業殖民地與奴隸社會的國家，到成為21世紀最具潛力的「新興經濟體」之一的國家。雖然這轉型有很大一部分是由國家所精心策劃才導致的，不過在近幾十年來，這國家一直在爭論國家應該走多遠。在卡多索

（Cardoso）執政時期（1995-2002），其主要目標是維持經濟的穩定，巴西縮減了國家的干預影響，並允許市場力量發揮更大的作用。在勞工黨執政的年代（2003-2016），鐘擺擺回到國家干預這一方，特別是關於重新分配的社會政策上。對巴西而言，其挑戰就是如何在這兩種非常不同的策略之間，找到「最佳的位置」，如何在維持經濟增長的同時，消除飢餓、文盲和其他不平等的痛苦痕跡。

## 經濟

直到1930年，人工農林業組織了巴西的經濟和社會。沿著東北海岸線種植的大規模蔗糖產業，在19世紀初期都還是大量依賴奴隸的勞動力來生產。1850年代初期，在750萬的巴西人口中，超過四分之一的人口是奴隸。在蔗糖經濟式微之後，東南地帶的咖啡種植者開始變得富有且具有政治上的影響力。

當1929年10月股市崩盤導致咖啡經濟跌入谷底時，巴西這國家就和當時拉丁美洲的其他國家一樣，引領了工業化的進程。它保護了市場新興的產業、進行能源補貼、操縱匯率以降低進口產業投入品的價格，並對勞動力加以控制。這樣的模式稱之為「進口替代工業化」，在1950年代創造了經濟成長，但是在1960年代初期面臨了投資萎縮而通貨膨脹率上升，這種情況就變得緊張起來了。

在軍政府統治下，國家持續推動工業化。軍方長期以來一直夢想著開發國家豐富的自然資源，以使巴西成為一個強大的國家。當鄰國正進行著自由市場經濟的實驗浪潮時，巴西軍政府卻反其道而行，增加了國家的基礎稅收、控制了工業與價格，並在能源與運輸領域中經營了上百家營利的公共事業部門。它吸引了很重要的外國投資，像是汽車與石化產業，這些都是需要大量資本的投入以及尖端的技術能力。從1968年到1974年，巴西的國民生產總額翻了1倍，每年平均的經濟成長達11%，但這樣的豐碩成果並沒有滲透到大多數的人口中。

經濟成長終於在1974年時減緩了。由於巴西大部分的能源需求都依賴進口的石油，巴西受到阿拉伯石油禁運帶來的油價飛漲以及「石油輸出國家組織」（OPEC）減產的雙重打擊。軍政府統治者開始向外國借貸以維持經濟的成長並支付債務。此一策略適得其反，隨著油價繼續攀升、利率上升，以及全球經濟衰退，關閉了巴西的出口市場。

巴西的負債很戲劇性地改變了該國的經濟前景。從1985年至1989年，債務利息以及本金支出，平均每年占其出口收入的43%，而且在1985年時，債務利息的支付超過了該年國民生產總額的4%。償還債務使國家在1980年代的大部分時間

裡，都陷入在嚴重的經濟衰退中。年通貨膨脹率飆升至四位數。

到了1990年代初期，這種負債累累的生產國模式已經不能持續。政府開始取消貿易的保護和放鬆價格管制，並於1993年與債權人重新談判了債務條件。1994年，巴西頑固的通貨膨脹問題終於被一項稱為「雷亞爾計畫」（Real Plan，其名稱來自所發行的新貨幣雷亞爾）的經濟配套方案所抑制了。在實施雷亞爾計畫之前1年，其每個月的通貨膨脹率平均為39%；真正施行雷亞爾計畫之後，年通貨膨脹率就已降到了個位數。政府同時也放寬了有關外國投資的法規，並使許多國營企業私有化，以期加速新的經濟成長。從1996年至2000年，巴西平均每年都吸引了210億美元的投資。在此期間，唯一獲得更多外國投資的新興市場就是中國。官僚體制的改革使得巴西聯邦政府能夠減少公務薪資發放，部分政府也獲得了社會安全義務上的控制。但是其他公共部門的改革依舊停滯不前，妨害了貨幣改革、外國投資，以及私有化的利益。當亞洲在1997年面臨金融危機的困境時，巴西政府不得不讓其貨幣雷亞爾貶值。

此後，巴西的經濟表現也有所改善。穩定的經濟成長確保了當時的民選總統魯拉得以承諾本身行政團隊控制支出，並履行巴西的國際償債義務。這樣的結果令人印象深刻。在魯拉第2任期中，通貨膨脹平均每年的增長率是5%。魯拉的行政團隊也改革了公共部門員工的退休養老金制度，嚴格要求退休與減少相關的福利。所有的一切，使政府能夠產生出占國內生產總額4.25%的財政盈餘，自願超過國際貨幣基金組織（IMF）建議的預算盈餘目標，占國內生產總額的3.75%。巴西人的節儉使得國家能夠提前償還了計畫中的外債。

這10年來，巴西通過出口石油、大豆、鐵礦，以及其他的商品至當時正在成長的中國，獲得了一筆意外之財。到了2013年，中國已經超越了美國，成為巴西最重要的貿易夥伴。從2004年至2008年，巴西的平均經濟成長率是4.8%，而在2010年則是增長到7.5%，然後在2012年時放緩至0.9%。隨著實際最低工資在2003年至2013年之間幾乎增加了1倍，使得這幾年的消費者購買力飆升。

在2013年經濟不景氣開始之前，巴西似乎已憑藉自己的方式而變成能源的超級強國。它的生物燃料產業，藉由甘蔗而產製出相當成功的酒精燃料，使其領先全球；如今所有的輕型車輛都使用乙醇或乙醇與汽油的混合物來發動（已經不再發售純石油）。光是伊泰普（Itaipu）水電站就提供了全國17%的電力。國營石油巨頭「巴西石油」公司在1990年代進行了現代化改造以及擴展其功能，以回應市場力量。運用創新的鑽井技術，該公司於2006年至2008年之間，在大西洋深海處發現了大量的油田。這些發現使得巴西石油興奮不已，因為這讓該公司成為全

球第2大能源公司（僅次於美國的「埃克森美孚」（ExxonMobil）），並成為全球市值排名第7的公司。但是國內對新發現的石油開採，並無法滿足日益增長的需求，迫使巴西從外國進口石油，甚至是乙醇來滿足其在能源上的需求。這家公司還陷入批評者指責的問題，是由於政府要求該能源巨頭必須從巴西的公司那裡購買船舶、鑽油平臺以及其他設備，並以低於市場的價格出售進口汽油，來促進國內產業發展而引起的。此外，2014年公司內部一起巨大的腐敗醜聞被揭發，導致巴西石油公司的市值急劇下降——從2010年的最高峰約3,000億美元，跌至2016年只剩下高峰期的十分之一。2017年，巴西石油公司成為美國養老基金提起980億美元集體訴訟的目標，該訴訟主張他們因巴西石油公司的聲譽受損而蒙受了巨大的損失。

## 社會：具現代性但不平等

　　巴西快速成長的經濟，已經從根本上改變了社會。在1940年，有68%的人口居住在農村地區。今日，只有約15%的巴西人留在農村，而巴西有27個擁有超過百萬居民的大都會區。大聖保羅區（有2,100萬的居民）與大里約熱內盧（有1,300萬）的人口超過許多拉丁美洲國家。大約有六分之一的勞動力是在農業領域中工作，而另外有三分之一的人口是在工業與營造業，其餘的人口則是在商業、政府，以及服務業當中就業。主要的農業勞動者已不再是小佃農以及農地承租者；他們是世界上某些最現代化與產能最高的農場的受雇勞工。除此之外，在過去的40年中，女性已經大量進入勞動市場中。在1970年至2014年期間，女性在勞動力上的參與已經從原本的18%增加至57%。[2]

　　巴西人也更容易接觸現代的通訊方式。在2014年，97%的家庭至少有一臺電視機，而55%的家庭具有寬頻上網的功能。2014年，超過90%的家庭擁有某種形式的電話（固定電話或行動電話），而2001年只有59%。實際上在這領域中出現全方位成長的是手機的出現，這已讓日常生活出現革命性的改變。10歲以上的巴西人中，超過78%至少擁有一支供個人使用的手機。

　　不論社會的現代化是多麼地真實，其仍然具有可努力的空間。十分之一的成年人是文盲。雖然2013年顯示巴西人平均上學受教育的時間是7.7年，但是有很多人是重複就讀而且並沒有完成基礎教育。只有不到一半的勞動力人口有繳費加入社會保險制度。有四分之一的人口在非正式的部門中工作，以及有四分之一的人是屬於自雇者，他們都未領有工作卡，而無法擁有許多1988年憲法所記載之工作保障的資格。

事實上，巴西長期以來一直是世界上最不平等的國家之一。隨著經濟的穩定，在1990年代時，不平等現象開始下降，但由於重新分配的社會政策，其結果使不平等現象在2003年至2013年這10年間再次進一步下降（參閱圖14.2）。巴西前10%最富有的人的收入分額所占比例下降了31%，最貧窮的五分之一人口的收入上升了27%。然而，不平等現象依然存在於不同的個人、社會階級，以及地理上的區域當中，這也是國家整體發展不均衡所造成的結果。按照慣例，巴西劃分為五大區域：東北部、北部、東南部、南部，以及中西部。在2012年，由極度貧窮與受到旱災困擾的東北部地區組成的9個州其產值只占國內生產總額的14%，但卻占巴西總人口的28%，包括所有「家庭補助金計畫（聯邦現金發放）」（Bolsa Família / federal cash transfer）受益者中，超過一半的人口。除此之外，該區域有近20%的人口是文盲，這個比率相對於巴西國內更發達的區域，要高出3倍以上。北部，包括巴西的亞馬遜地區，以及中西部（巴西的邊境），與沿海地區相比，人口及開發相對都比較少。東南部（包括聖保羅、米納斯吉拉斯州，以及里約熱內盧）占總人口的42%，54%擁有大學的學歷，創造了55%的全國經濟活動與財富。

**圖14.2 收入不平等**

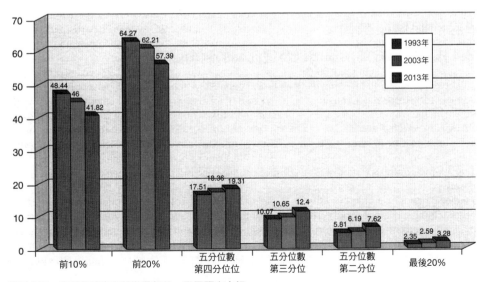

經歷了20年的時間，在巴西的收入不平等現象已經減少了，不過生命機會依舊還是嚴重不均勻

資料來源：資料數據來自於世界銀行，發展研究小組。

社會階層按膚色、階級以及地區分層。「非洲後裔」（Afro-descendants）占巴西北部人口74%、東北部69%、中西部56%、東南部44%，以及南部大約21%的人口數，而在全國大約占了一半的總人口數。因為擁有超過1億的非洲後裔人口，使得巴西排名在奈及利亞之後，成為全世界第2大的黑人人口國家。非洲後裔都是貧窮人口，經常遭受到警察嚴厲的對待，而通常會發現他們向上晉升的管道，不論是在公共或私人生活中都受到阻礙。他們比一般人成為文盲的可能性高達2倍，而且比起同行的白人，他們所能賺到的錢要少得多：在2013年，非洲後裔的平均薪資只有白人勞動者的57%（比10年前的48%已有所提升）。[3]儘管巴西在過去10年中在入學率及上大學方面有長足的進步，但只有53%年齡介於20歲至22歲的非洲後裔完成了相當於一些高中的學歷（相較於白人，則有71%）。[4]除此之外，種族歧視的問題也延伸到司法制度中。要是發生了暴力犯罪，如果是非洲後裔的被告，比同樣行為的白人，更容易在審判中被拘留，只能依靠公設辯護人，以及更容易被定罪並受到嚴懲。就像非洲後裔人口一樣，自從葡萄牙殖民主義開始以來，巴西的原住民就一直處於嚴重不利的地位。葡萄牙的移居者及其後裔覬覦當時印第安人的勞力、土地，最近則是貪圖印第安人土地上的木材與礦產。他們透過各種計畫使印第安人能夠融入巴西的社會，但這也會威脅到原住民文化的基本生存空間。直到1988年，印第安人的集體權利才受到憲法的承認與保障。相對於廣大族群的非洲後裔，只有25萬的巴西人具有原住民族群的身分，這些人大多數都居住在亞馬遜州地區。

## 政府的制度與結構

### 14.4 描述巴西政府的部門以及彼此間的制衡關係。

巴西有很嚴重的世襲制遺留文化，藉由強大國家之中央集權的官僚制度，來對社會進行控制的一種傳統體制。自1889年建立共和國以來，巴西就以聯邦制與總統制作為國家的體制，政府是以三權分立形式呈現——行政、立法，以及司法。然而，權力的分配、對國家與政府權威的限制，以及政策如何形塑與執行，實際上都會隨著每個政權與不同的憲法而有所差異。

非民主的政府會將決策制定集權至聯邦行政機構上，並且擴大國家的權威。民間的菁英人士對威權主義的反應，都會嘗試在行政權上去集權化並且限制中央的權力。1988年的憲法制定者，其目標是讓國家再行使權力時不受到限制。為了遏制專制時期的過度集權，他們強化了地方政府的財政基礎；加強國家立法機關、個人、集體公民，以及政治權利的力量。

### 聯邦制：聯合、州與地方政府

巴西是世界上最為地方分權的聯邦制度國家之一。其聯邦制是由三個具有自治政府的主體層級所組成：（1）稱之為「聯合（Union）政府」的中央政府；（2）州政府；（3）稱之為「市（Município）政府」的地方政府，這大約相當是美國的郡政府（參閱圖14.3）。

巴西26個州之中的每一個以及聯邦特區（首都「巴西利亞」）都會投票選出其州長、副州長，以及州議會代表，他們的服務任期都是4年，任職於眾所皆知「立法議會」，也就是改為一院制的州議會。巴西的5,570個市政府都是由民選的市長、副市長，以及由9至21名代表組成的地方議會（在擁有超過100萬居民的市政府中，其實際上之議會是更大型的）來共同治理。

1964年至1985年的軍政府執政時期，握有控制巴西利亞的支出這條韁繩，但是在再次民主化之後，地方政府重新獲得財政上的自主權。1988年制定的憲法要求必須將21.5%的所得稅以及工業產品稅退還至州政府，以及22.5%退還市政府，當中沒有任何附加條件。這些需自動轉移的帳款導致1990年代州與地方政府的支出大量增加。

在2000年5月，卡多索政府通過了**《財政責任法》**（Fiscal Responsibility Law, FRL），內容設定了所有層級的政府在開支上嚴格的限制，並禁止中央政

### 圖14.3　巴西政府的結構
巴西的聯邦、州，以及地方政府共享了稅收以及責任

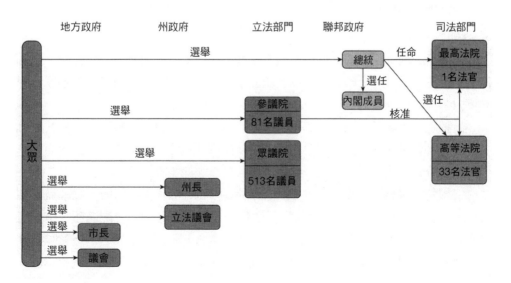

府對州政府的債務進行撥款補助。其強化了1995年的一項法律規定，限制所有州政府的人員薪資最高上限只能占所有該州年度稅收的60%。在《財政責任法》正式生效之後，州與市級政府在政府總支出中所占的比例都下降了。儘管該法律旨在限制州長的支出習慣，但該法律明確禁止所有民選的行政長官向其權力控制下的金融機構進行借款。因此，迪爾瑪‧羅賽芙因使用兩家聯邦銀行的信貸額度來彌補預算缺口，而在2016年遭到了彈劾。

## 行政部門

總統既是國家元首，也是政府首腦。總統與副總統是一同被選出來任期4年的職務（參閱圖14.3）。自從1998年之後，他們可以再次連選連任一次。總統具有充分的立法權，包括可以頒布緊急法令以及指定某些法案供國會優先考慮的權利，迫使他們直接將法案列入議程的首位。這些權力在這幾年使用得比較少了；通過普通程序（相對於走緊急請願的流程）來提交的行政最初草擬法案所占的比例從19%，翻了1倍達到39%。[5]

巴西的總統具有提出預算法案的專有權利。傳統上，巴西不像美國，其經由國會通過的預算案僅只有授權經費的支出而已，巴西取決於總統來決定其預算項目在實際上要如何去執行。從1989年至2014年，這樣具有自主性的自由裁量權給了巴西總統非常大的權力籌碼來跟國會進行協商。然而，在2015年期間羅賽芙政府的政治危機之後，國會修改了憲法，實施了美國式的強制性支出模式。這項改革使未來的巴西總統可運用「木棍與胡蘿蔔」的手法減少了，並降低可以影響國會議員的權力；羅賽芙離開時的總統職位權力，要比她上任時要來得弱很多。

## 立法部門

國會是由兩院所組成，形成一種「平衡的兩院制」之體制，其中任何一院都無法完全主導另一院。兩者都可以發起立法，而且他們共享了可以審查國家預算的權力。

上議院：參議院，有來自每個州及聯邦區各選舉出的3名參議員，總共有81名代表。參議員任期為8年；每4年舉行一次選舉改選出其中的三分之一，而留下另外的三分之二代表人數。

下議院：眾議院，來自於26個州及聯邦區的513名代表所組成。眾議員任期為4年。雖然眾議員被認為應該大致依照每一州的人口比例來分配名額，但是憲法規定了每一州的眾議員可分配的名額最少是8名，而最多是70名。這意味著許多人口較少的州會有過多代表的現象，而人口大州（像是聖保羅州）則會少於若

是完全依照比例所應分配到的人數。然而民主國家常會出現這種只為了要保障所有聯邦單位的利益（就像美國的參議院也是如此），而在人口偏低的地區中卻在上議院擁有過多代表的現象，而這現象在巴西卻很罕見地轉移至下議院中。

　　既使是在強大的總統制國家中，國會依然具有重要的權力。其可以提出法案、修正預算案、核准或拒絕緊急法令，以及推翻總統的否決權。國會可以舉辦公聽會並且可以迫使政府部會首長出席國會接受質詢。

　　此外，只要眾議院與參議院各有三分之一人數核准，國會就可以成立「**國會調查委員會**」（Parliamentary Commissions of Inquiry, CPIs）。國會調查委員會可以對國營企業的財政管理以及嚴重違反公共道德的部門進行調查，包括2005年涉入協助前總統魯拉操作付款計畫給聯邦立法者，使其在會議上以重要選票作為支持基礎的醜聞。之後將此提交至最高法院，這項調查（稱之為「高額月費案」（mensalão）或是「每月大筆付款」（big monthly payment）的醜聞）也導致勞工黨的領導人在2012年被定罪。國會調查委員會的任務範圍廣泛，包括推翻銀行保密或強迫高知名度證人作證的權力，使得國會調查委員會成為國會行動中最被關注的形態之一。

## 司法部門

　　司法部是由最高法院、高等法院、5個區域聯邦上訴法院、勞工法院、選舉法院、軍事法院，以及州法院所組成。憲法明文規定進入司法單位服務的標準（通過競爭激烈的考試）、升遷（透過年資與功績），以及在70歲或服務滿30年強制退休的標準。總統提名11位法官或是所謂的「行政首長」，至最高（憲法）法院——「**聯邦最高法院**」（Supremo Tribunal Federal, STF）。這些法官都需要經由參議院的批准，就像是33位最高（民事）法院的行政首長一樣（參閱圖14.3）。

　　選舉法院構成了聯邦司法體系中的一個子系統。最高選舉法院——「**最高選舉法院**」（Tribunal Superior Eleitoral, TSE）在1932年成立，主要在制衡舊共和時期猖獗的選舉舞弊行為。今日，各層級的選舉法院負責裁決與政黨登記相關的各種領域內容、當選之國會議員的授權、候選人的資格、選舉計票的程序，甚至是關於治理這些領域的立法內容之合憲性。

　　勞工法院是在1943年創立的。曾經主要的功能是在於解決勞工與管理者之間的申訴案件，而今日私部門勞工與業主間，以及公部門員工與政府當局之間的糾紛，若是無法透過集體協商取得共識的話，最高與區域勞工法院就會負起仲裁的

責任。

　　1988年《憲法》還保留了單獨的軍事司法制度，但是從獨裁政權之後，其範圍就大幅縮小了，當時軍事法院對審判一般人民違反國家安全是具有管轄權的。今日，聯邦與州的軍事法院所審判的大多主要是軍警犯下的罪行，他們負責在街道上巡邏（民警只擔任調查性的工作）。現在軍警針對平民的蓄意殺人的案件會送至民事法官與陪審團面前審理。一般的州法院也會強制執行各州的憲法與州法律。

　　雖然聯邦法院的案卷早就超過負荷，而使得案件經常遭受拖延，不過今日的法院已經比過去都要來得強化多了。1988年的《憲法》明顯擴展了司法的權力、促進了個人的權利，以及擴大人民可接觸聯邦司法中所有層級的法院管道。藉由具有保證性的預算、建立專業的任命程序，以及維持法官的固定任期，來促進法院的權力與獨立性。結果就是，法官享有相當不錯程度的獨立性，甚至免於上級的干預。法官的自主性在「洗車行動」（Lava Jato）（參閱專欄14.1）以及其他相關調查與起訴事件中，就能夠很明顯看到。

## 政府權威的限制

　　巴西1988年《憲法》的開端幾段就強調了主權、公民身分、人的尊嚴，以及政治多元化的原則。具體而言，憲法延伸了個人與社會的權利，並且禁止針對少數群體的歧視行為。憲法也賦予政黨、工會，以及人民團體合法的資源來對抗其他行為者的侵權行動，並且允許他們去挑戰立法的合憲性以及行政上的統治。個人的權利是不可侵犯的，憲法條文也明訂國家採聯邦形式；直接、祕密、普及，與定期性舉辦選舉，以及權利分立的原則是不能夠修改的。憲法修正條文如果要成功通過，則是需要在兩院在兩個不同的會期中，都有五分之三的投票支持。

　　每個層級的法院系統都具有司法審查的權力。傳統上，法院僅能在個案原則下有權審查法律內容。今日，法院可以採取更積極的做法。巴西聯邦最高法院負責審查立法的合憲性，同樣也可以審判總統與國會議員可能犯下的常見罪行。最高選舉法院則是有權審理選舉法律的合憲性。

　　根據1988年《憲法》，「**公共檢察署**」（Ministério Público, MP / Public Prosecution）正式脫離政府的行政與司法部門成為獨立的機構，形成對政府的另一種監督。類似於監察員（ombudsman）的單位，公共檢察署是廣泛地負責幫助社會與公民捍衛憲政利益、保護環境、確保消費者權益、保障少數群體的利益，以及同時監督聯邦與州層級的公共行政單位。它可以將任何個人或組織送至

## 專欄 14.1　洗車行動：改變巴西的醜聞事件

在2014年3月，一個位於巴西南部巴拉那州的首府：庫里奇巴市的檢察官特別小組，開始調查一個看起來似乎是洗錢的計畫，其特徵是在聯邦首府巴西利亞的一家洗車廠進行。在過了2年多的時間之後，「洗車行動」（Lava Jato）的調查已經發現到一個前所未有的貪污腐敗計謀。前總統與州長都牽連其中；聯邦法官與調查員備受關注；建築大亨、銀行家與國會議員都被送進了監牢，這個國家已經出現動搖了。

當調查人員在國營石油公司：「巴西石油」中發現大量的回扣計畫時，就已經是地震的開端；同謀的承包商向中間商人與政客支付了回扣，以換取誇大的合約。政治家利用賄賂來充實自己的荷包，並且資助他們及其隸屬政黨的競選活動。之所以牽扯如此之多，是因為調查人員能夠利用認罪協商法來減輕被告（如果他們願意指出其他同謀者）的刑罰。僅一名高級的線民就能夠招供出來自所有不同政黨的74人，裡面包括了前勞工黨的黨魁。前眾議院的議長：愛德華多・阿爾維斯（Eduardo Cunha）在瑞士擁有銀行的帳戶，而可能收受了4,000萬美元的賄賂，因而在2016年10月被拘役起來。

貪污腐敗對國庫以及經濟造成的損失都是巨大的。僅巴西石油公司就必須想辦法註銷20億美元的賄賂相關成本並大幅削減投資，以及尋找願加入之供應者。巴西人感覺到這個貪污腐敗會使國家暴跌入一個很深的經濟衰退境界，而在2016年將此當成是國家所要面對的最大問題，並以作為命名。其附帶損害是無所不在的，在私部門、國家和政治階層中最高等級的地方，局部性之貪污腐敗現象可能更加嚴重。企業本身內部都有可能會招致公眾巖視的「賄賂」部門；像是巴西石油這樣「追求卓越」的國營企業，也會因為身處於官僚體制中而失去其光澤；以及政治人物也會因為這樣的表現而失去那些原本信任他們的選民。由40位國會成員投票表決彈劾已經被多項罪名起訴的迪爾瑪・羅賽芙；有15位以上也正在接受調查當中。勞工黨已經陷入到最糟糕的境界了？一度看起來像是一個清新的政黨，但是現在已經被當作是貪污腐敗的象徵了，其已經失去在國會代表團中一半的席次以及數百位市長了，而且該政黨在2016年的市級選舉中也輸得一塌糊塗。相形之下，許多巴西人對於公共監察官以及法官都給予很高的評價，儘管有人認為這些非由選舉產生的公職人員之舉止是可以討論的，尤其當中有些人還將非法竊聽的內容洩露給媒體，這確實是有問題的。

法院審理，包括市長以及國會議員，以保障任何部門的集體利益或是國家的藝術以及文化之自主性。該單位的年度預算將近20億美元，而這獨立的機構內有超過1萬1,000名通過公務員考試合格錄取的員工，其工作受到終身制的保障。最近，聯邦警察與公共檢察署官一起在負責打擊政治上的貪污腐敗，發揮了更加重要的作用。

　　除此之外，有兩個審計法院在監督公共支出上，扮演了很重要的角色。「**審計法院**」（Tribunal de Contas）是屬於聯邦審計法院，而形式上是屬於立法部

門的一部分（9名成員之中有6名是由國會所任命），運作上則更像是獨立的機構來監察行政單位的開支。其具有廣泛的監督權力，而且甚至可以調查國會的帳戶。其成員就像是那些在公共檢察署的人員一樣，都有工作上的終身制保障。2001年4月，行政部門創建出「**總審計長**」（Controladoria-Geral da União / Comptroller General of the Union, CGU），執行2000年通過的《財政責任法》。於。總審計長必須向總統報告，其負責保護公共資源、監督公共審計、處理反貪污腐敗的行動，並在聯邦政府內擔任監察員。

# 政治文化

## 14.5 探討宗教運動、性別運動以及種族運動，在巴西的政治文化中相關的作用。

　　巴西的社會是由菁英所控制的，這是好幾世紀以來就一直存在的社會經濟不平等之結果。雖然所有公民皆受法律保障，但是卻不是平等的被賦權。如同一位巴西人類學家描述，法律之前仍然具有社會差別的意義，在於該名「大人物」高於法律並且位於法律所難以觸及的位置，而一般群眾只能屈服於法律之下而受其控制。這位「大人物」可以對「一般民眾」說：「你知道自己在跟誰講話嗎？」[6]

### 公民社會

　　在1960年代至1970年代之間的軍政府統治時期，一般公民會為了社會團結而共同組成獨立的組織、為了更好的服務而向政府請願，並反對威權的統治。在新的社會運動中出現大量的動員——在草根天主教、女性、非洲後裔、環保人士，以及社區鄰里的組織協會中。在這些新的社會運動，有些人主張為政治文化之民主化做出了貢獻，可藉由將宗教工作者、女性，以及貧民窟居民加入參與民主的規範，而加以社會化。自從轉型為民主國家之後，在這些組織中的會員人數也有所增加，並藉此培養他們的參與式文化。

　　**宗教與政治文化**——巴西是一個主要的天主教國家，而且巴西也是全世界天主教人數最龐大的國家。雖然如此，完全遵守宗教規定的傳統則相對較低，而且不像是許多其他的拉丁與天主教國家，其天主教教會並沒有在教育制度以及選舉上發揮很明顯的影響力。在1964年所發動的軍事政變以前，教會一直都具有保守的傾向，而且一般都會支持國家與統治菁英。

　　1964年之後，巴西的天主教教會贏得了世界上最進步的教會之一的美譽。大多數教會中各官僚階層都跟隨教區的神父、修女，以及世俗人士，來協助組織勞

工運動，承諾給予貧困者以及為社會正義努力付出者一個「大眾」教會的願景。在軍政府時期，教會成為對威權統治重要且有力的反對者。它為國家壓迫各種信仰及其家庭的受害者提供了一個安全的庇護所。在1970年代末期，教會庇護了罷工的勞工。**「解放神學」**（liberation theology）鼓勵信徒按照福音書中的提示那般去擁抱窮人，因此在1970年代時得到了廣泛的擁護。即使今日，天主教教會團體仍持續扮演了一個積極的角色幫助組織社會運動來捍衛他們貧困教區居民之物質與道德的利益。

　　然而，來自其他宗教的競爭重新將天主教會的注意力集中在留住信徒上。而就在1970年代，大約90%的巴西人仍然信奉天主教（雖然許多人也信奉來自散居的非洲後裔所信仰的宗教），今日，只有五分之三的巴西人自認是天主教徒。五旬節派的基督新教主義已經走入到了那些較貧窮、文化程度較低，並且尋求信仰治療與個人救贖者之中。在2013年的一項調查中，有28%的人會將自己描述為是福音派與五旬節派的基督徒。在2010年的人口統計中，少數人認同自己是靈恩派或是依附在非洲裔巴西以及東方宗教（8%宣稱自己是無神論者）之中。[7]五旬節派基督教的影響力在選舉競爭舞臺上逐漸被意識到了，隨著像是「基督社會黨」（Partido Social Cristiano, PSC）以及「巴西共和黨」（Brazilian Republican Party, PRB）的領導而一起茁壯。在2016年，跨政黨的福音派教會（基督新教核心）在國會中獲得了87名眾議員代表以及3名參議員的席次，在全國性立法選舉上囊括了15%。該核心小組的目標，包括要捍衛保守的道德立場（例如，在墮胎與婚姻平權方面）以及通過有利於五旬節派基督教會日益增長的媒體力量之立法。

　　**性別關係** —— 作為拉丁美洲國家之一，巴西也很難對「男性氣魄」（machismo）這樣具有侵略性與陽剛特質的男性氣概文化影響免疫。與男性氣魄剛好相反的女性氣質是「聖母價值」（marianismo），因為聖母瑪利亞的崇拜者認為拉丁美洲女性在道德上要比男性具有較崇高的追求，並且也是維繫家庭的力量。整個拉丁美洲，這樣的女性傳統印象與自我印象造就了她們在政治上的保守主義性格。傳統上，巴西有很大一部分的女性比男性更會投票支持右派的候選人。

　　在軍政府獨裁統治下，女性對政治的偏好開始有了轉變。對於中產與上層階級而言，政治的機會是隨著教育及工作機會而來。在1950年大約只有10%的女性中學畢業，在1980年代則是飆升至接近50%。到了1980年代初期，那時是民主轉變的時期，相較於男性，有更多的女性錄取進入巴西的大學就讀。對窮人來說，軍政府管制嚴格的經濟政策有助於破壞父權制的架構。隨著最低工資的實質下

降，以及缺乏充足的社會服務與城市的基礎建設，婦女發現愈來愈難以履行她們既定的角色，以確保其家庭與社區的福利。身為妻子與母親，她們在社區為爭取健康照護和衛生環境而奮鬥發揮了領導作用。

女性運動是在1970年代中期的政治自由化期間形成的。該政權一開始將女性運動視為是非政治性的，因此允許她們比勞工運動有更大的政治空間。巴西的女性運動已成為拉丁美洲最具有影響力的運動之一。女性運動迫使政治人物面對以往被視為私人的問題：生殖權利、施加於女性的暴力，以及孩童照護等。

近年若干政策的發展訊號顯示了公眾的態度在相關的性別與政治議題上有了變化。政黨將許多女性運動所關切的議題納入到黨內的計畫方案中。憲法重新詮釋了「一家之主」（pater familias）的概念——此原本即為將更多的權威給予家中具有婚姻伴侶的男性來成為主導者——具有更多平等的概念以及權威的共享。為了打擊對女性進行的暴力行為，城市警察創建出全部由女警值勤的管轄區，來處理強暴與家庭暴力案件。在1991年，有一條法律被廢除，內容是關於男性在「合理維護自己的榮譽」時，而謀殺自己的妻子，這是可以被寬恕的。在女性主義的壓力下，有超過12家以上的公立醫院可以提供合法的墮胎手術服務（針對受到強暴的受害者）。在2001年，巴西的國會通過了新的民法，賦予男性與女性在婚姻中的平等權利，並且賦予兒童具有平等的權利與義務，無論其出生背景如何。在美洲人權法院判決認為巴西政府沒有採取有效措施去起訴與定罪家庭暴力的肇事者之後，巴西國會於2006年通過了在家庭與親人暴力上，具有劃時代指標性的《瑪麗亞·佩尼亞（Maria da Penha）家庭暴力法》，以巴西最著名的家庭暴力受害者來命名。在5年之內，成千上萬的案件在該法之下被起訴。最後，在2013年，參議院通過一項法案將於懷孕期的前3個月之墮胎去犯罪化（在幾種像是腦死、強暴，以及當下會危及母親的生命等，這樣的墮胎案例是被允許的）。當危及母親生命時，有68%的巴西人認為應該支持墮胎權，相較於在美國同樣情況是80%，以及在墨西哥為51%。[8]

女性與男性雙方在態度上的轉變產生這樣了變化。接受過中學與更高教育，以及具有職場經驗會使女性更可能對政治感到興趣，而去參與投票、觀看競選活動，以及認同某個政黨（特別是左派政黨）。巴西人一般都持正面態度來看待女性擔任公職，而在2010年，第一輪的投票選舉中，有三分之二的票數投給了兩位女性：迪爾瑪·羅賽芙以及瑪麗娜·席爾瓦（Marina Silva）。性別角色觀念的變化也同樣蔓延到針對同性婚姻的全國性辯論上。最高法院在2011做出了一個具有指標性的判定認為，支持同性伴侶就像是同居的異性戀伴侶一樣具有合法資格

享有相同的權利，包括收養探望、退休養老金與健康福利、繼承權，以及共同財產所有權等。在2013年時就已經完成所有婚姻上的平等了，當時全國司法委員會在每一州設置了公證人來執行同性婚姻的儀式。巴西成為了拉丁美洲中繼阿根廷與烏拉圭之後第3個承認這樣權利的國家。在2014年，民意調查顯示，有46%的巴西人支持婚姻平權，而美國為56%，加拿大為71%。[9]

**種族與種族政治**——直到最近，有極少數的人開始承認巴西有「種族問題」的存在。幾十年以來，巴西人相信官方形塑的迷思，認為相較於美國一直被偏執狂與種族暴力所困擾，巴西具備「種族上的民主」。參照吉爾伯托·弗雷爾（Gilberto Freyre）的經典著作，認為比起在北美，非洲黑奴在巴西所受到的對待模式比較沒有那麼粗暴，且由於種族的界線是流動性的[10]，所以許多巴西人相信自己的國家比起其他多元種族的社會，是更加包容性且具有多元種族與文化。順著這樣的分析脈絡而下，他們也會相信劣勢是以階級為基礎的，而不是種族。依照這樣的方式來理解，會使得非裔巴西人不容易產生社會運動來招募新的成員以及獲得政治上的吸引力。只有1980年代時，隨著民主的變革，才讓巴西人見識到黑人政治組織與候選人的擴展。

儘管存在「種族民主」神話，不過巴西的種族歧視也是無所不在的，並非像多數人認為的那樣不易察覺。在2001年南非召開世界種族主義研討會之前，巴西政府進行了一項具有里程碑意義的自我研究，揭示了在社會指標測量上具有重大的種族差異。這報告建議通過配額方式，以擴大非裔學生進入公立大學就讀的機會。此後不久，里約熱內盧與巴伊亞州就宣稱這些地方可以保留40%的州立大學名額給非洲後裔就讀。巴西外交部（Itamaraty）也發起平權行動計畫支持非洲後裔準備參與公職人員服務的考試。在2012年，總統羅賽芙簽署了一份全面性的《社會配額法》，要求聯邦公立大學為來自公立高中與非洲後裔的學生保留一半的入學名額，而具體比例則取決於所在州的種族構成。

配額制度馬上在法庭上遭受挑戰，特別是來自於中上層階級的歐洲後裔巴西人，其宣稱這是一種反向的歧視。雖然之後最高法院在2014年時不遺餘力地維護了基於種族的配額是合憲性的，但該政策仍然存在爭議。配額制在貧窮人口當中相當受到歡迎，但在小康家庭卻非如此。整體而言，三分之二的巴西人在2010年時投票同意公立學校保留名額給非洲後裔是公平的（有45%的人「強烈同意」）。然而，18%強烈不同意。那些不同意的人都是擁有比較良好教育、較富裕，以及大多是白人。[11]雖然配額制往兩極化分布，但是現在種族不平等的議題也已經排入全國性議程上了。

## 巴西人有多民主呢？

　　公民社會的擴大、新的次文化出現，以及增添其他因素，是否導致巴西在全國性的政治文化中有任何明顯的改變呢？特別是，有沒有任何證據顯示巴西正在發展為一個更民主的政治文化之趨勢呢？

　　一方面，巴西比起以往任何時候，對於威權主義的容忍更低了。在1970年代初期，大眾一般都可以接受政治上出現軍人的角色。到了1980年代末期，巴西人非常清楚表現出對於民主的偏好，勝過於獨裁政權。自從那時起，愈來愈多人擁護民主是最佳政府形式的信念（參閱圖14.4）。巴西人也拒絕了在拉丁美洲其他地區頗受歡迎的民主全民公投形式：顯然多數人不同意人民應直接執政（而不是透過民選的代表），反對黨的聲音應該受到限制，那些不同意的多數人代表著對國家的威脅。此外，他們非常大力支持政府單位彼此制衡；當國家遭遇艱困時刻時，大多數人反對總統關閉國會以及最高法院。

### 圖14.4　民主政治的文化，2014年

巴西人對代議制與自由民主顯現出強烈的支持

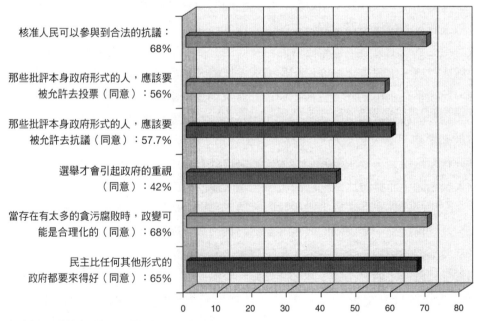

資料來源：數據資料來自於「拉丁美洲公共輿論項目」（可取得網站：http://www.vanderbilt.edu/lapop）。

　　另一方面，如果今日的巴西人更致力於民主，那麼他們對於政治人物、政黨，以及民主機構的信任，就會比以往任何時候都要來得少。在一份2014年的全國調查中，只有21%的巴西人表明自己信任國會；只有12%的人表示自己信任政黨。政治機構的信任度遠不如天主教教會（62%）、基督新教教會（59%），或是軍隊（60%）。[12]

　　普通的巴西人似乎比較少對機構不耐煩，反而對於政治人物干擾他們會更不耐煩。特別是對於貪污腐敗的容忍度，尤其是在歷史上發生的洗車行動醜聞之後（參閱專欄14.1），更是讓政治人物的信任度跌入新低。在2015年底，一項民意調查顯示貪污腐敗已經被一般公民認為是國家要面對的最嚴重問題——考慮到巴西當時正處於1930年代以來最嚴重經濟衰退之最低點，因此可能得出了這種令人驚訝的結果。儘管20年前在調查公民意向時，從未有超過9%的公民提到貪污腐敗，不過在2015年，有34%的受訪者將貪污腐敗排在最為嚴重的國家問題之首，緊接著才是健康照護（16%）以及失業（10%），而教育與公共安全則是分別在8%左右。[13]巴西人也會要求更好的服務以及更能反應民情的公共政策。懷疑論的文化也開始升高，不過這可以被視為對加強民主結構具有積極的意義。

　　整體而言，很少有人會質疑巴西在過去這四分之一世紀以來在政治文化上的改變。人們一般會對於官僚制度增加了比較多的懷疑論看法、對貪污腐敗更不能夠容忍，以及對於民主更加支持。但是這樣的轉型仍然尚未完成。除了為公民社會的民主化做出貢獻的宗教、女權主義者以及種族團體之外，其他未參加這些團體的公民也以更傳統的方式來進行了社會化。

# 政治學習

## 14.6 辨認巴西政治社會化的主要來源。

　　在大多數的國家，對於在關鍵的社會機構，如學校、家庭、教會，以及社區團體，進行許多的政治學習達成共識。在巴西，這些機構的前兩者在傳統上只是政治社會化中比較弱的媒介。學校的工作人員數量不足而且參與度也不高，直到最近，在小學3年級以後，許多人都沒有繼續上學了。此外，在黨派關係極其薄弱的情況下，家庭通常也沒有傳遞所謂的政治忠誠。

　　近幾年，教育的發展在很大程度上重塑了公民對人際信任、社會階級制度、犯罪控制，以及貪污腐敗的看法。宗教、鄰里社區，以及工作環境的協會組織，也變成是愈來愈重要的政治社會化來源，尤其是最近這幾十年。在這些網絡與協會內的政治討論，也會有助於形成政治觀點，特別是在競選期間。

## 大眾媒體

政治學家們普遍認為，大眾媒體這樣的機構，已經取代政黨以及其他傳統機構的位置，來形塑政治文化、政治態度，甚至是投票的傾向。他們特別相信，這在像是巴西這種政黨並沒有深耕於選區中選民的國家會是真的。鑑於教育程度較低，所以有97%的人口說他們經常看電視，但是卻只有25%的人口有每天閱讀報紙的習慣，也就不會令人訝異。**14**

藉由電視在空閒時間（horário gratuito）將政治帶進了家庭，而影響了巴西人的政治態度，並為各政黨留出免費的電視時間來宣傳其候選人以及選舉的訊息。此外，預留的免費電視時間可為候選人、電視轉播辯論，以及電視新聞在一定程度上塑造選民的看法，而這樣的看法只有在與家人以及朋友的交談中才能超越。

電視與廣播電臺的所有權呈現高度集中化現象。極具影響力的巴西「環球電視網」（Globo）是全球最大的電視網之一，環球電視網電視臺在巴西的全國電視觀眾中占有最大比例，雖然「巴西電視系統」（Brazilian Television System, SBT）與「記錄網」（Record Network）在最近幾年也取得了不錯的進展。大多數觀察者認為媒體，特別是「環球電視網」，扮演了強大的角色成功推薦了1989年的總統候選人費爾南多·狄梅洛及1994年的費爾南多·卡多索，這兩位都在各自的競選中擊敗了魯拉。環球電視網在那時看起來似乎對勞工黨比較有敵意，某部分原因可能是來自於其創始人羅伯托·馬里尼奧（Roberto Marinho）強烈反左派的觀點。在馬里尼奧過世，以及魯拉取得政權之後（兩者都發生在2003年），該網絡電臺的報導在某幾年期間也變得比較中立。然而，環球電視網以及其他幾家主流的媒體企業集團，特別是《瞭望》（Veja，每週發行超過100萬的新聞，在上層階級很受歡迎），就被指控在勞工黨總統羅賽芙最後幾年任期時報導偏頗。

國家政策也有助於媒體的政治化。眾所周知，通信部長以獲准電視與廣播電臺的許可證方式，來換取政治上的支持。政治人物也會在其所處的州使用這媒體帝國去影響他們地方電視與廣播電臺的新聞報導，以及影響他們經營或可控制的主要報紙。雖然在巴西這些傳統媒體支柱的權力依舊很具影響力，不過替代競爭者以及社群媒體的快速崛起，都可能會逐漸地削弱他們的關連性（參閱專欄14.2）。

**專欄14.2**　巴西：一個社群媒體的大雜燴

在2016年，巴西擁有1億4,000萬很獨特的網路使用者，在絕對的使用人數上占據了全球第4位。在這些網路用戶（internautas），現在已經高達全國人口的三分之二了，其普及率甚至高過一些歐洲國家，如義大利。在2015年，第一次，巴西人平均每日花在網路更多時間（平均5小時）超過了看電視（平均4.5個小時）。[15]

3位巴西人當中就有1位擁有臉書的帳號，而且巴西也是推特第2大的市場國家。超過95%使用網路的巴西人都擁有WhatsApp帳戶，巴西人會如此沉迷於社群媒體是很容易讓人理解的，因為其在社交上一向重視家人與友誼、充滿活力的交流，以及活潑的娛樂。就像是其他地方的網路使用者一樣，巴西使用社群媒體的平臺來彼此保持聯繫以及分享文化的觀點表達。然而，近年來巴西人也用網路來進行政治觀點的討論，就像社群媒體於2015年至2016年時，已經變成了一個很重要的場所來議論總統羅賽芙的彈劾問題。就像美國多數人一樣，網路使用者會進入且散布流通一些可強化本身信念的內容，即使其中可能包含了不可靠或虛假的訊息內容。社群媒體的平臺，如同網路報紙的評論，通常會給人一種政治兩極化的印象，而這種印象在面對面的現實互動中則不太明顯。

巴西的政府很努力創建出合法的架構，管理爆炸性增長的網路文化。在2014年通過了一項進步的法規：《網路公民權框架法》（Civil Rights Framework for the Internet），來保障私人的權利與表達的自由，而被「提姆‧柏內茲—李爵士」（Sir Timothy John Berners-Lee）（英國全球資訊網的發明者）描述為這就像是「可能是給巴西人以及全球網路使用者最好的生日禮物」，當時剛好是網路問世滿25年。[16]然而，其管制並非完全沒有爭議。在幾種情況下，巴西的法官會關閉WhatsApp無法解密的加密郵件，並允許警方調查人員使用，導致與臉書的首席執行長「馬克‧祖克柏」（Mark Zuckerberg）在公開場合發生對於擁有消息傳遞應用上的爭執。關閉這樣的功能也引起公眾強烈的抗議；在巴西，暫停社群媒體平臺與全國停電一樣具有破壞性。

# 政治人才甄補與政治參與

## 14.7 描述個人參與巴西政治過程的方式。

傳統上，政策往往是掌控在菁英階級手上。今日，政策已經更大程度開放給來自各種不同教育與階級背景的代表參與，不過就像是由魯拉2002年的當選來看，雖然他有家庭的連結關係，但是菁英網絡依然具有影響力。

### 菁英階級的政治

**菁英人才甄補**——在菁英群體中，傳統上的人才甄補是發生在政治家族的小圈圈環境中。通常，具有領導力的政治人物都是來自地主家庭、受過法律教育、擔任過數屆民選的公務職位，例如地方議員、州議員，而最後成為國會議員，以

及藉由加入國家內閣團隊或是變成州議院議長來建立自己的權力基礎。

　　在軍政府執政下，改善了中產與上層階級的機會結構。技術背景與能力已變成更廣泛應用的晉升標準，特別是在內閣成員、聯邦與各州的官僚制度，以及公共部門的企業。「技術官僚」大多數在幾個精選過的大學中受過工程學與經濟學教育的訓練。自從恢復到民主國家狀態之後，政治人物在政治與社會服務部門中發揮了更大的作用。

　　進入巴西國會專屬俱樂部的開放程度如何？在參與競選連任時，比起許多拉丁美洲國家，巴西現任的議員會有更多的優勢，但這些還是遠不如美國的狀況。人員轉換率——亦即，代表有多少機率無法像上一次國會選舉時得到的席次——在2014年是44%。雖然只有大約四分之一的議員會連任2屆以上，但如果他們選擇再次競選，代表們相當善於掌握其席次。在2014年，76%的下議院成員尋求連任；在這些人當中，有74%的人再次贏得了席次。[17]國會中成員的政治經驗的層級與類型也都是被廣泛考量的，包括他們代表的政黨標籤，也反映出他們政黨可能會掌握權力的機率。

　　與其他幾個採用有效配額制以及其他平權措施的拉丁美洲國家相比，巴西女性在參與公職選舉的存在率確實低得驚人。儘管在1997年頒布了一項法律，要求政黨在國會選舉上所提名的候選人必須有30%為女性，但女性在2014年當選的聯邦國會代表中卻僅占微不足道的10%而已。通常政黨都無法達到這樣的合法要求，但不會因為這樣的無作為而受到懲處。同時，因為選舉制度沒有規定候選人在黨內排名（實際上，這可以確保在提名人選名單上選出排名最高的候選人），因此使得女性候選人的增加並未直接轉化為更大比例的女性議員。結果就是巴西在立法議院中性別平等上，其全世界的排名位居120名，而在拉丁美洲排名為倒數第2。

　　雖然巴西已經有首位的民選女總統，不過女性在高階行政部門的決策制定角色、司法體制，以及外交使團中仍顯得代表性不足。在卡多索的總統任期中（1995-2002），他只聘任了2位女性擔任內閣職位。在2007年，相對於拉丁美洲平均的24%，魯拉的內閣部長只有14%是女性。在迪爾瑪・羅賽芙第2任期的行政團隊中，有五分之一的首長（包括那些領導內閣部門以及具有部長同等職位的秘書處與辦公室），但是總統泰梅爾卻沒有聘用任何一位女性閣員，這是巴西自1970年代中期之後就未曾出現的狀況，而那個年代是軍政府統治下的巴西。在2000年，歷史上第一次有女性被聘任至最高法院（今日，則有2位女性成員，其中1位是首席大法官），儘管事實上有29%通過公職人員考試而成為法官候選人

的是女性。在外交服務上，只有23%的巴西外交官以及只有12%的外交大使是女性。

　　與聯合國特別報告員對種族劣勢的描述——幾乎全白的政治權力走廊——一致，巴西在2013年只有43名眾議員，以及2名參議員（不到國會的8%）自稱為非洲後裔。[18]為開啟菁英政治人才甄補流程而做出的深思熟慮努力的一部分，魯拉任命了4名非洲後裔作為他的內閣成員，並任命了該國第1位非洲後裔擔任最高法院的法官。最高法院與司法部也已經為員工就業狀況引入了種族配額制。

　　**菁英偏好**——巴西的菁英通常不會照著經濟、宗教或是族群來劃分。在1990年代，大多數軍方與商業的領導人、公共行政人員，以及媒體的成員都會在意識形態的偏好上將自己認同為「中間派」。[19]與那些最低工資的受訪者相比，菁英人士對失業、醫療保健，以及毒品的關注要少得多。然而，他們卻是最為關注教育以及收入集中化的人。

## 大眾階級的政治

　　在軍政府執政的晚期，巴西人開始加入以往不曾參與的公民社會團體當中。壓制的緩和，再加上正式的政治機構與政黨缺乏真正的代表權，因此有助於新的社會運動蓬勃發展。當巴西變得民主化了，公民組織協會外溢至政治上，結果就是產生大量的投票參與、抗議，以及政治運動。

　　**公民政治**——除了前面討論的女性運動與草根性基層教會團體之外，在軍事獨裁統治期間出現的另一種很重要的新社會運動是社區組織協會。這些組織協會的數量有上千個，在獨裁統治的衰落年代中，是所有社會運動中最為明確的政治活動組織。他們要求——通常都會成功——國家對周邊地區房地產公司以及國家商品與服務進行監管。就單只在阿雷格里港這南方城市，在這10年當中就已經出現了540個鄰里社區協會以及51個住房合作社（housing cooperative）。[20]

　　在1990年代初期，大約只有三分之一的巴西人不屬於任何一個志願性的組織中；有五分之一的人加入了3個或更多的組織協會當中。許多人沒有正式的政治立場。大量的會員都是屬於專業性的組織協會（8.6%）或社會運動（8.7%），相較於其他的拉丁美洲國家，這樣的比率算是相當的高了。「拉丁美洲公共輿論計畫項目」（Latin American Public Opinion Project, LAPOP）在2012年3月的調查（在2013年6月爆發大規模群眾抗議的前一年）顯示，有15.4%的受訪者都曾經連署請願過，以及10.8%的人曾經使用過社群媒體平臺，如推特或臉書來散布政治上的訊息。同樣的研究調查也顯示有26%的巴西人在過去1年，曾經參與過鄰

里環境或是社區的組織協會，以及63%的人曾經加入過教會或宗教性的組織。[21]

公民具有許多有組織的運動，採用各式各樣的策略——參與政府單位、招募國際盟友，以及採取直接活動——環繞在各種的認同、單一議題，以及政治與社會權利上。在軍政府發展計畫方案來嚇阻幾個獨特的巴西原住民部落之後，這些部落在1980年代時，組織起將近50個公民團體。大多數是在北方，裡面有23個是位於亞馬遜州。[22]他們的努力獲得了憲法對印第安人土地以及印地安族群集體利益上的保護，以巴西少數的印地安族群又分成不同的部落來看，這個成就確實令人印象深刻。

公民環保團體也同樣很有效率地招募到國際盟友，地方與區域性的環保團體在1980年代末期動員來影響新的憲法成立以及1992年在里約熱內盧舉行的全球環境高峰會。巴西的環保運動創下了許多重要的成就，像是在該區域控制農藥的使用、核能廢料的產生，以及氟氯碳化合物（CFC）的排放。亞馬遜區域的環保議題行動是由原住民團體以及割膠採集者推動的。運用直接對抗的策略，他們有效影響了國際貸方——像是世界銀行——建立環境保護以作為援助條件。[23]

「農村無地勞動者運動」（Movement of Landless Rural Workers, MST）也經常使用直接對抗的策略。以「土地改革——依法律，不然就暴動」的口號，讓農村無地勞動者運動中的無地家庭能有效獲得一些沒收自政府擁有或是荒廢的私人土地。農村無地勞動者運動也會對正式的政治制度施壓，包括法院（他們會尋求合法的土地擁有權利），以及分階段性破壞，有時甚至是盛大的抗議行動。其成員會占領聯邦以及州政府的大樓與道路，甚至曾經有高達20個州都曾經歷過。巴西人普遍對這樣的土地占領感到同情，如果抗議事件沒有暴力，很容易被認為是戰勝飢餓與苦難的合法策略。雖然人民責怪政府（責怪程度高過對地主與農村無地勞動者運動）對農村的暴行，並且傾向於在聯邦政府的權限上進行土地改革，因為他們相信對土地的侵害會對土地改革協商產生負面的影響，並且弱化民主。[24]

今日，公民參與政治最重要的途徑或許就是透過「非政府組織」（NGOs）。這是全球的現象，非政府組織都是私人團體[3]，通常不具備完善制度與組織，而且經常承擔一些公共責任。他們可能會去協助落實健康照護、研究私有化全國退休養老金制度的有利方式、替非洲後裔爭取該有的公民權益，或是監督政府是否遵守環保法規。巴西的非政府組織屬於蓬勃發展之非營利組織的一部分。在將近29萬個已經登記註冊的非營利組織以及慈善基金會中，有一半是在2000年之後成立的。這些組織中有近三分之一是基於某個領域的權利基礎取向開

展其運作。**25**

**大眾政治參與**——今日巴西人純粹參與政治的數字確實相當驚人，尤其是相較於20世紀初期的狀況，當時只有不到5%的成年人會參與總統選舉的投票。在1960年，只有三分之一達到法定投票年齡的人口會選擇參與總統投票。在1985年廢除文盲不能投票的規定以及1988年將投票年齡降低至16歲之後，有五分之四的成年人參與了1989年的總統選舉投票。這樣高投票率的現象也一直持續至今。

今日，巴西公民是拉丁美洲中最積極參與政治的——他們在進行投票與加入公民組織上具有很高比例的人口，而且巴西人參與抗議的平均比率幾乎是拉丁美洲國家的2倍。在2014年，79%具有資格的選民參與了總統選舉的投票（在美國2012年的總統選舉中，只有約58%的合法年齡人口參與了投票），而且在2016年10月的市層級中期選舉中，出現了令人印象深刻的82%的投票率。雖然巴西的選舉是強制性的，而且對違規者會有一些潛在性的處罰，不過這些幾乎很少執行，因為其投票率也比其他具有強制性投票的國家還要來得高。巴西人在政治上也展現出熱忱，例如簽署請願書、參與社區的活動以及政治競選中，並且參與政黨與鄰里社區組織協會的會議，相對於世界比較進步以及新興民主國家而言，巴西已經算是處於相對較高的水準了（參閱圖14.5）。2013年的抗議浪潮中，有百萬人走上了街頭。在聖保羅做的調查顯示，有更多的受訪者（77%）回應會支持示威遊行，比例超過1984年的偏好直接選舉（71%），或是在1992年主張彈劾總統科洛爾（43%）——這是巴西之前兩個最重要的抗議浪潮所關心的議題。在2014年，只有不到5%的巴西人回答曾經參與過罷工或停工的活動，而有16%的人曾經參加過鄰里社區的組織協會召開的會議。

除了大規模的群眾動員之外，自從1990年代以來，其中一個可以讓公民參與地方政治層級最重要的形式就是透過**「參與式預算」**（participatory budgeting, PB）。參與式預算是一種過程，成千上百的公民可以參加一系列的公開性集會，在立法預算週期開始之前就先確定所希望支出的優先事項。所選出的代表團會與州層級的行政官僚協商預算，並監督上一年度的支出與投資重點。這個想法是希望能藉由公共資源的比例分配來反映出公民在意的優先性，而不是依照惡名昭彰的侍從主義政治體制來作為政治上的標準。在阿雷格里港（市），1994年將20%的市政預算用於將自來水與污水處理範圍擴大到可以涵蓋所有城市住宅的98%。「參與式預算」因為能夠促進預算過程的透明化以及創建出政府「善治」（good governance）的機構，而在國際機構上獲得了相當良好的評價。具有民主思維的學生也很推崇以參與式預算來促進民眾參與（特別是貧窮人口）、強化市

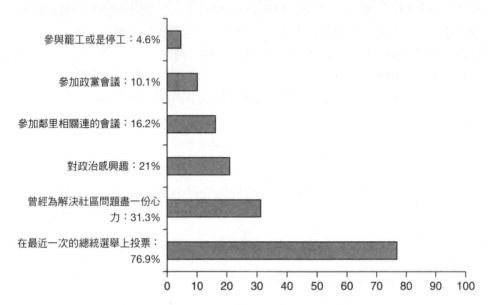

圖14.5　巴西在2014年的政治參與

巴西人以穩健增加的速率進行投票、參加鄰里與黨派會議，以及抗議活動

資料來源：數據資料來自於「拉丁美洲公共輿論項目」（可取得網站：http://www.vanderbilt.edu/lapop）。

民社會，以及最終能夠促進巴西的民主。然而，隨著時間的推移，這些機構在全國範圍內推行沒有得到同樣的預期效果。

　　參與式預算的機制只是許多其他公民參與到委員會、議會，以及管轄區域中的一種方式。衛生福利委員會將具有法律授權的州代表、服務提供者，以及人口代表全部召集在一起，以制定與施行相關的衛生福利政策。至2002年，這類委員會已在巴西98%的城市裡設立。社區組織也有權利去否決城市重大的計畫。今日，地方型的委員會已經在巴西各地蓬勃發展了，而且幾乎每一個市層級中都存在，然而他們的效力卻各不相同。最為積極且參與度高的，會選出本身的領導人並且定期開會，這些大部分都是在巴西南部的大城市與大都會地區；而最不積極的是位於巴西較為偏遠的北部小城鎮中。[26]

　　這些公民團體促進了政府的公開性和公眾對公共政策投入的透明度。然而，目前還不確定這是否促成了比長期建立的利益團體以及政黨更廣泛和知情的政治參與。我們在下一部分會談到。

# 利益團體

## 14.8 討論利益團體組織的變化方式以及對巴西政治的影響。

　　傳統上，政治利益在巴西的組織與表達，是與那些來自於其他自由的民主國家，以利益為基本單位作為團體活動的多元與自願性團體，有很大的差異。在巴西，利益團體在瓦爾加斯執政年代下由所知悉的「**統合主義**」（corporatism）制度來劃歸為國家管理。[27]統合主義引導之相關法律條文，在師法義大利法西斯主義的勞工法規之後加以形塑，將利益團體以經濟狀況來作為界定標準、由國家認可與支助，以及在他們的活動領域中授予級別代表不同的壟斷性。但作為回報的代價就是，工會放棄本身不受政府控制的獨立性。

　　新的獨立利益團體之成立，以及舊的利益團體從威權政體社會控制下的工具轉型為民主社會中的壓力團體，與巴西過去四分之一世紀在政治上所做的任何改變一樣重要。最重要的團體就屬工會、商業團體，以及農業組織協會。

## 工會

　　工會在統合主義年代期間是與國家威權執政者合作，才能一開始就獲得當局認可。在當時環境下得以制定工資與解決勞資衝突，並幫助其成員獲得福利與社會服務。但是到了軍政府執政時期，勞工組織都受到了束，他們選出的領導人都不被承認，甚至有時還被逮捕入獄，而且罷工行為也被殘酷地壓制了10年。

　　巴西工會內部的改變是在軍政府的統合主義架構開始瓦解之後。1970年代，新一代的工會領導人迴避了與政府代表之間妥協的舊策略。取而代之的是這些新的行動者採取了具有戰鬥性的姿態來面對國家，並且接受一般員工的支持後，以同樣的態度面對資方。這些領導人當中最著名的是魯拉。他在1970年代末期，擔任了聖貝爾納多—杜坎普（市）金屬工會的領袖，當時他帶領了工人進行了當今世代最知名的罷工事件。

　　隨著逐漸朝著民主方向轉型，勞工在1986年、1987年，以及1989年舉行了大規模的罷工。他們也成功地遊說將自己的利益納入憲法保障中。憲法第8條賦予了人民有組織工會的自由。公職人員也獲得了權利組織工會，而且員工也被保障具有罷工的權利。解除對工會組織的限制之後，導致工會組織激增，特別是在農業勞動者之中。估計當時在2011年有17.2%的勞動力加入工會，比2006年歷史紀錄的18.6%稍微低一些。[28]

　　自從1980年代中期以來，工會就開始透過中央組織，像是「**全國工會理事會**」（Central Única dos Trabalhadores, CUT）來表達他們的利益訴求，並且

削弱以前的統合主義。全國工會理事會吸引了很多來自金屬工會（裡面包括汽車工人）、白領階級，以及公務單位員工的力量；由地理分布來看，其幾乎吸引了巴西整個東南部的工業重鎮力量。這些中央組織呼籲工會從國家當局獨立出來，並願意放棄某些國家的財政資助與保護，以換取能夠與公司層級上的業主以及業主協會進行集體協商的權利。勞工遊說團體「**跨工會與國會諮詢機構**」（Departamento Intersindical de Assessoria Parlamentar, DIAP），是位於巴西利亞最具影響力聲音的組織之一。在2016年工會就曾經由47位眾議院代表的跨黨「團派」支持，裡面的核心小組是來自超過20個政黨所組成的代表團。中產階級的工會，特別是那些在公部門之中，在對抗國家的改革上，占據了關鍵的位置。

　　工會在魯拉政府友善的執政下，遊說成立一個令人聯想到歐洲模式新統合主義的新工會結構組織（參閱上冊第四章），一個能夠在勞工關係中協助國家恢復其角色的結構組織。他們努力的取得了成果，2008年的法律與2010年的行政命令，授予其在中央組織的合法承認地位，並且創建了一個來自三方的「勞工關係委員會」（由國家、業主，以及勞工三方所組成）。不同於傳統的統合主義，新的架構允許更大程度的多元主義，並且鼓勵工會去競爭最能夠「代表」工會的頭銜——那些通常是橫跨各區域以及經濟部門具有最多成員的組織——更能夠代表「勞工關係委員會」並且擁有更多的力量在具有影響力的政策上發聲，同時也能夠透過「**工會會費**」（Imposto Sindical）以及工會稅的比例分配而得到更多的資源。[29]

## 商業團體

　　商業團體也被正式組織成全國性的工業與商業聯盟。在獨裁政權統治期間，私有部門的菁英是一群在不穩定的經濟中持續支持1964年政變的人，享有透過非正式管道來接觸總統、國會龍頭，以及國營產業與銀行的負責人。當企業家在1970年代發現原本的管道受阻時，他們變得更加堅信有必要減少國家的威權統治力量了。

　　自從1985年以來，商業領導人就開始投入競選、遊說，以及集體協商的行列了。就像勞工一樣，工業家也試圖影響1987年至1988年的「國民制憲議會」。然而，商業團體在憲法會議上缺少了工會所提出的許多關鍵議題。1988年憲法很嚴格地限制了外國投資並且大力支持勞工的權益以及特殊權利（雖然在1995年時已經放寬了外國投資的限制）。憲法也賦予勞工擁有120天的支薪產假、父親育嬰假、支薪休假，以及支付眾所周知的第13個月薪水紅利。即使是那些熱烈鼓掌支

持勞工權益受到憲法承諾的人，也認為這會加重雇主以及國家沉重的財政負擔。

商業組織初始只是代表較弱的商業利益而已，特別是相對於勞工而言，因為商業一開始改革其約束性的統合主義架構的速度較慢。然而，自1990年代之後，商業已迎頭趕上，創建新的組織並且將原本具統合主義色彩的組織協會轉型為利益團體，以更好地推廣與保護其經濟利益，也改變了本身遊說努力的方向，從行政部門轉移至立法部門。舉例來說，巴西「全國商業聯合會」形成了立法事務諮詢團隊，在商業據點上發布立法議程有關的訊息。[30]最有力量的商業聯合組織——特別是規模龐大的**「聖保羅州工業聯合會」**（Federation of Industries of the State of São Paulo, FIESP），其代表雇用了200萬勞工生計的10萬家公司[31]——推動了有利的貿易與養老金政策，但是尚未有效地降低公司稅。

不像其他國家的經濟菁英一樣，巴西的經濟菁英並非主要完全依賴右派一個或是兩個政黨來捍衛本身的利益。反而，他們押寶了許多不同的賭注，幾乎總是支持個別的候選人，而非整個政黨。[32]許多領先的企業家，特別是農業綜合企業以及其他出口導向型的經濟領域企業家，會覺得支持中間偏右派的1990年代之「巴西社會民主黨」（PSDB）以及2003年之後中間偏左派的「勞工黨」（PT）政府，相對上來得舒適。當迪爾瑪·羅賽芙在2013年陷入經濟困境時，他們就大力拒絕她，而且在2016年提供強力的支持給新的米歇爾·泰梅爾政府。這樣的行為部分是出於機會主義，但這也是相當務實的。當巴西的商業菁英所擁有的錢變少時，他們就會變得對政治非常感興趣。

## 農業菁英

傳統上，巴西的地主協會一直都是非常有權力的組織。整個國家的農村社會依然像是獨立於國家之外。農業菁英們還有一個屬於官方代表制的部門聯合網絡——像是蔗糖工業聯合會——這些協會組織的代表都服務於國家機關的董事會來負責監督公共政策，諸如蔗糖與酒精機構，就協助巴西設計出具有雄心壯志的生物燃料計畫。

在制憲會議關於土地改革的辯論期間，全國農業聯合會與獨立的激進右翼團體「農村民主聯盟」（Ruralista Democratic Union, UDR）已經向國會進行遊說了。大型土地所有者組織公眾進行示威遊行、在媒體上發起了反改革運動，並且保證會在鄉村地區進行更多的暴力行動來抗衡可能會造成一場全國性農業改革計畫方案的憲法修正條文。這個議題被撤回到州議會，有權力的農業菁英很快地就取消了其措施，至少直到1990年代中期以前，無土地運動者都難以迫使其重新回

到政治議程上。

自此之後，「農村核心小組」（Bancada Ruralista）在立法機構中有效地代表了地主的利益，正式更名為「**農業議會陣線**」（Frente Parlamentar da Agropecuária, FPA）。在2016年，這個核心小組的規模已經能夠涵蓋到影響40%的眾議院以及四分之一的參議院代表了。[33]在2012年頒布新的森林法規中，農業議會陣線成員很有效率地保護了廣大地主的權利。在2013年，農業議會陣線提出了憲法修正案將劃定受保護的原住民土地之權力，由原本的總統職權轉移至國會。在最近幾年，農村核心小組透過國會引進一些立法放慢對占用財產的審查（徵用的先決條件）、加快被徵用土地的補償速度、使徵用的規模與生產的門檻更加嚴格，以及將土地占用歸類為「滔天大罪與恐怖主義行為」。[34]

農村遊說令人印象深刻的權力可能看起來就像是巴西令人驚訝的工業發展過程，但是其反映了農業領域的轉變，從傳統上土地所有者的利益屬於少數家族所擁有的現象，轉向了具有多種需求的現代化複雜之農業綜合企業。這些新的範圍從生物倫理學與基礎設施到財政、貨幣甚至外交政策上，尤其是國際貿易，都有其需求。這項延伸的政策議程則更加需要現代化的遊說方式。甚至，農村利益團體的力量總是被國會不成比例地加以放大了，藉此來有利於農業州。

## 軍方

很矛盾地，今日在巴西的利益團體中，軍方是最沒有效率的組織之一。自從1985年軍政府退出執政之後，其還保留了更多的特權——並且承認幾乎沒什麼公民機構有權威監督其開支、武器採購，以及對其內部事務的控制——比世界上大多數的其他軍方而言。

然而軍方似乎愈來愈沒有能力去捍衛本身的利益。在1990年代初期，費爾南多・科洛爾・狄梅洛大幅縮減軍方的開支，從1990年的水準（當時預算大約20.5%）到只剩下略高於14%。[35]所有的國防支出從原本1989年占了2.7%的國內生產總額，大幅下降至1992年只有1.5%。[36]薪水調降、設備老舊，而且士氣不振。這狀況在後來的20年之間幾乎沒有改變。在2015年，巴西在兵力的開支上也只有占國內生總額的1.4%而已，而中國為2%、印度是2.4%，以及俄羅斯為5%。[4]

隨著軍方的聲望以及預算的下降之後，軍隊力量影響國家政策尤其在宣稱對國家安全的實力也減弱了。幾十年來，軍事組織、訓練，以及意識形態受到冷戰所影響。隨著重返民主化，軍方試著重新定位本身的使命朝向對外防禦，特別是

北方的邊境以及亞馬遜州的天然資源。擔心「亞馬遜的成為國際焦點」，因此其建立了軍用機場跑道、駐軍、設置前哨部隊以及道路，並且建立農業與屯墾的計畫方案。軍方抗拒來自國內與國際上的壓力，要求在委內瑞拉邊境沿線為「亞諾馬米」（Yanomami）印第安人保留了一塊連續的土地，同時也成立了需要外國機構共同來進行監督環境保護工作的外部援助。然而，最終巴西政府保留了9,400萬公頃的土地給亞諾馬米人、撤出資金放棄了開墾計畫項目，並且以國家遵守為了符合環保標準為條件而保留該國反對派的意見。

　　軍方也無法阻撓各種在卡多索與魯拉掌權下行政團隊所倡議的人權內容，特別是那些重返參觀1964年至1985年軍政府執政下對政治犯嚴刑拷打與消失事件的現場。由於在1979年巴西通過了《大赦法》，而赦免了在1964年政變之後犯下的所有政治性罪行，包括由軍官所執行的虐待人權事件以及左翼反抗軍採取暴力行動反對獨裁統治的行為。於是，巴西在民主轉型後，既沒有立即將軍官移送審判（如阿根廷之做法），也沒有馬上成立「真相調查委員會」（如秘魯與智利之做法）。然而，在1995年，卡多索的行政團隊正式承認在1964年之後巴西政府應該對受虐者加以負責。這給了巴西政府合法性依據以國家名義賠償先前的政治受難者，以及因為遭受屠殺與被消失案件中的倖存者。

　　魯拉政府更進一步擴大賠償的計畫方案，並且向在1960年代加入左翼反對派的軍官授予死後赦免與名譽恢復。同時，人權行動者也進一步施壓重啟過去的虐待事件，希望再次提起訴訟，因其聲稱1979年大赦法並沒有真正保護到遭受過酷刑的人。雖然最高法院於2010年4月依然堅持大赦法，並發現酷刑實際上是根據當時法規所賦予的「政治犯罪」，不過法院也遵循真相調查委員會的提案，強烈建議應充分披露當時祕密的軍事檔案，並充分說明過去軍政府的罪行。

　　在2011年總統就職典禮的幾週後，羅賽芙——她曾經在22歲時遭受保安人員的嚴刑拷打，並且因為軍事鎮壓而失去了許多朋友——拾起了這樣的「轉型正義」（transitional justice）議題來說明個人從政的原因。具有調查性質但不具有懲罰性權力的真相調查委員會於2012年5月在一個情緒交雜的儀式中正式掛牌上路。在儀式上，羅賽芙象徵性的與4位仍在世的前任總統共同出席，強烈表達著轉型正義不僅是任何單一任總統行政團隊的政策而已，而是整個巴西國家的長期目標。委員會在2014年12月的時候完成了最後的報告，進一步履行其法律職責，建議對於那些特定針對侵權行為的負責人施以刑事、民事，以及行政審判，並定義為危害人類罪，而且主張廢除由國會負責觀察所形成的1979年之大赦。儘管因為其工作，在公眾、廣泛各界，以及自主性質上獲得了相當高的評價[37]，但是委

員會的報告並未導致任何公職人員被起訴或是造成任何重大變化。

在巴西，公民團體的增生以及因為國家給予更多自主性而被強化的利益團體，削弱了專斷的國家權威以及其建構威權主義的基礎。接下來的章節，我們會檢視代議制民主制度。

## 政黨與選舉

### 14.9 探討政黨動態與巴西的選舉制度。

傳統上，巴西的政黨都是很短命、缺乏凝聚力與紀律，而且其政黨體制也一直呈現高度分化的現象。直到最近，大多數政黨競相端出侍從主義，亦即透過地方性的大老來提供篩選過後的利益，以作為獲得選票的交換條件。很少有政黨會具有本身的意識形態，或甚至考慮到政府的計畫方案。政治人物常常改變所屬政黨且不會受到懲處，而這會侵蝕所謂的責任制。絲毫不意外，很多政黨都沒有深度扎根於選民，而選民也經常在這次與下次選舉中，將選票投給不同的政黨。

許多政治人物與分析者主張，積弱不振的政黨是今日巴西在許多治理上的核心問題。但也有其他人認為在1990年代，政黨體制很穩定、黨紀非常有效力，以及政黨發展出具有區隔性的意識形態偏好與在政治議題範圍上的定位。[38]唯一一個讓所有人都有相同認知的特別政黨就是「勞工黨」，其首次在2005年爆發「門薩蘭奧」（Mensalão）的買票事件，然後又在2014年發生「洗車行動」的醜聞，而整個變得灰頭土臉。真正能夠有責任感的政黨在巴西是很缺乏的。

### 侍從主義與個人主義的歷史拉鋸戰

巴西政黨在傳統上是菁英主導且環繞在個人主義而形塑，而非特定的議題。在20世紀初期，當其他拉丁美洲國家的菁英正在各自內部隊伍中進行組織時，巴西每個州的菁英已經具有壟斷整個州的權力了。各州寡頭是由當地有權力的大老所支持，往往是最大的地主，他們通常擁有自己的民兵、控制地方司法系統的官員，以及導引本身追隨者進行投票並告知他們將選票給哪些候選人。幫忙州內菁英拉選票的交換利益就是地方大老可以保住其在城市內的通路、事業，以及其他資源。而對菁英來講，其可獲得享有獨占的任命權來聘任所有具備權力的職位。這樣傳統的侍從主義體制，在巴西被理解為「**科羅內利斯莫統治**」（Coronelismo，這個名詞指涉一些上校在國家警衛隊中擔任過本地指揮官的職務而來）。[5]

戰後政黨體系依支持或反對瓦爾加斯政權，而分成兩個陣營。瓦爾加斯的支

持者組成了菁英主導的「社會民主黨」（Social Democratic Party, PSD）以及走大眾路線為主的「巴西勞動黨」。瓦爾加斯的反對者則是加入了「全國民主聯盟」（National Democratic Union, UDN）。巴西勞動黨政見模糊，擁護民族主義與民粹主義。但總體而言，該政黨缺乏指導性的思想。政黨組織由州與地方政治人物主導的恩庇網絡鬆散地形成。當人們從鄉村遷移到城市時，地方政治大老會利用任命權的控制並以城市為基礎的政治機器來把持權力。選區居民的增加以及國家的擴張進入了新的監管與分配領域，使得侍從主義如同從前一樣繼續普遍存在著。

在1965年，軍政府將多黨模式轉變為兩黨制——親政府與反對派體制。這樣的兩黨制實行了一段時間。但是當選民在1974年開始比較朝向反對派認同時，軍政府就增加給予農業、低收入家戶，以及基本衛生計畫方案的承諾。[39]在1979年，其也放鬆了對組織政黨的管制，主要是想分化聲勢看漲的「巴西民主運動黨」。國家革新聯盟的領導人組成了「社會民主黨」，而巴西民主運動黨的領導人則是成立了「巴西民主運動黨」。其他的小型政黨則在反對派陣營中藉由與主流政黨競爭而形塑。在民主轉型之後，巴西的共產黨被合法化，而且也成立了許多其他的政黨。

## 巴西當代的政黨體制

今日的政黨體制能夠更加代表某些意識形態位置的廣泛範圍。左派的政黨，在1986年大約贏得了9%的立法席次，2014年時在國會占有32.4%的支持率。來自中間派與右派政黨的成員則是分別贏得了24.8%與42.8%的席次（參閱圖14.6）。

儘管改革者試圖降低國會中的政黨數，巴西的政黨體系依舊是全世界最分化的之一。其中一個嘗試就是建立起5%的政黨門檻，超過門檻才能夠進入國會核心小組行使其功能、讓政黨活動獲得公共財政的支持，以及能夠在競選期間免費上電視宣傳，不過這後來因為小型政黨的法律抗議，因此在2006年之後的選舉中被最高法院宣告違憲而關閉。結果就是，在2007年時共有20個政黨進入國會，但若按照前述被拒絕的門檻制，只會有7個政黨。因為巴西目前沒有要求任何最低的得票比率才能獲得立法代表席次，所以在2014年共有28個政黨贏得了國會的席次。

雖然有許多政黨會參與立法選舉的競爭，但是所有從1994年以來的6任總統，基本上都是勞工黨與巴西社會民主黨之間的競爭。[6]然而由這兩黨加總所拿下的國會席次，從1994年至2014年這6屆選舉中，一直都徘徊在30%左右，但是

## 圖14.6　巴西國會的政黨代議狀況，2016年10月

巴西的意識形態是在廣泛社會代表的多黨體制中
具有多元性，但是具有在國會中組建聯盟的必要性

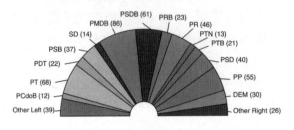

### 左派
| Other Left | 其他中間偏左派的政黨 |
| PCdoB | 巴西共產黨 |
| PT | 勞工黨 |
| PDT | 巴西勞動黨 |
| PSB | 巴西社會黨 |
| SD | 團結黨 |

### 中間派
| PMDB | 巴西民主運動黨 |
| PSDB | 巴西社會民主黨 |

### 右派
| PRB | 巴西共和黨 |
| PR | 共和黨 |
| PTN | 國家工黨 |
| PTB | 巴西勞動黨 |
| PSD | 社會民主黨 |
| PP | 進步黨 |
| DEM | 民主黨 |
| Other Right | 其他中間偏右派的政黨 |

在第一輪的總統選舉支持勞工黨與巴西社會民主黨候選人的加總得票率，基本上都高達70%至90%之間。為了要改善這種非常分化的國會狀態，勞工黨與巴西社會民主黨總統通常會建立起多黨聯合內閣，規模大小從8到12個政黨不等。

## 左派

儘管迪爾瑪‧羅賽芙在2016年遭到罷免，不過最重要的左派政黨依舊還是勞工黨。在1980年成立，勞工黨一開始被視為是個以勞工為基礎的運動團體，且在巴西的政治版圖上獨樹一格。其代表都會根據政黨的路線來投票，不會偏向其他政黨，而且也並未承諾擔任侍從主義利益的捐客。政黨的國會代表團大多是由知識分子與勞工所組成。然而，到了2002年，該政黨已經超過原本的支持基礎，靠著在聖保羅的產業工會、在農村無地勞動者運動，以及在天主教行動者當中的支持，逐漸邁向政治中心。勞工黨更溫和派的魯拉在2002年當選了總統，而且也取得稍微多一些席次而成為國會的最大黨。其主要成果來自於於總統的選舉，之後勞工黨在2006年、2010年，以及2014年又再次於大選中獲勝。

大約有十分之三的勞工黨成員將本身定義為激進派的。這些左翼政黨中的一些行動者以及國會議員對於魯拉在2003年決定邀請中間派與右派加入內閣、繼續執行保守的貨幣政策，以及採用不受歡迎的社會安全改革，而變得很不滿。幾個資深的黨內成員公開與總統抗衡，為此他們迅速被開除了黨籍。而當時因為買票

醜聞曝光了，勞工黨在2005年的代表團也因此稍微減少了一些。然而因為魯拉在第2任期的經濟表現是成功的，所以他個人在當時擁有大量的聲望，有助於他推動親自挑選的繼任者：迪爾瑪·羅賽芙，很輕鬆地在2010年獲得勝選。在2014年，當時羅賽芙連任只贏得相對非常少的票數，而當時勞工黨在眾議院也贏得68個席次，以及在27個競選的參議院席次中只贏得2席，同時還贏得了5個州長位置（參閱表14.1）。

　　然而，勞工黨的聲望在2005年的買票事件以及2014年的「洗車行動」醜聞後，一路下滑。幾位勞工黨指標人物，包括前任總統與政黨的財務主管，都被逮捕並被指控犯了賄賂、敲詐勒索，以及違反競選財務法等罪名。迪爾瑪·羅賽芙在黨內幾乎沒有個人權威，而當時魯拉也因為2015年的洗車行動團隊被加以調查，使得該政黨像是一艘無人掌舵之舟。原本有許多認同自己是勞工黨支持者的巴西人，有超過半數的人也在羅賽芙執政的最後2年，否認了這樣的聲稱。2016年的市層級選舉，舉行的時間在羅賽芙被彈劾的8週之後，因此使得隸屬勞工黨的市長數量，從原本的630席次，嚴重地掉到只剩下250席次。該政黨現在也將面臨到長期的重建過程。

　　在2005年，激進的勞工黨出走者組成了「社會主義與自由黨」（Socialism and Liberty Party, PSOL）。社會主義與自由黨贊成採取大幅的改革措施，包括大幅調降利率。2014年它在下議院只贏得了6個席次。其他的左派政黨，包括「巴西社會黨」（Brazilian Socialist Party, PSB）在2014年的國會選舉中贏得了34個席次，以及3個州長職位；以及「民主勞動黨」（Democratic Labour Party, PDT）依然是國會中前10大政黨之一。雖然這2個政黨過去都有支持勞工黨的總統候選人，但是他們卻在羅賽芙政府不幸於2014年發生的事件之後就與該政黨保持距離。

## 中間派

　　在政治光譜上的中間位置的是「巴西民主運動黨」。巴西民主運動黨是最龐大的政黨，擁有66個眾議院席次、18位參議員，以及7個州長職位。該政黨沒有很明確的意識形態，而且其組成就像是一個很鬆散的地方性分支政黨聯盟，依照著政治大老意見來運作。自從再次民主化以來，巴西民主運動黨曾經與每一個巴西執政黨組成聯盟，2015年至2016年從勞工黨出走是羅賽芙被彈劾的主要因素。米歇爾·泰梅爾在羅賽芙被罷免之後，於2016年繼任了總統職位，他是一個極好的巴西民主運動黨的黨員，曾經從2001年至2016年領導過該黨。在米歇爾·泰梅

## 表14.1　巴西2014年的選舉結果

在一個高度歧異性的制度中，**5**個最大的政黨控制了四分之三的州政府，
但是只有在國會中僅擁有一半的席次

| 政黨[a] | 眾議院（席次） | | 參議院（席次）[b] | | 國會[c] | | 州長 |
|---|---|---|---|---|---|---|---|
| | 數量 | % | 數量 | % | 數量 | % | 數量 |
| 勞工黨（PT） | 68 | 13.3 | 2 | 7.4 | 80 | 13.5 | 5 |
| 巴西民主運動黨（PMDB） | 66 | 12.9 | 5 | 18.5 | 84 | 14.1 | 7 |
| 巴西社會民主黨（PSDB） | 54 | 10.5 | 4 | 14.8 | 64 | 10.8 | 5 |
| 進步黨（PP） | 38 | 7.4 | 1 | 3.7 | 43 | 7.2 | 1 |
| 社會民主黨（PSD） | 36 | 7.0 | 2 | 7.4 | 39 | 6.6 | 2 |
| 巴西社會黨（PSB） | 34 | 6.6 | 3 | 11.1 | 41 | 6.9 | 3 |
| 共和黨（PR） | 34 | 6.6 | 1 | 3.7 | 38 | 6.4 | 0 |
| 巴西勞動黨（PTB） | 25 | 4.9 | 2 | 7.4 | 28 | 4.7 | 0 |
| 巴西共和黨（PRB） | 21 | 4.1 | 0 | 0.0 | 22 | 3.7 | 0 |
| 民主黨（DEM） | 21 | 4.1 | 3 | 11.1 | 26 | 4.4 | 0 |
| 巴西勞動黨（PDT） | 19 | 3.7 | 4 | 14.8 | 27 | 4.5 | 2 |
| 團結黨（SD） | 15 | 2.9 | 0 | 0.0 | 16 | 2.7 | 0 |
| 基督教社會黨（PSC） | 13 | 2.5 | 0 | 0.0 | 13 | 2.2 | 0 |
| 社會秩序共和黨（PROS） | 11 | 2.1 | 0 | 0.0 | 12 | 2.0 | 1 |
| 社會主義民眾黨（PPS） | 10 | 1.9 | 0 | 0.0 | 10 | 1.7 | 0 |
| 巴西共產黨（PCdoB） | 10 | 1.9 | 0 | 0.0 | 11 | 1.9 | 1 |
| 其他[d] | 38 | 7.4 | 0 | 0.0 | 40 | 6.7 | 0 |
| 總計 | 513 | 100 | 27 | 100 | 594 | 100 | 27 |

[a] 表只呈現那些於2014年至少在眾議院贏得10個席次以上的政黨。

[b] 參議院的選舉是錯開的，2014年只有進行三分之一的席次（27/81）選舉。

[c] 國會代表團的總數，是由所有的81位參議員（包括在2010年由選舉進入的54個席次，以及
在2014年尚未改選的席次），加上所有的眾議員之選舉所組成。

[d] 綠黨（PV）、社會主義與自由黨（PSOL）、基督教勞工黨（PTC）、巴西勞工革新黨
（PRTB）、巴西勞工黨（PTdoB）、進步共和黨（PRP）、人文團結黨（PHS）、社會自
由黨（PSL）、國家工黨（PTN）、國家行動黨（PMN）、國家生態黨（PEN），以及基
督教社會民主黨（PSDC）。

資料來源：數據資料來自於最高選舉法院（資料取得網站：http://www.tse.gov.br[7]）。

爾內閣中第2大的政黨「巴西社會民主黨」，就是於1988年從巴西民主運動黨中
分裂出來。當時有幾位受人敬重的巴西民主運動黨領導人來組成，包括費爾南
多・卡多索，所以巴西社會民主黨一開始比較像是中間偏左的政黨。然而，巴西
社會民主黨從1995年至2002年占據了總統宮院時，該政黨逐漸開始進行市場改革
的議程，並且朝向右派方向移動。在1998年，這是該黨選舉表現最好的一次，巴
西社會民主黨當選成為國會第2大的代表團、獲得最多的州長位置，以及榮登總
統職位。今日，其為國會中第3大政黨，而且有5個州是由巴西社會民主黨治理。
自從1989年以來，其大多數的總統候選人都一直是來自於聖保羅州主要的知名政
治人物，這州的政府自1994年以來就一直由該黨所控制，且未曾中斷過。在2016
年，巴西社會民主黨也由商人：若昂・多利亞（João Doria）選上了聖保羅市
長。身為市長，若昂・多利亞可動用的預算是巴西第3多的，只排在聯邦政府以
及聖保羅州之後。

## 右派

　　在巴西政治光譜上右側最為突出的，基本上就是廣為知悉的「**民主黨**」
（Democrats, DEM）。這政黨在2007以前被稱作「自由陣線黨」，這是在
1985年由「社會民主黨」出走者改組成立的——前者大多是軍政府政權的支持
者。在卡多索執政時期，該黨握有副總統職權，而且在1994年之後幾乎在所有的
選舉上都與巴西社會民主黨聯盟。在2010年，其只當選2席州長，但是在國會卻
擁有51個席次而成為第4大的代表團。在魯拉與羅賽芙的年代，資深的民主黨領
導者發出了最大聲響來強烈反對勞工黨。然而，由前聖保羅市長吉爾伯托・卡薩
布（Gilberto Kassab）所組成之民主黨當中的一個派系，出走而組成新的「社會
民主黨」。儘管其贊助者基本上都是保守主義者，社會民主黨很快的就被拉攏去
支持羅賽芙，而且在2013年就正式成為她聯盟的政黨。卡薩布以及他所屬的政黨
在2016年之後，依然都還是米歇爾・泰梅爾的內閣成員。

　　另一個很重要的保守黨就是「**進步黨**」（Progressive Party, PP），這是一
個親商業、親經濟改革的政黨，也是一個與社會民主黨有淵源關係的政黨。其他
在右派的政黨還包括了「巴西勞動黨」以及「**共和國黨**」（Party of the
Republic, PR）。在1979年的《政黨改革法》頒布後進行重組的巴西勞動黨，其
所獲得的立法席次每年持續減少，降到低於5%。共和國黨後來整併成為「自由
黨」，一度是親商業的政黨，但後來因為與勞工黨政府結盟了，也受到幾乎吞噬
整個政府的貪污腐敗醜聞之影響，而後來又重新建構出一個最新的「重建國家秩

序黨」。依然是由右派的幾個非常小型政黨，包括一些極端保守派的政黨。右派政黨都反對農業改革以及墮胎法的自由化，並且傾向於採用強烈的法律與秩序立場。然而自由陣線黨／民主黨長期與巴西社會民主黨聯盟之下，也一直都保有本身相當一致的意識形態，較為小型的中間偏右派政黨，像是進步黨、巴西勞動黨，以及共和國黨就很容易變成政治上的機會主義者，像是最近幾年就同時支持卡多索（巴西社會民主黨）以及魯拉（勞工黨）的政府。很明顯的，大多數涉入到2005年買票醜聞的立法者都是來自於這三個政黨的成員，而且在2014年之後，有幾個又再次被牽連到在「巴西石油」契約中擷取競選的資金。

## 社會分歧與投票

　　幾年來，巴西最嚴重的社會分歧就是「區域落差」。巴西有兩種不同的選區居民。其一，是住在東南部與南部一些大型、都會區的人，這些居民對議題有比較多的了解，並且更願意基於這些議題的立場投票給候選人。另一種則是居住在小型、更為貧窮、較少工業化，主要是東北部與中西部的農業市鎮人民，會把選票投給較有鮮明的個人特質和可以交換利益的候選人。這些偏遠地區貧窮且教育程度較低的居民，一般都會投票給右派的候選人。那些擁有較高教育水準與收入者，會偏好於中間偏左的巴西社會民主黨以及特別是相當左派的勞工黨，而年輕族群的選民也差不多是這樣。

　　這種趨勢在最初將魯拉送上權力寶座，具有分水嶺象徵的2002年的選舉上仍清楚可見，但是2006年的選舉則是呈現出一種新的投票模式，並延續到2010年的選舉中。迪爾瑪‧羅賽芙平均的從城市貧困鄰里社區和非大都會的市鎮中，拿到差不多的選票（分別是52%以及50%）。顛覆了先前的趨勢，東北部的選民比較偏好勞工黨的代表，使其幾乎以2倍的幅度領先（參閱表14.2）。此外，勞工黨因為貪污腐敗的消息而失去了中產階級的選票，羅賽芙就努力去鞏固那些只有接受過小學教育，以及收入比最低薪資還少於2倍以上，但支持她的人。除此之外，在2010年出現了一個宗教分歧的現象，勞工黨比較受到天主教的教徒以及那些將本身定義為無宗教信仰者的青睞，而非五旬節派的基督新教徒所喜愛，對後者來說，墮胎議題在競選活動的最後幾天，隱約可見會愈發嚴重。

## 選舉制度

　　巴西採用了三種不同的選舉制度。總統、州長，以及至少擁有20萬選民以上的城市之市長選舉，採用「絕對多數制」。在這種情況下，如果沒有任何一位候選人在第一輪的投票中獲得50%以上的選票，最高得票數的前兩位候選人就要進

## 表14.2　巴西2014年總統選舉的社會基礎因素*

在迪爾瑪・羅賽芙成功的競選連任中，她得利於本身同黨的前任魯拉所建立的弱勢選民聯盟

| | 迪爾瑪・羅賽芙（PT） | 阿希歐・內菲斯（PSDB） | 空白／遺漏／無效 | 不知道 | 選民比例 |
|---|---|---|---|---|---|
| **性別** | | | | | |
| 男性 | 42 | 48 | 6 | 4 | 48 |
| 女性 | 44 | 42 | 7 | 4 | 52 |
| **年齡** | | | | | |
| 16-24歲 | 38 | 47 | 9 | 6 | 16 |
| 25-34歲 | 44 | 43 | 8 | 5 | 23 |
| 35-44歲 | 45 | 44 | 6 | 5 | 20 |
| 45-59歲 | 44 | 44 | 6 | 6 | 24 |
| 60歲及以上 | 42 | 46 | 4 | 7 | 17 |
| **教育程度** | | | | | |
| 小學 | 53 | 36 | 4 | 7 | 38 |
| 中學 | 40 | 47 | 8 | 5 | 42 |
| 大學 | 31 | 57 | 8 | 4 | 19 |
| **地區** | | | | | |
| 北部 | 51 | 40 | 5 | 4 | 8 |
| 中西部 | 33 | 57 | 4 | 6 | 7 |
| 東北部 | 61 | 29 | 5 | 5 | 27 |
| 東南部 | 35 | 50 | 8 | 6 | 44 |
| 南部 | 34 | 53 | 6 | 7 | 15 |
| **城市類型** | | | | | |
| 首都與大都會地區 | 42 | 44 | 8 | 6 | 39 |
| 內陸城市 | 44 | 45 | 5 | 6 | 61 |
| **家戶收入（以最低工資為基準的倍數）** | | | | | |
| 最低至2倍 | 53 | 35 | 6 | 6 | 42 |
| 2-5倍 | 39 | 50 | 6 | 6 | 37 |
| 5-10倍 | 31 | 58 | 8 | 4 | 11 |
| 10倍及以上 | 30 | 64 | 3 | 2 | 5 |
| **宗教** | | | | | |
| 天主教 | 46 | 44 | 5 | 5 | 60 |
| 五旬節派基督新教 | 39 | 44 | 5 | 4 | 21 |
| 主流基督新教 | 36 | 45 | 4 | 6 | 6 |

| | 迪爾瑪·羅賽芙（PT） | 阿希歐·內菲斯（PSDB） | 空白／遺漏／無效 | 不知道 | 選民比例 |
|---|---|---|---|---|---|
| 唯靈論 | 31 | 60 | 7 | 2 | 3 |
| 所有選民 | 51 | 41 | 4 | 4 | 100 |

﹡全國9,081名成年人的樣本揭示了第二輪總統選舉的投票意向；誤差範圍是2%。表內的所有數值皆為百分比。

資料來源：數據資料來自於「資料頁報」（DataFolha）民意調查機構，2014年10月14-15日。（資料取得網站：http://datafolha.folha.uol.com.br/）。

入到第二輪決勝負的選舉中。參議員和20萬選民以下的城市之市長選舉，採用第二種被稱為「簡單多數制」的選舉制度。他們只需要贏得相對多數的選票就能夠當選，而且也不需要進入到第二輪的決選。

聯邦眾議員、州議員，以及地方議員是以第三種方式選出的：在不同選區中選出多位代表的「**開放式名單比例代表制**」（open-list proportional representation, OLPR）。每一個選區要選出一位以上的代表。在聯邦與州的競選中，議員所呈現與獲取的選票都是來自於其所屬的整個州內。選民可從幾個政黨名單中的任何一個選出一位候選人。每個政黨的名單可能會包含該選區應選席次的1.5倍候選人數。地方議員的執行制度也很相似，只不過選區的範圍是全市，而且每一個政黨最多可以提名該區應選出席次的3倍候選人數。

在比例代表制中，每個政黨在國會以及地方議會選舉中可分配到的席次數目，是基於每個政黨候選人所能得到的總票數之比率。在大多數的比例代表制中，這份名單是「封閉式」的。政黨領導人決定這份政黨選票上的名單排序。他們可以將具有忠誠性之代表和需要的閣員放在名單前面，以確保他們當選。政黨領導人也可以很輕易地在具有關鍵性的國會選舉中懲罰不忠誠的人，只要將這些人置於名單後方，就可讓他們的連任之路變成不可能。在巴西的這種開放式名單比例代表制中，相形之下，選民可以決定投票給政黨名單上的哪一位候選人代表該黨在議會上擁有席次。

批評者認為，因為政黨領導人對於誰會當選沒有太大的控制權，因此他們不能在議會中強制執行黨紀。開放式名單比例代表制更容易鼓勵政治人物去跟自己同黨的成員競爭，而非與其他政黨的對手競爭，並有利於那些向自己的選民分配利益而不是堅持政黨立場的人當選。儘管勞工黨、巴西社會民主黨，以及其他政黨的紀律比較嚴格，也以實務為導向，但是具有這種特性的選舉制度，會使得政府如果沒有授予這些立法者能夠分得國庫上的大量利益給自己的選區的話，會很

難通過立法以及改革重大的政策。

## 在國會與地方選區中的巴西政黨

　　傳統上，巴西政黨一直都沒有什麼凝聚力；也就是說，國會議員在一些重大議題上沒有站在相似的立場。黨紀或政黨領導人在立法機構中強化執行政黨路線聲量的方式，也是非常薄弱的。根據傳統觀點，在立法機構中的大多數政黨國會代表會打破政黨的身分來投票，以爭取本身州、特定利益團體，或甚至是他們自己事業的利益。會把政黨的計畫方案擱置在一旁，以先支持自己的州與地區的贊助資源，而這雖然會增強個人主義、侍從主義，以及地方主義，但會削弱黨的身分認同與責任感。

　　今日，巴西的政黨紀律依舊不如拉丁美洲其他地方的政黨。雖然如此，黨紀有時候還是要強於所宣稱的紀律。當多數黨的領導人在眾議院唱名表決前宣布黨的立場時，多數黨的議員都還是會遵照領導人的意思。在2003年至2006年的立法議會中，7個最大政黨的成員有88%的投票都遵照了黨決議的立場；勞工黨是黨紀最嚴謹的政黨，所以平均有94%支持政黨路線來投票。[40]

　　巴西的政治人物也經常改變本身的政黨屬性，並非因為與原本政黨在理念上的差異，而是為了要進一步藉由加入其他他們認為可在下次選舉中獲選的政黨，以提升他們個人的選舉前景。在2002年當選的眾議員之中，就有192位議員（大約占了眾議員的37%）曾經在2003年至2007年的立法議會期間，更換過本身的政黨屬性。[41]通常，政治人物放棄反對派政黨而加入政府的聯盟當中，以便直接獲得聯邦的資源。然而，在2007年，巴西最高選舉法院判定國會席次是隸屬於政黨，而非個別的黨員。政黨的變換立刻就變得緩慢了些，而失去聯邦代表席次的政黨，能夠以另一位候補黨員替補不夠忠誠的議員。政黨的更換者一直都利用法律漏洞來保持其流動性；有數百個這樣的案件正在審理中。[42]

　　淺薄的政黨忠誠度一直是許多國家傷腦筋的事情，但是並非巴西所有政黨都如此。左派政黨能夠在其菁英成員當中喚起比較強大的忠誠度，而且比起與他們對立的右派，左派的國會代表團更有可能保有自己政黨立場的信念。此外，相較於10年之前，國會成員都很珍視本身政黨的標籤，而且更願意將權威禮讓給政黨在國會的領導人。1988年，有三分之二的受訪者認為國會議員變換原本所隸屬的政黨時，不應該失去其席次[43]，但在2013年，67%的人認為議員應該要為其更換政黨屬性而喪失其原本的席次。此外，也有一部分比例的立法者認為「政黨應該開除那些投票違反政黨秩序的國會議員」這樣的聲音在2005年是51%，而在2013

年則增加至62%。**44**

　　巴西的政黨也被認為是積弱不振的，因為除了勞工黨之外，其他政黨在選民中缺乏深厚的根基。在2015年，只有四分之一的選民在接受調查者所提供的眾多政黨中，會對任意其中一個具有認同感。而那些具有認同感的選民中，有一半認同「勞工黨」（占所有受試者的12%）。沒有其他政黨有比較接近的比率，接下來比較常被提到的政黨是「巴西社會民主黨」（5%）以及「巴西民主運動黨」（4%）。如果不是因為有勞工黨的出現，不然存在於巴西選民中政黨的認同感，可能會幾乎檢測不出來。

　　政黨與選民之間的關係可能正在發生變化。今日，巴西的政治人物與政黨依然掌握許多公共部門的工作機會，並且能分配公部門的工作計畫項目以及社會服務來獎賞政治上忠誠的地區與個人。但是新法律把國家可拿來贊助的工作變少了，也限制國會議員可以通過修改預算贊助指定的用途，以及禁止進行買票的行為。政府透過計畫方案直接在沒有政治干預的情況下，向窮人提供社會援助，使得這種贊助型政治能發揮的作用也愈來愈小。公眾對「侍從主義」與「山頭主義」（bossism）的容忍度也在明顯下降。政黨在未來的競爭方向，可能不只是這種贊助行為，而且也會表現在政治的績效上。

## 政策制定過程

### 14.10 描述巴西立法機構制定和考量法律產生的方式。

　　在巴西的政策形成與執行，一般是透過立法的程序，或是由內閣與官僚機構來制定和實施的。雖然自1988年以來，立法機構就已經獲得形式與力量上的強化，不過行政部門卻依然主導了整個立法過程。

### 立法過程

　　法案可以由任何一位眾議院或參議院議員、總統、最高法院法官、檢察總長，或是公民提出。公民的創制需要由至少1%的全國選民共同支持，至少在5個州都不低於0.3%的選舉人所推薦，才能夠開展立法的程序。一開始是在國會以外的地方所形塑之法案，必須送交至眾議院審議。用這種方式通過的第1項法律，是於1999年由天主教積極主義者推動的法案，將買票變成犯罪行為，並且以撤銷席次當作懲罰。在2010年，打擊選舉貪污腐敗行動蒐集到1,600萬個簽名迫使國會通過《清白紀錄法》（Ficha Limpa），該法案拒絕任何被判有罪的候選人可以取得參選資格。

國會議員所負責起草的法案，可以在國會任何一院提出（參閱圖14.7）。如果是在眾議院中提出，首先就會由院裡的理事會——**「首腦理事會議」**（Mesa Diretora）（由眾議院的議長、2名副議長以及4名秘書所組成）——來審理，其組成的人員也反映出國會中的政黨勢力。舉例來說，議長通常是來自最大的政黨。第二個最重要的領導主體就是**「領導人團」**（College of Leaders）。這些成員是由20多位在國會中正式的多數與少數政黨領導人、國會「政黨聯盟」（由2個或多個政黨形成之聯盟）的領導人，以及任何在國會中擁有超過5個席次以上之政黨領導人所共同組成。領導人團會代表首腦理事會議來組織立法的議程。不像美國的國會委員會，巴西的委員會主席並沒有太多的彈性空間來設置本身的議程。

一旦法案通過了眾議院領導人這一關，就會被直接交付適合的立法委員會來進行審議。目前，巴西在眾議院有21個常設委員會，在參議院有11個，加上3個來自兩院成員所組成的跨院聯合委員會（聯邦預算、氣候變遷，以及由巴西出席「南方共同市場議會」（Mercosur Parliament）代表團所組成的委員會）。所有的立法提案都會先送進司法委員會進行審議，以審查其合憲性。如果法案通過了這一關的檢視，然後就會被送進委員會或是具有相關領域管轄權的委員會中。舉例來說，經濟法案可能會交由經濟委員會或是財政委員會來審議。

如果眾議院有3個委員會核准了法案，就會被直接交付參議院來審理。如果有2個委員會核准了，或是如果其沒有順利通過委員會的審核，那法案就會直接交付到眾議院的大會上來進行投票表決。一旦在大會上核准了，法案也必須走類似的途徑，送交至參議院的司法委員會與經濟事務委員會進行審查。如果被參議院的全員表決通過了，法案就會送交至總統手上，總統可以將其簽署成為法律或者是將其全盤或一部分內容加以否決。然後，回到兩院都需要絕對多數才能夠推翻總統的否決權。如果該法案一開始是由參議院所提出的，也必須要通過眾議院的審查。有兩種行政部門所提出之最重要的法案類型——撥款以及緊急措施——要由兩院聯合審查（再次參閱圖14.7）。提出憲法修正案必須獲得絕大多數議員——國會中的兩院都需有五分之三議員的核准——在相同的立法任期內，分別在兩次個別的表決中通過。從1992年至2016年之間，共有93例的憲法修正條文被增添到《憲法》中。

## 總統立法權

進入民主治理時代後前20年中，巴西總統透過各種的特權主導整個立法過

### 圖14.7 巴西的立法過程

巴西的國會與總統雙方都可以成為法案初提者；
之後在2個議院的立法審議過程也都是相同的

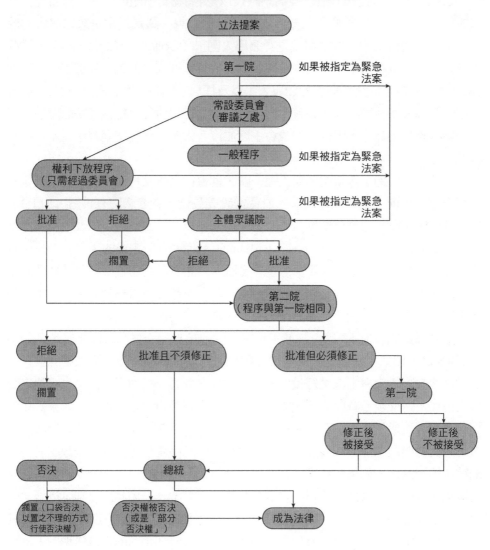

資料來源：參照保羅·里奇（Paolo Ricci）撰寫的〈國會中的議會倡議之立法形成：眾議院與聯邦參
議院之間的異同〉（A produçãolegislativa de iniciativaparlamentar no Congresso: diferenças
e similaridades entre a Câmara dos Deputados e o Senado Federal），收錄在萊尼·萊莫斯
（LeanyLemos）主編的《巴西聯邦參議院的不同選區》（O Senado Federal Brasileiro no Pós-
Constituinte）（Brasília: Unilegis, 2008），第271頁。

程。根據《憲法》規定，只有總統可以提出以下這些法案：決定國家武裝力量的規模、創造公共部門的工作、重組內閣、設定公職單位成員的薪資水準，以及最重要的是，提出撥款措施的法案。比起由國會成員本身所提出的只有不到十分之二的法案會通過，而由總統所提出的法案，幾乎十分之九到了國會1年之內都會通過。[45]總統的立法權力在勞工黨執政下被削減了；由國會議員所提出的法案送進眾議院之通過率，從原本在卡多索執政下的38%，到後來在兩位勞工黨總統整體加總平均下的81%。在2015年，所有與預算無關的三分之二提案都不是由羅賽芙所提出，而是由國會議員。[46]

巴西的總統也可以制定**「臨時條例措施」**（provisional measures），其可於發布後立即生效。1988年憲法的制定者打算在特殊與臨時的狀況下，並在得到國會同意的情況下來行使這些權利，但由於種種原因，總統們卻經常依賴這些「緊急」措施。此外，總統也想藉由重新發布國會沒有立即考慮的法令，以此來規避需要獲得國會核准的過程。在十多年當中，就有4位總統總共發布了619條法令，以及重新發布了5,491條法令。為了尋求限制總統的權力，在2001年，國會修正的憲法條文限制總統將已被認定失效的法令重新發布。然而，國會同意將一些在發布後45天內沒有他人採取任何行動的措施排到議程審查的首位，使得總統能夠藉由發布更多法令來掌控立法的議程。同時，很少有總統的法令是被否決的，因為這些內容已經生效，且其政策的影響可能也很難讓國會將其撤銷。

除了那些總統具有專屬權的領域之外，總統同樣也可以藉由要求國會「緊急」對擬議中的立法採取行動來明確地變更立法議程。在國會開會期間，總統可以指定超過100多件緊急立法議案。最後，總統也擁有資源來否決國會所有（口袋否決權）或是部分（擇項否決權）立法內容的權力，而且只有非常少的狀況會由國會推翻總統的否決。

## 內閣與官僚機構

決策過程的第三個基本階段的要素是官僚機構。巴西的官僚機構傳統上是充斥著恩庇主義。除了國家開發銀行與外交部等有比較顯著的例外，其他從聯邦政府最高級別到州以及地方政府最低級別的任命，都是充滿了政治利益計算。

在1990年代末期的行政改革，以及嚴格限制州政府薪資名冊上的給付總額不得超過稅收的60%，不但減少公家薪資的窟窿問題，並且提高了國家服務的效率。從1991年至2001年，改革大約減少了20%的公民服務，在新招聘的成員中建立了考績制度，並且減少黨員人數至最低的比例，使得整個官僚體制降到比較低

的規模大小[47]，也同時提升了本身的品質。在2007年，美洲開發銀行將巴西的官僚體制評價為「優良等級」，並且將其獨立性與擇優錄用上排列於拉丁美洲第1名位置[48]，而隨後的評估調查也發現，有更多的部會與機構比以往具有比較高的能力以及自主性——在巴西各州中的「卓越群島」。[49]

　　儘管近年來一些高度敬業與具備專業的公務員職業素養得到了提高，但在勞工黨政府的領導下，聯邦公務員服務規模再度增長，中央官僚機構增長了22%，準國營部門增長了50%。此外，有很高程度的官僚機構之聘任，特別是在內閣當中，仍然受制於分裂的多黨制的變幻多端。傳統上，在內閣中的聘任行為，總統可以運用一些技術性手段來平衡其所需，以及在國會中建立黨派與地區政治支持的積極方式。因此，聘任至財政部、中央銀行，以及少數的專業技術機構中的職位，通常是基於績效而設立的。但是聘任至大多數的部會以及聯邦機構中，經常是執政聯盟中各方之間進行討價還價後互相讓步的交易對象。在總統羅賽芙的行政團隊中，有11位不同政黨背景的人分別受聘於39個內閣職位上，而且每一位在各自的部門中，也發揮了本身重要的黨派任命功能。

　　在預算的壓力下，總統泰梅爾撤除了13個內閣層級的職位，並且將其餘各部會改組職責。舉例來說，負責社會安全的行政單位就從原本的勞動部轉移至財政部——似乎是一種訊號顯示退休養老金正處於嚴重受到威脅的窘境。

## 政策績效表現

### 14.11 列舉巴西近來五項公共政策的變化並且說明其效果。

　　從歷史上來看，巴西的政策績效表現一直都很不平均。在20世紀下半葉，國家很有效率地編組資源以促進經濟的增長與發展。但是很不幸的是在提供基本的社會福利、改善種族不平等，以及打擊犯罪上，卻做得一塌糊塗。

　　經過幾十年的緩慢發展之後，政府在1990年代中期在經濟改革、提高社會服務效率、更好的分配經濟成長所帶來的成果，以及減少在機會與法律上不平等，大步前進了。在2000年代中期，大宗商品的繁榮促進了更具包容性的社會政策，為那些社會最底層的人們提供了更多的社會福利，並為他們提供了更多進入中學與中學之後的教育機會。然而，甚至在2013年開始出現經濟衰退之前，政府也面臨了許多尚未完成的議程內容——進行稅務改革、面對失控的退休金成本、改善教育品質、提供充足的住房與健康照護，以及打擊與毒品相關與其他的犯罪行為。經濟萎縮導致必須可能要掙扎於公共政策的失敗、公共財政的巨大壓力，並預示著未來的艱難時期。

## 經濟成果

　　這幾十年來最為戲劇性的成功政策就是經濟的成長。隨著國家對經濟活動的管制、設定工資與物價、發放農業信用貸款、限制進口，以及控制外幣的買賣，橫跨民主與軍政府政權，其每年平均的經濟成長達到7%。1985年之後由於國際局勢不利的影響，經濟成長開始減緩，每年平均減少到3%以下。相對於1960至1970年代，其外國投資與貿易機會都停滯了。在1980年代期間，所有的拉丁美洲國家都認為這是「失落的10年」，巴西軍政府承受了繁重的外債壓力，嚴重制約了政府投資經濟增長與社會服務的能力，使得人們生活水準都下降了。

　　歷屆政權最嚴重的經濟失敗就是他們無法控制通貨膨脹的現象。雖然軍政府立即打擊通貨膨脹（在1964年時，以90%的速度成長），在1967年之後，其變成了還可以讓人接受的20%上下範圍的年通貨膨脹率，而政府也將所有的優先性都放在經濟成長上。全球石油價格與利率的上漲，無疑導致了巴西通貨膨脹以3倍的速度成長至4位數字。但這也要考量到1980年代末期至1990年代初期，政府的預算赤字所造成的飛漲結果（包括州政府的那些預算赤字在內）。文人政府執政後的第一個10年內，通貨膨脹每年平均以超過1,000%的速度成長著，因此更常是以每個月來計算，而非每年的方式。不斷增長的通貨膨脹率很嚴重地侵蝕了窮人的購買能力。看來似乎沒有任何行政團隊有能力來遏制潮流，直到1994年，當時是伊塔馬爾‧佛朗哥（Itamar Franco）執行了「雷亞爾計畫」。在這之後，最低工資的實質價值才開始回穩。

　　在1990年代初期，巴西政府解除貿易保護措施，而一些國營的鋼鐵公司也被賣掉。但除此之外，改革工作也停滯了。學者所爭論之更加需要的經濟改革也因為有太多「行使否決權的人」而被延緩了——即單獨的或是集體的行動者（如行政部門的成員、國會議長、州長，以及政黨領導人等）都必須同意才有辦法推動任何政策上的改變。巴西在經濟自由化的腳步比智利、墨西哥、秘魯，以及阿根廷更加緩慢。卡多索執政時期（1995-2002）加快了改革的腳步。在卡多索上任的第1年，國會通過了憲法修正案解除了國家對瓦斯、通訊，以及石油產業的壟斷，而且終止以憲法為立基點來反對外國投資的條文。這些立法上的勝利，領導了許多國營企業朝向私有化轉型，然後也緊接著有許多被認為在國有部門中相當重要之改革的到來，這些改革被認為降低國家在財政上的義務至關重要。精簡過去這10年中由於恩庇主義而不斷膨脹的公共行政部門，是行政改革很重要的一環，如果沒有這樣做，除非被證實有貪污腐敗以外，無法以其他任何理由解僱公部門的工作人員。退休養老金的改革也是經濟穩定的一個關鍵，由於社會安全制

度會因為有一定比例的勞動人口成為退休人口而變得比較緊繃（2：1），將退休的年紀調整為取決於服務的年資而非實際的年齡而定（實際上，公部門的員工在年齡達到50歲時就可以退休）。但是只有在嚴重的金融危機削弱了貨幣價值，並花費了大量的時間與政治資本之後，才通過了這些改革。

如前所述，卡多索政府也很成功地改革了地方政府（州與市）與聯邦層級之間的財政關係。那些可自由支出的州與地方政府從1980年代末期至1990年代之間積累了驚人的債務。這些支出大多數都是屬於政治性的酬庸。在拖延改革並迫使巴西利亞償還州政府債務多年後，州長與國會代表團最終同意將州立銀行進行私有化，限制州的薪資之總額並償還聯邦政府。

相較於這些成功的改革，卡多索在金融與勞動市場上的放鬆管制上，就顯得沒有什麼太多的進展。魯拉負責了公部門員工的退休養老金改革以及財政改革。在2003年，政府推動了一項退休養老金的改革法案，該法案提高了公務員的退休年齡，以及根據勞動者的年齡與繳費年限而重新設定享有的福利，並對最高薪資上限做設定。

巴西跟拉丁美洲其他國家，或是可以說與其他發展中國家一樣，政府擁有大量的提取能力。在2012年的稅賦總額（稅收占國內生產總額的百分比）是36.3%。[50]近年來，依照「貢獻」之比例所組成的公部門稅收，大多是徵收自商業活動與利潤、金融交易，以及其他項目，各種燃料是實質上增長最明顯的。這些收入會分到不同的資金款項當中，然後會針對一些特定用途之目的發放，像是社會安全、教育，以及道路建設（參閱圖14.8）。很明顯地，這些稅收不包括有利於州與市政府受益的收入共享公式。個人與企業所得稅，主要是由聯邦政府開徵，但是會與州以及市層級政府共享，而這約占2013年聯邦稅收總額的三分之一以上。由巴西27個州所徵收的附加稅**「貨物流通暨服務稅」**（Tax on the Circulation of Goods and Services, ICMS），以及5,750個自治市（城市的財產稅）就占了所有公共部門稅收的五分之一。

## 社會福利績效表現

歷屆巴西政府在社會政策領域的紀錄，一直很讓人失望。許多社會政策都設計不良，且於行政施行過程中缺乏效率。在2000年代中期，聯邦政府每年花費超過100億美元在公立大學上——該國最好的大學——來維持其免學費狀態。雖然這樣的政策理論上使所有人都能免學費，但實際上，是補貼了有能力負擔學費的中上與上層階級家庭的小孩接受高等教育。在2010年，教育部每花1美元於初等

## 圖14.8　政府按照功能來劃分的主要支出

**巴西於健康照護與教育的支出上持續在增加，**
**但是這些與各州所承諾的退休養老金相比之下，仍然有一段距離**

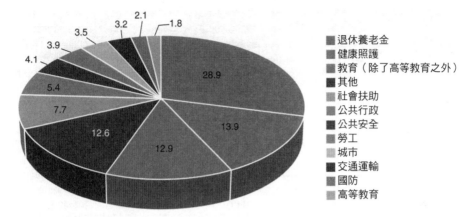

資料來源：數據資料來自於「世界銀行」出版的《重新採取包容性、增長性以及可持續性的路徑：巴西系統性的國家診斷》（*Retaking the Path to Inclusion, Growth, and Sustainability: Brazil Systematic Country Diagnostic*）（2016年6月），第46頁。

教育，同時就會花6.5美元在大學與實驗室中。巴西的社會政策也沒有比過去增加多少效率，因為聘任與支出的決策都是基於政治上的恩庇主義，而非是否具備優勢來制定的。恩庇主義被認為是「健康照護資源重分配改革中最有利的單一障礙」。[51]

　　20年以來，巴西已經在社會政策上取得很顯著的進展。成人識字率從原本的82%增加至91%，嬰兒死亡率從原本的45%非常快速地降至16%，而貧困率也很明顯地從15%降至3.4%（參閱表14.3）。這樣成功的原因，至少有一部分是因為行政上的權力下放以及更多對特定性資源的有效利用。這也是自1995年以來，歷任總統卡多索、魯拉，以及羅賽芙重視社會政策給予優先考慮的結果。卡多索政府重新組織並且權力下放將關鍵的社會服務輸出。但即使如此，還有很多事情需要去完成。

　　在勞工黨政府執政下的社會福利進展令人印象深刻。魯拉在早期將重點優先擺放在消除15%巴西人口面臨飢餓的問題，名為「零飢餓」（Zero Hunger）社會計畫。這個計畫是由巴西第一位於孩童時期曾經親身經歷過飢餓的總統推動的，象徵意義十足，但仍不足以確保計畫的成功。魯拉政府從早期失敗的經驗中學習，綜合了幾種「條件式現金回饋」（CCT）以及其他社會福利計畫方案，整合成單一的旗艦級社會福利計畫，稱之為**「家庭補助金計畫」**（Bolsa Familia），

### 表14.3　公共政策與社會福利的收益

近年來在巴西社會民主黨與勞工黨領導的政府治理下，
巴西在經濟成長與福利方面具有很大的改善狀況

| | 伊塔馬爾·<br>佛朗哥<br>1990-1994年 | 費爾南多·<br>卡多索<br>1995-2002年 | 路易斯·盧拉·<br>達席爾瓦<br>2003-2010年 | 迪爾瑪·羅賽芙<br>2011-2015年 |
|---|---|---|---|---|
| **經濟** | | | | |
| 成長[a] | 1.24 | 2.31 | 4.06 | 1.01 |
| 通貨膨脹[b] | 1,321.28 | 9.24 | 5.79 | 7.07 |
| 平均每月最低工資[c] | $128.02 | $134.61 | $197.57 | $263.45 |
| 收入不平等—吉尼係數[d] | 0.600 | 0.598 | 0.558 | 0.529 |
| **福利** | | | | |
| 基本識字人口比率[e] | 82.0 | 84.0 | 90.3 | 92.6 |
| 15至17歲在中等學校就學的人口比率[f] | 20.42 | 42.05 | 54.01 | 61.51 |
| 嬰兒死亡率[g] | 45.1 | 30.1 | 25.1 | 15.6 |
| 極度貧窮比率[h] | 15.0 | 10.0 | 6.0 | 4.0 |

[a] 國內生產總額的年平均變化率。

[b] 消費者物價指數的年平均變化率。

[c] 每一任執政的行政團隊下之平均實質每月最低工資，以恆定的當地貨幣為單位，所換算成的美元（匯率計算為2016年8月）。

[d] 每一任執政的行政團隊可獲取之最新一年數值：1993、2002、2010，以及2013年。

[e] 15歲及以上的人口，每一任執政的行政團隊可獲取之最新一年狀況：1993、2002、2009，以及2015年。

[f] 每一任執政的行政團隊可獲取之最新一年狀況：1993、2002、2009，以及2014年。

[g] 數字來自於1991、2000、2006，以及2013。

[h] 每一任執政的行政團隊可獲取之最新一年狀況：1993、2002、2009，以及2013年。

資料來源：世界銀行，世界發展指標；應用經濟研究所（IPEA）（下載網站：http://www.ipeadata.gov.br）；巴西國家地理與統計局（IBGE）（下載網站：http://www.ibge.gov.br）。

如今日該計畫覆蓋巴西人口的四分之一，並且是世界上最大型的條件式現金回饋計畫。

家庭補助金計畫與更慷慨的最低工資政策整合在一起運作——以作為政府福利發放所依據的指標——來改善窮人的生活，並創造出所謂的「新中產階級」。在2003年至2013年期間，巴西的經濟整體增長了30%，但是家戶收入實際上是增長了驚人的87%，產生真正的階級向上流動性。新中產階級是由每月介於600美

元至2,600美元所得的家戶所組成，在魯拉當選後的10年中，巴西可歸類到這群體的總人口從38%上升至56%。[52]

然而，發生在羅賽芙政府執政最後2年（2014至2016年）的災難性經濟衰退，危及了這些成果。在2015年，測量收入不平等狀況的吉尼係數是19年來第一次攀升。導致這結果的主要原因就是社會政策完全沒有任何的改進（福利在經濟衰退期間仍然保持不變），但是失業率卻急遽上升，2016年的失業率是自2004年以來首次超過兩位數。生活在極度貧窮中的人口比例也跟著從3.6%升高至4%。

**教育**——卡多索政府接下了一個很糟糕的教育體制。從1988年至1993年，政府的教育支出占整體的支出比例逐漸下滑。在巴西平均在學校中接受教育的年限只有3.8年。65%的孩童沒有完成初等教育，而在那些有完成的人當中，也只有3%可以在正常的8年中完成學業。大多數都是因為考試不通過而被迫必須重新留級好幾次；學生平均必須花上11.2年才能完成初等教育。只有1%的人口能夠接受大學教育，這一比例跟1960年代時期的巴西一樣。[53]

在1998年時，卡多索行政團隊提高教育支出至占國內生產總額的5.2%。更重要的，其透過「**基礎教育與教學的維護及發展基金**」（Fund for Maintenance and Development of the Basic Education and Teaching, FUNDEF）重新分配了教育資源，以利於初等教育及減少區域的不平等。該基金明確訂定一定比例的聯邦基金用於初等教育，並設定一個必須用於每位1至8年級的學生的全國最低限度，也要求聯邦政府補助最窮而無法達到最低要求的地區。在1998年至2000年期間，巴西花費在每位學生的年度費用成長了近50%，而在貧窮的東北部與東部地區，更分別增加為117.5%與90%。[54]該法律也鼓勵提高教師的薪資。從1994年至2001年，接受初等教育的學生人數提升了13.5%，從原本的3,110萬人增加至3,530萬人。中學就學率從440萬人成長至840萬人，增幅高達90%。在2007年，接續的計畫「基礎教育維持與發展基金」（FUNDEB）擴大了資助範圍而涵蓋至高中教育，其新增的花費，部分會由州與市政府的新聯合撥款來支付。

結果就是中等教育的戲劇性擴張，從原本在1990年只有38%的相似年齡群體就讀，增加至2000年廣開中學的入學大門。換一種方式來說，於2010年時，年齡在25歲及以上的巴西人，其平均在學校接受教育的時間為7.2年，相對於1995年的4.6年有明顯成長。[55]教育的擴展極大地推動了經濟學家所說的「技能溢價」的下降，從而導致了更多的工資公平性並減少了不平等現象。[56]

自從1990年代中期開始，在高等教育也有很重要的擴展。私立學校在1996年至2004年期間的擴張率超過150%，而私立機構提供了超過三分之二的可就讀大

學名額。在聯邦計畫方案下所提供的獎勵「**全民上大學計畫方案**」（PROUNI）讓所有人都有機會接受大學教育，使得經濟狀況弱勢的學生都能夠負擔得起上大學的學費。除此之外，聯邦政府也投資了9億美元擴大聯邦大學的空間，以及在國內擴增超過2倍以上數量的職業學校。

**健康**——公共健康照護的提供構成了施政的一個主要挑戰。1988年的憲法要求政府要提供一套單一、整合的健康醫療系統取代先前只有涵蓋在正式部門工作的勞動者之系統。雖然1988年之後，每一位公民都被納入到公立或與有簽約的私立醫療機構之醫護治療中，但是實際上，健康保險的狀況並不平衡，而使得政策結果在推動之初，就很令人失望。

在1990年代中期，健康保險的行政管理開始下放權力至地方政府，並且增加聯邦支出來提升健康照護的品質。在1998年獲得基礎照護的管道大大增加了。2001年的憲法修正案強制所有層級的政府都要增加醫療支出的專款額度。[57]人均的醫療支出，從1995年的473美元增加至2008年的772美元。在2008年的資料中顯示，從1981年到2008年，在所有尋求醫療保健的人中，有93%得到了治療，而在醫療診所中服務的人增加了約450%。[58]

這些改變也帶來了更好的結果。出生時的預期壽命從1991年的67歲增加至2010年的73.4歲。巴西的嬰兒死亡率（每千名活產嬰兒在1歲以前的死亡數）從1990年的48個降低至2003年的33個，而到2010年再次更顯著的降至15.6個。藉由在過去20年降低了73%的孩童死亡率，使得巴西在2015年最後期限之前，遠遠優於聯合國千禧年發展目標所設定的標準。此外，巴西本身的進展，現在已經大幅領先其他發展中國家，像是印度以及奈及利亞（其分別為38與69），而其差距的狀況應該比較接近中國、墨西哥，以及俄羅斯（參閱表6.3，其分別為9、11，以及8）。甚至，缺乏能夠使用衛生設施的人口比例也很顯著的減少了，從1990年的30%降低至2010年的21%（參閱上冊表6.2）。巴西政府也因為本身對於愛滋病毒（HIV/AIDS）的預防策略，而獲得國際上的讚譽。

**種族平等**——卡多索的行政團隊在高等教育體制以及數個政府部門中推動種族配額制，來提高多元性。但配額制的運用也一直都具有爭議性。然而，即使在公眾的支持下，還是不太容易將分配給非洲後裔的名額填滿。2010年，在巴西利亞大學成為第一個建立20%的配額給非洲後裔的聯邦大學的5年多後，黑人與種族混血的申請者相加起來，也只有占該大學的所有入學考試應試者的18.6%而已。

魯拉在2013年創建了「促進種族平等政策秘書處」（SEPPIR）以表明新的

優先事項。而在2010年6月，經歷了公共辯論10年之後，國會終於通過了具有指標性的「**種族平等法令**」（Racial Equality Statute）。該法規提供了種族平等、種族歧視，以及「黑人族群」（依據個人的種族認同）的法律定義。在裡面的其他許多措施當中，種族平等法令要求學校必須教導非裔巴西人的歷史與文化、禁止雇用上的歧視、指導政府採取措施停止警察對於非洲後裔的暴力對待，以及在每個政府機構中設立反種族主義的監察官辦公室。然而，所有強制性的配額制度——包括提議在電視廣播節目以及政黨提名中都要依照種族配額制——因為參議院的反對被排除在最後的版本之外。雖然行動積極人士對最終法案的稀釋表示遺憾，但他們仍將立法視為承認種族不平等的重要一步。

## 犯罪、法律與公民自由

經濟剝削、政府缺乏有效能力處理「社會問題」，以及大量的毒品使用，都加速了犯罪率的提升。毒品與犯罪通常在民意調查中，都被列為是這國家最具有急迫性的三個問題。毒梟控制了許多鄰里社區，也許不像里約熱內盧一樣引人注意，估計在那裡就有1萬名武裝暴徒。警方宣稱在這國家中可能高達70%至80%的暴力犯罪事件都與非法毒品交易有關，估計大約有20萬巴西人在毒品市場工作。自從1980年代中期以來，謀殺案件的比率增加了2倍；在2003年，每10萬人中就有29起凶殺案件達到頂峰，幾乎是美國的5倍。根據聯合國統計數據，在沒有任何戰爭的國家，巴西的槍枝凶殺率最高——超過70%。有錢人只能採取雇用私人保鏢當作因應。在2010年，巴西有170萬人從事私人保鏢工作，數量幾乎是警察的2倍。窮人則是經常認為法律是握在自己手中，據報導有數百起私刑與暴民處決事件。

巴西政府在減少犯罪上的成效不彰，從更大層面來看，是法治社會中執法失敗的一部分現象。以暴力方式對付農民、農村工人，以及他們的權益倡議者，這些事件很普遍，但是都幾乎未被懲罰。根據天主教會的鄉村土地委員會統計，僅2012年，在巴西就有1,364件土地衝突事件，結果導致了295人被死亡威脅、165人受到人身攻擊，以及34名農民與農村工人遭到謀殺。[59]其中只有非常少數會被定罪，這其實不太讓人訝異，因為許多發生土地衝突的地區，特別是在北部與東北部，當地根本就沒有法官或公共檢察官。5,000個聯邦警察機構中（負責調查涉及貪污腐敗、走私違禁品，以及違反人權的犯罪），大多都位在巴西利亞。甚至許多州的警察專員是州長的政治任命，他們沒有法令要求的法律學位。

更加令人感到震驚的是，國家無法控制本身的軍隊與警察施加暴力行為（參

閱專欄14.3）。警官自己還加入到敢死隊中。國家的文職警察（大多負責進行調查）經常合理化本身職務採取非法的調查手段，並且將法治視為是社會控制的障礙。國家的憲兵（負責街頭巡邏與預防犯罪）也被報導犯下明顯違反人權的罪行，包括直接處決犯罪嫌疑人。巴西軍方與警察對囚犯進行壓迫是惡名昭彰的。破舊的監獄系統關著55萬名犯人（幾乎一半人數是來自於聖保羅），已經人滿為患了。監禁率（每10萬人中的罪犯人數）在20年中提高了290%，從1992年的74%到2012年的288%，幾乎是本身人口成長的10倍以上。只有柬埔寨與薩爾瓦多的監獄人口成長速度高於巴西。非洲後裔在被監禁人口中所占比例過高：在2012年，他們在總人口中占了51%，但是占了犯罪囚禁人口的61%；膚色較深的巴西人——黑人（pretos）——在犯人組成人口中占了17%，但是他們在一般人口中只有占8%而已。[60]警察面臨系統性的低薪狀況（在比較低階中，警察甚至只拿到最低工資水準的薪水），並且缺乏專業的訓練。

在1990年代，卡多索政府成立了一個內閣部會等級的秘書處，啟動了一項負責保護人權、推動人權行動的國家計畫，以及將嚴刑拷打的虐待罪行從單純的管教行為不當，提升至嚴重犯罪來懲處，最高可判處16年的有期徒刑。並提議將所有侵犯人權的罪行提升為聯邦等級的犯罪，主要成效在於可移除州政府的民事管轄與軍事警察部隊的調查權。魯拉於2003年創立了「國家保護人權維護者協調委員會」，成員由政府官員以及公民社會的代表所組成。在2004年，政府也開通了電話專線服務，讓人民可以用此來檢舉虐待人權的案件。在2016年，總統泰梅爾從人權事務秘書處撤回了原本等同於內閣部會的職位，並將其職能從屬至司法與公民事務部。

## 專欄14.3　暴力、毒品，以及警政改革

在巴西社會中，暴力是具有地方性的。光是在2015年中，有超過5萬8,000名巴西人被謀殺——等同於美國1960年至1975年期間在越南戰爭中的死亡總人數。這個問題在里約熱內盧則是更加嚴重，販毒幫派於1980年代控制了該城市中的800個「貧民窟」（favelas）所居住著的20%城市總人口。三個主要的毒品派系——「紅色命令」（Comando Vermelho）、「拜把兄弟」（Amigos dos Amigos），以及「第三命令」（Terceiro Comando）——彼此相互廝殺，並與前警官、消防員，以及監獄看守員組成的民兵組織互相搏鬥，甚至他們也勒索當地的企業與居民共同入夥。凶殺案發生機率在1990年代時達到高峰，大約每10萬人就有8人受害，而使得里約熱內盧變成世界上最充滿暴力的城市之一。

國家第一個處理的方法就是運用野蠻的武力來應對。來自軍警的「特別警察行動營」（BOPE），是受過反叛亂與城市戰爭訓練的菁英隊伍，以軍事占領者的身分進入了貧民窟，所以他們經常犯下嚴重的侵犯人權問題，例如嚴刑拷打以及當下處決人犯的行為。警方正當化這些殺戮行為是由於嫌疑人拒絕逮捕所造成的，但其可信度不高。在1990年代末期，政府甚至支付一筆「英勇獎金」在財務上獎勵參與到與所謂的「罪犯」之槍戰中的警官。在2005年至2013年期間，發生了17,392起凶殺案件，以及有4,707起警察殺人案件。當里約熱內盧在2009年競爭中贏得了2016年夏季奧運會的主辦國時，其領導人就準備要開始改變管制方式了。

為了重新控制以前由武裝犯罪集團所控制的領地，並通過減少槍戰與致命性暴力來改善貧民窟人民的安全，國家政府於2008年實施了雄心勃勃的警政改革，創建了新的警務部門，**「社區綏靖警察部隊」**（Unidades de Polícia Pacificadora / Police Pacification Units, or UPPs），以入駐貧民窟並永久巡邏當地。不像是「特別警察行動營」，「社區綏靖警察部隊」會先警告可能會入住的居民（也算是一種鼓勵毒販離開的方式，和平從後門離去），而且曾經一度是設置在社區中，並永久在此駐紮。這樣的改革也建立了一個獎金制度，這使警察營的動機形式有所改變，也減少了因暴力而死亡、偷車與街頭搶劫的發生。自從2008年以來，社區綏靖警察部隊已經被作為一種警務「鄰近」策略的形式，而被引入到100多個貧民窟中。

整體而言，凶殺率也下降了，但部分要歸功於經濟上的機會以及社會融入。根據一項分析指出，社區綏靖警察部隊可能對於減少貧民窟居民之間凶殺率的影響不大，特別是針對窮人以及教育程度較低的社區，不過他們確實很顯著減少了警察殺人案件，多達60%。但是消息也非全然都是正面的。自2011年以來，由於販毒者採取了與社區綏靖警察部隊對抗的策略，因此在行動中被殺的警察人數增加了1倍。此外，因為重要資源的缺乏，使得警察要持續存在於安撫社區的狀態中更加困難，而要增加社區綏靖警察部隊到其他北部與西部地方的城市中是幾乎不可能的，因為那些地方的犯罪團夥與毒販已經都重新組織過了。只要毒品販運的利潤一直都很高的話，就很難預見里約熱內盧中這樣的貧窮鄰里社區如何能夠迎來和平的曙光。

資料來源：根據碧翠絲‧馬加羅尼（Beatriz Magaloni）、艾德加‧佛朗哥（Edgar Franco）、凡妮莎‧梅洛（Vanessa Melo）撰寫的〈在貧民窟中的殺戮：里約熱內盧的社會秩序、刑事治理與警察暴力〉（Killing in the Slums: Social Order, Criminal Governance, and Police Violence in Rio de Janeiro），史丹佛民主、發展與法治中心的工作文件，2015年12月。

聯邦制使犯罪與公共安全領域的警政改革複雜化。在傳統上對於穿制服警察的控管權是掌握在州長手上，而總統（需要這些州長在政治上的支持）都是默默地尊重這項特權。因此，提案要透過中央集權方式來理性化公共安全議題——舉例來說，藉由在聯邦等級成立一個公共安全部——但最後卻充耳不聞的失敗了。顯然，在暴力被遏止以及正義被建立起來之前，巴西還有太多的工作需要完成。

## 國際關係

### 14.12 辨認讓巴西變成國際知名的四種方式。

巴西長期以來一直都有相當專業的外交系統，但直到卡多索執政之後才開啟進入世界舞臺的序曲，在國際與區域外交事務上扮演重要的角色。不只卡多索，特別是魯拉將巴西的外交政策「總統化」；孜孜不倦在全球到處旅行；與世界各國領袖共同參與高峰會，並總體上提升巴西的國際知名度（參閱專欄14.4）。巴西與其他國家合作了核武禁擴、環境保護（特別是實施了「里約熱內盧議定書」與「京都議定書」）、促進人類與女性的權利，以及減少販毒問題。在魯拉執政期間（2003-2010），其外交政策關注於減少富有與貧窮國家之間的差距、提高全民人類之間的平等，以及促進全球體系民主化。魯拉成為了開發中國家在世界舞臺上的重要發聲人物，在廣為熟知的「金磚5國（BRICS）」（在2009年由巴西（Brazil）、俄羅斯（Russia）、印度（India），以及中國（China）啟動了協商機制，而後於2011年加入了南非（South Africa））這崛起的強權國家之間，熱心地支持深度的政策協調。當時巴西在世界生產總額上成長了3%，身為金磚5國的創始國之一，巴西現在更是占全球產量30%的集團中的領導聲音。

魯拉政府在國際金融危機中享有非常正面的聲響，因為其付清了巴西的外債。然而，在魯拉與迪爾瑪·羅賽芙領導的勞工黨行政團隊也與拉丁美洲中許多正在崛起的左翼政府，建立了相當良好的關係，包括像是由那些具有爭議性總統所當權的國家，例如委內瑞拉的烏戈·查維茲（Hugo Chávez）、玻利維亞的埃沃·莫拉萊斯（Evo Morales），以及厄瓜多的拉斐爾·科雷亞（Rafael Correa）。勞工黨政府也與共產主義國家古巴，維持基本的關係。儘管有時因未能說出反對鄰國的公民自由受到侵蝕而受到批評，但魯拉與羅賽芙都認為，巴西只是在堅持其不干涉其他國家內政的傳統而已。

總統泰梅爾很快就轉向不再強調巴西外交政策的「南一南」（South-South）面向，並與西方主要強國建立更友好的關係。在此同時，比起他前任的勞工黨總統，他也更有意願去批評委內瑞拉的民主後退。玻利維亞、古巴、厄瓜多，以及委內瑞拉的政府，因為怨恨泰梅爾的立場，因此終止了與巴西在勞工黨政府下近14年的友好關係，並且宣稱泰梅爾是透過不符合憲法的手段獲取總統權力。在2016年9月，在羅賽芙被彈劾後的幾天，泰梅爾在聯合國大會上舉行了一場公開的演講（傳統上是授予巴西的榮譽），而當場就有5名拉丁美洲的大使直接從大會離席以表抗議。

對外貿易與開放出口市場是國際關係中很重要的一環。巴西是南美洲區域貿

## 專欄 14.4　巴西與大型賽事：這真的值得付出努力嗎？

從2014年至2016年，巴西因為擔任了2項運動大型賽事的東道主國家，而成為全球的焦點。2014年6至7月，第20屆的國際足球總會（FIFA）世界盃足球賽在巴西的12個城市中舉行。2年之後，里約熱內盧舉辦了第31屆的夏季奧林匹克運動會。魯拉政府自我慶祝贏得了這些競標案，這些也被高度賦予希望能夠為巴西帶來驅動大宗商品之繁榮。

鑑於與大型活動會帶來之相關眾所周知的頭痛問題（大多數主辦國遭遇到成本過高情形，並且會一直掙扎於在期限內能夠完成困難的配套建設），一些巴西人質疑了競標的必要性。然而總統魯拉很清楚將這些賽事當作是一種方式，視為其可以促進國家的能見度。他的下一任行政首長，亦即之後的總統：迪爾瑪·羅賽芙也將這些大型賽事當作是一種方法來提供快速提高大量投資巴西在老舊與不足的基礎設施之管道，也使得巴西有權力的營建公司更有意願支持她。受到大型賽事的影響而使得巴塞隆納與雪梨進入全球城市行列之驅使，巴西的州長與市長，也都很興奮能夠藉由這「劃時代」的計畫能夠在未來幾10年中觸發提升觀光的浪潮。

最後，大型賽事的批評者與支持者也見證了原本的預測被證實了。成本高過預算，而且一些計畫方案不是陷入困境（一條里約熱內盧要開通的地鐵（捷運）線路，就已經要價高達四分之一的奧運會預算，在奧運開幕期間之前幾天才開始運作），不然就是拖延了（位於貝洛奧里藏特（美景市）的一個新機場航站，原本預定2014年世界盃開啟，但延後到2017年才開放）。里約熱內盧當地的行動主義者抱怨為了奧運會所建造的施工內容，遷移了許多貧窮居民，而且設置了許多不太需要的基礎建設。然而奧運會在2016年8月開幕之後卻令人訝異地順利，這些開幕與閉幕儀式帶來的一些急需要之正面的頭條新聞，以掩蓋這個國家正陷入貪污腐敗醜聞、經濟癱瘓性的衰退，以及這個面臨彈劾總統之問題。對於所有相關方面來說，其教訓就是在2009年贏得奧運會競標的那個飛快發展的巴西，其看上去在2016年幾乎是個四面楚歌的國家。

易聯盟：「**南方共同市場**」（Mercosur）的創始成員。南方共同市場成立於1991年，當時由巴西、阿根廷、烏拉圭，以及巴拉圭共同組成，其中巴西就幾乎占了所有創始成員國加總之國內生產總額的70%。南方共同市場取消了會員國之間商品貿易的95%關稅，創造出一個擁有2億2,000萬人口以及1兆3,000億美元的國內生產總額，而且在開始的前6年，該區域貿易擴張了超過400%。這個聯盟後來又加入了2個新成員：2012年的委內瑞拉與2015年的玻利維亞，也有一些準會員，像是智利、哥倫比亞、厄瓜多、圭亞那，以及蘇利南。魯拉政府也試圖與南美洲國家建立更廣泛的政治夥伴關係，而可能最後可以取代南方共同市場以及更早期的「安第斯國家共同體」（CAN）。這些努力終於在2008年推動成立了「南美洲國家聯盟」（Union of South American Nations, UNASUR）。

　　巴西強調南美洲經濟整合高於其他優先事項，因此在成立「**美洲自由貿易區**」（Free Trade Area of the Americas, FTAA）多邊談判時故意找碴。美洲自由貿易區是在1994年發起，目標希望在2005年能夠達成協議。美國、墨西哥，以及智利都希望能夠加快美洲自由貿易區的腳步，因為當時委內瑞拉以及其本身的左翼聯盟都反對與美國有任何進一步的整合關係。在協商期間，巴西堅持只有在美國為巴西的農產品出口提供公平進入其市場的條件時，巴西才將在智慧財產權、金融監管，以及市場進入方面做出讓步並簽署協議。由於對農產品以及智慧財產權問題的僵局，隨著2000年後上臺的幾個左傾政府放棄了談判，因此自2005年在阿根廷舉行了一場喧鬧的高峰會之後，美洲自由貿易區的進程基本上已經停滯了。

　　自從美洲自由貿易區被遺棄後，巴西持續施壓來削減美國透過其他方式對農業的補貼。經由世界貿易組織（WTO）的全球貿易改革著手，並且與許多較小型的非洲國家共同聯合採取運動來終結富有國家的農業補貼（也包括歐盟，其對本身農民支付了高達數10億美元之價格保證的支持）。

　　身為世界上最大的國家之一，不論是領土、人口，以及經濟活動，巴西渴望能在「聯合國安全理事會」（UNSC）中占有一個永久常任理事國席位。與德國、日本，以及印度組成了一個被稱為「四國聯盟」（G-4）的組織，巴西也提議藉由加入6個無否決權的常任理事國席位，來分配納入以上的4個國家，再加上2個來自非洲的國家，以擴大聯合國安全理事會為「反映21世紀的新平衡力量」。這樣的提議，雖然獲得了英國與法國的支持，但還是走得步履蹣跚，主要是非洲聯盟內部的分化；中國反對提升日本的位置，以及美國反對在這時候擴大聯合國安全理事會，所以未能成功。巴西一直都透過參與高曝光率的海外活動來強化本身成為聯合國安全理事會成員的形象，就像巴西在2004年之後所領導的「聯合國海地穩定特派團」（United Nations Stabilization Mission in Haiti）。

## 結論：未來的前景

　　從2013年的視野來看，即使有巴西人走上街頭進行抗議廣大範圍的政治議題，但是巴西的繁榮前景依然是相對看好的，而且這當然會比20年前的狀況來得更有希望。這國家大致上已經擺脫了2008年至2009年的全球經濟衰退問題，隱然顯現出一個能源超級大國的姿態，而且擴大涵蓋到本身健康照護、教育，以及協助貧窮人口的計畫方案之範圍。這些正面發展的部分原因是來自商品價格維持在穩定狀態所致。政府的績效表現也有大幅改善。總統、行政部門職員、以及國會

議員與司法部門也都很穩健地克服許多障礙，使該國政治機構所提出的決策能順利進行。以凝聚力與紀律性增強為特徵的政黨，通過向選民提供實際的政策選擇與意識形態的偏好，也開始在選民之中扎根。

　　發展進度看起來是很實在且具有累積性。在1990年代，卡多索克服了通貨膨脹問題並且開始國家的改革，留下了經濟穩定的代表作。在2000年代，魯拉保留了卡多索的倡議，同時擴展了社會安全網絡，鞏固他在社會包容方面的代表作。發展的排序不可能過度扭轉——只有在穩定物價與提高國家能力的情況下，才有可能實施進步的社會政策——但是這些具有共識的目標，使巴西經歷了整整16年在經濟改革與提升人類發展進步的週期中。總統羅賽芙原本想擁抱同時維持經濟穩定與社會包容性且毫不模稜兩可的挑戰，但最後仍然屈服了。巴西的總統可能會因為只有重大的貪污腐敗醜聞或是對經濟萎縮束手無策二者之一，而還能保有這個職位，但是很難想像如果領導人同時涉入這兩種狀況中，還能夠繼續存在下去。

　　今日，聚焦在過去大多數發生在這幾十年來一連串的經濟衰退與政治危機上，巴西的光明前景是很難一路順暢的，僅僅幾年前就面臨著許多重大的挑戰。作為巴西重要貿易夥伴的中國，其經濟低迷加劇了政府對預算赤字的努力，以及信用貸款所誘發的通貨膨脹率急劇上升。信用貸款緊縮導致經濟增長急劇下降，而失業率也相對的升高。為了填補這窟窿，巴西必須大幅削減預算，包括削減其慷慨的公共養老金制度。然而，環繞在經濟調整的政治共識上，幾乎沒有什麼會比這更加具有排斥性的了。隨著總統羅賽芙揮之不去的彈劾夢魘，巴西的政治制度變得前所未有的兩極化。此外，讓人嘆為觀止的貪污腐敗醜聞，已經使得公眾對政府的支持產生腐蝕作用了。鑑於同時發生的幾次危機以及一位不是經由選舉產生的總統，巴西似乎不可避免的將被迫推遲對人力資本的投資，也需提升該國不斷崩潰的有形基礎設施，並對公共安全進行改革。巴西將必須以某種方式恢復這一議程，以恢復其永續的經濟增長以及減少不平等的現象。

　　巴西是否能夠成功因應這些挑戰呢？正如其近期在政治上所產出的結果是成功的來看，其未來的前景將取決於其政治人物在執政上的能力。而日益成熟的選民以及公民的動員，可能要求政治人物朝這方向去做。

## 章後思考題

1. 巴西的軍政府合法化本身21年之久的政權來作為必要的理由，是因為文人政府過於積弱不振而無法穩定巴西的經濟與一開始的成長狀況。什麼

是1990年至2000年代時最著名的民主政府之經濟成就呢？這些又是如何達成的呢？

2. 雖然軍方在差不多30年前就失去執政權，但獨裁統治的傷疤依然存在著。巴西是如何處理過去威權體制所遺留下來的問題呢？

3. 巴西人會傾向於不信任國會與政黨，但是他們居然有非常高的政治參與比例。要如何去解釋這樣的矛盾現象呢？

4. 巴西的選舉機構是如何影響政府在制定政策的能力呢？

5. 整體來說，巴西總統主導了整個政策過程。他們運用了哪些治理的策略以及憲法上的工具來辦到的呢？

6. 有什麼可以解釋勞工黨這個在2015年以前是一個在歷史上擁有激進的政治提案之左派政黨，居然在選舉以及治理上會如此成功呢？而又該如何解釋在這之後的聲望下跌呢？

7. 在巴西反對種族配額制的爭議有哪些呢？在巴西不同種族之間的關係是否與在美國的種族關係上有所差異，如果確實如此，如何不同呢？

8. 歷史上，在巴西的社會政策是效率低落而且偏離窮人的，但是最近幾年，在某些地區的政策產出，像是健康醫療與教育都有大幅地改善。有哪些新的計畫方案與財政項目來幫助這些現象成為可能呢？

9. 當中國崛起而且商品價格很穩健時，其看起來似乎有助於巴西維持經濟的穩定以及提高社會的融入程度。而健全的經濟管理是否需要減緩收入分配的不均與社會支出的步伐來配合呢？

10. 身為金磚五國成員之一，巴西正在全球政治上承擔一個很重要的地位，但是巴西是透過在國際經濟市場以及政治機構上的行動，而非透過軍事上的強權來行動。巴西已經採取了哪些外交政策的行動呢？這有可能幫助巴西達成其目標嗎？

## 重要名詞

| | |
|---|---|
| 非洲後裔 | 公共檢察部 |
| 家庭補助金計畫 | 農村無地勞動者運動 |
| 巴西勞動黨 | 開放式名單比例代表制 |
| 巴西社會黨 | 國會調查委員會 |
| 全國工會理事會 | 參與式預算 |
| 領導人團 | 巴西社會民主黨 |
| 巴西總審計長 | 巴西民主運動黨 |
| 科羅內利斯莫統治 | 共和國黨 |
| 統合主義 | 進步黨 |
| 民主勞動黨 | 全民上大學計畫方案 |
| 民主黨 | 臨時條例措施 |
| 跨工會與國會諮詢機構 | 種族平等法令 |
| 聖保羅州工業聯合會 | 雷亞爾計畫 |
| 《財政責任法》 | 社會民主黨 |
| 美洲自由貿易區 | 巴西聯邦最高法院 |
| 農業議會陣線 | 貨物流通暨服務稅 |
| 基礎教育的維持與發展以及教學的促進 | 轉型正義 |
| 　基金會 | 審計法院 |
| 工會會費 | 巴西最高選舉法院 |
| 解放神學 | 社區綏靖警察部隊 |
| 南方共同市場 | 南美洲國家聯盟 |
| 首腦理事會議 | 勞工黨 |

## 推薦閱讀

Alston, Lee J., Marcus André Melo, Bernardo Mueller, and Carlos Pereira. *Brazil in Transition: Beliefs, Leadership, and Institutional Change.* Princeton: Princeton University Press, 2016.

Avritzer, Leonardo. *Participatory Institutions in Democratic Brazil.* Washington, DC: Woodrow Wilson Center Press, 2009.

Baer, Werner. *The Brazilian Economy: Growth and Development.* 7th ed. Boulder, CO: Lynne Rienner, 2013.

Bailey, Stanley R. *Legacies of Race: Identities, Attitudes, and Politics in Brazil.* Stanford, CA: Stanford University Press, 2009.

Brainard, Lael, and Leonardo Martínez-Díaz, eds. *Brazil as an Economic Superpower? Understanding Brazil's Role in a Changing Economy.* Washington, DC: Brookings Institution Press, 2009.

Cardoso, Fernando Henrique. *The Accidental President of Brazil: A Memoir.* New York: Perseus Books, 2007.

Castro, Fábio de, Kees Koonings, and Marianne Wiesebron, eds., *Brazil under Lula: A Country in Transformation.* London: Palgrave, 2014.

Cepaluni, Gabriel, and Tullo Vigevani. *Brazilian Foreign Policy in Changing Times: The Quest for Autonomy from Sarney to Lula.* New York: Lexington Books, 2012.

Gómez Bruera, Hernán F. *Lula, The Workers' Party and the Governability Dilemma in Brazil*. New York: Routledge, 2013.

Hochstetler, Kathryn, and Margaret E. Keck. *Greening Brazil: Environmental Activism in State and Society*. Durham, NC: Duke University Press, 2007.

Holston, James. *Insurgent Citizenship: Disjunctions of Democracy and Modernity in Brazil*. Princeton, NJ: Princeton University Press, 2009.

Hunter, Wendy. *The Transformation of the Workers' Party in Brazil, 1989–2009*. Cambridge: Cambridge University Press, 2010.

Kingstone, Peter R., and Timothy J. Power, eds. *Democratic Brazil Divided*. Pittsburgh, PA: University of Pittsburgh Press, 2017.

Love, Joseph L., and Werner Baer, eds. *Brazil under Lula: Economy, Politics, and Society under the Worker-President*. New York: Palgrave Macmillan, 2009.

Montero, Alfred. *Brazil: A Reversal of Fortune*. New York: Polity Press, 2014.

Power, Timothy J., and Matthew M. Taylor, eds. *Corruption and Democracy in Brazil: The Struggle for Accountability*. Notre Dame, IN: University of Notre Dame Press, 2011.

Roett, Riordan. *The New Brazil*. Washington, DC: Brookings Institution Press, 2010.

Schneider, Ben Ross, ed. *New Order and Progress: Development and Democracy in Brazil*. New York: Oxford University Press, 2016.

Taylor, Matthew M. *Judging Policy: Courts and Policy Reform in Democratic Brazil*. Stanford, CA: Stanford University Press, 2008.

## 網路資源

討論巴西的一般資訊網站：https://www1.folha.uol.com.br/internacional/en/

討論巴西公共事務的英語部落格（伍德羅‧威爾遜中心）：http://www.wilsoncenter.org/blogs/think-brazil

巴西政府網站：http://www.brasil.gov.br[8]

立法機構網站：http://www.senado.gov.br[9]；http://www.camara.gov.br[10]

人口普查局（巴西國家地理與統計局）網站：https://www.ibge.gov.br

規劃部的研究分部（應用經濟研究機構）：https://www.ipea.gov.br

最高選舉法院網站：http://www.tse.gov.br[11]

## 註釋

1. "Freedom in the World, Brazil (2010)," Freedom House, http://www.freedomhouse.org, accessed November 15, 2010.

2. IBGE, "Anuário Estatístico do Brasil 1976" (Rio de Janeiro: Fundação IBGE), 62; and "Crescimento da mulher no mercado de trabalho pode ter se esgotado," *O Globo*, March 11, 2016.

3. IBGE, "Principais destaques da evolução do mercado de trabalho nas regiões metropolitanas abrangidas pela pesquisa: Recife, Salvador, Belo Horizonte, Rio de Janeiro, São Paulo e Porto Alegre: 2003–2013," 255.

4. "Negros e pardos tem 10 anos de atraso na educação," *Exame*, December 4, 2015.

5. Marcus André Melo, "Crisis and Integrity in Brazil," *Journal of Democracy* 27, 2 (April 2016): 59.

6. Roberto Da Matta, *Carnavais, Malandros e Heróis: Para uma Sociologia do Dilema Brasileiro* (Rio de Janeiro: Zahar, 1978).

7. Instituto Brasileiro de Geografia e Estatística, "Censo Demográfico 2010," http://www.ibge.gov.br, accessed July 21, 2013.

8. Maria Fernanda Boidi and Margarita Corral, "Public Opinion and Abortion Rights in the Americas," AmericasBarometer: Topical Brief (Nashville, TN: Vanderbilt University, June 17, 2013), http://www.AmericasBarometer.org.

9. Arturo Maldonado, "Same-Sex Marriage Resonates Most with Young People in the Americas," *AmericasBarometer: Topical Brief* (Nashville, TN: Vanderbilt University, June 2, 2015), http://www.AmericasBarometer.org.

10. Gilberto Freyre, *The Masters and the Slaves* (New York: Knopf, 1946).

11. Amy Erica Smith, "Who Supports Affirmative Action in Brazil?," *Americas Barometer Insights: 2010*, No. 49 (Nashville, TN: Vanderbilt University), http://www.AmericasBarometer.org.

12. National 2014 survey of Brazil by the Latin American Public Opinion Project, http://www.vanderbilt.edu/lapop.

13. "Pela primeira vez, corrupção é vista como o maior problema do País, diz Datafolha," *Folha de São Paulo*, November 29, 2014.

14. From market research conducted among 12,000 respondents in 639 municipalities between January and March 2010. See Secretaria de Comunicação da Presidência da República, "Hábitos de Informação e Formação de Opinião da População Brasileira" (Brasília: Governo Federal, 2010), http://www.secom.gov.br.

15. "Apenas ¼ dos deputados que tentaram reeleição ficam fora da Câmara," UOL Eleições, October 6, 2014, https://eleicoes.uol.com.br/2014/noticias/2014/10/06/so-14-dos-deputados-que-tentaram-novo-mandato-nao-sao-reeleitos-na-camara.htm, accessed November 12, 2016.

16. Secretaria de Comunicação da Presidência da República, *Pesquisa Brasileira de Mídia 2015,* http://www.secom.gov.br, accessed October 24, 2016.

17. "The Net Closes: Brazil's Magna Carta for the Web," *The Economist,* March 29, 2014.

18. "Participação de mulheres e minorias poderá ser tema da reforma política," Agência Senado, July 18, 2013, http://www.senado.gov.br.

19. Amaury de Souza and Bolívar Lamounier, *As Elites Brasileiras e a Modernização do Setor Público: Um Debate* (São Paulo: IDESP/Sumaré, 1992).

20. Gianpaolo Baiocchi, "Participation, Activism, and Politics: The Porto Alegre Experiment and Deliberative Democratic Theory," *Politics and Society* 29 (March 2001): 55.

21. See http://www.vanderbilt.edu/lapop/brazil/Brazil_Tech_Info_2012_W_03.12.13.pdf.

22. Carlos Frederico Marés de Souza, Jr., "On Brazil and Its Indians," in Donna Lee Van Cott, ed., *Indigenous Peoples and Democracy in Latin America* (New York: Inter-American Dialogue/St. Martin's Press, 1994), 218–221, 230–231.

23. Kathryn Hochstetler and Margaret E. Keck, *Greening Brazil: Environmentalism in State and Society* (Durham, NC: Duke University Press, 2007), 165–166.

24. February 2006 poll, IBOPE Opinião, http://www.ibope.com.br, accessed August 7, 2006.

25. Instituto Brasileiro de Geografia e Estatistica, "Perfil das Fundações Privadas e Associações sem Fins Lucrativos em 2010," (Rio de Janeiro: Fundação IBGE), http://www.ibge.gov.br.

26. Carla Almeida, Euzeneia Carlos, and Rafael da Silva, "Efetividade da participação nos conselhos municipais de assistência social do Brasil," *Opinião Pública* 22, 2 (August 2016), 279–280.

27. This is different from the *democratic corporatist* system described in Chapter 4 that presumes a democratic relationship between government and interest groups.

28. IBGE, PNAD, 2011.

29. Mario Henrique Ladosky, "A Nova Estrutura Sindical no Brasil," *Revista da ABET* 14, 1 (January–June 2015), 115–116, 131.

30. Eli Diniz, "Empresariado, Estado y Políticas Públicas en Brasil: Nuevas Tendencias en el Umbral del Nuevo Milenio," in *Política Brasileña Contemporánea: De Collor A Lula en Años de Transformación,* ed. Vicente Palermo (Buenos Aires: Instituto Di Tella/Siglo XXI, 2003), 462–463.

31. Peter R. Kingstone, *Crafting Coalitions for Reform: Business Preferences, Political Institutions, and Neoliberal Reform in Brazil* (University Park: Pennsylvania State University Press, 1999), 111–148.

32. Scott Mainwaring, Rachel Meneguello, and Timothy J. Power, "Conservative Parties, Democracy, and Economic Reform in Contemporary Brazil," in Kevin J. Middlebrook, ed., *Conservative Parties, the Right, and Democracy in Latin America* (Baltimore, MD: Johns Hopkins University Press, 2000), 216–217.

33. See http://www.fpagropecuaria.org.br, accessed October 27, 2016.

34. Patricia M. Rodriguez, "The Participatory Effectiveness of Land-Related Movements in Brazil, Ecuador, and Chile: 1990–2004" (Ph.D. diss., University of Notre Dame, 2009), 116–119.

35. Wendy Hunter, *Eroding Military Influence in Brazil: Politicians Against Soldiers* (Chapel Hill: University of North Carolina Press, 1997), 112–113.

36. "The SIPRI Military Expenditure Database," Stockholm International Peace Research Institute, https://sipri.org/databases/milex, accessed December 5, 2013.

37. Kathryn Sikkik and Bridget Marchesi, "Nothing but the Truth," *Foreign Affairs,* February 26, 2015.

38. See Timothy J. Power, "Optimism, Pessimism, and Coalitional Presidentialism: Debating the Institutional Design of Brazilian Democracy," *Bulletin of Latin American Research* 29, 1 (January 2010): 18–33.

39. Barry Ames, *Political Survival: Politicians and Public Policy in Latin America* (Berkeley: University of California Press, 1987), 204–206.

40. Fabiano Santos and Márcio Grijó Vilarouca, "From FHC to Lula: Changes and Continuity in Political Institutions and Impact upon the Political Reform Debate," in Peter R. Kingstone and Timothy J. Power, eds., *Democratic Brazil Revisited* (Pittsburgh, PA: University of Pittsburgh Press, 2008), 79.

41. Carlos Ranulfo Melo and Geralda Luiza de Miranda, "Migrações e partidos no governo Lula," paper presented to the Brazilian Political Science Association, Campinas, São Paulo, Brazil, July 26–29, 2006.

42. Party switchers claim either that their parties have changed their ideologies or that the party leadership has been persecuting them (both of which are acceptable legal reasons for abandoning a party). Only a few dozen of these cases are in Congress; most are in state and local legislatures.

43. Scott Mainwaring, "Politicians, Parties, and Electoral Systems: Brazil in Comparative Perspective," *Comparative Politics* 24, 1 (October 1991): 33, 36.

44. The data from 2005 and 2013 are from the Brazilian Legislative Surveys conducted by Timothy J. Power and Cesar Zucco Jr., http://dvn.iq.harvard.edu/dvn/dv/zucco.

45. Argelina Cheibub Figueiredo and Fernando Limongi, *Executivo e Legislativo na nova ordem constitucional* (Rio de Janeiro: FGV, 1999), 105.

46. Melo, "Crisis and Integrity in Brazil," 59.

47. Merilee Grindle, *Jobs for the Boys* (Cambridge, MA: Harvard University Press, 2012), 383; Daniel Gingerich, *Political Institutions and Party-Directed Corruption in South America: Stealing for the Team* (Cambridge: Cambridge University Press, 2013), 247.

48. Koldo Echebarría and Juan Carlos Cortázar, "Public Administration and Public Employment Reform in Latin America," in Eduardo Lora, ed., *The State of State Reform in Latin America* (Washington, DC/Palo Alto, CA: Inter-American Development Bank/Stanford University Press, 2007), 138–139, 150–151.

49. Katherine Bersch, Sérgio Praça, and Matthew M. Taylor, "State Capacity and Bureaucratic Autonomy *within* National States: Mapping the Archipelago of Excellence in Brazil" (paper presented at the Princeton-Oxford State Building Workshop, Oxford University, May 17–18, 2013).

50. "Carga tributária bate recorde e atinge 36.27%," *O Globo*, March 4, 2013, g1.globo.com.

51. Kurt Weyland, *Democracy without Equity: Failures of Reform in Brazil* (Pittsburgh, PA: University of Pittsburgh Press, 1996), 182.

52. Paul Kiernan, "Brazil's Economic Crisis Stalls Rise of Middle Class," *Wall Street Journal*, November 10, 2015, A10.

53. Pablo Guedes, "O future é a educação," *Exame*, October 8, 1997, 10.

54. Sônia M. Draibe, "Federal Leverage in a Decentralized System: Education Reform in Brazil," in Robert R. Kaufman and Joan M. Nelson, eds., *Crucial Needs, Weak Incentives: Social Sector Reform, Democratization, and Globalization in Latin America* (Washington, DC: Woodrow Wilson Center Press, 2004), 395–402.

55. World Bank, *Retaking the Path to Inclusion, Growth, and Sustainability: Brazil Systematic Country Diagnostic* (Washington, DC: World Bank, June 2016), 159.

56. Naercio Menezes Filho and Charles Kirschbaum, "Educação e desigualdade no Brasil," in Marta Arretche, ed., *Trajetórias das Desigualdades: Como o Brasil Mudo nos Últimos Cinquenta Anos* (São Paulo: Unesp, 2015).

57. Marta Arretche, "Toward a Unified and More Equitable System: Health Reform in Brazil," in Kaufman and Nelson, *Crucial Needs, Weak Incentives*, 178–179.

58. Jairnilson Paim, Claudia Travassos, Celia Almeida, Ligia Bahia, and James Mackinko. "The Brazilian Health System: History, Advances, and Challenges," *Lancet* 377 (2011): 1781, 1793.

59. "Conflitos no Campo Brasil 2012," Comissão Pastoral da Terra, http://www.cptnacional.org.br.

60. Michèle Lamont, Graziella Morzes Silva, Jessica S. Welburn, Joshua Guetzkow, Nissim Mizrachi, Hanna Herzog, and Elisa Reis, *Getting Respect: Responding to Stigma and Discrimination in the United States, Brazil and Israel* (Princeton, NJ: Princeton University Press, 2016), 130.

## 譯者註

[1] 2019年1月新的就任總統為「雅伊爾・波索納洛」（Jair Bolsonaro）。

[2] 同上。

[3] 這裡的概念不包括極權國家，因為那些國家中的人民團體，基本上也都是由政府來主導的。

[4] 中國與俄羅斯的資料為斯德哥爾摩國際和平研究中心自行估算，而非真實的比率，因此實際上可能超過此數字。

[5] 「科羅內利斯莫統治」指涉巴西舊共和國時期的國家機器統治模式，其負責將政治權力集中在統治地方的寡頭：「科羅涅爾」（coronels）手中，需要其以對政治的忠誠來換取所恩惠施予的其他權利。

[6] 原文作者應該是指2016年以前，因為巴西在2018年選出的總統為「社會自由黨」

（Partido Social Liberal, PSL）。

[7]　正確網址：http://www.tse.jus.br/。

[8]　目前正確可連結的網址為：https://www.gov.br/pt-br。

[9]　目前正確可連結的網址為：https://www12.senado.leg.br/hpsenado。

[10] 目前正確可連結的網址為：https://www.camara.leg.br/。

[11] 目前正確可連結的網址為：http://www.tse.jus.br/。

# 第十五章

# 伊朗政治

阿朗・克沙瓦爾齊安（Arang Keshavarzian）、
侯尚・切哈比（H. E. Chehabi）

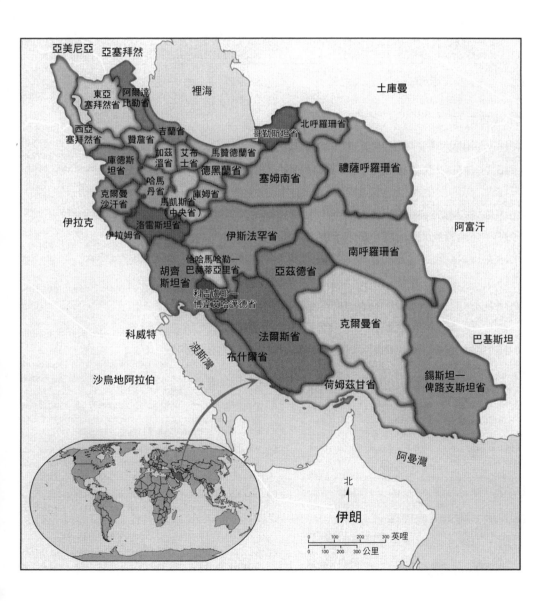

## 國家簡介

人口：7,900萬（2016年估計）

領土：636,296平方英哩

獨立年分：公元前550年

當前憲法制定年分：1979年（1989年修憲）

國家元首：最高領袖阿里‧哈米尼（Seyed Ali Hosseini Khamenei）

政府首腦：總統哈桑‧魯哈尼（Hassan Rouhani）

語言：波斯語、亞塞拜然語、庫德語、阿拉伯語，以及各式各樣地區方言

宗教：十二伊瑪目派穆斯林90%；遜尼派穆斯林10%；非穆斯林人口小於1%

### 學習目標

**15.1** 辨認伊朗當前面臨的五個內部挑戰。

**15.2** 探討伊朗政治與宗教最高領袖相互之間的作用。

**15.3** 描述伊朗聘任與民選公職人員之間的主要不同點。

**15.4** 探討政黨與派系同時影響伊朗選舉時的對決狀況。

**15.5** 確認伊朗政治文化的五個主要關鍵特徵。

**15.6** 描述伊朗是如何在建立民族團結的機制時，還能包含異議因素在內。

**15.7** 描述哪一類型的伊朗人能夠經由某些過程而變成政治菁英中的一分子。

**15.8** 探討侍從主義與利益團體在伊朗政治中所扮演的角色。

**15.9** 概述政策制定過程，聚焦於經常需要跨目標工作的團體。

**15.10** 比較與對照伊朗近年來在國內以及國際政治相關議題上的政策成果。

　　伊朗伊斯蘭共和國是當今世界上唯一的「**神權政體**」（theocracy），理論上，在這之中的政府形式、所有的法律都是源自於宗教來表現出神的旨意，並由神職人員來行使最高的權力。雖然說伊斯蘭律法的運用在許多穆斯林國家中是具有程度上的差異，但是其通常會透過某種非宗教的習慣法加以補充。此外，各種蘇丹（sultans）、沙王（shahs）、酋長（sheikhs），以及自從20世紀之後，許多改由總統或總理在穆斯林世界中行使傳統上的政治權力。真正的神權政體是很少見的。雖然「**烏理瑪**」（ulema）——伊斯蘭世界中的宗教學者——有時候也會批評背離了伊斯蘭道路的統治者，因為統治者幾乎從未像他們這些學者渴望的方式那樣，在當今伊朗直接行使權力。因此，伊朗當今的神權政體不僅背離了穆斯林傳統，也絕不是伊斯蘭教保守主義的表現。

1979年，在一場結合了中產階級、宗教以及世俗人民來推翻沙王**「穆罕默德－雷扎·巴勒維」**（Mohammad-Reza Shah Pahlavi，1941年至1979年執政）——該國家古代君主制的末代統治者——的革命之後的幾個月，伊朗伊斯蘭共和國成立。一位隸屬伊朗「十二什葉派」（Twelver Shiism）團體[1]，且具有個人魅力之神職人員最高領袖——**「魯霍拉·何梅尼」**（Ruhollah Khomeini），領導了1979年的革命和後君主制政府。在他比較早期的文章中，以宗教為理由反對民主。他宣稱「主權」只屬於神。藉由烏理瑪來詮釋與應用的神聖律法，被稱為**「沙里亞」**（Shari'a），優先於人類立法者所制定的法律。儘管何梅尼偏好神權式獨裁統治，但是政權還是在君主制消滅之後，結合了多元的革命聯盟之理念來建立，包括自由派民族主義者、左派立場者，以及非伊斯蘭教徒，這些人認為只有象徵性權威的宗教統治才適合授予神職人員。因此，憲法除了規範了政治機構來捍衛伊斯蘭原則外，也明顯受到**「最高領袖」**（Leader）原則和一些共和原則影響。於是，總統選舉、議會選舉和地方選舉為公民提供了提倡不同政策的候選人之選擇。在一個否定民主立場上建立起來的政權中施行的受限型民主實踐與機構之出現，這在伊朗只是許多相互矛盾的弔詭現象之一而已。

　　面對當前的千禧年，伊朗這個受到限制的政治舞臺，導致了各種改革主義運動不停起起落落，其試圖利用投票行為促使政體更加多元化並負起責任。作為回應，民粹主義的反向運動出現了，該陣營支持重新分配，同時增強軍事和安全機構的權力。最終，於2013年6月由**「哈桑·魯哈尼」**（Hassan Rouhani）成功當選，其競選口號集中在緩和的觀念上，這標誌著人們希望轉向對內政與外交政策採取更務實以及技術性取向的態度，以解決經濟不滿、對抗性國際關係和政治衝突，以及呼籲總統提高國家回應能力的願望。在2017年5月，魯哈尼以領先接近20%的優勢，擊敗了現任最高領袖阿里·哈米尼（Ali Khamenei）的密友，贏得了連任。本章的任務就是將這些具有動態性與糾結性的相關內容說明清楚並賦予其意義。

## 當前的政策挑戰

### 15.1 辨認伊朗當前面臨的五個內部挑戰。

　　美國常常在報紙以及晚間新聞報導中看到有關伊朗的消息。這樣的情況可追溯到1979年的革命，在這場革命伊朗推翻了美國盟友沙王，並占領了美國駐德黑蘭大使館，除了少數一些例外，當時美國人質被關押了1年多（1979-1981）。近年來，大部分的討論與研究都主要關注在伊朗的核能計畫上，美國政府指稱該計

畫之目的是用於軍事上。這也造成了伊朗與美國之間長達十多年的對立狀況，其牽涉到經由國際組織的協商、雙方公開的戰爭威脅，以及對任何國家實施最全面的政權制裁之一。2015年夏季，伊朗與「伊朗核問題六國」（P5+1）——聯合國安全理事會的5個常任理事國加上德國——官方正式稱為「聯合全面行動計畫」（Joint Comprehensive Plan of Action, JCPOA）的內容，通常簡稱「伊朗核協議」。這多方協議限制了伊朗的核計畫並且加入國際上的監督檢查，以換取解除對伊朗實施的部分經濟制裁，而這有助於伊朗重新整合加入國際體系中。最激烈的戰爭以及圍繞外交美德的辯論，掩蓋了兩國國內政治同樣活躍與高風險的博弈問題。

伊朗的統治者面臨了根本性的困境：如何調和何梅尼與其知己建立與他們對伊斯蘭的理解一致的政治、社會，以及經濟秩序的要求，並遵循共和政府的原則，來確保政府的表現能夠取得公民的信任感。要調和這些原則確實不是簡單的事。不僅「神的主權」、全民主權，以及國家利益發生衝突，而且伊斯蘭共和國政策的成敗也給新的社會與政治參與者帶來了新的期望與要求，因為他們對於伊斯蘭和善政概念的解釋也不同。

在伊斯蘭共和國成立後的第一個10年中，由於政府沒收了許多革命前老菁英們的財產，因此出現了一些可進行財富重分配的現象。新的領導層大多出身卑微或是具有中產階級背景，因此會制定比較有利於大多數最貧窮人口的政策。舉例來說，新的政權大量投資在鄉村的發展上，包括健康醫療、女性的教育，以及基礎建設。然而，革命之後的現實狀況卻是遠離理想的，貧窮、不平等，以及就業不足，仍是大眾主要抱怨的問題。由於伊朗擁有全世界第2大的石油與天然氣蘊藏量，所以該國人民期望政府能夠藉此改善一般大眾的生活條件，並且建立一個可長期且永續的發展基礎。然而，要將自然資源轉換成經濟產能並加以多樣化，已被證明這是相當困難的。

增加經濟產出來提供就業的需求給快速成長的勞動力，或許是政府所要面對的最大挑戰。雖然政府已經成功地減緩了出生率，但是較低出生率所帶來的效應，必須要等到許多年以後才會慢慢浮現。即使是在最佳的情況之下，也很難為每年進入勞動市場的80萬名男女提供大量的就業機會。此外，受到國際制裁的衝擊，所以各種經濟形式也都出現了管理不善的問題，而伊朗人的反商意識也使得情況更加惡化。儘管已經有了核協議，區域性的衝突以及伊朗與美國之間持續的緊張關係，依然不斷重挫伊朗的國外與國內的投資。在此同時，教育體系的大舉擴張，意味著有許多擁有高學歷的年輕人口會失業，而增添了他們的挫折感與不

滿。這樣的不滿導致大量的人才外流。

　　一項新的挑戰涉及某些伊朗少數民族，特別是那些如庫德人以及俾路支人這樣的「遜尼派」（Sunnis）人士，對於現況表示不滿（參閱圖15.1）。[1]要將這些公民整合進入到奉行十二什葉派所界定之官方認定的國家框架下，在當時的困難性是一直在升高，再加上複雜的地理政治性與區域性的對抗，不同宗派的緊張關係也在鄰近國家中不斷升高。

**圖15.1　伊朗少數民族分布圖**

伊朗的族群與宗教團體居住在所有的區域與城市中，
但大多數都聚集在幾個比較廣大的地區

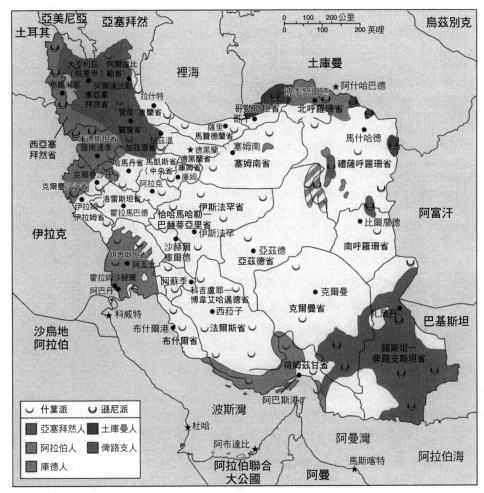

資料來源：美國德州大學，http://www.lib.utexas.edu/maps/middle_east_and_asia/iran_ethnoreligious_
　　distribution_2009.jpg。

貪污腐敗使不平等讓人更加難以接受。這是政治人物辯論的一種現象,媒體廣泛的報導了這個現象。當許多人民掙扎於尋找可賺到錢的工作來維持生計時,新的菁英利用與那些掌握強勢貨幣、進出口執照、與國家簽署合同,以及私有化方案的政府官員建立人脈,以創造大量的財富。

因為所有的這些因素,導致原本伊斯蘭革命承諾要建立一個更為正義且更有道德的社會,在許多伊朗人耳裡聽起來卻充滿空洞感,有一半的伊朗人都太年輕了而無法知悉過去在沙王執政下的貪污腐敗、政治壓迫,以及不平等的現象。結果就是,神權模式的政府其執政之正當性遭受大量的流失。雖然許多人還是保有宗教上的信仰,但是烏理瑪再也無法命令人們必須對其尊重與敬仰了。除此之外,務實的穆斯林與思想家也藉由質疑烏理瑪的統治權以及揭露神職人員當中對於經典文本不同的詮釋與看法,將伊斯蘭教的發展引導到新的方向上。

當這些社會的動態與緊張情勢給政權帶來了挑戰,政治體制也面對了本身在內部很深刻的威脅。在伊斯蘭共和國建立之後,幾乎馬上就在神職人員與非正規的伊斯蘭主義者聯盟當中發展出派系與裂痕。在1980年代期間,與伊拉克的戰爭、受到世俗團體的挑戰,以及何梅尼的個人魅力感召與精明的政治手腕,都有助於統一該國的領導權。然而,隨著戰爭的結束、何梅尼的過世,以及新的社會與知識分子運動的發展,而需要更大量的政治包容與定位,政治菁英之間的爭端已經開始盛行了。到了政權第二個10年的結束時,政治菁英分化為兩個主要的陣營——其中一派是希望增進共和國的機構與民眾的參與,而另一派則是希望強化最高領袖的地位並且限制多元主義。

在2009年6月總統大選結果公布之後,菁英衝突與社會不滿情緒合併。官方公布結果,「**馬哈茂德‧阿赫瑪迪內賈德**」(Mahmoud Ahmadinejad)獲得了62%的選票,而「**米爾一海珊‧穆薩維**」(Mir-Hossein Mousavi)以不到34%的得票率落後。投票率高達了驚人的85%——這數字居然沒有受到任何候選人或是觀察家的質疑。與2005年一樣,內賈德從伊斯蘭共和國的核心機構中,例如獲得了最高領袖(阿里‧哈米尼)和「**伊斯蘭革命衛隊**」(Islamic Revolutionary Guard Corps, IRGC)將軍們的共同支持,也獲得了因為重新分配、民族主義,以及宗教道德主義的民粹主義訊息所動員之城市中的中產階級與中低階級人們的支持。然而,內賈德的勝選卻受到改革派候選人、政治領袖們(包括兩位前任總統「**阿里一阿克巴爾‧哈什米‧拉夫桑亞尼**」(Ali-Akbar Hashemi Rafsanjani)與「**穆罕默德‧哈塔米**」(Mohammad Khatami))以及被所謂的「**綠色運動**」(Green Movement)(參閱專欄15.1)所吸引的各種伊朗人挑

## 專欄 15.1　綠色運動：2009年以來的各種陰影

在2009年的總統選舉期間，前總理米爾—海珊・穆薩維的團隊採用綠色作為其代表色。綠色與伊斯蘭教有關，特別是與「賽義德」（seyyeds）或宣稱自己是先知穆罕默德的後裔有關。因此，米爾—海珊・穆薩維本身就是一位「賽義德」提醒著具有宗教信仰的伊朗人，他具有虔誠的血統。此外，在伊朗的文化與文學中，綠色象徵著春天、重生，以及喜悅。因此，綠色也提醒了世俗的伊朗人說穆薩維的改革主義平臺及其出發點都與內賈德有所不同。穆薩維的支持者公開地藉由散發綠色海報、手環、氣球、旗幟，以及其他競選的宣傳物，展示本身的政治忠誠。當選舉結果在6月13日公布時，大批的伊朗人開始質疑選舉程序不合乎規範，並且挑戰其結果。綠色就成為了挑戰內賈德競選連任的統一象徵。在公民不服從所依賴的其他形式中，伊朗人質疑著：「我的選票到哪裡去了呢？」而要求重新辦理選舉，挑戰了總統，甚至是最高領袖的權威。於是，伊朗的「綠色運動」由此而生。

哪些人是伊朗所稱的「綠色運動者」呢？經歷了選舉過後的嚴厲鎮壓，很難系統性地分析出運動支持者的社會背景。然而，大多數主動的支持者看起來像是來自於城市、受過教育、年齡在40歲以下，以及投票給穆薩維或其他改革主義候選人——邁赫迪・卡魯比（Mehdi Karroubi）的民眾。這個運動有時候也被稱為是個「中產階級運動」。某程度來說確實如此，因為工廠裡的勞動階級、農民，以及老年的伊朗人，並未大量參與這些抗議運動。然而，這運動的重點在於召喚了城市、識字的，以及具有專業性的男女構成了當代伊朗社會中很重要的組成部分。

綠色運動的要求與集會權、更加透明的政府，以及新聞自由有關。雖然一開始是聚焦於選舉及其立即性的後果，但是運動參與者的期望開始出現分歧。有些綠色運動者呼籲強化共和國的共和體制和原則；其他人則呼籲應該要拔除最高領袖的職位以及廢除整個政權。因此，更精確地說，綠色運動者有不同要求。而許多批評與渴望在今日的伊朗引起了共鳴，該政權對綠色領導人與組織行使嚴厲的鎮壓，目的希望能夠降低其運動的動員強度。

雖然如此，在2013年的總統競選中還是能夠看到一些綠色運動支持者再次出現的身影。雖然運動的訴求與期望變得比較溫和了，而且有些支持過2009年的參與者在2013年沒有投票，不過還是有許多的綠色運動者投票給哈桑・魯哈尼（參閱專欄15.4）。他們保留了象徵性的綠色腕帶，並且高呼穆薩維的名字或口號，呼籲要記得在2009年至2010年期間在暴力衝突中喪失生命的人。儘管魯哈尼的官方口號是「緩和」，並且選擇以紫色作為競選的顏色，不過在他的造勢活動與最終的選舉勝利場合上，還是有明顯的翡翠色調。

資料來源：卡夫・埃薩尼（Kaveh Ehsani）、阿朗・克沙瓦爾茲安（Arang Keshavarzian）、諾瑪・莫魯茲（Norma Claire Moruzzi）撰寫的〈德黑蘭，2009年6月〉（Tehran, June 2009）刊登在《中東報告》（*Middle East Report*）線上雜誌，2009年6月28日；以及穆罕默德・卡迪瓦（Mohammad Ali Kadivar）撰寫的〈新的反對派政治：伊朗2013年總統大選的競選參與者〉（A New Oppositional Politics: The Campaign Participants in Iran's 2013 Presidential Election）發表在《賈達里亞》（*Jadaliyya*）電子雜誌，2013年6月22日，https://www.jadaliyya.com/pages/index/12383/a-new-oppositional-politics_the-campaign-participa。[2]

戰。當公布結果後，伊朗見證了自1979年以來，規模最大且最持久的抗議活動。安全機構對綠色運動的領導人與支持者進行了暴力與恐嚇，以壓制他們的異議。然而，社會與菁英的緊張關係仍然存在。為回應對綠色運動廣大群眾的暴力與恐嚇之責任，內賈德政府與政權的要角選擇了疏遠一個負責管理與運營社會的社會選區。除此之外，他們激怒了那些伊斯蘭共和國政治菁英中的關鍵成員，包括卸任的總統與部會首長。最後，當內賈德為了尋求讓自己以及盟友能夠爭取更大的獨立性時，導致總統與最高領袖之間出現了衝突，並使得保守派內部的分歧擴大。

　　這些事件為2013年的總統選舉架設好了舞臺。一位中間派的候選人：哈桑‧魯哈尼，擊敗了更多的保守派候選人。當時魯哈尼從實用主義政權內部人士與綠色運動殘餘力量之間的協調中受益，並在菁英資源的協助下獲得大規模支持，讓分裂的保守派之間進行鬥爭，而最高領袖對此似乎不太感興趣，無法統一他最忠實的支持者。自上任以來，魯哈尼的首要目標以及宣稱在成功之後就是解決造成國際危機的國家核計畫的談判，因為這使得伊朗在出售石油、進口商品，以及吸引投資的能力上受到很大的限制。在完成了這些目標後，魯哈尼致力將這項外交成就轉換為改善伊朗人的經濟與社會福利，這也受到了最高領袖的認可。事實證明，這件事是很困難的，原因有很多：許多國際的制裁依然有效、伊朗內部的既得利益已經發展並從制裁經濟中獲利，以及在伊朗、美國和其他地區（如以色列、沙烏地阿拉伯）仍有許多反對美伊進行和解的人都繼續試圖去破壞這樣的協議。

## 歷史上的遺產

### 15.2 探討伊朗政治與宗教最高領袖相互之間的作用。

　　就像中國與日本一樣，伊朗是歐洲人從未正式殖民過的少數非西方國家之一。伊朗的國境邊界並非是以殖民權力下的人工方式來劃分，而是歷史上伊朗沙王與鄰國統治者的權力平衡之結果。伊朗的國家傳統已超過25個世紀之久，但是現在的國家是16世紀初期由「薩法維」（Safavid）王朝所建立的。該王朝影響最為深刻是確立了「十二什葉派」作為國家官方的宗教，並且讓大多數的伊朗人從遜尼派改為什葉派。歷史上，伊拉克的神殿城市是伊斯蘭這一分支的發源地，但是隨著伊朗建立起強大的什葉派國家後，伊朗逐漸變成什葉派世界中的政治中心。

## 十二什葉派

　　遜尼派（占全世界穆斯林90%的人口）和什葉派之間的分裂是在伊斯蘭創始人先知穆罕默德過世之後發生的。穆罕默德不僅是新宗教的創始人，也是政治上的領袖。因此，在公元632年他過世之後，這個新生的穆斯林社群必須找到一個領袖來繼承他。少數信徒後來被稱為什葉派，他們認為先知的後裔是他唯一合法的繼承人。什葉派稱這些世襲繼承者為先知「伊瑪目」（Imams）。

　　絕大多數的人相信第12代的伊瑪目是最後一位了，「十二伊瑪目派」也因此得名。根據這些什葉派的說法，第12位的伊瑪目在公元874年還是小孩子的時候就消失了，但並沒有死亡。就像是「彌賽亞」（messiah）般的人物一樣，他依然活著（更像是猶太教傳統裡面的「以利亞」（Elijah））並且將會在末日時再次出現建立公正的統治。然而，從12位伊瑪目在公眾眼界中消失的那一刻起，十二什葉派的政治思想也面臨了兩難的困境。唯一能夠對信眾團體具有合法性統治的人物，已不具備形體上存在的事實了，而且沒有人知道他何時會再現身。隨著薩法維在16世紀建立起十二什葉派王朝後，一個真正合法的統治者的不存在，成為一個存在的問題。在十二伊瑪目缺席的情況下，誰在實際上能真正具有統治的權利呢？大多數的烏理瑪都有意願將這樣的權利賦予世俗的統治者：沙王，只要他能夠公正的依照伊斯蘭教法來行統治。然而，到了17世紀末，有少部分的烏理瑪主張要讓沙王具有統治的正當性，必須獲得烏理瑪明確的認可。當薩法維王朝在1722年垮臺後，伊朗陷入了好幾年的內戰。這使烏理瑪能將他們自己建立成獨立於國家體制外的機構。因此，信眾直接交付給他們的什一稅愈來愈多，以確保他們在財政上的獨立。此外，十二什葉派的中心是位於奧圖曼帝國統治下的伊拉克「納傑夫」（Najaf）市，這是不受伊朗世俗權威所能控制的領地。因此，19世紀開始，伊朗的烏理瑪比遜尼派世界的信徒，在社會、政治，以及宗教上具有更突出的地位。若是缺少了這樣的遺產支持，都很難想像其能夠在1970年代末期建立起這樣的神權政體。

　　在某種程度上，烏理瑪的角色與功能類似於基督教國家的神職人員一樣。然而，因為什葉派的烏理瑪形成的是一個比較鬆散的階級結構，因此他們沒有像是羅馬天主教會那樣組織成一種金字塔形的結構。他們沒有等同於教宗的角色，也沒有領袖可以來定義對其他所有人具有拘束力的教條。於是，烏理瑪在政治甚至次要的宗教事務上往往相互分歧，如同我們所見，這種狀況並沒有因為建立了伊斯蘭國家而終止。

## 一個多元種族的國家

　　伊朗的人口結構是許多藉由語言來區分其差異性的種族團體所組成。波斯語使用者是最大的族群而且大概占了總人口的一半；其他最重要的族群包括了亞塞拜然土耳其人、庫德人、盧爾人、俾路支人、阿拉伯人，以及土庫曼人（再次參閱圖15.1）。歷史上，這樣的種族多樣性並未造成政治上的問題，主要有三個原因。第一，伊朗波斯人以外的第一大族群：亞塞拜然土耳其人，與波斯人有共同的宗教信仰，並一直在該國菁英階層中占有顯赫地位。第二，波斯語言的文化價值極高，使非波斯語言使用者也很願意接受其作為官方語言的角色。最後，伊朗人的國族是以領土來定義，而不是種族，「伊朗人」的概念意味著來自伊朗這塊土地的人，這個介於裡海與波斯灣之間的區域，本身在歷史上已經具有這個古老的名字了。

　　在受到歐洲以民族主義作為國家區隔的影響下，革命之前的伊朗菁英就將伊朗定義為波斯人的國家，而忽略了本身族群上的多樣性。在革命之後，在本身領袖的眼中，十二什葉派成為其領導人眼中國家標誌性的特徵。這意味著在近代伊朗的歷史，構成伊朗人自我認同的兩種觀點，在彼此競逐著。一種是忽略了非波斯用語公民的文化特性，而另一種則是將非十二什葉派者邊緣化，而這其中的遜尼派則是最大的社群（大約占了10%）。除此之外，一些生活在國家邊陲地帶的少數族群，主要是庫德人、俾路支人、阿拉伯人，以及土庫曼人，因為缺乏獲得國家資源的管道，而只擁有相對少量的社會經濟之機會，而逐漸使得語言與宗教的分歧也變得很政治化。

## 憲政主義

　　伊朗位於北方的俄羅斯帝國和南方的大英帝國勢力範圍之間，地理位置得天獨厚，使其能在歐洲帝國主義全盛時期得以維持獨立的國家狀態。兩個帝國都允許它在各自領域之間保持中立的緩衝。然受過良好教育的伊朗人清楚認識到自己國家在主權上的脆弱性。當他們在19世紀更加了解歐洲，他們就愈發察覺自己國家的落後。只要伊朗不如歐洲發達，它將永遠都容易受到帝國主義者的侵略。於是：「迎頭趕上西方列強」成為伊朗知識分子與政治菁英的主要目標。他們相信法治是歐洲變得優越的祕訣，但專制統治卻盛行於伊朗。

　　到了20世紀初期，許多活躍於政治上的烏理瑪、貿易商，以及受過西方教育的知識分子都發表了觀點，認為君主制的權力應該要縮減。1905年，人們對政府執政的方式普遍不滿，導致在1906年時爆發一場民眾運動向沙王爭取立憲。根據

這部憲法。沙王只有在國會同意之下，才可以任命總理，這樣才可能促使政府負責。這些非常歐洲的思想被保守派的烏理瑪以偏離伊斯蘭教為由而加以批判，但是持憲政主義觀點的烏理瑪也在伊斯蘭教術語中找到將其合理化的方法。最為令人熟知的「阿亞圖拉‧穆罕默德—侯賽因‧納尼」（Ayatollah Muhammad-Husayn Na'ini）辯稱，專制的沙王是侵犯了第十二伊瑪目以及那些人民的權利，而由人民統治的話，只侵犯了第十二伊瑪目的權利。所以他的結論是，雖然這兩種政府形式都不理想，但後者算是較輕的邪惡，因此比前者更可取。[2]這個論點隱含著創新的思想，即只要第十二伊瑪目選擇持續隱身於世的話，信徒本身就是他的代表。這種高超的表述使得什葉派的核心信念與現代立憲主義的概念相互調和，並成為1979年革命者著手建立伊斯蘭國家時不容忽視的遺產。

## 巴勒維沙王制王朝

　　然而，1906年的《憲法》並未能帶來期待中的進步。在1907年的一項祕密協議中，英國與俄國將伊朗劃分為兩個勢力範圍。1909年，俄國占領了伊朗北部的大部分地區。第一次世界大戰期間（1914-1918），交戰方屢次違反伊朗的中立原則，並在伊朗的領土上相互作戰，導致造成人民很大的苦難。到了戰爭結束時，地方軍閥在周邊地區挑戰中央政府的權威。

　　1921年，一場政變結束了伊朗舊政權的統治。軍隊指揮官雷扎汗（Reza Khan）毫不猶豫地擴大了政府對叛亂省分的控制力量，並開始了一項雄心勃勃的現代化計畫，以發展與集中國家的權威。到了1925年，他推翻了原本的統治王朝，並且讓國會宣布其為雷扎巴勒維沙王，一位新的統治者。從他的加冕典禮到1941年盟軍占領伊朗，他被英國驅逐下臺前這段期間，儘管正式保留了憲法，但是他像是個獨裁者一樣統治著國家。雷扎沙王一開始受到絕大多數神職人員的支持。但在1930年代，由於他推動改革減少烏理瑪擔任法官、學校教師，以及財產契約、出生與結婚證明管理人的社會功能，以及西化了伊朗人的日常生活文化模式，如禁止女性蒙面紗等，而使得彼此的關係持續惡化。隨著他流亡至海外，政治再次開放。他21歲的兒子成為了繼任者：穆罕默德—雷扎‧巴勒維沙王，還無權繼續他父親的方式（參閱圖15.2）。

　　在1941年至1953年期間，伊朗的政治體制包括了三大陣營。第一，包括沙王與地主在內的親西方的保守派建國，他們很有默契的得到大多數烏理瑪的支持。第二是親蘇聯共產黨的**「伊朗人民黨」**（Tudeh Party），他們得到了工廠的勞工群體支持。第三則是中立派的「伊朗民族陣線」（National Front），其目標在

## 圖15.2　伊朗政權

| 年分 | 國家元首 | 總統 | 總理 |
|------|----------|------|------|
| 1941 | 沙王：穆罕默德—雷扎·巴勒維 | — | 由各式各樣內閣擔任 |
| 1951 | | — | 穆罕默德·摩薩台（1951-1953） |
| — | | — | 由各式各樣內閣擔任 |
| 1965 | — | | 阿米爾—阿巴斯·胡韋達 |
| 1977 | — | | 賈姆希德·阿穆澤加爾 |
| 1979 | 最高領袖：魯霍拉·何梅尼 | — | 邁赫迪·巴扎爾甘 |
| 1980 | — | 阿布—哈桑·巴尼薩德爾 | 穆罕默德—阿里·拉賈伊 |
| 1981 | | 穆罕默德—阿里·拉賈伊、阿里·哈米尼 | 米爾—海珊·穆薩維 |
| 1989 | 阿里·哈米尼 | 阿里—阿克巴爾·哈什米·拉夫桑亞尼 | 該職位被廢除 |
| 1997 | — | 穆罕默德·哈塔米 | |
| 2005 | — | 馬哈茂德·阿赫瑪迪內賈德 | |
| 2013 | — | 哈桑·魯哈尼 | |

於建立一個完全法治的國家，並且鞏固伊朗在國際上的地位。他們受到專業人士與商人的支持，如同伊朗民族陣線所觀察到的，英國對伊朗石油的控制損害了伊朗的主權。透過其所有的「英伊石油公司」（Anglo-Iranian Oil Company, AIOC）獲得資源。伊朗政府對於英伊石油公司沒有任何置喙的餘地，連對其查帳的權利也沒有。從1945年至1950年，在扣掉高額的英國稅賦、特許權使用費，以及誇大的折舊數字後，英伊石油公司的總獲淨利還高達2億5,000萬英鎊；在此同時，支付給伊朗石油的特許權使用費卻僅有9,000萬英鎊。[3]

伊朗民族陣線的領導人**穆罕默德·摩薩台**（Mohammad Mossaddegh）主張將伊朗的石油產業國有化。這發生在1951年3月，在這之後不久，穆罕默德·摩薩台就被國會選為總理。隨後他代表伊朗與英國政府之間為解決石油爭議的問題進行談判，結果失敗。於是，英國開始策劃推翻摩薩台的行動，這是於1953年8月由美國「中央情報局」（CIA）的協助完成的。[4]

伊朗的政治體制在隨著巴勒維王朝第2任的統治者，不斷強化自己並逐漸全面控制了新興的「**食利國家**」（rentier state）[3] 中，恢復了王室專制。在源源不斷的石油稅收以及美國的支持下，沙王在1963年發起了「白色革命」的改革計

畫，其中包括了土地改革以及賦予女性選舉權。在1950年代，沙王也獲得了大量官僚階級之神職人員的支持，但是到了1960年代初期，他的獨裁作風與西化政策，引發了一些地方上的不滿。宗教傳統主義者在1963年6月發起暴動，迎接一位受到烏理瑪內部支持的新反對派人物魯霍拉‧何梅尼。政府對這場暴動進行了血腥鎮壓，而何梅尼被逮捕並遭到流放。他最終定居於伊拉克的納傑夫市。他一直在那裡待到1978年10月，直到被薩達姆‧海珊（Saddam Hussein）驅逐出境。然後，他又逃亡至巴黎尋求庇護，一直到1979年2月1日光榮重返伊朗為止。

　　直到1963年，王室專制政權的反對派都高舉著1906年的《憲法》旗幟，因為巴勒維王朝的兩任沙王都被批評未依照憲法執政。自由選舉是反對派的主要訴求。然而，在1963年之後，沙王的反對派，愈來愈多轉往地下化或遠走他國，對通過和平手段實現憲法治理感到絕望後，而變得激進。，憲法逐漸的失去了正當性。沙王的反對者要求廢除君主制並以新的政權取代。公民社會以及世俗的反對派對沙王施加壓力，而清真寺與宗教圈變成唯一可以讓人們說出心裡話的地方。因此，儘管國家採取世俗主義的政策，但宗教變成一股更加強勁的政治力量。

　　雖然沙王的政權在國內日益受到爭議，但是得到了一般西方國家尤其是美國的支持。既然沙王的角色是透過美國中央情報局直接的介入才得以坐穩，所以他的反對者認為他就像是個美國的傀儡，所以其政策都是朝向有利於美國的方向，而非伊朗。因此，沙王的反對者在邏輯上也必然反對美國以及以色列，因為沙王與其簽署策略聯盟來直接抗衡泛阿拉伯與反君主專制的國家，諸如埃及、伊拉克，以及敘利亞。近期有一項學術研究指出在沙王權力於1970年代初期達到巔峰時，並沒有受到美國的操弄，而是可能成功地主導美國政策的制定，以遂行其目標。[5]

　　儘管伊朗的第一次革命未能基於法治形式建立一個憲政國家，但在隨後的70年中，伊朗卻散發出現代化的民族國家的雛形。政府取得在武力的使用上採取壟斷的手段；施行統一的法令制度；發展具有功能性的市民服務，包括將國家的法令擴展到遙遠邊陲省分的地方行政上；以及捍衛國家在國際邊疆上的界線。國家建設都已經完成了，這個在1979年革命之後所建立而成的伊斯蘭國家，已變成了伊斯蘭共和國。

## 伊斯蘭革命

　　在1977年，吉米‧卡特（Jimmy Carter）成為美國總統，美國的外交政策開始重視本身盟友對於人權的尊重。[6]當時沙王已經是癌症末期了，但是大眾並不

知情。而那時他為了確保能夠將權位順利移交給繼承者，不再將美國的支持視為理所當然。他開始在伊朗的政治制度的許多面向進行自由化改革，並且取消長期以來的顧問與親信制度。但是各種持不同政見者與帶有不滿情緒的社會團體，卻希望藉由這次的自由化過程來推動更大的改革。從1977年末至1979年初，對於更加自由化的呼聲節節升高，並像滾雪球般呼籲將君主制加以廢除。這由知識分子、大學與高中的學生與教師、反對派聯盟、市集商人、政治上積極的神職人員與神學士、工廠員工，以及在最後階段加入的國家公務員與白領階級員工所組成的反對派聯盟。[7]反對該政權專制，腐敗以及與美國和以色列結盟的民眾運動團結了各種意識形態派別，例如1906年憲法的自由主義者，馬克思—列寧左派主義和**伊斯蘭主義**（Islamists）的追隨者。後者組成了民主派人士，他們對於伊斯蘭經典的閱讀應該是要採取絕對自由與非強制性的，而左派人士強調伊斯蘭當中的平等主義面向，以及何梅尼的直接追隨者提倡由神職人員來監督整個伊斯蘭國家。這些行動者組織了橫跨全國性的大型聚會、示威遊行與罷工，以及他們在很大程度上會以和平的方式發送反抗政權的文宣。[8]沙王在是否鎮壓運動或在最後做出讓步之間一直搖擺不定。結果，行動者在1978年期間變得更加激進，最後終於在1979年1月時，迫使沙王與其家族流亡至國外。[9]

　　沙王家族離開伊朗之後就立即爆發了革命起義，何梅尼的追隨者是組織最嚴謹且最團結的力量。他們迅速的將聯盟中的非神職人員者排除在外。何梅尼與其追隨者因為獲得獨立的收入來源，增強了他們的組織力量，就像是傳統上謹慎的什葉派會將什一稅直接給付給烏理瑪一樣。1970年，何梅尼恢復了十二什葉派，並藉十二什葉派思想要求神職人員對政府進行監督，並將其導向符合邏輯的結論。在一份名為「伊斯蘭政府」的論述中，他主張真主已經向人類揭示其律法了，所以直到十二伊瑪目再次現身之前，都可以在此時此地加以應用，而非忽略其存在的價值。何梅尼進一步觀察到最適合按照神聖律法統治的人是最了解它的人，即烏理瑪本身。這個原則後來被稱之為**「法基赫制度」**（velayat-e faqih），最好的翻譯就是「教法學家監護制度」[10]（參閱專欄15.2）。

　　革命之後，何梅尼的追隨者將這些原則列入1979年的伊朗《憲法》中。然而，為了尊重先前已存在的憲法傳統，並安撫非伊斯蘭教徒和曾經參與革命的溫和派伊斯蘭教徒，《憲法》仍維持國會是由全民普選產生的。沙王的位置由民選的總統所取代。因此，伊斯蘭共和國誕生時擁有混合的政治制度，不僅受到十二什葉派版本政治教義的影響，也受到西方人民主權與權力分立觀念的啟發。[11]

　　從1979年至1981年6月，世俗溫和派、左派、溫和伊斯蘭主義者，以及激進

**專欄 15.2**　**法基赫制度**

法基赫制度——伊朗神權政體憲法的關鍵內容——最佳的翻譯為「教法學家監護制度」。魯霍拉·何梅尼在1970年流亡至伊拉克時所提出的見解。何梅尼認為既然真主已經揭示了律法，而穆斯林應該據此來生活與組織本身的社群，穆斯林應該實踐這些律法的應用，而不只是進行理論性的空談辯論而已。他撰寫到最具有資格監督這些律法在國家施行的人，就是那些最了解這些法的人（即精通這些法學內容的神職人員）。他的結論是：這樣的神職人員應該就是國家領袖。1979年，這項原則被納入伊朗伊斯蘭共和國的憲法中，而何梅尼本人變成了統治法學者，此後便稱為「最高領袖」。伊朗的歷史首次出現將宗教與世俗權威融合在一起。法基赫制度並非強力扎根於古典經文中，而且大多數的十二什葉派神職人員也不同意這項原則，主張神職人員之權力應僅限於指導信徒以及為統治者提供諮詢。

伊斯蘭主義者直接受到何梅尼的啟發而競逐權力。隨著時間流逝，在教法學家監護制的信徒以及與其對立者之間的抗衡，變得愈來愈頑強和暴力。事實上，在革命派系對抗當中失去生命的人數可能比沙王鎮壓革命群眾運動所死亡的人數還多。到了1981年的夏天，何梅尼的支持者占了上風，開始在公共生活的所有領域建立伊斯蘭律法。後來伊朗與鄰國伊拉克展開戰爭之後，促使他們鎮壓了所有反對他們的人。

## 兩伊戰爭（1980-1988）

在革命後不久，何梅尼開始呼籲推翻伊拉克總統薩達姆·海珊。這行為激怒了薩達姆，於是在1980年9月發動對伊朗的攻擊。這場戰爭一直持續到1988年才在僵局中結束。

伊朗官方宣稱這是一場「入侵戰爭」或是「神聖捍衛戰爭」，這場戰爭是個重大的分水嶺，並且就像是革命一樣，形塑了伊朗的社會。動員了超過200萬的伊朗人，大約有25萬的伊朗人被殺害，以及超過死亡人數2倍以上的人受傷。戰爭使革命政權在面對外國入侵時，不斷呼籲民族團結，從而鞏固了本身的權力。戰爭也成為了壓迫異議分子與公共辯論的手段。這場衝突創造出了一群「戰爭世代」的年輕人，他們受到前線戰爭所影響的經驗幾乎跟革命差不多。這些軍官與公職人員有許多人現在剛好50歲至60歲，而有一些人要求在政治上有更大的發言權。雖然這個世代象徵性具有權力，但是他們卻還沒有被吸納至任何政治人物或政治潮流的團隊之中。

# 伊斯蘭共和國制度

## 15.3 描述伊朗聘任與民選公職人員之間的主要不同點。

伊朗伊斯蘭共和國的政治體制是由兩種制度共同組成：官職的任命制與選舉制。這樣的二元論反映出如何將神權與世俗之間融合在憲法所賦予的主權中。伊朗的制度性結構也進一步因為**「平行權力中心」**（parallel power centers）的存在而變得更加複雜，這制度是由革命分子所建立，其目的在補充傳統國家機構的活動力，但也因為如此使得他們共同分擔重疊的責任（參見圖15.3）。

## 最高領袖

在伊斯蘭共和國中具有最高的權威象徵就是**「最高領袖」**（Leader），其依據神學政權中的「教法學家（法基赫）制度」原則而結合了宗教與世俗的權威。這個職位是針對何梅尼個人量身定做的，他同時具備烏理瑪高階級成員以及魅力型政治領袖雙重身分。為了確保將來權力能順利接班，《憲法》提供了由民選產生的**「最高領袖專家會議」**（Assembly of Leadership Experts），由烏理瑪所組成，並在所有烏理瑪中，選擇出最精通法典者擔任最高領袖。然而，到了1989年，沒有任何一位學識淵博的烏理瑪認為有必要接受這樣的神權統治觀念。結果就是，在1989年4月，何梅尼指派了一個修憲大會放寬這個職位在宗教性上的要求。何梅尼在1989年6月3日過世。最高領袖專家會議選出了**「阿里‧哈米尼」**（Ali Khamenei）這位已經擔任8年總統，但卻屬於低階神職人員的人，成為了新的最高領袖。不像前任的作風，他避免直接與任何政治派系結盟，而保持在一個調節者與仲裁者的位置，但是從2000年代初期，哈米尼愈來愈公開與掌握國家機構的強勢保守派系陣線站在一起。在2009年的選舉之後，當時哈米尼斷然地支持內賈德，並且將綠色運動貼上叛國的標籤，這樣極具戲劇性的現象更加顯示了他的立場。

最高領袖制定國家的整體政策。他也任命某些重要職位上的人物，如司法部長、**「監護委員會」**（Council of Guardians）半數的成員、**「國家利益委員會」**（Expediency Council）的成員、壟斷性國家廣播與電視傳播執行長，以及伊斯蘭革命衛隊的指揮官。最高領袖在制定伊朗的外交政策議程與做法方面也扮演著關鍵的角色。這些權力通常都會在與其他官員以及幕僚諮詢之後才來執行，但是這個過程既不透明，也不一定必然是雙方都願意的。他會監督在革命之後所成立為數眾多的**「半官方經濟類基金會」**（parastatal economic foundations）以及組織團體，這些都是徵收自先前屬於經濟菁英的公司。這些組織團體據稱是

### 圖15.3　憲政架構

**來自伊朗平行權力中心的政治權力**

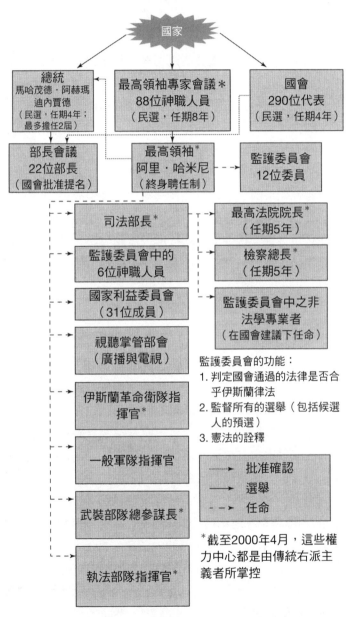

監護委員會的功能：
1. 判定國會通過的法律是否合乎伊斯蘭律法
2. 監督所有的選舉（包括候選人的預選）
3. 憲法的詮釋

```
┈┈┈▶  批准確認
───▶  選舉
┄┄▶  任命
```

*截至2000年4月，這些權力中心都是由傳統右派主義者所掌控

資料來源：改編自威爾弗里德・布赫塔（Wilfried Buchta）撰寫的《誰統治伊朗？伊斯蘭共和國的權力結構》（*Who Rules Iran? The Structure of Power in the Islamic Republic*）（Washington, DC: Washington Institute for Near East Policy, 2000）。資料獲得授權使用。

以慈善事業為導向，並大多以無名英雄、戰爭受難者烈士來為基金會命名。事實上，他們是主要的控股公司，從國家資源與補助上獲取利益，而且不需向民選政府負責或受其監管。哈米尼經常運用這些「非營利」組織作為分配恩庇制度的手段。[12]最高領袖的辦公室具有獨立的資源與稅收來源，並用來與他聲稱的宗教權威與個人魅力一起用以培育和保護那些確切身分和法律地位不明的支援者圈子。在日常演講中，他們經常被稱為「便衣人」或是「真主黨」，而且他們也時常以政府官員、學者，以及文化人士名義打亂與破壞演講以及公共活動。最近幾年，何梅尼的孫子、國會議員，以及一些行動者也都被這些警惕者形容為挑釁伊斯蘭與最高領袖尊嚴的人，而被加以羞辱。

理論上，88位最高領袖專家會議的成員每8年由普選制選出，因此比最高領袖更具有權力象徵。如果最高領袖無法為其職位的表現成果負責，或是證明自己是不值得在這個職位，會議的成員便可以選出以及罷黜最高領袖。然而，該機構的候選人資格都必須得到監護委員會的批准，監護委員會成員由最高領袖選出，而這可以讓最高領袖在施行過程中保持至高無上的地位。話雖如此，本屆在2016年所選出任期8年的最高領袖專家會議，如果哈米尼這位77歲的神職人員在2024年以前過世的話，他們就要在這職位上替他挑選出繼承人。

### 總統

總統每4年經由普選制產生，必須是十二什葉派的男性成員。有許多女性嘗試成為總統候選人，但總是不成功。1989年前，總統一職大致上僅具象徵意義，由國會選出的總理才是真正領導政府所有的行政部門的人。1989年憲法修訂，廢除了總理一職，總統成為行政部門的首長。原本保留給最高領袖的事務除外，總統領導行政部門，法案經由立法機關通過後，總統就可簽署成為法律；總統並可以任命內閣成員與省長，但須經由國會批准。國會可以彈劾總統，在此狀況下最高領袖可將總統撤職。總統不一定必須是神職人員，但是在1981年至2005年期間，有3位不同的烏理瑪曾經連續擔任2屆總統，顯示神職人員這團體在伊斯蘭共和國中的霸權地位。馬哈茂德·阿赫瑪迪內賈德在2005年6月時當選了總統，由伊斯蘭革命衛隊以及志願民兵（Basij，巴斯基）所共同支持的非專業伊斯蘭主義者（亦即，他不是烏理瑪中的成員），這預示著「戰爭新世代」可能將取代部分神職人員，而他們是革命後政體與社會的產物。然而，在2013年，另一位神職人員再次當選總統。

## 國會

伊朗一院制國會「馬吉里」（Majles），有290位經由全民普選產生的成員，任期4年。成員必須是穆斯林，但是《憲法》規定要有5位國會議員（MPs）的成員來代表基督教（3位）、猶太教（1位），以及祆教（瑣羅亞斯德教，1位）。

伊斯蘭國會擁有立法權，但是其立法不得違反由「監護委員會」通過的《憲法》或《伊斯蘭教義》（稍後我們會討論）。國會有權調查國家的事務、核准或拒絕總統任命的內閣人選，以及可以要求部會首長列席報告，並對其提出不信任的否決投票。有趣的是，即使由保守派主導的第7、第8，以及第9屆伊斯蘭國會，也經常使用這些權力來挑戰內賈德的內閣人選以及部長的施政方案。魯哈尼也曾見過他提名的部長未能獲得選票支持。

在關於伊斯蘭政府的論述中，何梅尼對國會的重視程度不高，他認為伊斯蘭教義已經對大多數的事務羅列出律法了。立法議會的責任就是針對少數議題起草相關的規則與規範，而不是去處理伊斯蘭教法學家的任務。然而，自1979年以來，伊斯蘭國會展現出非比尋常的主動性。一方面，事實證明為傳統的伊斯蘭律法已經無法滿足治理當代國家的需求了，需要國會填補這樣的落差。此外，立法代表大力辯論國事，並要求政府官員負責，最高領袖辦公室除外。

在伊斯蘭共和國第1屆的國會中，幾乎有一半的代表是神職人員。在沙王治理下，沒有進行自由的選舉，所以很少人擁有足夠的名氣能夠當選國會議員。於是，在許多地方，選民選擇當地的神職人員。如表15.1，在伊斯蘭國會中的神職人員比例隨著時間而下降。同時，自1980年之後，每一屆立法議會都必須包括女性代表（參見表15.1），在國際標準下，這些代表的比例還是很低。

雖然如此，政治制度的兩個特徵嚴重限制了伊斯蘭國會的立法作用。第一，許多政策、規則，以及規範是由非民選的特定人士來設立的。第二，伊朗所有的法案都必須遵守監護委員會的否決權。在伊斯蘭共和國治理下，伊朗國會只是一個討論政策與提出法案的論壇，也是一個讓某些國家官員前來備詢的地方。[13]

## 監護委員會

為了預防任何減損國家伊斯蘭色彩的可能性，1979年的《憲法》創立出一個獨立的單位——監護委員會，來確保立法能與伊斯蘭教保持一致性。該委員會是由6位烏理瑪以及6位世俗穆斯林律師所組成。由最高領袖任命烏理瑪；律師則由司法部長（司法部長是由最高領袖任命）提名，但是需要經過國會的核准。法律

**表15.1    國會中有哪些人呢？**

女性議員人數在增加，而神職人員人數在減少

| | 女性國會議員 | 神職人員國會議員 | 國會議員總數 |
|---|---|---|---|
| 第一屆伊斯蘭議會（1980-1984） | 4 | 131 | 263 |
| 第二屆伊斯蘭議會（1984-1988） | 4 | 122 | 269 |
| 第三屆伊斯蘭議會（1988-1992） | 4 | 77 | 267 |
| 第四屆伊斯蘭議會（1992-1996） | 9 | 65 | 270 |
| 第五屆伊斯蘭議會（1996-2000） | 10 | 53 | 274 |
| 第六屆伊斯蘭議會（2000-2004） | 13 | 35 | 278 |
| 第七屆伊斯蘭議會（2004-2008） | 12 | 42 | 281 |
| 第八屆伊斯蘭議會（2008-2012） | 13 | 44 | 285 |
| 第九屆伊斯蘭議會（2012-2016） | 9 | 27[a] | 290 |
| 第十屆伊斯蘭議會（2016-迄今） | 17 | 16 | 290 |

[a] 該數值是參閱http://www.tabnak.ir/fa/news/242818/（資料取得日期：2013年5月14日）。

與伊斯蘭教義的兼容性，僅由6位烏理瑪定奪；法律的合憲性，則是由全體委員會成員決定。這些年來，委員會已經拒絕過許多的法案，因為委員會將法案詮釋為違憲和／或伊斯蘭律法。

監護委員會也負責監督最高領袖專家會議、總統，以及國會的選舉。監護委員會已經詮釋了憲法的這一規定，以表示該機構可以審查候選人。他們利用這種自我賦予的權力藉由禁止不被他們認同的候選人參選之方式，限制公民在選舉上的選擇。在2003年，伊斯蘭國會通過一項法律剝奪委員會這方面的權力，但也不令人訝異，後來委員會就宣告了這項法律違反憲法原則。

## 國家利益委員會

伊斯蘭國會與監護委員會之間的齟齬已經是伊斯蘭共和國各地方上的通病，結果導致許多立法上的僵局。只要何梅尼還在世時，當曠日持久的僵局出現時，所有涉及的事務都推遲到了他那邊，由他作為最終的仲裁者。在1988年，何梅尼成立了一個新的集體單位來仲裁這樣的案件，他很適切的將此委員會定位在為了確定什麼是有利於政權利益之所在，讓人在不知不覺中承認符合伊斯蘭教義的做法，實際上是在政治上占了上風。確實，官方的伊朗文件就將此機構以英文的方式加以粉飾為「國家利益委員會」。其存在也於1989年的修憲中被確定。

最高領袖直接任命超過30位的成員進駐該單位，他們主要是從高階政府官

員、關鍵內閣成員與軍事將領、監護委員會，以及具有較高個人聲望的烏理瑪中選出的。除了要仲裁伊斯蘭國會與監護委員會的衝突之外，「國家利益委員會」還具有憲法上的授權協助最高領袖在制定整體國家政策上給予建議。

## 一部清楚的非民主憲法

如同我們討論的內容所顯示，伊斯蘭共和國民選官員的權威，主要是在總統與國會，會受到非民選單位的系統性限制。可以確認的是，最高領袖是由民選的單位：「最高領袖專家會議」所選出的，但是卻完全沒有任期的限制。無論出於何種意圖與目的，這都會使他成為一個擁有強大權力且無法被撼動的領袖。藉由任命司法部長、警察總長、軍隊，以及伊斯蘭革命衛隊，他可以控制國家機器。

當自由派改革主義者在1990年代後期贏得一連串的選舉時，總統與國會的權威被限制這件事情變得十分令人震驚。他們在1997年與2001年讓穆罕默德·哈塔米在選舉上贏得了總統職位的控制權，以及2000年的國會選舉。然而，最高領袖阿里·哈米尼卻公開站在反改革保守派的一邊，他從中選擇了司法部長和監護委員會的成員。當司法機構提出的填補監護委員會空缺的律師未能在2001年獲得改革派議會的認可時，最高領袖只能拒絕安排獲得了77.9%得票率的改革派當選人哈塔米之宣誓就職儀式。最後，這些律師還是在沒有獲得主要多數的國會代表支持下取得了席次，然後最高領袖就同意讓總統宣誓就職了。這些未經民選的單位一直是所有總統的刺，包括對於民粹主義保守派的內賈德以及現任溫和派的實用主義總統魯哈尼。雖然改革派人士試著藉由一些法律手段帶來改變，最終最高領袖、監護委員會，以及司法部還是利用憲法賦予的權力來阻止他們。由此可見，憲法如果不具備自由與民主的精神，至少是清楚表明；無需違反其規定即可防止民主治理。

公民權利也是同樣的情況。雖然言論自由與結社自由以及個人的安全得到保障，但這些都要符合於「伊斯蘭教義標準內」的條款。這留給當局相當大的餘地剝奪人民的權利。同樣的狀況也發生在公民的平等權利上。信仰基督教、猶太教，以及祆教（瑣羅亞斯德教）的伊朗人都被賦予某些法律上的承認而能夠自由實踐本身的宗教。然而，伊朗最大的非穆斯林少數群體，是追隨著「巴哈伊信仰」（Baha'i Faith）的信徒，卻被認為是異端而遭受到系統性歧視所排擠。舉例來說，直到今日，他們仍不能夠上大學。即使是成員占了人口總數10%的遜尼派穆斯林，在許多公民服務的機構中仍然備受系統性的歧視。用一位傑出的伊朗流亡人權律師的話來說，在伊斯蘭共和國中：「神職人員的權利與非神職人員是不

一樣的；十二什葉派人士的權利與非十二什葉派人士是不一樣的；什葉派信徒與遜尼派信徒的權利是不同等的；穆斯林的權利與非穆斯林的權利是不相等的；『被承認的少數宗教群體』的權利不等於其他少數群體的權利，以及男性與女性的權利也是不對等的。」[14]伊朗憲法中明確否認公民享有法律上的平等，且其法律制度與許多其他第三世界政權所使用的普遍主義語言，形成了鮮明的對比。

## 平行權力中心

當革命者在1979年取得國家的治理權時，他們不信任所承接的行政官僚機構會對新意識形態具有承諾。他們不滿足於清除自己認為是反革命的國家機構，因此建立了新機構，而其任務與原有機構具有重疊性。這想法是認為舊的機構或多或少會像以往一樣幫忙處理一些例行事務，而新的機構能夠比較積極追求實現與捍衛新的伊斯蘭秩序（再次參閱圖15.3）。相關例證包括了建設聖戰計畫，內容是將年輕人送往鄉村地區幫助當地發展，這任務與平行的農業部相似。最重要的一個例證就是伊斯蘭革命衛隊。其原始的功能在於捍衛革命，但在目前，其發展成一種平行的軍隊模式，甚至取得空軍以及海軍的戰鬥力，以及在監獄中具有自己管轄的部分。[15]

當何梅尼及其跟隨者在1980年代中期逐漸鞏固本身的統治地位時，他們開始嘗試合併國家與革命組織。然而，這些努力大多沒有成功，而革命組織也一直都相當活躍著。在1990年代末期，隨著一些國家機構已由改革派人士所控制，於是保守派在最高領袖辦公室的主持下建立了新的平行機構。因此，當時被稱為祕密警察的資訊部，已經主要都是由改革派人士進駐時，司法部（部長是由最高領袖所任命）跟著成立一支平行的祕密警察（這單位甚至還掌握政治犯所關押的監獄系統）。這些平行的權力中心也讓政策制定的考慮問題變得更加複雜化。

## 選舉與政黨

### 15.4 探討政黨與派系同時影響伊朗選舉時的對決狀況。

在1906年至1978年期間，選舉很少是真正具有實質競爭意義的。在大多數時間都是獨裁氛圍盛行的環境下，除了代表共產主義的伊朗人民黨之外，其他政黨從未在伊朗的政治上扮演重要的角色。但是在1983年，這個政黨解散了，而且其領導人也因為充當前蘇聯的間諜而被關進監獄。

在1963年，沙王賦予女性投票以及競選公職的權利。但是這個行動並沒有太多實質上的意義，因為在他的剩下的統治時期中根本就沒有自由的選舉可言，不

過這也建立起了一個可能無法被磨滅的標準。雖然在1963年時有大多數的烏理瑪強烈反對將選舉權擴大到女性身上，不過因為革命過程中女性在動員的力量上是如此之重要，因此使得他們無法任意剝奪女性的投票權。

## 後革命政黨與派系主義的掌控

當時伊朗已成立了許多的政黨，大多數都是針對個人的政治雄心壯志所形成的一種承載體，並且缺乏任何基層草根組織的支持。除此之外，政黨、聯盟，以及這些派系的成員傾向性往往很不穩定，因此很難確切地預測或解釋政治人物和政治組織的行動以及立場。既然缺少強大的政黨，因此雜誌刊物、報紙，以及愈來愈多的網站在討論、規範，以及傳播有其他選擇性的意識形態方面都起了很關鍵的作用。

在1979年初，有一群何梅尼的忠誠追隨者，包括在未來成為總統的「拉夫桑亞尼」（Rafsanjani）與最高領袖哈米尼，成立了一個新的政黨致力實踐他們在伊斯蘭國之願景方向：「伊斯蘭共和黨」（Islamic Republican Party, IRP）。然而，不久之後就因為在經濟、社會，以及外交政策的議程立場不同，而在伊斯蘭共和黨內部形成了不同派系。隨著「派系主義」（factionalism）逐漸造成政黨功能上的失調，阿拉夫桑亞尼與哈米尼就在1987年6月時寫了一封信給何梅尼之後，宣布解散伊斯蘭共和黨。但是派系主義的根本問題，並沒有因此消失。一些政權上的人物提倡國家要更全面性介入經濟，讓伊斯蘭成為具有社會正義的宗教，而伊斯蘭政府也因此必須照顧到窮人的利益。其他人則主張伊斯蘭應該要保障個人財產的尊嚴，因此，只要每個人都遵守伊斯蘭法學為經濟活動確立的規則時，就應該採取更多的自由放任政策。不過伊斯蘭共和國的最高領袖一直掙扎於是否讓伊斯蘭轉型為一種政治意識形態，而這能夠替所有的問題都引導至可解的答案時，顯然還是可以從伊斯蘭的教義原則中得出不同的政策選擇。在1987年，國會議長拉夫桑亞尼承認在伊斯蘭共和國境內一直存有「兩股強大的派別」，並補充說：「基本上這代表著兩個沒有被組織起來的政黨。事實上，當他們各自描述其立場時，他們就像是兩個政黨一樣，而不是兩個派別。」[16]這樣的緊張情勢在1988年時進入了公開的局面，當時親教法學家（法基赫）監護制度的「戰鬥神職人員社群」（Society of the Militant Clergy），[4]分化為兩個比較不那麼保守派的成員組織，包括了未來總統穆罕默德·哈塔米，也離開這社群而組成「戰鬥教士聯盟」（Association of Militant Clerics）。

當政府人物轉向希望何梅尼幫忙打破關於像是土地改革等政策的派系僵局

時，他通常會敦促所有人合作或妥協。但是當一些是屬於壓迫內容時，何梅尼就會經常站在反對保守派的立場。在1989年何梅尼過世之後，事實上在伊斯蘭共和國的領導職位中，在高層級的烏理瑪之中就沒有出現權威代表出來統整對立雙方的意見，使得許多政策紛爭依舊停留在無解的狀態中。這樣的紛爭找到管道進入到政治體系中，就會演變成選舉競爭的基本素材，讓不同的候選人擁護相反的意見，讓他們可從日益多元化的社會與不同選民中尋求到選票的支持。這樣的現實狀況會使得伊朗人因為缺乏其他非民主國家的統治方式，而讓選舉變得更加激烈。

意識形態差異變成三大廣泛的，有時是脆弱的群體之間的政治菁英派系政治的基礎：保守派、務實派，以及改革派。「保守派」大多是神職人員以及比較傾向更嚴格的社會規範之世俗政治人物（像是在公共場合進行性別隔離），並且鼓吹以犧牲民選機構主體為代價，來賦予最高領袖更多的權威，然而在此同時他們也支持更自由以及市場導向的經濟政策。

「務實派」，包括拉夫桑亞尼以及許多於1990年代任職於部會中的技術官僚，他們對於社會議題抱持更包容的態度，而且支持經濟自由化以及國有企業與半官方企業的私有化。西方媒體通常將這些政治人物描述成像是「溫和派」。此外，他們淡化支持輸出革命的形象，而且某種程度上更傾向於美伊關係上的和解。顧名思義，根據不同的議題，他們會與保守派或是改革派結盟。總統魯哈尼的責任要務以及行政處理模式就是顯示出這個群體的特性。

最後，「改革派」是在1990年代時出現的。這個團體裡面有許多重要的成員都被認為是激進人士或是比較年輕的伊斯蘭革命分子，以及受到左派與反帝國主義主義政治影響的神職人員。在1980年代，他們呼籲強化國家控制經濟的力量確保更多社會正義以及主動支持在中東地區的伊斯蘭教義之擴展。進展至1990年代時，許多1980年代的激進分子內心上也有了改變，調和了觀點，而且自我定義為「改革派」。有許多的原因造成他們的演變。首先，他們在1992年被排除在國會之外，但讓公平選舉與政治多元主義之重要性變成了關注的焦點。此外，前蘇聯與東歐共產主義的垮臺，讓以國家為中心取向控制社會與政治組織喪失了合法性。在此同時，有一群穆斯林的知識分子，其中有些是烏理瑪，開始挑戰傳統對於宗教法理學詮釋的取向，而導致了獨尊烏理瑪並讓過時的法規繼續留存下來，並且宗教的意識形態化也導致了人民靈性的喪失以及產生極權主義的政府。也就是說，在伊朗的改革派人士清楚挑戰了保守派系的立場。這種對宗教有更自由取向的態度讓迄今尚未參與政治的伊斯蘭改革主義者與社會團體之間建立了暫時的

連結關係，從而提高了1990年代末期選舉的參與率，並有助於隨後發起的2009年「綠色運動」。

新崛起的改革派與原本存在的保守派看起來似乎不太可能贏得選舉，而使那些覺得伊斯蘭共和國背叛了其革命理想的武裝分子感到震驚。於是他們組成了一個新的派系，將自己命名為「原則派」。[17]在2005年至2009年期間，他們是馬哈茂德・阿赫瑪迪內賈德非常忠實的支持者，他很誠摯地提供了折衷平臺給最高領袖與安全機構、宗教性服從、伊朗民族主義，以及民粹主義來加以論述，雖然有時會與神職人員的正統思想有所衝突。

在2013年的競選活動上，務實派的哈桑・魯哈尼很明確地站在改革派同盟的立場，而反對保守派與原則派。這情況很不常見，務實派會與改革派達成明確的同盟關係，而讓改革派的候選人在選舉投票前幾天選擇替哈桑・魯哈尼站臺以表示支持。重要的是，這樣的聯盟促使魯哈尼的支持者進一步在2016年的國會選舉上占了上風，但對這樣的結果評價不一。因為保守派候選人在某些選區獲勝了，而且許多備受矚目的改革派人士被阻止參選，高度公開的強勢人物也遭到了反對，而且一些對「核協議」最堅定的批評者也失去了席位。[18]

## 總統選舉

在1980年1月，伊朗舉辦了該國有史以來首次的總統選舉，結果是世俗派的伊斯蘭總統：阿布哈桑・巴尼薩德爾（Abolhassan Banisadr）獲得了勝利。但是後來巴尼薩德爾卻遭到國會的彈劾，而在1981年6月由何梅尼解職下臺。在其之後更加聽話順從的繼任者以及總理，2個月後就遭到炸彈攻擊而身亡。接下來的4場選舉都很容易預測結果為何，皆由何梅尼的親信——1981年與1985年的阿里・哈米尼，以及1989年與1993年的阿里－阿克巴爾・哈什米・拉夫桑亞尼——很輕鬆地擊敗了二流的挑戰者而勝選。於是，投票參與率穩定下降，這現象如圖15.4所示。

這模式似乎在1997年重演。國會議長：保守派的神職人員「阿里・阿克巴爾・納特・諾里」（Ali Akbar Nategh Nouri）得到大多數活躍於政府與政治上的烏理瑪所支持，包括最高領袖。大部分的觀察家也預期他會獲勝。相反的，穆罕默德・哈塔米是一位溫和派的神職人員，他曾在1992年因為保守派控制了國會之後而辭去文化部長一職。這次藉由接觸大學生以及發展初期的公民社會之活躍成員，讓他打了一場現代化且有效率的選戰，其中許多人都是該政權廣泛的教育與社會政策的培育成果。最後他贏得了壓倒性的勝利。身為一名「局外人」，哈塔

圖15.4 選舉參與

歷年國會與總統選舉波動的結果

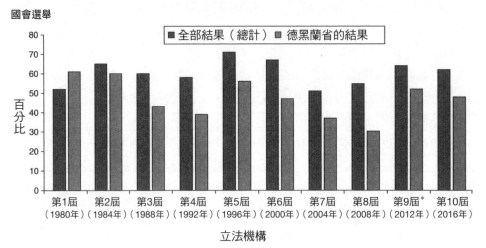

\* 第9屆國會選舉結果的數字已經受到政治反對團體以及獨立觀察者的挑戰，因為其投票率過高。

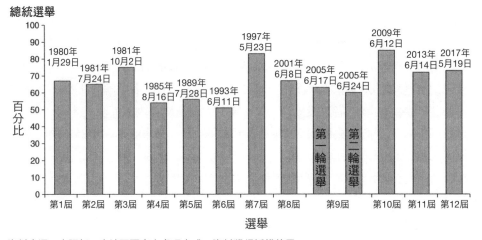

資料來源：由阿朗‧克沙瓦爾齊安處理完成。資料獲得授權使用。

米吸引了所有曾經遭受過政權羞辱者的支持：受過良好教育的人認為，國家政權歧視他們，而偏好教育程度較低但意識形態上屈服於伊斯蘭教義的活躍分子；那些不滿自己受到法律限制和歧視的女性，以及受夠了公共道德捍衛隊每日騷擾的年輕人。哈塔米針對這些所有的群體，承諾會給予更廣大的文化開放性、增加個人的自由，以及一個更公開透明且可信任的政府。雖然他的改革在1999年之後受

到保守派很大的阻撓，但是他還是在2001年很輕鬆就獲得連任。

　　這是自1981年之後的首次，於2005年的總統選舉上，完全沒有任何政府官方的候選人。由哈塔米3支盟友、4個保守派，以及拉夫桑亞尼來角逐最高民選的公職。因為沒有任何候選人在第一輪選舉中獲得多數，所以在第二輪的選舉中，由拉夫桑亞尼與德黑蘭的民粹市長馬哈茂德·阿赫瑪迪內賈德（Mahmoud

## 專欄15.3　兩位總統與兩代人傳記

伊朗在21世紀的前兩位總統——「穆罕默德·哈塔米」（1997-2005）以及「馬哈茂德·阿赫瑪迪內賈德」（2005-2013）——顯示了伊朗政治菁英的變遷面貌，從一個掙扎於反抗沙王且產生革命所形塑的較早世代，到一個後革命年代事件所形塑的比較年輕世代。此外，也訴說著在穆哈塔米與內賈德之間的社會經濟的差異。

哈塔米出生於1943年的一個著名的神職人員以及地主的家庭中。他在庫姆市的一所神學院接受神職人員的教育，並且在一所世俗的大學取得哲學的學士文憑。他曾經撰寫過幾本哲學相關的論著，並且精通阿拉伯語，以及通曉一些德語和英語。在革命之後，他被任命為文化部長以及伊斯蘭指導員（1982-1992），擁有部長職位管理與審查所有的媒體與出版物。在那裡，他以支持言論與出版自由而受到知悉。哈塔米也會挪出一些空間來開創本身的文化活動，多虧他與何梅尼以及他的小孩有密切的往來關係，而記者與學生之後也都很支持他參選總統一職。雖然如此，在強硬的保守派勢力愈加強大之後，哈塔米被迫於1992年辭去其職位，而變成一位國家圖書館的館長，任職到後來他成功當選總統為止。

內賈德出生於1956年的一個鐵匠家庭，而在年輕時便搬到德黑蘭市去了。他是後革命世俗教育下的產物，而他學習了工程學。他加入伊斯蘭革命衛隊並參與了兩伊戰爭。之後他在3年工作內擔任新成立的阿爾達比勒省之省長時（1993-1996）表現相當良好。在1997年，內賈德在一所科技大學中獲得了博士學位，並且持續於該校任職教學。在2003年，他加入新的保守派陣營「伊斯蘭伊朗建設者聯盟」（Alliance of Builders of Islamic Iran）當中，成為一位比較年輕的政治人物，在他橫掃了德黑蘭市議會的選舉之後，下一步他被選為市長。

是什麼原因能夠將這兩個不同背景與願景的人，都能夠以壓倒性的勝利成為民選的總統——擊敗了受政府關鍵機構所青睞的候選人。很神奇的是，目前的總統：哈桑·魯哈尼，就像是個結合所有前任總統的綜合象徵代表。他出生於1948年，革命發生之前是一位在德黑蘭大學就讀的神職人員，並於1979年之後前往英國蘇格蘭就學。他談法治，並在外交政策與軍事中脫穎而出——國家安全機構。在競選期間，他與改革派形成了聯盟，但他將自己定位為中間派，並謹慎不要疏遠任何派系或機構。

資料來源：威爾弗里德·布赫塔（Wilfried Buchta）撰寫的《誰統治伊朗？伊斯蘭共和國的權力結構》（*Who Rules Iran? The Structure of Power in the Islamic Republic*）（Washington, DC: Washington Institute for Near East Policy, 2000），第30頁。http://www.bbc.co.uk/persian/iran/story/2005/08/050801_pm-mv-khatami-profile.shtml。資料獲得授權使用。

Ahmadinejad）進行對決。選民在兩輪選舉中投票參與率大約為60%，比前兩次選舉還低。令人意外的是阿赫瑪迪內賈德贏得了勝利，有人指控伊斯蘭革命衛隊以及志願民兵（巴斯基）的指揮官非法脅迫部隊投票給他，甚至可能灌票以增加他在第一輪投票中的票數。無論如何，阿赫瑪迪內賈德所釋放的訊息吸引了窮人，因為他們所在意的問題並沒有在哈塔米這幾年的文化自由化中得到良好的解決（參閱專欄15.3）。如同先前所述，2009年的選舉引起很大的爭議，導致阿赫瑪迪內賈德贏得第2個也是最後一次總統任期。然而，在2013年，哈桑・魯哈尼的選舉結果則是讓所有人都接受。2013年的選舉見證了與2005年完全相反的狀況，保守派提出了幾位候選人，務實派與改革派則是聯合起來獲得最終的勝利。在最近大多的總統選舉上，他們還是維持這樣的聯盟方式以獲得重要的大選連任，並且明顯擊敗由最高領袖與保守派側翼所提名的候選人（參閱專欄15.4）。

### 國會選舉

　　伊朗在國會選舉上採行「複數選區制」，最大的德黑蘭選區要選出30位的國會代表。每一位選民都可以依照選區所要選出的席次多寡，在許多候選人名字中

---

**專欄15.4**　2017年的總統大選

2017年5月19日，伊朗伊斯蘭共和國舉行了第12屆的總統選舉。因為有1,600位的候選人遭到監護委員會的拒絕而無法參選，該選舉最後就減少到只剩下現任總統「哈桑・魯哈尼」以及保守派神職人員「亞伯拉罕・雷西」（Ebrahim Raisi）之間的競爭。有73%的伊朗人參加投票，魯哈尼贏得了57%以上的選票，而雷西的得票率為38%（編按：此處似是原文數值錯誤）。由各方面來看，這樣的結果並沒有太特別之處。最近期的4位總統都在第2任競選連任時勝利。同時，如果這樣國家級的選舉投票率是高的，會比較傾向於有利溫和派與改革派偏好的候選人（2009年的選舉是在這種趨勢中，很特別的一種例外）。最後，當時魯哈尼在競選2013年的總統時，他主要的承諾就是與美國以及國際社群協商來解決伊朗的核計畫，希望換取結束遭到各國家的制裁。他很積極努力於這個競選的承諾，而這個核協議也在伊朗人當中變成熱門話題。

然而，在選舉當日的前一晚，這些先例與成就仍不足以使魯哈尼獲勝，更不用說能夠取得大獲全勝的結果，因為這尚未是一個定局。舉例來說，許多推測認為選民可能不會出來投票或是乾脆反對投票給魯哈尼，因為他所承諾的具有區隔性的後核時代之和平仍然尚未實現。高失業率、經濟增長乏力，以及社會不公平現象，仍持續讓伊朗各個社會階層的人都受到影響。另一個看起來有可能會導致魯哈尼競選失利的就是從2009年開始推出，那些被認為在伊朗是屬於保守派系的原則派，圍繞著這位前檢察官與法官的雷西似乎能夠呈現出

某種程度的統一戰線與凝聚力，因為他當時近期受到最高領袖的聘任為伊瑪目・雷扎（Imam Reza）基金會的財產管理人。雷西是在距離選舉幾個月之前才開始廣為伊朗人知悉，當時他的名字就被提到有可能會成為阿里・哈米尼的繼承人。伊斯蘭革命衛隊成員與媒體的安全機構保持緊密聯繫，其領導人辦公室也明確表示他們支持雷西的競選活動。

魯哈尼是如何克服這些挑戰的呢？他的競選團隊依舊與改革派具有聯盟關係，並且吸引更多中間派偏好之政治立場者，包括前總統哈塔米以及與拉夫桑亞尼行政團隊結盟的政治人物。然而魯哈尼本身則是非常親近於政權中外交政策與安全領域中的務實派人物，所以他的競選強調保障社會與政治權利，並以此方式述說給綠色運動的支持者理解。除此之外，雷西的背景是一位於1988年負責執行3,000名至5,000名有據可查的政治犯之委員會成員，因而引發可能會在社會中產生分化的關注。這樣的背景也讓魯哈尼的競選獲得了選舉場合上的共鳴，並且爭論如果雷西獲勝，有可能會後退到過去的黑暗時期。與此同時雷西的競選團隊試著去強調經濟上的缺陷，特別注重在不公平與貪污腐敗上，但是他卻沒有能力清楚地提出一個明確的替代方案，或者說服人們相信他的背景將使他更有能力承擔這個職位之任務。最後，雷西除了將保守派團結起來之外，幾乎沒有辦法多做些什麼，而魯哈尼成功動員廣大的選民去投票所，並且以實際行動表達本身對現任者的偏好，或者只是單純反對雷西而已。

要進一步獲得更多討論2017年的選舉，請參閱：

塞耶達米爾・馬哈達維（Seyedamir Hossein Mahdavi）、納姆・索拉比（Naghmeh Sohrabi）撰寫的〈2017年總統大選向我們介紹了伊朗伊斯蘭共和國的哪些情況呢？〉（What Does the 2017 Presidential Election Tell Us about the State of the Islamic Republic of Iran?）發表在《中東簡報》（Middle East Brief）期刊，美國布蘭戴斯（Brandeis）大學中東研究主要中心2017年5月出版，第109期。https://www.brandeis.edu/crown/publications/meb/med109.html。
阿朗・克沙瓦爾齊安（Arang Keshavarzian）、納姆・索拉比撰寫的〈獲得的經驗教訓（與被忽視）：伊朗2017年大選背景〉（Lessons Learned (and Ignored): Iran's 2017 Election in Context）發表在《線上中東報導》（Middle Report Online）網站，2017年5月26日；http://merip.org/mero/mero052617-0。

投給自己支持的同等數量之對象。每個選區中得票數最高的候選人即為當選，估計他們必須在選區中囊括所有選票的25%以上。如果在只有1個席次的選區中有超過應選席次的候選人得票率都超過25%的門檻時，得票前2名者就要進行第二輪的投票來決定由誰當選。在第二輪選舉中，候選人的人數必須是應選席次的2倍。由於缺乏有組織性的政黨，候選人就會傾向於找尋許多不同的政治、宗教，以及文化協會來幫忙背書。國會議員的連選連任率不高；往往只有不到一半的國會議員能夠獲得連任。由於這些因素，導致很難從選舉結果中得出關於不同政治團體相對受歡迎程度的準確數字。在1980年第一次舉辦的國會選舉中，支持摩薩台主義與地方主義的候選人都當選進入了國會。然而，自1984年以來，只有那些

很明確地承認教法學家（法基赫）監護制度的候選人才能夠被允許參與選舉。激進派形成了第2屆（1984-1988）與第3屆（1988-1992）伊斯蘭國會的主要多數。在何梅尼過世之後，由保守派控制的監護委員會賦予自己更多權利去評審候選人的資格，因此使得大多數激進派的候選人都喪失選舉資格。結果就是，保守派掌管了第4屆（1992-1996）與第5屆（1996-2000）的伊斯蘭國會，加上務實派拉夫桑亞尼所形成的少數團隊支持者。然而，在哈塔米令人意料之外於1997年當選總統之後，創紀錄的由許多改革派成為候選人。既然他們沒有被監護委員會否決，他們就有資格參與2000年的選舉。他們橫掃了選舉，獲得大約70%的選票。

到了2004年的國會選舉時，監護委員會拒絕了大約2,000名改革派候選人參與選舉，包括有80席位的國會議員。這樣的做法確實是前所未見的，而許多改革派的個人與團體呼籲對這選舉進行杯葛。雖然參與人數減少了許多，不過還是有50%的人數前往投票。在許多主要城市以外的地區，選民不太會依照候選人的意識形態決定是否支持，而是依據他們在未來能為選區帶來（或已經帶來）哪些利益而決定。圖15.4顯示首都的官方統計投票人數波動很大，但人數明顯減少，雖然儘管監護委員會在過去3屆議會選舉中對改革派候選人的比例不斷打壓，但參與率仍徘徊在60%左右。儘管保守派與原則派在第8屆與第9屆的伊斯蘭國會中贏得主要多數的席次，在他們之中很快地就浮現出了新的分化；許多原則派變得很直言不諱地批評內賈德的經濟政策，而且指稱其無視於最高領袖的期待。魯哈尼的行政團隊支持者，包括核協議立場，都讓他們在第10屆的伊斯蘭國會中獲得了些許進展，不過他也承諾會在其政策與議程中減少對抗性。然而，如果認為總統與國會之間很容易達成一致的話，那就是不夠聰明的假設了。

## 地方選舉

1979年《憲法》規定要求選舉產生的地方政府議會，首先必須於1999年開始實施，當時由伊朗人選出了市、鎮，以及村議會。改革派幾乎贏得大多數議會的控制權，包括德黑蘭市。在保守派不斷阻撓改革派陣營的情況下，選民變得愈來愈冷漠。選舉變得看起來只不過就像是一種徒勞無功的行為，因為到了最終，權力都掌握在非民選的機構中。在2003年舉行了第2次地方選舉，在德黑蘭市只有15%的合格選民去投票，大多數是保守派，投票還是很麻煩的一件事，儘管這在伊朗歷史上已經算是最自由的選舉了。監護委員會不具有審查候選人的資格，甚至是世俗主義者也被允許能夠參與選舉。因此，擁有全國大約15%人口落戶的首都，居然出現清一色都是保守派的市議會，而被選為市長的人，在擔任2年之

後，把這職位當成跳板，下一站就準備成功地瞄準總統前進：馬哈茂德・阿赫瑪迪內賈德。然而，在這國家的其他地方選舉中就會比較聚焦於具體的問題上，因此參與度就會比較高，這也證明了民眾在公民參與上，相對是比較高的。[19]參與程度在2006年12月的第3屆地方選舉中高度攀升，而支持總統馬哈茂德・阿赫瑪迪內賈德的候選人，最後只有贏得一些席次而已。如同像是在非難總統沒有能力管理經濟發展，所以支持他的候選人才在德黑蘭市議會15個席次中，僅獲得3個席次而已。在2010年，因為國會選舉而延後了市級的選舉至2013年舉行，剛好與總統選舉重疊在一起。這些選舉產生了來自不同政治派別與傾向的成員所組成的議會；在亞茲德市，歷史性的第一次出現有祆教徒當選為市議會的議員。而更明顯的是從伊朗的經驗中，權利下放與建立地方治理不必然會導致可能出現更大規模的民主或出現參與式的城市計畫。[20]

# 政治文化

## 15.5 確認伊朗政治文化的五個主要關鍵特徵。

　　伊朗的政治文化在很大程度上是源於其在國際體系下所處的地位。在帝國主義盛行的年代，伊朗以一個名義上為國家的狀態生存下來，但是其獨立性並沒有因此避免外在勢力的介入，主要是英國與俄國，從干預伊朗的內政到控制伊朗的經濟。[21]因為伊朗長期以來都是國際社會中的一員，所以使得伊朗人傾向於拿自己來與西方的主要國家互相比較，而不是與其他第三世界的國家做比較。雖然如此，要將自己國家從正式獨立轉變為真正的主權，一直是一些政治意識相對敏感的伊朗人所關注的重點。

　　外國直接干涉伊朗內政的結果之一就是，伊朗人民傾向於具有陰謀論以及會把政治以陰謀論的方式進行解讀（即，其理論觀點目的在於證實政治是由心懷不軌以及充滿了陰謀詭計的小群體所把持，這些人的目標與價值觀是絕對相反於社會上其餘的人群）。[22]這就是2009年總統選舉之後，政權擁有者與一些公民對於產生的事件有這樣的反應。在法院的官司、報紙的文章、週五的祈禱講道，以及最高領袖的演講上，所有的抗議都被駁回。示威者被描述為像是美國、歐洲，以及以色列祕密情報單位的馬前卒，而「綠色運動」也被形容為像是一個外國啟發的團體，以東歐以及中亞政權垮臺的革命為榜樣。在中東其他地區的歷史上，同樣也很常見將陰謀論視為是一種力量。[23]但是在伊朗的案例中，伊朗確實曾經是陰謀論的受害者，例如美國與英國政府在1953年與伊朗保守派勢力密謀重新設立沙王，這種理論的合理性也得到了強化。1979年扣押美國人質之所以會如此深得

人心的主要原因是，它象徵性的結束了外國干涉伊朗事務的時代，允許伊朗人占領被認為是所有陰謀論的中心來源：美國大使館。

## 系統層次

　　伊朗，不是一個邊界與國家地位都來自於歐洲殖民主義所遺留下來的國家，這有助於解釋為何當代的政體在伊朗人民當中能夠享有相當程度的歷史正當性。除了本身族群的多樣性之外，隸屬於不同的母語系統的伊朗人，彼此也已經相處了長達數個世紀了。伊朗人的國族主義是受到巴勒維沙王所傳播，包含了古波斯的光榮自豪感以及一個綿延了2,500年的「國家」歷史感。這樣的歷史詮釋給了伊朗人在內心上具有貴族般的優越感，而這是鄰近地區的人們以及國家所無法比擬的。

　　這樣強大的國族光榮感在革命之後依然保存了下來，但是其外貌也改變了。現在的伊朗比較不會強調前伊斯蘭的過去光榮感，新的威權政體及其支持者認為伊朗應該要扮演伊斯蘭世界的先驅，來對抗西方霸權的宰制。這樣對伊斯蘭承諾的立場，融合了伊朗人的國族主義。然而，最近幾年來，在伊朗人當中，這種巴勒維式的波斯民族主義有捲土重來的趨勢，這些人對神權統治相當著迷，在與宗教最高領袖的競爭過程中，阿赫瑪迪內賈德就很巧妙地利用了這一點。

　　出於同樣的原因，具有民族色彩的國族主義在伊朗之非波斯人的人口當中，也變得愈來愈鮮明強勢。這在以遜尼派庫德人為主的人之中尤為明顯，他們對庫德族生存地區的貧困以及基於宗派主義的歧視感到憤慨。理論上，沒有任何理由說明這種新的民族自決態度無法與強烈的伊朗公民之國族主義相適應，但這還是要取決於中央政府如何對其進行管理來看待。壓制性的措施可能會削弱邊緣民族對伊朗的國家認同感。改革派往往更加包容不同的宗教文化；因此，在2016年，一些大學開設課程教導庫德語以及亞塞拜然語。

　　藉由訴諸愛國主義的情緒，是一種政府提高其合法性的古老方式。在伊朗，近年來政府希望在發展核能技術的議題上，能讓伊朗人變得團結。伊朗的領導人堅持發展核能的權利，已在一般伊朗人中引起了共鳴，即使是在反對伊斯蘭主義統治的許多人群中也是如此。事實上，許多人會質疑，如同美國人、歐洲人、中國人、以色列人，甚至是印度人與巴基斯坦人都擁有核武技術[5]，為何唯獨伊朗人不能夠擁有呢？

## 過程層次

　　伊朗革命之後帶來了一個無可爭辯的結果就是戲劇性地增加了許多參與政治

議題的公民。1978年有數百萬的伊朗人湧入到街頭要求沙王下臺，因為在革命結束後，所有人都拒絕將國家建構成為神權的主體。對於那些反對革命或最終導致革命的伊斯蘭國家的人，可能就不會有相同的認知了。許多人移居至其他國家，而那些留下來的人傾向於認為依附在「戰鬥教士聯盟」或是「戰鬥神職人員社群」背後，其實是半斤八兩的。正是這一群被動的伊斯蘭共和國人民讓哈塔米在心中燃起了想像，因此他一再宣稱自己想要成為「全部」伊朗人的總統。自從新政權成立之後，他們首度參加選舉，將投票率帶動到一個新高的紀錄。他們之中許多人杯葛了2004年與2005年的選舉，他們感覺之前的參與並沒有使國家進一步朝向共和且少神權形式的政府。然而，在2009年，穆薩維精明的競選團隊，結合了對阿赫瑪迪內賈德政策強烈反感的民眾，激勵了85%的伊朗人行使投票。在選舉違規且對示威者極端鎮壓的情況之下，許多伊朗人以及西方的專家都預期伊朗人民不會信任這個選舉制度而去投票。然而，競選活動打開了政治空間，並讓務實派與改革派之間的合作吸引了大批人參加總統（2013年）與議會（2016年）選舉，投票箱中出現了大量的選票。即使有些人抵制選舉，而另一些人則是對選舉抱持著極大的懷疑態度，結果72%的投票率並沒有達到像2009年那樣高的投票率，但若是與過去的選舉以及全球的平均值相比，這還是令人印象十分深刻的。魯哈尼政府引用這樣的參與狀況作為依據，以使其在伊朗核計畫談判中的立場合法化。

　　伊朗政治文化的另一項特徵就是極端的個人主義以及缺乏信任。大部分觀察家認為，這個國家長期的歷史都是處於專制統治下，因此沒有發展出法治國家形態讓生活變得可以預期，並受法律而非依個人關係來治理。先前提到對陰謀論的認知，加深了人們的不信任感。政治競爭對手相互指控彼此與外國勢力有所勾結。這使得妥協（這是審議政治中所必須要有的）變得非常困難，因為任何一方都很難與「判國賊」進行妥協或是談判。事實上各派領導人的革命資歷都同樣強大，導致那些依舊終於教法學家（法基赫）監護制度的政治領導人之間，表現出某種相互容忍。但是即使是現在，質疑體制本身或是對何梅尼的決策持不同政見者，總是被指控為與外國勢力（解讀為「敵對勢力」）勾結。這種被指控串謀傾向最一貫的受害者是宗教、少數族群，尤其是「巴哈伊信仰」（Baha'i faith）教徒，他們被廣泛稱為「猶太復國主義的特工」。

　　這項指控的動機是因為巴哈伊信仰的世界中心位在以色列，而這只是歷史的巧合罷了。不信任感不僅充斥在政治菁英中，在一般公民中也很普遍。根據世界價值觀調查顯示，伊朗人就像是土耳其人一樣，不信任政府（參閱圖15.5）。[24]

## 圖15.5　公民信任度

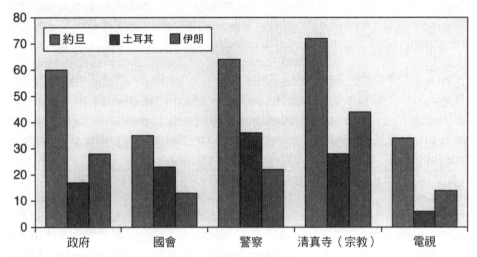

拿伊朗與約旦、土耳其相比較

資料來源：2005至2006年的世界價值觀調查。資料獲得授權使用。

由於電視頻道都是國營的或大部分新聞內容為國家所有或嚴重被國家監控，所以對這些機制的低度信任，也顯示出對政府的缺乏信任。同時，相對信任程度比較高的「清真寺（宗教）」，也應該謹慎解釋這狀況。我們將會很快看到，「清真寺（宗教）」也非全然是具有同質性的實體，並且不必然反映出特定的政治議程或是文化。

　　這樣的個人主義以及缺乏信任狀況，是導致伊朗缺乏真實政黨存在，以及極少數政黨不斷分化的根本原因，因為這是伊朗確實存在的經歷。當伊朗人哀嘆為何沒有能力合作時，但也正因為這種非常無力的狀態拯救了伊朗，使其避免在1980年代時淪為極權國家。如果烏理瑪擁有羅馬天主教會或共產黨的紀律與中央集權的組織，他們的統治可能很會更極權與獨裁，派系主義及權力制衡機制永遠都不會制度化。

　　最後伊朗會因為政治文化中普遍存在的個人主義與陰謀論信念，結果導致定期出現令人崇拜的奇魅型領袖。這些領袖體現了公民對於克服當前秩序以及所有問題來源的未來憧憬——趕走帝國主義以及獨裁者。穆罕默德‧摩薩台、魯霍拉‧何梅尼，以及甚至是（在較小程度上）穆罕默德‧哈塔米與馬哈茂德‧阿赫瑪迪內賈德，都證明了這種趨勢。有些人可能會覺得十二什葉派對第十二位伊瑪

目抱有期望，因此容易使伊朗人將自己的希望寄託在富有魅力的救世主身上。

## 政策層次

事實顯示伊朗這國家大多數的收入是來自於石油，伊朗人期待國家能夠提供福利與物質上的福祉給每一個人，並減輕貧富差距。換句話說，他們希望能夠分享石油的財富。當時沙王政權被剝奪其合法化的一部分原因，就是人們認為沒有足夠的財富從上層往下流向較貧窮的階層中。

貪污腐敗現象在伊朗司空見慣，所有不同政治信仰的伊朗人都期待政府能夠打擊這問題。這問題如果一直持久下去，人們就會歸咎於該政權，使該政權因此失去統治的合法性，就像1960年代至1970年代的巴勒維政權一樣。

伊朗當前政治文化中一個值得注意的特質就是懷疑在工業部門中的私營企業。雷扎沙王統治下，國家在工業發展上扮演了領導的角色。等到雷扎沙王的兒子統治時，這樣的國家主義得到了新興資本階層所支持，這些人在1960年代至1970年代時，對伊朗的工業發展有極大的貢獻。但是後來他們就開始走向與沙王以及王室親屬關係密切之路，他們與外國公司合作，但是這些行為也只因為對方是外國公司而備受質疑，其中有些是屬於宗教上的少數派成員。於是，進行了革命動運的伊斯蘭主義者和左派人士都反對這些人及其代表的經濟發展模式，並將其稱之為「剝削者」。這些反對派遺留的傳統在伊朗憲法中可見，對外國來的投資設定了嚴格限制。

藉由革命者傳播的民粹主義加劇了反對炫耀性消費與私人擁有的大規模經濟活動。但這並不影響富有的市集商人，因為他們大多從事貿易而非製造業。他們的活動比較不像是實業家那樣屬於立即可見的，因為商人只需要坐在市集的辦公室位置上，用一支手機就可以處理上百萬的交易行為。相形之下，實業家的工廠與辦公室就很容易引起注意。[25]對實業家的普遍不信任，意味著公民期待國家是發展與提升生活品質的提供者。內賈德在他執政的任期內動員了這樣的感性訴求，高度強調他高度親和於「一般的」伊朗人及其需求與價值觀。近來，魯哈尼主張一連串涉及到與阿赫瑪迪內賈德有所關連或是發生在其任期中之高度受到關注的貪污腐敗案件，表示了阿赫瑪迪內賈德對普通伊朗人的關切只停留在言辭而已，而讓那些利己主義的團體從與政治菁英的裙帶關係以及制裁型政權中鑽營並獲利。

所以許多伊朗人期待國家能夠降低貧窮與失業情況，其他人則期待國家能夠提供一個讓個人才能與創造力能盡情發揮的環境。集體主義與個人主義同時存在

伊朗的社會，而其結果就是伊朗的政治文化呈現高度的衝突性。即使是在像是政權這樣非常基礎的問題上，公民仍然呈現嚴重分歧的狀態，有許多人，尤其是受過高等教育的人，認為伊斯蘭神權制度，如果不是因為伊斯蘭共和國的關係，根本就是一種跟不上時代潮流的政府形式。

# 政治社會化

## 15.6 描述伊朗是如何在建立民族團結的機制時，還能包含異議因素在內。

　　公民的政治社會化是一個由上層的國家機構和社會實踐之下同時推動的過程。在伊朗，國家控管的機構，如教育制度、電視，以及軍隊都會傳播許多社會基本的政治規範以及建立可辯論其意義的框架。同時，透過他們作為家庭成員、鄰里居民，或是社會團體每天的實踐過程，伊朗人也不斷地進行交涉、挑戰，甚至有時候會削弱這些規範。

　　如同在許多後革命與後殖民的政權，在伊朗該國家所擁護的政治社會化目的，都是旨在建立國家團結，並掩蓋政治、族群以及社會經濟的分歧問題。巴勒維沙王政治打造國家團結的形象，其使命在於建立一個現代化、工業化，以及西方化的社會。沙王所提出這樣的願景是希望伊朗能夠成為一個世俗、無階級差異，以及全然的波斯認同之國家。舉例來說，在學校裡面都是用波斯語這官方語言教育所有的伊朗人，用這樣具有爭議的方式使得為數可觀的亞塞拜然語、庫德語，以及阿拉伯語的使用者，遠離原本屬於自己的土地與族群認同感。在伊斯蘭革命期間呼籲要更為經濟平等、族群融入，以及遵從宗教信念的口號，很戲劇性地同時受到國族同質性的概念以及伊朗人所接受的本身形象之觀念所質疑。在伊斯蘭共和國統治之下，官方言論與相關的規範議程發生了變化。然而，進行社會化的方法以及菁英一致都期望能夠限制公民的投入並忽略社會多元化的特質，仍類似於革命前的政權模式。

### 教育制度

　　學校體系是社會化主要的機構，用以推動塑造年輕的伊朗人成為一名良好的伊斯蘭公民。學校體系是新政權最先建立伊斯蘭化的機構之一。政府改變了學校的課程，包括大量的宗教學習內容，每年都要上伊斯蘭革命的相關課程，以及更多必修的阿拉伯語課程。同時，重新改寫教科書呈現國家所批准的伊朗歷史，而且強調神職人員在所有「民眾起義」事件中的重要性；刪除或扭曲所有非宗教力

量所扮演的角色（如自由派民族主義或是左派政黨），並且將巴勒維沙王制度（以及所有的君王制）同等並持續的描述成是壓迫性且非道德的政權。

　　教科書也會描述家庭在國家之中的形象。不同於革命前的教科書上顯示的伊朗女性照片通常是不戴面紗的、全家人圍繞在桌前吃飯，以及出現非阿拉伯裔與不具宗教象徵名字的小孩；革命後的教科書所描述的所有女性都是蒙上面紗的、家人全部都盤腿簡單圍繞坐在地上，以及小孩清一色都只有伊斯蘭式的名字。[26] 學童也藉由朗誦那些讚頌何梅尼偉大功績和政權的談話內容與詩歌，同時譴責以色列與「帝國主義國家」（最常見的是美國），來接受革命的相關教義。政權當局一開始強調小學與中學的角色重要性，是建立忠誠與可被動員為支持者的關鍵場所。然而，有一群伊斯蘭激進主義者與學者還藉由審查職員與課程，帶頭進行「淨化」大學的「反革命」元素。這樣的「文化大革命」是由現在被稱為「文化革命最高委員會」（Supreme Council of the Cultural Revolution）所主導執行的。因為大學校園是反政權激進主義的核心區，所以文化革命最高委員會關閉全國所有的大學3年（1980-1983），然後就專注於發展大學與宗教神學院之間的連結關係。當大學重新開放時，有嚴格的入學要求──包括宗教的考試測驗──將大學改變為給那些政權所期待更能支持其政治野心的學生，有更多入學的機會。除此之外，戰爭退伍軍人以及有親屬在革命與兩伊戰爭中喪生的人，都可以利用每個大學的特殊分配名額入學。

　　該政權也成立機構塑造出新的一批技術官僚與教師來負責各部會與大學的事務。本土生產的工程師、科學家、經濟學家，以及其他專業人員是基本上可以確保伊斯蘭共和國的獨立性，並能抵抗美國企圖孤立伊朗的行為。舉例來說，伊瑪目薩迪克大學（Imam Sadiq University）（諷刺的是該校址原本就隸屬美國哈佛大學前商學院的校園）就是以生產技術官僚出名的學校。另一個在大學體制中的新面向就是建立「伊斯蘭空中（開放）大學」，這是非營利私立大學體系，設立在全國各地，包括小城鎮擁有近400個獨立的校園。這樣的大學提供高等教育給居住在主要人口密集區以外的伊朗人，以及為那些無法通過高度競爭考試而進入菁英國立大學，或是其家人不願讓其搬遷到比較大城市去就讀的學生提供了機會。

　　伊斯蘭共和國改變了高等教育的內容，並推廣與支持如「伊斯蘭經濟學」與「伊斯蘭科學」等領域的課程，以此作為與西方學術界從根本上扭曲並反伊斯蘭的本質的抗衡方式。歷年來，政府也贊助建設那些親政權的志願民兵（巴斯基）組織來監控活躍於政治的學生與教職員，以及動員學生在校園中參與親政權的活

動。[27]

　　伊斯蘭共和國努力想要培養出一群順從且忠誠之「革命子女」這樣的公民，看起來似乎不太成功。許多調查報導與撰寫出政府相關的濫權與無能的作為的記者，支持改革最堅定的人，與蓬勃發展的市民社會（如藝術組織與女性非政府組織），都是來自於學校體系與後文化大革命機構在高等教育中的產物。事實上，國家在革命後非常努力控制的大學，也再次展現出許多學生出版的政治刊物與發表內容、組織論壇來挑戰政權，以及嘲笑與揶揄社會規範以及國家有關性別關係的政策。1999年、2003年，以及2009年都出現大規模的學生示威活動，證明該政權沒有能力或無法以強制的方式去管理這樣的政治化環境。

## 軍隊與退伍軍人

　　徵兵至少是在年輕人中建立國家團結的另外一種基本機制。，長期與伊拉克的作戰擴大了基礎訓練以及與軍事官僚體制互動的共同經驗。在8年的戰爭中，大約有400萬至500萬的伊朗人曾在武裝部隊中服役，這直接影響到很大比例的伊朗家庭。[28]各式各樣的公共紀念活動與戰爭壁畫，以及在電影院上映與小說描述的戰爭故事，都助長了戰爭世代與後來接替與追隨者之間的情感鈕帶。

　　然而，戰爭卻在政治上分化了，即使1982年伊拉克軍隊被趕出伊朗之後，卻仍有一部分的統治機構還在質疑戰爭的延續性。[29]甚至，伊朗的軍隊包括了伊斯蘭革命衛隊以及志願民兵（巴斯基），都變成對政府的政治影響力上很重要之機構。後面兩個機構是受到最高領袖直接指揮，而且在2009年初時整合為一個單一的官僚體制。在2004年的國會選舉上，有超過100名前伊斯蘭革命衛隊的成員贏得了席次。在2005年，阿赫瑪迪內賈德本身就是一名前伊斯蘭革命衛隊的成員，為幾個成員鋪好了進軍內閣之路。伊斯蘭革命衛隊的政治掛勾關係，反映在本身的獨特性以及有愈來愈多角色從1990年代開始就涉入營建計畫方案、製造業（包括石油部門）、通訊部門、貿易，以及銀行業之中，而在阿赫瑪迪內賈德當選總統之後則更加猖獗。這在很大程度上解釋了伊斯蘭革命衛隊領導層為何公開支持2009年選舉的現任者，與很勉強支持2015年的核協議，以及在面對外國經濟競爭加劇的前景。

## 宗教與宗教機構

　　大多數的伊朗人都認為本身信仰虔誠，並且覺得宗教事務與活動在自己生活中扮演了很重要的部分，而由來自世界價值觀調查計畫所顯示的結果提出了更細

微的觀點。[30]圖15.6顯示許多伊朗人認為宗教在生活中很重要，而且會參與宗教的服務，但是如果與約旦和埃及公民相比，伊朗人是比例最低的。此外，雖然接受調查的伊朗人更常把自己形塑為「首先是個穆斯林」勝於「首先是個國族主義者」，但大約三分之一的人卻把「國族主義」放在第1位——遠高過埃及或約旦。

　　儘管有這些統整後的發現，但在伊斯蘭共和國統治之下，宗教與宗教行為扮演了更像是一個分化勝於團結社會的角色。在表面上，宗教滲透到日常生活中。官方的演講與公告都充滿了宗教性的表達；日曆上全部都是宗教性的節日，以及宗教儀式往往都是公開顯眼的舉行。什葉派伊斯蘭教在官方論述以及規範誰可以擔任國家比較高階職位的決定權上，都扮演了很重要的角色。星期五的集體祈禱與宗教週年紀念活動都是國家會正式規定的活動，將來自各界的人士聚集在附近

**圖15.6　宗教的信仰與實踐**

在1991年開始，投票率反映出真實的選民參與程度，而不是政府灌水的結果

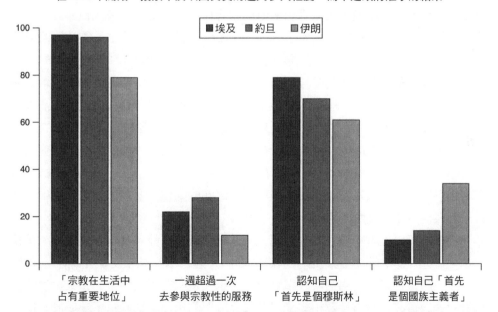

資料來源：曼蘇爾・莫阿德爾（Mansoor Moaddel）、塔吉・阿扎達瑪基（Taghi Azadarmaki）撰寫的〈伊斯蘭大眾的世界觀：埃及、伊朗與約旦的案例〉（*The Worldviews of Islamic Publics: The Cases of Egypt, Iran, and Jordan*），收錄在羅納德・英格爾哈特主編的《人類的價值觀與社會變革：價值觀調查的發現》（*Human Values and Social Change: Findings from the Values Surveys*）（Leiden: Brill, 2003），第75頁。資料獲得授權使用。

的公共場所中進行。彷彿在強調德黑蘭大學的消退就像是世俗反對伊斯蘭政權的中心一樣,而德黑蘭官方的星期五祈禱則一如往常在校園的足球場上舉行。在這些場合中,政府官員進行講道,他們會熱情的將宗教與道德問題以及當今迫切的政治問題交織在一起傳遞。

在舉辦這些公共與大眾的宗教性集會活動時,國家有意識的企圖動員公民支持政權以及傳遞政治訊息。使用流利的什葉派語言以及講述烈士殉道自我犧牲之形象主導了這些活動以及國營的廣播與電視的內容,第三代的伊瑪目故事便是很好的例證,其高舉正義之名的旗幟,起身捍衛侵略無辜人民與宗教虔誠者權利的強權。

然而,要操控這些象徵符號、論述內容,並構成短暫的宗教信仰是很困難的。這幾年下來,伊斯蘭共和國一直難以控制政治菁英和神職人員,更何況是公民的內心與態度。因為什葉派缺乏如「教宗」這般的角色,所以伊朗的神權政府一直都無法藉由伊朗境內的什葉派伊斯蘭來強化其之政治願景,更不用說在整個泛什葉派的世界了。隨著何梅尼的過世,以及對教義知識不淵博,個人魅力也不夠強大的哈米尼上任後,大家對於伊斯蘭政府存在的立場以及宗教在公共生活中所扮演的角色,也都出現了根本上的分歧。舉例來說,「改革派」的政治派系強調《憲法》與革命的共和主義色彩。相形之下,保守派則是凸顯神權至上的中心論點,而且神職人員有權利監控所有大眾的想法。同時,伊朗的世俗派宗教知識分子(就像是「阿卜杜－卡里姆‧索魯什」(Abdol-karim Soroush))以及神職人員(諸如「哈桑‧埃什克瓦里」(Hasan Eshkevari))都呼籲要重新建立神、人,以及政治權威之間的關係,明確挑戰當前教法學家(法基赫)監護制度詮釋內容的基本假設。這些辯論不僅在一般大學、神學院,以及期刊等知識社群中滲透,也形成了更多大眾討論有關宗教與政治之間的問題,並在一般伊朗人中引發哲學與政治辯論的共鳴。[31]

最後,如以更有組織性的觀點視之,宗教儀式往往都具有地方性色彩。眾多在鄰里社區中以古蘭經誦讀導引基礎的團體,迎合了許多來自於不同地區、族群,以及階級背景的善男信女在精神上之需求。這些非正式集會的聚集扮演了像是針對宗教實踐之地方性草根組織以及獨立論壇的角色,也躲避了隸屬於政權下之神職人員的監控。有時候為了要逃避觀察者的注意,反而造成了神權國家與位於庫姆(Qom)市與馬什哈德(Mashhad)市的神學院之間的緊張關係。歷史上絕大多數神職人員都會避免與政治牽扯,以及傳統上神學院系統都保持財政上的獨立,所以何梅尼在神職人員領導的政府於政治上革新就是重新配置「政『教』

關係」。舉例來說，像是提供相當不錯的工作機會和收入給神職人員，例如在司法系統、各個部會，以及就像是星期五祈禱的引導者，而最後的職位必須由最高領袖辦公室聘任。雖然烏理瑪一般在政權中都是屬於地位崇高者，但是真正運作國家機器的操縱者從來都不是從神學院畢業的，而他們的人數在過去這25年也減少了許多。其中一個指標就是國會裡的神職人員人數下降許多。在第一屆的伊斯蘭國會中，幾乎一半的議員是神職人員，但到了1990年代末期，國會中神職人員的人數已不到20%了（參閱表15.1）。

對絕大多數依然留在神學院從事教學、研究，以及詮釋宗教文本的神職人員來說，這些政權是具有侵入性的。位於德黑蘭的權威當局也試圖藉由掌控課程以及指定庫姆市教授文本的方式監控神學院中的教學內容。除此之外，最高領袖也會運用其職位以及資金支持被認為是「戰鬥鷹派」以及認同該政權對伊斯蘭教義解釋的神學院與教師。但是隨著伊斯蘭革命衛隊在2005年之後，特別是在2009年以後的崛起，親政權的神職人員發現自己愈來愈邊緣化了，而且他們與內賈德的關係也愈來愈疏遠。在2009年競選上最直言不諱的競爭對手：邁赫迪·卡魯比（Mehdi Karroubi），本身就是神職人員。何梅尼的孫子：哈桑·何梅尼（Hassan Khomeini）就對改革派系的人充滿了憐憫，以致於他經常受到挪揄並且必須面對由強硬派組織與烏合之眾的挑戰。結論就是雖然宗教徒與神學院已融入到憲政體制中，但清真寺與國家政權依然是截然不同的實體。

## 大眾媒體

媒體在社會化伊朗人中，同時扮演了團結與分化這兩種角色。廣播與電視節目被國家所壟斷，而成為官方教條主義與在選舉時期以及參與全國性集會時，作為動員伊朗人主要的手段之一。自從廣播與電視組織高層是直接由最高領袖任命的，該組織單位就反映出了保守派政權的利益。在穆罕默德·哈塔米擔任總統時期，國家電視臺就很明顯地展現出強烈的偏見，不論是2009年之後的總統選舉，或是緊張的核談判及其後果，當時的新聞報導不是選擇忽略，不然就是歪曲呈現許多當時攻防非常激烈的政治辯論狀況。

近年來，隨著衛星電視的發展，以及接收碟型天線沒有那麼昂貴之後，來自國外與外國新聞媒體（如美國有線電視新聞網（CNN）與英國廣播公司新聞（BBC））的反政權波斯語節目，也帶給了伊朗大眾非常多元的視角。為了回應這情況，國家不斷企圖將節目頻道鎖碼以及取締私人接收使用碟型天線，雖然這樣的法規並沒有很一致性施行。不過在主要城市甚至是小型城鎮中，都很難在住

家屋頂上看到碟型天線了。

平面印刷出版是革命後伊朗最為多元化的媒體。革命後的第一個10年中，報紙與期刊雜誌的內容立場變得愈來愈一致。但是隨著政權開始變得比較穩固，以及菁英之間的競爭在何梅尼過世之後變得更加公開化時，於是大量的獨立報紙與期刊雜誌開始出現在市面上。這些刊物反映出特定學派的思想以及社會的批判觀點，並且涵蓋了右派與左派的知識圈見解，同時也代表了政權中更共和以及更威權傾向的立場。蓬勃發展的非國營媒體以及新興的調查新聞，也都成為了哈塔米在1997年意外贏得大選的支柱，以及在他的第一個任期內，鞏固了改革派運動的巨大聲望。自從2000年之後，這段期間威權主義一直衝擊著改革派運動，保守派控制的司法部門不斷壓制在這方面最有活力的新聞媒體。雖然新聞媒體可能失去本身的一些光彩與形象，並且面臨地方審查制度與經濟問題，但對政府的批評者（其中有許多批評者都是革命體制建立者）以及許多撰寫批評文章的記者，也都呈現出某種政治語言，來進行問責制、公民社會，以及參與伊朗的教育、城市與年輕人口中的活動。如此一來，這些報紙開始讓統治機構中呈現與產生出深刻的鴻溝。

當前，記者都轉向到網路上，在線上報紙或是如雨後春筍般密集的部落格以及社群媒體平臺，如臉書與Telegram即時通訊軟體發表評論。今日，波斯語是網路上和在「部落格圈」中最廣為使用到的語言之一。政治人物、政治異議人士、記者、詩人、學生，以及伊朗境內或境外的其他人，都將部落格作為一種手段，從表達意見、記錄事件與侵害人權的行為都包括在內。其中一些曾經被捕入獄或是遭受過人身襲擊的記者與報紙編輯，變成了年輕人心中新的政治英雄。有鑑於此，伊斯蘭革命衛隊開始招募部落客版主以及自建媒體門戶，儘管在2016年的一次會議上，他們得出的結論認為，這些行為對伊朗人如何看待本身以及各派系之間的競爭幾乎沒有什麼影響力。

## 家庭與社會團體

政治社會化同時發生在私領域和公領域中。特別是在更威權主義的國家脈絡下更容易發生這樣的案例。在伊朗，同時在沙王制以及伊斯蘭共和國統治下，家是一個相對比較自由的地方，可以藉由與家庭成員和朋友來述說國家的稗官野史或是辯論當前的事件來討論政治。而父權制（有時候是母權制）會禁止在家庭環境中肆無忌憚的辯論內容，但是關鍵政治情節的記憶與意義——如1953年的政變、1979年的革命，或是綠色運動——都會在這樣的環境中被傳遞知悉。家族長

輩透過本身所聽聞的內容重新講述以前的故事或是推測這些故事背後的陰謀論，年長的家庭成員灌輸給家中較為年輕世代的政治記憶與文化，可能會與官方在學校教科書上描述的故事有所差異，因為這裡面增添了許多官方刻意虛飾的內容。

隨著愈來愈多伊朗人完成高中教育而進入大學就讀，家庭動態似乎發生了改變。年輕的男性與女性現在都擁有一定程度的權威，因為他們是自己家庭中第一代能夠從高中以及大學畢業的人。他們藉由解釋不同政治派系之間的差異以及將校園學到的政治帶入家庭當中，以此詮釋政治讓自己的親人理解。這樣的討論方式也發生在當人們在麵包店等待新鮮麵包出爐、在報攤細看新聞頭條，或是搭乘大眾交通運輸工具時。這些象徵性的反抗行為阻止了國家可以完全控制政治的狀況，而在此同時，人們也不會任意去挑戰政權。

簡而言之，在伊斯蘭共和國統治下的政治社會化，已經由純屬國家單獨掌控的狀況改變為受到反菁英以及由一般群眾來挑戰官方聲音的情況。以革命伊斯蘭的名義提倡的團結與動員之早期革命的訊息，居然曾經一度在學校教科書中講授，並在星期五聚眾祈禱的講道中敘述，不過報紙的頁面已經將版面讓位給更受關注的多元主義與相關爭論；有趣的是，許多在1980年代讀過這些學校課文但寫出這些報紙文章的人，居然還是同一批人。政權今日所受到的挑戰，要麼是包容並呈現出多元主義的論述結果，不然就是強化一統的聲音。他們在這方面的決定與包容力將決定伊朗未來會走向更民主還是專制主義的政治體制。

## 政治菁英的人才甄補

### 15.7 描述哪一類型的伊朗人能夠經由某些過程而變成政治菁英中的一分子。

伊朗是由怎樣的人在治理的呢？在沙王統治下，受過教育且屬於世俗的伊朗人是一群少數的階級人士，他們能夠展現出個人對於沙王制的忠誠度以獲得政治上的職位。許多部會首長都是來自於地主家庭，並且接受過西方高中與大學的教育。[32]然而，沙王要確保預防擁有強大個人性格或獨立支持基礎之潛在競爭者的崛起。這樣的政策於是產生了高度依賴內部的小圈圈，裡面的成員都沒有意願去挑戰沙王，並且支持資訊與意見的審查，只為了不要冒犯到他們的閣下大人。這樣消極且依賴性強的政治菁英特質，阻止了沙王及時果斷地採取行動，而無法好好面對1977年至1978年革命時滾滾而來的起義與政治挑戰。[33]

在伊斯蘭共和國統治下，個人主義也扮演了很重要的角色，不過這得從更廣泛的意義來看。早期，政治菁英來自於不同的背景，但是他們最關鍵的資格就是

來自於革命家庭的血統。那些能夠被指定積極參與伊斯蘭革命的人，大多是特別與何梅尼有所關連的各種團體或是他的學生，才能夠利用這樣的經驗，進入到各部會、半官方經濟類基金會、伊斯蘭革命衛隊，以及各式各樣其他國家贊助的機構中，去牟取一官半職。因此，新的政治菁英能夠很迅速的在革命之後就取得權力的人，都是比較年輕且涉世未深的；他們更多是具有中產階級或是中低階層的背景，也往往來自於各省分地區，而非首都。

　　一般而言，自從革命之後，國家統治規模就開始逐漸擴張。從1976年至1986年，公共部門中的職員人數就增加到2倍以上，幾乎占了總伊朗就業人口中的30%。在1980年代，所有新工作中的五分之四都是屬於公務部門。[34]有許多原因可以解釋擴張的因素，包括戰爭上的必要人力、國家領導型的經濟發展計畫方案，以及根據革命議程來由上而下重組與伊斯蘭化的整個社會。

　　一開始，被甄補進入到國家體制內的神職人員，都必須先到納傑夫市與庫姆市神學院受訓，因為何梅尼以及他的學生在1960年至1970年代曾經在那裡教書。位於庫姆市的費齊耶神學院就是產製出這些新法官與部會首長的主要神學院。隨著時間推移，位於庫姆市的哈卡尼神學院變得愈來愈重要，一部分原因是它的畢業校友，包括掌控司法部門、監護委員會，以及安全機構等組織的堅定保守派人士。神學院的院長：「阿亞圖拉·穆罕默德－塔吉·梅斯巴·亞茲迪」（Ayatollah Mohammad-Taghi Mesbah Yazdi）就是領導伊斯蘭共和國強硬派的神職人員；他呼籲要廢除其共和國的組成元素。

　　非神職體系出身的國會議員與部會首長大多來自教育與軍事機構。許多人都唸了新形態的伊斯蘭大學。在1990年代，智庫與研究中心是甄補與培養政治菁英很重要的地方。許多掌握第6屆伊斯蘭國會以及支持總統哈塔米的改革派成員，都是來自於「戰略研究中心」（Center for Strategic Studies）這樣的智庫機構。這些年輕的菁英成員通常還太年輕而無法獲得任何重要的革命經歷，不過他們在這些大學與機構中的學習內容也提供了他們技術能力、知識學歷，以及社會關係網絡，以獲得通往各種政府與國家機構的能力。

　　近來，許多新的菁英來自伊斯蘭革命衛隊以及志願民兵（巴斯基）隊伍。總統阿赫瑪迪內賈德、德黑蘭市長穆罕默德－巴吉爾·卡利巴夫（Mohammad-Baqer Qalibaf），[6]以及許多部會首長都是來自這些政變或曾經工作於伊斯蘭革命衛隊相關的研究機構之軍事人物。值得一提的是，過去這些正規的陸軍、海軍，以及空軍對政治的影響力不大。政治日益軍事化是伊朗當代的一種新現象。與鄰近國家巴基斯坦、土耳其，以及伊拉克，出現許多軍事政變而且政府是由將

軍所控制有所不同，在整個20世紀，伊朗的政治機構絕大多數是平民。

宗親關係經常被運用來獲得政治與經濟的力量。許多政府官員的兒子與兄弟——在極少數的狀況下，還有女兒與姊妹——會運用其家族裙帶關係獲得進入國家的管道。往往，他們利用這些方法之目的在於「尋租」（獲得強勢貨幣的補助或是特殊進口執照，以及取得補助性的貸款）以及獲取個人的財富。除此之外，婚姻通常也被當作是強力的管道鞏固政治聯盟以及創造長期親屬關係的連結。然而，值得注意的是身為政治或神職人員這些人物的兒子或女兒，並不保證能夠擁有政治權力或是能讓個人豁免於國家懲罰之外。何梅尼的兒子並沒有繼承自己的父親，而哈什米·拉夫桑亞尼的小孩甚至還被捕入獄。

## 利益表達與匯集
### 15.8 探討侍從主義與利益團體在伊朗政治中所扮演的角色。

在選舉政治與威權主義權力混合呈現之下，在伊斯蘭共和國中產生了利益表達與匯集的多種樣貌與競爭形態。最具有制度化的形式就是依規範舉行的總統、國會，以及地方選舉。最不具制度化的，但可能是最普遍且最有效率的，就是個人的連帶關係以及恩庇－侍從主義的關係。結果，伊斯蘭共和國的代表權高度分散、流動，且具有爭議，但卻非完全多元、競爭，或是民主的。

### 非制度化利益表達與匯集的形式

利益匯集最主要的方法就是侍從主義，以及透過恩庇－侍從網絡，打造可以將政治人物與公民之間串連起來的關係。由於國家有管道可以從國際石油市場上獲得外部稅收的資源，所以伊朗的政治人物都會效忠與支持國家以交換這些可獲得的資源，如補助、強勢貨幣、分包合同，以及保障自己在政府的工作職位。這樣的恩庇制度可以用非常直接的形式表現，國會議員、部會首長，或是官僚人員可以很直接將這些資源與工作職位分配給家族成員、學校同學，以及來自同一城市或同省的鄉親。可以特別利用最高領袖辦公室、國營銀行，以及經濟類基金會中有權勢的人物，也可以透過特殊的管道讓侍從者受益，同時確保他們的忠誠度，甚至是對於政治制度的依賴。由於恩庇－侍從關係是基於恩主提供侍從在資源上的好處，所以一旦恩主失去權勢，侍從也拿不到好處。這種政治匯集的形式會破壞制度的公正性與菁英管理的自以為是的平等公民身分和參與的基本原則。政府以較少針對性的方式分配大量補助，當作是社會福利網並確保能獲得人民對國家的忠誠。直到2010年，每年食物與醫療的補助金額就高達約20億美元，特別

是針對城市中的貧困人口的補助。相形之下，汽油與電力的補助就是將每加侖汽油的售價控制在40美分以下，這就顯得相當不合時宜，因為這使那些擁有汽車、房屋，以及電器用品的中產與上層階級家庭受益。所以在2010年的補助改革不是取消就是減少補助特定商品，如汽油、小麥和飲用水，但是會以分配現金的形式給予公民，以幫助他們克服物價上漲的壓力。

## 制度化利益表達與匯集的形式：投票

選舉是定期性舉行的政治活動，但是伊朗選舉並不會提供完整的多元主義或是必然會引發權力或政策上的轉變，因為代議制度的權力是相當受到限制的。選舉的功能最多就像衡量政權正當性的行動與測試，其次才是當作是讓公民藉由在具有特定政治立場的候選人中進行選擇，以作為表達本身利益的一種方法。因而，甚至競爭不激烈的選舉中，人們比較關心的主要在討論選舉的結果，而不是候選人本身。伊朗在過去的10次總統與10次國會的選舉中，其平均投票率為60%（再次參閱圖15.4）。

然而，1997年、2005年、2009年以及2013年的總統選舉中，顯示了在某些狀況下，選舉可以成為利益表達時刻，並且提供資訊給不特定偏好的公民。在1997年，可以很清楚看到執政當局所推出的候選人就是阿里‧納特克－努里（Ali Akbar Nategh-Nouri），他是現任國會議長也是最高領袖的密友之一。然而，部分原因是公民社會的蓬勃發展以及他在政府職位中低調的處事，穆罕默德‧哈塔米以局外者與非執政當局之候選人身分，橫掃了令人驚訝的70%之選票而當選。2005年，雖然政見與意義截然不同，但是以類似的方式，阿赫瑪迪內賈德擊敗了伊斯蘭共和國成立以來的重要基石之一的阿里－阿克巴爾‧哈什米‧拉夫桑亞尼（Ali-Akbar Hashemi Rafsanjani），跌破了許多專家的眼鏡。這些令人訝異的結果顯示出，即使選舉的本質有相當多的限制，不過選民還是可以表達本身的觀點，而這些偏好可能會成真，就算他們違背了執政權的意願。2009年的選舉大致上顯示出在政治機構、神職職員，以及社會上的分化。最高領袖與保守派不透過政治論壇與辯論的流程來解決這些爭論，反而直接讓這些內容變成安全議題，然後尋求將這些在社會上具有一定重要比例的利益與觀點加以噤聲，甚至也在執政當局中的政治體制中施行。在2013年，政權同時試圖「策劃」選舉，並表現出對公然操縱行為有關的風險與成本之理解。監護委員會可以對候選人進行審查，但是部會與安全機構無法阻止大眾對魯哈尼的支持，或者去篡改選舉的結果。

如前所述，伊朗的政黨組織力量薄弱，顯示政黨並沒有扮演很重要的角色。

參與爭奪權力與影響力競選的派系，並沒有形成一個比較明確定義的政黨體系來運作協助選區民眾進行利益表達與匯集的機制。政黨與政治團體，如「戰鬥神職人員社群」或是「伊斯蘭伊朗參與陣線」（Islamic Iran Participation Front），都是由政治菁英所組成，是於選舉期間比較活躍的團體。然而，直到今日，他們還是沒有辦法以政黨身分直接並正式與公民進行接觸聯繫來維持黨紀。

## 制度化團體與專業組織

　　雖然伊朗的政黨比較沒有發展的空間，反而是以國家組織為基礎的團體會有更多企業形象以及更強的政策制定能力，而這幾乎就像是所謂受到控制的利益團體制度一樣。伊斯蘭革命衛隊以及志願民兵（巴斯基），其分別約由12萬名和9萬名男性所組成，是國家最重要的兩支武力。[35]雖然他們的成立是為了要動員對執政權的支持，但他們現在於政策制定時卻直接代表國家各個領域的利益。這些表面上是軍隊與安全部隊的單位也透過本身拿到的商業補助而在經濟上也能湊上一腳，他們涉入大規模的營建工程計畫，據稱同時也能夠插手進口消費性產品的生意。自從在2003年的地方議會選舉之後，伊斯蘭革命衛隊以及志願民兵（巴斯基）就開始在政治上取得能見度更高的角色。他們裡面許多高階人物也去進行地方公職、國會，以及總統職位的競選。最終，因為他們與最高領袖有直接溝通的管道，所以他們有本事直接影響政策，以及去協調超出國會監督範圍的行為。

　　有許多組織協會可以代表勞工、商業、專業團體，以及產業部門的利益。然而，像是勞工之家、伊朗商會、工業、礦業，以及其他組織，更多是與政府官員對接，就像是國家官員管理這些產業組織的手段，而不是代表特定的利益以及形塑政策的制定。當產業裡面的勞動者要在公或私領域試圖成立獨立的組織協會時，執政當局就會採取合法的行動拒絕他們，或者更糟的是，運用暴力行為恐嚇他們使其沉默。在與沙王對抗過程以及推翻他之後接下來的幾年期間，社區鄰里的評議會與公會組織協會在全國各地大量湧出，以解決革命與戰爭時期，一般公民的需求。隨著時間流逝，他們也整合進入到恩庇—侍從系統當中，而今日，他們如果不是國家官員的附屬機構，那就是國家用來滲透到社會的一種手段而已。[36]因此，在利益團體與政府官員之間是不存在明顯區隔的現象。此外，自革命以來，政府一直鼓勵勞工、商人，以及學生在大學、工廠，以及公會中成立伊斯蘭的組織協會，以作為幫助這些團體匯集利益的主要方式。在1990年代，出現了大量真正具有自主性的組織協會，代表社會上各階層長期在革命政權下被邊緣化的人群。舉例來說，各種世俗派以及改革派伊斯蘭主義的女性組織團體進行勸

導以形成與展開倡議方式，以尋求修改歧視性的法律條文、提供服務和提高一般人對相關女性議題的認知。最為著名的就是2003年獲得諾貝爾和平獎的得主：**希林．伊巴迪**（Shirin Ebadi）。她是第一位在沙王統治時代成為法官的女性，但也因為在革命之後禁止女性擔任法官職位而丟了工作。伊巴迪活躍於許多合法的組織中，擁護與捍衛女性、孩童，以及政治異議分子的權利。同時，學生與世俗派的知識分子也利用這些機會成立組織協會並且創立具有獨立思想以及可表達其他選擇性的政治觀點之出版品。這些組織是改革派運動的支柱，同時也是保守派所施壓的目標。今日，許多他們的領導人都已被鎮壓或是被迫流放，就像是安全單位將女性運動與女性主義描述為就像是從內部摧毀伊斯蘭共和國與伊斯蘭教的陰謀一般。

## 非結盟型社會團體

許多社會階層存在著的現象，是沒有獨立的組織協會可以幫忙匯集與表達他們的利益。在沒有任何單位可代表具有歷史與政治意義的重要社會團體中，值得一提的就是市集的商人。市集商人——範圍從零售商與中盤商到批發商，甚至是國際貿易商——基本上都隸屬於伊朗歷史所涵蓋的市集中，他們在各種政治環節都扮演了核心的角色，從憲政革命（1905-1911）到石油國營化運動（1951-1953）再到伊斯蘭革命。即使他們在社會經濟階層、政治說服力，以及經濟地位差異懸殊，但因為共處在市集這個概念明確且熱鬧的場域中，所以他們團結一心，以確保彼此間根深蒂固的關係。他們在政治上的重要性在於其同時擁有經濟實力以及與烏理瑪之間緊密的關係。自革命以來，市集經濟上的利益因國家主導經濟而備受威脅，市集具有同質性的利益也受到親何梅尼的市集家族藉由新的政權不斷擴張而加以侵害。[37]

兩伊戰爭的退伍軍人、戰爭中的受難者（意指那些「烈士」）家屬，以及在戰爭中成為殘疾者是一個廣大而具有政治意義的社會團體。他們在表面上有各種的組織代表著他們的利益，像是烈士基金會、戰爭遺孀基金會、伊斯蘭共和國奉獻者社群，以及戰俘總部等。但是這些組織都已經證明無法充分解決該區許多居民每日生活所需的問題。所以他們已經放棄了為退伍軍人及其家人提供服務的最初任務。國家透過設定各式各樣的平權行動計畫（範圍包括從簡化進入高等教育到優先訂取機位等）來支持這些重要的選區居民，以及對退伍軍人還有退伍軍人與烈士親屬補助消費性商品，目的是要強化他們在社會經濟上的立足能力。然而，這些措施並不總是能充分發揮作用，不論是在解決這些社會團體的需求或是

壓制挑戰上。有些戰功彪炳的退伍軍人以及前伊斯蘭革命衛隊成員，就與改革派搭上線，要求有更多的政治參與以及政治自由。其他則有人指控現在政權背棄了戰時的自我犧牲與正義之原則。對於更多在戰後的年代，來自一些具有戰爭記憶的退伍軍人不斷地抱怨，原本對於戰爭世代之犧性感到敬意的人也逐漸凋零或減少，然而退伍軍人與烈士的家屬還是認為沒有獲得充裕的福利。這樣的處境一直都有一些超保守派的報紙、某些從事戰爭電影拍攝的製作人，以及一個名為「安薩爾真主黨」（Ansar-e Hezbollah）團體裡面一些直言不諱的人物，也都承擔起協助其打擊道德、政治以及經濟貪污腐敗的責任。

## 示威遊行與群眾抗議

　　鑑於制度性的利益表達與匯集之管道的封閉性特質，許多社會與政治團體已轉向公民抗命方式表達不滿與怨氣。在1978年與1979年革命之後緊接而來的示威遊行與罷工仍令人有相對鮮明的記憶，這是針對勞工、學生、婦女運動人士，以及城市貧窮人口，運用社會集體行動提出主張的典範。舉例來說，整個1990年代，工廠的勞工都在抗爭私有化的政策、拍賣國有企業，以及未給付的薪資。其中一個引人注目的策略就是勞工封閉了一條連接德黑蘭到工業衛星城市「卡拉季」（Karaj）的主要高速公路。抗議者曾幾次阻止國有工廠出售給他們懷疑計畫解僱工人的私人企業。教師、公車司機、蔗糖工人，以及政府退休公務員近年來也都到國會前以抗議方式表達其收入不足的問題。女性團體也愈來愈多組織抗議反對《憲法》明訂對男性的偏差性保障。種族政治團體，特別是來自伊朗境內兩伊邊界上的庫爾德與阿拉伯族裔之運動分子，也都大聲呼籲需要在他們所處省分中獲得更多的金錢與地方權威的分配。然而，最為戲劇化的抗議活動是在大學中展開的，並由學生率先推動。在1999年、2003年，以及2009年的夏季期間，學生組織上演了靜坐與示威遊行來抗議政權所進行的專制措施。他們對政府關閉改革派很重要的一間報社，以及對一個質疑神職人員統治的直率知識分子的量刑提出了挑戰。這些抗爭最初是以德黑蘭大學為基地，但是後來擴散到其他的城市與大學校園中，並且持續了好幾天。隨著來自改革派政黨與其他社會團體的支持或保護減少了，警察、志願民兵（巴斯基），以及治安型「便衣警察」很暴力的鎮壓示威遊行者，並且防止示威運動逐步升級。

　　雖然這些與其他事件都顯示了社會並非完全被動面對政府的政策，但這些具有區隔性的團體無法團結或協調其本地化的組織能力，這表明了在當代的伊朗社會中，當局還是具有壓倒性的分化能力。由於無所不在的恩庇－侍從關係以及伊

朗人之間缺乏信任，使得要建立集體行動與聯盟變得異常困難。而且，這些非制度化的政治形式反映出制度化政治的效能不彰，以及有很大部分的伊朗人相信除非是這種形式，否則他們的政治聲音是不會被聽見的。

# 政策制定

## 15.9 概述政策制定過程，聚焦於經常需要跨目標工作的團體。

國家政策是由許多機構制定的，其中有些在《憲法》中明確提到，有些則沒有。由於混合型政治制度所導致，重疊、重複，甚至在界限上出現矛盾，因此常出現不同的政策制定機構進行跨目並且需建立共識的現象，而變成一個緩慢且不完整的過程。

### 憲法規定下的國家制度

就像神權政體一樣，所有的國家政策都不應該牴觸到伊斯蘭教義，那些能夠決定什麼是合於或牴觸伊斯蘭的人具有優勢的地位來制定政策。第一也是最重要的就是「最高領袖」了。在相當多的情況之下，第一順位的最高領袖：魯霍拉・何梅尼，可以運用其權威，藉由伊斯蘭諭令（fatwas）來決定國家政策。在一些情況下，這些伊斯蘭諭令背離了既有的宗教傳統，但這並不會令人特別訝異其賦予這樣一個具有個人魅力特質的最高領袖這樣之權力（參閱專欄15.5）。

何梅尼經常介入國家的政策制定，因為伊斯蘭國會以及監護委員會之間時常形成僵局。為了避免癱瘓，何梅尼在1988年藉由頒布一項諭令來修改了教法學家（法基赫）監護制度本身的教義，正如其最高領袖所體現的那樣可凌駕宗教法的權力，成為有助於國家的權宜之計。他說「法學上的絕對統治」（velayat-e motlaqeh-ye faqih），是「最重要的神聖戒律，並具有高過所有神聖戒律所衍生之內容的首要位置……甚至是祈禱、禁食和朝聖麥加等」。[38]1989年修訂的《憲法》也奉行這種對教義的重新詮釋權。

不用說，大多數傳統的穆斯林以及大部分的烏理瑪也都被這樣將宗教隸屬於國家理性的舉止給震驚了。因為這與所有伊斯蘭國家的準則剛好完全相反。此外，沒有人能夠像何梅尼一樣可以在國家適宜的情況下，完全不用理會宗教。結果，何梅尼過世前不久，他還運用權威介入新成立的國家利益委員會來指導最高領袖如何行使絕對權威。身為總統（1981-1989），哈米尼是保守派的成員之一，但身為最高的領導人，他一開始嘗試給人一種處於超脫紛擾之外的印象。然而，隨著哈塔米在1997年當上總統的衝擊，哈米尼打破了中立的假象，並且於

**專欄15.5 作為治理工具的伊斯蘭諭令**

最高領袖：魯霍拉‧何梅尼運用伊斯蘭諭令來正當化他本身所希望追求的政策內容。其中一個最早的例證就是他針對「魚子醬」的管制。根據什葉派（以及猶太教）飲食上的規律，只有具備鱗片的魚才能夠被加以食用。然而，鱘魚並沒有鱗片，所以在傳統上，其肉質，以及所延伸的魚卵（魚子醬）都被認為不可食用。但是魚子醬是伊朗主要出口的商品之一，因此使得這狀況被重新審視。一個特別任命的國家委員會得出結論，鱘魚的確具有鱗片，只是其形狀比較奇特而已。以這個發現來作為證明，於是何梅尼在1983年發布了伊斯蘭諭令宣布鱘魚能夠被食用。在1988年，他又打破了其他有悠久歷史的法律傳統——授權可以下棋，前提是不能有下注行為，因為在伊斯蘭教中是禁止下注與賭博。他還放寬了對音樂以及電視節目相關的規定，從而解放了早期共和國那種令人窒息的文化生活。

資料來源：阿斯哈爾‧胥拉契（Asghar Schirazi）撰寫的《伊朗憲法：伊斯蘭共和國中的政治與國家》（*The Constitution of Iran: Politics and the State in the Islamic Republic*）（London: I. B. Tauris, 1998），第67-68頁。

現實上變成保守派的領導人，用盡所有力量來阻撓民選官員的改革派人士之熱情。

國家利益委員會是決定國家最為關鍵政策的機構。原來的舊有機構對阿赫瑪迪內賈德總統的保守型民粹主義現象感到不安，因為這情形不僅威脅著國內現狀，而且威脅著伊朗的安全。[39]2005年，國家利益委員會主席——阿里－阿克巴爾‧哈什米‧拉夫桑亞尼，摘錄了一封來自於最高領袖的信件，說明賦予國家利益委員會針對政府的三大部門更廣泛的監督權。儘管自2005年之後，政府職位以及國會多數都是由保守派與原則派所掌控，不過因為制度上的監督與制衡之合併以及各種派系內部的爭議，所以即使其運用本身的行政權力主導國家資金挹注給關鍵的支持者，這也限制了阿赫瑪迪內賈德與其支持者的摧枯拉朽之變化能力。

在1988年的修憲版本中，在早些年成立的實體機構——「國家安全委員會」（National Security Council, NSC）——也被涵蓋進入正式官方的制度架構中。[7]其成員包括了政府三大部門中的首長、高階軍事將領、外交部長、資訊部長（即情報單位），以及一些由最高領袖所提名的其他人物。這是國家針對外交事務與安全政策上的最高政策決策單位。在拖延許久的核危機與談判期間，國家安全委員會就是一個關鍵的場域，來處理國內雙方在妥協過程中的爭論，例如反對與美國妥協必須終止該計畫，以及尋求透過協商途徑而讓伊朗的核計畫被視為合法，並期望制裁效果能夠被減輕。最後，國家安全委員會在建立利益攸關方和伊朗內

部許多派系代表之間的共識方面發揮了關鍵作用。監護委員會不具備可以直接介入政策制定的角色，但是其6位世俗派成員會出席在國會中，以及有時候也會試圖與合意的國會議員共同合作提出法案。對於國會本身，在很大程度上已經被之前所提及到的非民選機構剝奪其身為政策制定主體的能力。送交至此的立法案件，不是來自於內閣，不然就是由至少25位的國會議員連署提出。雖然歷屆的國會都試著為推動經濟政策以及修改民法與刑法制定一個框架，但是監護委員會卻以各種不同的行動加以阻撓。政府的行政部門與國會對於制定國家預算、提供與調節社會與健康服務，以及處理領土管理，包括重劃省界等政策，都具有影響力。舉例來說，從1980年代中期開始，來自西北方的阿爾達比勒省之國會議員在競選時就極力希望在本身城市周遭附近再建立一個新的省分。因為來自阿爾達比勒省有數量高得不成比例的年輕人在兩伊戰爭中喪生，因此該省會城市的人民在1988年戰爭結束後，運用烈士犧牲的道義力量更強烈的重新高舉他們的訴求。所有類型的公民團體都會為本身的訴求來動員，在國會內則是藉由議員來提出他們的要求。最後，總統哈什米·拉夫桑亞尼的行政團隊向國會提出了一項法案，願意成立新的省分。該法案經過激烈的辯論，最終在1993年初在一次不具名投票中通過了。[40]

「最高領袖」的行政權以及一些存在於非民選機構中的決策單位，像是監護委員會、國家利益委員會，以及國家安全委員會，嚴重的限制了民選官員在政策制定上的角色功能：總統、由總統提名並經國會批准的內閣成員，以及國會議員本身。使得「人民主權」受到嚴重的破壞。

## 憲法未提及的國家機構

民選官員的角色進一步受到一些委員會的限制，尤其是那些沒有很明確在憲法中明訂的，以及某些是用來制定特定領域的國家政策而設立的。最為明顯的例子就是「文化革命最高委員會」，這是在1986年由何梅尼下令設立的，目的在於延續1980年代文化大革命中宣布要清除大學中的左派和世俗主義者的政策。這機構的任務包括確定文化、教育，以及研究領域的國家政策，同時包括「伊斯蘭文化在社會各個領域中的傳播與影響力的強化」。這些委員會的權力高過於國會，可以由一些事實來佐證：像是監護委員會有時會對於國會所通過的立法行使否決權，理由是該法案與文化革命最高委員會所決議的政策內容有所牴觸，因為後者是直接受到最高領袖的批准。

## 權力中心與政策協調的困難性

　　鑑於存在多個平行的權力中心，使得政策往往難以協調，因為一些國家機構是獨立於相關部會之外來制定與執行本身的政策。這包含了司法部，其不僅不會將本身限制於落實法律上，事實上甚至由其來制定法律。同樣，伊斯蘭革命衛隊不但會運用其權勢鬥爭異議分子，也會追求本身的外交政策能夠獨立於外交部甚至是國家安全委員會之外。最後，許多宗教辦公室與人物，往往都是經由最高領袖任命，也會發表言論並行使違反政府政策的權力。舉例來說，2016年8月，星期五在馬什哈德市聚眾祈禱的神職人員領導人，主張在這個伊朗的第二大城市中不應該有音樂演唱會的存在。但這已經違反了「文化與伊斯蘭指導部」（Ministry of Guidance and Islamic Culture）與市議會的政策。儘管在城市以及其他地方引起了公眾的軒然大波，但在短期內，使得許多音樂會的演出都被推遲了。

　　當改革派與保守派之間出現了爭議，在許多國家單位中擴散、不明確，以及適用性的重疊上，增添了許多意識形態的面向，這些不一致之處的影響也形塑了派系之間的鬥爭。而有一些例證可以說明這樣的現象。在哈塔米執政下，原本控制著報紙與期刊雜誌的監控與發給執照的「文化與伊斯蘭指導部」，採取了一些比較自由的政策，開創了出版界的自由與多元時期。但是由保守派聯盟控制的最高領袖所任命的司法部，仍然運用其權力關閉了報社，以及起訴了引起保守派人士不悅的改革派新聞記者與編輯並將其送進監獄。對於那些被關閉的每一家報社，文化與伊斯蘭指導部都重新核准發給執照，而新的報紙也都會重新以不同的名字問世。[41]但是到了2000年時，一些最具有批判聲量的報社也因為司法部以及其具有武裝力量的盟友而噤聲。在魯哈尼的執政下，對出版業與媒體相似的鬥爭狀況，持續發生在文化與伊斯蘭指導部與司法部之間，包括一系列是否發執照給音樂演唱會的爭論。

　　另一個案例是來自安全相關單位。在1988年末，就在伊斯蘭革命衛隊指揮官威脅要以暴力行為來對付政權當局反對者的6個月之後，許多反對派的政治人物、記者，以及作家都被一個所謂的「連環殺人魔」組織所殺害。哈塔米堅持要加以調查，並說服哈米尼准許他的行動。調查很快就清楚發現，資訊部的成員涉及謀殺。在總統與國會的權威領導之下，導致了該部門被清查。[42]雖然資訊部之後變得對異議者比較容忍並且尊重法律，但是伊斯蘭革命衛隊與司法部卻成立了自己的平行情報單位，以及建構自己的檢察官與監獄，來奉行保守派繼續鎮壓異議分子的議程計畫。[43]這是魯哈尼必須去面對的幾個傳統遺留下來的問題之一，

尤其是在制定一些更加具有連貫性、有效性，以及公正性的政策決策上。但是伊斯蘭革命衛隊持續逮捕異議分子、記者、學者，以及商人，而這些人中有一些還具有雙重國籍，也顯示出了魯哈尼在這方面是失敗的。成立了多頭性政策制定單位的結果，便是政策經常性出現不一致性，以及有時候還會導致癱瘓。從一個正面的角度來看，這種不連貫性也避免了該制度成為極權主義，因為各個國家機構的活動領域重疊，因此幾乎不可能對公共生活進行集中控制。

## 經濟決策

後革命時代最具爭議性的議題之一就是其經濟政策的制定。從一開始，伊斯蘭共和國的創始者以及各部會與半官方組織中的新菁英，在根本上就對什麼才是促進經濟發展最佳的取向存在分歧。那些比較偏好更以國家中心為取向的人，透過國會、部會，以及像是建設聖戰等機構，主導了政策制定。在1980年代，國家扮演了很關鍵的角色發行強勢貨幣、制定消費商品的價格，以及利用國營銀行體系配置貸款給關鍵的經濟部門。在那時候會興起國家控制大部分經濟的主因是戰爭的關係，有其必要將資產重新分配，尤其是那些被迫流亡的眾多產業家；利用國家就業與資源來解決不平等的現象並確保新政權的社會基礎，以及面對國際投資已陷入停頓的事實。自由派的發展取向是將更大的關注點置於私有部門及市場機制上，而這在1980年代末期開始主導整個政策制定圈的方向。這是受到兩伊戰爭結束以及前蘇聯解體後全球興起新自由主義之發展所影響。然而，非直接的經濟政策之主要推動力是低油價，其造成了政府預算的短缺，以及在資金的投資與經濟成長面向上的相關經濟表現都不好（見本章後面的討論）。因此，拉夫桑亞尼與哈塔米的行政團隊都試著要藉由出售國營資產、解除貿易限制，以及鼓勵私人與外國人投資等方式，重新建構伊朗的經濟。這些政策產生了不同的結果。伊朗貿易制度自由化之後，現在的部會與採購委員會所扮演的角色重要性降低。除此之外，私人銀行與產業也知道利用出口商品來獲取激勵性的好處。雖然如此，放鬆經濟上管制也導致了人們生活變得艱辛，而讓政府面對更多反對的聲浪。一方面，許多國家公務員以及那些依賴國家補助的人，因為經濟的不穩定性以及通貨膨脹而受害。另一方面，政府試圖對經濟進行改革，但卻遭受到具有經濟優勢與既得利益的大型經濟類基金會的挑戰，因為它們控制著很大比例的伊朗商業、產業，以及農業部門，但絕大部分都不需要對國會、中央銀行，以及發展決策單位負責。哈塔米與改革派試圖讓經濟變得更透明與競爭力，但卻因經濟基金會與半官方組織對資源與市場擁有自治權及特權，而處處受限。因此，任何試圖改革

經濟、提高生產力，以及主導朝向出口投資者，都必須先解決來自於這些組織所控制而帶來的一種平行經濟的不平等以及矛盾問題。

　　2000年代是由馬哈茂德・阿赫瑪迪內賈德執政，也是高油價的年代，經濟的政策制定結合了民粹主義的再分配言論以及各式各樣廣為宣傳的資料形式，同時也對國有企業及其功能進行私有化。[44]雖然社會正義的言語與打擊「貪污腐敗」的做法目的都是旨在維護支持社會基礎，然而製造業私有化以及營造合約的分配目標才是用來獎賞馬哈茂德・阿赫瑪迪內賈德的關鍵盟友。舉例來說，石油、天然氣以及電信業的合約，都給了跟伊斯蘭革命衛隊有關的公司。幾十年來，國內對這現象一直都有爭論，還有來自國外貸款機構的壓力，如國際貨幣基金組織與世界銀行等，要求伊朗降低其能源與消費者的補助，但是很諷刺的，直到2010年阿赫瑪迪內賈德才首度採取了比較具體的措施，移除這些轉換成社會福利的補助。因此，這些受到國際貨幣基金組織讚揚的政策卻可能加劇不平等現象，並造成新一類的經濟寡頭，就如同俄羅斯的案例一樣。魯哈尼也承諾要運用核協議來當作來振興所有伊朗人經濟的機制。然而，至今少數制裁措施已被廢除，而可以擴大國內生產、創造就業機會和增加出口的外國投資卻微不足道。石油價格的下降以及持續性全球經濟的衰退都造成伊朗在經濟上的疲軟。這情況反映在2016年的民意調查，74%的伊朗人表示自核協議之後，他們的生活條件沒有獲得改善。[45]這也讓核協議的批准從2015年8月的76%，減至2016年6月的63%。

# 政策產出成果

## 15.10 比較與對照伊朗近年來在國內以及國際政治相關議題上的政策成果。

　　作為革命後的政權，伊斯蘭共和國對治理人民寄予厚望，而且在過去40年中已經發生了很重大的變化。這些需求與轉型形塑了政策及其產出成果；然而，其卻往往是在意料之外與充滿矛盾的道路上。

### 擴展中的進步與繁榮

　　革命爆發的主要抱怨聲浪就是沙王的政策未能照顧到廣大的伊朗人。而繼任的伊斯蘭共和國行政系統，整體而言，卻對中上階級那些受過良好教育者的利益比較忽略，但是他們仍試著去採取可能改善大多數貧困人民的政策。

　　在受到政治制度所強加的限制下，國家的教育體制很令人驚訝的竟還有不錯的表現。伊朗的學生經常在國際科學奧林匹克競賽中贏得獎牌，而識字率持續提

升。到了2012年時，在男性人口中已經達到89%，女性人口有81%，年齡介於15歲至24歲之間的人口中識字率則是達到96%。[46]因此，對於伊朗核技術的計畫分析，除了考慮地緣政治的邏輯以及伊朗政治人物與安全部門的關注之外，還應考慮大量的科學人才及其在技術開發中的既得利益。

在1980年代的鼓勵生育政策推行之下，後來政府意識到出生率應該要被控制，於是制定了多方面的節育政策。各種形式家庭計畫的建議與避孕形式都同時在城市與鄉村地區廣泛推行，而且也都有補助；診所免費的提供男性與女性結紮手術。國家很積極地鼓勵伴侶擁有「兩胎恰恰好，男孩女孩一樣好」的觀念。在伊朗全國上下，現在的伴侶比起上一輩的父母親，都擁有比較少的子女數。這樣由哈米尼引發的出生率戲劇化下降之政策，等國家到了2012年時，其伊朗的人口控制政策已經被認為這是條「錯誤的」路線了，而且許多計畫方案也都不再持續進行。尚不清楚這樣的逆向操作是否會改變伊朗人口的統計。但是目前伊朗的人口成長率大約是1%左右，這是中東地區最低的國家之一。

健康照護是一個有顯著進步的領域。由護理人員駐點到許多鄉村的小診所服務，因此使得目前幾乎沒有醫師的短缺現象。雖然醫療的品質可能不是都非常的好，但是它主要強調疾病的預防，即使與富裕的西方國家相比，其醫療的公共服務性也是受到一般民眾相當的尊敬。這些鄉村中一部分的社會與經濟發展計畫是相當成功的，因為這些都是由當地社區率先帶頭示範，而不是由從遙遠地方來的城市地區專家來領導，因為他們通常都不太了解當地需求或是相關的社會與文化情境。[47]許多心力都投入幫助鄉村地區的改善。現在，所有連接城鎮與許多鄉村的道路都鋪上柏油路，而許多鄉村也有乾淨的飲用水以及電力可使用了。

儘管國家努力藉由石油的收入創造一個福利國家的狀況，但是大多數伊朗人仍然掙扎於維持生計的狀態中。某種程度而言，這是因為中產階級已經開始大幅成長了，也因為有這現象的存在，而引起了大眾的期望。那些父母親可能是不識字的人或是貧窮的農民，現在也都渴望能夠擁有中產階級的生活風格；他們希望每天都能吃得到肉類食品、把小孩送到好的學校就讀，以及能夠擁有一間像樣的房子。表15.2以2012年時伊朗的一些基本人類發展指標，與一些具有可比性的國家拿來做比較。

提供基本服務給一般的大眾也做得相當地成功。顯然，超過30年以上的穩定石油收入確實發揮了作用。從很多方面來看，伊朗在指標上的顯示結果更接近土耳其，而不是埃及或是巴基斯坦。然而，許多伊朗人並不太願意將這樣的成果歸功於政府，而是認為這是一個擁有大量石油收入國家很自然的發展結果。人們經

**表15.2　伊朗與其他發展中國家的比較**

| 國家 | 人口數 | 預期壽命 | 城市人口數（％） | 成人識字率（％年齡在15歲及以上） | 上學受教育的預期年限（年） | 至少接受過中等教育之以男性為基準的女性比率 | 人均國內生產總額（購買力平價[a]）美元 |
|---|---|---|---|---|---|---|---|
| 伊朗 | 75,611,800 | 73.2 | 69.2 | 85.0 | 14.4 | 0.664 | 10,695 |
| 土耳其 | 74,508,800 | 74.2 | 72.5 | 90.8 | 6.5 | 0.580 | 13,710 |
| 埃及 | 83,958,400 | 73.5 | 43.6 | 72.0 | 12.1 | 0.732 | 5,401 |
| 巴基斯坦 | 179,951,100 | 65.7 | 36.5 | 54.9 | 7.3 | 0.502 | 2,566 |
| 印度 | 1,258,351,000 | 65.8 | 31.6 | 62.8 | 10.7 | 0.528 | 3,285 |
| 中國 | 1,353,600,700 | 73.7 | 51.9 | 94.3 | 11.7 | 0.778 | 7,945 |
| 墨西哥 | 116,146,800 | 77.1 | 78.4 | 93.1 | 13.7 | 0.901 | 12,947 |
| 奈及利亞 | 166,629,400 | 52.3 | 50.3 | 61.3 | 9.0 | 無資料 | 2,102 |

[a] 購買力平價是以2005年的國際貨幣作為常數項計算。

資料來源：資料數據來自於聯合國開發計劃署，《人類發展報告》（*Human Development Report*）（New York: United Nations Development Programme, 2013）。

常爭論，如果有更好的計畫、更加完善的管理，以及接受薩達姆・海珊提議在1982年時結束兩伊戰爭，其結果可能會比現在來得更加正向。不過，伊朗的整體宏觀經濟表現已經落後於拉丁美洲或是東亞的新興國家了。經濟上的人均成長率跟不上像是中國與印度等新崛起的強大經濟體。[48]事實上，伊朗的成長指標變動幅度很大，在1980年代因為戰爭、制裁、高出生率，以及缺乏工業政策，而出現一個相當長期的衰退情況。即使自1990年代初期，人均國內生產總額已經逐漸有所改善，但這主要還是歸因於石油價格的上漲所帶動；失業率還是年輕人最為擔心的問題，而經濟成長率也遠不及成長的人口，因而被稀釋掉。[49]由美國及其聯盟國家強加於伊朗的國際制裁，限制石油出口、無法吸引外國投資，以及不能進口外國的關鍵技術，而使得伊朗的經濟狀況更加惡化。伊朗人也見證了里亞爾（rial）[8]價值迅速狂跌，尤其當他們購買進口食品與藥品、進行商務旅行以及出國讀書時，會更加深刻感受到。

## 社會的伊斯蘭化

政府另一個政策動力來源是渴望減少世俗主義，並將伊斯蘭的道德價值觀推

廣普及至所有人口中。自從1980年代初期以來，除了非穆斯林的少數群體以外，酒精飲料的消費行為已被禁止；女性在公共場合也要強制戴面紗；國家致力於將沒有親屬關係的男性與女性之接觸程度降到最低；教育中的宗教內容會被極大化地擴展，以及會以可怕的身體凌辱來懲戒姦淫、同性戀，以及其他違反宗教道德的人。[50]法律被神聖化，由國家加以詮釋，而且也允許處以極刑。2015年，在伊朗執行死刑的人數（超過977人）就僅次於中國（好幾千人以上），也高於巴基斯坦（326人）、沙烏地阿拉伯（超過158人），以及美國（28人），也是執行死刑人數前3高的國家。[51]裡面有很多都只是以「走私犯」被起訴以及毒品濫用，而最後卻處以死刑。然而至今卻仍沒有採取任何一套具體的步驟，在過去這幾年來，國會議員與司法部長都公開呼籲終止對毒品犯罪的死刑判決。

表面上，社會的伊斯蘭化是很成功的。女性在公共場合把頭髮包覆起來；人們現在比革命之前更熟悉宗教的教義；國家建立了更多的清真寺；在城鎮裡面的星期五聚眾祈禱成為例行事務，以及所有的伊朗籍的航空公司（國營航空公司）在起飛前也會進行禱告。即使是最高檔的飯店也不能供應酒類飲料，並且包括外籍客人。然而，在這樣的表面之下，情況其實是相當複雜的。因為貧窮而驅使賣淫非常猖獗。超過200萬名伊朗人有毒品上癮的問題。往往在秩序維護力量的縱容與削減下，讓偷竊行為屢見不鮮。隨著受教育的年限不斷延長而使得結婚年齡延後時，至少在德黑蘭的年輕人更有可能比父母親那一世代，在婚前去嘗試性行為。貪污腐敗幾乎廣泛到每一個政府層級當中，從必須受賄才會去做本質工作的小官員，到高層領導人的家族，也會試著去利用控制經濟生活的手段讓本身致富。

所有的這些現象都不應該被解釋為伊朗人變得不虔誠。但實踐宗教行為變得更私人化，因為神職人員對宗教的影響力也下降。一項比較從1975年與2001年蒐集到的資料的研究，顯示個人層次的宗教信仰（諸如祈禱的次數等）一直保持著不變，但特別是在具有組織的宗教行為（如星期五聚眾祈禱的參與等）已經減少了，反映出人們對於針對國家贊助型的公開宗教行為已經出現了矛盾情緒。[52]

伊朗的伊斯蘭一直以來都有反神職的一派，信仰者總是在批評神職人員的貪婪與假仁義道德。烏理瑪在伊斯蘭共和國中獲得權力，給予這種趨勢新的刺激。計程車司機以拒載神職人員而聞名，所以許多神職人員就會在公共場合改穿一般民眾的衣著。導致在德黑蘭的外國的觀察家往往會訝異於為何他們見到街頭上穿著包覆頭巾的神職人員人數會這麼少。

「反神權主義」（anticlericalism）的崛起也引發了一些什葉派中更會思考的

神職人員重新檢視伊斯蘭教與國家之間的關係，而且開始呼籲政教分離的主張。他們如此的行為並不表示他們主張世俗主義，而只是關注烏理瑪的集體名聲而已。在穆斯林世界中，會主張政教分離的一直是世俗主義者。在伊朗，這是第一次提倡政教分離，起因於強制性加諸的宗教已經傷害到宗教的精神性了。[53]甚至有人開始懷疑有些虔誠的教徒在2005年與2009年的總統大選投票給馬哈茂德·阿赫瑪迪內賈德的行為，就是為了要譴責烏理瑪，因為這裡面有許多人——例如2005年失敗的候選人哈什米·拉夫桑亞尼——都已加入了國家統治階級，而且看起來似乎已經被權力給腐化了。此外，在阿赫瑪迪內賈德執政期間內，其往往要面對來自傳統神職機構強力的批評，因為他有時候對什葉派非正統性及救世主式的理解。這是一堆矛盾中的其中之一而已，也因為這些人在伊朗的政治上具有龐大勢力，所以在2013年總統選舉中，唯一的神職人員居然還贏得了第一輪的勝利。

## 性別關係

伊斯蘭主義者對於沙王政權主要批評之一就是在革命之前，其大力宣揚西方生活風格而促使女性成為性慾對象，而經常被引誘至道德上敗壞與淪為性剝削的地步——因此必須要努力重整性別關係，並引導其真正立足在伊斯蘭的價值中。

從世俗的觀點來看，在巴勒維王朝下的女性法律地位有所提升——女性得到了投票權、擔任法官，以及請願訴諸離婚與獲得自己孩子的監護權。在革命之後，這些減少性別落差的立法許多都被廢除。根據伊朗在1981年頒布的伊斯蘭刑法，女性生命的價值只有男性的一半，從某種意義上來說（以眼還眼），該法典所制定的計價法則明確指出，女性「血債」只值男性「血債」的一半而已。[54]實務上，這意味著如果一名男性殺害另一名男性，受害者家屬可以要求對加害者處以死刑，或是接受一筆法律上固定金額的血債賠償金。但是如果是一名男性殺害了一名女性，她的家屬只有在本身支付另一半的血債賠償金給加害者時，才可以要求將其處以死刑。同樣的情況也發生在法庭中，1名男性的證詞等同於2名女性的證詞加總。在某些案件中（包括通姦或謀殺），女性的證詞完全不被採納。男性可以很輕易就跟妻子離婚，但是在原則上，女性卻只有在某些特殊的情況之下，才能夠申請訴諸與丈夫離婚的訴訟程序；一夫多妻制是受到法律承認。如果要出國旅行，妻子需要丈夫正式的允許，但是男性卻能夠很隨意離開國家到處亂跑。嫁給伊朗男性的外國妻子可以很容易歸化為伊朗公民，然而伊朗女性卻無法為自己的外國籍丈夫以及與該名丈夫所生的小孩申請伊朗公民。[55]

　　除了對婦女的這些法律限制之外，伊斯蘭共和國也增添許多臨時的歧視條款。在伊斯蘭共和國成立後早期，許多的學習領域，像是農藝學以及採礦工程學，在大學中都不對女性開放名額，原因就是假設這些專業對女性來講太過於粗獷了。女性的運動也被強烈禁止，因為女性運動員穿的衣服與面紗不相容。這種對男性與女性差異化的對待方式，已經嚴重違反了《公民權利及政治權利國際公約》，以及違反了國際公約上禁止針對宗教與性別理由的歧視行為。伊朗在1975年簽署了公約，在其政權已經歷了改朝換代仍還適用。但是從神權角度來看，其神聖法規明顯凌駕了國際法規定的義務。

　　儘管因為這些法律的限制，使得伊朗女性持續增加本身對於公共生活的參與以及強調自從伊斯蘭律法開始被執行以來，她們一直都存在於公共氛圍中。[56]同時，她們也挑戰了父權制的邏輯。有許多理由可以質疑這些看似悖論的發展狀況。女性廣泛地參與到1978年群眾抗議沙王的示威遊行中，似乎可看出她們在公共事務中利益的不平等現象不太可能在革命結束之後就完全消失。在兩伊戰爭中，因為有數百萬名男性前往前線去服役，而這也迫使許多女性要去從事迄今為止是屬於男性的工作內容。許多女性變成了本身家中主要的經濟支柱。革命喚醒了人們對中產階級的渴望，再加上經濟的緩慢增長，意味著愈來愈多的女性必須通過工作來填補丈夫能給家中的收入。由於蒙著面紗與性別距離在公共場合上有嚴格的規定，因此也讓更傳統的女性會比較自在於進入公共場域之中。除此之外，更傳統的男性也比較少會不情願讓自己的妻子、女兒，或是姊妹出門在外工作。限制且侷限了非傳統女性的規定，反而對宗教虔誠的女性產生了解放的作用——畢竟，這些人仍占了女性人口的大部分。

　　針對女性在社會中角色的反傳統態度，也反映在世界價值觀調查的比較結果中。舉例來說，只有4%的埃及人與12%的約旦人不同意「結婚是一種過時的制度」這樣的陳述；但卻有17%接受調查的伊朗人同意這樣的說法。[57]多數接受調查的伊朗人不同意「女人需要擁有孩子才能感到滿足」，然而只有12%的埃及人和9%的約旦人不同意。[58]最後，40%的伊朗人同意「職業女性同樣可以像是非就業的女性一樣與自己的孩子發展出親密關係」。這比例幾乎是同樣接受調查的埃及人與約旦人之2倍。[59]因此，儘管政權當局一開始希望灌輸家庭與社會一個傳統女性的形象與角色，但是伊朗的男性與女性看起來似乎都比較不會持有狹隘的看法來認知女性的角色。

　　今日到伊朗的遊客到處都可以看見女性；她們任職於政府機關、在辦公室工作、在商店販賣商品、參與並在奧林匹克運動會上拿到獎牌，以及擁有並經營自

己的生意。最為戲劇性的現象是，超過60%的大學生是女性。原本限制她們學習的規定，在1990年代之後逐一解除，目前則完全無限制。在波斯的文學中，傳統上比較強調的詩歌也都將這風潮讓位給小說的撰寫——而大多數的小說家都是女性。在體育方面，當時總統哈什米·拉夫桑亞尼的女兒在1990年代初期對女性運動產生了興趣。她運用了父親的影響力，建立起一個制度能夠讓女性在沒有男性入場的地方中，依據國際的規則參與一般運動項目的競賽。這樣的改變導致有更多女性變成了教練、裁判、醫護人員，以及國家運動官員。[60]現在即使戴著面紗也不像過去那樣嚴格要求，僅遮住一部分的頭部，而引發強硬派將此稱之為「不良面紗」的使用也更普及了。也正是何梅尼的孫女在接受美國記者採訪時抱怨國家在這方面的侵入做法。[61]

　　女性在公共生活中不斷成長的參與人數以及法治系統治理本身社會之間的差距一直在擴大，而針對這樣的差異所引發的許多各種聲音辯論，也對伊朗的伊斯蘭教引發了很大的反響。由於不能夠從世俗的觀點來批評任何國家的事務，所以女性主義者對於伊斯蘭教的說法提出了爭辯。這也導致了「伊斯蘭女性主義」的興起，這同時獲得真正虔誠的穆斯林女性以及沒有其他可以表達本身需求管道之世俗派女性的支持。一般而言，伊朗人一直都具有信仰，所以藉由伊斯蘭女性主義可能會比世俗派女性主義有更多的能力來提升一般女性的性別意識。這些伊斯蘭女性主義是由一些同情派的神職人員很慎重支持，他們幫助這些人對抗歧視性的政策或法律，提供可以規避這些內容的方法，甚至建議她們對於相關經文的內容以及法律條文提出不同的理解，也因此有了一些小小的收穫。拿離婚議題為例：根據伊斯蘭法律，結婚是一種契約，這些條款內容都必須是丈夫與妻子雙方在自由意願下同意才行。女性有權利要求在她的婚姻契約上加註條款，說明其具有權利提出申請離婚的訴訟程序，但是這項條款必須另外加入國家制式化的契約當中。只有非常少數的新郎會同意這樣的狀況。然而，在1980年代初期，制式化的契約已經被涵蓋到條款當中，意味著如果要女性無行使離婚權利的話，新娘與新郎都必須同意移除該項條款——如今，少數受過教育的女性會願意這樣做。

　　女性在高等教育中獲得比較大的成功，以及大多數吸毒嗑藥上癮的伊朗人都是男性，加上針對女性的家庭暴力持續存在，體現女性抗爭有時也會勝利的希林·伊巴迪諷刺的說：「伊朗不僅有『女性的問題』，也有『男性的問題』。」

## 外交政策

　　就像先前發生過革命的法國、俄羅斯、中國，以及古巴一樣，伊朗的伊斯蘭

革命分子將自己視為是這一波革命浪潮中的先鋒隊，並認為其行為也可能會促進其他國家效法。根據1979年的《憲法》前言，軍人與伊斯蘭革命衛隊的角色，不只受限於國家的「保衛疆土」上，也包含「努力將神聖律法的統治概念傳播至全世界」。伊朗一方面承諾協助推翻或弱化其他政府的意識形態，另一方面卻需要與這些政府在日常基礎上加以協商，這些內部矛盾構成了巨大挑戰。

在1990年代初期開始，「國家利益」而非「輸出革命」主導了外交政策的議程。最能說明的案例就是伊朗在前蘇聯解體之後，私底下支持信奉基督教的亞美尼亞來對抗穆斯林（主要是什葉派）的亞塞拜然之戰爭。但是，就像是世界上其他地方一樣，所形塑的國家利益是很難取得共識。許多伊朗人主張國家利益是需要將其與其他伊斯蘭世界的連結關係加以強化。

最終來看，伊斯蘭共和國的外交政策是受到由「第三世界主義者」的渴望所驅使，希望能夠避免受到西方世界的霸權主義影響。根據伊朗上位者的用語來看，西方霸權主義顯現的就是個「全球性的傲慢」。在其掙扎於如何對抗這全球性的傲慢時，伊朗一直在尋求盟友，而這可以以「三層同心圓圈」將其概念化。最外圍的那一圈是由第三世界國家所組成，中間的那一圈是由穆斯林國家與運動所組成，而最裡面的那一圈則是由西亞與南亞國家的什葉派所構成（黎巴嫩、伊拉克、巴林、阿富汗，與巴基斯坦）。伊朗的區域外交政策享有在相關人員以及商品流動之經濟面向的優勢。伊朗現在與中東國家以及過去有往來之其他亞洲各國之間，有大量商品與服務貿易的往來關係。有些是受到東亞國家的經濟成長所驅使，而且其也反映出伊朗上層領導人想要參與到世界經濟但不想要過度依賴西方國家的觀點，就像是巴勒維沙王朝一樣。除此之外，伊朗也與杜拜建立了非正式的轉口經濟貿易關係，也因為伊拉克與阿富汗的戰爭關係而在經濟上有所受益。伴隨著這些貿易，將武器、毒品，以及人口販運從伊朗輸出或經由伊朗轉口。鄰近國家之間的衝突也導致伊朗成為全球最大難民人口的國家之一。最後，一般伊朗的公民也開始前往到新的目的地去旅行或是朝聖。鑑於西歐與北美國家實行嚴格的簽證限制，因此杜拜、土耳其、中國、馬來西亞，以及印尼，現在都成為了度假者與朝聖者前往的地方，伊朗人民也很容易在旅途上遇到伊朗的知名商人以及政治人物。然而，當代伊朗的經濟與社會，也變得更加整合並且融入到區域的動態過程中，也都遠高於過去的巴勒維沙王朝。

許多第三世界國家對伊朗1979年革命都抱持同情之意。然而，伊斯蘭主義者強硬派在最終取得了勝利，卻讓許多親伊朗而抱持關懷之意的非穆斯林國家開始降溫。近年來，總統阿赫瑪迪內賈德對讓許多「第三世界」國家人民感覺是個驕

傲的「霸凌者」之美國採取了蔑視態度，而使得伊朗受到許多國家的歡迎，特別是在拉丁美洲具有強烈民粹主義運動的國家中。因此，也與一些國家進行了政治上的合作以及貿易的連結，像是委內瑞拉、厄瓜多、玻利維亞，以及甚至是與巴西的合作也都有大幅的成長。

　　遜尼派伊斯蘭教徒，在他們的意向中，對於是否支持伊朗發動革命則持有不同的立場。但隨著什葉派掌握伊斯蘭共和國的特質逐漸變得比以前更加明顯時，以及當何梅尼拒絕接受薩達姆‧海珊提出終止兩伊戰爭的要求時，大多數的遜尼派伊斯蘭教徒就開始遠離了伊朗。沙烏地阿拉伯也鼓勵這樣的疏遠，因為從沙烏地阿拉伯遜尼派伊斯蘭中的瓦哈比（Wahhabi）分支觀點來看，向來就是敵視什葉派。

　　這反而使十二什葉派在某種程度上成為伊朗人努力傳播革命的唯一團體之成功象徵。在1980年代初期黎巴嫩的真主黨，背後就是受到伊朗所吸引而被資助成立的，而伊朗也持續在財政上贊助其政黨及其社會福利活動。伊朗也支持在國內正式成立「伊拉克伊斯蘭革命最高委員會」（Supreme Council for the Islamic Revolution in Iraq, SCIRI）。[9]諷刺的是，於美國在2003年時將薩達姆‧海珊政權驅逐下臺時，該政黨卻在伊拉克扮演了一個很重要的角色，結果就是讓十二什葉派變成在伊拉克政治上具有控制力的社群，而逐步將遜尼派邊緣化。什葉派在伊拉克以及在敘利亞內戰上的優勢，就是該政權與伊朗很密切地聯盟來打擊藉由泛遜尼派伊斯蘭主義政府（例如：沙烏地阿拉伯、土耳其、阿拉伯聯合大公國，以及卡達）以及組織（蓋達組織以及伊斯蘭國）所支持的大部分遜尼派叛亂分子，而加劇了整個穆斯林世界裡宗派之間的緊張局勢。伊朗政府已經明確表態支持伊拉克與敘利亞政權，將提供建議、武器，以及人力。其也持續支持黎巴嫩的真主黨，而且也有跡象顯示伊朗正在幫助葉門的「胡希」（Houthi）叛軍。[10]這使得伊朗伊斯蘭共和國與大多數的穆斯林國家背道而馳。沙烏地阿拉伯對伊朗在黎巴嫩、敘利亞、伊拉克以及葉門的部署做出了回應，並且對葉門發動了軍事干預，並採取了重大的外交攻勢，遏制了中東地區的「什葉派新月幽靈」擴散，甚至誘導伊朗長期的盟國，像是蘇丹，切斷與德黑蘭的關係。不過，薩達姆‧海珊被驅逐出伊拉克不僅增加伊朗在中東地區的影響力，也影響到伊朗國內的政治。在伊拉克北部，一個半獨立的伊拉克庫德斯坦作為伊朗庫德人的靠山後，其中有一些人現在將其視為他們想效仿或加入的對象，以取代伊朗。同樣的，在伊朗胡齊斯坦省的阿拉伯人，直到現在仍然對伊朗這國家相當效忠，過去因為他們大多數是什葉派教徒，不過現在也變得比較不是那麼確定本身的國家認同關係，因為他們

的親友現在統治了伊拉克。伊朗所有的少數族群都橫跨在與鄰國交接的邊境上（再次參閱圖15.1）。直到1990年代以前，這些都不是什麼重要的事情。因為他們在國境的另一邊也一樣是少數族群。但是蘇聯瓦解之後，建立了一個獨立的亞塞拜然而吸引了在伊朗的亞塞拜然族，再加上伊拉克事件，讓情況開始改變。伊朗現在與周邊鄰近國家的關係密不可分，尤其是與本身國內的少數族群政治交織在一起。

　　伊朗與西方國家以及前蘇聯集團國家的關係，在伊斯蘭共和國早期保持著「既不偏東也不偏西」的中立座右銘。伊朗在沙王統治下是美國的盟友，但是在發生革命之後，伊朗加入了不結盟運動中。然而，在實際上，伊朗在伊斯蘭共和國體制下第一個10年的外交政策，就像是許多的其他第三世界國家採行的不結盟立場一樣，但是其反西方的情況要比反蘇聯來得多。以伊朗伊斯蘭共和國為案例，反映出革命人士對於西方國家一直支持被人民厭惡的沙王，而採取的不信任態度；因為與前蘇聯在地理位置上的接近性，而前蘇聯在1979年12月占領了鄰國阿富汗，這也不斷提醒著伊朗必須時刻注意。然而到了今日，伊朗伊斯蘭共和國依然與俄羅斯維持著相當友好的關係，而且這兩國也一直維持著戰略性夥伴的關係，像是在敘利亞內戰上就一同站在「巴沙爾・阿爾－阿塞德」（Bashar al-Assad）這一邊。

　　自從美國在1979年因為伊朗脅持該國外交人員作為人質而與其斷交的事件之後，伊朗與美國一直沒有恢復邦交關係。伊朗人必須付出沉重的代價作為其與西方國家敵對的結果。在兩伊戰爭最後的階段中，大部分西方列強也都低調協助伊拉克這一邊。而且，美國也一直維持對伊朗的經濟禁運。舉例來說，因為禁運的關係，伊朗的航空業很難購買到足夠數量的現代乘客商用飛機以及用來修補舊客機的足夠零件。結果就是，「伊朗的民航部體驗到了世界上最高意外與事故發生率狀況」。[62]在何梅尼過世之後，總統哈什米・拉夫桑亞尼與哈塔米都試著打破伊朗外交上的孤立狀況。與大多在兩伊戰爭中支持伊拉克的阿拉伯國家之關係有所改善，而且伊朗也修補與歐洲國家以及日本的關係。在1990年代，歐盟與伊朗著手進行一個「關鍵對話」的政策，歐盟對伊朗讓步換取其在人權領域上的改善。在哈塔米的年代中，政府的政策事實上是變得比較沒有那麼具壓迫性，但是因為受到非民選單位全面的監控，沒有任何自由化的措施會被加以制度化來執行。

　　2001年9月11日美國發生了911事件之後，美國扶持了阿富汗與伊拉克的政府，伊朗發現到自己被美國在阿富汗和伊拉克設立的政府包圍，並被北部和南部

國家的美國軍隊和軍事基地包圍。這部分可以解釋反西方國家的阿赫瑪迪內賈德行政團隊之立場，及其為何試圖想與一些國家結盟，像是俄羅斯與中國。

當今伊朗外交在與西方國家的關係中，主要必須面對的議題就是伊朗的核計畫。自從沙王時代開始，歷任的伊朗政府都宣稱本身對於發展核武器沒有太多的興趣。國家的官方立場就是認為發展具有大規模毀滅性的武器違背了伊斯蘭的倫理道德，而且何梅尼與哈米尼也都為此付出了努力。伊朗也是「核武禁擴條約」（NPT）的簽約國之一，而條約第4條明訂簽約國在「研究、發展、製造，以及使用」核能技術於和平用途上，具有「不可剝奪的權利」。以此為基礎，伊朗政府從事著大量的計畫發展能夠自給自足的核能產業，專精於發展燃料循環，而將鈾燃料濃縮至足以啟動反應爐的動力。西方國家擔心這樣的知識可能會引發伊朗製造高濃度的鈾或是鈽，作為生產核武之需。而會引起這樣合理性的疑慮，是因為伊朗也在發展這種能夠攜帶核武的長程飛彈，而且事實證明伊朗某些核能設備與實驗都在祕密進行中。為了要緩和西方國家的憂慮，哈塔米的行政團隊同意與法國、德國，以及英國協商，短期暫停其濃縮計畫，並且允許國際檢查員可以察看更多的核能設備。但是當這些協商破局之後，伊朗在2004年重啟了濃縮計畫方案。於是總統阿赫瑪迪內賈德以猛烈的言語砲轟西方國家以及以色列，更不用說他不斷質疑「納粹大屠殺」（Holocaust）的真實性，而伊朗政府也聲稱其核能計畫方案是完全應用在和平的用途上的性質上，但西方國家普遍還是抱持懷疑論看待。**「國際原子能總署」**（International Atomic Energy Agency, IAEA）的檢查員會定期地去察看伊朗的設備裝置，但沒有發現到有證據可以說明伊朗將本身的核能專有技術有轉向至軍事用途上，不過基本上還是很不滿意於伊朗政府的合作態度，不論是國際機構組織或是西方各國的政府。這也導致了美國、歐盟，以及聯合國安全理事會都希望針對伊朗來實行愈來愈嚴屬的制裁。

這些制裁確實衝擊了私部門，並且使得一般伊朗人的生活變得更加困難，因為他們能夠進口商品的管道愈來愈受限，其範圍從機械設備到醫療用品，並且面臨了更大的商品出口以及出國旅行之障礙。一般的伊朗人同時也遭受到里亞爾這貨幣價值上快速貶值的問題，而這加劇了高通貨膨脹率，並在阿赫瑪迪內賈德的第二任期中取消了相關的補貼之後，讓人民生活顯得更困難。然而，因為相對價格維持高點的石油，使得政府有能力抵抗這些壓力，並運用伊斯蘭革命衛隊以及政權中的親信，因為這些人有管道拿到強勢貨幣以及其他關鍵資源，創造壟斷的狀態。雖然如此，自從國際上加大制裁之後，伊朗原本可同時製造與出口石油的能力大幅下降，而產生的結果就是，伊朗必須去開發更昂貴的方法來解決這些限

制。對外貿易也大幅地重新轉向至亞洲國家，特別是中國，在2008年中國超越德國成為伊朗最大的貿易夥伴。西方國家的制裁衝擊到了伊朗，也因此導致很弔詭的全球化結果，讓伊朗的外交政策透過本身的野心來誘使它去尋找可替代的貿易夥伴。[63]

　　雖然如此，制裁仍然是奏效的，使得伊朗政府開始於2006年與「伊朗核問題六國」進行協商，直到2013年，一個可行性的概括框架協議才變得比較清晰。保守派與改革派同時也都致力於緩解負重於伊朗身上的壓力，魯哈尼的行政團隊也在2015年7月14日同意了「聯合全面行動計畫／伊朗核問題全面協議」，讓伊朗的核能計畫方案受到嚴格限制，以換取逐步取消與核能有關的制裁。國際原子能總署也證明伊朗願意遵守協議中的義務內容，但是「核武禁擴條約」的制裁（主要是伊朗還在侵犯人權以及支持恐怖主義）卻一直停留在原地，所以導致協議的效果對於伊朗的經濟影響是非常有限的。由於和平利益的侷限性，再加上美國唐納‧川普的總統大選勝利以及與華盛頓對峙姿態的回歸，導致伊朗反對該協議的強硬聲浪愈來愈大。儘管魯哈尼在2017年大選獲勝後得到了新的政治授權，但他與其內閣團隊也將面臨必須去管理國內外的反對者。

## 結論

　　20世紀的伊朗政治動盪不安。本世紀由憲政主義運動揭開了序幕以尋求讓沙王制度能夠更加負責，而終結於改革派運動力圖讓神權政體更加共和國化的情況中。介於這兩個世紀門檻之中，國族主義、宗教、世俗化，以及馬克思主義意識形態也都相互競逐支持者，而社會關係則因為出現現代化的進程，而被加以重整。巴勒維沙王朝承諾要迎來伊朗的現代化工業年代，但是因為其在執行過程中混雜了成功與失敗，最後沙王被結合了神職人員的革命所推翻，而建立起新的共和國。

　　為了要達成許多革命所期待的目標，伊斯蘭共和國建立了一套撲朔迷離的體制與組織，許多機構是相互衝突的，有時候也會出現一些跨目的之合作機構。該政權還是依然與美國以及該區域某些強權維持衝突的關係，諸如以色列。其提供社會福利給大多數的公民，卻無意中讓政權受到來自逐漸改善的教育、城市，以及個人主義式的社會所挑戰。受到伊朗許多領導人所認證，「病態經濟」與「病理社會」感染了社會中的各階層。競爭無處不在，且有時是公開的，即使在國家政府官員當中也是如此。伊斯蘭共和國就是一個威權式政體限制政治參與和競爭，但是因為這是在人民群眾革命之後才誕生的，所以還是保有公共參與以及協

定的規範存在。

　　一個政權面臨了這麼多的挑戰與矛盾性，是如何能夠持續運作幾乎有40年之久，而又有怎樣的重大變化之前景呢？諷刺的是，在伊朗其創造出具有利益衝突的相同機構，並允許某種程度上的多元主義，同樣也會有利於政權的存在並且具有能力去抗衡反對勢力。[64]國家這種支離破碎的性質使得差異性得以浮現與持續存在，但是這種非常分散的狀況卻阻止了充滿活力的社會來匯集必要之利益與需求。因此，即使是伊斯蘭共和國的許多創建者，也都呼籲要進行國家根本性的改變，不然就只能把這個政權消滅，因為他們沒有辦法再重組政權了。事實上，該政權一直都裝配有強大的設備，這就是可藉由石油的稅收形成財務上的償付能力，而且也獲得某些公民的認同，這些人要麼不是支持其伊斯蘭的意識形態，不然就是被國際勢力所擊垮而弱化伊朗。今日伊朗的菁英政治就像是派系政治，而沒有完全展現出伊朗多元化的人口聲音。然而，宣講了相關具體的政策與特定平臺的辯論以及對未來的展望，儘管暴力與脅迫持續存在著，但這也是一種可以接受某些差異性之政治文化的開端，讓政治人物了解建立聯盟的必要性，並認知到一個派系不能夠消滅另一個派系存在的事實。

　　在此同時，五花八門的無數恩庇－侍從主義網絡關係，連結到安全機構與個人主義的政治文化中，創建了一個在各個社會階層中都分化的國家。合作與利益連結都很難被清楚定義並且受到個體主義的破壞，而且甚至在意識形態上類似的團體也互相為了爭奪資產而纏鬥。國家與社會的關係，目前其組成的形式就是一種阻礙公民與統治者之間的協調與信任關係，並最終還出現防止公共協商與建立共識的情況。這樣的模式確實困惑且讓許多外國的外交人員與記者感到挫折感，尤其是那些期待伊朗的政治可以縮小至由最高領袖來定義與管理的範圍中。然而，因為缺乏讓哈米尼擁有絕對的政治壟斷權，而且其菁英也不願建立自由出版表達與公平選舉等能產生權力性的民選實體機構，而阻礙了伊朗在諸如伊朗核計畫的談判或其在區域事務中的立場等問題，形成統一立場的能力。

　　伊斯蘭共和國面臨的問題一直都是存在於重啟大門來辯論伊朗在宗教與政治之間，如何維持其適當的關係。如果進一步重新檢視伊斯蘭法律，一些改革派的穆斯林就質疑為何宗教律法可以被當作是伊斯蘭的核心法律，如何說明這是一種可以超越倫理道德或個人經驗的內容。這些改革派人士歸咎於當前在穆斯林治理下的伊朗對於穆斯林律法的關注點，過度凸顯烏理瑪在伊斯蘭社會中的重要性地位，並指出烏理瑪畢竟也只是法律學者而已。

　　如同我們在本章節一開始所說的，伊朗是第一個由伊斯蘭主義人士有能力來

運作其政治權力的國家。他們所面臨的問題、所釋放的力量，以及從社會中得到的回應，都可能給世界上其他的伊斯蘭體制國家造成深刻的政治意涵。然而，實際上伊朗的經驗與其他地方的伊斯蘭國家沒有太大的相關性。在伊斯蘭共和國中的統治者與被統治者雙方的經驗，更多是受到伊朗歷史的軌道、社會經濟狀況、文化構造，以及地緣政治的脈絡所形塑，而非僅是靜態的宗教教義與政治伊斯蘭的一統模式影響而已。

## 章後思考題

1. 伊朗的制度結構中的共和國組成內容如何與伊斯蘭平行組成內容來互動呢？他們的相對重要性是否有隨著時間而改變呢？
2. 伊朗革命前的憲政主義遺產是如何影響到本身的當代政治呢？
3. 神權政體的字面上意義是「由神來治理」。既然神從來都沒有親自直接來制定規則，又如何將政府神聖化這概念實際上運用在伊朗呢？
4. 菁英政治變成是派系政治所象徵的意義為何呢？菁英又區分為哪些派系以及議題偏好，以及又該如何管理他們競爭行為呢？
5. 哪些社會團體參與了1978年至1979年的革命，及其原因為何呢？哪些因素是導致巴勒維沙王朝被推翻並去支持魯霍拉‧何梅尼呢？
6. 伊斯蘭共和國的創建者試圖建造一個由伊斯蘭公民所組成的伊斯蘭社會。他們如何採取方法去進行這想法，以及這結果有多少成功性呢？

## 重要名詞

| | |
|---|---|
| 馬哈茂德‧阿赫瑪迪內賈 | 伊斯蘭主義者 |
| 最高領袖專家會議 | 阿里‧哈米尼 |
| 志願民兵（巴斯基） | 穆罕默德‧哈塔米 |
| 監護委員會 | 魯霍拉‧何梅尼 |
| 希林‧伊巴迪 | 最高領袖 |
| 國家利益委員會 | 伊斯蘭國會 |
| 派系主義 | 穆罕默德‧摩薩台 |
| 綠色運動 | 米爾－海珊‧穆薩維 |
| 阿里－阿克巴爾‧哈什米‧拉夫桑亞尼 | 穆罕默德－雷扎‧巴勒維沙王 |
| 國際原子能總署 | 平行權力中心 |
| 伊斯蘭革命衛隊 | 半官方經濟類基金會 |

食利國家
哈桑‧魯哈尼
伊斯蘭教法（沙里亞）
遜尼派
神權政體

伊朗人民黨
十二什葉派
伊斯蘭神學家（烏理瑪）
法學家（法基赫）監護制

## 推薦閱讀

Abrahamian, Ervand. *A History of Modern Iran.* Cambridge: Cambridge University Press, 2008.

Adelkhah, Fariba. *Being Modern in Iran.* New York: Columbia University Press, 2000.

Amir Arjomand, Saïd. *After Khomeini: Iran under His Successors.* New York: Oxford University Press, 2009.

Asadi, Houshang. *Letters to My Torturer: Love, Revolution, and Imprisonment in Iran.* Oxford: Oneworld, 2010.

Atabaki, Touraj. *Azerbaijan: Ethnicity and Autonomy in Twentieth-Century Iran.* London: British Academic Press, 1993.

Azimi, Fakhreddin. *Iran: The Crisis of Democracy, 1941–1953.* New York: St. Martin's Press, 1989.

Bayat, Assef. *Making Islam Democratic: Social Movements and the Post-Islamist Turn.* Stanford, CA: Stanford University Press, 2007.

Chehabi, H. E. "Religion and Politics in Iran: How Theocratic Is the Islamic Republic?" *Daedalus* 120 (Summer 1991): 69–91.

Gasiorowski, Mark. *U.S. Foreign Policy and the Shah: Building a Client State in Iran.* Ithaca, NY: Cornell University Press, 1991.

Gheissari, Ali, ed. *Contemporary Iran: Economy, Society, Politics.* New York: Oxford University Press, 2009.

Keshavarzian, Arang. *Bazaar and State in Iran: The Politics of the Tehran Marketplace.* Cambridge: Cambridge University Press, 2007.

Kurzman, Charles. *The Unthinkable Revolution in Iran.* Cambridge, MA: Harvard University Press, 2004.

Martin, Vanessa. *Islam and Modernism: The Persian Revolution of 1906.* London: I. B. Tauris, 1988.

Moin, Baqer. *Khomeini: Life of the Ayatollah.* London: I. B. Tauris, 1999.

Moslem, Mehdi. *Factional Politics in Post-Revolutionary Iran.* Syracuse, NY: Syracuse University Press, 2002.

Mottahedeh, Roy. *The Mantle of the Prophet: Religion and Politics in Iran.* Oxford: Oneworld, 2000.

Paidar, Parvin. *Women and the Political Process in Twentieth-Century Iran.* Cambridge: Cambridge University Press, 1995.

Sanasarian, Eliz. *Religious Minorities in Iran.* Cambridge: Cambridge University Press, 2000.

Tajbakhsh, Kian. "Political Decentralization and the Creation of Local Government in Iran: Consolidation or Transformation of the Theocratic State?" *Social Research* 67 (2000): 377–404.

Vahdat, Farzin. *God and Juggernaut: Iran's Intellectual Encounter with Modernity.* Syracuse, NY: Syracuse University Press, 2002.

## 網路資源

伊朗伊斯蘭共和國外交部：http://www.mfa.gov.ir
佩凡德（Payvand）（新聞和訊息門戶）：http://www.payvand.com
伊朗百科全書：http://www.iranica.com
美國麻省理工學院伊朗研究團隊：http://www.isg-mit.org
伊朗資料數據門戶：http://www.princeton.edu/irandataportal/index.xml[11]
中東研究與資訊計畫項目：http://www.merip.org

## 註釋

1. Sonia Ghaffari, "Baluchestan's Rising Militancy," *Middle East Report* 250 (Spring 2009): 40–43.

2. Abdul-Hadi Hairi, *Shiism and Constitutionalism in Iran* (Leiden: Brill, 1977).

3. Nikki R. Keddie, *Modern Iran: Roots and Results of Revolution* (New Haven, CT: Yale University Press, 2003), 123.

4. Mark Gasiorowski, "The 1953 *Coup d'État* in Iran," *International Journal of Middle East Studies* 19 (1987): 261–286; and Ervand Abrahamian, *The Coup: 1953, the CIA, and the Roots of Modern U.S.-Iranian Relations* (New York: The New Press, 2013).

5. See Roham Alvandi, "Nixon, Kissinger, and the Shah: The Origins of Iranian Primacy in the Persian Gulf," *Diplomatic History* 36 (2012): 337–372.

6. Richard W. Cottam, *Iran and the United States: A Cold War Case Study* (Pittsburgh, PA: University of Pittsburgh Press, 1988), 156–169.

7. Ahmad Ashraf and Ali Banuazizi, "The State, Classes, and Modes of Mobilization in the Iranian Revolution," *State, Culture, and Society* 1 (1985): 3–39.

8. Misagh Parsa, *Social Origins of the Iranian Revolution* (New Brunswick, NJ: Rutgers University Press, 1989).

9. Ironically, even the Shah himself believed in the omnipotence of the United States and Britain; after his ouster, he blamed these countries for having engineered his demise.

10. Ruhollah Khomeini, "Islamic Government," in *Islam and Revolution: Writings and Declarations of Imam Khomeini*, trans. and annotated by Hamid Algar (Berkeley, CA: Mizan, 1981).

11. See H. E. Chehabi, "The Political Regime of the Islamic Republic of Iran in Comparative Perspective," *Government and Opposition* 36 (2001): 48–70.

12. See Suzanne Maloney, "Agents or Obstacles? Parastatal Foundations and Challenges for Iranian Development," in Parvin Alizadeh, ed., *The Economy of Iran: Dilemmas of an Islamic State*, (London: I. B. Tauris, 2000), 145–176; and Ali Saeidi, "The Accountability of Para-Governmental Organizations (*Bonyads*): The Case of Iranian Foundations," *Iranian Studies* 37 (2004): 479–498.

13. Bahman Baktiari, *Parliamentary Politics in Revolutionary Iran: The Institutionalization of Factional Politics* (Gainesville: Florida University Press, 1996).

14. Abdol-Karim Lahiji, "Moruri bar vaz'-e hoquqi-ye Iranian-e gheyr-e mosalman," *Iran Nameh* 19 (2001): 1379–1380. Used with permission. On the legal discrimination of women, see section on gender relations in this chapter.

15. Mehran Kamrava and Houchang Hassan-Yari, "Suspended Equilibrium in Iran's Political System," *Muslim World* 94 (October 2004): 495–524.

16. Asghar Schirazi, *The Constitution of Iran: Politics and the State in the Islamic Republic* (London: I. B. Tauris, 1998), 134.

17. Walter Posch, "The End of a Beautiful Friendship? Mahmoud Ahmadinejad and the Principalists," in H. E. Chehabi, Farhad Khosrokhavar, and Clément Therme, eds., *Iran and the Challenges of the 21st Century: Essays in Honour of Mohammad-Reza Djalili*, (Costa Mesa, CA: Mazda, 2013), 50–78.

18. Farideh Farhi, "The Day Tehran Shook," *Middle East Report Online*, March 17, 2016; and Farideh Farhi, "The Profound Meaning of Iran's Election," *Lobe Log Foreign Policy*, February 29, 2016.

19. Kian Tajbakhsh, "Political Decentralization and the Creation of Local Government in Iran: Consolidation or Transformation of the Theocratic State?" *Social Research* 67 (2000): 377–404.

20. Azam Khatam and Arang Keshavarzian, "Decentralization and Ambiguities of Local Politics in Tehran," *Governing Megacities in MENA and Asia*, Middle East Institute, January 14, 2016, https://www.mei.edu/content/map/decentralization-and-ambiguities-local-politics-tehran.

21. Before World War I, Westerners considered Iran and other non-Western but nominally sovereign countries, such as China and Thailand, to be "semicivilized" nations, which had some but not all of the attributes of a full-fledged member of the international community. See Gerrit Gong, *The Standard of "Civilization" in International Society* (Cambridge: Cambridge University Press, 1984).

22. Houchang E. Chehabi, "The Paranoid Style in Iranian Historiography," in Touraj Atabaki, ed., *Iran in the 20th Century: Historiography and Political Culture* (London: I. B. Tauris, 2009), 155–176, 294–303.

23. See L. Carl Brown, *International Politics and the Middle East* (Princeton, NJ: Princeton University Press, 1984), 233–252.

24. Mansoor Moaddel and Taghi Azadarmaki, "The Worldviews of Islamic Publics: The Case of Egypt, Iran, and Jordan," in Ronald Inglehart, ed. *Human Values and Social Change: Findings from the Values Survey* (Leiden: Brill, 2003), 81.

25. This line of reasoning is based on Azadeh Kian-Thiébaut, "Entrepreneurs privés: entre développement statocentrique et démocratisation politique," *Les Cahiers de l'Orient* 60 (2000): 65–92.

26. Peter Chelkowski and Hamid Dabashi, *Staging a Revolution: The Art of Persuasion in the Islamic Republic of Iran* (New York: New York University Press, 1999), 130–131.

27. Saeid Golkar, *Captive Society: The Basij and Social Control in Iran* (New York: Columbia University Press, 2015).

28. Kaveh Ehsani, "Islam, Modernity, and National Identity," *Middle East Insight* 11 (1995), 51.

29. Farideh Farhi, "The Antinomies of Iran's War Generation," in Lawrence C. Potter and Gary G. Sick, eds., *Iran, Iraq, and the Legacies of War* (New York: Palgrave Macmillan, 2004), 101–120.

30. Moaddel and Azadarmaki, "The Worldviews of Islamic Publics."

31. Ahmad Sadri, "The Varieties of Religious Reform: Public Intelligentsia in Iran," in Ramin Jahanbegloo, ed., *Iran: Between Tradition and Modernity* (Lanham, MD: Lexington Books, 2004), 117–128.

32. Marvin Zonis, *The Political Elite of Iran* (Princeton, NJ: Princeton University Press, 1971).

33. Khosrow Fatemi, "Leadership by Distrust: The Shah's *Modus Operandi*," *Middle East Journal* 36 (1982): 48–61.

34. Mehran Kamrava, *The Modern Middle East: A Political History since the First World War* (Berkeley: University of California Press, 2005), 261.

35. Figures are from Wilfried Buchta, *Who Rules Iran? The Structure of Power in the Islamic Republic* (Washington, DC: Washington Institute for Near East Policy, 2000), 68.

36. Assef Bayat, *Street Politics: Poor People's Movements in Iran* (New York: Columbia University Press, 1997).

37. Arang Keshavarzian, "Regime Loyalty and *Bazaari* Representation under the Islamic Republic of Iran: Dilemmas of the Society of Islamic Coalition," *International Journal of Middle East Studies* 41 (May 2009): 224–246.

38. Quoted in Saïd Amir Arjomand, *The Turban for the Crown: The Islamic Revolution in Iran* (New York: Oxford University Press, 1988), 182.

39. In fact, Ahmadinejad belongs to a current of thought that considers the return of the Twelfth Imam imminent. This messianic expectation sets him apart from most other leaders of the Islamic Republic and may yet be the source of friction.

40. For details, see H. E. Chehabi, "Ardabil Becomes a Province: Center-Periphery Relations in the Islamic Republic of Iran," *International Journal of Middle East Studies* 29 (May 1997): 235–253.

41. For an inside account, see Elaine Sciolino, *Persian Mirrors: The Elusive Face of Iran* (New York: Free Press, 2000), 248–260.

42. For details, see Buchta, *Who Rules Iran?* 156–170.

43. How this multiplicity of power centers affects individuals is seen in the story of Dariush Zahedi, an Iranian-American political scientist who had met with dissidents while visiting Iran one recent summer for his research. He was arrested by the Ministry of Information and held prisoner for two months before being told that, as far as the Ministry was concerned, he was innocent—except that upon leaving the prison, he was immediately rearrested by the intelligence agency of the Revolutionary Guards, who held him for another two months in solitary confinement and subjected him to similar interrogations as his preceding jailers, only in a less respectful tone. He was finally released and returned to the United States through the intervention of a number of Iranian diplomats after academics in the United States publicized his plight.

44. Kaveh Ehsani, "Survival through Dispossession: Privatization of Public Goods in the Islamic Republic," *Middle East Report* 250 (Spring 2009): 26–33.

45. Nancy Gallagher, Ebrahim Mohseni, and Clay Ramsay, "Iranian Public Opinion, One Year after the Nuclear Deal," Center for International and Security Studies at Maryland Report, University of Maryland, July 2016.

46. United Nations Statistics Division.

47. Ervand Abrahamian, "Why the Islamic Republic Has Survived," *Middle East Report* 250 (Spring 2009): 10–16; Homa Hoodfar, "Activism under the Radar: Volunteer Women Health Workers in Iran," *Middle East Report* 250 (Spring 2009): 56–60; and Eric Hooglund, "Thirty Years of Islamic Revolution in Rural Iran," *Middle East Report* 250 (Spring 2009): 34–39.

48. Massoud Karshenas and Hassan Hakimian, "Oil, Economic Diversification, and the Democratic Process in Iran," *Iranian Studies* 38, 1 (March 2005): 67–90.

49. Djavad Salehi-Isfahani, "Iranian Youth in Times of Economic Crisis" Working Paper no. 3 (Dubai Initiative, Dubai School of Government and Belfer Center for Science and International Affairs, Harvard Kennedy School, September 2010).

50. Mehrangis Kar, "Shari'a Law in Iran," in Paul Marshall, ed., *Radical Islam's Rules: The Worldwide Spread of Extreme Shari'a Law* (Lanham, MD: Rowman & Littlefield, 2005), 41–64.

51. The numbers are from Amnesty International.

52. Abdolmohammad Kazemipur and Ali Rezaei, "Religious Life under Theocracy: The Case of Iran," *Journal for the Scientific Study of Religion* 42, 3 (2003): 347–361.

53. See Mahmoud Sadri, "Sacral Defense of Secularism: Dissident Political Theology in Iran," in Negin Nabavi, ed., *Intellectual Trends in Twentieth-Century Iran* (Gainesville: University Press of Florida, 2003), 180–192.

54. Mahmud Abbasi, *Qanun-e Mojazat-e Eslami* [Islamic Penal Code] (Tehran: Hoquqi, 2002), 108.

55. Following the victory of the Mujahidin in Afghanistan, as the Iranian government became keen on repatriating Afghan refugees to Afghanistan, tens of thousands of Iranian women who had married Afghan refugee men in Iran were told by the authorities that they faced the choice of either seeking a divorce from their husbands or following them to their country. Under Rouhani

there has been a new push to change Iran's discriminatory nationality law. See Semira Nikou, "Iran's Discriminatory Nationality Law," *The Iran Primer*, United States Institute of Peace, February 4, 2015; and Narges Bajoghli, "Iran's Unfair Nationality Law," *MERIP Blog*, November 9, 2015.

56. Mehrangiz Kar, "Women's Political Rights after the Islamic Revolution," in Lloyd Ridgeon, ed., *Religion and Politics in Modern Iran: A Reader* (London: I. B. Tauris, 2005), 253–278.

57. Moaddel and Azadarmaki, "The Worldviews of Islamic Publics," 77.

58. Moaddel and Azadarmaki, "The Worldviews of Islamic Publics," 78. Forty-five percent of Iranians agree with this statement, while 88 percent and 89 percent of Egyptians and Jordanians, respectively, agree.

59. Moaddel and Azadarmaki, "The Worldviews of Islamic Publics," 79.

60. For details, see *The International Encyclopedia of Women and Sport* (New York: Macmillan, 2001), "Iran," 586–587. For an eyewitness account by a Western journalist, see Geraldine Brooks, "Muslim Women's Games," in *Nine Parts of Desire: The Hidden World of Islamic Women* (New York: Anchor Books, 1995), 201–211.

61. Asked whether she would ever "want to throw off the head scarf in public," she answered: "Do you want to issue me my death sentence?" *International Herald Tribune*, April 3, 2003, 2.

62. Najmedin Meshkati, "Iran's Nuclear Brinkmanship, the U.S. Unilateralism, and a Mounting International Crisis: Can Civil Aviation Industry Provide a Breakthrough?" *Iran News*, July 26, 2004, 14.

63. Thierry Kellner, "Iran's Asian Strategy: The Importance of Economic Ties," in H. E. Chehabi, Farhad Khosrokhavar and Clément Therme, eds., *Iran and the Challenges of the 21st Century: Essays in Honour of Mohammad-Reza Djalili* (Costa Mesa, CA: Mazda, 2013), 245–265.

64. Arang Keshavarzian, "Contestation without Democracy: Elite Fragmentation in Iran," in Marsha Pripstein Posusney and Michelle Penner Angrist, eds., *Authoritarianism in the Middle East: Regimes and Resistance* (Boulder, CO: Lynne Rienner, 2005), 63–88.

## 譯者註

[1]　伊斯蘭教什葉派（Shiites）中最大的分支：「十二什葉／伊瑪目派」。

[2]　其文章已經移至https://www.jadaliyya.com/Details/28826/A-New-Oppositional-Politics-The-Campaign-Participants-in-Iran%E2%80%99s-2013-Presidential-Election。

[3]　高度仰賴石油的租金。

[4]　一般比較讓人知悉的英文名詞為Society of the Combatant Clergy，與後文中「制度化利益表達與匯集的形式：投票」所提及之中文名詞為同屬。

[5]　擁有核武的國家除了上述之外，還有俄羅斯人以及北韓朝鮮人。

[6]　現任市長為2018年上任的「皮魯 哈納奇」（Piruz Hanachi）。

[7]　一般比較被知悉的名稱為「最高國家安全委員會」（Supreme National Security Council, SNSC）。

[8]　里亞爾是目前伊朗流通的貨幣。

[9]　目前此單位名稱為「伊拉克伊斯蘭最高委員會」（Islamic Supreme Council of Iraq, ISCI/SIIC）。

[10]　由海珊・胡希（Hussein Badreddin al-Houthi）所創立的反政府組織，但被許多國家視為是恐怖主義組織。

[11]　目前正確可連結的網址為：https://irandataportal.syr.edu/。

# 第十六章

# 印度政治

蘇布拉塔‧米特拉（Subrata K. Mitra）

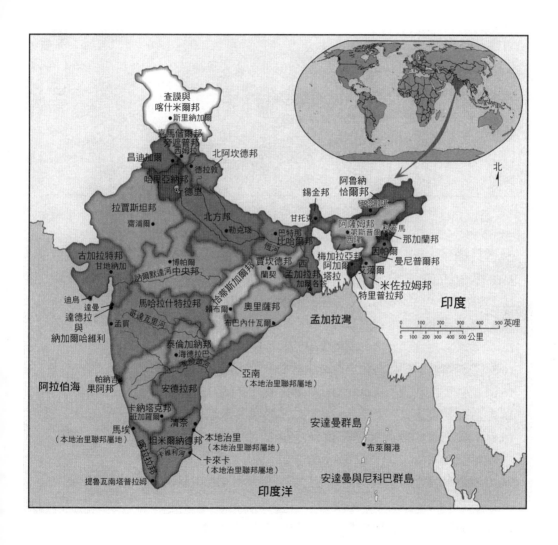

## 國家簡介

**人口**：12億8,200萬

**領土**：3,287,263平方英哩

**以購買力平價方式表現人均國內生產**

**總額**：6,088.6美元（2015年）

**獨立年分**：1947年

**當前憲法制定年分**：1950年

**國家元首**：總統普拉納布‧穆克吉（Pranab Kumar Mukherjee）[1]

**政府首腦**：總理納倫德拉‧莫迪（Narendra Damodardas Modi）

**語言**：英語、印地語／印度語（41%人口中的主要語言）、孟加拉語、泰盧固語、馬拉提語、坦米爾語、烏爾都語、古吉拉特語、馬拉雅拉姆語、康納達語、奧里亞語、旁遮普語、阿薩姆語、喀什米爾語、信德語、梵語（附註：有24種語言，每一種都有超過百萬以上的人口使用。）

**宗教**：印度教79.8%；穆斯林14.2%；基督新教2.3%；錫克教1.7%；佛教0.7%；耆那教0.4%；其他信仰0.7%（2011年）

**受制於種姓制度**：16.6%的總人口（2011年）

**受制於部落規範**：8.6%的總人口（2011年）

## 學習目標

**16.1** 探討印度的國際形象及其崛起所帶來的挑戰。

**16.2** 描述現代化印度的建立並與其他南亞國家對比它的發展。

**16.3** 確認印度社會的構成狀態並探討他們支離化國家認同的方式。

**16.4** 比較與對比印度與美國及英國的政治體制。

**16.5** 區分聯邦與印度各州所擁有的權力。

**16.6** 描述印度代表的特殊利益組織類型及其參與的方式。

**16.7** 探討印度國家型與區域型政黨的結構與影響力。

**16.8** 列舉三種印度慣用的莫利斯—瓊斯政治模式，並且探討它們與政治文化的相互作用。

**16.9** 探討印度在全國性與地方性選舉上投票率增加的結果，以及逐漸浮現的公民政治行動。

**16.10** 評估印度各個社會群體在政治制度中表現的情況。

**16.11** 總結印度經濟的波動、政府的反應及其結果。

　　當代的印度已經不再被當作落後與經濟停滯的縮影了。雖然低度發展地區以

及大規模貧困狀況依然存在；然而，自從1991年經濟自由化之後，有了很大的發展。1998年的核試驗以及由總理納倫德拉‧莫迪（Narendra Modi）大力促進的政府外交政策，都替印度的國際形象增添一些新的實質內容。印度穩定地整合全球市場經濟、低通貨膨脹率，以及令人印象深刻的經濟成長，都使得該國轉變成外國直接投資很重要的一個據點。普及化的手機、新建的高速公路、穿插在重要城市的高架道路、外商公司，以及購物中心，宣示著一個中產階級正在逐漸成長。全球商業與產業的負責人都會定期參訪孟買、班加羅爾、海德拉巴，以及清奈——這些城市都有新的國際機場可以直接連結到國際商業總部。印度的首都新德里（New Delhi）定期性地接待來自全球的工商界領導人與國家元首。

這些高科技實力是否意味著一種可持續增長的進步呢？繁榮與經濟增長的現象是在整個社會以及不同地區之間傳播開來，還是僅侷限於某些特權階層，這是否會製造不滿的情緒並削弱公民的效能感與政治制度之合法性呢？由印度民族主義之「印度人民黨」（Bharatiya Janata Party, BJP）所領導的政府是否會威脅到該國脆弱的世俗組織呢？國家與民主政治的進程是否有能力戰勝印度當地支持全球恐怖主義的基地，以及中國共產主義毛澤東思想與分裂主義相關的運動呢？

這一章節會對這些問題加以回應，檢視這些在印度現代政治制度下所增長的兩難困境，尤其是在與國家的社會多元性交互作用所產生的結果，以及在經濟快速變遷的狀態下對於穩定的社會改革所帶來的衝擊。如何將世俗與民主治理加以制度化，是印度其中一個關鍵性的考驗。聯邦主義、選舉制、權力分享與政黨競爭的非正式與制度化的形式、積極參與司法機構的社會性事務、不斷成長的市場與全球化，以及對印度、國際媒體與人權運動的關注所共同營造的政治環境，彼此都相互作用著，有助於維持民主與發展。

印度民主的復原力從理論層面上的民主轉型到本身的鞏固確實是一大難題。這些理論典型上都會預設一些前提條件，像是識字能力、社會同質性、繁榮程度，以及財富的公平分配性，都是一個封建環境要走入民主社會的必要條件。這些條件，在1947年以前都很難呈現出來，因為當時印度才剛擺脫英國近200年的殖民統治而走入獨立，我們在之後的章節會提到。而且，印度依然是走向了成為一個穩定的選舉制民主國家。與大多數後殖民國家的民主制滅亡形成強烈對比，為何印度的民主制度能夠存留下來呢？本章節鑽研了這些問題後，也關鍵性地比較了政治的發展。其錯綜複雜性——結果導因於現代與傳統政治規範與價值觀的衝突——新制度的革新，以及從殖民統治轉型到初生的民主國家之重要時刻出現了務實的領導人，像是甘地（Gandhi）、尼赫魯（Nehru），以及帕特爾

（Patel），這都是導致印度能夠成功地走向民主國家的關鍵。這些領導人接受過法律的訓練，透過長期在議會制政治中抗爭殖民統治的經驗來磨練本身的技能。他們接受這套來自於歐洲的制度而影響到其整體脈絡以及文化。[1]除了解釋印度相當具有彈性之民主的反常現象之外，本章節還基於阿蒙（Almond）的比較政治框架對印度所體現的豐富性與複雜性進行深入的了解，並透過理性選擇之新制度主義以及參照比較性歷史途徑來理解其走向自由民主國家之路。[2]

## 當前的政策挑戰

### 16.1 探討印度的國際形象及其崛起所帶來的挑戰。

　　印度急速地變成一個經濟快速成長的國家，其擁有核武庫與導彈的發射能力、大量購買軍事硬體設備、農場在全球市場的占有率不斷提高，特別是恐怖主義攻擊了印度的城市以及軍營，而使當代印度成為全球關注的焦點。這個國家的狀態正處於一個重要的新興市場，通往印度做生意的管道變得更加容易，開設了大量與外國的合資企業，獲得許多有技術、低價、年輕並接受英語教育的技術人員，能夠熟練地操作著資訊科技，而為企業呈現出新的機會。新的連通性對印度傳統上的「**不結盟運動**」（nonalignment）政策掀起了嚴峻的挑戰——就是在印度較廣為人知的**《潘查希拉協議》**（panchasheela），亦即梵語裡所描述的：和平共處五項原則——典型上就是印度在總理賈瓦哈拉爾‧尼赫魯治理下之後戰爭時期的外交政策。印度當前的政策，在總理納倫德拉‧莫迪的領導下，已經逐漸發展出新的夥伴關係了。

　　當代印度正在不斷地與世界以及區域上產生更多的連結關係。尼赫魯一直是國際維持和平與調解倡議的支持者，也是堅定支持亞洲區域合作與不結盟運動的擁護者。莫迪執政下的印度，往往宣稱其不安全的源頭是來自於鄰近國家的領地，因此試圖從雙邊層面上來解決問題。成功解決聯合管理問題的安全威脅，可能會減輕印度的安全負擔並增加其在國際舞臺上來自區域大國的支持，但由於印度與鄰國巴基斯坦在「喀什米爾」（Kashmir）問題上長期存在著衝突，而且印度鄰國對其潛在的國家霸權上也存有憂慮，因此印度可能難以朝這個方向發展。現今是多點連結的世界，而且隨著所謂的「**金磚五國**」（BRICS）的出現——這是一個存在於巴西、俄羅斯、印度、中國，以及南非之間的非正式結盟關係——以及印中關係的解凍（中國目前是印度最大的貿易夥伴），印度的外交政策與冷戰時期的狀況具有根本性不同的情境。

　　印度於資訊科技的傑出表現在國際上是有目共睹的，並且與世界許多重要的

公司都有商業上的往來,改變了全球從原本關注於印度的大規模貧窮而轉移到新的機會上。措施擺放在「開放度」——藉由國內生產總額所區隔的進出口加總來看——由1991年開啟的經濟自由化可以看出,印度的國際地位在最近這些年來是穩定地成長(參閱圖16.1)。這個結果可以從其服務類型相關產業在經濟成長中所占的比例看出,其從1960年至1961年的19%,成長至2013年的57%。農業占國內生產總額的比例也不斷地在下降,於上述時期從原本的43%降至18%。

　　談到大眾識字率,印度仍然明顯落後於其他工業化國家,同時也落後於中國,更不用說絕大多數的東亞「四小龍」國家[2]。印度的菁英撐起了在資訊科技、生物科技,以及醫療研究上的知識實力,而這些都是由一些菁英學校與機構所提供的——像是印度理工學院(IIT)、印度管理研究所(IIM),以及一些主要的都會大學。除了這些只能滿足一小部分人口之教育需求的機構外,印度現在還非常缺乏擴大民眾識字率與經濟增長所需的技術培訓之基礎設施。在聯邦制的權力分立之下,教育由印度的地方政府負責,這使得在國家層級上難以實現大眾教育的協調。

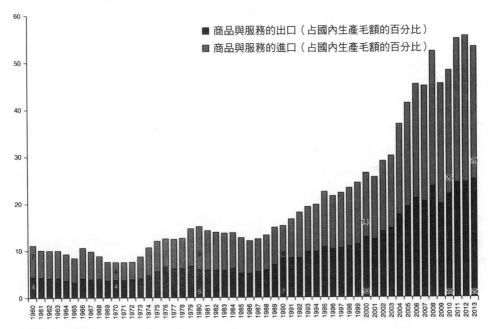

**圖16.1　印度的進出口在過去這10年有快速增加的趨勢**

在1991年開始,投票率反映出真實的選民參與程度,而不是政府灌水的結果

　■ 商品與服務的出口(占國內生產毛額的百分比)
　■ 商品與服務的進口(占國內生產毛額的百分比)

資料來源:世界銀行,http://data.worldbank.org/indicator。

　　印度的基礎建設，特別是道路交通與運輸設備，是不足以滿足快速成長的經濟所需。目前的計畫方案是要去建設高速公路來連結印度主要城市，以表示政府確實有關注到這項議題的重要性。這樣的問題是具有歷史典故的，印度的交通網絡，特別是鐵路系統，最初是由英國殖民時期的統治者所興建的。他們主要的功能是讓維安部隊能快速地從某一處移動到另一個地方。也因此，印度在獨立之後就接收了這擁有廣大里程的鐵路網絡，但是港口與主要腹地以及礦產地的連結卻很缺乏。經濟成長所加快的步伐以及全球競爭的挑戰，都使得基礎建設這項議題變得更加重要。

　　政治與宗教之間的糾葛關係一直都是讓人感到頭痛的來源。早期的印度政治專家認為宗教信仰阻礙了現代化政治與經濟的發展。印度也因為有這些主要的障礙而使得社會階級要走入平等的政治秩序之改革變得很困難。他們相信只有現代化，才有可能降低宗教的重要性。[3]相反的，近年來的政治發展已經顯示了宗教網絡也可以變成政治上的動力來促使社會運動的進行。許多現代性的捍衛者都對宗教感到震驚，他們沮喪地意識到，宗教可以賦予那些被歧視或被威脅的其他群體一種社會群體的認同感。在印度，尋求身分認同與政治競爭之間的融合經常出現。[4]當宗教的追隨者在某個區域聚集在一起時，例如錫克人（Sikh）在旁遮普邦、穆斯林在喀什米爾地區，這時就會在宗教、區域認同，以及政治多數之間出現一個收斂點。這樣的收斂點會產生一種一致的要求，認為地方政府應該要將宗教的神聖信仰加以涵蓋進來。這樣會嚴重地延伸為印度要成為一個世俗國家的限制，尤其是憲法上禁止宗教在公共機構中扮演任何的角色。[5]印度的穆斯林與基督教少數群體也會面臨到這樣的困境，那就是有愈來愈多從印度教民族主義立場的強勢團體來勾勒本身的政治觀點，以此吸引印度與海外媒體之注意。像是少數群體遭受攻擊這樣的國內政治議題，開始跟外交政策、國內安全，以及從印度鄰近國家擴散而來的邊境恐怖主義，糾纏在一起。

　　印度—巴基斯坦的角力，伴隨著潛在性的核武戰爭——因為雙方國家都擁有核彈頭以及發射能力——依舊是令人擔憂的來源。這兩個國家對於喀什米爾地區的衝突，可以回溯至1947年。喀什米爾地區主要是穆斯林的聚集地，所以巴基斯坦宣稱其依據「**兩國理論**」（two-nation theory）的觀點，形塑建立巴基斯坦的基礎，可將喀什米爾地區作為南亞穆斯林專屬的國土。印度則是合法化其主張具有喀什米爾地區的主權，因為該地區獨立之後選擇加入印度，而且握有主要是穆斯林聚集的領地來持續作為印度聯邦整合的一部分，這是印度成為世俗國家地位中，不可或缺的一種信譽保證。針對喀什米爾地區的衝突，導致印度與巴基斯坦

之間在1947年至1948年、1965年，以及1999年都發生過戰爭。在1998年進行**核試驗**之後，國際社會為南亞的軍備競賽以及可能加劇的衝突開始做準備。但是，剛好與國際社會的顧慮相反，在核試驗之後不久，印度與巴基斯坦開啟了一系列的協商以及「建立互信措施」（CBMs）。印度與巴基斯坦[6]之間的**「全面對話」**（composite dialogue）也在2004年開啟，以作為兩國之間協商的基礎，似乎在偶爾發生的衝突中占據主導之地位。這樣的對話在2008年印度的孟買遭到恐怖攻擊時就中斷了，但反向管道的互換仍以一種或其他形式繼續進行著。然而，喀什米爾地區衝突的議題，依然持續存在於印度國內政治以及國際關係上。

　　好在有喀什米爾地區聯合政府的努力，運用強化民主的措施以及有效的反恐怖主義方法，再加上一些物質上的利誘，讓整體叛亂的規模在這幾年有下降的趨勢（參閱圖16.2）。印度的立場偏向於希望能針對喀什米爾地區的衝突來協商出結果，其贊成的比例從1996年的33.5%上升至2004年的59.3%，而支持以軍事力量作為解決方法的比例，在上述期間中也從11.1%下降至8.8%。[7]由**「印度人民黨」**（Bharatiya Janata Party, BJP）所領導的**「全國民主聯盟」**（National Democratic Alliance, NDA）率先努力合作推動與巴基斯坦之間的協商，由總理瓦巴依（Vajpayee）領導，之後也由2004年至2014年期間擁有國會多數席次的**「聯合進步聯盟」**（United Progressive Alliance, UPA）來繼續追隨。總理莫迪

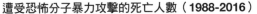

**圖16.2　傷亡年表：查謨與喀什米爾邦（1988-2016）**

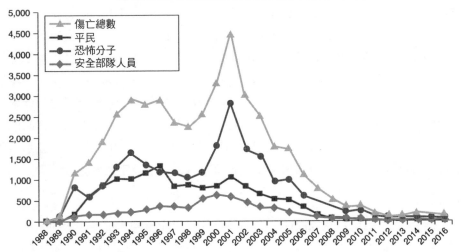

遭受恐怖分子暴力攻擊的死亡人數（1988-2016）

資料來源：https://www.satp.org/。

隨著2014年國會選舉上全國民主聯盟的勝利，主動與巴基斯坦重新啟動雙邊談判。但這樣的讓步至今都還沒有產生什麼特殊的結果。然而，關於全球反恐戰爭的默契共識以及不斷強化的軍事能力，增加了印度本身的能力，並對國家安全以及領土完整性上採取更為大膽的立場[8]（參閱圖16.2）。

# 民主之路：造就當代政治的歷史

## 16.2 描述現代化印度的建立並與其他南亞國家對比它的發展。

同時包括殖民地時期與前現代時期的印度歷史，都受到西方自由民主國家以不同的方式來影響著目前的政治。印度並沒有與西方國家同樣的經歷過工業革命，而未與歐洲案例一樣導致與過去傳統出現明顯的斷裂，也沒有經歷過像是馬克思主義般的革命血洗，所以也沒有產生類似於俄羅斯以及中國那樣與傳統割裂的現象。印度這個國家也並非被完全殖民化，而像美國、加拿大，以及澳洲那樣整個都是白人的移居者。相形之下，印度是一個文明古國，由接續幾波移民潮的定居者逐漸改變，在印度增添了其本身的文化、宗教儀式，以及社會網絡，作為融入這個多元文明的一部分。在印度，過去的歷史似乎無縫地融入到了現在，伊斯蘭入侵者摧毀印度教寺廟等歷史事件也可能會再次出現，成為當前政治中具有重大情緒性的敏感問題。印度的史詩大受歡迎，像是《摩訶婆羅多》（*Mahabharata*）以及《羅摩衍那》（*Ramayana*），其作為黃金時段的電視轉播戲劇節目，均預示著這種受到歡迎的發展趨勢。在前現代化時期就已經存在了具有組織性的政治權威，其能夠進行城市規劃、完善複雜的治理方法，以及徵收稅務，這些都在一些像是《政事論》（*Arthashastra*）的文本中可以詳見一二[9]。然而，這種強調過去與現在歷史之間的無縫連接之概念也受到質疑。美國史學家伯頓・史坦（Burton Stein）在其具有開創性的著作《南印度中世紀的農民、國家與社會》（*Peasant, State, and Society in Medieval South India*）中，就質疑了這樣高度組織化且擁有一個至高無上的統治者與萬能的官僚機構之封建國家的傳統概念。[10]取而代之，他認為早期的印度是「片段式」國家形式，當時的政治權威與控制都是在地化且以一種鬆散的方式來組成一部分的帝國，其論述基礎來自於不同的因素，像是農業耕作制度、宗親關係，以及宗教網絡等。[11]

## 英屬印度

有豐富的文獻資料來探討印度為何以及如何變成英國的殖民統治地。英國擁有優越的擴充能力、中央集權的政治組織，以及專業的軍事情報等，都可解釋當

時這勢不可擋的大英帝國之擴張，其在1858年平定了印度的「民兵起義」（Sepoy Mutiny）後，達到鼎盛的顛峰。[12]英國的統治，即便透過中央集權，還是要大量依賴非直接統治的方式進行，其運作需透過準自治中間機構的忠誠支持，像是當地王子、部落領袖，以及**「世襲貴族（扎明達爾）」**（zamindars）（印度語中對於「地主」的稱呼），但英國也對這些人一直保持著高度的警覺性。[13]

英國的殖民統治剛好凸顯了印度當時經濟的停滯以及去工業化狀態，根據一些文獻分析，這兩者可能都與殖民主義的剝削有直接的因果關係。然而，英國還是有遺留下一些豐富的社會變遷，像是透過立法、法治的政治文化、擴大權力的下放、特殊領地的行政統一、福利國家、現代化軍備、警察與專業的官僚體制，以及用英語來精通各種表達並能夠以此來進行政治動員、治理，以及選舉溝通的中產階級。這些財富都變成是印度所擁有的資產，可幫助印度的服務產業以及將其市場整合進全球性的政治經濟中。

## 獨立運動

印度的自由運動起源是非常複雜且多樣性的。該運動係基於一個平臺，該平臺在戰略上將煽動自我統治與有序地參與殖民地機構並與行政管理結合起來。雖然偶爾會發生一些暴力事件，不過運動基本上是具有合憲性且本質上是自由的。儘管具有國家主義、宗教非寬容性，以及激進社會主義言論的成分，大多數發起的運動都還是在曾經接受過西方教育的領導人可以控制之情況下進行，這些人大多本身具有比較自由的價值觀，並且有熱情承諾帶給印度一個現代化、世俗化，以及民主化的未來。這些領導人相信社會進步、政治適應性、領導權要基於共識，以及透過協商與司法化過程來解決衝突。他們大致上站在反對利用種族與宗教來獲得政治支持的立場上。

對於印度愈來愈多人大聲呼喊需要提高政治參與的訴求，英國於1935年制定一部《印度政府法案》（Government of India Act 1935）作為回應。這部法案是印度憲政發展的里程碑，後來也成為印度獨立後在憲法制定上的重要藍圖。1935年法案持續建立在投票權需具有財產資格要求的基礎上。但是其投票人數也從原本的600萬人擴增至3,000萬人。在該法案下進行的各邦選舉，也給予了「印度國民大會黨」（Congress Party）相當寶貴的經驗來參與競選活動與政府治理。這兩者都變成很重要的資產，尤其在印度獨立之後要建構一個有秩序的政治發展上。

在最後階段中，民族運動撕裂了印度國民大會黨以及穆斯林聯盟之間的關

係，後者主張建立巴基斯坦作為印度穆斯林可依靠的一個分裂國家。印度國民大會黨一開始很抗拒「印巴分治」（Partition of India）這種基於宗教理由的概念，但最後印度在與英國協商獨立以及權力轉移的最後過程中，勉強地同意這樣的概念。「印巴分治」後來演變成許多可怕的暴力事件，有上百萬名印度教、穆斯林，以及錫克教的難民座落在橫跨雙方新邊界的管轄區中。這樣的印巴分治留下了持久衝突的痛苦，其更勝於喀什米爾地區的問題。

**莫罕達斯‧甘地**，最為人們所知悉的印度獨立運動領導人物，也一直都是道德上的精神領袖，發展出了「不合作運動／真理堅持」（satyagraha）的方法——非暴力抗爭，結合制度性的參與以及策略性的反抗——當時他還在南非為一家印度人開設的律師事務所工作。南非的經驗也教導了甘地跨社群之間聯盟的重要性，這樣的策略最終使他能夠打造出讓印度教與穆斯林之間團結的結果。這樣的狀態變成甘地於1915年從南非返回印度之後，在政治上一種很顯著的特質。在他的領導之下，印度國民大會黨也變得愈來愈注意到其以城市中產階級為主的策略與印度廣大群眾之間的落差，並且改變關注至印度的農民身上。

莫罕達斯‧甘地很敏銳地了解到印度政治的本質以及其不容易將群眾結合在一起，因為人們很容易被種族、宗教，以及種姓制度（castes）加以區隔開來。而他選擇以鹽稅的抵制行動，來為動員印度人非暴力的抵制提供了一個施力點。

印度在1947年8月15日成為了一個獨立的國家，雖然整個共和國是在1950年之後才完成[3]。**賈瓦哈拉爾‧尼赫魯**成為印度獨立後的首任總理，也是在印度反殖民運動以及不結盟運動抗議中的領導性人物。不像中國與前蘇聯在後革命時代的政治菁英，尼赫魯及其盟友透過共識來建立國家領導團隊，形成一個將挑戰者納入而非將其消滅的體制，因此能夠讓政治光譜涵蓋到更廣大的範圍中。新的政治體制之特徵就是由印度的歷史遺產與社會多元性來加以形塑，但是大多數都還是受到許多地方與區域性的殖民統治反抗之色彩影響。相對於中國以及前蘇聯——形成自我意識並企圖去斷絕與前革命時期的過去歷史之關係——任何一個發生在印度之反英國運動，不論之前或之後都不太具有種族的色彩。殖民統治帶來的複雜性以及對其反抗的歷史遺產，都變成是現代印度整合進政治基礎的一部分。

## 近代政治史

印度共和國在1950年正式成立（參閱圖16.3）。其為第一個從殖民統治獨立出來的第三世界重要之民主國家，而且也是第一個遠離由美國或是前蘇聯所主導

之軍事同盟集團的重要國家。相反的，在總理尼赫魯領導之下，印度決定要走一條不結盟的外交政策。在國內，印度尋求避免產生極端的社會主義與資本主義，反而選擇了一條「**混合型經濟**」（mixed economy）之路，結合國家在投資、計畫，以及分配上進行管制，但卻給予企業在工業、農業、服務業，以及貿易上相當的空間。

**圖16.3　印度獨立之後的重大事件年表**

| | |
|---|---|
| 1947年 | 獨立紀念日（8月15日）、印巴分治，以及權力轉移。<br>喀什米爾地區加入到印度聯邦；第一次發生於喀什米爾的印巴戰爭。 |
| 1950年 | 印度共和國正式成立（1月26日）。 |
| 1951年至1952年 | 第一次聯邦與各邦議會舉行大選。 |
| 1962年 | 中印邊界戰爭。 |
| 1964年 | 賈瓦哈拉爾・尼赫魯於中風之後死亡（5月26日）。 |
| 1965年 | 印巴戰爭。 |
| 1971年 | 印巴戰爭。巴基斯坦分裂——孟加拉建國。 |
| 1974年 | 第一次核試驗。 |
| 1975年至1977年 | 國家發布緊急狀態。 |
| 1984年 | 印度軍隊攻擊阿姆利則黃金聖殿，以驅逐錫克族恐怖分子（6月）。總理英迪拉・甘地遭到暗殺（10月31日）。 |
| 1991年 | 印度開啟經濟自由化。 |
| 1992年 | 阿約提亞古城的巴布里清真寺遭到毀壞。 |
| 1993年 | 憲法第73次修正案促使村議會成為自治性組織，並且強制性配額至少33%的席次給女性。 |
| 1998年 | 印度與巴基斯坦皆進行核試驗。 |
| 1999年 | 發生在印度與巴基斯坦之間的卡吉爾戰爭。 |
| 2002年 | 發生在戈德拉鎮與古吉拉特邦的反穆斯林暴動。 |
| 2004年 | 由印度人民黨領導的全國民主聯盟在全國大選中被擊敗；聯合進步聯盟組成的政府在總理曼莫漢・辛格帶領下宣誓就職。 |
| 2005年 | 國會通過《聖雄甘地國家農村就業保障法》。 |
| 2008年 | 《印美民用核能合作協議》簽署成為法律。 |
| 2009年 | 由桑妮雅・甘地領導的聯合進步聯盟贏得了全國性大選。 |
| 2010年 | 《女性保留席次法案》（在人民院以及邦議會為女性保留33%的席次保障名額）在通過聯邦院之後（3月），未能成為法律。 |
| 2014年 | 由納倫德拉・莫迪領導的全國民主聯盟贏得了人民院的大選，這是國會中比較具有權力的下議院。 |

　　印度的民主，姑且不論在**英迪拉·甘地**（Indira Gandhi）執政時出現「非常時刻」（Emergency）緊急狀態下政權（1975至1977年）時所施行的短暫威權統治之外，其通過選舉動員、立法與憲法修正案，以及對女性、過去的賤民階級與其他處境不利的社會群體加以賦權，而讓其民主獲得了廣度、深度以及彈性度的增長（參閱專欄16.1）。然而，印度其他顯著的特性就經歷了許多嚴格的試煉。幾個戰爭——包括與巴基斯坦在喀什米爾議題上的戰爭，以及與中國針對印度西北、東北邊疆喜馬拉雅山區在1962年發生的邊境戰爭——威脅著印度的領土完整性，並挑戰其要秉持基於不結盟運動以及和平解決衝突之不結盟外交政策的決心。過去受到前蘇聯的支持，有助於印度面對來自於兩個敵對鄰國：巴基斯坦與中國相互結盟的行為，但是在冷戰結束以及前蘇聯瓦解之後，這就付諸流水了。印度藉由發展軍事力量以及核武能力來面對這樣的挑戰。在2008年時將「印美民用核協議」簽署成為法律，讓印度得以取得更多管道來獲取核能燃料與技術。

　　印度政府在1991年時有決心要將經濟自由化，一開始就是拆解計畫經濟下的

---

### 專欄16.1　從賈瓦哈拉爾·尼赫魯到拉胡爾·甘地：民主與朝代的統治

出生於1889年安拉阿巴德市（Allahabad），作為印度國民大會黨傑出的領導人並與莫罕達斯·甘地結為親密好友的莫逖拉爾·尼赫魯（Motilal Nehru）之長子，賈瓦哈拉爾·尼赫魯——就像莫罕達斯·甘地一樣——前往英國的英格蘭受教育，在回到自己的家鄉之前一直是位律師。他在1920年代加入印度國民大會黨的政治場域中，並開啟一段長期且緊密與莫罕達斯·甘地的結盟歷程。本身傾向於社會主義的觀點並且具有現代化快速發展的視野，賈瓦哈拉爾·尼赫魯在許多面向上都朝著印度獨立的方向來建構。他在其著名的「自由與榮耀」演講中，抓住了歷史性瞬間的精神，呼籲要成立一個印度國家。不久之後，賈瓦哈拉爾·尼赫魯成為了印度的首位總理，一直執政到1964年過世。但是賈瓦哈拉爾·尼赫魯「朝代」仍然持續掌控著印度的政治，尼赫魯的女兒英迪拉·甘地於1966年成為總理，而之後其孫子拉吉夫·甘地（Rajiv Gandhi）於1984年至1989年亦擔任總理一職。拉吉夫在一次坦米爾納德邦的選舉中，受到來自斯里蘭卡的自殺炸彈客爆炸事件而喪命，其義大利籍的遺孀桑妮雅·甘地（Sonia Gandhi）隨後也進入到印度國民大會黨的政治場域中。她領導的聯合進步聯盟在2004年取得勝利之後，她被邀請擔任總理一職。桑妮雅·甘地拒絕了，她希望能夠只擔任印度國民大會黨的黨魁，在政府外部提供領導。而她也持續擔任印度國民大會黨的黨魁以及聯合進步聯盟的協調者，之後在2009年聯合進步聯盟獲得勝選。許多人認為她的兒子拉胡爾·甘地（Rahul Gandhi）進入到印度國民大會黨擔任副黨魁，將來也注定要成功追隨桑妮雅·甘地來擔任黨魁（參閱圖16.5）。

結構組織。印度快速地與國際市場經濟結合，使得其經濟成長率出現有助益的效果。儘管面臨了1980年代與巴基斯坦伊斯蘭共和國的交戰、好戰印度教派的興起，以及隨著定期爆發跨社群之間的暴力衝突，印度還是能夠維持其世俗國家的地位，並且尋求能夠提供一個公平的競爭環境給國內所有的宗教、種姓制度、種族，以及族群團體。

# 印度社會「被給定」的元素

## 16.3 確認印度社會的構成狀態並探討他們支離化國家認同的方式。

　　要理解印度不斷出現複雜且有時候會感到疑惑的政治程序議題的關鍵在於，要知悉印度傳統的制度、社會多元化，以及現代化民主政治過程中的交互關係。在日常政治的喧囂與騷動之下——像是日常般的抗爭運動、叛亂暴動、煽動性言語、選舉與政治——存在著一套共同的規則與制度。這解釋了，為何儘管有階級、種姓、部落（tribals）和區域的日常衝突，以及持續至今仍有大規模的貧窮人口，印度還是很成功地建立起具有彈性的民主制度以及相對公平的政治秩序。

### 宗教多元化與政治衝突

　　印度是一個文化多元、宗派多元，以及世俗性的國家。印度10年一次的人口普查顯示這是一個以印度教為主體的國家，有79.8%的人口為印度教徒。但是印度教徒當中也被分為許多不同的類型與宗派，而且在傳統意義上很難被定義為屬於同一個「宗教性社群」。然而，快速崛起的印度人民黨就是一個打著印度教民族主義的政黨，提醒著在政治上出現泛印度教民族主義作為意識形態的可能性。以印度教作為主體來進行政治動員的觀念，威脅了國家多元以及民主的特質，並且成為讓少數族群感到焦慮的來源。對於破壞巴布里（Babri）清真寺[4]的看法，雖然這是位於印度北方城市——**阿約提亞古城**的一座不再具有實際使用功能的清真寺，但也顯示出了一種極端化的行為。

　　儘管有時候印度教徒與穆斯林之間會出現跨社群的衝突，不過印度的政治程序是足夠強大去適度地緩和一些極端的要求。首先也是首要的，文化多元化已經整合成為印度教的一部分。它的許多教派是在各自不同的傳統相互影響下，發展出新的形式。[14]許多印度教徒都相信這種所謂「多元團結」的概念。每一個文化——語言地區都有其各自的傳統以及當地所信仰的神祇，而這些都是存在於當地不同的宗派裡，並讓許多印度教徒都能夠依照本身的偏好來過著有信仰的生活。在過去，印度教最高級別的教規與地方傳統都很自由地相互影響著，引導地

區性傳統的形成，產生許多儀式與信仰的混合形式，以及一些跨區域運動的成長。[15]印度教作為一個信仰與社會群體的內部邊界傾向於流動的，因此常會看到其結合了不同宗教習俗的群體。這樣理解的話，如果認為原本的印度人「多數」想法是想要將印度少數族群消滅的話，這就有點用詞不當了。

　　除了印度教之外，其他世界上主要的宗教也都出現在印度。穆斯林占印度總人口的14.2%，主要聚集在查謨（Jammu）[5]以及喀什米爾。有很大一部分的印度穆斯林是從印度教改宗皈依的。儘管宗教的變換，許多人還是維持本身的語言、飲食習慣、職業，以及地方社會上官僚階層的地位。因此，穆斯林也反映出了印度教的多元化——事實上這顯示出在英國統治下的穆斯林，在今日也算是政治伊斯蘭教徒，曾經試著淡化其偏好於同種的穆斯林社群的觀念。

　　針對穆斯林聯盟要求讓穆斯林能有一個分治的家園，在英國殖民統治時期逐漸形成印巴分治，之後在1947年成立了巴基斯坦，這個國家的成立有很明確的目標，就是成為南亞穆斯林的家園。有很大一部分的印度穆斯林是來自北方，也有大批的穆斯林聯盟之領導人，追隨印巴分治而離開印度並前往巴基斯坦。自從印巴分治之後，還留在印度的穆斯林社群就發展出新的領導關係、認同，以及政治信心。自從印度獨立之後，穆斯林在立法團體以及公共生活中的表現及出現次數有所增加，而政治競爭也強化了團體所主張的觀念並增加其數量、強度，而在地理區位上也擴增了印度教與穆斯林的衝突。[16]

　　錫克教——創立於400年前作為抵抗伊斯蘭入侵者的運動——吸收了許多具有神學與組織特質的印度教以及伊斯蘭教的人。一些錫克人會覺得他們的認同受到現代化以及印度教的同化現象所威脅。他們當中有許多人的願景就是要創立一個具有主權的卡利斯坦（Khalistan）國家作為專屬錫克教徒的家園。錫克人原本主要聚居於印度北方的旁遮普邦，但後來因為遷徙至印度其他地方以及海外而使得當地人數減少許多。有些錫克人擔心他們可能會失去在旁遮普邦的多數地位，因為有許多非錫克教徒受到比較優渥的工資，而從印度比較貧窮的地方湧入該地。這些憂慮燃起了一場愈來愈加轉向暴力的政治運動，導致軍隊包圍了阿姆利則市（Amritsar）的黃金聖殿，而他們為了加以報復，所以利用總理英迪拉・甘地身旁的2名錫克教保鏢，於1984年10月31日將其加以暗殺。[17]然而，政府也很策略性地結合鎮壓、駐紮，以及與持不同意見者合作等方式，讓旁遮普邦的法律與秩序重新回到正軌。

　　印度教民族主義運動主要的要求是在現代化國家結構中的全國性層次上，體現印度教文化的概念。政黨與運動都藉由宗教信仰與抱負來勾勒其力量，並自我

期許在政治以及文化上都具有相當強勢的影響力。[18]宗教——尤其是擁有專屬空間來進行禮拜的權利以及在宗教融合的社區進行宗教遊行的權利——在今日之印度仍舊是造成衝突的主要來源之一。北印度地區的印度教廟宇附近散落著清真寺，或者這些清真寺會搭建在被印度教認為應坐落的位置。印度的伊斯蘭清真寺具有集體記憶的象徵，從8世紀開始就讓大眾擁有其生活於此的意識。結果就是，許多伊斯蘭的建築現在都處於政治風暴的中心，使得該政治風暴繼續激起宗教狂熱與政治熱情。

## 種姓制度與政治

地方性的**種姓制度**（castes）（相對於方言「**迦提**」（Jati）[6]）基本上是用來規範婚姻、社會網絡、食物禁忌，以及宗教儀式的社會單位。在過去，種姓制度同樣也規範了職業上的選擇，因為典型上不同職業都具有某特定種姓制度與官僚體制的階級性。這些已經因為現代化、立法化，以及城市化而有大幅的改變。除此之外，配額制度（指印度所謂的「保留」——這是一種有利於社會上弱勢群體的正面歧視意義）也開放過去一度只保留給在種姓制度上具有特權者的上層工作，給予以往被視為賤民階級與部落的民眾。雖然種姓制度被認為是印度社會中重要的一部分，但是其他宗教中也存在著類似種姓制度的結構，包括伊斯蘭教、基督教，以及錫克教。

在印度有超過2,000種以上的「迦提」種姓制度，傳統上廣泛區分成四個階層明顯的等級，稱之為「**瓦爾那**」（varnas）：

1. 婆羅門（Brahmins）：這些人原本是擔任傳統上祭師的功能。
2. 剎帝利（Kshatriyas）：這些人是統治者以及武士。
3. 吠舍（Vaishyas）：這些人是屬於商人階級。
4. 首陀羅（Shudras）：這些人是從事服務業的群體、農民，以及工匠。

在一開始，種姓制度預設職業團體中的關係是相互依存的，就像是「**賈吉曼尼制度**」（jajmani systems）。[19]迦提（印度社會種姓制度分類之一）透過經濟上、社會上，以及政治上義務性的互惠關係，來讓人產生連結。這種互惠機制的模式核心，就是設立對土地利益有控制權的社會團體，而其他種姓制度對其提供服務，並從其中分享這些成果。低階種姓制度者與高階種姓制度的地主之間，所存在的關係是具有階級性的，但是因為他們的依賴位階，同時也會帶來一些傳統上的權利，例如發生自然災害時能夠得到一些賑災援助。然而，體制中所有的行

為都強調社會階層與不平等的權力、財富，以及地位。能夠控制土地就代表了在社會地位與權力中占據關鍵的層級。這些制度與傳統都是從一個具有一統性的「世間法」（dharma）概念來獲取其存在的正當性，其意味著事物本質上的秩序。雖然這特定指涉於印度教的概念，但是世間法卻掌控著地方社會、傳統，以及信仰的體系。在種姓制度中受到壓迫性的面向，也愈來愈多受到那些來自於金字塔底層人民的挑戰，特別是過去被認為是「賤民」以及其他種姓制度較低階級者，像是「表列種姓」（SC）、「表列部落」（ST），以及「其他落後階層」（OBC）。

　　過去被認為是「賤民」的人，傳統上是被排除在其他四個「瓦爾那」的社會互動關係之外，因為他們的職業在傳統上是被認為具有「不潔的」性質，像是清道夫、皮革工人，以及那些從事有關屍體燃燒工作的人。他們大概占了全印度六分之一的人口。透過立法以及平權行動，來嘗試提升他們正式成為被社會接納的一員，而自從印度獨立之後有了選舉政治，更是加速了其目的。過去被認為是賤民的人開始具有政治意識以及愈來愈自信，現在甚至將自己稱為「達利特人」（dalits），在印度語中的意義為「被壓迫的群體」。許多印度人將種姓制度視為是一種導致社會分裂與經濟落後的象徵。不過種姓制度對很多人來說，也是唯一可作為認同與社會互動之基礎。民主化與經濟的變遷也因此有時候會成為跨領域的工作、創造衝突、分裂廣大種姓制度而成為新的社會群體，以及融合幾個既存的群體成為種姓制度的結盟關係。隨著企業與政治連結的新機會打開之後，種姓制度也變得愈來愈像是社群形成的一種基礎。新的「政治種姓制度」就像是一種工具來讓某些社會群體用以鼓吹集體利益，考量某些目的而走在一起。這種藉由操作種姓制度所形成的工具性角色，主要是喚起其意識以及選舉動員，事實上會破壞整個社會階層的意識形態之基礎，有助於質疑藉由種姓制度來行使統治事實的可惡面貌。[20]近年來北印度的政治就被達利特人以及其他落後階層的聯盟所控制，他們通常是代表最低社會階層的人。

　　印度的原住民處境，一般都被認為是「部落」民族，他們占了印度總人口中的8.2%，並列於過去被視為賤民群體一樣屬於低社會階層，同時也被排除到社會主流之外。過去殖民統治時宣稱這些地區大部分都是居住著原住民，作為保留地或是「表列地區」，而這些部落的土地就不是隨便能夠讓非部落的人來獲得。這樣的政策在印度獨立之後依然延續著。雖然部落分布於印度全國境內，有一些部落族群生活在像是種姓制度般地位區分的非部落地區，大多數都分布在三個主要的區域：印度東北部（主要聚集在那加蘭邦、梅加拉亞邦，以及阿魯納恰爾

邦）、印度中部丘陵地區，以及印度西部。整體而言，這些地區都在社會與經濟上呈現比較落後的狀態，但是他們一樣很容易受到政治競爭的氣勢所感染。他們也藉由推動區域自治的運動，來說明這些部落本身意識的自我覺醒。

## 語言

除了種姓制度以及宗教之外，語言也是構成印度人認同的重要因素之一。語言同時也是其他南亞國家中社會分歧主要的原因，就像是巴基斯坦與斯里蘭卡。在印度主要的語言中，每一種都有融入許多世紀以上的歷史，並且集中在不同的區域。因此，母語就變成具有不同區域認同的關注性。雖然印地語在北印度是很常見的，但是不同區域（以及次區域）都有其獨特的印地語方言腔調。許多都已經有了高度發展，並具有其本身特殊的經典文學。在1920年代，基於語言的邦級忠誠感也同步發展出類似於民族主義的運動。印度國民大會黨要求英國需要重新按照語言線路來繪製印度地圖。印度國民大會黨本身最早也在1920年就以區域語言來作為組織的基礎。在1956年，政府重新繪製印度的行政區域圖，而自此之後，印度的組織基礎就是以母語來作為劃分。將主要語言的水準提高至成為該地區官方語言的地位，也強化了印度政治體系中的多民族性。

印度的語言可以被區分為兩大主要語系：北方的「印度─亞利安語系」（諸如旁遮普語、印地語、喀什米爾語，以及孟加拉語等）以及南方的「達羅毗荼語系」（諸如泰盧固語、坦米爾語、康納達語，以及馬拉雅拉姆語等）。在印度，最多人口使用的語言是印地語，其與英語，在印度一同被承認為官方語言。因為複雜的三種語言模式，所以給了印地語這種作為國語的地位，但由於政府承認英語作為官方工作的溝通語言，所以也讓其他非印地語的使用者，也能夠享受到相對公平的機會。官方為了方便在區域內處理事務，因此也主要採行區域性語言作為溝通媒介。此外，採行區域性語言作為行政上的語言時，會讓政府更加貼近於人民。因此，印度的語言運動除了對政治體系有很大的貢獻外，同時也為國家整體的正當性具有貢獻，在此同時，這也未造成國家整合基礎上的傷害。

## 社會階級

不像是中國與越南，即便這兩個國家都呈現出大規模的貧窮以及激進的政治，印度並沒有發展出可能會跨越種姓制度、區域、語言，以及部落與其他族群認同形式之障礙的革命性農民運動。當時在印度獨立後的南方以及在1960年代時的西孟加拉邦，有農民受到馬克思主義吸引而出現短暫的起義，但是這並未擴散到印度的其他地方。殖民統治以及印度抵抗殖民統治的本質──特別是出現甘地

這樣的角色、印度的階級結構，以及社會的分化現象——都提供了印度的階級衝突本質並不嚴重的線索。發展速度較慢的工業化與城市化，與種姓制度、部落，以及民族團體都跨越了階級的界線，導致高度不平均的階級模式。這樣的模式嚴重地限制了身分認同的發展以及基於階級來呼籲的政治動員。

以團體的觀點來看，印度的工業勞動階級人數確實不多，僅有一小部分的人加入工會而已。雖然受到強大的勞工立法保護，但大多數的勞工都從事著穩定性不高的工作，使得工會所構成的勞工，有時候就像是勞工界的貴族一般。農村的階級體系非常的複雜，1950年代的土地改革消滅了一些地主（扎明達爾）。在這些地方，興起了一些很有影響力的農村勢力，組成一種具有混合型地位的中產——農民自耕者團體，稱之為「牯牛資本家」。[21]他們在印度的農村具有很強大的政治勢力，並且挑戰了城市的利益、上層種姓制度控制的政黨，以及舊時代社會仕紳所主導的地位。然而，由過去被視為賤民、社會階層中最低的人所發起的政治動員，使得那些前述的資本家之優越地位也逐漸受到了挑戰。

無地階級或是小地主（擁有不到2.5英畝土地的人），同時也因為受到種姓制度與階級來加以劃分，因此也都未分享到共同的利益。小地主也不會認同那些農村無地階級人口的需求與抱負。面臨機械化的壓力之下，這些需要更大的生產單位，而出現更多來自於土地的壓力，導致更多的荒地產生。透過一些以往被視為賤民所成立的獨立性政治組織，他們通常是無地階級的農業勞動者，使得原本在印度握有權勢的社會團體在某些領域上已經受到了挑戰。如此的運動也使上層社會地位的掌控者，形成了一個巨大的挑戰。

總而言之，從一個比較性的觀點來看，印度是一個高度多元化且分化的社會。現代化與民主化雙軌的過程已經將原本的階層化社會轉變為各自認知其為具有合法性政治行動者身分之不同團體。然而，不同團體在文化上的落差，也使其往往侷限於區域以及當地環境當中。因此，有許多能夠跨區域的全國性團體組織，應該要被當作是例外現象而不是通則。就經濟與政治地位上，不同的區域也增加了其對於區域身分認同上的需求，而如果當他們能夠形成目前的執政聯盟，就可能會出現跨區域性的聯盟（就像是目前的執政聯盟——全國民主聯盟的案例，以及全國性的反對聯盟——聯合進步聯盟），都很深刻地影響了全國政治的進程。

這些都是很深刻標示著印度社會的多元化象徵，那到底有哪些能夠促使政治制度的合作呢？為什麼多樣性所產生的離心力，不會像許多過渡社會那樣使整個系統崩潰呢？原因在於印度的社會分歧是交叉性而不是累加性的；切入到所有社

會群體的不同政黨，所有的印度軍隊都是由各個地區招募來的軍人所組成，在此過程中也會讓社會變得具有異質性；最後，印度軍隊和準軍事部隊是一種有效性的存在，用來防止叛亂組織挑戰印度的民族身分以及領土的完整性。

# 政治制度與政治過程

## 16.4 比較與對比印度與美國及英國的政治體制。

　　隨著獨立之後，印度就像是許多前英國殖民地一樣，採用了英國議會制民主模式，包括了行政部門要向立法部門負責、一支專業且政治中立的軍隊與文官公務員體系，以及施行法治。美國政治體系中有些比較顯著特色──包括聯邦主義、權力分立，以及最高法院對於個人權利基本的保障──也都被涵蓋進來。

　　相較於許多其他的後殖民主義國家，印度一開始就擁有幾個優勢，而最後能夠促進議會制民主的成長。從殖民統治轉型後的指標性意義，可藉由原本持續執政的印度國民大會黨之權力也進行了轉移來看出。專業的官僚體制與安全體系，也多半是由印度人來執行管理，確實很快就能運作。首先是印度國民大會黨的發展，其在殖民統治時期就已經站在爭取自由運動上的第一線了，之後進入到全國選舉組織形態，以民主選舉的領導人來有效行使權力。藉由印巴分治，可將印度國民大會黨最主要的政治挑戰勢力──穆斯林聯盟，從印度政治領域中除去，使得印度變成較為小型，但是由更加具有凝聚力的政治菁英所組成。印度繼任的國家領導人很快地就適應這樣新式且具有競爭性的政治環境，其並沒有依靠過多的民族主義基礎，而是具備社會的務實政治與經濟改革以及恩庇關係，來取得權力。這也形成了所建立的政治體制具有制度性的民意代表、競爭，以及負責任，而恩庇關係也為執政的印度國民大會黨提供了巨大的支持。最後，尼赫魯採行了不結盟觀點來作為印度外交政策上的基石，也造就了新一代的政治領導人更加關注在印度國內的政治上。他們認為公平且定期舉行選舉以及經濟上能夠不斷增加自給自足的能力，是獲取主要合法性的基礎。

　　這樣基本的制度結構也能夠在經歷過去60年來的挑戰下存活過來，這些時期發生了包括負責進行印度獨立的領導人物之凋零、較低社會階層的向上流動、左翼與右翼的極端分子、飢荒、廣大的貧窮人口、大規模的經濟變化、在1962年與中國爆發的邊界戰爭，以及與巴基斯坦展開的四次戰爭。

　　印度反抗英國統治所留下來的，就是對威權的高度不信任，最後並決定要盡最大的可能來捍衛公民的自由。從1947年至1950年，制憲大會的成員所設計的制度中體現了這些願望。在一些情形中，他們勾勒出印度文化與政治的傳承精神，

但是在其他方面，他們則廣泛地借用主要來自於西方世界的憲法內容。結果就是促使國家層級上的行政部門、立法部門，以及司法部門之權力分立。很清楚地將權力在聯邦政府之間平等地劃分，而區域政府也是依此概念來建立。成文憲法與司法部門就像是個人自由的看守把關者，而且有必要將權力與責任之間加以平衡——這是受到美國政治體制的啟發——並加入制度性安排與調整的永續性。

　　制憲大會對於權力去中央化之關切，其強烈希望權力下放能夠低至區域政府的層級，由人民直選的民意代表直接來加以行使。這樣的期望在1957年獲得了具體的實現，當時「巴爾文特雷・梅塔委員會」（Balwant Rai Mehta Committee）建議成立一個**「五人長老會（潘查亞特制度）」**（panchayat raj，按照字面意思就是「五人統治小組」），在區、區下一級，以及鄉村層級，設置民意代表機構。他們被賦予行政權力的行使、負責發展的功能，以及針對這些目標而擁有財政手段。五人長老會（潘查亞特制度）的執行狀況一直都無法達到一致的效果，但是好在有1993年的憲法第73項修正案，印度所有超過50萬人口以上的鄉村都被涵蓋到可進行人民直選的鄉村議會中，裡面的民意代表包括有女性、表列種姓，以及表列部落的強制性保障名額。

　　這種來自於印度架構性的權力相互制衡的結果，已經產生巨大的潛在性政治分裂問題。但是印度是由國家主導的多元主義，提供中央的指導並尊重區域以及地方權威之間的權利平衡。[22]為了能夠快速採取行動來應付極端狀況，憲法賦予了一系列緊急權力給國家行政部門來面對重大的政治危機挑戰。雖然憲法形式上已經賦予大量權力給總統，但平時所行使的行政權力以及立法提案權，基本上都掌握在總理的手上。

## 總統

　　總統的角色就像是國家的元首，這樣的設計是參考英國的君主制。然而實際上，其總統職位結合了象徵性的國家元首角色，而具有某些實質的權力。在印度憲法的規範中，行政權在法律上的形式是歸屬於總統，其藉由特定之選舉人團選出，其成員之組成是來自各邦的立法議會以及國會。所有選舉人團體所獲得的投票數是同等的，這是為了要實現中央與各邦之間的權力平衡效果。總統被期待要去行使這些由總理所領導之部長會議所建議的權力，然而，實際的管理情形呈現相反的狀況（參閱圖16.4）。

　　總統任命總理，並且有權力罷黜總理。但是，依照一般慣例，這些權力是被嚴格地加以限制。總統會邀請「人民院」（印度國會中的下議院）中主要多數席

**圖16.4　印度的制度安排**

印度的政治制度具有垂直性與水平性的連結

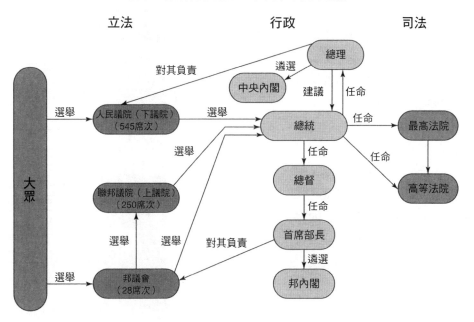

次的政黨或是聯盟領導人來組織政府。印度總統會行使來自於總理的建議，但這並不意味著總統就像是個橡皮圖章。當選舉過後，如果在國會中並沒有出現一個主要多數席次的政黨時，總統可能會指定一位潛在性的領導人來擔任其職責。總統的選舉最初是無黨派的，但隨著時間的遞移，這樣的制度引起了爭議；如今，這些選舉投票已經成為黨派的競選活動。然而，一旦獲得當選，總統也要表現出超越黨派的傾向，而這也反映出英國的做法，有助於讓議會制民主能夠順暢地維持其功能。若當選的總統本來是從某一個政黨所推選產生，但是當另一政黨在國會占有多數席次的權力時，其繼續任職這一事實並不會造成問題（參閱圖16.5）。

　　印度總統一屆任期5年，可以連任。總統也可能因為遭到國會的彈劾而被罷黜下臺。憲法賦予了總統職位相當強大的權力，其賦予總統中止基本權利並宣布國家處於**緊急**狀態的權力是根據憲法第352條的規定，總統並有權在某一區域直接行使「總統統治」的作用，在這情形下，該邦就會直接由中央行政部門來治理（憲法第356條），而根據憲法第360條規定，賦予總統緊急財政權的處分。不過，即使賦予決策權給總統與總理，憲法還是要求總統於提出這些命令公告後，

必須在2個月內提交至國會以獲得批准，超過批准的時間則自動失效。

在英迪拉・甘地擔任總理期間，區域層級中罷黜民選的政府，並且採用德里的直接統治變得更加頻繁。然而，第一位來自達利特人（過去的賤民階級）而能夠達到這樣高層職位的總統科切里爾・拉曼・納瑞亞南（Kocheril Raman Narayanan），在1998年通過拒絕內閣將「總統統治」直接強加於比哈爾邦的建議，樹立了重要的先例。[23]如今，宣布緊急狀態被視為是印度成文憲法中的一種自我糾正程序，而不是一種威權性的權力行使。[24]

## 總理

內閣與總統之間的溝通聯繫，同時也是行政部門與國會之間的橋梁——總理——一直都是處於這位置，如同賈瓦哈拉爾・尼赫魯習慣將總理描述為：「關鍵政府」（再次參閱圖16.4）。在當代印度，當總理領導了一個多重政黨組成的聯盟時，要在執政的多數黨內加以建立具有共識的結果，確實是一項艱鉅的任務，因為需

### 圖16.5　印度總理與總統

印度最高政治職務反映出其繼任者在性別、宗教，以及政治派系上的多元性

| 總理（宗教信仰） | 年分 | 總統（宗教信仰） |
|---|---|---|
| 賈瓦哈拉爾・尼赫魯（H）印度國民大會黨 | 1947 | |
| | 1950 | 拉金德拉・普拉薩德（H） |
| | 1962 | 薩瓦帕利・拉達克里希南（H） |
| 古爾扎里拉爾・南達（H）拉爾・巴哈杜爾・夏斯特里（H）印度國民大會黨 | 1964 | |
| 古爾扎里拉爾・南達（H）英迪拉・甘地（H）印度國民大會黨 | 1966 | |
| | 1967 | 扎克爾・海珊（M） |
| | 1969 | 瓦拉哈吉里・文卡塔・吉里（H） |
| | 1974 | 法赫魯丁・阿里・艾哈邁德（M） |
| 莫拉爾吉・德賽（H）、喬杜里・查蘭・辛格（H）人民黨 | 1977 | 巴索帕・達諾帕・賈提（H）尼蘭・桑吉瓦・雷迪（H） |
| 英迪拉・甘地（H）印度國民大會黨 | 1980 | |
| | 1982 | 吉亞尼・宰爾・辛格（S） |
| 拉吉夫・甘地（H）印度國民大會黨 | 1984 | |
| | 1987 | 拉馬斯瓦米・文卡塔拉曼（H） |
| 維什瓦納特・普拉塔普・辛格（H）人民平臺黨 | 1989 | |
| 錢德拉・謝卡爾（H）社會主義人民黨 | 1990 | |
| 納拉辛哈・拉奧（H）印度國民大會黨 | 1991 | |
| | 1992 | 尚卡爾・達亞爾・夏爾馬（H） |
| 阿塔爾・比哈里・瓦巴依（H）印度人民黨、德韋・高達：人民平臺黨 | 1996 | |
| 因德爾・庫馬爾・古吉拉爾（H）人民平臺黨 | 1997 | 科切里爾・拉曼・納瑞亞南（H） |
| 阿塔爾・比哈里・瓦巴依（H）印度人民黨 | 1998 | |
| | 2002 | 阿卜杜爾・卡蘭（M） |
| 曼莫漢・辛格（S）印度國民大會黨 | 2004 | |
| | 2007 | 普拉蒂巴・巴蒂爾（H） |
| 曼莫漢・辛格（S）印度國民大會黨 | 2009 | |
| | 2012 | 普拉納布・穆克吉（H） |
| 納倫德拉・莫迪（H）印度人民黨 | 2014 | |

附註：H：印度教；M：穆斯林；S：錫克教。

要更多的耐心去進行協商。有時這會導致出現公開表達對首相權威蔑視的行為，而這在尼赫魯時期是無法想像的。總理可透過與部會首長一起提交國會計畫方案的行為，來控制與協調政府的各部門並決定政策的施行。如果總理在任何重大的議題上受到挫敗，或是遭到提出不信任動議的話，一般傳統上，政府就必須整體辭職，這個現象在印度也發生過好幾次。

在印度的內閣政府同樣也會讓其他的施政朝制度化的方向前進。在總理領導下的內閣，要協助擬定全國性政策。這種模式卻在英迪拉‧甘地任職期間受到了嚴峻的考驗，因為她的威權性格傾向以及對於幕僚的不信任，降低內閣作為產生政策與行政共識之來源的作用，使得與以往的做法形成鮮明的對比，這種現象被描述為像是一種「去制度化」。<sup>25</sup>之後上任的政府已經重回傳統上的議會制政府路線，並且具有集體負責的原則慣例。

總理納拉辛哈‧拉奧（Narasimha Rao）在1990年代的聲望不斷地升高，證明了總理職位的制度化效果。從一開始暫時替代拉吉夫‧甘地（Rajiv Gandhi）的職位，到後來成為各方妥協後的領導人，拉奧藉著其財政部長曼莫漢‧辛格（Manmohan Singh）的協助，即使未擁有主要多數席次的立法部門，但依然開啟了印度的經濟自由化之路。他以非常有技巧的領導能力確保了在拉吉夫‧甘地被暗殺之後，以及處於「後阿約提亞城」（post-Ayodhya）[7]時期能夠順利地加以轉型。只有發生在1998年的事件才真的算是一種考驗，當時屬於印度人民黨的總理阿塔爾‧比哈里‧瓦巴依（Atal Bihari Vajpayee）第一次領導印度教民族主義的印度政府，他徵調了許多先前缺乏內閣經驗的人進入中央政府。然而，後來印度人民黨政府也延續這樣在聯盟內部取得共識的方式來統治，因此能夠繼續在一些領域中進行改革以及推行安全性政策。儘管聯盟政治會產生許多不同的壓力，但他還是很靈巧地與曼莫漢‧辛格配合，而能夠持續維持總理職務的傳統領導權，而且也能夠很有效率地與代表印度國民大會黨且具有獨立全國性領導資源的桑妮雅‧甘地（Sonia Gandhi）進行合作，更是進一步證明了印度內閣政府的韌性。這樣的模式似乎在總理納倫德拉‧莫迪的領導下更加進一步發展，他的領導風格傾向轉至介於強勢的個人主動性以及回歸到讓內閣能夠產生支持與共識之間的路徑上。

在印度，總理這個職位是政治人物職業生涯的巔峰。儘管事實顯示這個職位就是典型充滿政治以及政黨的傾向，這些年來，曾經擔任總理的人往往會「達到某種超越黨派之爭」以及「為這國家提供合乎道德的領導能力」，因此也就不會過度訝異領導人是屬於某政黨的人物了。<sup>26</sup>對於這個具有進展的里程碑之解釋，

## 專欄 16.2　總理納倫德拉・莫迪

從倒茶小弟到總理，納倫德拉・莫迪建立起一個典範，只要具有雄心壯志、始終如一且有組織的工作、敏銳的判斷力以及願景，就能夠超越原本卑微的背景，為通往印度最高政治職位鋪平道路。安迪・馬里諾（Andy Marino）所撰寫的《納倫德拉・莫迪：政治傳記》（*Narendra Modi: A Political Biography*）是第一本嘗試勾勒出總理莫迪的人生與政治生涯的著作。出生於古吉拉特邦一個貧窮的低階種姓制度家庭中——孩童時期，他幫忙父親在火車站旁賣茶水——莫迪就像是當時印度社會中許多第一代的政治人物與商業領導人一樣，從原本卑微的背景，一路往上爬升到非常高的職位上。一開始被介紹進入國民志願服務團——印度的志願部隊——這是作為印度教民族主義之印度人民黨的外圍組織——幫助莫迪融入到社會工作與發展政治生涯，並在黨內的某一有組織性的派系中迅速崛起，最後被派送至古吉拉特邦擔任首席部長以領導當地的印度人民黨。2002年在古吉拉特邦內的戈德拉發生暴動，這是在他擔任古吉拉特邦首席部長第一任期內初期所發生的事件，並在他的政治職業生涯中蒙上一層陰影，導致美國以及許多歐洲國家都拒絕發給他入境的簽證。然而，法院沒有直接的指控可證明他有參與到反穆斯林的大屠殺。隨著2014年印度教民族主義印度人民黨在他的領導下獲得國會選舉的勝利，並獲得了包括美國在內的許多國家之歡迎。在他任職期間，於德里以及比哈爾邦的大選失敗中倖存下來，並提出了諸如「清潔印度運動」的倡議，但他的某些訊息，已經超越黨派意識形態而發展出優勢模式，並且已經進入到印度主流的政治論述領域。

可以發現印度總理結合了英國與美國的國家元首以及行政首長之元素，獲得其具有政黨合作、政策提案以及領導權的關鍵角色，並以此來進行國家治理。總理可以提供凝聚力、一統性，以及按照權力分立與分權劃分的權威，尤其是面臨許多區域都在爭奪所需的獨立政策。當意識到總理這個角色之功能的重要性時，就會理解其具有暢通印度在治理方面的功能，就像是政府的一個新的組織——「總理辦公室」（PMO）——扮演著相當顯著的角色。

### 國會

對於許多受過英國傳統教育的印度自由運動領導人來說，印度的獨立讓他們有效法英國議會制民主來設計印度憲法內容的機會。印度國會是由兩院所組成：**人民院**（Lok Sabha / House of the People），亦即「下議院」，以及**聯邦議院**（Rajya Sabha / the Council of States），亦即「上議院」（再次參閱圖16.4）。人民院是由545個席次所組成：543個席次是由人民直接選舉產生，另外2個席次是由印度總統提名來作為「英印裔」（Anglo-Indian）社群的民意代表。

人民院中議員的選舉是在「單一名額選區」中以「多數決」（簡單多數決制度）方式來產生。許多的名額是保留給過去屬於「表列種姓」（SC）、「表列部落」（ST）的賤民階級來競選，以確保這些弱勢群體能夠在國家最高的立法機構中有所代表。總統可藉由總理的建議，讓人民院能夠在其5年的任期終止前被解散，或者延長其5年的任期。英國的上議院中，世襲擁有土地貴族制成員資格的原則，在印度是無法比擬適用的。此外，印度採行了與英國不同的「聯邦制」。因此，上議院——聯邦議院——具有像是美國各州的特質。然而，印度的聯邦單位並沒有公平地享有在聯邦議院中的代表權，而且上議院的權力與下議院的權力也不平等。

　　國會主要是象徵在民主國家中具有責任制的一種工具。憲法指明了人民院必須至少每年召開兩次會議，每次召開會議的間隔不得超過6個月。國會中主要是以英語或印地語來溝通，但是也有規定可使用印度其他通用的語言來交流。許多國會委員會維持過去英國的模式，使議會的運作具有連續性以及專業性；有些委員會則主要關注在組織與議會制的程序上。其他比較著名的三個財政委員會，扮演了對行政部門監督的守門人角色。特別委員會則仔細檢查政府的支出、撥款、行使委託權力，以及履行部會保證與承諾內容的預算。

　　國會開議中的第一個小時（一般將其稱為「零點時刻」（zero hour））是以公眾監督名義來質詢部會首長。零點時刻延展了議會制與公眾責任制的原則。其會將所要質詢的問題事先都清楚記載下來。用來測試部長對於治理的技術細節內容是否熟練的補充問題，也都可以在零點時刻拿出來質詢。

　　人民院也可對行政部門採以終極性的控制權，提出不信任動議，而這可能會使政府垮臺。過去人民院經歷了印度國民大會黨多年不間斷統治的時代，期間出現了類似冬眠的現象，而現在國會也開始行使其權利，要求最近聯盟政治與不穩定的多數席次間所組成的政府要加以負責。然而，這並沒有產生如同發生於戰後法國第四共和國時期癱瘓政府的現象。絕大多數領導人都具備在政府中或是反對黨中之部會以上職級的相關經驗，而能確保國會是個持續挑戰政府的場域，同時也能提供機會來合作，強化治理上的效能。

　　人民院的總成員人數維持在545個席次，政黨或是聯盟需要擁有至少273個席次，才能夠進行政府組閣。然而，聯合進步聯盟在2004年與2009年都沒有達到這個數字的席位。之後2014年的國會選舉則是由全國民主聯盟在下議院當選了282位議員，獲得多數席次而勝選（參閱表16.1與圖16.6）。

　　聯邦院組成的上限是250位議員，其中有12位是由總統根據他們在文學、科

學、藝術，或社會服務上具有「特定知識或特殊經驗」而加以提名。為了彰顯聯邦制的原則，其餘席次是由該區域所代表的人口規模來分配，以避免可能會有小型邦卻具有更多代表權的問題。由各邦在邦立法議會中的成員來選出所代表之任期為6年的聯邦院議員。其任期是交錯開來的，所以選舉是每2年召開，每次改選其中三分之一的席次。

早期由印度國民大會黨霸權統治的時期，該政黨控制了國會的兩院，使得聯邦院看起來就好像是一個「空談俱樂部」。因為多數實際問責的權力以及固有的財政權都掌握在下議院，政治核心的重要性很自然地就會遠離這個較小型且在憲政中權力較小的上議院。後來，隨著印度的政治程序愈來愈增加其競爭特質，連

圖16.6 人民院（下議院）2004、2009，以及2014年的選舉贏得的席次數

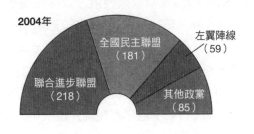

2004年

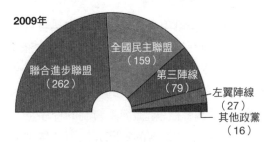

2009年

2014年

帶也使得聯邦院的重要性有所增加。在2014年國會選舉後的2年期間中，因為聯合進步聯盟在人民院中只剩下49個席次，所以聯邦院就變成是其於議會制中主要抵制全國民主聯盟的地方，用來阻擋其主要的立法案件或是拖延對方許多新的立法提案之執行。

國會的角色通常僅限於對立法進行技術層面上的審查。印度的國會議員不具備像是美國政治制度中會賦予眾議院以及參議院議員一些財政與個人的支持。而印度委員會所舉行的聽證會不是在公開場合中進行，也因此不像美國眾議院或參議院舉辦的聽證會來得有力。[27]

## 立法程序

印度的立法程序一般都是延續英國的模式來施行。法律的來源，一般是由政

**表16.1　人民院（下議院）2014年的聯盟／政黨選舉結果（以及投票率）**

| 聯盟／政黨 | 贏得席次 | 席次占有率 | 得票率 |
|---|---|---|---|
| 全國民主聯盟（NDA） | 336 | 61.85 | 37.67 |
| 印度人民黨 | 282 | 51.93 | 31 |
| 濕婆神軍黨 | 18 | 3.31 | 1.85 |
| 泰盧固之鄉黨 | 16 | 2.95 | 2.55 |
| 人民力量黨 | 6 | 1.1 | 0.41 |
| 室羅摩尼阿卡利黨 | 4 | 0.74 | 0.66 |
| 全國人民平等黨 | 3 | 0.55 | 0.19 |
| 阿普納黨 | 2 | 0.37 | 0.15 |
| 勞動人民黨 | 1 | 0.18 | 0.33 |
| 社會主義工人黨 | 1 | 0.18 | 0.2 |
| 全印度納馬蘇拉吉亞姆大會黨 | 1 | 0.18 | 0.05 |
| 國家人民黨 | 1 | 0.18 | 0.1 |
| 那加人民陣線 | 1 | 0.18 | 0.18 |
| 聯合進步聯盟（UPA） | 60 | 11.04 | 23.09 |
| 印度國民大會黨 | 44 | 8.1 | 19.31 |
| 民族主義大會黨 | 6 | 1.1 | 1.56 |
| 全國人民黨 | 4 | 0.74 | 1.34 |
| 印度聯合穆斯林聯盟 | 2 | 0.37 | 0.2 |
| 賈坎德解放陣線 | 2 | 0.37 | 0.3 |
| 喀拉拉國民大會黨（馬克思主義） | 1 | 0.18 | 0.08 |
| 革命社會主義黨 | 1 | 0.18 | 0.3 |
| 其他全國性／地方性政黨 | 147 | 27.06 | 15.84 |
| 印度共產黨 | 1 | 0.18 | 0.78 |
| 印度共產黨（馬克思主義） | 9 | 1.66 | 3.25 |
| 全印度安納達羅毗茶進步聯盟 | 37 | 6.81 | 3.27 |
| 全印度草根國大黨 | 34 | 6.26 | 3.84 |
| 比朱人民黨 | 20 | 3.68 | 1.71 |
| 獨立參選人 | 3 | 0.55 | 2.99 |
| 其他 | 43 | 7.92 | 23.04 |
| 總計 | 543 | 100 | 100 |

資料來源：印度選舉委員會，http://eciresults.nic.in/PartyWiseResult.htm。

府或是個別議員提出的法案。後者通常看起來比較像是提供議員表達不滿以及獲取關注的機會，因為根據執政黨或是聯盟多數的觀點來看，只有極少數——如果有的話——有機會變成法律。大多數法案的提出，很清楚地都是出自於政府之手。所有的法案，除了財政法案之外——那些涉及支出、稅收、借貸，或是印度的財政服務內容——都可由國會中任一院來加以提出。印度的法務部以及檢察總長都會成為法律與憲法內容上提供諮詢的對象。一般的法案要分別於兩院中通過三讀程序，其中「二讀」是最重要的環節，因為在這個過程中，法案要接受最為仔細與準確的檢視，且可能會交付到特殊委員會或是國會中的兩院聯席委員會來進行，這些委員會並不具有如同美國眾議院或是參議院那樣相同的地位或是資源。他們既無法舉行公聽會來調查政府的事務，也不能要求去批准行政任命。因此，他們只能夠提供一個論壇來進行比較廣泛的政治諮詢（參閱圖16.7）。[28]

　　一旦兩院都通過了某一法案，需要獲得總統簽署同意才能成為法律。總統——站在超脫於黨派政治鬥爭之外，而被期待能夠具體實現整個國家的最大利益——有權去尋求技術性的細節與專家建議來加以檢視，並於行使其同意權之前，先了解該法案的合憲性。在該次國會議期結束以前，總統可以決定延遲或是阻擋法案，藉由簡單的權宜手段不將法案退回去，而這樣的行為沒有明確說明同意或是不同意。為了要讓法案通過，這意味著政府在下個會期時，還需要重新再走一遍整個立法程序。如果總統將同意權收回，而國會再次通過法案，這時總統就有義務去行使其同意權，但是這樣的案例實屬少見。不同於美國，總統並不被期待要提出法案，而且實際上也沒有總統提出否決權的案例來作為影響政策過程的方法，或是當作一種權力制衡的手段。[29]

　　因為法案必須同時通過兩院的批准同意，而兩院的聯席會議通常是用來解決衝突所用。因為人民院的規模比較龐大，所以會在這樣的會議中占有主導的角色。在有關財政法案相關議題上，人民院更是具有排他性的權威。聯邦院只能夠建議修正；其無法提出、延遲，或是拒絕該法案。當執政黨或聯盟原本在人民院中具有多數席次的優勢減少了，而反對黨在聯邦院具有多數席次時，聯席會議就會出現失敗的潛在危險性，這會鼓勵政府從合作而非對抗的角度來進行思考。如果國會選舉中的兩院多數席次隸屬於不同的政黨或聯盟時，聯邦院就能夠掌握權力並試圖在安全相關議題以及對政府問責上扮演一個獨立的角色。[30]這在1996年、1998年、2004年均曾發生過，近年來有關通過商品與服務法案上（2016年），出現更多在全國民主聯盟以及聯合進步聯盟之間討價還價後實現的結果。

　　缺乏政黨紀律是議會制民主的剋星，尤其在印度，這個所建構的現代制度缺

### 圖16.7　印度的立法程序

法案經過國會兩個議院的審理流程顯示出兩院制的實務工作情形

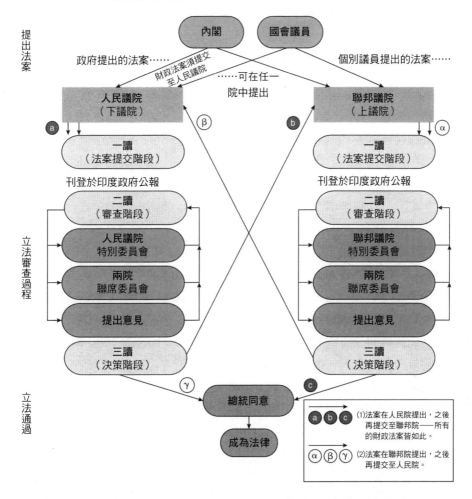

乏歷史紮根基礎的國家。跨黨派投票與叛黨都可能會癱瘓整個政府並且減損議會制民主，而朝向個人獨裁或無政府狀態前進。這在1960年代就曾經強烈地造成政府的不穩定性，其當時的結果就是印度國民大會黨的霸權地位結束，而這種不穩定的潛在危險狀態也帶給了印度一些警示。[31]自那時候起，政府控制了立法單位，並藉由1985年通過的《反叛黨法》來強化其職能。在這樣的法律條文中，如果議員投票偏離了政黨的主軸就可能被視為是一種叛黨行為，而這可能會導致該議員失去其在國會中的席次資格。這項法律也顯示了選民對政治投機主義者的不滿，而通過之後在中央和各邦層級中維持了相對穩定的政府狀態。

　　當國會處於休會期間而有緊急事項需要立法的時候，就可藉由總統來發布相關的命令。命令具有法律的效力，但是一旦施行之後，必須經由國會在下次會期召開的6週內通過，否則將會失效。發布命令可以提升其在全球化時代中立法程序的效率與彈性，因為有時候快速行動是很重要的。[32]

## 司法部門

　　印度的立憲議會承諾要保障個人的平等與自由權利。然而，其並沒有將美國對於「自然公正」（natural justice）的概念納入憲法之中，而在這個概念當中，美國最高法院是個人「自然」權利的最大防衛者。印度的最高法院，其同時獨立於外力的控制以及具有自由詮釋法律的權力，也是經歷了很長一段時間才能真正的實現。其最初僅打算在「依法建立的程序」之英國慣例中，具有至高無上的地位而已。然而，在許多情況下，最高法院都曾經很強烈地捍衛其具有排他性的權利來行使控制法律的權力。

　　最高法院在中央政府與一個或數個邦之間，以及在兩個或更多的各邦之間，具有最初與排他性的專屬管轄權。無論是民事或是刑事案件，只要實質的法律問題被證明其涉及憲法層面意義並與實質意圖上有關連性的話，最高法院在任何情況下均具有上訴權限的管轄權。最高法院是憲法解釋與捍衛的機構，也是國家最高層級的司法機關。不同於英國的制度，其不存在全國性層次的法院來宣告國會立法上的無效性，所有在印度立法通過的法律或是各邦政府的行政命令都應該要符合憲法原則。最高法院可以檢視任何成文法規是否合憲。司法審查是最高法院具有的一個顯著特徵的權力，那就是如果憲法修正案違反了憲法的「基本結構」，則可判定該修正案無效，不過印度在憲法上的司法審查範圍並未設計得像美國那樣來得廣泛。

　　雖然現代化的司法系統大致上取代了傳統的習慣法，但是傳統社群僅會為了自己的目的而利用現代制度來滿足其訴求。最高法院一個具有指標性的判決——舉例來說，其於1995年裁定被印度人民黨視為意識形態核心的**「印度教徒特性」**（hindutva）是印度文化的一部分，而不必然是屬於宗教的——此深刻地影響了印度在政治上論述的本質。近年來的研究發現，印度最高法院以及選舉委員會都被評價為最值得受到信任的機構。[33]

　　既然印度憲法的核心司法學說是立基於「依法建立的程序」上，則最高法院在關於法律的解釋上，其所建立的地位是低於國會，但高過於全國性的行政部門。而最高法院也逐步地宣稱其在這些事務中所具有的至高性。自印度獨立初期

的幾十年來看，媒體的影響力不斷提高、利益團體在全國性層次的動員不斷增加，導致這樣的情形是受到政府的立法多數代表不斷地侵蝕下，而有所擴展。英迪拉·甘地的出現（1975年至1977年），削弱了法院的自主性以及自治權。在她下臺之後，法院的自主性才又逐漸回升。[34]印度的最高法院藉由倡議採用創新的司法慣例與程序，在印度公眾眼中贏得相當高的敬重與信任。最高法院也運用廣泛的司法審查在一些案件上，其範圍從「個人法／家庭法」、「產業法理學」這樣具有高度抽象與技術性的問題，到具有爭議性的議題內容。最高法院也將本身自詡為是弱勢族群以及大眾生活中易忽略領域（諸如環境議題）的捍衛者。一般被知悉的「公益訴訟」（Public Interest Litigation, PIL），就是印度最高法院中最為知名且最具有爭議性的創新做法之一。

　　如今，印度的最高法院被視為是一個重要的機構來保障自由、世俗主義，以及社會正義。其權力與正當性都是經過長期在殖民統治時期下的司法文化之演進，以及扮演著重要角色的律師們在印度爭取自由，才有這樣的成果。

## 官僚體制

　　支持印度政治體制的行政團隊是來自一個既有專業組織又有政治責任的官僚機構。印度的官僚體制是一個非常龐大且複雜的系統，其結合了全國或全印度的服務，包括區域與地方的服務，也有技術與管理型的職員來負責公共部門在行政上的任務。人才的聘任是依照專長能力，以競爭激烈的考試來篩選（預留配額給來自表列種姓與表列部落的應試者），這是一個很一般的規則，但對於美國那樣的政治聘任職位，則是相當罕見的。殖民統治時期對於官僚體制的廉潔名聲要求甚高，時常會有遭受貪污腐敗的相關指控，且往往都有政治上各個層級的成員涉入其中。[35]為了要檢測公共契約以提升其透明度並抗衡貪污腐敗，印度政府於2005年通過了**《資訊公開法》**（Right to Information Act 2005, RTI）。根據該法的規定，任何公民可以向官方索取資訊，其必須要迅速給予答覆，或者回應時間最長不得超過30天。該法也要求每一個官方單位必須將其資料電腦化，使其廣為傳遞。貪污腐敗一直都是抑制印度希望從國外引進相關投資的一個因素。

　　印度中央的主要服務——包括印度行政服務局（Indian Administrative Service, IAS）與印度警察服務局（Indian Police Service, IPS）——保留了一些獨立前的結構特徵。但就像印度其他高階的政府服務單位一樣，他們也意識到要在人員甄補招聘時遵守聯邦制所創建的平衡原則。招聘是受到聯邦公務員委員會（Union Public Service Commission）的監督——這是一個由總統所指派的獨立諮

詢機構——擁有廣泛用來訓練招聘者的新設施。雖然應試者會被集中聘任，但是印度行政服務局卻是由每個邦所派出獨立的幹部所組成。這樣的組成機制會強化與聯邦之間的連結關係，因為區域忠誠度會被這樣的規定加以平衡，因為至少有一半的印度行政服務局幹部成員是來自其區域以外的地方。這樣的方式可能會為一些原本來自於外部的官員帶來語言溝通上的麻煩，但這也會鼓勵印度上層的行政官員去學習地方語言，有助於國家在這過程中建立與進行跨區域的連結關係。縣市行政單位的成員則是為了追求結合法治、有效管理與合作，以及增加地方民主的發展。

# 聯邦結構

## 16.5 區分聯邦與印度各州所擁有的權力。

比較許多後殖民國家的情形，特別是鄰近的巴基斯坦，印度的整合通過了時間的考驗。印度成功地在聯邦制度結構下涵蓋了區域的認同，增加了29個聯邦國家，再加上7個聯邦屬地[8]。相較於印度獨立之後的前幾年，地方運動被視為是一種在印度各邦內之政治整合的分化，現在都只被當成是一種民主的合法性利益之表達行為，雖然這樣的煽動行為有可能會激起走向「巴爾幹化」（Balkanization）[9]的恐懼。印度的合作聯邦主義，是協助中央來協調矛盾需求的結果，符合政治制度中能夠致力於中央計畫的發展，同時也能夠致力於地區的認同。

印度憲法中有大量的特殊規定，讓政府呈現出高度中央集權的形態。在這當中，有兩個很重要特徵，其一為介於中央政府與各邦之間的權力分立現象，明顯偏向中央；其二為會影響到稅收分配的財政條款也都偏重於中央政府。不同於美國，印度聯邦各邦沒有其獨立的憲法。查謨與喀什米爾邦則是例外，因為其在印度憲法第370條規定下，具有特殊地位。[36]

印度憲法在傳統上是由中央政府與各邦之間訂定的成文協議，於第七附表中定義了雙方之間的權力分立[10]。聯邦立法權限給予中央具有排他性的權力來行使全國性重大事務之處理，諸如國防、外交事務、貨幣、銀行以及所得稅等97項領域。邦立法權限則有立法上賦予各邦專屬的權力，諸如公共秩序與警察、福利、健康、教育、地方政府、工業、農業以及土地稅收等66項重大的地方與區域事務。競合立法權限則是由47項內容所組成，由中央與各邦共同享有立法的權力，如果發生衝突時，則優先適用中央法規。民法、刑法，以及社會與經濟計畫方案也是權限劃分的重要項目，因為這些議題都具有認同問題與經濟發展上的關鍵

性。而其餘未涵蓋的權力則歸屬於聯邦。不同於一般聯邦制的模式，在印度，中央政府只要透過國會的運作，就能夠成立新的邦、改變既有的邦界，甚至只需藉由一般立法程序就能夠廢除邦，而不需依賴憲法的修訂。

　　中央政府在聯邦立法權限中，不僅擁有廣泛的權力，這些權力同時也能夠被強化，因為在特定的情況下，中央政府有權進行擴增，將其權力延伸至原本隸屬於各邦管轄的領域中。這些特殊權力有三種形式：（1）根據憲法第352條、第356條以及第360條的緊急命令權；（2）根據憲法第256條、第257條以及第360條行使的聯邦行政權；（3）根據憲法第249條賦予的特殊立法權。

　　根據印度憲法，當總統宣布進入緊急狀態時，此一緊急權力賦予聯邦行政機關可以暫時將聯邦制模式變更為單一制國家的權力。在這些緊急情況下的規定，中央行政與立法機關可以輕易地取代地方政府原本負責的單位。即使是非緊急狀態之情況下，中央政府也可以國家利益為由，將其行政權擴展到地方政府之上。總統可以藉由總理的建議來行使這些權力，但是會受到國會、媒體，以及司法部門嚴密的監督。在這樣的脈絡下，聯邦院（上議院）就會變成各邦的利益監護者。

　　憲法中的財政規定，也會進一步強化中央影響聯邦在權力分立上的權利。中央政府有強大的權力來進行稅務的徵收與分配，這會使得各邦相當依賴於中央政府的財政支持，因為中央政府可以透過多種方式給予各邦財務上的協助。大多數比較大筆的稅收——所得稅、企業稅，以及進出口關稅——都是由中央統籌徵收。根據財政委員會的劃分，中央與各邦共同享有這些資金，而財政委員是由總統任命，享有中央與各邦政府不得干預的獨立性。中央對於貨幣、銀行，以及國際借貸擁有單獨的權限。雖然各邦也有其收入的來源管道，但是這些稅收——舉例來說，像是土地稅或是灌溉稅——都不是特別大筆的收入，加上農業收入難以據實查明，所以很難加以課徵。

　　其結果就是，更多大筆的稅收都分配給了聯邦政府，而各邦則一如往常地缺乏資金。這些資金的缺口可以藉由中央以貸款、補助金撥款，以及透支貸款等方式的協助來達到平衡。為了確保聯邦政府這種具有優越性的財務狀況不會損害各邦的自治性，獨立的財政委員會將控制資源的分配與共享。在印度獨立之後，多虧了憲法的規定與實踐，其政治制度才得以發展成一個介於中央與各邦之間的特殊合作模式。而這樣的合作關係，是受惠於經濟快速的成長，以及文化認同與其他自治性上的主張。由於印度國民大會黨在印度獨立初期統治中央與各邦的地位下降，加上1991年以來的經濟自由化，使各邦擺脫了中央統治的束縛，也讓印度

的聯邦制在近年來變得更加強健穩固。如今，各邦的首席部長也比較能夠被視為是力量和繁榮的推動者，在全國各地尋求商機。

# 利益表達

## 16.6 描述印度代表的特殊利益組織類型及其參與的方式。

這一部分要解釋利益與壓力團體以及各式各樣的抗議運動，是如何涉入到全國性、區域性，以及地方性層級的政治交易中。

印度的正式利益表達有三種關鍵的特徵。第一種特徵就是表達的模式很廣泛，其從有效的安排、現代化雇主組織、商業人士、實業家，以及勞工等，延伸到傳統形式，包括種姓制度、部落，以及族群團體。除此之外，也有一些非常規的政治形式，像是不合作運動／真理堅持、靜坐抗議、杯葛，以及「路障活動」（rasta roko）——以阻擋交通來作為一種集體抗議的方法——這些行為，很多都是受到莫罕達斯·甘地啟發的直接政治行動中之許多本土或混合的形式。也有一些比較激進的組織會採取集體暴力與自殺行為當作是抗議的手段。第二種特徵是印度沒有「封閉型企業」或歐洲社團主義，由特定的組織來壟斷所有特定利益的表現。然而，由於工會招募有限的工人而形成激烈競爭，使得印度的工會運動在整體上是呈現分裂的狀況。這樣的情況會阻礙利益表達的增長，使其無法成為一個具有獨立性與力量的個人權利訴求，而這些往往是工業多元民主國家很常見的案例。第三種特徵是，人們的一些原因或是委屈能夠有效地結合到各式各樣的行動以及組織當中，諸如政黨、利益與壓力團體、社會運動，以及洋洋大觀的各種政治抗議形式。即便正式的組織發展是受到限制且軟弱的，但印度各階層的利益表達與匯集依然是有效的。

### 工會與雇主協會

根據印度《勞工法》規定，7名以上的勞工可以組成工會。國家所聘任的勞工監察員負責提供諮商與查詢工作的條件。今日印度的工會主義是建立在具有歷史傳承的領導性工會與雇主組織上，並可回溯至英國的殖民統治時期。舉例來說，建立於1920年的全印度工會聯合會（All India Trade Union Congress, AITUC）是印度最大型的中央工會組織之一，也是印度歷史最悠久的工會。全印度工會聯合會是由印度國民大會黨所成立的，其作為印度獨立運動時期的主要勞工組織，扮演了很關鍵的角色。第二個案例就是成立於1925年的全印度鐵路勞工聯合會（All India Railwaymen's Federation, AIRF），如今，已經有超過100萬的

鐵路勞工加入。

與勞工組織相似，在印度也能找到一些組織良好且代表雇主利益的組織協會。其中一個有名的組織是印度工業總會（Confederation of Indian Industries, CII），成立於1895年作為工程與鋼鐵業的組織協會。印度工業總會現在是印度能見度最高的商業組織協會，其擁有超過8,100個會員公司、9個海外辦公室，以及223個具有制度上夥伴關係的組織分布在90個國家。同樣的，印度商工總會（Federation of Indian Chambers of Commerce and Industry, FICCI）以及印度商工聯合會（The Associated Chambers of Commerce of India, ASSOCHAM），也都是印度工商業界最頂尖的組織協會。這兩個組織都在印度的國家政策制定與社會經濟轉型上，扮演關鍵的角色，它們同時也是政府在制定經濟政策上具有舉足輕重的角色。

不同於多元主義式民主國家會有利益團體聚焦於他們的工作條件，透過集體協商的方式以尋求改善，印度的工會比較緊密附屬於政黨之下，也因此會在選舉期間變得特別活躍。有效的集體協商文化並沒有在印度根深蒂固。比起運用有組織的罷工與抗議運動，印度的工會更常採取非法的停工行為（就是一般提到的「工人自發性罷工」（wildcat strike）），而依靠國家的介入，代表工會成員爭取更佳的條件。此外，他們也是高度分化的，有愈來愈多的工會成員去競爭數量有限的勞工名額，而工會內部的相互敵視，也會削弱整個工會運動的成效。[37]

自從印度獨立之後，工會主義也歷經了幾個關鍵的階段，以應對經濟結構轉變上的狀況。1980年至1991年期間，由於經濟發展不平衡，所以權力下放的協商與獨立工會主義開始建立其根基。隨著工會獲得更加繁榮的經濟實力，區域之間在管理勞工組織的制度差異不斷擴大。1990年代初期，經濟改革開啟了一個新的階段，其特徵就是將勞動市場增添更多彈性化的需求，特別是在雇用以及產業糾紛的管理上。改革被認為是能夠刺激印度製造業的關鍵因素，但卻被拒絕了，尤其是來自左派的政黨。

## 地方政治：基層的民主

1975年至1977年的「非常時刻」時期，讓廣泛的政治勢力集結起來共同捍衛公民自由。這些力量——由律師、記者、學者、社會工作者，以及政治活動家所組成——在1980年代開始變成一個很重要的壓力團體。他們的出現以及介入，讓公眾知悉到弱勢社會團體的掙扎、曝光行政體制內的不公正現象，以及在更多極端的案例中，揭露國家的壓迫問題。

　　這樣的發展導致政治過程中進行調停的角色在新社會階級出現，他們一般被稱為「社會行動者」。這些人往往來自於上層階級與中產階級的公民，他們會認同社會比較低階層的人民，並且捍衛少數民族、女性、環境，以及其他公共事件的權利。這是一種具有經濟訴求成分的新類型運動，但是也具有多元面向且在運作上涵蓋廣泛的領域。這個新的類型包括了備受關注的環境運動、婦女運動、公民自由運動、區域自決與自治運動，以及農民運動等，也有其他團體關注於和平、裁軍，以及去核化議題。在印度，公民社會行動主義涵蓋了常規與非常規的政治行動，在社會運動中均得到了廣泛的應用，這種公民社會行動主義的發展，也強化了印度的民主鞏固進程。

　　從系統性的層次來看，提升這種新的公民權利意識，可以提供一種作為抑制威權主義傾向的成長與提倡國家軍事發展的平衡因素，也能夠致力於理性管理與現代化技術，以及對民主化過程的新認識。印度的民主轉型與鞏固是經由新的行動者、新的政治表達形式、新的政治意涵定義，以及甄補新的社會菁英進入政治舞臺等方式而加以強化，從而豐富了國家的領導範圍。[38]地方抗爭運動是表達利益以及要求行政賠償的一種方法，其增長是受到透過一些比較受到普遍認可的遊說、與決策者溝通聯繫，以及經由其他直接行動的技術，例如以「**靜坐抗議**」（dharna）方式——一種透過靜坐來罷工的形式——藉由身體環坐形式的「**包圍手段**」（gherao），迫使公職人員進行談判。[39]

## 保全與治安

　　值得特別一提的是，印度有超過100萬以上的男性與女性所組成的軍事與準軍事力量。不同於鄰近的巴基斯坦，印度文人領導的政府仍然握有穩固的政權。印度的軍官團，傳統慣例上是由文人所掌握並且在他們訓練的過程中灌輸培養適當的政治傾向，即使在政治動盪時期也依然保持著無黨無派的立場。武裝部隊是透過準軍事與警察部隊的幾種形式來補充，以保持維護治安的能力。在印度聯邦制的權力分立之下，治安的維持是各邦管理的事務。因此，印度警察的招聘、訓練，以及配置都是由區域政府來執行。然而，中央政府也會透過不同的方式來針對治安的管理，產生一定程度的影響力。首先，中央政府招聘並訓練一些特殊的警察部隊，基本上，這些中央的警力能依據各邦政府的需求而被派至區域上發生動亂的地點，一旦配置之後，他們就聽命於各邦政府的指揮。各個地區的行政長官與警察局長，分別隸屬於印度行政服務局以及印度警政單位，而這兩者都是屬於中央服務單位。從而，這些機構在其專業的判斷上，通常要對中央政府負起一

定的責任；他們同時也要對地方政治人物所領導的各區域政府負責。因此，治安的管理也成為中央與地方政府之間協調的議題，有助於使停滯已久的爭議與社會力量進行意見的表達與匯集。

在一些極端的情形下，憲法第356條賦予了中央政府可以進行直接統治（這是本章節先前討論過的總統治理權）。中央政府在1980年代干預旁遮普邦以及喀什米爾邦，因為其均發生地方政府表明不願意或無法採取有效措施的類似情況。有效的治安管理當然有助於旁遮普邦政治過程的恢復。印度的區域以及各邦本身都會持續分享彼此在治安管理上的學問，這樣的結果有助於建立新的行政力量，或是在警察與準軍事力量的配備、訓練，以及服務條件上有重大的改變。

正如美國政治學家塞繆爾·杭亭頓（Samuel Huntington）在1960年代曾警告過，當政治要求超過了制度能滿足的能力時，這樣的差距會加劇政治上的混亂。[40]但是，當政治參與是發生在一個將調解與鎮壓反制度的力量相結合的國家背景之下時，這樣共同的努力將會形成民主政治過程的修復。在這樣的情形下，印度在治安管理上的相關紀錄上，記載其成功地降低了1980年代中期每百萬居民中會發生暴動事件的次數（參閱圖16.8），值得更加注意的是，印度近年來因為侵犯人權的行為而受到國內以及海外人權組織的高度重視。

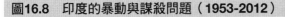

**圖16.8　印度的暴動與謀殺問題（1953-2012）**

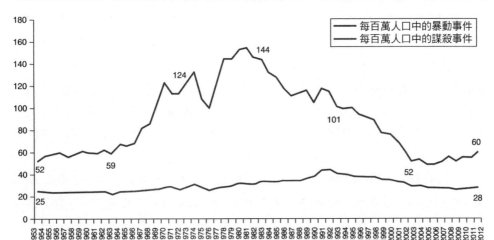

資料來源：印度政府、內政部、國家犯罪紀錄局，不同年度的印度犯罪狀況。暴動與謀殺，在經歷了過去10年來的持續下降之後，似乎有逐漸增加的趨勢。

## 針對女性的性別不平等與暴力犯罪行為

　　印度的憲法以及獨立後的現代化領導人，都逐步制定了許多法規與行政命令來提升女性平等的地位。然而，對女性造成的不平等地位與犯罪行為並沒有因此而消失。針對女性的犯罪行為也在兩部主要的法典下被廣泛地定義：《印度刑法》（IPC）以及《特殊與地方法律》（SLL）。在2014年總共有33萬7,922個案件被呈報，相對於2010年的21萬3,585個案件，顯示出在這4年內有58.21%這樣相當大幅度的增長。「故意攻擊女性並激起她們的羞怯」在上述期間中已經發生了超過兩倍以上的案件，而性侵害案件也攀高到65.7%。根據聯合國的報告[41]，每年國際上有五分之一的「名譽殺人／榮譽謀殺」（honor killing）[11]案件發生在印度，而非政府組織聲稱這樣的比例是被低估的。儘管人數的增加可以歸因於有更高的意識、更廣泛的報導，以及受到社交媒體的影響，但事實上仍然是印度無法有效控制其日益增長之針對性別的犯罪行為。

　　印度需要的是有效率地去執行現行法律來防止性侵害事件，而不是制定更多新的法案與命令來保護女性，但卻從來沒有認真執行。一個比較鼓舞人心的發展，就是政府、非政府組織，以及公民社會行動者都加以宣傳這些對女性的攻擊事件，並努力確保能為女性提供一個更安全的環境。

# 政黨制度

## 16.7 探討印度國家型與區域型政黨的結構與影響力。

　　當代印度的政黨制度是建立在先前被英國統治的60年，以及獨立之後的另一個60年之發展基礎上。這是一個很複雜的制度，其特點在於印度國民大會黨在獨立初期持續擁有統治權，之後出現了非常有勢力的印度教民族主義運動，以及很強健的印度共產黨運動，這些都在印度的各個區域握有相當長一段時間的權力，而強大的區域運動的成長，後來也都成為根深蒂固的區域政黨。如果我們將獨立後的時期劃分為「一黨專政體制」時期（1952-1977）以及後來轉型為多黨體制的情形，這樣的描述會變得更加清晰。[42]

　　印度在1952年開始實施成年人的全面普選，而所有的政黨也都在那時候紛紛成立，包括印度共產黨（Communist Party of India, CPI）以及屬於印度教右翼政黨的印度人民同盟（Bharatiya Jana Sangh Party, BJS），也都經過批准而合法參與選舉。多虧了選舉權的擴增，選區的增加也將更多過去沒有選舉經驗的選民帶入政治的舞臺上。突然間湧入的新選民，有可能成為民主與政治秩序的災難關鍵，特別是伴隨「印巴分治」而來的暴力事件。但是隨後的國會民主發展——好在延

續了這樣的國家體制以及領袖構成的關係結構——使得政黨以及選舉成為印度獨立之後政治文化不可或缺的一部分。

## 印度國民大會黨

印度國民大會黨在印度獨立之後掌控了40年的印度政治，其在全國性的國會以及各邦的議會選舉中都贏得了多數的席次。其後來的衰退（參閱表16.1）暗示著印度政黨的競爭以及政黨在社會基礎上的轉變。

**印度獨立前**——印度國民大會黨成立於1885年，之後很快地就變成追求官職以及反殖民運動的政黨，並同時具有改革的煽動者以及受益者的身分。發生在1909年的莫萊——明托改革（Morley-Minto reforms）承認有限的印度代表權，並且提供單獨的選區給印度的非印度教少數民族社群，使其能夠增添一些影響力。1919年的改革則是規定了地方與當時的省級單位相對更多的責任，包括教育、健康醫療，以及公共工程等一些被認為沒有必要「保留」，或被認為對殖民地控制不具至關重要的領域。印度國民大會黨利用這些改革去參與地方以及縣市的選舉，而這增強了印度獨立後民主政府的形成。藉由製造與中產階級共同的期望，使得該政黨在挑戰英國統治的權威與正當性時，贏得中產階級以及社會上層階級的信任與忠實。在莫罕達斯‧甘地的領導下，印度國民大會黨與農民以及工人建立起長期性的關係，這些社會團體都成為印度國民大會黨更加重要之社會支持的基礎。除此之外，印度國民大會黨也發展出匯集利益的能力，這是一種持續且統合的政治行動才能，透過積極參與選舉來強化其在行政上的技巧，特別是根據《1935年印度政府法案》，積極參與當時省議會的選舉。印度國民大會黨的領導人也獲得少量來自於反殖民運動的協助——換句話說，嚐到真正的政治競爭以及透過資助，作為政治交易的工具以及獲取權力的手段。

有超過半個世紀的時間，印度國民大會黨專注於反殖民的鬥爭來抵抗英國的統治。其所依據的策略，就是將政治目標與社會改革以及國家建構相結合。這樣複雜的競爭，以及結合外國統治者的合作，已經變成印度國民大會黨的標誌。其很穩定地擴增政治上的議程，使其涵蓋實際上國民生活中的所有面向，然後轉變成一種全民運動，包含農民、工人、女性、少數民族，以及學生均加入反殖民運動的主流當中，藉此向英國施加壓力，使印度人能夠擁有更多的權力。印度國民大會黨利用權力與資源，並受到社會菁英、印度商業與工業領袖，以及國際層次上反殖民運動的支持，來強化其群眾組織以及政治網絡。

**印度獨立後**——在1947年印度獨立之後的20年，大約是賈瓦哈拉爾‧尼赫魯

執政的時期，是印度從殖民國家轉型為民主政府的關鍵時期。1950年至1967年期間，印度國民大會黨藉由傳統黨派，像是莫罕達斯‧甘地、賈瓦哈拉爾‧尼赫魯，以及其他自由運動的方式，於中央以及各邦建立穩固的統治。

　　印度國民大會黨透過積極擴展其社會基礎來建立執政的地位，從而獲得新的甄補與支持層的加入，使印度國民大會黨能夠讓大部分地區的多數派向其倒戈，而繼續保持其執政地位。[43]這樣的擴展會以下列幾種方式來進行，在印度獨立不久之後，印度國民大會黨與當地的貴族、商業人士、自耕農、新的產業家，以及鄉村的農民進行合作，並將他們納入組織當中；建立莫罕達斯‧甘地的村莊認同，以及賈瓦哈拉爾‧尼赫魯所崇尚的現代化、社會主義、現代科學觀點與世俗主義的氛圍，讓印度國民大會黨發展成典型的普涵型政黨。除此之外，印度國民大會黨也發展出一套精細的資助網絡，使得其能夠與廣泛的社會團體進行協商，以提供經濟與社會利益的方式換取政治支持。[44]在印度獨立後的前20年，印度國民大會黨穩固地統治著印度，可以從其在獨立前就帶有顯著的光環、具有行政與政治上的敏銳度，以及由政府統御下的資源來解釋其領導能力。最重要的是，印度國民大會黨與農村「鐵票區」之間的連結關係，可以提高該黨的選舉運勢。

　　然而，下層社會發現印度國民大會黨內階級的向上流動，會受到較高種姓制度階級的阻擋，阻斷階級的穩定流動，導致新的社會菁英轉向至其他反對黨陣營。反對印度國民大會黨統治的政黨組成大型的反印度國民大會黨聯盟，如此能為將印度國民大會黨視為競爭者的團體帶來合作，並共同策劃選舉。這樣的結果，在1967年的全國性人民院（下議院）選舉中變得更加鮮明，當時印度國民大會黨所獲得的席次從1962年的361個席次，跌到了283個席次。雖然印度國民大會黨還是擁有足夠的多數席次組成政府，但是這樣的政治挫敗，嚴重地打擊了印度國民大會黨內部的政治生態。

　　印度國民大會黨於1969年開始分裂，黨內的組織與國會派朝向不同的方向前進。國會派本身組成了「印度國民大會黨（請願主義派）」（Indian National Congress (Requisitionists)），在英迪拉‧甘地的領導下，於1971年贏得壓倒性的勝利並組織中央政府。然而，1975年至1977年的「緊急狀態」統治，讓「人民黨」──社會主義聯盟，由印度教民族主義的印度人民同盟與基於經濟自由主義的自由獨立黨（Swatantra Party）組成──在1977年獲得勝利。聯盟內部的矛盾很快地浮上檯面，而這個短命的第一個非印度國民大會黨組成的政府在1980年就垮臺了，於是召開新的大選。印度國民大會黨（請願主義派）於1978年時再次分裂，之後由英迪拉‧甘地改組──印度國民大會黨（英迪拉‧甘地派）──於

1980年再次榮光獲勝贏得國會多數，此過程也揭示了印度政治中普遍存在的威權主義。英迪拉・甘地於1984年遭到兩位錫克教侍衛暗殺身亡之後——這是為了報復其針對錫克教徒位於阿姆利則市的黃金聖殿所發起對於錫克教恐怖分子的軍事行動——由她的兒子，拉吉夫・甘地成為印度國民大會黨（英迪拉・甘地派）的全國領導人，在同年的人民院（下議院）選舉中，因為英迪拉遭暗殺所引發的同情，使得該黨取得了成立以來最大的勝利，獲得了48%選票的支持，並取得415個席次。

印度國民大會黨在之後10年間的選舉一路走下坡，直到成為組成聯合進步聯盟的領導政黨後，其聲勢才有看漲的跡象。但是印度國民大會黨在1999年的選舉中又再次慘敗，當時其在人民院（下議院）543個席次中，只拿下114個席次。之後印度國民大會黨所領導的聯合進步聯盟在2009年的選舉中，拿下了206個席次，使其勝選執政。然而，印度國民大會黨在2014年的國會選舉中慘敗，其在下議院僅守住44個席次——根本無法達到組成反對黨勢力的要求。

過時的印度國民大會黨，面臨建黨以來最低谷的狀態後，如今也開始尋找新的認同、策略，以及在印度廣闊的政治範圍中的立足點。印度國民大會黨的衰弱，也可歸因於一些因素，除了時任執政的影響外，該黨本身也存在一些獨有的問題，諸如黨內缺乏透明度、無法善用社群媒體與其他新的通訊科技，被許多人認為是拉胡爾・甘地軟弱與優柔寡斷的領導所造成，而他是桑妮雅・甘地擔任該黨黨魁時的副黨魁以及預期的接班人。印度國民大會黨同時也應該要為聯合進步聯盟的失敗來負責，像是一些貪污腐敗與醜聞的問題、系統性地削弱總理曼莫漢・辛格執政的權威，以及其執政最後一年政策癱瘓的狀況。印度人民黨成功地利用這些議題，將納倫德拉・莫迪投射為一個有能力的行政管理者以及果斷的領導人。

## 印度人民黨

印度人民黨的前身為印度教右翼的印度人民同盟，這是一個在印度獨立後短暫出現的政黨。儘管其具有一致的意識形態以及嚴謹的組織，但是在印度獨立之後的20年間，印度人民同盟卻一直無法贏得任何的職位。後來其加入其他反對黨而形成人民黨時，才開始有機會在1977年的人民院（下議院）選舉中，擊敗印度國民大會黨。然而，由於人民黨內具有很深厚的意識形態以及本質上的差異，使其組成的政府變得窒礙難行，最終遭致垮臺。在1980年的人民院（下議院）選舉中，大批先前印度人民同盟的成員退出人民黨而組成「印度人民黨」。印度人民

黨首次參選的成績並不理想，但是其依靠強勢的印度教民族主義，並受到有力的政黨組織以及印度教民族主義團體的支持，像是國民志願服務團（Rashtriya Swayamsevak Sangh, RSS），逐漸穩定地朝向更加重要的政治地位來邁進。

　　在其快速崛起的過程中，印度人民黨利用許多印度教徒渴望在世俗國家的體制中能有更加卓越的角色，拒絕給予少數族群特殊待遇，像是主要為穆斯林所聚集的查謨與喀什米爾邦的特殊地位。印度人民黨順著印度教民族主義的潮流得到了權力，並承諾要在阿約提亞城（Ayodhya）中建立「羅摩」（Rama）神廟，而該位置當時為巴布里清真寺所在。在1991年的選舉，印度人民黨贏得120個席次，以及超過20%的選票支持，確立其作為印度國民大會黨最大挑戰者的地位。當清真寺被一群印度教狂熱分子拆除時，由印度人民黨執政的北方邦（阿約提亞城之所在地）之邦政府，必須為其捍衛治安的失敗負起責任，並且辭職下臺。隨後印度聯盟政治的當務之急，就是該黨在面對文化與宗教議題上，必須走向溫和的路線。在總理阿塔爾・比哈里・瓦傑帕伊短暫的第一任期中（1998-1999），該政黨開始提出更多善治的理念，而減少印度教民族主義的概念。1999年，全國民主聯盟拿下了主要多數席次，而印度人民黨擁有182個席次，成為其在人民院（下議院）最大的搭檔，總理瓦傑帕伊宣稱其領導的政府會依循他上一任期中實施的溫和政治。

　　2004年的人民院（下議院）大選，提前在印度人民黨領導的全國民主聯盟的5年任期屆滿前6個月舉行。當政府宣布提前舉行選舉時，幾乎所有的民意調查都預測由於該黨相當不錯的執政績效，以及總理瓦傑帕伊的受歡迎程度，能夠輕鬆連任。因此，後來由印度國民大會黨所領導的聯合進步聯盟獲得勝選的結果，跌破所有人的眼鏡。然而，2014年的國會選舉由印度人民黨獲得大勝，其在人民院（下議院）拿下了282個席次，這是印度30年來，第一次由單一政黨取得全面的勝利，並計畫成為印度有效率且可靠的替代性政黨。[45]然而，其在國會勝選後不久舉行的地方議會選舉中的失敗，顯示缺乏強大的區域基礎以及以世俗主義為名義的反對黨聚集結合在一起時，確實可以阻止印度人民黨的崛起。

## 印度共產黨

　　印度共產黨（Communist Party of India, CPI）成立於1927年，是世界上歷史最悠久的政黨之一。該黨於英國殖民統治期間大多都是被禁止的，直到殖民統治時期結束之前，其公開表態一旦前蘇聯被納粹德國攻擊時，會支持參與戰爭的投入才被解禁。印度共產黨在印度獨立之後，經歷意識形態上的派系爭執以及數次

分裂的危機。泰倫加納邦於1946年至1947年發生的暴動，就是以中國共產黨的革命為效法，但很快速就被印度軍隊所弭平，而這也使得左翼派系信用掃地。在親國會團體（右派）的領導下，印度共產黨第一次投入大選，號稱以排在印度國民大會黨之後的第二大政黨的姿態出現，然而該黨實際拿下的席次遠不及其所宣稱。之後，印度共產黨在1957年的區域選舉中贏得了南部的喀拉拉邦，這也是印度共產黨第一次在民主選舉中的勝選。隨著前蘇聯共產黨決心要和平轉型為民主國家，印度共產黨似乎想要在印度政壇上扮演更重要的角色。然而事與願違，其在喀拉拉邦執政2年之後，印度共產黨就被印度國民大會黨依據憲法第356條規定，僅限於「中產階級民主」的政黨來執政，宣告將其解散，而這結果當然受到左派政黨的撻伐。緊接而來的是更多的壞消息，因為印度與中國在邊界的認定上有所齟齬，於1962年時發生了邊境衝突，而在這節骨眼上一些左翼派系的成員竟然公然支持中國，導致這些人被下獄監禁。該政黨隨著1964年印度共產黨（馬克思主義派）（Communist Party of India (Marxist), CPM）的成立而正式分裂，這是一個更加激進且親中國路線的政黨；相形之下，印度共產黨（CPI）則堅持走溫和、親印度國民大會黨，以及親前蘇聯的路線。印度共產黨（馬克思主義派）在5年後也分裂了，導因於當時該黨的左派立場出現了新的政黨——印度共產黨（馬克思—列寧主義派）（Communist Party of India (Marxist-Leninist)）。隨後其分裂成幾個不同的團體，被統稱為納薩爾派（Naxalites），意味著其團體最初是在位於喜馬拉雅山麓的西孟加拉邦中的納薩爾巴里（Naxalbari）形成。

　　印度共產黨（馬克思主義派）於1970年代末期在西孟加拉邦獲得了執政權，成為世界上以民主選舉產生而執政壽命最長的共產黨政府之一。以全國性的角度來看，共產黨一般在國會選舉上能夠拿到的選票不超過10%（參閱圖16.9）。然而，納薩爾派強烈表達其對革命的渴望，並在印度各個地區以不同的名字存在著，他們的暴力行為持續成為讓印度政府感到憂慮的來源。2014年的國會選舉中，各派系的共產黨拿下了另一個相當低的紀錄，所有票數加總起來也僅占3%，而這也顯示左派激進勢力的影響力逐漸下降。

## 政黨的社會基礎

　　民意調查提供了有關各個社會群體對於主要政黨支持的分布現象（參閱表16.2）。印度國民大會黨的社會基礎遍及印度所有的社會團體以及分歧的族群，使其成為印度典型的普涵型政黨。不過，印度國民大會黨相對上受到更多低階社會群體以及宗教少數族群的支持。

圖16.9    三大政治勢力：印度國民大會黨、印度人民同盟／印度人民黨，以及共產黨

相關的主要政黨得票數，顯示了印度國民大會黨與左翼政黨的衰退，
以及印度教民族主義印度人民黨的崛起

三大主要政黨在人民院選舉中的得票率

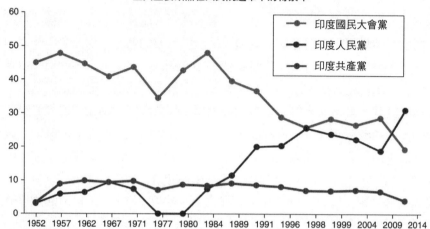

附註：印度國民大會黨包括：印度國民大會黨（1967年）、印度國民大會黨（請願主義派）
（1971）、印度國民大會黨（英迪拉・甘地派）（1980年）；印度人民黨直到1976年
以前都使用「印度人民同盟」這個名稱，而印度人民同盟並沒有以此名稱參與1977年
與1980年的選舉，因為其成為人民黨聯盟的一部分；印度共產黨包括：印度共產黨以
及印度共產黨（馬克思主義派）。

　　象徵印度教民族主義的印度人民黨之社會形象呈現鮮明的對比，其過去作為
「印度教環帶」的政黨，主要吸引位於北印度恆河平原地區的印度教上流社會階
級，但是該黨之後開始擴張原本的範圍，其首次在東北部的阿薩姆邦組成政府，
並延伸至西部與南部。雖然印度人民黨持續從上層社會階級以及印度教種姓制度
的上層階級中獲得更多的支持，不過其也已經成功地將其觸角延伸至過去被認為
是賤民階級與部落當中，遍布印度南部、西部，以及東北部，甚至滲透到少數部
分的穆斯林選民與政治人物中。

　　透過左派在全國的支持基礎標準來看，其是由2個共產黨所組成（印度共產
黨（CPI）以及印度共產黨（馬克思主義派，CPM）），吸引了部分來自於底層
社會階級的支持，同時也受到教育水準較高的選民支持。印度區域型政黨的崛起
相對而言是比較近代的現象。在區域性的背景下，這些政黨如同印度國民大會黨
一般，橫跨了所有的社會團體，並且與印度國民大會黨爭取相同的社會支持基

表16.2　2009年的選舉

各政黨與聯盟的社會基礎

| | | 聯合進步聯盟（印度國民大會黨） | 全國民主聯盟（印度人民黨） | 左翼政黨 | 大眾社會黨 | 第四陣線（社會黨） | 2009年得票率調查 |
|---|---|---|---|---|---|---|---|
| 地區 | 農村 | 35 | 24 | 8 | 7 | 6 | 71.9 |
| | 城市 | 41 | 24 | 6 | 5 | 2 | 28.1 |
| 性別 | 男性 | 36 | 25 | 7 | 7 | 5 | 54.1 |
| | 女性 | 37 | 23 | 8 | 6 | 5 | 45.9 |
| 種姓制度／社群 | 種姓制度上層 | 33 | 42 | 10 | 3 | 2 | 14.0 |
| | 自耕農 | 38 | 23 | 3 | 2 | 4 | 7.3 |
| | 其他落後階層之上層 | 31 | 26 | 3 | 3 | 10 | 22.8 |
| | 其他落後階層之下層 | 31 | 29 | 9 | 4 | 4 | 12.6 |
| | 賤民階層 | 34 | 15 | 11 | 20 | 4 | 16.2 |
| | 原住民（表列部落） | 46 | 26 | 7 | 1 | 1 | 7.8 |
| | 穆斯林 | 47 | 6 | 11 | 6 | 9 | 12.6 |
| | 錫克族 | 45 | 46 | 1 | 3 | < 1 | 1.9 |
| 教育 | 文盲 | 37 | 21 | 7 | 8 | 7 | 31.4 |
| | 最高至小學 | 38 | 22 | 11 | 5 | 4 | 22.5 |
| | 最高至中學 | 35 | 25 | 8 | 6 | 4 | 25.3 |
| | 大學及以上 | 35 | 30 | 6 | 5 | 5 | 20.7 |

附註：此表格顯示各個社會團體對於主要政黨支持的百分比。大眾社會黨與社會黨都是地方性政黨，主要是以印度北方各邦為基地，兩者之間有緊張的競爭關係，分別從種姓制度的賤民階層以及其他落後階層來尋求選票支持。反對全國民主聯盟以及聯合進步聯盟的其他政治力量，企圖建立統一戰線來一較高下。

資料來源：此份2009年根據不同社會背景所做的選舉後政黨投票民意調查，來自於發展中社會研究中心（CSDC），2010年。

礎，除了「其他落後階層」（OBC）之外，而這是一個夾雜在印度教上層階級以及過去被視為賤民之間的社會團體。許多印度的區域型政黨領導人都是來自於其他落後階層，因此其結果會傾向於提供區域型政黨更多比例的支持。

表16.3顯示，相較於印度國民大會黨，印度人民黨持續在上層與中產階級中

獲得更多的支持，其支持群眾包括了受過教育的年輕族群——這表示他們受到該政黨倡議「印度崛起」的願景所啟發——如同我們在表16.4所看到的結果，支持印度人民黨的比例遠遠高過於印度國民大會黨。但相對於支持印度人民黨，穆斯林大多傾向支持印度國民大會黨，即便如此——在過去傳統上被視為是賤民以及部落人群之中——均出現支持印度人民黨的現象（參閱表16.5）。

　　社會流動與政治圍堵像是兩個獨立發生在印度的過程，但最終卻聚合在一起。社會變遷可以透過社會改革的立法來加速其步調，像是甄補新的社會菁英進入政治舞臺，並透過選舉的參與來形成政治流動性。他們對政治體制穩定性的整體影響，可由區域與地方各級的中介機構以及政黨來加以緩和減輕。勞埃德·魯道夫（Lloyd Rudolph）與蘇珊·魯道夫（Susanne Rudolph）將這樣的過程描述

**表16.3　不同階級的政黨偏好之變動（2009年與2014年）**

| 階級 | 印度國民大會黨 | | 印度人民黨 | |
|---|---|---|---|---|
| | 2009 | 2014 | 2009 | 2014 |
| 貧困 | 27 | 20 | 16 | 24 |
| 下層 | 29 | 19 | 19 | 31 |
| 中產 | 29 | 20 | 22 | 32 |
| 上層 | 29 | 17 | 25 | 38 |
| 總計 | 29 | 19 | 19 | 31 |

資料來源：全國選舉研究與發展中社會研究中心資料數據單位，德里。

**表16.4　不同階級與年齡的選民之政黨偏好（2014年）**

| 年齡群組 | 貧困 | | 下層 | | 中產 | | 上層 | |
|---|---|---|---|---|---|---|---|---|
| | 印度國民大會黨 | 印度人民黨 | 印度國民大會黨 | 印度人民黨 | 印度國民大會黨 | 印度人民黨 | 印度國民大會黨 | 印度人民黨 |
| 18-22 | 23 | 24 | 18 | 35 | 17 | 40 | 11 | 44 |
| 23-25 | 24 | 25 | 18 | 34 | 21 | 32 | 16 | 43 |
| 26-35 | 19 | 27 | 21 | 33 | 19 | 33 | 17 | 40 |
| 36-45 | 18 | 24 | 17 | 30 | 20 | 32 | 15 | 36 |
| 46-55 | 19 | 22 | 21 | 31 | 20 | 31 | 20 | 35 |
| 56及以上 | 20 | 22 | 18 | 28 | 23 | 29 | 21 | 35 |
| 總計 | 20 | 24 | 19 | 31 | 20 | 32 | 17 | 38 |

資料來源：全國選舉研究與發展中社會研究中心資料數據單位，德里。

**表16.5　不同階級與種姓制度／社群的選民之政黨偏好**

| 種姓制度／社群 | 貧困 | | 下層 | | 中產 | | 上層 | |
|---|---|---|---|---|---|---|---|---|
| | 印度國民大會黨 | 印度人民黨 | 印度國民大會黨 | 印度人民黨 | 印度國民大會黨 | 印度人民黨 | 印度國民大會黨 | 印度人民黨 |
| 種姓制度上層 | 13 | 37 | 11 | 48 | 15 | 46 | 13 | 55 |
| 其他落後階層 | 15 | 28 | 15 | 37 | 16 | 33 | 14 | 37 |
| 表列種姓（SCs） | 17 | 22 | 18 | 22 | 20 | 27 | 17 | 25 |
| 表列部落（STs） | 28 | 33 | 31 | 36 | 25 | 39 | 26 | 53 |
| 穆斯林 | 41 | 4 | 34 | 10 | 42 | 11 | 27 | 7 |
| 其他 | 19 | 17 | 23 | 18 | 22 | 24 | 31 | 16 |
| 總計 | 20 | 24 | 19 | 31 | 20 | 32 | 17 | 38 |

資料來源：全國選舉研究與發展中社會研究中心資料數據單位，德里。

為「垂直式」、「水平式」，以及「差異式」的流動。[46]在印度獨立初期，社會弱勢團體發現選票具有溝通談判的價值，所以他們成為地方與區域的政治狂熱參與者。原本的**賈吉曼尼制度**——基於服務與職業專長的交換而形成互惠的社會紐帶——瓦解之後，建立了新的團體。最後，立基於社會與經濟利益共享的種姓制度組織協會，成為政黨與社會之間聯繫的橋梁。[47]這些發展有助於為全國性、區域性，以及地方性的菁英，創造出有用的操縱空間。[48]

# 政治文化

## 16.8 列舉三種印度慣用的莫利斯－瓊斯政治模式，並且探討它們與政治文化的相互作用。

　　儘管有大規模的貧窮與文盲人口，印度仍然維持其在獨立之後就採行的民主政府形式。大量的貧窮與文盲人口以及具有彈性的民主能夠並存，確實讓人感到困惑。為了解釋這樣的現象，有必要分析印度社會中支撐政治行為的政治態度，以及人們如何擁有這樣的想法。

### 傳統與現代的交互作用

　　那些不熟悉印度政治的人，可能會對於這個現代國家架構中融合了現代化制度與前現代化的慣例、信仰，以及符號象徵而感到訝異。對於印度政治文化的論述上，亨利·莫利斯－瓊斯（Henry Morris-Jones）以三種狀態來解釋這個現象：

現代化、傳統化，以及神聖化。[49]現代化將政治視為是一種利益表達與匯集的競爭過程。印度政治的現代化狀態是由憲法與法院、議會辯論、高等行政組織、所有主要政黨的高層組織，以及全英文語境與多數印度文語境的媒體所共同組成。印度政治主要的爭辯——像是聯邦制度、經濟發展、計畫方案，或是國防支出等議題——全部都採用現代化的政治語彙來進行，因此，讓學習印度政治的西方國家學生更能無障礙地接收。[50]然而，印度的政治人物很少不會依賴傳統的觀念，像是迦提（印度社會種姓制度分類之一）、賤民（達利特人），或是一些更加根深蒂固於印度的宗教與價值觀中的想法，像是沙希德（殉教烈士）、不害（非暴力／不殺生），或是聖戰者（自由戰士）等。神聖化狀態，藉由莫罕達斯‧甘地的不合作運動的動員而形成一種難以超越的技巧，反映出跨越現代與傳統分歧的印度社會核心價值觀，不必然指涉崇高或是超凡脫俗的。放下物質慾望、拒絕擔任其能夠達到的更高職位，或是超越家人、種姓制度或親屬之上的偉大個人犧牲，都可被視為是一種神聖化的象徵。來自像是莫罕達斯‧甘地這樣的領袖所傳遞的訊息，能夠廣及到整個社會並且能夠「喚起高階激進分子以及保守傳統主義者的想像力」。[51]在當代的印度，這些價值持續被奉為圭臬，並且被當作是一種「苦行僧」（聖人形象）的表現，特別是在印度教民族主義的層級中，他們都會身著聖衣、裝飾議會、扮演領導社會運動的角色，或是偶爾站在暴力抗爭運動的第一線上。

　　儘管這三種政治狀態在觀念上大相徑庭，但是它們在現實中卻常交互作用。事實上，同一個人的身上就可能體現這三種狀態：一位來自班加羅爾並受到加州大學所培訓的電腦工程師，可能會與加州矽谷的商業夥伴進行日常交易；可能會與本身同屬迦提階級、生活在相同語境區域的人結婚，並且嚴謹地遵守種姓制度中的飲食禁忌以及社會儀式；他也可能屬於某一網際網絡的社群，熱衷透過世界印度教議會（Vishva Hindu Parishad, VHP）之全球網絡來交流。

　　依據宗教、地區、殖民統治的時間與深度，以及個人的階級、性別與年齡，一個人的狀態就可能會更加容易且清楚地被洞悉，而政治行動者會根據他們對特定情形的看法與背景來操縱所有的狀態。結果就是，在競爭激烈的印度政治市場中，這三種狀態似乎都能在功能上連結到每一個人。部落或是迦提網絡——作為種姓制度的組織協會——能夠非常精準地將個人權利、資格，以及選舉偏好等現代化資訊傳達到第一代選民身上。同時，現代衛星電視播放的《羅摩衍那》以及《摩訶婆羅多》（經典的印度史詩），都可以散播印度原住民獨特、真實、排他的資訊，來宣稱其單一、真實，以及獨特性。自印度獨立以來，這樣的交互作用

已經創造出新的政治形態與程序，同時也浮現印度政治文化中的兩個新議題：政治工具化與政治認同。同時運用政治參與以及政治抗爭在現代制度、傳統象徵與網絡上，會使得這三種狀態在政治中變得混雜。到了最後，印度的政治過程表現就會很機械化地將各別的認同加以編織，成為一種國家的集體認同感。尋找其本身的認同不僅能夠藉由全國性運動，像是連結到印度教民族主義，也能夠藉由旁遮普邦的錫克族主張的認同，以及比哈爾邦南部的賈坎德邦中所主張的部落認同。對於福利與認同有相似的意向，也能夠支撐喀什米爾以及印度東北部的政治認同，他們決心維護自己對邦與國家的願景，但卻以違反性造成彼此與國家的激烈衝突。然而，一旦掌權後，文化民族主義政黨反而會淡化分離主義的議題，像是坦米爾人的故鄉或是其他具有排他性家園的原住民，他們也會逐漸融入印度聯邦國家以及正在蓬勃發展的印度市場中。

　　事實上，這三種狀態都是來自於日常政治的一部分，給予一般民眾補充其參與性、效能感、正當性，以及信任感的管道。在政治效能感與正當性的數據中，顯示印度政治文化兩個有趣的事實，效能感是用來測量個人對於國家運用相關權力所達到之效果的自我觀感，其顯示印度在過去這幾年是有穩定地增加，從1971年占全國人口的48.5%，上升至2004年的67.5%；政治制度的正當性也同樣持續爬升，從1971年的43.4%，提高至2004年的72.2%。相對於選擇鄰近國家的政府形式，像是巴基斯坦與中國，贊成印度民主政府制度形式的百分比也有逐步上升的趨勢，從原本的43.4%上升至70.5%。[52]

　　這些資料數據顯示，一般民眾認為其被賦予權力而有足以「趕走惡棍」的能力。當民主的重要基礎受到政治冒險家的威脅時，人們的支持就會消退，而之後民主制度有可能會再度出現。如同1975年至1977年的國家緊急狀態，印度的政治體制經歷了可能會讓其民主崩解以及民粹式威權主義崛起之情況，但最終還是反彈回民主機制。

## 選舉與政治參與

### 16.9 探討印度在全國性與地方性選舉上投票率增加的結果，以及逐漸浮現的公民政治行動。

　　在印度獨立後，政治交易與選舉競爭變成政治社會化過程的主要手段。印度的領導人採取一個很大膽的舉措，其在1951年與1952年的第一次大選中，一開始就將一切的賭注放在選舉政治上。即使有國家的定義，其自然邊界與經濟組織的

基本原則，均不在政治考量之上。從那時起，選舉就變成一種讓人民去認識其選票價值的機會。儘管仍存在規模龐大的貧窮與文盲人口，以及溝通上的困難，但是印度的獨立選舉委員會依然定期籌劃選舉活動，且範圍涵蓋了非常多的選區。而競選會受到嚴格的監督，所以經常出現選舉因為受到舞弊或是暴力的介入而暫停舉辦或是重新改選。[53]印度從1962年到2009年第15屆的國會選舉，其選舉參與的程度一直都維持在大約60%左右（參閱圖16.10），而後在2014年達到最高比率66%。男性投票的意願往往高於女性，但是女性的參與程度也有逐年成長之趨勢。一個有趣的現象是，過去在種姓制度下被視為賤民者的男性與女性，其政治參與的速度都差不多追上整體的人口比率——考量到其過去受到較高社會階級的壓迫與排擠，這確實是一項重大成就。

在印度自由運動的顛峰時期，許多的印度領導人都是受過專業訓練的律師，並且知道如何將制度性的參與結合策略性的抗議行動。莫罕達斯·甘地就成功地利用這種「不合作運動／真理堅持」作為政治武器，動員了農民、勞工、中產階級，以及種姓制度的下層階級。這種雙軌策略迫使國家殖民統治的制度必須被更多現代化政治制度的相關領域所涵蓋。結合傳統與非傳統的政治形式，促使更多社會制度與儀式運作都能夠進入政治範疇當中。這種實踐方式結合了選舉、壓力團體，以及運用直接行動的非傳統遊說的方式，豐富了獨立後政治工具使用的範圍。而這產生了雙重的結果，一方面，雖然印度並不像西方民主國家那樣具有悠久的選舉歷史，但其正當化了社會的民主政治過程；另一方面，非選舉手段的採用也給予整體行動者參與的動力——那些曾經在政治舞臺上無法占有一席之地，以及嘗

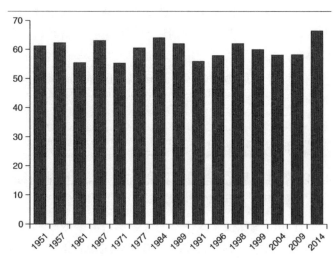

**圖16.10　投票結果**

選民投票結果百分比趨勢

資料來源：數據資料來自印度選舉委員會不同的年分，http://eci.nic.in。

試開展職能生涯且具有雄心壯志的政治人物——在一開始尚未窮盡所有的政治選項以前，會先訴諸於直接的政治行動。因此印度有了轉變，如同諾貝爾文學獎得主——印度裔英國作家維迪亞德哈爾·奈波爾（Vidiadhar Naipaul）就曾經描述印度像個「百萬叛亂」的國家。[54]

# 政治人才甄補

## 16.10 評估印度各個社會群體在政治制度中表現的情況。

　　如果政治參與是民主國家治理的最低標準，那麼一些具有說服力的案例可以闡釋印度已經追上了西方民主國家的步伐了。然而，為了促進其轉變為民主國家以及政治社會化，高度的政治參與是必要的，但並非充分條件。必須證明其參與是重要的，而民主過程提供公平的競爭，讓來自不同社會背景的人們都能有實際機會擁有較高階的行政職務。政治人才的甄補是很重要的，因為人民一旦有制度的規範結構的知識，以及有能力去從事政治交易時，他們通常會傾向於選出能夠代表社會主要分歧的人物。當然，參與選舉的菁英所代表的特徵並不像數學般那樣精確，因為「簡單多數決」的制度往往會不利於許多小團體。然而藉由檢視歷年來以及不同區域的資料數據，我們或許可以下這樣一般性的結論。因此，還有另外兩個證據的來源：國家最高立法機關的政治人才甄補以及地方菁英的社會競爭性。

　　在人民院（下議院）中，來自農村地區的政治人物比例逐年在增加，相當於來自「農業家」的比重。女性參與的比例已經成長了一倍，但仍遠低於她們在整體人口中所占的數額。[55]來自種姓制度中「婆羅門」最高階級的比例則有明顯下降的趨勢；[56]以往被視為賤民與部落者，持續占據些微超過五分之一的成員數，反映出他們在印度的人口份量。這是由於「保留席次」制度所造成的結果，即針對表列種姓與表列部落所進行的配額制。印度第73次憲法修正案也強制性要求第三層級的議會必須保留至少三分之一的席次給女性。然而，努力在各邦層級與全國性立法部門中建立同樣的配額制並沒有獲得成功的結果；諷刺的是，左派與中間黨派擔心在權力機關中的女性配額會有利於印度教民族主義政黨，因為其吸引大量來自於中上層階級以及受過教育的知識群體。而納倫德拉·莫迪政府則特別強調女性的代表性——特別是擺脫那些以父權制為基礎的男性政黨的邊緣地位，成為種姓制度上層的女性。在當前莫迪執政的團隊中，有四分之一的內閣部長是女性。國會中沒有針對穆斯林的選舉設置任何的配額制（亦未規定比例代表制）；因此他們的總數遠低於其在印度總人口中所占的比例，然而，穆斯林在印

度仍具有強大的政治勢力——可以從穆斯林在印度教民族主義政府中擔任內閣部長以及國家發言人的角色來看出這樣的事實。

## 政策產出：經濟、福利，以及貧窮

### 16.11 總結印度經濟的波動、政府的反應及其結果。

在漫長的殖民統治期間，印度的經濟幾乎是停滯不前的，其成長的比率大約只有0.7%，這樣是跟不上人口成長所帶來的壓力。印度獨立後情況有明顯的好轉，但是經濟淨成長率只有1.5%，因此被戲稱為「印度式經濟成長率」。根據最近的統計結果，從2007年至2009年，印度的經濟年成長率平均估計都超過9%（參閱圖16.11）。由於過去20年來的經濟快速成長，改變了印度的經濟狀況，從原本的低度成長狀態，到成為新興市場的公司層級。印度的經濟年成長率大約是7.5%。如果以購買力平價（PPP）來衡量印度的人均國內生產毛額，按當前的美元計算，2009年已經達到人均3,920美元的水準。2015年由世界銀行計算更是成長到6,089美元。當時，亞洲只有中國的經濟成長率高過於印度，不過在近期，印度的成長率已經超越了中國。

「絕對貧窮」（absolute poverty），表示人民的日均生活費低於1.25美元，

**圖16.11　印度的經濟成長**

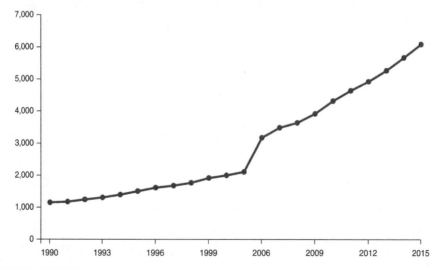

人均國內生產毛額（以美元計算的購買力平價）：印度

資料來源：世界銀行。

印度已經將該人口比例從1978年的66%降低至1994年的49%，而2010年更是降至33%。但是這些每日生活在1.25美元以下的絕對貧窮人口，從1990年的4億3,600萬人，上升至2005年的4億5,600萬人，主要原因來自於人口的增長。[58]

　　自1980年以來，印度的國內生產毛額已經成長了6倍以上。發生在2008年至2009年的全球金融海嘯似乎沒有影響到印度的經濟成長，而這並不令人訝異。當時印度的經濟並沒有像歐洲或是東南亞國家一樣與全球經濟整合在一起，所以經濟成長率就比較沒有那麼明顯受到影響。

　　我們可以從圖16.12看到印度的農業、製造業，以及服務業所占比例的變化，了解印度經濟結構的改變。儘管整體經濟成長的步伐相當快速，但是印度仍然是以農業為主的國家，國內有超過一半以上的人口從事農業工作，而農業在國內生產毛額中的邊際收益卻降至大約只有18%。而其中製造業在整個經濟結構所占的比重，在最近幾年也有比較大幅度的改變（參閱圖16.12）。

## 經濟漸進式成長與財富重分配的策略

　　1950年代，賈瓦哈拉爾‧尼赫魯政府採取擴大耕種與灌溉面積的政策，使得

**圖16.12　國內生產毛額的分布：農業、製造業，以及服務業**

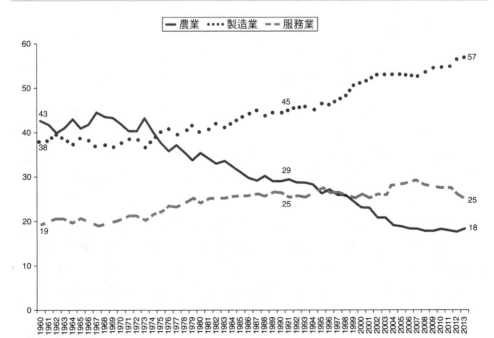

資料來源：世界銀行，http://data.worldbank.org。

農業發展有了最初的成果。在1960年代，農業生產透過一系列的技術創新而加速成長，包括高產量的種子、新型的殺蟲劑、化學肥料，以及更加準確的天氣與市場狀態資訊。這場「綠色革命」改變了印度從原本的糧食淨進口國，變成一個能夠自給自足的國家。1970年代，政府開發了一套稱為「食品採購」之複雜的保管與市場干預制度，用以保證食品生產的價格維持穩定流動並供應給消費者。印度的糧食政策是受到長期的糧食短缺，迫使其花費巨大的財務與政治成本進口糧食而演變來的，特別是在越戰期間，當時印度反對美國的政策。糧食計畫終於在1980年代開始產生豐厚的收穫，印度的糧食安全制度也變得非常有彈性，即便在1987年經歷了嚴重的旱災，也沒有導致農產品價格產生大幅的波動。[59]

致力於現代化領導模式的尼赫魯，希望能夠提升一般的生活水準，並藉由混合式經濟來保障國家新爭取來的自由。這種進口替代、計畫經濟成長，以及自給自足的政策模式，並沒有留下多少空間讓印度整合進入國際市場中。就某部分而言，這種情況反映出對於莫罕達斯・甘地當時推動**「愛用國貨運動（斯瓦德希運動）」**（swadeshi）的懷舊之情——只消費國產商品——同時也是一種對於西方國家的不信任。在20世紀上半葉，從1900年至1946年期間，印度在殖民統治下的全國收入每年只有微幅增長0.7%而已，而當時印度的人口成長率為0.8%。尼赫魯這一世代的人並沒有忘記如此的教訓，由於1950年代至1990年代的許多發展性措施，印度的經濟規模已經成長了2倍之多。雖然印度的經濟成長率比獨立前要來得好，不過還是遠低於期望值。當時印度被認為落後於亞洲一些擁有8%至10%的經濟快速成長國家——日本、南韓、臺灣、香港，以及新加坡——並且更是遠遠落後於中國；印度的經濟緩慢成長以及明顯低效率的進口替代基本模式，成為快速變化下引人注意的焦點。

## 經濟的自由化

印度計畫發展的模式是基於混合式經濟——經濟的「制高點」是由公部門所掌控——其實現了一定程度的福利，但也產生一些副作用。國家控制整個市場的管理，除了要保持低通膨，同時也要讓預算赤字低於發展中國家的平均值，但是這樣的制度卻造成了廣為熟知的「許可證配額體制」。[60]其結果就是經濟成長變得趨緩，而政府在1980年代初期曾試著向國際市場進行借貸，進而刺激經濟，但是這樣的方式在經濟管理的結構上並沒有任何的改善，最後在1980年代末期產生一連串的金融危機。而最令印度政策制定者以及國際金融機構擔憂的是，印度的國債比率在10年內就已經占了超過國內生產毛額100%以上。之後曼莫漢・辛格

擔任財政部長，與總理納拉辛哈・拉奧開始進行第一次經濟結構的改革，也就是一般所說的「**自由化**」（參閱專欄16.3）。

曼莫漢・辛格第一個提出的政策，就是要大幅減少國家對市場不論是公開的控制或是暗地的監控。政府降低多項的補助金，並且鬆綁嚴格的進出口管制；同時亦修改新興產業的許可制度，以及關閉那些不再獲利但基於勞工相關保護法規而無法宣告倒閉的企業，這些都帶給市場更新的靈活性。在1970年代國營化的全盛時期，政府基於「必需品」的概念控制生產領域，而如今逐漸回歸市場。重要的生產領域——像是電力生產、一部分的石油業、國內航空運輸、道路行業，以及一些電信產業——都開放給私人投資與經營，政府亦歡迎外國企業以合資的方式進行投資並參與生產的過程。印度企圖藉由降低關稅的方式吸引外國的投資，而這與以往的進口替代政策與專制獨裁有很大的不同。隨著進口限制的放寬，辛格於1991年透過讓盧比（印度貨幣）貶值24%的方式來鼓勵出口，而盧比也有部分兌換成外幣。印度政府逐漸降低企業家繁重的賦稅以及所得的直接稅，所得稅的最高稅率從原本的56%降低至40%；公司稅的最高稅率也從原本的57.5%降低至46%。[61]

這些措施隨著通訊改革放寬對廣播的限制而得到了強化，而這樣的發展也讓印度的消費者較容易購得外國製造的電視機與收音機，並透過衛星與有線頻道的方式收看迄今尚無法出現的節目。國營廣播電臺接受了這樣的挑戰，並利用內部競爭引進適度的改變。

1991年的財政政策是朝向經濟自由化與公共部門私有化的方向執行，從某些方面來看，這樣違反了印度政治上的本意。就印度遠古流傳下來的傳統而言，《政事論》裡分配給國王許多經濟關鍵產業的專屬權限。國家壟斷的傳統被幾乎

---

**專欄16.3 曼莫漢・辛格與印度經濟的自由化**

印度在1991年面臨非常嚴峻的金融危機時，當時的財政部長曼莫漢・辛格，得到總理納拉辛哈・拉奧強大的政治支持而開始進行印度經濟結構的改革。隨著聯合進步聯盟在2004年的國會選舉上獲得了勝利，辛格也就被推舉成為聯合進步聯盟在國會中的領導人，其後印度總統更邀請他組成中央內閣。印度國民大會黨領導人——桑妮雅・甘地，已經將她與總理之間定期協商的過程制度化，在此過程中，也為聯盟內部的兩個權力核心開創各自不同的眼界。然而，桑妮雅・甘地與辛格之間的合作關係，效果似乎相當得好，不僅促進政策的改革、持續地朝向自由化，更將印度市場與全球政治經濟穩步地融合。

所有印度的統治者延續下去，並在英國殖民統治時期達到頂峰。印度工商企業家的行動範圍擴張在英國的壟斷以及殖民的阻礙下，產生許多摩擦，因此他們轉向支持莫罕達斯‧甘地所提倡的「愛用國貨運動（斯瓦德希運動）」計畫。他們對於獨立後能在混合式經濟結構中找到安全的利基點而感到滿意。每一個企業自由化的阻礙，同時也是既得利益的一部分。因此，那些來自強大的聯盟並試圖回到國家主導的狀態而產生的強烈反彈，就不足為奇，其中包括希望保護窮人與弱勢群體免於被資本主義剝削的社會主義者、害怕失去政府補助的富有農民、憂慮印度失去政治自主與文化認同的愛用國貨運動（斯瓦德希運動）遊說者，以及擔心沒有強大的中央機構來進行財富再分配，而使得印度貧富差距愈來愈大的區域領導人。

自由化的議題在印度的政黨之間引發了激烈的辯論，而可預期到印度的共產黨對於貿易規範的自由化表達堅定的反對立場。他們認為這些改革企圖藉由建立國際金融組織，像是國際貨幣基金與世界銀行來直接介入印度的經濟。對於左派而言，整個公共部門，特別是公共部門的勞動者，需要去防範這些私有化的企圖，因為這可能會導致失業。首先推動自由化措施的印度國民大會黨，對於這樣的反抗浪潮保持低調，因為其意識到該措施缺乏選民的支持。而印度人民黨的支持者主要是來自於貿易共同體以及受過良好教育的城市人口，所以其在這個議題上就採取一個比較複雜的立場。印度人民黨的黨綱呼籲「全面自由化與符合標準的全球化」；其贊成主動的精神與進取心，但是希望能保留國家在保護其產業與貿易的作用，以避免受到「不公平」的國際競爭傷害。印度人民黨也打算將會造成印度重大安全利益的外來入侵排除在外，並且將外國競爭勢力移出消費品產業，而他們引人注意的口號就是：「只要電腦晶片，不要洋芋片」。

從過去這些年的紀錄來看，印度政府已經變得非常善於平衡經濟上的各種不同壓力。2007年出現的美國次級房貸危機，在2008年演變成全球的金融危機，引發全世界經濟成長的下滑以及股票市場的不景氣，而印度是世界上少數幾個經濟仍有成長的國家之一。雖然如此，其國內生產毛額的成長率還是稍微減緩了，貿易與股票市場的表現也都出現緊縮的狀態。印度的國內生產毛額實質成長率也從2005年至2007年間超過9%的年成長率，下降至2008年年底大約6%的狀況，不過在2010年的第一季就恢復到超過8%的成長率。[62]值得注意的是，其成長率在金融危機席捲前就已經下降了，一部分原因是印度政府早就採取針對性的政策以消除對經濟過熱的擔憂，而另一部分原因則來自於遲延結構改革的結果，阻礙其進一步的成長。[63]

　　印度的進出口成長率在2008年最後一季至2009年時呈現負成長，但是在2010年第一季恢復原來的水準。[64]其中衝擊最大的是以出口導向的製造業（例如工程配件與汽車零件）。印度最重要的股票市場指數——孟買敏感指數（SENSEX 30）（在孟買股票交易所的三十家最大型的印度公司），於2008年1月至3月股票大跌了三分之二，引起巨大的震驚。[65]除了國際金融危機的影響，分析師認為這樣的狂跌也反映出重新調整有助於讓其更具市場水平的代表性。在這次的股票大跌之後，孟買敏感指數於2010年年中就恢復了一半以上的虧損。[66]

　　為了因應經濟衰退，印度政府於2008年12月開始推動三大刺激方案。這些措施主要是在削減消費稅與服務稅、增加基礎建設的支出，以及保持銀行的資本充裕。估計這樣的財政刺激可從原本增加國內生產毛總額的0.5%（國際貨幣基金預估）提升至3.5%（印度財政部）。根據一些分析師的看法，財政刺激並沒有帶來預期中的效果，但使得政府更加專注於社會保障政策與基礎建設投資項目的計畫，以作為2009年至2010年的預算。[67]這些社會政策的措施，如果再結合減免農民大量貸款的債務來作為刺激方案，會進一步增加已經債臺高築的預算赤字。主要的問題點還是在通貨膨脹率的增加，特別是有關於糧食的價格。但整體來說，一般普遍認為印度儲備銀行（印度中央銀行）採取了相當迅速果決的做法，並及時改善了信貸的供應。

　　分析家提出許多的解釋來說明為何印度在面對金融危機時有相對的恢復力，其中最為突出的論證在於，儘管印度在過去的20年已經非常高度地整合到世界經濟體系，但是印度的金融行業依然受到嚴格的監管，有超過三分之二的銀行總資產都是由公營銀行所有，印度的銀行體系不論在資本化程度或是管理規則上，都已經相當完善。此外，其對於來自美國金融市場的財務不健全的資產，採取有限的曝險。其他原因還包括印度採取漸進式改革，特別是私有化的過程——公營機構仍然是主要的主導力量。另外，相對於中國，印度近年來與經濟合作暨發展組織（OECD）國家的貿易量有下降的趨勢，主要是因為其採取「南南貿易」（South-South Trade）[12]，多與中東國家與中國進行貿易有關。

　　印度依然還有許多問題有待解決：貧乏的基礎建設、教育配額制度的政治爭論、深不見底的貧窮人口與文盲，以及農民以自殺的方式作為抗議全球化所帶來的副作用。但最重要的是，人們仍然對經濟成長感到樂觀，並對印度不斷增長的國際形象感到自豪，而最近的相關民意調查數據也證實了這種現象。[68]

## 結論：雙頭目標—印度的民主與發展

　　在印度成為多黨制民主國家之後僅僅10年，如同許多西方悲觀主義觀察者所呼籲，塞利格・哈里森（Selig S. Harrison）也警告：「不平等幾乎完全不利於自由的生存……事實上，真正的問題在於：印度任何一個邦是否能夠生存下去。」[69]這些觀點反映出對於自治可能會導致混亂的擔憂。[70]經過60年的民主統治以及16次的全國大選後，關於印度是否能夠作為一個民主國家的議題，可能已經被剔除於討論議程之外了。

　　根據印度過去60年來的制度發展以及政策過程，本文預測印度的民主鞏固、經濟成長、社會穩定以及安全會有持續的發展，不過核能（參閱專欄16.4）與恐怖主義的問題，很可能在近期成為議題。[71]一般社會大眾與國家菁英也都抱持著同樣樂觀的看法，因為他們了解與全球市場經濟一體化是有利的，而同時也需要國內包容性的發展。

### 專欄 16.4　令人意外的核發展

印度於1998年進行了核試驗，而巴基斯坦也在數週後同樣進行測試，這些行為敲響了全球主要國家的警鈴。印度與巴基斯坦都不是《核武禁擴條約》（Nuclear Nonproliferation Treaty, NPT）的締約國。因此，雖然這樣的試爆並沒有違反條約協議，但還是會擔心他們可能會危害防止核擴散的目標，而因此增加引發核衝突的可能性。多虧印度與巴基斯坦自此建立的「信心建立措施」（Confidence Building Measures, CBMs），南亞才能夠進入相對穩定的時期。

事實上印度的核能計畫早在1946年就已經開始了，原子能委員會（Atomic Energy Commission, AEC）則於1948年成立，而最早的兩座民用核子反應爐相繼於1956年與1960年開始運轉。同時也為了和平而發展核能，所以印度提倡全球進行裁減軍備，特別是包括了核子武器。然而，隨著中國試爆原子彈成功之後（1964年），加上印度領導人認為世界列強不太可能拋棄其核能儲藏，所以印度試圖在1974年以「和平核能設備」加入核武俱樂部。在接下來的30年，許多國家對印度進行了嚴厲的制裁，切斷其核能知識的供應、技術，以及充足的燃料供給。隨著1998年的核試爆，印度的領導人強烈地宣稱其具有成為核武俱樂部成員的資格。除了強化國家的軍隊與政治聲譽，由於印度長期依賴石油的進口，所以核能對於印度的經濟持續成長也扮演了重要的角色。在1998年核試爆後，印度終於擠進核武聯盟。《美國與印度進行核合作及加強不擴散法案》於2005年提出，並在2008年10月8日簽署成為法律，有助於印度核能計畫方案以及核分裂材料控管制度與國際市場整合，而美國在其中發揮關鍵的作用。

印度的案例顯示了民主政治如何在國家牢固的界線與強烈的捍衛下加以運作，而有助於代議政治機構發揮功能。他們提供政治人才甄補的管道給一些有抱負的社會菁英，同時也給予較低社會階級者向上流動的方法。其結果之一就是沒有那些充分感受到歧視而採取集體暴動的重要社會團體。然而，農民因為債務與貧窮而自殺的問題、查謨與喀什米爾邦以及東北地區持續動盪的問題，均顯示印度結合壓制與調解的策略具有其侷限性。

印度的經驗與其他南亞國家形成對比，尤其是巴基斯坦，其共享了印度的某些文化、政治，以及歷史遺產。這些國家的民主進程所面臨到的困境，證實了傳統社會理論的假設：成功的政治民主需要以具備識字能力與經濟發展作為前提、[72]在施行全民參與之前必須先將政治權力制度化、[73]成功的資產階級扮演著民主制度的社會基石。[74]因此，印度的「反例」現象浮現了一個主要疑問：為何印度——儘管在文化基礎上有著社會階級制度與威權主義、大規模貧窮人口，以及高度文盲率——還是能夠建立一個成功的民主政治秩序呢？[75]

不同於其他多數的後殖民國家，印度仍保有其領土、憲法，以及政治制度，這些均標示著其於1947年作為一個獨立國家的成立。儘管有許多外部衝突與內部暴動，在印度的獨立選舉委員會監督下，相對自由且公平的選舉依然定期舉行。印度在農業上已經達到自給自足的能力，公共的分配制度也找到成功的方法來解決長期飢荒的問題，而通貨膨脹以及爆炸性的人口增長問題也被良好管理；如今，隨著印度經濟的自由化，國際商業信心對印度依舊保持高點，並維持在7%左右的可觀成長率。儘管有這些成就，但性暴力、不容異己，以及零星的低度發展地區等負面現象仍持續存在。[76]印度民主的謎團可以說深植於這些矛盾。[77]

本章藉由印度的政治資源，簡潔陳述一些議題的解答——其值得信賴與尊重的現代化政治制度，連結了社會與文化的多元性，並且產生了政治社群；其殖民統治與反抗殖民的經驗、現代化以及有遠見的領導人在全國與各邦進行建設的努力，加上自印度獨立之後，政策過程旨在策略性地增強社會的公民意識與經濟改革，這些都是在自由化的年代中，主要促使民主治理與國家有序凝聚的主要因素。

隨著印度的政黨、運動、選舉、各式各樣的衝突，以及解決衝突機制的發展，印度具有豐富的資料提供給鑽研比較政治學的學生，特別是關於比較政治學的主要理論概念之說明——從利益表達、匯集與裁決，到政治的交互作用、政策與經濟發展。印度民主政治制度的彈性化可能會更為驚人，因為印度的重要機構——立法部門、行政部門、司法部門，以及個人權利——並沒有完全從其社會

與文化中演變而來，相反的，這些許多是從殖民時期移植過來的。不過，這些內容的正當性並未受到印度主要政黨的質疑，包括那些從宗教分裂或階級衝突的動員而強化力量的人。

　　印度的民主與治理所面臨的挑戰——源於政治的叛亂、族群的暴動、政治刑罰化，[78]以及不斷升高的民粹威權主義——並非印度政治制度偶然或是附帶的特徵。諷刺的是，這些現象有時候是源於相同的程序所引起、持續，並最先發跡於代議制度。印度的民主過程持續採以開放、包容的態度，以至於地方上有著犯罪紀錄並具有影響力的政治人物，設法贏得選舉而進入立法機構，而政治激進分子也會訴諸暴力作為抗議的手段，導致公眾秩序的動蕩不安。這些行徑在民主政治過程中——即便不應該縱容——都被默認了。但是印度的民主、聯邦主義，以及監管機構，像是最高法院與印度選舉委員會這樣的反制力量，卻保證這些行為不會擴散至完全扼殺民主進程與法治的生命力。[79]

　　追根究柢，印度實驗的普遍意義在於其展現了「下層政治」的潛力。當其結合代議民主制度並與政治競爭以及策略性社會改革相連結時，可能產生民主轉型與鞏固的支持與改善這個讓人難以預料的結果，這個過程雖然缺乏實質性的物質影響或個人權利的文化基礎，但仍然就此發生了。而印度的案例一般來說證明了一點，必須記住——即便包括了暴力抗議——競爭仍然是印度民主的灰色地帶。對於社會弱勢團體的賦權，也對印度制度的運作有著至關重要的效果，亦即，印度與世界各地一樣，都是由具優勢與特權的社會團體來爭取。但是印度主要的機構組織——司法部門、國會、媒體、軍隊、官僚體制，以及國家與地方的領導人——承諾將堅定不移地保持民主機制與世俗主義。印度的案例顯示了當代的制度與民主的政治過程，儘管有些與預測相反，然而反應靈敏的國家與精通治理且負責任的菁英、選舉動員，以及政治談判，仍然可以為過渡到民主及其鞏固鋪平道路。[80]

## 章後思考題

1. 印度的政治制度如何成功地將一個語言、宗教、階級，以及發展水準上有極端差異的國家結合在一起？
2. 不同於大多數後殖民國家，為何印度能夠成功地維持一個民主政府的形式以及經濟上的發展呢？請根據印度的政治制度結構以及國家—社會關係來解釋。

3. 印度經濟走入自由化與全球化後，對於經濟成長與社會正義產生了什麼樣的結果？

4. 相較於早期年代，在最近幾十年來，印美關係發生了什麼變化？為什麼會有這樣的改變？

5. 比較印度的行政部門相對於美國與英國政府立法與司法部門的機動空間。

6. 相較於美國，印度的聯邦制度有哪些更為獨有的特色？

7. 現今印度有序的民主治理，有哪些是主要的威脅？政府是否有能力來面對這些挑戰？

## 重要名詞

阿約提亞城

印度人民黨

金磚五國

種姓制度

全面對話

賤民（達利特人）

世間法

靜坐抗議

非常時刻

英迪拉·甘地

莫罕達斯·甘地

包圍手段

印度教特徵

賈吉曼尼制度

迦提

自由化

人民院（下議院）

混合型經濟

全國民主聯盟

賈瓦哈拉爾·尼赫魯

不結盟運動

核試驗

《潘查希拉協議》（和平共處五項原則）

五人長老會（潘查亞特制度）

印巴分治

聯邦院（上議院）

羅摩

2005年《資訊自由法》

不合作運動／真理堅持

愛用國貨運動（斯瓦德希運動）

部落

兩國理論

聯合進步聯盟

瓦爾那

世襲貴族（扎明達爾）

# 推薦閱讀

Alavi, Hamza. "Authoritarianism and the Legitimation of State Power in Pakistan," in *The Post-colonial State in Asia: The Dialectics of Politics and Culture*, ed. Subrata Mitra. Hemel Hempstead, UK: Wheatsheaf, 1990.

Bajpai, Nirupam. *Global Financial Crisis, Its Impact on India and the Policy Response*. New York: Columbia Global Centers, 2011.

Brass, Paul R. *Routledge Handbook of South Asian Politics*. Milton Park, Abingdon, Oxon: Routledge, 2010.

Brown, Judith. *Modern India: The Origins of an Asian Democracy*. New Delhi: Oxford University Press, 1985.

Das, S. K. *Public Office, Private Interest: Bureaucracy and Corruption in India*. New Delhi: Oxford University Press, 2001.

Dasgupta, Jyotirindra. "India: Democratic Becoming and Combined Development," in *Democracy in Developing Countries*, ed. Larry Diamond, Juan Linz, and Seymour Martin Lipset. Boulder, CO: Lynne Rienner, 1989.

Forster, E. M. *A Passage to India*. Harmondsworth, UK: Penguin, 1985; first published in 1924.

Harrison, Selig. *India: The Most Dangerous Decades*. New Delhi: Oxford University Press, 1960.

Huntington, Samuel. *Political Order in Changing Societies*. New Haven, CT: Yale University Press, 1968.

Jaffrelot, Christophe. *Rise of the Plebeians? The Changing Face of the Indian Legislative Assemblies*. London: Routledge, 2008.

———. *Religion, Caste, and Politics in India*. Cambridge: Cambridge University Press, 2011.

Jenkins, R. *Democratic Politics and Economic Reform in India*. Cambridge: Cambridge University Press, 2000.

Kohli, Atul. *The Success of India's Democracy*. Cambridge: Cambridge University Press, 2001.

Lipset, Seymour M. "Some Social Requisites of Democracy: Economic Development and Political Legitimacy," *American Political Science Review* 53 (1959).

Manor, James. *From Nehru to Nineties: The Changing Office of the Prime Minister in India*. London: Hurst, 1994.

Mitra, Subrata K., and V. B. Singh. *When Rebels Become Stakeholders: Democracy, Agency and Social Change in India*. New Delhi: Sage, 2009.

Mitra, Subrata K., Mike Enskat, and Clemens Spiess, eds. *Political Parties in South Asia*. Westport, CT: Praeger, 2004.

Mitra, Subrata K. "Room to Maneuver in the Middle: Local Elites, Political Action and the State in India." *World Politics* 43, 3 (April 1991).

Mitra, Subrata K., and Michael Liebig. *Kautilya's Arthashastra, an Intellectual Portrait—Classical Roots of Modern Politics in India*. Baden Baden: NOMOS, 2016.

Mitra, Subrata K. *Citizenship in the Era of Globalization: Structure, Agency, Power, and the Flow of Ideas*. New Delhi: Samskriti, 2012.

———. *Culture and Rationality*. New Delhi: Sage, 1999.

———. *Governmental Instability in Indian States*. New Delhi: Ajanta, 1978.

———. *Politics in India: Structure, Process, Policy*. London: Routledge, 2011, revised second edition, 2017 (forthcoming).

———. *Power, Protest, and Participation: Local Elites and the Politics of Development in India*. London: Routledge, 1992.

———. *The Puzzle of India's Governance: Culture, Context and Comparative Theory*. London: Routledge, 2005.

Mitra, Subrata, and Jivanta Schoettli. "The 2014 General Elections: A Critical Realignment in Indian Politics?" *Asian Survey* 56, 4 (July 2016).

Moore, Barrington. *Social Origins of Dictatorship and Democracy: Lord and Peasant in the Making of the Modern World*. Boston: Beacon Press, 1966.

Morris-Jones, W. H. *The Government and Politics of India*. Wistow, UK: Eothen Press, 1987.

Naipaul, V. S. *India: A Million Mutinies Now*. London: Heinemann, 1990.

Panagariya, Arvind. *India: The Emerging Giant*. New York: Oxford University Press, 2008.

Rudolph, Lloyd, and Susanne Rudolph. *The Modernity of Tradition: Political Development in India*. Chicago: University of Chicago Press, 1967.

Rudolph, Lloyd, and Susanne Rudolph. *In Pursuit of Lakshmi: The Political Economy of the Indian State*. Chicago: University of Chicago Press, 1987.

Sen, Kunal. *Trade Policy, Inequality and Performance in Indian Manufacturing*. New York: Routledge, 2009.

Varshney, Ashutosh. *Ethnic Conflict and Civic Life: Hindus and Muslims in India*. New Haven, CT: Yale University Press, 2002.

Verma, S. K., and Kusum, eds. *Fifty Years of the Supreme Court of India: Its Grasp and Reach*. New Delhi: Oxford University Press, 2000.

Weiner, Myron. *Party Building in a New Nation: The Indian National Congress*. Chicago: University of Chicago Press, 1968.

Wilkinson, Steven. *Votes and Violence: Electoral Competition and Ethnic Riots in India*. Cambridge: Cambridge University Press, 2004.

# 網路資源

印度政府官方網站目錄：http://www.goidirectory.nic.in

印度國會：http://www.parliamentofindia.nic.in[13]

印度總理辦公室：http://www.pmindia.nic.in[14]

印度憲政：http://www.indiacode.nic.in

印度國民大會黨：http://www.congress.org.in

印度人民黨：http://www.bjp.org

《印度報》：http://www.thehindu.com

雙週刊《前線》：http://www.frontlinenet.com

《經濟和政治周刊》：http://www.epw.in

# 註釋

1. See Mitra (2005, 2011) and Mitra and Singh (2009) for elaborations on this argument.

2. See Moore (1966) for an analysis of the capitalist, socialist, and fascist models of development and his characterization of India as an anomalous case.

3. "There is a good chance that 20 years from now, many of India's constitutional anomalies regarding the secular state will have disappeared. It is reasonable to expect that by that time there will be a uniform civil code and that Hindu and Muslim law, as such, will have ceased to exist. Legislation having already dealt with the most serious abuses in Hindu religion there will be little need for further interference by the state." D. E. Smith, *India as a Secular State* (Princeton, NJ: Princeton University Press, 1963), 134.

4. Subrata Mitra, "The NDA and the Politics of 'Minorities' in India," in Katherine Adeney and Lawrence Sáez, eds., *Coalition Politics and Hindu Nationalism* (London: Routledge, 2005), 77–96.

5. Subrata Mitra, "Desecularizing the State: Religion and Politics in India after Independence," *Comparative Studies in Society and History* 33 (October 1991): 755–777.

6. Padder, "The Composite Dialogue between India and Pakistan: Structure, Process and Agency," *Heidelberg Papers in South Asian and Comparative Politics*, 65 (February 2012), http://www.ub.uni-heidelberg.de/archiv/1.

7. See Mitra (2005, 128) for a detailed analysis of these figures, cross-tabulated by party support.

8. In a bold assertion of state capacity (but, perhaps, also with a fine eye to the general elections in 2014), the government of India executed Ajmal Kasab, the only survivor among the terrorists who attacked Mumbai in 2009, in late 2012, and Mohammad Af-zal Guru, the main accused in the case of the terrorist attack on Parliament in 2001, in February 2013. See Smita Gupta, "The Role of Pranab Mukherjee in Afzal Guru's Hanging," *Hindu*, February 10, 2013, http://www.thehindu.com.

9. See Mitra and Liebig (2016) for a detailed description of the institutional basis of the pre-modern state in India and its reuse in the designing of the institutions of contemporary India.

10. Burton Stein, *Peasant, State, and Society in Medieval South India* (New Delhi: Oxford University Press, 1980).

11. See Hermann Kulke, ed., *The State in India, 1000–1700* (New Delhi: Oxford University Press, 1985), for an excellent introduction to the diversity of historical scholarship on the political form and social base of the early state in India.

12. Some Indian historians refer to this uprising of Indian troops known as sepoys, who constituted the bulk of the British army, led by a few European officers, as India's first war of independence. The mutiny (1857–1858), which initially shook up the rule of the East India Company, was eventually defeated by the British.

13. Brown (1985).

14. For excellent sources on the origin of political institutions and attitudes in India, see *Sources of Indian Tradition*, vol. 1, *From the Beginning to 1800*, Ainslie Embree, ed. (London: Penguin, 1991), and vol. 2, *Modern India and Pakistan*, Stephen Hay, ed. (London: Penguin, 1991).

15. The Jagannath cult of Orissa is an example of this form of syncretism. See Subrata K. Mitra, "Religion, Region, and Identity: Sacred Beliefs and Secular Power in a Regional State Tradition of India," in Noel O. Sullivan, ed., *Aspects of India: Essays on*

*Indian Politics and Culture* (Hull, UK: University of Hull, 1994), 46–68.

16. Paul R. Brass, *Language, Religion, and Politics in North India* (London: Cambridge University Press, 1974); and Jaffrelot (2008).

17. Gurharpal Singh, "Ethnic Conflict in India: A Case-study of Punjab," in John McGarry and Brendan O'Leary, eds., *The Politics of Ethnic Conflict Regulation* (London: Routledge, 1993), 84–105.

18. See Subrata Mitra, "Desecularising the State: Religion and Politics in India after Independence," *Comparative Studies in Society and History* 33, 4 (October 1991): 755–777.

19. Alan Beals, *Gopalpur: A South Indian Village* (New York: Holt, Rinehart & Winston, 1963), 41.

20. Caste consciousness transforms caste from an ascriptive status to a politically convenient self-classification. For a discussion of the efforts to improve the material conditions of the former untouchables through the policy of reservation and the upper-caste backlash against it, see Subrata Mitra, "The Perils of Promoting Equality," *Journal of Commonwealth and Comparative Politics* 25 (1987): 292–312.

21. The concept is used by Lloyd and Susanne Rudolph (1987) to denote owner-cultivators who own medium-size holdings of about 15 hectares of land, and who became the main social base of India's agrarian breakthrough in the 1960s.

22. Rudolph (1987), 247, 255–58.

23. President's Rule, under which a region is ruled directly by the center for a specific period, is indicative of a failure of representative government. It happened relatively infrequently during the first two decades of independence, with the imposition of the President's Rule eight times during the prime ministerial tenures of Nehru and Shastri (1950–1966). The most celebrated case was the dismissal of the elected Communist government of Kerala in 1959. However, during the two periods of tenure of Mrs. Gandhi, the President's Rule was imposed forty-two times.

24. If the president of India is satisfied that a grave emergency exists whereby the security of the nation or of any part of the territory thereof is threatened, whether by war, external aggression, or internal disturbance, he or she may make a declaration to that effect (Article 352). While a proclamation of emergency is in operation, nothing in Article 19 "shall restrict the power of the state to make any law or to take any executive action" (Article 358). Article 356 makes similar provisions for the suspension of democratic government in a region. It should be pointed out that emergencies are conceived of as temporary, and the scope for legislative accountability is not altogether absent.

25. James Manor, who had earlier talked about the "deinstitutionalization" of India, has subsequently talked about the "regeneration" of institutions. See James Manor, *From Nehru to Nineties: The Changing Office of the Prime Minister in India* (London: Hurst, 1994).

26. Manor, *From Nehru to Nineties*, 13.

27. For a detailed discussion, see Subhas Kashyap, "The Legislative Process: How Laws Are Made," in *Our Parliament* (New Delhi: National Book Trust of India, 1989), 121–156.

28. Ibid.

29. For a brief period during the last years of the presidency of Zail Singh, presidential assent became an effective instrument to delay legislation. But commentators on Indian politics have attributed this more to the personal pique of Singh against Prime Minister Rajiv Gandhi than to any explicit policy difference between them.

30. Such situations are not unknown in parliamentary democracies. But the French solution of "cohabitation" of a president and a legislative majority belonging to different parties or the German "grand coalition" are not yet available, though they cannot be excluded in the future.

31. See Subrata Mitra, *Governmental Instability in Indian States* (New Delhi: Ajanta, 1978) for an analysis of the rapid rise and fall of governments in Indian states during the 1960s.

32. The government of India ended a complex power struggle between two regulatory agencies, the Insurance Regulatory and Development Authority (IRDA) and the Securities and Exchange Board of India (SEBI), with regard to the right to regulate hybrid products that combine features of insurance and investment. The ordinance, promulgated in June 2010 by President Pratibha Patil, amended the Reserve Bank of India (RBI) Act, the Insurance Act, the SEBI Act, and the Securities Contracts Regulation Act to bring about clarity on regulation of Unit Linked Insurance Products (ULIPs).

33. The survey was conducted through face-to-face interviews during May and June 1996, in the aftermath of the eleventh parliamentary elections. A representative sample of about 10,000 adults were interviewed under the guidance of the Center for the Study of Developing Societies (CSDS), Delhi.

34. S. K. Verma and Kusum, eds., *Fifty Years of the Supreme Court of India: Its Grasp and Reach* (New Delhi: Oxford University Press, 2000), narrates this success story.

35. Commenting on a recent corruption scandal, *The Hindu*, India's highly respected mass circulation newspaper, comments, "Defence deals, done under the thick, dark cover of national security, are notorious for their lack of transparency.... Evidently, all manufacturers feel compelled to pay bribes disguised as commissions on a percentage basis to middlemen and lobbyists for

obtaining supply orders from the Indian government." "Editorial," *Hindu*, February 16, 2013. See *Public Office, Private Interest: Bureaucracy and Corruption in India* (New Delhi: Oxford University Press, 2001) by S. K. Das, a former civil servant, for a succinct analysis of bureaucratic corruption in India.

36. The central government is referred to as the *Union Government* and the Indian federation is referred to as a *Union of States* in Article 1 of the Indian Constitution.

37. Rudolph and Rudolph refer to the two phenomena respectively as "state dominated pluralism" and "involuted pluralism." See Rudolph and Rudolph (1987), 259–289.

38. For a discussion on new social movements in India, see Gail Omvedt, *Reinventing Revolution: New Social Movements and the Socialist Tradition in India* (London: East Gate, 1993).

39. Mitra (1992).

40. Huntington (1968).

41. http://www.aljazeera.com/indepth/opinion/2013/11/honour-killings-india-crying-shame-20131127105910392176.html. South Africa has the highest reported rape cases of 132.4 per 100,000 population, with Sweden at 63.5. In the UK, 28.8 cases of rape per 100,000 population were reported, followed by 27.3 in the United States, 21.09 in Brazil, 16.2 in France, and 13.2 in Mexico. India, at 1.8 cases per 100,000 population, does not feature in the top 10 list of highest rape crime rates in the world (UN Crime Trends Survey 2010).

42. See Mitra, Enskat, and Spiess (2004).

43. See Weiner (1968).

44. See Subrata Mitra, "Party Organization and Policy Making in a Changing Environment: The Indian National Congress," in Kay Lawson, ed., *How Political Parties Work: Perspectives from Within* (Westport, CT: Praeger, 1994), 153–177.

45. For a detailed discussion of the campaign and elections results, see "The 2014 General Elections: A Critical Realignment in Indian Politics?" *Asian Survey*, 56, 4 (July 2016).

46. *Vertical mobilization* refers to political linkages that draw on and reinforce social and economic dominance. *Horizontal mobilization* takes place when people situated at the same social and economic levels get together to use their combined political strength to improve their situation. *Differential mobilization* refers to coalitions that cut across social strata. See Rudolph and Rudolph (1967).

47. For the formulation of these ideas in terms of an analytical framework on elections and social change in India based on a model of electoral norms and organizational structures corresponding to them, see Subrata Mitra, "Caste, Democracy and the Politics of Community Formation in India," in Mary Searle-Chatterjee and Ursula Sharma, eds., *Contextualising Caste* (London: Blackwell, 1994), 49–72.

48. For an application of this concept as a framework for the discussion of political participation in India, see Mitra (1991): 390–413.

49. Morris-Jones (1987), 58.

50. This theme has been developed further by J. Dasgupta (1989), 62.

51. Morris-Jones (1987), 61. The statement, first made in 1962, turned out to be prophetic, because J. P. Narayan became a rallying point for opposition to the emergency in 1975.

52. See Mitra (2011), 60–61, for a detailed discussion of the questions asked to measure efficacy and legitimacy, and the cross-tabulation of these with subpopulations. It is interesting to notice that minorities and former untouchables do not lag behind the average for the Indian population.

53. Following allegations of irregularity in the northern Indian constituency of Amethi, where Prime Minister Rajiv Gandhi was a candidate, the Election Commission, an independent body that supervises the conduct of polling, ordered new voting to take place. Thus, one can notice both the political will and institutional capacity at the systemic level to minimize the cases of electoral tampering.

54. V. S. Naipaul, *India: A Million Mutinies Now* (London: Heinemann, 1990).

55. The percentage of women representatives in India's highest legislature is low in terms of absolute numbers but does not compare too unfavorably to those in developed European democracies. Only 6 percent of the members of the House of Commons of Britain were women in 1995. "United Nations Economic Commission for Europe," *Economist*, March 18–24, 1995, 33.

56. Jaffrelot (2008).

57. Data from CIA World Factbook, https://www.cia.gov/library/publications/the-world-factbook/index.html, accessed February 13, 2014.

58. World Bank, Database 2013, http://data.worldbank.org/indicator/SI.POV.DDAY, accessed February 15, 2013. When using the $2 a day poverty line, the reduction in poverty looks less impressive, with 89 percent in 1978, 82 percent in 1994, and 69 percent of the population living in poverty in 2010.

59. See John Wall, "Foodgrain Management: Pricing, Procurement, Distribution, Import, and Storage Policy in India," World Bank Staff Working Paper no. 279 (Washington, DC: World Bank, 1978), 88–89.

60. The term usually implies the proclivity of the Congress Party regime to practice patronage politics. Liberalization has attempted to put an end to these practices by removing these areas of enterprise from the government control.

60. The term usually implies the proclivity of the Congress Party regime to practice patronage politics. Liberalization has attempted to put an end to these practices by removing these areas of enterprise from the government control.

61. *Economist*, January 21–26, 1995, 7.

62. See Economist Intelligence Unit, "Country Report India, December 2009" (Kiel, Germany: Leibniz Information Centre for Economists), 19; and Economist Intelligence Unit, ViewsWire, "India Economy: GDP Growth Picks Up" (London: Economist Intelligence Unit, June 1, 2010).

63. Ajay Chhibber and Thangavel Palanivel, "India Manages Global Crisis but Needs Serious Reforms for Sustained Inclusive Growth," paper presented at the Tenth Annual Conference on Indian Economic Policy Reform, Stanford, CA, October 22–23, 2009.

64. See Economist Intelligence Unit, "Country Report India, June 2010" (Kiel, Germany: Leibniz Information Centre for Economists), 17; and The Hindu Business Line, "India's Q4 Export Growth Highest among Top Economies," *Hindu*, June 5, 2010, http://www.thehindubusinessline.com/2010/06/05/stories/2010060552980400.htm.

65. See Historical Stock Prices of Sensex 30, e.g., at Yahoo Finance BSE Sensex 30, http://finance.yahoo.com/q/hp?s%3D%5EBSESN%2BHistorical%2BPrices, accessed February 13, 2014.

66. Ibid.

67. Chhibber and Palanivel, "India Manages Global Crisis," 33.

68. When asked in a national opinion survey in 2004 about the financial prospects they expected, 49.2 percent of the national sample thought their financial conditions would improve, 6.2 percent thought they would worsen, 19.4 percent thought they would remain the same, and about 25 percent were not sure. In the same survey, 67.5 percent thought their vote had an effect on how things are run in the country, compared with 17.5 percent who thought the opposite; see Center for the Study of Developing Societies, "National Election Survey" (New Delhi: Center for the Study of Developing Societies, 2004).

69. Harrison (1960), 338.

70. Conservative opinion in Britain was generally opposed to Indian independence before an acceptable solution to the communal problem between Hindus and Muslims was found. This cautious approach was criticized by some who cited the successful functioning of elected governments in eight out of eleven provinces after the 1937 elections held under the Government of India Act of 1935; see Henry Noel Brailsford, *Democracy for India* (London: Fabian Society, 1942).

71. These arguments are stated in detail by Mitra (1999) and Mitra and Singh (2009).

72. Lipset (1959): 69–105. Lipset suggests that in order to succeed as a democracy, a society has to attain certain levels of social and economic development.

73. Huntington (1968), 55.

74. The puzzle has a direct bearing on the pessimistic prognosis of Moore (1966).

75. India's experience stands in sharp contrast to its South Asian neighbors. Universal adult franchise was introduced in Ceylon in the early 1930s, even before limited franchise was available in some Indian provinces. The Muslim League—which, under the leadership of Jinnah, championed the cause of Pakistan—became the ruling party in the new state after independence. Neither of the two states has been as successful as India in sustaining democracy. See Mick Moore, "Sri Lanka: The Contradictions of the Social Democratic State," and Hamza Alavi, "Authoritarianism and the Legitimation of State Power in Pakistan," in Subrata Mitra, ed., *The Post-colonial State in Asia: The Dialectics of Politics and Culture* (Hemel Hempstead, UK: Wheatsheaf, 1990), 155–192 and 19–71.

76. There is considerable controversy among scholars regarding the causes and probability of Hindu–Muslim conflict. See Varshney (2002) and Brass (2003), for contrary views. Jaffrelot (2003) gives a graphic account of Hindu–Muslim riots in Gujarat in "Communal Riots in Gujarat: The State at Risk?" *Heidelberg Papers in South Asian and Comparative Politics* 17 (2003), http://archiv.ub.uni-heidelberg.de/volltextserver/4127/. Steven Wilkinson (2004) suggests a link between electoral competition and ethnic riots in India.

77. "Nothing in India is identifiable, the mere asking of a question causes it to disappear or to merge into something else." E. M. Forster, *A Passage to India* (Harmondsworth, UK: Penguin, 1985; first published in 1924), 92.

78. The rise of lawlessness and the criminalization of politics have been observed by several scholars. See the epilogue in Morris-Jones (1987) 259–272.

79. The emergency of 1975–1977, which is seen as an aberration of the political process in India, is a major landmark in the country's political development. For further information, see "Images of the Emergency," the theme of a symposium on the subject in *Seminar* 212 (March 1977); and P. B. Mayer, "Congress (I), Emergency (I): Interpreting Indira Gandhi's India," *Journal of Commonwealth and Comparative Politics* 22 (1984): 128–150.

80. See Mitra (2011 and 2017, forthcoming) for a detailed analysis of this argument.

# 譯者註

[1] 2017年7月新的就任總統為拉姆・科溫德（Ram Nath Kovind）。

[2] 漢字翻譯中的「四小龍」，在英文中是以「虎」（tiger）來作為代名詞。

[3] 印度憲法在1950年1月26日生效且建立了印度共和國，在這之前，印度一直都算是英國皇室的殖民地。

[4] 由於許多印度教徒認為該處也是該教的發源地，因此自18世紀以來，其遺址一直都是印度教徒和穆斯林之間爭論的焦點。

[5] 其原意為「純潔的土地」。

[6] 印度種姓制度又可細分為兩大類，其中「瓦爾那」比較屬於用來規範「身分」觀念；「迦提」則是規範較為世俗性的「職業」與「人際網絡」等觀念。

[7] 該古城具有「不可奪取」之意，但在1990年代卻爆發了印度教徒與穆斯林之間的嚴重衝突。

[8] 最新於2020年8月15日的調查，印度有1個德里國家首都轄區、28個邦，以及8個聯邦屬地。

[9] 意指一個原本疆域比較大的國家，因為內部關係緊張或是處於民族敵對狀態，而最後分裂成不同的小國家之歷程。

[10] 其原本主要以附表形式呈現，但部分已廢止。如要進一步了解，可參閱第五編「聯邦」與第六編「邦」之介紹。

[11] 家族成員為了要維護本身家族的名譽，而對受害女性進行謀殺行為。

[12] 其指涉「發展中國家」之間的貿易。

[13] 正確可連結網站為：https://parliamentofindia.nic.in/。

[14] 可由此網站連結：https://pmindiawebcast.nic.in/。

# 第十七章

# 奈及利亞政治

卡爾·勒凡（A. Carl LeVan）、
亞哈亞·巴巴（Yahaya Baba）

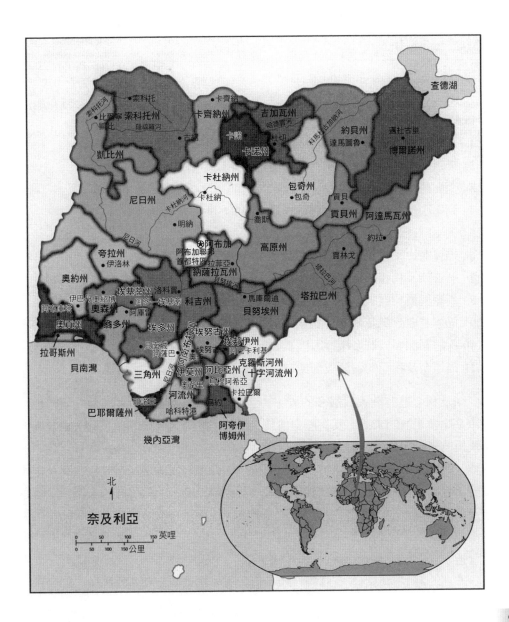

查德湖

索科托河　　　索科托　　卡齊納　　吉加瓦州　　哈德賈河　　　　　　　　　　邁杜古里

索科托　　　　　　卡齊納州　　　　　科馬杜古約貝河　　約貝州　　博爾諾州

比爾寧　索科托州　　　　　　　　　　　　　　　　　達馬圖魯

凱比　　隆縮羅河　　古紹　　卡諾　　　杜切

凱比州　　　　　　　　　　卡諾州　　　　　　　　　　　　　　　阿達馬瓦州

卡杜納州　　　　　包奇州　　　貢貝

尼日州　　　　　　　　　　　　包奇　　　貢貝州　　約拉

卡杜納河　　卡杜納　　　　　　　　　　　　　　　　　賈林戈

明納　　　　　喬斯　　　　　　　　　　塔拉巴河

尼日河　　　　　　　　　阿布加聯邦　　高原州

夸拉州　　　　　阿布加首都特區拉菲亞　　　　　　　塔拉巴州

伊洛林　　　　　納薩拉瓦州　　　　馬庫爾迪

奧約州　　　　埃基蒂州　洛科賈　　科吉州　　　貝努埃州

伊巴丹　奧紹博　阿多·埃基蒂　　　　　　貝努埃河

阿布庫塔　奧森州　阿庫雷

奧貢州　　翁多州　　埃多州　　埃努古州　　埃邦伊州

拉哥斯州　　　　　貝寧城　　埃努古　　卡利基

　　　　　　　阿薩巴　　阿瓦　　　克羅斯河州

貝南灣　　　　三角州　　伊莫州　阿比亞州（十字河流州）

　　　　　　奧韋里　烏穆阿希亞　卡拉巴爾

　　　　河流州　　福約

巴耶爾薩州　　哈科特港

幾內亞灣　　阿夸伊博姆州

北

奈及利亞

0　50　100　150 英哩

0　50　100　150 公里

## 國家簡介

**人口**：1億8,200萬

**領土**：356,668平方英哩

**獨立年分**：1960年

**當前憲法制定年分**：1999年，以1979年憲法為基礎（包括2011年修憲）

**國家元首**：總統穆罕默杜・布哈里（Muhammadu Buhari）

**政府首腦[1]**：總統穆罕默杜・布哈里（Muhammadu Buhari）

**語言**：英語（官方語言）、豪薩語、約魯巴語、伊博語，以及超過250種不同民族語言

**宗教**：穆斯林50%；基督新教40%；本土信仰10%

### 學習目標

**17.1** 討論奈及利亞領導人選舉的主要議題。

**17.2** 描述奈及利亞在殖民統治前與殖民時期政治結構的脆弱本質。

**17.3** 探討殖民、環境，以及全球因素為當前奈及利亞所帶來的貢獻。

**17.4** 列舉奈及利亞的次文化類型，並討論其如何影響政治文化。

**17.5** 列舉四個政治社會化的媒介。

**17.6** 描述並比較奈及利亞如何透過軍事與教育取得政治地位。

**17.7** 解釋奈及利亞政治結構的演變，並探討國家對於聯邦的權力。

**17.8** 列舉五種利益表達的形式，並比較其於奈及利亞北部與南部的強度差異。

**17.9** 描述主要政黨及其支持的基礎，並探討其多變的選舉歷史。

**17.10** 探討石油與族群多樣性等因素如何影響經濟的表現。

**17.11** 描述奈及利亞的資源與形態在區域以及世界上的影響力。

　　奈及利亞是非洲人口最多的國家，也是世界上5%語言的發源地，同時也是豐富文化多元性的來源。其在歷史傳統上涵蓋了北方大規模的酋長國，以及南方小規模的王國與分散的村莊群落。自從1960年奈及利亞獨立之後，就一直奮鬥於政變、內戰、大量的經濟挫折，以及最近恐怖分子造成的威脅，其獨裁又民主的政府，也同樣在基督徒和穆斯林之間的族群政治以及宗教差異問題上鬥爭。不過奈及利亞卻有方法克服這些悲觀的預測發展——與具有毀滅性暴力之後的民主、經濟機會或是建立和平的可行性有關。因此，了解奈及利亞是認識整個非洲的有效管道。

　　非洲的每個國家都具有其獨特性，但如果先熟悉奈及利亞的經驗，則是一種

不錯的方法來理解非洲政治研究中的一些共同主題。國家的殖民緣起意味著在1950年的民族主義者已經清楚地闡明團結人民的新的民族認同。1960年奈及利亞自英國獨立之後，迎來了一個無拘無束的年代，甚至有點不切實際，但是這樣樂觀的情緒很快就消失了。如同許多1970年代至1980年代的發展中國家，出現一系列的獨裁者拍胸脯保證強大的領導人可以團結國家，並克服發展中的困境。在經濟發展上依賴單一的出口——石油——使得國家容易受到商品價格跌幅的影響，而這導致奈及利亞在1980年代大量向外國借款，並且實施不受歡迎的經濟改革。1990年代的政治自由化與民主化推翻了殘酷的獨裁者，並幫助引導奈及利亞遠離這些麻煩。選舉的完整性也逐漸改善，2015年，公民投票否決了控制國家與各州長達16年之久的政黨。相對而言，這樣的權力交替通常意味著國家不太可能退回獨裁的狀態。但是奈及利亞的民主制度仍然不是那麼完善，自2009年以來，甚至掀起腥風血雨的恐怖主義、猖獗的貪污腐敗，以及質量糟糕的公共服務。即便外債已經還清了，奈及利亞還是像許多國家一樣，依賴單一的商品來提高生產力，其終究無法將經濟成長的成果轉換為改善一般民眾的生活品質。

　　本章將立基於近年來的進展與持續受到廣大的挑戰，探索奈及利亞的經濟、社會，以及政治轉型。如同其他的非洲國家，新的政治結構、領導人，或是政策是否可以克服歷史遺留下來的問題，仍然是研究的中心。奈及利亞近年來邁向民主與發展的步調仍有待檢視，因為其潛藏許多可能會特別挑戰民主進展與發展的特徵。

## 當前的政策挑戰

### 17.1 討論奈及利亞領導人選舉的主要議題。

　　奈及利亞現在正享受著其歷史上最長一段的文人統治時期，但同時面臨了治理上的失敗以及對憲政權威的持續挑戰，這可能會造成民主發展的不穩定。近年來，奈及利亞的族群、區域，以及宗教分裂都逐漸加劇。政治領導菁英以及一些暴力團體主張將國家分裂成一個鬆散的聯邦，或是如果政治權力與經濟資源無法更加公平分配的話，甚至讓各州完全獨立。選舉暴力、持續性的不平等、近期的暴動，以及政府效能的失靈，都使得大眾對民主產生懷疑。

　　隨著**奧盧塞貢・奧巴桑喬**（Olusegun Obasanjo）於1990年當選總統，奈及利亞的民主過渡期開始燃起了希望，並在幾個星期之後就選出了新的民主國會。2003年，總統奧巴桑喬再次以壓倒性的勝利連任，而他所隸屬的政黨也囊括了大多數重要的政治職位。新的總統**奧馬魯・穆薩・亞拉杜瓦**（Umaru Musa

Yar'Adua）於2007年當選，但其於奧巴桑喬的支持者嘗試為了改變憲法以延長任期失敗之後才上任。之後，憲政體制因為2009年11月亞拉杜瓦感染嚴重疾病消失於公眾而面臨全新的考驗，經歷了幾個月的空轉，國民議會（National Assembly）的議員投票指派由副總統暫代總統一職——即便國民議會缺乏明確的憲法授權。當亞拉杜瓦於2010年4月過世時，奈及利亞似乎挺過了這個考驗，因為副總統**古德勒克・強納森**（Goodluck Jonathan）正式宣誓就任總統。這樣的繼承也同時充滿了爭議，因為其將權力從北方的穆斯林轉移到南方的基督徒，而此爭議因為違反了南北之間非正式權力的輪替安排而不斷擴大，重新點燃了奈及利亞政治的南北二分法問題。當強納森於2011年贏得全國性選舉時，將近有1,000名群眾在隨後的暴力浪潮中身亡，許多北方人對於執政黨沒有堅持將總統職位留在北方而感到憤怒。

　　除了這些政治上的考驗，奈及利亞人對這個號稱民主國家的政府卻未能控制國內的財產資源，進而提供像是教育、飲用水、牢固道路，以及公共安全等人類基本所需而感到失望。自1999年以後，電力的供應狀況逐漸惡化，造成私人投資發展經濟一個昂貴而艱難的氛圍。奈及利亞的人均收入水準也僅只有美國或是西歐國家的十分之一而已；2016年聯合國發布的人類發展指數（HDI），奈及利亞在188個國家中排名第152名。從其2013年在187個國家中排名第153名的狀況來看，奈及利亞的改善相當微不足道，而這顯示奈及利亞依舊排名在「中度人類發展國家」的尾端。[2]

　　民主的挫敗很明顯地表現在公部門猖獗的貪污腐敗，同時也出現恐怖主義「博科聖地」（Boko Haram），一個位於東北部且具有暴力傾向的極端主義者（參閱專欄17.1）。這些議題成為2015年全體進步大會黨（All Progressives Congress, APC）能夠歷史性擊敗執政黨的基礎。前軍事獨裁者**穆罕默杜・布哈里**（Muhammadu Buhari）的參選，重新點燃以軍事制裁貪污腐敗與博科聖地恐怖攻擊的希望。博科聖地的暴力行動事件引發公眾的憤怒，而人民民主黨（People's Democratic Party, PDP）所領導的政府受到來自國內外的共同譴責。在布哈里當選之後，新的政府取代了軍事領導，並且解放多數被博科聖地占領的領土。然而，他的行政團隊仍無法有效應對人道危機的問題。聯合國兒童基金會在2016年末的報告指出，還有超過400萬的人面臨嚴重的糧食短缺問題，以及至少有6萬5,000人生活在「如同飢荒的狀態」。許多國內流離失所者（Internally Displaced Persons, IDPs）因為行政系統的公款挪用或是效率低下，導致沒有受到任何政府的支持。

政府在調查貪污腐敗的指控方面，採取相對溫和的手法。值得注意的是，其中有21億美元被懷疑是遭前任總統的國家安全顧問以及前任陸軍、海軍與空軍參謀長所侵吞。儘管付出了這些努力，根據2015年國際透明組織公布的清廉印象指數（Corruption Perceptions Index, CPI），奈及利亞依舊在163個國家中排名第136名。其中一個問題在於，儘管經常進行反貪污腐敗的調查，但卻很少有高層官員被加以定罪；另一個問題則涉及調查的明顯選擇性：許多人認為政府的反貪污腐敗行動，過於聚焦在被驅趕下臺的人民民主黨成員身上，而沒有任何全體進步大會黨的高層執政人員面臨這樣的調查。

因此，該政權藉由上述的方式避開先前民主嘗試的命運，但是由於政府拙劣的效能，使得不同族群、區域，以及宗教派系劃分的緊張關係不斷持續著，加上推行民主制度的艱難，讓威權主義的誘惑並沒有完全地褪去。如今奈及利亞處於全體進步大會黨的民主政權統治下，同時其也正努力於軍事武裝的復興。其中一個挑戰是來自於南部的石油產區出現新的武力組織，破壞石油的基礎建設，這樣的攻擊現象減損奈及利亞的石油出口，進而影響其主要收入的來源。許多分析家認為這個新的武力組織與來自三角州而在總統選舉失利的古德勒克·強納森有關。同樣的，該政府也正面臨過去曾在1967年至1970年發生血腥內戰的東部分裂主義者死灰復燃的問題（參閱專欄17.2）。由於該地區是人民民主黨的大本營，因此重新燃起種族的緊張情勢，並重申內戰時要求比亞法拉共和國（Biafra）獨立的訴求，這似乎是一種想要對於剛上任的全體進步大會黨政府的懲罰。

因此，2015年的大選即使確實觸發優勢政黨的失敗、導致恐怖分子暴力的減少，並為反貪污腐敗的抗爭注入新的活力，看起來仍就像是揭開舊傷疤一樣。在接下來的討論當中，讀者應該考慮到國家挑戰的歷史與結構根源，以及政治行為中不斷變化的社會價值。不論國家是否鞏固其民主或是回復到破壞性的政治模式，均取決於有原則的領導、公民行動主義，以及健全機構的聯合，才能夠激起公民與投資者的信心。

## 歷史影響

### 17.2 描述奈及利亞在殖民統治前與殖民時期政治結構的脆弱本質。

奈及利亞這個名稱與疆域的形成可以追溯至1914年，當時是由殖民法令所強加的。因此，今日一些持不同意見者指出這是「1914年的錯誤」，並以此作為對地區差異的失望。[1]在我們開始探索奈及利亞的當代政治，以及其如何在具有令人混亂的多樣性前提下生存之前，本章認為必須歸功於其擁有許多豐富文化所根

植的基礎。因此在某種意義上，奈及利亞存在著許多不同面向。也就是說，我們認為其獨特的政治文化源頭，以及北部、東部、西部人民所經歷的各種不同殖民經驗，構成今日所謂的奈及利亞。

## 前殖民時期事件的持久影響力

　　我們對前殖民時期非洲的印象，一直被誤解所困擾著，有時候是來自於單純的無知，但更多時候是偏見所造成的結果。許多工業世界仍然將傳統的非洲視為「原始的」、由一群「部落」所組成。[2]然而，我們應該要了解的是，即便是早期文明所組成的村莊社會，都發展出限制統治者政治權力的複雜制度。在今日民族國家建立以前的數個世紀，這些人民就有貿易、文化傳播，以及戰爭等互動行為，而他們的信仰制度和世界上任一信仰一樣，既複雜且有許多細微差異。在一個世紀以前，並不存在奈及利亞這個國家。**豪薩人（Hausa）**於西元1000年至1200年間在奈及利亞北部建立城邦，15世紀時受到伊斯蘭教的影響。到了16世紀，清真寺以及古蘭經學校開始蓬勃發展，而豪薩王子也開始與摩洛哥以及鄂圖曼帝國競爭其政治與經濟影響力。幾個世紀以來，這些制度經歷了興衰榮枯，直到19世紀初，非豪薩族的王室官員對他們發動聖戰，其命運才發生決定性的變化。而這些官員是**富拉尼人（Fulani）**，他們起源於蘇丹西部，並以牧人的身分進入豪薩人的領土，更重要的是，他們也從事教師、貿易商，最後甚至擔任王室顧問。這場對抗豪薩國王的宗教與政治反叛，是由奧斯曼・丹・福迪奧（Usman dan Fodio）——富拉尼的學者與傳道者——所發起。以富拉尼人為主的哈里發（caliphate）在索科托建立國家，即現今奈及利亞北部，富拉尼帝國控制了大部分的北部地區，直到1903年被英國所征服，索科托仍扮演著作為奈及利亞穆斯林宗教的中心角色。隨著大規模通婚以及將豪薩語作為主要語言的關係，使得豪薩與富拉尼的文化融合在一起，從而通常將北方的文化稱為**「豪薩—富拉尼人」**（Hausa-Fulani）。豪薩—富拉尼王國統治者的後裔，也被認同具有伊斯蘭的頭銜「埃米爾」（emir）[3]，持續在奈及利亞北部的主要城市中掌握王室。

　　12世紀至15世紀，西南部森林區域的**約魯巴人（Yoruba）**與貝南人開始在奧約、伊費，以及貝南城建立王國。17世紀至18世紀，奧約帝國征服了競爭對手並且擴展版圖至整個奈及利亞西南部。這些政治制度也發展出複雜的方法以限制統治者的權力，舉例來說，奧約帝國的國王阿拉芬（alafin）[4]是由酋長組成的委員會所推選出來的。歷史學家認為，如果委員會覺得阿拉芬逾越權力時，他們能迫使阿拉芬自殺，但為了保證委員會並未濫用這樣的權力，其中一名委員會成員

必須與阿拉芬一同自我了斷。[3]其他居住在當今構成奈及利亞土地上的人民，並沒有以帝國或是國家的形式自我組織，例如位於東南部的**伊博人**，是以村落或是家庭延伸的方式來治理其族群。一份人類學研究說明，「政治制度同時具協調性以及競爭性」、「領導是民主的，村落政府給予年輕人非常大的自由，而獲得領導的資格，取決於能力而非年齡。」[4]約魯巴人與伊博人的例子顯示了責任制與有限政府如何以各式各樣的形式出現。

由於奈及利亞是透過殖民而加以定義的，所以我們必須了解為何最終會出現英國的統治，以及其是如何出現的。貿易是英國對於西非引發興趣的最直接原因，其中最重要的就屬國際奴隸的販運。而非洲沿岸族群開始利用俘虜與歐洲貿易商船交換商品的行為，最早可追溯到16世紀，特別是在奈及利亞的西南部，其透過各個王國之間的戰爭，可以確保提供充足的俘虜。這樣的貿易在往後的300年一直持續進行，貝南城、拉哥斯、邦尼，以及卡拉巴爾因此成為奴隸貿易中心而蓬勃發展，每年有超過2萬人出口至美洲。

1807年，英國國會廢除奴隸貿易制度，英國海軍取代了奴隸商船，開始在西非沿海巡邏進而阻斷貿易的進行，直到大約1850年，奴隸販賣的現象才完全消失，而原本建立的奴隸貿易模式逐漸轉為運輸其他的商品。英國領事至此開始在西非沿海地區建立根據地，並介入當地政治，支持那些可能會給英國商業優勢多於其他歐洲貿易商的候選人。英國成功地獲得其在沿海的保護與貿易協約，但這些都是充滿不公平的協約，並且愈來愈有利於英國，因為他們先建立商業的控制，再來就是政治的支配了。

## 開啟殖民序曲（1900-1960）

歐洲工業革命加劇了對於原物料的需求，同時也需要去找尋新的市場。為了避免爭奪殖民地時發生戰爭，歐洲列強於1884年至1885年的柏林西非會議上，瓜分非洲並劃定占領的勢力範圍。事實上，歐洲列強決定奪取非洲大陸的控制權，而並非僅當地統治者以及商人進行貿易。經過一波又一波的協商、帝國主義戰爭，以及征服的努力下，歐洲人最終獲得了勝利，在1914年第一次世界大戰爆發時，非洲的地圖根據歐洲列強的勢力控制，清楚地顯示了帶有顏色符號的區域邊界。1886年，皇家尼日公司（Royal Niger Company）獲得英國王室特許權而控制整個奈及利亞的貿易，但這樣的特許權在1900年時，被後來成立的拉哥斯殖民地以及奈及利亞北部與南部保護國（Protectorates of Northern and Southern Nigeria）所取代。如同大多數的非洲國家，奈及利亞對於這段外國介入干預的歷史仍然相

當敏感。事實上，奈及利亞這個名字是由一位嫁給奈及利亞殖民時期之總督斐德瑞克‧盧嘉爵士（Sir Frederick Lugard）的英國女性所創造。

　　殖民的滲透與西非的自然環境之間存在著不適當的相互作用：文化往往會受到氣候與生態的影響，因為人們對雨林、草原或是沙漠中的生活有不同的適應能力。在西非，主要的氣候與生態模式是呈現東西走向的（參閱圖17.1），然而殖民的勢力是從幾內亞灣的海岸線入侵，所以殖民地的邊界就從海岸向北方延伸，剛好與氣候帶交叉垂直，這樣的狀況確立了殖民地將可能由大量來自不同文化背景的組群所組成。

　　奈及利亞於1914年首次合併成為一個實體，當時北部與南部的保護國（加上拉哥斯）被納入單一的殖民政府行政機關之下，然而這樣的統一某種程度只是一種象徵性，因為這兩個地方仍然持續被分開治理，而北部與南部各省，則由副總督取代過去保護國的形式。而它們在發展的速度上也有所不同，例如，北方人直到1947年才能任職於奈及利亞立法議會。事實上，北部被證明是更加完美適用總督盧嘉所闡述「間接統治」模式的地方：英國政府不會直接干預殖民地的日常生活，但是會支持傳統領導人的統治，像是「富拉尼的埃米爾」。盧嘉認為這是控制殖民地

**圖17.1　西非熱帶地區的政治疆域**

北部與南部保護區的統一為今日的奈及利亞，
其將來自不同氣候、文化，以及歷史背景的人們聚集在一起

最有效率的方法，並且能夠促進經濟的自給自足，從而降低殖民主義的財務成本。作為相互諒解的一部分，英國也禁止基督教傳教士到北部穆斯林主要聚集地進行傳教。在奈及利亞南部，受過西方教育的菁英分子挑戰了那些還存有傳統型統治者的權威（例如約魯巴人），這使得間接統治在策略上變得相當複雜。奈及利亞東南部的伊博人與其他族群，均沒有傳統國王或酋長的存在，如果要在這些地方企圖建立村落的酋長，其結果會顯得很滑稽，並且往往以悲劇作收。由於這些不同的傳統，間接統治的適用就必須進一步區分不同地區的政治經驗。

英國的殖民政府也同樣面臨結果不相容的問題，為了使殖民地能夠自給自足，英國需要幫助其發展成出口型經濟，然而要將農民社會從維持基本生存轉為市場導向，確實侵蝕了傳統統治的基礎。除了北部之外，酋長與國王傳統上不具有徵稅的權力，然而這在殖民制度上成為核心的任務。此外，現代運輸與通訊系統的發展、必要的刺激商業、鼓勵人民從鄉村遷徙至城市，以及國家中任兩地之間的遷徙，皆處於殖民政府的保護之下。都市化人口以及來自其他文化的移民者，幾乎無法期望他們表現出對傳統統治者的尊重，而他們也沒有找到任何充分的理由來支付稅金。

隨著商業與行政管理，英國帶來了許多教派的傳教士——英國國教派、長老派、天主教會、浸信會、基督復臨教派，以及其他教派——將福音傳遞至奈及利亞。然而北部的酋長國已經與英國達成共識並取得相互的諒解，使得基督教徒不得在其領域內進行傳教，這意味著傳教士只能在南部建立學校與醫院，因此為區域發展播下不平等的種子。當奈及利亞的孩童在學習英語以及習俗時，他們同時也從統治者身上獲得挑戰殖民統治的工具。然而，受過西方教育的菁英大多主要來自南部，因此南部與北部的文化差異就順著宗教的劃分而被區別開來，但他們的社會經濟差異，也可以大致歸因於殖民地來源所造成。

在奈及利亞成為殖民地後不久，就開啟了現代化憲政發展，而首次民選官員也於1922年舉辦。早期的民族主義領導人赫伯特・麥考雷（Herbert Macaulay）不久後即建立了政黨。隨著以奈及利亞人為中心的政治生活受到正規教育而不斷發展，其他組織也跟著繁盛起來，英國殖民政府則窘迫於許多政治參與的要求。

自此之後，由許多不同總督所頒布的憲法（並以他們的名字命名），總是未能滿足奈及利亞政治行動主義者的期望。有些在南部被認為是保守的律令，卻往往被北部的保守派政治菁英視為是激進的內容，這些意見上的分歧，導致奈及利亞於1954年建立了一個涵蓋北部、東部，以及西部三個區域的聯邦制度，每個區域都由一個族群掌控：北部由豪薩—富拉尼人、東部由伊博人，而西部則由約魯

巴人所支配。在這些領導人的施壓下，東部與西部區域在1957年獲得了自治；北部區域則在奈及利亞獨立前的幾個月，於1959年實現自治。

### 奈及利亞的獨立

　　隨著奈及利亞走向獨立，人們普遍認為其應該作為一個國家並獲得獨立。1960年10月1日奈及利亞宣布獨立，獨立後的奈及利亞聯邦政府與州政府只經歷了一段非常短暫的「蜜月期」。隨後兩年內，西部區域的聯合政府就因衝突而分崩離析。1963年，由於對全國人口普查存有疑慮（我們將在後續內容談到），因此摧毀了區域之間僅存的信任關係。1965年，西部區域因為選舉相關的舞弊與暴力事件導致法治崩潰，進而使軍方於1966年1月發動政變，終結第一共和。隨後獨裁政權創造了新的阻礙民主發展的因素，此將於後續詳細說明。

## 環境與人口對發展造成的限制

### 17.3 探討殖民、環境，以及全球因素為當前奈及利亞所帶來的貢獻。

　　1999年至2014年，奈及利亞在經濟發展上大步邁前而產生樂觀主義的現象；2000年至2011年，其國內生產毛額每年平均成長6.6%。在購買力平價（PPP）方面，這取決於各國貨幣價值的相對差異性，在這段期間內，奈及利亞人均國內生產毛額從原本1,130美元提高至2,533美元（我們將會在後續討論奈及利亞的國內生產毛額；參閱表17.4）。與1980年至1991年相比，這確實是非常大的進展，因為當時人均國內生產毛額實際上每年平均下跌1.7%。自2000年以來的成長，使得奈及利亞在面對2008年至2009年的全球經濟衰退時仍然表現得不錯，這似乎驗證了民主可以帶來經濟上利益的主張。

　　但隨後奈及利亞的國內生產毛額卻大幅滑落，從2014年的5,680億奈拉（naira，奈及利亞流通貨幣）跌落至2015年的4,810億奈拉，而這強調了永續發展所面臨的結構性挑戰。事實證明，全球石油價格的急遽下跌，是對於奈及利亞經濟的毀滅性衝擊，因為其有75%的稅收預算以及90%的政府出口收入是來自於石油。另一個問題在於，原本良好的總體經濟環境以及有利的財務跡象均無法轉換為一般公民日常生活的具體改善；即使在經濟擴張時期，貧窮率仍舊持續上升。由此可知，對於石油的依賴是奈及利亞在政策選擇上一個潛在的限制。殖民統治所遺留下來的社會與經濟發展不平衡現象，干擾其促進經濟多元化並帶來穩定經濟獲益的政策改革。本節將強調這些可能會加劇奈及利亞複雜的社會經濟挑戰的因素，包括環境、人口，以及歷史的脈絡，均使得奈及利亞不易維持其近年

來社會經濟上的進展。

## 影響農業生產以及原物料銷售的條件

　　殖民政策不僅阻礙了奈及利亞的政治發展，而且也深刻地影響其經濟狀況。自殖民統治初期，南部的奈及利亞人就已經開始生產可可亞、棕櫚油、木材，以及橡膠。木材主要來自於現在正逐漸減少的雨林，大多銷售熱帶硬木用來製造家具與建築材料。北部的主要市場產品則為家畜、獸皮、棉花，以及花生。

　　這些商品的貿易成長並非全然都是自發的。英國對奈及利亞的商業價值感到興趣，從而成立聯合非洲公司（United Africa Company, UAC）。聯合非洲公司於1886年被授予特許權而更名為皇家尼日公司，同時也被賦予警察與司法權力，並且有權徵收賦稅以及監督商業。不意外地，其政策旨在發展奈及利亞的經濟以符合英國的需求，加上英國的民意從未堅定地希望建立一個殖民帝國，因此國會中具有權力者就傾向於持續將帝國的成本壓至最低。殖民地政府在自給自足方面承受著極大的壓力——為了開發當地收入的來源以支付行政成本，所以殖民地行政官迫使農民放棄自給農業，轉而種植具有商業價值的農作物，特別是能夠出口的莊稼。除此之外，具有成本效益的行銷，意味著只會強調少數極需要的產品；在奈及利亞（以及西非其他地方），就轉變成生產棕櫚油、可可亞、花生，以及棉花。因此，英國對於原物料的需求以及需要資助能夠自給自足的殖民地政府，嚴重地扭曲其經濟：奈及利亞開始依賴少數農產品的出口，而非製造對國內產業有利的商品。

　　人口成長與農業商業化的結合，使得幾個世紀以來農業技術與生態之間一直存在緊張關係。殖民地官員認為如果引進「現代化」的方法，就可以大大提升熱帶地區的生產力，但卻沒有意識到不同生態環境的產能狀況。鬱鬱蔥蔥的熱帶雨林是無法輕易地被大規模耕地所取代，舉凡降雨量、氣溫，以及土壤條件的不同，都意味著英格蘭或是北美洲的農耕技術效果，可能無法在奈及利亞成功耕作，甚至造成災難。在應用新技術與新科技來提升農業產能之前，尚需要長時間以及實驗的配合。

　　奈及利亞廣闊且生態多樣化的環境有助於農業生產的多樣化，但與此同時，其需要與外國進行貿易，這意味著即使投資資金已經主要轉為針對工業化的發展，農業仍持續作為出口的商品。工業與第三世界國家的經濟學家都將工業與繁榮進步連結在一起，而農業被視為「搖錢樹」，可以從中獲取儲金再用於其他領域的投資。這些受過平衡預算訓練的奈及利亞政府官員，在平衡撥款法案上，對

於「期望收益」的估計常過於樂觀。當金額不足時，其差額會由專門向農民購買所有商品的政府機構——中央農產品銷售委員局，以其累積的現金準備金來彌補。然而，「由於那些準備金是來自於支付給農民的金額以及委員局出口收益之間的差額……近10年來，奈及利亞政府乃是靠著剝削其農民而存在著」。[5]

除了將農產品價格壓低而能夠提供準備金之外，奈及利亞政府於1960年代也嘗試降低國內市場支付給農民的價格，來滿足都市對於便宜糧食的需求。這樣的行為導致農業勞動缺乏吸引力，並提高人民轉向投入城市懷抱的誘惑。

## 疾病

身體疾病是人類存在的其中一部分，而貧窮國家的高疾病發生率，大多是由於缺乏藥物、醫療設施，以及醫療人員照顧的資源。但是環境也可能會造成同樣的結果，一些常見的人類疾病，例如瘧疾，就只存在於熱帶氣候。在熱帶非洲，幾乎每一位長期生活於此的居民都帶有瘧疾病毒，大部分的人民因此受到影響。瘧疾通常不會致命，但會使人變得極度虛弱，因而影響勞動的生產力。各種河流傳播疾病也會造成長期的疾病感染與死亡，特別是在孩童中出現較高的死亡率。此與農業問題相似，可以透過研究有效打擊這些疾病，然而，世界上應用於健康議題的資源，均不成比例地集中關注於工業化世界常見的疾病上。

近年來，愛滋病（AIDS）已經躍升成為非洲最令人恐懼的疾病之首。根據世界銀行於2013年的報告指出，介於15歲至49歲的奈及利亞人中，有3.7％的人感染愛滋病，而這已經是2000年代中期進行改善後的數字了，當時奧巴桑喬政府承諾要打擊人類免疫缺陷病毒（HIV），不過最後僅只有下降3％而已。在許多非洲國家中，愛滋病的傳染降低了國民生產力，尤其是農業方面，因為其需要大量勞力的投入。而小兒麻痺症（又稱脊髓灰質炎）是個幾乎已經在全球消失的疾病，卻於2016年重新出現在奈及利亞的東北部。

## 人口成長

奈及利亞最吸引人注意的，莫過於人口的年輕化，其人口大約有44％是低於15歲。[6]在勞力密集為主的農業社會，孩童被認為是有價值的資源；而在一個高嬰兒死亡率且沒有社會保障制度的國家中，父母親如果沒有足夠的孩子將來能為他們提供養老的照顧，則會被認為是不智之舉。隨著愈來愈多的人為了生存而掙扎，這樣的行為當然就會顯示奈及利亞在社會層級上的功能失調，而奈及利亞的預期壽命——在2014年的估計是53年——則證明了這一點，因為其甚至還低於像是貝南等一些更加貧窮的鄰近國家。

圖17.2顯示了聯合國對奈及利亞至2100年人口成長的預估。如果奈及利亞仍維持目前的發展趨勢，則到了2050年，其將會比美國擁有更多的人口。1975年至2000年，奈及利亞的人口每年平均成長2.9％。即使自2000年以來其經濟成長率高達6.6％，然而快速的人口成長卻使人均數字下降至只

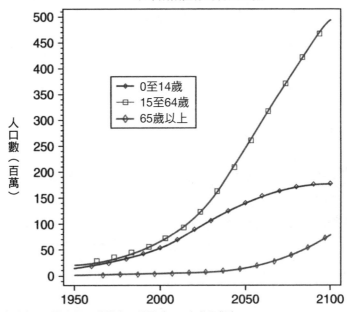

**圖17.2　奈及利亞預估人口成長圖（1950-2100）**

**奈及利亞是全世界人口成長速度最快的國家之一，這對發展帶來了重大的挑戰**

以年齡段區分的總人口數

人口數（百萬）

- ◆ 0至14歲
- □ 15至64歲
- ◇ 65歲以上

資料來源：聯合國，世界人口前景（2015年修訂版）。

有4％。在這樣人口快速成長與都市化的環境中，孩童反而變成經濟上的負擔。因此，自1960年代初期以來，「扶養比」（非勞動人口占勞動人口的比例）就呈現穩定的上升，對奈及利亞落後的社會福利與教育設施造成巨大的壓力。[7]

奈及利亞的人口統計因為受到資源的分配與政治區劃的影響，一直以來都有很大的爭議。在2006年最近一次的官方人口普查後，引發了一些抗議活動與暴力事件，事實上，自1963年以來人口普查就未得到廣泛的接受。就這個角度上來看，總統布哈里沒有依照規定於2016年實施人口普查就不足為奇了，但是缺乏準確的人口數字，可能導致長期政策規劃變得更加困難。

## 都市化

奈及利亞擁有非洲常見的都市化模式：儘管奈及利亞主要仍為農村社會，但卻迅速地走向都市化。1970年至1995年，奈及利亞的都市人口比例從20％上升至39％，聯合國估計現在應該有48％的人口居住在都會地區。

　　奈及利亞國內有許多因素促使其人口遷移至城市。例如，有數百萬的人民蜂擁至聯邦首都**阿布加**（Abuja），因為有超過60％的政府活動都在這裡進行，而這也意味著阿布加有比較多的公職職缺，以及較多服務業的工作機會。同時，阿布加　也具有一定程度的吸引力，因為首都的公共服務通常比較完善，反之，小型城市往往只能提供比較次等的服務。遷移也有可能是因為國內的流離失所而引發的，國家難民委員會估計，2004年至2008年之間，尼日河三角洲有320萬人因為武裝暴力而流離失所；2011年的洪水也造成其他州的48萬人成為難民。近來，有數百萬的人民為了逃避恐怖暴力的攻擊，定居於東北部的城市或其附近，舉例來說，僅僅在博爾諾州的大城市邁杜古里，就至少有120萬國內流離失所者居住於此。[8]

　　奈及利亞最大的城市**拉哥斯**（Lagos），位於拉哥斯州內。近年來，拉哥斯州強化了稅收的執法、吸引新的外國投資，以及對基礎建設的投入，從而扭轉其經濟下滑的現象。直到2015年穆罕默杜・布哈里當選總統之前，拉哥斯州一直是少數由反對黨州長所管理的行政區域之一。因此，許多觀察者想要了解這個相對良好的治理，是否在於其在反對派中突出的地位，以及其成果表現是否可能產生外溢效果而影響其他州。[9]

　　人口的轉移意味著可用於農業工作的勞動力比例較少，這當然是現代化常見的一種現象，但是除非農業勞動者的生產量能夠提升，否則這就可能表示糧食的產量下降。都市化也具有一些政治意義，因為密集的生活起居安排有利於政治的組織。事實上，軍隊從零開始建立首都阿布加的原因之一，就是在於拉哥斯州的人口眾多，非常有利於抗議與叛亂行動的進行。

## 石油

　　如同第六章所討論過的，奈及利亞是一個「食利國家」。奈及利亞巨大的石油儲量於1950年代開始陸續發現，並於1958年出口了第一批原油。

　　奈及利亞獨立之後，聯邦政府從西方私人石油公司收取適度的特許權使用費。1971年，奈及利亞加入**石油輸出國組織**（Organization of Petroleum Exporting Countries, OPEC），並且成立一個政府實體直接參與石油的生產，使得奈及利亞政府在幾年內就從所有石油生產活動中獲得巨大的利益。這是在石油價格急劇上升時發生的：從1972年每桶3.30美元上漲至1979年的21.60美元。如今，石油的開採與出口取決於聯邦石油資源部以及奈及利亞國家石油公司，並與私營石油公司簽訂聯合經營協議。因此，奈及利亞聯邦政府直接向各國石油公司

出售原油的行為，不僅提供大部分聯邦政府的收入，而且透過聯邦制度，使得各州與地方也有所受益。

1967年至1970年，奈及利亞陷入了一場血腥的內戰，造成石油出口停滯不前，但是在內戰結束之後的整個1970年代，奈及利亞的石油產量都以驚人的速度成長。雖然這樣寶貴的礦產資源對任何國家來說都是一種資產，但是其對奈及利亞的影響並非都是正面的。石油與傳統農業產品之間的巨大價值差異，扭曲了奈及利亞的經濟；很快的，年輕勞工放棄了他們的農田與村莊，而蜂擁至城市以及油田。圖17.3顯示，奈及利

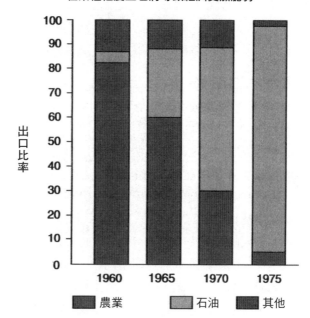

**圖17.3 奈及利亞出口的結構**

隨著農業出口下降與石油出口的上升，
奈及利亞的經濟變得較單一化，
在某種程度上也將導致經濟更加脆弱

出口比率

農業 ■ 石油 ■ 其他 ■

資料來源：彼德‧奧拉伊波拉（Peter O. Olayivola）撰寫的《發展中國家的石油與結構變化：以奈及利亞為例》（*Petroleum and Structural Change in a Developing Country: The Case of Nigeria*）（New York: Praeger, 1987）。

亞的強勢貨幣（hard currency）來源於1970年代初期從農業急劇轉為石油。

奈及利亞的財政歷史上記載了兩次不同的石油收入高峰。在經歷石油需求連續4年的下降之後，1979年才來到了第一個高峰點，這是因為奈及利亞的策劃者遲遲沒有意識到石油供應的不斷增加會導致需求的停滯。由於奈及利亞在1970年代開始進行大規模的發展計畫方案，此意味著可能會拉長其債務償還的時間，如同許多第三世界國家，最終迫使政府於1980年代實施令人厭惡的緊縮措施。

如今，石油約占奈及利亞出口收入的90％。2003年伊拉克戰爭爆發之後，造成全球石油價格的上漲，奈及利亞因而再次獲得巨額的收入。而奈及利亞建設性地運用了這筆意外之財，像是2006年其就以此清償了大部分的外債，使得奈及利亞免於受到2008年至2009年全球經濟衰退所帶來的影響。石油所帶來的意外之財

同時也刺激了經濟多元化與新的投資，最值得注意的是，服務業占國內生產毛額的比例，從2000年的25％上升至2011年的37％；批發與零售貿易則占該行業成長的一半，而通訊產業（包括手機的普及）也有明顯的成長。如此振奮人心的趨勢也使得非洲開發銀行與一些私人投資者開始思考，奈及利亞人是否已經走出了石油的「資源詛咒」。然而，2014年石油價格下跌之後所引發的經濟衰退與貨幣崩盤，凸顯了克服這樣的詛咒以及可持續發展的其他歷史障礙有多麼的困難。

## 自然資源的地理分布：政治效應

　　奈及利亞的油田位於尼日河三角洲盆地，其面積約為4萬3,500平方英里，占國土面積的8％。作為一種自然資源，石油具有地理上的集中性，而且也比其他資源更具價值，這使得奈及利亞石油的分配正義成為一個典型的問題。其潛在的價值也是東部區域在1967年宣布獨立成為**比亞法拉共和國（Biafra）**的重要動機，而石油的存在當然有助於解釋，為何比亞法拉的其他地區會如此執意希望能夠留在奈及利亞境內。然而，即使比亞法拉主張其獨立的地位，油田所有權的問題也不會因此而消失，因為傳統上居住在該地區的人們是以伊博人為主導的少數民族。又，即使聯邦政府打贏了內戰，當地居民仍會持續向政府抗議，因為石油帶來的財富擴散至全國，但他們的土地卻必須要為石油開採所帶來的環境破壞與退化付出代價。「建立比亞法拉主權國家運動」（Movement for the Actualization of the Sovereign State of Biafra, MASSOB）等由團體組織的抗議活動，藉由喚起內戰的記憶，來測試奈及利亞對民主自由的承諾（參閱專欄17.2）。

　　對於資源分配不均而採以暴力反抗的情形，可以追溯至1960年代末期。但令人感到挫折的是，2000年代中期，隨著**尼日河三角洲解放運動（Movement for the Emancipation of the Niger Delta, MEND）**這樣傘狀組織的叛亂團體形成，帶來了新的變化。在短短幾年內，這些團體就挾持了上百名外國人質以示抗議石油產區的生活條件。尼日河三角洲解放運動提出清理環境的訴求，並要求增加返還給石油產區的收入份額。這些批判行為有時候會與單純透過石油竊盜，或是稱為「燃油儲存」來謀取暴利的犯罪團體有所重疊，使得政府在2003年至2008年，損失至少1,000億美元。2008年至2009年間叛亂行動達到了高峰，每天有高達30萬桶的石油因為「血石油」而損失，不是用來支援叛亂分子，就是流入同謀的政府官員口袋中。[10]而後來判亂的平息，主要是受到政府倡議的「大赦」，使3萬5,000名年輕人恢復其身分，並交付槍枝武器以換取職業訓練。然而，這樣不平的氣憤仍然存在著，特別是因為許多先前的叛亂分子認為，菁英人士似乎在大赦

的過程中受益更多。新崛起的恐怖組織——尼日河三角洲復仇者（Niger Delta Avengers, NDA），成為石油供應的一大威脅，總統布哈里也因此面臨是否持續進行赦免的問題。由於經濟衰退造成現金的短缺，使得赦免的任務變得複雜，而這正與來自北部穆斯林的總統布哈里的看法相契合，因為其對前任總統所來自的三角洲區域抱有偏見。

然而，由六個核心石油生產州所組成的「泛南部」地緣政治區域，並不是奈及利亞對石油財富引發怨恨的唯一區域。就在大赦生效後的幾個月，一個新的，甚至更具暴力的叛亂團體就紮根於奈及利亞東北部（參閱專欄17.1）。民主政權一直努力透過代表權、資源分配或是其他方法，使這些不同的委屈與不滿達成和解。政府通常會訴諸暴力來威懾叛亂者，並且努力與叛亂團體實施可信的和平措施。

## 國際環境

如同多數非洲國家，奈及利亞的誕生一直深刻地受到冷戰高峰時期，以及因為前蘇聯解體而導致兩極戰爭突然結束的影響。在冷戰時期，新興國家被迫選邊站，許多西方與東方強權均向開發中國家提供援助，以換取他們的忠誠。而奈及利亞獨立之後就一直被認為是保守並且「親西方」的國家。

許多奈及利亞的知識分子認為西方的資本主義等同於殖民主義，然而，他們主張在獨立後繼續利用**新殖民主義（neocolonial）**的經濟關係。奈及利亞獨立後的前30年的政治論述，主要是基於資本主義與社會主義兩個意識形態上的極端，並在涉及這兩個陣營的主要大國的關係間採取立場。1967年由於東部區域宣稱獨立成為比亞法拉共和國而引發了內戰，前蘇聯支持奈及利亞聯邦政府；而儘管一般美國人廣泛地支持比亞法拉，美國政府仍試圖保持中立的立場。經濟最終決定了奈及利亞的國際地位：西方列強國家最有能力探勘奈及利亞的油田，而且也只有西方列強國家擁有開採與行銷這個自然資源的技術。因此，奈及利亞聯邦政府與世界上一些主要的石油公司建立了緊密關係。

冷戰的結束為奈及利亞（和其他比較貧窮的國家）與工業世界之間帶來了新的關係。西方國家對共產主義傳播的恐懼，使其特別關注於許多貧窮的小型國家，導致薩伊共和國（Zaire，現已更名為剛果共和國）、象牙海岸，以及奈及利亞等國家支持親西方的獨裁政權。到了1990年代，西方列強國家的政府更加重視民主化。在缺乏大量資源與戰略價值的第三世界國家，支持暴政似乎顯得不值得，因為會造成人們普遍認為非洲國家正在被邊緣化。隨著巴西、印度，以及中

## 專欄17.1 激進的伊斯蘭教對民主的挑戰

大約自2009年開始，奈及利亞遭遇到愈來愈多伊斯蘭極端主義者的暴力攻擊，其目標鎖定在教堂、警察局，甚至是學校。他們自稱為「致力傳播先知教導及聖戰人民軍」，但是目前被廣泛稱為「**博科聖地**」，這是豪薩語的詞彙，大意為「禁止西方教育」。根據外交關係協會的資料數據，顯示自2011年以來，至少有2萬6,000人在暴力事件中喪命。恐怖分子的攻擊摧毀了政府大樓、宗教場所，甚至是小學（其中包括2014年在奇博克（Chibok）的一所學校綁架了將近300名女學生）。雖然大多數的恐怖攻擊都發生在東北部地區，但是，這些炸彈攻擊事件，也於2011年在聯合國駐奈及利亞首都阿布加的辦事處造成數十人死亡；並於2012年1月在奈及利亞北部城市卡諾（Kano），殺害200位民眾。

博科聖地的意識形態、目標以及策略已經有所轉變。其於2002年在奈及利亞東北部博爾諾州的邁杜古里成立，是一個虔誠、相對隱蔽的穆斯林教派，並由伊瑪目（宗教領袖）所領導。多年來與執政當局的一連串爭執，通常都是由交通站點、喪葬遊行等小議題進而擴大渲染、快速升溫。2009年7月，博科聖地領導人穆罕默德·尤瑟夫（Mohammed Yusuf）起兵攻擊奈及利亞政府，最終失敗而被軍方俘虜，隨即被警察公開處決。人權組織的紀錄顯示，這場蔓延數日的衝突，導致大約800人喪命。直到最近，暴力似乎仍伴隨著痛苦的攻擊與報復不斷循環，使得一些學者與分析家將此事件歸咎於博科聖地的激進發展。2013年4月，政府攻擊了另一個位於博爾諾州的村莊，造成數百人死亡，其後演變成熟知的巴加大屠殺（Baga Massacre）。2015年，國際特赦組織在一份報告中採訪了超過500人，記載來自安全服務部門嚴重與系統性的虐待事件。自2015年總統穆罕默杜·布哈里宣誓就職以來，恐怖攻擊事件就有所減少，但這很難斷言博科聖地已經被完全殲滅。數百萬流離失所的人民出於對安全的疑慮，加上大規模的區域重建計畫停滯不前，而仍然不願返回家園。

博科聖地凸顯了奈及利亞的一些重要現象：儘管博科聖地的戰略幾乎被所有奈及利亞人拒絕，但其對伊斯蘭法律的支持以及對北部缺乏發展的批判，實際上都仍是主流政治的論述範圍。許多奈及利亞人在刑事司法制度無法有效降低犯罪時，或是該制度是由與文化傳統脫節的法律組成時，將伊斯蘭教法視為一種替代方案。但是，有些伊斯蘭教法的內容是很嚴厲的，例如砍斷盜賊之手，或是懲罰其他因違反像是通姦等道德規範的人民。所有的基督徒——包括在奈及利亞北部人數明顯成長的基督徒——都將伊斯蘭教法視為一種威脅，並認為其侵犯了奈及利亞憲政核心的世俗妥協。因此，博科聖地顯示了奈及利亞南北之間相當複雜的關係——由於幾百年前的帝國法令，將兩個截然不同的區域結合成一個國家，有時很難找出其共同性。博科聖地的據點位於靠近奈及利亞的東北部邊界，必須顧及其可能與伊斯蘭國（ISIS）等全球恐怖組織連結，此凸顯了極端主義的意識形態（和武器）如何在全球化的世界中傳播。

國的經濟成長，開始尋找非洲大陸的資源並進行投資，使得上述的情形正逐漸改變。同樣的，貿易也會帶來援助，例如在美國總統喬治·布希（George Walker Bush）的領導下，2001年至2008年期間，美國與非洲之間的總體貿易成長了兩倍，同時美國與英國也分別承諾提供數十億美元的新對外援助。

　　1973年的石油危機，奈及利亞經歷了共同的第三世界經驗，那就是累積大量的國際債務。油價突然的飆漲導致世界銀行大量新增存款，使得信貸變得相當充裕。由軍政府統治的10年來，揮霍了許多金錢在奢侈品以及無法持久使用的基礎建設上；貨幣也因為菁英人士購買廉價的進口商品而被高估，進而導致通貨膨脹。在商品價格崩盤之前，借貸消費似乎對於各方面都是合理的。第三世界國家的債務問題在1980年代大增，甚至出現政府違約的情形。奈及利亞的負債從1980年的89億美元增加到1991年的345億美元；到了1995年，其債務占奈及利亞年出口額的274.5%，並占國民生產毛額的140.5%。在1999年民主轉型後，總統奧巴桑喬將減債列為政府優先處理的事項之一。2006年，奈及利亞得益於高油價所帶來的部分收入，使其成為第一個清償巴黎俱樂部（Paris Club，來自多國的借貸機構）債務的非洲國家，總共償還了300億美元。但是自2010年以來，政府又恢復了大量舉債，2015年奈及利亞中央銀行公布國家的公共債務增加了12%。如同許多發展中國家，通常難以抗拒對預期經濟成長而進行借貸的誘惑。隨著低油價以及有限的經濟多元化，借貸行為很有可能會持續下去。雖然奈及利亞龐大的國內生產毛額可以減緩債務的影響，但是經濟成長也隨之趨緩。

　　奈及利亞國際環境的最後一個探討面向就是其區域背景——西非。在偶然的殖民統治劃分之下，奈及利亞被前法國殖民地國家所包圍：貝南（以前稱為達荷美）、尼日，以及喀麥隆。奈及利亞逐漸成為區域領導者，參與非洲大陸的維和行動，並在非洲聯盟（African Union）等區域組織中發揮其影響力。

　　奈及利亞區域認同逐漸重要的一個特點，就是激進伊斯蘭團體的崛起。自2009年博科聖地在東北部崛起以來（參閱專欄17.1），引起了人民對於薩赫爾（Sahel）地區——延伸至北非的廣大區域——暴力極端主義蔓延的擔憂。2011年利比亞獨裁者穆安瑪爾·格達費（Muammar Gaddafi）垮臺後，武器因為鬆散的邊境管制而落入伊斯蘭激進分子手中，使其在2012年曾經短暫占領過馬利共和國的北部。雖然奈及利亞政府與西方國家一樣對恐怖主義感到擔憂，然而其卻透過安全局一些引起人權行動者或是關心軍事平民統治者有所爭論的嚴厲措施來執行。

## 政治文化與次文化

### 17.4 列舉奈及利亞的次文化類型，並討論其如何影響政治文化。

　　奈及利亞的政治文化極為多元與複雜，若要加以分析，則必須考量涵蓋在其各種前殖民傳統中的西方價值體系，同時也必須評估各種宗教信仰的影響，以及基督教與穆斯林持續宣教的影響。由於殖民統治的經驗，出現了基於社會階級與城鄉居民的新劃分。在此，我們將大量關注族群認同、宗教信仰、社會與經濟地位、城市生活的接觸，以及公民社會所造成的政治影響。

### 族群認同

　　根據語言和文化特質，可以輕鬆識別奈及利亞人。奈及利亞有三個主要群體——豪薩人、伊博人，以及約魯巴人——總計約占全國人口的三分之二，且在政治上特別具影響力，這樣專橫的影響力引起了其他少數族群的關注。由於奈及利亞的族群具有地理位置上的區隔，所以他們可以藉由不同的方言（或是英語的口音）、不同的穿著樣式（傳統服飾），以及過去一些「部落印記」，用以作為通過儀式的一部分並表明種族身分的臉部疤痕等方式，輕鬆辨識其公民身分的起源。但是這些因素會使得種族與部落群體的地域流動速度減緩，有時會出現污名化的現象，甚至在某些情形下還具有危險性。族群認同也會產生殖民者—原住民（移民—原居民）的二分法，而這也是奈及利亞境內社區、族群，以及宗教衝突與暴力事件的來源。同時，他們在財富以及政治意識上也存有許多差異。

　　由於奈及利亞的人口普查缺乏人民廣泛的接受，故其族群團體的規模就只能加以估計。就估計來看，至少有一半的人口居住在北部，而大約有四分之一的人口分別住在東南部以及西南部。豪薩人約占北部總人口的三分之二；伊博人約占東部總人口的三分之二；而約魯巴人則約占西部總人口的三分之二。因此，其他群體在每個區域中各占了總人口的三分之一，而其在全國則約占總人口的三分之一。以下將簡要介紹這三個主要的群體。

　　**豪薩—富拉尼人**——豪薩—富拉尼人主要生活在奈及利亞北部。如同先前所述，這樣由兩個族群相連結的身分，來自於19世紀富拉尼人統治豪薩人。儘管這兩種文化從未完全同質化，但卻錯綜複雜地交織在一起。因此，「豪薩人」經常被當作是「豪薩—富拉尼人」的簡稱。實際上，「豪薩蘭」（Hausaland）橫跨奈及利亞與前法國殖民地—尼日之間的北部邊界，使得這兩個國家的人民保持著許多文化與商業的聯繫。豪薩人從事自給自足的農業並居住在鄉村的比例高於南部的奈及利亞人，而奈及利亞各地的城市也都有大量的豪薩族社區，他們在那裡

開展貿易和商業活動，並同時保持家鄉地區的親屬與客戶關係。宗教方面，豪薩人大多數是穆斯林。豪薩的心臟地帶仍然組織成一系列的酋長國：奈及利亞北部的每個主要城市，都是埃米爾的所在地，過去英國就是透過其各地的國王施行間接統治。即使是現代的奈及利亞北部，埃米爾已不具官方作用，而且他們非官方的角色時常引發激烈的爭執。然而，他們在其區域仍保有非常大的影響力，並透過豪薩人在國家政治的突出地位，於奈及利亞其他地區亦產生同樣的作用。

**伊博人**——伊博人（又稱伊格博人）從尼日河岸向東延伸，占據奈及利亞的東南部。大部分地區的伊博族農民都種植棕櫚、稻米，以及根莖類等經濟作物。伊博人生活在政治獨立、社會內婚制的村莊中，人口通常不會超過8,000人，直到殖民統治時期才對伊博族產生共同意識。

伊博人以熱愛西方文化而聞名。雖然奇努瓦・阿契貝（Chinua Achebe）的著名小說《瓦解》（*Things Fall Apart*）有力地描述遭受英國殖民主義統治的震驚與衝擊，但是伊博人仍對於西方教育以及傳教士予以熱情的回應。同時，他們也運用新的技術以及知識尋求現代商業與公務員制度的進步。伊博人也廣泛地移居到全國各地，與其他群體相比，他們似乎不在意於身為「外來者」的環境中維持其獨立的社區（在奈及利亞，「外來者」專指一個人居住在「家鄉」社區以外的地方）。他們依據教育以及現代技能而受僱於全國各地，包括北部。

1966年，伊博的軍官將領發動了第一次軍事政變，導致居住在北部城市的伊博人遭到攻擊並被殺害，以作為對政變的反制行為，隨後，伊博人撤退回他們的家鄉。隔年，他們跟隨楚克沃梅卡・奧朱庫（Odumegwu Ojukwu）中校的號召，脫離奈及利亞而成立由伊博人所統治的比亞法拉共和國。1970年，在奈及利亞經歷3年的內戰後，以比亞法拉政權的投降而告終，而這也導致人民生活的困苦，不過幾年之後，伊博人又再次活躍於奈及利亞的商業活動中（當時他們被禁止擔任政府職務）。然而，比亞法拉的經驗和內戰使伊博人與其他奈及利亞人之間長期處於不信任的狀態。

**約魯巴人**——約魯巴人大多生活在奈及利亞的西南部，包括前聯邦首都拉哥斯延伸出去的都會區。傳統上以自給自足為主的約魯巴農民，在殖民時期開始種植可可和棕櫚作物用於出口。雖然他們擁有共同的語言、傳統宗教，以及民族起源的神話，但是前殖民時期的約魯巴人卻被劃分為許多獨立且相互敵對的王國，造成他們今日具有區隔性的認同。約魯巴人擁有悠久的商業傳統，不論男性或女性，在整個西非的貿易網絡與市場都占有重要的地位。

約魯巴王國以複雜的制度而著稱，由奧巴（oba）（國王）與宗族首領之間

平衡權力。英國人為了有效促使間接統治，於是就藉由支持奧巴來對抗所有的挑戰者，以破壞這些結構。在這個過程中，奧巴經常變得愈來愈專制並且喪失對於人民的統治正當性；他們對於當代政治的影響力非常大，但普遍來說比北部的埃米爾政權要小得多。

　　由於約魯巴人一方面擁有高度完備的國王統治之階級社會，另一方面，他們也相當能接納傳教士及其學校的教育，所以約魯巴人的開放程度通常被視為介於階級制且反對變革的豪薩人，以及具有平等主義並勇於創新的伊博人之間。然而有時候，他們會斷然地宣稱其身分認同與利益，甚至激起其他奈及利亞人之間的不信任感。不過具有主導姿態的伊博人，即使於其所在地區進行經濟活動，仍然是奈及利亞其他族裔心生懷疑且不信任的根源。例如奈及利亞最大的商業城市——拉哥斯，其商業與產業活動似乎都被伊博人所掌控。

　　有鑑於當今全球基於種族的衝突紛爭不斷，因此奈及利亞根深蒂固並充滿激情的族群認同也就不足為奇。族群的對抗往往根源於前殖民時期的戰爭，且經常因經濟的競爭而恢復平靜。儘管民族主義可以作為全國人民共同的接合劑，但是對於次國家來說，可能會摧毀政治制度。有時要成為奈及利亞其他州的「公民」，會比取得外國公民權還來得困難，而法律傳統加劇了這樣的風險。所謂「非原住民」的歧視，是指可能在幾十年前移民到某個州的人，經常與緊張局勢，甚至暴力侵犯相連結。[11]

　　即使是地方級的多元族群認同，也對政治結構產生破碎化的影響。特別是自1976年以來，地方政府總部周遭地區出現大量的糾紛，「失敗者」時常向州或聯邦政府請願，要求對地方政府區域進行劃分。在奧森州的奧蘭揚地方政府上發生伊費（Ife）與莫達克克（Modakeke）之間的衝突，就是眾多的案例之一。[12]地方的族群衝突同樣也會影響政策的產出，例如地方政府建立了某些族群不使用的醫療中心或市場，從而放棄規劃者原本的計畫。

## 宗教

　　在前面內容已提到，每個族群的認同都與其傳統宗教制度和信仰有關，而這些都是基督教與伊斯蘭教到來以前就存在的。在一些情形下，特別是在許多約魯巴人當中，這些早期的信仰仍然保持著活力。然而，傳教士在南部地區透過教育帶來他們的宗教；大多數主要的基督教教堂都建立在南部，而也有本土基督教教派從無數的派系中分裂出來。不意外地，基督教教派也傾向於地理與族群上的聚集，伊博族中有較高比例的羅馬天主教徒；浸信會的信仰集中於奧博莫紹市的約

魯巴人；西非的福音派教會則主要在西南部的奧約州、伊博米納古鎮、夸拉州，以及中北部等地方。有很大一部分的約魯巴人——也許有半數的人——是穆斯林。在殖民地政府與北方酋長國之間的協議下，北部基督教的傳教對象，僅限於居住在該地的「外來者」以及小部分非穆斯林的少數民族，所以幾乎整個北方人民至少在名義上都是穆斯林，而豪薩人就帶著他們的宗教信仰向南遷移，但這樣的移動被一些來自南部的移民在北部城市建立教堂所抵銷。

在殖民統治時期，傳教士修建了大部分的學校並為其配備教職人員。因此，南北在教育的差距、對政治意識的影響，以及對公民權的態度等等，都是源於北部對傳教士的限制而產生。因此，宗教與種族之間有著高度重疊性，進而加劇了南北文化的分裂，由此可知，現在最為敏感的是宗教問題而非種族。這些重疊的分裂問題之所以變得更具危險性，是因為它們加速了區域的差異。由於基督徒與穆斯林中的一些基本教義派分子無法接受生活在一個多元化的社會，所以那些尋求奈及利亞政治穩定基礎的人，就必須敏銳地在這兩個幾乎各占人口一半的信仰團體中找到平衡點。然而，宗教和諧是很難捉摸的，當一些外來的因素產生時，就有可能擴大宗教的分裂。1980年代的麥塔欽（Maitatsine）[5]伊斯蘭運動，主要由受到社會經濟影響而被邊緣化的年輕人組成，並且針對奈及利亞北部的基督徒進行暴力騷擾（同時也反抗警方的鎮壓），據估計有數千人因此喪生。不久之後，總統**易卜拉欣・巴班吉達**（Ibrahim Badamasi Babangida）於1986年提議奈及利亞加入伊斯蘭會議組織（Organization of the Islamic Conference, OIC）[6]，一個由超過50個以穆斯林為主的國家所組成的組織，也造成南部人發起激烈的抗爭。

奈及利亞於1999年政治轉型之後不久，又經歷了新一波的族群與宗教緊張局勢。位於北部的城市——卡杜納，信奉基督教的伊博人與當地的穆斯林之間發生暴動，造成數百人死亡。2002年於阿布加舉行世界小姐選美比賽時，奈及利亞對於伊斯蘭的敏感性又再次被挑起。一家報社的報導指出，參加世界選美的各國選手是如此的美麗動人，如果先知穆罕默德看了比賽，可能會與其中一位佳麗結婚，但這在穆斯林的眼中被認為是一種褻瀆神明的言論，進而引發基督徒與穆斯林之間的緊張衝突，導致超過200位民眾死亡。[13]根據《奈及利亞觀察報》的調查，2006年6月至2014年5月間，至少有1萬1,384人死於宗教的暴力衝突，而其中有很大一部分是2013年至2014年博科聖地的攻擊事件所造成。[14]

2015年12月，奈及利亞軍方發動死亡攻擊事件，引發宗教暴力產生新變化的濫觴。奈及利亞軍隊殺害了「奈及利亞伊斯蘭運動」（Islamic Movement of

Nigeria, IMN）數百名成員——一個以卡杜納州的扎里亞作為據點的宗教少數族群團體。根據州司法調查小組的說法，此事件起因於奈及利亞伊斯蘭運動團體封鎖了高速公路，阻擋軍方護衛隊的通過，軍方聲稱，該團體甚至企圖謀殺參謀長。因此軍隊報復性地殺害了奈及利亞伊斯蘭運動團體的數百名追隨者，其中包括領導人謝赫・艾爾—札札克（Sheikh El-Zakzaky）的3名孩子。不同於奈及利亞大多數的穆斯林，該團體的追隨者都屬於伊斯蘭教什葉派，因此這樣的血腥鎮壓引發了伊朗的高度關注。而對於艾爾—札札克的拘留，也激怒了奈及利亞北部許多的穆斯林（以及一些律師）。

民主的回歸可能有助於提高宗教與區域的認同感。2008年的調查報告指出，有將近四分之三的奈及利亞人表明他們屬於某個宗教組織，並且有一半的人自稱是組織內相當活躍的成員。儘管各地的伊斯蘭教法在涵義與實施方式存有很大的差異，但對於教法的支持卻是廣泛的，尤其是以穆斯林為主的北部地區。不過有時候還是會造成一些極端的觀點，像是麥塔欽伊斯蘭運動，或是近期出現的博科聖地。一些像是奈及利亞基督教協會的組織，反對他們實施伊斯蘭教法的刑法，因為這違反了奈及利亞憲法規定的宗教自由與道德。因此，民主鞏固的核心挑戰就是平衡區域的認同感以及奈及利亞的民族意識，並解決各州與宗教之間持續發生的問題。

## 奈及利亞民族主義的演變

我們對於奈及利亞次文化的所有關注，都不應該含糊地帶過當奈及利亞於1960年獨立時，英國殖民政府對於奈及利亞民族主義力量的影響。民族主義情感有三個主要的來源：第一，少數來自北美被解放的奴隸以及其他來自加勒比海的非裔奴隸，定居在西非沿海地區，並發展出與境內原住民無任何相關性的文化。第二，民族主義熱情的膨脹，導因於奈及利亞人在第二次世界大戰中為英國效力，但其貢獻卻沒有被加以認可而產生的挫折感。第三，民族主義者的範疇，包括曾在英國或美國求學的奈及利亞人，其中最有名的是**納姆迪・阿齊基韋**（Nnamdi Azikiwe，參閱專欄17.2）。儘管來自不同的族群背景，但在追求獨立的過程中，這些行動者發展出奈及利亞的民族主義意識，並且成功地建立跨族群的聯盟。

任何對於政治文化的研究，都必須考量公民對於聯邦政府的態度，而這取決於幾個因素，舉例來說，在奈及利亞，那些更傾向於公共政治活動的人往往有較多接受正規教育的機會，並與正式經濟有較牢固的連結；農村地區的奈及利亞人

## 專欄 17.2 兩代的伊博民族主義

納姆迪・阿齊基韋雖然是伊博人，但他卻於1904年出生於奈及利亞北部的宗蓋魯。他在奈及利亞接受基礎教育後，至美國賓夕法尼亞州的林肯大學、賓州大學求學。他也曾在美國當過煤礦工、工人，以及洗碗工。回到家鄉之後，阿齊基韋加入了「奈及利亞青年運動」組織，而由於他對自治有濃厚的興趣，所以參與了「奈及利亞與喀麥隆國民議會」（NCNC）的創建，並發行《西非導航報》。後來，阿齊基韋搬遷至黃金海岸（現迦納），並在那裡發表了一篇名為〈非洲人有上帝嗎？〉的文章，導致他被以煽動叛亂罪名起訴。阿齊基韋在上訴時被判勝訴，後來成為東部區域的總理，並於1963年至1966年擔任奈及利亞總統。他在1996年病逝，時年92歲。近年來，新一代的民族主義又重新浮出水面，再次呼籲比亞法拉民族主義的復興。自從1966年短暫存在過詹森・阿吉伊—伊龍西（Johnson Thomas Umunnakwe Aguiyi-Ironsi）的軍事政權以來，就不曾出現伊博人擔任國家元首的現象。自內戰以來，許多伊博人就對持續遭到邊緣化的問題感到不滿，2015年伊博人雖然以壓倒性的多數投票反對穆罕默杜・布哈里成為奈及利亞總統，但仍不見效，此後總統布哈里就拒絕聘用任何伊博人來擔任關鍵職務，這種情況無疑助長了分裂主義。今日，諸如「**建立比亞法拉主權國家運動**」（MASSOB）以及「**比亞法拉獨立人民**」（IPOB）的團體，均呼籲伊博人建立一個主權國家。當時的政府粗暴地鎮壓比亞法拉獨立人民團體的支持者，導致許多人在和平抗議與示威遊行期間受到傷害甚至死亡。聯邦政府在比亞法拉獨立人民團體領導人遭起訴的期間，拒絕其保釋，進一步激怒了他的支持者。比亞法拉民族主義的復興，可能對奈及利亞的生存構成威脅。

則可能較少接觸一般政治關注的議題；而高比例的文盲與低程度的教育，也可能阻礙公民對於公共事務的參與。即使是農村居民，也依然會需要與地方政府官員打交道，以解決影響自己與其家人的一些問題，然而，如同非洲其他地方與第三世界國家一般，在奈及利亞，這些問題很可能會透過連結個人利益的方式來解決。大多數情形下，這種連結是侍從主義的一部分：人民會求助於在政治上具有權勢的人，並期望透過長期「支付」來獲得幫助，其中可能包括實物的支付（例如賄賂），或者即使對政治不感興趣，也會被要求在選舉時，以投票給特定人的方式作為回報。

### 民主的規範與價值

為了評估奈及利亞維持政治民主的機會，首先我們必須考量其規範是否足以支持民主制度。反對力量的正當性，體現在對批評責難、反抗，以及競爭控制權的容忍度上，而這都是民主穩定的前提。[15]自1960年以來，奈及利亞的政治行動

主義歷史顯示，即使在民主的文人政權統治下，仍然存在許多問題。當單一政黨在每個地區都獲得控制權時，反對黨可能會受到非常粗暴的對待，像是僱用武裝暴徒擾亂他們的會議，並且攻擊他們的領導人。政府騷擾政治反對派的情形仍持續發生，而現任者則經常利用其職位獲取不公平的優勢。

自從1999年軍方撤出奈及利亞政府以來，雖然奈及利亞人將其國家稱為是民主國家的比例逐漸下降（42％），然而，支持民主治理的強大規範也同時出現。例如2008年，有72％的奈及利亞人同意「民主優於任何其他形式的政府」這樣的說法。而這樣的資訊顯示民主的供應與需求之間存在著很大的差距，同時也意味著對當前政府績效有許多的幻滅。[16]2016年，非洲民調組織「非洲晴雨表」（Afrobarometer）的數據顯示，這樣的差距仍然存在：有65％的奈及利亞人偏好於民主，僅有29％的人民對於當前的民主狀況感到滿意或相當滿意。整體而言，有74％的奈及利亞人認為國家的發展方向錯誤。如此巨大的差異，皆與貪污腐敗、貧窮、失業、不安全感，以及其他結構上的挑戰有關，從而破壞奈及利亞全國人民的生活品質。

## 女性的政治角色

由於奈及利亞的族群多元性，使得女性的地位也有很大的差異。在伊博、約魯巴，以及其他奈及利亞南部的傳統上，女性在人類學家所賦予的「雙元性別」中，對其事務擁有比較多的掌控權。亦即，男性與女性之間存在著類似的政治與社會組織制度。殖民歷史學者認為，女性在殖民主義統治下喪失了部分的自主權，因為當時英國的風俗習慣賦予女性的自主權，比其所控制的非洲社會還來得少。無論如何，女性的社會運動也是去殖民化中具有爭議的一部分。

在北部，伊斯蘭習俗嚴格地限制女性在社會中的角色。儘管豪薩的女性相較於中東的女性來說，擁有更多的自由，包括在當地生產與貿易中具有重要的角色，不過在獨立時，她們通常不被允許發揮積極的政治作用。直到1979年，北部的女性才首次擁有投票權。

當代奈及利亞的女性在政治領導的參與程度，遠遠落後於其他非洲國家，像是利比亞或盧安達。奈及利亞女性的選民數量與男性相等，但其政治代表性卻遠不足男性。女性在過渡期後的幾年取得了微薄的收穫，但也遇到了一些挫折。2007年選舉，360席的眾議院中女性占了26個席次，而參議院則有9席女性（共109席）。2011年選舉之後，這些人數下降到只剩眾議院的12個席次以及參議院的7個席次。而在2015年選舉之後有了一些進展，有20位女性當選眾議院議員

（不過僅占所有席次的5.6％）以及7位女性當選為參議院議員。不過男性依舊在選任以及聘任職位中占絕大多數（可能高達90％），而女性則往往更加缺乏在州政府中的代表性。

## 政治的貪污腐敗

自殖民統治晚期以來，普遍存在的貪污腐敗一直是個問題，這種現象表現在社會階級中的所有層級，像是警察經常在路邊的檢查站索要小賄賂，而公務員有時候也會需要一些「考察」費用。石油的蓬勃發展導致政府官員手中的巨額資金大為增加，加劇了貪污腐敗的問題。1970年代初期，石油收入開始填補聯邦政府的國庫時，出現了前所未有的公然貪污腐敗形式。1975年針對雅各布·高恩（Yakubu Jack Gowon）所發動的政變，就是一個直接的結果，而其繼任者穆爾塔拉·穆罕默德（Murtala Ramat Mohammed）將軍，更是在1976年遭到暗殺。[17]1990年代，**薩尼·阿巴查（Sani Abacha）**及其家族將石油收入帶來的巨額資金流入他們私人的帳戶。由於奧巴桑喬政府將提高政府透明度以及打擊貪污腐敗作為競選政見的一部分，使其成功地從阿巴查家族中追回20億美元。

自1999年奈及利亞重返民主以來，國民議會已經更換了幾位領導人，包括動用公共資金以改建自己房屋的眾議院議長。2002年，國民議會通過了**《經濟與金融犯罪委員會（Economic and Financial Crimes Commission, EFCC）設立法案》**。其目的是「預防、調查、起訴，以及懲罰經濟與金融犯罪」，而歸其管轄的犯罪行為包括洗錢、網路詐騙、銀行詐騙、賄賂，以及公共資金的濫用。經濟與金融犯罪委員會經常被指控選擇性地起訴總統的政治敵人，舉例來說，其於2006年針對準備競選總統的副總統阿提庫·阿布巴卡（Atiku Abubakar）進行調查。委員會的批評者懷疑之所以引發這樣的指控，是因為阿布巴卡曾反對總統奧巴桑喬進行修憲以使自己能夠連任第三任期。[18]在奧巴桑喬執政期間，經濟與金融犯罪委員會成員聲稱其追回了超過50億美元，並成功起訴82人。

在總統奧馬魯·亞拉杜瓦的短暫任期當中，經濟與金融犯罪委員會幾乎停止了所有的起訴，而美國出於對該委員會誠信度的擔憂，也暫停了部分技術上的援助。反貪腐的調查幾乎沒有將高層的人加以定罪，除了前州長詹姆斯·伊博里（James Ibori）這個著名的例外——雖然他在奈及利亞神秘地逃離拘留，不過最後還是在英國被加以起訴。有時貪腐的責任也必須加以分擔：2010年，美國石油承包商哈利伯頓（Halliburton）針對向奈及利亞官員的賄賂行為，支付了3,500萬美元與美國司法部達成和解。[19]

在總統古德勒克・強納森的執政下，僅有少數貪污案件被加以起訴。其中一個重要的案例就是眾議院著名的議員——法魯克・勞安（Farouk Lawan）。在暴露了透過複雜的燃油補貼制度來挪用數十億美元後，勞安被指控從一家被調查的石油公司中收受賄賂，但實際上勞安從未遭到起訴。自從總統布哈里於2015年上任以來，就有兩起成為全國頭條新聞的貪污起訴事件。其中一起是涉及21億美元用於軍事裝備上的經費，遭到領導國家安全顧問辦公室的山寶・達舒基（Sambo Dasuki）上校所挪用。另外一起醜聞，則是參議院議長被指控虛假申報資產。這些備受社會高度關注的案件之起訴，確實提升奈及利亞的國際聲譽。舉例來說，奈及利亞於2016年申請並加入了「開放政府夥伴關係聯盟」（Open Government Partnership, OGP），這顯示了政府在某程度上承諾提升透明度以及負責任的治理。

## 政治社會化

### 17.5 列舉四個政治社會化的媒介。

奈及利亞人透過社會化的「媒介」影響，諸如家庭、宗教組織、初級與次級團體、學校、媒體，以及政府資助的活動等，發展其政治信念和態度。[20]然而，當我們將奈及利亞的政治社會化進程與其他已建立相對完善的自由民主國家進行比較時，有必要加以警示說明，那就是已開發國家的政治社會化是透過相當穩定的制度來進行的。但在奈及利亞，人們成長於一個持續變動的政治環境中，大規模的都市化以及突然湧現的石油稅收形塑了奈及利亞的社會化。儘管如此，我們已經確定了社會化的媒介之重要具有普遍性。舉例來說，因為貧窮、流離失所，以及剝削現象的加劇，降低了家庭機制的影響力，同時，學校與教育機制的品質也會下降，而大眾媒體所享有的自由與獨立性也會受到限制，這些侷限都將使得社會化的進行變得更加困難。

### 家庭

不論核心式小家庭還是擴散式大家庭，在奈及利亞均是政治行動的核心單位。許多奈及利亞的傳統，認為家庭具有特殊的商業交易或社會角色。因此，在約魯巴的家庭中，會將勇士稱之為「戰士」（jagunjagun），務農者稱之為「農民」（Agbe），而經商者則稱為「商人」（Onisowo）。對重視傳統的奈及利亞人來說，這樣的識別仍然有助於確定一個人在政治上的適當角色。

許多奈及利亞人都是在「一夫多妻制」的家庭中成長。[21]儘管在理論上，穆

斯林被限制最多僅能擁有4個妻子，而主流的基督徒則限制只能有一個妻子，但法律並沒有禁止一名男性娶超過一個妻子。所有奈及利亞的原住民傳統都接受一夫多妻制，這種習俗幾乎沒有被污名化，而奈及利亞的一些基督教教派僅針對在教會任職的男性強制實行「一夫一妻制」。

　　一夫多妻制所衍生出來的大家庭，以及更廣泛的家庭定義，賦予親屬關係特別的政治重要性。政治人物也許可以依靠數百名親屬的支持，即使在無法證明確切的宗譜聯繫的情況下，如果基於親屬關係來考慮氏族的隸屬關係時，甚至可以得到更多的支持。親屬關係為許多奈及利亞以及非洲其他地方的人們，提供最強而有力的認同感與忠誠感，而這也是侍從主義關係的一種模式（而且通常是建構現實世界的基礎）。

　　博科聖地的暴動以多種方式影響家庭作為社會單位的可行性與功能性。東北部地區的暴力事件，使得成千上萬的家庭破裂，削弱了政治社會化的重要媒介。而男性的死亡或徵兵，也會加重女性的負擔，因為她們必須要付出更多才能夠撐起一個大家庭。由於許多受害者為了避免進入正式的難民營，從而尋求大家庭或是朋友的協助，使得該地區許多家庭的流離失所加劇了社會危機。儘管這樣的情形可能會使得家庭的負擔過重，不過當人們將陌生人帶回家中時，也經常會出現令人難以置信的慷慨大方故事。

## 學校

　　在大多數當代的國家中，學校在培養社區意識的方面上扮演了舉足輕重的角色。很顯然地，這是奈及利亞學校的一項重要任務，而對於教育者來說，平衡各種的忠誠度是一個相當精細的工作。正規教育是奈及利亞人期待從政府獲得的主要利益之一。學校的文憑在發展中國家受到高度重視，因為其被視為一種促進經濟與社會發展的手段，在奈及利亞由尤其如此。

　　隨著1950年代奈及利亞走向獨立，在南部有兩個地區針對擴大教育體制方面投入了大量的資金，尤其是初等教育。大家普遍的共識認為，初等教育應該是免費且普及的。然而，除了這樣的基本共識外，奈及利亞也一直在為如何制定教學課程，以及如何提供課程而努力。

　　奈及利亞在1948年時只有1所大學，到了1962年則有5所。1970年代石油的蓬勃發展，刺激了中學與高等教育的擴張浪潮，然而儘管有這樣繁榮的景象，各個教育層級仍缺乏受過適當培訓的講師。奈及利亞的大學數量在1999年之後的幾年裡激增，以因應民主制度下的大量需求。如今，奈及利亞有141所大學[7]，包括

44所聯邦級、43所州級，以及61所私立院校。但是，即使大專院校的數量有所增長，仍然無法容納超過50％通過入學資格的申請者。教育快速的擴張也為貪污腐敗提供了新的機會，因此，2013年根據經濟與金融犯罪委員會的調查，協助關閉了41所非法營運的大學。[22]

1960年代、1970年代，以及1980年代，奈及利亞大學的入學率每4年至5年就會翻漲一倍，這個數值在1990年代時因為某些因素而有所減緩，但是在1999年奈及利亞轉型為民主國家時又再度增加。2005年至2010年期間，小學入學率從67％大幅下降至57％，主要由於公共資金的減少以及貧窮的加劇，而中學入學率卻從34％成長至44％。儘管近年的入學率有所提高，但仍約有470萬名小學適齡孩童無法就學，相當於有超過40％的孩童無法就學，因此奈及利亞的就學比率是全世界最差的國家。這些問題隨著人們從小學進入到中學，再進入到高等教育後，會變得更加嚴重。這樣的偏差，一方面來自於社會經濟的問題——菁英家庭的子女在招生中所占的比例過高——另一方面，反映出性別的差異。不幸的是，2005年至2010年間，女性的小學入學率從62％降至54％，不過中學的入學率卻從所有學生的31％上升至41％。

另一個重要的差異存在於奈及利亞的北部與南部之間，[23]就是跨區域的教育差距，進而產生間接的政治影響。在奈及利亞獨立之後，南部的中學畢業生人數有所增加，其中有許多人前往北部尋找工作，卻遭到拒絕而感到沮喪。與此同時，北部人也開始有了警戒心，深怕被受過教育的南部人所吞噬。由於教育成就的差異，加劇了不滿的情緒而在1966年發生暴力事件。如果我們同時考量性別與區域的因素時，教育的差距甚至會更大：根據聯合國兒童基金會的數據，在某些北部州的學校，女孩與男孩的比例是1：3；而在整個奈及利亞北部，每一個能夠就學的女孩，就有兩名男孩能夠同時就學。受到極端伊斯蘭團體博科聖地對學校的攻擊（參閱專欄17.1），造成入學率的下降，尤其對於女孩的影響更深。

語言是社群建構的一個面向，通常被視為是理所當然的，但是在學校使用的語言，可能會對政治態度產生重大影響。如前所述，英語是奈及利亞的官方語言，同時也是奈及利亞從小學到大學所使用的教學語言。此外，英語也是政府以及多數大眾媒體所使用的語言。由於英語是奈及利亞多數家庭的第二語言，為了使人民能夠進入政治體制中，因此學校扮演著至關重要的角色。

作為國家建設的努力，三種主要的原住民語言——豪薩語、伊博語，以及約魯巴語——也同樣在中學階段教授，並作為高中文憑的測驗科目之一。流利的英語是大學入學時所必須要具備的能力，而地方語言則僅在某些課程中特別需要具

備。英語的使用與政府活動之間的連結，更是加重了教育與政治效能之間的關係。因此，除了發展人力資本以促進科學、技術，以及經濟的成長之外，奈及利亞的國家教育政策還提供公民教育，促進公民對於公共事務的參與。

## 大眾媒體

活躍並具有政治獨立的媒體之存在，至少可以追溯到納姆迪·阿齊基韋創立的《西非導航報》（*West African Pilot*），到了奈及利亞獨立的時期，出現了大量具有競爭性的報紙。1966年至1999年，專制的政權對媒體施加了大量限制的規定。根據奈及利亞的看門狗組織——言論自由中心的說法，軍方在1966年至1995年間頒布了21項法令，限制新聞媒體自由，甚至禁止某些特定內容的出版。軍政府與媒體之間存在著高度緊張關係，而政府擁有主要廣播電臺與電視節目的播送權。1986年，許多新聞記者被逮捕，其中一位著名的政府批評記者甚至被炸彈郵件所殺害。由此可知，奈及利亞的新聞業仍舊充滿著挑戰。2015年，無國界記者（Reporters without Borders）發表的「全球新聞自由指數」顯示，奈及利亞在180個國家中排名第111位；而自由之家（Freedom House）則指出，奈及利亞當局經常騷擾、恐嚇或是攻擊記者。同時，政府也特別限制進入部分受叛亂影響的東北部地區。

由於奈及利亞有三分之一的成年人是文盲，所以新聞對於政治影響是有限的。2015年的一項調查發現，只有24％的奈及利亞人每週至少有幾次是從報紙上獲得新聞，大多數的奈及利亞人仍然藉由廣播電臺取得新聞資訊，並且有70％的奈及利亞人每週至少有一次將電視作為獲取新聞的來源。此調查也指出，有60％的奈及利亞人對於公共事務稍微或是非常感興趣，而社交媒體也轉變成為公共參與的管道。自1999年開始，公民可以享受獨立的電臺、衛星新聞，以及數十種新的私有報紙。更重要的是，網際網路已經改變了奈及利亞人接收新聞的形態。即使仍有一些人負擔不起購買電腦的價格，但是低廉的智慧型手機已經迅速普及，加上網咖的普遍性，網際網路的取得似乎已不再只屬於特定的某些人。2015年，有31％的奈及利亞人表示，他們每天或是每週使用數次「臉書」或是「推特」來獲取新聞。

1999年，奈及利亞的新憲法推翻了許多過去軍政府統治者對媒體設下的限制。雖然憲法保障媒體有廣泛的自由，然而新聞記者仍有可能因誹謗公職人員而面臨刑事懲罰，而1999年的一項法令則要求新聞記者必須經政府營運的媒體委員會加以認證。記者除了偶爾會遇到政府的騷擾之外，也會面臨到巨大的風險。像

是2010年，有3名記者在報導動亂時遭到殺害；而博科聖地於2011年時在邁杜古里殺害了1名記者，並宣稱其為間諜。儘管新聞自由符合形式上的民主制度，但仍有一些記者與部落客因考量自身的安全而必須逃離奈及利亞。**24**

## 國家

　　奈及利亞人的政治態度比較有可能受到與其他州之間的日常接觸所影響，而非受到其直接、刻意的塑造。在奈及利亞的聯邦制度下，主要是透過與地方官員直接的接觸。不精通英語的農村居民會發現，即使是地方層級的官員，其受教育程度也比他們來得高，所以這些官員通常會受到期望並得到尊重。由於政府是那麼的遙不可及，所以必須透過某些非正式的協調才能與之接觸，但是對於受過正規教育的人而言，與地方政府的聯繫相對來說較為容易；此外，由於奈及利亞是從當地招聘公務人員，因此受過教育的公民與公務人員之間既不會有社會差異，也不會存在文化上的歧異。儘管有誠信與道德上的公共規範，但奈及利亞人仍期望政府能夠迅速地兌現公共政策的服務。

　　奈及利亞人普遍對各級決策者的動機抱持著一種犬儒主義、憤世嫉俗的態度，不過由於石油對於經濟的巨大作用，使得人們重新塑造對高層人士的態度。出售石油所獲得的利潤幾乎都流入了中央政府，因此那些聯邦政府人員獲得的份額也隨之提高，而這為菁英人士提供了一個強而有力的動機，不是得到特權以確保公共資源的獲得，就是藉由政治地位的取得來加以控制。因此，經驗豐富的政治人物以及有權勢的菁英人士通常會主導政治領域。

# 政治人才甄補

## 17.6 描述並比較奈及利亞如何透過軍事與教育取得政治地位。

　　表17.1列出了自奈及利亞獨立以來所有的行政首長。而奈及利亞政治領導層有幾個突出的特點，由於北部與南部的人口數量相差不多，促使人民普遍期望任一區域都不應長期統治整個國家，然而政府的組成並不總是能夠體現出這樣的平衡。在去殖民化時期，北部任職公務人員的數量比較不足，但卻掌控了軍事官員；而在獨立初期，軍方缺乏威望，尤其是對受過更高教育的南部人而言。為了加速取代剩餘的英國軍官勢力，阿布巴卡爾・塔法瓦・巴勒瓦（Abubakar Tafawa Balewa）政府積極地招募大學畢業生進入軍官陣營。其中一個結果就是引入大量受過教育的伊博人進入軍隊；另一個結果則是軍隊的政治化。

　　1966年第一次發動政變的領導人表示，對於這種必要進行干預的行為深感遺

**表17.1 奈及利亞的行政首長（1960-2016）**

| 日期 | 姓名 | 頭銜 | 種族 | 卸任原因 |
|---|---|---|---|---|
| 1960年至1966年1月 | 塔法瓦・巴勒瓦 | 總理 | 豪薩—富拉尼人（北部） | 政變（死亡） |
| 1963年至1966年1月 | 納姆迪・阿齊基韋 | 總統（指派） | 伊博人（東部） | 政變（罷黜） |
| 1966年1至7月 | 詹森・阿吉伊—伊龍西 | 國家軍事領袖 | 伊博人（東部） | 政變（死亡） |
| 1966年7月至1975年 | 雅各布・高恩 | 國家軍事領袖 | 蒂夫人（中部環形帶） | 政變（罷黜） |
| 1975年至1976年 | 穆爾塔拉・穆罕默德 | 國家軍事領袖 | 豪薩—富拉尼人（北部） | 政變（死亡） |
| 1976年至1979年 | 奧盧塞貢・奧巴桑喬 | 國家軍事領袖 | 約魯巴人（南部） | 政權移交給文人政府 |
| 1979年至1983年 | 謝胡・沙加里 | 總統 | 豪薩—富拉尼人（北部） | 政變（罷黜） |
| 1983年至1985年 | 穆罕默杜・布哈里 | 國家軍事領袖 | 豪薩—富拉尼人（北部） | 政變（罷黜） |
| 1985年至1993年 | 易卜拉欣・巴班吉達 | 國家軍事領袖 | 格瓦里人（北部） | 被迫下臺 |
| 1993年8至11月 | 歐內斯特・桑尼坎 | 臨時國家元首（指派） | 約魯巴人（西南部） | 被迫下臺 |
| 1993年11月至1998年6月 | 薩尼・阿巴查 | 臨時統治委員會主席 | 卡努里人（北部） | 任內死亡 |
| 1998年5月至1999年5月 | 阿卜杜勒薩拉米・阿布巴卡爾 | 臨時統治委員會主席 | 格瓦里人（北部） | 政權移交給文人政府 |
| 1999年5月至2007年5月 | 奧盧塞貢・奧巴桑喬 | 總統 | 約魯巴人（西南部） | 文人政府之間的政權移交 |
| 2007年5月至2010年4月 | 奧馬魯・穆薩・亞拉杜瓦 | 總統 | 豪薩—富拉尼人（北部） | 任內死亡 |
| 2010年5月至2015年5月 | 古德勒克・強納森 | 總統 | 伊爵人（泛南部） | 選舉失利 |
| 2015年5月至今 | 穆罕默杜・布哈里 | 總統 | 豪薩—富拉尼人與卡努里人混血 | |

憾。雅各布・高恩將軍在其執政時對內戰提起訴訟，並為文人統治奠定了憲法架構。當高恩被推翻時，奧盧塞貢・奧巴桑喬將軍設定並遵守了在1979年卸任的期限。在第一階段的軍事統治期間，雖然部分的軍事領導人從中獲取暴利，但他們之中卻沒有人期望展開長期的執政生涯。1983年至1999年，軍方再度控制了奈及

利亞，軍官委員會被視為是獲得政治權力的常規途徑，然而，第二階段的軍事政權也逐漸改變了一些軍官的觀點。到了1990年代中期，在經歷獨裁者薩尼・阿巴查幾年的執政後，其也面臨一連串內部的異議與外部的反對聲浪。

在1999年民主轉型之後，退休的軍事將領依然認為政治是他們職業生涯中非常重要的一環，舉例來說，很多人因此加入了人民民主黨。如今，比起單純地從軍，已有更多職業晉升的途徑，而教育可以說變得更加重要。奈及利亞的大學培養出許多訓練有素的公共行政人員，他們在聯邦、州，或是地方的行政單位擁有長期的職涯，而且通常不受高層變動的影響。在1979年的過渡時期，政府官僚中的助理秘書長或是常任秘書長層級中，有89％擁有大學學歷。[25]這代表公務人員已開始被期望具備適當的教育水準。

地方與州層級政治職務的人才甄補，通常會排拒所謂的「外來者」，意即從國內其他地方移入當地的人民。其結果導致這些外來者即使可能長期居住在該社區，或者即便他們是奈及利亞的公民，都會遭受到歧視。大多數州和地方的政黨也會規定，要求在一些種族和地理上保持平衡與輪替，此二者都有助於減緩挫敗感。舉例來說，在奈及利亞的河流州，如果現任州長是來自於「高地」社群，則下一任州長應由來自於「河岸」的社群或種族來擔任。藉由保證一定的權力共享，有助於降低彼此之間的衝突，但同時也會使一些政治人物因為其所來自的地方而失去被選任的資格。

徵聘政治或行政職位的另一個相關特點，就是其努力並忠實地「反映出奈及利亞的**聯邦特性**」，而這已經成為奈及利亞平權行動的模型，填補政府在身分方面的立場。這種試圖確保政府為其所控制的地方或州的種族縮影，會減少對政治排斥的恐懼。過去在奈及利亞獨立後爭取民族融合的那幾年，任命軍事人員擔任政府職務似乎是具有意義的，但是基於身分而非功勳專業來聘用人員，仍然存有很大的爭議。2013年，在小說家奇努阿・阿切貝過世前不久，他將這種聯邦的性質稱為「道德破產以及深度貪污腐敗」。[26]

政黨、國民議會以及其他聯邦機構都根據奈及利亞的6個地緣政治區進行任命，畢竟在6個單位而非36個州的基礎上，會比較容易分配職位上的聘任。一些政治人物甚至希望能夠基於這樣「分區」的安排輪流擔任總統，而這可能需要各地區主動進行職務的輪替，以便讓每一個主要團體都有機會任職。國民議會分別在2001年與2012年時提出類似的憲政改革，然而其未能通過的主要障礙在於，若6個地區之間進行職務輪替，則某個候選人在獲得4年的任期前，將歷經長時間的等待。

# 政治結構

## 17.7 解釋奈及利亞政治結構的演變,並探討國家對於聯邦的權力。

在我們評估——或可能評價——奈及利亞的政治結構之前,必須先了解奈及利亞人所指稱在實施「分配制」以前的政權不穩定。在奈及利亞獨立之後的幾十年間,就發生了5次成功的政變以及3次的文人憲政;2003年與2007年在民主政權下發生的有瑕疵選舉,也都象徵著一段動盪不安的歷史。然而1999年奧盧塞貢·奧巴桑喬成功當選總統,確實是邁向文人統治的一個里程碑,而2007年首次和平移交文人政權也是如此。在某些方面來看,奈及利亞也一直在尋求民主的穩定。2015年,全體進步大會黨(APC)在選舉中擊敗了人民民主黨(PDP),重新點燃了奈及利亞的民主能夠承受得住時間考驗的希望,也因此奈及利亞當前的政權不同於先前兩個階段短暫的民主嘗試(1960年至1966年、1979年至1983年)。

奈及利亞人首次以其身分參與的政治機構,是1922年《克里弗憲法》(Clifford Constitution)授權的立法議會,其規定首都拉哥斯能擁有民選代表。經過1940年代與1950年代接連不斷的憲法變革,選舉擴增至地方與區域政府,而聯邦架構的憲政規定也首次被提出。

由於眾多的軍事將領在奈及利亞獨立後不斷干涉,使得憲法的草擬與大規模的改革幾乎成為政治常規的一部分。奈及利亞分別於1963年、1979年,以及1989年制定了新的憲法,而1995年於薩尼·阿巴查的獨裁政權下,也為憲法的修訂進行了一場冗長的辯論。當前的憲法是1999年5月進行政府交接時所倉促頒布的,2005年,奧巴桑喬企圖透過國家政治改革會議進行修憲。總統強納森於2014年召開了名為「Confab」的會議,並提出更為宏大的憲政改革目標,但也以失敗告終,因為參與者在進行修憲草擬的第一個月就針對規則進行辯論,並且因為對酬金的爭執而受到媒體的批評——甚至有時候在審議過程中睡著。

### 1999年憲法的演進

從1983年至1999年,奈及利亞的政治出現了一連串軍事政權的形式,而這些軍事政權不斷地計畫重返對民主的掌控。奈及利亞當前的憲法是成功轉型後的高峰,其體現了各種政治協商的結果。許多人認為來自西南部的約魯巴人莫舒德·阿比奧拉(Moshood Kashimawo Olawale Abiola)會贏得1993年的總統大選——選舉委員會發布的結果也是如此,但是易卜拉欣·巴班吉達卻宣布選舉無效,並推遲奈及利亞走向民主之路,進而爆發激烈的抗爭。短暫的臨時政府在1993年8月接管了奈及利亞,但整個國家情勢仍處於動盪不安。1993年11月,薩尼·阿巴

查將軍發動政變，並像前一任總統一樣，承諾回歸文人政府的統治。1994年6月，阿比奧拉在許多公民社會團體的支持下自行宣布擔任總統，此一行為導致他被控叛國罪而遭逮捕。

就在阿巴查過世後僅三個月，阿比奧拉也於1998年8月死於獄中，這讓許多奈及利亞人難以置信。隨著民主制度繼承人的消失，以及在阿巴查殘暴政權後導致的軍紀渙散，於是政治菁英迅速採取行動，以1979年憲法為基礎來起草新的憲法。實際上，社會大眾在這個過程中並沒有扮演任何的角色，因此激勵了一些邊緣化團體對於憲法合法性的質疑，畢竟這是一項法令，最後須由公民投票來核准新憲法的施行，與1990年代以來的政權轉移有所不同。一些像是「建立比亞法拉主權國家運動」以及「尼日河三角洲解放運動」的團體經常提出召開「主權國家會議」的必要性，並由基層來草擬新憲法。而憲法存在的時間比任何法律都來得長，這種持久性確實會產生一些忠誠心。圖17.4呈現了現行憲法的整體政府結構。

### 聯邦制

像奈及利亞這樣幅員遼闊且複雜的國家，並非所有政治決策都由國家層級制定。聯邦制度於1954年建立，當時奈及利亞正準備從英國獨立。自那時起，每部憲法原則上都接受聯邦制度，以此保證國內許多不同族群與區域的利益。然而，在面對正式的聯邦制時，奈及利亞的財政狀況使人民對於聯邦制的概念產生疑慮：各級政府大部分的收入都是來自於石油，而這些石油是透過中央政府的分配。除了這種財務的現實，獨立之後的奈及利亞也大多由軍方長期統治：自1960年以來已有29年，在這樣的軍事指揮狀態下，很難加以定義聯邦制度。如今，尼日河三角洲的團體以及東部的分裂主義者，經常積極地要求加強其對地方的控制。

類似地方層級的壓力導致州的數量有所擴增，由3個殖民區域所組成的奈及利亞聯邦，迅速發展成4個。後來1967年內戰爆發，奈及利亞又被分為12個州，1976年數量增加到19個，1991年增加到30個，而1996年則擴增至36個（再加上聯邦首都特區；參閱圖17.5）。隨著不同的族群或是次族群不斷地爭奪代表權，各州內的地方政府區域數量也逐漸的增加。

聯邦制保證各個族群團體都能夠按比例享有公務人員職位，而這樣確實有助於減緩一些族群間緊張的關係。如果僅根據能力來進行職務的任命，那麼南部具有教育優勢的人民將可能獲得更多的工作機會，導致公務人員職務分配不成比

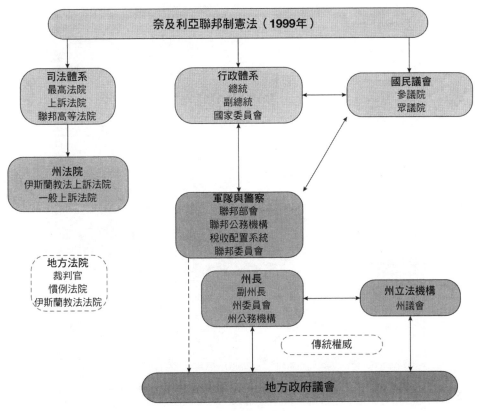

## 圖17.4　1999年憲法架構下的政府結構

### 奈及利亞具有總統制與兩院制的立法機構

資料來源：依據聯合國發展計畫署，《2009年人類發展報告》。

例；如果職務的任命是基於人口的規模，則北部可能會具有主導優勢。另一個可以促進國家整合的就是「國家青年服務團」（National Youth Service Corps, NYSC）。這個計畫方案強制要求大學畢業生參加國家服務，他們必須離開原居住地至其他地方從事自願工作1年，這個目的主要是在強化奈及利亞人民之間的聯繫，並欣賞彼此之間的多樣性。

　　憲法建立了一個具有三個層級的聯邦制。在美國、加拿大以及澳洲等大型的聯邦國家中，憲法主要專注於聯邦與州／省之間的關係，而地方政府原則上劃歸由州／省來管理。事實上，奈及利亞的憲法特別針對地方政府設立一個統一的結構模式以及共同的功能，這是相當少見的。毫無疑問的，這種結構與功能的統一

## 圖17.5　新州的誕生（1960-1996）

促使新州成立的因素，包括少數族群尋求不同代表的要求，以及聯邦補助收入的分配制度

附註：左下：深色的邊框（左下方地圖）顯示了原始的3個區域，因為建立了中西部區域而增加至4個，然後在1967年增加至12個。右下：1976年至1991年時，共有19個州。上方：1991年至1996年時，共有30個州（目前是36個州，顯示在本章節一開始的地圖）。

將帶來一些優勢，但是卻無法使地方政府反映出當地文化的多樣性。自殖民統治時期以來，地方政府不過就是聯邦政策下的地方行政單位而已，除非地方政府能夠獲得獨立的收入來源，否則這種情形是很難改變的。很顯然地，在以石油為中心的體制下，無法透過中央決策的控制來說明地方政府的需求。反而是由於中央為支持地方活動而進行資金分配，使得地方政府變得更具吸引力。當前的憲法規定了對地方政府的直接撥款，因此地方政府現在獲得了聯邦政府20%的收入。

行政與政治單位細分的過程，推動了公共部門的增長，而公共部門的就業率是政府發展的一個指標。在奈及利亞獨立時，聯邦與區域政府共有7萬1,693人；到了1974年，已經有大約63萬人，其中甚至不包括25萬服兵役的人。1978年和1979年的一項地方政府報告指出，在該層級中尚有38萬6,600個職位，不包含一般的勞工、區長或是村長。1980年代中期，油價的下跌導致奈及利亞石油收入的下降，進而終結了政府的成長。[27]自1999年以來，各州之間對於聯邦政府收入的分配，形成下列兩個激烈的競爭：第一，總統與國民議會針對應回饋給產油地區的錢款出現分歧，或是像奈及利亞人所提及「導出公式」的多寡。第二，2002年最高法院的一系列重大判決，導致各州與聯邦政府之間有許多的爭論，包括有關各州享有離岸石油收入的權利，以及聯邦政府享有根據導出公式的分配，免除某些費用的權利。

一些觀察家認為，真正的聯邦制有助於解決奈及利亞的政治問題，但這在石油資金集中的誘惑以及其所帶來的競爭現象之下，依舊難以實現。

## 議會制與總統制

沒有例外地，英國殖民地在獨立之後都以原殖民母國的西敏寺模式為基礎，建立議會制。起初奈及利亞遵循英聯邦模式，由英國君主任命一位儀式性的總督。1963年，奈及利亞改採共和體制，由納姆迪·阿齊基韋擔任總統一職，握有主要儀式性的權力；而議會制仍然被保留下來，由總理擔任政府首長。由於奈及利亞於1966年首次的文人執政以災難性的結果告終，因此1970年代制定新憲法並拋棄原制度的行為就不足為奇。起草者認為，西敏寺議會制模式促進了多數統治，但是卻沒有制衡的機制，使得大部分的奈及利亞人與此疏遠。他們的解決方式就是毫不掩飾地模仿美國的總統制模式，以建立其第二共和的憲政模式：獨立民選出來的總統在聯邦層級上與兩院制的國民議會相互制衡，而州長與州議會在州層級上也採用相同的模式。第二共和的混亂局勢可能會使總統制聲名狼藉，但總統制仍在憲法中持續運作。

　　1999年的憲法在聯邦層級中規定了獨立選舉產生的總統以及兩院制的國民議會；在州層級中的州長以及單一院制的州議會也採用相同的模式。眾議院議長主持整個眾議院的進行，而參議院則由排在副總統之後擔任總統接班人的參議院議長主持。奈及利亞各州都有3位參議員（再加上一位阿布加聯邦首都特區參議員），而人口決定不同選區在各州可以分配到的席次，組成共360位議員的眾議院。參議員與眾議員任期皆為4年，所有議員的選舉都在同一時間，而非交錯型選舉。近年來，常設委員會的數量有所增加，眾議院從2010年的86個常設委員會，增加到2015年的92個；而僅有109位議員的參議院，也驚人地擁有68個委員會。議員們都覬覦著委員會主席的位置，因為這可以為他們帶來額外的資源、利益以及權力。然而，因為擁有如此眾多的委員會，分散了對於問題的管轄權，往往使這些議員無法履行其職責。

　　根據憲法規定，針對行政部門所提出的聯邦預算案與其他主要的立法議案，國民議會可以或應該修改這些法案，一直是備受爭議的問題。即使自1999年以來，總統所隸屬的政黨在這兩個立法議院中始終享有多數席位，但是兩個議院之間的意見仍然有很大的分歧。

　　奈及利亞在實現穩定的憲政統治時存在的問題，即關於總統制與議會制在文化多元主義的情形下，何者更具相對優勢的爭論，成為一個重要的案例研究。表面上看來，這種錯誤似乎在於各種憲法架構的缺陷，但實際上可能是奈及利亞多元化的頑固特性，單靠憲法本身是無法促進次級文化之間的信任。

## 司法機關

　　奈及利亞在獨立時擁有一個建立完善的法律制度，包括法院體系以及在英國傳統中蓬勃發展的律師職業。聯邦法院與州法院合併為一個單一的審判法院與上訴法院，因此，1999年的憲法規定最高法院、上訴法院，以及州和聯邦高等法院均具有初審與上訴管轄權。傳統威權在司法權中保有相當大的影響力，因為各州明確地允許制定習慣法與伊斯蘭教法（穆斯林古蘭經的法典），並設立初審法院以及上訴法院。北部有十幾個州仍然保有伊斯蘭教法的法院，這是穆斯林當局與那些認為官方認可存有分歧的人之間的爭論點。

　　繼任的軍事政權透過法令進行統治，並且經常設立特殊的軍事法庭，甚至藉由此來審理搶劫等一般常見的犯罪行為，破壞司法機關。1999年以後，司法機關開始宣稱其是獨立於政府之外的臂膀。司法機關的裁決與奧巴桑喬行政團隊的見解，在以下幾個重大案件中有所衝突：與拉哥斯州政府就設立地方政府的爭議、

副總統阿提庫‧阿布巴卡叛逃至反對黨陣營的地位，以及聯邦政府對於海上石油儲備的要求等。[28]這樣獨斷的方式持續至亞拉杜瓦的執政下，當時的選舉法庭宣布執政的人民民主黨候選人在許多州層級的選舉無效，而將勝利判給了反對派的候選人。

近年來，法院出現了一些曲折。古德勒克‧強納森政府經常被指控破壞司法的獨立性，舉例來說，上訴法院院長因被懷疑在具有爭議的索科托州州長的選舉中，可能不會於冗長的法律糾紛中支持執政黨，而被立即解職。自從全體進步大會黨於2015年上臺以來，其也依循相同的模式，指控司法機關干涉總統布哈里為打擊貪污腐敗所做的努力，並抱怨法院經常向被告提供保釋。布哈里政府批准了上訴法院法官的免職，並指示其應以貪污腐敗的指控而受到起訴，另外也有兩名大法官因此被迫退休。可以肯定的是，法院中存在貪污腐敗的現象，但是行政的干預引發人民關注如何在不犧牲司法獨立的情況下提高誠信。

另外一個問題就是司法效率的低下，因為法院面臨了大量積壓的案件。儘管憲法有加快案件審理進行的保證，但許多刑事案件仍然持續數年之久。特別是那些被指控是博科聖地恐怖組織成員的人們，更是一大問題，2015年國際特赦組織的一份報告指出，至少有2萬人單就這個原因而被任意逮捕。

# 利益表達

## 17.8 列舉五種利益表達的形式，並比較其於奈及利亞北部與南部的強度差異。

奈及利亞的工會、貿易協會，以及宗教團體等有組織的利益團體，即使它們的政治影響力會因不同領域與時間而有所不同，但這些組織均建立地相當完善。舉例來說，1990年代石油勞工帶動了民主的發展；而2000年代，宗教組織動員起來反對伊斯蘭法律的擴大。在許多非洲國家中，這種自願組織在1960年代至1970年代的軍事制度下，都會失去建立的自由。不過這樣的案例在奈及利亞可以說相當少見，像是奈及利亞婦女聯盟等組織仍維持其政治獨立性。

如果不包括其他更加非正式的參與形式，就不能理解奈及利亞的政治影響力，尤其是侍從主義，其通常是透過個人關係來建構政治的參與。舉例來說，有抱負的政治家經常會依靠富有的贊助人，藉以進入菁英網絡並順利當選。重要的是，即使這是一個不平等之間的關係，或甚至扭曲了正式的政治結構運作，仍必須認知到侍從主義可能是互惠互利的。奈及利亞政治上的這種細微差別，構成本節以下的討論。

## 族群與宗教團體

　　奈及利亞許多最早的自願團體，都以族群作為基礎。舉例來說，由東部知識分子組成的「伊博聯邦聯盟」，後來改名為「伊博州聯盟」。[29]埃格比・奧莫・奧杜杜瓦（Egbe Omo Oduduwa）就是由一群年輕、都市的約魯巴專業人士所組成的團體。弱勢族群特別容易在正式組織中感到舒適，像是伊比比歐文（Ibibio）州聯盟、埃多（Edo）國家聯盟，以及烏爾霍博（Urhobo）重生聯合會等。這些組織通常構成了政黨的組織基礎，並有助於建構其後組織協會的族群取向。在北部，個人的侍從主義連結關係通常比較強烈，因此即使是以族群類型為號召的組織協會，也沒有發揮太大的作用。

　　由肯・薩羅一維瓦（Ken Saro-Wiwa）創立的「奧格尼人民生存運動」（Movement for the Survival of the Ogoni People, MOSOP），是一個具有當代意義的族群聯繫。奧格尼人民生存運動宣稱其代表土地遭到殼牌石油鑽探公司占據的50萬名奧格尼人民。1990年代，奧格尼人對於奈及利亞石油產業所造成的環境破壞，卻只獲得少量的回饋而感到不滿。後來當4名奧格尼人首領遭到年輕好戰分子謀殺時，緊張局勢達到了頂峰。薩羅一維瓦以及其他14名奧格尼人遭逮捕入獄，並被指控煽動年輕人謀殺罪，在阿巴查政府公然破壞法院典型框架的陷害下，薩羅一維瓦與8名共同被告於1995年被定罪。此舉震驚了世界各國的領導人，並凸顯奈及利亞悲慘的人權問題。當時南非領導人納爾遜・曼德拉（Nelson Rolihlahla Mandela）剛從監獄獲釋，他說：「薩尼・阿巴查將軍正坐在一座火山上，而我確信該火山將朝他噴發。」[30]同年11月，儘管有來自世界各地希望能寬容大度處理的請求，但奧格尼人還是被處以絞刑。

　　薩羅一維瓦的傳聞依然相當敏感，直到2002年以後，聯邦政府才允許其家人挖掘薩羅一維瓦以及其他人的遺體，進行恰當的葬禮。薩羅一維瓦的兒子小肯・薩羅一維瓦（Ken Saro-Wiwa Jr.），很快地就承接起維護少數族群權利以及環境清潔的精神，其在2016年因中風而意外去世前不久，協助製作了一支紀錄片《無處可逃》（Nowhere to Run），講述氣候變遷對奈及利亞的破壞性影響。

　　如同其他許多國家，宗教機構與組織協會在奈及利亞的政治上扮演了重要的角色。這些團體都特別持久並富有韌性，因為當政治活動受到壓迫時，他們依舊能夠依循著宗派來組織，而當族群團體扮演不是那麼明顯的角色時，不論基督教抑或是穆斯林宗教團體和領導人，都沒有必要偽裝其身分。如同其他國家，以宗教為基礎的利益團體會採取以下幾種形式：正式機構（教堂、古蘭經學校）、領導角色，例如主教、牧師，以及馬蘭（Mallams）（穆斯林教師與博學的人），

以及自願性宗派組織等。團體之間的衝突減少了宗教機構對政府關注的有效性，其中基督徒與穆斯林之間的衝突最為頻繁，使得政府必須扮演起協調的角色。

在快速成長的城市中，以族群為基礎的社區自助團體也逐漸發展起來，他們提供工具，幫助新移民適應城市生活。北部是伊斯蘭「神秘弟兄會」提澤尼亞（Tijaniyya）的故鄉，其在下層階級的豪薩族穆斯林中特別具影響力，不過正統伊斯蘭教的代表對此表示懷疑（另一個弟兄會卡迪里耶（Khadiriyya）被認為是北方的傳統菁英）。這些團體的存在模糊了「現代」組織與「傳統」機構之間的差異，而民主制度下也出現了新的族群團體，像是艾勒瓦協商論壇（Arewa Consultative Forum），宣稱其任務為「捍衛北部的利益」；而奧杜瓦人民大會（Odua Peoples' Congress）則是要為西南部約魯巴人的利益而戰。

## 協會型團體

奈及利亞擁有各種形式的自願協會團體，他們早期的歷史大多與民族主義運動交織在一起，而現代則與1990年代的民主社會運動密切相關。專業組織——諸如奈及利亞律師協會、奈及利亞醫學協會，以及奈及利亞記者聯合會——在軍事統治時期經常受到騷擾，而這也促使他們走向政治化，並提高對民主的需求感。

自殖民時期以來，工會就一直在奈及利亞政治上扮演著相當重要的角色。大學生與教職員是最早的一些軍事統治批評者，而今日，職員的罷工與學生的罷課仍然非常普遍；也因此，大學求學階段需要花上6年或7年的時間才完成並不罕見！某些領域中的員工在採取勞工行動時，往往會對政治產生不成比例的影響。特別是代表石油工人的工會，因為石油對國家經濟來說非常重要而經常占據主導地位。全國石油及天然氣工人工會（NUPENG）以及奈及利亞石油及天然氣資深員工協會（PENGASSAN）在1994年罷工並向軍政府施加壓力；其他的勞工行動則透過**奈及利亞勞工大會**（Nigeria Labour Congress, NLC）以及相關附屬工會來集體組織。自1999年以來，奈及利亞勞工大會就一直領導抗議活動以提高工資並改善勞動條件，而其也持續地捍衛補助金的發放，以人為方式壓低燃油價格。如果經濟持續地成長且多元化發展，奈及利亞將有可能看到新的工會與專業協會蓬勃發展。當美國於2011年至2012年發生「占領華爾街」運動時，奈及利亞以及其他非洲國家一些與勞工有關的組織，也開始仿效這種占領運動。

像是國家民主聯合會（National Democratic Coalition, NADECO）這樣的公民社會團體，基本上都站在民主抗爭的最前線。1998年阿巴查過世以後，成立了一個新的組織——過渡時期監督集團（TMG），用以倡導選舉形式並監督選舉舞

弊的情形。在近年來的每次選舉當中，其培訓了數千名選舉監督員，分布在各個投票站以報告選舉過程的品質。他們有時候也會準備一些報告，用來批判總統的治理或是提供政策改革的建議。

## 非協會型團體

　　**卡杜納黑手黨**（Kaduna Mafia）是奈及利亞著名的非協會型團體例證，不過其在定義上卻相當模稜兩可。政治學家理查德‧約瑟夫（Richard A. Joseph）提供了以下的描述：

　　一般而言，（卡杜納黑手黨）是指在內戰後10年軍政府統治期間，取得政治職位與社會影響力的北部知識分子成員。整體而言，比起上一任北部酋長國在獨立後的第一個10年所擔任類似職位的情形，這些人受到更良好的教育，（他們同時也）更少依賴傳統統治者的支持來促進其職業的發展。[31]

　　卡杜納黑手黨在易卜拉欣‧巴班吉達執政時具有很大的影響力，但是薩尼‧阿巴查卻刻意與他們疏遠。政治改革家薛胡‧穆薩‧亞拉杜瓦（Shehu Musa Yar' Adua）將軍，同時也是卡杜納黑手黨的領導人，於1970年代服務於軍事行政部門，1997年死於獄中。當他的弟弟奧馬魯‧穆薩‧亞拉杜瓦於2007年當選總統時，有些人將此視為是卡杜納黑手黨勢力的回歸。

　　由於大部分奈及利亞的勞動力都投入農業的生產，因此人們期望在農民之間找到一個強而有力的結社活動。然而，奈及利亞的族群分裂破壞了任何國家層級農業組織的形成。既存的團體通常都會參與當地的合作行動，而在其區域外就不太活躍。正如以下將討論到的內容，農民通常依賴侍從主義來提高其利益的獲得。

　　最後，軍隊本身並不僅僅是一個利益團體機構。士兵以及低階軍官並沒有從軍事統治中獲得任何直接的利益，因此其中有許多人開始轉而支持並努力恢復文人統治。奈及利亞軍隊並非一個有凝聚力的利益團體，因為其擁有根深蒂固的軍事專業精神。此外，在奧巴桑喬執政時期，軍官在政黨中的重要作用也持續下降。

## 恩庇—侍從網絡關係

　　在**恩庇—侍從網絡關係**（patron-client network）中可以發現利益表達的另一個替代形式。擁有權力的奈及利亞政治人物都能透過與下屬之間的個人「聯繫」，進一步動員相關的支持，而這些下屬可能扮演較「恩庇者」地位低下的「侍從者」角色。在豪薩人、約魯巴人以及其他族群的大規模前殖民時期，侍從

主義就已經是政治生活中不可或缺的一部分。那些沒有正式協會組織可以代表的人們，也許可以利用個人的聯繫來實現政治目的，特別是在地方層級以及那些傳統統治者的政治制度仍保有影響力的地區。此外，人際交往的模式已根深蒂固於文化之中，因此，在任何當地傳統背景下，接近具有權勢的現代人物仍然是非常重要的方法。

　　在奈及利亞，以這些恩庇—侍從網絡關係為基礎的就是所謂的庇護制，統治者或是官員提供公職給個別的侍從者，以換取較低階層者的政治支持與忠誠，這種制度的普遍性在奈及利亞並不取決於特定的政權、文官或是軍隊。[32]事實上，民主的回歸使許多州出現「**教父**」（godfathers）[8]，他們試圖透過財務來操弄選舉，並藉此控制候選人的選擇。而他們這種非正式機構的頑強固執，使得奈及利亞行政機構的重組變得相當困難，不過他們似乎在2011年以及2015年的選舉中有所衰退。畢竟，一旦州長上任掌權，他（或許有一天為「她」）將有足夠的資源建立一個強大的聯盟，以擺脫其先前的恩庇者。

## 政治參與

　　由於缺乏精確的人口普查數據或可信賴的選民登記人數，因此很難精準地計算出投票率。但是自獨立以來，估計選舉投票率的範圍大概落在40％至60％之間，對於大多屬於貧窮與文盲的民眾來說，這樣的參與程度已經相當令人欽佩了。有部分的解釋發現這與恩庇—侍從體制的普及有關，「機器政治」透過政治活動家的個人關係，將普通選民與選舉過程相連結。

　　1999年以前的奈及利亞經歷了長期的威權主義統治，由於每一次轉型的希望最後都破滅，使得奈及利亞人因此感到背叛而降低對選舉的興趣，不過回歸文人統治後，也重新引起人民對選舉參與的興趣。1999年2月的總統選舉，投票率估計為52％；據估計，2003年選舉的選民投票率也有69％。而由於2007年的選舉反映出許多潛在的問題，因此無法提供官方估算的投票率，但是非官方的估算值約為57％。可信的估算報告顯示，總統選舉的投票率約為54％，而國會選舉的投票率只有29％。2011年的總統大選，投票率再次為54％，但2015年卻下降至44％。

　　暴力也是政治參與中不幸的現實。在易卜拉欣・巴班吉達執政的最後幾天，以及挑戰薩尼・阿巴查政權的時候，民眾與警方的對立在西南部是很普遍的。即使在民主政權時期，一些政黨也會利用暴徒去威脅恐嚇對手，或壓制其政治參與。國家的暴力行為也是奈及利亞政治反覆出現的特徵：多達50人因參與1986年至1990年失敗的政變而被處決。而政治暴力最大例子當然就是1967年至1970年的

比亞法拉內戰。在1990年民主轉型之後，政府仍然是侵犯人權的共犯，在安全部隊遭到襲擊後，暴力常常作為報復的形式，而暴力事件的規模與頻率隨著2009年博科聖地叛亂的爆發，變得更加嚴重。國際特赦組織的報告指出，軍方已經在司法以外處決了超過1,200人，並對其施以酷刑，導致至少有7,000人死於軍事拘留設施，其中包括惡名昭彰的吉瓦軍營（Giwa barracks）。[33]

　　奈及利亞自獨立以來，一直都是一個高度分化的國家。如果民主能有更好的代表性與法治效果，那麼人們才會期望這將有助於減少暴力，並透過利益團體、倡議，或是投票等行為，增加和平政治參與的機會。

## 政黨與選舉

### 17.9 描述主要政黨及其支持的基礎，並探討其多變的選舉歷史。

　　針對奈及利亞的政黨與選舉進行的任何分析，皆有幾個共同的主題。如前所述，數次暴力事件的爆發，造成第一共和與第二共和的結束，而像「教父」這樣非正式組織的出現，使得政治改革的工作變得更加複雜。本節重點將聚焦在政黨成立的歷史、影響投票行為的因素、輪流執政的非正式傳統，以及近來選舉行政事務的改善。整體而言，奈及利亞的循環選舉週期無疑削弱了像是族群這樣的傳統政治依附來源，並提高了透過可信以及參與性過程選出政治領導人的期望。緊隨於2007年總統權力的和平移交以及1999年從軍事統治轉型民主之後，2015年，主導奈及利亞政治16年的政黨的失利，使其朝向民主深化更邁進一步。

　　奈及利亞早期的政黨均受到殖民主義分裂效應的影響，加劇了區域性的依附認同感。1944年由納姆迪·阿齊基韋所領導的奈及利亞與喀麥隆國民議會黨（National Council of Nigeria and the Cameroons, NCNC），是一個多元民族主義運動的政黨；[34]行動團體黨（Action Group, AG）則是一個以西部為據點的反對黨，在年輕的約魯巴人律師奧巴費米·阿沃洛沃（Obafemi Awolowo）的領導下成立。從政黨成立之初，各黨派內部就存有主張多元文化、議題導向、跨區域整合建設的勢力。然而1950年代，強勢的區域政府以及選舉改革，促使政黨以其區域的族群作為成立的基礎（參閱表17.2）。

　　不同於奈及利亞與喀麥隆國民議會黨以及行動團體黨，北部主要的政黨從未真正嘗試獲得其區域以外的政治支持。英國在奈及利亞北部成功地施行間接統治模式，導致殖民政府與傳統酋長國結盟，阻礙了現代化政治運動的形成。像是「北方要素進步聯盟」（Northern Elements Progressive Union, NEPU）這樣的改革派政治組織的呼籲力量就會比較受到限制；另一個較為保守的運動組織「北方

### 表17.2 政黨領導人的族群屬性分布（1958年）

| 政黨[a] | 伊博人 | 約魯巴人 | 豪薩—富拉尼人 |
|---|---|---|---|
| NCNC | 49.3 | 26.7 | 2.8 |
| AG | 4.5 | 68.2 | 3.0 |
| NPC | — | 6.8 | 51.3 |

[a] NCNC：奈及利亞與喀麥隆國民議會黨（National Council of Nigeria and the Cameroons）；AG：行動團體黨（Action Group）；NPC：北方人民大會黨（Northern People's Congress）。

資料來源：理查德・斯克拉（Richard L. Sklar）、小南懷特克（C. S. Whitaker Jr.）撰寫的〈奈及利亞〉（Nigeria），收錄於詹姆斯・科爾曼（James S. Coleman）、卡爾・羅斯伯格（Carl G. Rosberg）主編的《熱帶非洲的政黨與國家整合》（Political Parties and National Integration in Tropical Africa）（Berkeley, CA: University of California Press, 1964）。

人民大會黨」（Northern People Congress, NPC），公開由貴族階級進行控制，並由索科托的「薩爾道納」（Sardauna，一種傳統的頭銜）[9]與豪薩族平民阿布巴卡爾・塔法瓦・巴勒瓦進行組織與協調。這種政治結構在教育程度不及南部人口的北部（在西方教育背景下識字率不到15％）不斷成長，而他們也更加忠於其傳統權威。北方人民大會黨在競選時並沒有強調民族的獨立，因為其經常是以宗教為基礎而提出。

自1966年第一次政變以來，軍事政權廢除並管制了政黨。每位獨裁者都希望能夠消除政治競爭，以鞏固權力或限制權力，作為管制轉型為民主國家的一部分。1966年至1975年雅各布・高恩將軍擔任總統的期間，奈及利亞沒有任何政黨存在，而在其繼任者穆爾塔拉・穆罕默德進行改革之後，政黨被要求向選舉委員會進行登記，且政黨的理事會必須反映出奈及利亞的「聯邦性質」。如果想要成為總統，憲法仍要求候選人必須在三分之二的州當中贏得至少25％的選票。1979年轉型後的選舉，沒有任何一位總統候選人達到這樣的門檻，最後是由最高法院決定總統當選人。自1983年軍事政變以來，奈及利亞歷經10年才再次舉行全國性選舉，而其中政黨也一再地被禁止、解禁以及操控。

1998年，阿卜杜勒薩拉米・阿布巴卡爾（Abdulsalami Alhaji Abubakar）執政下的轉型政府允許成立新政黨，而他也成立了**獨立全國選舉委員會**（Independent National Electoral Commission, INEC），用以組織選舉。總共有9個政黨具有角逐1998年12月地方選舉的資格，並允許在774個地方政府選舉中獲得最高票數的3個政黨，能夠參與1999年的州際以及全國性選舉：**人民民主黨**

（People's Democratic Party, PDP）、全體人民黨（All People's Party, APP）**[10]**，以及民主聯盟（Alliance for Democracy, AD）。其中全體人民黨與民主聯盟結盟，共同推出一個候選人，因此最終只有2位候選人角逐1999年的總統選舉：代表人民民主黨的奧盧塞貢‧奧巴桑喬以及領導全體人民黨／民主聯盟的奧魯‧法拉（Olu Falae）。經獨立全國選舉委員會確認選舉的結果，奧巴桑喬以62.8％的選票對上法拉的37.2％贏得此次選舉。然而，政黨組織的匆促成立，使得幾乎所有的黨派都缺乏明確的意識形態基礎。

2003年，奧巴桑喬幾乎拿下高達對手兩倍的選票，獲得壓倒性的勝利而成功連任；而前軍事將領穆罕默杜‧布哈里則為當時反對黨全體人民黨（後更名為全體奈及利亞人民黨）推出的候選人。人民民主黨進一步提高其在國民議會中的主導權，並在36個州長選舉當中贏得28個席次。民主聯盟將其名稱改為奈及利亞行動大會黨（Action Congress Nigeria, ACN），而這個名稱援引自奧巴費米‧阿沃洛沃在行動團體黨（Action Group, AG）的歷史。2007年的選舉始於總統奧巴桑喬的支持者所發起的一項運動，他們的訴求是希望修改憲法以使奧巴桑喬能夠繼續競選第三任期的總統。而由於其副總統阿提庫‧阿布巴卡也想要參選，這可能會導致人民民主黨內部以及不同區域間出現激烈的競爭，因為阿布巴卡來自北部地區。然而阿布巴卡在備受懷疑的初選最終未能獲得提名，這樣的爭執也為該黨留下了相當持久的疤痕。

在奧巴桑喬第三次競選失敗後，由奧馬魯‧穆薩‧亞拉杜瓦獲得提名，並於2007年當選總統。國際與國內觀察者皆廣泛譴責此次選舉是造假的，而且法院至少推翻了11個州長與9位參議員的選舉結果。事實上，最高法院直到2008年12月才支持總統亞拉杜瓦的當選。

2011年大選前，總統亞拉杜瓦因重病於2009年11月消失於螢光幕前，奈及利亞因而面臨了另一場嚴重的憲政危機。內閣（總統制下的行政首長）拒絕根據憲法的規定評估亞拉杜瓦的健康狀況，後來在全球領導人與公民社會的壓力之下，國民議會才應諾讓時任副總統古德勒克‧強納森擔任「代理總統」一職。當亞拉杜瓦於2010年4月病逝後，強納森正式宣誓就任總統，這才結束了一個尷尬，甚至可能爆發衝突的僵局。總統強納森提出了一些具有雄心壯志的改革，而他也履行了一個重要的承諾，那就是拒絕重新任命那些負責監督2003年和2007年選舉的獨立全國選舉委員會高層官員。為了要在2011年展開一場乾淨的選舉，獨立全國選舉委員會僅花費3週的時間就成功登記了超過7,300萬名選民，並從中剔除了87萬名重複的選民。

**表17.3 全國大選結果（2015年）**

|  | 全體進步國會黨 | 人民民主黨 | 其他政黨 |
|---|---|---|---|
| 總統選舉的得票率（％） | 54 | 45 | 1 |
| 眾議院席次 | 212 | 140 | 8 |
| 參議院席次 | 60 | 48 | - |
| 州長職位 | 22 | 13 | 1 |

附註：APC：全體進步大會黨（All Progressives Congress）；PDP：人民民主黨
（People's Democratic Party）。此結果並未加入109個參議院的席次，主要是這些
為有爭議的席次。

資料來源：獨立全國選舉委員會以及各國議會聯盟。

　　強納森以59％的選票支持贏得2011年總統大選，而布哈里則打著新政黨——
進步變革大會黨（Congress for Progressive Change, CPC）的旗幟角逐，獲得32％
的選票支持，不過在各級政府中，依然由人民民主黨掌握著。國際與國內觀察者
認為，選舉是自由與公平的，但是隨後卻出現一波暴力行動，據「人權觀察」所
稱，在大選之後約有800人被殺害，且主要發生在北部布哈里的基礎票倉地區。

　　人民民主黨不僅取得總統、多數州長的職位，甚至在國民議會中占有多數席
次長達16年之久，相反的，布哈里則是連續三次的選舉都遭擊敗（2003年、2007
年，以及2011年），這使得布哈里在2015年的勝利更加受到關注（參閱表
17.3），而其所屬政黨——全體進步大會黨，成立不到2年的事實也同樣引人注
目。2013年，反對派政治人物開始與其他主要大黨協商合併事宜，包括全體奈及
利亞人民黨（ANPP）以及奈及利亞行動大會黨（ACN）。隔年，包括進步變革
大會黨、行動大會黨、全體奈及利亞人民黨，以及全面進步大聯盟（All
Progressives Grand Alliance, APGA）在內的主要反對黨，同意合併成立全體進步
大會黨。執政的人民民主黨的內部分裂也提振了反對黨的士氣，當時有5位人民
民主黨州長以及數十位眾議院與參議院議員集體叛逃並加入全體進步大會黨。這
樣的策略模式雖然促使人民民主黨於2015年遭到擊敗，然而全體進步大會黨內部
的裂痕也同時形成。舉例來說，前人民民主黨成員指控布哈里提供最好的政治任
命給其過去在進步變革大會黨的同僚。[35]

## 族群團結與政黨忠誠

　　可以確認的是，族群仍然驅動著奈及利亞的許多政治組織，而政治領導人卻
透過族群的訴求，漸漸破壞了真正的民族政黨，圖17.6顯示了奈及利亞主要政黨

## 圖17.6　奈及利亞政黨的演變

**儘管人民民主黨有望克服奈及利亞主要政黨的歷史區域性，
然而其在政治競爭中的主導地位一直為人詬病**

| 區域 | 東部 | 西部 | 北部 | 北部 |
|---|---|---|---|---|
| 族群基礎 | 伊博人 | 約魯巴人 | 豪薩人 | 豪薩人 |
| 最初領袖 | 納姆迪‧阿齊基韋 | 奧巴費米‧阿沃羅沃 | 阿米努‧卡諾 | 穆罕默德‧貝羅‧阿布巴卡爾 |
| 1960-1966* | 奈及利亞與喀麥隆國民議會黨 | 行動團體黨 | 北部要素進步聯盟 | 北方人民大會黨 |
| 1979-1983** | 大奈及利亞人民黨+奈及利亞人民黨 | 奈及利亞統一黨 | 人民救贖黨 | 奈及利亞國民黨 |
| 1990-1993 | | 社會民主黨 | | 北方人民大會黨 |
| 1996-1998*** | | | | |
| 1998-1999 | 人民民主黨 | 民主聯盟 | | 人民民主黨 |
| 2003-2007 | 人民民主黨 | 行動大會黨 vs.人民民主黨 | 人民民主黨vs.全奈及利亞人民黨 | |
| 2007-2011 | 人民民主黨 vs.進步人民聯盟 | 奈及利亞行動大會黨 | 人民民主黨vs.全奈及利亞人民黨 | |
| 2011-2015 | 人民民主黨 | 奈及利亞行動大會黨／全體進步大會黨 | 人民民主黨vs.全體進步大會黨 | |

*奈及利亞與喀麥隆國民議會黨以及北方人民大會黨在選舉之後進入了聯盟關係（在國會政權期間）。

**大奈及利亞人民黨以及奈及利亞人民黨在選舉之後進入了聯盟關係（在總統政權期間）。

***在阿巴查執政期間（1996-1998）人為所創建的政黨不屬於演變的一部分。

資料來源：奈及利亞聯邦共和國，www.nigeria.gov.ng。

的形成。其中一個明顯的趨勢是，在奧巴桑喬當選之前，北部人經常在大選中拿下主要的職位；另一個值得注意的是，政黨通常會依照不同的族群基礎形成，而這是一個重要的議題，因為族群與區域主義將會使政黨作為利益的匯集與表達之角色複雜化。1993年奈及利亞政府宣布總統選舉無效，拒絕承認明顯的當選結果，使得西南部約魯巴人挫敗的情緒高漲，如同他們在1979年被拒絕擔任總統一樣，約魯巴人也因此感到自己像是欠下某種「政治債務」。1999年過渡時期政黨組成的重要因素，使得有影響力的北部人支持奧巴桑喬以及人民民主黨。全體進

步大會黨的組成以及該黨2015年選舉支持的地域分布，為其帶來了一些希望，使他們在族群與區域上變得更加融合。

第一共和與第二共和時期政黨之間最顯著的差異，就是將原本3個區域劃歸成19個州。「三大族群」以外的族群團體，皆各自主導許多其他的州，也因此打破了區域性族群的統治。此後，政黨的策略家們將主要族群團體之一的牢固基礎與成功呼籲支持的少數族群以及其他兩個持不同政見的團體相結合。1979年，豪薩人主導的奈及利亞國民黨（National Party of Nigeria, NPN）贏得總統的最終勝利，而這主要是基於北部選民與南部少數族群的結合。

在第二共和的4年期間內，同樣的5個政黨仍然繼續存在。到了1983年，最小的政黨——人民救贖黨（People's Redemption Party, PRP）以及大奈及利亞人民黨（Great Nigeria People's Party, GNPP）由於缺乏獲得資源的管道而逐漸泡沫化。再加上一般總統制中的選舉，都是採贏者全拿的制度，因此這兩個主要的反對黨將會面臨壓力而去結合其他陣營以反對現任者。而不論是納姆迪・阿齊基韋或是奧巴費米・阿沃洛沃都不會屈從對方作為總統候選人。在一場以充滿暴力與選舉舞弊為標誌的選戰中，奈及利亞國民黨贏得了勝利，但其勝選卻相當短暫。3個月後，奈及利亞發生第四次軍事政變而結束了第二共和，此次軍方廢除政黨獲得了一些政治支持，原因在於政黨的腐敗墮落。

穆罕默杜・布哈里的執政（1983-1985）最初是受到歡迎的，部分原因在於政黨的貪污腐敗，然而他沒有提出恢復民主的計畫。相形之下，巴班吉達似乎想要將轉型計畫成為其執政的一大特徵，他在1987年成立了新的選舉委員會並組織地方選舉。巴班吉達的軍政府透過立法方式建立了兩黨制——一個是「比較偏向左派」，另一個則「比較偏向右派」，甚至連政黨的名稱也都由政府指定：左派的政黨稱為社會民主黨（SDP），而右派的政黨則稱為國家共和議會黨（NRC）。

這樣的改革過程在1992年時遭遇第一次挫敗，當時的主政者推翻了總統初選的結果，使得奈及利亞人對於軍方是否真的要退出政治而感到懷疑。巴班吉達原定於1993年6月召開新的選舉，要求政黨產生新的候選人，並將1993年8月27日定為權力移交給文人政府的日子。國家共和議會黨推出了一位相對來說較沒有名氣的巴希爾・托法（Bashir Tofa，來自東北部的卡努里人）；而社會民主黨則提名莫舒德・阿比奧拉，一位來自西南部富有的商人。最終選舉在**1993年6月12日（總統選舉日）**舉行，奈及利亞以及國際觀察者的報告指出，這是一場相當公平的選舉，而國家共和議會黨並沒有對這場選舉的結果提出任何爭辯的計畫。阿比

奧拉贏得了北部9個州的多數選票，其中包括競爭對手的家鄉——卡諾，這樣的結果似乎暗示著，在兩黨制下，可以利用各區域與州的派系主義，防止出現嚴重的區域導向結果。

　　然而，1993年的選舉結果卻從來沒有得到官方的正式宣布，轉型的第二次挫敗就在選舉結束的2個星期後發生，當時巴班吉達宣稱選舉無效。「6月12日」這一天永遠銘刻在奈及利亞人的記憶中，特別是對於當時領導大規模抗議群眾，宣稱約魯巴人第二次被拒絕擔任總統一職的西南部政治行動者而言。隨後，巴班吉達被迫下臺。薩尼・阿巴查於1996年6月宣布建立新政黨的指導方針，但是反對派團體譴責這樣的行徑是非常可恥的，因為當時所有5個獲得參與地方選舉資格的政黨，在1997年3月聯合提名阿巴查角逐總統。1998年阿巴查過世後，臨時政府解散了這5個政黨、廢除地方與州的選舉，並透過自由組織政黨，讓民主制度有一個新的開始。1998年10月，有9個政黨被獨立全國選舉委員會認證，其中3個在地方選舉中倖存的政黨，某種程度上延續了以往政黨的模式，因為其各自立基於三個主要族群團體之一當中。然而，要求以國家作為政黨的基礎，似乎減少了區域支配的機會，甚至隸屬於人民民主黨的北部人也願意支持被阿巴查記恨入獄而剛獲釋的奧巴桑喬將軍。同時身為南部人（他與其競爭對手奧魯・法拉，都是約魯巴人）以及前軍事統治者，奧巴桑喬被許多人視為能夠在後軍事統治國家中提供有效領導的個人。奧巴桑喬克服了南部人對於北部人民民主黨支持的懷疑，以及公民社會行動者對其民主承諾、軍人應該留在軍營裡的質疑，並於1999年5月29日宣示就任總統。

　　2003年奈及利亞的選舉，是其20年來首次民選選舉，此象徵奈及利亞向制度化民主國家又邁進一步。2007年這場由卡齊納州州長奧馬魯・穆薩・亞拉杜瓦當選總統的選舉，也是奈及利亞民主進展的第二大步，其顯示了奈及利亞歷史上首次文人政府之間的政權移交，也是第一次南部政權和平移轉至北部。人民民主黨內部的一份非正式協議中，就記載了這樣的交替，而此被稱為「**權力轉移**」（power shift）。亞拉杜瓦獲得了將近70％的選票，這意味著人民民主黨將繼續掌握政權，而排名第二的政黨僅獲得不到13％的選票支持。不過這場選舉比起2003年還要存在更多的瑕疵問題，一個公民社會聯盟——轉型監督團體，要求應該要取消選舉結果；而歐洲聯盟觀察團則指出：「州與聯邦選舉遠不及國際與區域間對於民主選舉的標準」，而選舉法庭也數次推翻了州長的選舉，間接證實了這樣的說法。當亞拉杜瓦於2010年過世時，許多北部人爭辯若是允許時任副總統古德勒克・強納森繼任總統，將會破壞所謂的「權力轉移」，因為強納森來自南

部。要解決這樣的緊張局勢，就必須向深化民主邁出第三步，而這也凸顯了北部
與南部地區之間持續發展政治平衡的重要性。事實上，強納森在2011年的總統大
選上，未能在北部任一州獲得絕對多數的選票支持。儘管如此，圖17.7所顯示的
選舉支持分布狀況，明顯說明了選舉勝利的地理範圍，可能已經超越了簡單的南
北二分法。

　　2011年至2015年期間，有幾個議題成為政治辯論的主軸，其中一個議題就是
有關東北部的暴力叛亂，強納森政府因為博科聖地綁架了將近300名中學女學生
而顏面盡失，此事件一直不太受到關注，直到「**奇博克女中學生遭綁架事件**」
（#BringBackOurGirls / Chibok schoolgirls kidnapping）社群媒體運動的發
起，這才引起人民與政府的注意。全國民意調查顯示，有三分之二（67%）的奈
及利亞人認為政府在有效打擊恐怖分子上「做得確實不夠」。[36]第二個議題就是

**圖17.7　主要政黨在2015年總統選舉上所受支持的地理分布圖**

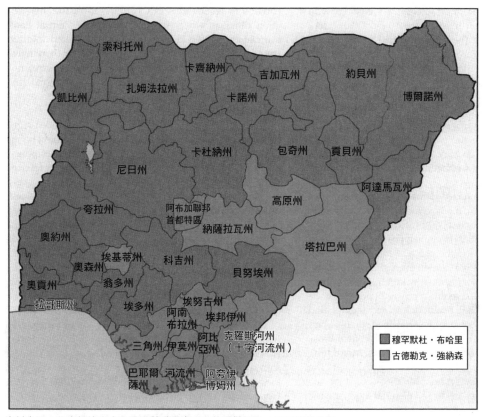

資料來源：作者根據獨立全國選舉委員會公布的選舉結果，自行繪製地圖。

在奧巴桑喬的執政下，貪污腐敗的問題重新浮現。政府高階官員的貪污腐敗行為，破壞了政府在國內外的聲譽，然而反貪腐機構——經濟與金融犯罪委員會，卻停止調查這些行為。而這樣怠惰的現象，在中央銀行行長聲稱石油部長沒有將200億美元匯入國庫時來到巔峰，政府不但沒有進行調查，甚至還迫使中央銀行行長辭職下臺。這些問題為全體進步大會黨在競選的議程中奠定基礎，並激發數十名人民民主黨政治人物叛逃至反對派陣營。

在選舉前夕，人民民主黨掌握了18個州，而全體進步大會黨則是擁有15個州。由於國家安全顧問發表了一些不加思索的言論，聲稱安全部門無法保障和平，使得當選舉被推遲時，人們便開始擔憂政治暴力的發生。許多人將此視為是操弄選舉過程或煽動全體進步大會黨支持者暴力反應的策略。前聯合國秘書長科菲‧安南（Kofi Atta Annan）領導和平委員會並制定《阿布加和平協定》，讓主要政黨承諾不為暴力行為。而其他的擔憂則與獨立全國選舉委員會決定採用電子選民登記冊有關，人民民主黨很快地就強調這可能將導致認證與認證過程中，出現技術性的故障。

2015年選舉的結果似乎終結了一黨獨大的時代，而這也是奈及利亞民主史上，第一次由反對黨擊敗執政黨。總統強納森發表了歷史性的下臺演講，其宣稱：「沒有人的雄心壯志比任何奈及利亞人的鮮血還來得有價值」。而政權平穩地從執政黨移交至反對黨，意味著奈及利亞的民主制度又跨越了民主鞏固與永續發展的另一個主要障礙。

## 政策制定與執行

### 17.10 探討石油與族群多樣性等因素如何影響經濟的表現。

在比較奈及利亞的各種文人與軍事政權之後，最終的問題始終是他們的「成果表現」，而這無疑是奈及利亞人的底線，他們對於這些不同政權的支持，是基於其所經歷的生活品質。因此，本節著重於政府所做的決策，特別是在稅收的提高、資金的分配，以及計畫方案執行的方面，而本節也將探討一些背景性議題，像是規劃並進行聯邦人口普查，並將其結果作為所有政策的基礎。最後，介紹外在對奈及利亞決策所施加的限制，特別像是世界銀行所支持的**結構調整方案**（Structural Adjustment Program, SAP），將會把我們帶回到一開始關於環境的討論。與奈及利亞國際經濟形勢有關的政策，則回應了其他非洲國家、世界大國、國際組織，以及跨國公司的倡議。此處，我們將關注於世界經濟對第三世界國家，甚至是一個像奈及利亞一樣大型且資源豐富的國家所選擇施加的約束。

### 資源擷取的績效成果

奈及利亞於1960年承繼了一個主要依賴國際貿易稅收的財政制度，其中間接稅就占了總稅收的64％，直接稅僅占16.5％，而其他稅收則占了19％。殖民政府建立了一個透過農業行銷委員會來運作的稅收制度，其表面上似乎為農民提供穩定的價格，同時在豐收年度積累了盈餘資金，促使政府官員加以考量此計畫方案的發展。然而，農民仍要繳納不太受到歡迎的直接稅，因此1968年至1969年在西部區域爆發了稅收暴動，引發後來建立更低、更簡單的單一稅制。

在第一共和以及高恩政府統治時期下，州政府可徵收個人所得稅、銷售稅，以及人頭稅。當新的州成立，稅收普遍都會下降，原因在於其財政機構尚未健全，而且稅基也比原來的區域還要小；與此同時，持續上揚的石油稅收強化了聯邦政府（以及擁有油田的州）的財政狀況。

按照第三世界石油輸出國家的典型模式，今日的奈及利亞幾乎完全依賴於單一產業作為其主要的收入來源。由於沒有任何跡象顯示未來對於石油的需求將會減少，因此石油是一個相當穩定的收入來源，並可代替各種形式的私人所得。這使得獨裁的軍事政權不需要冒著納稅人憤怒的風險，便能負擔起社會計畫方案，並建立恩庇侍從網絡關係。儘管有些跡象顯示上述這樣的情況正逐漸在改變，但石油所得卻削弱了各州內部產生其他收入的誘因。到目前為止，僅有拉哥斯州內部籌集的收入比其他任何州還來得多，因其具有大型私營部門的優勢。許多觀察家認為，政府績效的改善歸功於這些新的稅收，因為公民在要求更佳的公共服務上，處於一個較為強勢的地位。[37]

由於奈及利亞擁有龐大的石油蘊藏量，意味著其不同於許多非洲國家需要花費時間尋求外國的援助。然而，奈及利亞政府卻於1970年代至1980年代，將石油的蘊藏作為向外國或國際銀行大量貸款的抵押。這些借來的資金支援了大規模的資本支出，因而帶給奈及利亞龐大的外債，於1980年至1995年間，其債務從原本占國民生產毛額的10％，攀升至140.5％。石油的財富並沒有為奈及利亞帶來財務上的獨立，相反的，這些債務使國際債權人在奈及利亞的公共資金分配上，占有主導地位。奈及利亞政府於2006年時清償了債務，可以說讓其擺脫了這樣的外部影響，然而自2010年以來的大量借貸，將可能帶回外國債權人的資金槓桿現象。

### 福利分配的績效成果

身為一個優質石油生產國，奈及利亞具有擺脫其低度發展國家的身分，晉升

中等收入國家的巨大潛力。1970年代，諸如道路建設與灌溉計畫等令人印象深刻的發展項目，以及國家首都阿布加的設立，都象徵著這樣的潛在實力是有可能成真的。然而很不幸地，政治腐敗的速度也同時加劇，當石油收入在1980年首次大幅下降時，「經濟陷入低迷的狀態，同時國際債務不斷增加……。貪污腐敗、管理不善以及經濟的衰退，造成收入被消耗殆盡，各州政府無力支付教師與公務人員的薪資，也無法為醫院添購藥物，許多的服務業（包括學校）因此罷工而停擺」。[38]

　　儘管奈及利亞擁有原物料的優勢，然而近年來人民的生活卻並未獲得改善。聯合國開發計畫署根據以下三個因素發布「人類發展指數」（Human Development Index, HDI）：出生時的預期壽命、成人識字率，以及人均國內生產毛額（參閱表17.4）。奈及利亞的人類發展指數，於188個國家中排名第152名，而人均國內生產毛額（以美元計），則是排在第155名，低度發展國家在這些排名項目中，落得如此低的名次並不足為奇。就奈及利亞而言，快速的經濟成長都被高度的人口成長率所抵消。此外，儘管2001年至2014年奈及利亞的經濟有所成長，但其人類發展指數排名顯示，石油收入的任何優勢對整體生活品質的影響並不明顯。

**表17.4　奈及利亞的人均國內生產毛額與人類發展指數排名**

| 國家 | 出生時的預期壽命（2014年） | 成年人識字率（2012／2013年）（%） | 人均國內生產毛額之購買力平價水準（2013年） | 人類發展指數排名（2014年） |
|---|---|---|---|---|
| 美國 | 79.1 | —[a] | 51,340 | 8 |
| 日本 | 83.5 | —[a] | 35,614 | 20 |
| 英國 | 80.7 | —[a] | 37,017 | 14 |
| 墨西哥 | 76.8 | 94.2 | 16,290 | 74 |
| 波札那 | 64.5 | 86.7 | 15,246 | 106 |
| 印尼 | 68.9 | 92.8 | 9,254 | 110 |
| 中國 | 75.5 | 95.1 | 11,524 | 90 |
| 奈及利亞 | 52.8 | 51.1[b] | 5,422 | 152 |
| 貝南 | 59.6 | 42.4 | 1,733 | 166 |

[a] 沒有資料數據公布在聯合國開發計畫署。
[b] 根據聯合國兒童基金會2008年至2012年資料數據，是最新可取得的資料。

資料來源：聯合國開發計畫署、2015年人類發展指數（New York: UNDP, 2016）。

　　預算優先事項是分析福利分配成果重要的一環。就一個過去大多由軍事統治的國家而言，人們可能會預計其軍費的開支將可能特別得高。2000年至2009年間，奈及利亞的軍事預算從2億3,400萬美元增加到接近15億美元；2016年，其軍事預算估計超過20億美元。奈及利亞獨立時的軍事規模並非龐大，然而後來在比亞法拉內戰時達到巔峰，其武裝部隊增至25萬人。之後高恩執政時期開始了裁軍的計畫，於1980年代中期將兵力減少至大約10萬人左右；1999年民主轉型之後，縮編至大約只有8萬5,000人。儘管如此，這些人仍構成相當大的軍事力量，而奈及利亞的領導人利用這樣的軍事力量在西非保持著相當高調的態度，這部分將討論於後。自2010年以來，軍事規模擴大至10萬名士兵，隨著其侵犯人權而未受到懲罰的現象，引起對於文人控制軍隊的關注。

　　由於奈及利亞人對教育充滿熱情，因此各黨派與執政當局均承諾普及教育。有些發展確實值得注意。1964年，奈及利亞的小學入學率在所有非洲國家中排名第29名，學齡人口僅有5％；而中學入學率也只排在第19名，同樣僅有5％的學齡人口。10年後，有24％的學齡人口就學，而奈及利亞在非洲的排名前進到第15名。年輕人的識字率也從1985年的65％，上升至2015年的73％。雖然統計的數據參差不齊，但是仍可看出奈及利亞的入學率是有所增加的，特別是2004年通過《普及基礎教育法》之後。然而，奈及利亞的孩童——尤其是女孩子——在學校就讀時，仍會面臨社會與經濟上的障礙。

　　奈及利亞政府在醫療領域的總體表現是相當平庸的。奈及利亞的嬰兒死亡率從1960年的185 （每千名活產嬰兒中的死亡人數）降至1970年的139 、1980年的114 ，以及2013年的78 ，然而，仍有將近五分之一的幼兒在5歲以前就死亡了。這些統計數據在老年時期反映出一個不幸且令人感到訝異的趨勢：2014年，預期壽命只有51歲，與先前的數據相比幾乎沒有改善。政府最近向醫療部門挹注了更多的資源，但是按人均計算，這些資源仍然微不足道——再次反映了人口快速成長的挑戰。

　　由於石油已被確立為奈及利亞外匯資金的主要來源，並受控於政府之下，因此財富的分配高度受到政策制定的影響。1970年代石油收入成倍數增長時，私人的消費也同時激增，每年大約成長8％。這樣的平均數字隱藏了高層財富的巨大增長；而較低層的40％人口所能受益的比例則相當低。無論是絕對值或是占國內生產毛額的比例，政府支出的增長速度甚至高於私人消費。[39]當然，這些支出包括了向個人行賄的款項。1994年，經濟學家皮烏斯・奧基博（Pius Okigbo）檢視了奈及利亞中央銀行的帳冊，他指出（在他離開奈及利亞之後），有126億美元

不知去向。

　　所得的分配同樣也會受到通貨膨脹的影響，隨著1970年代石油的榮景讓貨幣供應量迅速增加之後，石油的供應也持續成長，後來當收入下降時，政府採取了一個歷史悠久的方法平衡預算：印鈔票。其結果就是持續的通貨膨脹，這個問題在1990年代特別的嚴重，如圖17.8所示。案例研究（參閱專欄17.3）顯示了通貨膨脹對個人收入帶來了許多的影響。消費者通貨膨脹率在1995年達到了75％的高峰值，自民主化以來，通貨膨脹率仍然起伏不定，但自2007年後就一直徘徊在低雙位數，不過對於大多數貧窮國家的人民來說，仍然是一個相當沉重的財務負擔，而2014年以後，貨幣的貶值更加重其負擔。

　　各國政府試圖透過對「**奈拉**」（奈及利亞的法定貨幣）實行官方匯率來處理通貨膨脹的問題。其結果就是官方匯率與市場匯率存在極大的差異，導致金融制度的混亂，而這樣的混亂將使投資枯竭，並助長貪污腐敗，因為任何能夠以官方匯率獲得外匯的人，都可以「在街上」販售外國貨幣以賺取巨額利潤。自1999年以來，政府降低其在貨幣穩定方面所扮演的角色，從而允許奈拉的價值取決於市場供需之間的關係。

　　在其他像奈及利亞一樣幅員遼闊的國家中，資源的分配是一個地理問題，而不僅僅只是政策的優先性。奈及利亞人經常將國家預算比喻為「蛋糕」，而州和

**圖17.8　奈及利亞貨幣匯率的變化**

當時強大的奈拉曾經使奈及利亞人能購買到較便宜的外國進口商品，
但近幾十年來其價值不斷在下降

官方貨幣匯率（每個時期平均奈拉兌換一美元的價格）

資料來源：世界發展指標，2016年。

**專欄 17.3　通貨膨脹的影響：案例研究**

1977年，一位年輕的博士畢業生獲得奈及利亞某大學的講師職位，每年的薪資與福利共計6,000奈拉。在當時，1奈拉等於1.5美元，所以他的薪資相當於9,000美元——以全球工業化國家的標準來看是非常普通的，但在奈及利亞卻可以過上相當舒適的日子。20年後，他取得教授的職位，其每年薪資為5萬1,000奈拉，加上一些福利與補助，其年度報酬可以達到9萬奈拉。然而，在80奈拉兌1美元的平行市場匯率中，其每年薪資相當於1,125美元，這個數字尚未考慮自1977年以來通貨膨脹對美元購買力的影響。1998年，一個對於教職員薪資的全國性審查，將教授每年的薪資提高至相當於5,000美元。

這樣的討論意味著薪資是定期支付的。然而，1999年初，阿布巴卡爾政府陷入了財務困境，根本無法給付薪資。2000年，總統奧巴桑喬提高了勞工的薪資，並將大學教師的薪資提高至每月13萬奈拉，相當於每月1,000美元。他這麼做是為了阻止奈及利亞的人才外流，並促進各部門能有更高水準的生產力。

自2015年當選以來，總統布哈里就面臨到如何降低通貨膨脹的嚴峻挑戰。石油收入的降低，意味著奈及利亞的外匯減少，使得進口商品變得昂貴。同時也意味著政府必須舉債借錢以刺激消費，而這一直是布哈里在發展策略上的基石，這樣的結合可能會對通貨膨脹造成一些壓力。

地方政府則為「切片蛋糕」的接收者。聯邦政府將三分之二至四分之三的公共資金進行分配，並可以對州政府如何運用資金進行一定程度的控制。隨著州和地方政府的數量不斷增加，政府選擇相對簡單的方式，即結合平等（各州的全面分配）與人口等因素分配。現在除了拉哥斯以外的州，皆依靠聯邦的「收入分配制度」（Revenue Allocation System, RAS）獲取70％至90％的經常性收入。為了資助地方政府，收入分配制度於1981年將其涵蓋範圍擴大延伸至各地方。1982年開始，聯邦收入依據三個層級政府單位之間所設定的比例來加以發放。在設定收入分配制度的規則當中，區域和地方政府分別爭取州的地位與地方的自治並不令人訝異，而人口的統計則在政治議題上顯得特別重要。

## 債務處理與結構調整

奈及利亞在2006年至2007年間償還了債務並得以重新為債務的安排，解決了自1970年代石油繁榮時期以來財政混亂的問題，當時的高公共支出水平損害了其生產力，而貨幣政策則助長了通貨膨脹。如同1980年代許多的非洲國家政府一般，奈及利亞轉而向國際金融機構進行大量舉債，主要以國際貨幣基金組織（International Monetary Fund , IMF）以及世界銀行為對象。到了1991年，奈及利

亞的債務已占其年度出口總值的257％，並占了國民生產毛額的109％。每年償還債務的成本就占了出口總值的25％（1980年為4％）；這樣沉重的債務幾乎不可能償還，因此債務清償可能轉移由社會部門來支出。

　　1985年易卜拉欣・巴班吉達上臺後，就針對此議題進行了「全國性辯論」。他宣稱要塑造一個奈及利亞式的結構調整（並在此同時與國際貨幣基金組織進行協商）。隨著人們開始感受到該計畫的緊縮措施，結構調整方案就變得非常不受歡迎。巴班吉達禁止候選人批評這項計畫，但同時，他卻鬆綁了若干必要的緊縮措施，其最終結果就是結構調整方案既沒有減少債務，也沒有就陷入困境的財政制度進行改革。薩尼・阿巴查同樣也抵制了國際貨幣基金組織關於浮動匯率的建議，而其在1995年進行的有限改革，對經濟發展並沒有太多的助益。奈及利亞的外債總額高達將近80億美元，而光是奈及利亞國家石油公司就積欠外國合夥公司超過10億美元。儘管汽油短缺，但政府仍然降低對石油產品的補貼，從而增加了消費者的成本。

　　政府每次試圖取消石油補貼時，都會遭到大規模的抗議活動，或出現加油站大排長龍的現象。一般的市民擔心這樣的改革不僅會對公共運輸的成本產生影響，還會間接影響食品以及其他日常必需品的價格。根據歐比奧拉・奧卡福（Obiora Chinedu Okafor）的說法：「實際上，每次政府宣布燃油價格上漲時，都會引起大眾的不悅，而這樣的情形幾乎都遭到奈及利亞人強烈的抵抗。」[40]
2012年1月，在財政部長突然宣布取消補貼後，奈及利亞勞工大會以及其他工會組織了全國性的罷工，使國家陷入癱瘓。幾乎沒有其他比政策失敗還要誇張的事件：一個石油盛產的國家必須透過貪污腐敗，或是大量補貼燃油的分配制度，否則無法向人民提供燃油。在總統強納森執政期間，由於政府與各州對於經濟的成長產生信心而開始舉債，造成債務又再次升高。2014年全球石油價格下跌後，導致石油收入急劇下降，使得各級政府的借貸持續增加。

## 管制的績效成果

　　1960年獨立時，奈及利亞國家警察基本上就已經區域化了。由於1960年代奈及利亞的政治動盪不安，因而經常出於政治目的動員警察，於是軍政府決定鞏固全國的警察職能，而國家警察現在主要負責執行交通法規以及其他政府的法令。在農村社會中，傳統領導人仍經常扮演裁決爭端、維持法律秩序的角色，並對於進入其地區的「外來者」負責。2009年以來，隨著恐怖暴力事件的增加，軍隊在執法上的角色變得愈來愈重要。

如今，奈及利亞的司法制度相當活躍，不過當時的軍事政權卻將手伸進了法治當中。1984年，布哈里政權實施了惡名昭彰的國家安全法令（拘留人民），該法令允許未經審判就拘留「涉嫌威脅國家安全的人」。正如我們所知政黨成立的複雜程序一般，國家官員似乎愈來愈介入涉及政治問題的司法制度。儘管奈及利亞的民主政權似乎致力於終止這種專制的權力行使，但由於效率低下、資源不足，以及稀少的公設辯護人，導致未經審判的拘留仍然是一個嚴重的問題。2011年國際特赦組織的報告指出，奈及利亞的4萬9,000名囚犯中，有3萬8,000人未經審判就遭到關押——通常被囚禁在環境相當糟糕的監獄中。

**人口普查議題**——自奈及利亞獨立以來，人口普查的政策使其他議題相對黯然失色，因為其結果涉及政治福利應如何進行分配。在某些國家，這可能只是一個很小的政策議題，但在奈及利亞，人口的統計一直充滿著衝突。在一個依賴聯邦政府補助各級預算的國家中，人口的分布將會直接影響資源的分配。

在持續依賴1963年人口普查的數據長達將近20年之後，巴班吉達政府委託國家人口委員會進行新的人口普查。經過系統性的前側和抽樣後，1991年11月的人口普查結果顯示，奈及利亞總人口為8,850萬人，比原本估計的1億人要來得少。根據這次的人口普查，人口最為密集的地方是北部的包奇州、卡杜納州、卡諾州、卡齊納州，以及索科托州；南部的拉哥斯州、奧約州，以及河流州。這樣的人口普查在南部引起了人民的驚愕，他們認為人口數再次被「捏造」而有利於北部的發展。而如前所述，2006年的人口普查也僅只有稍微改善這樣的問題。一位人口計算的專家寫道「很顯然地，決定奈及利亞人口普查最重要的因素，並非統計的準確度或是人口統計的可信度，而是政治接受性。」「因此，這是對該國基本人口資訊持續民族政治化的可悲評論。」[41]由於布哈里政府將注意力集中在博科聖地、經濟穩定以及其他事項上，因此原訂於2016年進行的人口普查並未如期進行。

## 績效成果的總結

如同過去10年許多的非洲國家一般，我們需要以細微差別和公平對待奈及利亞的複雜性，來判斷其績效成果。一方面，奈及利亞的政治文化培養了一種公共政策只不過是分割「國家蛋糕」的想法——這樣的比喻暗示政府的資源只能夠依據各個選區之政治影響來分配。而這種心態激發族群衝突的反覆發生、加劇社會各階層的貪污腐敗，並破壞了民主價值的鞏固；另一方面，公民與民間社會團體也逐漸展現其對政治人物追究責任的能力。國民議會與總統之間就聯邦預算的爭

奪，使得聯邦的支出更加具透明度，同時也促進公眾就支出的優先事項進行對話。提高政府的績效不僅需要一個反應迅速的領導人之政治機構，同時還需要進行公民教育，並改變奈及利亞的政治文化。而深根於奈及利亞古老文化的社區參與以及公開表達目標的規範，可能還必須要重新去發現。

# 奈及利亞在非洲以及世界上的地位

## 17.11 描述奈及利亞的資源與形態在區域以及世界上的影響力。

　　奈及利亞擁有成為區域強權的人口數與資源基礎，使其激發了鄰近國家對該潛力的希望與恐懼。在第一共和時期（1960年至1966年），奈及利亞普遍集中於其內部狀況，對於當時非洲大陸動盪的政治，也僅只扮演次要的角色。不過在1966年爆發比亞法拉內戰後，奈及利亞的軍隊從1萬人增加至25萬人，而其石油儲藏量也逐漸廣為人知，正如先前所說的，世界強權對於內戰的結果產生了興趣。

　　一些西非國家政府向比亞法拉提供明確的支持，奈及利亞人懷疑這些支持是因為他們希望看到奈及利亞的分裂，因此降低其影響力。這樣的情形在總統烏弗埃—博瓦尼（Houphouët-Boigny）領導下的科特迪瓦（象牙海岸）尤其如此，他在法國的支持下贊助比亞法拉。當內戰結束後，這些國家之間的關係，也如預期般變得更加緊張。

　　隨後於1975年，在高恩將軍執政下的奈及利亞，成為建立**西非國家經濟共同體**（Economic Community of West African States, ECOWAS）的領導角色，希望帶領奈及利亞更貼近其他西非國家，同時制衡法國的影響力。起初，象牙海岸政府——一個法語系組織，在建立西非國家經濟共同體中已占有主導優勢，並且警惕著奈及利亞可能在更廣泛的區域組織中發揮領導作用。然而奈及利亞成功地與多哥、貝南，以及尼日等法語系國家建立聯繫，並提供吸引的經濟誘因，其中包括特殊的石油價格。當奈及利亞掌握了這個組織後，外交官們持續擴大其網絡，並讓16個西非國家政府的代表簽署《拉哥斯條約》。西非國家經濟共同體條約規定，將凍結共同體內的關稅為期2年，並在接下來的8年內取消會員國之間的貿易關稅。最後，將會形成一個共同的對外關稅壁壘。

　　因此，在奈及利亞領導下的西非，正朝向自由貿易區邁進，然而，進展是相當艱難的。自1980年代以來，共同體內的貿易在各成員國的國際貿易總額中所占的比例，並沒有太大的改變。在西非國家經濟共同體成立10後，其報告指出，共同體並沒有「實際取得實質的進展」，到了1989年，成員國政府積欠組織的費用

高達8,000萬美元。2003年，西非國家經濟共同體引入了社區徵收機制，使其收入在2008年提高約97％。2003年至2008年間，奈及利亞的捐款占西非國家經濟共同體的收入將近60％，使奈及利亞成為迄今最大的財務貢獻國。西非國家經濟共同體在作為區域政治組織上取得了較好的成功，特別是在調解成員國之間的爭執方面，1999年，奈及利亞的提議被通過而成立了常設調解委員會。**42**

　　由於奈及利亞在非洲大陸占有重要的地位，使其國際財務問題尤其令他們感到難堪。奈及利亞被迫與其他非洲國家一樣，接受世界銀行與國際貨幣基金組織提出的嚴格結構調整計畫，奈及利亞因而對此感到沮喪和憤怒。而這也導致該區域各國政府批評國際貸款者主辦會議的政策，而該會議以「拉哥斯行動計畫」作為對於國際債務結構建議的回應。當奧巴桑喬政府重新協商並償還了大部分的債務時，被視為自外國壓力中得到解放，從而使奈及利亞得以回復其在非洲大陸扮演的重要角色。撒哈拉沙漠以南的非洲大國——奈及利亞、肯亞，以及南非——逐漸認為非洲應該在聯合國安全理事會常任理事國中擁有代表席次。近年來，爭取非洲在聯合國安全理事會常任理事國席位的運動持續增加，而奈及利亞是主要的競爭者，因為其在非洲統一組織（Organization of African Unity, OAU）轉型為非洲聯盟（African Union, AU）的過程中，扮演著領導的角色，並擁有決定性的作用。而奈及利亞在非洲以及全球事務上仍持續享有主導的地位，舉例來說，2000年奧巴桑喬與其他世界領導人一起參與在日本舉辦的八大工業國組織（G8）高峰會，並與成員國商議夥伴關係的相關策略，最終引導非洲發展新夥伴關係（New Partnership for Africa's Development, NEPAD）的成立。非洲發展新夥伴關係是非洲國家的領導人為了提高治理的透明度與問責制，同時讓非洲的發展能有國際夥伴建設性的參與而做出的新努力。在非洲發展新夥伴關係的架構下，建立了非洲同行審議機制（African Peer Review Mechanism, APRM），用以監督非洲各國政府在治理透明度與問責制的實行。然而，極少數政府支持這樣的做法。

　　在世界上所有的強權國家中，法國在西非扮演了相當重要的角色。雖然法國側重於其先前殖民地的利益，但仍積極促進與奈及利亞之間更緊密的經濟聯繫，而這樣的行為有時候會使奈及利亞周邊的法語系國家感到不安。西方強權國家，尤其是英國與美國，都曾公開批評奈及利亞的軍事統治者，並支持其回復文人統治；他們也譴責巴班吉達於1993年宣布選舉無效，同時暫停對奈及利亞的援助——不過他們絕不會實施石油的禁運。大多數觀察家認為阿巴查政權對待反對者的方式是經過深思熟慮的，他能在不引發國際嚴厲制裁的情形下，使反對者沉

默。

1999年奧巴桑喬就職後，西方的支持就變得不那麼的模稜兩可了。奈及利亞與美國近期成立了雙邊委員會（Bilateral National Commission, BNC），旨在加強安全上的合作，特別是博科聖地一直相當活躍的查德湖地區；共同承諾協助奈及利亞的難民與國內流離失所者，並促使他們自願回國；同時計畫長期的安全與穩定。

奈及利亞在該區域扮演著重要的角色，其承諾透過強大的軍事能力，特別地提供西非國家經濟共同體停火監督部隊（Economic Community of West African States Monitoring Group, ECOMOG）、西非國家經濟共同體在利比亞的維持和平部隊相關的領導權與部隊的支援，這些行動被認為是讓武裝衝突停止並舉行選舉的成功方式。奈及利亞軍隊也駐紮在獅子山，以保護該國邊界免於利比亞叛軍的入侵，同時對抗推翻民選政府的獅子山軍政府，不過考慮到阿巴查政權的由來，這一舉動顯得格外諷刺。而奈及利亞也參與了許多聯合國在黎巴嫩、盧安達、前南斯拉夫，以及索馬利亞的大規模行動。

在奧巴桑喬以及亞拉杜瓦執政期間，奈及利亞超越了維持和平的行動，而在其他各種外交政策議題上，展現其區域領導者的角色。國防參謀長於2010年重申軍方對於文人政權的尊重，並更進一步表示，軍隊需要「更加積極主動回應非軍事的刺激與發展」。[43]而這也反映在像是毒品與人口販賣等議題上，政府必須設立更多新的單位以應對這些不斷增加的跨國犯罪網絡。隨著一些激進組織的國際聯繫被暴露出來，奈及利亞意識到其中一些安全問題是源自於邊界。

美國一直非常關切於潛伏在奈及利亞北部的伊斯蘭極端主義，以及尼日河三角洲石油運送的威脅。儘管西非國家經濟共同體對其外交政策愈來愈重要，並且是作為恐怖主義與其他安全威脅的區域理解視角，然而奈及利亞經常傾向於先將此類挑戰視為國內的問題來處理。[44]2015年穆罕默杜·布哈里當選總統，使奈及利亞人與國際社會對於奈及利亞國內的穩定，以及其在全球事務中的領導地位復興產生了熱情。布哈里以其身為一位有紀律的軍事領導人而聞名，他的政策都圍繞在反貪腐的打擊，而他也致力於壓制博科聖地，使許多被占領的飛地[11]得以解放。然而，即使採取了這些積極的措施，政府在經濟管理方面的能力仍然有限。到了2015年，奈及利亞陷入經濟的衰退，同時又面臨尼日河三角洲的暴力事件，此外，隨著年邁總統的疾病纏身，導致2017年副總統耶米·奧辛巴喬（Yemi Osinbajo）承擔起總統的執政職責，這與亞拉杜瓦在2010年的失蹤相比，更是難以抗拒。因此，除了面對政治穩定與永續發展的挑戰之外，政府可能還面臨內部

繼任者的紛爭。

## 結論：發展的前景

　　奈及利亞的政治與經濟挫敗並不像盧安達、蘇丹，或是索馬利亞有同樣悲慘的結果，然而這樣的挫敗感卻影響深遠且持久，像是數十億的奈拉遭到浪費、一些人以犧牲窮人而致富，而政府問責制則被證明是相當難以執行的。

　　對於世界上許多的國家而言，民主的吸引力在於其與繁榮的緊密關聯。如同其他人一般，比起政治過程，奈及利亞人對於政治過程所產生的結果更加感興趣。他們呼籲要加強領導，並開始對於軍事政權的擴大表示贊成，這意味著奈及利亞人的當務之急是經濟安全與法治，但若這些將由軍官將領提供的話，那麼國家可能會因此接受專制體制。而至少從柏拉圖（Plato）之後，我們就已經了解到「仁慈專制主義」是一個難以理解的概念。西方民主國家的發展前提，是民主在領導人欠缺領導的情形時，可作為問責的必要條件。奈及利亞人似乎斷然地拒絕了「強人政治」的統治，不過他們也對民主政績不佳的情形感到不耐煩。

　　上述的討論凸顯了許多的問題（以及一些可行的解決方案），讀者可能會因為奈及利亞這樣複雜的案例，而感到不知所措。不過，仍然存在著幾個歷久不衰的問題，可以用來說明奈及利亞過去、現在，以及未來的挑戰。首先是國家與經濟之間的問題，賴瑞・戴爾門（Larry Diamond）表示：「穩定的民主與高度自治、內部的資產階級有所關聯，而與國家對經濟的廣泛控制成反比。」「在奈及利亞以及絕大多數的非洲國家，過度的膨脹將政治變成了一場零和遊戲，在這場遊戲中，一切有價值的事物都在選舉中受到威脅，因此候選人、社群，以及政黨都會被迫不惜一切代價獲得勝利。」[45]

　　石油帶來的財富加劇了上述這樣的問題，因為中央政府累積了許多資金，從而提供聯邦政客大量的贊助資源。其中一部分的解決辦法，似乎與蓬勃發展的私營部門有關，其能夠制衡來自首都的政治權力。奈及利亞人以其企業家精神聞名全世界，而近期拉哥斯的經濟繁榮，也使我們對於原住民的發展狀況有了一些了解。而另一個解決辦法，則是創造一個有利於投資的環境，使得法治可以保護人民的政治權，而企業家則不需花費大量的資本在動力的產生或在艱難中生存。

　　第二個問題，則是有關石油本身對於環境的剝削與破壞性。尼日河三角洲地區的大規模環境破壞，引發了奧格尼人的示威運動，後來又出現了更多激進團體，像是尼日河三角洲解放運動。然而，與比亞法拉分裂運動不同的是，他們的示威遊行訴求經常與「資源管控」有關，而並非尋求政治上的獨立。即使古德勒

克‧強納森是第一位來自尼日河三角洲的總統，但對於這些社群來說，要克服多年來的背叛與忽視仍然是相當困難的。自2009年開始，大規模的特赦計畫將數千名的武裝分子帶離監獄的泥沼並回歸社會，從而使許多武裝分子將2015年布哈里當選總統的結果，視為重返令人厭惡的北部統治，以及對於特赦計畫的一種威脅。尼日河三角洲復仇者等一些新的好戰團體在其執政時期逐漸發展起來，重新提出關於剝奪公民選舉權、低度發展，以及環境破壞的抱怨聲浪。

最後，代表權的問題一直是政治結構與整個社會辯論的核心焦點。在一個世紀以前，奈及利亞兩個差異很大的殖民地被合併在一起，導致北部與南部地區一直無法和諧共處，不過這樣的情形確實創造了有助於讓奈及利亞持續生存的政治平衡。1999年，奈及利亞全國普遍的共識認為，在經歷多年的北部統治之後，應該由來自南部的總統領導國家；而在8年之後的2007年，執政黨內部也達成了類似的共識，在權力移交的原則下由北部人擔任總統，這樣的做法促進了權力的移轉，同時也深化民主的發展。2015年古德勒克‧強納森連任總統失敗，證明了公民能夠使具有權力的政黨負起政治責任，從而進一步提升了奈及利亞民主的能量。改善政治的代表權與參與度，也有助於解決東北部以及尼日河三角洲的暴力事件。奈及利亞人擁有豐富的思想、充裕的資源，以及悠久的歷史，而能夠為這個21世紀非洲的巨擘制定解決方案。

## 章後思考題

1. 儘管奈及利亞擁有龐大的石油資源，有哪些因素——文化、歷史或其他方面——能夠解釋其持續處於低度發展的狀態？
2. 在經歷多次民主轉型的失敗後，為何1999年能夠成功轉型？
3. 奈及利亞的憲政結構與政治傳統是如何應對其龐雜的族群與宗教的多樣性？
4. 在奈及利亞獨立後，有哪些殖民主義仍持續影響其政治？
5. 奈及利亞政治的非正式性質有哪些例證？政治人才的甄補以及利益的匯集通常發生在哪些地方？
6. 考量在奈及利亞造成分裂感的各種因素，其作為一個國家是如何去容忍的？

## 重要名詞

薩尼‧阿巴查
阿布加
納姆迪‧阿齊基韋
易卜拉欣‧巴班吉達
比亞法拉共和國
奇博克女中學生遭綁架事件
博科聖地
穆罕默杜‧布哈里
經濟與金融犯罪委員會
西非國家經濟共同體
聯邦角色
富拉尼人
教父
豪薩人
豪薩─富拉尼人
伊博人
獨立全國選舉委員會
古德勒克‧強納森

1993年6月12日（總統選舉日）
卡杜納黑手黨
拉哥斯
建立比亞法拉主權國家運動
尼日河三角洲解放運動
奈拉
新殖民地的
奈及利亞勞工聯合會
奧盧塞貢‧奧巴桑喬
石油輸出國組織
恩庇─侍從網絡關係
人民民主黨
權力轉移
肯‧薩羅─維瓦
結構調整方案
奧馬魯‧穆薩‧亞拉杜瓦
約魯巴人

## 推薦閱讀

Achebe, Chinua. *A Man of the People*. New York: Doubleday-Anchor, 1967.

———. *There Was a Country: A Personal History of Biafra*. New York: Penguin, 2012.

Adichie, Chimamanda Ngozi. *Half of a Yellow Sun*. New York: Random House, 2006.

Adunbi, Omolade. *Oil Wealth and Insurgency in Nigeria*. Bloomington: Indiana University Press, 2015.

Balogun, M. J. *The Route to Power in Nigeria*. New York: Palgrave Macmillan, 2009.

Beckett, Paul, and Crawford Young, eds. *Dilemmas of Democracy in Nigeria*. Rochester, NY: University of Rochester Press, 1997.

Campbell, John. *Nigeria: Dancing on the Brink*. 2nd ed. Lanham, MD: Rowman and Littlefield, 2013.

Coleman, James S. *Nigeria: Background to Nationalism*. Berkeley: University of California Press, 1958.

Collier, Paul, Catherine Soludo, and Charles Pattillo, eds. *Economic Policy Options for a Prosperous Nigeria*. New York: Palgrave Macmillan, 2008.

Cunliffe-Jones, Peter. *My Nigeria: Five Decades of Independence*. New York: Palgrave Macmillan, 2010.

Diamond, Larry. *Class, Ethnicity, and Democracy in Nigeria: The Failure of the First Republic*. Syracuse, NY: Syracuse University Press, 1988.

Diamond, Larry, Anthony Kirk-Greene, and O. Oyediran, eds. *Transition without End: Nigerian Politics and Civil Society under Babangida*. Boulder, CO: Lynne Rienner, 1997.

Falola, Toyin, and Matthew Heaton. *A History of Nigeria*. Cambridge: Cambridge University Press, 2008.

Hill, J. N. C. *Nigeria since Independence: Forever Fragile?* New York: Palgrave Macmillan, 2012.

Ikein, Augustine, D. S. P. Alamieyeseigha, and Steve Azaiki, eds. *Oil, Democracy, and the Promise of Federalism in Nigeria*. Boulder, CO: University Press of America, 2008.

Jega, Attahiru, and Jacqueline Farris, eds. *Nigeria at Fifty: Contributions to Peace, Democracy & Development*. Abuja, Nigeria: Shehu Musa Yar'Adua Foundation, 2015.

Joseph, Richard A. *Democracy and Prebendal Politics in Nigeria: The Rise and Fall of the Second Republic.* Cambridge: Cambridge University Press, 1987.

Koehn, Peter H. *Public Policy and Administration in Africa: Lessons from Nigeria.* Boulder, CO: Westview, 1990.

LeVan, A. Carl. *Dictators and Democracy in African Development: the Political Economy of Good Governance in Nigeria.* New York: Cambridge University Press, 2015.

Lewis, Peter M., Pearl T. Robinson, and Barnett R. Rubin. *Stabilizing Nigeria: Sanctions, Incentives, and Support for Civil Society.* Washington, DC: Brookings Institution Press, 1998.

Nafziger, E. Wayne. *The Economics of Political Instability: The Nigeria-Biafran War.* Boulder, CO: Westview, 1983.

Obadare, Ebenezer, and Wale Adebanwi, eds. *Encountering the Nigerian State.* New York: Palgrave Macmillan, 2010.

Oyediran, Oye, ed. *Nigerian Government and Politics under Military Rule 1968–79.* London: Macmillan, 1979.

Paden, John. *Muslim Civic Cultures and Conflict Resolution.* Washington, DC: Brookings Institution Press, 2005.

Pierce, Steven. *Moral Economies of Corruption: State Formation and Political Culture in Nigeria.* Durham: Duke University Press, 2016.

Soyinka, Wole. *You Must Set Forth at Dawn.* New York: Random House, 2006.

Suberu, Rotimi T. *Federalism and Ethnic Conflict in Nigeria.* Washington, DC: U.S. Institute of Peace, 2001.

## 網路資源

奈及利亞聯邦政府：http://www.nigeria.gov.ng

大多數的主要每日新聞報紙可以透過此來獲得：http://www.AllAfrica.com

大多數本章節所提到的公民社會組織也都有本身的臉書網頁。

「潘巴祖卡」新聞：http://www.pambazuka.org/en/

《先鋒報》：http://www.vanguardngr.com

《打孔報》：http://www.punchng.com

民主與發展中心：http://www.cddwestafrica.org

利益相關者民主網絡：http://www.stakeholderdemocracy.org

奈及利亞選舉聯盟：http://www.nigeriaelections.org

過渡性監督團體：http://www.tmgnigeria.wordpress.com

奈及利亞局勢室：http://www.situationroom.placeng.org/

「推特」推送：

奈及利亞守護者新聞：@NGRGUARDIANNEWS

《打孔報》：@MobilePunch

《國家》新聞：@TheNationNews

每日信任新聞：@daily_trust

《先鋒報》：@vanguardngnews

獨立全國選舉委員會：@inecnigeria

# 註釋

1. Editorial, "Don't Celebrate 1914 Amalgamation," *Punch*, August 19, 2012.

2. The term "tribe" has been applied indiscriminately to small groups of villages or whole empires, and often in conjunction with the adjective "primitive." Thus, "tribe" has lost any specific meaning and imparts prejudicial notions.

3. Michael Crowder, *The Story of Nigeria* (London: Faber and Faber, 1978).

4. Victor Chikezie Uchendu, *The Igbo of Southeast Nigeria* (Fort Worth, TX: Harcourt Brace Jovanovich College Publishers, 1965), 103.

5. Billy Dudley, *An Introduction to Nigerian Government and Politics* (Bloomington: University of Indiana Press, 1982), 230.

6. World Bank, "World Development Indicators," in *World Development Report 2015* (Washington, DC: World Bank, 2016).

7. Patrick Smith, "Economy," in *Africa South of the Sahara 1994* (London: Europa, 1994), 660.

8. Medecines sans Frontiers, "Crisis Info on Borno Situation," http://www.msf.org/en/article/nigeria-crisis-info-borno-emergency-august-2016, accessed October 17, 2016.

9. Diane de Gramont, *Governing Lagos: Unlocking the Politics of Reform* (Washington, DC: Carnegie Endowment for International Peace, 2015).

10. Judith Burdin Asuni, "Blood Oil in the Niger Delta," Special Report 229 (Washington, DC: U.S. Institute of Peace, August 2009).

11. A. Carl LeVan and Patrick Ukata, "Nigeria," in *Countries at the Crossroads* (New York: Freedom House, 2010).

12. P. Babajimi, "Ife-Modakeke conflicts in Osun State," in Thomas A. Imobighe, ed., *Civil Society and Ethnic Conflict Management in Nigeria* (Ibadan: Spectrum Books, 2003).

13. Associated Press, "Hundreds Flee Nigerian City Swept by Riots," November 25, 2002.

14. Nigeria Watch, "Muslims, Christians and Religious Violence in Nigeria: Patterns and Mapping," http://www.nigeriawatch.org/media/html/WP3OLOJO-Final.pdf, accessed October 24, 2016.

15. Robert A. Dahl, *After the Revolution* (New Haven, CT: Yale University Press, 1971); see also the discussion in Dudley, *An Introduction to Nigerian Government*, 80–83.

16. Afrobarometer, "Neither Consolidating nor Fully Democratic: The Evolution of African Political Regimes, 1999–2008" Briefing Paper no. 67 (Legon-Accra, Ghana: Afrobarometer, May 2009).

17. See the discussion in Dudley, *An Introduction to Nigerian Government*, 80–83.

18. BBC News, "Nigerian Leaders 'Stole' $380 Billion," October 20, 2006; BBC News, "Nigeria Governors in Graft Probe," September 28, 2006; and BBC News, "Obasanjo Accuses Deputy of Fraud," September 7, 2006.

19. "Halliburton to Pay Nigeria $35 Million to Settle Bribery Case," *Wall Street Journal*, December 22, 2010.

20. The discussion that follows draws on Crawford Young's treatment of socialization in his chapter on "Politics in Africa" in earlier editions of this book.

21. In anthropological usage, *polygamy* is a general term for marriage to more than one spouse. *Polygamy* is preferred to describe the marriage of one man to more than one woman (and *polyandry* for the reverse). However, *polygamy* is the term in general use in Nigeria and elsewhere in English-speaking Africa.

22. Bode Gbadebo, "NUC Shuts Down 41 Illegal Universities," *Leadership*, May 16, 2013.

23. *A Handbook of Information on Basic Education 2003* (Abuja: Federal Ministry of Education, 2003).

24. Committee to Protect Journalists, "Attacks on the Press 2012: Nigeria," http://www.cpj.org/2013/02/attacks-on-the-press-in-2012-nigeria.php, accessed February 15, 2013.

25. Peter H. Koehn, *Public Policy and Administration in Africa: Lessons from Nigeria* (Boulder, CO: Westview, 1990), 16.

26. Chinua Achebe, *There Was a Country: A Personal History of Biafra* (New York: Penguin Press, 2012).

27. Koehn, *Public Policy and Administration in Africa*, 17–18, cites various sources for these totals.

28. Rotimi T. Suberu, "The Supreme Court and Federalism in Nigeria," *The Journal of Modern African Studies* 46, no. 03 (2008): 451–485.

29. Richard Sklar and C. S. Whitaker, Jr., "Nigeria," in James S. Coleman and Carl G. Rosberg, Jr., eds., *Political Parties and National Integration in Tropical Africa* (Berkeley: University of California Press, 1964), 636.

30. Wole Soyinka, *You Must Set Forth at Dawn* (New York: Random House, 2006), 421.

31. Richard A. Joseph, *Democracy and Prebendal Politics in Nigeria* (Cambridge: Cambridge University Press, 1987), 133–134.

32. Joseph, *Democracy and Prebendal Policy in Nigeria*. Joseph calls the Nigerian version of patronage *prebendalism*: "patterns of political behavior which rest on the justifying principle that such offices should be competed for and then utilized for the personal benefit of officeholders as well as for their reference or support group. The official public purpose of the office often becomes a secondary concern, however much that purpose may have been originally cited in its creation or during the periodic competition to fill it" (8).

33. Amnesty International, *Stars on the Shoulders, Blood on Their Hands: War Crimes Committed by the Nigerian Military* (London: Amnesty International, 2015).

34. "Cameroons" here refers to the English-speaking portion of the contemporary country of Cameroon (French Cameroun) on Nigeria's eastern border. The former German colony of that name was divided into League of Nations Trust Territories after World War I under British and French control. The NCNC was meant to include members from the British trust territory as well as from Nigeria, but in a pre-independence plebiscite, the English-speaking Cameroonians opted for incorporation into Cameroon. The NCNC then was renamed the National Convention of Nigerian Citizens.

35. In Nigeria's Fourth Republic there exist as many as fifty political parties, but only a few of them have been active in electoral politics with some impact. There has also been transformation, merger, and acquisition of many parties from 1999 to date. For instance, the leading parties are the PDP, which has not transformed or participated in any merger, the All Peoples Party, which transformed to All Nigeria Peoples Party ANPP in 2003 and later entered a merger that produced the APC in 2015. The Alliance for Democracy (AD) transformed to Action Congress (AC) and later to Action Congress of Nigeria (ACN) under strong influence of Chief Bola Ahmed Tinibu. New parties that made impact in national elections include All Progressive Grand Alliance, APGA founded by the Biafra warlord Chief Emeka Ojukwu and the Congress for Progressive Change (CPC) founded by the current President Muhammadu Buhari, which were also part of the merger that produced the mega party of APC in the 2015 elections.

36. Jay Loschky and Robin Sanders, "Nigeria's Big Chance," Gallup, http://www.gallup.com/opinion/gallup/182345/nigeria-big-chance.aspx, accessed October 25, 2016.

37. Diane de Gramont, *Governing Lagos: Unlocking the Politics of Reform*, (Washington, DC: Carnegie Endowment for International Peace, 2015).

38. *Class, Ethnicity, and Democracy in Nigeria: The Failure of the First Republic* (Syracuse, NY: Syracuse University Press, 1988), 53.

39. I. William Zartman and Sayre Schatz, "Introduction," in I. William Zartman, ed., *The Political Economy of Nigeria* (New York: Praeger, 1983), 13. The military figures cited here come from Ruth Sivard, *World Military and Social Expenditures 1996* (Leesburg, VA: WMSE Publications, 1996), and Sivard, *The Military Balance 2001–2002* (London: Oxford University Press, 2001).

40. Obiora Chinedu Okafor, "Between Elite Interests and Pro-Poor Resistance: The Nigerian Courts and Labour-Led Anti-Fuel Hike Struggles (1999–2007)," *Journal of African Law* 54 (2010), 95–118.

41. Rotimi T. Suberu, *Federalism and Ethnic Conflict in Nigeria* (Washington, DC: US Institute of Peace, 2001), 169.

42. The preceding treatment of the formation of ECOWAS is drawn from Carol Lancaster, "The Lagos Three: Economic Regionalism in Sub-Saharan Africa," in John W. Harbeson and Donald Rothchild, eds., *Africa in World Politics* (Boulder, CO: Westview Press, 1991), 249–267.

43. Air Chief Marshal Paul Dike, "Preface," in Ebere Onwudiwe and Eghosa Osaghae, eds. *Winning Hearts and Minds: A Community Relations Approach for the Nigerian Military* (Ibadan, Nigeria: John Archers, 2010).

44. Cyril Obi, "Nigeria's Foreign Policy and Transnational Security Challenges in West Africa," *Journal of Contemporary African Studies* 46 (April 2008), 183–196.

45. Diamond, "Nigeria," 69.

## 譯者註

[1] 奈及利亞於1966年廢止總理一職，後於1993年重新恢復後，隨後又於當年廢止。

[2] 人類發展指數（Human Development Index, HDI）將各國劃分成四種等級：極高度、高度、中度，以及低度。較新的2018年奈及利亞排名為第157名，甚至跌落到「低度人類發展國家」。所有非洲國家大多集中在「低度」與「中度」層次，唯一僅有一個排名第62名的東非印度洋上的島國塞席爾共和國（Republic of Seychelles）是屬於「極高度人類發展國家」。

[3] 這是一種阿拉伯國家的貴族身分象徵，而此頭銜主要用於中東地區以及非洲地區信奉伊斯蘭教的穆斯林國家。

[4] 這是當地稱呼「國王」之方式。

[5]　麥塔欽（Maitatsine）的原名為穆罕默德‧馬爾瓦（Mohammed Marwa），而其暱稱在豪薩語中意思為「可惡之人」。

[6]　現已更名為伊斯蘭合作組織（Organisation of Islamic Cooperation, OIC）。

[7]　這數字加總難以相符；根據譯者查詢，目前奈及利亞有超過160所大專院校。

[8]　此名詞指涉在奈及利亞政治中一些通常不會親自去競選公職的人，不過他們就像是政治贊助者一樣，利用金錢與影響力去支持本身首選的候選人以贏得選戰。

[9]　類似酋長的地位，具有首席顧問的功能。

[10]　後來於2003年改名為全體奈及利亞人民黨（All Nigeria People's Party, ANPP）。

[11]　意指奈及利亞境內的主權被博科聖地占領之處。

# 第十八章

# 美國政治

塔德·庫瑟（Thad Kousser）、
奧斯汀·蘭尼（J. Austin Ranney）

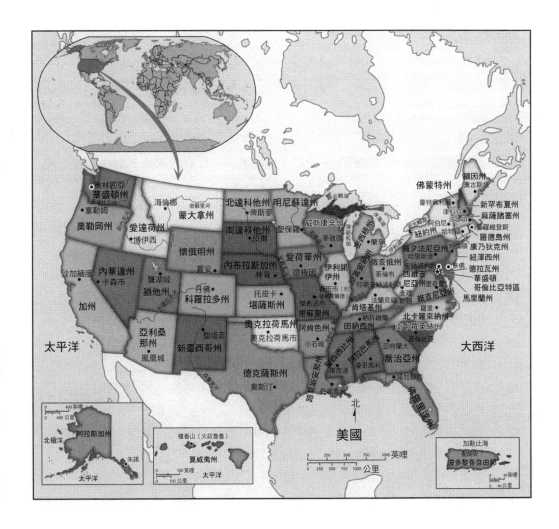

## 國家簡介

人口：3億2,400萬

領土：3,475,031平方英哩

獨立年分：1776年

當前憲法制定年分：1787年9月17日；1789年3月4日生效

國家元首：總統唐納‧川普（Donald John Trump）

政府首腦：總統唐納‧川普（Donald John Trump）

語言：英語、西班牙語（相當大一部分的少數族群）

宗教：基督新教47%；羅馬天主教21%；猶太教2%；摩門教2%；穆斯林1%；其他信仰4%；無宗教信仰或未說明23%

## 學習目標

**18.1** 描述美國所要面對的國內與外交上之挑戰，聚焦在跨黨派對這些議題上的衝突。

**18.2** 辨識在美國政治歷史上三個具有分歧的領域並探討其目前的狀況。

**18.3** 美國各州的大小意指的是其地理、人口，以及經濟規模。

**18.4** 列舉在美國憲政體制下三個非常具有代表性的特徵，並且描述這些權利之間具有哪些相互關連的特質。

**18.5** 確認並談論美國這兩種文化融合的理論，包括大眾傳播媒體在美國政治上所扮演的角色，以及政府對於這些媒體的管制能力。

**18.6** 比較與對照美國與其他國家的提名與投票之程序以及結果，並且描述政治參與的其他替代形式。

**18.7** 確認哪些是美國政治領導人往往會分享的特質，以及這些內容如何使他們與世界上大部分的人們產生差異化。

**18.8** 描述利益團體、政治行動委員會，以及超級政治行動委員會，並將它們在美國的手法與其他國家中的類似團體做比較。

**18.9** 描述在美國主要政黨之間的極化程度，及其在政策制定上造成的衝擊。

**18.10** 解釋美國政策制定的過程，而其一般都是發生在國會之中，有時候也會涉及到總統的參與。

**18.11** 比較美國與其他國家在稅務上的收取程度與種類。

**18.12** 解釋美國例外主義的概念，並探討您是否認為這在當今世界仍適用。

而他們該如何去理解那些只有英國人知悉的英國呢？

——魯德亞德‧吉卜林（Rudyard Kipling）[1]

為何美國政治會出現在本書的一個章節中呢？原因之一是本書大多數的讀者都是美國人，而美國政治比其他國家的政治更加影響到我們的生活。甚至，無論我們覺得個人力量渺小到無法影響政府作為，但可以確信的是，還是遠大於對其他國家政府的影響力。

在上述吉卜林所提及的對英國的問題，也可以引用到美國。當然，有許多美國作者撰寫美國政治制度的書，來供美國學生研讀，但大多數未提及其他國家的政治體系，更別說是系統化的比較。因此，在檢視美國政治時，聚焦於其與其他國家的異同比較上，將有助於我們應對吉卜林所提及的挑戰。甚至能讓我們看見美國獨特的政治運作方式，可能會如何影響到美國面對未來挑戰之能力。

# 當前的政策挑戰

## 18.1 描述美國所要面對的國內與外交上之挑戰，聚焦在跨黨派對這些議題上的衝突。

2016年川普與希拉蕊‧柯林頓（Hillary Clinton）混亂而競爭激烈的總統選舉中，美國人一致認為國家面臨了重大的政治挑戰，但是卻在如何解決這些問題上出現分歧。國家已經逐漸走出全球經濟危機的困境中，失業率也降至5%以下，但是整體恢復狀況仍還沒完成，如果聚焦在「**貧富差距**」（economic inequality）的議題上，則會發現其在過去30年以來都穩定地在增長中。當勞動階級的工資一直停滯不前時，富有的美國人似乎變得更加有錢了，在左派（像是在參議員「伯尼‧桑德斯」（Bernie Sanders）去角逐總統職位之後出現的「占領運動」（Occupy Movement））與右派（在川普獲得候選人提名之後出現的「茶黨運動」（Tea Party Movement））的民粹主義運動似乎都對這同樣的問題關注，只是提出立場不同的解決方案而已。不斷增加的健康照護成本以及有愈來愈多沒有保險的美國人口，也在2010年「巴拉克‧歐巴馬」（Barack Obama）的執政下，催生了《**平價醫療法案**》（Affordable Care Act, ACA）這管道。自2014年實施以來，該計畫已為2,000萬名美國人提供了新的保險，並減緩了大多數保費的上漲速度，但由於許多人反對購買保險的授權，「歐巴馬健保」（Obamacare）仍然存在分歧，並且有19個州抵制了聯邦政府擴大其醫療補助計畫的激勵措施。在經歷過10年受國際衝突壓迫後——從2001年9月11日的恐怖攻

擊事件，到伊拉克與阿富汗的長期戰爭——兩大黨的某些選民對美國與外國的糾紛，如ISIS（伊拉克與敘利亞的伊斯蘭國）的威脅增加等，感到厭倦與警惕。而國家在一系列的國內議題上分歧很大，例如是否應該在美墨邊界上築牆，或是否要為1,100萬名非法移民成為公民而提供途徑？美國是否有辦法能夠讓一直在成長的「公債」（public debt）下降，以及讓下一代有能力去負擔退休金的給付以及醫療健保？當公共輿論在像是大麻的合法化以及變性者的權利等議題上迅速改變時，政治領導人以及機構如何針對國家內有爭議的社會問題進行協商呢？

　　2016年具有歷史性的總統選舉——後來由捲土重來的川普獲得了勝利，這震驚了所有政治方面的輿論專家以及評論員——回答了即使國內分歧仍未解決，誰將領導國家的問題。川普總統在「選舉人團」中獲得了強大的勝利（這是個憲法創造用來決定誰登上總統職位的單位），不過他卻在民眾的投票中輸給對手將近300萬的選票。當時在整個競選過程中，不論是川普或是希拉蕊都不是美國大多數選民的首選人物，所以後來川普也只能在全國沒有過半數人口支持的狀態下踏上他的總統之路。美國的黨派極化現象，在今日是決定政治很重要的特徵，而且變得愈來愈明顯。不過由於川普具有合法性的勝利結果以及共和黨當時控制了眾議院與參議院，所以使得這舞臺一開始就架設好讓他的行政團隊能夠進行大量政策的改變。總統與國會領導人都誓言要廢除與替代掉「歐巴馬健保」，然後回過頭去處理前總統歐巴馬透過行政動作所產生的環境管制以及移民政策，並且回歸到原本建造一座邊界高牆的計畫。這些行動中的每一項都必定會產生很激烈的反對聲浪。

　　所有國內議題的辯論都發生在因為國際競爭而經濟轉型上，世界將出現意想不到的外交政策危機。這些爭議的解決方法都將透過民主制度來進行，儘管沿著黨派極化往往很容易在華盛頓特區產生僵局，不過事實證明，這樣的機制在面對不斷變化的治理挑戰時，具有明顯的適應能力以及彈性。

　　如同其他民主國家，美國的政治體系是解決這些挑戰想法對決的地方。美國的民主不僅允許也鼓勵內部衝突，在選舉與立法辯論時，會讓截然相反的解決方法公開競爭。這類型的民主制度往往吵鬧、挖苦，以及混亂。事實上，目前美國的選舉是歷史上最貴的，而黨派的極化現象——共和黨與民主黨官員間的意識形態鴻溝——過了一個世代仍然有增無減。快速瀏覽有線電視新聞或是領導的政治人物之推特帳戶，就能看見公民水準的降低。

　　這些趨勢都會產生政治上的挑戰，但還不到無法克服的情況。解決國家政策挑戰的不同方法，對選民透明呈現，因此當今充滿惡意的美國民主，反而提供選

民清晰的選項。過去這10年，透過一連串這種扣人心弦的重大選舉，2000年選民將政府的控制權完全交給了共和黨，2008年時則將權力重新轉交給了民主黨，後來在2010年則平分給民主黨總統及共和黨眾議院。在2016年這場喧鬧的選舉，共和黨在參議院只占很少的比例，對眾議院的控制則很穩固，這預示著在未來幾年內會發生更多的政治衝突。這兩個政黨，在這些競爭中難免會出現內部裂痕，但大多數候選人仍堅決地待在民主黨或共和黨政營中，試圖將政策朝著不同方向發展。

　　美國的政治體系是否能夠保證往後只有在遇到緊迫的國家政策挑戰時，才會發生衝突與僵局呢？回顧最近的歷史，即使兩極化的政黨在爭奪憲法分立的政府部門的控制權時，這種好鬥的政治，反而讓美國在國內外政策上出現全面性的變化。

　　雖然喬治・布希（George W. Bush）在2000年以史上最小的差距當選總統，但是他很快地就跳脫佛羅里達州在「蝶式選票」（butterfly ballots）與「懸空票卡」（hanging chads）[1]上之爭議，並在國家政策上留下自己的烙印。小布希總統在任內的第1年就成功推動重大的稅務減免。隨著發生在美國本土最嚴重的911恐怖攻擊事件的發生，美國面臨的政策挑戰非常極端的從國內轉移至國際。由奧薩瑪・賓拉登（Osama bin Laden）領導的國際恐怖組織「蓋達」（Al Qaeda）組織成員來策劃以及執行這場恐怖攻擊，這場攻擊引發了美國領導的「反恐戰爭」，其不僅是想要摧毀蓋達組織而已，也要反對任何庇護、資助或支持恐怖分子的組織或國家。這場戰爭所使用的戰略——透過攔截無線電訊進行監控，這些監控來自其他幾十個國家的地面與空中，其中有一些是起源於美國——是很新穎的方式但往往也具有爭議。2013年愛德華・史諾登（Edward Snowden）揭發由「美國國家安全局」（National Security Agency, NSA）執行的有關全球監控計畫，引發了全世界一片譁然。透過法律判決與國會辯論，美國在加強安全與保障自由之間適當的平衡關係，進行公開、持續的討論。雖然歐巴馬總統在2008年的競選中承諾會關閉關塔那摩灣拘押中心（Guantanamo detention camp），其挑戰在於在沒有採用安全風險下，關閉該無限期拘留被指控的恐怖分子的地點，而最終歐巴馬在其任期內沒有兌現過此承諾。2013年的「波士頓馬拉松爆炸案」、2015年的「聖貝納迪諾槍擊案」，以及2016年的「奧蘭多夜店槍擊案」都提醒該國，無論是國際或是國內行為者所實行的恐怖主義依舊是個威脅。

　　911攻擊也刺激美國捲入兩場具有爭議的戰爭，一場發生在阿富汗，另一場在伊拉克。由於塔利班（Taliban）政權暗中保護，蓋達組織從偏遠的阿富汗基地

計畫對紐約市進行攻擊，因此美國可以果決且毫無爭議的領導聯軍入侵這個被孤立的國家。許多國家也出借軍隊並且支持，這場戰爭似乎很快就成功了。這戰爭在911事件後不到1個月的時間就發生，而到了當年的12月時，塔利班政權就已經被推翻，所以蓋達組織就只能到處逃亡躲藏。哈米德‧卡爾扎伊（Hamid Karzai）在2004年時成為了阿富汗第1任民選總統，但在2009年充滿舞弊的競選中連任後，他的施政被指控腐敗所污染，並且試圖去控制像是坎大哈省等偏遠地區。2011年美國的海豹部隊在巴基斯坦附近擊斃了奧薩瑪‧賓拉登時，他們實現了干預的主要目標，也使美國對該地區的介入得以減少。即便美國在阿富汗的傷亡人數已經相對是比較少的，但還是有2,384名軍人在行動中喪生，而這場從2001年持續至2014年的衝突已經取代越戰，成為美國史上時間最長的戰爭。

　　第2場同樣是發生在911事件後的戰爭，不論是在美國國內或是國際間，都比較有爭議。在2001年入侵阿富汗的投票中僅有1名國會議員反對，而授權對伊拉克進行攻擊的決議上——因為該國並沒有直接涉入到恐怖攻擊的行動中——被133名眾議員以及23名參議員反對。儘管美國並沒有獲得聯合國安全理事會的背書，也面臨到國際上傳統盟軍像是法國與德國的反對（不過英國、澳洲，以及波蘭都給予支持並協助出兵去幫忙），小布希總統仍決定在2003年3月進軍伊拉克。戰爭很快就打完了，薩達姆‧海珊（Saddam Hussein）在巴格達的政權在1個禮拜內就垮臺了。然而證明要贏得和平卻是比贏得戰爭要困難許多，因為很明顯可以看到美國派出的軍隊太少，而且太過於樂觀認為自己會像是個解放救星的身分而受到當地的歡迎。雖然說這場戰火在2007年的最高峰之後就逐漸平息下來，但持續不斷地與叛亂分子衝突也奪走了4,486條美國軍人的生命。在競選總統期間，歐巴馬在戰爭爆發以來就一直抱持批評觀點，競選時公開反對小布希行政團隊的政策，甚至在他當選就職後不久便開始撤軍，並於2011年12月完成了美軍人員的撤離。但是伊拉克並沒有隨著美國外交政策的改變很簡單地淡出戰爭，而是在美軍撤回之後，引發了本身國內政治的爭議。伊斯蘭國（ISIS）又出現了，更加極端的軍事恐怖主義團體占據並控制了伊拉克與敘利亞的領土，導致歐巴馬只能命令空襲，並支持伊拉克和庫德族的部隊來「減緩其威脅並摧毀」伊斯蘭國。川普競選總統時保證會比歐巴馬更加積極強勢，與美國的北大西洋公約組織盟軍甚至是俄羅斯，一起在中東地區合作。總統小布希和歐巴馬都能夠朝他們、他們的顧問，以及支持者所偏愛的不同方向去發展美國的外交政策，儘管這些急劇的政策轉變也是會導致美國國內同樣強烈的政治反動。

　　美國的政策制定者在2008至2009年的全球金融危機達到高峰時並未發揮控制

能力，且導致持續好幾年的失業問題。美國的股票在2008年9月瘋狂地下跌，同時次級房貸問題與信用緊縮危機席捲了美國，並影響全世界陷入螺旋式衰退。幾乎每個已開發國家的經濟都嚴重萎縮、消費者的支出暴跌，失業率達到自1930年代「經濟大蕭條」（the Great Depression）以來從未如此居高不下。因為渴望改變，美國選民為應對這場崩潰，引入新的政黨入主白宮，在2008年11月讓民主黨的歐巴馬當選，主要原因是對共和黨執政下經濟成果表現不滿意。

隨著歐巴馬所隸屬的政黨同時控制了國會的兩院，他迅速扭轉了國家的經濟與政策走向。在2009年2月，總統與其聯盟政黨共同通過了7,870億美元的經濟振興方案——混合了減稅與增加支出的做法——但在該方案中，沒有任何一位共和黨眾議員去投票支持。雖然支持度不高，但在國會中有忠誠多數的護航，歐巴馬總統施壓通過2項立法內容，並結合到原本的經濟振興法案中，這可能是自富蘭克林‧羅斯福（Franklin Delano Roosevelt）總統提出的「新政」（New Deal）以來，最劇烈的政策轉變了。即使杜魯門（Truman）、尼克森（Nixon），以及柯林頓（Clinton）總統在他之前都曾經推行失敗過，不過歐巴馬還是推動了一系列的**「健保改革」**（health care reform）方案，透過公共補貼的私人保險方式，實行全民健保。在經歷了將近1年對這個充滿廣大爭議的辯論之後，國會很驚險的在2010年3月通過了法案，最高法院也很勉強的在2012年6月加以擁護。另一項獲得些微多數的重大法案則是2010年7月通過的金融改革法案，其制定一系列強大的消費者保護措施以及銀行控管。

為了反映這些急劇的左傾政策波動以及經濟復甦步伐緩慢，選民們後來在2010年的中期選舉時，將眾議院的主導權交至共和黨的手中。雖然總統所隸屬的政黨也幾乎總是在中期選舉時會失去一些席次，不過當時在眾議院議長南希‧佩洛西（Nancy Pelosi）帶領下的民主黨，一次失去63個席次，也凸顯了重大的選舉改變走向，而且也篤定讓歐巴馬總統會面臨到在國會內即將上任的約翰‧貝納（John Boehner）所帶領的多數共和黨議員的衝突。在接下來的2年內，隨著2012年總統大選的臨近，雙方都沒有意願就當今已成為重要性議題的問題——如何去降低國債——來做出妥協，其已經在美國發動兩次昂貴的戰爭以及因為支付經濟振興套裝方案而攀升許多，同時再加上經濟衰退所帶來的稅收減少現象。於是在歐巴馬再次贏得選舉之後，他就有能力去與共和黨的領導人在2013年的新年時來達成一個稅收政策上的協議，以避免國家掉落到有數個稅收內容上升但支出減少的「財政懸崖」當中。不過雙方還是持續有在當年春季協商一些長期預算的平衡方式。在此同時，被稱為「八人幫」的兩黨參議員聯盟，推出一部大作修改的移

民法案,成為近年來美國政治中爭論的針對點。

　　美國人認為這些移民改革的努力最後是以失敗作收,特別是那些「紅色」(投票親共和黨)州,似乎在過去10年間有愈來愈多出生在外國的居民,是支持邊境緊縮方法的人。川普抓住這種聲量機會,要求修建邊境高牆並且阻止穆斯林的移民,在16個由共和黨候選人中占據主導地位的州,以爭取他的政黨總統候選人提名權。在「藍色」州,民主黨選民轉向左派,擁抱桑德斯提出的全民醫療保健與大學免學費政策。警察的暴力執法變成是一個愈來愈有爭論的議題,每年在全美國有接近1,000名的美國人在警察執法過程中喪生。其他逐漸浮現的社會議題,諸如關於許多州認定娛樂性大麻的合法化,以及保障變性人社群的權利,都會激起新一波的政治論戰。2016年的總統選戰話題在關於移民、財富、種族,以及性取向這些議題上發揮了激烈的分歧作用,選舉把美國人深深捲入進去,但出現明顯的分裂狀況(參閱專欄18.4)。

　　21世紀前幾十年動盪的事件,象徵了美國站在這世界舞臺上的脆弱性與力量,以及其政治體系的回應性。這國家在最近這10年中經歷了非常重大的改變:從經濟上的繁榮到蕭條;從共和黨全盤控制政府到民主黨全盤控制再到分立型政府,而後來又重回共黨的控制;從一連串的減稅到重點放在擴大政府的服務上,以及從難以撼動的世界強權,到四面楚歌但仍為有實力的世界一員。美國的政治制度權力並非總是在兩黨之間高度擺盪,或對政策挑戰也並非總是反應敏捷,但其基本上沒有什麼重大改變的特質,會在這一章節中來討論。

## 歷史

### 18.2 辨識在美國政治歷史上三個具有分歧的領域並探討其目前的狀況。

　　自從建國之後成為世界第一個現代化的民主國家以來,美國一直很戲劇化地擴張其在世界上的地位。美國也一直在調整並重新論述究竟哪些國家應該可以被涵蓋進民主世界中。這國家透過其歷史的發展而在全球社群中的地位變得愈來愈重要,本身的改變可從原本相對鬆散的邦聯制十三州,且被歐洲列強國家所持有的殖民地所環繞著,後進入到成為一個大陸的強權,之後成為整個半球的參與者,以及最後晉升到目前象徵世界強權的地位。

### 建國過程

　　美國的民主之路並非直線性地像是美國走向全世界的影響路徑一樣。在建國者的努力之下,當時的美國就是由一群具有民主意識且擁有個人財產的人所組成

之國家（1787年後的唯一例外是紐澤西州授予女性投票權，但卻在1807年將其撤銷）。選舉方面進展得很慢，而且國家還曾經反向將選舉權從原本擁有的人手中奪走。今日，雖然這些不同類別屬性者的投票率差異仍然存在著，不過任何隸屬於種族或族群的男性與女性都擁有投票權。美國的歷史故事可以分成好幾個部分來說明，所以這裡就來簡短將重述的焦點放置於改變美國在世界上的地位，以及其民主制度的包容性上。

在美國歷史初期，由不同的殖民地共同反抗英國王室統治的革命，一開始就是充滿風險的方法。獨立宣言的簽署者，冒著失去財產及生命的風險，進行游擊戰對抗當時世界領先的帝國力量——英國。喬治・華盛頓（George Washington）以及追隨他的殖民地人民，利用他們在幫助英國對抗法國以及在印度戰爭中所擁有的軍事訓練，以及殖民地軍隊堅定不移地承諾協助，最後讓人訝異的打了場勝戰。依據邦聯章程內容所成立的第1任政府，基本上並未成功，太過虛弱而無法為了對抗來自外國勢力的威脅提供防禦，也無法團結新的州追求統一的目標。真正跨出非同尋常的一步而造就美國走上獨特且偉大的歷史過程，那就是這樣積弱不振的邦聯政府並非被強大的獨裁者所取代，而是轉為一個強大的民主國家。其他像是這樣發生在世界上的重大革命——法國與俄羅斯——最後卻引來了暴政獨裁，但是美國在1776年的革命卻造成了在1787年建立了憲法。這樣很成功的體制也產生了最穩定的民主國家，並讓全世界都見證到，且受其影響而在全世界興起其設計政府體制的模仿。其基本的特徵——權力分立、總統制、司法獨立，以及在美國憲法前10條的修正條文中，《權利法案》（*Bill of Rights*）限制了政府的權力——甚至從菲律賓至拉丁美洲以及當代俄羅斯中，其國內也都出現了美國憲法的全部或一部分之內容。

然而，身處歐洲列強控制的大陸邊緣，美國仍深陷危險當中。1812年的戰爭（War of 1812）[2]，英國燒毀了新首都華盛頓特區，提醒大家這個年輕國家仍然相當脆弱。但憑藉著強大的憲法，讓以農業為主並允許奴隸制的南方，與以工業為主並反奴隸制的北方，處於緊張但可行的聯盟關係，美國因此能持續蓬勃發展，並可以利用其財富去向法國（1803年購買了路易斯安那州）以及俄羅斯（1867年獲得了阿拉斯加州）購買土地。美國打造出不錯的軍隊，而成為西半球相當強盛的勢力，而且美國也在1848年結束的美墨戰爭之後，將本身的疆域擴展到太平洋沿岸。

同時在19世紀時也隨之成長的是在美國擁有投票權的人數規模。在革命之後，許多州強加了各式各樣的要求，像是白人男性必須擁有自己的產權或是擁有

一定的財富才能去投票，而每個州都禁止女性去參與大多數的選舉，只有少數幾個北方的州賦予非裔美國人專屬的投票權。到了1792年，法國在民主的範圍上已經超越了美國，因為新的共和國賦予了男性具有普選權（雖然這樣的權利擴張到了拿破崙‧波拿巴（拿破崙一世）建立的法蘭西第一帝國時就宣告終止）。美國各州也才能夠逐漸在1800年代時迎頭趕上，降低在產權上的要求，因此讓所有階級的白人男性都能夠去投票。由充滿個人魅力的戰場英雄安德魯‧傑克森（Andrew Jackson），以及職業政治人物中的組織天才馬丁‧范布倫（Martin Van Buren）領導的「民主共和黨」（Democratic-Republican Party），其地方草根性的政黨團體開創白人男性高投票率的年代，讓這個法律權利變為選舉事實。當有20個州允許女性去參與禁止販賣酒令的公投，且懷俄明州也在1869年變成了第一個允許女性全面普選的州——美國幾乎是女性選舉權運動的第一位——充滿活力的女性投票權倡議者贏得了部分的權利。然而，這運動最後的勝利結果卻還必須等到憲法第19條修正案的通過之後，才真正在1920年時給予所有的美國女性有投票的權利。更加令人沮喪的是非裔美國人對選舉投票權的抗爭，原本已經獲得了，但卻在內戰之後在南方又失去了這樣的權利。

## 內戰

「內戰」（Civil War, 1861-1865）是美國歷史上的一個分水嶺。在1861年前，許多爭議認為美國究竟是個擁有獨立主權的各州組成的便利聯盟而已——各州具有權利隨時可以脫離——或者是個不可分裂的主權國家，人們可以選擇在中央政府與州政府之間去進行權力分配。在上冊第五章介紹到的技術層面內容，美國也是在憲法獲得批准之後才變成一個聯邦國家，但其爭論點在於各州是否有權利去將彼此這複雜關係給切斷。在1865年之後，不論是在法律或現實上，美國已經是建國成立了，所以每一位美國學童都應該深刻理解到「美國就是一個不可分割的國家」，而不僅只是具有主權的不同各州之聯盟而已。

在1861年之前，許多美國人，特別是那些脫離聯邦成立美利堅聯盟國的南方11州，覺得他們是所在州內第一批且最重要的公民，且因為其是聯盟中的成員，而獲得美國公民的身分（最有名的例子就是羅伯特‧李（Robert E. Lee），他強烈反對奴隸制與國家分裂，而之後當維吉尼亞州脫離美國時，他拒絕接受指揮聯邦軍而忠於維吉尼亞州，因為他覺得自己要對本身的州，而不是對整個國家負有主要的忠誠義務）。1868年通過的憲法第14條修正案宣告：「所有出生或歸化於美國，並受美國管轄的人，均為美國及其所在州的公民。」以此消除一切質疑。

簡而言之，首先所有的美國人第一身分為美國公民，而接下來才是延伸至其所居住的各州之公民。

然而這並未完全解釋這樣的問題：哪些是各州的權利，而又有哪些是聯邦的特殊權利。隨著最高法院所裁定的許多介於聯邦與州法律之間的爭議後，內戰的基本問題，即便在發生之後也仍然是衝突的理由。法院在「羅訴韋德案」（*Roe v. Wade*）的判決中，於1973年就推翻了許多州規範墮胎的法律，並且在2015年的「奧貝格費爾訴霍奇斯案」（*Obergefell v. Hodges*）強制每一州必須賦予同性伴侶與異性伴侶相同的婚姻權利。這兩個案例都激怒了保守派所主張的各州權利。然而自由派也都支持各州有自主權在一些他們所支持的州法律領域上，諸如槍枝管制法或是以法令來允許大麻在娛樂上的使用。在經過內戰結束超過150年之後，所創造出來的這類型衝突依然持續在爭論中，其中有一個很關鍵的差異：他們是在一個聯合國家的政府場域中和平競爭著。

藉由鞏固美國各州組成的聯盟，內戰也進一步強化了美國人對外的實力。因為內戰所需而聚集出來的強大軍隊，讓美國有足夠的能力去挑戰歐洲強權，也確實在1898年的美西戰爭中獲勝了。更加困難的反而是去挑戰如何將美國集結成為一個統一接受民權的國家。走過了內戰這條路，憲法第15條修正案保證美國人的投票權，不論其「種族、膚色，以及過去的奴役情況」。而且，美國也運用其北方的軍事力量來對南方進行占領，促使其將選舉開放給過去被奴役的人們。當軍隊在1876年撤離南方時，大量的政治暴力使得非裔美國選民陷入危險之中，並推出一連串的州法律（統稱為《吉姆・克勞法》（Jim Crow laws））來使得非裔美國人幾乎無法進行投票。到了1900年，這些法律——包括強加在所有選民身上的選舉稅費用、可能造成歧視性風潮的識字能力測驗，以及像是「白人初選」的卑劣手段——都翻轉了內戰勝利後所贏得的投票權利，並使得南方黑人的投票率低於10%。

## 20世紀

在經歷了1800年代末期驚人但卻不均的工業成長，美國已經準備好在新世紀登上世界舞臺的經濟與軍事領導者位置。西奧多・羅斯福（Theodore Roosevelt）成功調解了「日俄戰爭」（1905年），以及美國很晚（1917年）才加入第一次世界大戰（1914-1918），象徵了美國願意參與西半球以外之國際事務。甚至自從美國參與到第二次世界大戰（1939-1945）中時，很明顯具有軍事上的優勢以及在經濟上依舊強勢，表示美國已經是世界舞臺上的領導角色了。當然，超級強國

的地位也會帶來巨大的危險與代價。從1948至1989年，國際政治被兩大強國及其同盟國家間的「冷戰」（Cold War）統治：美國領導的西方資本主義／民主的同盟國家，以及前蘇聯領導的東方共產主義／威權的同盟國家。冷戰結束在1990年代初期結束，當時前蘇聯正式地瓦解了（見第11章），而東歐國家也紛紛獨立建國。

　　要定義美國在這一世紀以來於政治上的內部挑戰，就是再次地爭取非裔美國人的政治權利。在第二次世界大戰期間，有許多黑人英勇地前往海外去征戰，也有其他的黑人從南方移居到遍布全國的城市中，並到工廠裡工作。這些地理上與經濟上的遷徙帶來了社會變遷以及組成良好的推力來重塑南方以及整個國家的公民權利。受到最高法院在1954年的「布朗訴托彼卡教育局案」（*Brown v. Board of Education of Topeka*）判決所激勵，這樣的推力有助於整合學校以及其他的公共機構，其推動力可從堪薩斯州經由小石城，再到阿拉巴馬大學。當時也有一些南方的領導人會用比較明顯的種族主義言論，以及警察面對「馬丁‧路德‧金恩」（Martin Luther King Jr.）牧師和平的抗議時卻以暴力來相向，全國大眾的想法就開始轉向去站在非裔美國人的權利那邊。國會在1957與1964年分別通過了很重要的《民權法案》（Civil Rights Act），但直到1965年才有《選舉法案》（Voting Rights Act），在實際上藉由聯邦法院以及美國司法部的權力，來強制保障美國黑人具有投票的權利。在南方以及全國其他地區的推行，除了帶來了美國政治與社會的轉變之外，也成為世界各地民權倡導者的榜樣，並展示了如何將法律修訂轉化為巨大的社會轉變之潛力。

## 今日美國

　　隨著擴大的選舉制度，美國現在擁有許多更加多元的民選領導人模式。2016年，在535位美國眾議院與參議院議員中，其相加共有108位女性、47位非裔美國人、38位拉丁裔美國人、14位亞裔或太平洋島嶼裔美國人，以及2位美國原住民。如果與其他正在走向民主的國家相較女性之代表人數時，美國排名還是高於俄羅斯、伊朗、愛爾蘭、日本，以及南韓，不過卻落後於英國、墨西哥，以及法國，甚至更是大幅落後於德國、荷蘭，以及阿根廷。曾經當選過美國總統的歐巴馬就是一位非裔美國人，便是一個象徵著種族與少數族群的分水嶺，但是這應該被視為是一連串進步之後的結果而不只是個單一事件而已。小布希行政團隊的特色就是聘用了2名非裔美國人來擔任國務卿——柯林‧鮑爾（Colin Powell）與康朵麗莎‧萊斯（Condoleezza Rice）。雖然美國還沒有選出過女總統，但2016年

時，希拉蕊成為第一位主要政黨提名的總統候選人；莎拉・裴琳（Sarah Palin）在2008年時被共和黨投票提名成為副總統候選人時，也扮演了一個非常關鍵的角色，早期民主黨在1984年也提名了傑羅丁・費拉羅（Geraldine Ferraro）作為副總統候選人。

　　當然，政治上的權利與平等也不能夠保證經濟上的平等。在美國，女性收入還是比男性少，而非裔美國女性在經濟與社會地位上依然還是常常高度出現在全國性的討論議程上。雖然今日的非裔美國人在各個面向都比前一個世代的狀況要好多了，不過比起白人，他們還是在很多地方有所落後，包括家庭教育、犯罪與入獄率、正規教育、居家品質、家庭穩定性、受到愛滋病等疾病的感染度，以及預期壽命等。2005年8月，卡崔娜（Katrina）颶風帶來的水患襲擊與摧毀了新紐奧良的許多地區，這是一個非裔美國人高度聚集的城市，使得國家的注意力集中在許多不平等的事情上。後來在密西根州主要是黑人人口的弗林特（Flint）鎮進入緊急狀態時，各個種族的美國人都想知道，為何州、聯邦，以及地方的管制單位在面對於2014年4月開始發生的城鎮水鉛中毒危機反應會如此之緩慢。

　　同時，美國的移民增加了社會多元性，也讓美國的多元政治不再僅限於黑與白的分裂而已。在新的千禧年，美國這個移民國家將會再一次去辯論移民政策以及美國公民身分所該具備的特質。在最近這幾十年，幾乎每一州都在族群以及語言多樣性上有加速的作用，以及伴隨著非法移民不斷增加的人數，而導致需要一個更加具有包容性的移民政策，同時也應該要加強邊界上的安全狀況。當時有上百萬人從芝加哥經達拉斯到洛杉磯這些城市中去參與一場在2006年5月1日舉辦的遊行活動，讓移民權利行動者顯示他們具有組織性的力量，去抗議國會立法要將非法移民區分等級，並將任何幫助他們的人以重罪來處置。這樣的法案最終沒有通過，但是選民擔心非法移民會在2010年4月贏得勝利，所以當時在亞利桑那州通過了要在那些與外國邊界交接的州上，強制打擊非法的移民。全國並沒有在國家應該要如何繼續處理非法移民這問題上產生共識，這也變成2016年總統選舉上需要被表明立場的議題之一。但具有諷刺意味的是，在2008年經濟衰退期間，非法移民的人數有所減少，而此後也一直保持穩定下降的狀態。美國的移民也一直都在族群樣貌上變得愈加多元化，隨著從墨西哥來的移民人數比例之減少，而更多其他的移民來到美國也使得原本的多元化更加具有差異性，隨著這樣的差異性，也往往會演變成政治上的衝突。

## 社會條件
### 18.3 美國各州的大小意指的是其地理、人口，以及經濟規模。

美國的地理環境、人口樣貌，以及經濟狀況，在很大程度上都影響著其政治上的發展。

## 地理

美國的領土管轄權高達347萬5,031平方英哩。這使得美國在地理上的國土面積成為全世界排名第4大的國家，只小於俄羅斯（659萬2,800平方英哩）、加拿大（384萬9,674平方英哩），以及中國（369萬6,100平方英哩）。[2]美國在東岸連接大西洋、西岸則是太平洋、北邊與加拿大接壤，南邊則是墨西哥。這種安全的地理位置——兩岸有海洋屏障，上下兩側是軍事不強大的國家——使其直到19世紀末，能夠達成追求不與外國建立聯盟與開戰的孤立主義外交政策。然而，在今日的洲際彈道導彈、間諜軌道衛星，以及全球恐怖主義，包括美國在內，沒有任何一個國家能夠憑藉本身的地理位置孤立於世界政治之外。

## 人口

美國普查局在2016年估計全美國的總人數已經超過3億2,400萬人。這使得美國成為全世界第3大人口國，只少於中國與印度，而這兩個國家的居民人數都超過了10億人口。[3]美國的人口成長率也是令人相當印象深刻。第一次在1790年進行的人口普查，報告其總人口是390萬人，2016年的數字在226年來驚人的增加了8,307%。有超過5,000萬人從世界上其他國家遷移至美國——由一位英國分析家尼古拉斯（H. G. Nicholas）將這樣的現象特徵比喻成「在西方國家歷史上最大的一次人口遷徙」。[4]相對的，其中一個最重要的事實來認識美國在歷史上都比其他國家更為廣大的現象就是：美國是一個移民國家。人口普查分類中只有1.7%的人口是屬於美國原住民、阿拉斯加原住民，或是祖先為夏威夷人；剩下的都是來自於全世界的移民或是移民的後代。

大多數的移民都是來自於歷史上三波移民潮之一或是其他：第一波是在1840至1860年，主要是來自於西歐國家、英國，以及愛爾蘭；第二波是在1870至1920年，主要是來自於亞洲、東歐、義大利，以及北歐斯堪地那維亞；第三波是在1965年迄今，主要是來自於拉丁美洲與亞洲。在1920年代，國會設定了移民的上限人數，導致移民成長率急速下降。直到1965年修訂的移民與國籍法，取消能夠來自於每個國家的人數上限之後，才又恢復其成長。今日，每年至少有100萬名合法的移民持續進入到美國。除此之外，估計也有1,100萬非法的移民入境——

那些在其他國家出生而沒有通過檢查或是違反簽證條款的人——居住在美國。[5]圖18.1根據出生地來劃分美國來自外國出生的人口比例（包括合法與非法的移民）。

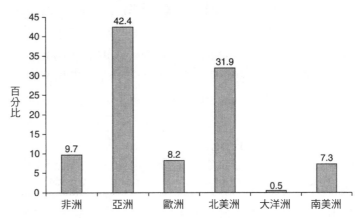

圖18.1 美國人在外國出生的人口出生地分布（2014年）

資料來源：「美國國土安全部」，移民統計年報：合法永久居民。

因此，從一開始，美國在歷史上就接收了比其他國家更為大量的移民，使其擁有全世界不曾出現過的最多民族與文化上之多元人口（只有印度比較接近這樣的情況）。之後，我們會關注一些在美國政治上，因為多元化所帶來的結果。

## 經濟

即便是在2008至2009年的金融危機之後，美國依然是全世界最大的經濟體。在2015年，其「國民所得總額」（Gross National Income, GNI），或是其總產出商品與服務再加上來自外國的收入來源，估算是18兆1,000億美元，相較之下中國是10兆8,000億美元、日本是4兆3,000億美元，以及德國是3兆4,000億美元。[6]美元也持續是世界上的基本貨幣單位；大多數國家貨幣的價值在慣例上也都是將歐元、英鎊、盧布、日圓，以及其他的貨幣單位，換算成多少錢等值於1美元或1美元可交換其多少幣值。

有一些經濟學家認為美國的經濟霸權已經結束了。美國在好幾年以來一直都是全球最大的債權國，但後來卻變成全球最大的債務國，部分原因是美國持續購買更多數十億美元以上的外國商品，而外國人並沒有等值地購買美國商品，而另一部分原因則是聯邦政府長期以來存在著大幅的預算赤字。從1980至1997年，聯邦政府的支出與收入的差異就高達3兆1,000億美元，而1998至2001年有少量盈餘，但之後卻又恢復了創紀錄的赤字。到了2016年，所累積的總體國債估計已經高達19兆4,000億美元了。[7]相較於前面內容提到過的經濟規模，美國所有的債務是稍微多於國家每年的總體收入。

　　美國長期以來一直被視為是資本主義經濟觀點與制度奉行的堡壘，也是位於那些相信社會主義的人民與國家之主要對立面。然而美國的經濟制度與實行方式卻從未符合「自由放任」立場的經濟學家——像是18世紀的亞當・斯密（Adam Smith）以及20世紀米爾頓・傅利曼（Milton Friedman）——所提出的完全自由企業標準。這些經濟學家呼籲在經濟事務上最低程度的政府干預，包括政府不要去規範營運、利潤，以及成功企業所支付的工資多寡，而且政府也不需要去幫忙那些經營不善的企業來進行補助或是「紓困」。

　　然而除了國會授權在2008年對金融機構以及其他大型公司提供7,000億美元的紓困援助之外，其實美國政府多年來也都一直以許多方式來補貼美國的企業。政府推動研究，讓企業可以用來開發新產品，並支付在其他國家行銷美國產品的費用。州、地方，以及聯邦政府會共同合作來提供「公共財」（public goods），像是教育以及交通運輸的基礎建設等。國會在某些外國製造的商品上設定關稅與進口額度，以避免這些商品以削低價格方式競爭而傷害到美國的製造業。聯邦法律保證所有的勞工都會被支付到某一水準的最低工資，不去計算其在真正自由競爭的市場上能夠拿到多少工資，而這樣的工資額度在最近幾十年來也都有持續在上升當中。在2017年，聯邦最低工資是每小時7.25美元，但是有19個州的最低工資都比這數字高，包括亞利桑那州（10美元）、加州（10.50美元），以及麻薩諸塞州（11美元）。準公營企業，例如「房利美」（Fannie Mae）以及「房地美」（Freddie Mac），在2008年就完全由聯邦來接手，讓購房者更容易能夠獲得貸款補助。聯邦稅法會補助企業要提供給員工的退休養老金以及健康照護，建立公私混合安全網，其運作方法有點像是歐洲的福利國家模式，不過僅針對那些已經獲得良好工作的人。[8]隨著努力推動的健康保險制度改革法案在2010年通過，也開始逐步顯現效果，美國將會看起來更像是歐洲國家一樣，強制並補助全民健保。大多數這些政策都是因為商業協會、工會，以及其他壓力團體施以政治壓力後才出現。因此，當時有大多數的美國人表示相信自由企業，但是他們比較傾向於推動一個安全企業，如此看來並不為過。近年來的經濟災難與大規模對私人企業進行紓困救助，也刺激了服務，並提醒人們在危機時期的自由市場意識形態可能迅速就會失靈，而使得公共財政承擔了被認為因為「太龐大而不能倒閉」的私人公司之風險。

# 憲政體制

## 18.4 列舉在美國憲政體制下三個非常具有代表性的特徵，並且描述這些權利之間具有哪些相互關連的特質。

就像是大多數的現代化國家（英國與以色列可說是兩大例外），美國政府體制的基本結構明定在成文憲法中——美國憲法在1787年起草、1788年批准通過，1789年正式施行。這是世界上最古老而仍在使用的成文憲法。

當然，今日的憲法與1789年的憲法，在許多重要方面有所不同。憲法已經被正式修正27次了，最近的修改是在1992年的修正案，內容主要提及到國會議員的

## 專欄18.1 《美國權利法案》

**第1條**
宗教、言論，以及出版的自由。

**第2條**
持有與攜帶武器的權利。

**第3條**
具有未經屋主同意，則士兵不得在民房中駐紮的自由。

**第4條**
不受無理搜查與拘捕的權利。

**第5條**
除非經由大陪審團提出的起訴，否則不得審判人民；不得進行一罪兩罰；禁止強迫他人自認其罪；未經正當的法律程序，不得剝奪他人生命、自由或是財產；不得將私有財產充作公用，而沒有公正的賠償。

**第6條**
在刑事起訴中，被告人有獲得公正陪審團迅速與公開的審判之權利；被告人必須被告知有關指控的性質與原因；被告人有權利要求對他或她有利的證人來作證；有權利請求律師協助。

**第7條**
其價值超過20美元以上之訴訟案，保證具有陪審團審判之權利。

**第8條**
不得要求過重的保釋金、不得課以過高的罰款，也不得施以殘酷以及逾常的懲處。

**第9條**
憲法中所列舉的權利，不應該被解釋為否定或忽視由人民所保留的其他權利。

**第10條**
憲法中未授予合眾國政府，也未禁止各州行使的權力，則保留給各州或是人民來行使之。

薪酬變更，必須在下一次眾議員選舉之後才能生效。[9]前10條修正條文，被統稱為《權利法案》，明定禁止國家政府剝奪個人權利（參閱專欄18.1）。

　　其中一條最重要的修正法案就是在內戰剛結束時所完成的憲法第14條修正案。其明確表示全國公民身分在法律上優於各州公民身分，並且禁止各州侵犯美國公民的「權利以及被免除的義務」──按照司法解釋，是指反對國家政府對於憲法前10條修正案的侵犯。其他主要的修正內容像是：廢除非法奴隸制（第13條）、保障前奴隸者（第15條）以及女性（第19條）的投票權、限制總統當選屆數最多2任（第22條），以及闡明了更換不具有勝任能力的總統之條件（第25條）。即便擁有這些憲法修正條文，但大多數在1789年施行的憲法之基本元素都還是具有效力，而在其他許多國家中以及大多數美國各州的成文憲法，也都曾經被加以全面修改過多次。因此，如果持久性是憲法強度的一種指標的話，那麼美國的憲法確實是歷史上最為強勁的憲法之一。

　　然而憲法裡面的文字並未詳細描述美國憲政體制相關的基本架構。許多慣例、做法以及法院判決，在沒有更動憲法裡的一字一句下，都已經很明顯地改變美國治理的方式了。例如增加司法審查、政黨發展，以及總統選舉過程的改變，從原本封閉式的政治圈內人選舉，走向開放式的全民普選。

　　美國成文憲法的條文以及相關的慣例與做法，加在一起構成了憲政體制所具備的三大特徵：聯邦制、權力分立，以及司法審查。

## 聯邦制

　　「聯邦制」（federalism）是指政府的權力被國家政府以及幾個次國家政府所劃分，彼此在其被指定的領域中，皆享有最高的合法管轄權。這個體制有一些古老的先驅，著名的有西元前3世紀的古希臘城邦國家組成的「亞該亞同盟」（Achaean League），以及16世紀的「舊瑞士邦聯」（Swiss Confederation）。不過卻是起草美國憲法的人，打造出第一個現代版的聯邦制。他們之所以會這樣設計，是因為必須要如此處理。1787年在費城召開了制憲大會，因為其成員認為新的國家需要一個能夠超越邦聯章程所能提供之更加強大的全國性政府，但是來自於比較小型的州代表拒絕加入任何全國性政府，因為這可能無法保障他們原本所建立起來的大多數權力。後來制憲者通過在全國性政府與州政府之間進行權力分立，並在參議院中給予每個州平等的代表權，這才打破了僵局。因為只有這樣才能夠讓大州與小州都同意接受這個新的憲政模式。

　　即便如此，有些制憲者認為聯邦制不僅僅是一個政治上的權宜之計。舉例來

說，詹姆斯・麥迪遜（James Madison）認為民選政府對人權的最大威脅是多數人民產生的「暴政」，當一個黨派全面掌控政府權力，並利用它來發展自己的特殊利益，而犧牲其他利益時，此危險便會發生。他認為全國性政府與州政府之間施行權力區隔，再搭配權利分立，是預防上述災難的最好方式。

　　聯邦制被廣受讚譽，認為這是美國對政府制度最好的貢獻之一。許多國家也採行這種制度，使具有不同文化和利益的地區，能夠團結成一個國家。今日最顯著的案例有澳洲、加拿大、德國、奈及利亞、俄羅斯，以及瑞士，而且在那些不同制度的國家像是巴西、印度，以及墨西哥，也可以發現聯邦制的重要元素。

　　美國聯邦制透過以下幾種主要方法劃分政府的權力：

- 專門分配給聯邦政府的權力，像是宣戰權、與外國締約權、鑄幣權，以及規範州際之間的商業行為。

- 第10條修正案保留給各州的權力。這些範疇的主要權力包括教育、離婚與結婚、州內之間的商業行為，以及交通車輛的管制等。然而，聯邦政府往往會補助各州來幫助他們設立與運作學校、建立與維修高速公路、給予窮人與病患福利上的支助等。各州不一定要接受聯邦政府的金錢補助，但是一旦接受了，他們也必須要接受聯邦政府設定如何使用補助金的標準以及監督。

- 聯邦政府與州政府皆可行使的權力，例如徵稅以及明定犯罪者的懲罰方式。

- 禁止聯邦政府干預的權力，主要是憲法前8條修正條文中的內容，諸如限制人民言論、出版，以及宗教的自由，還有對犯罪起訴者擁有平等審判的各種保障。

- 禁止州政府的權力。部分內容列入憲法本文內，不過主要還是在憲法第14條修正案中所規範的內容，沒有任何一州可以「侵犯合眾國公民的特權或是豁免權；也不應該讓任何一州在未經法律程序下而剝奪任何人的生命、自由，或是財產；也不能拒絕任何在其管轄權的人們要求擁有法律上的平等保障」。最高法院有許多針對這些判決的解釋，其意味著憲法前8條修正條文內容是保障人民免於聯邦政府侵犯的基本自由，同時在憲法第14條修正條文中保障了避免被州政府侵犯的內容。

　　以上規定都很重要，然而美國聯邦制最重要的一點是憲法第6條：

　　本憲法與依本憲法所制定的合眾國法律，以及根據合眾國執政當局已締

結或將要締結之一切條約，均為全國的最高法律；州的憲法以及法律中有與之相牴觸的內容，每個州的法官都仍應受其約束。

簡而言之，雖然聯邦政府不得藉由憲政名義來干預專門劃分給各州的權力，但是當一個州制定的憲法或是法律，牴觸了聯邦政府依據其適當權力所制定並已採行的法律或是簽署的條約時，具有衝突性的州憲法與法律就必須要讓步。甚至判決聯邦政府或是州政府的行為是否符合其憲法權限的機關，是隸屬於聯邦政府而非州政府的美國最高法院。因此，就某種程度上來講，美國的聯邦制就像是介於國家中央與州政府之間的競爭關係，而首席裁判員卻是這兩個參賽隊伍之其一的成員。

## 權力分立

由於大多數的美國制度分析者認為權力分立是美國制度（總統制民主（presidential democracy））與其他大多數民主國家制度（議會制民主（parliamentary democracies））之間最重要的差異點，那就讓我們來清楚地說明這個制度上的主要特色。

「權力分立」（separation of powers）意味著憲政上的政府權力之區隔，表現在分立的立法、行政，以及司法部門上（參閱圖18.2）。美國憲法明定將立法權交付國會（憲法第1條），行政權交付總統（憲法第2條），以及司法權交付給由最高法院統領的聯邦法院（憲法第3條）。許多其他國家的憲法，包括絕大多數的拉丁美洲民主國家，都是師法美國權力分立的總統制。

這三個部門的權力分配以幾種方式來呈現，其中最重要的內容則在憲法第1條第6款中表示：「參議員或眾議員不得在當選任期內擔任合眾國政府任何新添設的職位。」這樣的規定表示每個部門負責的人，與其他兩個部門完全不同。舉例來說，當參議員約翰‧凱瑞（John Kerry）在2013年被聘任為美國國務卿時，他就必須在自己接受這新的職位前，辭去原本的參議員職位。當然，這與許多議會制民主的權力融合剛好相反，像是英國就要求行政部門的首長，必須是國會議員。

美國政府各部門的領導人篩選程序不同，任期時間也不一樣。眾議院的議員是直接由選民投票選出，任期時間是2年，沒有限制任期屆數。參議院的議員也是直接由選民投票選出，任期時間是6年，也沒有任期屆數的限制，但其的任期是錯開的，所以每2年就會有三分之一的參議員要經歷一般或連任的選舉。[10]

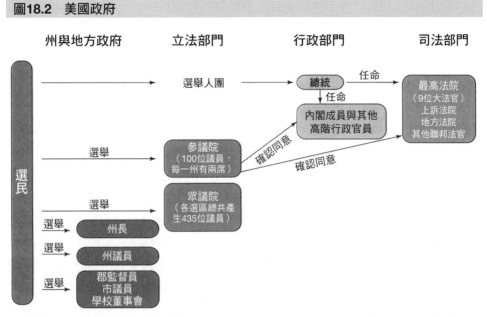

**圖18.2　美國政府**

資料來源：2005／2006年美國政府手冊（Washington, DC: Government Printing Office, 2005），第21頁。

美國總統是由**「選舉人團」**（Electoral College，這些人是由全民直接選舉所篩選產生）所間接選舉產生的，一屆任期為4年，而且有限制最多只能擔任2屆的任期。所有的聯邦法官，包括最高法院的法官在內，都是由總統提名再經由參議院多數通過而任命，任期為終身職，直到死亡、辭職，或是遭到國會罷免。

確保權力分立的其他主要機制就是**「權力制衡」**（checks and balances），每一個部門都具有憲法上的規定來避免受到其他兩個部門的權力侵犯。舉例來說，參議院可以否定由總統所任命的高階職位，也可拒絕簽署條約。國會中的兩院可以共同彈劾、定罪，以及罷免總統或是聯邦法官。他們可以（往往也這樣做）否決總統提出的立法提案、撥款，以及總統所要求的稅收。同樣的，總統也可以否決任何國會的法案，而且憲法規定國會兩院都需要三分之二的投票支持才能夠推翻總統的否決。總統也可以對所有的聯邦法官進行初步的任命。總統一般都會提名那些可能傾向於支持與自己政治理念與政治偏好相似的法官，但是一旦提名通過後，法官的判決就不需受到政治上的監督了。

某些學者認為「不同部門行使共享權力」，更能準確地描述美國制度，因為要執行政府的施政通常需要國會與總統某種程度的合作，再加上最高法院的默許。「權力分立」也是多數政治科學家在《聯邦論》（*Federalist Papers*）

（1787-1788）問世之後，所拿來描述這體制的特質名稱。不論這名稱是如何被稱呼，這樣的憲政特質，都比其他特質更加影響到美國，並使美國的體制不同於大多數民主國家。[11]

## 司法審查

美國的聯邦司法機構包括1個最高法院、13個上訴法院、94個地區法院，以及各種專業法院。各州也都有平行併置的司法系統，處理大量的刑事與民事案件。「司法審查」（judicial review）可以被定義為法院有權以違憲為由，來宣告立法或行政行為無效。美國所有的法院，包括聯邦初審法院以及各州所有層級的法院，也會不定期地行使這樣的權力。但是在涉及到解釋國家憲法（如此，這就像是前面所說明的，其為「全國最高法律」）的所有問題上之最終決定權仍屬於美國的最高法院。最高法院可以因為違反憲法為由，宣稱所有總統或國會的立法無效，並予以撤銷。而這樣的判決僅能透過憲法的條文修正或是由最高法院來推翻，且這往往是有新的法官成員加入，改變了原本的見解立場比例之故。

雖然每個民主國家都必須決定哪個單位有決定憲法所保障與限制的最終權力，但美國是少數將此權力交給最高上訴法院的民主國家之一。有些國家，像是義大利，將這個最高解釋權交付給特殊法院，而非一般的法院系統單位，而在其他國家（諸如墨西哥與瑞士），權力僅包含「聯邦仲裁員」的權力而已，而這個權力是無法推翻全國性的行政與立法之決定。因此，司法審查可以算是一個特色，但不算是美國憲政體制中具有排他性的獨特點。

因為美國憲法賦予很重要的權力給最高法院，使得最高法院在影響人們日常生活的政策上，扮演了相當積極的角色。墮胎權對生命權以及個人選擇權的支持者而言，都是極為重要的議題，而且自從1973年法院做出了「羅訴韋德案」的判決，也建立了聯邦對基本墮胎權的保障，而要推翻或堅持這一決定的驅動力，也激起了很多的政治參與。這個具有標竿意義的判決認為墮胎權是受到憲法保障的個人隱私權，但是那些主張生命權的人也透過國會及最高法院，在晚期流產做法、等待期，以及可以執行墮胎手術的醫生等獲得一些限制。這不是最高法院近年來唯一的重大爭論。僅在2010年中，最高法院就做出許多具有里程碑的判決，授予公司企業有權在選舉中提供無限制的政治獻金；透過質疑州與地方槍枝管制法之合憲性來擴大憲法第2條修正案的保護範圍，以及縮小刑事被告者的權利。最高法院於2012年僅以些微多數表決維持了《平價醫療法案》（歐巴馬總統的全民健保），而維持該法案的裁決也對國會以及總統未來在規範州際貿易的權力

上，設置了極大的限制。2016年初的最後一項重大裁決在4比4的僵局中，因最高法院大法官安東寧‧斯卡利亞（Antonin Scalia）的逝世而離開法院後，以些微的多數票阻止了歐巴馬總統「潔淨電力計畫」（Clean Power Plan, CPP）的執行，這使得他的環境遺贈的關鍵部分角色陷入了困境。川普的當選，以及他任命法官尼爾‧戈蘇奇（Neil Gorsuch）來替補斯卡利亞在最高法院的位置，而讓這個計畫面臨危境。法院的影響力愈來愈大，總統可以透過提名新法官取代即將離任的法官重組法院，司法部門的方向已經成為美國總統在選舉上的一個重要組成部分。

# 政治文化與社會化

## 18.5 確認並談論美國這兩種文化融合的理論，包括大眾傳播媒體在美國政治上所扮演的角色，以及政府對於這些媒體的管制能力。

　　雖然美國的憲政體制對於政治上的決策有很大的影響力，但這並非是美國政治的全部。在相當程度上，美國的政治體制會如此運作，就是因為這是由美國人，而不是由英國人、義大利人、墨西哥人，或是伊拉克人來運作的結果，而其也會依照這樣的模式在運作，因為美國本身具有很鮮明獨特的**政治文化**（political culture）來強調、活化，以及形塑我們先前有談論過的所有正式機構。

　　上冊第三章以比較的視野來探討政治文化以及社會化，而美國獨特的政治文化，值得進一步加以關注。

### 大熔爐還是拼布床單？

　　大多數的美國人都是移民或是移民者後代，他們來自於非洲、亞洲、西歐與東歐，以及拉丁美洲等不同的文化環境。在這樣的概念上，全球化確實對於形塑美國的樣貌扮演了很重要的角色。綜觀美國大多數的歷史，其一直在處理如何以最佳的形式來讓移民以及本身所帶有的不同文化能夠融入美國的經濟、社會，以及政治生活中。

　　在整個美國史上，移民是否應該要變得非常積極融入到社會，一直都有兩種不同的看法在知識分子的論述、政治辯論，以及實際執行上產生著許多的衝突。其中一個是「**大熔爐**」（melting pot）的觀點，其混合了所有不同的移民文化而成為一個獨特的美國文化，藉由一種語言——美式英語（American version of English）來進行表達與傳承。特殊族群的民俗可以保有空間，像是波蘭婚禮、愛

爾蘭的葬禮守靈，以及墨西哥食物，但是教育制度最重要的任務就是將每個人變成說英語的美國人，並灌輸國家政治文化的主要價值觀與態度。這樣的願景體現了對公民愛國主義的規範性承諾：任何公民的核心認同應該是成為一位「美國人」，並享有國家的政治遺產以及憲法來取代每個人原本的種族或宗教身分，而以這些可共享的原則來將國家以及人民連接在一起。

　　另一個剛好相反的觀點是將美國人視為像是一塊真實文化上的**「拼布床單」**（patchwork quilt）[3]（這句話是來自一位民權領袖：傑西・傑克遜（Jesse Jackson））——由國內主要少數全體的語言、歷史、習俗，以及價值觀所排列組成的，每一種都應該受到相同的關注、尊重，以及像其他的一樣同等重要，沒有所謂的強勢主導之存在。這樣的視角拒斥了大熔爐的觀點，其認為移民群體的祖先與獨特的文化都應該同質化成單一的國家優勢文化——在他們觀點裡，主流文化並非真正融合了所有的文化，而充其量只能說是西歐的文化，甚至只是英國的文化。而拼布床單的比喻是近年來才創造出來的，而今日更是連結到一些非裔美國人、拉丁裔，以及亞裔社群中的意見領袖上，這些各式各樣移民群體的成員希望在經過這一世紀以來，還能夠尋找出可以堅守本身文化上的認同以及母語。義大利裔、愛爾蘭裔，以及尤其是德國裔的移民往往會拒絕融入美國的文化習俗以及語言當中，而去重塑所謂的主流文化，以及甚至是英語的使用。

　　支持拼布床單視角的擁護者會在這些政策中去提倡雙語教育（以他們本身的母語來教導少數族群的小孩，而不是要強迫他們去學習英語來當作是原始語言），以英文以外的語言文字來印製選票以及其他官方的文件，並且擴大學校的課程，這樣才能夠去完整且公平地去關注到是否有助益於非洲、亞洲，以及拉丁美洲的文化，同時也能夠照顧到那些英國以及西歐國家的文化。

　　有些反對的聲浪也出現來反制這樣的運動。其中一個表達的方式就是由幾個州通過了立法以及在2006年5月在美國參議院投票後宣布將英文制定為官方語言。政治科學家山繆・杭廷頓（Sam Huntington）的著作《我們是誰？：美國國家認同的挑戰》（*Who Are We?: The Challenges to America's National Identity*）提出了一個具有爭議性來對盎格魯——新教文化的捍衛，並對抗今日來自拉丁美洲移民浪潮的入侵威脅。在文化大熔爐以及拼布床單之間，有關移民同化上的衝突觀點，似乎會一直在整個21世紀持續下去。

## 美國傳統政治文化的主要元素

　　政治科學家通常會考慮到的政治文化之第一面向，就是一個國家的居民對政

府所展現出來的信任程度。在1958年，當全國選舉研究中心第一次詢問美國人本身是否相信自己的政府會執行正確的事情，有73%的人回答他們相信政府總是或大多數時間都會做正確的事情。自此之後的數十年期間，對政府的信任度逐漸被侵蝕，而在越南戰爭期間以及水門案（Watergate）醜聞之後則是出現大幅下降的情況，不過一般其波動情形大多還是跟著國家的經濟狀況路線而走。在過去的30年，美國人在景氣繁榮時比較信任政府，而在衰退期間則是表現出對於華盛頓特區的觀點保持懷疑的態度。在經歷了2008至2009年的全球性經濟危機之後，失業率攀升至歷史上的新高，而對政府的信任度也暴跌到歷史上的新低。到了2010年時，只剩下22%的美國民眾相信政府總是或大多數時間會去做正確的事情，不過這個數字在2016年的經濟回穩時，提升至24%。

雖然美國人並非總是信任自己的政府，但仍然對自己的國家感到自豪與光榮，並且願意為國家去犧牲與奉獻。如果將美國拿來與西歐國家相互比較這些面向時，是很具有啟發性的。研究顯示有更多的美國人認為自己非常以本身的國家為榮（80%）並且願意為國家上戰場（71%），這比例高過於英國、西班牙、義大利、法國，以及德國等相關的這些國家（其比例範圍，英國為55-62%，德國則為21-35%）。[12]因此，儘管在信任政府會做對的事的比例上，美國人沒有西歐人來得高，但是美國人卻是比許多西歐人更愛國。我們如何來解釋這種矛盾現象呢？

答案可能在於美國歷史上，大多數的美國人會同時強烈地支持兩種在邏輯上（但並非是情緒上的）不一致的觀念。其中一個觀念會認為一般美國人都是很善良、忠誠、可靠的人，具有許多合理的常識，以及美國是一個棒的國家。相反的，美國人會覺得政府不一定等同於國家，就像總統隆納·雷根（Ronald Reagan）所言：「政府是問題，不是答案。」而且美國人也覺得專業的政治人物是應該要符合職位的能力要求、能夠領導本身的政黨，以及指引國內企業去自我追尋可拓展的業務契機，而不是把重心放在如何贏得選票以及連任上，而沒有好好地制定具有勇氣以及前瞻性的政策來解決國家的問題。因此，許多美國人會喜愛自己的國家，但是卻不信任那些運作國家政府的政客。

政治文化的另一個面向，就是一般人們相信本身的主要偏好可以影響到政府官員程度的多寡。其中一個比較政治文化研究的主要發現就是美國人在這個面向的得分高過於英國人、德國人、義大利人，以及墨西哥人，而在以上所有的5個國家中，擁有較高學歷教育者的得分會比較低學歷者來得高。[13]後續的研究也證實了美國人一般會比大多數其他國家的公民，擁有更多的「政治效能感」。

美國的另一個特殊現象是，大多數美國人——黑人或白人、女性或男性、年輕人或年長者——都深信他們擁有基本的權利，而能夠確保權利的最佳方式，往往不是等待行政、立法，以及政府官僚的公務員去做正確的事情，而是提起訴訟來控告政府官員——以及其他非官方的個人——以捍衛自己的權利。美國人的「好訟性」（litigiousness）——亦即，他們傾向於對政府官員以及其他公民，提起侵犯本身權利的訴訟——使得法院在美國扮演了相當核心的角色。美國一位法學者羅伯特・卡根（Robert Kagan）認為美國的「訴訟」（litigation）可以達到（以更高的成本）歐洲國家透過管制完成的相同工作。[14]美國人之所以會採取不同的途徑，最有可能是因為像是民粹型總統安德魯・傑克遜（Andrew Jackson）所主張的觀念所影響，而認為一般人都有足夠的智慧來監督一切，包括自己的政府。

## 政治社會化

政治社會化是一個過程，就像將小孩引導到本身社會中的價值觀以及態度，形塑他們的觀念去理解政治世界長什麼樣子，以及判斷哪樣的人物、政策，以及制度會獲得多數人認為是好或壞的評價。在美國這樣的過程很大一部分會相似於其他任何一個現代化、人口眾多，以及工業化的民主國家。形塑美國人的政治社會化之主要單位就是他們各自的家庭（尤其是本身的父母親或家長）、學校教師、同儕朋友、校園同學、工作夥伴，以及大眾傳播媒體。雖然傳統歷史記載父母親或家長在社會化中是最具有權力的影響力，但在過去這幾十年，大眾傳播媒體的影響力，以及特別是網路社群媒體在過去這幾年崛起之後，也開始重塑了政治社會化的過程。

「大眾傳播媒體」（mass communications media）這個詞彙包括了所有運用來傳遞訊息、思想，或是感覺給廣大閱聽者，但不需要與傳播者實際面對面互動的所有工具。這些大多可以區分成兩種範疇：「平面印刷媒體」（報紙、雜誌、書籍，或是宣傳手冊）以及「電子媒體」（網際網路、無線電視、有線與衛星電視，以及廣播）。

美國就像是大多數的工業化民主國家一樣，擁有許多混合的公營以及私營的電視節目與廣播電臺，以及網際網路。在美國，私營的媒體已經變得比公營的還要更加重要了；私營的廣播電臺數量是公營的3倍，而公共的無線電臺一般大約只有10%左右的閱聽人而已。此外，幾乎所有發行量最大的報紙、雜誌，以及造訪最多的網站都是私營的，都是經由廣告收入以及訂閱者的支持而存在。

因為美國憲法第1條修正條文所保障的新聞出版自由（再次參閱專欄18.1），所以平面印刷媒體方式所出版的政治性內容，幾乎都不受到政府的管制。關於印刷品的唯一限制大概就是書面與口頭誹謗的法律問題，而在「紐約時報訴沙利文案」（*New York Times Co. v. Sullivan*, 1964）這樣一個具有里程碑的案例中，美國最高法院判決政府官員與公眾人物不得對平面印刷媒體的報導要求侵權損害賠償，除非這些報導是：（1）明知是錯誤的或是「粗魯而全然不顧」（reckless disregard）真相內容；（2）可證明為「惡意」（malice）[4]故意損害受害者的公共名聲以及社會地位——但這樣的指控卻很難加以提出證明。[15]

廣播電臺與電視節目就比平面印刷媒體更加受到管制。它們只有在取得「聯邦通信委員會」（Federal Communications Commission, FCC）核發的執照才能夠開播節目。需要這樣的執照就意味著，政治性節目的內容必須達到某一種程度管制的標準。舉例來說，電臺必須給予所有候選人同等機會讓他們能夠出現在節目上；電臺不需要給任何候選人免費的時段，但如果他們給予了某一位候選人這樣的時段，就必須給予所有的候選人。如果電臺把某個時段賣給了某位候選人，他們也必須以同樣的價格賣給其他的候選人，並且提供相對也是具有競爭力的黃金收看時段。電臺也不能夠向政治廣告收取比一般商業廣告還要高的廣告費。

美國最高法院一直支持政府強化限制電子媒體的權力，但卻反對政府對平面媒體採取相同限制。原因是一般所稱的**「稀有性原則」**（scarcity doctrine）：最高法院認為除了經濟考量在報紙、書籍、雜誌，或是宣導手冊會依據其發行數量來印製之外，幾乎是不受到限制的。但在電視或廣播電臺上卻是有使用頻寬的限制，也就是在某特定光波有效輻射功率頻道內，僅能讓一定數量的電臺占有。因此，如同法院所言，廣電頻道就像是一種公共資源，必須將其視為如同國家公園或是可航行河道一樣；政府不僅有權力分配頻率，並且可設定標準來確保這些電臺的使用會提升「公共便利性、利益性，以及需求性」。[16]

網路的管制變得較少，今日的臉書頁面以及推特發文，在傳遞政治事件與觀點以及實況轉播的醜聞上，都扮演了更加具有影響力的角色，不論是真實的或是被加以改造的。獨立的網站，並不太需要受制於執照的需求，也不必停留在需要拉攏眾多廣告客戶的良好氣氛中，而且如果他們發布一些被抹黑的新聞報導，也幾乎不會感到失去什麼聲譽。各方面意識形態的活動分子在部落格上的發文，能夠以不受限制的速度在網絡空間傳播事實、謠言和毫無根據的指控，在競選上扮演愈來愈重要（也經常受指責）的角色。然而，即使智慧型手機能為我們提供社交媒體以及其他網路資源，並持續不斷地讓我們接觸到許多未知的新世界，不過

許多原本傳統的新聞來源也已經逐漸適應並又重新蓬勃發展。根據「皮尤研究中心」的調查，有一半的智慧型手機用戶以及超過半數的平板電腦擁有者，都會運用其設備來觀看新聞並且通常會前往像是他們相信的美國有線電視新聞網（CNN）以及《紐約時報》等既有網站（不過，現在兩大政黨的成員已經更加極化於只接觸本身所信任的一些新聞來源，有67%的共和黨支持者會相信福斯新聞頻道（Fox News），但只有37%的民主黨支持者會相信這頻道，而對《紐約時報》正好相反）。皮尤研究中心的另一項調查發現到有十分之四的美國人「經常」是在網路上獲取新聞資訊，相較之下有57%的人則是經常從電視上獲得新聞資訊。與早期只有桌上型電腦以及筆記型電腦相比，手機的上網效果已經導致許多人在新聞網站上花費更多的時間，從而加深了與政治的關注與連結。

## 政治參與以及政治人才甄補

### 18.6 比較與對照美國與其他國家的提名與投票之程序以及結果，並且描述政治參與的其他替代形式。

　　雖然投票行為在美國是最普遍的一種政治參與形式，但這也只是讓一般公民去尋求影響政府的許多途徑之一而已。

### 投票參與

　　由於選舉中的投票行為是許多民主國家中一般公民的主要方式來實際參與到本身國家的治理過程之方式，大多數的政治科學家相信「**投票率**」（voting turnout）──所有具備投票資格的人們，其真實去參與的百分比──是一個很重要的指標來檢測任何民主國家體制的健康活力狀況。世界上民主國家的投票率研究，就像是在圖18.3所呈現的狀態，顯示美國的投票率通常都比其他多數民主國家要來得低。

　　許多美國的評論家也都點出這樣的數值表示，美國的投票率在過去這幾十年來急遽下降，象徵美國政治陷入沉痾之中。說法雖不同，但都指出這症狀源自太多負面競選、太少優秀的候選人、金錢在競選中的作用愈來愈上升、政黨在草根政治中更加式微，以及其他病徵。然而，最近的研究顯示這些都是對健康的人的誤診；在過去這30年美國的投票率其實一直保持穩定。

　　投票率下降的傳統觀點是錯誤的，因為其依據誤導性的投票率近似值，計算那些適齡投票人實際投票的百分比。這樣的測量問題在於，美國許多適齡投票人其實是無法投票的，有些因為他們不是公民，有些則是因為他們是被定罪的重罪

犯，而居住在禁止其投票的州內。這些非公民（包括合法與非法移民都涵蓋在內）或是重罪犯的美國人口百分比在最近幾十年來有增長的趨勢，所以適齡投票且有權投票的人口比例會更加縮小。學者將這些人群計入計算正確的投票率，發現從1972年以來，歷屆總統選舉的投票率一直都穩定維持在55-60%之間（事實上，在憲法第26條修正案將投票年齡改成年滿18歲後，投票率反而下降）。**17**

進一步仔細檢視，發現美國的投票率與其他國家相較之下看起來不僅更高，並且也能找出選民參與的主要障礙。如果美國的投票率計算方式和其他民主國家完全相同的話

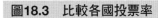

**圖18.3　比較各國投票率**

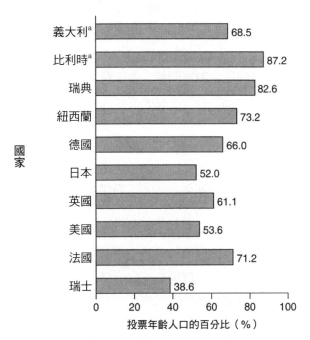

*在美國是總統選舉投票率，其他國家則是採用國會議員投票率。
ª 有強制投票的法律。

資料來源：投票率就是指涉投票年齡人口的比率，根據皮尤研究基金會發表了：「美國選民的投票率低於大多數的已開發國家」，http://pewresearch.org/fact-tank/2016/08/02/u-s-voter-turnout-trails-most-developed-countries/，資料取得日期：2016年8月。

——占登記選民的百分比——美國的紀錄就會看起來高很多。像世界上大多數其他民主國家一樣，美國公民的姓名必須先出現在選冊名單上，他們才能去投票。但美國跟其他民主國家有個很不一樣的面向在於：多數其他國家選民不需自己申請登記。公家機關會主動將所有合格選民加入選冊名單，這在有全國居民紀錄的國家中，相對更加容易。結果就是，幾乎每個適齡選民都已經被登記在選舉名冊上而能夠進行投票。

在美國，並沒有所謂的全國居民紀錄，每一州要各自管理「**投票登記**」（voting registration）。在大多數的州，合格選民必須自己去進行登記；沒有任何的公家機關會為人民去服務這樣的事情。甚至，在大多數的民主國家中，當選

民在國內從一地遷徙至另一個地方時，他們會自動在原本居住的地方的登記名單上被除名，而被加入到所搬移地方的登記名單上，選民完全不必多做任何事。相比之下，當人們從美國的一州搬到另一州時，並不會被自動加進新州的登記選冊中。[18]

美國投票率偏低的另一種解釋是，美國選民會比其他國家的公民有更多次的選舉投票。美國人需要投票選舉許多公務職位，以及在國會中期選舉，有時在某些特別的州與地方不只投一次票而已，不像大多數的其他國家可能只有一次選舉需要去投票，那就是每4年或5年舉辦一次的全國性國會選舉。最後，直接民主也使得美國許多州與城市的投票變成一種艱鉅（但有意義）的工作。

直接民主的程序，諸如「**直接創制**」（direct initiative，如果有足夠的選民簽署請願書，將會把這項新的法案直接逕交公民投票表決）以及「**全民公投**」（popular referendum，是否保留現行法律的表決），給了美國人在選舉上的投票類型有更多的選擇。雖然美國聯邦政府從未舉行過直接民主的選舉，但有24個州以及許多地方政府都曾經合法進行過創制的過程，意味著大約有70%的美國人是居住在具有創制權的城市或州當中。[19]有時候會使選票上增加多達30種以上複雜的政策選擇。而居住在具有罷免條款的州之選民仍要面臨著更多的選舉，就像是當有足夠多的選民簽署罷免請願書時，那些被針對的現任議員也必須在這些特殊的選舉中號召其他選民為自己的政治生活而戰，如同最近在科羅拉多、威斯康辛，以及加州都發生過這種情況。

因此，美國公民更常被要求去投票，而要藉由投票來解決的問題也比其他國家要來得多，除了瑞士之外（那裡許多州的選民也擁有直接民主）。當然，自由、公平，以及具有實質競爭性的投票機會，是民主政府的先決條件，因此都是件好事。然而過猶不及，許多美國人在1年中進行了第90次（或更多次）投票而離開投票所之後，就很有可能會下一結論認為選舉次數本身就是個該投票解決的問題。[20]

## 其他參與政治的方式

當然，投票只是公民能夠參與政治的幾種方式之一而已。他們也可以服公職；在政黨工作；對候選人、政黨，及其黨政機構捐款；前往造勢活動；參加街頭的遊行抗議；寄信、發電報、傳真，以及傳送電子郵件給他們所選出的議員代表；給報紙投稿以及寄送著作；電話叩應至廣播電臺以及電視脫口秀；嘗試去說服親朋好友；對公職人員提起訴訟，以及其他行為等。這些其他的參與形式並不

會如同選舉一樣,被一直延伸研究下去,不過羅素·道爾頓(Russell Dalton)也針對美國以及西歐國家,蒐集了一些有意思的傳統型以及非傳統型政治參與的比較資料(參閱表18.1)。

表18.1呈現出法國人比美國、英國,或是德國人,更加參與示威遊行以及政治罷工,而美國人更加傾向於說服其他人去投票給誰、參加競選會議以及/或是集會、與其他公民團體合作、連署請願書,以及/或是參加杯葛行動。

其他的研究也顯示出美國人最常見的政治參與形式就是選舉投票(53%)、接著是向其他人陳述本身的政治觀點(32%)、對競選進行政治獻金(12%)、在車輛保險桿上展示貼紙或標語符號(9%),以及前往政治型的聚會或是大會(8%)。只有4%的人表示本身隸屬於一些政治性社團或為政黨工作。[21]

簡而言之,跟相關資訊可靠的其他西歐民主國家相比,美國人的政治參與不只是選舉投票,還有更多不同的方式。這些資料顯示出,美國人不會比其他民主國家的公民,更加疏遠或是懶於進行政治參與。

**表18.1　四個民主國家中的非投票形式之政治參與(%)**

| 活動 | 美國 | 英國 | 法國 | 德國 |
|---|---|---|---|---|
| **競選活動** | | | | |
| 試圖去說服他人該投票給誰 | 44 | 44 | 28 | 29 |
| 參與競選造勢活動 | 30 | 25 | 7 | 7 |
| 收到政黨/候選人的聯絡 | 47 | 26 | 13 | 7 |
| **社區活動** | | | | |
| 在過去5年中曾經與其他人在社區合作過 | 35 | 23 | 20 | 26 |
| **抗議活動** | | | | |
| 過去1年中曾經簽署過請願書 | 35 | 34 | 21 | 35 |
| 過去1年中曾經杯葛過某項產品 | 24 | 23 | 29 | 34 |
| 過去1年中曾經參加過抗爭行動 | 6 | 12 | 24 | 12 |

資料來源:所有的資料數據都是來自於羅素·道爾頓撰寫的《公民政治:先進工業民主國家的公共輿論與政治參與》(*Citizen Politics: Public Opinion and Political Parties In Advanced Industrial Democracies*),第5版,(Washington, DC: Congressional Quarterly Press, 2008)。競選活動的資料數據位於該著作第44-46頁,社區活動是在第49、68頁,以及抗議活動是在第68頁。

## 領袖的人才甄補

**18.7 確認哪些是美國政治領導人往往會分享的特質，以及這些內容如何使他們與世界上大部分的人們產生差異化。**

　　人才甄補是一種過程，從幾百萬的國家公民中去挑選出幾百或是幾千人，參與選舉以及任命公職、在政黨以及壓力團體中扮演領導者的角色、決定大眾傳播媒體如何描繪政治，並在公眾允許的範圍內制定公共政策。

　　許多學者研究過許多國家中的領袖人才甄補，發現某些趨勢在美國也同樣明顯。舉例來說，就像是其他國家中的領導人一樣，美國的領袖高度比例來自於在財富狀態上屬於中產以及上層階級（在這些人當中，有些像是歐巴馬與柯林頓總統，參議員馬可‧魯比歐（Marco Rubio，共和黨——佛羅里達州），以及州長小約翰‧凱西克（John Kasich，共和黨——俄亥俄州），都算是來自於比較一般的家庭背景）。主要原因並非來自於對壓迫下層階級的陰謀，而是一個人被選為領導人所需要具備的知識以及技能。這些技能更加需要在接受到良好的教育過程之後，才能獲得與發展，而這是教育程度不足的人們所難以勝出的。舉例來說，若能在公眾場合口若懸河的演說，則其在政黨或是壓力團體當中的爬升、被挑選去擔任公職人員，或是被任命擔任更高階的行政職務的機會都將提高，對於競選公職人員，在電視上的形象良好也愈來愈重要。

　　聯邦與州政府大多會根據程序與標準來選擇行政公務員，而非19世紀晚期明目張膽盛行的政治恩惠。在今日的體制中，最初的篩選會依照標準化考試下的成績，或其擁有該單位所期望的不同能力與經驗，而加薪與升遷都取決於工作績效，而非政黨關係。自從1883年建立起「考績制度」（merit system）之後，有愈來愈多的聯邦職位都在這樣的制度下運作，或在「一般薪俸表」（general schedule）的範疇下運作，今日只有大約1%的職位純粹是政治任命。

　　因此，在大多數的面向，美國的菁英甄補方式與其他先進的工業化民主國家相差不多。但這過程中有一個面向——競選型職位的候選人之提名——美國的方式就與世界其他國家不一樣了。

### 獨特的直接初選制

　　我們可以將競選型公職人員的過程，區分成三種不同的部分：（1）**篩選候選人**：這個過程是藉由政黨來決定那個人可以來擔任整體的掌舵者以及代表來參與競選；（2）**提名**：這個過程是藉由當權者公開宣稱並決定那個人的姓名可以代表該單位而被印在官方的選票上；（3）**選舉**：這個過程是藉由選民登記後，

在這些提名人之間來做出選擇。

許多政治科學家認為「篩選候選人」是在以上這三個過程中屬於最為重要的。畢竟，公職人員的甄補，基本上就是從許多角逐者當中來進行縮小範圍的選擇過程。舉例來說，在2010年，大約有1億7,600萬的美國人符合憲法上所有當選總統的要求。理論上，這1億7,600萬個姓名都可以被印在選票上，而每一位選民都可以有絕對的自由來在這些人當中進行挑選。但是，當然沒有任何一位選民能夠在這1億7,600萬個選項中做出有意義的選擇，因此，實際的民主選舉需要將選擇範圍縮小到可以管理。在所有民主國家中的公職選舉也是如此。

如同所有其他民主國家一樣，美國這樣一個縮小人數的過程，主要是由政黨來加以完成。每一個政黨選擇其代表的候選人，並且將這些姓名遞交給負責選務的相關單位，之後這些姓名就會被印製在選票上了。[22]因此，在2016年共和黨挑選了川普來擔任他們的總統候選人，而非參議員魯比歐、泰德‧克魯茲（Ted Cruz，德克薩斯州）；前州長傑布‧布希（Jeb Bush，佛羅里達州）、班‧卡爾森（Ben Carson）；州長凱西克；參議員蘭德‧保羅（Rand Paul，肯塔基州）、卡莉‧費奧莉娜（Carly Fiorina）；州長克里斯‧克里斯蒂（Chris Christie，紐澤西州）；前州長麥可‧赫卡比（Mike Huckabee，阿肯色州）、吉姆‧吉爾摩（Jim Gilmore，維吉尼亞州），以及前參議員瑞克‧桑托榮（Rick Santorum），另一位前國務卿希拉蕊則是擊敗了參議員桑德斯（佛蒙特州）以及前州長馬丁‧歐麥利（Martin O'Malley，馬里蘭州）而成為民主黨的提名人。藉由將15位候選人縮小範圍至2位時，這樣的提名對選民來講，就會相對容易很多，因為最後只要在川普以及希拉蕊之間去做選擇就好。

挑選候選人在民主國家中扮演著非常關鍵的角色，重要的是認知到美國是世界上唯一一個會以直接初選來進行大多數的提名的國家。在幾乎所有的議會制民主中，政黨候選人都是由政黨領導人或是一小撮有繳納黨費的黨員選出來的。有一些國家，像是德國與芬蘭，要求政黨用地方黨員秘密投票的方式來選出候選人，其類似於直接初選制，但嚴格上來講並不是。因此，除了美國以外，其他每個國家的候選人都是由數百名或最多數千名的黨員來進行選擇。[23]

在美國，幾乎所有主要的公職人員選舉提名都是採「直接初選」（direct primaries），選民由政府舉行的選舉中直接選出候選人，而非由政黨領導人在黨團會議或是政黨大會中間接選舉出來。從政黨領導人到一般選民的權力轉移，讓美國選出候選人的過程比其他國家都要來得開放且廣泛。甚至──這是美國的直接初選以及先前提到其他國家之類初選的關鍵性差異──以法律而不是政黨規

範，來決定誰有資格在特定的政黨初選中去進行投票。在2016年，有21個州選擇以「**封閉式初選**」（closed primaries）進行至少某一政黨的總統競選，亦即只有已經預先登記為某特定政黨的黨員，才能夠去參與該政黨的初選投票。有25個州選擇以「**開放式初選**」（open primaries）來進行，不需要進行任何政黨登記，選民可以去參與任何一場政黨初選（然而，他們在一次選舉中只能參加一個政黨的初選），而他們的選擇也不會被公開揭露出來。剩下的州可能會針對每一個政黨運用不同的制度或是採取「**交叉性初選**」（crossover primaries），基本上與封閉式初選相同，差異點在於選民只需要在選舉日（Election Day）當天公開政黨，就能夠去參與該政黨的初選。在2000年「加州民主黨訴瓊斯案」（*California Democratic Party v. Jones*）的判決中，美國最高法院宣告禁止加州進行「**地毯式初選**」（blanket primaries，選民可以在政黨之間來回切換選出特定職位），理由是這樣違反了政黨在憲法第1條修正條文的結社自由。這樣的判決，也使得阿拉斯加州以及華盛頓州改變了本身的初選制度，明確表示其提名程序受到政府的管制以及憲法架構的正式規範。加州以及華盛頓州在後來多次的選舉中都以「**前兩名初選**」（top-two primary）來取代原本的地毯式初選，即使前兩名的候選人同屬一個政黨，還是能共同進入一般大選中。

　　直接初選使得美國的候選人篩選機制，到目前為止幾乎是全世界最為開放且最具有參與性的做法。如前所述，在其他所有國家中，最多僅有數千名付費黨員來參與候選人的遴選過程；在美國，任何一位已經登記的選民都可以來參與，而有數百萬人參加每一次的選舉。只需列舉一個例證就可理解，雖然美國的總統候選人是由全國提名大會正式選出，但是大多數的大會代表都是經由直接初選所產生。在2016年，民主黨和共和黨的總統初選總票數共有35,446,103張。[24]

　　美國人選舉總統的制度，可能會比其他民主國家看起來更加聰明或是笨拙，但更具有參與性。

## 利益表達：政治行動委員會以及壓力團體

**18.8 描述利益團體、政治行動委員會，以及超級政治行動委員會，並將它們在美國的手法與其他國家中的類似團體做比較。**

　　當我們完整閱讀過本書之後，會知道每一個社會內部都有很多的差異以及政治利益上的衝突，而經濟愈發達、社會愈多樣化，個人與團體的利益就可能會與其他團體的利益上產生一定程度的衝突。這些不可避免的衝突，產生了包含兩個主要部分的政治過程：（1）利益表達：個人和團體表達對政府的作為與不作為

的期望；（2）利益匯集：動員與整合各種需求推動對其有利的政府政策。

在大多數的民主國家中，利益主要是透過壓力團體與政黨來加以表達，而執政黨也會匯集利益來形塑與制定本身的計畫方案。然而，比起其他大多數民主國家，美國政黨的力量更加薄弱且不團結。結果就是，美國的壓力團體在利益表達以及利益匯集這兩方面上，都扮演了很重要的角色。

許多關切美國特殊政治狀況的外國觀察者，都特別訝異於美國具有組織性的政治團體居然是如此多元化與擁有權力。[25]今日，他們甚至數量更加增長且比以往還要來得重要。他們主要是以兩種形式來呈現，每一種都有本身擅長的特殊技巧來對政府產生影響：（1）政治行動委員會與競選政治獻金；（2）壓力團體與遊說。

## 政治行動委員會與競選政治獻金

嚴格來講，「政治行動委員會」（political action committees, PACs）是指任何不正式隸屬於特定政黨或候選人的組織，其運用金錢來影響選舉的結果。政治行動委員與政黨有兩個比較大的差異。第一，政治行動委員會不像政黨一樣，其不會提名候選人，也不會以政治行動委員會的名義來把候選人的名字放到選票上面；相反的，他們會支持或反對各個政黨所提名的候選人。第二，政治行動委員會感興趣的主要是政府官員的政策制定，而非其黨籍。因此，政治行動委員會往往會支持兩黨中與其在特定政策偏好上站在同一陣線的任何候選人。

從內戰以來，此類組織便在美國政治上開始運作，有些取得了相當大的成功。舉例來說，成立於1893年的「反沙龍聯盟」（Anti-Saloon League）同時支持民主黨與共和黨的候選人進入國會，保證憲法修正案來取締酒精飲品的生產和銷售。多數歷史學家認為1919年憲法第18條修正案的通過（禁令），該聯盟居功厥偉（或是罪魁禍首）。20世紀下半葉其中一個最有勢力的組織是「美國勞工聯合會──產業工會聯合會」（American Federation of Labor and Congress of Industrial Organizations, AFL-CIO）的「政治教育委員會」（Committee on Political Education, COPE），其能提供上百萬美元以及數千名競選工作人員，給予對勞工運動支持的候選人（大多數但並非全是民主黨員）。

自從1974年《聯邦競選法》（Federal Election Campaign Act, FECA）修正案意料之外的（且是多數人不願意的）通過之後，導致美國史上政治行動委員會在數量以及活動上的大幅增加。其修正案對個人能夠給候選人或政黨的政治獻金設定了較低的限制，但對組織的限制卻較高。修正案也明定工會與企業不能直接對

競選活動進行政治獻金，但是他們可以贊助給政治行動委員會，而這些政治行動委員會可以進行競選捐款，只要這些資金是來自於認同其理念的個人自願捐款，而不是直接來自於工會或企業所徵收的資金即可。

在審查這些修正條文的合憲性時，最高法院贊成對直接獻金部分的限制，但卻表示限制個人或組織可以代表候選人花費的金額（亦即，透過電視廣播或是發布不受候選人或政黨控制的廣告），違反憲法第1條修正案對於言論自由的保障。[26]

競選財務法的實質與解釋上的改變，導致大多數的政治行動利益團體得出一個結論——成立「政治行動委員會」是影響選舉結果最好的方式，而這正是他們在做的事情。在1974年，只有608個政治行動委員會在全國性選舉上運作；到了2009年，這數量已經暴增到8,169個。專欄18.2列出當今運作上最大的政治行動委員會。幾乎所有都代表了工會，但也加入了像是「艾蜜麗的名單」（EMILY's List，致力於協助女性贏得選舉的團體）以及大公司「漢威聯合國際」（Honeywell International）。

目前，每一個政治行動委員會都必須向聯邦選舉委員會進行登記，並且定期提報其收入證明（誰是捐獻者以及捐獻金額為多少）以及本身的支出狀況（本身給予哪位候選人多少金額，以及花費多少錢在本身獨立舉辦的競選活動上）。在初選時，政治行動委員會可以捐5,000美元給特定的候選人，之後在大選中還可以再捐5,000美元。不過政治行動委員會想要捐給所有候選人以及政黨委員會的總額卻沒有限制。

政治行動委員會的近親——另一個利益團體可以透過它來影響選舉——那就是「超級政治行動委員會」（Super PACs）。這些組織能夠募集總額無上限的資金，而且只要它們沒有與候選人具有彼此呼應的合作關係，便可以代表候選人花費不受到限制的金額。亦即，超級政治行動委員會必須要與候選人以及該策劃者團隊保持一定的距離，但是可以隨意去運作像是許多廣告形式的內容，來支持該候選人的競選或打擊其對手。利益團體以及富有的個人往往也會願意放棄這樣的合作關係，以換取無償向超級政治行動委員會捐款的能力。基於這樣的妥協，超級政治行動委員會也變得極度具有活動力；在2016年總統競選期間，候選人直接募款只能剛好到10億美元，但獨立運作於候選人之外的超級政治行動委員會卻能募款到超過5億美元來代表候選人花費在不同的面向上。政治行動委員會以及超級政治行動委員會兩者也都能夠同時活躍於眾議員以及參議院的競選上。

最重要的政治行動委員會可以分為以下三種：

**專欄18.2** 前十大政治行動委員會在2015年的總支出

| 排名 | 政治行動委員會名稱 | 總支出 |
|---|---|---|
| 1 | 服務僱員國際聯盟政治教育委員會（SEIU Cope） | $37,183,563.62 |
| 2 | 艾蜜麗的名單 | $33,233,161.76 |
| 3 | 民主黨員、共和黨員、獨立投票者教育（DRIVE）（國際隊友兄弟會之政治行動委員會） | $9,796,344.46 |
| 4 | 終結公民聯合 | $9,148,096.06 |
| 5 | 「前進・組織」政治行動 | $9,094,376.53 |
| 6 | 1199服務僱員國際聯盟聯邦政治行動基金 | $8,102,952.21 |
| 7 | 國際選舉勞動者兄弟會98地方政治教育委員會 | $7,758,593.57 |
| 8 | 國際選舉勞動者兄弟會政治行動委員會 | $7,690,036.82 |
| 9 | 工程師政治教育委員會（EPEC）／國際操作工程師聯盟 | $7,197,499.49 |
| 10 | 漢威聯合國際政治行動委員會 | $7,196,613.61 |

資料來源：「聯邦選舉委員會」，〈2015年1月1日至2016年6月30日之前50大支出金額的政治行動委員會〉（Top 50 PACs by Disbursements, January 1, 2015 through Jane 30, 2016），http://www.fec.gov/press/summaries/2016/ElectionCycle/18m_PAC.shtml，資料取得日期：2016年9月。

1. **純粹物質利益政治行動委員會**：主要擁護會支持有利於特定商業或商業類型（像是克萊斯勒、可口可樂、奇異、通用汽車、德士古，以及許多本身擁有政治行動委員會的公司，許多工會也是如此，包括國際航空公司飛行員協會、美國州、郡與市勞工聯盟，以及美國教師聯盟等）之立法的候選人。除此之外，也有許多是代表整個產業利益的政治行動委員會，例如達拉斯能源政治行動委員會（石油）、愛迪生電氣學會（電力），以及全美廣播事業者聯盟（廣播與電視）。

2. **單一非物質利益政治行動委員會**：支持那些與他們在特定非物質議題同一立場的候選人。像是「全國墮胎權行動聯盟」（個人選擇權）與「全國生命權委員會」（反對墮胎）都很關心墮胎的議題；「美國全國步槍協會」（支持擁槍權）與「手槍控制公司」（支持槍枝管制）則關注槍枝管制的議題。

3. **意識形態政治行動委員會**：支持堅定的自由派或保守派意識形態的候選人。支持自由派的政治行動委員會包括了：前進組織、全國有效國會委員

會，以及好萊塢女性政治委員會。保守派的政治行動委員會則是包括：共和黨議題運動與保守派勝利委員會。

## 壓力團體與遊說

政治行動委員會提高自身利益的另一種策略就是透過在華盛頓特區的代表去進行「**遊說**」（lobbying）。該策略聚焦於引誘已經就職的政府官員支持該團體偏好的政府行動（包括行政措施、司法判決以及立法行為），阻擋該團體反對的政策。

在「黑暗的往昔」，壓力團體往往就是直接以現金賄賂，或是保證官員退休之後給一個高薪的工作。不幸的是，今日偶爾也會有人去提供與接受賄賂，但是法律對這些行為的規範趨於嚴格，而且大眾媒體的新聞記者也很喜愛去揭露這些賄賂內容的談話。在一則最近的案例，聖地牙哥的《聯合論壇報》在2005年揭露了國會議員藍道‧杜克‧甘寧漢（Randall "Duke" Cunningham）（共和黨——加州）收下了200萬美元的賄款來交換影響國防契約的條件，最後導致他被判刑8年的有期徒刑，而該報紙也因此獲得了普立茲獎的肯定。國會對於甘寧漢醜聞做出了反應及調查，考慮到新的道德法案，因此迫使眾議院多數黨領袖湯姆‧迪萊（Tom DeLay）辭職（共和黨——德克薩斯州）並將說客傑克‧阿布拉莫夫（Jack Abramoff）送入監獄。這些醜聞讓民主黨在2006年的國會選舉能夠翻身，扮演了重要角色。對民主黨眾議員的要角查爾斯‧蘭格爾（Charles Rangel，紐約州）以及瑪克辛‧沃特斯（Maxine Waters，加州）進行道德調查後，雖然沒有像甘寧漢產生那麼大的殺傷力，但也在2010年的國會大選前夕，對民主黨造成了傷害。不過，等醜聞過去一段時間後，改革的呼聲也就跟著平息了。1920年代的「茶壺山」（Teapot Dome）關說案醜聞便是一例，這事件在當時掀起了民眾巨大的憤怒，但現在也只不過是一件歷史上離奇的註腳而已。今日美國政治中賄賂已很少出現，因為大多數利益團體與政府官員都認為行賄或收賄要麼不道德，要麼風險太高，或兩者兼具。

現在說客最主要運用的策略就是「說服」——使國會議員（與在議員決策中扮演關鍵角色的幕僚）相信說客想推動的法案，符合國家以及議員所屬之特定區域或州的最高利益。畢竟，幾乎所有的國會議員都認為為自己選民的利益盡力是他們的責任。因為是選區民眾而非全國其他人民來決定議員是否會連任成功，所以本身選民的反應會是議員第一考量的。

因此，所有利益團體的說客，都會用最有說服力的證據與說法，讓特定的議

員相信該團體追求的，也是每一個人的利益——選區或州的選民、議員，或是全國選民。那些為擁有政治行動委員會的利益團體工作的說客，有時候也會暗示政治行動委員會可能會去贊助那些了解他們議題的立法者的競選。然而，令人訝異的是大多數的說客以及政治行動委員會都各自獨立運作，許多政治科學家所做的專題研究，都未能提供任何清晰的證據說明競選政治獻金如何能夠影響立法者的得票數。學者發現到，政治獻金或許能夠疏通與政治人物之間的管道，但無法拿來買票。

雖然美國的利益團體最常使用協助競選以及遊說的模式，但是有時候他們也會採取一些在其他國家更加廣泛使用的策略，諸如大規模的政治文宣、示威遊行、罷工與杯葛、非暴力公民不合作，有時候甚至可能會採取暴力途徑。然而，有一項策略是美國領先獨步全球的：為了政治目的而使用「**訴訟**」的手段。在政治科學家班傑明·金斯堡（Benjamin Ginsberg）與馬丁·謝夫特（Martin Shefter）在他們撰寫的《政治的其他手段：美國大選的重要性下降》（*Politics by Other Means: The Declining Importance of Elections in America*）記載了從1955至1985年，被提交到聯邦地方法院的許多民事案件，其數量從每年原本的5萬件，提升至1年超過25萬件。他們認為數量會這樣大增的理由之一，就是因為利益團體數量的增加所導致，他們在選舉以及遊說這兩個途徑都弄得一塌糊塗，所以就到法院去提起訴訟，希望能開闢其他競技舞臺來翻轉他們的劣勢：

> 透過聯邦法院的訴訟，民權團體成功發起了攻擊，針對南方的學校體系、州與地方政府，以及特定的立法計畫方案……環保團體運用法院判決來阻擋高速公路、水壩，以及其他公共建設的興建，因為這些興建案不僅會造成威脅而危害到環境，也會提供金錢與其他資源給本身的政治競爭對手。女性團體也能夠因此推翻嚴格限制墮胎的州法律，以及女性在勞動職場上所受到的歧視性法規。

保守派團體也採取反制的行動，藉由企圖確保是由**保守派**而不是自由派或女性主義者，被任名為最高法院或其他聯邦法官。自由派團體也會組織競選團隊去影響聘任與核准的戰局，目的是要讓司法部門充滿那些認同他們的人。自從1987年民主黨在參議院拒絕核准總統雷根提名羅伯特·博克（Robert Bork）進入最高法院後，幾乎所有國家最高法院的聘任過程都環繞著密集的遊說現象、公共壓力，甚至是鋪天蓋地的電視廣告。在美國，利益團體涉入到司法部門的戰場會比任何其他的民主國家要來得更多，並不讓人意外，因為透過訴訟來追求個人利益

**專欄18.3 美國2014年的國會選舉**

在2014年即將中期選舉前，意識形態兩端的專家都一致認為共和黨需要跨出具有戲劇性的一步，來重建其於種族以及少數族群——尤其是移民者——當中的支持。這類的選民在2012年總統選舉時強烈地力挺歐巴馬。幾乎所有的黑人選民、絕大多數主要的拉丁裔，以及亞裔美國人（包括過去曾經投票支持共和黨的越南裔、中裔，以及韓裔美國人）之中每一個原始國籍的多數團體都支持歐巴馬。如同專家所言，隨著少數族裔人數的成長，其就像是選舉投票一樣，「共和大佬黨」[5]需要去軟化本身所理解的反移民政策立場。由兩黨參議員組成所謂的「八人小組」，計畫在2013年全年舉行不同會議，商討移民改革的妥協方案，其中包括為非法移民提供申請公民身分的途徑。不過他們的努力被眾議院中的共和黨遭到否決，因為太像是「大赦」的內容了。共和黨在這個關鍵性議題上採取了堅定的立場，顯然讓其在2014年慘敗。

相反的，共和黨卻也贏得了巨大的勝利，重新奪回了參議院的控制權，並強化了他們在眾議院的統治地位，以及贏得了許多州長與州議會的選舉。這次只有36.4%的選民參與投票，使得投票率低於自從1942年（這年的選舉是因為在第二次世界大戰期間舉行的）以來的任何一屆全國性選舉。共和黨在眾議院扳回了13個席次並強化了他們擁有的多數席次（247席對上188席）。這並不讓人訝異，因為在最後一次重新劃分選區時，許多州都有利於共和大佬黨，而人口發展的趨勢也為共和黨員創造了優勢。比較令人驚訝的是共和黨居然在36個參議院改選席次中囊括了24個席次，這算是半世紀以來中期選舉的一個盛大收穫以及在上議院的最大豐收。即使在移民制度改革協議上弄得灰頭土臉，為何共和大佬黨居然還可以表現得如此亮眼呢？其中一個解釋就是在那些競選參議院爭奪席次的各州中，本身州內只居住著相對較為少數的移民。這些通常都是國內在族群上同質性比較高的州，大多數也都屬於「紅色」[6]的州，所以選民一般也都會希望本身的州長能夠採取比較強勢的態度來面對非法的移民。這樣的選擇使得共和黨在2014年贏得了一系列的歷史性勝利，儘管並沒有回答在一個日益多元化的國家中，該黨是否會具有導致未來成功的立場。

是美國政治文化中顯然不同於大多數其他國家的政治文化。

然而，在美國的利益表達與匯集最為專有的特色，就是這些事件都是發生在差異性很大的政黨環境中。在本書中所探討到的大多數民主國家，其多數的利益團體都會與政黨有密切關係（在幾個案例當中，特定利益團體與特定政黨有正式聯繫，例如英國的工黨與工會）。他們主要的策略是說服與其有關聯的政黨，將其要求放在政黨政策或政府施政的首要位置。

相形之下，美國的政黨就顯得弱化許多，而且在政策制定的過程上也沒有太多重要性，利益團體絕大多數會在政黨之外運作，而且也不太會去關注他們這樣的行徑是有助於或有害於政黨。舉例來說，在1980年，「全國婦女組織」

（NOW）便針對民主黨內的一條規定進行抗爭，以避免該黨去協助支持任何反對平等權利修正案的民主黨候選人來參與選舉。在1984年，全國婦女組織聲明其可能會拒絕支持民主黨的全國性選舉，除非該黨提名女性作為副總統人選（結果，確實也讓傑羅丁・費拉羅獲得了提名）。如同專欄18.2所顯示，在2015至2016年的選舉週期，政治行動委員會「艾蜜麗的名單」為了支持女性候選人，於是花費了超過3,300萬美元去協助女性參與競選，是所有政治行動委員會當中花費高居第二名的。[27]

共和黨也有同樣現象。在1994年之前的一段時間，即使共和黨的信念更接近大多數的商業領導人，但許多商業型政治行動委員會還是捐獻更多的競選經費給民主黨在職者，而不是給共和黨的挑戰者。共和黨的全國領導人挖苦地抱怨，認為這樣是對共和黨以及保守主義的背叛，但是全國房地產經紀人協會的領導人道格・湯普森（Doug Thompson）否定了共和黨的抱怨，並且清楚地表明出他們的政治優先性考量：

> 我們是個特殊利益團體。我們的利益根植於房地產以及住宅議題；這不是海外援助、不是墮胎、更不是最低薪資……我們的成員要求政府必須負起更多的責任。以往我們免費無償地傾倒現金進入到稱之為「挑戰者候選人」的黑洞中，這時代已經過去了。我們關於政治行動委員會捐款的原則非常明確：不要浪費錢在輸家身上。[28]

簡而言之，在美國的利益表達與匯集有很多方面的差異，因為美國的政黨與任何其他民主國家的政黨，在大多數的面向上十分不同。

## 美國政黨的專屬特徵

### 18.9 描述在美國主要政黨之間的極化程度，及其在政策制定上造成的衝擊。

美國的政黨在高度的意識形態極化現象，但社會凝聚力低下的情況下，形成權力下放的結構，以及國家兩黨制的穩定現象。

### 兩黨制

美國的政黨制度通常是很單純的兩黨制——亦即，兩大黨彼此是高度競爭的，兩者加起來幾乎囊括選舉中的所有選票以及政府職位。[29]自從1930年代以來最令人矚目的例外發生在1992年，如同圖18.4所顯示，當時獨立候選人羅斯・佩

羅（H. Ross Perot）在總統選舉中拿下了19%的選票（民主黨的柯林頓贏得了43%的支持，共和黨的現任者喬治‧布希（George H. W. Bush）只獲得38%的選票）。這次選舉之後，佩羅成立了「改革黨」（Reform Party）並且在1996年擔任該黨的總統參選人，但如圖所示，他的得票數跌至8.6%。他沒有繼續參與2000年的選舉，但是他成立的政黨推出另一名總統候選人帕特‧布坎南（Pat Buchanan），其只有獲得不到1%的得票率。[30]

　　在2016年，除了共和黨的川普與民主黨的希拉蕊參選之外（參閱專欄18.4），候選人還有代表自由意志黨的蓋瑞‧強生（Gary Johnson，前共和黨員）、綠黨的候選人吉兒‧史坦（Jill Stein），以及引起了極大關注的獨立參選人埃文‧麥克馬林（Evan McMullin）。他們加總起來，只有得到接近5%的選票，這似乎不是一條通往白宮的合理途徑。除此之外，過去幾十年來幾乎所有的眾議院與參議院的議員都是隸屬於這兩大政黨其中之一。雖然2010年的選舉因為「茶黨」（Tea Party）的出現而具有象徵性，但這團體事實上並非是一個政黨，而是一群積極的選民以及組織者，他們幾乎只在共和黨內運作，提名以及提供財務支持給保守派的共和黨候選人。美國是世界上最獨特的兩黨制國家之一。

## 競選活動的「美國化」

　　自從1950年代，競選活動——政黨與候選人在競選中擴大得票的行為——在大多數民主國家有了明顯的改變，而美國通常被譽為（或怪罪）領導了這樣的趨

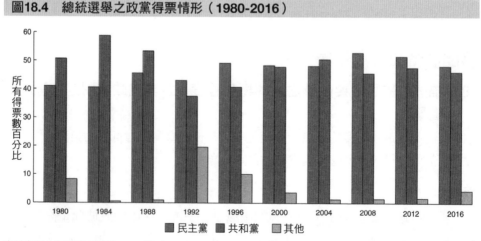

圖18.4　總統選舉之政黨得票情形（1980-2016）

資料來源：美國統計摘要：2010年（Washington, DC: Bureau of the Census, 2010），表385；以及2012年的聯邦選舉委員會。

## 專欄 18.4　美國2016年的總統選舉

在歐巴馬贏得兩次關鍵性的選舉之後，美國以最小的差距幅度讓共和黨進入白宮，同時也拿下眾議院與參議院。藉由贏得了像是賓夕法尼亞州、密西根州，以及威斯康辛州這些關鍵州的戰役，以總票數100,297票，川普奪下了非預期的勝利而幾乎震驚了所有的民意調查機構以及政治預言家。他藉由激起那些認為在世界經濟衰退以來，本身並沒有在經濟復甦下分得任何好處，以及那些在經濟全球化下，對自己的角色感到焦慮的選民支持。川普的訊息——「讓美國再次偉大」（Make America Great Again）——關注在他兩個最為凸顯的重要承諾上。第一，他承諾要把過去美國被偷走的製造業工作帶回美國來，批評工作的流失都是因為談判不力的貿易協議所造成（儘管經濟學家指出其他國家提升了競爭力，以及各地的技術創新，也是造成失業的原因）。第二，川普發誓要採取一個強硬的立場來處理非法移民的問題，承諾要沿著南方的邊界建一座高牆，並且由墨西哥來支付這建造的成本。

這兩個訊息在2016年的共和大佬黨的初選中獲得了廣大的迴響力，讓這位房地產投資商與真人實境秀明星，初期就在民意調查中處於領先的地位。雖然川普坦率且經常令人髮指的言論似乎會損及傳統候選人，但卻增加人們對他的支持。甚至在愛荷華州核心小組的競選活動上，他還自誇說：「我甚至可以站在紐約的第五大道中間去開槍殺某人，之後我還是一樣會受到選民的支持。」雖然川普並沒有在那場競選中占上風，但也沒有其他在這領域中經驗豐富以及資金充裕的候選人成為領先的角色。前佛羅里達州州長布希、德克薩斯州參議員克魯茲、俄亥俄州長凱西克，以及佛羅里達州參議員魯比歐，所有人都比川普擁有更長的政治履歷以及更多的競選資金，但卻沒有人像川普一樣持續受到歡迎。隨著一開始在新罕布夏州、南卡羅萊納州，以及內華達州的勝利，川普可能要擔起選舉的責任了。雖然許多共和黨的選民對非正統的候選人還不太習慣，但是卻沒有任何一個「拒投川普」的競爭對手出現，他始終能得到共和黨的提名。在民主黨，希拉蕊的競選團隊期待這場輕鬆的加冕路徑就像是她獲得政黨的提名那樣，但卻令人訝異地受到一位長期擔任佛蒙特州的參議員，民主社會主義者伯尼・桑德斯（Bernie Sanders）的反對。他從左派立場攻擊希拉蕊，並且提出許多與川普宣稱自由貿易是如何侵蝕經濟之同樣論點，桑德斯贏了新罕布夏州以及少數其他州。儘管桑德斯一直無法克服希拉蕊在早期累積的領先選票，但直到初選結束以前，他一直都是個相當有競爭力的人，也是希拉蕊選舉上訴之侷限性的早期訊號。

在11月的選舉日，希拉蕊雖然贏了川普300多萬張選票，但是她卻在中西部關鍵戰場州上輸了，使川普得到選舉人團的勝利。在「鏽蝕帶」州上的選民因為看到國家正朝向一個錯誤的方向前進，而成為了決定性的投票集團。川普在白人選民中幾乎大獲全勝，尤其是在那些只有接受到高中教育的選民。希拉蕊強力贏得了多數千禧年這一世代、非裔美國選民、拉丁裔，以及亞裔美國人的支持，但是卻沒有像之前的歐巴馬在這些群體中所囊括的選票那樣多。選民們經常對執政黨的經濟表現做出清晰的回顧性判斷，覺得受夠了他們便會要求改變。因為美國在歷史上告訴我們，很少有一個政黨能夠在執政8年之後還可以繼

續握有政權，所以共和黨在2016年的勝利應該也就不會讓人那麼訝異了。但由於川普這樣最不可能成為候選人的人卻獲勝的事實，確實在整個世界範圍內引起了政治的衝擊波瀾。

| 候選人 | 全民票數 | 選舉人團票數 |
|---|---|---|
| 川普：共和黨 | 62,979,879（46.1%） | 306 |
| 希拉蕊：民主黨 | 65,844,954（48.2%） | 232 |
| 其他 | 6,674,811（5.7%） | 0 |

勢。在1950年代以前，在民主國家中的競選活動，主要都是由政黨領導人以及黨工在推動。黨工直接與候選人已知與潛在的支持者聯繫，利用大眾媒體來刊登報紙廣告，加上印行宣傳手冊以及傳單，再由黨工去對外發送。

自從1950年代起，美國的政黨與候選人用新的、更精細的戰術取代舊的。他們現在主要依賴於付費的電視廣告與廣播節目的專訪，以及參加脫口秀來向選民展示政黨的候選人以及政策內容。他們雇用專業人士來進行經常性的民意調查，以測試他們推行的策略是否運作良好。他們儲存與分析有關人口統計、以往的選舉行為，以及大量個人消費行為的資料，並將其透過電腦化成為「微目標定位」（microtargeting）的資料庫。他們也將競選活動的主導權，從政客轉移到受過廣告代理商而非政黨組織訓練的專業競選顧問。他們舉辦電視辯論，成為競選過程中最重要的事件。

其他民主國家的政黨領導人與候選人都在觀察美國的做法。有些人會發出感慨，也有些人誓言絕對不會讓本身的競選走向「美國化」（以他們的用詞來形容）這條路。雖然如此，多數民主國家參與競選活動的人員都在自己的做法上，部分或全部的應用了美國的高科技模式。例如在1960年時，美國首度舉行了總統候選人之間的全國性電視辯論。幾乎每個民主國家都會定期播出主要政黨以及候選人之中的類似辯論。在多數民主國家中的大部分政黨現在也都會雇用專業的競選顧問，來幫忙策劃他們的選戰，他們有些是美國人，有些曾在美國受過訓練。這些人會運用私人的民意調查機構來評估他們的選舉勝算效果，也會運用媒體，特別是電視，來作為吸取選民支持的工具。他們也會效法美國藉由負面的廣告，加深候選人之間的反差或是去詆毀對手的名聲。簡而言之，選戰的「美國化」或許朝向或非朝向健康之路發展，但已經或多或少發生在所有的民主國家中，甚至在許多國家的影響程度相當可觀。[31]

## 主要政黨之間的差異

在1950及1960年代，外國（以及許多美國）觀察者發現民主黨與共和黨之間的差異極小。然而，今日這兩黨之間的差異很清晰且重要，民主黨與共和黨的選民，在健保、墮胎權，以及移民等議題上的觀點也存在著很大的落差（相形之下，政黨之間極化程度較低，而在自由貿易以及外交政策的議題上，內部反而出現分歧）。在國會中，民主黨的黨團成員在1970年代之後就開始愈來愈朝向左派發展，就像是共和黨也增加了許多保守派的立場。[32]因此，在美國有一定程度的大眾與菁英朝向「黨派極化」（partisan polarization）方向發展的比例相當高，而這也愈來愈像是大多數的歐洲國家。

這並不表示沒有人在美國的政治光譜的中間派上；事實上，大多數的美國人都認為自己是稍微傾向於自由派或是保守派方向的溫和派人士。相反的，黨派極化現象的增加反映出了一個事實，即今日的美國人將自己歸類到最能精準反映出本身意識形態的政黨。[33]南方不再有大批的保守派民主黨員，新英格蘭地區或中西部也不再有自由派共和黨員。這種分類發生在民選官員、政黨積極分子，以及一般選民。因此，使得政黨在認同他們的選民之社會組成以及當選領導人所採取的政策立場上，都存在很大差異。

如同在圖18.5所顯示，在2008年時，美國人較有可能將自己定義為民主黨員（51%），而非共和黨（38%）或是獨立黨派（11%）（值得注意的是，多數的獨立黨派者都會傾向於某一政黨，而且很忠誠地投票給該黨的提名人選）。[34]民主黨在女性而非男性、黑人而非白人，以及較低收入與教育程度而非上層階級擁有更多的支持者。其他研究也顯示，收入與政黨隸屬間的關聯，在近幾十年也出現增加：「相對貧窮的人更加支持民主黨，有錢人則是支持共和黨。」[35]當然，民主黨中還是有許多有錢人，2016年的總統選舉中，也有許多不是那麼富裕的人支持川普，但是整體的趨勢是收入較高的美國人更有可能支持共和黨。因此，當美國的收入不平等現象拉大時，兩黨之間的差距也會隨之增大。最後，現在兩黨成員在宗教信仰方面的差異也比以往大，共和黨的總統候選人在定期上教堂的人中比民主黨更受歡迎。[36]

這些在每個政黨當中不斷升溫的社會基礎差異性，有助於解釋為何民主黨與共和黨的國會議員會在政策的觀點上採取愈來愈不同的立場。表18.2藉由觀察1993至2003年眾議院與參議院在某些重要議題上的唱名投票結果，來分析兩黨的分歧，在這段期間中兩黨在意識形態上的分歧不如今日。該表顯示兩院中，民主黨的自由派多過於保守派，而共和黨的保守派多過於自由派──不過在多數議題

上，有些民主黨員會投票支持保守派的立場，也有些共和黨員會投票支持自由派的立場。儘管有些議題兩黨都會支持——事實上，許多法案都是一致投票通過——但許多有爭議的議題顯示出美國兩黨間的分歧正在加深且增加的。

## 權力分散的組織

絕大部分民主國家中的多數政黨都是階層組織，最上層的國家領導人與組織，具有權力來監督地方與區域政黨組織的活動。與之形成鮮明對比的是，塞繆爾‧埃爾德斯費爾德（Samuel Eldersveld）貼切的以「分層制」（stratarchies）來描述美國的民主黨與共和黨。[37]亦即，政黨組織在全

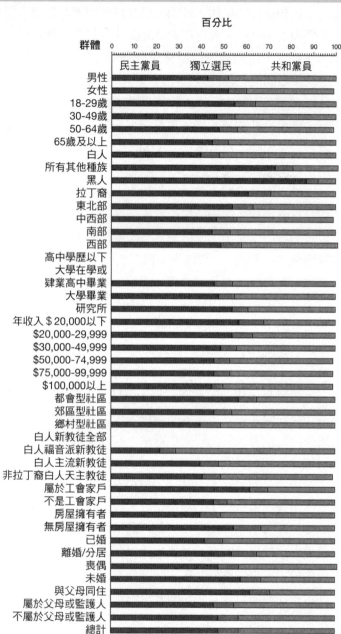

**圖18.5　2012年主要政黨支持者的社會組成**

百分比

群體：男性／女性／18-29歲／30-49歲／50-64歲／65歲及以上／白人／所有其他種族／黑人／拉丁裔／東北部／中西部／南部／西部／高中學歷以下／大學在學或肄業高中畢業／大學畢業／研究所／年收入$20,000以下／$20,000-29,999／$30,000-49,999／$50,000-74,999／$75,000-99,999／$100,000以上／都會型社區／郊區型社區／鄉村型社區／白人新教徒全部／白人福音派新教徒／白人主流新教徒／非拉丁裔白人天主教徒／屬於工會家戶／不是工會家戶／房屋擁有者／無房屋擁有者／已婚／離婚/分居／喪偶／未婚／與父母同住／屬於父母或監護人／不屬於父母或監護人／總計

（民主黨員　獨立選民　共和黨員）

資料來源：哈羅德‧史坦利（Harold W. Stanley）、理查‧尼米（Richard G. Niemi）撰寫的《美國政治的關鍵統計內容》（*Vital Statistics on American Politics*）（Washington, DC: Congressional Quarterly Press, 2016），表3-2。

**表18.2　國會對特定事件的投票狀況（1993-2003）**

| | 共和黨 | | | 民主黨 | | |
|---|---|---|---|---|---|---|
| | 自由派 | 保守派 | 團結指數[a] | 自由派 | 保守派 | 團結指數[a] |
| **眾議院** | | | | | | |
| 解除禁令，回應柯林頓讓同性戀能夠留在軍中的議題 | 101 | 157 | 22 | 163 | 11 | 88 |
| 福利制度改革 | 30 | 165 | 70 | 226 | 4 | 96 |
| 依作偽證來彈劾柯林頓 | 5 | 223 | 98 | 200 | 5 | 98 |
| 2001年小布希提議減稅法案 | 0 | 219 | 100 | 197 | 10 | 91 |
| 伊拉克戰爭 | 6 | 215 | 95 | 126 | 81 | 22 |
| 部分生產墮胎禁令 | 4 | 218 | 96 | 137 | 63 | 37 |
| 2003年小布希提議減稅法案 | 1 | 224 | 99 | 198 | 7 | 93 |
| **參議院** | | | | | | |
| 針對槍枝管制的「布萊迪法案」 | 8 | 47 | 70 | 28 | 16 | 28 |
| 福利制度改革 | 1 | 51 | 96 | 23 | 23 | 0 |
| 2001年小布希提議減稅法案 | 0 | 50 | 100 | 38 | 12 | 52 |
| 麥肯—費高德競選金融改革法案 | 12 | 38 | 52 | 47 | 3 | 88 |
| 伊拉克戰爭 | 1 | 48 | 96 | 21 | 29 | 16 |
| 部分生產墮胎禁令 | 3 | 47 | 88 | 30 | 17 | 28 |
| 2003年小布希提議減稅法案 | 3 | 48 | 88 | 46 | 2 | 92 |

[a] 團結指數是測量某特定政黨成員在公共政策上的投票一致率。成員的各種投票百分比都會被計入，再從較大的百分比中減去較小的。如果投票一致，指數則為100。如果很分化，指數就會是0。如果是75對25時，指數便是50。

資料來源：國會季度報告，1993至2003年。

國、州，以及地方上，不論在法律上或法律外，對其他層次的組織都沒有拘束力。甚至，在每一個層級內部，大多數的政黨又會分成行政性的組織以及立法性的組織，而且彼此都沒有權力可以去影響到對方。

舉例來說，在全國層次中，民主黨與共和黨各自有「**總統黨派**」（presidential party）以及「**國會黨派**」（congressional party）。掌握總統職位的政黨，總統黨派是由總統、全國委員會、全國主席，以及全國提名大會組成。而未掌握總統職位的政黨，則沒有任何人會被普遍公認為黨領導人。

國會兩院中的政黨都有黨團組織，由該院的政黨成員組成（相當於多數民主國家中所稱的「國會黨派」）。黨團選出總召集人，負責政黨立法策略與戰術的主要協調者。由黨團選出的政策委員會代表，會提供總召集人以及黨團實質性的

政策問題以及立法策略。黨團也會指派黨鞭來負責作為總召集人與一般議員之間的溝通管道。黨團所選出的競選委員會負責募款以及將款項分配至特定議院中所推派之候選人來參與競選。

在州的層級上，兩黨通常都擁有州長黨派以及立法黨派。每一個州長黨派或是立法黨派，無權干涉彼此，而全國層級的政黨對任何一個州政黨也沒有權力。簡單來說，全國與各州政黨屬於不同層級，並沒有上下層的指揮從屬關係。最後，在各種地方層級中，也有國會區委員會、郡委員會、市委員會、區或轄區委員會等，多到無法一一列舉。在大多數的州，地方政黨委員會與大會在法律以及事實上，都獨立於州與全國性政黨組織之外。因此，他們構成了第三層級，獨立於州層級之外，就像州層級獨立於全國層級一樣。

美國政黨組織是各個組織層級中的數百個領導人以及委員會所集結，數量遠多過於任何現代民主國家的主要政黨，彼此間幾乎沒有任何權力去要求同層其他組織有義務去遵守命令，更別說是其他任何層級的組織。前喬治亞州州長與參議員採爾‧米勒（Zell Miller）的演講生涯就是例證。他是溫和派的民主黨員，來自一個有許多立場相似的選民之州，他在1992年民主黨全國大會上發表一場主題演講。在與民主黨人疏離並轉而支持小布希總統後，他竟然在2004年共和黨全國大會上發表了主題演講，但仍保持民主黨員的身分。更有力的例子是康乃迪克州參議員喬‧李伯曼（Joe Lieberman）曾經是艾爾‧高爾（Al Gore）的副總統人選，搭檔參選2000年的總統選舉，在2016年輸掉了民主黨參議員的初選後，成為那年「康乃迪克州李伯曼黨」的第三黨候選人（並勝選）。在美國，當候選人認為政黨有助於個人的競選時，便會投入政黨，但當政黨成為選舉阻礙時，他們也會拋棄政黨——這跟多數國家的候選人——政黨之關係，恰好相反。

## 低度凝聚力

多數議會制中的政黨都有高度的**「政黨凝聚力」**（party cohesion），這個詞彙是指立法議員對於公共政策議題的投票立場一致性。在高凝聚力的政黨中，棄權或甚至是投下反對該黨領導人意願的票是很少聽聞的，不過近年來在某些國家中，這樣的趨勢正緩慢增加中。但這只是輕微的違反了常規，在多數國家中議員投票仍會堅定政黨立場。

美國則對比鮮明，國會任何一院在「組織」議會的問題下——選舉眾議院議長、參議院臨時議長，以及常設委員會主席——所有民主黨議員會固定投同樣的票，而所有共和黨議員也會在反面投同樣的票。在其他議題上，政黨很少會有一

致決，雖然他們還是共同投票。

表18.2所顯示的議題中，眾議院民主黨員的政黨凝聚力高過參議院民主黨員，甚至都還要高於參眾兩院的共和黨員。在某些議題上，一黨或他黨，與其他民主國家大多數主要政黨的凝聚力水準相當。舉例來說，眾議院的民主黨員高度反對彈劾總統柯林頓，而眾議院的共和黨員對於2001年小布希總統的減稅提案，也有一致的共識。相較之下，眾議院的民主黨員在同性戀從軍以及小布希的減稅提案上平均分裂為兩派。

因此，國會黨派還是具有某些凝聚力。特別是在某些議題上會呈現出高度凝聚力，像是提高社會福利措施的支出以及加強企業的管制——通常民主黨議員多數會投票支持（但並非完全一致），而共和黨議員多數會投票反對（但並非完全一致）。在某些議題上則是橫跨政黨路線來清楚地作為劃分立場——特別是針對道德性議題，諸如墮胎、死刑，以及對色情的管制——兩個主要政黨內部的投票分化狀況很平均。因此，如果與其他大多數民主國家的主要國會黨派做一比較，會發現美國國會中的民主黨員以及共和黨員在大多數的議題上，其凝聚力都還是比較低的。

這樣的情況對美國政黨在政策制定的過程中扮演了很重要的角色，這部分我們在後面內容再來詳談。會造成凝聚力低的幾個原因中，其最重要的原因就是事實上，與其他大多數民主國家相比，民主黨與共和黨的領導人在紀律約束的力量上都很弱。

## 黨紀不嚴格

在世界上大多數民主國家中的主要政黨領導人，都有許多手段來確保同黨的立法議員能夠在國家立法機關中支持政黨的政策立場。首先，他們可以確保不會給予那些對政黨立場沒有任何明顯及持久支持的議員部長職位或其他任何類似的任命。如果這樣還是無法令讓人頭痛的成員歸隊的話，他們就能將他／她完全驅逐國會。許多國家中的許多政黨都會給予領導人一個終極武器：有權力在下次選舉中，不提名其成為政黨的正式候選人。

美國又是個鮮明的對比，贏得任何國會選區或州的眾議院或參議院政黨初選的任何人，將自動成為該黨的合法候選人，而且沒有任何全國性的政黨機構有權力去否決這項提名。被歷史學家稱為「1938秋後算帳」的著名事件，當時小羅斯福總統是位異常受到歡迎且強勢的政黨領袖，嘗試要介入幾個州的初選，來避免某些曾經反對過他提出「新政」政策的民主黨參議員獲得再次的提名。在13次的

嘗試中失敗12次，此後多數人得出結論：任何國家政黨領袖想要干預州與地方層級候選人的努力，注定都會失敗。

可以肯定的是，總統以及政黨在國會中的領袖可以也經常懇請黨員支持總統政策，以維護政黨忠誠度、提高政黨在下次的選舉機會，或是避免讓政黨鬧笑話。如果說服這招不太奏效，政黨領袖可以（但是很少這樣做）承諾會提供未來競選時的資金贊助給不太願意合作的議員，或是在該議員在提出法案被拖延後，協助其舉辦公聽會。一般除非議員有非常強烈的理由不去配合外，不然國會中大多數的議員都會跟著政黨走。然而，不像是多數其他國家的多數政黨領導人一樣，不論是美國總統還是本身在國會中的政黨領導人，都不具有一些有效的紀律處分權來迫使他們在國會中的議員以違背自己良心的方式去投票——或是違背他們認為這是本身選民的利益以及意願。

### 特殊後果：政府由分立政黨來控制

在一個純粹的議會制民主國家中，不會出現有一個政黨控制著立法單位，而有另一個政黨控制著行政部門的狀況。如果國會拒絕內閣的要求，內閣要不辭職，由國會可接受的新內閣來接任，要不解散國會重新選舉，而新內閣在由新國會多數支持下組成。國會多數政黨與內閣在某些公共政策的主要議題上會有不同意見的狀況，也頂多就是短暫的過渡時期而已。

相較之下，由於美國的三權分立，加上獨立任期的總統以及兩院議員選民重疊，可能出現由一黨贏得總統職位，而由另一黨贏得國會中一院或是兩院的控制。這樣的情況實際上多久發生一次呢？從1832年（大多數的歷史學家認為現代的選舉以及政黨體制都是從這時開始的）到2014年的選舉（參閱專欄18.3），之間總共舉辦了92次的總統以及國會中期選舉。每次大選的結果不是由不同的政黨分治，不然就是由同一政黨來主導。實際上，有56次（61%）同一政黨主導，而有36次（39%）分立政府。

更值得一提的是，自小羅斯福總統於1945年過世之後，「**分立政黨控制**」（divided party control）就比較頻繁地出現，使得許多觀察者覺得這可能就是一種常態，而不是例外現象。在1946至2008年期間，舉辦過35次選舉，只有13次（37%）出現一致政黨（10次是民主黨的總統與國會，而3次是共和黨的總統與國會），以及22次（63%）分立政黨（參閱圖18.6）。

2000年的選舉中，小布希當選總統，一開始跟已由共和黨控制的國會形成一致政府。但這沒有持續很久；在2001年，佛蒙特州參議員吉姆·傑福茲（James

Jeffords）宣布他要退出共和黨成為獨立黨派，但會站在民主黨陣營去投票。民主黨原本只有50比49的小幅差距，但在傑福茲的支持後，他們重新獲得了參議院的控制，並且再度變成分立政府。在2002年，選民再次將兩院的控制權交給了共和黨，不過後來在2006年又將眾議院與參議院交給民主黨，並在2008年時選出民主黨總統。在2010年的期中選舉，選民又再度將眾議院的控制權轉交給共和黨，並讓民主黨在參議院僅有些微多數。民主黨於2014年時失去了參議院多數席次（參閱圖18.6）。

這種情況（這在議會制民主中既不存在也不可能發生）最明顯的原

**圖18.6　同一／分立政黨所控制的總統職位以及國會（1946-2016）**

| 年分 | 國會 | 總統 |
|---|---|---|
| 1946年 | 共和黨 | |
| 1948年 | 民主黨 | 哈瑞·杜魯門（民主黨） |
| 1950年 | 民主黨 | |
| 1952年 | 共和黨 | 德懷特·艾森豪（共和黨） |
| 1954年 | 民主黨 | |
| 1956年 | 民主黨 | |
| 1958年 | 民主黨 | |
| 1960年 | 民主黨 | 約翰·甘迺迪（民主黨） |
| 1962年 | 民主黨 | |
| 1963年 | 民主黨 | 林登·詹森（民主黨） |
| 1964年 | 民主黨 | |
| 1966年 | 民主黨 | |
| 1968年 | 民主黨 | 理查·尼克森（共和黨） |
| 1970年 | 民主黨 | |
| 1972年 | 民主黨 | |
| 1973年 | 民主黨 | 小傑拉德·福特（共和黨） |
| 1974年 | 民主黨 | |
| 1976年 | 民主黨 | 吉米·卡特（民主黨） |
| 1978年 | 民主黨 | |
| 1980年 | 參議院—共和黨，眾議院—民主黨 | 隆納·雷根（共和黨） |
| 1982年 | 參議院—共和黨，眾議院—民主黨 | |
| 1984年 | 參議院—共和黨，眾議院—民主黨 | |
| 1986年 | 民主黨 | |
| 1988年 | 民主黨 | 喬治·布希（共和黨） |
| 1990年 | 民主黨 | |
| 1992年 | 民主黨 | 比爾·柯林頓（民主黨） |
| 1994年 | 共和黨 | |
| 1996年 | 共和黨 | |
| 1998年 | 共和黨 | |
| 2000年 | 參議院—民主黨，眾議院—共和黨 | 喬治·小布希（共和黨） |
| 2002年 | 共和黨 | |
| 2004年 | 共和黨 | |
| 2006年 | 民主黨 | |
| 2008年 | 民主黨 | 巴拉克·歐巴馬（民主黨） |
| 2010年 | 參議院—民主黨，眾議院—共和黨 | |
| 2012年 | 參議院—民主黨，眾議院—共和黨 | |
| 2014年 | 參議院—共和黨，眾議院—共和黨 | |
| 2016年 | 參議院—共和黨，眾議院—共和黨 | 唐納·川普（共和黨） |

因，便是總統與兩院議員都是由重疊的選民分別選出，任期也不同。由於憲政架構，讓美國選民能夠去「分裂選票」——將總統選票投給某一政黨，而國會選舉投給另一個政黨，這在多數議會制民主國家中無法做到。

「分裂投票」（ticket splitting）解釋了

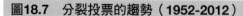

**圖18.7　分裂投票的趨勢（1952-2012）**

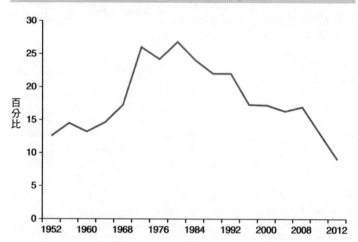

資料來源：美國全國選舉研究，大學跨校政治與社會研究聯合會，密西跟大學，由蓋瑞・雅各布森（Gary Jacobson）主持。數據點是以百分比方式呈現出總統與眾議院具有差異性的選舉投票；兩大黨之外的候選人會在計算中排除。

分黨控制的增加頻率。圖18.7顯示出全國選舉研究針對1952年至2008年的總統選舉，在總統選舉上投給某一黨候選人，而在眾議院選舉時又投票給他黨候選人的比例變化狀況。這張圖顯示了分裂投票從1952年至1980年期間很穩定地在增加。之後，因為政黨極化現象開始增加就有所下降，但是在2008年，其比例仍然比1952年高。在2012年，分裂投票的現象降到比以往都還要低，只有9%的選民，不過控制國會以及總統的政黨依然是分立的。2016年選民在政黨選擇上始終保持一致，讓共和黨一致控制。

　　然而，分立政府並沒有很大幅削弱（或增強）聯邦政府在制定公共政策的能力。大衛・梅休（David Mayhew）仔細研究1946至1990年通過的重要立法文件之後，發現分立政府以及一致政府，法案通過率差不多相同。[38]

## 美國的政策制定過程

### 18.10 解釋美國政策制定的過程，通常都是發生在國會通過，有時候也會由總統通過。

　　在討論美國的政策制定過程時，我們必須先了解到政策制定所依據的憲政架構，是精心設計以防止政府做壞事，而不是使政府更容易做正確的事。可以肯定的是，制憲者希望透過憲法創造一個比《邦聯條例》規定的更加有效率的聯邦政

府。但制定與執行一套有效、一致,以及有力的國家政策,並不是他們的首要目標。

他們相信政府絕不應該被視為是仁慈的母親般,盡一切必要讓所有孩子都能夠溫飽幸福。他們警告說我們不能忘記,政府是由容易犯錯的人所創造的強大且危險的機構。政府的主要目標——事實上,也是其存在以及必須遵守的唯一正當理由——是保障每個人生命、自由,以及財產權。他們認為任何逾越這界線的政府作為,不僅不重要,而且如果以任何方式剝奪基本權利時,更是不可被接受的。要讓政府擁有足夠力量去保障公民的權利,但又不能強大到凌駕於這些權利,他們相信最好的方式就是將政府權力分散到許多不同的機構當中——在聯邦與州政府間實行聯邦制,以及在聯邦政府中施行權力分立。他們堅持權力應該要被區隔,所以沒有一個單獨派系可以取得控制所有政府的權力,犧牲他人利益來提升本身的利益。**39**

因此,由於某一部門阻礙了其他部門的行動,讓政策完全陷入僵局時,他們不認為應盡可能去避免或儘快解除這阻礙。相反的,他們認為這種僵局比起政府一意孤行,無視社群團體中多數人的利益以及異議更加可取。結果就是,每當僵局阻礙了當今政府制定有效的政策來應對預算赤字、不斷累積的國債、犯罪問題、醫療健保、競選資金、反恐戰爭,或任何其他的公共問題時,我們至少可以說這樣的決策過程正按照制憲者的意圖進行著。

如圖18.8所示,他們刻意設計讓政策制定過程以緩慢的步調向下推進。這張法案如何變成法律的粗略過程圖說明了,立法通過必須透過代表兩個不同的選民結構的兩院平行路徑。為了要成為法律,法案必須先在眾議院(435位眾議員分別在各有65萬人口的選區進行投票)以及參議院(每一州各有2位參議員,人口數從懷俄明州的58萬6,000人到加州的3,900萬人)都通過。裡面任何一院,法案會先交付至委員會中,而法案很容易受到委員會主席及其成員的意願所影響,必須在通過之後才能送到大會去審議表決。這在參議院更加困難,因為必須要在100票中取得60票,才能結束除了年度預算決議案以及為了新預算而必須推動的政策變更來符合法律要求之外,所有法案的潛在阻礙(這種「和解」過程為通過具有財政影響的重大法案開啟一扇門,例如歐巴馬總統的健保改革法案,僅以51票而非60票通過,但這步驟並不常見)。即便兩院串連,他們還是必須商定一個法案,解決參議院與眾議院之間的歧異,並予以通過。之後該法案就會被提交到總統桌上,而這位行政部門的領導人可以對法案使用否決權,並要求修正。比較融合了立法與行政部門,以及兩院中總有一院地位較高的議會制,美國的政策制

定系統有許多障礙，來阻止法案通過。

## 避免陷入僵局的傳統方法

　　從1789年第一次國會召開至21世紀以來，美國人已經發現無論對人權的威脅有多大，政府還是得制定與實施一些政策。政府必須規範州際之間與國際的商業、增加或減少貨幣的供應、與外國建立關係、課徵稅、撥款，以及其他事務等。儘管憲政體制有許多障礙和惰性的傾向，不過美國人還是發展出一套制定政策的方式。在一般時期就使用傳統做法，而發生重大危機時則會利用其他方法。

　　在一般時期，美國公共政策的制定方式，主要是透過成立特定議題的利益聯盟，代表彼此進行協商與達成協議。聯盟的主要建設者包括各

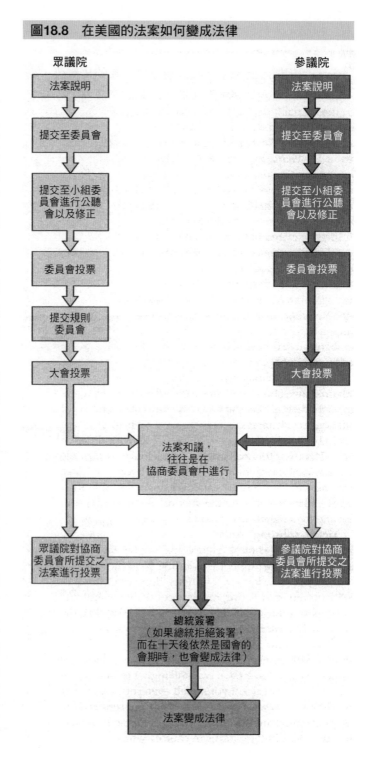

圖18.8　在美國的法案如何變成法律

種政府官員，例如總統與內閣以及總統辦公室中的首席政治幕僚、國會議員及其專業幕僚、行政部門與獨立機構的政治負責人與常任公務員，以及聯邦法官及其職員。外部成員至少與這些內部成員一樣積極，而且通常也一樣強大，尤其主要是代表有組織的利益團體之說客，他們認為政策結果會嚴重影響到利益。通常結果是雖然每次政策競爭中，總會產生贏家與輸家，但對高度參與的利益各方，不會全盤皆贏或皆輸。每個角逐者都會拿到一部分自己想要的東西，但絕不是全部，而且每個人也會避免讓自己徹底慘敗。

不論是過去還是現在，許多評論家都高度批評這樣的過程。他們認為這過程通常都花費太多時間，結果卻常是一團混亂，充滿了矛盾、弄巧成拙而且需要一直修正。他們也對終止任何重大政策的困難程度感到震驚。典型上，當一個聯盟在總統職位上爭取失敗後，就會轉戰到國會去；如果又從國會失敗了，則會嘗試從官僚體制上著手；當其無法說服現任民選與被任命的官員時，便會企圖去取代這些人；當在任何地方皆失敗時，就會訴諸法院破壞或削弱其他機構制定的政策。

例如，近年來環保人士愈來愈集中精力去遊說那些執行自然資源法案的聯邦機構，而不僅是通過法案的國會議員。另一個例子，當1950年代的民權倡議者無法要求國會廢止學校中的種族隔離政策時，他們轉向求助最高法院，並在「布朗訴教育局案」（1954年）贏得了具有指標性的勝利。另一項獲得勝訴的指標性民權案件是來自於婚姻平權的倡議者，最高法院在「奧貝格費爾訴霍奇斯案」（2015年）裁定憲法有保障同性伴侶結婚的權利。

毫無疑問地，一般時期的過程遠不像議會制民主那樣簡潔、有序，以及迅速，因為後者權力融合且不可能發生行政與立法機關長期陷入僵局。然而美國這樣的過程無疑地仍產生了許多重大且成功的國家政策，例如，1970年代亞歷山大‧漢彌爾頓（Alexander Hamilton）提出的經濟發展計畫、19世紀美國的西部擴張、接收數百萬的移民、1900年代初期的「進步時代」（Progressive Era）、新政、奴隸制結束以來不斷提高的非裔美國人之地位（儘管緩慢）、1960年代「偉大社會」（Great Society）的福利與健保計畫、1986年稅制的徹底改革等。然而，既使是在最佳狀態下，一般時期的過程仍需要耗時許久才能產生結果，而且在美國歷史上曾出現好幾次狀況，當一般過程無法快速因應情勢所需，國家必須轉向較不嚴格但充滿爭議的政策制定過程：總統單方面採取行動。

當南方各州於1861年開始宣脫離時，亞伯拉罕‧林肯（Abraham Lincoln）總統採取了許多非常偏離一般時期的步驟。藉由發出行政公告，他暫停了人身保護

令、呼籲志願人士加入聯邦軍、使用政府經費購買糧食、制服以及武器給他們，並且做出提供糧食給桑特堡這改變命運的決定[7]，即便林肯預測這樣的行動可能會開啟內戰。在完成這些措施之後，他召集國會開會，告知議員他已經做的事，並要求國會回溯授權——國會沒有選擇只能授權給他。

自此之後，當總統覺得需要即刻去維護國家利益時，他們要不像林肯總統一樣先斬後奏，不然就是說服國會趕緊批准激烈的改革措施，像1930年代小羅斯福總統一樣，當時的情勢很明顯，如果不採取非常手段，經濟將在大蕭條的壓力下崩潰。

總統通常展現這些非常權力在外交事務上，多過於國內的危機事件，就像1950年杜魯門總統命令美軍進入韓國；1960年代約翰‧甘迺迪（John Kennedy）以及林登‧詹森（Lyndon Johnson）總統順著趨勢進軍越南；1980年代以及1990年代初期，老布希總統命令美軍進入巴拿馬、波斯灣與索馬利亞；柯林頓總統在1994年進軍海地1995年進軍波士尼亞；在2001至2002年時，小布希總統將美國的士兵與空軍送進阿富汗來推翻庇護恐怖主義者的塔利班政權，在2003年，派遣武裝部隊去襲擊伊拉克並且罷黜海珊。1974年的《戰爭權力法》是要限制總統未經國會核准就採取行動的權力，但事實上，該法能夠真正對總統箝制的地方非常少。沒有人會懷疑在未來任何危機發生時，特別是在外交事務上，總統將再次繞過一般時期的過程，去做他們認為的必要措施。

然而，最近的經驗清楚顯示總統獨裁的安全閥不會無限期開啟。當軍事行動延宕數月或數年之久，而造成大量花費、許多嚴重傷亡，以及最終勝利的希望渺茫－－韓戰與越戰至今是最明顯的案例，而伊拉克與阿富汗戰爭可能會取代前面兩者－－總統最後會失去民意以及國會之後的支持，國家便會回復到一般時期的過程。不論如何，任何領導人都必須要為其行為負責，每4年就要接受自由選舉考驗的美國總統，是不可能會變成獨裁者。

總統也會受到法院以及媒體的監督，這在小布希執政期間發生頻率愈來愈高。2005年12月，紐約時報揭露了美國國家安全局在總統的要求下，沒有依據《外國情報監控法》（Foreign Intelligence Surveillance Act, FISA）獲得法院許可，就監聽國內與國際電話。小布希的行政團隊辯稱，在戰爭時期，總統有權跳過該法案採取行動，但小布希總統還是面對記者以及國會內的一些議員對此問題所提出的嚴峻質疑。在2006年6月，美國最高法院判決被關押在關塔那摩灣的拘留者，不能接受祕密軍事委員會的審判，部分原因是該委員會沒有經過國會授權而成立。這個指標性的案例指出了，即便是在戰時行政權力也是有一定的限制。

# 政策的成果表現

## 18.11 比較美國與其他國家在稅務上的收取程度與種類。

　　當考量到美國的政策績效時，很重要的是要記得我們不只是參考華盛頓特區，而是許多政府。[40]2016年，在美國有超過9萬個政府單位，包括聯邦政府、50個州、3,031個郡、19,519個市、16,360個鄉鎮、12,880個地方學區，以及38,266個特別區——每個政府都有某些憲法與法定權力來制定政策。[41]

### 稅務政策

　　在這些90,106個政府中，聯邦政府所獲取的歲收規模是最大的；其各種來源的稅收占了總歲收的57%。當然，其比例還是比單一制國家的中央政府所獲得的歲收要少——例如英國、日本以及瑞典——但比澳洲以外的聯邦制國家政府高。[42]

　　表18.3顯示了在2014年，美國以及其他6個工業化國家主要稅收占總歲收的百分比。這表格顯示了美國比其他國家都更加依賴個人所得稅。也比其他國家更少依賴營業稅以及其他消費型稅收。部分原因是美國中央政府與大多數歐洲政府不同，從來沒有徵收過營業稅或是增值稅，不過大部分的州都會徵收營業稅以及所得稅。因此，整體來講，比起其他多數但非全部國家，美國聯邦制度的稅收制度是比較先進的（對有錢人徵收愈高的稅）。

　　美國人經常抱怨他們所承擔的沉重賦稅，而共和黨的雷根、老布希，以及小布希總統都以減稅來作為其經濟計畫的基石。與其他工業化民主國家的居民相

### 表18.3 各國稅收來源在整體歲收所占的百分比（2014年）

| 國家 | 個人所得稅 | 公司稅 | 社會保障繳費 | 財產稅 | 商品與服務稅 |
|------|-----------|--------|-------------|--------|-------------|
| 英國 | 27.51 | 7.51 | 18.67 | 12.616 | 33.13 |
| 加拿大 | 36.56 | 9.92 | 16.07 | 10.109 | 24.11 |
| 法國 | 18.64 | 4.51 | 37.71 | 8.608 | 24.36 |
| 德國 | 26.32 | 4.21 | 38.73 | 2.393 | 27.9 |
| 義大利 | 26.64 | 6.3 | 30.03 | 5.86 | 26.88 |
| 日本 | 19.22 | 13.24 | 40.86 | 8.836 | 17.58 |
| 美國 | 38.21 | 9.99 | 23.96 | 10.683 | 17.15 |

資料來源：「經濟合作暨發展組織」發表的〈各國稅收來源在整體歲入所佔的百分比〉（*Tax Sources as a Percent of Total Taxation*），2014年，http://data.oecd.org/tax-on-personal-income.htm#indicator-chart，資料取得日期：2016年9月。這些資料數據結合了聯邦、各州，以及地方稅收內容。

比，究竟美國人的負擔有多重呢？

　　答案取決用什麼標準方式來衡量。如果以GDP百分比來看，美國稅務總共占25.6%，是主要工業化國家中最低的（瑞典50.6%最高）。此外，從1980年以來，美國GDP的成長幅度比任何其他工業化民主國家慢（瑞典的增長率又是最高）。[43]總結來說，與大多數其他工業化國家相比，美國的稅收制度是屬於比較先進的國家之一，但稅務所占的GDP比重相對較小。

　　另一種衡量稅務制度的方法，就是看政府是否課徵足夠的金額來支付其所承諾要花費的政策項目。因為國會與總統在通過平衡預算上不會受到限制——而且不會面臨外界壓力像是歐盟國家時常祭出的財政紀律——美國經常在稅收的支出上比徵收上給予更多的承諾。美國的「國會預算辦公室」（Congressional Budget Office）預計2013年聯邦的赤字為8,450億美元，約占美國GDP的5.3%。1950年代初期以來，經濟衰退與和它抗衡的刺激性消費以及已實施的減稅措施相結合，相對於國家經濟，使國債比以往更高。雖然在2016年赤字已經削減至5,900億美元，但債務依舊，長遠來看兩黨無疑地都會宣傳他們的減少計畫。然而，這樣做需要增加稅收、減少支出，或兩者同時進行，華盛頓特區極化的兩黨，是否能就每項麻煩的政策達成協議，仍有待觀察。

## 預算分配的績效

　　圖18.9概述了聯邦政府如何在2015年分配預算。此圖顯示聯邦政府在本身預算中，有72%花費在國內福利以及教育上、17%在國防相關事務、6%在支付國債利息，以及5%是其他方面。美國的州與地方政府也花費了3.2兆美元，這些花費大多投入在教育、醫療健保，以及社會福利上。

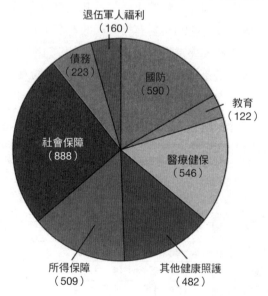

**圖18.9　2015年聯邦政府預算分配（單位：10億美元）**

退伍軍人福利（160）
債務（223）
國防（590）
教育（122）
社會保障（888）
醫療健保（546）
所得保障（509）
其他健康照護（482）

資料來源：「美國行政管理與預算局」發表的〈聯邦政府職能支出〉（*Federal Spending by Function*），http://www.whitehouse.gov/omb/budget/Historicals，資料取得日期：2016年9月。

　　世界其他民主國家中，只有以色列跟美國一樣支出高比例的預算在國防上（有些開發中國家，像是北韓、阿曼，以及沙烏地阿拉伯，花費更高）。有些美國人認為國防上的支出過高，特別是現在冷戰已經結束。有些人則是持相反的意見，認為911事件凸顯了這世界仍然充滿危險，而美國人需要花費一切去贏得**「反恐戰爭」**（war on terror）。不論這些立場具有什麼優點，直到2001年，聯邦在國防上的支出比例降低，但從2002年後，卻一直在上升。

　　在其他國際性的比較上顯示，到目前為止，美國在健保上的人均支出是全世界最高的，排名在後的瑞士、挪威、荷蘭，以及德國，仍有一段的差距。[44]而花費在教育上的GDP比例，美國（6.4%）排名落後於紐西蘭（6.9%）以及南韓（6.7%），但是高過於英國（6.3%）以及加拿大（6%）。[45]

## 管制績效

　　與所有現代工業化民主國家一樣，美國是一個福利國家，其許多政策源於：政府有義務去保障所有公民，特別是針對那些無法照顧自己的人，獲得基本生活條件。然而，政府應該提供的哪些基本需求以及應提供到怎樣的水準，各國明顯不同。在本節，我們簡要回顧美國政府在三個主要問題領域中，採用了哪些主要政策。

1. **社會保險**——美國是現代工業化國家中，最晚加入福利國家的，而今日，美國在公共福利的經費占GDP的比例，仍低於多數工業國家。儘管如此，聯邦、州，以及地方政府共同制定了政策提升低收入戶者的生活條件。為了要達到目的，他們兩種主要的機制：社會保險與福利以及公共援助。
2. **社會保險與福利**——包括保護公民避免因為老年、退休、生病、工作意外，以及失業而收入減少的風險。聯邦基本上根據1935年通過的《社會保障法》，該法從雇員與雇主強制性繳納的費用，成立退休基金，所有受薪階級在退休或是達到某一定的年齡時，都有權從此基金領取現金津貼。因為這樣的福利是針對所有貢獻者都能領取，所以大部分的美國人都會認為這是一種本身的權利，而非政府的施惠。領取社會保障的支票時，沒有附帶任何惡名，多數各收入水準的美國人都支持該計畫。

　　**公共援助**——包括了直接給窮人給現金或物資援助，例如給需要養育小孩的家庭現金津貼、食物券、給兒童免費的牛奶以及提供低收入的職業母親日間托育。不像社會保障，這些計畫方案是無償的，因此構成明顯的收入重分配效果，

從高收入流向至低收入人群。結果就是，某些社會污名效果會附加在那些領取公共援助利益者身上，而這些福利計畫也比社會保險計畫來得更具爭議性。

多年下來，對福利制度也有不少抱怨產生，特別是「撫養未成年兒童家庭援助」（Aid to Families with Dependent Children, AFDC），會導致受惠者失去工作的動力，而使得他們終身都依賴政府的救濟。曾經在1996年，共和黨主政的國會通過一項「**福利改革**」（welfare reform）法案，柯林頓總統也簽署了。新通過的法律終止了聯邦政府直接撥款給所有符合「撫養未成年兒童家庭援助」的家庭。相反的，聯邦政府將164億美元的經費撥給了各州，去發展與資助他們的新福利計畫，前提是各州須對福利受惠者施加工作要求、為他們制定工作培訓計畫，並且設定接受福利金的時間限制（根據新法的倡議者表示，這是以「就業福利」取代社會福利）。**46**

**教育**——與其他工業化國家一樣，美國教育主要由政府資助與營運，儘管私立學校（特別是大學）比大多數其他國家更多（私立學校在日本與英國也很重要）。

美國學校體制與其他國家不同的地方在於，其教育是高度的地方分權化。從幼稚園到大學，大多數的學校都是由州與地方政府來資助及管理，儘管聯邦政府提供了大量的補助給許多特殊計畫，但每一項計畫對資金如何花費都有限制。例如，在為學生提供聯邦資助的獎學金以及其他形式的經濟援助時，學校不得因種族以及性別而歧視申請的學生。地方政府對學校的資助與管理有許多問題，其中最重要的是，較貧窮的州與地區的學校平均花費在學生身上的錢，通常比富裕的州與地區的學校少。

不論這些差異造成了哪些後果，比起其他國家，美國大學學位的人口數依然有較高比例。因為許多工業化國家所持有的教育理念就是，高等教育應該只保留給那些最具有天分以及優秀的學生來就讀。因此，他們只需要那些能相對符合需求的學生，在結束一個階段的學業之後，通過國家在行政上設計的入學考試，才能夠進入到下一個更高階段的學校去深造。相形之下，美國所持有的教育理念就是盡量給許多人都有機會去接受大學教育。因此，美國18歲的年輕人更容易進入某種類型的中學後教育——4年制的學院或大學，或2年制的社區大學——比起其他國家的同齡人，更多人會選擇這樣做。根據人口普查局，25歲以上的美國人超過33%擁有大學學歷——這個數值幾乎高於所有其他工業化民主國家（雖然南韓、加拿大、日本，以及愛爾蘭正在迅速趕上美國）。

美國的教育品質呢？美國的許多學者、學校行政人員，以及政治人物，對美

國基礎教育的品質長期以來一直爭論不休，這議題的文獻也相當龐大且複雜，而難以在此詳細評述。我們只能說明，美國學生的綜合閱讀成績略高於工業化國家的平均，但是數學以及科學成績卻略低於平均。[47]在大學階段，美國教育體制的品質基本上是無庸置疑的，不論是美國的學院、專業學校，以及博士課程，名列世界前茅。

　　**環境保護**——這裡所討論的政策領域中，環境保護最近才成為焦點，不僅是在美國，大多數的工業化國家也是如此。從18世紀末所展開的工業革命直到第二次世界大戰結束之後，所有國家最為關注的重點之一就是經濟成長——為了國內消費與出口外銷，持續提升國家商品與服務的生產力。

　　由於許多原因，經濟成長依然是國家的首要目標，因為這能讓政府達成一系列不同的政策目標，包括增加軍事實力以及外交影響力、為窮人提供更多的食物、庇護所與醫療照顧，以及提高健保與教育的普及率和提升品質。然而，近年來包括美國在內許多國家的政策制定者，已經意識到經濟成長，特別是不受限制的快速發展，付出了巨大的代價。沒有什麼比毒氣排放與固態廢棄物代價更高，這兩項皆是大規模工業化的副產品。

　　因此，美國及其他國家的政策制定者愈來愈意識到他們必須去因應環境問題。有些國家，特別是日本與英國，對這些問題的解決方法不是依靠政府法規，而是鼓勵企業與工會合作發展污染防治計畫。環保政策初期，美國採取了完全不同的做法。從1970年的《清潔空氣法》開始，其制定了一系列嚴格的法律。這些法律要求製造商安裝昂貴的設備（像是煙霧洗滌器以及淨水器），以大幅減少空氣與水的污染排放量、回收固態廢棄物，以及去清理——大多數由他們（以及／或是他們的保險公司）去花錢解決——自己製造的有毒廢棄物。聯邦政府也成立了一個特別的機構——國家環境保護局（Environmental Protection Agency, EPA），確保這些法律有被嚴格執行。

　　隨著政治潮流的轉變，美國政策制定者從實行嚴格法規轉為強調鼓勵措施、產業自願設定目標以及排污交易，旨在以最具成本效益的方式來減少污染。小布希總統的行政團隊注重在鼓勵措施上，沒有施加過於強硬的行動在全球氣候變遷上。在競選期間，歐巴馬反對這樣的立場，承諾迅速採取行動限制溫室氣體的排放，讓美國在應對氣候變化上，成為更積極的領導人。即使他的國內提案在國會中遭遇強力的抵抗，歐巴馬還是完成了一個在氣候議題上的重要突破，在2014年與中國簽署了協議，以及2015年在法國巴黎舉辦的聯合國氣候變遷大會上發展出一個架構來。這代表許多國家在減少排放量邁出重要的一步，但川普在競選期間

反對過《巴黎協定》，不過卻在當選後誓言保持「開放態度」，將在這個領域改變國家方向。

# 美國例外主義：迷思或事實呢？

## 18.12 解釋美國例外主義的概念，並探討您是否認為這在當今世界仍適用。

在美國史上多數時期，許多美國領導人與公民——以及一些外國評論家與數百萬名離開祖國成為美國人的移民——認為美國不僅只是世界上許多政體中的一個，而是與其他政體大為不同。有人將其視為是一個偉大的社會實驗，所有政治體系都可以也應該要從中學習，以建立或改革本身的制度。

### 歷史上的理想狀況

在華盛頓總統第一次的就職演說中，他說：「捍衛自由的神聖之火與共和政府模式的命運，被深深認為或許是最後將民主試驗託付到美國人民手中的賭注。」[48]

在1862年12月，當美國體制的存在受到內戰的威脅，林肯總統對國會說：「我們身為國會與政府將被後人銘記……我們經歷過的激烈考驗，將引領我們帶著榮譽或恥辱，到下個世代……我們不是高尚地保有就是卑微地失去這地球上最後的、最佳的希望。」[49]

### 有多麼真實？

結束本章最適當的問題，不應該是**美國例外主義**（American exceptionalism）是高尚還是虛榮的，而應該是其真實性。亦即，美國體制在什麼方面及程度上，於世界的其他政治體制相似或不同呢？我們結論總結於表18.4。

**美國體制與其他制度有多相近**——這是在特定的領土與人民有管轄權的政府。政府立法來規範人民的行為，以包括死刑的手段強制執行。

美國社會由許多利益不同的團體所組成，其政治過程基本上就是這些團體相互競逐利益的過程。很少會有政策讓所有團體及利益平等受惠，相對來說，大多數的政治決策會產生一些贏家以及一些輸家。

除此之外，本書比較政府的基本理論架構同樣適用於美國以及其他國家。

**美國與若干國家相似，但與多數國家不同之處**——如表18.4顯示，美國的民

主制，與其他民主國家一樣，都是以憲政原則為基礎。其社會由多元種族與宗教的居民所組成。

美國是總統制民主國家，而非議會制民主國家，基於權力分立而非權力融合。政府首腦是經由民選而非世襲所產生。更進一步來說，國家元首與政府首腦的角色都是由同一人擔任。

美國也有其獨特之處，因為其為聯邦制而非單一制國家。州政府與地方政府的獨立對美國人的生活帶來強大的影響力，以更小且更容易的規模，為選民帶來有意義的代表性。

立法體系也與其他國家體系不同。國會的兩院議長都有本身的黨派而非中立。其國會委員會在立法過程中扮演了很關鍵的角色。美國國會議員基本上不受黨紀約束，可以決定自己的選票。

美國的司法體系是基於英國的普通法系，而不是歐洲大陸的大陸法系。這意味著美國的法律判決會援引先前法官的判決，而不是由立法或行政部門制定的廣泛原則。同時，美國的最高法院擁有權力宣判其他政府官員與機構的行為違憲使其無效。

美國的選舉採單一選區相對多數，而不是比例代表制。因此，他們總是只有兩大黨在競爭。不同的政黨可以同時控制著不同的政府部門，並且經常發生。美國的選舉定期舉行，沒有解散國會的權力。國會議員必須居住在他們所代表的州與地區，這做法建立在法律以及慣例。人民的創制與公投在特定的州與地方很常被使用，但在聯邦層級很少發生。

**美國的獨特之處**——最後，表18.4凸顯美國政治體制中有許多獨特之處。例如，比起其他國家的治理計畫，美國簡潔而睿智的憲法條文，在國家的日常政治生活當中更突出。美國憲法中所保障的權利，確保了資訊透過新聞自由流通，並檢視政府官員從刑事逮捕到對私人財產的管制的行動。美國人也會呼籲在憲法層面對相關議題進行政治性的辯論，例如：槍枝管制與同性婚姻等。在廣泛概述美國政府應如何運作時，美國的開國文件以及1787年至今少數的修正案非常有用。

美國的民主運作在許多關鍵細節上也與眾不同。國會委員會幾乎比其他國家立法機構更有權力與自主。美國政黨的提名人由法律規範而非黨紀的直接初選來篩選。許多政府官員，特別是州與地方層級，都是直接民選並且依據直接初選來提名。因此，美國的選民比起除了瑞士以外的其他民主國家選民，會參與更多的選舉，在每一次選舉也需要做更多的決定。此外，美國的選民登記制度大幅地將權力下放，但也將更多負擔放在選民身上。

**表18.4　美國與其他國家的比較：摘要**

| 屬性 | 美國與其他國家有比較多相似之處 | 美國與若干國家相似，但不同於許多國家之處 | 美國所獨特擁有之處 |
|---|---|---|---|
| 社會 | 由許多不同利益的團體所組成 | 1. 具有大量的移民及其後裔<br>2. 高度的宗教多元化 | |
| 政治體制 | 有個負責立法與執法的政府 | 是民主國家 | 憲法在制定框架以及解決政治與政策糾紛上，具有核心地位 |
| 政府結構 | | 1. 憲政原則為基礎<br>2. 聯邦制 | 具有廣泛性的權利制衡體系 |
| 行政部門 | 有行政首長 | 1. 總統制而非議會制<br>2. 國家元首與政府首腦是由同一人來擔任<br>3. 總統是由選舉人團所直接投票選出 | |
| 立法部門 | 有國家立法單位 | 兩院皆由人民直選 | 國會委員會扮演關鍵角色 |
| 司法部門 | 法院審理民事與刑事的案件 | 1. 所有的聯邦法官都是任命制；部分州與地方的法官是民選<br>2. 多數法院具有司法審查權 | 許多政治爭論的議題是由法院來判決，而非由政黨或是立法單位來判定 |
| 政黨與選舉 | 定期選舉 | 1. 兩黨制<br>2. 單一選區相對多數<br>3. 選舉定期舉行；沒有解散國會的權力<br>4. 政黨受到法律嚴格管制<br>5. 行政與立法部門可以也往往是由不同政黨所控制 | 1. 候選人由直接初選來篩選<br>2. 選民登記權下放，且選民要主動登記<br>3. 選民參與許多選舉，每一次選舉做出許多選擇<br>4. 政黨領導人沒有權力決定誰可以入黨或驅逐黨員<br>5. 政黨權力分化，黨紀不嚴格，凝聚力也不高 |

　　政黨受到法律嚴格地規範。但是政黨無法控制誰可以入黨或維持黨籍，所以比起其他民主國家制度，美國政黨缺乏凝聚力、黨紀不嚴格，權力也相對分散。

　　因為候選人是以個人身分，而不是國家政黨團隊的地方代表來競選，加上沒有政府資助的免費媒體時間分配給政黨或候選人，因此美國選舉的經費募集與開支，比起大多數民主國家而言更加重要。

　　法院體制也很不一樣。比起任何其他民主國家，美國的政治議題藉由法院進行裁決的比例更高。因此，律師在美國的政治體制中扮演的角色，比起其他任何國家更加重要。

## 結論

最後引用最偉大的外國觀察家、英國學者以及政治家布萊斯閣下（Lord Bryce）的話，來為本章比較美國政治體系與世界其他體系做總結，是再適合不過了：

> 任何的政府都會有缺陷；花同樣的時間去檢視英國、法國，或是德國的憲法，都可能會揭露若干嚴重問題……如同我們在美國的體系所發現的一樣。對任何熟悉自由政府運作模式的人而言，他們這樣一個常設性的工作能持續下去確實是個奇蹟……而比起其他的國家，美國的政府治理更加受到民意的監督，這也意味著，中央政府與各州政府的所有機關都會去尋求與遵守來自全國大眾的普遍看法。[50]

## 章後思考題

1. 為什麼美國的投票率會低於大多數的民主國家呢？
2. 在上個世紀中，移民政策有哪些改變呢？這對美國的政治文化又產生了什麼樣的影響呢？
3. 直接初選對美國政黨的權力有什麼影響呢？原因為何？
4. 美國對環境議題的傳統方法與歐洲所採取的策略有何不同呢？最近又發生了什麼樣的改變呢？
5. 美國在哪些政府領域中的花費高過於世界上其他國家的所為呢？

## 重要名詞

| | |
|---|---|
| 《平價醫療法案》 | 貧富差距 |
| 美國例外主義 | 選舉人團 |
| 《權利法案》 | 聯邦制 |
| 地毯式初選 | 健康保險制度改革 |
| 權力制衡 | 司法審查 |
| 封閉式初選 | 訴訟 |
| 國會黨派 | 好訟性 |
| 保守黨 | 遊說 |
| 直接創制 | 大眾傳播媒體 |
| 直接初選 | 大熔爐 |
| 分立政黨控制 | 開放式初選 |

議會制民主　　　　　　公債
黨派極化　　　　　　　稀有性原則
政黨凝聚力　　　　　　權力分立
拼布床單　　　　　　　分裂投票
政治行動委員會　　　　前兩名初選
政治文化　　　　　　　投票登記
全民公投　　　　　　　投票率
總統制民主　　　　　　反恐戰爭
總統黨派　　　　　　　福利改革

## 推薦閱讀

Bryce, James. *The American Commonwealth*. 2nd ed. London: Macmillan, 1889.

Davidson, Roger H., Walter J. Oleszek, Frances Lee, and Eric Schickler. *Congress and Its Members*. 14th ed. Washington, DC: CQ Press, 2014.

Fiorina, Morris P. *Culture War? The Myth of a Polarized America*. New York: Pearson-Longman, 2005.

Ginsberg, Benjamin, and Martin Shefter. *Politics by Other Means: The Declining Importance of Elections in America*. Rev. ed. New York: Basic Books, 1999.

Hamilton, Alexander, James Madison, and John Jay. *The Federalist Papers*, ed. Clinton Rossiter. New York: New American Library, 1961.

Issenberg, Sasha. *The Victory Lab: The Secret Science of Winning Campaigns*. New York: Crown Publishers, 2012.

Jacobson, Gary C. *A Divider, Not a Uniter: George W. Bush and the American People*. New York: Pearson-Longman, 2007.

King, Anthony S. *Running Scared: Why American Politicians Campaign Too Much and Govern Too Little*. New York: Martin Kessler Books, 1997.

Mayhew, David R. *Divided We Govern: Party Control, Lawmaking, and Investigations, 1946–1988*. New Haven, CT: Yale University Press, 1991.

McCarty, Nolan, Keith T. Poole, and Howard Rosenthal. *Polarized America: The Dance of Ideology and Unequal Riches*. Cambridge, MA: MIT Press, 2006.

Neustadt, Richard E. *Presidential Power and the Modern Presidents: The Politics of Leadership from Roosevelt to Reagan*. New York: Free Press, 1990.

Sides, John, and Lynn Vavrek. *The Gamble: Choice and Chance in the 2012 Presidential Election*. Princeton, NJ: Princeton University Press, 2013.

Tocqueville, Alexis de. *Democracy in America: The Henry Reeve Text*, 2 vols. Revised by Francis Bowen, ed. Phillips Bradley. New York: Alfred A. Knopf, 1945.

## 網路資源

白宮：http://www.whitehouse.gov

美國參議院：http://www.senate.gov

美國眾議院：http://www.house.gov

美國法院：http://www.uscourts.gov

美國國會圖書館[8]：http:// www.lcweb.loc.gov

美國全國性政治指標：http://www.politicalindex.com/

## 註釋

1. Rudyard Kipling, "The English Flag," in *Barrack-Room Ballads and Other Verses* (London: Methuen, 1892), stanza 1.

2. *The World Almanac and Book of Facts 2002* (New York: World Almanac Books, 2002), 782, 804.

3. *Statistical Abstract of the United States: 2010* (Washington, DC: U.S. Census Bureau, 2010), Table 1296.

4. H. G. Nicholas, *The Nature of American Politics*, 2nd ed. (New York: Oxford University Press, 1986), 4.

5. See *Statistical Abstract of the United States: 2010*, Table 4, for figures on legal immigration, and Table 47, for estimates and definition of illegal (or unauthorized) immigration.

6. *Statistical Abstract of the United States: 2012* (Washington, DC: U.S. Census Bureau, 2012), Table 1348.

7. *Statistical Abstract of the United States: 2012*, Table 470.

8. See Jacob Hacker, *The Divided Welfare State: The Battle over Public and Private Benefits in the United States* (New York: Cambridge University Press, 2002).

9. The Twenty-First Amendment repealed the Eighteenth Amendment (Prohibition), so there are, in effect, only twenty-five amendments. The resistance to amending the Constitution even with quite popular provisions was demonstrated in June 2006, when an amendment that would have given Congress the power to ban flag burning fell one vote short of gaining the required two-thirds majority in the U.S. Senate. See Johanna Neuman and Faye Fiore, "Flag Measure Fails By 1 Vote," *Los Angeles Times*, June 28, 2006.

10. Fifteen states have term limits for members of their legislatures. A number have also tried to impose similar limits on their members of Congress, but the U.S. Supreme Court ruled in 1995 (*U.S. Term Limits, Inc. v. Thornton*) that the states have no constitutional power to limit the terms of national legislators.

11. In recent years, an old dispute has been revived by a number of political analysts who argue that presidential democracy is inherently inferior to parliamentary democracy and that the United States should convert to a system of parliamentary democracy similar to Great Britain's. Other analysts reply that, judging by the results—effective policies, loyal citizens, and stability—the American system has done at least as well as the parliamentary systems. See Chapter 5 for a discussion of the issues and arguments in the dispute's current version.

12. James Q. Wilson and John J. DiIulio, *American Government*, 6th ed. (Lexington, MA: D.C. Heath, 1995), 81, Table 4.3.

13. Gabriel A. Almond and Sidney Verba, *The Civic Culture: Political Attitudes and Democracy in Five Nations* (Princeton, NJ: Princeton University Press, 1962), 186.

14. Robert A. Kagan, *Adversarial Legalism: The American Way of Law* (Cambridge, MA: Harvard University Press, 2003).

15. *New York Times v. Sullivan*, 376 U.S. 254 (1964).

16. The two key cases are *National Broadcasting Co. v. United States*, 319 U.S. 190 (1943), and *Red Lion Broadcasting Co. v. Federal Communications Commission*, 395 U.S. 367 (1969).

17. See Michael P. McDonald and Samuel Popkin, "The Myth of the Vanishing Voter," *American Political Science Review* 95, 4 (December 2001), 963–974.

18. In 1993, Congress passed the Motor Voter Act, which was intended to make registration much easier and thereby increase voting turnout. The legislation requires the states to allow citizens to register when applying for a driver's license, to permit registrations by mail, and to provide registration forms at public assistance agencies, such as those distributing unemployment compensation and welfare checks. While most political scientists applaud the law, its effectiveness is not yet clear. Turnout of eligible voters, which stood at 61 percent in the 1992 presidential election, *dropped* to 53 percent in 1996. It rose to 56 percent in 2000, and then to 61 percent in 2004.

19. See John G. Matsusaka, *For the Many or the Few: The Initiative, Public Policy, and American Democracy* (Chicago: University of Chicago Press, 2004).

20. One distinguished foreign observer of American politics argues persuasively that American public officials, such as members of the House of Representatives, face elections far more frequently than do their counterparts in other democracies. Consequently, he says, they have to spend large parts of their time in office raising money, touring their districts, appearing on television, and otherwise preparing for the next election. These necessities leave them less time than is needed for the careful study of public issues and the formulation of good public policy. See Anthony S. King, *Running Scared: Why America's Politicians Campaign Too Much and Govern Too Little* (New York: Martin Kessler Books, 1997).

21. Robert S. Erikson, Norman R. Luttbeg, and Kent L. Tedin, *American Public Opinion*, 4th ed. (New York: Macmillan, 1991), 5, Table 1.2.

22. In the United States, as in many democratic countries, voters can write names other than the parties' nominees on their ballots, but few voters do so, and write-in candidates almost never get more than a handful of votes. An exception came in the 2004 mayor's race in San Diego, when write-in candidate Donna Frye came within a few hundred votes (and a disputed vote tabulation procedure) of getting elected mayor of the nation's seventh-largest city.

23. See Reuven Y. Hazan, "Candidate Selection," in

Lawrence LeDuc, Richard Niemi, and Pippa Norris, eds., *Comparing Democracies 2: New Challenges in the Study of Elections and Voting* (Thousand Oaks, CA: Sage Publications, 2002).

24. Federal Election Commission, *Election Results for the U.S. President, the U.S. Senate and the U.S. House of Representatives* (Washington, DC: Federal Election Commission, 2008).

25. See, for example, Alexis de Tocqueville, *Democracy in America: The Henry Reeve Text*, vol. 1, revised by Francis Bowen, ed. Phillips Bradley (New York: Alfred A. Knopf, 1945), 191–193; and Michel Crozier, *The Trouble with America*, trans. Peter Heinegg (Berkeley: University of California Press, 1984), 81.

26. *Buckley v. Valeo*, 424 U.S. 1 (1976).

27. Stanley and Niemi, *Vital Statistics on American Politics 2009–2010*, Table 2-13.

28. *New York Times*, November 21, 1988.

29. Arend Lijphart puts the United States at the top of his list of democratic nations with the smallest number of effective legislative parties, closely followed by New Zealand, the United Kingdom, and Austria, in *Democracies: Patterns of Majoritarian and Consensus Governments in Twenty-One Countries* (New Haven, CT: Yale University Press, 1984), Table 7.3, 122. Austin Ranney's ranking of "two-partyness," based on the somewhat different measure of "party fractionalization," which includes both the number of effective parties and the closeness of electoral competition between them, ranks the U.S. parties second behind New Zealand (although in 1995, New Zealand adopted proportional representation, and since then it has had a multiparty system) in *Governing: An Introduction to Political Science*, 8th ed. (Englewood Cliffs, NJ: Prentice Hall, 2001), Table 8.6, 181.

30. Richard Scammon, Alice McGillivray, and Rhodes Cook, *America Votes* (Washington, DC: CQ Press, 2001), 8.

31. For a recent survey of changes in electioneering in the United States and other democratic nations, see David Butler and Austin Ranney, eds., *Electioneering: A Comparative Study of Continuity and Change* (New York: Oxford University Press, 1992).

32. Gary C. Jacobson, *A Divider, Not a Uniter: George W. Bush and the American People* (New York: Pearson-Longman, 2007), Chapters 1 and 2.

33. Morris P. Fiorina, *Culture War? The Myth of a Polarized America* (New York: Pearson-Longman, 2005), 18, 5.

34. Bruce E. Keith, et al., *The Myth of the Independent Voter* (Berkeley: University of California Press, 1992).

35. Nolan McCarty, Keith T. Poole, and Howard Rosenthal, *Polarized America: The Dance of Ideology and Unequal Riches* (Cambridge, MA: MIT Press, 2006), 12. But note that the very rich often vote for and

contribute to Democrats, making the 90210 postal code in Beverly Hills a top fundraising area for the Democratic Party.

36. Fiorina, *Culture War?*, 70.

37. Samuel J. Eldersveld, *Political Parties in American Society* (New York: Basic Books, 1982), 133–136.

38. David Mayhew, *Divided We Govern* (New Haven, CT: Yale University Press, 1991).

39. The fullest exposition of this philosophy is, of course, *The Federalist Papers*, especially the tenth paper, by James Madison. See Alexander Hamilton, James Madison, and John Jay, *The Federalist Papers*, ed. Clinton Rossiter (New York: New American Library, 1961).

40. Hundreds of books have compared American public policies with their counterparts in other nations. We have drawn heavily on two: Arnold J. Heidenheimer, Hugh Heclo, and Carolyn Teich Adams, *Comparative Public Policy*, 3rd ed. (New York: St. Martin's Press, 1990); and Harold Wilensky and Lowell Turner, *Democratic Corporatism and Policy Linkages* (Berkeley: Institute of International Studies, University of California, 1987).

41. *Statistical Abstract of the United States: 2010*, Tables 416, 418, and 457.

42. Heidenheimer, Heclo, and Adams, *Comparative Public Policy*, 198, Table 6.5.

43. OECD, *Revenue Statistics 1965–2004* (Washington, DC: OECD, 2005), Table 3, 68.

44. Organisation for Economic Co-Operation and Development, "Healthcare Expenditure and Financing," http://stats.oecd.org/Index.aspx?DataSetCode=SHA, accessed September 2016.

45. Organisation for Economic Co-Operation and Development, "Educational Finance Indicators," http://stats.oecd.org/Index.aspx?DataSetCode=SHA, accessed September 2016.

46. For the law's details, see *Congressional Quarterly Almanac, 1996* (Washington, DC: CQ Press, 1997), 6-13–6-24.

47. Organisation for Economic Co-Operation and Development, "PISA 2012 Results: What Students Know and Can Do," https://www.oecd.org/pisa/keyfindings/pisa-2012-results-volume-i.htm, accessed September 2016.

48. *The Addresses and Messages of Presidents of the United States*, vol. 1, compiled by Edwin Williams (New York: Edward Walker, 1846), 32.

49. Address to Congress, December 1, 1862, in Roy P. Basler, ed., *The Collected Works of Abraham Lincoln*, vol. 5, (New Brunswick, NJ: Rutgers University Press, 1953), 537.

50. James Bryce, *The American Commonwealth*, vol. 1, 2nd ed. (London: Macmillan, 1889), 300–301.

## 譯者註

[1] 美國選票是讓選民用「打洞」方式投票，這會造成一些選票認定上的爭議。前者是
雙頁對開形式，候選人姓名排成左右兩列，選民在中間有箭頭指示處打洞，問題會
出在打錯洞而投給其他非心儀的候選人，或是多打了第2洞而成為廢票；後者則是其
打洞後的選票紙屑未掉落仍留在選票上，或是機器無法辨別其是否為已打洞的選
票。

[2] 這場戰爭發生在1812至1815年，是美國獨立之後最快發生的戰爭（對象同樣是英
國），其又稱為「第二次獨立戰爭」。

[3] 同樣以移民為主的加拿大，則是以「沙拉碗」（salad bowl）概念來描述多元共存的
價值。

[4] 美國法學界通常會使用「真實惡意」（actual malice）原則這樣的詞彙來描述如此的
狀況。

[5] 共和黨也常被以「大佬黨」（Grand Old Party, GOP）來戲稱。

[6] 「紅色／大象」是共和黨的代表顏色；「藍色／驢子」則代表民主黨。

[7] 當時南方軍攻占這個在南卡羅萊納州的要塞，被稱之為「桑特堡戰役」（Battle of
Fort Sumter），林肯總統也因為此戰役才向南方宣戰，正式開啟美國內戰。

[8] 可連結之網站為https://www.loc.gov/。